中蒙国家关系历史编年
（1949—2009）

（上卷）

毕奥南 主编

黑龙江教育出版社

本书编写单位及人员：

Тус номын найруулагчид хийгээд байгууллагууд：

中国社会科学院中国边疆史地研究中心

БНХАУ-ын Нийгмийн Шинжлэх Ухааны Академийн Хил хязгаарын Түүх Газар зүй судлах хүрээлэн

蒙古国科学院游牧文化研究国际学院

Монгол улсын Шинжлэх Ухааны Академийн Нүүдлийн соёл иргэншлийг судлах олон улсын хүрээлэн

总主编： 厉声

阿・奥其尔

主　编： 毕奥南

Ерөнхий Редактор: А. Очир

Ли Шэн

Хариуцлагатай редактор: Б. Онон

序　言

边疆既是一个地域概念，也是一个政治概念。就地域层面而言，是指国家毗连边界线、与内地（内陆、内海）相对而言的区域。一般而言，历史上中国的边疆是在秦统一中原、其重心部分形成之后确立的，有着两千多年的历史沿革。相应地，中国的边疆研究也有着悠久的历史和优良的传统，并与国家和边疆的安危息息相关。

从近代到新中国成立，中国边疆研究曾出现过两次研究高潮，第一次研究高潮是19世纪中叶至19世纪末，西北史地学的兴起，国家边界沿革的考订、边疆民族发展的著述等，是这一时期中国边疆研究高潮的标志。在边疆研究的热潮中，一些朝廷的有识之士开始学习近代国际法的领土主权原则，与蚕食我国领土的列强势力相对抗。黄遵宪、曾纪泽等都曾以“万国公法”为武器，在处置国家边界事务中与英、俄列强执理交涉。在边疆研究领域，学者们开始将政治学、法学等与传统的史学、地理学等相互结合，开创了现代意义上的边疆学研究。

第二次研究高潮是20世纪20年代至40年代，是在国家与民族危机激发下出现的又一次中国边疆研究高潮。国际法与政治学方法也被广泛地运用到中国边疆史地的研究之中，边政学的创立与研究、以现代学术新视角和新方法对中国边疆进行的全方位研究，是这次高潮的突出成就；研究内容也从边疆领土主权、历史地理扩展到民族、语言、移民、中外交通等领域。与此同时，边疆考察作为中国边疆史地研究的内容与方法，也愈益受到重视。

两次研究高潮的实践与成果，实现了中国边疆研究从传统中国史学研究向现代多学科综合研究的转变，为中国边疆研究学科领域的进一步拓展与深化奠定了基础。新中国建立后，中国边疆史地研究方兴未艾。继而在改革开放大潮的推动下，带来边疆学研究的三度兴起。此次研究高潮酝酿于20世纪80年代初，兴盛于90年代，至今热度不减。

1983年，中国社会科学院中国边疆史地研究中心（以下简称“边疆中心”）成立，这既是我国边疆史地研究第三度热潮的产物，也进而成为国家边疆研究的前沿引领者。

近30年来，边疆中心在边疆研究领域已取得了丰硕的学术成果，很多研究成果不仅填补了新中国成立以来各自领域的学术研究空白，而且以综合性、系统性、科学性的特点，成为目前国内同类研究中的优秀作品，对学科建设和发展、对推动全国边疆史地研究，均起到了举足轻重的作用。在研究内容方面，已形成了从最初以中国近现代边界研究为主，发展到以古代中国疆域史、中国近代边界沿革史和中国边疆研究史三大系列为重点的研究格局。近年，坚持基础研究与应用研究并重，在继承和弘扬中国边疆史地研究遗产的基础上，已逐步形成了历史研究与现状研究、基础研究与应用研究融而为一的中国边疆学研究模式。

边疆中心所实施的应用研究，是以当代我国边疆的稳定和发展现状为切入点，直面当代中国边疆面临的紧要问题和热点问题，进行跨学科的综合性研究。中国边疆研究不但要追寻边疆历史发展的规律和轨迹，还应探求边疆发展的现实和未来。当代我国边疆现状研究首先是当代中国社会发展的现实需要，也是中国边疆学学科发展的需要。我国边疆区域的发展现实，促使中国边疆现状研究的内涵和外延要有新的学科定位：即将中国边疆作为统一多民族国家的有机组成部分，作为一个完整的研究客体；现状与历史不可分，现状的历史实际上也是历史的现状，所以要进一步加强历史的和现状的综合性一体研究。通过对学科布局的适时调整，中国的边疆研究不断取得学科突破和新的学科增长点，进而尽快实现以基础研究为主的中国边疆史地研究向基础研究与应用研究并重的中国边疆研究的过渡。

短期内，我国在中国边疆疆域理论研究方面必须明确主旨，并应该有大的突破。在深化实证研究的同时，应进一步加大理论研究投入的力度，不断探索中国边疆历史与现状发展的规律。在实证研究的基础上，努力为历史上多元一体的中华民族边疆地区的政治、经济、人文发展和变迁构筑理论体系，是中国边疆史地学研究的根本目标。近 30 年来，大量高水平的研究成果相继面世，为中国边疆疆域理论体系的构建与未来中国边疆学学科体系的构建奠定了坚实的基础。

一方面，边疆实证研究的不断深化，需要理论层面的支撑。在中国古代历史疆域理论、历代边疆治理理论，古代统一多民族国家边疆地区的发展规律、古代边疆民族在多元一体中华民族中的发展规律等方面，以及在近现代陆疆、海疆与边界的理论问题等方面，通过大量的实证研究探索其中的规律，进一步构建我国边疆历史发展与统一多民族国家发展的理论体系。

另一方面，边疆研究学科的发展需要尽快完成中国边疆学学科的构建，包括边疆学学科的概念、界定与范畴，学科性质和功能，学科体系构建等一系列理论问题，建立以马列主义为指导的、有中国特色的中国边疆学理论体系。近年来，国内数所大学以开设边疆学博士点为契机，也在加紧边疆史地学科的构建；一些高校和地方科研院所，先后以“中国边疆学”或“中国边疆史地学”的学科定位建立了相关的学科专业；围绕边疆研究先后出现的相关学科命名有边疆政治学（边政学）、边疆史地学（边史学）、边防学、边疆安全学（边安学）等。但从学科层面看，在学术界尚未形成统一的认识，缺乏基本学科框架的规范系统论证。在诸如边疆学的内涵与外延及整体构建等方面还需要做更多深入研究；在疆域理论研究方面则需要投入更多的力量，尽快拿出较为成熟的成果。同时，应注重学科理论建设与方法论的进一步开拓，在原有的历史学、民族学、历史地理学等为主的基础上，扩展引入政治学、社会学、法学、国际关系学、地缘政治学等理论与方法，进一步突出边疆研究作为跨学科、边缘学科和新兴学科的特点与优势，不断加快学科建设步伐。

学术研究与研究成果的出版是并行的。20 世纪 80 年代末，当组建不久的边疆中心在成果出版方面寻找出路的时候，黑龙江教育出版社以高度的社会责任心与敏锐的学术眼光，伸出了合作之手。一晃至今，双方精诚合作了 20 多年。先是以《边疆史地丛书》的形式，自 1991 年 3 月开始出版，截至 2011 年，先后有 70 余种边疆研究著（译）作面世。已出版的学术著作得到了学术界和读者的广泛关注，取得了良好的社会效益，持续有力地推动着中国边疆研究学科的不断发展。如果说边疆中心在边疆研究方面成为了学术前沿的引领者，那么黑龙江教育出版社则以边疆研究成果的出版而成为国内外知名的品牌出版社。

在当前我国边疆研究氛围持续高涨的形势下，经边疆中心与黑龙江教育出版社共同努力，将以更为严格的科学态度、更为严谨的学风文风，共同出版水平更高的边疆研究著作。双方遂决定以《中国边疆研究文库》的形式，由边疆中心组稿审定，黑龙江教育出版社编辑出版。

《中国边疆研究文库》由《中国边疆研究文库初编——近代稀见边疆名著点校及解题》与《中国边疆研究文库二编——当代学人边疆研究名著》两部分组成。前者共选出近 50 种近代以来面世的我国边疆研究学术著述，在实施点校的基础上，作出导读性与研究性的解题，予以重新出版；后者选择近50种新中国成立60多年来我国（包括台湾、香港、澳门）边疆研究的老一代知名学者、中年有为学者、年轻后起学者的著述，汇集出版。可以说，这些著作基本代表了目前我国边疆学研究的水平。

同时，对1949年后有较大影响的边疆研究著述又进行了修订出版，特别是将新近的研究成果充实其中，使这些有影响的研究成果内容更加翔实、完整，更具学术价值。

今天，中国边疆研究已是一门具有广阔发展空间的显学，呈现在读者面前的《中国边疆研究文库》尚属开创之举，一定有诸多不尽如人意之处，衷心希望得到广大读者的支持帮助、批评指正。同时，我们也有信心，在目前《中国边疆研究文库》初编、二编近100部著作的基础上，继往开来，努力开拓进取，组织更多边疆研究的优秀成果，继续出版三编、四编……为我国边疆研究的持续兴盛，为繁荣边疆的历史文化，为今天我国边疆的社会稳定和经济发展，作出应有的贡献。

需要说明的是，本《文库》系国家出版基金特别资助项目，如果没有国家出版基金办大手笔支持我国的出版事业，本《文库》是无法面世的。在此，请允许我们表示诚挚的感谢。

主编谨识

目　录/ГАРЧИГ

上　卷

下 卷

前　　言
Өмнөтгөл

中蒙两国人民世代毗邻而居，长期以来在政治、经济、文化等方面有着不断的联系。蒙古人民共和国是首批与中华人民共和国建交的社会主义国家之一。1949 年中华人民共和国成立之初，在特定的国际背景下，中蒙两国都是以苏联为首的社会主义阵营中重要成员，并由此形成中蒙两国新的历史关系。

无可讳言，随着 20 世纪 60 年代中苏两党意识形态冲突，社会主义阵营产生分裂，中国共产党与蒙古人民革命党发生政治分歧，中蒙国家关系受到严重影响。直至 1989 年 7 月，中国共产党和蒙古人民革命党才恢复了正常的党际关系。进入 20 世纪 90 年代以后，中蒙两国的政治、经济形势发生了极大的变化，新的国际形势变化促进了中蒙国家关系的正常化进程。随着两国领导人互访、沟通，两国政府、议会和政党之间的关系都得到了全面发展。1994 年签署的《中蒙友好合作关系条约》和 1998 年《中蒙联合声明》奠定了中蒙关系与合作的基础,标志着中蒙国家关系终于回到正常轨道。回首以往两国关系的曲折经历，令人感叹不已。让人振奋的是，如今两国领导人汲取昔日教训，充分运用政治智慧，将党际意识形态分歧与国家关系区分开来，着眼两国人民根本利益，从而在复杂的国际政治风云中保持两国关系的健康发展。

中方领导人多次强调，中国尊重蒙古的独立、主权与领土完整，尊重蒙古人民自主选择的发展道路，在和平共处五项原则基础上，巩固和发展中蒙友好合作关系是中国政府坚定不移的战略方针。蒙方领导人也多次表示，蒙中两国建立和发展面向 21 世纪长期稳定的睦邻友好关系，符合两国人民的根本利益，也是蒙古国政府的坚定政策。蒙方愿与中方共同推动两国睦邻互信伙伴关系深入向前发展。我们高兴地看到，近十几年来，中蒙两国签署了一系列政治文件及合作协议，为两国关系发展奠定了法律基础；双边经济贸易不断增进，两国政府在国际事务中保持着协商、合作的战略伙伴关系。我们还注意到，两国领导人多次谈到要扩大两国在人文等领域的交流与合作，丰富中蒙睦邻互信伙伴关系的内涵。在我们看来，学术交流理应包括在内。

尽管充分发展双边关系是中蒙两国的国策，但是，由于交流不够，两国民间社会仍有诸多隔膜，比如，对中蒙共同历史的某些认识分歧导致一些误解；某些争执，对双边关系的进一步和谐发展产生了程度不同的负面影响。

2009 年，在中蒙两国建交 60 周年之际，蒙古国科学院代表团应邀访问了中国社会科学院，经过友好协商，两院达成合作共识。在此背景下，两国学者本着增信释疑的原则，开始在中蒙国家历史关系的阐述方面进行沟通，并产生编纂 1949—2009 年之间中蒙国家关系大事编年的动议，以此作为进一步推动中蒙国家历史关系研究的基础。经过两国学者一年多的努力，终于编成中蒙两国学界一致认可的《中蒙国家关系历史编年（1949—2009）》。

《中蒙国家关系历史编年（1949—2009）》以 60 年间两国发生的种种关系及双边往来为主要内容，从两国公开出版的官方公报、外交年鉴、报纸、杂志、资料汇编以及部分档案文件中，选出相关资料，按照年、月、日，逐条编排。需要说明的是，由于资料来源不同，前后详略有所区别；由于第一次合作，双方在资料对译方面还有一些不尽人意之处；在名词术语的对译上也有一些差异，有待专家批评指正。

我们希望通过我们的尝试，为两国民众提供一个了解 60 年来中蒙国家关系历史的窗口，同时为两国学者进一步的研究提供一些有益的线索。如果我们的工作能够触发学者们的研究兴趣，引发对中蒙历史关系的深入思考，进而推动中蒙国家关系研究进一步发展，那正是我们的期望所在。

本书中文史料由毕奥南、塔娜编辑整理，阿拉坦奥其尔审编，乌兰巴根审译；N.钢巴特核对蒙文资料，编辑人名索引，并完成全文蒙译工作；A.奥其尔、厉声对全书进行了审读并提出了修改意见。

Монгол-**Хятад хоёр** улсын ард түмэн нь олон мянганыг элээсэн эртний хөршүүд бөгөөд түүхийн туршид тэд улс төр, эдийн засаг, соёлын талаар өргөн харилцаатай явж ирсэн билээ. Манай хоёр улсын туулсан түүхэн замнал ч зарим талаар бас адил төстэй юм. БНМАУ, БНХАУ хоёул социалист байгуулалтын замаар замнаж, ЗХУ-ын тэргүүлсэн социалист нөхөрлөлийн улсуудын эгнээнд багтан, өөр өөрийн тодорхой байр суурийг эзэлж, харилцан хамтын ажиллагааны шинэ хэлбэрийг үүсгэлцэж явсаныг түүх мэднэ.

1960-аад оноос ЗХУ болон БНХАУ-ын харилцаанд хүйтэн уур амьсгал буй болсон нь Монгол-хятадын харилцаанд ч нөлөөлж, түр хугацаанд идэвхигүй зогсонги байдалд орсон билээ.

Харин 1989 оны 7 сард Монгол, Хятад улс хамтын ажиллагаагаа хэвийн болгохоор тохиролцсоноор хоёр улсын улс төр, эдийн засаг, соёлын салбарын найрамдалт харилцаа шинэ шатанд гарч урагшлан хөгжих болов. Тийнхүү 1990-ээд он гарсаар Монгол-хятад хоёр улсын Засгийн газруудын хүчин чармайлтаар манай хоёр орны нийгэм, улс төрийн харилцаанд шинэ шинэ өнгө аяс нэмэгдсэн билээ. Монгол-Хятадын харилцаа өргөжин хөгжихөд тухайн үеийн олон улсын харилцаанд гарсан өөрчлөлт, уур амьсгал нааштай нөлөө үзүүлсэнийг цохон тэмдэглэх нь зүйтэй.

1994 онд гарын үсэг зурсан “Монгол-Хятад хоёр улсын найрамдалт хамтын ажиллагааны гэрээ”, 1998 онд тогтоосон “Монгол-Хятад хоёр улсын хамтын ажиллагаа” зэрэг гэрээ, хэлэлцээрүүд нь манай хоёр улсын орчин үеийн харилцааны эрх зүйн үндэс болж байна. Тус хоёр улсын эрх баригчид өнгөрсөн үеийн харилцаандаа дүгнэлт хийж, өнөөгийн олон улсын харилцаанд гарсан өөрчлөлтийг харгалзан, аль алиныхаа эрх ашиг, тэгш ёсыг хүндэтгэх зарчимд тулгуурласан харилцааг хөгжүүлж байгаа нь манай хоёр ард түмний өнөөдрийн хамтын ажиллагааны өнгө төрхийг тодорхойлж байна. Энэ хамтын ажиллагаа нь орчин үеийн олон улсын нөхцөл байдал, хөгжлийн ерөнхий чиг хандлагын дотор манай хоёр улсын хамтын ажиллагааны эзлэх байр суурийг ч ямар нэг хэмжээгээр илэрхийлж байгаа болно.

БНХАУ-ын төрийн тэргүүн нь энх тайвнаар зэрэгцэн

орших зарчмыг баримтлан, Монгол улсын тусгаар тогтнол, газар нутгийн бүрэн бүтэн байдал, бүрэн эрх хийгээд монголын ард түмний сонгосон хөгжлийн замыг хүндэтгэн үзэж, Хятадын Засгийн газар Хятад-Монголын найрамдалт харилцаа, хамтын ажиллагааг тууштай хөгжүүлэх бодлого баримталж буйгаа нэг бус удаа цохон тэмдэглэж байсан билээ. Мөн хоёр улсын эрх баригчид ч Монгол-Хятадын хамтын бүтээн байгуулалт хийгээд XXI зуунд чиглэсэн урт хугацааны найрамдалт хөршийн харилцааг хөгжүүлж, хоёр улсын ард түмний язгуур эрх ашгийг хамгаалах болно гэдгээ ч илэрхийлсэн билээ. Энэ нь тус хоёр улс найрсаг хөршийн харилцаа, хамтын ажиллагаа, харилцан итгэлцлийг гүнзгийрүүлэн, аль алиныхаа эрх ашигт нийцсэн тэгш ёсны харилцааг хөгжүүлэх зарчмыг баримталж байгаагийн илэрхийлэл хэмээн хэлж болно.

Манай хоёр улсын ойрын хэдэн арван жилийн хамтын ажиллагааны хууль, эрх зүйн үндэс нэгэнт буй болсон болохоор цаашид Монгол-Хятадын улс төр, эдийн засаг, соёлын салбарын харилцаа улам гүнзгийрч, олон улсын тавцан дахь тэдний байр суурь ч өргөжих төлөв ажиглагдаж байна.

Монгол-Хятадын соёл, боловсролын хамтын ажиллагаа нь худалдаа, эдийн засгийн харилцаагаа бодвол төдий л өргөн далайцтай бус явж ирсэнийг хоёр улс сүүлийн үед анхаарч, арга хэмжээ авч байна. 2009 онд Монгол-Хятадын хооронд найрамдалт харилцаа тогтоосны 60 жилийн ойгоор Монгол улсын Шинжлэх Ухааны Академийн төлөөлөгчид БНХАУ-ын Шинжлэх Ухааны Академид айлчилж, хамтын ажиллагааны гэрээнд гарын үсэг зурсан билээ. Энэхүү гэрээнд тус хоёр улс шинжлэх ухаан, боловсролын салбарт хамтран ажиллах тухай олон заалт орсны нэг нь “Монгол-Хятадын харилцааны он дараалсан лавлах” хэмээх эл бүтээлийг боловсруулж хэвлүүлэх ажил байсан юм.

Монгол-Хятадын хооронд 1949-2009 онд явагдсан найрамдал, хамтын ажиллагааны гол гол үйл явдлуудыг он дарааллын дагуу тусгасан эл бичиг нь манай хоёр улсын харилцааны түүхийн анхны лавлах болж байна. Уг лавлахыг боловсруулсан судлаачид хоёр улсын 60 жилийн харилцааны үйл явдлыг тухайн үеийн сонин, сэтгүүл, гадаад харилцааны бичгүүд, архивын баримтуудыг он дараалан шүүрдэн үзэж, тэдгээрээс гол гол үйл явдлуудыг түүвэрлэн авч, улмаар он цагийн дараалалд оруулан байрлуулах аргаар энэхүү лавлах бичгийг бүтээв.

Тухайн үеийн бичиг баримт, сонин хэвлэлд зарим хүний овог нэрийг зөрүү бичсэн, эцгийн нэрийн эхний үсгийг орхисон зэрэг зүйлс тааралдаж байв. Бас заримдаа үйл явдал болон өдрийг зөрүүтэй тэмдэглэсэн нь ч тохиолдож байна. Лавлах бичгийг боловсруулсан манай судлаачид дээрх мэт зөрөө, зарим алдаа мадгийг аль болох магадалж, нэг мөр болгохыг хичээсэн болно. Гэвч аргагүй лавлах материал дутагдсан, мэдээ баримт нь хоорондоо зөрсөн зэрэг шалтгааны улмаас зарим хүний нэрийн өмнөх эцгийн нэрийн эхний үсгийг олж тавьж чадаагүй, зарим товчилсон үгийг бүрэн тайлж амжаагүй зэрэг дутагдалтай зүйл байгааг тэмдэглэж, уучлал хүсч байна. Нөгөөтэйгүүр энэхүү лавлах нь Монгол-Хятад хоёр улсын сүүлийн 60 жилийн хамтын ажиллагааны түүхийн гол гол үйл явдлыг дэлгэн үзүүлэх, манай хоёр орны харилцааг судлаачид, сонирхогчдод мэдээ материалыг хүргэж, тэдний ажилд дөхөм үзүүлэхийг зорьсон билээ. Мөн цаашид хоёр улсын харилцааны түүхийн бүрэн лавлах хийх, харилцааны түүхийг туурвин бичих үйлсийн эхлэл болуужин хэмээн эл лавлах бичгийг боловсруулан нийтэлж байна. Эл зорилго маань бага атугай ч гүйцэлдвээс бидний хүсэл биелж буй нь тэр болой.

Энэхүү “Монгол-Хятадын харилцааны он дараалсан лавлах” /1949-2009/ номын хятад хэлний баримтыг Тана эмхэтгэж, Алтан-Очир эмхэтгэлийг хянан тохиолдуулж, Улаанбагана хятад-монгол орчуулгыг хянаж, Н.Ганбат монгол хэлний баримтын лавлагаа, нэрийн бүгд хэлхээс болон монгол хэлэнд орчуулах ажлыг тус тус гүйцэтгэв.

编者于北京—乌兰巴托

Бээжин-Улаанбаатар 2011·11·22

第一章　1949—1958 年

Нэгдүгээр бүлэг 1949—1958 он

1949 年中蒙国家关系历史编年

1949 он Хятад Монгол 2 улсын харилцааны үйл явдлын товчоон

10 月 1 日　中华人民共和国成立。

10 сар 1　БНХАУ байгуулагдав.

10 月 6 日　蒙古人民共和国部长会议主席兼外交部部长浩·乔巴山照会中华人民共和国政府总理兼外交部部长周恩来，决定与中华人民共和国建立外交关系，并互派外交代表。

10 сар 6　БНМАУ-ын Ерөнхий сайд бөгөөд Гадаад Явдлын Яамны сайд Х. Чойбалсан БНХАУ-ын Ерөнхий сайд бөгөөд ГЯЯ-ны сайд Жоу Эньлайд БНМАУ-ын дипломат харилцаа тогтоох хүсэлт илэрхийлэхийн сацуу харилцан дипломат төлөөлөгч солилцох тухай захидал илгээв.

10 月 16 日　中国外交部部长周恩来收到蒙古部长会议主席

兼外交部部长乔巴山10月6日的照会，以照会意见答复蒙古人民共和国部长会议主席兼外交部部长乔巴山，欢迎蒙古与中国建立外交关系。

10 сар 16 БНХАУ-ын ГЯЯ-ны сайд Жоу Эньлай БНМАУ-ын Ерөнхий сайд бөгөөд Гадаад Явдлын Яамны сайд Чойбалсаны 10 сарын 6-нд илгээсэн захидлыг хүлээн авч, БНМАУ-ын Ерөнхий сайд бөгөөд Гадаад Явдлын Яамны сайд Чойбалсанд хариу захидал илгээж БНМАУ болон БНХАУ-ын хооронд дипломат харилцаа тогтоохыг угтаж байгаагаа илэрхийлэв.

11月16日—12月1日 亚洲澳洲工会代表会议在北京召开，蒙古人民共和国派代表团出席会议。

11 сар 16-12 сар 1 Ази, Австралийн Үйлдвэрчний Эвлэлийн Төлөөлөгчдийн Хурал Бээжинд хуралдсан ба хуралдаанд мөн БНМАУ төлөөлөгчдийн бүлхэм томилон оролцуулав.

11月17日 蒙古代表阿德利比什在亚澳工会会议上发表讲话。

11 сар 17 БНМАУ-ын төлөөлөгч Адилбиш Ази Австралийн Үйлдвэрчний Эвлэлийн төлөөлөгчдийн хурал дээр илтгэл тавив.

11月22日 中国中央人民政府主席毛泽东设晚宴招待出席亚澳工会会议的世界工会联合会执行局委员和各国代表团团长。蒙古代表团团长阿德利比什应邀赴宴。

11 сар 22 БНХАУ-ын Ардын Төв Засгийн газрын дарга Мао Зэдун Ази, Австралийн Үйлдвэрчний Эвлэлийн төлөөлөгчдийн хуралд оролцсон олон улсын төлөөлөгчдийг

оройн цайллаганд урив. БНМАУ-ын төлөөлөгчдийн тэргүүн Адилбиш цайллаганд уригдан оролцов.

11 月 23 日　在北京各界人民庆祝亚澳工会会议成功的大会上，蒙古代表阿德利比什发表讲话。

11 сар 23　Бээжингийн олон талынхан Ази Австралийн Үйлдвэрчний Эвлэлийн хурал амжилттай болж өндөрлөснийг тэмдэглэх ёслолын ажиллагаан дээр БНМАУ-ын төлөөлөгч Адилбиш үг хэлэв.

12 月 10 日　亚洲妇女人会开幕，蒙女代表会议于北京开古人民共和国派代表多龙玛贾娃等人出席。

12 сар 10　Ази тийн Эмэгтэйчүүдийн төлөөлөгчдийн хурал Бээжинд нээлтээ хийж, хуралд БНМАУ-н төлөөлөгч Дуламжав нарын хүмүүс оролцов.

1950 年中蒙国家关系历史编年

1950 он Хятад Монгол 2 улсын харилцааны үйл явдлын товчоон

2 月 14 日　当日公布的《关于中苏两国签订条约的公告》中指出：“双方政府确认蒙古人民共和国之独立地位，已因其 1945 年的公民投票及中华人民共和国业已与其建立外交关系而获得了充分保证”。

2 сар 14　“Хятад Зөвлөлт хоёр улсын хооронд гэрээ байгуулах тухай тунхаг”-т “хоёр талын Засгийн Газар БНМАУ тусгаар тогтносон улс болохыг хүлээн зөвшөөрсөнөө мэдэрч, 1945 оны бүх нийтийн ард түмний сонгууль болон БНХАУ-тай гадаад харилцаа тогтоосон нь үүний баталгаа юм” гэсэн байна.

7 月 3 日 蒙古首任驻华特命全权大使巴・贾尔卡赛汗向中国中央人民政府主席毛泽东呈递国书。

7 сар 3 БНМАУ-ын Анхны Онц Бүрэн Эрхт Элчин сайд Б. Жаргалсайхан БНХАУ-ын Ардын Засгийн Газрын Төв Хорооны дарга Мао Зэдунд итгэмжлэх жуух бичгээ өргөн барив.

7 月 10 日 中国驻蒙首任特命全权大使吉雅泰向蒙古小呼拉尔主席团主席贡・布马曾德递交国书。

7 сар 10 БНХАУ-аас Монголд суух анхны Онц Бүрэн Эрхт Элчин сайд Заяатай БНМАУ-ын ИХ-ын дарга Г.Бумцэндэд Итгэмжлэх Жуух бичгээ өргөн барив.

1951 年中蒙国家关系历史编年

1951 он Хятад Монгол 2 улсын харилцааны үйл явдлын товчоон

2 月 28 日 中国共产党中央委员会特致电祝贺蒙古人民革命党成立 30 周年。

2 сар 28 Хятадын КНТХ-оос МАХН-н байгуулагдсаны 30 жилийн ойг тохиолдуулан баярын цахилгаан илгээв.

3 月 8 日 蒙古劳动妇女中央理事会主席乌德瓦尔致电中华全国民主妇女联合会主席蔡畅，祝中国姊妹们在繁荣祖国及巩固全世界和平与民主的斗争中获得进一步的成功。

3 сар 8 БНМАУ-ын Хөдөлмөрчин эмэгтэйчүүдийн холбооны төв зөвлөлийн дарга Удвал, Бүх Хятдын ардчилсан эмэгтэйчүүдийн нэгдсэн холбооны дарга Цай Чанд өөрийн орны болон дэлхийн энхтайван ардчилалын төлөө үйл хэрэгт хятадын эмэгтэйчүүдийн нэгдсэн холбоо

улам илүү амжилт олхийг ерөөн цахилгаан илгээв.

4 月　旅居蒙古华侨协会成立，并在蒙古 12 个省市设立了分会。

4 сар　Монголд цагаачлагдсын холбоо байгуулагдаж, БНМАУ-ын 12 аймагт салбараа нээсэн байна.

7 月 1 日　中国中央人民政府主席毛泽东、政务院总理周恩来分别致电蒙古小呼拉尔主席团主席布马曾德、部长会议主席乔巴山，祝贺蒙古人民革命胜利 30 周年。

7 сар 1　Хятадын Ардын Засгийн Төв Хорооны дарга Мао Зэдун, Ерөнхий сайд Жоу Эньлай, БНМАУ-ын бага хурлын дарга Бумцэнд, БНМАУ-ын Ерөнхий сайд Чойбалсан нарт тус тус цахилгаан илгээж Монгол ардын хувьсгал ялсны 30 жилийн ойн баярын мэнд хүргэв.

7 月 1 日　蒙古人民革命党中央委员会致电中国共产党中央委员会，祝贺中国共产党成立 30 周年。

7 сар 1　МАХН-ын ТХ-оос ХКНТХ-д ХКН байгуулагдсаны 30 жилийн ойг тохиолдуулан баярын цахилгаан илгээв.

7 月 8 日　为参加蒙古人民革命胜利 30 周年纪念，中国中央人民政府特派民族事务委员会委员王再天等组成代表团，赴蒙古参加庆祝大典。

7 сар 8　Монгол ардын хувьсгал ялсны 30 жилийн ойн ёслолын арга хэмжээнд оролцохоор Хятадын Ардын Засгийн Төв Хорооны үндэстний асуудал эрхэлсэн тусгай хэлтэсийн байнгын хорооны гишүүн Ван Зайтянь тэргүүтэй төлөөлөгчид Монголд хүрэлцэн ирж ёслолд оролцов.

7月11日 蒙古驻华大使贾尔卡赛汗为庆祝蒙古人民革命胜利30周年在北京举行招待会。中国中央人民政府副主席朱德、李济深，政务院副总理黄炎培等三百多人应邀出席。

7 сар 11 БНМАУ-аас суугаа Элчин сайд Жаргалсайхан Ардын Хувьсгал ялсны 30 жилийн ойг тохиолдуулан Бээжинд дайллага зохион байгуулав. Уг дайллагад Хятадын Ардын Засгийн Төв Хорооны дэд дарга Жу Дэ, Ли Жишэнь Төрийн Зөвлөлийн орлогч сайд Хуан Яньпэй нарын 300 гаруй зочид урилгаар оролцов.

7月13日 蒙古部长会议主席浩·乔巴山元帅电谢中国政务院总理周恩来对蒙古人民共和国成立30周年的祝贺。

7 сар 13 БНМАУ-ын Ерөнхий сайд Х.Чойбалсан БНХАУ-ын Төрийн Захиргааны Зөвлөлийн Ерөнхий сайд Жоу Эньлайд Монгол Ардын Хувьсгал ялсны 30 жилийн ойн баяр хүргэсэн явдалд хариу талархал илэрхийлсэн цахилгаан илгээв.

7月14日 蒙古小呼拉尔主席团主席贡·布马曾德电谢中国中央人民政府主席毛泽东对蒙古人民共和国成立30周年纪念的祝贺。

7 сар 14 БНМАУ-ын бага хурлын дарга Г. Бумцэнд Хятадын Ардын Засгийн Төв Хорооны дарга Мао Зэдунд Ардын Хувьсгал ялсны 30 жилийн ойг тохиолдуулан баяр хүргэсэн явдалд хариу талархал илэрхийлсэн цахилгаан илгээв.

7月17日 中国中央人民政府特派参加蒙古人民共和国革命胜利30周年纪念代表团一行5人乘专机返回北京。

7 сар 17 БНМАУ-ын Хувьсгал ялсны 30 жилийн ойн

баярт оролцохоор хүрэлцэн ирсэн 5 төлөөлөлөгч тусгай үүргийн онгоцоор нутаг буцав.

9 月 26 日　应中国人民保卫世界和平反对美国侵略委员会、中华全国总工会、中华全国民主青年联合总会、中华全国民主妇女联合会、中华全国文学艺术界联合会和中苏友好协会总会的邀请，前来参加中国国庆节庆典的蒙古人民共和国人民观礼代表团于当日抵达北京。

9 сар 26　Хятадын ард түмний дэлхийн энх тайвныг сахин хамгаалах болон Америкийн түрэмгийллийг эсэргүүцэх хороо, БХ-ын үйлдвэрчний эвлэлүүдийн нэгдсэн төв зөвлөл, БХ-ын социалист залуучуудын нэгдсэн холбоо, БХ-ын ардчилсан эмэгтэйчүүдийн нэгдсэн Холбоо, БХ-ын хэл соёл, урлагын нэгдсэн холбоо болон Хятад ЗХУ-ын найрамдалын нийгэмлэгийн урилгаар БНМАУ-ын ардын ёслол үзэх төлөөлөгчид БНХАУ-ын улс тунхагласны ойн ёслолын арга хэмжээнд оролцохоор Бээжин хотноо хүрэлцэн ирэв.

9 月 29 日　中国人民保卫世界和平反对美国侵略委员会、中华全国总工会、中华全国民主青年联合总会、中国新民主主义青年团中央委员会、中华全国民主妇女联合会、中华全国文学艺术界联合会和中苏友好协会总会当天联合宴请来北京参加中国国庆节庆祝典礼的各国人民代表团。蒙古驻华大使贾尔卡赛汗、以策・达木丁苏隆为首的蒙古人民观礼代表团应邀出席。蒙古人民观礼代表团团长策・达木丁苏隆发表了致辞。

9 сар 29　Бээжин хотноо болох БНХАУ-ын улс тунхагласаны ёслолын ажиллагаанд оролцохоор Хятадын дэлхийн энх тайваныг сахин хамгаалах болон Амеркийн түрэмгийллийг эсэргүүцэх хороо, БХ-ын ҮЭ-ийн Нэгдсэн Төв

Зөвлөл, БНХАУ-ын Ардчилсан Залуучуудын Нэгдсэн Холбоо, БХ-ын Шинэ Ардчилсан Залуучуудын Холбооны Төв Зөвлөл, БНХАУ-ын Ардчилсан Хөдөлмөрчин Эмэгтэйчүүдийн Нэгдсэн Холбоо, БНХАУ-ын Соёл Урлагийн Нэгдсэн Холбоо, Хятад Зөвлөлтийн найрамдал нийгэмлэг хамтран Хятад улсын баярт оролцохоор Бээжинд ирсэн гадаад улсын төлөөлөгчдийг зочлов. БНМАУ-аас БНХАУ-д суугаа Элчин сайд Б. Жаргалсайхан, Ц. Дамдинсүрэн нарын төлөөлөгчид уг ёслолын ажиллагаанд урилгаар оролцов. Баярын арга хэмжээнд оролцохоор хүрэлцэн ирсэн БНМАУ-ын ард иргэдийн төлөөлөгчдийн тэргүүн Ц. Дамдинсүрэн уг ёслол дээр үг хэлэв.

9 月 30 日　中国分别收到蒙古大人民呼拉尔主席团主席布马曾德、部长会议主席乔巴山、蒙古人民革命党中央贺电。

9 сар 30　БНХАУ-ын улс тунхагласны баярыг тохиолдуулан БНМАУ-ын ИХ-ын Тэргүүлэгчдийн дарга Бумцэнд, БНМАУ-ын Ерөнхий сайд Х. Чойбалсан болон МАХН-ын ТХ-оос тус тус баярын цахилгаан илгээв.

9 月 30 日　中国中央人民政府主席毛泽东于当晚举行宴会，欢庆中国国庆节。蒙古驻华大使贾尔卡赛汗、以策・达木丁苏隆为首的蒙古人民观礼代表团应邀出席庆祝宴会。

9 сар 30　БНХАУ-ын Ардын Засгийн Төв Хорооны дарга Мао Зэдун БНХАУ-ын улс тунхагласны баярыг тохиолдуулан мөн оройд нь зочдод хүндэтгэлийн зоог барив. БНМАУ-аас Хятадад суугаа Элчин сайд Жаргалсайхан болон Ц. Дамдинсүрэн тэргүүтэй БНМАУ-ын хөдөлмөрчдийн төлөөлөгчид уг хүндэтгэлийн зоогт урилгаар оролцов.

10 月 1 日　中国在北京天安门广场隆重举行第二届国庆节庆祝典礼，以策·达木丁苏隆为首的蒙古人民观礼代表团应邀参加了庆典活动。

10 сар 1　БНХАУ-ын улс тунхагласны баярт зориулан БНХАУ-ын нийслэл Бээжингийн Тян Аньмэний талбайд зохиогдсон хоёр дахь ёслолын ажиллагаанд Ц. Дамдинсүрэн тэргүүтэй БНМАУ-ын хөдөлмөрчдийн төлөөлөгчид оролцов.

10 月 4 日　中国《人民日报》第 4 版刊登了蒙古人民共和国工会中央理事会主席诺罗夫萨布致中华全国总工会主席陈云的电文。

10 сар 4　Хятадын "Ардын өдрийн мэдээ" сонины 4 дүгээр нүүрт БНМАУ-ын ҮЭТ-ийн ТЗ-ийн дарга Норовсамбуугийн БХ-ын ҮЭНХ-ны ТЗ-ийн тэргүүн Чэн Юнь-д илгээсэн цахилгааныг хэвлэжээ.

10 月 7 日　蒙古人民观礼代表团应邀出席中国政务院总理周恩来举行的茶会。蒙古保卫世界和平委员会委员、世界和平理事会理事策·达木丁苏隆在当日《人民日报》第 4 版发表题为《蒙古人民和中国人民永远站在一起》的文章。

同日　蒙古人民观礼代表团的妇女代表应邀出席中华全国民主妇女联合会举行盛大的欢迎会。应邀参加中国国庆节庆祝典礼的各国代表团的作家和艺术家当日和中国文艺界人士举行座谈会，蒙古人民观礼代表团团长策·达木丁苏隆出席了座谈会。

10 сар 7　Баярын үйл ажиллагаанд оролцохоор хүрэлцэн ирсэн БНМАУ-ын ард иргэдийн төлөөлөгчид БНХАУ-ын ЗГ-ын Ерөнхий сайд Жоу Эньлайн урилгаар хамт өглөөний хөнгөн зоог барив. БНМАУ-ын Дэлхийн Энх

Тайвныг Сахин Хамгаалах Холбооны ТЗ-ийн гишүүн, Дэлхийн Энх Тайваны Холбооны гишүүн Ц. Дамдинсүрэн "Ардын өдрийн мэдээ" сонины 4 дүгээр нүүрт "Монголын ард түмэн Хятадын ард түмэнтэй үүрд хамт" өгүүлэл нийтлүүлжээ.

Мөн өдөр БНХАУ-ын улс тунхагласны баярт оролцохоор хүрэлцэн ирсэн эмэгтэй төлөөлөгчид БХ-ын Ардчилсан Эмэгтэйчүүдийн Нэгдсэн Холбооны урилгаар хүндэтгэлийн хүлээн авалтад орсон бол БНХАУ-ын улс тунхагласны баярт хүрэлцэн ирсэн орон орны зохиолч, урлагийн ажилтнууд Хятадын соёл урлагийн ажилтнуудтай дугуй ширээний ярилцлага хийв. Баярын ажиллагаанд оролцохоор ирсэн БНМАУ-ын ард иргэдийн төлөөлөгчдийн тэргүүн Ц. Дамдинсүрэн уг ярилцлагад оролцов.

10 月 18 日 应邀参加中国第二届国庆节庆祝典礼的蒙古人民观礼代表团团长策·达木丁苏隆，于当日上午访问中华全国文学艺术界联合会，与该会副主席茅盾、周扬交流两国文艺等方面的情况。

10 сар 18 БНХАУ-ын улс тунхагласаны хоёр дахь удаагийн ёслолд урилгаар оролцсон Монголын ард иргэдийн төлөөлөгчдийн тэргүүн Ц. Дамдинсүрэн үдээс өмнө БХ-ын соёл урлагийн нэгдсэн холбоонд айлчилж Холбооны орлогч дарга Мао Дүнь, Жоу Ян нартай хоёр улсын соёл урлагийн өнөөгийн байдал зэрэг асуудлаар санал солилцов.

10 月 26 日 蒙古人民观礼代表团团长策·达木丁苏隆在离北京返国前，应中国中央人民广播电台邀请向中国人民发表告别演说。

10 сар 26 Монголын ард иргэдийн төлөөлөгчдийн

тэргүүн Ц. Дамдинсүрэн Бээжингээс нутаг буцахын өмнө хятадын ардын төв радиогийн урилгаар Хятадын ард түмэнд хандаж салалтын үг хэллээ.

1952 年中蒙国家关系历史编年

1952 он Хятад Монгол 2 улсын харилцааны үйл явдлын товчоон

1 月 26 日　蒙古人民共和国部长会议主席浩・乔巴山元帅在莫斯科病逝。中国特派中央人民政府委员会委员、人民革命军事委员会代总参谋长聂荣臻为首的政府代表团赴蒙古参加葬礼。代表团成员包括内蒙古自治区人民政府主席乌兰夫、外交部副部长伍修权等。

1 сар 26　БНМАУ-ын Ерөнхий сайд Маршал Чойбалсан Москва хотноо өвчний улмаас таалал төгсөв. БНХАУ-ын Хятадын Ардын Төв Засгийн Хорооны гишүүн, Ардын Хувьсгалт Чөлөөлөх Армийн Ерөнхий штабын орлогч дарга Не Рунжэн тэргүүтэй Хятадын ЗГ-ын тусгай төлөөлөгчид БНМАУ-д хүрэлцэн ирж салах ёс гүйцэтгэх ёслолд оролцов. Төлөөлөгчдийн бүрэлдэхүүнд ӨМӨЗО-ны Ардын Засгийн Газрын дарга Улаанхүү, Гадаад Явдлын Яамны дэд сайд У Сючуань нар мөн байв.

9 月 15 日　中国、蒙古和苏联关于修建集宁—乌兰巴托铁路，组织三国铁路联运的协定在莫斯科签订。

9 сар 15　БНХАУ, БНМАУ, ЗХУ нарын гурван улс Жинин-Улаанбаатар хотын хооронд төмөр зам тавих болон хамтран ачаа тээвэрлэх тухай гэрээнд Москва хотноо гарын үсэг зурав.

9 月 24 日　中国政务院总理兼外交部部长周恩来和副总理陈云等一行访问苏联回国途中在蒙古首都乌兰巴托做短暂停留，受到蒙古政府接待。周总理在机场上与蒙古政府和人民团体的领袖作了半小时的会晤，于 13∶30 登机离开乌兰巴托。

9 сар 24　БНХАУ-ын Засгийн газрын Ерөнхий сайд бөгөөд Гадаад Явдлын Яамны сайд Жоу Эньлай болон дэд сайд Чэн Юнь нар ЗХУ-д айлчлаад буцах замдаа БНМАУ-ын нийслэл Улаанбаатар хотноо бууж мордоход БНМАУ-ын ЗГ хүлээн авч уулзав. Онгоцны буудал дээр БНХАУ-ын Ерөнхий сайд БНМАУ-ын Засгийн газрын болон ард иргэдийн төлөөлөгчидтэй хагас цагийн уулзалт хийгээд үдээс хойш нэг цаг ханасын үеэр онгоцоор Улаанбаатараас мордов.

9 月末 10 月初　值中华人民共和国建国 3 周年之际，蒙古人民共和国举办了首次“蒙中友好旬”（10 月 1 日至 10 日之间）。应蒙方邀请，为配合“友好旬”，中国派出以周立波为团长的中国文艺代表团。包括中央歌舞团、内蒙古歌舞团、北京京剧团和杂技团在内的联合艺术团共 94 人于 9 月 27 日抵达乌兰巴托。在此之前，参加“友好旬”的中国工业展览会工作团共 22 人也抵达蒙古。展览会的展品共计 2 700 余种。

9 сарын сүүл 10 сарын эхэн　БНХАУ байгуулагдсаны 3 жилийн ойг тохиолдуулан БНМАУ анх удаа “Монгол Хятадын найрамдлын 10 хоног” сэдэвт арга хэмжээг (10 сарын 1-ээс-10 сарын 10 хүртэл) зохион явуулав. “Найрамдалын 10 хоног”-ийн үеэр БНМАУ-ын урилгын дагуу БНХАУ-аас уг өдөрлөгийг дэмжин Жоу Либо тэргүүтэй хятадын соёл урлагын төлөөлөгчдийг оролцуулахаар илгээсэн байна. Хятадын төлөөлөгчдийн бүрэлдэхүүнд Хятадын Дуу Бүжгийн Чуулга, ӨМӨЗО-ны Дуу Бүжгийн

Чуулга, Бээжин дуурийн чуулга, циркийн яуулгийн бие бүрэлдэхүүн нийт 94 хүн багтсан төлөөлөгчид 9 сарын 27-нд Улаанбаатар хотноо хүрэлцэн ирэв. Үүнээс хэд хоногийн өмнө 22 хүний бүрэлдэхүүнтэй Хятадын Аж Үйлдвэрийн үзэсгэлэнгийн ажлын баг БНМАУ-д хүрэлцэн ирсэн байв. Үзэсгэлэнд нийт 2700 гаруй төрлийн үзмэр тавигджээ.

9 月 28 日—10 月 17 日　蒙古人民共和国部长会议主席尤 ·泽登巴尔率蒙古政府代表团访问中国，这是中华人民共和国成立后第一位外国政府首脑正式访问中国。中国中央人民政府主席毛泽东接见并宴请。

9 сар 28-10 сар 17　БНМАУ-ын Ерөнхий сайд Цэдэнбал тэргүүтэй ЗГ-ын төлөөлөгчид БНХАУ-д хүрэлцэн ирсэн ба энэ нь БНХАУ байгуулагдснаас хойш тус улсад хийж буй анхны гадаад улсын засгын газрын тэргүүний айлчлал байв. Хятадын Ардын Засгийн Газрын Төв Хорооны дарга Мао Зэдун төлөөлөгчдийг хүлээн авч зочлов.

10 月 4 日　中蒙双方签订第一个《中蒙经济及文化合作协定》。尤 · 泽登巴尔说，“我们所签订的协定，将更加巩固我们两国人民的友谊，并在他们为劳动人民建设新的幸福生活的斗争中，以及在维护与巩固和平反对以美英帝国主义者为首的帝国主义侵略者的正义斗争中，加强兄弟般的合作”。

10 сар 4　БНХАУ БНМАУ анхны “Хятад Монголын эдийн засаг, соёлын хамтын ажиллагааны гэрээ”-нд гарын үсэг зурав. Ю. Цэдэнбал хэлсэн үгэндээ: “Бидний байгуулж байгаа хамтын гэрээ нь манай хоёр улсын ард түмний найрамдалт харилцаа, тэдний шинэ аз жаргалтай амьдралыг цогцлох шаргуу хөдөлмөр, энх тайвныг сахин хамгаалах болон Америк, Английн империалист гүрнүүдийн

тэргүүлэн буй империалист түрэмгийлэгчдийн эсрэг шудрага тэмцлийг улам эрчимжүүлж ах дүүгийн хамтын ажиллагааг нэмэгдүүлэх юм” гэжээ.

10月8日 蒙古人民共和国《真理报》当日发表题为《和平与友谊的协定》的社论，庆祝中蒙经济及文化合作协定的签订。

10 сар 8 БНМАУ-ын “Үнэн сонин”-ны “Энх тайван найрамдалын гэрээ” нийтлэлд Хятад Монголын эдийн засаг, соёлын хамтын ажиллагааны гэрээнд гарын үсэг зурсаныг баяртайгаар тэмдэглэж буй тухай өгүүлжээ.

10月15日 蒙古驻华特命全权大使巴·贾尔卡赛汗于当晚设宴招待部长会议主席尤·泽登巴尔和他所率领的蒙古政府代表团。中国方面参加宴会的有中央人民政府副主席朱德、政务院总理兼外交部部长周恩来等二百余人。尤·泽登巴尔和朱德分别致辞，强调两国友好关系牢不可破。

10 сар 15 БНМАУ-ын Онц Бүрэн Эрхт Элчин Сайд Б. Жаргалсайхан БНМАУ-ын Ерөнхий сайд Ю.Цэдэнбал болон түүнийг дагалдан яваа Засгийн Газрын төлөөлөгч нарт зориулан хүлээн авалт зохион байгуулав. Уг хүлээн авалтанд БНХАУ-ын Ардын Засгийн Төв Хорооны дэд дарга Жу Дэ, БНХАУ-ын Төрийн Захиргааны Зөвлөлийн Ерөнхий сайд болон ГЯЯ-ны сайд Жоу Эньлай зэрэг 200 гаруй зочид төлөөлөгчид урилгаар оролцсон байна. Хүлээн авалт дээр Ю. Цэдэнбал болон Жу Дэ нар хэлсэн үгэндээ манай хоёр улсын найрамдалт харилцаа хэзээ ч хувирашгүй юм гэдгийг цохон тэмдэглэсэн байна.

10月16日 参加“蒙中友好旬”的中国工业展览会在蒙古首都闭幕，中国驻蒙大使吉雅泰出席并代表中国政府将展览会的全部展览品赠给蒙古政府。闭幕典礼与赠送仪式同时举行。参加闭幕典礼的有蒙古大人民呼拉尔主席团主席布马曾德等。中国驻蒙古大使吉雅泰在闭幕会上讲了话。蒙古部长会议副主席苏兰扎布接受展品清册后致谢词。他在肯定工业展览会的成就后，代表蒙古政府和人民对中国政府的赠予表示衷心的感谢。

10 сар 16 БНМАУ-ын нийслэл Улаанбаатар хотноо зохиогдсон “Монгол Хятадын найрамдалын 10 хоног” үйл ажиллагаанд оролцсон хятадын аж үйлдвэрийн үзэсгэлэн өндөрлөж БНХАУ-аас Монгол Улсад суугаа Элчин сайд Заяатай БНХАУ-ын ЗГ-ыг төлөөлөн тус үзэсгэлэнд тавигдсан бүх салбарын үзмэрийн бүтээгдэхүүнийг БНМАУ-ын ЗГ-т бэлэглэв. Хаалтын ёслолын ажиллагаан дээр уг бэлгийг гардуулах ёслолын ажиллагаа болсон байна. Хаалтын ажиллагаанд оролцсон БНМАУ-ын ИХ-ын Тэргүүлэгчдийн дарга Бумцэнд болон БНХАУ-аас БНМАУ-д суугаа Элчин сайд Заяатай үг хэлэв. БНМАУ-ын Сайд нарын Зөвлөлийн орлогч дарга Сүрэнжав үзэсгэлэнтэй танилцан бүртгэж авсаны дараа талархалын үг хэлэв. Тэрбээраж үйлдвэрийн үзэсгэлэн амжилттай болсныг нотолсны дараа БНМАУ-ын ЗГ болон монголын ард түмнийг төлөөлөн БНХАУ-ын ЗГ-т гүн талархал илэрхийлэв.

10 月 17 日 蒙古政府代表团团长尤·泽登巴尔一行于当日乘飞机离北京返国。中国政务院总理兼外交部部长周恩来等到机场送行。尤·泽登巴尔在飞机场发表了告别讲话。他说：“蒙古人民共和国与中华人民共和国两国政府所签订的旨在增进我们两国人民幸福的经济及文化合作协定，对巩固远东和平的事业是宝贵的贡献。蒙古人民以极其愉快的心情来迎接这一协定的缔结。我们两国人民的友谊是巩固而牢不可破的。没有任何一种力量可以动摇这一友谊”。

10 сар 17 БНМАУ-ын Ерөнхий сайд Ю.Цэдэнбал тэргүүтэй Засгийн газрын төлөөлөгчид Бээжингээс тусгай үүргийн нисэх онгоцоор нутаг буцав. БНХАУ-ын Төрийн Захиргааны Зөвлөлийн Ерөнхий сайд ГЯЯ-ны сайд Жоу Эньлай төлөөлөгчдийг нисэх онгоцны буудал дээр үдэж мордуулав. Ю. Цэдэнбал онгоцны буудал дээр: “БНМАУ болон БНХАУ-ын хоёр улсын Засгийн Газар гэрээнд гарын үсэг зурсанаар манай хоёр ард түмний сайн сайхан болон эдийн засаг соёлын хамтын ажиллагааг сайжруулахын төлөө хийгдсэн гэрээ билээ. Энэ нь алс доронтын энх тайвны үйлт үнэтэй нэмэр оруулсан явдал мөн. Монголын ард түмэн энэхүү гэрээг чин сэтгэлээсээ баяртайгаар хүлээн авах болно. Манай хоёр улсын ард түмний найрамдал хэзээ ч хувирашгүй бөгөөд энэхүү найрамдлыг ганхуулах ямарч хүч байхгүй” гэв.

11 月 15 日 中国中央人民政府委员会第 19 次会议在听取中央人民政府外交部章汉夫副部长所作的关于订立中蒙经济文化合作协定经过的报告后，批准了《中华人民共和国、蒙古人民共和国经济及文化合作协定》。

11 сар 15 БНХАУ-ын Ардын Засгийн Төв Хорооны 19 дэхь удаагийн хурал дээр БНХАУ-ын ГЯЯ-ны дэд сайд Жан Ханьфүгийн “Хятад Монголын Эдийн засаг соёлын харилцааны гэрээ”-нд гарын үсэг зурсан тухай илтгэлийг сонсож “БНХАУ БНМАУ-ын эдийн засаг соёлын хамтын ажиллагааны гэрээ”-г батлав.

11 月 26 日 蒙古驻华大使贾尔卡赛汗当日在《人民日报》第 4 版撰文介绍蒙古人民共和国国庆来历。

11 сар 26 БНМАУ-аас БНХАУ-д суугаа Элчин сайд

Жаргалсайхан “Ардын өдрийн мэдээ” сонины 4 дүгээр нүүрт БНМАУ-ын улсын наадмын түүхийн товч танилцуулга нийтлүүлсэн байна.

12 月 29 日 《中华人民共和国、蒙古人民共和国经济及文化合作协定》互换批准书的仪式于当日在蒙古人民共和国首都乌兰巴托举行。

12 сар 29 Хоёр улс харилцан баталсан “БНХАУ БНМАУ-ын эдийн засаг, соёлын хамтын ажиллагааны гэрээ”-г солилцох ёслолын ажиллагаа БНМАУ-ын нийслэл Улаанбаатар хотноо болов.

1953 年中蒙国家关系历史编年

1953 он Хятад Монгол хоёр улсын харилцааны түүхэн үйл явдлын товчоон

1 月 3 日 蒙古大人民呼拉尔主席团主席布马曾德致电中国中央人民政府主席毛泽东，致以节日的问候。

1 сар 3 БНМАУ-ын ИХ-ын Тэргүүлэгчийн дарга Бумцэнд Хятадын Ардын Засгийн Төв Хорооны дарга Мао Зэдунд Баярын мэнд хүргэсэн цахилгаан илгээв.

1 月 16 日 中蒙邮政协定和电信协定在北京签订。在协定上签字的有，中国方面为中央人民政府邮电部部长朱学范，蒙古方面为蒙古驻中国特命全权大使贾尔卡赛汗。

1 сар 16 Хятад Монгол шуудан болон цахилгаан холбооны тухай хэлэлцээрт Бээжинд гарын үсэг зурав. Хэлэлцээрт хятадын талаас Хятадын ЗГ-ын ТХ-ны Холбооны Яамны сайд Жу Сюэфань, Монголын талаас БНМАУ-аас Хятадад суугаа Онц бөгөөд Бүрэн Эрхт Элчин

сайд Жаргалсайхан оролцов.

2 月 24 日 中蒙非贸易贷款协定在北京签订。

2 сар 24 Бээжин хотноо “Хятад Монголын Худалдааны бус зээлийн хэлэлцээр”-т гарын үсэг зурав.

4 月—5 月 蒙古人民共和国艺术团访问中国演出。

4 сар 5 БНМАУ-ын уран сайханчид Хятадад аялан тоглолт хийв.

7 月 2 日 蒙古人民共和国驻中国第二任大使巴・奥其尔巴特抵北京就任。

7 сар 2 БНМАУ-аас БНХАУ-д суух 2 дахь Элчин сайд Очирбат Бээжинд хүрэлцэн ирэв.

8 月 20 日 《中蒙 1953 年贸易和支付协定》在北京签订。

8 сар 20 Бээжин хотноо “Хятад Монголын худалдааны болон төлбөрийн гүйцэтгэлийн хэлэлцээр”-т гарын үсэг зурав.

12 月 18 日 中蒙双方签订《关于中苏民航公司飞机在蒙古人民共和国境内飞行条件的议定书》。

12 сар 18 Хятад Монгол хоёр тал “Хятад ЗХУ хоёр улсын иргэний агаарын тээврийн нислэг БНМАУ-ын хилээр дайран өнгөрөх нөхцөлийн тухай протокол”-д гарын үсэг зурав.

1954 年中蒙国家关系历史编年

1954 он Хятад Монгол 2 улсын харилцааны түүхэн үйл явдлын товчоон

4 月　蒙古自行车队访华。

4 сар　БНМАУ-ын дугуйн багийн тамирчид БНХАУ-д айлчлав.

4 月 7 日　《1954 年中蒙两国交换货物议定书》在乌兰巴托签字。议定书规定 1954 年两国互相供应的货物，比 1953 年又有进一步的增加。中国将供给蒙古绸缎、皮革制品、干果、水果和其他货物，蒙古将供给中国牲畜、皮毛和各种牲畜产品。中国对外贸易部副部长李哲人和蒙古贸易部部长普雷文・巴特尔分别代表本国政府签字。

4 сар 7　“1954 оны Хятад Монгол хоёр улсын бараа солилцох протокол”-д Улаанбаатар хотноо гарын үсэг зурав. Уг протоколд 1954 онд хоёр улсын харилцан бараа нийлүүлэлтийг 1953 оныхоос улам нэмэгдүүлэхээр тогтсон байна. Хятад улс Монголд торго торгон эдлэл, арьсан эдлэл, хатаасан жимс зэрэг барааг нийлүүлэх бол Монгол улс Хятадад мал, арьс ноосон болон төрөл бүрийн малын гаралтай бүтээгдэхүүнээ нийлүүлэх аж. Хятадын Гадаадтай худалдаа эрхлэх газрын орлогч дарга Ли Жэрэнь болон БНМАУ-ын Гадаад Худалдааны Яамны сайд Баатар нар тус тусын улсын Засгийн Газрыг төлөөлөн гарын үсэг зурав.

4 月 28 日　应中华全国总工会的邀请前来中国参加“五一”节观礼的蒙古人民共和国工会代表团团长罗勃桑拉夫唐（蒙古人民共和国教育工作者工会中央委员会书记），乘飞机抵达北京。

4 сар 28 БНХАУ-ын БХ-ын ҮЭТЗ-ийн урилгаар 5 сарын 1-ний хөдөлмөрчдийн баярын ёслолын ажиллагаанд оролцохоор БНМАУ-ын ҮЭ-ийн төлөөлөгчдийн дарга Лувсанравдан (БНМАУ-ын БЯ-ны ажилтан ба ҮЭ-ийн ТЗ-ийн нарийн бичгийн дарга) онгоцоор Бээжинд хүрэлцэн ирэв.

5 月 18 日 应中国政府政务院文化教育委员会对外文化联络事务局的邀请前来访问并筹备蒙古人民共和国美术展览会的蒙古艺术家于当日抵达北京。前往车站欢迎的有中国美术家协会副主席刘开渠等十余人。

5 сар 18 БНХАУ-ын Төрийн Захиргааны Зөвлөлийн Соёл Боловсролын Хорооны Гадаадтай соёлоор харилцах хэлтсийн урилгаар БНМАУ-ын дүрслэх урлагийн үзэсгэлэн зохион байгуулах уран бүтээлчид Бээжинд хүрэлцэн ирэх үеэр БНХАУ-ын Дүрслэх Урлагийн Нийгэмлэгийн орлогч дарга Лю Кайчү тэргүүтэй арав гаруй хүн тосч авсан байна.

5 月 19 日 根据《中蒙经济及文化合作协定》制订的中蒙 1954 年文化合作执行计划，经双方商谈协议后，已在当日由中国政府外交部副部长章汉夫和蒙古驻华大使奥其尔巴特，分别代表中国政府和蒙古政府换文。

5 сар 19 “Хятад Монголын Эдийн засаг соёлын хамтын ажиллагааны хэлэлцээр”-т үндэслэн 2 талын ажлын хэсэг 1954 оны соёлын хамтын ажиллагааны төлөвлөгөөг авч хэлэлцэн гэрээний талаар тохиролцсоны дараа БНХАУ-ын ЗГ-ын ГЯЯ-ны орлогч дарга Жан Ханьфү болон БНМАУ-аас БНХАУ-д суугаа Элчин сайд Очирбат нар хоёр улсын Засгийн газрыг тус тус төлөөлж гэрээнд гарын үсэг зурав.

5 月 29 日 根据中蒙 1954 年文化合作执行计划，中国政府政务院文化教育委员会对外文化联络事务局主办的“蒙古人民共和国美术展览会”当日在北京中山公园中山堂举行揭幕仪式。展览会上展出了油画、雕塑、民族图案、舞台设计图、世俗画、风景画以及蒙古的美术学校学生们的习作等近300件美术作品。

5 сар 29 1954 оны Хятад Монголын соёлын хамтын ажиллагааг хэрэгжүүлэх төлөвлөгөөнд үндэслэн Хятадын Засгийн газрын Төрийн Захиргааны Зөвлөлийн Соёл боловсролын хорооны гадаадтай соёлоор харилцах хэлтэсээс “БНМАУ-ын уран зургийн үзэсгэлэн” зохион байгуулж тухайн өдөр Бээжин хотын Жун Шан цэцэрлэгт хүрээлэнгийн Жун Шан танхимд нээлтийн ёслолын ажиллагаа болов. Үзэсгэлэнд тосон будгийн зураг, шуумал сийлбэр, үндэсний хээ угалз, тайзны засал чимэглэл, сонгодог уран зураг, байгалийн үзэмж зэрэг бүтээлүүдээс гадна БНМАУ-ын Дүрслэх урлагийн сургуулийн оюутнуудын туурвисан 300 шахам бүтээл дэлгэн тавьсан байна.

6月20日 “蒙古人民共和国美术展览会”当日在北京闭幕。在开放展览的23天中，有12万多人参观了展览会。

6 сар 20 “БНМАУ-ын дүрслэх урлагийн үзэсгэлэн” Бээжинд өндөрлөв. Үзэсгэлэн ажилласан 23 өдрийн хугацаанд 120 000 хүн үзэж сонирхсон байна.

7月11日 蒙古驻华大使奥其尔巴特当晚在北京饭店举行盛大招待会，庆祝蒙古人民革命胜利33周年。中国政府副主席朱德等应邀出席招待会。中国中央人民政府主席毛泽东和政务院总理周恩来曾分别致电蒙古大人民呼拉尔主席团主席扎·桑布和蒙古部长会议主席尤·泽登巴尔，祝贺蒙古人民革命胜利33周年。

7 сар 11 БНМАУ-аас БНХАУ-д суугаа Элчин сайд Очирбат Бээжин зочид буудалд хүлээн авалт хийж,

БНМАУ-ын Ардын Хувьсгалын 33 жилийн ойг ёслол төгөлдөр тэмдэглэв. Уг хүлээн авалтад БНХАУ-ын дэд дарга Жу Дэ урилгаар оролцов. БНХАУ-ын Ардын Засгийн Төв Хорооны дарга Мао Зэдун болон Ерөнхий сайд Жоу Эньлай нар БНМАУ-ын Ардын Хувьсгал ялсны 33 жилийн ойн баярыг тохиолдуулан БНМАУ-ын Ерөнхий сайд Ю.Цэдэнбал болон БНМАУ-ын АИХ-ын тэргүүлэгчдийн дарга Ж. Самбуу нарт тус тус баярын цахилгаан илгээв.

7月22日 中蒙政府在北京签订关于蒙古实习工人在中国进行生产技术实习条件的协定。

7 сар 22 Хятад Монголын Засгийн газар Бээжинд “Монгол ажилчдыг хятадын үйлдвэрт техникийн дадлага хийлгэх гэрээ”-нд гарын үсэг зурав.

7月31日 应蒙古人民共和国政府的邀请，中国中央人民政府政务院总理兼外交部部长周恩来在当日 20：00 抵达蒙古首都乌兰巴托，访问蒙古人民共和国。这是中国政府首脑首次访问蒙古，周恩来也是访问蒙古人民共和国的第一位外国政府首脑。随同周恩来总理抵达的有：中国外交部副部长王稼祥，出席日内瓦会议的中国代表团秘书长王炳南等。蒙古部长会议主席尤·泽登巴尔、大人民呼拉尔主席团主席扎·桑布、蒙古人民革命党中央委员会第一书记达姆巴等到机场迎接。周恩来在当日 21:30 拜谒苏赫巴托尔和乔巴山陵墓。当晚，尤·泽登巴尔举行宴会，招待周恩来一行。

7 сар 31 БНМАУ-ын Засгийн газрын урилгаар Хятадын төв захиргааны газрын Ерөнхий сайд Жоу Эньлай БНМАУ-д айлчлал хийхээр оройны 8 цагт БНМАУ-ын нийслэл Улаанбаатар хотноо хүрэлцэн ирэв. Энэ бол БНХАУ-ын Засгийн газрын тэргүүний БНМАУ-д хийж буй анхны

айлчлал ба анхны гадаад орны Засгийн газрын тэргүүн БНМАУ-д албан ёсны айлчлал хийж буй явдал юм. БНХАУ-ын Ерөнхий сайдад БНХАУ-ын ГЯЯ-ны дэд сайд Ван Жяшян, Женевийн хуралд оролцсон Хятадын төлөөлөгчдийн нарийн бичгийн дарга Ван Биннань нар бараа бологчоор явсан байна. БНМАУ-ын Ерөнхий сайд Ю. Цэдэнбал, ИХ-ын дарга Ж. Самбуу, БНМАУ-ын МАХН-ын ТХ-ны нэгдүгээр нарийн бичгийн дарга Дамба нар онгоцны буудал дээр угтан авав. Ерөнхий сайд Жоу Эньлай оройн 9:30-д Сүхбаатар, Чойбалсан нарын бунханд хүндэтгэл үзүүлсэн байна. Мөн орой Ю.Цэдэнбал, Жоу Эньлай БНМАУ-д айлчилж байгааг тохиолдуулан хүндэтгэлийн зоог барив.

8月1日　蒙古部长会议主席泽登巴尔、大人民呼拉尔主席团主席扎·桑布，蒙古人民革命党中央委员会第一书记达姆巴上午8:30回拜了中国中央人民政府政务院总理周恩来。周恩来在尤·泽登巴尔、扎·桑布、达姆巴陪同下参观了“乔巴山工业联合工厂”，“蒙古人民共和国资源展览馆”和“苏赫·巴托尔、乔巴山博物院”。中国驻蒙古大使馆代办陈应，为周恩来总理访问蒙古和庆祝中国人民解放军“八一”建军节27周年，特于当日11：00举行招待会。蒙古部长会议主席尤·泽登巴尔，大人民呼拉尔主席团主席扎·桑布，蒙古人民革命党中央委员会第一书记达姆巴等出席。席间，周恩来总理和尤·泽登巴尔先后致辞。

中国中央人民政府政务院总理周恩来偕王稼祥、王炳南、师哲等一行于当日13：00离开乌兰巴托飞返北京。

同日　蒙古国防部部长巴特中将致电中国人民解放军总司令朱德将军，祝贺中国人民解放军建军27周年。

8 сар 1　БНМАУ-ын Ерөнхий сайд Ю. Цэдэнбал,

АИХ-ын дарга Ж. Самбуу, МАХН-ын Төв Хорооны нэгдүгээр нарийн бичгийн дарга Дамба нар 8:30-д Хятадын Ардын Төв Засгийн газрын Төрийн Захиргааны Зөвлөлийн Ерөнхий сайд Жоу Эньлайд бараалхав. Жоу Эньлай Ю. Цэдэнбал, Ж. Самбуу, Дамба нарын хамт Чойбалсаны нэрэмжит аж үйлдвэрээр зочилж БНМАУ-ын байгалийн музей болон Сүхбаатар, Чойбалсан нарын музей үзэж сонирхов. Мөн өдрийн 11:00 цагт БНХАУ-аас БНМАУ-д суугаа Элчин сайдын үүрэгт ажлыг түр хамаарагч Чэн Ин Ерөнхий сайд Жоу Эньлайн БНМАУ-д айлчилж буй болон Хятадын Ардын Чөлөөлөх “8-1” арми байгуулагдсаны 27 жилийн ойг тохиолдуулан хүндэтгэлийн зоог барив. БНМАУ-ын Ерөнхий сайд Ю. Цэдэнбал, ИХ-ын Тэргүүлэгчдийн дарга Ж. Самбуу, МАХН-ын ТХ-ны нэгдүгээр нарийн бичгийн дарга Дамба нар уг дайллагад оролцов. Дайллагын үеэр Ерөнхий сайд Жоу Эньлай болон Ю. Цэдэнбал нар үг хэлэв.

БНХАУ-ынардын төв засгийн газрын төрийн захиргааны зөвлөлийн Ерөнхий сайд Жоу Эньлай болон түүнд бараа бологсод Ван Жяшян, Ван Биннань, Ши Жэ нарын хамтаар үдээс хойш 13:00-д онгоцоор Улаанбаатараас мордов.

Мөн өдөр БНМАУ-ын БХЯ-ны сайд дэслэгч генерал Бат БНХАУ-ын Ардын Чөлөөлөх Армийн Ерөнхий командлагч генерал Жу Дэ-д БНХАУ-ын АЧА байгуулагдсаны 27 жилийн ойн баярыг тохиолдуулан баярын цахилгаан илгээв.

9 月 14 日　中国中央人民政府任命何英为中国驻蒙特命全权大使。免去吉雅泰的中国驻蒙特命全权大使的职务。

9 сар 14　БНХАУ-ын ардын төв засгийн газраас БНХАУ-аас БНМАУ-д суух Онц бөгөөд Бүрэн Эрхт Элчин сайдаар Хэ Инг томилж БНХАУ-аас БНМАУ-д Онц бөгөөд Бүрэн Эрхт Элчин сайдын алба хашиж аасан Заяатайг үүрэгт ажлаас нь чөлөөлөв.

9 月 19 日　蒙古大人民呼拉尔主席团致电中国全国人民代表大会。热烈祝贺中华人民共和国全国人民代表大会召开。

9 сар 19　БНМАУ-ын ИХ-ын Тэргүүлэгчдээс БНХАУ-ын Бүх Хятадын Ардын Төлөөлөгчдийн Их Хуралд цахилгаан илгээж, БНХАУ-ын Бүх Хятадын Ардын Төлөөлөгчдийн Их Хурал хуралдаж буйд халуун баяр хүргэсэн байна.

9 月 23 日　中国新任驻蒙特命全权大使何英当日抵达蒙古首都乌兰巴托。

9 сар 23　БНХАУ-аас БНМАУ-д суух Онц бөгөөд Бүрэн Эрхт Элчин сайдаар томилогдсон Хэ Ин БНМАУ-ын нийслэл Улаанбаатар хотноо хүрэлцэн ирэв.

9 月 24 日　中国驻蒙古第二任大使何英偕大使馆参赞陈应、一等秘书德勒格尔、二等秘书戈更夫向蒙古人民共和国大人民呼拉尔主席团主席桑布呈递国书。

同日　蒙古部长会议主席尤·泽登巴尔、第一副主席巴·锡林迪布分别接见了中驻蒙特命全权大使何英。蒙古人民革命党第一书记达姆巴也接见了何英大使。

9 сар 24　БНХАУ-аас БНМАУ-д суух хоёр дахь Онц бөгөөд Бүрэн Эрхт Элчин сайд Хэ Ин, элчин сайдын яамны зөвлөх Чэн Ин, нэгдүгээр нарийн бичгийн дарга Дэлгэр, хоёрдугаар нарийн бичгийн дарга Гэгээнхүү нарын хамт БНМАУ-ын ИХ-ын Тэргүүлэгчдийн дарга Ж. Самбууд итгэмжлэх жуух бичгээ өргөн барив.

Мөн өдөр БНМАУ-ын Ерөнхий сайд Ю. Цэдэнбал, нэгдүгээр орлогч дарга Б. Ширэндэв нар тус тус БНХАУ-аас БНМАУ-д суух хоёр дахь Онц бөгөөд Бүрэн Эрхт Элчин сайд Хэ Инг хүлээн авч уулзав. Мөн МАХН-ын Төв Хорооны нэгдүгээр нарийн бичгийн дарга Дамба Элчин сайд Хэ Инг хүлээн авч уулзав.

9月27日　应中国政府邀请，前往中国参加国庆5周年典礼的蒙古人民共和国政府代表团团长、蒙古大人民呼拉尔主席团主席扎·桑布一行，于当日上午乘飞机抵达北京。中国中央人民政府副主席李济深、秘书长林伯渠、政务院副总理董必武等前往机场迎接。当日下午，中国国家主席毛泽东接见了蒙古政府代表团。

9 сар 27　БНХАУ-ын ЗГ-ын урилгаар БНХАУ байгуулагдсаны 5 жилийн ойн ёслолын арга хэмжээнд оролцохоор БНМАУ-ын ИХ-ын Тэргүүлэгчдийн дарга Ж. Самбуу тэргүүтэй төлөөлөгчид тусгай үүргийн онгоцоор Бээжин хотноо хүрэлцэн ирэв. Хятадын Ардын Төв Засгийн газрын дэд дарга Ли Жишэнь, нарийн бичгийн дарга Лин бочү, Төрийн Зөвлөлийн дэд дарга Дун Би-у нарын албаны хүмүүс нисэх онгоцны буудал дээр угтаж авав. БНХАУ-ын дарга Мао Зэдун БНМАУ-ын төлөөлөгчдийг хүлээн авч уулзав.

9月28日　蒙古政府代表团团长扎·桑布出席了中国第一届全国人民代表大会第一次会议的闭幕式。

同日　蒙古大人民呼拉尔主席团和部长会议致电中国国家主席毛泽东，祝贺其在全国人民代表大会第一次会议上当选为中华人民共和国主席。

9 сар 28　БНМАУ-ын төлөөлөгчдийн тэргүүн Ж. Самбуу БНХАУ-ын Бүх Хятадын Ардын Төлөөлөгчдийн Их Хурлын анхны хуралдааны хаалтын ёслолд оролцов.

Мөн өдөр БНМАУ-ын ИХ-ын Тэргүүлэгчид болон Сайд нарын Зөвлөлөөс БНХАУ-ын дарга Мао Зэдунд Бүх Хятадын Ардын Төлөөлөгчдийн анхдугаар хуралдаанаас БНХАУ-ын даргаар сонгогдсон явдалд нь баяр хүргэсэн цахилгаан илгээв.

9 月 29 日　中国国务院总理兼外交部部长周恩来当晚举行盛大酒会，招待应邀来中国参加国庆节的各国外宾。蒙古政府代表团及妇女代表应邀出席了酒会。

同日　蒙古部长会议主席尤·泽登巴尔电贺周恩来被任命为中华人民共和国国务院总理。

9 сар 29　БНХАУ-ын Төрийн Захиргааны Зөвлөлийн Ерөнхий сайд болон Гадаад Явдлын сайд Жоу Эньлай БНХАУ тунхагласны ойн арга хэмжээнд хүрэлцэн ирсэн гадаадын зочдод зориулан хүлээн авалт зохион байгуулсан ба уг хүлээн авалтад БНМАУ-ын ЗГ-ын болон эмэгтэйчүүдийн төлөөлөгчид урилгаар оролцов.

Мөн өдөр БНМАУ-ын Ерөнхий сайд Ю. Цэдэнбал Жоу Эньлайд БНХАУ-ын Төрийн Захиргааны Зөвлөлийн Ерөнхий сайдаар сонгогдсон явдалд нь баяр хүргэсэн цахилгаан илгээв.

9 月 29 日　蒙古部长会议主席尤·泽登巴尔致电中国国务院总理周恩来，祝贺中华人民共和国成立 5 周年。蒙古外交部部长巴·贾尔卡赛汗也给中国外交部部长周恩来发来贺电。

同日　中国驻蒙特命全权大使何英当晚在蒙古政府大厦举行电影招待会，庆祝新中国成立 5 周年。应邀出席招待会的有蒙古部长会议主席泽登巴尔等 200 余人。

9 сар 29　БНМАУ-ын Ерөнхий сайд Ю. Цэдэнбал БНХАУ-ын Төрийн Захиргааны Зөвлөлийн Ерөнхий сайд Жоу Эньлайд БНХАУ байгуулагдсаны таван жилийн ойг тохиолдуулан баярын цахилгаан илгээв. БНМАУ-ын ГЯЯ-ны сайд Б. Жаргалсайхан БНХАУ-ын ГЯЯ-ны сайд Жоу

Эньлайд баярын цахилгаан илгээв.

Мөн өдөр БНХАУ-аас БНМАУ-д суугаа Онц бөгөөд Бүрэн Эрхт Элчин сайд Хэ Ин БНМАУ-ын ЗГ-ын ордонд БНХАУ-ын таван жилийн ойн баяр ёслолд зориулан кино коктейль зохиов. Хүлээн авалтад Ерөнхий сайд Ю.Цэдэнбал тэргүүтэй 200 хүн урилгаар оролцов.

9月30日 中国北京各界在中南海怀仁堂隆重举行中华人民共和国成立5周年国庆庆祝大会，蒙古政府代表团团长扎·桑布应邀出席。

同日 蒙古大人民呼拉尔主席团主席桑布给中国国家主席毛泽东发来国庆贺电。

同日 蒙古人民为庆祝中华人民共和国成立5周年国庆和“蒙中友好旬”开始，于下午在首都乌兰巴托市举行庆祝大会。蒙古部长会议主席泽登巴尔、蒙古人民革命党中央委员会第一书记达姆巴、大人民呼拉尔主席团副主席泽狄布等以及各部领导、工作人员，人民团体负责人和各界人士共一千多人与会。中国驻蒙古大使何英、中国文艺代表团团长曹禺和代表团、杂技团全体团员也应邀参加。

9 сар 30 БНХАУ-ын нийслэл Бээжингийн Жун Нанхайн Хуай Рэн ёслолын танхимд БНХАУ байгуулагдсаны таван жилийн ойг тохиолдуулан баярын хурал болсон ба уг хуралд гадаадын зочид төлөөлөгчид оролцсон ба Ж. Самбуу тэргүүтэй БНМАУ-ын ЗГ-ийн төлөөлөгчид урилгаар оролцов.

Мөн өдөр БНМАУ-ын ИХ-ын Тэргүүлэгчдийн дарга Ж. Самбуу БНХАУ-ын дарга Мао Зэдунд улс тунхагласны баярын цахилгааныг илгээв.

Мөн өдөр Монголын ард түмэн БНХАУ тунхагласны таван жилийн ойн арга хэмжээнд зориулсан “Монгол Хятадын найрамдлын арван хоног” эхэлсэн ба нийслэл

Улаанбаатар хотод ойн арга хэмжээнд зориулсан баярын хурал болов. Хуралд БНМАУ-ын Ерөнхий сайд Ю. Цэдэнбал, МАХН-ын нэгдүгээр нарийн бичгийн дарга Дамба, ИХ-ын Тэргүүлэгчдийн орлогч дарга Цэдэв болон яамдын удирдлагууд, ажилчдын төлөөлөл, олон нийтийн байгууллагын хариуцлагатай хүмүүс болон олон талын зочид төлөөлөгчид гэсэн нийт 1000 гаруй хүн оролцсон байна. БНХАУ-аас БНМАУ-д суугаа Элчин сайд Хэ Ин, БНХАУ-ын соёл урлагийн Цао Юй тэргүүтэй төлөөлөгчид, циркийн жүжигчид бүрэн бүрэлдэхүүнээрээ уг хуралд урилгаар оролцов.

10 月 1 日　蒙古政府代表团团长桑布发表讲话、代表蒙古人民及其政府和蒙古人民革命党中央委员会向中国人民致以热烈的和祝贺、衷心的敬意。

同日　中国驻蒙古大使何英于当晚举行招待会，庆祝中华人民共和国建国 5 周年。参加招待会的有蒙古部长会议主席泽登巴尔、蒙古人民革命党中央委员会第一书记达姆巴、蒙古大人民呼拉尔主席团副主席泽狄布以及各部部长、副部长，以及人民革命军高级将领、各群众团体负责人和文化、科学、艺术界人士等。中国文艺代表团团长曹禺及代表团部分团员，也出席了招待会。

10 сар 1　БНМАУ-ын ЗГ-ийн төлөөлөгчдийн тэргүүн Ж. Самбуу илтгэл тавив. Тэрээр БНМАУ-ын ард иргэд, Засгийн Газар болон МАХН-ын ТХ-ны нэрийн өмнөөс Хятадын ард түмэнд чин сэтгэлийн хүндэтгэл илэрхийлж халуун баяр хүргэв.

Мөн өдөр БНХАУ-аас БНМАУ-д суугаа Элчин сайд Хэ Ин БНХАУ байгуулагдсаны 5 жилийн ойд зориулсан хүлээн авалт зохиов. Хүлээн авалтанд Ерөнхий сайд Ю. Цэдэнбал, МАХН-ын нэгдүгээр нарийн бичгийн дарга Дамба, ИХ-ын

Тэргүүлэгчдийн орлогч дарга Цэдэв болон яамдын сайд, орлогч сайд нар Ардын Хувьсгалт Цэргийн удирдлагууд олон нийтийн байгууллагын хариуцлагатай ажилтнууд, соёл, шинжлэх ухаан, урлагийн төлөөлөгчид болон БНХАУ-ын соёл урлагийн Цао Юй тэргүүтэй төлөөлөгчид мөн оролцов.

10月1日—10日　为庆祝中华人民共和国建国5周年，蒙古首都乌兰巴托市及各省举办了“蒙中友好旬”活动。蒙古政府在“蒙中友好旬”期间举行的中国图片展览会于1日在蒙古国家电影院开幕。蒙古部长会议主席泽登巴尔、蒙古人民革命党中央委员会第一书记达姆巴以及蒙古政府各部首长和各人民团体负责人参加开幕典礼。中国驻蒙古大使何英也应邀参加了典礼。

10 сар 1-10　БНХАУ-ын улс тунхагласны таван жилийн ойд зориулсан “Монгол Хятадын найрамдлын 10 хоног” сэдэвт арга хэмжээ нийслэл Улаанбаатар хот болон аймгуудад зохиогдов. БНМАУ-ын ЗГ-аас “Монгол-Хятадын найрамдлын арван хоног” Хятадын уран зургийн үзэсгэлэнг 1-ний өдөр БНМАУ-ын кино театрт зохион явуулав. БНМАУ-ын Ерөнхий сайд Ю. Цэдэнбал, МАХН-ын нэгдүгээр нарийн бичгийн дарга Дамба, БНМАУ-ын яамдын сайд нар, олон нийтийн байгууллагын хариуцлагатай ажилтнууд болон БНХАУ-аас БНМАУ-д суугаа Элчин сайд Хэ Ин мөн урилгаар уг ёслолд оролцсон байна.

10月2日　中国国务院总理周恩来，当晚在北京饭店举行盛大宴会，招待应邀前来参加新中国成立5周年国庆典礼的各国政府代表团。蒙古政府代表团团长扎·桑布应邀出席。

同日　蒙古部长会议主席泽登巴尔致电中国务院总理周恩来，祝贺中蒙经济及文化合作协定签订两周年。

10 сар 2　БНХАУ-ын Төрийн Захиргааны Зөвлөлийн

Ерөнхий сайд Жоу Эньлай Бээжин зочид буудалд дайллага зохиосон ба уг арга хэмжээнд БНХАУ-ын улс тунхагласны таван жилийн ойн арга хэмжээнд уригдан ирсэн гадаад орнуудын Засгийн газрын төлөөлөгч нар оролцсон байна. БНМАУ-ын ЗГ-ын төлөөлөгчдийн тэргүүн Ж. Самбуу мөн уг дайллагад урилгаар оролцсон байна.

Мөн өдөр БНМАУ-ын Ерөнхий сайд Ю. Цэдэнбал БНХАУ-ын Төрийн Захиргааны Зөвлөлийн Ерөнхий сайд Жоу Эньлайд "Монгол Хятадын эдийн засаг, соёлын хамтын ажиллагааны гэрээ"-нд гарын үсэг зурсаны хоёр жилийн ойг тохиолдуулан баярын цахилгаан илгээв.

10 月 3 日　中国国务院总理周恩来致电蒙古部长会议主席尤・泽登巴尔，祝贺中蒙经济及文化合作协定签订两周年。

10 сар 3　БНХАУ-ын Төрийн Захирганы Зөвлөлийн Ерөнхий сайд Жоу Эньлай БНМАУ-ын Ерөнхий сайд Ю. Цэдэнбалд "Монгол Хятадын эдийн засаг, соёлын хамтын ажиллагааны гэрээ"-нд гарын үсэг зурсаны хоёр жилийн ойг тохиолдуулан хариу баярын цахилгаан илгээв.

10 月 12 日　中华人民共和国政府、苏维埃社会主义共和国联盟政府和蒙古人民共和国政府发表《关于修建从集宁到乌兰巴托的铁路并组织联运的联合公报》。公报规定，该铁路在 1955 年内由中、苏、蒙三国建成并组织联运。铁路全长 339 公里。1952 年 9 月 15 日中、苏、蒙三国政府曾签订了关于修建这条铁路的协定书。

同日　应邀来中国参加新中国成立 5 周年国庆典礼的蒙古政府代表团在当日 8：30 乘机离开北京返国。蒙古政府代表团团长、蒙古大人民呼拉尔主席团主席扎・桑布登机前发表了讲话。

10 сар 12　БНХАУ-ын ЗГ, ЗСБНХУ-ын ЗГ, БНМАУ-ын ЗГ

“Жинин-Улаанбаатарыг холбосон төмөр замаар шууд тээвэр хийх тухай хамтарсан мэдэгдэл хийсэн байна. Уг мэдэгдэлд төмөр замыг 1955 онд багтаан барьж Хятад, Монгол, Зөвлөлт гурван улс хамтран тээвэр хийхийг шийдвэрлэсэн тухай өгүүлсэн байна. Төмөр замын урт нь 339 км. 1952 оны 9 сарын 15-ны өдөр Хятад, Монгол, Зөвлөлт гурван улс төмөр зам тавих хэлэлцээрт гарын үсэг зурсан байна.

Мөн өдөр БНХАУ байгуулагдсаны 5 жилийн ойн арга хэмжээнд оролцохоор ирсэн БНМАУ-ын ЗГ-ын төлөөлөгчид үдээс өмнө буюу 8:30-д тусгай үүргийн онгоцоор нутаг буцав. Буцахын өмнөхөн Бээжин хотын онгоцны буудал дээр БНМАУ-ын ЗГ-ын төлөөлөгчдийн тэргүүн БНМАУ-ын ИХ-ын Тэргүүлэгчдийн дарга Ж. Самбуу үг хэлэв.

10月13日　蒙古《真理报》当日全文刊登了中苏会谈的公报及各项文件，并发表了题为《具有重大国际意义的文件》的社论。

10 сар 13 Монголын “Үнэн” сонинд “олон улсад ач холбогдол бүхий баримт бичиг” нэртэй тэргүүн сэдэвт шүүмжлэл ба Хятад Зөвлөлт хоёр улсын хэлэлцээрийн тухай албан ёсны мэдээлэл болон бусад бичиг баримтыг бүрэн эхээр нь нийтлэсэн байна.

11月16日—12月2日　中共中央候补委员、国务院副总理乌兰夫率中共中央代表团参加蒙古人民革命党第十二次代表大会。

11 сар 16-12 сар 2 БНХАУ-ын ТХ-нд нэр дэвшигч Төрийн Зөвлөлийн Ерөнхий сайдын орлогч Улаанхүү БНХАУ-ын ТХ-ны төлөөлөлөгчдийг тэргүүлэн МАХН-ын 12 дугаар Их хуралд оролцов.

12月16日 《中蒙1955年互供货物议定书》在北京签署。

12 сар 16 "Хятад Монголын 1955 онд харилцан бараа нийлүүлэх протокол"-д Бээжин хотноо гарын үсэг зурав.

1955年中蒙国家关系历史编年

1955 оны Хятад Монгол хоёр улсын түүхэн үйл явдлын товчоон

2月14日 中国驻蒙古特命全权大使何英举行宴会，庆祝中苏友好同盟互助条约签订五周年。蒙古部长会议主席泽登巴尔，蒙古人民革命党中央委员会第一书记达姆巴、部长会议第一副主席锡林迪布、部长会议副主席迈达尔、外交部部长贾尔卡赛汗，蒙古党和政府各部门的负责人应邀出席宴会。苏联驻蒙古大使馆临时代办使馆的全体人员和在蒙古的苏联专家都应邀出席了宴会。

2 сар 14 БНХАУ-аас БНМАУ-д суугаа Онц бөгөөд Бүрэн Эрхт Элчин сайд Хэ Ин БНХАУ ЗХУ хоёрын байгуулсан "Найрамдал харилцан туслалцах гэрээ"-нд гарын үсэг зурсаны 5 жилийн ойг тохиолдуулан дайллага хийв. Дайллагад БНМАУ-ын Ерөнхий сайд Ю. Цэдэнбал, МАХН-ын нэгдүгээр нарийн бичгийн дарга Дамба, Ерөнхий сайдын нэгдүгээр орлогч дарга Ширэндэв, Сайд нарын Зөвлөлийн орлогч дарга Майдар, ГЯЯ-ны сайд Жаргалсайхан, МАХН-ын болон ЗГ-ын хариуцлагатай албан тушаалтнууд болон ЗХУ-аас БНМАУ-д суугаа Элчин сайдын үүрэгт ажлыг түр хамаарагч болон Элчин сайдын Яамны албаны хүмүүс, ЗХУ-ын мэргэжилтнүүд мөн урилгаар оролцов.

3月4日 《中蒙1955年文化合作执行计划》在乌兰巴托

签署。

3 сар 4 “Монгол Хятадын соёлын хамтын ажиллагааг хэрэгжүүлэх 1955 оны төлөвлөгөө”-нд Улаанбаатар хотноо гарын үсэг зурав.

3月14日 根据《中蒙经济及文化合作协定》制订的《中蒙1955年文化合作执行计划》，经中蒙双方商谈协议后，于本日在乌兰巴托由中国驻蒙古特命全权大使何英和蒙古外交部部长贾尔卡赛汗分别代表双方政府换文。

3 сар 14 “Хятад Монголын эдийн засаг ба соёлын хамтын ажиллагааны гэрээ”-г үндэслэн боловсруулсан “Хятад Монголын соёлын хамтын ажиллагааг хэрэгжүүлэх 1955 оны төлөвлөгөө”-г ажлын хэсэг хэлэлцэж тохирч улмаар Улаанбаатар хотноо БНХАУ-аас БНМАУ-д суугаа Онц Бүрэн Эрхт Элчин сайд Хэ Ин болон БНМАУ-ын ГЯЯ-ны сайд Жаргалсайхан нар тус тусын ЗГ-ыг төлөөлж гарын үсэг зурав.

3月24日 中国铁路部门正在进行经由集宁—乌兰巴托铁路和苏、蒙两国实行国际联运的各项准备工作。中国铁道部已经成立一个集二线联运筹备委员会，专门督促检查各有关单位的筹备工作，保证年内实现国际联运。

3 сар 24 Хятадын Төмөр замын Яам Жинин-Улаанбаатарыг холбосон төмөр зам болон ЗХУ, БНМАУ-ын олон улсын шууд ачаа тээвэр ашиглалтанд ороход бүх талаар бэлэн болсон ба хятадын төмөр зам ачаа тээвэр зохицуулах комисс байгуулж мэргэжлийн хяналт шалгалт хийх холбогдох нэгж байгууллагын бэлтгэл ажлыг жигдэлж мөн жилдээ багтаан олон улсын ачаа тээвэрлэлт ашиглалтанд орох тухай баталгаа өгсөн байна.

4 月 7 日　中蒙签订《关于派遣中国员工参加蒙古生产建设的协定》。

4 сар 7　Хятад Монголын "БНМАУ-ын үйлдвэрлэлийн бүтээн байгуулалтад оролцуулахаар БНХАУ-аас ажилчид илгээх тухай хэлэлцээр"-т гарын үсэг зурав.

4 月 25 日　中华全国总工会于本日致电蒙古工会中央理事会，代表中国工人阶级向蒙古的工人阶级和全体劳动人民热烈祝贺"五一"国际劳动节。

4 сар 25　БНХАУ-ын БХ,ын Үйлдвэрчний Эвлэлийн Төв Зөвлөл БНХАУ-ын хөдөлмөрчин ангийн нэрийн өмнөөс БНМАУ-ын ҮЭ-ийн ТЗ-өөр дамжуулан БНМАУ-ын хөдөлмөрчин ангид болон бүх ажилчин ангид олон улсын хөдөлмөрчдийн өдрийг тохиолдуулан халуун баяр хүргэсэн баярын цахилгаан илгээв.

5 月 2 日　蒙古工会中央理事会致电中华全国总工会，祝贺"五一"节。

5 сар 2　БНМАУ-ын ҮЭ-ийн ТЗ-өөс БНХАУ-ын Бүх Хятадын Үйлдвэрчний Эвлэлийн Ерөнхий Зөвлөлд 5 сарын 1-ий баяр хүргэсэн цахилгаан илгээв.

5 月　中国第一批 6 000 名援蒙员工赴蒙古人民共和国。

5 сар　БНХАУ-аас БНМАУ-д туслах анхны 6000 ажилчид хүрэлцэн ирэв.

6 月 8 日　中国国务院副总理陈毅在当日下午接见了蒙古科学文化工作者代表团团长马什拉伊和代表团成员历史学硕士纳查格达尔吉、画家泽维格扎布。

6 сар 8　БНХАУ-ын Ерөнхий сайдын орлогч Чэн И

БНМАУ-ын соёл шинжлэх ухааны төлөөлөгчдийн тэргүүн Машлай болон түүхийн ухааны магистр Нацагдорж, зураач Цэвэгжав нарыг хүлээн авч уулзав.

6月27日 中国国家主席毛泽东致电祝贺蒙古大人民呼拉尔主席团主席扎·桑布60寿辰。

6 сар 27 БНХАУ-ын дарга Мао Зэдунээс БНМАУ-ын ИХ-ын Тэргүүлэгчдийн дарга Ж.Самбууд 60 насны нь ойг тохиолдуулан баярын цахилгаан илгээв.

7月9日 中国国家主席毛泽东、全国人民代表大会常务委员会委员长刘少奇、国务院总理兼外交部长周恩来致电蒙古大人民呼拉尔主席团主席扎·桑布、部长会议主席尤·泽登巴尔、代理外交部长斯·拉布丹，祝贺蒙古人民革命胜利34周年。

7 сар 9 БНХАУ-ын дарга Мао Зэдун, БХАТИХ-ын байнгын хорооны дарга Лю Шаочи, Төрийн Захиргааны Зөвлөлийн Ерөнхий сайд бөгөөд ГЯЯ-ны сайд Жоу Эньлай нар БНМАУ-ын ИХ-ын Тэргүүлэгчдийн дарга Ж. Самбуу, БНМАУ-ын Ерөнхий сайд Ю. Цэдэнбал, ГЯЯ-ны сайдын үүрэгт ажлыг хамаарагч Ловдон нарт МАХ ялсаны 34 жилийн ойн баярын цахилгаан илгээв.

7月10日 中国国家副主席朱德，国务院总理周恩来接见了蒙古人民革命军歌舞团领队兼团长达姆丁呼少将一行。

7 сар 10 БНХАУ-ын дэд дарга Жу Дэ, Төрийн зөвлөлийн Ерөнхий сайд Жоу Эньлай нар хошууч генерал Дамдинхүү тэргүүтэй БНМАУ-ын Бүх цэргийн дуу бүжгийн ансамблийг хүлээн авч уулзав.

7月11日 蒙古人民共和国农牧业图片展览在北京开幕。

同日　蒙古部长会议主席泽登巴尔举行宴会，庆祝蒙古人民革命胜利 34 周年。中国驻蒙古大使何英和以侯外庐为首的正在蒙古访问的中国科学、教育、艺术工作者代表团全体人员也应邀出席了宴会。

同日　蒙古驻华大使奥其尔巴特当晚举行盛大招待会，热烈庆祝蒙古人民革命胜利 34 周年纪念日。参加招待会的中外人士共计 600 多人。中国国务院总理周恩来等政府各部门负责人等应邀出席了招待会。蒙古人民革命军歌舞团领队兼团长达姆丁呼少将等也出席了招待会。

7 сар 11　БНМАУ-ын ХАА газар тариалангийн уран зургийн үзэсгэлэн Бээжинд нээлтээ хийв.

Мөн өдөр БНМАУ-ын Ерөнхий сайд Ю. Цэдэнбал МАХ ялсаны 34 жилийн ойд зориулсан дайллага зохиосон ба дайллагад БНХАУ-аас БНМАУ-д сууж буй Онц бөгөөд Бүрэн Эрхт Элчин Сайд Хэ Ин болон энэ үеэр БНМАУ-д айлчилж буй Хоу Вайлу тэргүүтэй БНХАУ-ын ШУ, боловсрол, урлаг уран сайхны төлөөлөгчдийн бие бүрэлдэхүүн урилгаар оролцов.

Мөн өдрийн орой БНМАУ-аас БНХАУ-д суугаа Элчин сайд Очирбат МАХ ялсаны 34 жилийн ойг тохиолдуулан оройн зоог барьсан ба оройн зоогт БНХАУ-ын болон гадаадын 600 гаруй зочид төлөөлөгчид оролцсон байна. Уг оройн зоогт Төрийн Захиргааны Зөвлөлийн Ерөнхий сайд Жоу Эньлай болон холбогдох яамдын хариуцлагатай албан тушаалтнууд, БНМАУ-ын Бүх Цэргийн Дуу Бүжгийн ансамблийн дарга Дамдинхүү нар уг оройн зоогт урилгаар оролцсон байна.

7 月 18 日　蒙古部长会议第一副主席锡林迪布当日接见了根据《中蒙 1955 年文化合作计划》到蒙古访问的中国科学、教育、艺术工作者代表团团长侯外庐和全体团员。锡林迪布与代表团作了一小半时的谈话。

7 сар 18 БНМАУ-ын Ерөнхий сайдын орлогч дарга Ширэндэв "Хятад Монголын соёлын хамтын ажиллагааг хэрэгжүүлэх 1955 оны төлөвлөгөө"-ний асуудлаар БНМАУ-д хүрэлцэн ирсэн Хоу Вайлу тэргүүтэй БНХАУ-ын ШУ, боловсрол, урлагийн төлөөлөгч нарыг хүлээн авч уулзан хагас цагийн ярилцлага хийв.

8月4日 根据《中蒙1955年文化合作计划》而举办的中国工艺美术品展览会当日在蒙古首都乌兰巴托市开幕。开幕式由蒙古外交部部长助理兼对外文化联络局局长策林道尔吉主持。参加开幕式的有：蒙古人民革命党中央委员会书记处第一书记达姆巴、大人民呼拉尔主席团主席桑布、部长会议第一副主席锡林迪布、副主席鲁布桑、代理外交部部长拉布丹和蒙古人民革命军总司令巴特等人。参加开幕式的还有中国驻蒙古大使何英、在蒙古访问的中国科学、教育、艺术工作者代表团团长侯外庐和全体团员。

8 сар 4 "Хятад Монголын соёлын хамтын ажиллагааг хэрэгжүүлэх 1955 оны төлөвлөгөө"-нд үндэслэн БНХАУ-ын уран зургийн үзэсгэлэн БНМАУ-ын нийслэл Улаанбаатар хотноо нээлтийн ёслол хийв. Нээлтийн ёслолыг ГЯЯ-ны сайдын туслах гадаадтай соёлоор харилцах хэлтэсийн дарга Цэрэндорж удирдав. Нээлтийн ёслолд МАХН-ын ТХ-ны нэгдүгээр нарийн бичгийн дарга Дамба, ИХ-ын Тэргүүлэгчдийн дарга Ж. Самбуу, Ерөнхий сайдын нэгдүгээр орлогч дарга Ширэндэв, дэд дарга Лувсан, ГЯЯ-ны сайдыг төлөөлөн Ловдон, МАХА-ийн Ерөнхий командлагч Бат нар тус тус байлцав. Мөн БНХАУ-аас БНМАУ-д суугаа Элчин сайд Хэ Ин, БНМАУ-д айлчилж буй Хоу Вайлу тэргүүтэй БНХАУ-ын ШУ, боловсрол, урлагийн төлөөлөгчид уг

нээлтийн ёслолд оролцсон байна.

9 月 20 日—10 月 17 日　中国、蒙古、苏联铁路联运代表会第一次会议 9 月 20 日到 10 月 17 日在蒙古首都乌兰巴托市召开。会议讨论了 1956 年 1 月 1 日开办中苏蒙铁路联运的有关问题。制定并签订了关于开办中华人民共和国和苏维埃社会主义共和国联盟间通过蒙古人民共和国铁路联运有关各项问题的《中、蒙、苏国境铁路联运协定》《中蒙国境铁路协定》和自 1956 年 1 月 1 日开办中华人民共和国北京和蒙古人民共和国乌兰巴托间旅客、货物联运的《中蒙国境铁路协定》以及苏蒙国境铁路联合委员会议定书。在协定和议定书上分别签字的有：中华人民共和国铁路代表团团长、铁道部国际联运局局长糜镛；苏维埃社会主义共和国联盟铁路代表团团长、东西伯利亚铁路管理局局长特・格・叶尔马柯夫，蒙古人民共和国铁路代表团团长、乌兰巴托铁路管理局副局长阿・错格特赛汗。

9 сар 20-10 сар 17　БНХАУ, БНМАУ, ЗСБНХУ-ын төлөөлөгчдийн төмөр замаар шууд тээвэр хийх анхдугаар хурал 9 сарын 20-оос 10 сарын 17-ны өдөр БНМАУ-ын нийслэл Улаанбаатар хотноо болов.Хурлаар 1956 оны 1 сарын 1-ээс эхлэх гурван улсын хамтарсан ачаа тээвэрлэлттэй холбоотой асуудлуудыг авч хэлэлцсэн байна. Мөн БНХАУ болон ЗСБНХУ хоёр улс нь БНМАУ-ын төмөр замаар ачаа тээвэрлэх болон транзит ачаа тээвэртэй холбоотой “Хятад Монгол ЗХУ-ын хилээр транзит тээвэр хийх тухай хэлэлцээр”, “Хятад Монголын хилийн төмөр замын хэлэлцээр” болон 1956 оны 1 сарын 1-ээс БНХАУ-ын нийслэл Бээжин БНМАУ-ын нийслэл Улаанбаатар хотын хооронд зорчигч болон ачаа тээвэрлэх тухай “Хятад Монголын улсын хилийн төмөр замын хэлэлцээр”, ЗХУ,

БНМАУ-ын хилийн төмөр замын хамтарсан хорооны хурлын протокол зэрэг баримтуудыг хэлэлцэн тохирч гарын үсэг зурав. Хэлэлцээр болон хурлын протокол зэрэгт БНХАУ-ын Төмөр Замын төлөөлөгчдийн тэргүүн буюу Төмөр Замын Яамны олон улсын транзит тээврийн хэлтсийн дарга Ми Юн, ЗХУ-ын төмөр замын төлөөлөгчдийн тэргүүн буюу Дорнод Сибирийн төмөр замын удирдах газрын дарга Т. Г. Ермаков, БНМАУ-ын төмөр замын төлөөлөгчдийн тэргүүн буюу Улаанбаатар хотын төмөр замын удирдах газрын дарга А. Цогтсайхан нар тус тус гарын үсэг зурсан байна.

9 月 29 日　中国驻蒙古大使何英为庆祝新中国成立 6 周年，当晚举行电影招待会，放映中国纪录片“光辉的五周年”和故事片“哈森与加米拉”。出席电影招待会的有蒙古大人民呼拉尔主席团主席桑布、部长会议第一副主席锡林迪布、部长会议副主席曾德、阿维尔齐德、蒙古人民革命党中央委员会第一书记达姆巴，蒙古政府各部正副部长、蒙古人民军高级将领，群众团体负责人和乌兰巴托市市长巴戈等 200 余人。

9 сар 29　БНХАУ-аас БНМАУ-д суугаа Элчин сайд Хэ Ин БНХАУ байгуулагдсаны 6 жилийн ойг тохиолдуулан кино коктейль зохион байгуулсан ба арга хэмжээний үеэр “Гялалзсан 5 жил” баримтат кино болон “Хасан Жамила хоёр” уран сайхны кино тус тус үзүүлсэн байна. Уг кино коктейльд ИХ-ын тэргүүлэгчдийн дарга Ж.Самбуу, Ерөнхий сайдын нэгдүгээр орлогч дарга Ширэндэв, Ерөнхий сайдын орлогч дарга Цэнд, Аварзэд, МАХН-ын нэгдүгээр нарийн бичгийн дарга Дамба, ЗГ-ын болон яамдын сайд, дэд сайд нар, Монголын Зэвсэгт хүчний удирдлагууд олон нийтийн байгууллагын хариуцлагатай албаны хүмүүс, Улаанбаатар хотын хөдөлмөрчдийн депутатын хурлын гүйцэтгэх захиргааны дарга Г. Багаа зэрэг 200 зочид оролцсон байна.

9月30日　蒙古首都乌兰巴托各界为庆祝中国国庆，当晚在乌兰巴托大剧院举行了盛大的庆祝会。出席庆祝会的有蒙古大人民呼拉尔主席团主席桑布、部长会议第一副主席锡林迪布、蒙古人民革命党中央第一书记达姆巴以及蒙古政府重要官员，蒙古人民军高级将领，各群众团体负责人和乌兰巴托劳动人民代表等600多人。中国驻蒙古大使何英应邀出席庆祝会。

9 сар 30　БНМАУ-ын нийслэл Улаанбаатар хотноо олон нийтийн байгууллага БНХАУ тунхагласны баярыг тэмдэглэв. Баярын хуралд БНМАУ-ын ИХ–ын тэргүүлэгчдийн дарга Ж.Самбуу, Ерөнхий сайдын нэгдүгээр орлогч дарга Ширэндэв, МАХН-ын нэгдүгээр нарийн бичгийн дарга Дамба болон БНМАУ-ын ЗГ-ын болон МАЦ-ийн дээд тушаалын дарга нар олон нийтийн байгууллагын хариуцлагатай албаны хүмүүс, Улаанбаатар хотын хөдөлмөрчдийн төлөөлөгчид зэрэг 600 гаруй хүн оролцов. Мөн БНХАУ-с Монгол улсад суугаа элчин сайд Хэ Ин урилгаар оролцов.

10月1日　中国驻蒙古大使何英当晚举行招待会，庆祝中国国庆。应邀出席招待会的有蒙古大人民呼拉尔主席团主席桑布、副主席泽狄布，部长会议第一副主席锡林迪布，部长会议副主席曾德、阿维尔齐德、蒙古人民革命党中央第一书记达姆巴，书记拉姆苏伦、桑丹，外交部代理部长拉布丹以及各部部长、副部长，人民军高级将领和各人民团体负责人等300余人。

同日　蒙古大人民呼拉尔主席团主席扎木斯朗金·桑布、部长会议主席尤·泽登巴尔、蒙古人民革命党书记达·达姆巴致电中国国家主席毛泽东、国务院总理周恩来、中国共产党中央委员会书记刘少奇，祝贺中华人民共和国成立 6 周年。蒙古代理外交部部长桑·拉布丹也向中国国务院总理兼外交部部长周恩来致电祝贺。

10 сар 1 БНХАУ-аас БНМАУ-д суугаа Элчин сайд Хэ Ин БНХАУ тунхагласны баярыг тохиолдуулан хүлээн авалт зохион байгуулав. Хүлээн авалтанд урилгаар БНМАУ-ын ИХ-ын Тэргүүлэгчдийн дарга Ж. Самбуу, орлогч Цэдэв, Сайд нарын Зөвлөлийн нэгдүгээр орлогч Ширэндэв, Сайд нарын Зөвлөлийн орлогч дарга Цэнд, Аварзэд, МАХН-ын нэгдүгээр нарийн бичгийн дарга Дамба, нарийн бичиг Лхамсүрэн, Самдан, ГЯЯ-ны Сайдын үүрэгт ажлыг түр хамаарагч Ловдон болон яамдын сайд, дэд сайдууд, ардын цэргийн дээд шатны удирдлагууд болон ард иргэдийн төлөөлөгчид зэрэг 300 хүн оролцсон байна.

Мөн өдөр БНМАУ-ын АИХ-ын Тэргүүлэгчдийн дарга Жамсранжавын Самбуу,Ерөнхий сайд Ю. Цэдэнбал МАХН-ын ТХ-ны нэгдүгээр нарийн бичгийн дарга Д. Дамба нараас БНХАУ-ын дарга Мао Зэдун, БНХАУ-ын Төрийн Захиргааны Зөвлөлийн Ерөнхий сайд Жоу Эньлай, ХКН-ын ТХ-ны нарийн бичгийн дарга Лю Шаочи нарт БНХАУ тунхагласны 6 жилийн ойг тохиолдуулан баяр хүргэв. Мөн БНМАУ-ын ГЯЯ-ны сайдын үүрэгт ажлыг түр хамаарагч Ловдон БНХАУ-ын Төрийн Захиргааны Зөвлөлийн Ерөнхий сайд бөгөөд ГЯЯ-ны сайд Жоу Эньлайд баярын цахилгаан илгээв.

12月21日 《中华人民共和国广播事业局和蒙古人民共和国广播委员会广播合作协定》当日在乌兰巴托签字。中国广播事业局副局长温济泽和蒙古广播委员会主席普尔比分别代表两国政府签字。

12 сар 21 “БНХАУ-ын Радиогийн хэрэг эрхлэх хороо болон БНМАУ-ын Радио хорооны хамтын ажиллагааны гэрээ”-нд БНХАУ-ын Радиогийн хэрэг эрхлэх хорооны дарга Вэнь Жизэ, БНМАУ-ын Радио хорооны дарга Пүрэв нар тус

тусын ЗГ-ийг төлөөлөн гарын үсэг зурав.

12 月 29 日　应邀到蒙古参加乌兰巴托—北京直达铁路通车典礼和中蒙边境铁路接轨典礼的中国政府代表团，由团长、中国铁道部部长滕代远率领，当日下午乘飞机抵达乌兰巴托。应蒙古运输部邀请前来蒙古的太原铁路管理局局长彭伯周也同机抵达。

12 сар 29 Улаанбаатар-Бээжингийн чиглэлийн болон Хятад-Монголын хилийн төмөр замын нээлтийн ёслолд урилгаар оролцохоор БНХАУ-ын Төмөр замын яамны сайд Тэн Дайюань тэргүүтэй засгийн газрын төлөөлөгчдийн бүрэлдэхүүн тусгай үүргийн онгоцоор тус өдрийн үдээс хойш Улаанбаатар хотноо хүрэлцэн ирэв. БНМАУ-ын Тээврийн Яамны урилгаар өмнөхөн хүрэлцэн ирсэн Тай юаний Төмөр замын хэрэг эрхлэх газрын дарга Пэн Божоу мөн хамт ирсэн байна.

12 月 30 日　蒙古部长会议主席尤・泽登巴尔致电中国国务院总理周恩来，祝贺苏蒙中三国即将开始联运和乌兰巴托—北京直达铁路即将通车。

同日　蒙古部长会议主席泽登巴尔举行招待会，欢迎以滕代远为首的中国政府代表团和以别谢夫为首的苏联政府代表团。

12 сар 30 БНМАУ-ын Ерөнхий сайд Ю. Цэдэнбал БНХАУ-ын Төрийн Захиргааны Зөвлөлийн Ерөнхий сайд Жоу Эньлайд Хятад-Монгол-ЗХУ-ыг холбосон шууд тээврийн болон Улаанбаатар–Бээжингийн чиглэлийн төмөр зам нээгдсэн явдалд баяр хүргэж цахилгаан илгээв.

Мөн өдөр Монгол улсын ерөнхий сайд Цэдэнбал хүлээн авалт зохиож, БНХАУ-ын ЗГ-ыг төлөөлсөн Тэн Дайюань тэргүүтэй хятадын төлөөлөгчид болон ЗХУ-ын ЗГ-ыг төлөөлөлөн Б.П. Бещев тэргүүтэй төлөөлөгчид оролцсон байна.

12 月 31 日 中国国务院总理周恩来致电蒙古部长会议主席尤·泽登巴尔，祝贺北京—乌兰巴托直达铁路通车和中、蒙、苏三国铁路联运即将开通。

同日 为庆祝蒙、苏、中三国铁路国际联运通车和乌兰巴托—扎门乌德铁路开始营业，蒙古大人民呼拉尔主席团和部长会议当晚举行盛大招待会。以别谢夫为首的苏联政府代表团、以滕代远为首的中国政府代表团、苏蒙政府联合验收委员会委员们应邀出席。

12 сар 31 БНХАУ-ын Төрийн Захиргааны Зөвлөлийн Ерөнхий сайд Жоу Эньлай БНМАУ-ын Ерөнхий сайд Ю. Цэдэнбалд Улаанбаатар – Бээжингийн чиглэлийн болон Хятад-Монгол-ЗХУ гурван улсыг холбосон төмөр зам нээгдсэн явдалд баяр хүргэж цахилгаан илгээв.

Мөн өдөр Монгол ЗХУ Хятад гурван улсын олон улсын шууд тээврийн болон Улаанбаатар – Замын-Үүд төмөр зам үйл ажиллагаагаа эхэлсэнийг тохиолдуулан БНМАУ-ын ИХ-ын тэргүүлэгчдийн Зөвлөл болон Сайд нарын Зөвлөлөөс дайллага зохион байгуулав. ЗХУ-ын ЗГ-ыг төлөөлөлсөн Б.П. Бещев тэргүүтэй төлөөлөгчид, БНХАУ-ын ЗГ-ыг төлөөлсөн Тэн Дайюань тэргүүтэй төлөөлөгчид болон ЗХУ, БНМАУ-ын хамтарсан хүлээн авах комиссын гишүүд зэрэг албаны хүмүүс хүлээн авалтад урилгаар оролцсон байна.

1956 年中蒙国家关系历史编年

1956 оны Хятад Монгол хоёр улсын түүхэн үйл явдлын товчоон

1956 年 1 月 1 日 中华人民共和国、蒙古人民共和国和苏维埃社会主义共和国联盟之间的铁路联运正式开通。

1 сар 1 БНХАУ, БНМАУ, ЗСБНХУ-ын хооронд шууд тээврийн төмөр зам албан ёсоор нээлтээ хийв.

1 月 3 日 集宁—乌兰巴托铁路中蒙边境铁路接轨通车典礼在中蒙边境的二连浩特和扎门乌德之间举行。中国国务院副总理乌兰夫、蒙古部长会议主席尤·泽登巴尔及以铁道部部长滕代远为首的中国政府代表团，以鲁布桑为首的蒙古政府代表团，以别谢夫为首的苏联政府代表团等参加了典礼。典礼由蒙古人民革命党中央委员会第一书记达姆巴主持，尤·泽登巴尔、乌兰夫分别讲话。

1 сар 3 Жинин-Улаанбаатар чиглэлийн төмөр замын нээлтийн ёслол Хятад Монголын хилийн боомт хот Эрээн Замын-Үүдэд болов. Нээлтийн ёслолд БНХАУ-ын Төрийн Захиргааны Зөвлөлийн орлогч сайд Улаанхүү, БНМАУ-ын Ерөнхий сайд Ю. Цэдэнбал болон БНХАУ-ын Төмөр Замын Яамны сайд Тэн Дайюань тэргүүтэй БНХАУ-ын ЗГ-ын төлөөлөгчид, Лувсан тэргүүтэй БНМАУ-ын төлөөлөгчид, Б. П. Бещев тэргүүтэй ЗХУ-ын ЗГ-ын төлөөлөгчид тус тус оролцсон байна. Нээлтийн ёслолыг МАХН-ын нэгдүгээр нарийн бичгийн дарга Дамба удирдаж БНМАУ-ын Ерөнхий сайд Ю. Цэдэнбал, БНХАУ-ын Төрийн Захиргааны Зөвлөлийн орлогч сайд Улаанхүү нар тус тус үг хэлэв.

1 月 4 日 中蒙苏三国政府发表联合公报，宣布乌兰巴托—集宁铁路建成和联运开始。

1 сар 4 Улаанбаатар–Жининий чиглэлийн төмөр зам барьж дууссан хийгээд транзит тээвэр эхэлсэнтэй холбогдуулан БНХАУ, БНМАУ, ЗСБНХУ гурван улс хамтарсан мэдэгдэл хийсэн байна.

1月5日 中国国务院总理周恩来当晚举行宴会，庆祝中蒙苏三国铁路联运通车和欢迎蒙古和苏联两国政府代表团。以鲁布桑为首的蒙古政府代表团和以别谢夫为首的苏联政府代表团全体人员，苏联运输建设部部长科热夫尼科夫，蒙古驻华大使奥其尔巴特，苏联驻中国大使尤金和在京的有关苏联专家，应邀出席宴会。200多名各界人士出席招待会。

1 сар 5 БНХАУ-ын Төрийн Захиргааны Зөвлөлийн Ерөнхий сайд Жоу Эньлай БНХАУ, БНМАУ, ЗСБНХУ гурван улсын төмөр замын шууд тээвэр нээгдсэнтэй холбогдуулан дайллага хийсэн ба дайллагад Лувсан тэргүүтэй БНМАУын ЗГ-ын төлөөлөгчид болон Б. П. Бещев тэргүүтэй ЗХУ-ын ЗГ-ын төлөөлөгчид буюу ЗСБНХУ-ын Тээвэр барилгын яамны сайд Е. Ф. Кожевников, БНМАУ-аас БНХАУ-д суугаа Элчин сайд Очирбат, ЗСБНХУ-аас БНХАУ-д суугаа Элчин сайд Южин болон Бээжин дахь зөвлөлтийн мэргэжилтнүүд зэрэг нийт 200 гаруй гадаадын зочид төлөөлөгчид урилгаар оролцов.

2月7日 中国贸易代表团和蒙古贸易代表团经过诚挚友好的谈判之后，圆满地达成了协议，并于当日在乌兰巴托签订了《中蒙1956年互供货物议定书》，议定书规定1956年两国间的贸易额比1955年增加一倍。议定书规定中国方面将供应蒙古大米、干鲜果品、烟、丝织品和其他生活必需品等，蒙古方面将供应中国马匹、皮张和其他畜产品等。代表中国方面在议定书上签字的是中国驻蒙古特命全权大使何英，代表蒙古方面在议定书上签字的是蒙古贸易部部长巴塔尔。

2 сар 7 БНХАУ-ын болон БНМАУ-ын худалдааны төлөөлөгчид харилцан нөхөрсөг дотно байдалд болж өнгөрсөн хэлэлцээрийн үр дүнд “БНМАУ, БНХАУ-ын

хооронд 1956 онд харилцан бараа нийлүүлэх тухай протокол”-д Улаанбаатар хотноо гарын үсэг зурав. Протоколд өгүүлсэнчлэн 1956 онд хоёр улсын харилцан нийлүүлэх бараа нь 1955 оныхоос нэг дахин их байх аж. Протокол ёсоор БНХАУ БНМАУ-д цагаан будаа, хатаасан жимс, шинэ жимс, тамхи, торго зэрэг өргөн хэрэглээний бараа нийлүүлэх бол БНМАУ БНХАУ-д адууны шир гэх мэт мал аж ахуйн гаралтай түүхий эд тус тус нийлүүлэхээр болсон байна. Протоколд БНХАУ-ыг төлөөлж БНХАУ-аас БНМАУ-д суугаа Элчин сайд Хэ Ин, БНМАУ-ыг төлөөлж Худалдааны Яамны сайд П. Баатар нар тус тус протоколд гарын үсэг зурсан байна.

2 月 25 日 《中蒙两国互换邮政包裹协定》当日在乌兰巴托市签字。代表中国方面签字的是中国政府邮电代表团团长、邮电部副部长王子纲，代表蒙古方面签字的是蒙古政府邮电代表团团长、邮电部副部长乔米德道尔基。

2 сар 25 “БНХАУ БНМАУ хоёр улс харилцан шуудан илгээмж явуулах тухай хэлэлцээр”-т Улаанбаатар хотноо гарын үсэг зурав. БНХАУ-ыг төлөөлж БНХАУ-ын ЗГ-ын төлөөлөгчдийн тэргүүн ХЯ-ны орлогч сайд Ван Зыган, БНМАУ-ыг төлөөлж БНМАУ-ын ЗГ-ын төлөөлөгчдийн тэргүүн ХЯ-ны орлогч сайд Чимэддорж нар тус тус гарын үсэг зурав.

2 月 27 日 蒙古驻华大使奥其尔巴特举行晚宴，庆祝蒙苏友好互助条约签订 10 周年。中国方面应邀出席宴会的有国务院副总理陈毅、文化部部长沈雁冰、外交部副部长章汉夫、中国驻蒙古大使何英以及有关部门的负责人。

2 сар 27 БНМАУ-аас БНХАУ-д суугаа Элчин сайд Очирбат “БНМАУ, ЗСБНХУ хоёр улсын найрамдалт

харилцан туслалцах гэрээ”-нд гарын үсэг зурсаны 10 жилийн ойг тохиолдуулан оройн зоог барьсан ба уг зоогт БНХАУ-ын Төрийн Захиргааны Зөвлөлийн орлогч Чэн И, Соёлын Ямны сайд Чэн Янбин, ГЯЯ-ны орлогч Жан Ханьфү, БНХАУ-аас БНМАУ-д суугаа Элчин сайд Хэ Ин зэрэг холбогдох яамдын хариуцлагатай ажилтнууд байлцав.

3 月 1 日 中国共产党中央委员会致电蒙古人民革命党中央委员会，祝贺蒙古人民革命党成立 35 周年。同日，《人民日报》发表题为《蒙古人民革命党成立 35 周年》的社论。

3 сар 1 ХКН-ын ТХ-ноос МАХН-ын ТХ-нд МАХН байгуулагдсаны 35 жилийн ойг тохиолдуулан баярын цахилгаан илгээв. “Ардын өдрийн мэдээ” сонинд МАХН байгуулагдсаны 35 жилийн ой” мэдээ нийтлэгдсэн байна.

3月26日 中国、苏联、阿尔巴尼亚、保加利亚、匈牙利、德意志民主共和国、朝鲜、蒙古、波兰、罗马尼亚、捷克斯洛伐克等国代表在莫斯科缔结关于成立联合核子研究所的协定。

3 сар 26 БНХАУ, ЗСБНХУ, Албани, Болгари, Унгар, БНХГУ, БНАСУ, БНМАУ, Польш, Румын, Чехословак улсын төлөөлөгчид Москва хотноо хамтарсан цөмийн судалгаа хийх тухай гэрээ байгуулав.

3 月 28 日 蒙古部长会议主席尤·泽登巴尔接见了以卢绪章为首的中国经济代表团，双方进行了诚挚的交谈。

3 сар 28 БНМАУ-ын Ерөнхий сайд Ю.Цэдэнбал Лү Сюжан тэргүүтэй БНХАУ-ын эдийн засгийн төлөөлөгчдийг хүлээн авч халуун дотно ярилцав.

3 月 28 日 中华人民共和国副主席朱德元帅应邀访问蒙古人

民共和国。前往车站欢迎的有：蒙古人民革命党中央第一书记达姆巴，蒙古部长会议第一副主席锡林迪布、部长会议副主席鲁布桑、迈达尔、曾德，乌兰巴托市市长巴格以及蒙古各部门党政负责人员、人民军高级将领、各人民团体负责人。中国驻蒙古大使馆的工作人员和中国正在蒙古的经济代表团人员、华侨代表、中国留学生等也到车站欢迎。当日下午朱德副主席访问了蒙古人民革命党中央委员会第一书记达姆巴。朱德和达姆巴进行了亲切的谈话。朱德副主席当日下午在中国驻蒙古大使何英陪同下还拜会了蒙古大人民呼拉尔主席团主席桑布、蒙古部长会议主席泽登巴尔。朱德副主席和他的随行人员当晚 21：00 在中国驻蒙古大使何英陪同下，敬谒蒙古人民革命领袖苏赫—巴托尔和乔巴山元帅的陵墓，并敬献花圈。

3 сар 28 БНХАУ-ын дэд дарга маршал Жу Дэ БНМАУ-ын ЗГ-ын урилгаар БНМАУ-д айлчлав. Галт тэрэгний буудал дээр угтан авахаар МАХН-ын нэгдүгээр нарийн бичгийн дарга Дамба, БНМАУ-ын Сайд нарын Зөвлөлийн нэгдүгээр орлогч Б. Ширэндэв, Сайд нарын Зөвлөлийн орлогч С. Лувсан, Д. Майдар, Л. Цэнд, Улаанбаатар хотын ардын депутатуудын хурлын гүйцэтгэх захиргааны дарга Г. Багаа, яамдын хариуцлагатай ажилтнууд, цэргийн дээд тушаалын офицерууд, олон нийтийн байгууллагын хариуцлагатай ажилтнууд тус тус хүрэлцэн ирсэн байна. Мөн БНХАУ-аас БНМАУ-д суугаа Элчин сайдын яамын ажилтнууд, энэ үед БНМАУ-д айлчилж буй БНХАУ-ын эдийн засгийн төлөөлөгчид, хятадын цагаач иргэд, БНХАУ-аас БНМАУ-д суралцаж буй оютнууд хүрэлцэн ирсэн байна. БНХАУ-ын дэд дарга МАХН-ын нэгдүгээр нарийн бичгийн дарга Дамбатай уулзсан ба уулзалт элэгсэг дотно болж өнгөрсөн байна. Мөн өдрийн үдээс хойш БНХАУ-ын дэд дарга Жу Дэ БНХАУ-аас

БНМАУ-д суугаа Элчин сайд Хэ Иний хамтаар БНМАУ-ын ИХ-ын дарга Ж. Самбуу, БНМАУ-ын Ерөнхий сайд Ю. Цэдэнбал нарт тус тус бараалхсан байна. Оройн 21:00-д БНХАУ-ын дэд дарга Жу Дэ бараа бологсод болон Элчин сайд Хэ Иний хамтаар ардын хувьсгалын удирдагч Сүхбаатар, маршал Чойбалсан нарын бунханд хүндэтгэл үзүүлж цэцэг өргөв.

3 月 29 日 朱德副主席和随行人员于当日上午在中国驻蒙古大使何英陪同下参观了蒙古国立乔巴山大学。陪同前往参观的有：蒙古大人民呼拉尔主席团主席桑布、部长会议主席泽登巴尔、大人民呼拉尔主席团副主席泽狄布、蒙古人民革命党中央委员会书记拉姆苏伦等。蒙古大人民呼拉尔主席团主席桑布举行午宴，款待朱德副主席。

3 сар 29 Дэд дарга Жу Дэ бараа бологсод болон Элчин сайд Хэ Иний хамтаар үдээс өмнө Чойбалсаны нэрэмжит их сургуульд зочлов. Энэ үеэр БНМАУ-ын ИХ-ын тэргүүлэгч Ж. Самбуу, БНМАУ-ын Ерөнхий сайд Ю. Цэдэнбал, АИХ-ын дэд дарга Д. Цэдэв, МАХН-ын ТХ-ны нарийн бичгийн дарга Лхамсүрэн нар мөн байлцав. БНМАУ-ын ИХ-ын дарга Ж. Самбуу дэд дарга Жу Дэгийн хамт үдийн зоог барив.

3 月 30 日 中国驻蒙古大使何英在当晚为朱德副主席访问蒙古举行了宴会。蒙古方面出席宴会的有大人民呼拉尔主席团主席桑布，部长会议主席泽登巴尔，部长会议第一副主席锡林迪布，部长会议副主席鲁布桑、迈达尔、曾德，蒙古人民革命党中央委员会第一书记达姆巴和其他政治局委员，政府各部部长、蒙古驻中国和朝鲜大使以及军队高级将领、人民团体负责人等。苏联和朝鲜驻蒙古大使和各使馆的外交官员、中国驻蒙古大使馆人员和中国经济代表团、华侨代表、留学生代表也出席了宴会。出席宴会的有 280 多人。

3 сар 30 БНХАУ-аас БНМАУ-д суугаа Элчин сайд Хэ Ин БНХАУ-ын дэд дарга Жу Дэ БНМАУ-д айлчилж буйг тохиолдуулан хүлээн авалт зохион байгуулав. Уг хүлээн авалтад БНМАУ-ын ИХ-ын дарга Ж. Самбуу, БНМАУ-ын Ерөнхий сайд Ю. Цэдэнбал, Ерөнхий сайдын нэгдүгээр орлогч Б. Ширэндэв, Ерөнхий сайдын орлогч С. Лувсан, Д. Майдар, Л. Цэнд, МАХН-ын нэгдүгээр нарийн бичгийн дарга Дамба болон улс төрийн товчооны гишүүд, яамдын сайдууд, БНМАУ-аас БНХАУ болон БНАСУ-д суугаа Элчин сайд, цэргийн дээд тушаалын дарга нар, олон нийтийн байгууллагын хариуцлагатай ажилтнууд тус тус оролцсон байна. Мөн ЗХУ болон БНАСУ-аас БНМАУ-д суугаа дипломат төлөөлөгчид, БНХАУ-аас БНМАУ-д суугаа Элчин сайдын яамны ажилтнууд, БНХАУ-ын эдийн засгийн төлөөлөгчид, хятадын цагаач иргэдийн төлөөлөгчид, хятад оюутнууд зэрэг нийт 280 гаруй хүн уг хүлээн авалтад оролцсон байна.

3 月 31 日　蒙古部长会议主席尤·泽登巴尔 20：00 举行盛大宴会，招待中华人民共和国副主席朱德元帅一行。泽登巴尔在致词中指出，朱德访问蒙古对加强蒙中两国人民之间的友谊的重大意义；强大的中华人民共和国的成立使国际舞台上的力量对比发生了有利于社会主义阵营的根本变化。中国共产党中央委员会在极为复杂的条件下，根据中国的具体情况制定和实现着自己的战略和策略，从而对马克思、列宁主义作出了宝贵的贡献。他在讲话中还强调了苏联共产党第二十次代表大会和大会决议的重大意义。

朱德的讲话指出，蒙古目前所进行的社会主义建设对提高蒙古人民的物质和文化生活水平和对加强保卫远东和世界和平的重大意义。他说，目前中国人民在为维护中国领土完整、坚决解放台湾的斗争中，获得了蒙古人民的深切同情和支持，这表明建立在伟大的国际主义原则之上的中蒙两国的关系贯串着相互信任和亲密合作的精神。几年来中蒙两国的友好合作关系有了新的发展，这种友好关系的发展越来越全面和深入。

当晚23:00，中华人民共和国副主席朱德结束在蒙古的访问，乘专车离开乌兰巴托回国。蒙古大人民呼拉尔主席团副主席泽狄布和蒙古外交部交际司司长罗布桑楚勒图姆也同乘专车陪同朱德到蒙中边境。

3 сар 31 БНМАУ-ын Ерөнхий сайд Ю.Цэдэнбал оройн 20:00-д БНХАУ-ын дэд дарга маршал Жу Дэ болон бараа бологсдод зориулан хүндэтгэлийн зоог барив. Ю. Цэдэнбал зоог барих үед хэлсэн үгэндээ БНХАУ-ын дэд дарга Жу Дэ БНМАУ-д айлчилж байгаа явдал нь манай хоёр орны ард түмний найрамдалт харилцааг бэхжүүлэхэд ихээхэн ач холбогдолтой юм; Хүчирхэг БНХАУ байгуулагдсан явдал нь олон улсын тавцан дээрх хүчний тэнцвэрт социалист лагерийн хувьд ашигтайгаар эргэж буй хэрэг. ХКН-ын ТХ улс орныхоо хүнд үед улсынхаа хөгжлийн чиг болон арга ажиллагаагаа боловсруулсанаар марксизм-ленинизмын үзэл баримтлалд үнэтэй хувь нэмэр оруулсан. Тэрбээр цааш нь хэлсэн үгэндээ ЗХУ-ын КН-ын 20-р их хурлын шийдвэр нь ихээхэн ач холбогдолтойг цохон тэмдэглэв. Жу Дэ дарга хэлсэн үгэндээ Монгол улс социалист нийгэмд алхан орсон нь монголын ард түмний матерриаллаг болон соёлын амьдралыг түвшин дээшлүүлэх, Алс Дорнодын болон дэлхийн энх тайвныг сахин хамгаалахад ихээхэн ач холбогдолтой юм. Урьд нь хятадын ард түмэн өөрийн улс

орны газар нутгаа бүрэн бүтэн байдлаа сахин хамгаалах Тайванийг чөлөөлөх дайнд монголын ард түмний гүн туслалцаа дэмжлэгийг олсон нь аугаа интернационализмыг бүтээн байгуулахад Хятад Монгол манай хоёр орны харилцаа харилцан итгэлцэл ба дотно хамтын ажиллагааны сэтгэлгээнд улаан шугам татсан билээ. Ойрын жилүүдэд Хятад-Монгол хоёр орны найрамдалт хамтын ажиллагааны харилцаа хөгжлийн шинэ хэлбэрт орсон ба бидний найрамдалт харилцаа бүх талаар улам бүр өргөжин улам бүр гүнзгийрч байна гэв.

Мөн өдрийн орой 23:00-д БНХАУ-ын дэд дарга Жу Дэ БНМАУ дахь айлчлал өндөрлөж тусгай үүргийн галт тэргээр эх орондоо буцав. БНМАУ-ын ИХ-ын орлогч дарга Цэдэв болон БНМАУ-ын ГЯЯ-ны харилцааны хэлтэсийн дарга Лувсанчүлтэм нар мөн тусгай үүргийн галт тэргээр Жу Дэ даргыг БНМАУ-ын хил хүртэл гаргаж өгөв.

4月12日 《中蒙1956年文化合作执行计划》在北京签订。

4 сар 12 "Хятад Монголын 1956 оны соёлын хамтын ажиллагааны ажлын төлөвлөгөө"-нд Бээжин хотноо гарын үсэг зурав.

7月9日 参加蒙古人民革命胜利35周年庆祝典礼的以李先念副总理为首的中国代表团，当日乘飞机抵达乌兰巴托。蒙古部长会议主席泽登巴尔、大人民呼拉尔主席团主席桑布和蒙古人民革命党中央委员会第一书记达姆巴，当日下午接见了中国代表团团长李先念、团员江明和何英。当晚，中国代表团和苏联等其他国家派来参加蒙古人民革命胜利35周年庆祝典礼的代表团在乌兰巴托国家音乐剧院观看了蒙古著名歌剧“三座山”。

同日 中国国家主席毛泽东、全国人民代表大会常务委员会委员长刘少奇、国务院总理兼外交部部长周恩来致电蒙古大人民呼拉尔主席团主席扎·桑布、部长会议主席尤·泽登巴尔、外交部部长达·阿吉尔毕希，祝贺蒙古人民革命胜利35周年。

7 сар 9 БНМАУ-ын ардын хувьсгал ялсаны 35 жилийн ойн баяр ёслолд оролцохоор БНХАУ-ын Ерөнхий сайдын орлогч Ли Сяньнянь тэргүүтэй төлөөлөгчид тусгай үүргийн онгоцоор Улаанбаатар хотноо хүрэлцэн ирэв. Мөн өдрийн үдээс хойш төлөөлөгчдийн тэргүүн БНХАУ-ын Ерөнхий сайдын орлогч Ли Сяннян болон төлөөлөгч Зян Мин, Хэ Ин нарыг БНМАУ-ын Ерөнхий сайд Ю. Цэдэнбал болон ИХ-ын тэргүүлэгчдийн дарга Ж. Самбуу болон МАХН-ын нэгдүгээр нарийн бичгийн дарга Дамба нар тус тус хүлээн авч уулзав. БНХАУ-ын төлөөлөгчид МАХ-ын 35 жилийн ойн баяр ёслолд оролцохоор хүрэлцэн ирсэн ЗХУ болон гадаад орнуудын зочид төлөөлөгчидтэй Улаанбаатар хотын дуурь бүжгийн театрт “Учиртай гурван толгой” дуурь үзэж сонирхов.

Мөн өдөр БНХАУ-ын дарга Мао Зэдун, БХАТИХ-ын байнгын хорооны дарга Лю Шаочи БНХАУ-ын Ерөнхий сайд бөгөөд ГЯЯ-ны сайд Жоу Эньлай нар БНМАУ-ын ИХ-ын Тэргүүлэгчдийн дарга Ж. Самбуу, БНМАУ-ын Ерөнхий сайд Ю.Цэдэнбал, ГЯЯ-ны сайд Адилбиш нарт МАХ-ын 35 жилийн ойг тохиолдуулан баярын цахилгаан илгээв.

7月10日 北京各界人民1 000多人举行盛大庆祝会，向蒙古人民和蒙古政府祝贺蒙古人民革命胜利35周年。蒙古驻华大使奥其尔巴特、中国国务院秘书长习仲勋先后发表讲话会后，宾主一起欣赏了中国京剧院演出的根据蒙古的同名歌剧改编的“三座山”。

同日 蒙古人民革命35周年庆祝大会当日下午在乌兰巴托市国家剧院隆重举行。蒙古政府和党的领导人、人民军高级将领、乌兰巴托市的先进工人和先进牧民代表等 700 余人参加了庆祝大会。中国代表团及驻蒙古使馆人员参加了大会。中国代表团团长李先念代表中国政府和中国人民向蒙古政府和蒙古人民致以热烈的祝贺，并把中国政府和中国人民送给蒙古政府和蒙古人民的一份礼单交给蒙古部长会议主席尤·泽登巴尔。

同日　《人民日报》发表题为《蒙古人民革命胜利纪念日》《向蒙古人民祝贺》的文章，介绍了蒙古人民的革命历程。

同日　为庆祝蒙古人民革命胜利 35 周年，蒙古驻华大使举行招待会。当晚有 800 多位中外人士聚集在北京饭店的大厅里，欢庆蒙古人民革命胜利 35 周年。中国出席招待会的有中国全国人民代表大会常务委员会委员长刘少奇、国务院总理周恩来、副总理陈云、彭德怀、邓小平等。

7 сар 10　Бээжинд БНХАУ-ын тал бүрийн 1000 гаруй төлөөлөгчид Монгол Улсын ардын хувьсгалын 35 жилийн ойд зориулсан баярын хуралд оролцон Монголын ард түмэнд болон Монгол улсын Засгийн Газарт баяр хүргэв. Баярын хурал дээр Монгол улсаас Хятад улсад суугаа Элчин сайд Очирбат болон Хятадын Засгийн Газрын Төрийн Зөвлөлийн нарийн бичгийн даргын орлогч Ши Жуншүнь нар харилцан үг хэлсэн ба хурлын дараа зочид төлөөлөгчид Бээжингийн Төв театрт “Учиртай гурван толгой” жүжиг сонирхсон байна. Энэхүү жүжгийн агуулга нь монголын ижил нэрт жүжгийн өөрчилсөн хувилбар юм.

Мөн өдөр МАХ-ын 35-н жилийн ойд зориулсан баярын хурал үдээс хойш Улаанбаатар хотноо болов. Баярын хуралд нам, төрийн тэргүүнүүд, цэргийн дээд шатны төлөөлөгчид, тэргүүний ажилчин, малчин ардын төлөөлөл зэрэг 700 гаруй төлөөлөгчид оролцсон байна. Хятадын төлөөлөгчд болон БНХАУ-аас БНМАУ-д суугаа Элчин сайдын газрын ажилтад оролцов. Хятад улсын төлөөлөгчдийн тэргүүн Ли Сяньнянь БНХАУ-ын Засгийн Газар болон хятадын ард түмний нэрийн өмнөөс халуун дотно баяр хүргэв. Тэрээр БНХАУ-ын Засгийн Газар болон хятадын ард түмнээс БНМАУ-ын ЗГ болон монголын ард түмэнд илгээсэн найрамдлын бичгийг БНМАУ-ын Ерөнхий сайд Ю. Цэдэнбалд гардуулав.

Мөн өдөр Хятадын “Ардын өдрийн мэдээ” сонинд “Монгол ардын хувьсгалын ялалтын баярын өдөр“, “Монголын ард түмэнд баяр хүргэе” нэртэй нийтлэл нийтлэгдсэн ба уг нийтлэлд монголын ард түмэн болон ардын хувьсгалын түүхэн замналын тухай өгүүлсэн байна.

Мөн өдөр Монгол ардын хувьсгалын 35 жилийн ойг тохиолдуулан БНМАУ-аас БНХАУ-д суугаа Элчин сайд хүлээн авалт зохион байгуулав. Монгол ардын хувьсгалын 35 жилийн ойд зориулсан хүндэтгэлийн хүлээн авалт “Бээжин зочид буудал”-ын ёслолын танхимд болсон ба уг хүндэтгэлийн хүлээн авалтад хятадын болон гадаадын нийт 800 гаруй зочид төлөөлөгчид оролцсон байна. Уг хүлээн авалтад БНХАУ-ын бүх хятадын ардын төлөөлөгчдийн байнгын хорооны дарга Лю Шаочи, Төрийн Захиргааны Зөвлөлийн Ерөнхий сайд Жоу Эньлай, Ерөнхий сайдын орлогч Чэнюнь, Пэн Дэхуай, Дэн Сяопин нар оролцов.

8月22日—9月4日 中、蒙、苏铁路联运代表会第二次会议在北京市举行。

8 сар 22-9 сар 4 Хятад-Монгол-Орос гурван улсын төмөр замын төлөөлөгчдийн хоёрдугаар хурал Бээжинд хотод болов.

8月29日 中蒙在乌兰巴托签订《关于中国给予蒙古经济和技术援助协定》。中国政府根据蒙古政府的请求，决定在1956年到1959年无偿援助蒙古政府1.6亿旧卢布（约合1 700多万美元），在此款项内中国政府帮助在蒙古建设毛纺织厂、造纸厂、木房屋结构厂、胶合板厂、砖瓦厂、玻璃厂、蔬菜农场、储菜厂、运动场、体育馆、乌兰巴托市市内道路、市郊公路和桥梁以及上述建设项目的职工住宅和宿舍；帮助建设14个工程项目。

蒙古人民革命党中央和政府致电感谢中国的无偿援助。

蒙古部长会议主席泽登巴尔当晚为中蒙关于中国给予蒙古经济和技术援助协定的签订举行了宴会。泽登巴尔、部长会议副主席曾德和中国赴蒙经济代表团团长卢绪章相继在宴会上讲话。

8 сар 29　БНХАУ БНМАУ “БНХАУ-аас БНМАУ-д эдийн засаг, техникийн тусламж үзүүлэх гэрээ”-нд Улаанбаатар хотноо гарын үсэг зурав. БНХАУ-ын Засгийн Газар БНМАУ-ын Засгийн Газрын хүсэлтийн дагуу 1956-1959 он хүртэл 17 000 000 долларын буцалтгүй тусламж үзүүлхээр болсон байна. Тусламжийн хүрээнд ноосон нэхмэлийн, цаасны, байшин үйлдвэрийн, наамал банзны, тоосго ваарны, шилний үйлдвэрүүд, ногооны талбай, ногооны зоорь, спортын талбай, Улаанбаатар хотын болон хот орчмын зам гүүр, орон сууц болон дотуур байр гэх мэт 14 төрлийн барилга байгууламж бүтээн босгохоор тогтсон аж.

МАХН-ын ТХ-оос БНХАУ-ын Засгийн газарт БНМАУ-д буцалтгүй тусламж үзүүлэх тухайд талархал илэрхийлсэн цахилгаан илгээсэн байна.

БНМАУ-ын Ерөнхий сайд Ю. Цэдэнбал “БНХАУ-аас БНМАУ-д эдийн засаг болон тоног мэрэгжилийн буцалтгүй тусламж үзүүлэх гэрээ”-нд гарын үсэг зурсаныг тохиолдуулан хүлээн авалт зохион байгуулав. Хүлээн авалт дээр Ерөнхий сайд Ю. Цэдэнбал, Ерөнхий сайдын орлогч Цэнд болон БНХАУ-аас БНМАУ-д ажиллаж буй эдийн засгийн төлөөлөгчдийн тэргүүн Лү Сюжан нар харилцан үг хэлэв.

8月30日　中国驻蒙古大使何英当日举行宴会，祝贺中蒙经济和技术援助协定的签订。出席宴会的有：蒙古部长会议主席泽登巴尔、第一副主席锡林迪布、副主席曾德，蒙古人民革命党中央委员会政治局委员巴拉吉尼玛、书记杜格苏伦以及政府各部的负责人。出席宴会的还有中国经济代表团团长卢绪章和代表团全体人员。苏联、朝鲜、捷克斯洛伐克驻蒙古使节也应邀出席了宴会。

同日　《人民日报》发表题为《中蒙两国兄弟友谊的新发展》的社论。

8 сар 30　БНХАУ-аас БНМАУ-д суугаа Элчин сайд Хэ Ин "БНХАУ-аас БНМАУ-д эдийн засаг, тоног төхөөрөмжийн буцалтгүй тусламж үзүүлэх гэрээ"-нд гарын үсэг зурсаныг тохиолдуулан баярын хүлээн авалт зохион явуулсан ба тус хүлээн авалтад БНМАУ-ын Ерөнхий сайд Ю. Цэдэнбал, Ерөнхий сайдын нэгдүгээр орлогч Б. Ширэндэв, Ерөнхий сайдын орлогч Цэнд, МАХН-ын ТХ-ны улс төрийн зөвлөлийн гишүүн Балжинням, Дугарсүрэн болон яамдын хариуцлагтай ажилтнууд байлцсан байна. Уг хүлээн авалтад мөн БНХАУ-ын эдийн засгийн төлөөлөгчдийн тэргүүн Лү Сюжан төлөөлөгчдийн хамтаар оролцсон ба ЗХУ, БНАСУ, Чехословак зэрэг улсуудаас БНМАУ-д суугаа Элчин сайд нар урилгаар оролцсон байна.

Мөн өдөр хятадын "Ардын өдрийн мэдээ"-сонинд "Хятад Монгол хоёр орны ахан дүүгийн найрамдлын шинэ хөгжил" нийтлэл нийтлэгдсэн байна.

9月14日—10月初　以党中央第一书记达·达姆巴为首的蒙古人民革命党代表团应邀参加中共第八次代表大会。中国国家主席毛泽东会见了达姆巴。

9 сар 14-10 сарын эхэнд　МАХН-ын нэгдүгээр нарийн

бичгийн дарга Д. Дамба тэргүүтэй МАХН-ын төлөөлөгчид ХКН-ын наймдугаар Их Хуралд оролцсон ба БНХАУ-ын дарга Мао Зэдун БНМАУ-ын төлөөлөгчдийн тэргүүн Д. Дамбыг хүлээн авч уулзав.

9 月 19 日　在中国共产党第八次全国代表大会上，蒙古人民革命党代表团团长达姆巴同志致词并宣读蒙古人民革命党中央委员会致中国共产党第八次代表大会的贺词。

9 сар 19　ХКН-ын наймдугаар Их Хурал дээр БНМАУ-ын МАХН-ын төлөөлөгчдийн тэргүүн Дамба МАХН-ын ТХ-ны УТЗ-өөс ХКН-ын наймдугаар Их Хуралд илгээсэн мэндчилгээг уншив.

9 月 29 日　中华人民共和国成立 7 周年之际，蒙古外交部部长阿吉尔毕希给中国外交部部长周恩来发来贺电。

9 сар 29　БНХАУ тунхагласны долоон жилийн ойг тохиолдуулан БНМАУ-ын ГЯЯ-ны сайд Адилбиш БНХАУ-ын ГЯЯ-ны сайд Жоу Эньлайд баярын цахилгаан илгээв.

9 月 30 日　蒙古大人民呼拉尔主席团主席扎・桑布、部长会议主席尤・泽登巴尔、蒙古人民革命党中央委员会第一书记达・达姆巴致电中华人民共和国主席毛泽东、中国全国人民代表大会常务委员会委员长刘少奇、国务院总理周恩来及中国共产党中央委员会，庆贺中华人民共和国成立 7 周年。

9 сар 30　БНМАУ-ын Их Хурлын дарга Ж. Самбуу болон БНМАУ-ын Ерөнхий сайд Ю. Цэдэнбал, МАХН-ын нэгдүгээр нарийн бичгийн дарга Д. Дамба нараас БНХАУ-ын дарга Мао Зэдун, Төрийн Захиргааны Зөвлөлийн Ерөнхий сайд Жоу Эньлай, БНХАУ-ын БХАТИХ-ын байнгын хорооны дарга Лю Шаочи нарт болон ХКН-ын ТЗ-д БНХАУ

байгуулагдсаны долоон жилийн ойн баярын хүргэсэн цахилгаан илгээв.

10月1日 中国驻蒙古大使何英当晚在乌兰巴托举行招待会，庆祝中华人民共和国成立7周年。蒙古国家领导人桑布、泽登巴尔、杜格苏伦、达姆丁等人应邀出席了招待会。

10 сар 1 БНХАУ-аас БНМАУ-д суугаа Элчин сайд Хэ Ин БНХАУ байгуулагдсаны долоон жилийн ойг тохиолдуулан Улаанбаатар хотод хүлээн авалт хийсэн ба уг хүлээн авалтад БНМАУ-ын төр засгийн удирлагууд Ж. Самбуу, Ю. Цэдэнбал, Дүгэрсүрэн, Дамдин нар оролцсон байна.

10月16日 蒙古人民共和国贸易代表团一行3人，在团长、蒙古商业部副部长阿维尔米德率领下当日乘飞机抵达北京。

10 сар 16 БНМАУ-ын Худалдааны Яамны орлогч сайд Авирмэд тэргүүтэй гурван хүний бүрэлдэхүүнтэй худалдааны төлөөлөгчид тусгай үүргийн онгоцоор Бээжинд хүрэлцэн ирэв.

10月31日 在北京举行的越、中、朝、蒙、苏五国水文气象局局长和邮电部代表会议当天闭幕。会议就组织越南、中国、朝鲜、蒙古和苏联五国水文气象机构间的直达电报电路，改进水文气象情报的交换，发展高空气象台站，提高民航气象服务工作的质量，统一气象观测方法和组织共同研究亚洲大气过程以及交换水文气象出版刊物等问题进行了详细地讨论和研究。对于经过讨论的各项问题分别达成了协议。蒙古人民共和国水文气象委员会主席巴雅萨和在协议上签字。

10 сар 31 БНХАУ-ын нийслэл Бээжин хотноо болсон

БНВАУ, БНХАУ, БНАСУ, БНМАУ, ЗХУ зэрэг таван улсын ус цаг уурын болон цахилгаан холбооны төлөөлөгчид оролцсон хурлын хаалтын ажиллагаа болов. Хурлаар БНВАУ, БНХАУ, БНАСУ, БНМАУ, ЗХУ зэрэг таван улсын ус цаг уурын мэдээ шууд дамжуулах, ус цаг уурын мэдээ солилцох журмыг шинэчлэх, агаар мандалын судалгааг хөгжүүлэх, иргэний агаарын нислэгийн цаг уурын мэдээний албаны чанар сайжруулах, ажиглалт, шинжилгээ хийх арга ажиллагаа ба байгууллагын үйл ажиллагааг нэгтгэх, азийн цаг уурын судалгаа хийж холбогдох мэдээ материал солилцох зэрэг асуудлуудаар дэлгэрэнгүй ярилцаж, хэлэлцсэн асуудал тус бүрээр хэлэлцээр хийсэн ба хэлэлцээрт БНМАУ-ын ус цаг уурын хорооны дарга Баясах гарын үсэг зурав.

10 月　蒙古人民共和国举办了中国电影周，庆祝新中国成立7 周年。

10 сар БНМАУ-аас БНХАУ тунхагласны долоон жилийн ойд зориулсан “кино долоо хоног” зохион явулсан байна.

11 月 12 日　在孙中山先生诞辰 90 周年纪念大会上，蒙古代表团团长、部长会议副主席、蒙古人民革命党中央委员阿维尔齐德发表讲话，表达了蒙古人民对伟大的革命家孙中山先生崇高的敬意。

11 сар 12 БНХАУ-ын эрхэм Сүн Жуншаны мэндэлсэний 90 жилийн ойд зориулсан хурал дээр БНМАУ-ын төлөөлөгчдийн тэргүүн Ерөнхий сайдын орлогч , МАХН-ын ТХ-ны гишүүн Аварзэд хэлсэн үгэндээ монголын ард түмэн агуу хувьсгалч эрхэм Сун Жуншаньд хүндэтгэл дэвшүүлж буйгаа илэрхийлэв.

11月 中国韩儒林教授参加蒙古、苏联和中国三国史学家在蒙古首都乌兰巴托举行的会议，讨论合作编写三卷本的蒙古通史问题，并要分担一部分的编写工作。

11 сар БНМАУ-ын нийслэл Улаанбаатар хотноо болсон Монгол Орос Хятад гурван улсын түүх судлалын их хуралд БНХАУ-ын Хань Рүлин профессор оролцохоор хүрэлцэн ирсэн ба монголын нэвтэрхий түүхийн гурван дэвтэр бүтээл хамтран бичих талаар хэлэлцсэн байна. Тэрбээр уг бүтээл туурвих ажлын нэг хэсгийг даан биелүүлэх юм байна.

12月22日 蒙古贸易代表团同中国对外贸易部经过商谈达成协议，当日在北京签订了《中蒙1957年互相供应货物的议定书》。议定书规定，中国方面将供应蒙古机器、木工工具，绸缎、呢绒、布匹、干鲜果品及日用百货等，蒙古方面将供应中国马匹、绒毛、皮张、肠衣及其他畜产品。议定书规定的贸易额比1956年有所增加。

12 сар 22 БНМАУ-ын худалдааны төлөөлөгчид БНХАУ-ын Гадаад Худалдааны Яамтай хэлэлцээр хийж тохиролцсон ба Бээжин хотноо “БНХАУ БНМАУ-ын хоорон 1957 оны харилцан бараа нийлүүлэх протокол”-д гарын үсэг зурав. Протоколд Хятадын тал Монголд техник тоног төхөөрөмж, мужааны багаж хэрэгсэл, торго торгомсог даавуу, бүс бараа, хатаасан болон шинэ жимс зэрэг өргөн хэрэглээний бараа нийлүүлэх бол Монголын тал Хятадад дууны шир, ноос ноолуур, арьс шир, өлөн гэдэс зэрэг малын гаралтай түүхий эд нийлүүлэх аж. Протоколд худалдааны тоо хэмжээг тухайн жилийнхээс нэмэгдүүлэхээр заасан байна.

1956年 中蒙贸易额973万卢布，为1951年的14倍。

1956 онд БНХАУ БНМАУ-ын хоёр улсын худалдаа эргэлт 9,700,000 рубль хүрсэн буюу 1951 оныхоос 14 дахин болсон аж.

1957 年中蒙国家关系历史编年

1957 Хятад Монгол хоёр улсын түүхэн үйл явдлын товчоон

1 月 2 日　由潮洛蒙、德勒格尔率领的中国内蒙古自治区呼伦贝尔盟代表团一行 12 人前往蒙古乔巴山省商谈牲畜过冬问题。蒙方同意呼盟 42 万头牲畜在霍勒木图、莫能塔拉及哈拉河东岸等地过冬。呼盟代表团 10 日回到满洲里。

同月　中国海拉尔边防总站与蒙方边防部队代表商定把中、蒙两国边防部队联系事务的一处无名高地命名为“友谊高地”。于同年 9 月在无名高地立起 1 个木牌，上面用中、蒙两国文字写着：“中蒙友谊万岁。”

1 сар 2　БНХАУ-ын ӨМӨЗО-ны Хөлөнбуйр аймгийн Цолмон, Дэлгэр тэргүүтэй 12 төлөөлөгч Монголын Чойбалсан аймгийн МАА-тай танилцан өвөлжилтийн талаар санал солилцсон байна. Монголын тал Хөлөнбуйрт 420 000 толгой мал Хүрэмт, Мэнэнгийн тал, Халх голын зүүн этгээдэд тус тус өвөлжүүлэхээр тохиролцов. Хөлөнбуйрын төлөөлөгчид 1 сарын 10-нд Манжуурт буцав.

Мөн өдөр БНХАУ-ын Хайлаарын хилийн Ерөнхий Газар болон БНМАУ-ын хилийн отрядын төлөөлөгчид БНХАУ БНМАУ-ын хилийн хамтын ажиллагааг мөнхжүүлэхийн тухайд нэргүй өндөрлөгийг “Найрамдлын өндөрлөг” хэмээн нэрлэхээр тогтов. Мөн оны 9 сарынаас энэ нэргүй өндөрлөг дээр хятад монгол хэлээр “Хятад Монголын найрамдал мандтугай” үг бүхий модон самбар босгов.

1月3日　中国和蒙古商定相互合理地利用双方境内邻近的草场，使两国牧畜在严冬能够吃到牧草。蒙古的十几万头牲畜已经移入中国的锡林郭勒草原，中国呼伦贝尔草原的部分牲畜也将移到蒙古草原过冬。

1 сар 3　Хоёр улсын хил орчмын бэлчээрийг хамтран зохистой ашиглах үүднээс БНХАУ болон БНМАУ хоёр тал харилцан тохиролцсон ба үүнд: Монголын талаас 100 000 толгой мал БНХАУ-ын Шилийн голын нутагт өвөлжүүлэх бол БНХАУ-ын Хөлөнбуйрын хэсэг малчин айл малаа Монголын нутагт өвөлжүүлэхээр тус тус тогтов.

1月17日　根据中蒙两国政府商定相互合理地利用双方境内邻近的草场支援牲畜过冬的办法，中国内蒙古自治区呼伦贝尔盟代表和邻近的蒙古乔巴山省代表经过会谈后，在海拉尔达成协议：蒙古乔巴山省同意中国呼伦贝尔盟将35万头牲畜迁入乔巴山省境内牧场过冬过春。蒙古乔巴山省决定划出四段牧场供中方迁入牧民放牧牲畜使用。这四段牧场全长335公里，宽5公里到35公里。使用期间是1月到4月底。在此以前，蒙古的十几万头牲畜已经迁入内蒙古锡林郭勒草原过冬。

1 сар 17　БНХАУ БНМАУ-ын ЗГ хоёр улсын хил орчмын бүс нутгийг зохистой, харилцан ашигтай ашиглах тохиролцоонд үндэслэн БНХАУ-ын ӨМӨЗО-ны Хөлөнбуйрын төлөөлөгчид хөрш болох БНМАУ-ын Чойбалсан аймгийн төлөөлөгчидтэй хуралдаад Хөлөнбуйрт хэлэлцээр тогтов. БНМАУ-ын Чойбалсан аймаг БНХАУ-ын Хөлөнбуйр аймгийн 350 000 толгой мал Чойбалсан аймгийн хил орчмын нутагт өвөлжүүлэх тухайд санал нэгтэй буюу Чойбалсан аймгийн дөрвөн хэсэг бэлчээрийн газрыг хятадын малчдад ашиглуулахаар шийдвэрлэсэн байна. Энэхүү дөрвөн хэсэг газрын нийт хэмжээ нь 335 километр,

бэлчээрийн өргөн 5 – 35 км ба ашиглах хугацаа 1 сараас 4 сарын сүүл хүртэл. Үүний өмнөхөн монголын 100 000 толгой мал Шилийн голд өвөлжихөөр очсон байна.

3 月 8 日　中蒙两国 1957 年文化合作计划当日在蒙古首都乌兰巴托签字，两国文化代表团发表了新闻公报，双方一致认为，两国文化关系的进一步扩大将有助于巩固中蒙两国人民的兄弟友谊和维护世界和平的事业。

3 сар 8　БНХАУ болон БНМАУ 1957 оны соёлын хамтын ажиллагааны гэрээнд БНМАУ-ын нийслэл Улаанбаатар хотноо гарын үсэг зурсан ба хоёр улсын соёлын төлөөлөгчид хамтарсан мэдэгдэл хийсэн ба уг мэдэгдэлд хоёр талын соёлын хамтын ажиллагаа нь хоёр улсын ах дүүгийн найрамдалт харилцаа болон дэлхийн энх тайваны үйл хэрэгт томоохон хувь нэмэр оруулна гэж санал нэгтэй үзэж буйгаа илэрхийлсэн аж.

4 月 4 日　蒙古部长会议副主席阿维尔齐德和外交部副部长杜格尔苏伦在当天下午抵达北京。他们是前来迎接捷克斯洛伐克政府代表团赴蒙古人民共和国进行友好访问的。

4 сар 4　БНМАУ-ын Ерөнхий сайдын орлогч Аварзэд болон ГЯЯ-ны орлогч сайд Дүгэрсүрэн нар БНМАУ-д найрсаг айлчлал хийхээр ирж буй БНЧАУ-ын ЗГ-ын төлөөлөгчдийг тосч авахаар үдээс хойш Бээжинд хүрэлцэн ирсэн байна.

4 月 23 日　中华全国总工会致信蒙古工会中央理事会，祝贺“五一”国际劳动节。

4 сар 23　БНХАУ-ын БХ-ын Үйлдвэрчний Эвлэлүүдийн Төв Зөвлөлөөс Монголын Үйлдвэрчний Эвлэлийн Төв

Зөвлөлд Дэлхийн хөдөлмөрчдийн баяр 5 сарын 1-ийг тохиолдуулан баярын цахилгаан илгээв.

4月28日—5月8日 蒙古人民革命党中央政治局委员、党中央第二书记其·苏仍扎布率蒙古政府代表团参加中国内蒙古自治区成立10周年庆祝活动。

4 сар 28-5 сар 8 БНМАУ-ын МАХН-ны УТТ-ны гишүүн МАХН-ын ТХ-ны хоёрдугаар нарийн бичгийн дарга Ч. Сүрэнжав тэргүүтэй БНМАУ-ын ЗГ-ын төлөөлөгчид ӨМӨЗО байгуулагдсаны 10 жилийн ойн ёслолын арга хэмжээнд оролцохоор хүрэлцэн ирэв.

4月28日 应中国政府邀请前来参加内蒙古自治区成立10周年庆祝大会的蒙古政府代表团，在团长齐米德道尔吉·苏伦扎布率领下，于当天16:15进入中国二连浩特。在二连浩特欢迎的有中共内蒙古自治区委员会书记、内蒙古自治区副主席奎璧等。前往迎接的还有蒙古驻呼和浩特总领事、蒙古政府代表团团员策伯尔玛·达什。同车前来的还有蒙古艺术体育团。贵宾们在二连浩特稍事休息后，即乘专车前往呼和浩特。

同日 以蒙古乔巴山省省长巴图苏和为首的乔巴山省代表抵达中国海拉尔。他们是应呼伦贝尔盟人民委员会邀请前来参加庆祝内蒙古自治区成立10周年的。

4 сар 28 БНХАУ-ын ЗГ-ын урилгаар ӨМӨЗО-ны 10 жилийн ойн арга хэмжээнд оролцохоор хүрэлцэн ирж буй Чимэддоржийн Сүрэнжав тэргүүтэй төлөөлөгчид үдээс хойш 16 цаг 15 минутад БНХАУ-ын хилийн боомт Эрээн хотод орж ирэв. Эрээн хотод зочдыг БНХАУ-ын ӨМӨЗО-ны ТЗ-ийн нарийн бичгийн дарга, ӨМӨЗО-ны дэд дарга Куй Би нар угтан авсан ба мөн БНМАУ-аас Хөх хотод сууж буй Ерөнхий

консул, БНМАУ-ын ЗГ-ын төлөөлөгчдийн гишүүн Ц. Даш нар байлцав. Мөн төлөөлөгчдийн бүрэлдэхүүнд БНМАУ-ын урлаг спортын төлөөлөгчид орсон ба хүндэт зочид Эрээн хотоос тусгай үүргийн галт тэргээр Хөх хотыг зорив.

Мөн өдөр Чойбалсан аймгийн засаг дарга Батсүх тэргүүтэй төлөөлөгчид Хайлаар хотод хүрэлцэн ирэв. Тус төлөөлөгчид Хөлөнбуйр аймгийн Ардын төлөөлөгчдийн хурлын урилгаар ӨМӨЗО-ны арван жилийн ойн арга хэмжээнд оролцохоор хүрэлцэн ирсэн байна.

4 月 29 日　蒙古人民共和国征得中国政府同意后，决定在呼和浩特设立总领事馆，并已委任策维尔玛·达什为总领事。

同日 蒙古政府代表团和蒙古艺术体育团，下午乘专车抵达呼和浩特。中国内蒙古自治区政府主席乌兰夫以及自治区党政领导人、呼和浩特市各族各界代表都在车站迎接。在车站迎接的还有在自治区工作的蒙古专家等。同天抵达呼和浩特的中国国务院副总理李先念等也在车站迎接了蒙古贵宾。乌兰夫当晚设宴欢迎蒙古政府代表团。国务院副总理李先念和各省、自治区的部分代表一同出席作陪。

4 сар 29　БНМАУ-ын ЗГ-аас баталж БНХАУ-ын ЗГ-аас зөвшөөрсөний учир Хөххотын Ерөнхий консул аар Ц. Дашийг тохоон томилов.

Мөн өдөр БНМАУ-ын ЗГ-ын болон БНМАУ-ын урлаг спортын төлөөлөгчид тусгай үүргийн галт тэргээр Хөххот хотноо хүрэлцэн ирэхэд БНХАУ-ын ӨМӨЗО-ны ЗГ-ын тэргүүн Улаанхүү болон ӨМӨЗО-ны ЗГ-ын удирдлагууд, Хөххот дахь гадаадын төлөөлөгчид, ӨМӨЗО-нд ажиллаж буй хөдөлмөрчид, мэргэжилтнүүдийн төлөөлөл, мөн БНХАУ-ын Төрийн Зөвлөлийн Ерөнхий сайдын орлогч Ли Сяньнянь нар тус тус угтан авсан байна. Улаанхүү дарга

БНМАУ-ын ЗГ-ын төлөөлөгчдөд зориулан хүлээн авалт зохион байгуулав. Хүлээн авалтад Төрийн Зөвлөлийн орлогч Ли Сяньнянь болон аймаг болон өөртөө засах орны төлөөлөгчид байлцав.

4月30日 蒙古《真理报》为内蒙古自治区成立10周年发表题为《祝内蒙古人民在建设社会主义事业中取得更辉煌的成就》的社论。

同日 内蒙古各族人民举行庆祝大会。蒙古政府代表团和蒙古艺术体育团全体人员，蒙古驻呼和浩特总领事馆全体人员。在内蒙古工作的苏联专家、蒙古专家们参加了大会。蒙古政府代表团团长齐米德道尔吉·苏伦扎布在会上发表讲话。

4 сар 30 БНМАУ-ын “Үнэн” сонинд ӨМӨЗО-ны байгуулагдсаны 10 жилийн ойг тохиолдуулан “ӨМӨЗО-ны социализмын бүтээн байгуулалт гялалзсан амжилтанд хүрлээ” сэдэвт нийтлэл хэвлэгдэв.

Мөн өдөр ӨМӨЗО-ны олон үндэстнүүд улс тунхагласны ойн баярын хурал зохион явуулсан ба БНМАУ-ын ЗГ-ын болон урлаг соёлын төлөөлөгчид, БНМАУ-аас Хөххотод суугаа Ерөнхий Консул болон ӨМӨЗО-нд ажиллаж буй ЗХУ, БНМАУ-ын мэргэжилтнүүд тус баярын хуралд оролцов. БНМАУ-ын ЗГ-ын төлөөлөгчдийн тэргүүн Ч. Сүрэнжав уг арга хэмжээн дээр үг хэлэв.

5月1日 中国内蒙古自治区举行规模空前的那达慕大会。蒙古政府代表团团长齐米德道尔吉·苏伦扎布等贵宾出席。蒙古艺术体育代表团的摔跤手和射手参加了表演。

5 сар 1 БНХАУ-ын ӨМӨЗО өргөн дэлгэр наадам зохиож БНМАУ-ын ЗГ-ын төлөөлөгчдийн тэргүүн Ч. Сүрэнжав зэрэг хүндэт зочид үзэж сонирхсон байна.

БНМАУ-ын урлаг спортын төлөөлөгчдийн бүрэлдэхүүний бөх болон харваачид уг наадмын тоглолтод оролцов.

5月2日　蒙古政府代表团成员，革命军司令部上校苏赫巴托尔·嘎拉僧，访问内蒙古军区；蒙古艺术团在呼和浩特演出，李先念副总理、乌兰夫主席、苏伦扎布团长观看了演出。

同日　内蒙古自治区10年建设展览会开幕，蒙古政府代表团团长齐米德道尔吉·苏伦扎布参加了展览会的开幕式。

5 сар 2　БНМАУ-ын төлөөлөгчдийн бүрэлдэхүүнд буй Хувьсгалт Цэргийн жанжин штабын дарга хурандаа Сүхбаатарын Галсан ӨМӨЗО-ны цэргийн тойргоор зочлов. БНМАУ-ын урлагын төлөөлөгчид Хөххотод тоглолт хийсэн ба Ерөнхий сайдын орлогч Ли Сяньнянь, Улаанхүү дарга, төлөөлөгчдийн тэргүүн Ч. Сүрэнжав нар үзэж сонирхов.

5月3日　蒙古驻呼和浩特总领事策·达升，为蒙古代表团来庆祝自治区成立10周年举行宴会，中方出席宴会的有李先念副总理、乌兰夫主席等。

5 сар 3　БНМАУ-аас Хөх хотод суугаа Ерөнхий консул Ц. Даш БНМАУ-ын төлөөлөгчид ӨЗО-ны байгуулагдсаны 10 жилийн ойн арга хэмжээнд оролцохоор хүрэлцэн ирсэн төлөөлөгчдөд зориулан хүлээн авалт зохиосон ба уг хүлээн авалтад хятадын талаас Ерөнхий сайдын орлогч Ли Сяньнянь, Улаанхүү дарга зэрэг албаны хүмүүс оролцов.

5月5日　蒙古乔巴山省代表团在海拉尔参观访问后回国。

5 сар 5　БНМАУ-ын Чойбалсан аймгийн төлөөлөгчид Хайлаар хотод айлчлаад буцав.

5月6日　以齐·苏伦扎布为首的蒙古政府代表团由内蒙古自治区副主席奎璧等陪同，当天上午乘专机抵达北京。

5 сар 6　Ч. Сүрэнжав тэргүүтэй БНМАУ-ын ЗГ-ын төлөөлөгчид ӨМӨЗО-ны дэд дарга Куй Бигийн хамтаар тусгай үүргийн онгоцоор Бээжин хотноо хүрэлцэн ирэв.

5 月 7 日　中国总理周恩来当天上午接见了以齐・苏伦扎布为首的蒙古政府代表团，并且同他们进行了会谈。接见后，周恩来总理设宴招待蒙古贵宾。

5 сар 7　БНХАУ-ын Ерөнхий сайд Жоу Эньлай үдээс өмнө Ч. Сүрэнжав тэргүүтэй төлөөлөгчдийг хүлээн авч уулзав. Уулзалтын дараа Ерөнхий сайд Жоу Эньлай хүндэт зочдод зориулж хүлээн авалт зохион байгуулав.

5 月 8 日　以齐・苏伦扎布为首的蒙古政府代表团，在北京进行两天访问后，于当天清晨离开北京回国。

5 сар 8　Ч. Сүрэнжав тэргүүтэй БНМАУ-ын ЗГ-ын төлөөлөгчид Бээжинд хоёр өдөр айлчлаад эх орондоо буцав.

5 月 11 日　蒙古新任驻华特命全权大使苏诺姆・鲁布桑于当天下午乘飞机抵达北京。

5 сар 11　БНМАУ-аас БНХАУ-д суух Онц бөгөөд Бүрэн Эрхт Элчин сайдаар шинээр томилогдсон С. Лувсан тусгай үүргийн онгоцоор Бээжинд үдээс хойш хүрэлцэн ирэв.

5 月 13 日　蒙古新任驻华特命全权大使苏诺姆・鲁布桑当天下午拜会中国外交部部长周恩来，商谈递交国书事宜。

5 сар 13　БНМАУ-аас БНХАУ-д суух Онц бөгөөд Бүрэн Эрхт Элчин сайдаар шинээр томилогдсон С. Лувсан үдээс хойш ГЯЯ-ны сайд Жоу Эньлайд бараалхаж жуух бичиг өргөн барих асуудлаар санал солилцов.

5月17日　蒙古驻中国第三任大使索鲁布桑当晚22：50向中华人民共和国主席毛泽东递交国书。递交国书时，苏诺姆·鲁布桑大使致颂词，毛泽东主席致答词。

5 сар 17　БНМАУ-аас БНХАУ-д суух гурав дахь Элчин сайд Лувсан орой 22:50 БНХАУ-ын дарга Мао Зэдунд жуух бичгээ өргөн барив. Жуух бичиг өргөн барих үеэр Элчин сайд Лувсан болон Мао Зэдун дарга нар харилцан үг хэлэв.

5月27日　由蒙古对外文化联络局秘书长额尔德尼和蒙苏友好协会秘书长组成的代表团在当日下午乘飞机抵京。代表团是应中国对外文化联络局邀请，来中国考察中国对外文化活动方面的工作方法和经验。

5 сар 27　БНМАУ-ын Гадаадтай соёлоор харилцах газрын нарийн бичгийн дарга Эрдэнэ болон Монгол-Зөвлөлтийн Найрамдал нийгэмлэгийн нарийн бичгийн дарга зэрэг бүрэлдэхүүнтэй төлөөлөгчид тусгай үүргийн онгоцоор үдээс хойш Бээжин хотноо хүрэлцэн ирэв. Төлөөлөгчид БНХАУ-ын Гадаадтай соёлоор харилцах газрын урилгаар ирж буй бөгөөд гадаадтай соёлоор харилцах ажлын арга туршлагатай танилцах аж.

5月27日—6月7日　社会主义国家主管铁道部长会议闭幕，决定发展铁路联运扩大科技合作，11国驻华大使举行宴会庆祝大会成功。在闭幕会议上，中国、蒙古等12个社会主义国家主管铁道的部长，在会议议定书上签字。

5 сар 27-6 сар 7　Социалист орнуудын төмөр замын хэрэг эрхлэх газрын хамтарсан хуралдааны хаалтын ажиллагаа болов. Хурлаас төмөр замын шууд тээврийг хөгжүүлэхэд шинжлэх ухаан техникийн ололтыг өргөнөөр ашиглахаар шийдвэрлэсэн ба хурал амжилттай

өндөрлсөнийг тохиолдуулан зохиосон хүлээн авалтад гадаадын арван нэгэн орноос БНХАУ-д суугаа дипломат төлөөлөгчид уг хүлээн авалтад оролцов. Хурлын хаалтын ажиллагаан дээр БНХАУ, БНМАУ зэрэг арван хоёр социалист орны төмөр замын хэрэг эрхлэх газрын дарга нар хурлын протоколд гарын үсэг зурсан байна.

5月30日　蒙古人民共和国在呼和浩特市设立总领事馆，委任策·达升为总领事。

5 сар 30　БНМАУ-аас Хөх хотод Ерөнхий консулын газраа байгуулсан ба Ерөнхий консулаар Даш томилогдов.

5月31日　以蒙古人民革命党中央委员、蒙古手工业中央理事会主席济·德木齐格为首的蒙古手工业合作社访问中国代表团，于当日下午乘火车抵达北京。

5 сар 31　МАХН-ны Төв Хорооны гишүүн Монголын гар урчуудын төв зөвлөлийн дарга Дэмчиг тэргүүтэй БНМАУ-ын гар урчуудын хоршооны төлөөлөгчид Хятадад айлчлахаар тусгай үүргийн галт тэргээр үдээс хойш Бээжин хотноо хүрэлцэн ирэв.

6月14日　庆祝第六届世界青年联欢节，朝、中、蒙、苏国际长途接力队抵达内蒙古化德县。内蒙古运动员将于18日抵达二连浩特，19日在蒙古境内与蒙古运动员交接接力棒。

6 сар 14　Дэлхийн 6 дахь удаагийн Залуучуудын Холбооны уулзалтад Солонгос, Хятад, Монгол, ЗХУ зэрэг олон улсын буухиа тамирчдын баг ӨМӨЗО-ны Хуа Дэ хошуунд хүрэлцэн ирэв. ӨМӨЗО-ны тамирчид 18-ны өдөр Эрээн хотод хүрэлцэн ирэх ба 19-ний өдөр БНМАУ-ын хилийн бүсэд БНМАУ-ын тамирчдад буухиаг шилжүүлэн өгөх байна.

6月15日　中国田径混合队一行18人在当日上午乘火车赴蒙古人民共和国，参加6月21日到23日在蒙古举行的中国、朝鲜、蒙古三国田径比赛。

6 сар 15　БНХАУ-ын арван найман гишүүнтэй холимог баг 6 сарын 21-23-ны хооронд зохиогдох Хятад, Солонгос, Монгол гурван улсын хамтарсан хөнгөн атлетикийн тэмцээнд оролцохоор галт тэргээр БНМАУ-д хүрэлцэн ирсэн байна.

6月19日　由朝鲜板门店传来的朝、中、蒙、苏国际长途接力棒，经过中国国境内约一千八、九百公里的传递，于当日由中国接力队在二连中、蒙边境把接力棒交给蒙古的接力队。中国共青团内蒙古自治区委员会书记阿拉坦敖其尔代表联欢节国际接力中国境内指挥部宣布：国际长途接力棒在中国境内已胜利结束。他亲手把接力棒交给蒙古革命青年团中央委员会书记扎姆萨兰，并将"中蒙两国青年兄弟般的友谊和团结万岁"的锦旗赠与蒙古青年。

6 сар 19　Ардчилсан Солонгос улсын Бан Мэндьенээс гараагаа эхэлсэн Солонгос, Хятад, Монгол, ЗХУ-ын олон улсын холын буухиа хятадын нутагт 1800-1900 км замыг туулж Хятадын баг тамирчид Эрээн хотноо хүрэлцэн ирж Хятад Монголын хил дээр монголын буухиа гүйлтийн баг тамирчдад буухиаг шилжүүлэн өгсөн байна. БНХАУ-ын Залуучуудын холбооны ӨМӨЗО дахь гүйцэтгэх зөвлөлийн нарийн бичгийн дарга Алтан-очир Олон улсын буухиа тэмцээнийг хятадад зохион байгуулах штабыг төлөөлөн: Олон улсын холын зайн буухиа тэмцээн хятадын нутаг дэвсгэр дээр амжилттай зохион байгуулагдаж дууссаныг мэдэгдээд МХЗЭ-ийн нарийн бичгийн дарга Лхамсүрэнд "Хятад Монгол хоёр улсын ах дүүгийн найрамдалт харилцаа мандтугай" уриа бүхий лозунг гардуулав.

6月24日　以蒙古卫生部副部长斯·拉布佳为首的蒙古考察皮肤性病医学代表团一行9人，于当日由呼和浩特抵京。他们是执行1957年中蒙文化协定来华访问的。

6 сар 24　БНМАУ-ын Эрүүл Мэндийн Яамны дэд сайд С. Лхагва тэргүүтэй МУ-ын арьсны эмгэг судлалын 9 хүний бүрэлдэхүүнтэй төлөөлөгчид Хөх хотноо хүрэлцэн ирэв. Эдгээр төлөөлөгчид 1957 оны Хятад Монголын соёлын гэрээний дагуу Хятадад айлчилж буй юм.

6月29日—8月2日　中国蒙古语文工作者代表团赴蒙古首都乌兰巴托，参加新蒙古文字问题学术讨论会。

6 сарын 29 – 8 сарын 2-ны өдөр БНХАУ-ын Монгол хэл судлалын судлаачдын төлөөлөгчид БНМАУ-ын нийслэл Улаанбаатар хотноо болсон шинэ монгол үсгийн асуудлаарх эрдэм шинжилгээний хуралд оролцов.

7月4日　中国国务院副总理李先念当天下午接见了由蒙古人民革命党中央委员济·德木齐格领导的蒙古手工艺合作社访问中国代表团。

7 сар 4　БНХАУ-ын Төрийн Захиргааны Зөвлөлийн Ерөнхий сайдын орлогч дарга Ли Сяньнянь үдээс хойш МАХН-ны Төв хорооны гишүүн Дэмчиг тэргүүтэй Монголын гар урлал үйлдвэрлэлийн хоршооны төлөөлөгчдийг хүлээн авч уулзав.

7月9日　中国国家主席毛泽东、全国人民代表大会常务委员会委员长刘少奇、国务院总理兼外交部部长周恩来当天联名致电蒙古大人民呼拉尔主席团主席扎·桑布、部长会议主席尤·泽登巴尔、外交部部长斯·阿尔维齐德，祝贺蒙古人民革命胜利36周年。

7 сар 9 БНХАУ-ын дарга Мао Зэдун, БХАТИХ-ын байнгын хорооны дарга Лю Шаочи, Төрийн Захиргааны Зөвлөлийн дарга ГЯЯ-ны сайд Жоу Эньлай БНМАУ-ын Их Хурлын дарга Ж. Самбуу, БНМАУ-ын Ерөнхий сайд Ю. Цэдэнбал, ГЯЯ-ны сайд С.Аварзэд нарт МАХН-ны 36 жилийн ойн баярыг тохиолдуулан баярын цахилгаан илгээв.

7 月 11 日 蒙古驻呼和浩特总领事馆举行招待会，庆祝蒙古人民革命胜利 36 周年。中国内蒙古自治区政府副主席杨植霖、哈丰阿等到会祝贺。

同日 蒙古驻华大使鲁布桑当晚举行招待会，庆祝蒙古人民革命 36 周年。中国国家副主席朱德和国务院总理周恩来出席了招待会。鲁布桑大使和朱德副主席先后在招待会发表讲话。出席招待会的有 600 多人。

同日 《人民日报》发表题为《蒙古社会主义建设的成就》的文章。

7 сар 11 БНМАУ-аас ӨМӨЗО-ны нийслэл Хөх хотод суугаа Ерөнхий консул Ардын Хувьсгал ялсаны 36 жилийн ойн баярыг тохиолдуулан хүлээн авалт хийсэн ба хүлээн авалтад ӨМӨЗО-ны Засгийн Газрын дарга Ян Жилин, Хафунга нар урилгаар оролцов.

Мөн өдөр БНМАУ-аас БНХАУ-д суугаа Элчин сайд Лувсан МАХ ялсны 36 жилийн ойг тохиолдуулан зохион байгуулсан хүлээн авалтад БНХАУ-ын дэд дарга Жу Дэ болон Төрийн Захиргааны Зөвлөлийн Ерөнхий сайд Жоу Эньлай нар оролцсон байна. Хүлээн авалт дээр Элчин сайд Лувсан болон БНХАУ-ын дэд дарга Жу Дэ нар харилцан үг хэлэв. Хүлээн авалтад нийт 600 гаруй хүн оролцсон байна.

Мөн өдөр “Ардын өдрийн мэдээ“ сонинд “БНМАУ-ын социалист бүтээн байгуулалтын амжилт” нэртэй нийтлэл гарсан байна.

8月1日 蒙古军事和公安部长道尔吉致电中国国防部部长彭德怀，祝贺中国人民解放军建军节。

8 сар 1 БНМАУ-ын НАХЯ-ны сайд Доржоос БНХАУ-ын БХЯ-ны сайд Пэн Дэхуайд БНХАУ-ын Ардын Чөлөөлөх Арми байгуулагдсаныг тохиолдуулан баяр хүргэв.

8月5日 中国内蒙古自治区乌兰察布盟草原发生旱灾，为解决该盟北部牧区部分牲畜的临时牧草问题，中国内蒙古自治区乌兰察布盟代表同蒙古东戈壁省代表，奉两国政府指示当日在二连浩特举行了会谈。

8 сар 5 БНХАУ-ын ӨМӨЗО-ны Улаанцав аймагт ган болсоны улмаас хойд нутаг малын бэлчээргүй болсон ба ӨМӨЗО-ны Улаанцав аймгийн төлөөлөгчид БНМАУ-ын Дорноговь аймгийн төлөөлөгчидтэй Эрээн хотод уулзалт хийв.

8月6日 中蒙双方在二连浩特商定，蒙古东戈壁省哈登布拉格苏蒙牧业户到中国达茂旗查干哈达、白彦花苏木边境地区纵深20公里内放牧，到1958年5月止。

8 сар 6 БНХАУ БНМАУ хоёр тал Эрээн хотноо хуралдаж Дорноговь аймгийн Хатанбулаг сумын малчид БНХАУ-ын ӨМӨЗО-ын Дамачи Цагаанхад хавьд нутаглах ба Баян Хуа сумын хилийн дагуу 20 км-т малаа бэлчээх, үргэлжлэх хугацаа нь 1958 оны 5 сарын хүртэл байхаар тогтсон аж.

8月13日 中蒙双方就利用边境空隙地带牧场等问题，在二连浩特举行会谈。

同日 根据中蒙1957年文化合作计划，应蒙方邀请，中国人民解放军歌舞团于当天赴蒙古，作为期一个月的演出访问。歌舞团共有 77 人，由团长陈亚丁大校率领。

8 сар 13 Хятад Монголын хоёр тал хилийн дагуу бэлчээрийн тухай асуудлыг Эрээн хотноо хэлэлцэв.

Мөн өдөр 1957 оны соёлын хамтын ажиллагааны төлөвлөгөөний дагуу Монголын талын урилгаар ахлах хурандаа Чэн Ядиний тэргүүлсэн 77 хүний бүрэлдэхүүнтэй Хятадын Ардын Цэргийн Дуу Бүжгийн Чуулгын төлөөлөгчид Монголд нэг сарын хугацаатай аялан тоглолт хийхээр хүрэлцэн ирсэн байна.

8 月 31 日 蒙古人民共和国考察团来中国内蒙古自治区考察农牧业生产情况。

8 сар 31 БНМАУ-ын газар тариалангийн мэргэжилтнүүд БНХАУ-ын ӨМӨЗО-ны тариалангийн туршлага судлахаар ӨМӨЗО-нд айлчлал хийв.

8 月 中国人民解放军歌舞团、中国木偶皮影剧团访问蒙古演出。

8 сар БНХАУ-ын ХАЧА-ийн дуу бүжгийн чуулга, хүүхэлдэйн театрын уран бүтээлчид БНМАУ-д айлчлан тоглолт хийв.

9 月 10 日—10 月 3 日 中、蒙、苏铁路联运代表会第 3 次会议和中、蒙国境铁路联运委员会例会在乌兰巴托市举行。

同日 蒙古驻华使馆临时代办策登依什今日在北京举行记者招待会，指出联合国不接受蒙古人民共和国为会员国是不公正的，并再一次提出申请加入联合国的迫切愿望。

9 сар 10-10 сар 3 Хятад Монгол Орос гурван улсын төмөр замын транзит тээврийн зөвлөлийн гурав дахь

удаагийн хурал Улаанбаатар хотноо болов.

Мөн өдөр БНМАУ-аас БНХАУ-д суугаа Элчин сайдын үүрэг гүйцэтгэгч Цэдэн-Иш НҮБ БНМАУ-ыг гишүүн орноор хүлээж аваагүй нь шударга бус явдал хэмээн эсэргүүцлийн хэвлэлийн бага хурал хийлгэсэн ба уг хэвлэлийн бага хурал дээр НҮБ-д элсэх нь нэн шаардлагатай хүсэл болохыг илтгэсэн өргөдөл дахин өргөн барих тухай өгүүлсэн байна.

9月13日　蒙古农牧业考察团图德布·阿油尔扎那和乌里巨2人抵达北京。他们是蒙古科学和高等教育委员会研究员。

9 сар 13　БНМАУ-ын ХАА-н төлөөлөгчдийн гишүүн Аюурзана, Өлзий нар Бээжин хотноо хүрэлцэн ирэв. Дээрх хоёр төлөөлөгч нар нь БНМАУ-ын ШУ-ны болон дээд боловсролын хорооны судлаач нар аж.

9月22日　中国全国人民代表大会代表、中国美术家协会主席、人民艺术家齐白石的公祭仪式当天上午在北京嘉兴寺举行。蒙古人民共和国来电吊唁。

9 сар 22　БНХАУ-ын БХАТИХ-ын төлөөлөгч, БНХАУ-ын Зураачдын нийгэмлэгийн тэргүүн, ардын зураач Чи Байшитай салах ёс гүйцэтгэх ёслол Бээжин хотын Жя Син сүмд болсон ба БНМАУ эмгэнэлийн цахилгаан илгээв.

9月30日　蒙古大人民呼拉尔主席团主席扎·桑布、部长会议主席尤·泽登巴尔、外交部部长斯·阿维尔齐德致电中华人民共和国主席毛泽东、全国人民代表大会常务委员会委员长刘少奇、国务院总理兼外交部部长周恩来，祝贺中华人民共和国成立8周年。

同日　中国图片展览在乌兰巴托开幕。

9 сар 30　БНМАУ-ын Их Хурлын дарга Ж. Самбуу, БНМАУ-ын Ерөнхий сайд Ю. Цэдэнбал, ГЯЯ-ны сайд Ч.

Аварзэд нар БНХАУ-ын дарга Мао Зэдун, БХАТИХ-ын байнгын хорооны дарга Лю Шаочи, Төрийн Захиргааны Зөвлөлийн Ерөнхий сайд Жоу Эньлай нарт БНХАУ байгуулагдсаны 8 жилийн ойг тохиолдуулан баярын цахилгаан илгээв.

Мөн өдөр Улаанбаатар хотноо БНХАУ-ын уран зургийн үзэсгэлэн нээлтээ хийв.

10 月 3 日　中国国务院总理周恩来致电蒙古部长会议主席尤·泽登巴尔，祝贺中蒙经济及文化合作协定签订 5 周年。

蒙古部长会议主席尤·泽登巴尔致电中国国务院总理周恩来，祝贺中蒙经济及文化合作协定签订 5 周年。

同日　蒙古工会中央理事会、蒙古劳动妇女联合会、蒙古革命青年团向中国发来贺电。

10 сар 3　БНХАУ-ын Төрийн Захиргааны Зөвлөлийн Ерөнхий сайд Жоу Эньлай БНМАУ-ын Ерөнхий сайд Ю.Цэдэнбалд “Хятад Монголын соёлын харилцааны гэрээ” байгуулсаны 5 жилийн ойг тохиолдуулан баярын цахилгаан илгээв. Мөн өдөр БНМАУ-ын Ерөнхий сайд Ю. Цэдэнбал БНХАУ Ерөнхий сайд Жоу Эньлайд “Хятад Монголын соёлын харилцааны гэрээ” байгуулсаны 5 жилийн ойг тохиолдуулан баярын цахилгаан илгээв.

Мөн өдөр Монголын Үйлдвэрчний Эвлэлийн Төв Зөвлөл, Монголын Хөдөлмөрчин Эмэгтэйчүүдийн Нэгдсэн Холбоо, Монголын Хувьсгалт Залуучуудын Эвлэлээс БНХАУ-д баярын цахилгаан илгээсэн байна.

10 月 4 日　蒙古驻呼和浩特总领事策·达升举行宴会，庆祝中蒙经济及文化协定签订 5 周年，中国内蒙古自治区党政军领导杨植霖、王铎、刘华香等出席宴会。

同日 蒙古驻华大使鲁布桑在北京饭店举行晚宴，庆祝中蒙经济及文化合作协定签订 5 周年。中国国家副主席朱德、国务院总理周恩来出席宴会。周恩来发表讲话，认为中蒙经济及文化合作协定的签订是中蒙两国人民友好合作关系发展中的一个重事件。

同日 中国驻蒙古大使何英当天晚间举行招待会，庆祝中蒙两国经济及文化合作协定签订 5 周年。蒙古部长会议副主席阿维尔齐德和何英大使先后讲话。蒙古人民革命党和政府的领导人苏伦扎布、达木丁、莫洛姆扎木茨，外国驻蒙古的外交使节以及在蒙古的中国专家、员工代表和华侨代表等出席招待会。

同日 《人民日报》发表题为《五年来的中蒙经济合作》的文章。

10 сар 4 БНМАУ-аас Хөх хотод суугаа Ерөнхий консул Ц. Даш “Хятад Монгол хоёр улсын эдийн засаг соёлын хамтын гэрээ” байгуулсаны таван жилийн ойг тохиолдуулан баярын хүлээн авалт хийсэн ба хүлээн авалтад БНХАУ-ын ӨМӨЗО-ны ЗГ, Цэргийн командлагч Ян Жилин, Ван До, Лю Хуасян нар оролцов.

Мөн өдөр БНМАУ-аас БНХАУ-д суугаа Элчин сайд “Хятад Монгол хоёр улсын эдийн засаг соёлын хамтын гэрээ” байгуулсаны таван жилийн ойг тохиолдуулан Бээжин зочид буудалд хүлээн авалт хийсэн ба хүлээн авалтад БНХАУ-ын дэд дарга Жу Дэ, Төрийн Захиргааны Зөвлөлийн Ерөнхий сайд Жоу Эньлай нар урилгаар оролцсон ба Ерөнхий сайд Жоу Эньлай хүлээн авалт дээр хэлсэн үгэндээ: Хятад Монгол хоёр улсын эдийн засаг соёлын хамтын гэрээ” байгуулсан явдал нь Хятад Монгол хоёр орны ард түмний найрамдалт хамтын ажиллагааны хөгжлийн томоохон үйл явдал юм гэв.

Мөн өдөр БНХАУ-аас БНМАУ-д суугаа Элчин сайд Хэ

Ин "Хятад Монгол хоёр улсын эдийн засаг соёлын хамтын гэрээ" байгуулсаны таван жилийн ойг тохиолдуулан хүлээн авалт хийсэн ба хүлээн авалт дээр ГЯЯ-ны сайд Ч. Аварзэд үг хэлэв. Хүлээн авалтад МАХН-ын ТХ-ны дарга Сүрэнжав, Дамдин, Моломжамц, гадаад орнуудаас БНМАУ-д суугаа дипломат албаны төлөөлөгчид хөдөлмөрчдийн болон цагаач иргэдийн төлөөлөгчид нарын зочид оролцов.

10月9日　根据中蒙文化协定1957年执行计划来中国访问演出，以蒙古人民共和国人民演员、国家剧院院长尼·策格米德为团长的蒙古国家音乐话剧院艺术团一行81人，于当晚坐火车抵达北京。

10 сар 9　Хятад Монгол хоёр улсын байгуулсан соёлын гэрээг хэрэгжүүлэх 1957 оны хөтөлбөрийн дагуу БНМАУ-ын Хөгжимт драмын театрын дарга Н. Цэгмид тэргүүтэй жүжигчид багтсан 81 хүний бүрэлдэхүүнтэй баг тоглолт хийхээр галт тэргээр Бээжин хотноо хүрэлцэн ирэв.

10 月 10 日　中国文化部部长沈雁冰于当晚在北京欢宴蒙古国家音乐话剧院艺术团人员。

10 сар 10　БНХАУ-ын Соёлын Яамны сайд Чэн Яньбин БНМАУ-ын жүжигчдийн төлөөлөгчдийг Бээжин хотноо хүлээн авав.

10月 11 日　1957年应中国政府聘请来帮助中国高等教育建设的苏联专家，第一批52位已于国庆节前后陆续抵达北京。同期到京的，还有民主德国、捷克斯洛伐克、蒙古、波兰专家12位。蒙古沙达文·鲁双完单是蒙古人民共和国学术委员会委员。

10 сар 11　1957 онд БНХАУ-ын ЗГ-аас дээд боловсролын салбарын сургалтад тусламж авах хүсэлтийн

дагуу ЗХУ-ын мэргэжилтнүүдийн анхны ээлж буюу 52 мэргэжилтэн Бээжин хотноо улс тунхагласны баярын өмнө болон хойно хүрэлцэн ирэв. Түүнчлэн БНАГУ, БНМАУ, Чехословак, Польш зэрэг орны 12 мэргэжилтэн Бээжин хотноо хүрэлцэн ирэв. Төлөөлөгчдийн бүрэлдэхүүнд БНМАУ-ыг төлөөлөн буй Ш. Лувсанвандан нь БНМАУ-ын ШУА-ийн Зөвлөлийн гишүүн юм.

10 月 14 日　蒙古国家音乐话剧院艺术团当晚在北京天桥剧场举行访问中国的首次演出。中国国务院副总理李先念，文化部部长沈雁冰，外交部副部长章汉夫，中国人民对外文化协会会长楚图南以及北京各界人士 1 000 多人观看了演出。李先念副总理在演出休息时，接见了艺术团团长策格米德。

同日　中国内蒙古大学正式开学，蒙古人民共和国专家乌力吉呼图格、蒙古驻呼和浩特总领事策·达什参加典礼。

10 сар 14　БНМАУ-ын Хөгжимт драмын театрын жүжигчид Бээжин хотын Тян Чяо театрт анх удаагаа тоглолтоо хийсэн байна. Тоглолтыг Ерөнхий сайдын орлогч Ли Сяннян, Соёлын Яамны сайд Чэн Яньбин, ГЯЯ-ны орлогч сайд Жан Ханьфү, Хятадын гадаадтай харилцах нийгэмлэгийн дарга Чу Тунань нар болон Бээжин хотод буй дэлхийн өнцөг бүрээс ирсэн зочид зэрэг 1000 гаруй хүн үзэв. Завсралагаанаар Ли Сяньнянь, Н. Цэгмидийг хүлээн авч уулзав.

Мөн өдөр ӨМИС албан ёсоор нээлтээ хийж БНМАУ-ын мэргэжилтэн Өлзийхутаг, БНМАУ-аас Хөххотод суугаа Ерөнхий консул Ц. Даш нар нээлтийн ёслолд оролцов.

10 月 22 日　蒙古国家音乐话剧院艺术团当晚在石景山钢铁厂为几千钢铁工人作了精彩演出。中国国务院总理周恩来出席并观看了演出。周恩来总理在演出休息的时候，接见了艺术团团长策格米德以及艺术指导鲁布桑沙拉布和音乐指挥纳木斯来扎布。

10 сар 22 БНМАУ-ын урлагийн төлөөлөгчид Бээжингийн Ши Жиншань төмрийн үйлдвэрийн ажилчдад зориулан тоглолт хийсэн ба Ерөнхий сайд Жоу Эньлай тоглолтыг үзэв, Ерөнхий сайд Жоу Эньлай тоглолтын завсралагаанаар төлөөлөгчдийн тэргүүн Н. Цэгмид, урлагийн тэргүүн Лувсаншарав, хөгжмийн удирдаач Намсрайжав нарыг хүлээн авч уулзав.

11 月 6 日 中国内蒙古自治区及呼和浩特市各族各界 1 200 多人，当晚在呼和浩特市乌兰恰特（红色剧院）隆重举行大会，庆祝十月社会主义革命胜利 40 周年。蒙古驻呼和浩特总领事策·达什和 6 日晚上刚到呼和浩特市访问的蒙古国家音乐话剧院艺术团的团员以及在内蒙古的蒙古专家出席大会。

11 сар 6 БНХАУ-ын ӨМӨЗО-ны нийслэл Хөх хотод суугаа үндэстэн ястныг төлөөлсөн 1200 гаруй төлөөлөгчид Хөххотын Улаан театрт Октяврийн социалист хувьсгалын 40 жилийн ойд зориулсан их хурал хийв. Мөн БНМАУ-аас Хөххотод суугаа Ерөнхий консул Ц. Даш болон 6-ны орой тус хотод хүрэлцэн ирсэн БНМАУ-ын хөгжимт драмын театрын жүжигчдийн төлөөл болон өвөр монголд ажиллаж буй монгол мэрэгжилтнүүд тус их хуралд оролцов.

11 月 14 日 根据中蒙文化协定 1957 年执行计划来中国访问演出的蒙古国家音乐话剧院艺术团当晚在包头市举行闭幕演出，受到 1 000 多名观众的热烈欢迎。

11 сар 14 “Хятад Монголын соёлын хэлэлцээр”-т үндэслэн Хятад Монгол хоёр улсын байгуулсан соёлын гэрээг хэрэгжүүлэх 1957 оны хөтөлбөрийн дагуу БНХАУ-д

аялан тоглолт хийж буй хөгжимт драмын театрын жүжигчдийн төлөөлөгчид Бугат хотод хаалтын тоглолт хийж 1000 гаруй үзэгчдийн талархалыг хүлээв.

11月20日 蒙古人民共和国政府向中国政府提出解决中蒙两国的边界问题。

11 сар 20 БНМАУ-ын ЗГ-аас БНХАУ-ын ЗГ-т Хятад Монгол хоёр улсын хилийн асуудлыг шийдвэрлэх тухай санал дэвшүүлэв.

11月25日 应中华全国总工会邀请，前来参加中国工会第八次全国代表大会的蒙古工会中央理事会主席德·巴拉吉尼姆当日乘飞机抵达北京。

11 сар 25 БНХАУ-ын БХ-ын Үйлдвэрчний Эвлэлийн ТЗ-ийн урилгаар БНХАУ-ын ҮЭ-ийн төлөөлөгчдийн наймдугаар Их хуралд оролцохоор БНМАУ-ын ҮЭ-ийн ТЗ-ийн дарга Б. Балжинням тусгай үүргийн онгоцоор Бээжинд хүрэлцэн ирэв.

12月6日 在中国工会第八次全国代表大会当日举行的全体会议上，有11位来自亚洲、非洲、欧洲地区的工会代表在会上致辞。蒙古工会中央理事会主席德·巴拉吉尼姆代表蒙古工会向中国工会和工人阶级表示祝贺。致辞后，巴拉吉尼姆向大会赠送锦旗、影片和瓷器等礼物。

12 сар 6 БНХАУ-ын ҮЭ-ийн төлөөлөгчдийн наймдугаар Их хурал дээр Ази, Африк, Европын орнуудаас хүрэлцэн ирсэн 11 төлөөлөгч үг хэлэв. БНМАУ-ын ҮЭ-ийн ТЗ-ийн дарга Б. Балжинням БНХАУ-ын Үйлдвэрчний Эвлэл болон хятадын хөдөлмөрчдөд халуун мэндчилгээ дэвшүүлэв. Мэндчилгээ дэвшүүлсэний дараа Б. Балжинням

хүндэтгэлийн туг, кино бичлэг болон шаазан эдлэл зэрэг дурсгалын зүйл гардуулав.

12 月 9 日　中国国务院总理周恩来因蒙古西部发生强烈地震，致电蒙古部长会议主席泽登巴尔表示慰问。

12 сар 9　БНХАУ-ын Төрийн Захиргааны Зөвлөлийн Ерөнхий сайд Жоу Эньлай Монголын баруун аймагт газар хөдлөлт болсон явдалд сэтгэл зовниж буйгаа илэрхийлэв.

12 月 9 日　中国红十字会会长李德全当日致电蒙古红十字会主席图蒙夫人，对蒙古西部地区最近发生的地震表示慰问。图蒙夫人在 12 日复电感谢。

12 сар 9　БНХАУ-ын Улаан Загалмайн нийгэмлэгийн дарга Ли Дэчуань　БНМАУ-ын Улаан загалмайн нийгэмлэгийн дарга хатагтай Түмэнд Монголын баруун аймагт газар хөдлөлт болсон явдалд сэтгэл зовниж буйгаа илэрхийлэв. Хатагтай Түмэн 12-ны өдөр хариу талархал илэрхийлсэн цахилгаан илгээв.

12 月 10 日　中国红十字会捐赠蒙古地震灾民 10 万元人民币。

12 сар 10　БНХАУ-ын Улаан Загалмайн нийгэмлэгээс Монголын газар хөдлөлтийн гамшигийг арилгахад зориулж 100 000 юанийн хандив өгөв.

12 月 16 日　中国红十字会当天宣布，中国红十字会在当日捐给蒙古红十字会人民币 7 万元，以帮助蒙古西部地区遭受地震灾害的人民。蒙古红十字会主席图蒙德格夫人在 18 日致电中国红十字会会长李德全表示感谢。

12 сар 16　БНХАУ-ын Улаан Загалмайн нийгэмлэгээс

Монголын Улаан загалмайн нийгэмлэгт Монголын газар хөдлөлтийн гамшигийг арилгахад зориулж 70 000 юанийн хандив өгсөн ба БНМАУ-ын Улаан загалмайн нийгэмлэгийн дарга хатагтай Түмэн 18-ны өдөр БНХАУ-ын Улаан Загалмайн нийгэмлэгийн дарга Ли Дэчуаньд талархал илэрхийлсэн цахилгаан илгээв.

12 月 18 日　中国版画展览在乌兰巴托开幕。

12 сар 18 БНХАУ-ын модон барын зургийн үзэсгэлэнгийн нээлт Улаанбаатар хотноо болов.

12 月 27 日　中国内蒙古自治区乌兰察布盟牧民代表邀请蒙古东戈壁省牧民代表，在蒙古东戈壁省杭盖边防站，举行了友谊联欢大会，答谢蒙古东戈壁省热情帮助乌兰察布盟达尔罕茂明安联合旗牧民抗灾保畜。

12 сар 27 БНХАУ-ын ӨМӨЗО-ны Улаанцав аймгийн малчин ардын төлөөлөгчдийн урилгаар Дорноговь аймгийн Хангай сумын хилийн боомтод найрамдлын уулзалт хийсэн ба Улаанцав аймгийн Дархан Муумянган Холбоот Хошууны малчдад зудны гамшгаас малаа аврахад нь гүн туслалцаа үзүүлсэнд талархал илэрхийлэв.

1958 年中蒙国家关系历史编年

1958 оны Хятад Монгол 2 улсын түүхэн үйл явдлын товчоон

1 月 17 日　《中蒙航空交通协定》在乌兰巴托签署。

1 сар 17 “Хятад Монголын иргэний агаарын тээврийн хэлэлцээр”-т Улаанбаатар хотноо гарын үсэг зурав.

1 月 28 日 《中蒙 1958 年互供货物议定书》在北京签订。

1 сар 28 “Хятад Монгол хоёр улс 1958 оны худалдааны хамтын гэрээ”-нд Бээжин хотноо гарын үсэг зурав.

2 月 由蒙古文化部部长Ш·索苏尔巴拉木任团长的蒙古文化代表团访问中国。

2 сар БНМАУ-ын Соёлын яамны сайд Ш. Сосорбарам тэргүүтэй БНМАУ-ын СЯ-ны төлөөлөгчид БНХАУ-д айлчлав.

2 月 21 日 中蒙双方在北京签署《中蒙政府文化合作执行协定》。

2 сар 21 БНХАУ БНМАУ хоёр улс Бээжин хотноо “Хятад Монголын Засгийн газар хоорондын соёлын хамтын ажиллагааны гэрээ”-нд гарын үсэг зурав.

2 月 25 日 蒙古人民共和国贝尔湖渔场经理泽登义施经满洲里赴达赉湖参观。3 月 3 日经贝尔湖回国。

2 сар 25 БНМАУ-ын Буйр нуурын загасны аж ахуйн захирал Цэдэн-Иш Манжуураар дамжин Далай нуурт айлчлаад 3 сарын 3-нд эх орондоо буцав.

3 月 15 日—25 日 中共中央政治局候补委员、国务院副总理乌兰夫率中国共产党代表团参加蒙古人民革命党第 13 次代表大会。

3 сар 15-3 сар 25 ХКН-ын Улс төрийн Зөвлөлийн орлогч гишүүн, БНХАУ-ын Ерөнхий сайдын орлогч Улаанхүү тэргүүтэй ХКН-ын төлөөлөгчид МАХН-ын XIII дугаар их хуралд оролцов.

3 月 18 日 新华社发表《蒙古人民革命党的光荣道路》一文，祝贺蒙古人民革命党成立 37 年来取得的成绩。

3 сар 18 Синь хуа агентлаг “МАХН-ын яруу алдрын зам” өгүүллэг нийтлүүлж, МАХН байгуулагдсаны 37 жилийн амжилтыг тэмдэглэв.

3月19日 受中国共产党中央委员会的委托，乌兰夫在蒙古人民革命党代表大会上致辞，希望大会标志着蒙古人民争取新胜利的起点，中蒙友谊在社会主义的基础上更加发展和巩固，并宣读了中国共产党中央委员会给蒙古人民革命党第13次全国代表大会的贺电。

3 сар 19 ХКН-ын ТХ-ны даалгавараар Улаанхүү МАХН-ын төлөөлөгчдийн их хурал дээр хэлсэн үгэндээ Монголын ард түмэн ялалт байгуулж буй нь хятад монгол хоёр орны нөхөрсөг хамтын ажиллагаа нь социалист үзлийг гол тулгуур болгон улам бүр хөгжин бэхжинэ гээд ХКН-ын ТХ-оос МАХН-ын XIII дугаар их хуралд илгээсэн баярын цахилгааныг уншив.

3月21日 蒙古驻华大使馆当晚举行歌舞晚会，招待北京各界人士和各国驻华外交官员。晚会上，蒙古艺术团的艺术家们演出了精彩的歌舞节目。中国对外文化联络委员会主任张奚若、外交部副部长章汉夫、文化部副部长夏衍等人出席了当日的晚会。

3 сар 21 БНМАУ-ын Элчин сайдын зохион байгуулсан концертонд Бээжин хотын салбар бүрийн ажилчдын төлөөлөл болон хятадад суугаа дипломат төлөөлөгч нар оролцсон байна. Дайллага дээр Монгол улсын урлаг соёлын төлөөлөгчид мэндчилгээ дэвшүүлж баярын хөтөлбөр сонирхуулав. БНХАУ-ын Гадаадтай соёлоор харилцах зөвлөлийн дарга Жан Шируо, ГЯЯ-ны орлогч сайд Жан Ханьфү, Соёлын Яамны орлогч сайд ПүЯн нар тус үдэшлэгт хүрэлцэн ирсэн байна.

3 月 28 日　中国政府复照蒙古政府，同意谈判边界问题。

3 сар 28　БНХАУ-ын ЗГ Монголын ЗГ-ын хүсэлтийн дагуу хилийн асуудлыг зөвшилцөх тухайд санал нэг буйгаа илэрхийлэв.

4 月 4 日　应中国体育运动委员会的邀请，由蒙古部长会议体育运动委员会摩托运动部部长契・哈勒特尔胡乔率领蒙古国家足球队一行 19 人，当晚乘火车抵达北京。他们预定在北京、天津访问一个半月。

4 сар 4　БНХАУ-ын биеийн тамирын хорооны урилгаар БНМАУ-ын Сайд нарын Зөвлөлийн дэргэдэх Биеийн тамирын хорооны мотоспортын хэлтэсийн дарга Халтархүү тэргүүтэй монголын Хөл бөмбөгийн баг тамирчид нийт 19 хүн Тяньжин хотод хагас сарын айлчлал хийхээр Бээжин хотод хүрэлцэн ирэв.

4 月 24 日　国际广播组织亚洲会员国民间音乐广播会议，当天开始在北京举行。蒙古人民共和国派代表参加会议。

4 сар 24　Бээжин хотноо болсон Олон улсын радио техникийн байгуулгийн Азийн гишүүн орнуудын ардын хөгжмийн аражё хуралд Монгол улсын төлөөлөгчид оролцов.

4 月 26 日　应中华全国总工会的邀请，以蒙古工会中央理事会主席团委员阿尔格为首的蒙古工会代表团当天下午乘飞机抵达北京，前来中国参加“五一”节观礼。中华全国总工会副主席朱学范到机场欢迎。

4 сар 26　БНХАУ-ын БХ-ын ҮЭ-ийн Төв Зөвлөлийн урилгаар БНМАУ-ын ҮЭ-ийн ТЗ-ийн дарга Арга тэргүүтэй төлөөлөгчид 5 сарын 1-ний хөдөлмөрчдийн баярт

оролцохоор тусгай үүргийн онгоцоор үдээс хойш Бээжин хотноо хүрэлцэн ирэхэд БХ-ын ҮЭ-ийн Төв Зөвлөлийн дарга Жу Сюэчуань онгоцны буудал дээр угтаж авав.

5 月 中国武汉杂技团赴蒙古人民共和国访问演出。

5 сар БНХАУ-ын У Ханий циркийн жүжигчид БНМАУ-д аялан тоглолт хийхээр хүрэлцэн ирэв.

5 月 10 日 蒙古乌兰巴托市足球队以一胜一负的成绩结束了在上海的两场友谊访问比赛。

5 сар 10 БНМАУ-ын Улаанбаатар хотын хөл бөмбөгний баг тамирчдын Шанхай хотноо хийсэн хоёр удаагийн нөхөрсөг тоглолтод нэг ялж нэг ялагдаж өндөрлөв.

5 月 12 日 蒙古首都乌兰巴托市劳动人民当天下午在火车站上举行欢送会，欢送来蒙古参加建设期满回国的第一批中国员工。蒙古党政领导人巴尔吉尼亚姻、曾德、达姆丁、拉木勤和杜格苏伦等出席了欢送会。两国工人在车站上亲切地话别，互赠礼物，一再握手，许多人流下了热泪。杜格苏伦在欢送会上讲话说，中国政府派来了技术员工帮助发展蒙古的国民经济，蒙古人民认为这是兄弟人民的国际主义的援助，并且表示衷心的感谢。中国工人的勤劳给蒙古工人留下了不可磨灭的印象。中国驻蒙古大使何英及蒙古和中国的工人代表也在会上发表讲话。

5 сар 12 БНМАУ-ын нийслэл Улаанбаатар хотын хөдөлмөрчид үдээс хойш галт тэрэгний буудал дээр чуулж Монголд ирж бүтээн байгуулалтанд оролцож хугацаа дүүрсэн хятад ажилчдын нэгдүгээр ээлж нутаг буцаж буйн учир үдэж мордуулах ёслол хийв. Үдэх ёслолд БНМАУ-ын МАХН-ын дарга Балжинням, Цэнд болон Дамдин, Лхамчин, Дүгэрсүрэн нар оролцов. Хоёр улсын хөдөлмөрчид галт

тэрэгний буудал дээр дотно яриа өрнүүлж, харилцан бэлэг солилцож, гар барилцан нүдэндээ нулимастай салцгаасан аж. Дүгэрсүрэн үдэх ёслол дээр хэлсэн үгэндээ: Хятадын засгийн газраас мэргэжилтэн, ажилчдаа Монгол Улсын эдийн засгийн хөгжилд туслуулахаар илгээсэн нь ах дүүгийн интернационалч тусламж хэмээн монголын ард түмэн талархан баярласнаа илэрхийлж байна. Хятадын хөдөлмөрчид манай ард түмэнд мартагдашгүй дурсамж үлдээсэн гэв. БНХАУ-аас БНМАУ-д суугаа Элчин сайд Хэ Ин болон хятадын хөдөлмөрчдийн төлөөлөгчид тус хурал дээр үг хэлэв.

5 月 23 日　北京各界代表 3 000 人当日上午在中山堂隆重举行公祭，追悼赖若愚同志的逝世。蒙古工会中央理事会向中华全国总工会致唁电。

5 сар 23　Бээжин хотноо гадаад дотоодын 3000 төлөөлөгчид үдээс өмнө Жун Шан Танд гашуудлын цуглаан хийж Лай Руоюйтай салах ёслол хийв. БНМАУ-ын ҮЭ-ийн ТЗ-өөс БНХАУ-ын БНХАУ-ын БХ-ын ҮЭ-д эмгэнэлийн цахилгаан илгээсэн байна.

6 月 3 日　中国全国人民代表大会常务委员会在当日下午举行第 96 次会议，经过讨论，并通过决议，批准中华人民共和国政府和蒙古人民共和国政府文化合作协定。

6 сар 3　БНХАУ-ын БХ-ын АТИХ-ын байнгын хороо үдээс хойш хуралдсан 96 дугаар хурал дээр “БНМАУ БНХАУ-ын Засгийн газар хоорондын соёлын хамтын ажиллагааны гэрээ”-г хэлэлцэн баталсан байна.

6 月 4 日　蒙古《真理报》当日发表一篇题目为《蒙中两国人民的友谊不断加强和发展》的编辑部文章。文章说，自从蒙古人民共和国和中华人民共和国在 1949 年建立真正兄弟般的友好关系以来，蒙中两国人民之间的经济和文化联系有了更大的发展和加强。

6 сар 4 Монголын “Үнэн сонин”-нд “Монгол Хятад хоёр улсын ард түмний найрамдалт харилцааг тасралтгүй бэхжүүлэн хөгжүүлэх“ нийтлэл нийтлэв. Уг нийтлэлд БНМАУ БНХАУ хоёр улсын 1949 онд ах дүүгийн найрамдалт харилцаа байгуулснаас нааш Монгол Хятад хоёр улсын ард түмний эдийн засаг, соёлын харилцаа улам хөгжил цэцэглэлтэй болж байна гэж тэмдэглэсэн байна.

6 月 7 日 应邀访问蒙古人民共和国的中国煤矿男子排球队一行 14 人，由领队夏朗率领，于当日下午坐火车前往乌兰巴托进行访问比赛。

6 сар 7 БНМАУ-ын урилгаар Хятадын нүүрсний үйлдвэрчдийн эрэгтэйн гар бөмбөгийн 14 хүний бүрэлдэхүүнтэй баг тамирчид багын тэргүүн Шя Лангын дагуулгаар үдээс хойш галт тэргээр Монголд хүрэлцэн ирж нөхөрсөг тоглолт хийв.

6月 19 日 中华人民共和国主席毛泽东根据全国人民代表大会常务委员会第 96 次会议的决定，在 1958 年 6 月 19 日批准了 1958 年 2 月 21 日在北京签订的《中华人民共和国政府和蒙古人民共和国政府文化合作协定》。

6 сар 19 БНХАУ-ын дарга Мао Зэдун БХ-ын АТИХ-ын байнгын хорооны комисс 96-р бүгд хурлын тогтоолын дагуу 1958 оны 2 сарын 21-ны өдөр Бээжинд гарын үсэг зурсан “БНМАУ БНХАУ-ын Засгийн газрын соёлын хамтын ажиллагааны гэрээ”-г батлав.

6月 24 日 蒙古南戈壁省 150 户牧民，25 000 头牲畜，借中国乌拉特中后联合旗索伦山至胡查山，东西 140 公里、南北 30 公里的牧场放牧，放牧至 1958 年 11 月 1 日止。

6 сар 24　БНМАУ-ын Өмнөговь аймгийн 150 малчин өрх 1958 оны 11 сарын 1 хүртэл 25000 малаа ӨМӨЗО-ны Урадын дунд хошууны Солонго уул Хуушан уул орчимд баруунаас зүүн тийш 140 км, хойноос өмнөдөд 30 км нутагт нутаглуулахаар болов.

7 月 5 日　由内蒙古自治区摔跤、射箭运动员组成的中国体育代表团，前往蒙古人民共和国参加节日那达慕大会。

7 сар 5　ӨМӨЗО бөхчүүд, харваачид багтсан БНХАУ-ын баг тамирчид БНМАУ-ын наадамд оролцохоор хүрэлцэн ирлээ.

7 月 10 日　中华人民共和国主席毛泽东、全国人民代表大会常务委员会委员长刘少奇、国务院总理周恩来当天致电蒙古大人民呼拉尔主席团主席扎·桑布和部长会议主席尤·泽登巴尔，祝贺蒙古人民革命胜利 37 周年。

同日　中国国务院副总理兼外交部部长陈毅致电蒙古外交部部长阿维尔齐德，祝贺蒙古人民革命胜利 37 周年。

7 сар 10　БНХАУ-ын дарга Мао Зэдун, БХ-ын АТИХ-ын байнгын хорооны дарга Лю Шаочи, БНХАУ-ын Төрийн Захиргааны Зөвлөлийн Ерөнхий сайд Жоу Эньлай нарас БНМАУ-ын Их-ын тэргүүдэгчдийн дарга Ж. Самбуу болон БНМАУ-ын Ерөнхий сайд Ю. Цэдэнбал нарт Ардын Хувьсгал ялсны 37 жилийн ойг тохиолдуулан баярын цахилгаан илгээв.

Мөн өдөр БНХАУ-ын Төрийн Захиргааны Зөвлөлийн Ерөнхий сайдын орлогч болон ГЯЯ-ны сайд Чэн И БНМАУ-ын ГЯЯ-ны сайд Ч. Аварзэдэд Ардын Хувьсгал ялсаны 37 жилийн ойг тохиолдуулан баярын цахилгаан илгээв.

7月11日 蒙古驻华大使鲁布桑当晚举行盛大招待会，庆祝蒙古人民革命胜利37周年。中国国务院副总理兼外交部部长陈毅和鲁布桑大使分别在招待会上发表讲话。副总理李先念、聂荣臻，副委员长李济深、黄炎培、彭真、陈叔通等北京各界人士和各国驻华使节700多人出席了招待会。

7 сар 11 БНМАУ-аас БНХАУ-д суугаа Элчин сайд С. Лувсан МАХ-ын 37 жилийн ойг тохиолдуулан хүлээн авалт зохион байгуулав. Уг хүлээн авалтад БНХАУ-ын Төрийн Захиргааны Зөвлөлийн Ерөнхий сайдын орлогч болон ГЯЯ-ны сайд Чэнь И, Элчин сайд Лувсан нар дайллага дээр харилцан үг хэлэв. Ерөнхий сайдын орлогч Ли Сяньнянь, Не Рунжэн, орлогч хороон дарга Ли Жишэнь, Хуан Яньпэй, Пэн Жэн, Чэн Шутун Бээжингийн олон нийтийн байгууллагын төлөөлөгчид, БНХАУ-д суугаа гадаадын дипломат төлөөлөгчид зэрэг 700-аад зочид дайллагад оролцов.

7月31日 中国二连浩特边防总站与蒙古扎门乌德边防站，在二连浩特边防总站召开边防事务会议。

7 сар 31 БНХАУ-ын Эрээн хотын хилийн боомт БНМАУ-ын Замын-Үүдийн хилийн боомттой ажил хэргийн уулзалт хийв.

8月 蒙古国家杂技团访问中国演出。

8 сад БНМАУ-ын циркийн жүжигчид БНХАУ-д аялан тоглолт хийв.

8月1日 中国国防部长彭德怀元帅“八一”前夕接到蒙古军事和公安部长道尔吉中将发来祝贺中国人民解放军建军31周年的

电报。

同日　中国农垦部当天下午在北京南郊农场举行受礼仪式，接受蒙古为支援中国农业生产而赠送的 15 000 匹耕马。参加受礼仪式的有中国国务院副总理李先念、农垦部副部长姜齐贤、外交部副部长曾涌泉、北京市副市长冯基平等，另外还有南郊农场 1 500 多名职工。出席仪式的蒙古代表是蒙古驻华大使鲁布桑、农牧业部副部长宫德布苏伦和畜牧专家僧格。从 1951 年起开始，蒙古 8 年来共向中国输出马匹 178 000 匹。这些马匹大部分供应到河北、山西、河南、山东、江苏、安徽、辽宁、吉林等省。

8 сар 1　БНХАУ-ын БХЯ-ны сайд маршал Пэн Дэхуай Хятадын Ардын Чөлөөлөх Арми байгуулагдсаны 31 жилийн ойг тохиолдуулан БНМАУ-ын Цэргийн яамны сайд Доржоос ирүүлсэн баярын цахилгааныг хүлээн авав.

Мөн өдөр БНХАУ-ын Атар эзэмших хэлтэсээс Бээжингийн Нансяо аж ахуйд бэлэг гардуулах ёслолын ажиллагаа болсон ба энэ үеэр БНМАУ-аас БНХАУ-ын атар газар эзэмших ажлыг дэмжиж, 15000 морь бэлэглэсэн байна. БНХАУ-ын Төрийн Захиргааны Зөвлөлийн Ерөнхий сайдын орлогч Ли Сяньнян, Атар газар эзэмших хэлтэсийн орлогч дарга Зян Жисянь, ГЯЯ-ны орлогч сайд Зэн Юнчуань Бээжин хотын орлогч дарга Ма Жипин нараас гадна Нансяо фермерийн 1500 гаруй ажилчид байлцав. Ёслолын ажилд Монгол улсыг төлөөлөн БНМАУ-ын Элчин сайд С. Лувсан, ХААЯ-ны орлогч сайд Гүндэвсүрэн болон мал аж ахуйн мэргэжилтэн Сэнгээ нар оролцсон байна. 1951 оноос эхлэн Монгол улсаас Хятад улсад найман жилд нийт 178 000 морь бэлэглэсэн байна. Эдгээр морьдын ихэнхийг Хэ нань, Хэ бэй, Шань дун, Шан си, Ан хүй, Ляо нин гэх мэт мужуудад нийлүүлсэн байна.

8月4日　蒙古人民革命党第一书记达姆巴、部长会议主席泽登巴尔于当日发电报给赫鲁晓夫说，蒙古人民和蒙古政府十分高兴和十分满意地欢迎你和毛泽东同志的会谈，并且认为这是一件重大的事件，对缓和目前国际紧张局势和维护世界和平有重大意义。蒙古人民革命党中央委员会第二书记、大人民呼拉尔主席苏伦扎布当日说，毛泽东和赫鲁晓夫同志的会谈公报表明两大国领导人对当前的国际局势、维护世界和平、捍卫马列主义思想原则以及和南斯拉夫修正主义进行坚决的斗争等方面都取得完全一致的看法。这是当前世界局势中的一件大事。蒙古人民革命党中央委员会书记、部长会议副主席杜格苏伦当晚在中国驻蒙古大使馆的一次电影招待会上对新华社记者说，他高兴地从广播里听到中苏会谈公报。他表示，在世界局势和中近东局势发生变化的当日，社会主义阵营的两个大国的首脑进行这样的会谈是非常必要和及时的。会谈公报对目前世界局势将会有很大影响。

8 сар 4 МАХН-ын нэгдүгээр нарийн бичгийн дарга Дамба, БНМАУ-ын Ерөнхий сайд Ю.Цэдэнбал нар Хрущевт илгээсэн цахилгаанд: “... Нөхөр Мао Зэдунтэй Таны уулзсан явдлыг олон улсын түгшүүртэй байдлыг багасгаж дэлхий дахины энх тайвныг сахин хамгаалах одоогийн нөхцөл байдалд асарын их ач холбогдол бүхий явдал мөн гэж монголын ард түмэн болон Монгол Улсын Засгийн газар үзэж Танд маш их сэтгэл хангалттай баяр хүргэж байна...” гэсэн бол МАХН-ын Төв Хорооны хоёрдугаар нарийн бичиг АИХ-ын дарга Сүрэнжав хэлсэн үгэндээ нөхөр Мао Зэдун болон Хрущев нарын хэлэлцээр нь хоёр их гүрний удирдлагуудын олон улсын нөхцөл байдал дэлхий дахины энх тайван, марксизм-ленинизмын үзэл баримтлалыг сахин хамгаалах хийгээд өмнөд славяны ревизионизмтэй шийдвэртэй тэмцэх гэх зэрэг бүх талыг нэгтгэсэн үзэл

баримтлал юм. Энэ бол өнөөгийн тулгамдсан нөхцөл байдалд чухал ач холбогдол бүхий үйл явдал юм. БНХАУ-аас БНМАУ-д суугаа Элчин сайдын зохион явуулсан анхдугаар кино-коктейль дээр МАХН-ын ТХ-ны байнгын хорооны дарга БНМАУ-ын Ерөнхий сайдын орлогч Дүгэрсүрэн Синь хуа агентлагын сурвалжлагчид ЗХУ БНХАУ хоёр улсын төрийн тэргүүнүүдийн уулзалтын тухай мэдэгдэлийг радиогоор сонсоод баярласан тухайгаа өгүүлэв. Тэрбээр цааш нь хэлэхдээ дэлхийн болон ойрхи дорнодод үүсээд байгаа нөхцөл байдалд томоохон өөрчлөлтүүд гарч байна. Социалист лагерийн хоёр их гүрний төрийн тэргүүнүүдийн энэхүү уулзалт нь маш цагаа олсон чухал үйл явдал юм гэж хэлэв.

8 月 18 日 《内蒙古日报》报道，经中国政府同意，在内蒙古巴彦淖尔盟乌拉特中后联合旗境内，划出 4 200 平方公里的草场，供蒙古南戈壁省的牲畜过冬过春。

8 сар 18 “Өвөр монголын өдрийн сонин” БНХАУ-ын ЗГ-тай санал нэгтэйгээр Өвөр монголын Баян нуурын урдын дунд хойт холбоот хошууны нутагт 4200 хавтгай дөрвөлжин талбай бүхий бэлчээрт БНМАУ-ын Өмнөговь аймгийн малыг өвөлжүүлэх хаваржуулах талаар тогтов.

9 月 5 日—18 日 中、蒙、苏铁路联运代表会第 4 次会议和中、蒙国境铁路联运委员会例会在呼和浩特市举行。

9 сар 5-9 сар 18 БНХАУ, БНМАУ, ЗСБНХУ гурван орны төмөр замын транзит тээврийн дөрөвдүгээр хурал Хөх хотод хуралдав.

9 月 10 日 蒙古《真理报》当天刊载了蒙古政府 9 月 9 日发表的关于台湾海峡地区局势的声明。声明说，美国对蒙古人民共和国伟大的兄弟盟邦中华人民共和国的挑衅，也就是对包括蒙古人民在内的全世界爱好和平人民的挑衅。蒙古人民和政府完全支持中华人民共和国政府的声明，坚决谴责美国的侵略行为。

同日 蒙古部长会议副主席曾德在朝鲜驻蒙古大使馆举行的庆祝朝鲜民主主义人民共和国成立10周年的招待会上强调说，蒙古人民和蒙古政府坚决支持中国政府为维护远东和平、反对美帝国主义挑衅而采取的措施。他指出，美帝国主义对中国人民新的挑衅造成台湾海峡的紧张局势。

9 сар 10 Монголын “Үнэн сонин”-д тус өдөр БНМАУ-ын ЗГ 9 сарын 9-ний үеийн Тайваний эрэг орчмын нөхцөл байдлын талаар нийтэлсэн мэдээнд Америк улс БНМАУ-ын ах дүү холбоотон улс болох БНХАУ–д халдсан нь БНМАУ болон бүх дэлхийн энх тайвныг эрхэмлэгч ард түмний эсрэг хийж буй өдөөн хатгалга юм гээд БНМАУ-ын ард иргэд болон Засгийн газар БНХАУ-ыг бүх талаар дэмжин, Америкийн түрэмгийллийг эрс эсэргүүцэж буйгаа мэдэгдсэн байна.

Мөн өдөр БНМАУ-ын Сайд нарын Зөвлөлийн орлогч дарга Цэнд БНАСАУ-дахь Элчин сайдын яаманд БНАСАУ байгуулагдсаны 10 жилийн ойг тохиолдуулан зохиосон дайллага дээр БНМАУ болон Засгийн газар Хятадын Засгийн газрын алс дорнодод явуулж буй энхтайвныг сахин хамгаалах бодлогыг нь дэмжиж, Америкийн өдөөн хатгалгыг эрс эсэргүүцэж буйгаа илэрхийлэв. Мөн империалист Америк Тайваны эрэг орчимд хурцадмал байдлыг бий болгосноороо Хятадын ард түмний эсрэг шинэ өдөөн хатгалга явуулж байна гэж цохон тэмдэглэв.

9月18日 蒙古乔巴山大学师生当日举行集会，抗议美帝国主义在台湾海峡地区的军事挑衅。集会通过了一项电报，要求制止美帝国主义的战争挑衅，要求美国侵略军队立即从台湾撤出。

9 сар 18 БНМАУ-ын Чойбалсаны Их Сургуулийн багш оуютнууд империалист Америк Тайваны эрэг орчим цэргээ байрлуулсаныг эсэргүүцсэн цуглаан хийж империалист Америк дайны түрэмгийллээ даруй зогсоож Тайваны эрэг орчимд байрлуулсан цэргээ татаж авахыг шаардсан бичиг илгээсэн байна.

9 月 20 日　蒙古驻华大使鲁布桑为答谢阿拉伯联合共和国政府赠款帮助蒙古的地震受难者一事，当晚在蒙古驻华大使馆举行招待会，鲁布桑大使和阿拉伯联合共和国驻华大使，一致谴责美帝国主义在中国台湾海峡地区进行的军事挑衅。

9 сар 20 БНМАУ-аас БНХАУ-д суугаа Элчин сайд Лувсан АНБНУ-ын ЗГ-аас БНМАУ-ын газар хөдлөлтийн гамшигт тусалсанд талархал илэрхийлж Элчин сайдын яаманд дайллага зохион байгуулсан ба дайллага дээр Элчин сайд Лувсан болон Арабын Нэгдсэн улсаас БНХАУ-д суугаа Элчин сайд нар Америкийн империалист хүчин Хятадын Тайваний эрэг орчмын бүс нутагт хийж буй цэргийн түрэмгийллийг буруушаав.

9 月 22 日　中国驻蒙古人民共和国第三任大使谢甫生抵乌兰巴托就任。当天向蒙古大人民呼拉尔主席团主席桑布递交了国书。蒙古部长会议第一副主席、代主席曾德和蒙古人民革命党第一书记达姆巴当天分别在接见中国新任驻蒙古大使谢甫生时，均表示蒙古人民全力支持中国人民解放台湾的正义斗争。

9 сар 22 БНХАУ-аас БНМАУ-д суух гуравдахь Элчин сайдаар томилогдсон Се Фүшэн Улаанбаатар хотноо хүрэлцэн ирэв. Тэрбээр мөн өдрөө Их хурлын тэргүүлэгчдийн дарга Ж. Самбууд итгэмжлэх жуух бичгээ

өргөн барив. БНМАУ-ын Сайд нарын Зөвлөлийн нэгдүгээр орлогч, Ерөнхий сайдыг түр хамаарагч Цэнд, МАХН-ын нэгдүгээр нарийн бичгийн дарга Дамба нар тус тус шинээр томилогдож буй Элчин сайд Се Фүшэнийг хүлээн авч уулзав. Уулзалтын үеэр дээрх удирдлагууд БНХАУ-ын Тайваныг чөлөөлөх тэмцлийг монголын ард түмэн бүх сэтгэлээрээ бүрэн дүүрэн дэмжиж буйг илэрхийлсэн байна.

9月26日 当晚蒙古国家杂技艺术团在北京人民剧场演出。中国全国人民代表大会常务委员会副委员长李济深、对外文化联络委员会副主任张致祥、文化部副部长郑振铎和外交部副部长姬鹏飞等观看演出，并接见了蒙古国家杂技团团长巴·阿尔里吉等。蒙古国家杂技团是根据中蒙文化合作协定1958年执行计划应邀来中国访问的。该团于22日来到北京，在此文前，他们已经在东北的沈阳、鞍山、旅大、长春、抚顺等地作访问演出。

9 сар 26 БНМАУ-ын циркийн жүжигчид Бээжин хотын Ардын дуурийн театрт тоглолт хийв. Тоглолтыг БНХАУ-ын БХ-ын АТИХ-ийн байнгын хорооны орлогч дарга Ли Жишэнь, Гадаадтай соёлоор харилцах хэлтэсийн орлогч дарга Жан Жисян, Соёлын яамны орлогч сайд Жэн Жэньдо Гадаад Харилцааны Яамны орлогч сайд Жи Пэнфэй нар хүрэлцэн ирж үзсэн ба циркийн жүжигчдийн ахлагч Б. Аварзэдийг хүлээн авч уулзав. БНМАУ-ын циркийн жүжигчид нь 1958 оны хоёр улсын хооронд байгуулсан соёлоор хамтран ажиллах хэлэлцээрийг хэрэгжүүлэх төлөвлөгөөний дагуу БНХАУ-д аялан тоглолт хийж буй аж. Жүжигчид Бээжинд хүрэлцэн ирэхээс өмнө БНХАУ-ын зүүн хойт нутгийн Мүгдэн, Ань шан, Зу да, Чан чунь, Фу шүнь зэрэг хотуудад аялан тоглолт хийсэн аж.

9月28日 蒙古军事代表团团长、军事和公安部长道尔吉中将在当天上午抵达北京机场时表示，蒙古人民及其军队同全体正义人类一起谴责美国侵略者加剧远东紧张局势、在台湾和临近岛屿对中国进行粗野挑衅和扩大侵略的行为。蒙古人民及其军队完全赞同和支持中国政府为制止美帝国主义的粗暴侵略，为解放中国不可分离的领土台湾及其临近岛屿，为维护亚洲和世界和平屡次所采取的坚决措施。中国国防部长彭德怀元帅等到机场欢迎贵宾。当天 15：00，彭德怀接见了代表团全体人员。宾主亲切交谈。彭德怀当晚举行宴会，欢迎巴特·道尔吉中将一行。蒙古驻华大使鲁布桑和夫人以及各国驻华武官也应邀出席宴会。

9 сар 28 БНМАУ-ын Цэргийн яамны сайдын орлогч дэслэгч генерал Б. Дорж тэргүүтэй цэргийн төлөөлөгчид Бээжин хотноо хүрэлцэн ирсэн даруйдаа онгоцны буудал дээр хэлсэн үгэндээ Монголын ард түмэн болон цэргийн бие бүрэлдэхүүн хийгэд бүх дэлхийн шударга ард түмэнтэй хамтаар Америкын ээзрхэг түрэмхийтэн алс дорнотын байдлыг хуцатгаж, Тайвань болон эргэн тойрний арalд Хятад улсад өдгөөлгө хийж байгааг зэмлэн бий. Монголын ард түмэн болон цэргийн бие бүрэлдэхүүн БНХАУ-ын Америкийн империалистуудын бүдүүлэг түрэмгийллийг хазаарлан БНХАУ-ын салшгүй нэг хэсэг болох Тайвань болон ойр орчмын арлуудад цэргээ байрлуулж буйг эсэргүүцэн Алс Дорнодод хурцадмал байдлыг намжаах, дэлхийн энх тайваныг сахин хамгаалах арга хэмжээг нэг бус удаа авч хэрэгжүүлж ирсэнийг бүх талаар бүрэн дэмжиж буйг илэрхийлэв. БНХАУ-ын БХЯ-ны маршал Пэн Дэхуай хүндэт зочдыг угтан авсан ба 15:00-д Пэн Дэхуай төлөөлөгчдийн бүрэн бүрэлдэхүнийг хүлээн авч уулзаж чин сэтгэлийн яриа өрнүүлэв. Мөн өдрийн орой Пэн Дэхуай хүлээн авалт зохион байгуулав. Хүлээн авалтад дэслэгч генерал Б. Дорж, мөн БНМАУ-аас БНХАУ-д суугаа Элчин сайд Лувсан болон түүний гэргий, БНХАУ-д суугаа гадаадын дипломат албаны төлөөлөгчид байлцав.

9 月 30 日 “中蒙友协”和《蒙中友协》分别在北京和乌兰巴托成立。

蒙古各界人士当日下午在乌兰巴托举行集会，成立蒙中友好协会。会上选举了 65 名蒙中友好协会委员。蒙古大人民呼拉尔主席团秘书长沙拉布当选为协会主席。蒙古历史学副博士那楚克道尔吉当选为副主席。沙拉布和中国驻蒙古大使谢甫生分别讲话。会上通过了致当日在北京成立的中蒙友好协会的贺电。蒙古人民革命党中央政治局委员、部长会议副主席杜格苏伦，代理外交部长沙格达尔苏伦等出席大会。

同日 北京成立中蒙友好协会，张致祥当选中国蒙古友好协会会长。

9 сар 30 “Хятад Монголын Найрамдал нийгэмлэг” болон “Монгол Хятадын Найрамдал нийгэмлэг” Бээжин болон Улаанбаатар хотноо тус тус байгуулагдав.

Хятад Монголын Найрамдал нийгэмлэг байгуулагдсаныг тохиолдуулан Монгол улсад суугаа гадаадын зочид төлөөлөгчид Улаанбатар хотноо хурал зохион байгуулсан байна. Хурлаас Монгол Хятадын Найрамдал нийгэмлэгийн зөвлөлд нэр бүхий 65 хүнийг сонгов. Үүнд: БНМАУ-ын ИХ-ын Тэргүүлэгчдийн нарийн бичгийн дарга Шаравыг нийгэмлэгийн даргаар сонгож орлогч даргаар нь БНМАУ-ын түүхийн ухааны дэд доктор Ш. Нацагдорж нарыг тус тус сонгосон байна. Шарав болон БНХАУ-аас БНМАУ-д суугаа элчин Се Фүшэн нар хурал дээр үг хэлэв. Хурлаас Бээжин хотноо мөн энэ өдөр байгуулагдаж буй Хятад Монголын Найрамдал нийгэмлэгт баярын цахилгаан илгээв. МАХН-ын УТЗ-ийн байнгын хорооны гишүүн, Сайд нарын Зөвлөлийн орлогч Дүгэрсүрэн, ГЯЯ-ны сайдыг түр хамаарагч Шагдарсүрэн нар тус хуралд оролцсон байна.

Мөн өдөр Мөн өдөр Хятад Монголын найрамдал нийгэмлэг байгуулагдсан ба Жан жи шян нийгэмлэгийн даргаар сонгосон байна.

9月　中国商品展、中国青年国画和版画展在乌兰巴托开幕。

9 сар　БНХАУ-ын барааны үзэсгэлэн, залуучуудын уран зургийн болон модон барын үзэсгэлэн Улаанбаатар хотноо нээгдэв.

10月1日　蒙古大人民呼拉尔主席团主席扎·桑布、蒙古人民革命党中央委员会第一书记达·达姆巴、部长会议主席尤·泽登巴尔致电中华人民共和国主席、中国共产党中央委员会主席毛泽东、全国人民代表大会常务委员会委员长刘少奇、国务院总理周恩来，庆祝中华人民共和国成立 9 周年。蒙古代理外交部部长沙格达苏伦也向中国国务院副总理兼外交部部长陈毅发来贺电。

同日　中国蒙古友好协会会长张致祥致电蒙古中国友好协会会长沙拉布，祝贺蒙古中国友好协会成立。

10 сар 1　МАХН-ын нэгдүгээр нарийн бичгийн дарга Д. Дамба, БНМАУ-ын Ерөнхий сайд Ю. Цэдэнбал нараас БНХАУ байгуулагдсаны 9 жилийн ойг тохиолдуулан БНХАУ-ын дарга Мао Зэдун, БХ-ын АТИХ-ын байнгын хорооны дарга Лю Шаочи, БНХАУ-ын Ерөнхий сайд Жоу Эньлай нарт баярын цахилгаан илгээв. Гадаад Явдлын Яамны сайдыг түр хамааргч Шагдарсүрэн мөн БНХАУ-ын БНХАУ-ын Ерөнхий сайдын орлогч болон ГЯЯ-ны сайд Чэнь И-д баярын цахилгаан илгээв.

Мөн өдөр Хятад Монголын Найрамдалын нийгэмлэгийн

дарга Жан Жисян Монгол Хятадын Найрамдалын Нийгэмлэгийн дарга Шаравд Монгол Хятадын Найрамдал нийгэмлэг байгуулагдсан явдалд баяр хүргэсэн цахилгаан илгээв.

10月7日 以军事和公安部部长道尔吉中将为首的蒙古军事代表团，6日到7日在呼和浩特市进行了为期两天的友好访问，当晚乘车返回北京。代表团在内蒙古访问期间，乌兰夫上将曾设宴款待贵宾。贵宾们在内蒙古期间，还和内蒙古军区、内蒙古自治区公安厅举行座谈会，交流工作经验，参观军队、医院、内蒙古博物馆和呼和浩特市市容。

10 сар 7 Цэргийн яамны сайд дэслэгч генерал Б. Дорж тэргүүтэй төлөөлөгчид 6-аас 7-ны хооронд ӨМӨЗО-ны нийслэл Хөххотноо хоёр өдрийн хугацаатай найрсаг айлчлал хийгээд тусгай үүргийн галт тэргээр Бээжин хотноо хүрэлцэн ирэв. Айлчлал хийх хугацаанд хурандаа генерал Улаанхүү хүндэт зочдод зориулан хүлээн авалт зохиосон ба зочид айлчлалын хугацаанд өвөр монголын цэргийн торйгоор зочилж өвөр монголын нийгмийг аюулаас хамгаалах хэлтэстэй уулзалт хийж туршлага солилцож цэргийн анги нэгтгэл, эмнэлэг болон өвөр монголын музей үзэж Хөххоттой танилцав.

10月17日 蒙古军事代表团在上海作两天的访问后，当日在中国国防部副部长王树声大将陪同下乘火车离开上海返北京。中国人民解放军上海警备区司令员王必成中将等20多人到车站欢送。贵宾们在上海期间，曾参观上海卷烟二厂、第二毛纺织厂、观看空军某部飞行表演，还前往杭州游览西湖等地。

10 сар 17 БНМАУ-ын Ардын Цэргийн төлөөлөгчид болон БНХАУ-ын БХЯ-ны орлогч дарга Ван Шушэнь болон түүний дагалдагсад Шанхайд хоёр өдрийн айлчлал хийсэн ба айлчлалын хүрээнд Шанхай хотын янжуурын хоёр үйлдвэр, хоёрдугаар ноос нэхмэлийн үйлдвэр зэргээр орж агаарын нисэх хүчний үзүүлэх тоглолт үзэн Ханжоу дахь Сы ху нуураар аялсан байна. БНМАУ-ын Ардын Цэргийн төлөөлөгчид болон БНХАУ-ын БХЯ-ны орлогч дарга Ван Шушэнь болон түүний дагалдагсадын хамтаар тусгай үүргийн галт тэргээр Бээжин хотруу мордоход БНХАУ-ын АЧА-ийн Шанхай хотын цэргийн гарнизоны дарга дэслэгч генерал Ван Бичэн хорь гаруй бараа бологсодын хамтаар галт тэрэгний буудал дээрээс үдэж мордуулав.

10 月 18 日 蒙古驻华大使鲁布桑及夫人当晚为蒙古军事代表团访问中国举行宴会。代表团团长道尔吉中将在宴会上严厉谴责美帝国主义最近继续在中国的台湾和沿海地区进行军事挑衅。中国国务院副总理陈毅元帅及夫人和中国人民解放军的高级将领们应邀参加宴会。

10 сар 18 БНМАУ-аас БНХАУ-д суугаа Элчин сайд Лувсан гэргийн хамт Б. Дорж тэргүүтэй АЦ-ийн төлөөлөгчдийг БНХАУ-д айлчилж буйг тохиолдуулан дайллага хийв. Төлөөлөгчдийн тэргүүн дэслэгч генерал Б. Дорж дайллага дээр хэлсэн үгэндээ Америкийн түрэмгийлэгчид БНХАУ-ын Тайвань болон түүний эрэг орчимд цэргийн түрэмгийлэл хийж буйг эрс шүүмжилсэн

байна. БНХАУ-ын Ерөнхий сайдын орлогч маршал Чэнь И болон түүний гэргий, АЧА-ийн дээд шатны офицерууд урилгаар уг дайллагад оролцсон байна.

10月19日 陈毅元帅当晚举行宴会，为即将回国的蒙古军事代表团饯行。出席当晚宴会作陪的有黄克诚大将等。蒙古驻中国大使鲁布桑及夫人和各国驻中国武官，也应邀参加宴会。

10 сар 19 БНМАУ-ын Ардын Цэргийн төлөөлөгчид БНХАУ-д айлчилж буйг тохиолдуулан Маршал Чэнь И үдэлтийн хүлээн авалт зохион явуулсан ба үдэлтийн арга хэмжээнд армийн генерал Хуан Кэчэн, БНМАУ-аас БНХАУ-д суугаа Элчин сайд Лувсан гэргийн хамт болон БНХАУ-д суугаа гадаадын дипломат албаны төлөөгчид урилгаар оролцсон байна.

10月20日 以道尔吉中将为首的蒙古军事代表团在中国访问结束后，当天上午乘专机离北京回国。

10 сар 20 Дэслэгч генерал Б.Дорж тэргүүтэй монголын ардын цэргийн төлөөлөгчдийн БНХАУ-д хийх айлчлалын хугацаа дуусcаны учир үдээс өмнө тусгай үүрэгт онгоцоор эх орондоо буцсан байна.

11月1日 蒙古人民共和国民间图案展览在北京展出，随展画家蒙古功勋艺术家乌·雅达木苏荣访问京、津、沪、杭等地。

11 сар 1 БНМАУ-ын ардын хээ угалзны үзэсгэлэн Бээжин хотноо зохиогдсон ба ардын зураач Ядамсүрэн Бээжин, Тяньжин, Ханжоу, Шанхай зэрэг хотуудад зочилсон байна.

11月11日　根据中国政府和蒙古政府1958年1月17日签订的航空交通协定，蒙古航空交通管理局的飞机，11日正式开航乌兰巴托—北京航线。这条航线每月有3趟班机，1日、11日、21日由乌兰巴托飞北京，2日、12日、22日由北京飞乌兰巴托。蒙古航空交通管理局副局长策林道尔吉当天乘第一班飞机来到北京，受到中国民用航空局负责人的欢迎。

11 сар 11　БНХАУ болон БНМАУ-ын ЗГ хоорондын иргэний агаарын нислэг үйлдэх тухай 1958 оны 1 сарын 17-ны гэрээний дагуу Монголын Нислэгийн Удирдах хэлтэсийн нисэх онгоц 11-ний өдөр Улаанбаатар Бээжингийн чиглэлд анхны албан ёсны нислэг хийсэн ба сарын бүрийн 1, 11, 21-нд Улаанбаатар Бээжин: сарын бүрийн 2, 12, 22-нд Бээжин Улаанбаатар гэсэн нислэг үйлдэхээр шийдвэрлэсэнийг БНХАУ-ын Иргэний Агаарын нислэгийн хэлтэс баяртайгаар хүлээн авав.

12月1日—9日　中国、蒙古、苏联、朝鲜和越南五国铁路运输计划会议在乌兰巴托举行。

12 сар 1-12 сар 9　Хятад, Монгол, Зөвлөлт, Солонгос, Вьетнам зэрэг таван улсын төмөр замын төлөвлөгөөний хурал Улаанбаатар хотноо хуралдав.

12月3日　蒙古《真理报》转载毛泽东主席论帝国主义和一切反动派都是纸老虎的言论和中国《人民日报》编者按语的摘要。

12 сар 3　БНМАУ-ын “Үнэн” сонинд Мао Зэдуны “Империализм ба ревизионизм нь хоосон зүйл” нийтлэл болон Хятадын “Ардын өдрийн мэдээ” сонины редакторын

тайлбар товчлол зэргийг нийтэлсэн байна.

12 月 5 日　由中苏两国联合召开并有朝鲜、蒙古代表团参加的水利科学技术交流会议第 2 次会议在北京开幕。蒙古政府派遣以道尔金甲夫为首的代表团参加这次会议。

12 сар 5　БНХАУ ЗХУ-ын хамтран зохиосон усны аж ахуйн шинжлэх ухааны туршлага солилцох хоёрдугаар хурал Бээжин хотноо нээлтээ хийсэн ба Солонгос, БНМАУ-ын төлөөлөгчид уг хуралд оролцов. БНМАУ-ын ЗГ-аас тус хуралдаанд Должинжав тэргүүтэй төлөөлөгчдийг илгээсэн байна.

12 月 23 日　蒙古第二座热电站—苏赫巴特尔市热电站建成投产。这座热电站是根据 1956 年中蒙两国政府协定，由中国无偿援建的。

同日　应邀来中国访问的以部长会议副主席丹・莫洛姆扎木茨为首的蒙古政府代表团，当天下午由乌兰巴托抵达北京。代表团在访问期间将同中国政府就进一步加强中蒙两国经济合作问题进行商谈。中国国务院副总理贺龙当晚会见了蒙古政府代表团团长、部长会议副主席丹・莫洛姆扎木茨和代表团团员、蒙古驻中国大使鲁布桑、国家计划委员会副主席策本以及代表团的随行人员。宾主在会见时进行了亲切交谈。会见后贺龙副总理举行宴会，欢迎蒙古政府代表团。贺龙副总理和丹・莫洛姆扎木茨副主席先后讲话。

12 сар 23　БНМАУ-ын хоёрдугаар дулааны цахилган станц, Сүхбаатар хотын дулааны цахилгаан станц ашиглалтанд оров. Эдгээр дулааны цахилган станц нь 1956

оны Хятад Монгол хоёр улсын Засгийн газрын хэлэлцээрийн дагуу БНХАУ-ын буцалтгүй тусламжаар баригдсан байна.

Мөн өдөр БНХАУ-ын урилгаар БНМАУ-ын Сайд нарын Зөвлөлийн орлогч дарга Моломжамц тэргүүтэй БНМАУ-ын ЗГ-ын төлөөлөгчид Бээжин хотноо хүрэлцэн ирэв. Төлөөлөгчид айлчлалын хугацаанд БНХАУ-ын ЗГ-тай Хятад Монгол хоёр улсын эдийн засгийн хамтын ажиллагааг нэмэгдүүлэх асуудлаар ярилцах аж. БНХАУ-ын Төрийн Зөвлөлийн Ерөнхий сайдын орлогч Хэ Лун төлөөлөгчдийн тэргүүн БНМАУ-ын Сайд нарын Зөвлөлийн орлогч дарга Д. Моломжамц, БНМАУ-аас БНХАУ-д суугаа Элчин сайд Лувсан, БНМАУ-ын Төлөвлөгөөний комиссын дэд дарга Цэвээн болон дагалдан явагсадыг хүлээн авч уулзан халуун дотно яриа өрнүүлэв. Уулзалтын дараа хүндэт зочдыг хүрэлцэн ирсэнд зориулж дайллага зохион явуулсан ба Хэ Лүн болон Д. Моломжамц нар харилцан үг хэлэв.

12 月 24 日　以丹・莫洛姆扎木茨副主席为首的蒙古政府代表团，当天在对外贸易部副部长李强陪同下，先后参观了全国工业交通展览会和教育与生产劳动相结合展览会。

12 сар 24　Д. Моломжамц тэргүүтэй БНМАУ-ын ЗГ-ын төлөөлөгчид Гадаад орнуудтай худалдаа эрхлэх яамны орлогч сайд Ли Цянпэй нартай уулзсан ба уулзалтын дараа Бүх Хятадын аж үйлдвэр зам харилцааны болон боловсрол хөдөлмөрийн хамтарсан үзэсгэлэн зэргийг үзэж сонирхосон байна.

12 月 25 日　蒙古《真理报》为毛泽东主席 65 岁寿辰发表题

为《在中国革命和社会主义建设中创造性地运用着马克思列宁主义》的署名文章。

12 сар 25 БНМАУ-ын “Үнэн” сонин БНХАУ-ын дарга Мао Зэдуны 65 насны ойг тохиолдуулан “БНХАУ-ын хувьсгал ба социализмыг бүтээн байгуулахад марксизм-ленинизмын үзэл баримтлалыг бүтээлчээр хэрэглэж байгаа нь” сэдэвт нийтлэл хэвлэгдсэн байна.

12 月 26 日 中国国务院总理周恩来当天上午会见了蒙古政府代表团团长丹·莫洛姆扎木茨副主席一行。宾主进行了亲切交谈。

12 сар 26 БНХАУ-ын Ерөнхий сайд Жоу Эньлай үдээс хойш БНМАУ-ын ЗГ-ын төлөөлөгчдийн тэргүүн Д. Моломжамцыг хүлээн авч уулзан чин сэтгэлийн халуун дотно яриа өрнүүлэв.

12 月 29 日 中蒙两国政府关于中国给予蒙古经济技术援助的协定在北京签订。以蒙古部长会议副主席丹·莫洛姆扎木茨为首的蒙古政府代表团，在中国进行友好访问期间，同中国政府就两国经济合作问题举行会谈。双方当天在北京签订了关于中国给予蒙古经济技术援助的协定。根据蒙古政府的要求，中国政府同意向蒙古政府提供一亿卢布（约合 1 100 多万美元）的长期贷款，根据经济技术援助协定规定，中国将帮助蒙古建设 2 座发电厂，3 座钢筋混凝土公路桥梁及养鸡场、淀粉糖厂、酒精厂、小五金工厂和 5 万平方公尺的住宅。蒙古政府将自 1962 年起分 15 年以货物偿还。

中国国务院副总理贺龙、蒙古政府代表团团长、蒙古部长会议副主席莫洛姆扎木茨分别在议定书上签字。

同时　中国对外贸易部和蒙古国家计划委员会对外经济联络委员会根据两国经济技术援助协定的规定，也在当日签订关于《中华人民共和国给予蒙古人民共和国经济技术援助的协定的议定书》，中国对外贸易部副部长李强和蒙古国家计划委员会副主席策本分别在议定书上签字。中国国务院总理周恩来出席签字仪式。

同日　蒙古驻华大使鲁布桑举行宴会，庆祝中蒙两国经济技术援助协定的签订。周恩来总理和贺龙副总理应邀出席宴会。莫洛姆扎木茨和贺龙分别在宴会上致辞。

12 сар 29　БНХАУ БНМАУ-ын Засгийн газар БНМАУ-д эдийн засаг техникийн буцалтгүй тусламж үзүүлэх тухай хэлэлцээрт Бээжин хотноо гарын үсэг зурав. БНМАУ-ын Ерөнхий сайдын орлогч Моломжамц тэргүүтэй БНМАУ-ын ЗГ-ын төлөөлөгчид БНХАУ-д нөхөрсөг айлчлал хийх хугацаандаа БНХАУ-ын ЗГ-тай хоёр улсын эдийн засгын хамтран ажиллах талаар ярицаж, мөн өдөртөө БНХАУ-аас Монгол улст эдийн засаг, технигийн тусламж үзүүлэх хэлэлцээрт гарын үсэг зурав. БНМАУ-ын ЗГ-ын хүсэлтийг үндэслэн БНХАУ-ын ЗГ-аас /11 000 000 гаруй долларын/ урт хугацааны зээл олгох, мөн эдийн засаг техникийн тусламж үзүүлэх заалтын дагуу БНМАУ-д хоёр ДЦС, гурван хэсэг бетонон зам гүүр, шувууны аж ахуй, элсэн чихрийн үйлдвэр, архины үйлдвэр, өнгөт төмөрлөгийн жижиг үйлдвэр болон 50000 шоо дөрвөлжин талбай орон сууц барьж өгөх бол БНМАУ-ын ЗГ 1962 оноос эхлэн 15 жил дотор уг зээлийг бараагаар төлж дуусгах ёстой аж.

БНХАУ-ын Төрийн Зөвлөлийн Ерөнхий сайдын орлогч Хэ Лүн болон БНМАУ-ын төлөөлөгчдийн тэргүүн БНМАУ-ын Сайд нарын Зөвлөлийн орлогч дарга Д. Моломжамц нар тус тус протоколд гарын үсэг зурав.

БНХАУ-ын Гадаадтай худалдаа эрхлэх яам болон БНМАУ-ын төлөвлөгөөний комиссын гадаадтай эдийн засгаар хамтран ажиллах хороо хоёр улсын эдийн засаг техникийн тусламж үзүүлэх хэлэлцээрийн дагуу, мөн түүнчилэн тухайн өдөр “БНХАУ-аас БНМАУ-д эдийн засаг техникийн тусламж үзүүлэх хэлэлцээрийн протокол” зэрэг баримтад үндэслэн гарын үсэг зурж, Хятадын гадаадтай худалдаа эрхлэх ямны дарга Ли чян болон Монгол улсын төлөвлөөний комисын орлогч дарга Цэвэл тус тус гарын үсэг зурав. Хятад улсын ерөнхий сайд Жоу Энлай оролцов.

Хятадын Засгийн газраас 11 000 000 долларын урт хугацааны зээл олгов. Үүнд 2 Цахилгаан станц, Зам засах, Төмрийн үйлдвэр болон Спиртийн үйлдвэр зэрэг барьж байгуулахад зарцуулах юм. Монголын улсын ЗГ-аас 15 жилийн дотор бараагаар төлөх гэрээ байгуулж (1962 он) гэрээнд БНХАУ-ын Ерөнхий сайдын орлогч Хэ Лун Монголын талаас Моломжамц нар өөр өөрийн ЗГ-ыг төлөөлөн гарын үсэг зурсан байна.

Мөн өдөр, Монгол улсын Хятадад суугаа элчин сайд Лувсан Хятад Монгол хоёр улсын эдийн засгын технигийн хамтран ажиллах хэлэлцээрт гарын үсэг зурсныг тохиолдуулан хүлээн авалт зохион байгулав. Жоу Энлай ерөнхий сайд болон Хэ Лүн орлогч ерөнхий сайд хүлээн авалтанд оролцов. Моломжамц болон Хэ Лүн тус тус үг хэлэв.

12 月 30 日　以蒙古部长会议副主席丹·莫洛姆扎木茨为首的蒙古政府代表团当日上午乘专机前往上海等地访问。代表团在北京逗留期间，除与中国政府进行会谈外，还曾先后参观了北京市皮毛厂、制革厂、宣武钢铁厂、朝阳人民公社以及全国工业交通展览会和教育与生产劳动相结合展览会等。代表团当日下午抵达上海，受到上海市副市长曹荻秋等人欢迎。在曹荻秋副市长陪同下游览市区，参观上海出口商品陈列厅、港务局和革命历史纪念馆等处。当晚，上海市市长柯庆施举行宴会欢迎贵宾。

12-р сар 30　БНМАУ-ын Сайд нарын Зөвлөлийн орлогч дарга Д. Моломжамц тэргүүтэй БНМАУ-ын ЗГ-ын төлөөлөгчид тусгай үүргийн онгоцоор Шанхай болон зарим нутагт айлчлахаар мордов. Төлөөлөгчид Бээжин хотод түр саатах үедээ БНХАУ-ын ЗГ-тай уулзалт хийж улмаар Бээжин хотын үслэг эдлэлийн, арьс ширний, төмөрлөгийн гэх мэт үйлдвэр, Чао Яны ардын нэгдэл, БХ-ын аж үйлдвэрийн болон сургалт үйлдвэрлэлийн нэгдсэн үзэсгэлэн үзэж сонирхсон байна. Төлөөлөгчид үдээс хойш Шанхай хотноо хүрэлцэн ирсэн ба зочдыг хотын орлогч дарга Цао Дичю нарын хүмүүс угтан авсан байна. Төлөөлөгчид Цао Дичю нарын хамт Шанхай хотын импорт экспортын бараа бүтээгдэхүүний үзэсгэлэн, Хятадын ХАА-н үйлдвэр болон боомтын удирдах газар зэрэг ачиж буулгах таван бүсээр болон хувьсгалын төвөөр зочилсон байна. Мөн өдрийн орой Шанхай хотын дарга Хэ Чинши хүндэт зочдод зориулан дайллага зохион байгуулсан байна.

12 月 31 日 蒙古大人民呼拉尔主席团和部长会议当晚举行迎接新年的盛大招待晚会。出席招待会的有以蒙古人民革命党中央委员会第一书记、部长会议主席泽登巴尔为首的党政领导人。中国驻蒙古的外交使节也应邀出席。

12-р сар 31 БНМАУ-ын АИХ-ын Тэргүүлэгчдийн зөвлөл болон Сайд нарын Зөвлөл шинэ жилийн үдэшлэг зохион байгуулсан үдэшлэгт МАХН-ын нэгдүгээр нарийн бичгийн дарга, Сайд нарын Зөвлөлийн дарга Ю. Цэдэнбал тэргүүтэй нам, төрийн удирдагч нар оролцсон байна.

第二章　1959—1967年

Хоёрдугаар бүлэг 1959—1967 он

1959年中蒙国家关系历史编年

1959 оны Хятад Монгол 2 улсын түүхэн үйл явдлын товчоон

1月1日　以部长会议副主席丹·莫洛姆扎木茨为首的蒙古政府代表团，当天自上海乘专机抵达杭州，同杭州市人民一起欢度新年。代表团在机场受到浙江省副省长、杭州市市长吴宪等人的热烈欢迎。

1 сар 1　Сайд нарын Зөвлөлийн орлогч дарга Д. Моломжамц тэргүүтэй Монголын Засгийн газрын төлөөлөгчид Шанхай хотоос тусгай үүргийн онгоцоор Ханжоу хотод хүрэлцэн ирж тус хотын оршин суугчидтай хамт шинэ оныг тэмдэглэсэн байна. Төлөөлөгчид нисэх онгоцны будал дээр Жэ жян мужийн орлогч дарга, Ханжоу хотын дарга У Сянь нарын хүмүүс төлөөлөгчдийг халуун дотно угтан авсан байна.

1月3日　蒙古政府代表团乘专机离开杭州前往北京。

1 сар 3　БНМАУ-ын Засгийн газрын төлөөлөгчид тусгай үүргийн онгоцоор Ханжоу хотоос Бээжин хотыг зорин нисэв.

1月4日　中国国务院副总理贺龙当晚设宴，欢送以丹·莫洛姆扎木茨副主席为首的蒙古政府代表团。贺龙和丹·莫洛姆扎木茨一行出席宴会。

1 сар 4　БНХАУ-ын Төрийн Зөвлөлийн Ерөнхий Сайдын орлогч Хэ Лун орой нь Д. Моломжамц тэргүүтэй БНМАУ-ын Засгийн газрын төлөөлөгчдийг үдэх дайллага хийсэн байна. Тус цайллагад Төрийн Зөвлөлийн Ерөнхий Сайдын орлогч Хэ Лун, Сайд нарын Зөвлөлийн дарга Д. Моломжамц болон холбогдох бусад хүмүүс оролцсон аж.

1月5日　《中蒙1959年文化合作执行计划》在乌兰巴托签订。

同日　蒙古政府代表团当天上午乘飞机离开北京，前往张家口、张北参观访问。蒙古政府代表团抵达张家口时，受到中共张家口地委书记解峰、张家口市市长马哲生等人欢迎。在马哲生市长的陪同下，代表团参观了矿山机械厂、探矿机械厂、机床厂、制革厂、毛纺织厂等。晚间，马哲生市长为贵宾们举行了欢迎宴会和晋剧晚会。

1 сар 5　“Хятад-Монгол 2 улсын 1959 оны соёлын хамтын ажиллагааг хэрэгжүүлэх төлөвлөгөө”-нд Улаанбаатар хотноо гарын үсэг зурсан байна.

Мөн өдөр БНМАУ-ын Засгийн газрын төлөөлөгчид Бээжин хотоос Жан Жякоу, Жан Бэй хотод айлчлахаар мордсон байна. БНМАУ-ын Засгийн газрын төлөөлөгчдийг Жан Зякоу хотноо хүрэлцэн ирэхэд, Жан Жякоу хотын ХКН-ын хорооны нарийн бичиг Зе Фэн, хотын дарга Ма Жэшэн зэрэг албаны хүмүүс угтан авсан байна.

Төлөөлөгчид Ма Жэшэний хамт уул уурхайн машин техникийн, хайгуулын машин тоног төхөөрмжийн, тоног төхөөрөмжийн, арьс шир боловсруулах, ноосон нэхмэлийн зэрэг үйлдвэрүүдээр зочилсон байна. Ма Жэшэн дарга хүндэт зочдод зориулж хүлээн авалт хийж хятадын ардын уламжлалт урлагийн нэг төрөл “Шаншигийн жүжиг” сонирхуулсан байна.

1月6日　蒙古政府代表团当天上午在中国对外贸易部成套设备局局长常彦卿、外交部礼宾司副司长张世杰、中共张家口地委书记解峰、张家口专区副专员韩直飞等人的陪同下，乘车到河北省张北县访问。代表团在前往张北县途中，先到狼窝沟山上向苏蒙联军烈士纪念塔献了花圈。

1 сар 6 БНМАУ-ын Засгийн газрын төлөөлөгчид тус өдөр БНХАУ-ын Гадаад Харилцааны Яамны тоног төхөөрөмжийн газрын дарга Чан Яньчин, ГЯЯ-ны ёслолын хэлтэсийн дарга Жан Шиже, Жан Зякоу хотын ХКН-ын нарийн бичиг Же Фэн, Жан Зякоу хотын тусгай бүсийн мэргэжилтэн Хань Жифэй зэрэг хүмүүсийн хамт Хэ бэй мужийн Жан бэй хошуунд айлчлав. Төлөөлөгчид Жан бэй хошуунд очих зам зуураа Лан Вогоу уулан дахь Зөвлөлт-Монголын дайчдын гэрэлт хөшөөнд цэцэг өргөсөн байна.

1月7日　蒙古政府代表团结束对中国的参观访问，当天上午从张家口乘专机回国。

1 сар 7 БНМАУ-ын Засгийн газрын төлөөлөгчдийн Хятад дахь айлчлал дууссан учир Жан Зякоу хотоос эх орондоо буцсан байна.

1月18日　应中国农业部邀请，以蒙古农牧部第一副部长桑达苏伦根·巴尔岗为首的蒙古农业代表团在当天上午乘火车抵达北京。

1 сар 18 БНХАУ-ын Газар тариалангийн яамны урилгаар БНМАУ-ын ХААЯ-ны нэгдүгээр орлогч сайд С. Балган тэргүүтэй монголын тариаланчдын төлөөлөгчид тусгай үүргийн галт тэргээр Бээжин хотноо хүрэлцэн ирсэн байна.

1月24日—28日 蒙古群众文化代表团在蒙古人民革命党中央文教部副部长苏木亚率领下，前往中国内蒙古自治区考察群众文化工作。

1 сар 24-28 МАХН-ын ТХ-ны соёл, боловсролын хэлтэсийн орлогч дарга Сумъяа тэргүүтэй монголын олон нийтийн соёлын төлөөлөгчид Хятадын ӨМӨЗО-ны соёлын ажилтай танилцахаар хүрэлцэн ирсэн байна.

1月30日 《中蒙1959年互供货物议定书》在乌兰巴托签订。

1 сар 30 "Хятад Монгол хоёр улсын 1959 онд харилцан бараа нийлүүлэх" гэрээнд Улаанбаатар хотноо гарын үсэг зурсан байна.

3月17日 中国国防部长彭德怀元帅当天致电蒙古军事公安部部长巴·道尔吉中将，祝贺蒙古人民军建军38周年。

3 сар 7 БНХАУ-ын БХЯ-ны сайд маршал Пэн Дэхуай БНМАУ-ын Цэргийн яамны сайд дэслэгч генерал Б. Доржид МАА байгуулагдсаны 38 жилийн ойн баярын мэнд хүргэсэн цахилгаан илгээв.

4月8日—20日 中、蒙、苏铁路联运代表会第5次会议和中、蒙国境铁路联运委员会例会在伊尔库茨克市召开。4月8日，呼和浩特铁路局代表团在苏联伊尔库茨克参加中、苏、蒙三国铁路代表会议和中、蒙国境铁路联合委员会会议，签订了《中蒙国境联合委员会议定书》。

4 сар 8-20 Хятад-Монгол-ЗХУ-ын төмөр замын хамтын тээврийн төлөлөгчдийн 5 дахь удаагийн хамтарсан хурал болон Хятад-Монгол улсын хилийн төмөр замын комиссын ээлжит хурал Эрхүү хотноо нээлтээ хийлээ.

4-р сарын 8-ны өдөр Хөх хотын төмөр замын хэсгийн төлөөлөгчид ЗХУ-н Эрхүү хотноо хуралдсан Хятад, Монгол, ЗХУ гурван улсын төмөр замын төлөөлөгчдийн хуралд оролцохын сацуу Хятад-Монгол хилийн төмөр замын тээврийн хамтарсан комиссын “Хятад Монгол улсын хилийн хамтын ажиллагааны комисс”-ын гэрээнд гарын үсэг зурсан байна.

4月15日　中国海拉尔边境总站代表和蒙古伯音图门边防代表在蒙方哈布日嘎召开第11次边防事务会议。

4 сар 15 БНМАУ-ын Хавиргын боомтод болсон хил хамгаалах албаны 11 дэх удаагийн хуралд Хятадын Хайлаар болон Монголын Баянтүмэнгийн хил хамгаалалтын албаны төлөөлөгчид оролцов.

4月16日　蒙古人民共和国佛教徒发表声明，谴责原西藏上层反动集团勾结帝国主义发动武装叛乱，给西藏僧俗民众的和平生活带来灾难的行为。

4 сар 16 БНМАУ-ын бурханы шашны төлөөлөл Түвдийн эсэргүүцлийн холбооны эрх мэдэлтнүүд империалист хүчинтэй үгсэн хуйвалдаж зэвсэгт бослого өдөөн түвдийн лам хуврага, сүсэгтэн олны тайван амьдралыг бусниулсаныг шүүмжлэв.

4月20日 阿尔巴尼亚、保加利亚、匈牙利、民主德国、蒙古、罗马尼亚、捷克斯洛伐克、波兰驻中国大使和临时代办当晚联合举行招待会，热烈欢送以国务院副总理兼国防部长彭德怀元帅为首的中国军事友好代表团即将对上述国家进行友好访问。

4 сар 20 өдөр Албани, Болгар, Унгар, ардчилсан Герман, Монгол, Румын, Чех, Польш улсаас Хятадад суугаа Элчин сайд нар болон консулын төлөөлөгч нар хамтарсан хүлээн авалт зохион байгуулсан ба уг арга хэмжээнд оролцохоор хүрэлцэн ирсэн Хятадын Төрийн Зөвлөлийн Ерөнхий Сайдын орлогч бөгөөд Батлан Хамгаалах Яамны сайд маршал Пэн Дэхуай тэргүүтэй Хятадын армийн төлөөлөгчдийг тус тусын улсад найрсаг айлчлал хийхийг халуун дотноор урив.

4月22日 中国全国人民代表大会常务委员会的工作报告提到，在第96次会议上，决定批准《中华人民共和国政府和蒙古人民共和国政府文化合作协定》。

4 сар 22 БХАТИХ-ын байнгын хорооноос зарласан 96 дахь хурал дээр “БНХАУ-ын Засгийн газар болон БНМАУ-ын Засгийн газар хоорондын соёлын хамтын ажиллагааны” гэрээг батлав.

4月28日 蒙古大人民呼拉尔主席团主席扎·桑布、大人民呼拉尔主席巴·贾尔卡赛汗致电刘少奇、朱德，祝贺他们当选为中华人民共和国主席和全国人民代表大会常务委员会委员长。

4 сарын 28-ны өдөр БНМАУ-ын АИХ-ын Тэргүүлэгчдийн дарга Ж.Самбуу, АИХ-ын дарга Б. Жаргалсайхан нар Лю Шаочи, Жу Дэ нарт БНХАУ-ын дарга, БХ-ын АТИХ-ын байнгын хорооны даргаар тус тус сонгогдсонд нь баяр хүргэсэн цахилгаан илгээв.

4月29日　中华全国总工会致电蒙古工会中央理事会，致以国际劳动节的问候。

4 сар 29　БНХАУ-ын Үйлдвэрчний эвлэлээс БНМАУ-ын Үйлдвэрчний эвлэлийн ТЗ-д олон улсын хөдөлмөрчдийн өдрийн баярыг тохиолдуулан баярын цахилгаан илгээв.

4月30日　以蒙古乌布苏省工会理事会主席萨姆丹为首的蒙古工会中央理事会代表团抵达北京。代表团是应中华全国总工会邀请来中国参加“五一”国际劳动节观礼的。

4-р сарын 30-ны өдөр БНМАУ-ын Увс аймгийн Үйлдвэрчний эвлэлийн хорооны дарга Самдан тэргүүтэй БНМАУ-ын ҮЭТЗ-ийн төлөөлөгчид Бээжин хотноо хүрэлцэн ирэв. Төлөөлөгчид БНХАУ-ын Бүх Хятадын Үйлдвэрчний Эвлэлийн урилгаар “таван сарын нэгний” олон улсын хөдөлмөрчдийн өдөрт зориулсан баярын ёслолд оролцохоор ирсэн байна.

6月6日—11日　国防部长彭德怀元帅率中国军事友好代表团访问蒙古人民共和国。

6 сар 6-11　БХЯ-ны сайд маршал Пэн Дэхуай тэргүүтэй БХ-ын АЧА-ийн төлөөлөгчид БНМАУ-д айлчлав.

6月13日　蒙古驻华大使鲁布桑奉调回国。

同日　以彭德怀元帅为首的中国军事友好代表团由乌兰巴托乘专车回到北京。

6 сар 13　БНМАУ-аас БНХАУ-ад суугаа Элчин сайд Лувсан үүрэгт ажлын хугацаа дууссаны учир эх орондоо буцсан байна.

-Мөн өдөр БХЯ-ны сайд маршал Пэн Дэхуай тэргүүлсэн БХАЧА-ийн төлөөлөгчид Улаанбаатараас Бээжин рүү мордов.

6月28日—7月6日 以蒙中友好协会副主席、乔巴山大学教授什·纳楚克道日基为首的蒙中友好代表团，访问中国内蒙古自治区。

6 сар 28-7 сар 6 Монгол-Хятадын Найрамдлын Нийгэмлэгийн дэд дарга Чойбалсангийн нэрэмжит Их Сургуулийн профессор Ш. Нацагдорж тэргүүтэй Монгол-Хятадын төлөөлөгчдийн бүрэлдэхүүн БНХАУ-ын ӨМӨЗО-д айлчлав.

7月2日 蒙古人民共和国新任第四任驻华大使郭·沙拉布当天抵达北京。下午，沙拉布大使会见了中国外交部副部长姬鹏飞，商谈递交国书事宜。

7 сар 2 БНМАУ-аас БНХАУ-д суух Элчин сайдаар шинээр томилогдсон дөрөв дэх Элчин Сайд Г. Шарав Бээжин хотноо хүрэлцэн ирсэн байна. Мөн өдрийн үдээс хойш Элчин сайд Шарав БНХАУ-ын ГЯЯ-ны дэд сайд Жи Пэнфэйтэй уулзаж итгэмжлэх жуух бичиг өргөн барих асуудлаар ярилцсан байна.

7月3日 蒙古新任驻中国大使沙拉布偕同大使馆全体外交官员当天向宋庆龄副主席递交国书。

7 сар 3 БНМАУ-аас БНХАУ-д суух Элчин Сайдаар томилогдсон Шарав БНХАУ-ын орлогч дарга Сун Чинлиньд итгэмжлэх жуух бичиг өргөн барих үеэр БНМАУ-ын Элчин Сайдын Яамны ажилтнууд байлцав.

7月9日 蒙古部长会议为庆祝蒙古人民革命胜利38周年，当晚举行盛大招待会，招待在蒙古的外国专家。各国驻蒙古的外交使节出席招待会。蒙古人民革命党中央委员会第一书记、部长会议主席泽登巴尔在会上代表党和政府向各兄弟国家的专家表示感谢。他表示，中国专家和技术工人在蒙古各经济部门进行着卓有成效的劳动。

7 сар 9 БНМАУ-ын Сайд нарын Зөвлөл Монгол Ардын Хувьсгалын 38 жилийн ойг тохиолдуулан хүлээн авалт зохион байгуулсан байна. БНМАУ-д суугаа гадаадын дипломат албаны төлөөлөгчид уг хүлээн авалтад мөн оролцсон аж. МАХН-ын Төв Хорооны нэгдүгээр нарийн бичгийн дарга, Сайд нарын Зөвлөлийн дарга Ю. Цэдэнбал хурал дээр төлөөлөгчид болон МАХН болон Засгийн газрын нэрийн өмнөөс ах дүү орнуудын мэргэжилтнүүдэд талархалаа илэрхийлэхийн сацуу хятадын мэргэжилтнүүд, техникийн ажилчид, Монголын эдийн засгийн салбар бүрт ихээхэн үр дүнтэй бүтээлч ажилласныг онцлон тэмдэглэлээ.

7月10日　中国共产党中央委员会主席毛泽东、中国国家主席刘少奇、全国人民代表大会常务委员会委员长朱德、国务院总理周恩来当日致电蒙古人民革命党中央委员会第一书记、蒙古部长会议主席尤·泽登巴尔，蒙古大人民呼拉尔主席团主席扎·桑布、蒙古大人民呼拉尔主席巴·贾尔卡赛汗，祝贺蒙古人民革命胜利38周年。

中国外交部部长陈毅致电蒙古外交部部长沙格达尔苏伦，祝贺蒙古人民革命胜利38周年。

同日　应亚非人民团结理事会关于在蒙古人民革命胜利38周年举行“蒙古日”的号召，中国首都各界人民当晚隆重集会，坚决支持蒙古人民共和国参加联合国的合理要求，热烈祝贺蒙古人民革命胜利38周年。大会由中国亚非团结委员会和中国蒙古友好协会联合主持。中华全国总工会、全国妇联、全国青联、中国人民对外文化协会等人民团体的负责人等1 000多人出席大会。中国亚非团结委员会副主席包尔汉、中国蒙古友好协会会长张致祥、蒙古驻华大使沙拉布先后在大会上讲话。

7 сар 10 ХКН-ын ТХ-ны дарга Мао Зэдун, БНХАУ-ын дарга Лю Шаочи, БХАТИХ-ын байнгын хорооны дарга Жу Дэ, Төрийн Зөвлөлийн Ерөнхий сайд Жоу Эньлай нар МАХН-ын ТХ-ны нэгдүгээр нарийн бичгийн дарга, Сайд нарын Зөвлөлийн дарга Цэдэнбал, УИХ-ын Тэргүүлэгчдийн дарга Ж. Самбуу, Ардын Их Хурлын дарга Б. Жаргалсайхан нарт Монгол Ардын Хувьсгалын 38 жилийн ойн баярыг тохиолдуулан баярын цахилгаан илгээв.

БНХАУ-ын ГЯЯ-ны Сайд Чэнь И БНМАУ-ын ГЯЯ-ны Сайд Шагдарсүрэнд МАХ-ын 38 жилийн ойн баярыг тохиолдуулан цахилгаан илгээв.

Мөн өдөр МАХ-ын 38 жилийн ойг тохиолдуулан Ази-Африкийн Ард Түмний Эв Хамтын Нийгэмлэг “Монголын өдөр” зохион байгуулах тухай уриалга гаргаж мөн өдрийн орой БНХАУ-ын нийслэлд дэлхийн өнцөг булан бүрээс ирэн чуулж буй төлөөлөгчдийн баярын хурлаас Монгол улсын НҮБ-д элсүүлэх зүй ёсны шаардлагыг шийдвэртэй дэмжиж буйгаа илэрхийлээд МАХ ялсны 38 жилийн ойг тохиолдуулан халуун дотно мэндчилгээ дэвшүүлэв. Их хурал дээр Хятадын Ази-Африкийн Эв Хамтын Удирдах Зөвлөл болон Хятад Монголын найрамдлын нийгэмлэгийн хамтарсан төлөөлөл, БХҮЭ, Эмэгтэйчүүдийн байгууллага, БХ-ын Хүүхдийн байгууллага, БНХАУ-ын Гадаадад хятадын соёлыг түгээн дэлгэрүүлэх нийгэмлэг зэрэг ардын төлөөллийн 1000 гаруй хүмүүс уг хуралд оролцлоо. Хурал дээр Хятадын Ази-Африкийн Эв Хамтын Нийгэмлэгийн дэд дарга Бао Архань, Хятад Монголын найрамдлын нийгэмлэгийн дарга Жан Жисян, БНМАУ-аас БНАХУ-д суугаа Элчин сайд Шарав нар тус их хурал дээр илтгэл тавив.

7月11日　中国国务院副总理薄一波当天下午接见正在中国访问的以蒙中友好协会副主席那楚克道尔吉教授为首的蒙中友协代表团，并亲切交谈。当晚，蒙古驻华大使沙拉布举行招待会，庆祝蒙古人民革命胜利38周年。中国国务院副总理陈毅出席并代表中国政府和人民向蒙古政府和人民致以热烈的节日祝贺。

同日　蒙中友协副会长沙·纳楚克道尔吉发表《蒙古牧业合作化的辉煌胜利》文章，其中提到，蒙古人民在纪念自己节日时，对在建设社会主义的伟大事业中给予我们兄弟般援助的以毛泽东同志为首的中国共产党、中国政府和六亿五千万中国人民表示衷心的感谢。蒙古人民永远不会忘记中国人民伟大的援助和支持。

同日　《人民日报》发表《蒙古人民光荣和胜利的道路》一文，祝贺蒙古人民革命胜利38周年。

7 сар 11　БНХАУ-ын Төрийн Зөвлөлийн Ерөнхий сайдын орлогч дарга Бао Ибо мөн өдрийн үдээс хойш Хятадад айлчилж буй Монгол Хятадын найрамдлын нийгэмлэгийн дэд дарга профессор Ш. Нацагдорж тэргүүтэй төлөөлөгчидтэй уулзаж дотно ярилцав. Мөн орой БНМАУ-аас БНХАУ-д суугаа Элчин сайд Шарав Монгол Ардын Хувьсгал ялсны 38 жилийн ойг тохиолдуулан хүлээн авалт зохион байгууллаа. Хятадын Төрийн Зөвлөлийн Ерөнхий сайдын орлогч Чэнь И тэргүүтэй Хятадын Засгийн Газар болон ард түмний төлөөлөгчид Монголын Засгийн газар болон ард түмэнд баярын цахилгаан илгээв.

Мөн өдөр Монгол Хятадын найрамдлын нийгэмлэгийн орлогч дарга Ш. Нацагдорж “Монгол улс аж ахуйн салбар дахь хамтын ажиллагааны гялалзсан амжилт” илтгэл тавьсан ба илтгэлдээ Монголын ард түмэн өөрийн энэ баярын өдөр, нийгэм журам цогцлоох их үйл хэрэгт бидний ахан дүүс болон хятадын коммунист нам, нөхөр Мао Зэдуны удирдлаган дор тусалж дэмжсэн Хятадын Засгийн газар болон хятадын 650 000 000 ард иргэдэд гүн талархал илэрхийлье. Монголын ард түмэн үеийн үед хятадын ард түмний аугаа тусламж дэмжлэгийг мартахгүй гэсэн байна.

Мөн өдөр “Ардын өдрийн мэдээ” сонинд Монгол ардын хувьсгал ялсны 38 жилийн ойг тохиолдуулан “Монголын ард түмний яруу алдар болон амжилтын зам” өгүүллэг хэвлэгдсэн байна.

8月1日　中国国防部长彭德怀元帅“八一”建军节前夕接到蒙古人民军事务部部长兼人民军司令员札木杨·勒哈格瓦苏伦中将发来的祝贺中国人民解放军建军32周年的电报。

8 сар 1　БНХАУ-ын БХЯ-ны сайд маршал Пэн Дэхуай “Найман сарын нэгэн” арми байгуулагдсан өдрийг тохиолдуулан БНМАУ-ын БХЯ-ны сайд болон бүх цэргийн жанжин дэслэгч генерал Ж. Лхагвасүрэнд ХАЧА байгуулагдсаны 32 жилийн ойн баярын цахилгаан илгээв.

8月26日　应蒙古大人民呼拉尔邀请前往蒙古进行友好访问的中国全国人民代表大会访问蒙古代表团，由团长林伯渠和副团长黄炎培率领，当天晚上乘专车离开北京前往乌兰巴托。

8 сар 26　БНМАУ-ын АИХ-ын урилгаар БНМАУ-д найрсаг айлчлал хийх Лин Бочү болон орлогч дарга Хуан Яньпэй тэргүүтэй БХ-ын АТИХ-ын төлөөлөгчид Бээжингээс тусгай үүргийн онгоцоор Улаанбаатарт хүрэлцэн ирлээ.

8月28日　由部长会议主席泽登巴尔率领的蒙古政府代表团，前往越南民主共和国和印度共和国访问，当天路过中国抵达北京，受到中国国务院总理周恩来等人欢迎。周恩来当天下午会见了泽登巴尔一行，宾主进行了亲切友好的谈话。会见以后，周恩来总理设宴欢迎蒙古政府代表团的贵宾。

同日　以全国人民代表大会常务委员会副委员长林伯渠为首的中国全国人民代表大会代表团当天上午乘专车抵达乌兰巴托。蒙古部长会议副主席拉姆苏伦曾到蒙中两国边境迎接代表团。到车站欢迎代表团的有蒙古人民革命党中央委员会第二书记曾德、部长会议副主席莫洛姆扎木荧、大人民呼拉尔主席贾尔卡赛汗及政府各部门和群众团体的负责人以及乌兰巴托各界人士500多人。中国驻蒙古大使馆临时代办孟英及使馆外交官员、在蒙古帮助建设的中国员工代表以及各国驻蒙古的使节也到车站欢迎。蒙古大人民呼拉尔主席贾尔卡赛汗和林伯渠团长先后在火车站上致辞。

8 сар 28　БНМАУ-ын Сайд нарын Зөвлөлийн дарга Ю. Цэдэнбал тэргүүтэй БНМАУ-ын Засгийн Газрын төлөөлөгчид Вьетнам болон Энэтхэг улсад айлчлал хийх замдаа Бээжинд түр саатахад нь БНХАУ-ын Төрийн Зөвлөлийн Ерөнхий сайд Жоу Эньлай болон албаны хүмүүс угтав. Ерөнхий сайд Жоу Эньлай тус өдрийн үдээс хойш Ю. Цэдэнбал болон дагалдан явагсадтай уулзаж халуун дотно ярилцсан байна. Уулзалтын дараа Жоу Эньлай хүндэт зочдод зориулан хүлээн авалт зохион байгуулсан байна.

Мөн өдөр АТИХ-ын байнгын хорооны дарга Лин Бочү тэргүүтэй АТИХ-ын төлөөлөгчид үдээс өмнө Улаанбаатар хотноо хүрэлцэн ирсэн байна. БНМАУ-ын Сайд нарын Зөвлөлийн орлогч дарга Лхамсүрэн Монгол хятад хоёр улсын хил хязгаарын төлөөлөгчидтэй уулзсан байна. МАХН-ын хоёрдугаар нарийн бичиг Цэнд, Сайд нарын Зөвлөлийн орлогч дарга Моломжамц, АИХ-ын дарга Жаргалсайхан болон Засгийн газрын яамд болон олон нийтийн байгууллагын хариуцлагатай албан тушаалтнууд,

Улаанбаатар хотын олон нийтийн төлөөлөл зэрэг 500 гаруй хүмүүс тус төлөөлөгчдийг угтан авсан байна. БНХАУ-аас БНМАУ-д суугаа Элчин сайд Мэн Инжи болон ЭСЯ-ны ажилтнууд, хятадын барилгын ажилчдын төлөөлөгч мөн БНМАУ-д суугаа гадаадын дипломат албаны төлөөлөгчид угтан авахаар ирсэн байв. АИХ-ын дарга Жаргалсайхан болон төлөөлөгчдийн тэргүүн харилцан үг хэлсэн байна.

8月29日　由蒙古部长会议主席泽登巴尔率领的蒙古政府代表团，当日上午乘专机离开北京，前往越南民主共和国进行友好访问。代表团当天中午路过武汉时受到中共湖北省委第一书记王任重、湖北省省长张体学等人欢迎。代表团在武汉用过午餐后，继续乘飞机前往南宁。18:00蒙古政府代表团抵达南宁，受到中共广西壮族自治区委员会第一书记刘建勋、自治区党委书记、自治区主席韦国清等人欢迎。越南民主共和国外交部礼宾司司长、蒙古驻越南大使馆临时代办从河内前来机场迎接代表团。

8 сар 29　БНМАУ-ын Сайд нарын Зөвлөлийн дарга Ю.Цэдэнбал тэргүүтэй БНМАУ-ын Засгийн газрын төлөөлөгчид тус өдрийн үдээс өмнө тусгай үүргийн онгоцоор Вьетнам улсад айлчлал хийхээр Бээжин хотоос мордов. Төлөөлөгчдийг тус өдрийн үдэд Ху Бэй мужийн ХКН-ын нарийн бичгийн дарга Ван Рэнжун, Ху бэй мужийн дарга Жан Тисюэ нарын хүмүүс үгтан авсан байна. Төлөөлөгчид үдийн зоог барьсаны дараа Нан нин рүү айлчлахаар мордсон байна. Үдээс хойш 18 цагт БНМАУ-ын төлөөлөгчид Нан нин хотноо хүрэлцэн ирэхэд Гуаншигийн Жуан үндэсний өөртөө засах орны коммунист намын нарийн бичгийн дарга Лю Жяньшүн, ӨЗО-ны байнгын хорооны дарга Вэй Гуочин зэрэг хүмүүс угтан авсан бол Вьетнамын ГХЯ-ны ёслолын албаны дарга болон БНМАУ-аас БНВАУ-д суугаа Элчин сайдын үүрэгт ажлыг түр хамааргч нар төлөөлөгчдийг

Ханой хотын онгоцны буудал дээр угтан авсан байна.

9月　为庆祝中华人民共和国成立10周年，乌兰巴托举办了蒙中友好双周活动、中国四川省工艺品展览会、中国发展成就图片展览和中国电影周，中国内蒙古自治区歌舞团访问蒙古演出。

9 сар　БНХАУ байгуулагдсаны 10 жилийн ойг тохиолдуулан Улаанбаатар хотод Монгол Хятадын найрамдлын хоёр долоо хоногийн арга хэмжээний үеэр БНХАУ-ын Сы Чуан мужийн гар урлалын үзэсгэлэн, БНХАУ-ын хөгжлийн амжилт зурган үзэсгэлэн болон хятадын кино өдөрлөг зохиогдож БНХАУ-ын ӨМӨЗО-ны урлагийн баг Монголд айлчлан тоглолт хийв.

9月1日—8日　第一届国际蒙古学家大会在蒙古首都乌兰巴托召开。中、蒙、苏等15个国家的40多名学者出席了本届会议，中国学者翁独健、清格尔泰、秋浦、额尔敦陶克陶、黄时鉴等人参加会议，并作了学术报告。

9 сар 1-8　БНМАУ-ын нийслэл Улаанбаатар хотноо БНМАУ-ын анхдугаар олон улсын монголч эрдэмтдийн хурал нээлтээ хийсэн байна. Уг хуралд Хятад, Монгол ЗХУ зэрэг 15 улсын 40 гаруй эрдэмтэд оролцсоноос Хятадын эрдэмтэн Вэн Дузянь, Цэнгэлтэй, Чю Пү, Эрдэнэтогтох, Хуан Шижин нарын эрдэмтэд илтгэл тавьсан байна.

9月2日　乌兰巴托人民当天下午在国家剧院举行蒙中友好集会，欢迎正在这里访问的以林伯渠副委员长为首的中国全国人民代表大会代表团。出席集会的有蒙古党政领导人桑布、曾德、莫洛姆扎木茨、拉姆苏伦、贾尔卡赛汗以及中国驻蒙古大使谢甫生和各国驻蒙古的使节。蒙古部长会议副主席莫洛姆扎木茨和林伯渠团长在会上先后发表了长篇讲话。

9 сар 2 Улаанбаатар хотын иргэд Улсын драмын театрт БНХАУ-ын БХ-ын АТИХ-ын байнгын хороон дарга Лин Бочү тэргүүтэй төлөөлөгчдийг БНМАУ-д айлчилж буйг тохиолдуулан угтан авах ёслолын ажиллагаа буюу Монгол Хятадын найрамдалын хурал зохион байгуулав. Уг хуралд БНМАУ-ын нам төрийн тэргүүн Ж. Самбуу, Цэнд, Моломжамц, Лхамсүрэн, Жаргалсайхан болон БНХАУ-аас БНМАУ-д суугаа Элчин сайд Се Фүшэн болон гадаадын дипломат албаны төлөөлөгчид оролцсон байна. БНМАУ-ын Сайд нарын Зөвлөлийн орлогч дарга Моломжамц болон төлөөлөгчдийн дарга Лин Бочү нар хурал дээр урт илтгэл тавьсан байна.

9月3日 以林伯渠副委员长为首的中国全国人民代表大会代表团结束了在蒙古的友好访问，当天下午乘专车回国。到火车站送行的有蒙古人民革命党中央委员会第二书记曾德、部长会议副主席莫洛姆扎木茨、大人民呼拉尔主席贾尔卡赛汗等。蒙古部长会议副主席拉姆苏伦将陪送代表团到蒙古边境。

9 сар 3 БНХАУ-ын БХ-ын АТИХ-ын байнгын хороон дарга Лин Бочү тэргүүтэй төлөөлөгчдийн БНМАУ-д хийх айлчлал дуусгавар болсоны учир мөн өдөр тусгай үүрэгт тэргээр эх орондоо буцсан байна. Төлөөлөгчдийг МАХН-ын ТХ-ны хоёрдугаар нарийн бичиг Цэнд, Сайд нарын Зөвлөлийн орлогч дарга Моломжамц, АИХ-ын дарга Жаргалсайхан нарын хүмүүс галт тэрэгний буудал дээр үдэж мордуулсан байна. БНМАУ-ын Сайд нарын Зөвлөлийн орлогч дарга Моломжамц төлөөлөгчдийг өөрийн биеэр БНМАУ-ын хил хүртэл хүргэж өгсөн байна.

9月4日 中国全国人民代表大会代表团团长林伯渠，在即将离开蒙古人民共和国国土之时，致电蒙古大呼拉尔主席贾尔卡赛汗，感谢他们对代表团的关怀和接待。

9 сар 4 Лин Бочу тэргүүтэй БНХАУ-ын БХ-ын АТИХ-ын төлөөлөгчид БНМАУ-аас эх орондоо буцахын өмнө АИХ-ын дарга Жаргалсайханд талархалын цахилгаан илгээсэн байна.

9月7日 蒙古部长会议主席泽登巴尔和他率领的蒙古政府代表团，当天下午在前往印度访问途中，由河内乘专机抵达昆明。中共云南省委第一书记阎红彦设宴招待了泽登巴尔一行。

9 сар 7 БНМАУ-ын Сайд нарын Зөвлөлийн дарга Ю. Цэдэнбал тэргүүтэй Засгийн газрын төлөөлөгчид мөн өдрийн үдээс хойш Энэтхэг явах замдаа Ханой хотоос тусгай үүргийн онгоцоор Кун Мин хотноо хүрэлцэн очсон байна. Юнь нань мужийн ХКН-ын нэгдүгээр нарийн бичгийн дарга Янь Хунянь Ю. Цэдэнбал тэргүүтэй төлөөлөгчдийг хүлээн авсан байна.

9月8日 由泽登巴尔主席率领的蒙古政府代表团，当天游览了昆明的风景区，参观访问了云南印染厂和云南民族学院。

9 сар 8 Ю. Цэдэнбал тэргүүтэй Засгийн газрын төлөөлөгчид Кун мин хотын байгальтай танилцаад Юнь Наний будгийн үйлдвэр болон үндэстний дээд сургуулиар зочилсон байна.

9月9日 蒙古部长会议主席泽登巴尔和他率领的蒙古政府代表团，当天上午九时乘专机离开昆明前往印度访问。离开昆明前泽登巴尔致电周恩来总理，表示感谢。

9 сар 9 БНМАУ-ын Сайднарын Зөвлөлийн дарга Ю. Цэдэнбал тэргүүтэй БНМАУ-ын нам төрийн төлөөлөгчид

мөн өдрийн өглөөний 9 цагт тусгай үүргийн онгоцоор Энэтхэгт хүрэлцэн ирсэн байна. Ю.Цэдэнбал Кун мин хотоос явахын өмнө Ерөнхий сайд Жоу Эньлайд талархалын цахилгаан илгээсэн байна.

9月12日　应邀来中国参观第一届全国运动会的蒙古体育代表团当日下午抵达北京。蒙古体育代表团一行2人由蒙古体育运动委员会主席雅达姆苏伦率领。中国国务院副总理兼国家体育运动委员会主任贺龙，当晚在北京举行酒会，欢迎应邀参观中华人民共和国第一届运动会的各国体育代表团和体育界代表。蒙古体育代表团应邀出席酒会。

9 сар 12　БНХАУ-ын урилгаар улсын анхдугаар спарткиадад оролцохоор Монголын биеийн тамир, спорт хорооны дарга Ядамсүрэн тэргүүтэй монголын биеийн тамирын төлөөлөгчид тус өдөр Бээжинд хүрэлцэн ирсэн байна. БНХАУ-ын Төрийн Зөвлөлийн Ерөнхий сайдын орлогч хийгээд биеийн тамирын хороон дарга Хэ Луний мөн өдрийн орой Бээжин хотноо зохиосон дайллаганд БНХАУ-ын бүх хятадын анхдугаар спартакиадад оролцохоор хүрэлцэн ирсэн гадаадын биеийн тамир, спортын төлөөлөгчид болон монголын биеийн тамир спортын төлөөлөгчид мөн оролцсон байна.

9月15日　蒙古部长会议主席泽登巴尔当晚在德里的记者招待会上谈到一些记者事先向他提出的中印边界问题时再一次说，“我们认为，这是应当由两个友好的大国——印度和中华人民共和国自己来解决的问题。”泽登巴尔说，“现在全世界都知道，双方都决心在和平共处的基础上通过和平的方式来解决这个问题。我们确信这种解决办法，并且希望能取得成就。这种解决无疑将促进加强亚非国家的团结和全世界的和平事业”。他还说，所谓西藏问题“纯粹是中华人民共和国和伟大的中国人民的内政，他们当然不希望任何人加以干涉。只有那些反对各国之间的友谊和支持冷战的人才企图煽起这个问题。他们甚至希望把这个问题提交联合国”。

同日　为庆祝中华人民共和国国庆10周年，蒙古人民共和国将开展为期15天的蒙中友好活动。这一活动将从16日开始在全国各地举行。蒙古和平与友好组织负责人当天向新华社记者谈到这次友好活动的意义和任务说，蒙古人民革命党中央委员会决定开展这一活动是为了进一步巩固蒙中两国人民的传统友谊和更广泛地向蒙古人民介绍中国社会主义建设的成就，因此，宣传新中国十年来取得的辉煌成就是友好活动的重要内容。他说，在十五天中，首都、各省、县的工厂、农牧场、大居民点都要广泛开展蒙中友好活动。蒙古各地报刊将在此期间广泛刊登中国建设发展的文章。国家广播电台将举办播送中国歌曲周和教唱中国歌曲。国家剧院正在排练一个反映中国人民公社生活的中国剧准备上演。国家印刷厂将在最近出版“中华人民共和国概况”“毛泽东同志根据中国革命实际情况创造性地运用马克思列宁主义学说”“毛泽东诗选”等书。从9月22日起将分别在乌兰巴托市、苏赫巴托尔市、乔巴山市和扎布哈朗特市举行中国电影周。蒙古还要举办中华人民共和国图片展览和中国四川民间手工艺品展览。

9 сар 15　БНМАУ-ын Ерөнхий сайд Ю. Цэдэнбал энэ орой Дэли хотын сэтгүүлчдийг хүлээн авч уулзах үеэр Хятад Энэтхэг хоёр улсын хилийн асуудлаар хэлсэн үгэндээ: Бид найрамдалт харилцаатай хоёр том гүрэн БНХАУ, БНЭУ өөрсдийн шийдвэрлэх асуудал” гэж хариулсан байна. Ю. Цэдэнбал цааш хэлсэн үгэндээ: “ Өнөөдөр дэлхий даяараа

хоёр тал энх тайвнаар зэрэгцэн орших зарчимд тулгуурлан энэ асуудлаа энх тайвнаар шийдвэрлэнэ гэдгийг мэдэж байгаа. Бид энэ зарчмыг баримтлан асуудлаа шийдвэрлэнэ гэдэгт мөн амжилтанд хүрнэ гэдэгт итгэлтэй байна. Ингэж шийдэж гэмээн Ази Африкийн эв нэгдэл ба бүх дэлхийн энх тайвны үйл хэрэгт харшлахгүй харин ч улам бэхжүүлнэ. Улмаар Түвдийн тухай “гагцхүү БНХАУ болон хятадын аугаа ард түмний дотоод асуудал, тэд мэдээж аливаа дотоод асуудалд оролцохийг хүсэхгүй. Гагцхүү улс орнуудын найрамдлыг эсэргүүцэгчид болон хүйтэн дайныг баримтлагчид энэ асуудлыг дэвэргэхийг санаархан байна.Тэд энэ асуудлыг цаашлаад НҮБ-д тавихыг хүсч байна.

Мөн өдөр БНХАУ-ын улс тунхагласны 10 жилийн ойд БНМАУ-аас Монгол Хятадын найрамдлыг сурталчлах 15 хоногийн ажил зохиож байна. Энэ хөдөлгөөн 16-ны өдөр бүх орон даяар эхэлсэн. БНМАУ-ын Энх тайван найрамдлын хорооны хариуцлагатай ажилтнууд мөн өдөр Синьхуа агентлагын сурвалжлагчид энэхүү найрамдлын өдөрлөгийн зорилго ач холбогдол хийгээд үүргийг МАХН-ын ТХ-ны шийдвэрээр өрнөж буй энэ хөдөлгөөн нь Монгол Хятад хоёр орны ард түмний уламжлалт найрамдал болон монголын ард түмэнд БНХАУ-ын бүтээн байгуулалтын амжилтыг хэлэхдээ өргөн хүрээтэйгээр таниулах, шинэ Хятадын 10 жилийн дотор олсон гялалзсан амжилт нь энэ хөдөлгөөний гол агуулга болох тухай танилцуулж байгаа” гэжээ. Тэрбээр цааш нь хэлсэн үгэндээ Энэ 15 хоногийн туршид нийслэл, аймаг, сумын үйлдвэр, тариан талбай, малын бэлчээрт, бүх ард иргэд өргөнөөр уг хөдөлгөөнд оролцож байна. Монголын бүх сонин хэвлэлүүд энэ хөдөлгөөний үеэр БНХАУ-ын бүтээн байгуулалтын тухай нийтлэл бичиж улсын радио телевиз БНХАУ-ын төрийн дуулал нэвтрүүлэхээс гадна төрийн дуулал заах ажлыг өрнүүлж байна. Улсын дуурь бүжгийн театрт БНХАУ-ын ард түмний нийгмийн амьдралыг харуулсан хятад жүжиг дэглэхэд бэлэн болоод байна. Улсын хэвлэх үйлдвэр “БНХАУ-ын товч тойм”, “ нөхөр Мао Зэдуны хятадын хувьсгалын бодит байдалд үндэслэн марксизм-ленинизмын үзэл бодлыг хэрэгжүүлэх тухай хэлсэн үг”, “Мао Зэдуны шүлгийн түүвэр” зэрэг ном бүтээлийг ойрын үед хэвлэн гаргах гэж байна. 9 сарын 22-оос эхлэн Улаанбаатар болон Сүхбаатар, Чойбалсан, Жавхлант зэрэг хотуудад хятадын кино өдрүүд эхэлж байгаа ба БНХАУ-ын зургийн, Хятадын Сы Чуань хотын ардын гар урлалын үзэсгэлэн нээгдээд байгаа талаар ярьсан байна.

9月16日　蒙古为庆祝中国国庆10周年而举办为期15天的“蒙中友好活动”当晚在乌兰巴托市举行了开幕式。出席开幕式的有蒙古党和国家的领导人桑布、图穆尔奥奇尔、杜格苏伦、莫洛姆扎木茨、拉姆苏伦，中国驻蒙古大使谢甫生以及各人民团体的负责人和各国外交使节。

9 сар 16 БНМАУ-аас БНХАУ байгуулагдсаны 10 жилийн ойн баярыг тохиолдуулан 15 хоногийн “Монгол Хятадын найрамдалт хамтын ажиллагаа” Улаанбаатар хотноо нээлтээ хийв. Нээлтийн ёслолд Монголын нам, засгийн тэргүүн нар буюу Ж. Самбуу, Төмөр очир, Дүгэрсүрэн, Моломжамц, Лхамсүрэн болон БНХАУ-аас БНМАУ-д суугаа Элчин сайд Се Фүшэн болон олон нийтийн байгууллагын ажилтнууд, гадаад орнуудаас БНМАУ-д суугаа ЭСЯ-ны дипломат ажилтнууд байлцсан байна.

9月22日　由中国全国妇女联合会主席团委员郭明秋率领的妇女代表团一行3人，应蒙古妇女委员会邀请，当天乘火车离开北京赴蒙古人民共和国访问。

9 сар 22 БНХАУ-ын БХ-ын Эмэгтэйчүүдийн нэгдсэн холбооны тэргүүлэгчдийн дарга Гуо Минчю тэргүүтэй гурван төлөөлөгч Монголын эмэгтэйчүүдийн холбооны урилгаар БНМАУ-д айлчлахаар тусгай үүргийн галт тэргээр Бээжин хотоос мордсон байна.

9月27日 由蒙古人民革命党中央委员会第一书记、蒙古部长会议主席尤·泽登巴尔率领的蒙古党政代表团当日下午乘专机抵达北京。代表团是应中共中央主席毛泽东、中华人民共和国主席刘少奇、中国全国人民代表大会常务委员会委员长朱德、国务院总理周恩来的邀请，前来参加中华人民共和国建国10周年庆祝典礼的。中共中央副主席、国务院总理周恩来等党和国家的领导人到机场欢迎贵宾。

9 сар 27 МАХН-ын нэгдүгээр нарын бичиг, Сайд нарын Зөвлөлийн дарга Ю. Цэдэнбал тэргүүтэй БНМАУ-ын нам засгийн төлөөлөгчид тусгай үүргийн онгоцоор Бээжин хотноо хүрэлцэн ирсэн байна. Төлөөлөгчид ХКН-ын дарга Мао Зэдун, БНХАУ-ын дарга Лю Шаочи, БНХАУ-ын БХ-ын АТИХ-ын байнгын хорооны дарга Жу Дэ, Төрийн Зөвлөлийн Ерөнхий сайд Жоу Эньлай нарын урилгаар БНХАУ-ын улс тунхагласны 10 жилийн ойн ёслолын ажиллагаанд оролцох аж. ХКН-ын дэд дарга, Төрийн Зөвлөлийн Ерөнхий сайд нарын нам төрийн тэргүүнүүд онгоцны буудал дээр эрхэм зочдыг угтан авсан байна.

9月28日 应中共内蒙古自治区委员会、内蒙古自治区人民委员会邀请，来内蒙古自治区参加建国10周年庆祝典礼的蒙古人民共和国苏赫巴托尔、东戈壁、南戈壁、巴彦洪果尔、乔巴山5省党政代表团一行12人，在团长、蒙古人民革命党苏赫巴托尔省委第一书记达·巴特胡热勒率领下，当日乘火车抵达呼和浩特。

同日　由蒙古人民革命党中央监察委员会主席根登率领的蒙古劳动人民代表团一行15人，当日下午乘火车抵达北京。他们是应中蒙友协、全国总工会、共青团中央、全国妇女联合会、全国青年联合会、全国学生联合会、中国人民对外友好协会的邀请，来中国访问并参加新中国成立10周年庆祝典礼的。

同日　中国党和国家领导人毛泽东、刘少奇、宋庆龄、董必武、朱德、周恩来、林彪、邓小平、彭真，当日下午在中华人民共和国成立10周年庆祝大会开始以前，接见了苏联和其他社会主义国家党政代表团全体成员、各国共产党和工人党代表团全体成员、越南和朝鲜军事代表团团长、亚非国家政府代表团团长和政府代表以及六个国际组织代表团团长。蒙古党政代表团团长尤·泽登巴尔和代表团全体成员参加了会见。

同日　在中华人民共和国成立10周年庆祝大会上，蒙古党政代表团团长尤·泽登巴尔发表热情洋溢的贺词。

9 сар 28　ӨМӨЗО-ны ХКН-ын хороо, ӨМӨЗО-ын Ардын Зөвлөлийн урилгаар Сүхбаатар аймгийн МАХН-ын нарийн бичиг Д. Батхүрэл тэргүүтэй БНМАУ-ын Сүхбаатар, Дорноговь, Өмнөговь, Баянхонгор, Чойбалсан зэрэг таван аймгийн засаг захиргааны 12 хүний бүрэлдэхүүнтэй төлөөлөгчид тусгай үүргийн галт тэргээр Хөх хотноо хүрэлцэн ирсэн байна.

Мөн өдөр МАХН-ын Хянан шалгах хорооны дарга Гэндэн тэргүүтэй монголын хөдөлмөрчин ардын 15 хүний бүрэлдэхүүнтэй төлөөлөгчид тусгай үүргийн галт тэргээр Бээжин хотноо хүрэлцэн ирсэн байна. Төлөөлөгчид Хятад Монголын найрамдлын нийгэмлэг, БХ-ын Үйлдвэрчний эвлэл, БХ-ын Залуучуудын холбоо, БХ-ын Эмэгтэйчүүдийн холбоо, БХ-ын Оюутны холбоо, Хядаын ард түмний гадаадтай найрамдлаар харилцах нийгэмлэг зэрэг байгууллагуудын урилгаар БНХАУ-ын улс тунхагласны 10 жилийн ойн баярын ёслолын ажиллагаанд оролцох аж.

Мөн өдөр БНХАУ-ын төрийн тэргүүн буюу Мао Зэдун, Лю Шаочи, Сун Чинлин, Дун Би-у, Жу Дэ, Жоу Эньлай, Лин Бяо, Дэн Сяопин, Пэн Жэн нар улс тунхагласны 10 жилийн баярын ёслолын өмнө ЗСБНХОУ-ын Засгийн газар болон бусад социалист орны коммунист нам, төрийн төлөөлөгчид болон гадаадын коммунист нам ажилчдын төлөөлөгчид, Вьетнам, Социалист Солонгосын армийн төлөөлөгчдийн тэргүүн, Ази Африкийн орнуудын ЗГ-ын төлөөлөгчдийн тэргүүн нар гэх мэт гадаадын нийт 6 орны төлөөлөгчдийн тэргүүн нарыг хүлээн авч уулзсан байна. Монголын ЗГ-ын төлөөлөгчид бүрэн бүрэлдэхүүнээрээ уг хүлээн авалтад оролцож.

Мөн өдөр БНХАУ байгуулагдсаны 10 жилийн ойн баярын хурал дээр БНМАУ-ын төлөөлөгчдийн тэргүүн Ю. Цэдэнбал үг хэлсэн байна.

9月30日 蒙古外交部部长沙格达尔苏伦致电中国外交部部长陈毅，祝贺中华人民共和国建国10周年。

同日 蒙古《真理报》发表题为《中国人民的伟大节日》社论。同时刊登蒙中友协副主席纳楚格道尔吉撰写的题为《历史性胜利》的文章。

同日 中国国家主席、中共中央副主席刘少奇和全国人民代表大会常务委员会委员长、中共中央副主席朱德，当日晚上会见了蒙古人民革命党中央委员会第一书记、蒙古部长会议主席尤·泽登巴尔和由他率领的蒙古人民共和国党政代表团全体团员。两国的党和国家领导人在会见中进行了亲切友好的交谈。

9 сар 30 БНМАУ-ын ГЯЯ-ны сайд Шагдарсүрэн ГЯЯ-ны сайд Чэн Ид БНХАУ тунхагласны 10 жилийн ойн

баярын цахилгаан илгээв.

Мөн өдөр Монголын "Үнэн" сонинд "Хятадын ард түмний агуу их баяр" нийтлэл болон Монгол Хятадын найрамдлын нийгэмлэгийн орлогч дарга Ш. Нацагдоржийн бичсэн "Түүхэн амжилт" өгүүллэгийг тус тус нийтлэсэн байна.

Мөн өдөр БНХАУ-ын дарга ХКН-ын орлогч дарга Лю Шаочи болон БХ-ын АТИХ-ын байнгын хорооны дарга, ХКН-ын ТХ-ны орлогч дарга Жу Дэ нар МАХН-ын ТХ-ны нэгдүгээр нарийн бичгийн дарга, БНМАУ-ын Ерөнхий сайд Ю. Цэдэнбал тэргүүтэй БНМАУ-ын ЗГ-ын төлөөлөгчдийг хүлээн авч уулзсан байна. Хоёр улсын нам төрийн тэргүүн нар уулзалтын үеэр найрсаг дотно яриа өрнүүлсэн байна.

10月1日　当日上午在天安门广场举行中华人民共和国建国10周年庆祝大典。蒙古党政代表团的全体团员、蒙古人民革命党中央监察委员会主席根登为首的蒙古劳动人民代表团参加了庆典。

同日 在中国内蒙古自治区首府呼和浩特市，蒙古、汉、满、回、达斡尔、鄂温克等各族各界人民10万多人参加集会和游行。应邀到内蒙古自治区参加庆祝中国建国10周年典礼的苏联赤塔州党政代表团全体成员、蒙古五省党政代表团全体成员和在内蒙古工作的苏联和蒙古人民共和国的专家们，也参加了庆祝大会。

10 сар 1 Мөн өдрийн үдээс өмнө Тянь Аньмэьний талбайд БНХАУ-ын улс тунхагласны 10 жилийн ойн ёслолын ажиллагаа болов. Ёслолын ажиллагаанд БНМАУ-ын нам төрийн төлөөлөгчид болон МАХН-ын ХШХ-ны дарга Гэндэн тэргүүтэй монголын хөдөлмөрчдийн төлөлөгчид оролцсон байна.

Мөн өдөр ӨМӨЗО-ны Хөххотод БНХАУ тунхагласны

10 жилийн ойн арга хэмжээнд монгол, хан, манж, хотон, дагур, эвэнк зэрэг олон арван үндэстний төлөөлөл 100 000 гаруй иргэд оролцсон жасгаал явуулсан байна. ӨМӨЗО-д зохиогдсон БНХАУ тунхагласны 10 жилийн ойн баярын ёслолд уригдсан ЗХУ-ын Чита мужийн нам засгийн төлөөлөгчид, монголын таван аймгийн нам засгийн төлөөлөгчдийн бие бүрэлдэхүүн болон өвөр монгол дахь ЗХУ, БНМАУ-ын мэргэжилтнүүд мөн оролцсон байна.

10月3日　蒙古党政代表团当日上午在中共中央候补委员、全国人民代表大会常务委员会副秘书长张苏陪同下，乘飞机前往旅大、天津参观访问。

10 сар 3　БНМАУ-ын нам засгийн төлөөлөгчид мөн өдрийн үдээс өмнө ХКН-ын орлогч гишүүн АТИХ-ын байнгын хорооны орлогч нарийн бичиг Жан Сугийн хамтаар тусгай үүргийн онгоцоор хятадын томоохон хотууд болон Тянжин зэрэг хотуудаар айлчлахаар мордсон байна.

10月4日　蒙古党政代表团参观访问了旅大市和天津后，当晚回到北京。

同日　中共中央副主席、国务院总理周恩来当晚同蒙古人民革命党中央委员会第一书记、蒙古部长会议主席尤·泽登巴尔进行了会谈，并共进晚餐。参加会见的蒙古方面有蒙古党政代表团全体团员；中国方面有中共中央政治局委员、国务院副总理李先念，中共中央候补委员张苏。

10 сар 4　БНМАУ-ын нам засгийн төлөөлөгчид хятадын томоохон хотууд болон Тян жин хотод айлчлаад Бээжин хотод хүрэлцэн ирсэн байна.

Мөн өдөр　ХКН-ын орлогч дарга, Төрийн Зөвлөлийн Ерөнхий сайд　Жоу Эньлай МАХН-ын ТХ-ны нэгдүгээр нарийн бичгийн дарга, БНМАУ-ын Сайд нарын Зөвлөлийн дарга Ю. Цэдэнбалтай уулзалт хийж мөн өдрийн орой зоог барьсан байна. Уулзалтанд Монголын талаас БНМАУ-ын нам засгийн төлөөлөгчид бүрэн бүрэлдэхүүнээрээ, Хятадын талаас ХКН-ын УТТ-ны гишүүн Төрийн Зөвлөлийн Ерөнхий сайдын орлогч Ли Сяньнянь ХКН-ын орлогч гишүүн Жан Су нар оролцсон байна.

10月5日　蒙古党政代表团当日上午乘专机离开北京回国。中共中央副主席、国务院总理周恩来等中国党和国家的领导人到机场欢送。蒙古党政代表团团长泽登巴尔和代表团团员拉姆苏伦、班扎尔、朝格，在离开中国时致电毛泽东主席、刘少奇主席、朱德委员长、周恩来总理，感谢中国的盛情接待。

10 сар 5　БНМАУ-ын нам засгийн төлөөлөгчид тусгай үүргийн галт тэргээр Бээжин хотоос мордсон байна. ХКН-ын орлогч дарга, Төрийн Зөвлөлийн Ерөнхий сайд Жоу Эньлай зэрэг Хятадын нам төрийн удирдлагууд төлөөлөгчдийг үдэн мордуулсан байна. БНМАУ-ын төлөөлөгчид Хятадаас явах үедээ Мао Зэдун, Лю Шаочи, Жоу Эньлай нарт талархал илэрхийлсэн цахилгаан илгээв.

10月6日　应邀来中国参观第一届全国运动会和参加新中国成立10周年庆祝典礼的蒙古体育代表团离开北京回国。

10 сар 6　БНХАУ-ын улс тунхагласаны 10 жилийн ойн баярын ёслол болон БХ-ын анхдугаар спартикиадад оролцохоор уригдан ирсэн БНМАУ-ын биеийн тамирын төлөөлөгчид Бээжин хотоос мордсон байна.

10月9日　蒙古人民革命党第一书记、部长会议主席尤·泽登巴尔分别接见了以毛齐华为首的中蒙友好协会代表团和以郭明秋为首的中国妇女代表团。

10 сар 9 МАХН-ын нэгдүгээр нарийн бичиг, Сайд нарын Зөвлөлийн дарга Ю. Цэдэнбал нар Мао Чихуа тэргүүтэй Хятад Монголын найрамдлын нийгэмлэгийн төлөөлөгчид болон Гуо Минчью тэргүүтэй хятадын эмэгтэйчүүдийн төлөөлөгчидтэй тус тус уулзлаа.

10月12日 应蒙中友好协会邀请到蒙古参加蒙中友好活动的中蒙友好协会代表团一行4人，在团长、中蒙友好协会副会长毛齐华率领下，当日下午乘火车返回北京。

同日 全国人民代表大会常务委员会和朱德委员长，收到了蒙古大人民呼拉尔主席团发来的吊唁李济深副委员长逝世的电报。

10 сар 12 Монгол Хятадын найрамдлын нийгэмлэгийн урилгаар БНМАУ-ын Монгол Хятадын найрамдалын үйл ажиллагаанд оролцсон Хятад Монголын найрамдлын нийгэмлэгийн тэргүүн Мао Цихуа тэргүүтэй 4 төлөөлөгчид тусгай үүргийн галт тэргээр эх орныхоо нийслэл Бээжин хотноо хүрэлцэн ирсэн байна.

Мөн өдөр БНМАУ-ын АИХ-ийн Тэргүүлэгчдээс БНХАУ-ын АТИХ-ын байнгын хорооны дэд дарга Ли Жишэн нас барсанд эмгэнэл илэрхийлсэн цахилгаан илгээснийг БНХАУ-ын АТИХ-ын байнгын хороо болон дарга Жу Дэ нар хүлээн авсан байна.

10月14日 蒙古经济考察团在蒙古国家计划委员会第一副主席图门巴雅尔·阿拉噶查率领下，当晚乘火车抵达北京。

10 сар 14 БНМАУ-ын Төлөвлөгөөний комиссын орлогч дарга Т. Рагчаа тэргүүтэй БНМАУ-ын эдийн засгийн төлөөлөгчид тусгай үүргийн галт тэргээр Бээжин хотноо хүрэлцэн ирсэн байна.

10月22日—29日　蒙古计划委员会第一副主席阿拉噶查率领经济考察团，对内蒙古自治区进行考察。

10 сарын 22-оос 29-ний өдөр БНМАУ-ын Төлөвлөгөөний коммисын орлогч дарга Рагчаа тэргүүтэй төлөөлөгчид ӨМӨЗО-ны эдийн засагтай танилцан туршлага солилцсон байна.

10月23日　蒙古田径队一行17人，当日下午由领队敖·关木包苏楞率领乘火车抵达北京。他们是应邀来中国参加10月25日开始在北京举行的朝、蒙、中三国田径友谊赛的。

10 сар 23　А. Гомбосүрэн тэргүүтэй монголын хөнгөн атлетикийн 17 хүний бүрэлдэхүүнтэй баг Бээжин хотод хүрэлцэн ирсэн байна. Тамирчид 10 сарын 25–аас эхлэн Бээжин хотноо зохиогдох Солонгос, Монгол, Хятад гурван улсын хөнгөн атлетикийн нөхөрсөг тэмцээнд урилгаар оролцох аж.

10月25日　朝、蒙、中三国田径友谊赛当日下午在北京先农坛体育场全部结束。蒙古选手打破了两项蒙古的全国纪录。比赛结束后，朝鲜和蒙古的田径队将分别去天津市和西安市访问。

10 сар 25　Солонгос, Монгол, Хятад гурван улсын хөнгөн атлетикийн нөхөрсөг тэмцээн Бээжин хотын Сян Нунтан биеийн тамирын ордонд зохиогдсон аж. Уг тэмцээнд монголын тамирчид БНМАУ-ын хоёр дээд амжилтыг эвдсэн байна. Тэмцээн дууссаны дараа социалист Солонгос болон монголын хөнгөн атлетикийн баг Тянь жин Си ан хотуудаар тус тус айлчилсан байна.

10月27日　蒙古部长会议副主席索·鲁布桑代表蒙古大人民呼拉尔主席团和政府授予一批中国桥梁建筑员工以勋章、奖章和奖状。中国员工是根据1958年中蒙关于中国给予蒙古经济和技术援助的协定帮助蒙古建设三座桥梁的。

10 сар 27 БНМАУ-ын Сайд нарын Зөвлөлийн орлогч дарга С. Лувсан АИХ-ын Тэргүүлэгчид ба ЗГ-ыг төлөөлөн хятадын гүүр барилгын хэсэг ажилчдад одон медаль, жуух бичиг зэрэг шагнал гардуулсан байна. 1958 оны БНХАУ-аас БНМАУ-д эдийн засаг, техникийн тусламж үзүүлэх гэрээний дагуу хятад ажилчид Монгол улсад гурван гүүр барьж байгуулсан байна.

10月29日 蒙古外交部当日发表声明，蒙古人民共和国政府坚决抗议和反对联合国大会通过所谓“西藏问题”的非法决议，完全支持中华人民共和国政府10月23日就这一问题发表的声明。

10 сар 29 БНМАУ-ын хэвлэл мэдээллийн албаны төлөөлөгч БНМАУ-ын ЗГ НҮБ-ын Их хурлын “Түвдийн асуудал”–ыг тууштай эсэргүүцэж БНХАУ-ын Засгийн газрын 10 сарын 23-ны өдөр хийсэн мэдэгдэлийг бүрэн дэмжиж буйгаа илэрхийлсэн аж.

10月31日 中国总工会代表团赴蒙参加中国总工会赠蒙古人民共和国一座造价346万元人民币、拥有100张床位的肺结核病疗养院的移交仪式。

10 сар 31 БНХАУ-ын Үйлдвэрчний ТЗ-ийн төлөөлөлөгчид Монголд хүрэлцэн ирж Хятадын Үйлдвэрчний ТЗ-өөс БНМАУ–д бэлэглэж буй 3 460 000 юаны өртөгөөр боссон уушигний сүрьеэний сувилалын газарт 100 ш ор бэлэглэх ёслолд оролцсон байна.

11月9日—18日 蒙古地质勘探局长策仁道尔吉率领地质代表团，前往中国内蒙古自治区了解地质工作情况。

11 сар 9-18 БНМАУ-ын Геологи хайгуулын газрын дарга Цэрэндорж тэргүүтэй төлөөлөгчид ӨМӨЗО-ны геологийн ажилтай танилцсан байна.

11月16日 根据中蒙文化合作协定1959年执行计划应邀来中国考察的蒙古教育工作者代表团一行3人，在蒙古教育部第一副部长赫尔洛率领下，于当日乘火车抵达北京。

11 сар 16 1959 оны Хятад Монголын соёлын хамтын ажиллагааг хэрэгжүүлэх төлөвлөгөөны дагуу БНХАУ-ын боловсролын салбартай танилцахаар БНМАУ-ын Боловсролын яамны нэгдүгээр орлогч сайд Хүрлээ тэргүүтэй боловсролын салбарын гурван ажилтан галт тэргээр Бээжин хотноо хүрэлцэн ирсэн байна.

11月21日 中蒙友好协会代表团团长毛齐华当日下午报告了访问蒙古人民共和国的经过。当晚，中国对外文化联络委员会和中越、中朝、中蒙、中德、中波5个友好协会，联合举行酒会和电影晚会，招待越南、朝鲜、蒙古、民主德国、波兰等5国的驻华使节和外交官员。

11 сар 21 Хятад Монголын найрамдлын нийгэмлэгийн төлөөлөгчдийн тэргүүн Мао Цихуа БНМАУ-д айлчилсан тухай илтгэл хийсэн байна. Мөн өдрийн орой Хятадын Гадаад орнуудтай соёлоор харилцах нийгэмлэг болон Хятад-Вьетнам, Хятад-Солонгос, Хятад-Монгол, Хятад-Герман, Хятал-Польш зэрэг таван нийгэмлэг нэгдэн кино-коктейль зохион байгуулж, Вьетнам, Социалист Солонгос, Монгол, Социалист Герман, Польш таван улсын БНХАУ дахь Элчин сайдыг хүлээн авсан байна.

11月24日 蒙古外交部当晚举行电影招待会，放映由中蒙两国电影工作者合作拍摄的大型纪录片《乌兰巴托—北京》。各国驻蒙古的外交使节应邀出席招待会。

11 сар 24 БНМАУ-ын ГХЯ кино коктейль зохион байгуулж, Хятад-Монгол хоёр улсын кино мэргэжилтнүүдийн бүтээсэн Улаанбаатар-Бээжин баримтат кино үзүүлэлт хийсэн байна. Уг хүлээн авалтанд БНМАУ-д суугаа гадаадын дипломат албаны төлөөлөгчид оролцсон байна.

11月25日 在蒙古人民共和国建立35周年前夕，中国文化部、对外文化联络委员会和蒙古驻华大使馆共同举行中蒙合拍大型纪录片《乌兰巴托—北京》电影招待会。该片是中国中央新闻电影制片厂和蒙古电影制片厂联合摄制的，是中蒙电影工作者合作拍摄的第一部影片，记录了1949年以来中蒙两国的友谊往来和在建设中的互相支援。

同日 中蒙友好协会副会长、中蒙友好协会代表团团长毛齐华做了《广阔浩瀚的友谊》报告。

同日 蒙古人民革命党中央委员、乌兰巴托市劳动人民代表呼拉尔执行局主席桑扎金·巴特，对新华社记者谈蒙古人民共和国成立35年来的建设成就和首都乌兰巴托市35年来的变化。

11 сар 25 БНМАУ байгуулагдсаны 35 жилийн ойн баярын өмнөх өдөр, БНХАУ-ын Соёлын яам, Гадаадтай соёлоор харилцах хороо, БНМАУ-аас БНХАУ-д суугаа Элчин сайдын яам хамтран Хятад Монголын хамтын бүтээл болох “Улаанбаатар-Бээжин” баримтат киноны нээлтийн ёслолын ажиллагааг хийсэн байна. Энэхүү баримтат кино нь Хятадын төвийн тэдээлэл, кино үйлдвэрийн төв болон БНМАУ-ын кино үйлдвэрийн уран бүтээлчдийн анхны хамтын бүтээл ба 1949 оноос хойшхи Хятад Монгол хоёр улсын найрсаг харилцаа, харилцан туслалцаа, бүтээн

байгуулалтын тухай өгүүлдэг байна.

Мөн өдөр Хятад Монголын найрамдалын нийгэмлэгийн орлогч дарга, Хятад Монголын найрамдлын нийгэмлэгийн төлөөлөгчдийн тэргүүн Мао Чихуа "Удам цэлгэр нөхөрлөл" илтгэл тавьсан байна.

Мөн өдөр МАХН-ын ТХ-ны гишүүн Улаанбаатар хотын ардын гүйцэтгэх захиргааны хэлтэсийн дарга С. Бат Синхуа агентлагийн сэтгүүлчдэд өгсөн ярилцлагадаа БНМАУ үүсэн байгуулагдсанаас хойшхи 35 жилийн хугацаанд олсон амжилт болон нийслэл Улаанбаатар хот 35 жилийн дотор хэрхэн өөрчлөгдсөн талаар танилцуулжээ.

11月26日　蒙古驻华大使沙拉布当晚举行招待会，庆祝蒙古人民共和国成立35周年。中国国务院副总理习仲勋等应邀出席招待会。

同日　蒙古驻华大使敦·沙拉布撰文介绍蒙古人民共和国成立35周年。

11 сар 26 БНМАУ-аас БНХАУ-д суугаа Элчин сайд Шарав БНМАУ байгуулагдсаны 35 жилийн ойг тохиолдуулан хүлээн авалт зохион явуулсан ба уг хүлээн авалтанд БНХАУ-ын Төрийн Зөвлөлийн Ерөнхий сайдын орлогч Си Жуншүн нарын хүмүүс урилгаар оролцсон байна.

Мөн өдөр БНМАУ-аас БНХАУ-д суугаа Элчин сайд О. Шарав БНМАУ байгуулагдсаны 35 жилийн тухай бүтээлээ танилцуулсан байна.

11月27日　中国国务院副总理李富春今晚接见蒙古国家计划委员会第一副主席图门巴雅尔·阿拉嘎查和由他率领的蒙古经济考察团的全体团员。

同日 第二届全国人民代表大会常务委员会当日下午举行第

11次会议。副委员长林伯渠在会上报告了8月底9月初率团访问蒙古人民共和国的经过。

11 сар 27 БНХАУ-ын Төрийн Зөвлөлийн Ерөнхий сайдын орлогч Ли Фүчүнь БНМАУ-ын төлөвлөгөөний хорооны нэгдүгээр орлогч Т. Рагчаа тэргүүтэй төлөөлөгчдийг хүлээн авч уулзсан байна.

Мөн өдөр БХ-ын АТИХ-ын байнгын хороо арван нэгдүгээр хурлаа зохион явуулсан ба хурал дээр гишүүн Лин Бочү 8 сарын сүүлээс 9 сарын эхэн хүртэлэх хугацаанд БНМАУ-д хийсэн айлчлалын талаар танилцуулсан байна.

11月28日 由蒙古国家计划委员会第一副主席图门巴雅尔·阿拉嘎查率领的蒙古经济考察团，结束在中国的参观访问，当日下午乘火车离开北京回国。

11 сар 28 БНМАУ-ын төлөвлөгөөний хорооны нэгдүгээр орлогч дарга Т. Рагчаа тэргүүтэй төлөөлөгчдийн БНХАУ-д хийх айлчлал дуусгавар болсоны учир Бээжин хотоос тусгай үүргийн галт тэргээр эх орондоо буцсан байна.

12月3日 根据中蒙文化合作协定1959年执行计划来中国协助筹办蒙古人民共和国造型艺术展览的蒙古功勋美术家、乔巴山奖金获得者雅达姆苏伦，当日下午乘火车抵达北京。

12 сар 03 1959 онд хийгдсэн Хятад Монгол хоёр улсын соёлын хамтын ажиллагааны гэрээний ажлын төлөвлөгөөнд үндэслэн БНМАУ урлагийн үзэсгэлэнд оролцохоор урлагийн гавъяат зүтгэлтэн, Чойбалсангийн нэрэмжит шагналт Ядамсүрэн Бээжин хотноо хүрэлцэн ирсэн байна.

12月8日—11日 蒙古教育部第一副部长赫尔洛率领蒙古教育工作者代表团，前往中国内蒙古自治区考察。

12 сар 8-11 БНМАУ-ын Боловсролын яамны нэгдүгээр орлогч сайд Хорлоо тэргүүтэй төлөөлөгчид туршлага судлахаар ӨМӨЗО-д хүрэлцэн ирсэн байна.

12月15日 由中国对外文化联络委员会和中国美术家协会联合举办的蒙古人民共和国造型艺术展览会，当日上午在北京故宫养心殿开幕。展览会上展出的油画、水粉画、宣传画、版画和各种雕塑等100多件艺术作品，显示了蒙古人民在现代造型艺术方面取得的卓越成就。

同日 中国国务院副总理习仲勋当日上午接见了以蒙古教育部第一副部长赫尔洛为首的蒙古教育工作者代表团。

12 сар 15 Хятадын гадаадын соёлтой харилцах хороо хятадын уран сайханчдын нийгэмлэг нэгдэж БНМАУ-ын урлагийн үзэсгэлэнг Бээжин хотын хааны ордонд нээлээ. Үзэсгэлэнд тосон, шохойн, ухуулах, хөөмөл зэрэг зургуудаас гадна олон төрлийн сийлбэр гэх мэт 100 гаруй урлагийн бүтээлээр монгол хүний тухайн үеийн урлагийн амжилтыг харуулсан байна.

Мөн өдөр Хятадын Төрийн Зөвлөлийн дэд сайд Си Жуншүн Монголын Боловсролын яамны нэгдүгээр орлогч сайд Хорлоо тэргүүтэй боловсролын салбарын төлөөлөгчидтэй уулзсан байна.

12月17日 以农业部部长廖鲁言为首的中国农业代表团一行4人，于12月17日乘车离京赴蒙古人民共和国。他们是应蒙古部长会议副主席兼农牧业部部长尼·热格瓦拉尔的邀请，前往参加蒙古第二届农牧业合作社代表大会的。

12 сар 17 Газар тариалангийн яамны сайд Лиао ЛүЯнь тэргүүтэй 4 төлөөлөгч 12 сарын 27-ны өдөр галт тэргээр БНМАУ-д хүрэлцэн ирсэн байна. Төлөөлөгчид БНМАУ-ын

Сайд нарын Зөвлөлийн дэд дарга, ХААЯ-ны сайд Н. Жагваралын урилгаар хоёр дахь удаагийн газар таиалангийн хамтын ажиллагааны их хуралд оролцсон аж.

12月21日 蒙古第二届农牧业合作社代表大会当日在乌兰巴托开幕。应邀参加会议的有苏联、中国等9个社会主义国家的代表团。中国代表团团长廖鲁言致辞祝贺。

12 сар 21 БНМАУ-ын Газар тариалангийн хамтын ажиллагааны төлөөлөгчдийн хоёрдугаар их хурал Улаанбаатар хотноо нээлтээ хийв. Уг хуралд ЗХУ, Хятад зэрэг 9 улсын төлөөлөгчид урилгаар оролцсон ба БНХАУ-ын төлөөлөгчдийн тэргүүн Лиао Лү Янь мэндчилгээ дэвшүүлэв.

12月22日 中蒙关于非贸易支付的货币比价和清算的协定在乌兰巴托签订。

12 сар 22 Хятад Монгол хоёр улс худалдааны бус төлбөрийн мөнгөний харьцаа, төлбөрийн гүйцэтгэлийн хэлэлцээрт Улаанбаатар хотноо гарын үсэг зурав.

12月27日 中国农业代表团当日乘飞机回国。代表团26日曾到蒙古牧区参观访问"蒙中友谊合作社"。

12 сар 27 Хятадын газар тариалангийн төлөөлөгчид 26-нд "Монгол Хятадын найрамдал, хамтын ажиллагааны нийгэмлэг"-ээр зочлохын сацуу Монголын тариалангийн бүстэй танилцаад тусгай үүргийн онгоцоор эх орондоо буцав.

12月28日 《人民日报》发表张悟真的《草原上的花朵——蒙古人民共和国造型艺术展览会观后》一文。

12 сар 28 "Ардын өдрийн мэдээ" сонинд Жан Ужэний

“Тал нутгийн цэцэг БНМАУ-ын уран зургийн үзэсгэлэн” мэдээ нийтлэгдэв.

1960年中蒙国家关系历史编年

1960 оны Хятад Монгол хоёр улсын харилцааны түүхэн үйл явдлын товчоон

1月2日　蒙古人民共和国造型艺术展览会在北京展出3周后，本日闭幕，先后前往参观的有1.6万人。

1 сар 2　Бээжин хотноо хийсэн БНМАУ-ын урлагийн үзэсгэлэнг 3 долоо хоног болоод өнөдөр хаав. Нийт 16000 хүн үзэж сонирхов.

1月5日《人民日报》发表叶浅予的《欣赏蒙古造型艺术展览会的几幅作品》。

1 сар 5　“Ардын өдрийн мэдээ” сонинд Е Чэнюгийн “Монголын дүрслэх урлагийн үзэсгэлэнгийн бахдал төрүүлсэн бүтээл” гэсэн нийтлэл нийтлэгдэв.

1月6日　根据中蒙文化合作协定1959年执行计划来中国协助筹办蒙古人民共和国造型艺术展览会的蒙古功勋美术家、乔巴山奖金获得者雅达姆苏伦，当日下午乘火车回国。

1 сар 6　Хятад Монголын соёлын хамтын ажиллагааны хэлэлцээрийн 1959 онд хэрэгжүүлэх төлөвлөгөөний дагуу БНХАУ-аас БНМАУ-д туслах байгууллагаас БНМАУ-ын гавъяат зураач Чойбалсангийн нэрэмжит шагналт зураач Ядамсүрэнгийн зургийн үзэсгэлэнг хамжин зохион байгуулаад энэ өдөр галт тэргээр эх орондоо буцав.

1月11日 蒙古部长会议第一副主席莫洛姆扎木茨和副主席鲁布桑当日接见了以中国驻蒙古大使谢甫生为首的中国政府代表团。该代表团将把中国帮助蒙古建设的一座毛纺织厂移交给蒙古。

1 сар 11 БНМАУ-ын Сайд нарын Зөвлөлийн нэгдүгээр орлогч дарга Моломжамц, орлогч дарга Лувсан нар БНХАУ-аас БНМАУ-д суугаа Элчин сайд Се Фушэн тэргүүтэй Хятадын Засгийн газрын төлөөлөгчидтэй уулзав. Эдгээр төлөөлөгчид ойрын хугацаанд Хятадаас Монголд тусламжаар өгсөн ноосон нэхмэлийн үйлдвэрийг Монголд хүлээлгэн өгсөн байна.

2月3日 蒙古政府贸易代表团团长、对外贸易部部长奥·德勒格尔扎布当天中午乘机抵达北京。中国对外贸易部代理部长雷任民当天下午同奥·德勒格尔扎布部长进行了会谈。雷任民当晚为客人举行了欢迎宴会。

2сар 3 БНМАУ-ын Засгийн газрын гадаад худалдааны төлөөлөгчдийн тэргүүн ГХЯ-ны сайд А. Дэлгэржав үд дунд Бээжинд хүрэлцэн ирэв. БНХАУ-ын ГХЯ-ны орлогч сайд Лэй Рэнмин А. Дэлгэржав сайдтай уулзалт хийв. Лэй Рэнмин орой хүндэт зочдод зориулж хүлээн авалт хийв.

2月21日 中国国务院副总理李先念当天下午接见了蒙古对外贸易部部长奥·德勒格尔扎布和他率领的蒙古政府贸易代表团全体团员。接见后，李先念副总理设宴招待了蒙古政府贸易代表团。

2 сар 21 БНХАУ-ын Төрийн Зөвлөлийн Ерөнхий сайдын орлогч Ли Сяньнянь БНМАУ-ын ГХЯ-ны сайд А. Дэлгэржав болон түүнийг дагалдан яваа төлөөлөгчдийг хүлээн авч уулзсан ба уулзалтын дараа Ли Сяньнянь БНМАУ-ын Засгийн Газрын Гадаад Худалдааны

төлөөлөгчдөд зориулан дайллага зохион байгуулсан байна.

2月23日 《中华人民共和国政府和蒙古人民共和国政府文化合作协定1960年执行计划》，当日在北京签字。中国文化代表团团长、对外文化联络委员会副主任张致祥和蒙古文化代表团团长、蒙古驻中国大使沙拉布分别代表本国政府签字。这个执行计划包括科学、教育、文化、艺术、电影、新闻、广播、卫生、体育、展览等项目。

同日 《中华人民共和国和蒙古人民共和国1960年互相供应货物议定书》当天在北京签字。议定书规定，中国将供应蒙古绸缎、呢绒、棉布、汽车、机器配件、化工原料、建筑材料、日用百货等，并为蒙古建设水泥厂、火柴厂、瓷器厂、毛皮原料挑选整理加工厂、百货大楼和招待所。蒙古将供应中国马匹、肠衣和皮张等。中国对外贸易部代理部长雷任民和蒙古政府贸易代表团团长、对外贸易部部长奥·德勒格尔扎布分别代表本国政府签字。

2сар 23 “БНХАУ-ын Засгийн Газар болон БНМАУ-ын Засгийн Газрын соёлын хамтын ажиллагааны хэлэлцээрийн 1960 оны хэрэгжүүлэх төлөвлөгөө”-нд Бээжинд гарын үсэг зурав. Хятадын соёлын төлөөлөгчдийн дарга, Гадаад орнуудтай соёлоор харилцах нийгэмлэгийн дарга Жан Зисян болон БНМАУ-ын Соёлын төлөөлөгчдийн дарга буюу Хятадад суугаа Элчин сайд Шарав нар хоёр улсын Засгийн газрыг төлөөлж гэрээнд гарын үсэг зурав. Уг төлөвлөгөөнд шинжлэх ухаан, боловсрол, соёл, урлаг, кино, мэдээ, радио, эрүүл мэнд, биеийн тамир, үзэсгэлэн зэргийг хамруулсан байна.

Мөн өдөр “БНХАУ болон БНМАУ-ын 1960 оны харилцан бараа нийлүүлэлтийн гэрээ”-нд Бээжинд гарын үсэг зурав. Уг гэрээнд Хятадаас Монголд торго дурдан, цэмбэ, хөвөн даавуу, тэрэг, сэлбэг хэрэгсэл, химийн түүхий эд, барилгын материал, өргөн хэрэглээний бараа зэрэг бараагаар хангаж Монголд цементийн, шүдэнзний, шаазангийн, арьс түүхий эд боловсруулах үйлдвэр болон их дэлгүүр, буурчын газар барьж өгөхөөр төлөвлөсөн бол Монголоос Хятадад морь, өлөн гэдэс, арьс зэрэг бараа нийлүүлэх болов. Хятадын ГХЯ-ны төлөөлөгчийн газрын дарга Лэй Рэнмин болон БНАМУ-ын Засгийн газрын Гадаад худалдааны төлөөлөгчдийн дарга, Гадаад худалдааны яамны сайд А. Дэлгэржав нар хоёр улсын Засгийн газрыг төлөөлж гэрээнд гарын үсэг зурав.

3月11日　蒙古部长会议主席泽登巴尔当天中午接见了前来参加“三八”国际劳动妇女节50周年庆祝活动的中国妇女代表、江西省妇联主任朱旦华。

3 сар 11　БНМАУ-ын Сайд нарын Зөвлөлийн дарга Цэдэнбал гурван сарын наймны олон улсын эмэгтэйчүүдийн 50 жилийн ойн баярын үйл ажиллагаанд Хятадын эмэгтэйчүүдийн төлөөлөгч Жянси мужийн эмэгтэйчүүдийн холбооны дарга Жу Даньхуатай уулзав.

3月16日　中国国务院副总理兼国防部部长林彪元帅，当日致电蒙古人民军事务部长兼人民军司令员扎米扬·勒哈格瓦苏伦中将，祝贺蒙古人民军建军39周年。

3 сар 16　Хятадын Төрийн Зөвлөлийн Ерөнхий сайдын орлогч бөгөөд БХЯ-ны сайд маршал Линь Бяо БНМАУ-ын АА-ийн хэрэг эрхлэх газрын дарга бөгөөд АА-ийн командлагч дэслэгч генерал Ш. Лхагвасүрэнд илгээсэн цахилгаандаа АА байгуулагдсаны 39 жилийн ойн баяр хүргэв.

3月19日　应中国全国妇联邀请来中国参加“三八”国际劳动妇女节庆祝活动的蒙古妇女代表团，在上海、杭州、南昌、广州等地参观访问后，当天下午乘火车离开北京回国。

3 сар 19　Бүх Хятадын эмэгтэйчүүдийн холбооны урилгаар гурван сарын наймны олон улсын эмэгтэйчүүдийн эрхийг хамгаалах өдрийн үйл ажиллагаанд урилгаар оролцсон Монголын эмэгтэйчүүдийн төлөөлөл Шанхай, Ханжоу, Наньчан, Гуанжоу зэрэг хотуудаар айлчилсан мөн өдрийн орой галт тэргээр Бээжин хотоос эх орондоо буцав.

4月4日　以蒙古国家计划委员会副主席策文为首的蒙古政府经济代表团专家组在当天乘火车抵达北京。

4 сар 4　БНМАУ-ын төлөвлөгөөний комиссын орлогч дарга Цэвээн тэргүүтэй Монголын Засгийн газрын эдийн засгийн төлөөлөгчид Бээжин хотноо хүрэлцэн ирэв.

4月8日　以大人民呼拉尔主席、蒙古人民革命党中央委员会委员巴扬勒·贾尔卡赛汗率领的蒙古大人民呼拉尔代表团，应中国全国人民代表大会常务委员会委员长朱德邀请赴中国进行友好访问，于当日上午乘专机抵达北京，受到全国人民代表大会常务委员会委员长朱德，副委员长林伯渠、彭真、程潜及国务院副总理乌兰夫、外交部副部长姬鹏飞和北京各界群众1 000多人的热烈欢迎。朱德当晚会见并宴请了巴扬勒·贾尔卡赛汗和由他率领的蒙古大人民呼拉尔代表团全体贵宾，宾主进行了亲切友好的交谈。当天下午，巴扬勒·贾尔卡赛汗主席和其他蒙古贵宾，由林伯渠副委员长和北京市副市长冯基平等人陪同，参观了中国历史博物馆和长城。巴扬勒·贾尔卡赛汗主席1950年曾被任为首任驻华大使。

同日 《人民日报》发表社论《欢迎蒙古人民共和国贵宾》。

4 сар 8 БНМАУ-ын АИХ-ын дарга МАХН-ын ТХ-ны гишүүн Б. Жаргалсайхан тэргүүтэй АИХ-ын төлөөлөгчид БХАТИХ-ын байнгын хорооны дарга Жу Дэгийн урилгаар Бээжин хотноо айлчлал хийхээр хүрэлцэн ирэх үед БХАТИХ-ын байнгын хорооны дарга Жу Дэ, орлогч дарга Линь Бочү, Пэн Жэн, Чэн Ти болон Төрийн Зөвлөлийн Ерөнхий сайдын орлогч Улаанхүү, ГЯЯ-ны орлогч сайд Жи Пэнфэй болон Бээжин хотын олон нийтийн төлөөлөл болох 1000 гаруй хүн төлөөлөгчдийг угтан авав. Жу Дэ уг орой Б. Жаргалсайхан болон дагалдан яваа Монголын Ардын Их Хурлын төлөөлөгчдөд зориулсан хүлээн авалт зохион халуун дотно, нөхөрсөг яриа өрнүүлэв. Үдээс хойш Б. Жаргалсайхан дарга болон бусад Монголын зочид төлөөлөгчид орлогч дарга Линь Бочү болон Бээжин хотын дэд дарга Ма Жипин нарын хамт Хятадын түүхийн музейн болон бусад газрыг үзэж сонирхов. Б. Жаргалсайхан дарга БНХАУ-д суух Элчин сайдаар томилогдов.

Мөн өдөр “Ардын өдрийн мэдээ” сонинд “БНМАУ-н эрхэм зочдыг угтан авлаа” гэсэн тэргүүн өгүүлэл нийтлэгдэв.

4月9日 蒙古大人民呼拉尔主席团主席扎・桑布邀请中华人民共和国主席刘少奇在他认为适合的时候到蒙古人民共和国进行友好访问。刘少奇主席已经接受了这项邀请。

同日 蒙古大人民呼拉尔代表团，当天上午由林枫副委员长和北京市副市长冯基平等陪同，参观了全国农业展览馆、新建的北京火车站、工人体育场、人民大会堂和民族文化宫。下午代表团应邀在人民大会堂参加了第二届全国人民代表大会第二次会议，巴扬勒·贾尔卡赛汗主席应邀在大会上发表了热情洋溢的演说。

4 сар 9 Монголын Ардын Их Хурлын дарга Ж.Самбуу БНХАУ-ын дарга Лю Шаоцийг БНМАУ-д нөхөрсөг айлчлал хийхийг урьсныг дарга Лю Шаоци хүлээн авав.

Мөн өдөр Монголын Ардын Их Хурлын төлөөлөгчид үдээс өмнө орлогч дарга Лин фэн болон Бээжин хотын орлогч дарга Ма Жипин нарын хамт улсын газар тариалангийн үзэсгэлэн, шинээр баригдаж буй галт тэрэгний буудал, ажилчдын биеийн тамирын талбай, Ардын төлөөлөгчдийн их хурлын танхим болон Үндэсний соёлын ордон зэрэг газруудыг үзэж сонирхов. Үдээс хойш Ардын төлөөлөгчдийн их хурлын танхимд болсон хоёр дахь удаагийн ардын төлөөлөгчдийн хоёрдугаар их хуралд төлөөлөгчдийн тэргүүн Б.Жаргалсайхан урилгаар оролцож үг хэлэв.

4月10日　蒙古大人民呼拉尔代表团，由全国人民代表大会常务委员会委员张启龙、副秘书长连贯陪同，当日上午乘专机离开北京，前往武汉参观访问。蒙古驻中国大使沙拉布随同代表团前往。在武汉访问期间，贵宾们先后参观访问了武汉钢铁公司、武汉重型机床厂、武汉长江大桥和武汉肉类联合加工厂，当晚，副省长陈一新设宴招待贵宾，宴会后举行了电影晚会。

同日　《人民日报》发表蒙古大人民呼拉尔代表团团长巴扬勒·贾尔卡赛汗在中国第二届全国人民代表大会第二次会议上的演说词《蒙中人民的伟大友谊万岁！》

4 сар 10 Монголын Ардын Их Хурлын төлөөлөгчид, БХ-ын АТИХ-ын байнгын хорооны гишүүн Жан Чилун, нарийн бичгийн орлогч дарга Лянь Гуань нарын хамт Ухань хотыг үзэж сонирхсон ба БНМАУ-аас БНХАУ-д суугаа Элчин

сайд Шарав дагалдан явсан байна. Төлөөлөгчид Уханьд айлчлах хугацаандаа гангийн компани, суурь машины үйлдвэр, Хөх мөрний гүүр болон мах боловсруулах үйлдвэрүүдээр зочлоод орой нь мужын орлогч дарга Чэн Исиний зочдод зориулан зохион байгуулсан кино коктейльд оролцов.

Мөн өдөр "Ардын өдрийн мэдээ" сонинд БНМАУ-ын Ардын Их Хурлын төлөөлөгчдийн дарга Б.Жаргалсайхан БХ-ын хоёр дахь удаагийн ардын төлөөлөгчдийн хоёрдугаар их хурал дээр "Монгол Хятадын ард түмний агуу их найрамдал түм наслаг " хэмээн хэлсэн үг нийтлэгдэв.

4月11日 参加即将在北京举行的社会主义国家公安组织第一届男子篮球比赛的蒙古公安男子篮球队，当天乘火车抵达北京。

同日 蒙古大人民呼拉尔代表团，当天结束了在武汉的访问，下午乘专机离开武汉前往郑州。中共中央候补委员、全国人民代表大会常务委员会委员张启龙，全国人民代表大会常务委员会副秘书长连贯陪同贵宾前往郑州。在河南期间，贵宾们先后参观了郑州国棉三厂、黄河花园口枢纽工程、郑州第二钢铁厂、郑州管城区红旗人民公社和洛阳第一拖拉机制造厂、洛阳滚珠轴承厂等处。

4 сар 11 Бээжин хотноо зохиогдох социалист улс орнуудын дотоодыг хамгаалах байгууллагын эрэгтэйчүүдийн анхдугаар сагсан бөмбөгийн тэмцээнд Монголын дотоодыг хамгаалахын эрэгтэйчүүдийн сагсан бөмбөгийн баг оролцохоор хүрэлцэн ирэв.

Мөн өдөр Монголын Ардын Их Хурлын төлөөлөгчдийн Уханьд хийсэн айлчлал өндөрлөж тусгай онгоцоор Жэнжоуг зорив. ХКН-ын орлогч гишүүн, БХАТИХ-ын байнгын хорооны гишүүн Жан Чилун, нарийн бичгийн орлогч дарга Лянь Гуань нар хүндэт төлөөлөгчдийн хамт Жэнжоуг зорьсон байна. Төлөөлөгчид Хэнаньд байх хугацаандаа хөвөнгийн үйлдвэрШар мөрний цэцэрлэгт хүрээлэнгийн гол зангилаа байгууламж, хоёрдугаар ган төмрийн үйлдвэр, улаан тугт ардын хоршоолол болон Мүгдэний тракторын үйлдвэр, Мүгдэний холхивчний үйлдвэр зэрэг газруудыг үзэж сонирхов.

4月14日　蒙古大人民呼拉尔代表团，结束了在河南省的参观访问，当日上午乘专机离开郑州前往北京。中共中央候补委员、全国人民代表大会常务委员会委员张启龙，全国人民代表大会常务委员会副秘书长连贯陪同贵宾前往。

当天下午，代表团在北京还参观了红星人民公社。

同日　蒙古驻中国大使沙拉布为以贾尔卡赛汗主席为首的蒙古大人民呼拉尔代表团访问中国，当天晚间在大使馆举行了招待会。中方应邀出席招待会的有朱德委员长，林伯渠、程潜、林枫副委员长，外交部副部长姬鹏飞及全国人民代表大会常委会的部分委员、各民主党派、各人民团体和北京市的负责人，以及首都各方面的人士以及外国驻中国的使节。

4 сар 14　БНМАУ-ын АИХ-ын төлөөлөгчид Хэнань мужид айлчилсаны дараа тусгай онгоцоор Бээжинг зорив. ХКН-ын орлогч гишүүн, БХАТИХ-ын байнгын хорооны гишүүн Жан Чилун, нарийн бичгийн орлогч дарга Лянь Гуань нар хүндэт зочдыг дагалдан Бээжин хотноо хүрэлцэн ирэв. Үдээс хойш төлөөлөгчид Бээжингийн Улаан од ардын хоршооллоор зочилсон байна. Мөн өдөр БНМАУ-аас Хятадад суугаа Элчин сайд Шараваас БНМАУ-ын ЭСЯ-нд Жаргалсайхан тэргүүтэй АИХ-ын төлөөлөгчдөд хүлээн авалт зохион байгуулав. Уг хүлээн авалтанд Хятадын талаас Жу Дэ, Линь Бочү, Чэн Чянь, Лин Фэн орлогч дарга,

ГЯЯ-ны орлогч дарга Жи Пэнфэй болон БХАТИХ-ын байнгын хорооны дарга, ХКН-ын болон ард түмний төлөөлөл Бээжин хотын хариуцлагатай албаны хүмүүс мөн Хятадад суугаа дипломат албаны төлөөлөгчид оролцов.

4月15日 当天上午，蒙古大人民呼拉尔代表团参观了十三陵水库和定陵。中共中央主席毛泽东当天晚上接见了蒙古大人民呼拉尔主席、蒙古人民革命党中央委员巴扬勒·贾尔卡赛汗和由他率领的蒙古大人民呼拉尔代表团全体成员，宾主进行了亲切友好的谈话。中国国家主席刘少奇当天晚上接见巴扬勒·贾尔卡赛汗和由他率领的蒙古大人民呼拉尔代表团全体成员。当晚全国人民代表大会常务委员会副委员长林伯渠，举行宴会欢送贾尔卡赛汗和由他率领的蒙古大人民呼拉尔代表团的全体贵宾。代表团晚上还观看了芭蕾舞剧“鱼美人”。

4 сар 15 Мөн өдрийн үдээс өмнө Монголын АИХ-ын төлөөлөгчид 13 бунханы усан сан, болон Чин улсын Дин Лин бунханыг үзэж сонирхов. ХКН-ын ТХ-ны дарга Мао Зэдун орой нь БНМАУ-ын АИХ-ын дарга, МАХН-ын ТХ-ны гишүүн Б. Жаргалсайхан болон дагалдан яваа АИХ-ын төлөөлөгчдийн бие бүрэлдэхүүнийг хүлээн авч халуун дотно нөхөрсөг яриа өрнүүлэв. БНХАУ-ын дарга Лю Шаочи мөн Б. Жаргалсайхан тэргүүтэй төлөөлөгчдийг хүлээн авч уулзав. Энэ орой БХ-ын АТИХ-ын байнгын хорооны орлогч дарга Линь Бочү Б. Жаргалсайхан болон дагалдан яваа АИХ-ын төлөөлөгчдийг үдэх дайллага зохион байгуулав. Төлөөлөгчид орой “Лусын дагина“ бүжгэн жүжгийг үзэж сонирхов.

4月16日 蒙古大人民呼拉尔代表团结束在中国的访问后，于当天上午乘专机离开北京回国。朱德委员长，林伯渠、程潜、林枫副委员长，习仲勋副总理，外交部副部长姬鹏飞等，到机场欢送贵宾。蒙古大人民呼拉尔代表团在离开中国国境时致电中国全国人民代表大会常务委员会委员长朱德，感谢中方的盛情招待。

4 сар 16 БНМАУ-ын Ардын Их Хурлын төлөөлөгчдийн Хятадад хийсэн айлчлал өндөрлөж эх орондоо буцав. Жу Дэ дарга, Линь Бочү, Чэн Чянь, Линь Фэн орлогч дарга, Ерөнхий сайдын орлогч Си Жунли, Гадаад Явдлын Яамны орлогч сайд Жи Пэнфэй нар хүндэт зочдыг үдэж мордуулав. Ардын Их Хурлын төлөөлөгчид мордох үед БХ-ын АТИХ-ын байнгын хорооны дарга Жу Дэ хүндэт зочид Хятадад айлчилсан явдалд нь талархал илэрхийлсэн цахилгаан илгээв.

4月18日　社会主义国家公安体育组织第一届男子篮球比赛大会，今晚在北京体育馆隆重开幕。蒙古公安队参加了比赛。

4 сар 18 Социалист улс орнуудын дотоодыг хамгаалахын биеийн тамирын байгууллагын эрэгтэйчүүдийн сагсан бөмбөгийн анхдугаар тэмцээн энэ өдрийн орой Бээжин хотын биеийн тамирын ордонд нээлтээ ёслол төгөлдөр хийсэн ба БНМАУ-ын Дотоодыг хамгаалахын баг тамирчид мөн уг тэмцээнд оролцсон байна.

4月21日　苏联“狄纳莫”男子篮球队当晚以148:32战胜蒙古公安队。

4 сар 21 ЗХУ-ын эрэгтэйчүүдийн сагсан бөмбөгийн “Динамо” баг 148:32 харьцаатайгаар Монголын дотоодыг хамгаалах багийг ялав.

4月25日　社会主义国家公安体育组织第一届男子篮球比赛大会，当晚在北京体育馆比赛馆隆重闭幕。

4 сар 25 Социалист улс орнуудын дотоодыг хамгаалахын биеийн тамирын байгууллагын эрэгтэйчүүдийн сагсан бөмбөгийн анхдугаар тэмцээн энэ өдрийн орой Бээжингийн биеийн тамирын ордонд хаалтын ажиллагаагаа хийв.

4月29日 以蒙古工会中央理事会副主席扎达格巴为首的蒙古工会代表团当天乘飞机抵达北京。他们是应中华全国总工会邀请，来中国参加“五一”国际劳动节庆祝活动和访问的。

4 сар 29 Монголын Үйлдвэрчний эвлэлийн төв зөвлөлийн орлогч дарга Жадам баатэргүүтэй төлөөлөгчид БХ-ын Үйлдвэрчний эвлэлийн урилгаар таван сарын нэгний олон улсын хөдөлмөрчдийн баярт оролцохоор Бээжин хотноо хүрэлцэн ирэв.

5月1日 蒙古公安男子篮球队和罗马尼亚“狄纳莫”男子篮球队，当日下午在武汉分别与湖北“前卫”队和湖北队进行友谊比赛。蒙古公安男子篮球队和罗马尼亚“狄纳莫”男子篮球队，5日、6日晚上在广州市同当地球队各进行了两场比赛。

5 сар 1 Монголын дотоодын хамгаалахын эрэгтэйчүүдийн сагсан бөмбөгийн баг, Румыны “Динамо” баг үдээс хойш Уханьд Хубэйн “Чянвей” баг болон Хубэйн багтай тус тус нөхөрсөг тоглолт хийв. Монголын дотоодыг хамгаалахын эрэгтэй сагсан бөмбөгийн баг болон Румыны “Динамо” баг 5,6-ны өдөр Гуанжоу хотод хоёр удаа тоглосон байна.

5月6日《中华人民共和国广播事业局和蒙古人民共和国新闻广播事业局广播合作协定》，当天上午在北京签订。中国广播事业局局长梅益和蒙古新闻广播事业局局长忠对分别代表本国政府签字。

5 сар 6 “БНХАУ-ын мэдээллийн албаны хэлтэс болон БНМАУ-ын мэдээллийн албаны хэлтэс хамтарсан хэлэлцээр”-т Бээжин хотноо гарын үсэг зурав. Хятадын мэдээллийн албаны хэлтсийн дарга Мэй И болон Монголын мэдээ мэдээллийн хэлтсийн дарга Зундуй нар тус тус гарын үсэг зурав.

5月23日　中国政府和蒙古政府在北京进行关于双方在1956年8月29日签订的《中华人民共和国给予蒙古人民共和国经济和技术援助的协定》最后结算的谈判，并且在友好气氛中圆满达成协议，当日举行了最后结算议定书的签字仪式。根据1956年《中华人民共和国给予蒙古人民共和国经济和技术援助的协定》规定，中国已经在1956年至1959年期间帮助蒙古人民共和国建设了毛纺织厂、玻璃厂、热电站、造纸厂和水利工程等17个工程项目，并供应蒙古人民共和国各种工具。最后结算表明，中国为完成上述协定规定的全部义务所支出的费用与这个协定规定的援助金额相抵，尚有一部分余额。双方议定：蒙古人民共和国将在余额范围内提出新的项目，由中国继续提供技术援助。中国对外贸易部副部长李强和蒙古政府经济代表团团长、蒙古驻华大使沙拉布分别代表本国政府在议定书上签字。中国国务院副总理陈毅出席签字仪式并会见了客人。

5 сар 23 БНХАУ-ын Засгийн газар болон БНМАУ-ын Засгийн газар Бээжин хотноо 1956 оны 8-р сарын 29-нд байгуулсан “БНХАУ-аас БНМАУ-д үзүүлэх эдийн засаг болон техникийн тусламжийн гэрээ” -ний эцсийн тооцоог нөхөрсөг хэлэлцэн гарын үсэг зурах ёслол хийв. Энэхүү 1956 онд хийгдсэн “БНХАУ-аас БНМАУ-д өгөх эдийн засаг болон техникийн тусламжийн гэрээ”-ний дагуу Хятад улс

1956-1959 оны хооронд БНМАУ-д тусламжаар нэхмэлийн үйлдвэр, шилний үйлдвэр, дулааны цахилгаан станц, цаасны үйлдвэр, усан сан зэрэг 17 байгууламжийн төсөл, техник хэрэгсэл нийлүүлэхээр болов. Эцэст нь Хятад улс дээр дурьдсан гэрээний дагуу гаргах зардал болон тусламжын мөнгөний тоо нь бас үлдэж бий, үлдэгдэл зэргийг гэрээнд хавсаргасан байна. Хоёр тал хэлэлцэн тогтсоны дагуу БНМАУ үлдэгдэл тоог үндэслэн шинэ төсөл гарган Хятадаас үргэлжлүүлэн техникийн тусламж авах гэрээ үйлдэж. Уг гэрээнд Хятадын Гадаад худалдааны яамны орлогч сайд Ли Чян болон Монголын Засгийн газрын эдийн засгийн төлөөлөгчдийн дарга, Монголоос Хятадад суугаа Элчин сайд Шарав нар хоёр улсын Засгийн газрыг төлөөлж гарын үсэг зурав. БНХАУ-ын Төрийн Зөвлөлийн Ерөнхий сайдын орлогч Чэнь И гэрээнд гарын үсэг зурах ёслолд оролцож, зочидтой уулзав.

5月26日　中国国务院在当日举行的第101次全体会议通过的任免名单中，任命张光天为中国驻蒙古人民共和国大使馆参赞。

5 сар 26　БНХАУ-ын Төрийн Зөвлөл тус өдөр 101 дэх удаагийн бүх нийтийн хурлаар　Жан Гуантянийг БНХАУ-аас БНМАУ-д суух Элчин сайдын зөвлөхөөр томилсон байна.

5月27日　应蒙古政府的邀请，中国国务院总理周恩来和他的随行人员当日上午乘专机离开北京，前往蒙古人民共和国进行友好访问。蒙古驻中国大使沙拉布陪同周总理前往蒙古。周恩来总理和陈毅副总理当日11:25抵达乌兰巴托时，受到蒙古党和国家领导人以及首都8万多人的热烈欢迎。在机场上迎候的蒙古人民革命党中央委员会第一书记、部长会议主席泽登巴尔和蒙古党和国家的其他领导人桑布、曾德、莫洛姆扎木茨、巴尔吉尼雅姆、杜格苏伦、扎格瓦拉尔，外交部部长沙格达尔苏伦以及中国驻蒙古大使谢甫生。泽登巴尔在机场上致辞欢迎中国贵宾。周恩来致答词，感谢主人们的热烈而盛大的欢迎，并希望这次访问能够对于进一步加强中蒙两国的友好关系、加强中蒙两国在国际事务中的亲密合作作出贡献。泽登巴尔设午宴招待周恩来一行。14:00，周恩来、陈毅在蒙古部长会议第一副主席莫洛姆扎木茨陪同下，向苏赫巴托尔—乔巴山陵墓敬献花圈。14:10，周恩来、陈毅拜会了蒙古部长会议主席泽登巴尔。周恩来转达了毛泽东主席、刘少奇主席、朱德委员长和中国的其他领导人向泽登巴尔和蒙古的其他领导人的问候。当晚，蒙古国家剧院举行歌舞演出，欢迎周恩来及随行的全体中国客人。

5 сар 27 БНМАУ-ын Засгийн газрын урилгаар БНХАУ-ын Төрийн Зөвлөлийн Ерөнхий сайд Жоу Эньлай болон түүний дагалдан яваа төлөөлөгчид үдээс өмнө Бээжингээс тусгай үүргийн онгоцоор найрсаг айлчлал хийхээр БНМАУ-ыг зорив. БНМАУ-аас БНМАУ-д суугаа Элчин сайд Шарав Жоу Эньлайн хамт Монголд ирсэн байна. Ерөнхий сайд Жоу Эньлай болон Ерөнхий сайдын орлогч Чэнь И нар орон нутгийн цагаар 11:25-д Улаанбаатар хотноо хүрэлцэн ирэхэд БНМАУ-ын нам, төрийн удирдлага болон Улаанбаатар хотын 80000 гаруй хүн халуун дотноор угтан авав. Онгоцны буудал дээр МАХН-ын ТХ-нынэгдүгээр нарийн бичгийн дарга, Сайд нарын Зөвлөлийн дарга Цэдэнбал болон нам, төрийн удирдлагууд буюу Ж. Самбуу, Зундуй, Моломжамц, Балжинням, Дүгэрсүрэн, Жагварал, ГЯЯ-ны сайд Шагдарсүрэн болон БНХАУ-аас БНМАУ-д суугаа Элчин сайд Сье Фушэн нар угтан авав. Ю. Цэдэнбал онгоцны буудал дээр БНХАУ-ын зочдод хандан хүндэтгэлийн үг хэлэв. Жоу Эньлай угтан авагсадад хариу

талархалын үгэндээ энэ удаагийн айлчлал нь хоёр улсын харилцааг бэхжүүлж,хоёр улс олон улсын аливаа үйл хэрэгт хамтаар хувь нэмрээ оруулна гэдэгт итгэж байгаагаа илэрхийлэв. Ю. Цэдэнбал Жоу Эньлайд зориулж дайллага зохион байгуулав. Үдээс хойш 14:00 цагт Жоу Эньлай, Чэнь И нар Монголын Сайд Нарын Зөвлөлийн 1-р орлогч дарга Моломжамцтай хамт Сүхбаатар Чойбалсан нарын бунханд цэцгийн баглаа өргөв. Үдээс хойш14:10 цагт Жоу Эньлай, Чэнь И нар БНМАУ-ын Сайд нарын Зөвлөлийн сайд Ю. Цэдэнбалд бараалхав. Ерөнхий сайд Жоу Эньлай нь БНМАУ-ын Ерөнхий сайд Ю. Цэдэнбал болон нам, төрийн тэргүүн нарт БНХАУ-ын дарга Мао Зэдун, Лю Шаочи, Жу Дэ нарын болон төрийн өндөр дээд албан тушаалтнуудын мэндийг уламжлав. Мөн орой Монгол улсын театрт Жоу Эньлай болон түүний дагалдан яваа төлөөлөгчдөд зориулан бүжгийн жүжиг дэглэсэн байна.

5月28日　中国国务院总理周恩来同蒙古部长会议主席泽登巴尔当日上午在蒙古政府大厦举行会谈，并拜会了蒙古大人民呼拉尔主席团主席桑布。当晚，蒙古政府在政府大厦举行盛大国宴欢迎周恩来。泽登巴尔和周恩来在讲话中一致指出，建立在马克思列宁主义和无产阶级国际主义基础上的中蒙两国伟大友谊一定能够获得进一步的巩固和发展。陈毅副总理和代表团全体随行人员以及中国驻蒙古大使谢甫生等应邀出席了国宴。

5 сар 28 БНАХУ-ын Төрийн Зөвлөлийн Ерөнхий сайд Жоу Эньлай Монголын Сайд Нарын Зөвлөлийн дарга Цэдэнбалтай үдээс өмнө Монголын Засгийн газрын ордонд уулзалт хийсний дараа Ерөнхий сайд Жоу Эньлай АИХ-ын тэргүүлэгчдийн дарга Самбууд бараалхав. Тус орой Монголын Засгийн газар Төрийн ордонд Ерөнхий сайд Жоу Эньлайг БНМАУ-д айлчилж байгаатай холбогдуулан хүлээн

авалт зохион байгуулав. Ю. Цэдэнбал Жоу Эньлай нар хүлээн авалт дээр хэлсэн үгэндээ марксизм-ленинизмийн үзэл болон пролетарийн үзэлд тулгуурлан хоёр улсын найрамдал улам бүр бэхжин хөгжиж байгаа тухай тэмдэглэв. Ерөнхий сайдын орлогч Чэнь И болон төлөөлөгчдийн бие бүрэлдэхүүн болон БНХАУ-аас БНМАУ-д суугаа Элчин сайд Се Фушэн нар хүлээн авалтад оролцов.

5月29日　周恩来由泽登巴尔陪同，当日早晨乘专机离开乌兰巴托，前往前杭爱省哈拉和林农牧场参观访问。当晚19：30返回乌兰巴托。陈毅当天在中国驻蒙古大使馆会见了大使馆全体同志、在蒙古工作的中国专家、技术人员和员工的代表以及华侨代表。

5 сар 29　Жоу Эньлай, Ю. Цэдэнбалын хамтаар Улаанбаатараас Өвөрхангай аймгийн Хархорины тариан талбайгаар зочлов. Үдээс хойш 19:30 цагт Улаанбаатарт буцан ирсэн ба Чэнь И БНХАУ-аас БНМАУ-д суугаа Элчин сайд болон Монголд ажиллаж буй Хятадын мэргэжилтэн, техникч, энгийн ажилчид болон цагаач иргэдийн төлөөлөгчидтэй уулзав.

5月30日　周恩来、陈毅由泽登巴尔、莫洛姆扎木茨陪同，当日上午参观了由苏联帮助建设的乌兰巴托面粉厂。

同日　中国共产党中央委员会副主席周恩来和蒙古人民革命党中央委员会第一书记泽登巴尔当日中午在乌兰巴托举行会谈。当晚，中国驻蒙古大使谢甫生为周恩来总理访问蒙古人民共和国，举行盛大的宴会。出席宴会的有：蒙古人民革命党中央委员会第一书记、部长会议主席泽登巴尔，蒙古大人民呼拉尔主席团主席桑布等蒙古党政领导。出席宴会的还有各国驻蒙古的使节和蒙古各界著名人士等有400多人。

5 сар 30 Жоу Эньлай, Чэнь И, Цэдэнбал, Моломжамцнарын хамтаар үдээс хойш ЗХУ-ын тусламжаар Монголд барьсан гурилын үйлдвэрийг үзэж сонирхов. Мөн өдөр ХКН-ын Төв Хорооны орлогч дарга Жоу Эньлай болон МАХН-ын Төв Хорооны нэгдүгээр нарийн бичгийн дарга Ю.Цэдэнбал нар Улаанбаатар хотноо хэлэлцээр хийв. Тус орой, БНХАУ-аас БНМАУ-д суугаа Элчин сайд Се Фушэн, Ерөнхий сайд Жоу Эньлайн БНМАУ-д айлчилж байгаатай холбогдуулан дайллага зохион байгуулав. Уг дайллагад МАХН-ын Төв Хорооны нэгдүгээр нарийн бичгийн дарга, Сайд нарын Зөвлөлийн дарга Ю. Цэдэнбал, АИХ-ын тэргүүлэгчдийн дарга Ж. Самбуу болон Монголын нам,төрийн удирдлагууд оролцов. Мөн Монголд суугаа дипломат албаны төлөөлөгчид болон олон нийтийн төлөөлөл зэрэг 400 гаруй хүмүүс оролцов.

5月31日 周恩来、陈毅由莫洛姆扎木茨等陪同，当日上午参观了蒙古中央博物馆。中午，蒙古体育运动协会中央理事会在体育馆举行体育表演，欢迎周恩来总理。泽登巴尔、曾德、莫洛姆扎木茨等蒙古领导人陪同观看了体育表演。周恩来、陈毅由泽登巴尔等陪同，在蒙古列宁少先宫亲切地会见乌兰巴托市的少年儿童们。当日17:25在蒙古政府大厦举行隆重的签字仪式。中华人民共和国国务院总理周恩来和蒙古人民共和国部长会议主席泽登巴尔分别代表中蒙两国签订了《中华人民共和国和蒙古人民共和国友好互助条约》。中国对外贸易部副部长李强和蒙古对外经济联络委员会主席巴尔日德分别在《关于中华人民共和国政府给予蒙古人民共和国政府经济技术援助的协定的议定书》和《关于使用中蒙两国政府在1956年8月29日签订的经济和技术援助协定余额的技术援助协定》上签字，中国驻蒙古大使谢甫生和蒙古对外经济联络委员会主席巴尔日德分别在《中华人民共和国和蒙古人民共和国科学技术合作协定》上签字。双方发表“中华人民共和国政府和蒙古人民共和国政府联合声明”。随后，周恩来总理和泽登巴尔主席等出席了蒙古首都乌兰巴托市各界人民近八万人在苏赫巴托尔广场举行的盛大的蒙中友谊集会。当晚，周恩来总理在中国驻蒙古大使馆举行宴会，答谢以泽登巴尔为首的蒙古党和政府领导人在他和陈毅副总理访问蒙古期间所给予的盛情款待和热烈欢迎。

5 сар 31 Жоу Эньлай, Чэнь И нар Моломжамцын хамтаар тус өдрийн үдээс өмнө БНМАУ-ын Төв музейг үзэж сонирхов. Ерөнхий сайд Жоу Эньлайг БНМАУ-д айлчилж буйг тохиолдуулан Монголын биеийн тамир спортын Төв Зөвлөлөөс эрхлэн биеийн тамирын ордонд үзүүлэх тоглолт зохиов. Уг үзүүлэх тоглолтыг Ю. Цэдэнбал, Зундуй, Моломжамц зэрэг БНМАУ-ын төрийн удирдлагууд хүндэт зочны хамт үзэж сонирхов. Үүний дараа Жоу Эньлай, Чэнь И нар Ю.Цэдэнбалын хамт БНМАУ-ын Лениний нэрэмжит Монголын Пионерын ордонд Улаанбаатар хотын хүүхэд залуучуудтай уулзалт хийв. Тус өдрийн үдээс хойш 17:25 цагт БНМАУ-ын Засгийн газрын Төрийн ордонд гарын үсэг зурах ёслол болов. БНХАУ-ын Төрийн Зөвлөлийн Ерөнхий сайд Жоу Эньлай болон БНМАУ-ын Сайд нарын Зөвлөлийн дарга Цэдэнбал нар хоёр улсыг төлөөлж “БНХАУ болон БНМАУ-ын найрамдал, харилцан туслах гэрээ” -нд гарын үсэг зурав. Хятадын Гадаад Худалдааны Яамны орлогч сайд Ли Цян болон Монголын Гадаад орнуудтай эдийн засгаар харилцах нийгэмлэгийн дарга Балжид нар “БНХАУ-ын Засгийн газраас БНМАУ-ын Засгийн газарт техникийн туслалцаа үзүүлэх хэлэлцээр” болон Хятад

Монгол хоёр улсын Засгийн газар хоорондын 1956.8.29–ны өдрийн эдийн засгийн техникийн тусламж үзүүлэх хэлэлцээрийн дагуу үлдсэн тусламжийн техникийн тухай хэлэлцээр”-т гарын үсэг зурав. БНХАУ-аас БНМАУ-д суугаа Элчин сайд Сье Фушэн болон Монголын Гадаад орнуудтай эдийн засгаар харилцах нийгэмлэгийн дарга Балжиднар “БНХАУ болон БНМАУ шинжлэх ухааны хамтын ажиллагааны хэлэлцээр” -т гарын үсэг зурав. Хоёр тал “БНМАУ-ын Засгийн газар болон БНМАУ-ын Засгийн газрын хамтарсан мэдэгдэл” нийтлэгдэв. Үүний дараа Ерөнхий сайд Жоу Эньлай болон Цэдэнбал нар Монголын нийслэл Улаанбаатар хотын Сүхбаатарын талбайд болсон Монгол Хятадын найрамдлын цуглаанд оролцов. Тус орой Ерөнхий сайд Жоу Эньлай БНМАУ дахь БНХАУ-ын Элчин сайдын яаманд зохиосон дайллагад оролцож, Цэдэнбал тэргүүтэй Монголын нам, Засгийн газрын удирдлагуудад Ерөнхий сайд, Ерөнхий сайдын орлогч Чэнь И нар Монгол улсад айлчлах хугацаанд халуун дотно угтан авсан явдалд талархлаа илэрхийлэв.

6月1日 结束对蒙古的访问，周恩来总理当日返国。泽登巴尔主席及蒙古部长会议副主席、蒙古大人民呼拉尔主席团委员们、党和政府的各部部长们、人民军高级将领、各群众团体负责人以及各国驻蒙古的外交使节到机场送别。在即将离开蒙古国境时，周恩来从飞机上致电泽登巴尔，向蒙古人民致谢。

11:15，中国代表团专机回到北京。中国党和国家领导人朱德、宋庆龄、邓小平、彭真、李先念等前往机场迎接周恩来一行。正在北京访问的蒙古人民革命党中央政治局委员、蒙古大人民呼拉尔主席团副主席巴尔吉尼雅姆，蒙古人民革命党中央政治局委员、书记处书记、蒙古大人民呼拉尔主席团委员图穆尔· 奥奇尔，以及各国驻中国的外交使节和外交官员也到飞机场欢迎。

同日　《人民日报》发表社论《中蒙两国友好互助关系的新发展》。

6 сар 1　Ерөнхий сайд Жоу Эньлайн БНМАУ-д хийх айлчлал өндөрлөж эх орондоо буцахад Ю. Цэдэнбал болон Сайд нарын Зөвлөлийн орлогч дарга, АИХ-ын тэргүүлэгчдийн гишүүд, МАХН,Засгийн газрын яамдын дарга нар, Ардын армийн дээд тушаалтнууд, олон нийтийн хариуцлагатай албан тушаалтнууд болон Монголд суугаа дипломат албаны төлөөлөгчид онгоцны буудлаас үдэж мордуулав. БНМАУ-ынхил давах үедээ Ерөнхий сайд Жоу Эньлай Цэдэнбалд болон монголын ард түмэнд талархалын цахилгаан илгээв.

Үдээс өмнө 11:15 цагт БНХАУ-ын төлөөлөгчид Бээжин хотноо хүрэлцэн ирэхэд БНХАУ-ын нам, төрийн удирдлагууд буюу Жу Дэ, Сун Чинлин, Дэн Сяопин, Пэн Жэнь, Ли Сяньнянь нар Ерөнхий сайд Жоу Эньлайн болон дагалдан яваа төлөөлөгчдийг онгоцны буудал дээр угтан авав. Энэ үед Бээжинд айлчилж буй МАХН-ын Төв Хорооны УТТ, АИХ-ын тэргүүлэгчдийн орлогч дарга Балжинням, МАХН-ын ТХ-ны УТТ-ны нарийн бичгийн газрын дарга, АИХ-ын тэргүүлэгчдийн гишүүн Төмөр-Очир болон Хятадад суугаа дипломат төлөөлөгчид угтан авав.

Мөн өдөр “Ардын өдрийн мэдээ” сонинд “Хятад Монгол 2 улсын найрамдалт,харилцан туслах шинэ хөгжил” гэсэн тэргүүн өгүүлэл нийтлэгдэв.

6月2日　中国共产党中央委员会和中国国务院收到了蒙古人民革命党中央委员会和蒙古部长会议发来的吊唁林伯渠逝世的电报、蒙古大人民呼拉尔主席团主席扎·桑布和大人民呼拉尔主席巴·贾尔卡赛汗的唁电。

同日 蒙古《真理报》当日发表了题为《蒙中人民兄弟友谊和合作的新阶段》的社论。

6 сар 2 БНМАУ-ын Сайд нарын Зөвлөл, МАХН-ын Төв Хороо, АИХ-ын Тэргүүлэгчдийн дарга Самбуу болон АИХ-ын дарга Жаргалсайхан нараас ХКН-ын ТХ болон БНХАУ-ын Төрийн Зөвлөлд эрхэм Лин Бочү нас нөгчсөн явдалд гүнээ харамсал илэрхийлсэн гашуудлын цахилгаан илгээснийг хүлээн авав.

Мөн өдөр Монголын "Үнэн" сонинд "Монгол Хятадын ард түмний ахан дүүсийн найрамдал болон хамтын ажиллагааны шинэ үе шат" гарчигтай тэргүүн өгүүлэл нийтлэгдэв.

6月6日 据《人民日报》报道，周恩来总理在访问蒙古期间，曾经收到蒙古人民大量的热情洋溢的信件和电报。这些信件是通过中国驻蒙古大使馆转交给周恩来总理的。写这些信电的蒙古同志中，有一些是曾经应邀到中国参观访问过的。蒙古人民对于中国人民的兄弟援助给予很高的评价。

6 сар 6 "Ардын өдрийн мэдээ" сонинд Ерөнхий сайд Жоу Эньлай БНМАУ-д айлчлах хугацаандаа монголын ард түмний олон халуун дотно үгтэй захидал болон цахилгаан хүлээн авсан байна. Эдгээр захидлыг БНХАУ-аас БНМАУ-д суугаа Элчин сайдын яам Ерөнхий сайд Жоу Эньлайд илгээв. Эддгээр захиаг бичсэн хүмүүсийн дотор зарим нь Хятадад урилгаар ирж байсан хүмүүс байв. Монголын ард түмэн Хятадын ард түмний ахан дүүгийн тусламжийг өндрөөр үнэлэв.

6月10日 应邀赴中国访问的蒙古对外贸易部海关总署署长达什扎布等一行5人乘飞机抵达北京。

6 сар 10 БНХАУ-ын урилгаар айлчилж байгаа БНМАУ-ын Гадаад худалдааны яамны гаалийн хэрэг эрхлэх газрын дарга Дашжав тэргүүтэй 5 хүний бүрэлдэхүүнтэй төлөөлөгчид онгоцоор Бээжин хотноо хүрэлцэн ирэв.

6月24日—26日 社会主义各国共产党和工人党在布加勒斯特举行会议。蒙古人民革命党中央政治局委员、中央书记查·杜格尔苏仍率领的蒙古人民革命党代表团在会上参与了苏联对中国发动的批评。

6 сар 24-26 Социалист улс орнуудын коммунист нам болон ажилчдын намын хурал Бухарестад болов. МАХН-ын ТХ-ны УТТ-ны гишүүн, Төв Хорооны нарийн бичгийн дарга Ч. Дүгэрсүрэн тэргүүтэй МАХН-ын төлөөлөгчид хурал дээр ЗХУ-аас Хятадыг шүүмжилсэн шүүмжлэлийг дэмжив.

6月28日 应邀来中国参观访问的蒙古对外贸易部海关总署署长达什扎布等一行5人，当日晚上乘火车离开北京去集宁等地参观后回国。

6 сар 28 БНХАУ-ын урилгаар БНМАУ-ын Гадаад худалдааны яамны гаалийн хэрэг эрхлэх газрын дарга Дашжав тэргүүтэй 5 хүний бүрэлдэхүүнтэй төлөөлөгчид Бээжин хотоос хөдлөн Жинин зэрэг газруудаар зочлоод эх орондоо буцав.

7月9日 中华人民共和国主席刘少奇、全国人民代表大会常务委员会委员长朱德、国务院总理周恩来致电扎·桑布、鲁·曾德、尤·泽登巴尔，祝贺他们当选蒙古人民共和国大人民呼拉尔主席团主席、大人民呼拉尔主席和部长会议主席。

7 сар 9 БНХАУ-ын дарга Лю Шаочи, БХАТИХ-ын байнгын хорооны дарга Жу Дэ, Төрийн Зөвлөлийн Ерөнхий

сайд Жоу Эньлай, Ж. Самбуу, Л. Цэнд, Ю. Цэдэнбал нарт БНМАУ-ын АИХ-ын Тэргүүлэгчдийн дарга, АИХ-ын дарга болон Сайд нарын Зөвлөлийн даргаар тус тус сонгогдсон явдалд баярын цахилгаан илгээв.

7月10日 蒙古人民共和国手工业品展览在北京开幕。

同日 中国共产党中央委员会主席毛泽东、中华人民共和国主席刘少奇、全国人民代表大会常务委员会委员长朱德、国务院总理周恩来，当日发电报给蒙古党和国家领导人，祝贺蒙古人民革命胜利39周年。

同日 中国外交部部长陈毅也致电蒙古外交部部长沙格达尔苏伦，祝贺蒙古人民革命胜利39周年。

同日 在蒙古人民革命胜利39周年前夕，北京市的铁路工人和北京师范大学第一附属中学的师生分别举行隆重集会，热烈庆祝蒙古人民这一光辉的节日。蒙古驻华大使沙拉布应邀先后出席了两个庆祝会。

7 сар 10 БНМАУ-ын гар урлалын үзэсгэлэн Бээжинд нээлтээ хийв. Мөн өдөр ХКН-ын Төв Хорооны дарга Мао Зэдун, БНХАУ-ын дарга Лю Шаочи, БХАТИХ-ын байнгын хорооны дарга Жу Дэ, Төрийн Зөвлөлийн Ерөнхий сайд Жоу Эньлай нар БНМАУ-ын төрийн өндөр албан тушаалтан нарт Монголын ардын хувьсгал ялсны 39 жилийн ойн баяр хүргэв.

Мөн өдөр БНХАУ-ын ГЯЯ-ны сайд Чэнь И БНМАУ-ын ГЯЯ-ны сайд Шагдарсүрэнд БНМАУ-д ардын хувьсгал ялсаны 39 жилийн ойн баяр хүргэв. Мөн Монгол Ардын Хувьсгал ялсаны 39 жилийн ойн баярын өмнөх шөнө, Бээжин хотын төмөр замын ажилчин болон Бээжингийн багшийн их сургуулийн харъяа дунд сургуулийн багш оюутнууд цуглаан хийж Монголын ард түмэнд баяр хүргэв. БНМАУ-аас БНХАУ-д суугаа Элчин сайд Шарав хоёр дайллагад мөн оролцов.

7月11日　蒙古人民共和国工艺品展览会当日上午在北京开幕。这是北京庆祝蒙古人民革命胜利39周年活动的一部分。展览会上展出了17世纪以来100多种以钢、金、银、铜、木、骨、丝等制作的蒙古工艺品、服装、首饰。中国对外文化联络委员会副主任丁西林，中蒙友协副会长毛齐华、曹禺以及首都美术界著名人士200多人，参加了开幕式。蒙古驻华大使沙拉布，各国驻华使节和文化官员出席开幕式。当天下午，蒙古驻中国大使沙拉布在新侨饭店举行盛大招待会，庆祝蒙古人民革命胜利39周年。中国国家副主席宋庆龄以及朱德委员长等出席招待会。

7 сар 11　БНМАУ-ын гар урлалын үзэсгэлэн Бээжинд нээлтээ хийв. Энэ нь БНМАУ-д ардын хувьсгал ялсаны 39 жилийн ойн баярын үйл ажиллагааны нэг хэсэг юм. Үзэсгэлэн дээр XVII зууны үеийн 100 гаруй төрлийн ган, алт, мөнгө, хүрэл, мод, яс, утас гэх мэт эдээр урласан монгол гар урлалын хувцас, чимэглэл зэргийг дэлгэн тавив. Хятадын Гадаад орнуудтай соёлоор харилцах нийгэмлэгийн дэд дарга Дин Силинь Хятад Монголын найрамдлын нийгэмлэгийн орлогч дарга Мао Чихуа, Цао Ю болон хотын дүрслэх урлагын 200 гаруй алдартай хүн уг үзэсгэлэнгийн нээлтэд оролцов. БНМАУ-аас БНХАУ-д суугаа Элчин сайд Шарав болон гадаадын дипломат төлөөлөгчид болон соёлын ажилтнууд уг үзэсгэлэнгийн нээлтэд оролцов. Тус өдрийн үдээс хойш БНМАУ-аас БНХАУ-д суугаа Элчин сайд Шарав Синчяо ресторанд Монголын ардын хувьсгал ялсны 39 жилийн ойн баярын хүлээн авалт хийв. Хятадын төрийн орлогч дарга Сун Чиньлин болон Жу Дэ нар уг хүлээн

авалтад оролцов.

7月23日 乌兰巴托举行蒙、中、朝、越四国排球赛。

7 сар 23 Улаанбаатар хотноо Монгол, Хятад, Солонгос, Вьетнам 4 улсын гар бөмбөгийн тэмцээн болов.

7月28日 援蒙建设中国员工共748人抵达乌兰巴托。

7 сар 28 Монголд тусламжаар барилга барих Хятадын 748 ажилчин Улаанбаатарт ирэв.

7月30日 蒙古人民军事务部长兼人民军司令员扎·勒哈格瓦苏伦中将致电中国国防部长林彪元帅，祝贺中国人民解放军建军33周年。

7 сар 30 Монголын АА-ийн Хэрэг эрхлэх газрын дарга бөгөөд АА-ийн командлагч дэслэгч генерал Ж.Лхагвасүрэн Хятадын БХЯ-ны сайд Маршал Линь Бяод Хятадын АЧА байгуулагдсаны 33 жилийн ойг тохиолдуулан баяр хүргэв.

8月11日 根据中蒙文化合作协定1960年执行计划，应邀来中国访问演出的蒙古科布多省音乐话剧院艺术团一行52人，在团长古尔拉格查率领下，于前一日晚乘火车抵达北京。中国对外文化联络委员会、文化部、中蒙友好协会本日晚在前门饭店举行宴会，宴请蒙古科布多省音乐话剧院艺术团。

8 сар 11 Монгол Хятадын соёлын хамтын ажиллагааны хэлэлцээрийн 1960 онд хэрэгжүүлэх төлөвлөгөөний дагуу Хятадад аялан тоглолт хийх Гүррагчаа тэргүүтэй Монголын Ховд аймгийн театрын 52 хүний бүрэлдэхүүнтэй баг өмнө нэг өдрийн орой Бээжинд хүрэлцэн ирэв. БНХАУ-ын Гадаад орнуудтай соёлоор харилцах нийгэмлэг, Соёлын яам, Хятад

Монголын найрамдлын нийгэмлэгээс Цянмэнь ресторанд хүлээн авалт хийсэн зохион явуулсан ба Ховд аймгийн театрын төлөөлөгчид урилгаар оролцсон байна.

8月13日　蒙古科布多省音乐话剧院艺术团，当晚在民族宫礼堂举行首次公演。中国国务院副总理李先念观看了艺术团精彩的演出，并且在演出休息期间接见了古尔拉格查团长等领导人和艺术团的主要演员。

8 сар 13　Монголын Ховд аймгийн театрын уран сайханчид тус орой үндэсний танхимд анх удаа тоглолт хийв. Хятадын Төрийн Зөвлөлийн Ерөнхий сайдын орлогч Ли Сяньнянь уг тоглолтыг үзээд завсарлагаанаар Гүррагчаа тэргүүтэй уран сайханчидтай уулзав.

8月15日　中国国务院当日举行第102次全体会议。会议通过了《中华人民共和国和蒙古人民共和国友好互助条约》，并且决定将条约提请全国人民代表大会常务委员会审议批准。会议还通过赵禁为中国驻蒙古大使馆参赞的任命。当天下午全国人民代表大会常务委员会举行第27次会议扩大会议决定批准《中华人民共和国和蒙古人民共和国友好互助条约》。

8 сар 15　БНХАУ-ын Төрийн Зөвлөл 102 дахь удаагийн хурлаа зохион байгуулав. Хурлаар “БНХАУ болон БНМАУ-ын найрамдал, харилцан туслалцах гэрээ”-г БХАТИХ-ын байнгын хороо авч хэлэлцэн зөвшөөрхийг хүсэв. Хурлаар мөн Хятадаас Монголд суух Элчин сайдын тусалхаар Жао Жинийг томилов. Тус өдрийн үдээс хойш БХАТИХ-ын байнгын Хорооны 27-р хурлаар “БНХАУ болон БНМАУ-ын найрамдал харилцан туслалцах гэрээ”-г хэлэлцэн батлав.

8月23日—31日　中、蒙、苏铁路联动代表会第6次会议和中、蒙国境铁路联运委员会例会在乌兰巴托市举行。

8 сар 23-31　Хятад, Монгол, ЗХУ-н төмөр замын хамтын тээврийн хурлын 6 дахь удаагийн хурал болон Хятад Монголын транзит төмөр замын комиссын ээлжит хурал Улаанбаатар хотноо болов.

8月31日　中国国务院总理周恩来当晚观看了蒙古科布多省音乐话剧院艺术团在人民大会堂的演出，并在演出休息期间接见了古尔拉格查团长等领导人和艺术团的主要演员。

8 сар 31　Хятадын Төрийн Зөвлөлийн Ерөнхий сайд Жоу Эньлай тус орой БНМАУ-ын Ховд аймгийн театрын уран бүтээлчдийн АТИХ-ын танхимд дэглэсэн тоглолтыг үзэж сонирхон завсарынлагаанаар Гүррагчаа тэргүүтэй уран бүтээлчид болон гол жүжигчидтэй уулзав.

9月3日—7日　蒙古科布多省音乐话剧院艺术团赴内蒙古自治区访问演出。

9 сар 3-7　БНМАУ-ын Ховд аймгийн театрын уран бүтээлчид ӨМӨЗО-д айлчлан тоглолт хийв.

9月3日　纪念中国抗日战争胜利和苏军解放中国东北地区15周年，中国张家口市各界人民600多人当日上午在张北县狼窝沟苏、蒙联军烈士纪念塔前举行了隆重的纪念仪式。张家口市副市长韩直飞和应邀到会的蒙古驻中国大使馆代表，在哀乐声中向苏、蒙烈士纪念塔献了花圈，到会群众为苏、蒙烈士默哀。

9 сар 3　Хятад улс Японы түрэмгийллийг эсэргүүцэх дайнд ялсан хийгээд ЗХУ-ын арми Хятадын зүүн хойт нутгийг чөлөөлсөний 15 жилийн ойг тохиолдуулан Жанжякоу хотын олон нийтийн төлөөлөл болох 600 гаруй иргэн тус

өдөр Жанбэй хошууны Ланвогоу дахь ЗХУ, БНМАУ-ын амь үрэгдсэн баатруудын дурсгалын хөшөөнд цэцэг өргөх ёслолд оролцов. Жанжякоу хотын дарга Хан Жифэй болон БНМАУ-аас БНХАУ-ад суугаа Элчин сайдын яамны төлөөлөгч нар ЗХУ, БНМАУ-ын амь үрэгдсэн баатруудын дурсгалын хөшөөнд цэцэг өргөхөд гашуудлын хөгжим эгшиглэж хүрэлцэн ирсэн зочид төлөөлөгчид хүндэтгэл илэрхийлэв.

9月7日　蒙古科布多省音乐话剧院艺术团，在团长古尔拉格查和副团长策本普尔布率领下，当日乘专车离开呼和浩特回国。蒙古科布多省音乐话剧院艺术团是根据中蒙文化合作协定1960年执行计划，应邀访问中国的。他们在长春、唐山、天津和北京进行访问演出后，于 9 月 3 日抵达内蒙古呼和浩特市。

9 сар 7　БНМАУ-ын Ховд аймгийн хөгжимт дарамик театрын уран бүтээлчид дарга Гүррагчаа, даргын орлогч Цэвээнпүрэв нар Хөх хотоос нутаг буцав. БНМАУ-ын Ховд аймгийн хөгжимт театрын уран бүтээлчид Хятад Монголын соёлын хамтын ажиллагааны хэлэлцээрийн 1960 онд хэрэгжүүлэх төлөвлөгөөний дагуу Хятадад айлчлав. Төлөөлөгчид Чанчүнь, Таншань, Тяньжинь, болон Бээжинд аялан тоглосны дараа 9 сарын 3-нд ӨМӨЗО-ны Хөх хотод ирэв.

9月9日　中华人民共和国主席刘少奇根据全国人民代表大会常务委员会第27次会议扩大会议的决定，于当日批准了1960年5月31日在乌兰巴托签订的《中华人民共和国和蒙古人民共和国友好互助条约》。

9 сар 9　БНХАУ-ын дарга Лю Шаочи БХАТИХ-ын байнгын хорооны 27-р хурлын шийдвэрийг үндэслэн 1960

оны 5 сарын 31–нд Улаанбаатар хотноо “БНХАУ болон БНМАУ-ын найрамдал харилцан туслалцах гэрээ”-нд гарын үсэг зурав.

9月16日　中国画展在乌兰巴托举办。

9 сар 16　Хятадын уран зургийн үзэсгэлэн Улаанбаатар хотод болов.

9月17日　中蒙友好协会代表团在团长、中蒙友好协会副会长曹荻秋和副团长、中蒙友好协会副会长吉雅泰率领下乘车前往蒙古。中蒙友协代表团是应蒙中友好协会邀请，前往蒙古参加“蒙中友好旬”活动并进行友好访问的。

9 сар 17　Хятад Монголын найрамдлын нийгэмлэгийн орлогч дарга Заяатай тэргүүтэй Хятад Монголын найрамдлын нийгэмлэгийн орлогч дарга Цао Хуочью буюу төлөөлөгчдийн дэд тэргүүн нараар тус тус ахлуулсан Хятад Монголын найрамдлын нийгэмлэгийн төлөөлөгчид галт тэргээр БНМАУ-ыг зорив. Хятад Монголын найрамдлын нийгэмлэгийн төлөөлөгчид Монгол Хятадын найрамдлын нийгэмлэгийн урилгаар “Монгол Хятадын найрамдлын 7 хоног”-ын үйл ажиллагаанд оролцохоор нөхөрсөг айлчлал хийсэн нь энэ аж.

9月19日　应邀来访的蒙古男女自行车队，当日在北京东郊的公路上同中国男女自行车队举行第一次友谊比赛。这是在中国举行的第一次国际自行车比赛。友谊比赛结束，中国国家体委副主任蔡廷锴向两国选手颁发纪念章。

9 сар 19　БНХАУ-д айлчлалаар ирсэн БНМАУ-ын эрэгтэй, эмэгтэй унадаг дугуйн баг хятадын унадаг дугуйн эрэгтэй эмэгтэй багтай Бээжингийн зүүн дүүргийн замд анхны

нөхөрсөг тэмцээнд оролцов. Нөхөрсөг тэмцээн дуусч хятадын Улсын спорт хорооны орлогч дарга Цай Тинкай хоёр улсын тамирчдад дурсгалын тэмдэг гардуулав.

9月20日　中国政府代表团和蒙古政府代表团当日下午在乌兰巴托签订《关于中华人民共和国派遣工人援助蒙古人民共和国生产建设的协定》。中国政府代表团团长、中国驻蒙古大使谢甫生和蒙古政府代表团团长、蒙古对外经济联络委员会主席巴尔日德分别在协定上签字。随后，蒙古政府代表团举行宴会招待中国政府代表团。以中蒙友好协会副会长曹荻秋为首的中蒙友好协会代表团以及中国在蒙古的员工代表出席了招待会。

9 сар 20　БНХАУ-ын Засгийн газрын төлөөлөгчид, БНМАУ-ын Засгийн газрын төлөөлөгчид Улаанбаатар хотноо “БНМАУ-д тусламжаар барилга барих БНХАУ-ын барилгын ажилчдын тухай хэлэлцээр”-т гарын үсэг зурав. БНХАУ-ын Засгийн газрын төлөөлөгчдийн дарга Хятадаас Монголд суугаа Элчин сайд Се Фүшэн болон БНМАУ-ын Засгийн газрын төлөөлөгчдийн дарга, Монголын гадаад орнуудтай соёлоор харилцах нийгэмлэгийн дарга Балжид нар тус тус хэлэлцээрт гарын үсэг зурав. Үүний дараа БНМАУ-ын Засгийн газрын төлөөлөгчид БНХАУ-ын Засгийн газрын төлөөлөгчидөд хүлээн авалт зохион байгуулав. Хятад Монголын найрамдлын нийгэмлэгийн орлогч дарга Цао Хуочью тэргүүтэй Хятад Монголын найрамдлын нийгэмлэгийн төлөөлөгч болон Монгол дахь хятад ажилчдын төлөөлөл уг хүлээн авалтад оролцов.

9月21日　蒙中友好协会为庆祝中华人民共和国建国11周年而举办的“蒙中友好旬”当日下午在乌兰巴托隆重开幕。出席开幕式的有蒙古人民革命党中央政治局委员、蒙古部长会议第一副主席莫洛姆扎木茨、蒙古人民革命党中央政治局委员、大人民呼拉尔主席团副主席巴尔吉尼雅姆、蒙古人民革命党中央政治局委员杜格苏伦等人。以中蒙友好协会副会长曹荻秋为首的中蒙友好协会代表团、中国驻蒙古大使谢甫生和使馆人员应邀出席开幕式。蒙古人民革命党中央政治局委员、蒙中友好协会主席巴尔吉尼雅姆和中蒙友好协会代表团团长曹荻秋先后上发表讲话。

蒙中友好旬开幕式前在“艾德布—奥其尔”电影院举行中国“五年计划两年完成”的图片展览，开幕式后放映了蒙语配音的中国影片《五朵金花》。

蒙古《真理报》当日发表题为《兄弟邻邦人民的友好旬》的社论，祝贺“蒙中友好旬”开幕。

9 сар 21 Монгол Хятадын найрамдлын нийгэмлэг БНХАУ байгуулагдсаны 11 жилийн ойг тохиолдуулан “Монгол Хятадын найрамдлын 10 хоног”-ыг Улаанбаатар хотод нээлтээ хийв. Уг нээлтэнд МАХН-ын Төв Хорооны УТТ-ны гишүүн, Монголын Сайд Нарын Зөвлөлийн 1-р орлогч дарга Моломжамц, МАХН-ын Төв Хорооны улс төрийн товчооны гишүүн, АИХ-ын Тэргүүлэгчдийн орлогч дарга Балжинням, МАХН-ын Төв Хорооны Улс Төрийн товчооны гишүүн Дугарсүрэн нар оролцов. Хятад Монголын найрамдлын нийгэмлэгийн орлогч дарга Цао Хуочью тэргүүтэй Хятад Монголын найрамдлын нийгэмлэгийн төлөөлөгчид, Хятадаас Монголд суугаа Элчин сайд Се Фүшэн болон Элчин Сайдын Яамны гишүүд уг нээлтийн ёслолд оролцов. МАХН-ын Төв Хорооны Улс Төрийн товчооны гишүүн, Монгол Хятадын найрамдлын нийгэмлэгийн дарга Балжинням болон Хятад Монголын найрамдлын нийгэмлэгийн төлөөлөгчдийн дарга Цао Хуочью нар уг нээлтийн ёслолд үг хэлэв.

Монгол Хятадын хамтын 10 хоногийн нээлтийн ёслолын

өмнө “Элдэв-очир” кино театрт Хятадын “5 жилийн төлөвлөгөөг 2 жилд дуусгав” гэрэл зургийн үзэсгэлэн болж, ёслолын дараа Хятадын “Таван Баглаа Алтан Цэцэг” кино монгол хэлээр гарав. Монголын “Үнэн” сонинд “Хөрш ахан дүүгийн найрамдлын 10 хоног” гэсэн тэргүүн өгүүлэл нийтлэгдэв. “Монгол Хятадын найрамдлын 10 хоног” -ын нээлтэнд баяр хүргэв.

9月22日　中国驻蒙古大使谢甫生当晚为中蒙两国政府代表团签订《关于中华人民共和国派遣工人援助蒙古人民共和国生产建设的协定》举行招待会。出席招待会的有蒙古部长会议第一副主席莫洛姆扎木茨、部长会议副主席迈达尔、蒙古政府代表团团长、对外经济联络委员会主席巴尔吉德、国家计划委员会主席拉格查、外交部部长沙格达尔苏伦以及中蒙两国政府代表团全体团员和中国在蒙古的专家。中蒙友好协会代表团也应邀出席招待会。

9 сар 22　БНХАУ-аас БНМАУ-д суугаа Элчин сайд Се Фушэн Хятад Монгол хоёр улсын Засгийн Газрын төлөөлөгчид “Монголд тусламжаар барилга барих Хятад ажилчид томилох тухай хэлэлцээр”-т гарын үсэг зурж дайллага хийв. Уг дайллагад Монголын Сайд Нарын Зөвлөлийн нэгдүгээр орлогч дарга Моломжамц, Сайд Нарын Зөвлөлийн орлогч дарга Майдар, Монголын Засгийн газрын төлөөлөгчдийн дарга, Гадаад орнуудтай эдийн засгаар харилцах нийгэмлэгийн дарга Балжид, улсын төлөвлөлтийн хорооны дарга Рагчаа, ГЯЯ-ны сайд Шагдарсүрэн, болон Хятад Монгол хоёр улсын засгийн газрын төлөөлөгчид болон Монголд ажиллаж буй хятадын мэргэжилтэн нар оролцов. Хятад Монголын найрамдлын нийгэмлэгийн төлөөлөгчид урилгаар уг дайллагад оролцов.

9月24日　蒙古男女自行车队，当日在长春市与中国自行车队和吉林省自行车队举行友谊比赛。

同日　应蒙古革命青年团中央的邀请，中国青年代表团一行8人在团长、共青团中央委员、共青团河北省委书记张玉率领下乘车前往蒙古进行友好访问。

9 сар 24　БНМАУ-ын унадаг дугуйн эрэгтэй эмэгтэй баг Чанчүнь хотонд Жилинь мужийн унадаг дугуйн багтай нөхөрсөг тэмцээн хийв.

Мөн өдөр БНМАУ-ын Хувьсгалт залуучуудын эвлэлийн төв хорооны урилгаар, Хятадын залуучуудын 8 хүний бүрэлдэхүүнтэй төлөөлөл Коммунист залуучуудын эвлэлийн төв хорооны гишүүн Хэбэй мужийн коммунист залуучуудын эвлэлийн нарийн бичгийн дарга Жан Ю тэргүүтэй төлөөлөгчид БНМАУ-д нөхөрсөг айлчлал хийв.

9月28日　为庆祝中华人民共和国成立11周年而举办的中国电影周当日下午在乌兰巴托的人民电影院开幕。出席中国电影周开幕式的有蒙中友好协会主席团委员额尔德尼、蒙古人民革命党和各社会团体的代表以及文化艺术界的人士。以曹荻秋为首的中蒙友好协会代表团也参加了开幕式。除了在蒙古首都外，在科布多、乔巴山、肯特、中央等省同时放映《聂耳》《风暴》《万水千山》《五朵金花》《战火中的青春》和《无名岛》等六部中国影片。

9 сар 28　БНХАУ улс байгуулагдсаны 11 жилийн ойг тохиолдуулан Хятадын кино 7 хоног тус өдөр Улаанбаатар хотын Ард кино театрт нээлтээ хийв. Уг нээлтийн ёслолд Монгол Хятадын найрамдлын нийгэмлэгийн дарга Эрдэнэ, МАХН болон нийтийн төлөөлөл болон урлаг соёлын хүмүүс тус тус оролцов. Цао Хуочью тэргүүтэй Хятад Монголын

найрамдлын нийгэмлэгийн төлөөлөгчид мөн уг ёслолд оролцов. Монголын нийслэлээс гадна Ховд, Чойбалсан, Хэнтий, Төв зэрэг аймгуудад "Чихэнд чийртэй" "Шуурга", "Түмэн гол мянган уул", "5 баглаа Алтан цэцэг", "Дайны үеийн залуу нас" болон "Нэргүй арал" зэрэг 6 кино гаргав.

9月29日　中国铁道部当晚举行宴会，热烈欢迎应邀来中国参加国庆节庆祝活动的保加利亚、匈牙利、越南、民主德国、蒙古、波兰、罗马尼亚、捷克斯洛伐克八个社会主义国家的铁路代表团以及铁路合作组织、铁路运输委员会的工作人员。

9 сар 29 БНХАУ-ын Төмөр замын яам уг өдөр дайллага хийж, БНХАУ тунхагласны баярын үйл ажиллагаанд Болгар, Унгар, Вьетнам, Герман, Монгол, Польш, Ломан, Чехословак зэрэг 8 социалист улсын төмөр замын төлөөлөгчид болон төмөр замын хамтын байгууллага, төмөр замын тээврийн хорооны ажилчид оролцов.

9月30日　中蒙政府在乌兰巴托签订《关于派遣中国员工参加蒙古生产建设的协定》。

同日　中国现代国画展览当日在蒙古首都乌兰巴托开幕。展览会是由蒙古美术家协会主办的。蒙古部长会议副主席拉姆苏伦、蒙古人民革命党中央政治局候补委员兼乌兰巴托市委第一书记鲁布桑拉布丹、蒙古人民革命党中央宣传部长奇米德，以曹荻秋为首的中蒙友好协会代表团、中国驻蒙古大使谢甫生和各国驻蒙古大使馆的外交官员等出席开幕式。

9 сар 30 Хятад Монголын Засгийн газраас Улаанбаатар хотноо "БНМАУ-д тусламжаар барилга барих хятад ажилчдыг томилох тухай хэлэлцээр"-т гарын үсэг зурав.

Мөн өдөр Хятадын орчин үеийн гар зургийн үзэсгэлэн БНМАУ-ын нийслэл Улаанбаатар хотноо нээлтээ хийв. Монголын дүрслэх урлагийн хорооноос зохион байгуулж байгаа уг үзэсгэлэнг нээх ёслолын ажиллагаанд БНМАУ-ын Сайд нарын Зөвлөлийн орлогч дарга Лхамсүрэн, МАХН-ын Төв Хорооны Улс Төрийн товчооны орлогч гишүүн бөгөөд Улаанбаатарын хотын нэгдүгээр нарийн бичгийн дарга Лувсанравдан, МАХН-ын Төв Хорооны Суртал ухуулгын хэлтэсийн дарга Чимэд мөн Цао Хуочиү тэргүүтэй Хятад Монголын найрамдлын нийгэмлэгийн төлөөлөгчид, БНХАУ-аас БНМАУ-д суугаа Элчин сайд Се Фушэн болон БНМАУ-д суугаа гадаадын дипломат төлөөлөгчид тус тус оролцов.

9月30日　蒙古人民革命党中央委员会第一书记、蒙古部长会议主席尤·泽登巴尔、蒙古大人民呼拉尔主席团主席扎·桑布致电中国共产党中央委员会主席毛泽东、中华人民共和国主席刘少奇、全国人民代表大会常务委员会委员长朱德、国务院总理周恩来，祝贺中华人民共和国成立11周年。

同日　蒙古外交部部长沙格达尔苏伦也致电中国国务院副总理兼外交部部长陈毅，祝贺中华人民共和国成立11周年。

9 сар 30　МАХН–ын Төв Хорооны нэгдүгээр нарийн бичгийн дарга, Монголын Сайд нарын Зөвлөлийн дарга Ю.Цэдэнбал АИХ-ын Тэргүүлэгчдийн дарга Ж.Самбуу нар ХКН-ын Төв Хорооны дарга Мао Зэдун, БНХАУ-ын дарга Лю Шаочи, БХАТИХ-ын байнгын хорооны дарга Жу Дэ, Төрийн Зөвлөлийн Ерөний сайд Жоу Эньлай нарт БНХАУ байгуулагдсаны 11 жилийн ойн баярын цахилгаан илгээв. Мөн өдөр Монголын ГЯЯ-ны сайд Шагдарсүрэн, Хятадын Төрийн Зөвлөлийн Ерөнхий сайдын орлогч, ГЯЯ-ны сайд Чэнь И–д БНХАУ байгуулагдсаны 11 жилийн ойн баярын

цахилгаан илгээв.

10月1日　蒙古铁路代表团参加新中国成立11周年庆祝典礼。

10 сар 1　БНМАУ-ын төмөр замын төлөөлөгчид БНХАУ байгуулагдсаны 11 жилийн ойн баярын ёслолд оролцов.

10月3日　蒙中友好协会当晚举行宴会招待以曹荻秋为首的中蒙友好协会代表团。

10 сар 3　Монгол Хятадын найрамдлын нийгэмлэг тус орой Цао Хуочью тэргүүтэй Хятад Монголын найрамдлын нийгэмлэгийн төлөөлөгчдөд зориулан дайллага зохион байгуулав.

10月4日　当晚，中国驻蒙古大使谢甫生，为由曹荻秋和吉雅泰率领的中蒙友协代表团访问蒙古举行招待会。出席招待会的有蒙古人民革命党中央政治局委员、蒙中友好协会主席巴尔吉尼雅姆、部长会议副主席拉姆苏伦、蒙中友协副主席那楚克道尔吉和蒙古人民革命党乌兰巴托市委书记策勒布桑巴等人。

10 сар 4　БНХАУ-аас БНМАУ-д суугаа Се Фушэн нь Цао Хуочью болон Заяатай тэргүүтэй Хятад Монголын найрамдлын нийгэмлэгийн төлөөлөгчид Монголд айлчилж буйтай холбогдуулан дайллага зохион байгуулав. Уг дайллагад МАХН-ын Төв Хорооны Улс Төрийн товчоо, Монгол Хятадын найрамдлын нийгэмлэгийн дарга Балжинням, Сайд Нарын Зөвлөлийн орлогч дарга Лхамсүрэн, Монгол Хятадын найрамдлын нийгэмлэгийн орлогч дарга Нацагдорж болон МАХН-ын УБ хотын нарийн бичгийн дарга　Цэрэвсамба нар оролцов.

10月5日　中蒙友好协会代表团在蒙古各地进行了17天的友

好访问后，当日上午乘火车回国。到车站送行的有蒙古人民革命党中央政治局委员、蒙中友好协会主席巴尔吉尼雅姆、蒙中友好协会副主席那楚克道尔吉等人。应蒙古国家广播电台的邀请，中蒙友好协会代表团团长曹荻秋在回国前夕发表了广播讲话。

10 сар 5 Хятад Монголын найрамдлын нийгэмлэгийн төлөөлөгчид Монголын бүс нутгаар 17 өдрийн турш хийх айлчлал өндөрлөсний учир галт тэргээр эх орондоо буцав. Галт тэрэгний буудал дээр МАХН-ын Төв Хорооны Улс төрийн товчооны гишүүн, Монгол Хятадын найрамдлын нийгэмлэгийн дарга Балжинням, орлогч дарга Ш. Нацагдорж нар үдэж мордуулав. БНМАУ-ын радио хорооны урилгаар, Хятад Монголын найрамдлын нийгэмлэгийн төлөөлөгчдийн дарга Цао Хуочью нутаг буцахынхаа өмнө өгсөн ярилцлагыг дамжуулав.

10月7日　蒙古《真理报》发表了题为《必须使中华人民共和国行使在联合国的合法权利》的评论。

同日　中蒙友好协会代表团返回北京。

10 сар 7 Монголын "Үнэн" сонинд "БНХАУ НҮБ-д албан ёсны эрхээ хэрэгжүүлэх шаардлагатай"гарчиг бүхий шүүмжлэл нийтлэгдэв.

Мөн өдөр Хятад Монголын найрамдлын нийгэмлэгийн төлөөлөгчид Бээжин хотноо хүрэлцэн ирсэн байна.

10月12日　《中华人民共和国与蒙古人民共和国友好互助条约》在北京互换批准书。中国外交部副部长姬鹏飞、蒙古驻华特命全权大使沙拉布分别在互换条约批准书上签字。中国国务院总理周恩来、副总理习仲勋出席了互换批准书的签字仪式。

10 сар 12 "БНХАУ болон БНМАУ-ын найрамдал харилцан туслалцах гэрээ"-ний батламж бичгийг Бээжин

хотноо харилцан солилцов. Хятадын ГЯЯ-ны дэд сайд Жи Пэнфэй, БНМАУ-аас БНХАУ-д суугаа Онц бөгөөд Бүрэн Эрхт Элчин сайд Шарав нар тус тус харилцан солилцох гэрээний батламж бичигт гарын үсэг зурав. БНХАУ-ын Төрийн Зөвлөлийн Ерөнхий сайд Жоу Эньлай, Ерөнхий сайдын орлогч Си Жунсюнь нар гарын үсэг зурах ёслолд оролцов.

10月23日　应蒙古卫生部长古・图旺的邀请，由卫生部部长李德全率领的中国代表团一行3人，当日乘飞机离开北京赴蒙古参加蒙古人民共和国人民卫生机关成立35周年庆祝活动，并进行友好访问。

10 сар 23　БНМАУ-ын Эрүүлийг хамгаалах яамны сайд Туваaны урилгаар БНХАУ-ын Эрүүл мэндийн яамны сайд Ли Дэчуан тэргүүтэй 3 хүний бүрэлдэхүүнтэй төлөөлөгчид найрсаг айлчлал хийхийн сацуу БНМАУ-ын Эрүүл Мэндийн Яам байгуулагдсаны 35 жилийн ойн баярын үйл ажиллагаанд оролцохоор БНМАУ-д онгоцоор хүрэлцэн ирэв.

10月27日　中国帮助蒙古在乌兰巴托市建筑的道路、桥梁、涵洞和排雨水管道工程举行了交接仪式和群众庆祝集会。蒙古部长会议副主席迈达尔、蒙古人民革命党乌兰巴托市委员会第一书记鲁布桑拉布丹、国家计划委员会主席拉格查、对外经济联络委员会主席巴尔日德、邮电运输部长奇米德道尔吉和中蒙两国政府代表团全体成员出席了交接仪式。中国政府代表团团长、中国驻蒙古大使馆临时代办赵禁和蒙古政府代表团团长、乌兰巴托市市长巴塔在交接证书上签字。蒙古大人民呼拉尔主席团和政府授予修建公路的150名中国职工勋章、奖章和奖状。

10 сар 27　БНХАУ-ын тусламжаар БНМАУ-ын нийслэл

Улаанбаатар хотноо зам, гүүр, замын байгууламж буюу борооны ус зайлуулах суваг шуудууг хүлээлгэн өгөх,хүлээн авах ёслол болов. БНМАУ-ын Сайд нарын Зөвлөлийн орлогч дарга Майдар, МАХН-ын Улааанбаатар хотын нэгдүгээр нарийн бичгийн дарга Лувсанравдан Улсын төлөвлөгөөний комиссын дарга Рагчаа, Гадаад орнуудтай эдийн засгаар харилцах нийгэмлэгийн дарга Балжид, Холбооны Яамны сайд Чимэддорж болон Хятад Монгол хоёр улсын ЗГ-ын төлөөлөгчдийн бие бүрэлдэхүүн уг ёслолд оролцов. БНХАУ-ын ЗГ-ын төлөөлөгчдийн дарга, БНХАУ-аас БНМАУ-д суугаа Элчин сайдын үүрэгт ажлыг түр хамаарагч Жао Жинь болон БНМАУ-ын ЗГ-ын төлөөлөгчдийн дарга, Улаанбаатар хотын дарга Батаа нар хүлээн авах батламжид гарын үсэг зурав. БНМАУ-ын АИХ-ын Тэргүүлэгчид болон ЗГ зам гүүр барьсан Хятадын 150 ажилчдад одон, медаль болон жуух бичиг олгов.

10月31日 蒙古人民革命党中央委员会第一书记、蒙古部长会议主席泽登巴尔当日下午接见了应邀参加蒙古医疗卫生机构成立35周年纪念活动的、以卫生部长李德全为首的中国卫生代表团。同时还接见了苏联卫生代表团和捷克斯洛伐克、保加利亚、匈牙利的代表。中国卫生代表团在这几天先后参观了乌兰巴托的工厂、学校和医院，并访问了中央省、前杭爱省的农牧场。

10 сар 31 МАХН-ын Төв Хорооны нэгдүгээр нарийн бичгийн дарга,БНМАУ-ын Сайд нарын Зөвлөлийн дарга Цэдэнбал, Монголын эрүүл мэнд, эмчилгээний байгууллага байгуулагдсаны 35 жилийн ойн үйл ажиллагаанд урилгаар оролцох үеэр БНХАУ-ын Эрүүл мэндийн яамны сайд Ли Дэчуан тэргүүтэй төлөөлөгчидтэй уулзалт хийв. Үүний сацуу ЗХУ-ын Эрүүл мэндийн яамны болон Чехословак, Болгар, Унгар зэрэг улсын төлөөлөгчидтэй мөн уулзсан байна.

БНХАУ-ын Эрүүл мэндийн яамны төлөөлөгчид эдгээр өдрүүдэд Улаанбаатар хотын үйлдвэр, сургууль, эмнэлэг болон Төв аймаг, Өвөрхангай зэрэг аймгуудын тариан талбайтай танилцсан байна.

11月4日　中国卫生代表团当日中午乘飞机回国。前一天晚上，蒙古卫生部长图旺曾举行宴会，为中国卫生代表团饯行。

11 сар 4　БНХАУ-ын ЭМЯ-ны төлөөлөгчид эх орондоо буцав. Эх орондоо буцахын өмнөх орой нь БНМАУ-ын ЭМЯ-ны сайд Туваан　БНХАУ-ын Эрүүл мэндийн яамны төлөөлөгчдэд зориоулан үдэлтийн дайллага хийв.

11月10日　蒙古驻华大使沙拉布今晚举行招待会，庆祝蒙古《真理报》创刊40周年。中国《人民日报》副总编辑安岗、新华通讯社副社长石少华、穆青等以及北京各新闻单位的负责人应邀出席招待会。

11 сар 10　БНМАУ-аас БНХАУ-д суугаа Элчин сайд Шарав Монголын "Үнэн" сонин үүсэн байгуулагдсаны 40 жилийн ойн баярын дайллага хийв. Хятадын "Ардын өдрийн мэдээ" сонины редактор Ань Ган, Синьхуа агентлагыг орлогч дарга Ши Шаохуа, Му Чинь зэрэг Бээжин хотын хэвлэл мэдээллийн байгууллагын хариуцлагатай албан тушаалтан нар уг дайллагад оролцов.

11月16日　中国对外文化联络委员会和中国蒙古友好协会举办的"蒙古人民共和国国民教育图片展览会"，当日上午在中山公园开幕。中国对外文化联络委员会副主任屈武，中蒙友好协会副会长曹禺、毛齐华，教育部副部长林砺儒等出席了开幕式，并认真观看了展出的图片。

11 сар 16　БНХАУ-ын Гадаад орнуудтай соёлоор

харилцах нийгэмлэг болон Хятад Монголын найрамдлын нийгэмлэг хамтран зохион байгуулсан “БНМАУ-ын ардын боловсролын гэрэл зургын үзэсгэлэн” мөн өдрийн үдээс өмнө Жуншань цэцэрлэгт нээлтээ хийсэн байна. БНХАУ-ын Гадаад орнуудтай соёлоор харилцах нийгэмлэгийн орлогч дарга Чюе У Хятад Монголын найрамдлын нийгэмлэгийн орлогч дарга Цао Ю, Мао Чихуа, Боловсролын Яамны орлогч сайд Линь Ли нар нээлтийн ёслолд оролцож, үзэсгэлэнтэй танилцсан байна.

11月21日—28日 中、苏、朝、越、蒙五国西部太平洋渔业研究委员会第5次全体会议在北京举行。

11 сар 21-28 Хятад, ЗХУ, Солонгос, Вьетнам, Монгол зэрэг 5 улс баруун бүсийн номхон далайн загасны аж ахуй судалгааны хорооны 5 дахь удаагийн хурал Бээжинд болов.

11月26日 《人民日报》发表中蒙友好协会代表团团长曹荻秋题为《深厚的友谊 难忘的印象》的出访报告。

11 сар 26 “Ардын өдрийн мэдээ”-нд Хятад Монголын найрамдлын нийгэмлэгийн төлөөлөгчдийн дарга Цао Хуочьюгийн “Бат бэх найрамдал, мартагдашгүй сэтгэгдэл” гэсэн айлчлалын тайлан нийтлэгдэв.

1960年 中蒙两国贸易额达到历史最高水平1.3亿图格里克（3 129万卢布即4 454万美元），占当年蒙古人民共和国外贸总额的20%。

1960 он Хятад Монгол хоёр улсын гадаад худалдааны эргэлт түүхэнд хамгийн өндөр буюу 130 сая төгрөгт /31290000 рубль, 44540000$/ хүрсэн нь БНМАУ-ын гадаад худалдааны 20%-ийг эзэлж байна гэж нийтлэгдэв.

1961年中蒙国家关系历史编年

1961 оны Хятад Монголын харилцааны түүхэн үйл явдлын товчоон

2月9日　蒙古人民共和国部长会议副主席图·拉格查视察中国员工的工作和生活情况。陪同视察的有蒙古人民共和国工业部部长帕·达木丁和中国驻蒙古临时代办赵禁等。

2 сар 9　БНМАУ-ын Сайд нарын Зөвлөлийн орлогч дарга Т.Рагчаа, Хятадын ажилчдын ажил амьдралын нөхцөл байдалтай танилцах үед нь БНМАУ-ын Аж Үйлдвэрийн Яамны сайд П. Дамдин болон Хятадаас Монголд суугаа Элчин сайдын үүрэгт ажлыг түр хамаарагч Жао Жинь нар байлцав.

2月25日　中共中央致电蒙古人民革命党中央，祝贺蒙古人民革命党成立40周年。

2 сар 25　ХКН-ын Төв Хорооноос МАХН-ын Төв Хороонд МАХН байгуулагдсаны 40 жилийн ойд баярын цахилгаан илгээв.

3月15日—24日　应蒙古人民共和国人民军军事部邀请，许光达大将率中国军事代表团参加蒙古人民军建军40周年庆祝活动。

3 сар 15-24　БНМАУ–ын БХЯ-ны урилгаар армийн генерал Сю Гуанда тэргүүтэй хятадын ардын чөлөөлөх армийн төлөөлөгчид монголын ардын арми байгуулагдсаны 40 жилийн ойн баярын үйл ажиллагаанд оролцсон байна.

4月7日　《中华人民共和国与蒙古人民共和国1961年文化合作执行计划》在乌兰巴托签订。根据协定，两国政府将互派学术研究工作者、高等教育和人民教育及卫生保健工作者、演员，并举办展览会。

4 сар 7 “БНХАУ болон БНМАУ-ын 1961 оны Соёлын хамтын ажиллагааг хэрэгжүүлэх төлөвлөгөө”-нд Улаанбаатар хотноо гарын үсэг зурав. Уг гэрээний дагуу хоёр улсын Засгийн газраас эрдэм шинжилгээний судалгааны ажилтан, дээд боловсролтой ажилтан, сурган хүмүүжүүлэгч болон эрүүл мэндийн ажилтан, жүжигчид, харилцан илгээх тухайд тохиролцож, бас үзэсгэлэн зохион байгуулна гэжээ.

4月10日 蒙古工会中央理事会会议决定，以理事会荣誉奖状奖励在蒙古国民经济各个部门积极工作并期满即将回国的104名中国员工。

4 сар 10 БНМАУ-ын Үйлдвэрчний эвлэлийн төв хорооны шийдвэрээр Монгол улсын эдийн засаг болон бусад салбарт идэвхтэй ажилсан 104 ажилчдыг эх орондоо буцах гэж байгаатай нь холбогдуулан одон, медаль, жуух бичгээр шагнах болов.

4月12日 蒙古大人民呼拉尔主席团颁布命令，奖励在蒙古建设社会主义事业中作出显著成绩的中国员工并颁发勋章、奖章。

4 сар 12 БНМАУ-ын АИХ-ын Тэргүүлэгчид томилсон нэрийг зарлан Монголд социализм бүтээн байгуулалтанд гар бие оролцсон хятад ажилчдыг хөхүүлэн сайшааж медаль жуух бичгээр шагнах шийдвэр гаргасан байна.

4月14日 当天下午在乌兰巴托工会大厦蒙古大人民呼拉尔主席团和蒙古政府为中国员工举行颁奖仪式，授予305名帮助蒙古进行社会主义建设的中国员工各种勋章、奖章和奖状。

4 сар 14 Мөн өдрийн үдээс хойш Улаанбаатар дахь Үйлдвэрчний Эвлэлийн хурлын танхимд АИХ-ын Тэргүүлэгчид болон БНМАУ-ын Засгийн газраас БНМАУ-ын социалист бүтээн байгуулалтанд тусалсан хятадын 305 ажилчдад одон медаль жуух бичиг олгох ёслолын ажиллагаа зохион байгуулсан байна.

4月17日　蒙古部长会议副主席达·迈达尔和中国驻蒙古大使谢甫生到乌兰巴托车站欢送首批启程的中国员工并发表讲话。

4 сар 17 БНМАУ-ын Сайд нарын Зөвлөлийн орлогч дарга Д. Майдар БНХАУ-аас БНМАУ-д суугаа Элчин сайд Се Фушэн нар Улаанбаатарын галт тэрэгний буудал дээр Хятадын ажилчдыг үдэж мордуулсан байна.

4月17日—5月27日　1955年至1958年期间赴蒙古工作的中国员工已分9批离蒙回国。

4 сар 17-5 сар 27 1955-1958 онд Монголд ирж ажилласан хятадын ажилчид 9 ээлж хувааж нутаг буцав.

4月24日　中国政府贸易代表团团长、中国对外贸易部部长叶季壮一行，当日上午乘飞机离开北京前往乌兰巴托。蒙古部长会议主席、蒙古人民革命党第一书记泽登巴尔当日接见中国政府贸易代表团团长、对外贸易部部长叶季壮一行。

4 сар 24 БНХАУ-ын Гадаад худалдааны яамны сайд Е Жижуан тэргүүтэй засгийн газрын худалдааны төлөөлөгчид үдээс өмнө Улаанбаатар хотноо хүрэлцэн ирсэн байна. БНМАУ-ын Сайд нарын Зөвлөлийн дарга, МАХН-ын нэгдүгээр нарийн бичгийн дарга Цэдэнбал БНХАУ-ын Гадаад худалдааны яамны сайд Е Жижуан тэргүүтэй төлөөлөгчдийг хүлээн авч уулзав.

4月26日 中蒙两国政府贸易代表团签订了《中华人民共和国和蒙古人民共和国通商条约》和《中华人民共和国和蒙古人民共和国1961年互供货物的议定书》。根据议定书，蒙古向中国供应马匹、皮张、兽皮、肠衣和其他货物；中国向蒙古供应绸缎、服装、皮革制品、茶叶、棉毛织品、日用百货、建筑材料、工业原料、机器设备和零配件等商品。中蒙代表团发表了会谈公报。

4 сар 26 Хятад, Монгол хоёр улсын Засгийн газрын Гадаад худалдааны төлөөлөгчид “БНХАУ болон БНМАУ-ын худалдааны гэрээ” болон “БНХАУ болон БНМАУ-ын 1961 оны харилцан бараа нийлүүлэх хэлэлцээр”-т тус тус гарын үсэг зурав. Гэрээний дагуу БНМАУ-аасБНХАУ-д морь, арьс, амьтны арьс, өлөн гэдэс болон бусад бараа нийлүүлэх бол БНХАУ-аас БНМАУ-д торго дурдан, хувцас, арьсан бүтээгдэхүүн, цай, хөвөн ноосон нэхмэл, өргөн хэрэглээний бүтээгдэхүүн, барилгын материал, аж үйлдвэрийн түүхий эд, машины тоног төхөөрөмж болон сэлбэг хэрэглэл зэрэг бүтээгдэхүүн тус тус нийлүүлэхээр тогтсон байна.

4月27日 中国驻蒙古大使谢甫生当晚举行招待会，热烈庆祝《中华人民共和国和蒙古人民共和国通商条约》和《中华人民共和国和蒙古人民共和国1961年互供货物的议定书》的签订。蒙古人民革命党中央委员会第二书记、大人民呼拉尔主席曾德、蒙古人民革命党中央委员会书记杜格苏伦、部长会议第一副主席莫洛姆扎木茨、部长会议副主席迈达尔·拉姆苏伦、外交部部长沙格达尔苏伦、对外贸易部长贡布扎布及蒙古政府各部部长等应邀出席招待会。中国政府贸易代表团全体成员和在蒙古的中国专家也出席了招待会。

4 сар 27 БНХАУ-аас БНМАУ-д суугаа Элчин сайд Се Фүшэн “БНХАУ болон БНМАУ-ын худалдааны гэрээ”,

“БНХАУ болон БНМАУ-ын 1961 онд харилцан бараа нийлүүлэх хэлэлцээр” байгуулсаныг тохиолдуулан хүндэтгэлийн зоог барив. Уг хүлээн авалтанд МАХН-ын 2–р нарийн бичгийн дарга, Ардын Их Хурлын дарга Цэнд, МАХН-ын Төв Хорооны нарийн бичгийн дарга Дугарсүрэн, Сайд нарын Зөвлөлийн нэгдүгээр орлогч дарга Моломжамц, Сайд нарын Зөвлөлийн орлогч дарга Лхамсүрэн, ГЯЯ-ны сайд Шагдарсүрэн, Гадаад Худалдааны яамны сайд Гомбожав болон БНМАУ-ын Засгийн газрын яамдын сайд, дарга нар оролцсон байна. БНХАУ-ын Засгийн газрын гадаад худалдааны төлөөлөгчид болон БНМАУ-д ажиллаж буй хятад мэргэжилтэн нар дайллагад оролцов.

4月28日　中国政府贸易代表团当天中午乘飞机回到北京。

同日　以中国河北省总工会副主席潘长有团长率领的中国工会代表团赴蒙古应邀参加五一国际劳动节观礼。

同日　以乌兰巴托市工会主席鲁布桑策仍为团长的蒙古工会代表团前往北京参加五一国际劳动节观礼。

4 сар 28 БНХАУ-ын Засгийн газрын Гадаад худалдааны төлөөлөгчид БНМАУ-д хийх айлчлалаа өндөрлөөд онгоцоор Бээжин хотноо хүрэлцэн ирэв.

Мөн өдөр: БНХАУ-ын Хэбэй мужийн үйлдвэрчний эвлэлийн орлогч дарга Фан Чан тэргүүтэй төлөөлөгчид БНМАУ-ын таван сарын нэгний олон улсын хөдөлмөрчдийн баярын үйл ажиллагаанд оролцов.

Мөн өдөр нийслэл Улаанбаатар хотын үйлдвэрчний эвлэлийн дарга Лувсанцэрэн тэргүүтэй, төлөөлөгчид Бээжинд таван сарын нэгний олон улсын хөдөлмөрчдийн баярын үйл ажиллагаанд оролцсон байна.

5月5日　根据1960年签订的《关于中国派遣工人援助蒙古人

民共和国生产建设的协定》，1961年派遣前来蒙古参加蒙古生产建设的第一批中国员工754人，上午乘专车抵达乌兰巴托。他们在车站上受到了乌兰巴托各界市民的热烈欢迎。

5 сар 5 1960 онд байгуулсан “БНХАУ-аас БНМАУ-ын бүтээн байгуулалтанд туслах ажилчид үйлдвэр бүтээн байгуулах тухай гэрээ”-ний дагуу 1961 онд Монголд үйлдвэр бүтээн байгуулах ажилчдын эхний хэсэг болох 754 хүний бүрэлдэхүүнтэй баг Улаанбаатар хотноо хүрэлцэн ирэхэд нийслэлийн бүх давхаргын төлөөлөл халуун дотноор угтан авсан байна.

5月5日—10日 蒙古乔巴山东省省长罗布桑乔英巴一行4人访问中国内蒙古自治区。

5 сар 5-10 БНМАУ-ын Чойбалсан аймгийн дарга Лувсанчойнбал тэргүүтэй дөрвөн төлөөлөгч БНХАУ-ын ӨМӨЗО-д айлчилсан байна.

5月10日 蒙古大人民呼拉尔主席团主席扎·桑布应邀赴朝鲜民主主义人民共和国访问途中，当日中午乘专机路经沈阳受到中共辽宁省委第一书记黄火青等的欢迎。桑布主席等蒙古贵宾在沈阳稍事休息后，下午乘专机从沈阳继续飞往朝鲜。

5 сар 10 БНМАУ-ын Ардын Их Хурлын Тэргүүлэгчдийн дарга Самбуу тэргүүтэй төлөөлөгчид БНАСУ-д айлчлах замдаа Шэн Яньд түр саатах үед нь Ляонин мужийн ХКН-ын нэгдүгээр нарийн бичгийн дарга Хуан Хуочин нар угтан авав. Самбуу нар амарсаныхаа дараа тусгай үүргийн онгоцоор БНАСАУ-ыг зорив.

5月20日 蒙古大人民呼拉尔主席团主席扎·桑布，结束在朝鲜民主主义人民共和国的访问后当日上午在归国途中乘专机抵达沈阳。同桑布主席一起到沈阳的，还有蒙古大人民呼拉尔主席团委员索·乌德瓦尔、外交部副部长斯·索索尔巴拉姆等。蒙古贵宾在回国途中，因天气变化不于飞行，当日在沈阳作暂时停留，他们受到了当地党和政府的热情接待。次日上午由沈阳乘专机回国。

5 сар 20 БНМАУ-ын Ардын Их Хурлын дарга Ж. Самбуу БНАСУ-д айлчлал хийгээд буцах замдаа Мүгдэнд түр саатсан байна. Ж. Самбууг дагалдан АИХ-ын Тэргүүлэгчдийн гишүүн Удвал, ГЯЯ-ны дэд сайд Сосорбарам нар явсан байна. БНМАУ-ын хүндэт зочид эх орондоо буцах үед цаг агаарын тааламжгүй нөхцөлийн улмаас Мүгдэнд түр саатсан аж. Мүгдэнд түр саатах үед нь орон нутгийн нам, захиргааны төлөөлөгчид эрхэм зочдыг халуун дотноор хүлээн авсан байна. Эрхэм зочид дараа өдрийн үдээс өмнө тусгай үүргийн онгоцоор эх орондоо буцсан байна.

5月23日　中国科学院院长郭沫若当日致电蒙古人民共和国科学院主席团，祝贺蒙古科学院成立。

5 сар 23 БНХАУ-ын ШУА-ийн дарга Гуо Моро БНМАУ-ын ШУА байгуулагдсаны баярыг тохиолдуулан баярын цахилгаан илгээв.

5月24日　中国科学院院长郭沫若当日致电锡林迪布，祝贺其当选为蒙古科学院院长。同时，对蒙古科学院选举他为正式院士表示感谢。

5 сар 24 БНХАУ-ын ШУА-ийн дарга Гуо Моро Ширэндэвт МУ-ын ШУА-ийн даргаар сонгогдсон явдалд болон БНМАУ-ын ШУА-д өөрийг нь академичаар сонгосон явдалд талархал илэрхийлж цахилгаан илгээв.

5月31日　蒙古驻华大使沙拉布当晚在大使馆举行电影招待会，庆祝中蒙友好互助条约签订一周年。出席招待会的中国方面有对外文化联络委员会主任张奚若，外交部副部长耿飚，对外文化联络委员会副主任丁西林、屈武，对外贸易部副部长李强，中蒙友好协会副会长毛齐华、曹禺等。

5 сар 31　БНХАУ-аас БНХАУ-д суугаа Элчин сайд Шарав Элчин сайдын яаманд Монгол Хятадын харилцан туслах гэрээ байгуулсаны нэг жилийн ойг тохиолдуулан кино коктейль зохион байгуулав. Дайллаганд Хятадын талаас Гадаад орнуудтай соёлоор харилцах нийгэмлэгийн дарга Жан Сиру, ГЯЯ-ны орлогч сайд Гэн Бяо, Гадаад орнуудтай соёлоор харилцах нийгэмлэгийн орлогч дарга Дин Сылинь, Чюе У, Гадаад худалдааны яамны орлогч дарга Ли Чян, Хятад Монголын найрамдлын нийгэмлэгийн орлогч дарга Мао Чихуа, Цао Ю нар оролцов.

6月6日　蒙古驻华大使沙拉布当日下午应邀在中蒙友好协会举行的报告会上，报告了蒙古人民40年来的建设成就。

6 сар 6　БНМАУ-аас БНХАУ-д суугаа Элчин сайд Шарав энэ өдрийн үдээс хойш Хятад Монголын найрамдлын нийгэмлэгийн урилгаар Монголын ард түмний 40 жилийн турш байгуулсан амжилтын тухай илтгэл тавьсан байна.

6月20日　按照中蒙两国政府的协定，由中国派往蒙古参加生产建设的员工，又有一批工作期满，由蒙古政府于5月份分批送他们回国。同时，根据蒙古人民共和国的要求，中国又派遣一批员工，前往蒙古参加生产建设。蒙古政府还派了计划委员会中国工人事务局长普鲁布道尔吉等4人陪同期满的中国员工回国。

6 сар 20　Хятад Монгол хоёр улсын Засгийн газрын хэлэлцээрийн дагуу, Монгол улсын бүтээн байгуулалтанд

туслах зорилгоор ирсэн хятад ажилчдын эхний хэсэг 5 сарынд нутаг буцав. Мөн түүнчилэн БНМАУ–ын хүсэлтээр БНХАУ хэсэг хятад ажилчдыг монголын бүтээн байгуулалтанд туслалцуулахаар илгээсэн аж. БНМАУ-ын ЗГ-аас Төлөвлөгөөний комиссын Пүрэвдоржид нарын дөрвөн хүнд монголд ажиллах хугацаа нь дуусгавар болсон хятад ажилчдыг эх оронд нь үдэн буцаах үүрэг өгсөн байна.

6月29日　应蒙古人民革命党中央委员会和蒙古政府的邀请，前往参加蒙古人民革命党第14次代表大会和蒙古人民革命胜利40周年庆祝活动的中国共产党和中国政府代表团，当日中午乘火车离开北京前往乌兰巴托。

6 сар 29　МАХН-ын ТХ болон БНМАУ-ын ЗГ-ын урилгаар МАХН-ын 14 дэх төлөөлөгчдийн их хурал болон Ардын Хувьсгал ялсаны 40 жилийн ойн баярын үйл ажиллагаанд Хятадын нам, засгийн газрын төлөөлөгчид оролцохоор галт тэргээр Бээжингээс Улаанбаатар зүг мордов.

6月30日　蒙古人民革命党中央致电中共中央祝贺中国共产党成立40周年。

6 сар 30　МАХН-ын Төв Хорооноос ХКН байгууллагдсаны 40 жилийн ойд баярын цахилгаан илгээв.

7月2日—13日　中共中央政治局候补委员、国务院副总理乌兰夫率中国共产党代表团参加蒙古人民革命党第十四次代表大会和蒙古人民革命胜利40周年庆典。

7 сар 2-13　ХКН-ын УТТ-ны орлогч гишүүн, Төрийн Зөвлөлийн Ерөнхий сайдын орлогч Улаанхүү тэргүүтэй ХКН-ын төлөөлөгчид МАХН-ын 14 дэх удаагийн

төлөөлөгчдийн их хурал болон Ардын Хувьсгал ялсаны 40 жилийн ойн баярын ёслолд оролцов.

7月4日 中国共产党代表团团长、中共中央政治局候补委员乌兰夫，当日上午，在蒙古人民革命党第14次代表大会上致贺词，并宣读中国共产党中央委员会的贺电。

7 сар 4 ХКН-ын төлөөлөгчдийн тэргүүн ХКН-ын Төв Хорооны Улс Төрийн товчооны орлогч гишүүн Улаанхүү МАХН-ын 14 дэх удаагийн төлөөлөгчдийн их хурал дээр баярын үг хэлж, ХКН-ын ТХ-ны баярын цахийлгааныг уншив.

7月5日 应蒙古乔巴山、苏赫巴托、东戈壁、南戈壁、科布多、巴彦乌勒蒙六省领导机关邀请，赴蒙古参加蒙古人民革命胜利40周年庆祝活动的中国内蒙古自治区、新疆维吾尔自治区代表团一行6人，在团长、中共内蒙古自治区委员会书记处书记、自治区政府副主席王再天（蒙古族）率领下，当日下午离开呼和浩特经二连浩特出境，前往乌兰巴托。

7 сар 5 БНМАУ-ын Чойбалсан, Сүхбаатар, Дундговь, Өмнөговь, Ховд, Баян-Өлгий гэсэн 6 аймгийн урилгаар Монгол Ардын хувьсгал ялсаны 40 жилийн ойн баярын ёслолд Хятадын ӨМӨЗО, ШУӨЗО-ны 6 хүний бүрэлдэхүүнтэй төлөөлөгчид Ван Зайтянь тэргүүлэн үдээс хойш Хөххотоос мордон Эрээнхотыг дайран Улаанбаатрыг зорив.

7月6日 北京地区铁路职工当日举行晚会，热烈庆祝蒙古人民革命胜利40周年。蒙古驻华大使馆经济及商务参赞道尔吉等外交官员，应邀参加晚会。

同日 《人民日报》发表中蒙友好协会会长张致祥《祝贺蒙

古人民的光荣节日 庆祝蒙古人民革命40周年》,祝蒙古人民在建设社会主义的事业中取得更加辉煌的成就，祝中蒙两国人民牢不可破的兄弟友谊和团结永世长存。

7 сар 6 Бээжингийн төмөр замын ажилчид Монголын ардын хувьсгал ялсны 40 жилийн ойн баярыг тохиолдуулан дайллага зохион байгуулав. БНМАУ-аас БНХАУ-д суугаа ЭСЯ-ны эдийн засгийн болон худалдааны зөвлөх Дорж урилгаар дайллагад оролцов.

Мөн өдөр "Ардын өдрийн мэдээ" сонинд Монгол Хятадын найрамдалын нийгэмлэгийн дарга Жан Жишян "Монголын ард түмний алдарт баяр Ардын хувьсгал ялсны 40 жилийн ойн баярын мэнд хүргэе" гээд монголын ард түмэн социалист үйл хэрэгт гялалзсан амжилт олж Хятад Монголын ард түмний ах дүүгийн ган бат найрамдал болон хамтдаа өнө удаан оршин тогтнох ерөөл дэвшүүлсэн мэндчилгээ нийтлэгдсэн байна.

7月7日 以张致祥会长率领的中蒙友协代表团，以王再天为团长的中国内蒙古代表团和新疆代表团应邀赴蒙参加蒙古人民革命胜利40周年活动。

同日 应中蒙友协邀请来中国参加“中蒙友好旬”各项庆祝活动的蒙中友好协会代表团当日下午乘飞机抵达北京。蒙中友协代表团团长是蒙中友好协会副主席、蒙古国家计划委员会部长衔第一副主席奥特根巴雅尔。同机抵达的还有蒙古新闻工作者代表团成员，他们是根据中蒙文化合作协定来中国进行友好访问的，并将参加“中蒙友好旬”的庆祝活动。当晚，北京大学师生员工举行集会，庆祝蒙古人民革命胜利40周年。蒙古驻华大使馆临时代办托依夫和夫人，以及其他外交官员应邀参加了庆祝会。

7 сар 7 Жан Жишян дарга тэргүүтэй Хятад Монголын

найрамдлын нийгэмлэгийн төлөөлөгчид, Ван Зайтянь тэргүүтэй ӨМӨЗО–ны төлөөлөгчид болон Шинжааны төлөөлөгчид тус тус урилгаар Монгол Ардын хувьсгалын 40 жилийн ойн баярын ёслолын ажиллагаанд оролцов.

Мөн өдөр Хятад Монголын найрамдлын нийгэмлэгийн урилгаар Хятадад болж буй “Хятад Монголын найрамдлын 10 хоног”-ын баярын үйл ажиллагаанд Монгол Хятадын найрамдлын нийгэмлэгийн төлөөлөгчид оролцохоор Бээжин хотноо хүрэлцэн ирэв. Монгол Хятадын найрамдлын нийгэмлэгийн төлөөлөгчдийн дарга Монгол Хятадын найрамдлын нийгэмлэгийн орлогч дарга, БНМАУ-ын төлөвлөгөөний комиссын нэгдүгээр орлогч дарга Отгонбаяр болон Монголын мэдээллийн ажилчдын төлөөлөл Хятад Монголын соёлын хамтын ажиллагааны хэлэлцээрийн дагуу Хятадад найрсаг айлчлал хийж, “Хятад Монголын найрамдлын 10 хоног”-ын үйл ажиллагаанд оролцов. Тус орой Бээжингийн багшын их сургуулийн багш оюутан ажилчид Монголын ардын хувьсгал ялсны 40 жилийн ойн баярын цуглаан хийв. Монголоос Хятадад суугаа Элчин сайдын үүрэгт ажлыг түр хамаарагч Тойхүү гэргийн хамт болон бусад гадаад харилцааны албаны ажилтнууд баярын хуралд оролцов.

7月8日 为庆祝蒙古人民革命胜利40周年，由中国文化部、对外文化联络委员会和中蒙友好协会联合举办的蒙古人民共和国电影周，当日下午在首都剧场举行开幕式。中国国务院副总理习仲勋出席开幕式。出席当日开幕式的还有，对外文化联络委员会副主任屈武、外交部部长助理韩念龙、中蒙友好协会副会长曹禺等以及北京各界人士共1 200多人。应邀参加“中蒙友好旬”活动的蒙中友好协会代表团团长奥特根巴雅尔、蒙古电影工作者代表团团长鲁·吉纳、蒙古新闻工作者代表团团长官布·扎布苏仁扎布以及三个代表团的全体团员，出席了开幕式。中国文化部部长沈雁冰和蒙古驻中国大使沙拉布在开幕式上讲话。蒙古人民共和国电影周从7月上旬开始，将在北京、上海、广州、武汉、沈阳、呼和浩特、天津等七个城市先后举行。

习仲勋当日下午接见蒙中友协代表团团长奥特根巴雅尔、蒙古电影工作者代表团团长鲁・吉纳、蒙古新闻工作者代表团团长官布・扎布苏仁扎布以及三个代表团的全体成员。

7 сар 8 Монгол Ардын Хувьсгал ялсны 40 жилийн ойг тохиолдуулан Хятадын СЯ, Гадаад орнуудтай соёлоор харилцах нийгэмлэг болон Хятад Монголын найрамдлын нийгэмлэгээс зохион байгуулж буй БНМАУ-ын кино 7 хоног нийслэлийн театрт нээлтийн ёслолоо хийв. Хятадын Төрийн Зөвлөлийн Ерөнхий сайдын орлогч Си Жунсюнь нээлтийн ёслолд оролцов. Мөн уг нээлтэнд Гадаад орнуудтай соёлоор харилцах нийгэмлэгийн орлогч дарга Чюэ Ву, ГЯЯ-ны сайдын туслах Хань Няньлун, Хятад Монголын найрамдлын нийгэмлэгийн орлогч дарга Цао Ю зэрэг Бээжингийн олон нийтийн байгууллагын төлөөлөл зэрэг 1200 гаруй иргэд оролцов. Хятад Монголын найрамдлын 10 хоног"-ын үйл ажиллгаанд Монгол Хятадын найрамдлын нийгэмлэгийн төлөөлөгчдийн дарга Отгонбаяр, Монголын киноны ажилчдын төлөөлөгчдийн дарга Женя, Монголын мэдээллийн албаны төлөөлөгчдийн дарга Жамсранжав болон 3 төлөөлөгчдийн бие бүрэлдэхүүн оролцов. БНХАУ-ын СЯ-ны сайд Чэнь Яньбин болон Монголоос Хятадад суугаа Элчин сайд Шарав нээлтийн ёслолд оролцож үг хэлэв. БНМАУ-ын кино 7 хоног 10-ны үеэр эхэлж, Бээжин, Шанхай, Гуанжоу, Ухань, Мүгдэн, Хөх хот, Тяньжин хотуудад зохион байгуулсан байна.

7月9日 中国共产党中央委员会和中国国务院当日致电蒙古

人民革命党中央委员会和蒙古部长会议，对蒙古人民革命党中央委员会第一书记、蒙古部长会议主席泽登巴尔由于汽车事故不幸受伤，表示慰问并祝泽登巴尔同志早日恢复健康。周恩来也发电报给泽登巴尔，表示诚挚的慰问和衷心地希望他早日恢复健康。

同日 中国国务院全体会议当日举行第111次会议，通过了《中华人民共和国和蒙古人民共和国通商条约》，并提请全国人民代表大会常务委员会审议批准。

同日 中国全国人民代表大会常务委员会当日举行第40次会议,会议决定批准《中华人民共和国和蒙古人民共和国通商条约》。

同日 中国首都少年儿童当日同在京的蒙古少年儿童举行联欢会，庆祝蒙古人民革命胜利40周年。以奥特根巴雅尔为首的蒙中友好协会代表团和蒙古新闻工作者代表团、蒙古电影工作者代表团全体成员以及蒙古驻华大使馆人员，同中蒙小朋友一起欢庆节日。当晚，中国首都各界人民举行盛大集会，庆祝蒙古人民革命胜利40周年。庆祝大会是由中国对外文化联络委员会、中蒙友好协会、全国总工会、全国青年联合会、全国妇女联合会、全国文学艺术联合会联合主办，中共中央副主席、国务院总理周恩来、中共中央政治局委员、国务院副总理陈毅、国务院副总理习仲勋、全国人民代表大会常务委员会副委员长郭沫若、陈叔通等出席庆祝大会。各国驻中国使节、外交官员和在京的蒙古留学生应邀出席大会。

同日 中华全国总工会主席刘宁一、全国妇女联合会和中国共产主义青年团中央分别写信和发 电报给蒙古工会中央理事会主席宾巴道尔吉、蒙古妇女委员会和蒙古革命青年团中央，热烈祝贺蒙古人民革命胜利40周年。

7 сар 9 ХКН-ын Төв Хороо болон Хятадын Төрийн

Зөвлөл МАХН-ын Төв Хороо болон Монголын Сайд нарын Зөвлөл, МАХН-ын Төв Хорооны нэгдүгээр нарийн бичгийн дарга, Монголын Сайд нарын Зөвлөлийн дарга Ю. Цэдэнбал машины осолд орсон тул түргэн эдгэрэхийг хүсэн цахилгаан илгээв. Мөн Жоу Эньлай дарга Ю. Цэдэнбал даргад санаа тавьж түргэн сайжрахыг хүссэн цахилгаан илгээв.

Мөн өдөр Хятадын Төрийн Зөвлөлийн бүх нийтийн 111 дэх удаагийн хурал болж "БНХАУ болон БНМАУ-ын худалдааны гэрээ"-г БХАТИХ-ын байнгын хороо хянан хэлэлцэхийг хүсэв.

Мөн өдөр БХАТИХ-ын байнгын Хорооны 40 дэх удаагийн их хурлаар "БНХАУ болон БНМАУ-ын худалдааны гэрээ"-г хүлээн зөвшөөрөхөөр тогтов.

Мөн өдөр БНХАУ-ын нийслэлийн хүүхэд залуучууд Бээжин дахь монгол хүүхэд залуучуудтай баярын уулзалт хийж, Монголын ардын хувьсгал ялсны 40 жилийн ойг тэмдэглэв. Отгонбаяр тэргүүтэй Монгол Хятадын найрамдлын нийгэмлэгийн төлөөлөгчид болон Монголын мэдээллийн ажилчдын төлөөлөгчид, Монголын киноны албаны төлөөлөгчдийн бие бүрэлдэхүүн, Монголоос Хятадад суугаа ЭСЯ-ны ажилтнууд мөн Монгол Хятадын багачууд баярын үйл ажиллагаанд оролцов. Тус орой БНХАУ-ын нийслэл Бээжин хотын бүх даврхаргын төлөөлөл цугларан Монголын ардын хувьсгал ялсны 40 жилийн ойг тэмдэглэв. Хятадын Гадаад орнуудтай соёлоор харилцах нийгэмлэг, Хятад Монголын найрамдлын нийгэмлэг, Бүх Хятадын үйлдвэрчний эвлэл, Бүх Хятадын залуучуудын холбоо, Бүх Хятадын эмэгтэйчүүдийн холбоо, Бүх Хятадын соёл урлагын холбоо, ХКН-ын Төв Хорооны дэд дарга, Төрийн Зөвлөлийн Ерөнхий сайд Жоу Эньлай, ХКН-ын Төв Хорооны Улс Төрийн товчоо, Төрийн Зөвлөлийн Ерөнхий сайдын орлогч Чэнь И, Төрийн Зөвлөлийн Ерөнхий сайдын орлогч Си Жунсюнь, БХАТИХ-ын байнгын хорооны дэд дарга Гуо Муруо, Чэнь шүтун нар уг баярын их хуралд оролцов. БНХАУ-д суугаа дипломат албаны төлөөлөгчид болон Бээжинд сурч байгаа монгол оюутнууд урилгаар оролцов.

Мөн өдөр, Бүх Хятадын Үйлдвэрчний Эвлэлийн дарга Лиү Нин и, Бүх Хятадын Эмэгтэйчүүдийн Холбоо, Бүх Хятадын Коммлнист Залуучуудын Эвлэлийн ТХ Монголын Үйлдвэрчний Эвлэлийн ТЗ-ийн дарга Бямбадорж, Монголын Эмэгтэйчүүдийн Холбооны ТЗ, Монголын КЗЭ-ийн ТХ-нд захиа илгээж Монгол ардын хувьсгал ялсаны 40 жилийн ойд баяр хүргэв.

7月10日　中国共产党中央委员会主席毛泽东、中华人民共和国主席刘少奇、全国人民代表大会常务委员会委员长朱德、国务院总理周恩来致电蒙古人民革命党中央委员会第一书记、蒙古部长会议主席尤·泽登巴尔、蒙古大人民呼拉尔主席团主席扎·桑布，祝贺蒙古人民革命胜利40周年。

同日　中国外交部部长陈毅也致电蒙古外交部部长沙格达尔苏伦，祝贺蒙古人民革命胜利40周年。

同日　中国党政代表团团长、中共中央政治局候补委员、国务院副总理乌兰夫，在蒙古人民革命胜利40周年的庆祝大会上宣读了毛泽东主席、刘少奇主席、朱德委员长和周恩来总理给泽登巴尔主席和桑布主席的贺电，并发表讲话。

同日　当日下午，蒙古电影工作者代表团在中国电影演员于洋、杨静陪同下，先后到首都电影院和北京展览馆电影馆同首都观众见面。蒙古人民共和国电影周已于9日起在首都各影院举行。

同日　中蒙友好协会内蒙古分会在呼和浩特成立。吉雅泰任会长，胡昭衡、朋斯克任副会长。

同日　中国建筑公司职工当晚举行集会，热烈庆祝蒙古人民革命胜利40年。蒙古驻华大使沙拉布、蒙中友好协会代表团团长奥特根巴雅尔和代表团全体成员，应邀同中国建筑职工一起庆祝节日。中国建筑工程部副部长宋裕和、对外文化联络委员会副司长谢云等也参加了庆祝会。在参加庆祝会的职工中，有一部分人曾经到蒙古和蒙古人民一道进行社会主义建设。开会以前，客人们和到过蒙古的职工进行了亲切的交谈，并合影留念。

同日　哈尔滨市各界人民当晚举行集会，热烈庆祝蒙古人民革命胜利40周年。中共黑龙江省委第二书记、省长李范五等省、市领导人出席庆祝会。中共黑龙江省委常委、宣传部部长陈元直在庆祝大会上讲话。苏联驻哈尔滨总领事馆总领事库力柯夫也出席了大会。会后放映了蒙古电影《星火》。

同日　西安市各界800多人当晚举行集会，热烈庆祝蒙古人民革命胜利40周年。中共陕西省委书记、西安市委第一书记张策等出席了庆祝大会。中国人民对外文化协会西安分会会长张锋伯在会上讲话。会后放映了蒙古故事影片《星火》。

同日　四川省和成都市各界600多人当晚举行集会，热烈庆祝蒙古人民革命胜利40周年。中国人民对外文化协会四川分会副会长廖家岷在会上讲话。会后放映了蒙古影片《给我一匹马》。

同日　广东省和广州市各界1 000人当晚举行大会，热烈庆祝蒙古人民革命胜利40周年。中国人民对外文化协会广州分会副会长杨康华在会上讲话，祝贺中蒙两国人民之间的友谊日益巩固和发展。广东省副省长李嘉人、郭棣活等以及省、市机关和各人民团体的负责人出席大会，越南民主共和国、捷克斯洛伐克、波兰的领事人员和苏联驻华商务代表处广州分处负责人以及各兄弟国家外宾应邀参加大会。

7 сар 10 ХКН-ын Төв Хорооны дарга Мао Зэдун, БНХАУ-ын дарга Лю Шаочи, БХАТИХ-ын байнгын хорооны дарга Жу Дэ, Төрийн Зөвлөлийн Ерөнхий сайд Жоу Эньлай нар МАХН-ын Төв Хорооны нэгдүгээр нарийн бичгийн дарга Монголын Сайд Нарын Зөвлөлийн дарга Ю. Цэдэнбал, АИХ-ын Тэргүүлэгчдийн дарга Ж. Самбуу нарт Монгол Ардын Хувьсгалын 40 жилийн ойд баяр хүргэж цахилгаан илгээв.

Мөн өдөр БНХАУ-ын ГЯЯ-ны сайд Чэнь И, БНМАУ-ын ГЯЯ-ны сайд Шагдарсүрэнд цахилгаан илгээж, Монголын ардын хувьсгалын 40 жилийн ойн баяр хүргэв.

Мөн өдөр Хятадын нам засгийн төлөөлөгчдийн дарга ХКН-ын Төв Хорооны Улс Төрийн Товчооны орлогч гишүүн Төрийн Зөвлөлийн Ерөнхий сайдын орлогч Улаанхүү Монголын ардын хувьсгал ялсны 40 жилийн ойн баярын их хурал дээр Мао Зэдун дарга, Лю Шаочи дарга, хорооны дарга Жу Дэ болон Ерөнхий сайд Жоу Эньлай нараас Ю. Цэдэнбал, Ж. Самбуу дарга нарт илгээсэн баярын цахилгааныг уншиж сонсгохын зэрэгцээ үг хэлэв.

Мөн өдрийн үдээс хойш Монголын кино албаны төлөөлөгчид Хятадын кино жүжигчин Юй Ян, Янжин нарын хамтаар нийслэлийн кино театр, Бээжингийн кино үзэсгэлэнд орж нийслэлийн үзэгчидтэй уулзав. БНМАУ-ын кино 7 хоног мөн сарын 9-ний өдөр нийслэлийн бүх театруудад зохион байгуулагдав.

Мөн өдөр Хятад Монголын найрамдлын нийгэмлэгийн салбар ӨМӨЗО-ны Хөх хотод байгуулагдав. Заяатай даргаар, Ху Жаохэн, Пунсаг нар дэд даргаар томилогдов.

Мөн өдөр БНХАУ-ын барилгын компанийн ажилчид цуглаан хийж, Монгол Ардын Хувьсгал ялсаны 40 жилийн ойг халуун дотноор тэмдэглэж, Монголоос Хятадад суугаа Элчин сайд Шарав, Монгол Хятадын найрамдлын нийгэмлэгийн төлөөлөгчдийн дарга Отгонбаяр болон төлөөлөгчдийн бие бүрэлдэхүүн Хятадын барилгын ажилчдын хамт ойн баярыг тэмдэглэв. БНХАУ-ын Барилгын Яамны дэд сайд Сун Юхэ, Гадаад орнуудтай соёлоор харилцах нийгэмлэгийн хэлтсийн орлогч дарга Сье Юн нар баярын хуралд оролцов. Баярын хуралд оролцсон ажилчдын зарим нь өмнө нь Монголын социализмын бүтээн байгуулалтад оролцсон хүмүүс байв. Хурал эхлэхийн өмнө зочид болон Монголд ажиллаж байсан ажилчид халуун дотно яриа өрнүүлэхийн зэрэгцээ хамт зургаа авахуулж дурсгал болгон үлдээв.

Мөн өдөр Харбин хотын бүх давхаргын иргэд цуглаж, Монголын ардын хувьсгал ялсны 40 жилийн ойг халуун дотноор тэмдэглэв. ХэйЛүнжян мужийн КН-ын хоёрдугаар нарийн бичгийн дарга , мужийн дарга Ли Фаньу зэрэг муж хотын удирдагчид баярын хуралд оролцов. ХэйЛүнжян мужийн КН-ын байнгын хороо, Суртал ухуулгын хэлтсийн дарга Чэнь Юэнжи баярын хурал дээр үг хэлэв. Мөн ЗХУ-аас Харбинд суугаа Ерөнхий консулын газрын Ерөнхий консул Куликов хуралд оролцов. Хурлын дараа Монголын “Эрхэсийн Гал” кино гаргав.

Мөн өдөр Сиань хотын бүх давхаргын 800 гаруй хүн цуглаан хийж, Монголын ардын хувьсгалын 40 жилийн ойг халуун дотноор тэмдэглэв. ХКН-ын Шаньши мужын намын хорооны нарийн бичгийн дарга, Сиань хотын намын хорооны нэгдүгээр дарга Жан Цэ нар баярын хуралд оролцож, Хятадын гадаад орнуудтай соёлоор харилцах нийгэмлэгийн Сиань хотын дарга Жан Фэнбо үг хэлэв. Хурлын дараа Монголын “Эрхэсийн Гал” кино гаргав.

Мөн өдөр, Сычуань муж болон Чэндү хотын олон давхаргын 600 гаруй хүмүүс цуглаан болж, Монголын ардын хувьсгалын 40 жилийн ойг халуун дотноор тэмдэглэв. Хятадын гадаад орнуудтай соёлоор харилцах нийгэмлэгийн

Сычуань мужийн салбар хорооны орлогч дарга Ляо Жяминь хурал дээр үг хэлэв. Хурлын дараа Монголын “Морьтой ч болоосой” киног үзэж сонирхуулсан байна.

Мөн өдөр, Гуандун муж болон Гуанжоу хотын бүх давхаргын 1000 хүн их хурал хийж, Монголын ардын хувьсгал ялсаны 40 жилийн ойг халуун дотноор тэмдэглэв. Хятадын гадаад орнуудтай соёлоор харилцах нийгэмлэгийн Гуанжоу хотын салбар хорооны орлогч дарга Ян Канхуа хурал дээр үг хэлж Хятад Монголын ард түмний найрамдал өдөр ирэх тусам батжин хөгжиж байгаад баяр хүргэв. Гуандун мужийн орлогч дарга Ли Жярэнь, Гуо Дихуо зэрэг муж хотын төлөөлөгчид их хуралд оролцож, БНАВУ, Чехословак, Польш зэрэг улсын төрийн тэргүүн нар болон ЗХУ-аас БНХАУ-д суугаа худалдааны төлөөлөгчид Гуанжоу дахь салбарын хариуцлагатай албаны хүмүүс болон ахан дүү орнуудын зочид урилгаар тус их хуралд оролцов.

7月11日 邮电部发行“庆祝蒙古人民革命胜利40周年”纪念邮票一套。邮票共两枚，第一枚面值为八分，印有中蒙两国国旗，标志着中蒙友谊；第二枚面值为十分，图为蒙古人民共和国中央政府，左右下角分别印有“1921”“1961”字样标志着蒙古人民革命胜利40年及取得的辉煌成就。

同日 庆祝蒙古人民革命胜利40周年，乌兰巴托举行盛大阅兵和群众游行，泽登巴尔主席发表广播讲话。中国共产党代表团团长乌兰夫等应邀登上检阅台。

同日 蒙古驻中国大使沙拉布当晚在北京饭店宴会厅举行盛大招待会，热烈庆祝蒙古人民革命胜利40周年。中华人民共和国主席刘少奇、国务院总理周恩来出席招待会，沙拉布大使和周恩来总理在招待会上先后讲话。

同日　沈阳各界500多人当晚举行集会，热烈庆祝蒙古人民革命胜利40周年。参加大会的有沈阳市副市长张霁中等以及辽宁省、沈阳市各人民团体的负责人。中国人民对外文化协会辽宁省暨沈阳市分会副会长安波在大会上讲话。

同日　新疆维吾尔自治区和乌鲁木齐市各族各界人民庆祝蒙古人民革命胜利40周年大会，当晚在乌鲁木齐市人民剧场隆重举行。自治区党委书记处书记吕剑人等以及自治区各人民团体的负责人、各族各界代表1 000人参加大会。苏联驻乌鲁木齐总领事馆副领事应邀出席大会。自治区副主席帕提汗·苏古尔巴也夫在会上发表讲话。

同日　湖北省和武汉市各界1 000多人当晚集会，热烈庆祝蒙古人民革命胜利40周年。湖北省副省长李明灏等出席大会。中共湖北省委宣传部副部长、对外文协湖北省暨武汉市分会副会长密加凡在会上发表讲话。

同日　蒙古人民共和国图片展览会当日上午在故宫文华殿开幕。中国国务院副总理习仲勋出席开幕式，并参观展览会。蒙古驻中国大使沙拉布，以奥特根巴雅尔为首的蒙中友协代表团，以官布·扎布苏仁扎布为首的蒙古新闻工作者代表团、以鲁·吉纳为首的蒙古电影工作者代表团的全体成员以及蒙古留学生，应邀出席开幕式。各国驻中国使节和外交官员也应邀出席开幕式。

同日　《人民日报》发表专文《庆祝蒙古人民革命40周年》，祝蒙古人民在自己的社会主义建设事业中取得新的更加辉煌的胜利，祝中蒙两国人民的兄弟友谊和团结更加巩固。

同日　《人民日报》发表蒙古人民革命党中央政治局委员莫

洛姆扎木茨的《蒙古人民革命40年》一文，介绍40年来蒙古革命和建设历程。

7 сар 11 Шуудан Холбооны хэлтсээс “Монголын ардын хувьсгалын 40 жилийн дурсгалын марк” хэвлэн гаргав. Марк нь 2 төрөл, нэг нь 8 мөнгийн, хоёр улсын далбаатай найрамдлын бэлэгдэл болсон, хоёр дахь нь 10 мөнгийн, БНМАУ-ын Засгийн газар, баруун, зүүн хэсэгт “1921” “1961” он зэргийг бичсэн нь Ардын Хувьсгал ялсны 40 жилийн гялалзсан амжилтыг илэрхийлсэн байна.

Мөн өдөр Монгол ардын хувьсгал ялсны 40 жилийн ойг тохиолдуулан Улаанбаатар хотноо цэргийн парад жагсаж, Ю. Цэдэнбал дарга үг хэлэв. ХКН-ын төлөөлөгчийн дарга Улаанхүүг цэргийн парад хүлээн авав. Мөн өдөр БНМАУ-аасБНХАУ-д суугаа Элчин сайд Шарав Бээжинд Монгол ардын хувьсгал ялсны 40 жилийн ойг тохиолдуулан дайллага хийв. БНХАУ-ын дарга Лю Шаочи, Төрийн Зөвлөлийн Ерөнхий сайд Жоу Эньлай нар дайллагад оролцов. Элчин сайд Шарав болон Ерөнхий сайд Жоу Энлай үг хэлэв.

Мөн өдөр Мүгдэн хотын бүх давхаргын төлөөл 500 гаруй хүн Монголын ардын хувьсгал ялсны 40 жилийн ойг тохиолдуулан хурал цуглаан хийв. Их хуралд Мүгдэн хотын орлогч дарга Жан Жижун болон Ляонин муж Мүгдэн хотын олон нийтийн байгууллагын хариуцлагтай албаны хүмүүс оролцов. Хятадын ардын гадаад орнуудтай соёлоор харилцах нийгэмлэгийн Ляонин муж болон Мүгдэн хотын салбар хорооны орлогч дарга Ан бо хурал дээр үг хэлэв.

Мөн өдөр Шинжаны ӨЗО болон Урумчи хотын үндэстнүүд Монголын ардын хувьсгал ялсны 40 жилийн ойн хурлыг Урумчи хотын ардын театрт зохион байгуулав. ӨЗО намын нарийн бичгийн газрын нарийн бичгийн дарга Ли Жяньрэнь ЗХУ-аас Урумчид суугаа Ерөнхий консулын газрын дэд консул болон ӨЗО-ны олон нийтийн хариуцлагатай албан тушаалтан гэх мэт 1000 хүн хуралд оролцов. ӨЗО-ны орлогч дарга Сугарбаев хурал дээр үг хэлэв.

Мөн өдөр Хубэй муж болон Ухань хотын бүх давхаргын 1000 гаруй хүн Монгол Ардын Хувьсгал ялсны 40 жилийн ойг тохиолдуулан цуглаан хийв. Хубэй мужийн орлогч дарга Ли Миньхау хуралд оролцов. Хубэй мужийн КН-ын хорооны суртал ухуулгын хэлтсийн орлогч дарга, гадаад орнуудтай соёлоор харилцах нийгэмлэгийн Хубэй мужийн Ухань хотын салбар хорооны дэд дарга Ми Жяфан хурал дээр үг хэлэв.

Мөн өдөр БНМАУ-ын гэрэл зургийн үзэсгэлэн хааны ордоны соёлын харшид нээлтээ хийв. Хятадын Төрийн Зөвлөлийн Ерөнхий сайдын орлогч Си Жунсюн нээлтийн ёслолд оролцож, үзэсгэлэнг үзэж сонирхов. Монголоос Хятадад суугаа Элчин сайд Шарав, Отгонбаяр тэргүүтэй Монгол Хятадын найрамдлын нийгэмлэгийн төлөөлөгчид болон Жамсранжав тэргүүтэй Монголын мэдээллийн албаны ажилчдын төлөөлөгчид мөн Л. Женя тэргүүтэй Монголын кинон албаны ажилчидын төлөөлөгчдийн бие бүрэлдэхүүн болон Монголын оюутнууд уг үзэсгэлэнгийн нээлтийн ёслолд оролцов. Гадаад орнуудаас Хятадад суугаа Элчин сайд болон гадаад харилцааны төлөөлөгчид урилгаар ёслолд оролцов.

Мөн өдөр “Ардын өдрийн сонин”-д “Монголын ардын хувьсгал ялсны 40 жилийн ойг тэмдэглэв” гэсэн Монголын ард түмний өөрсдийн социалист бүтээн байгуулалтын үйл хэрэгт гялалзсан амжилт олсон , Монгол Хятадын ард түмний ахан дүүгийн найрамдлаа улам бэхжүүлэхийг хүссэн тусгай өгүүлэл нийтлэгдэв.

Мөн өдөр “Ардын өдрийн сонин”-д МАХН-ын Төв Хорооны УТТ-ны гишүүн Моломжамц “Монголын ардын хувьсгалын 40 жил” гэх 40 жилийн өмнө Монголд гарсан хувьсгал болон бүтээн байгуулалтын түүхийг танилцуулсан мэдээ нийтлэгдэв.

7月12日　蒙中友协代表团在团长奥特根巴雅尔率领下，于当日乘飞机离开北京赴上海访问。由鲁·吉纳团长率领的蒙古电影工作者代表团也同机前往上海。蒙古客人们抵达上海时，受到了中共上海市委书记处书记、上海市副市长、中蒙友好协会副会长曹荻秋等人的热烈欢迎，当晚，中共中央政治局委员、中共上海市委第一书记、上海市市长柯庆施举行宴会，欢迎蒙中友好协会代表团和蒙古电影工作者代表团。

7 сар 12　Монгол Хятадын найрамдлын нийгэмлэгийн дарга Отгонбаяр тэргүүтэй төлөөлөгчид тусгай үүргийн онгоцоор Шанхай хотноо айлчлахаар хүрэлцэн ирэв. Л. Женя тэргүүтэй Монголын кино албаны ажилчдын төлөөлөл мөн хамт Шанхайд ирэв. Монголын зочидыг Шанхайд хүрэлцэн ирэхэд хотын КН-ын нарийн бичгийн газрын нарийн бичгийн дарга, хотын орлогч дарга, Хятад Монголын найрамдлын нийгэмлэгийн дэд дарга Цао Хуочью нар халуун дотноор угтан авч, орой нь КН-ын Төв Хорооны улс төрийн товчоо, Шанхай дахь КН-ын нэгдүгээр нарийн бичгийн дарга, хотын дарга Хэ Чинши нар дайллага хийв.

7月13日　中蒙友好协会、中国作家协会、中国音乐家协会联合举办音乐文学晚会庆祝蒙古人民革命胜利40周年。蒙古驻华大使沙拉布及使馆外交官员应邀出席。

同日　中国国务院总理周恩来收到蒙古人民革命党中央委员会第一书记、蒙古部长会议主席泽登巴尔的一封感谢电。泽登巴尔在电报中衷心感谢周恩来对他由于汽车事故不幸受伤所表示的慰问和真诚的祝愿。

同日　上海各界人民1 000多人当晚隆重集会，热烈庆祝蒙古人民革命胜利40周年。前来中国参加“中蒙友好旬”各项庆祝活动的以奥特根巴雅尔为首的蒙中友协代表团、以鲁・吉纳为首的蒙古电影工作者代表团的全体成员出席大会。中共上海市委书记处书记陈丕显，中共上海市委书记处书记、上海市副市长、中蒙友好协会副会长曹荻秋等出席大会。曹荻秋和奥特根巴雅尔先后在会上讲话。

7 сар 13 Хятад Монголын найрамдлын нийгэмлэг, Хятад зохиолчдын хороо, Хятадын хөгжимчдын нийгэмлэгээс Монголын ардын хувьсгал ялсны 40 жилийн ойн баярыг тохиолдуулан соёлын үдэшлэг зохион байгуулав. Монголоос Хятадад суугаа Элчин сайд Шарав болон гадаад харилцааны ажилтнууд урилгаар оролцов.

Мөн өдөр БНХАУ-ын Төрийн Зөвлөлийн Ерөнхий сайд Жоу Эньлай МАХН-ын нэгдүгээр нарийн бичгийн дарга, Монголын Сайд Нарын Зөвлөлийн дарга Цэдэнбалын талархлын цахилгааныг хүлээн авав. Цэдэнбал цахилгаандаа Жоу Эньлай дарга түүнд илгээсэн автын ослоос болж гэмтсэн явдалд гүнээ харамсал илэрхийлсэн цахилгаанд чин сэтгэлээсээ талархсанаа илэрхийлэв.

Мөн өдөр Шанхайн бүх давхаргын 1000 гаруй хүн Монголын ардын хувьсгал ялсны 40 жилийн ойг тохиолдуулан хурал зохион байгуулав. Өмнө нь “Монгол Хятадын найрамдлын 10 хоног”-ын үйл ажиллагаанд оролцохоор ирсэн Отгонбаяр тэргүүтэй Монгол Хятадын найрамдлын нийгэмлэгийн төлөөлөгчид, Женя тэргүүтэй Монголын кино албаны ажилчдын төлөөлөгчдийн бие бүрэлдэхүүн их хуралд оролцов. Шанхай дахь КН-ын нарийн бичгийн газрын нарийн бичгийн дарга Чэнь Писянь, Шанхай хотын орлогч дарга, Хятад Монголын найрамдлын нийгэмлэгийн орлогч дарга Цао Хуочиү нар их хуралд оролцов. Цау Ди Чиү болон Отгонбаяр хурал дээр үг хэлэв.

7月17日 蒙中友协代表团上午抵达呼和浩特，中共内蒙古自治区委员会书记、自治区副主席杨植霖、奎璧，会见了蒙中友好协会代表团团长奥特根巴雅尔及代表团全体成员。

同日 内蒙古毛纺织厂500多名各族男女职工当日举行集会，热烈欢迎由奥特根巴雅尔率领的蒙中友好协会代表团。

同日 由张致祥率领的中蒙友好协会代表团，应蒙中友好协会邀请参加蒙古人民革命胜利40周年庆祝活动后，当日乘火车回到北京。

7 сар 17 Монгол Хятадын найрамдлын нийгэмлэгийн төлөөлөгчид Хөх хотод хүрэлцэн ирж ӨМӨЗО дахь КН-ын хорооны нарийн бичгийн дарга, ӨЗО орлогч дарга Ян Жилинь, Куй Би нар Монгол Хятадын найрамдлын нийгэмлэгийн төлөөлөгчдийн дарга Отгонбаяр болон төлөөлөгчдийн бие бүрэлдэхүүнтэй уулзалт хийв.

Мөн өдөр ӨМ-н нэхмэлийн үйлдвэрийн 500 гаруй ажилчид хурал хийж Отгонбаяр тэргүүтэй төлөөлөгчдийг халуун дотноор угтан авав.

Мөн өдөр Жан Жи-ян тэргүүтэй Хятад Монголын найрамдлын нийгэмлэгийн төлөөлөгчид, Монгол Хятадын найрамдлын нийгэмлэгийн урилгаар Монголын ардын хувьсгал ялсны 40 жилийн ойн үйл ажиллагаанд оролцсоныхоо дараа мөн өдөртөө галт тэргээр Бээжинд буцаж ирэв.

7月18日 呼和浩特市各族各界1 000多人当晚隆重集会，欢迎蒙中友协代表团，庆祝蒙古人民革命胜利40周年。中共内蒙古自治区委员会书记处书记、自治区副主席杨植霖、奎璧、王再天等参加庆祝大会。中蒙友好协会内蒙古自治区分会副会长、自治区副主席朋斯克和奥特根巴雅尔团长先后在大会上讲话。当天下午，蒙古客人们在朋斯克等人陪同下，来到内蒙古大学，和内蒙古大学、内蒙古师范学院、内蒙古农牧学院和内蒙古艺术学校的400多名师生一起联欢。

7 сар 18 Хөх хотын бүх давхаргын 1000 гаруй хүн Монгол Хятадын найрамдлын нийгэмлэгийн төлөөлөгчдийг угтан авч, Монголын ардын хувьсгал ялсны 40 жилийн ойг тохиолдуулан цуглаан зохион байгуулав. ӨМӨЗО дахь КН-ын хорооны нарийн бичгийн газрын нарийн бичгийн дарга ӨЗО-ны орлогч дарга Ян Жилинь, Куй Би, Ван Зайятянь уг хуралд оролцов. Хятад Монголын найрамдлын нийгэмлэгийн ӨМӨЗО салбар хорооны дэд дарга, ӨЗО –ны орлогч дарга Пунсаг болон Отгонбаяр дарга нар хурал дээр үг хэлэв. Энэ өдрийн үдээс хойш Монголын зочид Пунсагын хамтаар ӨМ –н их сургуульд ирж, ӨМИС, ӨМ-н Багшийн Дээд Сургууль, ӨМ-ын Хөдөө Аж Ахуйн Дээд Сургуулиудад айлчлахад ӨМ-н Урлагын сургуулийн 400 гаруй багш оюутнуудтай найрлав.

7月19日　蒙中友好协会代表团一行5人，在呼和浩特进行了为期三天的友好访问后，当晚乘火车离开呼和浩特去北京。代表团在离开呼和浩特前，出席了中蒙友好协会内蒙古自治区分会举行的宴会。

7 сар 19 Монгол Хятад найрамдлын нийгэмлэгийн 5 хүний бүрэлдэхүүнтэй төлөөлөгчид, Хөх хотод 3 хоногийн хугацаатай айлчлал хийснийхээ дараа Бээжин хот руу явав. Төлөөлөгчид Хөх хотоос гарахаас өмнө Хятад Монголын найрамдлын нийгэмлэгийн ӨМӨЗО дахь салбар хорооны зохион байгуулсан дайллагад оролцов.

7月20日　蒙古驻华大使馆临时代办托依夫当晚举行宴会，欢迎即将回国的以奥特根巴雅尔为首的蒙中友协代表团，欢迎访问蒙古胜利归来的以张致祥为首的中蒙友协代表团。应邀出席宴会的有中蒙友协会长张致祥等以及中国各有关方面人士。正在中国访问的以鲁·吉纳为首的蒙古电影工作者代表团出席宴会。

7 сар 20 БНМАУ-аас БНХАУ-д суух элчин сайдын үүрэгт ажлыг түр хамаарагч Тойнхүү улсдаа буцах Отгонбаяр тэргүүтэй Монголын төлөөлөгчид, Монголын ардын хувьсгалын баярт оролцоод ирсэн Жан Жишян тэргүүтэй Хятад Монголын найрамдлын нийгэмлэгийн төлөөлөгчидөд зориулж дайллага хийв. Уг дайллагад Хятад Монголын найрамдлын нийгэмлэгийн дарга Жан Жишян болон Хятадын холбогдох албаныхан урилгаар оролцов. Энэ хугацаанд Хятадад айлчлал хийж байсан Л. Женя тэргүүтэй Монголын кино албаны ажилчдын төлөөлөл дайллагад оролцов.

7月22日 据新华社报道，在近日举行的“中蒙友好旬”活动，期间，北京、上海、呼和浩特、广州、武汉、哈尔滨、乌鲁木齐、沈阳、成都、西安等城市，除举行群众集会外，还进行了多种多样的庆祝活动，热烈庆祝蒙古人民革命胜利40周年。许多城市举办了蒙古电影周，放映了《人民的使者》《给我一匹马》《星火》三部影片，受到观众的广泛欢迎。蒙古电影周期间，天津市有4.6万多人次观看了蒙古电影。在上海工人文化宫展出的“蒙古人民革命胜利40周年图片展览会”，从8日开幕以来，已有2万多人前往参观。哈尔滨市的许多机关干部、工人、学生和部队官兵参观了在工人文化宫举办的“蒙古人民共和国图片展览”。广州、呼和浩特、乌鲁木齐等地，也都举办了“蒙古人民共和国图片展览”。由上海外文书店举办的“蒙古人民共和国图书展览”，展出了100多种图书。上海音乐书店还出售了不少蒙古歌曲和音乐唱片。一些城市的报纸在中蒙友好旬期间，刊登了很多有关中蒙友好的文章。一些广播电台举办了特别节目，播送蒙古乐曲。在呼和浩特市出版的《内蒙古日报》，以《中蒙两国兄弟友谊万古长青》为题，刊登专栏，详细地报道了蒙古人民共和国各方面的发展情况，还发表了中蒙友协内蒙古分会负责人和一些曾经访问过蒙古的人的文章，热情地赞美了中蒙两国人民之间的牢不可破的友谊。

7 сар 22 Синьхуа агентлагын мэдээнд саяхан зохион байгуулагдсан "Хятад Монголын найрамдлын 10 хоног"-ын үйл ажиллагааны хугацаанд Бээжин, Шанхай, Хөх хот, Гуанжоу, Ухань, Харбин, Урумчи, Мүгдэн, Чэнду, Си ань зэрэг хотуудад олон түмний цуглаан зохион байгуулагдсанаас гадна, бас олон тэмдэглэлт үйл ажиллагаа болж, Монголын ардын хувьсгалын 40 жилийн ойг халуун дотноор тэмдэглэв. Мөн олон хотонд Монголын кино 7 хоногийг зохион байгуулж "Ардын элч", "Морьтой ч болоосой", "Эрхсийн гал" гэсэн 3 киног дэлгэцэнд тавьж үзэгчид өргөнөөр үзэж сонирхов гэж тэмдэглэв. Монголын кино 7 хоногийн хугацаанд Тяньжин хотод 46000 гаруй хүн Монголын киног үзсэн байв. Шанхайд ажилчдын соёлын ордонд Монголын ардын хувьсгал ялсны 40 жилийн ойн гэрэл зургийн үзэсгэлэн, 8-наас эхлэн нээлтээ хийж 20000 гаруй хүн үзэж сонирхов. Харбин хотын олон кадр ажилтан, ажилтан, оюутан болон цэргийн алба хаагч нар уг үзэсгэлэнг үзэж сонирхов. Гуанжоу, Хөх хот, Урумчи зэрэг хотуудад Монголын ардын хувьсгалын 40 жилийн ойг тохиолдуулан гэрэл зургийн үзэсгэлэн зохион байгуулагдав. Шанхайн гадаад соёлын номын дэлгүүрт БНМАУ гэрэл зургийн үзэсгэлэн зохион байгуулагдаж 100 гаруй зурагт ном оролцуулав. Шанхайн хөгжмийн дэлгүүрт цөөнгүй монгол дуунуудыг хүлээн авав. Эдгээр хотуудын сонин мэдээнд

Хятад Монголын найрамдлын 10 хоногын хугацаанд хоёр улсын найрамдлын тухай багагүй өгүүлэл нийтлэгдэв. Зарим телевиз радиогоор тусгай нэвтрүүлэг хийж Монгол дуу цацаж байв. Хөх хотын "ӨМ-ын өдрийн сонин"-д Хятад Монгол хоёр улсын ахан дүүгийн найрамдал өнө мөнх үүрд оршино" сэдэвтэй БНМАУ-н бүхий л талын хөгжлийн байдал, Хятад Монголын найрамдлын нийгэмлэгийн ӨМ дахь салбар хорооны хариуцлагатай ажилчид Монголд айлчлал хийсэн тэмдэглэл, Хятад Монгол хоёр улсын ард түмний хоорондын ганхашгүй бат найрамдлын тухай өгүүллэг тусгай буланд нийтлэгдэв.

7月25日 中华人民共和国主席刘少奇根据全国人民代表大会常务委员会第40次会议的决定，于当日批准了《中华人民共和国和蒙古人民共和国通商条约》。

7 сар 25 БНХАУ-ын дарга Лю Шаочи БХАТИХ-ын Байнгын Хорооны 40 дэх удаагийн их хурлын шийдвэрээр "БНХАУ болон БНМАУ-ын худалдааны гэрээ"-г хүлээн зөвшөөрөв.

7月28日 根据蒙古人民共和国的要求，当年中国派往蒙古参加生产建设的员工已经分批陆续抵达蒙古，并在蒙古有关工矿企业部门中直接参加生产建设。蒙古国家计划委员会第一副主席奥特根巴雅尔和中国政府劳动部代表王钧，27日下午在乌兰巴托正式办理了当年中国派往蒙古的员工的交接手续。奥特根巴雅尔并为此举办了宴会。谢甫生大使在28日下午接见了前来工作的中国员工干部，勉励他们在蒙古工作期间虚心向蒙古企业领导干部和工人学习，在蒙古的生产建设中贡献出自己的力量，并为此举办了电影招待会。

7 сар 28 БНМАУ-ын хүсэлтээр энэ жил Монголын

бүтээн байгуулалтад туслахаар Хятадаас илгээсэн ажилчид ээлж дараагаар Монголд ирж, Монголын Уул Уурхайн салбарт бүтээн байгуулах үйл хэрэгт оролцов. БНМАУ-ын төлөвлөгөөний комиссын нэгдүгээр орлогч дарга Отгонбаяр болон Хятадын Засгийн Газрын Хөдөлмөрийн Яамны төлөөлөгч Ван Дяо 27-ны өдөр Улаанбаатар хотноо ирэх Хятадын ажилчдын бичиг баримтыг албан ёсоор хүлээлгэж өгөв. Отганбаяр орлогч дарга хүлээн авалт зохион байгуулав. Элчин сайд Се Фушэн 28-ны өдрийн үдээс хойш Хятадын ажилчдыг хүлээн авч уулзан тэднийг Монголд ажиллах хугацаандаа Монголын үйлдвэрийн газрын удирдлагууд болон ажилчдаас суралцан, Монголын бүтээн байгуулалтанд өөрсдийн хүчийг нэмэрлэхийг хүсэж, кино коктейль зохион байгуулав.

7月　中国发行“纪89”邮票，纪念蒙古人民革命胜利40周年。

8月1日　中国国务院副总理兼国防部长林彪元帅，当日接到蒙古人民军事务部第一副部长朝克中将祝贺中国人民解放军建军34周年的电报。

8 сар 1　Хятадын Төрийн Зөвлөлийн Ерөнхий сайдын орлогч бөгөөд БХЯ-ны сайд, маршал Линь Бяод , Монголын Ардын Армийн хэрэг эрхлэх газрын нэгдүгээр орлогч дарга дэслэгч генерал Цогоо Хятадын Ардын Чөлөөлөх Армийн 34 жилийн ойн баярын цахилгаан илгээв.

8月5日　中国教育部副部长董纯才应蒙古教育部长姆・扎木斯兰的邀请当日乘火车赴乌兰巴托参加蒙古人民共和国第3次教师代表大会。

8 сар 5　Хятадын Боловсролын Яамны дэд сайд Дун Чюньцай Монголын Боловсролын Яамны сайд М. Жамсраны

урилгаар Улаанбаатар хотод БНМАУ-ын багш нарын 3 дахь удаагийн хуралд оролцов.

8月31日 中、苏、蒙铁路代表会议和中、蒙国境铁路联合委员会会议，当日在呼和浩特闭幕。苏、蒙国境铁路联合委员会会议也同时闭幕。这三个会议是在8月24日开始召开的。会上讨论了中、苏、蒙铁路联运的有关问题，并且检查了1960年上述会议的议定书执行情况，同时制订和签订了《1961年中苏蒙铁路代表会议议定书》《中蒙国境铁路联合委员会议定书和苏蒙国境铁路联合委员会议定书》。在议定书上分别签字的有：中国铁路代表团团长、呼和浩特铁路局代理局长胡常伦；苏联铁路代表团团长、东西伯利亚铁路管理局局长沙拉姆别科夫；蒙古铁路代表团团长、乌兰巴托铁路管理局副局长丹巴达日扎。

8 сар 31 Хятад, Зөвлөлт, Монголын төмөр замын төлөөлөгчдийн их хурал болон Хятад Монголын транзит төмөр замын комиссын их хурал, тус өдөр Хөх хотод хаалтаа хийв. Мөн Зөвлөлт, Монголын транзит төмөр замын комиссын их хурал хаалтаа хийв. Энэ 3 хурал нь 8/24-с эхлэн зохион байгуулагдав. Хурлын үеэр Хятад, Зөвлөлт, Монголын төмөр замын хамтран тээвэрлэлтийн асуудал болон 1960 оны хурлын протоколын хэрэгжилтийн байдлын тухай ярилцаж, мөн “1961 оны Хятад, Зөвлөлт, Монголын төмөр замын төлөөлөгчдийн их хурлын протокол”, “Хятад Монголын транзит төмөр замын комиссын хурлын протокол болон Зөвлөлт Монголын транзит төмөр замын комиссын хурлын протокол”-ыг зохиож гарын үсэг зурав. Уг протоколд Хятадын төмөр замын төлөөлөгчдийн дарга, Хөх хотын төмөр замын хорооны төлөөлөгчдийн дарга Ху Чанлюнь, ЗХУ-ын төмөр замын төлөөлөгчдийн дарга, Дорнод Сибирийн төмөр замын удирдах хорооны дарга

Соловьев, Монголын төмөр замын төлөөлөгчдийн дарга, Улаанбаатрын төмөр замын удирдах газрын орлогч дарга Дамбадаржаа нар гарын үсэг зурав.

9月18日　9月4日开始在武汉展出的“蒙古人民共和国图片展览”当日下午闭幕。

9 сар 18　9 сарын 4-ний өдрөөс эхлэн Уханьд зохиогдсон “БНМАУ-ын гэрэл зургийн үзэсгэлэн” хаалтаа хийв.

9月27日　应中国卫生部部长李德全的邀请，蒙古卫生部部长古·图旺一行2人今晚乘火车抵达北京。

同日　据报道，为庆祝中华人民共和国成立12周年，在蒙古的城市和乡村里，最近正广泛举行蒙中友好晚会和介绍中国成就的讲座。当晚在乌兰巴托建筑工人文化宫举行了友好晚会。蒙古建筑和建筑材料工业部第一副部长巴布出席晚会并在会上介绍中国人民12年来所取得的巨大成就。在此之前，在乌兰巴托肉类联合工厂工人文化宫和蒙古手工业者协会缝纫厂俱乐部也分别举行了工业企业工作人员和手工业工作者庆祝中华人民共和国成立12周年的晚会。

9 сар 27　Хятадын ЭМЯ-ны сайд Ли Дэчуаны урилгаар Монголын ЭМЯ-ны сайд Г. Туваан төлөөлөгчдийн хамт Бээжинд хүрэлцэн ирэв. Мөн өдөр БНХАУ байгуулагдсан 12 жилийн ойг тохиолдуулан Монголын хот аймгуудад Монгол Хятадын нөхөрсөг хүлээн авалт болон Хятадын амжилтын тухай танилцуулах хичээл зохион байгуулагдав. Улаанбаатар дах барилгын ажилчид соёлын ордонд нөхөрсөг хүлээн авалт зохион байгуулав. Монголын барилга болон барилгын материалын аж үйлдвэрийн нэгдүгээр орлогч дарга Бавуу уг хүлээн авалтад орж Хятадын ард

түмний 12 жилийн амжилтын туршлагатай танилцав. Улаанбаатар хотын Махны комбинатын ажилчдын соёлын ордон болон Монголын гар урлалын үйлдвэрийн ажилчдын хорооны оёдлын үйлдвэрийн ажилчид БНХАУ байгуулагдсаны 12 жилийн ойн хүлээн авалтад оролцов.

9月28日 为庆祝中华人民共和国成立12周年，中国驻蒙古大使谢甫生举行电影招待会，蒙古大人民呼拉尔主席团主席扎·桑布和蒙古人民革命党中央第二书记鲁·曾德等蒙古党政领导人出席。

9 сар 28 БНХАУ байгуулагдсаны 12 жилийн ойн баярыг тохиолдуулан Хятадын Элчин сайд Се Фушэн кино коктейль зохион байгуулж, АИХ-ын Тэргүүлэгчдийн дарга Самбуу, МАХН-ын Төв хорооны хоёрдугаар нарийн бичгийн дарга Л. Цэнд зэрэг Монголын нам засгийн удирдлагууд оролцов.

9月30日 蒙古人民革命党中央委员会第一书记、蒙古部长会议主席尤·泽登巴尔、蒙古大人民呼拉尔主席团主席扎·桑布致电中国共产党中央委员会主席毛泽东、中华人民共和国主席刘少奇、国务院总理周恩来，庆祝中华人民共和国成立12周年。蒙古外交部部长彭·沙格达尔苏伦也给中国外交部部长陈毅发来贺电。

同日 在中华人民共和国成立12周年前夕，有670多位外宾应邀从世界各地来到北京参加庆祝活动。蒙古乌兰巴托市市长桑杰·巴塔、蒙古卫生部部长古·图旺也应邀参加庆祝活动。

9 сар 30 МАХН Төв хорооны нэгдүгээр нарийн бичгийн дарга, Монголын Сайд Нарын Зөвлөлийн дарга Цэдэнбал, АИХ-ын Тэргүүлэгчдийн дарга Ж.Самбуу ХКН-ын Төв хорооны дарга Мао Зэдун, БНХАУ-н дарга Лю Шаочи, Төрийн Зөвлөлийн Ерөнхий сайд Жоу Эньлай нарт БНХАУ байгуулагдсаны 12 жилийн ойн баярын цахилгаан илгээв.

Монголын ГЯЯ-ны сайд П. Шагдарсүрэн Хятадын ГЯЯ-ны сайд Чэнь И-д мөн баярын цахилгаан илгээв.

Мөн өдөр баярын өмнө 670 гаруй гадаадын зочид Бээжинд баярын үйл ажиллагаанд оролцов. БНМАУ-ын Улаанбаатар хотын дарга Бат, ЭМЯ-ны сайд Туваан нар баярын үйл ажиллагаанд оролцов.

9月30日　蒙古《真理报》为中国国庆发表题为《中国人民的历史性节日》的社论。

9 сар 30 Монголын "Үнэн" сонинд "Хятадын ард түмний түүхэн баярын өдөр" гэсэн тэргүүн өгүүлэл нийтлэгдэв.

10月6日　中国卫生部部长李德全当晚在新侨饭店举行宴会，欢送即将离开北京的蒙古卫生部部长古·图旺。李德全部长、图旺部长和蒙古驻中国大使沙拉布先后讲话，一致强调加强两国医务工作者的互相帮助、互相学习和业务合作。

同日　蒙古驻中国大使沙拉布在新侨饭店举行电影晚会，庆祝中蒙两国建交12周年和中蒙经济及文化合作协定签订9周年。

10 сар 6 Хятадын ЭМЯ-ны сайд Ли Дэчуан "Синьчао" зоогийн газарт дайллага зохион байгуулж, БНМАУ-ын ЭМЯ-ны сайд Тувааг үдэж өгөв. Ли Дэчуан сайд, Туваан сайд, Монголоос Хятадад суугаа Элчин сайд Шарав нар үг хэлж, хоёр улсын эмнэлэгийн ажилчид харилцан туслалцах, харилцан суралцах, хамтран ажиллах нөхцлийг бэхжүүлэх тухай хэлэлцэв.

Мөн өдөр Монголоос Хятадад суугаа Элчин сайд Шарав "Хятад Монгол хоёр улс дипломат харилцаа тогтоосны 12 жилийн ой болон Хятад Монголын эдийн засаг болон соёлоор хамтран ажиллах хэлэлцээр байгуулсаны 9 жилийн ойг тохиолдуулан" Синьчяо зоогийн газарт кино коктейль зохион байгуулав.

10月25日　塔斯社纽约讯：联合国安全理事会25日通过决议，建议联合国大会接纳蒙古人民共和国参加联合国。投赞成票的是苏联、阿联、锡兰、智利、厄瓜多尔、利比里亚、土耳其、英国和法国。美国弃权。

10 сар 25 ТАСС агентлагын мэдээнд НҮБ-ын аюулгүйн зөвлөл 25-ны өдрийн тогтоолдоо БНМАУ-ыг НҮБ-д элсүүлэх талаар хэлэлцэв. ЗХУ, Аравын Холбоот Улс, Чили, Герек, Эквадор, Либил, Түрк, Англи, Франц зэрэг улсууд санал өгч, Америк түтгэлцэж, Тайван оролцоогүй байна.

11月3日　据蒙古通讯社报道，蒙古部长会议批准了蒙古人民共和国出席联合国大会第16届会议的代表团成员。

11 сар 3 Монголын мэдээ агентлаг Монголын Сайд Нарын Зөвлөл БНМАУ –ыг НҮБ-ын 16–р хурлын төлөөлөгчдийн гишүүнээр оролцохыг хүлээн зөвшөөрөв гэж мэдэгдэв.

11月28日　参加苏共“二十二大”的蒙古人民革命党代表团团员、党中央第二书记鲁·曾德在乌兰巴托市党的积极分子会议上批评中国共产党的立场。

11 сар 28 ЗХУ-ын КН-ын “22 их” хуралд МАХН-ын төлөөлөгч гишүүд, намын төв хорооны хоёрдугаар нарийн бичгийн дарга Л. Цэнд Улаанбаатар хотын намын идэвхтэн нарийн хурал дээр ХКН-ын байр суурийг шүүмжлэв.

12月25日　由水利电力工业部副部长程明升率领的中国政府移交电厂代表团，当日中午乘火车抵达乌兰巴托。中国驻蒙古大使谢甫生亦同车抵达。代表团将代表中国政府把由中国帮助蒙古建设的总容量为1.2万千瓦的陶拉盖图发电厂移交给蒙古政府。这座电厂是根据1958年12月29日签订的中蒙经济技术援助协定由中国帮助建成的。到车站迎接代表团的有蒙古政府工业部部长达木丁等。蒙古部长会议副主席迈达尔当天下午接见了以程明升为首的中国政府代表团全体团员。

1961年，在中国遭受灾害时，蒙古政府向中国提供了1 000吨牛羊肉、6 000吨面粉和10 000吨小麦的救灾物资。

12 сар 25 Усан цахилгаан станцын үйлдвэрийн орлогч дарга Чэн Миншэн тэргүүтэй Хятадын Засгийн Газар цахилгааны станц хүлээлгэн өгөх төлөөлөгчид Улаанбаатар хотод ирэв. Мөн Хятадаас Монголд суугаа Элчин сайд Се Фушэн ирэв. Хятадын Засгийн Газрын төлөөлөгчид, Хятадаас Монголын бүтээн байгуулалтад нийт 12000 ваттын хүчин чадалтай цахилгаан станц барьж Монголын Засгийн Газарт хүлээлгэн өгөв. Уг цахилгаан станц нь 1958.12.29-ны өдөр байгуулсан Хятад Монголын эдийн засаг техникийн тусламжийн хэлэлцээрийн дагуу Хятадын Засгийн Газар байгуулж өгөв. төлөөлөгчдийг Монголын Засгийн Газрын Худалдаа Үйлдвэрлэлийн Яамны сайд Дамдин нар угтан авав. Монголын Сайд Нарын Зөвлөлийн орлогч дарга Майдар Чэн Миншэн тэргүүтэй Хятадын Засгийн Газрын төлөөлөгчдийн бие бүрэлдэхүүнийг хүлээн авч уулзав.

1961 онд, Гамшиг тохиолдсон Хятад улсад Монголын Засгийн Газраас 1000 тн үхэр, хонины мах, 6000 тн гурил, болон 10000 тн буудай зэрэг тусламж үзүүлэв.

1962年中蒙国家关系历史编年

1962 оны Хятад Монгол хоёр улсын түүхэн үйл явдлын товчоон

1月3日 中国政府派往蒙古移交陶拉盖图发电厂的代表团团长、水利电力部副部长程明升，当日晚乘火车从乌兰巴托回到北京。

1 сар 3 Хятадын Засгийн Газраас шилжүүлэн өгсөн Монголын Толгойтын цахилгаан станцын төлөөлөгчдийн дарга, усан цахилгаан хүчний хэлтсийн орлогч дарга Чэн Миншэн Бээжинд эргэж буцав.

1月13日 《中华人民共和国政府和蒙古人民共和国政府文化合作协定1962年执行计划》当日上午在北京签订。中国对外文化联络委员会副主任张致祥和蒙古驻华大使敦·沙拉布分别代表本国政府在计划上签字。

1 сар 13 "БНХАУ-ын Засгийн Газрын БНМАУ-ын Засгийн Газар, соёлын хамтын ажиллагааны 1962 оны хэрэгжүүлэх төлөвлөгөө"-д Бээжинд гарын үсэг зурав. Уг гэрээнд Хятадын Гадаад Орнуудтай Соёлоор Харилцах Нийгэмлэгийн орлогч дарга Жан Жишян болон Монголоос Хятадад суугаа Элчин сайд Шарав нар гарын үсэг зурав.

1月25日 蒙古人民革命党中央第一书记尤·泽登巴尔在蒙古人民革命党十四届二中全会上赞扬苏共"二十二大"，重复对阿尔巴尼亚领导人的指责，并表示"不能同意例如中共代表团在苏共'二十二大'上对这个问题所作的解释"。

1 сар 25 МАХН-ын төв хорооны нэгдүгээр нарийн бичгийн дарга Ю. Цэдэнбал МАХН-ын 14 дэх удаагийн 2

дугаар хурал дээр Зөвлөлтын намын “22 их”-ыг сайшааж, Албанийн удирдагчидыг дахийн буруушааж, “ХКН-ын төлөөлөгчид Зөвлөлтийн КН-ын “22 их” дээр энэ асуудалд өгсөн тайлбарыг зөвшөөрч болохгүй” гэв.

2月21日　同中国政府商谈1962年度贸易的蒙古政府贸易代表团团长、蒙古对外贸易部部长贡布扎布，当晚乘火车抵达北京。

2 сар 21　Хятадын Засгийн Газртай 1962 оны гадаад худалдааны хэлэлцээрийн Монголын Засгийн Газрын гадаад худалдааны төлөөлөгчдийн дарга, Монголын Гадаад Худалдааны Яамны сайд Гомбожав энэ орой галт тэргээр Бээжинд ирэв.

2月22日　中国对外贸易部部长叶季壮当晚举行宴会，招待由蒙古对外贸易部部长贡布扎布率领的蒙古政府贸易代表团。蒙古驻华大使沙拉布也应邀出席。当天上午，叶季壮会见了代表团的全体成员。

2 сар 22　Хятадын Гадаад Худалдааны Яамны сайд Е Жижуан Монголын Гадаад Худалдааны Яамны сайд Гомбожав тэргүүтэй төлөөлөгчидийг хүлээн авч уулзав. Монголоос Хятадад суугаа Элчин сайд Шарав уг хүлээн авалтад оролцов. Тус өдрийн үдээс өмнө Е Жижуан бүх төлөөлөгчдийг хүлээн авч уулзав.

2月24日　中国国务院总理周恩来当天下午接见由蒙古对外贸易部部长贡布扎布率领的蒙古政府贸易代表团，同他们进行了亲切友好的谈话。

2 сар 24　БНХАУ-ын Төрийн Зөвлөлийн сайд Жоу Эньлай Монголын Гадаад Худалдааны Яамны сайд Гомбожав тэргүүтэй төлөөлөгчидтэй уулзан халуун дотно

яриа өрнүүлэв.

2月25日　中国政府贸易代表团和蒙古政府贸易代表团进行了贸易会谈，在北京签订了《中华人民共和国政府和蒙古人民共和国政府1962年互相供应货物议定书》。议定书规定，中国将供应蒙古绸缎、煤炭、水泥、化工原料、各种机器、机器零配件、日用百货等。蒙古将供应中国马匹、牛羊肉、面粉、肠衣、各种皮张、呢绒等。中国政府贸易代表团团长、对外贸易部部长叶季壮和蒙古政府贸易代表团团长、对外贸易部部长达·贡布扎布分别代表本国政府在议定书上签字。参加签字仪式的，中国方面有中国国务院副总理李先念等，蒙古方面有蒙古驻华大使德·沙拉布、蒙古商业采购部副部长策·那木斯来等。中国对外贸易部部长叶季壮为庆贺中蒙1962年互相供应货物议定书的签订，当晚举行宴会招待蒙古政府贸易代表团。中国国务院副总理李先念出席宴会。

2 сар 25　Хятадын ЗГ-ын гадаад худалдааны төлөөлөгчид болон Монголын ЗГ-ын гадаад худалдааны төлөөлөгчид гадаад худалдааны хэлэлцээр хийж, “БНХАУ-ын Засгийн Газар болон БНМАУ-ын Засгийн Газар 1962 онд харилцан бараа нийлүүлэх хэлэлцээр”-т Бээжинд гарын үсэг зурав. Хэлэлцээрт Хятадаас Монголд торго дурдан, нүүрс, цемент, химийн бодис, төрөл бүрийн машин, машины сэлбэг хэрэгсэл өргөн хэрэглээний бараа зэрэг бүтээгдэхүүн нийлүүлж, Монголоос Хятадад морь, үхэр хонины мах, гурил, өлөн гэдэс, төрөл бүрийн арьс, ноолуур зэрэг бүтээгдэхүүн нийлүүлэхээр болов. Хятадын ЗГ-ын гадаад худалдааны төлөөлөгчидийн тэргүүн, ГХЯ-ны сайд Е Жижуан болон Монголын ЗГ-ын гадаад худалдааны

төлөөлөгчдийн дарга, ГХЯ-ны сайд Гомбожав нар гэрээнд гарын үсэг зурав. Гарын үсэг зурах ёслолд Хятадын талаас Хятадын Төрийн Зөвлөлийн Ерөнхий сайдын орлогч Ли Сяньнянь, Монголын талаас Хятадад суугаа Элчин сайд Д. Шарав, Монголын худалдааны хэлтсийн орлогч дарга Ц. Намсрай нар оролцов. Хятадын ГХЯ-ны сайд Е Жижуан Хятад Монголын 1962 оны харилцан бараа нийлүүлэх хэлэлцээр байгуулсныг тохиолдуулан Монголын Засгийн Газрын гадаад худалдааны төлөөлөгчдөд хүлээн авалт зохион байгуулав. Уг хүлээн авалтад Хятадын Төрийн Зөвлөлийн Ерөнхий сайдын орлогч Ли Сяньнянь оролцов.

3月2日　中国和蒙古当日在北京互换了1961年4月26日在乌兰巴托签订的《中华人民共和国和蒙古人民共和国通商条约》的批准书。中国外交部副部长耿飙和蒙古驻华大使敦·沙拉布在互换批准书的证书上签字。根据上述条约第十四条的规定，该条约从互换批准书之日起，即行生效。

3 сар 2　БНХАУ болон БНМАУ 1961 оны 4 сарын 26-ны өдөр Улаанбаатар хотод байгуулсан “БНХАУ болон БНМАУ-ын худалдааны гэрээ”-ны батламж бичиг солилцов. Хятадын ГЯЯ-ны дэд сайд Гэн Бяо болон Монголоос Хятадад суугаа Элчин сайд Шарав нар батламж бичиг солилцон гарын үсэг зурав. 14 зүйл бүхий уг гэрээний батламж бичиг солилцсоны дараа хүчин төгөлдөр болов.

3月7日　由蒙古对外贸易部部长贡布扎布率领的蒙古政府贸易代表团，在去南京、上海、杭州等地参观访问后，当天乘火车离开北京回国。

3 сар 7　БНМАУ-ын ГХЯ-ны сайд Гомбожав тэргүүтэй Монголын ЗГ-ын гадаад худалдааны төлөөлөгчид Наньжин,

Шанхай, Ханжоу зэрэг газруудаар айлчлал хийж энэ өдрөө галт тэргээр нутаг буцав.

3月16日 中国国务院副总理兼国防部长林彪致电蒙古人民军事务部长兼人民军司令员勒哈格瓦苏伦上将，祝贺蒙古人民军建军41周年。

3 сар 16 Хятадын Төрийн Зөвлөлийн Ерөнхий сайдын орлогч бөгөөд БХЯ-ны сайд маршал Линь Бяо Монголын ардын армийн хэрэг эрхлэх газрын дарга бөгөөд ардын армийн командлагч хурандаа генерал Лхагвасүрэнд Монголын ардын арми байгуулагдсаны 41 жилийн ойн баярын цахилгаан илгээв.

4月10日 为纪念中国唐代诗人杜甫诞生1 250周年，蒙古人民共和国保卫世界和平委员会、蒙古作家协会和蒙中友好协会联合举办了纪念会。

4 сар 10 Хятадын Тан улсын үеийн шүлэгч Ду Фу мэндэлсний 1250 жилийн ойг тохиолдуулан БНМАУ-ын дэлхийн энх тайван найрамдлын хороо, Монголын зохиолчдын нийгэмлэг болон Монгол Хятадын найрамдлын нийгэмлэг хамтран дурсгалын хүлээн авалт хийв.

4月20日 前来中国商谈中蒙经济技术援助问题的蒙古政府经济工作组一行11人，由蒙古国家建筑经济委员会副主席贡布苏伦率领，当日下午乘飞机抵达北京。

4 сар 20 Хятадад эдийн засаг техникийн тусламжийн асуудлаар хэлэлцээр хийхээр ирсэн Монголын ЗГ-ын эдийн засгийн ажилчдын 11 хүний бүрэлдэхүүнтэй Монголын барилга эдийн засгийн хорооны орлогч дарга Гомбосүрэн тэргүүтэй төлөөлөгчид Бээжинд онгоцоор хүрэлцэн ирэв.

5月3日　应中华全国总工会邀请前来进行友好访问的蒙古工会代表团，在蒙古工会中央理事会执行委员、库苏古尔省工会理事会主席鲁·扎姆扬率领下，当天下午乘飞机抵达北京。

5 сар 3 Бүх Хятадын Үйлдвэрчний Эвлэлийн урилгаар Монголын Үйлдвэрчний Эвлэлийн төв хорооны хэрэг эрхлэх газрын гишүүн Хөвсгөл аймгийн Үйлдвэрчний Эвлэлийн хорооны дарга Жамяан тэргүүтэй Монголын Үйлдвэрчний эвлэлийн төлөөлөгчид Бээжинд хүрэлцэн ирэв.

5月4日　1962年中国赠送蒙古人民共和国救灾物资的交接书在蒙古赛音尚德签订，因1961年蒙古西部省份受灾，中国赠送蒙古价值189万元人民币的救灾物资。

5 сар 4 1962 онд Хятадаас БНМАУ–д тохиолдсон гамшигт тусламжаар эд материал өгөх бичигт Монголын Сайншандад гарын үсэг зурж, 1961 онд Монголын гамшигт өртсөн баруун бүсийн аймгуудад Хятадаас 1890000 юаний үнэ бүхий бараа тусламжаар олгосон байна.

5月9日　蒙古驻中国大使沙拉布奉调离任，乘火车离开北京。

5 сар 9 Монголоос Хятадад суугаа Элчин сайд Шарав тушаалаасаа бууж Бээжингээс нутаг буцав.

5月16日　蒙古部长会议为期满回国的3 000名中国员工代表举行宴会。部长会议副主席达·迈达尔在宴会上赞扬中国对蒙古建设给予的“多方面”“巨大的援助”。

5 сар 16 БНМАУ-ын Сайд Нарын Зөвлөл нутаг буцаж буй 3000 Хятад ажилчдад дайллага зохион байгуулав. Сайд Нарын Зөвлөлийн орлогч дарга Майдар дайллага дээр Хятадаас Монголын бүтээн байгуулалтад бүхий л талаар ихэт тусалсан явдалд талархаж буйгаа

илэрхийлэв.

5月17日 支援蒙古建设期满的中国工人，第一批600多人乘火车归国抵达二连浩特。

5 сар 17 Монголын бүтээн байгуулалтад тусалсан Хятад ажилчдын эхний ээлжийн 600 гаруй хүн галт тэргээр Эрээн хотод буцаж хүрэв.

5月26日—6月2日 中、蒙、苏铁路联运代表会第8次会议和中、蒙国境铁路联运委员会例会在伊尔库茨克市举行。

5 сар 26-6 сар 12 Хятад, Монгол, Зөвлөлтийн төмөр замын хамтран тээвэрлэлтийн 8 дахь удаагийн хурал мөн Хятад Монголын транзит төмөр замын тээврийн хурал Ирхүү хотноо болов.

5月30日 中国驻蒙古大使谢甫生当晚举行酒会，庆祝《中蒙友好互助条约》签订两周年。蒙古外交部副部长索索尔巴拉姆、蒙中友好协会副主席那楚克道尔吉、蒙古和平和友好组织副主席扎格德应邀出席酒会。

同日 中国蒙古友好协会当晚举行电影招待会，庆祝中蒙友好互助条约签订两周年。蒙古驻中国大使馆临时代办托依夫和外交官员应邀出席了电影招待会。

5 сар 30 Хятадын Элчин сайд Сье Фушэн “Монгол Хятадын найрамдал харилцан туслалцах гэрээ” байгуулсаны 2 жилийн ойн баярын хүлээн авалт зохион байгуулав. Монголын ГЯЯ-ны дэд сайд Сосорбарам Монгол Хятадын найрамдлын нийгэмлэгийн орлогч дарга Нацагдорж, Монголын энх тайван найрамдлын нийгэмлэгийн орлогч дарга Жагд нар урилгаар оролцов.

Мөн өдөр Хятад Монголын найрамдлын нийгэмлэг,

Хятад Монголын найрамдал харилцан туслалцах гэрээ байгуулагдсаны 2 жилийн ойг тохиолдуулан кино коктейль зохион байгуулав. Уг хүлээн авалтанд Монголоос Хятадад суугаа Элчин сайдын үүрэгт ажлыг түр хариуцагч Тойхүү болон гадаад харилцааны ажилчид урилгаар оролцов.

5月31日　蒙古人民共和国举行成吉思汗诞辰800周年的纪念活动。

同日　中国外交部部长陈毅，当日就中蒙友好互助条约签订两周年，致电蒙古外交部部长彭·沙格达尔苏伦表示热烈的祝贺。

5 сар 31　БНМАУ Чингис хааны мэндэлсний 800 жилийн ойн дурсгалын үйл ажиллагаа зохион байгуулав.

Мөн өдөр Хятадын ГЯЯ-ны сайд Чэнь И, Монгол Хятадын найрамдал харилцан туслалцах гэрээ байгуулсаны 2 жилийн ойг тохиолдуулан Монголын ГЯЯ-ны сайд Шагдарсүрэнд баярын цахилгаан илгээв.

6月1日　中国国务院当日举行的第116次全体会议，任命刘润生为中国驻蒙古大使馆参赞。

6 сар 1　Хятадын Төрийн Зөвлөл 116 дахь бүх нийтийн хурлаар Хятадаас Монголд суух элчин сайдаар Лю Рүншэнгийг томилогдов.

6月4日　中蒙科学技术合作执行机构第一次会议于5月16日至6月4日在北京举行，并于6月4日签订了关于执行两国于1960年5月31日签订的科学技术合作协定的共同办法和中蒙1962年科学技术合作计划议定书。根据议定书规定，双方将在轻工、纺织、卫生、农牧业等方面相互派遣考察人员和技术援助专家以及提供技术资料。中国科学技术委员会副主任武衡、蒙古国家建筑经济委员会副主席贡布苏伦分别代表本国政府签字。

6 сар 4 Хятад Монголын шинжлэх ухаан техникийн хамтын ажиллагааг хэрэгжүүлэгч байгууллагын анхдугаар хурал 5 сарын 16-наас 6 сарын 4-ны өдөр хүртэл Бээжинд болж, 6 сарын 4-нд хоёр улс 1960 оны 5 сарын 31-ны өдөр шинжлэх ухаан техникийн хамтын ажиллагааны хэлэлцээрийн хамтын арга болон 1962 оны шинжлэх ухаан техникийн хамтын ажиллагааны төлөвлөгөөний протоколтой нэгтгэн гарын үсэг зурав. Протоколд зааснаар хоёр тал хөнгөн үйлдвэр, нэхмэл, эрүүл мэнд, хөдөө аж ахуй зэрэг салбараар харилцан байцаан үзэгч болон мэргэжилтэн томилож техникийн бараа материал нийлүүлэхээр болов. Хятадын шинжлэх ухаан техникийн хорооны орлогч дарга Ү хэн, Монголын барилга эдийн засгийн хорооны орлогч дарга Гомбосүрэн нар тус тус гарын үсэг зурав.

6月19日—20日 社会主义国家铁路合作组织第7届部长会议于19日到20日在蒙古首都乌兰巴托举行。参加会议的有下列各国主管铁路的部长：保加利亚、匈牙利、越南、民主德国、中国、朝鲜、蒙古、波兰、罗马尼亚、苏联和捷克斯洛伐克。

6 сар 19-20 Социалист улс орнуудын төмөр замын хамтын ажиллагааны байгууллагын 2 дахь удаагийн сайд нарын хурал 19-20 хооронд БНМАУ-ын нийслэл Улаанбаатар хотод зохион байгуулагдав. Уг хуралд Болгар, Унгар, Вьетнам, Ардчилсан Герман, Хятад, Ардчилсан Солонгос, Монгол, Польш, Румын, ЗХУ, Чехословак зэрэг улс орнууд оролцов.

6月20日 蒙古新任驻中国特命全权大使敦道格·策伯格米德当天上午乘火车抵达北京。

6 сар 20 Монголоос Хятадад суух шинээр томилогдсон онц бөгөөд бүрэн эрхт Элчин сайд Цэвэгмид үдээс өмнө

галт тэргээр Бээжин хотноо хүрэлцэн ирэв.

6月21日　蒙古新任驻中国大使敦道格·策伯格米德当天上午拜会中国国务院副总理兼外交部部长陈毅，商谈递交国书事宜。

6 сар 21　Монголоос Хятадад суух шинэ Элчин сайд Цэвэгмид Хятадын Төрийн Зөвлөлийн Ерөнхий сайдын орлогч ГЯЯ-ны сайд Чэнь И-д бараалхаж итгэмжлэх жуух бичиг өргөн барих асуудлаар хэлэлцээр хийв.

6月22日—29日　中国内蒙古自治区历史学会和内蒙古大学、内蒙古师范学院、内蒙古历史研究所联合举办了纪念成吉思汗诞辰800周年的学术讨论会。

6 сар 22-29　БНХАУ-ын ӨМӨЗО-ны түүхчдийн холбоо болон ӨМ-н их сургууль, ӨМ-н багшийн дээд сургууль, ӨМ-н түүх судлалын газар Чингис хааны мэндэлсний 800 жилийн ойн баярыг тохиолдуулан эрдэм шинжилгээний хурал зохион байгуулав.

6月25日　蒙古新任驻华大使敦道格·策伯格米德，当天下午偕大使馆官员向中华人民共和国主席刘少奇递交国书。

6 сар 25　Монголоос Хятадад суугаа шинэ Элчин сайд Цэвэгмид, Элчин Сайдын Яамны албаныхантай хамт БНХАУ-ын дарга Лю Шаоцид итгэмжлэх жуух бичиг өргөн барив.

7月1日　根据中蒙两国政府的协定，中国派往蒙古支援生产建设的部分工人，已经工作期满，于今年五六月间回国。以邢予洪为首的中国劳动部代表团同以普鲁布道尔吉为首的蒙古计划委员会代表团，就这批中国工人回国事宜在北京办理了交接手续。

7 сар 1 Хятад Монгол хоёр улсын ЗГ-ын хэлэлцээрийн дагуу Хятадаас Монголын бүтээн байгуулалтад туслахаар ирсэн ажилчдын хугацаа дуусч 5-6 сарын хооронд нутаг буцав. Син Юхун тэргүүтэй Хятадын Хөдөлмөрийн Яамны төлөөлөгчдөд, Пүрэвдорж тэргүүтэй Монголын төлөвлөгөөний комиссын төлөөлөгчид Хятадын ажилчдын нутаг буцах үеэр бичиг баримтыг нь хүлээлгэн өгөв.

7月10日 中国共产党中央委员会主席毛泽东、中华人民共和国主席刘少奇、全国人民代表大会常务委员会委员长朱德、国务院总理周恩来致电蒙古人民革命党中央委员会第一书记、蒙古部长会议主席尤・泽登巴尔、蒙古大人民呼拉尔主席团主席扎・桑布，祝贺蒙古人民革命胜利41周年。

中国外交部部长陈毅也给蒙古外交部部长彭・沙格达尔苏伦发去贺电，祝贺蒙古人民革命胜利41周年。

7 сар 10 ХКН-ын төв хорооны дарга Мао Зэдун, БНХАУ-ын дарга Лю Шаочи, БХАТИХ-ын Байнгын хорооны дарга Жу Дэ, Төрийн Зөвлөлийн Ерөнхий сайд Жоу Эньлай нар МАХН-ын төв хорооны нэгдүгээр нарийн бичгийн дарга, Монголын Сайд нарын Зөвлөлийн дарга Ю. эдэнбал, АИХ-ын Тэргүүлэгчдийн дарга Самбуу нарт Монголын ардын хувьсгал ялсны 41 жилийн ойн баярын цахилгаан илгээв. Хятадын ГЯЯ-ны сайд Чэнь И мөн Монголын ГЯЯ-ны сайд Шагдарсүрэнд Монголын ардын хувьсгал ялсны 41 жилийн ойн баярын цахилгаан илгээв.

7月11日 蒙古人民共和国卫生保健图片展览当天上午在北京中山公园水榭开幕。中国卫生部副部长贺彪、中蒙友协副会长毛齐华等出席开幕式。展览会根据1962年中蒙文化合作计划，由中国卫生部和中蒙友协联合主办，将在北京展出两周。

同日 蒙古驻华大使策伯格米德当天下午在北京饭店举行招待会，庆祝蒙古人民革命胜利41周年。中国国家副主席董必武等领导人以及中国政府各部门、各民主党派、各人民团体和北京市的负责人，中国人民解放军高级将领和首都各界人士、各国驻华使节和外交官员应邀出席招待会。策伯格米德大使和中国国务院副总理陈毅先后致辞。

7 сар 11 БНМАУ-ын эрүүл мэндийн гэрэл зургийн үзэсгэлэн үдээс өмнө Бээжингийн Жуншань цэцэрлэгт нээлтээ хийв. “Хятадын ЭМЯ-ны дэд сайд Хэ Бяо Хятад Монголын найрамдлын нийгэмлэгийн орлогч дарга Мао Чихуа нар нээлтийн ёслолд оролцов.” Үзэсгэлэн 1962 оны Хятад Монголын соёлын хамтын ажиллагааны төлөвлөгөөний дагуу Хятадын ЭМЯ болон Хятад Монголын найрамдлын нийгэмлэг уг үзэсгэлэнг Бээжинд хоёр долоо хоногийн хугацаатай зохион байгуулав.

Мөн өдөр Монголоос Хятадад суугаа Элчин сайд Цэвэгмид Монголын ардын хувьсгал ялсны 41 жилийн ойг тохиолдуулан Бээжин зоогийн газарт дайллага зохион байгуулав. БНХАУ-ын орлогч дарга Дун Би-у зэрэг удирдах хүмүүс болон Хятадын ЗГ-ын яамдууд, Ардчилсан Намын төлөөлөл, Бээжин хотын хариуцлагатай албаны хүмүүс, Хятадын Ардын Чөлөөлөх Армийн дээд тушаалтан болон нийслэлийн бүх давхаргын хүмүүс, Хятадад суугаа дипломат төлөөлөгчид болон гадаад харилцааны ажилтнууд уг дайллагад оролцов. Элчин сайд Цэвэгмид болон Хятадын Төрийн Зөвлөлийн Ерөнхий сайдын орлогч Чэнь И нар үг хэлэв.

7月12日 蒙古驻华大使馆经济及商务参赞都古尔于7月10日在北京病逝。中国对外贸易部副部长李强等，前往蒙古驻华大使馆吊唁。

7 сар 12 БНМАУ-аас БНХАУ-д суугаа ЭСЯ-ны эдийн засгийн болон худалдааны зөвлөх Дугар 7 сарын 1-нд Бээжинд өвчнөөр таалал төгсөв. Хятадын ГХЯ-ны дэд сайд Ли Чян БНМАУ-ын ЭСЯ-нд хүрж эмгэнэл илэрхийлэв.

7月30日 蒙古人民军事务部长兼人民军司令扎·勒哈格瓦苏伦上将致电中国国务院副总理兼国防部长林彪元帅，祝贺中国人民解放军建军35周年。

7 сар 30 Монголын Ардын Армийн хэрэг эрхлэх газрын дарга бөгөөд Ардын Армийн командлагч хурандаа генерал Ж. Лхагвасүрэн Хятадын Төрийн Зөвлөлийн Ерөнхий сайд бөгөөд БХЯ-ны сайд маршал Линь Бяод Хятадын Ардын Чөлөөлөх Армийн 35 жилийн ойн баярын цахилгаан илгээв.

8月17日 蒙古新任驻华大使敦·策伯格米德当天上午拜会中国全国人民代表大会常务委员会委员长朱德。朱德委员长同其进行了亲切友好的谈话。

8 сар 17 БНМАУ-аас БНХАУ-д суугаа Элчин сайд Цэвэгмид БХАТИХ-ын байнгын хорооны дарга Жу Дэ-д бараалхан халуун дотно яриа өрнүүлэв.

9月2日 应邀到蒙古访问和进行友谊比赛的中国男、女射箭队一行10人，当日中午乘火车离开北京前往乌兰巴托。射箭队将在乌兰巴托访问一个多星期，预定7日—9日同蒙古射箭选手举行为期3天的友谊比赛。

9 сар 2 Хятадын эрэгтэй, эмэгтэй байт сурчдын 10 хүний бүрэлдэхүүнтэй баг Монголд нөхөрсөг тэмцээнд оролцохоор Бээжингээс Улаанбаатарүү мордов. Байт сурчдын баг Улаанбаатарт нэг долоо хонож, 7,8,9-ны өдрүүдэд Монголын байт сурчдын багтай нөхөрсөг тэмцээнд

оролцох болно.

9月8日　蒙古和平和友好组织执行委员会和蒙中友好协会决定，在《蒙古人民共和国和中华人民共和国经济及文化合作协定》签订10周年和中华人民共和国成立13周年之际，从9月25日至10月5日开展蒙中友好旬活动。

9 сар 8 Монголын энх тайван найрамдлын нийгэмлэгийн хэрэгжүүлэгч хороо болон Хятад Монголын найрамдлын нийгэмлэгийн тогтоолоор "БНМАУ болон БНХАУ-н эдийн засаг соёлын хамтын ажиллагааны хэлэлцээр" байгуулсаны 10 жил, БНХАУ байгуулагдсаны 13 жилийн ойг тохиолдуулан 9 сарын 25-10 сарын 5 хүртэл Монгол Хятадын найрамдлын 10 хоногийн үйл ажиллагаа зохион байгуулах болов.

9月10日　中国和蒙古射箭代表队三天的友谊比赛业已结束。中国男、女代表队分别获得了男、女团体总分冠军。中国选手还获得了男子三个项目和女子三个项目的总分前三名。中国男、女射箭队当日下午乘火车回国。

9 сар 10 Хятад Монголын байт сурчдын төлөөлөгчдийн нөхөрсөг тэмцээн 7,8,9-нд буюу 3 өдөр болж дуусав. Хятадын эрэгтэй эмэгтэй баг тус тус эрэгтэй эмэгтэй багийг ялж аваргын титэм хүртэв. Хятадын байт сурчдын баг тус өдөр нутаг буцав.

9月23日　应蒙中友好协会邀请，前往蒙古参加蒙中友好旬活动的中蒙友好协会代表团，当日乘火车离开北京前往乌兰巴托。代表团团长是中蒙友好协会副会长、劳动部副部长毛齐华。

9 сар 23 Монгол Хятадын найрамдлын нийгэмлэгийн урилгаар Монгол Хятадын найрамдлын 10 хоногийн үйл

ажиллагаанд оролцохоор Хятад Монголын найрамдлын нийгэмлэгийн орлогч дарга Хөдөлмөрийн Яамны дэд сайд Мао Чихуа тэргүүтэй төлөөлөгчид галт тэргээр Бээжингээс Улаанбаатар хот зүг мордов.

9月29日 蒙古人民革命党中央委员会第一书记、蒙古部长会议主席尤·泽登巴尔、蒙古大人民呼拉尔主席团主席扎·桑布致电中国共产党中央委员会主席毛泽东、中国国家主席刘少奇、国务院总理周恩来，庆祝中华人民共和国成立13周年。蒙古外交部部长彭·沙格达尔苏伦也给中国外交部部长陈毅发来贺电。

9 сар 29 МАХН-ын төв хорооны нэгдүгээр нарийн бичгийн дарга , Монголын Сайд Нарын Зөвлөлийн Ерөнхий сайд Цэдэнбал, АИХ-ын дарга Самбуу, ХКН-ын ТХ-ны дарга Мао Зэдун, БНХАУ-ын дарга Лю Шаоци, Төрийн Зөвлөлийн Ерөнхий сайд Жоу Эньлай нарт БНХАУ байгуулагдсаны 13 жилийн ойн баярын цахилгаан илгээв. Монголын ГЯЯ-ны сайд Шагдарсүрэн мөн Хятадын ГЯЯ-ны сайд Чэнь И-д баярын цахилгаан илгээв.

9月30日 蒙古新任驻中国大使敦·策伯格米德，当日拜会了中国国务院总理周恩来。

9 сар 30 Монголоос Хятадад суугаа Элчин сайд Цэвэгмид Хятадын Төрийн Зөвлөлийн Ерөнхий сайд Жоу Эньлайд бараалхав.

10月1日 蒙古党、政、群众组织和劳动人民代表当天下午在乌兰巴托国家剧院举行集会，庆祝中国成立13周年和蒙中经济及文化合作协定签订10周年。蒙古党和政府领导人杜格苏伦、扎格瓦拉尔、卢布桑拉布丹、拉姆苏伦、拉格查以及政府各部部长、蒙中友好协会副主席希尔年、那楚克道尔吉等参加了庆祝会。以毛齐华为首的中蒙友好协会代表团、中国驻蒙古大使谢甫生等，也应邀参加庆祝会。蒙中友好协会主席、蒙古人民革命党政治局候补委员、部长会议副主席迈达尔在会上发表讲话。谢甫生和毛齐华也应邀在大会上讲话。

10 сар 1 БНМАУ-ын нам, засаг, олон нийтийн байгууллага болон хөдөлмөрчин ард түмний төлөөлөл Улаанбаатар дах улсын драмын театрт цуглаан зохион байгуулж, БНХАУ байгуулагдсаны 13 жилийн ойг тохиолдуулан, Монгол Хятадын эдийн засаг болон соёлын хамтын ажиллагааны хэлэлцээр байгуулагдсаны 10 жилийн ойг тэмдэглэв. Монголын нам засгийн удирдлагууд болох Дугарсүрэн, Жагварал, Лувсанравдан, Лхамсүрэн, Рагчаа болон засгийн газрын яамдын дарга нар, Монгол Хятадын найрамдлын нийгэмлэгийн орлогч дарга Ширнэн, Нацагдорж нар уг баярын хуралд оролцов. Мао Чихуа тэргүүтэй Хятад Монголын найрамдлын нийгэмлэгийн төлөөлөгчид, Хятадаас Монголд суугаа Элчин сайд Сие Фушэн нар уг баярын хуралд урилгаар оролцов. Монгол Хятадын найрамдлын нийгэмлэгийн дарга, МАХН-ын улс төрийн товчооны орлогч гишүүн, Сайд Нарын Зөвлөлийн орлогч дарга Майдар нар хурал дээр үг хэлэв. Сие Фүшэн болон Маү Чихуа урилгаар үг хэлэв.

10月3日　中国共产党中央委员会主席毛泽东、中华人民共和国主席刘少奇、国务院总理周恩来与蒙古人民革命党中央委员会第一书记、蒙古部长会议主席尤·泽登巴尔、蒙古大人民呼拉尔主席团主席扎·桑布相互致电，祝贺中蒙经济及文化合作协定签订10周年。中国外交部部长陈毅与蒙古外交部部长彭·沙格达尔苏伦也互致祝贺电报。

10 сар 3 ХКН-ын ТХ-ны дарга Мао Зэдун, БНХАУ-ын

дарга Лю Шаочи, Төрийн Зөвлөлийн Ерөнхий сайд Жоу Эньлай болон МАХН-ын төв хорооны нэгдүгээр нарийн бичгийн дарга, Монголын сайд нарын зөвлөлийн дарга Цэдэнбал, АИХ-ын Тэргүүлэгчдийн дарга Самбуу нар Хятад Монголын эдийн засаг болон соёлын хамтын ажиллагааны хэлэлцээр байгуулагдсаны 10 жилийн ойн баярын цахилгаан харилцан илгээв. Хятадын ГЯЯ-ны сайд Чэнь И болон Монголын ГЯЯ-ны сайд Шагдарсүрэн нар мөн баярын цахилгаан харилцан илгээв.

10月4日 蒙古驻中国大使敦·策伯格米德当晚在大使馆举行宴会，庆祝蒙中经济及文化合作协定签订10周年。中国国务院副总理陈毅和中国各有关方面的负责人应邀出席宴会。策伯格米德大使和陈毅副总理先后在宴会上致辞。

10 сар 4 Монголоос Хятадад суугаа Элчин сайд Цэвэгмид ЭСЯ-нд Монгол Хятадын эдийн засаг болон соёлын хамтын ажиллагааны хэлэлцээр байгуулагдсаны 10 жилийн ойд зориулж хүлээн авалт зохион байгуулав. Хятадын Төрийн Зөвлөлийн Ерөнхий сайдын орлогч Чэн И болон Хятадын холбогдол бүхий талын удирдлагууд уг хүлээн авалтад оролцов. Элчин сайд Цэвэгмид болон Ерөнхий сайдын орлогч Чэнь И нар хурал дээр үг хэлэв.

10月5日 中国帮助蒙古建设的乌兰巴托大天口迎宾馆第二期工程完工并已经在当天移交给蒙古使用。当天在乌兰巴托举行了交接签字仪式。中国驻蒙古大使谢甫生、蒙古对外贸易部副部长冈茹尔扎布分别代表本国政府签字。

10 сар 5 Хятадын тусламжаар Монголд баригдсан Их Тэнгэрийн амны зочид буудлын 2 дахь удаагийн барилгын ажил дуусаж Монголд шилжүүлэн өгөв. Улаанбаатар

хотод хүлээлгэн өгөх гарын үсэг зурах ёслол болов. Уг ёслолд Хятадын Элчин сайд Сие Фушэн, Монголын ГЯЯ-ны дэд сайд Гонгоржав гарын үсэг зурав.

10月12日　中国外交部副部长姬鹏飞率代表团赴乌兰巴托，同蒙古政府举行第一次边界会谈。

10 сар 12　Хятадын ГЯЯ-ны дэд сайд Жи Пэнфэй тэргүүтэй төлөөлөгчид Улаанбаатарт ирж, Монголын засгийн газраас анх удаа зохион байгуулж буй хилийн хуралд оролцов.

11月21日　乌兰巴托电台当天播发评论员的评论说，蒙古人民同一切进步人类一样，热烈欢迎和支持中国政府21日发表的关于和平解决中印边界问题的声明这一和平倡议。

11 сар 21　Улаанбаатрын радио хорооны тоймч Монголын ард түмэн дэлхийн дэвшсэн ард түмэнтэй Хятадын засгийн газрын 21-ний өдрийн нийтлэлд Хятад Энэтхэгийн хилийн асуудлын тухай мэдэгдэлийг энх тайвнаар шийдвэрлэхийг дэмжиж байгааг угтаж байгаагаа илэрхийлэв.

11月24日　蒙古政府就中印边界问题发表声明，“对中印边界事件的发展”“感到遗憾，不安和忧虑”，表示“热烈欢迎”中国单方面停火和后撤的主动态度。

11 сар 24　Монголын ЗГ Хятад Энэтхэгийн хилийн асуудлын мэдэгдэлд “Хятад Энэтхэгийн хилийн асуудлын хөгжил ”-д харамсаж сэтгэл амаргүй зовнож байгаа ба Хятадын ганц талаасаа дайдахаа зогссож хойш ухарсанд халуунаар угтаж буйгаа слэрхийлэв.

12月10日—25日　中蒙两国在北京举行第二次边界会谈。

12 сар 10-25 Хятад Монгол хоёр улс Бээжинд 2 дахь удаагаа хилийн хурал зохион байгуулав.

12月16日 中国国务院总理周恩来当日致函蒙古部长会议主席尤·泽登巴尔，邀请他来北京签订中蒙边界条约。泽登巴尔于12月18日复函，表示接受这一邀请。

12 сар 16 Хятадын Төрийн Зөвлөлийн Ерөнхий сайд Жоу Эньлайн урилгаар Монголын Сайд Нарын Зөвлөлийн дарга Цэдэнбалыг Бээжинд ирж Хятад Монголын хилийн гэрээнд гарын үсэг зурхыг урив. Цэдэнбал 12 сарын 18-нд хариу захидал илгээж урилга хүлээн авснаа илэрхийлэв.

12月24日 中国全国人民代表大会常务委员会当日举行第78次会议。会议通过决议，决定派国务院总理周恩来为签订中华人民共和国和蒙古人民共和国边界条约的全权代表。

12 сар 24 БХАТИХ-ын Байнгын хорооны 78 дахь хурал зохион байгуулагдав. Хурлын тогтоолоор Хятадын Төрийн Зөвлөлийн Ерөнхий сайд Жоу Эньлай БНХАУ болон БНМАУ-ын хилийн гэрээнд гарын үсэг зурж бүрэн эрхт төлөөлөгчөөр томилогдов.

12月25日 应中国国务院总理周恩来的邀请，蒙古部长会议主席泽登巴尔及其随行人员，当天上午抵达北京，中国国务院总理周恩来、副总理贺龙、陈毅、李先念以及中国全国人民代表大会常务委员会副委员长彭真、陈叔通、程潜等前往机场欢迎。机场上举行了隆重的欢迎仪式。当天下午，周恩来会见尤·泽登巴尔，宾主进行了亲切友好的谈话。当晚，周恩来总理在人民大会堂举行盛大宴会，欢迎尤·泽登巴尔主席和随行的其他蒙古贵宾。

同日 《人民日报》发表社论《热烈欢迎泽登巴尔主席》。

同日　中国文化部和中国蒙古友好协会当晚举行音乐舞蹈杂技晚会，欢迎蒙古部长会议主席尤·泽登巴尔和随同前来的蒙古贵宾。

12 сар 25 Хятадын Төрийн Зөвлөлийн Ерөнхий сайд Жоу Эньлайн урилгаар Монголын Сайд Нарын Зөвлөлийн дарга Цэдэнбал болон бусад төлөөлөгчид Бээжинд хүрэлцэн ирж, Хятадын Төрийн Зөвлөлийн Ерөнхий сайд Жоу Эньлай, Ерөнхий сайдын орлогч Хэ Лун, Чэнь И, Ли Сяньнянь болон БХАТИХ-ын Байнгын хорооны дарга Пэн Жэн, Чэн Сюнтун, Чэн Чянь нар онгоцоны буудалд угтан авав. Онгоцоны буудалд аугаа их угталгын ёслол болов. Жоу Эньлай Цэдэнбал даргатай уулзан халуун дотно яриа өрнүүлэв. Тус орой Ерөнхий сайд Жоу Эньлай Цэдэнбал тэргүүтэй Монголын зочидыг угтан авч АИХ-ын танхимд дайллага зохион байгуулав.

Мөн өдөр “Ардын өдрийн сонин”-д “Дарга Цэдэнбалыг халуун дотноор угтан авлаа” гэх тэргүүн өгүүлэл нийтлэгдэв.

Мөн өдөр Хятадын Соёлын Яам болон Хятад Монголын найрамдлын нийгэмлэг циркийн тоглолт хийж Монголын Сайд Нарын Зөвлөлийн дарга Ю.Цэдэнбал тэргүүтэй Монголын зочид төлөөлөгчдийг угтан авав.

12月26日　周恩来总理当日上午前往宾馆，回访蒙古部长会议主席尤·泽登巴尔，并且同他进行了会谈。下午，《中华人民共和国和蒙古人民共和国边界条约》在北京签订。周恩来和尤·泽登巴尔分别代表中蒙两国政府在条约上签字。蒙古方面参加签字仪式的有：部长会议副主席尼·扎格瓦拉尔，外交部长彭·沙格达尔苏伦，外交部副部长桑·索索尔巴拉木，大人民呼拉尔代表桑·巴塔，外交部司长德·其米德道尔吉，蒙古驻中国大使敦·策伯格米德以及蒙古方面的其他贵宾。中国方面参加签字仪式的还有：国家主席刘少奇、副主席董必武、国务院副总理贺龙、陈毅、李先念，全国人民代表大会常务委员会副委员长黄炎培、彭真、陈叔通、程潜，中国人民政治协商会议副主席李四光、包尔汉，国防委员会副主席张治中、傅作义、蔡廷锴，外交部副部长姬鹏飞，中国驻蒙古大使谢甫生，外交部第二亚洲司司长周秋野，礼宾司司长俞沛文等。

当日下午，刘少奇主席接见了蒙古部长会议主席尤·泽登巴尔一行，双方进行了亲切友好的谈话。当日下午，北京各界一万多人在人民大会堂举行盛大集会，热烈欢迎蒙古部长会议主席尤·泽登巴尔，热烈庆祝中蒙边界条约的签订。

12 сар 26 Ерөнхий сайд Жоу Эньлай зочид буудалд хүрж Монголын Сайд нарын Зөвлөлийн дарга Ю. Цэдэнбалт баралхаж ярилцлага хийв. Үдээс хойш “БНХАУ болон БНМАУ-ын хилийн гэрээ”-нд Бээжинд гарын үсэг зурав. Жоу Эньлай болон Ю. Цэдэнбал нар хоёр улсын засгийн газрыг төлөөлж гэрээнд гарын үсэг зурав. Монголын талаас Сайд нарын Зөвлөлийн орлогч дарга Жагварал, ГЯЯ-ны сайд Шагдарсүрэн, дэд сайд Сосорбарам, АИХ-ын төлөөлөгч Батаа, ГЯЯ-ны хэлтсийн дарга Чимэддорж, БНМАУ-аас БНХАУ-д суугаа Элчин сайд Цэвэгмид зэрэг хүндэт зочид байсан бол Хятадын талаас БНХАУ-ын дарга Лю Шаочи, орлогч дарга Дун Биу, Төрийн Зөвлөлийн Ерөнхий сайдын орлогч Хэ Лун, Чэнь И, Ли Сяньнянь, БХАТИХ-ын байнгын хорооны орлогч дарга Хуан Яанпэй, Пэн Жэн, Чэн Сюнтун, Чэн Чянь, БНХАУ-ын Ардын улс төрийн зөвлөлдөх зөвлөлийн орлогч дарга Ли Сыгуан, Баорхан, Батлан хамгаалах хорооны орлогч дарга Жан Жижун, Фу Зуои, Ца Тинкай, ГЯЯ-ны дэд сайд Жи Пэнфэй, БНХАУ-аас БНМАУ-д суугаа Элчин сайд Сюе Фушэн, ГЯЯ-ны хоёрдугаар азийн асуудал эрхэлсэн хэлтэсийн эрхлэгч Жоу Чьюе, ёслолын

хэлтэсийн дарга Юй Пэйвэнь нарын хүндэт зочид тус тус байлцав.

Мөн өдөр Лю Шаочи дарга Монголын Сайд нарын Зөвлөлийн дарга Цэдэнбал болон бусад төлөөлөгчидтэй уулзан халуун дотно яриа өрнүүлэв. Үдээс хойш Бээжингийн бүх давхаргын 10 мянга гаруй хүн АИХ-ын танхимд цуглаан хийж, Монголын Сайд нарын Зөвлөлийн дарга Ю. Цэдэнбалыг халуун дотноор угтан авч, Хятад Монголын хилийн гэрээнд гарын үсэг зурсаныг тэмтэглэв.

12月27日　蒙古部长会议主席尤·泽登巴尔和随行的其他贵宾，由周恩来总理陪同，当天上午参观了北京体育学院。当日下午周恩来同尤·泽登巴尔继续举行会谈。当晚蒙古驻华大使敦·策伯格米德和夫人，为蒙古部长会议主席尤·泽登巴尔访问中国，在人民大会堂举行盛大宴会。中国国家主席刘少奇、国务院总理周恩来等国家领导人应邀出席了宴会。泽登巴尔和周恩来在宴会上共祝中蒙两国边界条约的签订对发展两国友好合作关系作出的新贡献。泽登巴尔还预祝中国人民在建设社会主义和争取世界和平的斗争中取得进一步的成就。周恩来在讲话中强调两国顺利解决边界问题是社会主义国家之间处理相互关系的良好范例。周恩来指出，中蒙两国是兄弟的亲密邻邦，有着共同的事业和共同的斗争，两国建立在马克思列宁主义和无产阶级国际主义基础上的伟大友谊，一定能够获得不断的巩固和发展。当晚，尤·泽登巴尔和随行的蒙古贵宾，结束在中国的访问，乘专车离开北京回国。中国国家领导人周恩来总理，贺龙、陈毅、李先念副总理，彭真、陈叔通、程潜副委员长等以及首都各界数千人前往北京火车站欢送蒙古贵宾。

同日　《人民日报》发表社论《中蒙友好关系史中的重大事

件》。

12 сар 27 БНМАУ-ын Сайд нарын Зөвлөлийн дарга Цэдэнбал болон бусад зочид Ерөнхий сайд Жоу Эньлайн хамтаар Бээжингийн биеийн тамирын дээд сургуулийг үзэж сонирхов. Үдээс хойш Жоу Эньлай, Цэдэнбал нар үргэлжлүүлэн уулзалт хийв. БНМАУ-аас Хятадад суугаа Элчин сайд Цэвэгмид гэргийн хамт, Сайд нарын Зөвлөлийн дарга Ю. Цэдэнбал Хятадад айлчилж буйг тохиолдуулан АТИХ-ын танхимд дайллага зохион байгуулав. БНХАУ-ын дарга Лю Шаочи, Төрийн Зөвлөлийн Ерөнхий сайд Жоу Эньлай зэрэг улсын удирдлагууд урилгаар оролцов. Цэдэнбал,Жоу Эньлай нар Хятад Монголын хилийн гэрээнд гарын үсэг зурсан нь хоёр улсын найрамдалт хамтын ажиллагааны хөгжилд хувь нэмэр оруулсаныг өгүүлэв. Ерөнхий сайд Жоу Эньлай хэлсэн үгэндээ: хоёр улсын хилийн асуудлыг ашигтайгаар шийдвэрлэсэн нь социалист улс орнуудын хооронд сайн үлгэр дууриал үзүүлсэн хэрэг боллоо гэв. Жоу Эньлай хоёр улсын ахан дүүгийн найрсаг харилцаа хамтын ажил хэрэг, хамтын тэмцэл, хоёр улсын марксизм-ленинизм пролетари социализмын үндсэн дээр найрамдлын харилцаа тасралтгүй батжин хөгжих юм гэв. Мөн өдрийн орой Ю.Цэдэнбал тэргүүтэй БНМАУ-ын төлөөлөгчидийн Хятадад хийх айлчлал дуусч, онц үүргийн галт тэртээр эх орондоо буцав. БНХАУ-ын төрийн удирдлагууд буюу Ерөнхий сайд Жоу Эньлай, Ерөнхий сайдын орлогч Хэ Лун, Чэнь И, Ли Сяньнянь, хорооны орлогч дарга Пэн Жэн, Чэн Сюнтун, Чэн Чянь нар болон нийслэлийн мянга гаруй иргэд галт тэргэний өртөөнд хүрж БНМАУ-ын хүндэт зочдыг үдэж өгөв.

Мөн өдөр Монголын “Үнэн сонин”-д “Монгол болон Хятадын харилцааны том явдал” гэсэн өгүүлэл нийтлэгдэв.

12月28日　毛泽东主席、刘少奇主席、周恩来总理当日收到了蒙古部长会议主席尤·泽登巴尔在离开中国国境时的来电，对他在访问中国期间所受到的接待表示感谢。

同日　蒙古《真理报》当日发表题为《蒙古人民和中国人民相互关系史上的大事》的社论，认为蒙古人民共和国和中华人民共和国边界条约的签订是蒙中两国人民关系史上的重大事件，对进一步加强两国人民牢不可破的友谊与团结具有巨大的意义。

12 сар 28　БНМАУ-ын Сайд Нарын Зөвлөлийн дарга Ю. Цэдэнбалаас　Мао Зэдун дарга, Лю Шаоци дарга, Ерөнхий сайд Жоу Эньлай нарт Хятадад айлчлах хугацаанд халуун дотноор хүлээн авсанд талархлаа илэрхийлсэн цахилгааныг БНХАУ-ын хилийг давах үедээ илгээсэнийг хүлээн авсан байна.

Мөн өдөр　Монголын “Үнэн сонин”-д “ Монголын ард түмэн болон Хятадын ард түмний харилцааны түүхэн том явдал” гэсэн тэргүүн өгүүлэл нийтлэгдэж, БНМАУ болон БНХАУ-ын хилийн гэрээ байгуулсан явдал нь хоёр улсын ард түмний харилцааны түүхэн дэх чухал явдал болж, хоёр улсын ард түмний бат бэх найрамдал болон эв нэгдэлийг улам ахиулхад дэмжлэг болсон гэж тэмдэглэсэн байна.

12月29日　蒙古部长会议主席泽登巴尔及其随行人员于当天下午乘火车回到乌兰巴托。

12 сар 29　БНМАУ-ын Сайд Нарын Зөвлөлийн дарга Цэдэнбал тэргүүтэй төлөөлөгчид　үдээс хойш Улаанбаатарт буцан хүрэв.

1963年中蒙国家关系历史编年

1963 он Хятад Монгол хоёр улсын харилцааны түүхэн үйл явдлын товчоон

1月8日—10日 蒙古人民革命党中央第一书记尤·泽登巴尔在蒙古人民革命党党中央召开的思想工作会议上批评中国共产党"分裂国际共产主义运动队伍"，使社会主义事业"遭到巨大损失"。

1 сар 8-10 МАХН-ын нэгдүгээр нарийн бичгийн дарга Цэдэнбал МАХН-ын ТХ-ны үзэл суртлын хурал дээр ХКН-ыг "олон улсын коммунизмын үйл хэргийг хагалан бутаргах үйлдэл " нь социализмын үйл хэрэгт "маш том хохирол учруулж " буй тухай шүүмжлэв.

2月8日—9日 蒙古人民共和国大人民呼拉尔四届四次会议批准《蒙古人民共和国和中华人民共和国边界条约》。

2 сар 8-9 БНМАУ-ын АИХ-ын 4-р удаагийн 4-р их хурлаар "БНМАУ болон БНХАУ-ын хилийн гэрээ"-г батлав.

2月16日 中蒙边境勘查划界工作开始。

2 сар 16 Хятад Монгол хоёр улсын хил шалгах ажил эхлэв.

2月23日 中国国务院全体会议当天举行第126次会议，会议通过《中华人民共和国和蒙古人民共和国边界条约》，并提请全国人民代表大会常务委员会审议批准。

2 сар 23 БНХАУ-ын Төрийн Зөвлөлийн бүх нийтийн 126 дахь их хурал хуралдсан ба хурлаас "БНХАУ болон БНМАУ-ын хилийн гэрээ"-г батлах хүсэлтийг БХАТИХ-ын

байнгын хорооны хуралд өргөн барьсан байна.

3月4日　中国全国人民代表大会常务委员会当日举行第86次会议，会议决定批准《中华人民共和国和蒙古人民共和国边界条约》。

3 сар 4 өдөр　БХАТИХ-ын байнгын хорооны 86 дахь их хурлаар “БНХАУ болон БНМАУ-ын хилийн гэрээ”-г батлав.

3月8日　中华人民共和国主席刘少奇根据第二届全国人民代表大会常务委员会第86次会议的决定，批准《中华人民共和国和蒙古人民共和国边界条约》。

3 сар 8　БНХАУ-ын тэргүүн Лю Шаочи 2 дахь удаагийн БХАТИХ-ын Байнгын хорооны 86 дахь их хурлын тогтоолыг үндэслэн “БНХАУ болон БНМАУ-ын хилийн гэрээ”-г батлав.

3月13日　由对外贸易部副部长白向银率领的中国政府贸易代表团，当天上午乘火车离开北京前往蒙古。

3 сар 13　ГХЯ-ны дэд сайд орлогч Бая Сянин тэргүүтэй Хятадын Засгийн Газрын гадаад худалдааны төлөөлөгчид үдээс өмнө тусгай үүргийн галт тэргээр Бээжингээс Монгол өөд мордов.

3月17日　中国国务院副总理兼国防部长林彪元帅当天致电蒙古人民军事务部长兼人民军司令员扎・勒哈格瓦苏伦上将，祝贺蒙古人民军建军42周年。

3 сар 17　Хятадын Төрийн Зөвлөлийн Ерөнхий сайдын орлогч БХЯ-ны сайд, маршал Линь Бяо Монголын Ардын Армийн хэрэг эрхлэх газрын дарга бөгөөд Ардын армийн командлагч, хурандаа генерал Ж. Лхагвасүрэнд Монголын Ардын Арми байгуулагдсаны 42 жилийн ойн баярын

цахилгаан илгээв.

3月18日 中国政府贸易代表团和蒙古政府贸易代表团当日在乌兰巴托签订了两国政府关于1963年互相供应货物的议定书。议定书规定，中国将供应蒙古绸缎、机器设备、化工原料以及日用百货等；蒙古将供应中国马匹、奶油、肠衣以及各种皮张等。中国政府贸易代表团团长、对外贸易部副部长白向银、蒙古政府贸易代表团团长、对外贸易部部长贡布扎布分别代表本国政府签字。

3 сар 18 Хятадын ЗГ-ын гадаад худалдааны төлөөлөгчид болон Монголын ЗГ-ын гадаад худалдааны төлөөлөгчид хоёр улсын ЗГ-ын 1963 оны харилцан бараа нийлүүлэх тухай протоколд Удаанбаатарт гарын үсэг зурав. Протоколд Хятадаас Монголд торго дурдан, машины сэлбэг хэрэгсэл, химийн түүхий эд болон өргөн хэрэглээний бараа зэргийг, Монголоос Хятадад адуу, шар тос, өлөн гэдэс болон төрөл бүрийн арьс зэрэг бүтээгдэхүүнээр тус тус хангахаар тогтов. Хятадын ЗГ-ын гадаад худалдааны төлөөлөгчдийн тэргүүн ГХЯ-ны дэд сайд Бай Сянин, Монголын ЗГ-ын гадаад худалдааны төлөөлөгчдийн дарга, Монгол улсын ЗГ-ын төлөөлөгчдийн тэргүүн ГХЯ-ны сайд Гомбожав нар тус тусын улсыг төлөөлөн гарын үсэг зурав.

3月22日 中国政府贸易代表团结束贸易会谈后，当天下午乘火车回到北京。

3 сар 22 Хятадын ЗГ-ын гадаад худалдааны төлөөлөгчдийн гадаад худалдааны хэлэлцээр дуусгавар болсноор үдээс хойш тусгай үүргийн галт тэргээр эх орондоо буцав.

3月25日 当日下午在乌兰巴托举行了1962年12月26日在北

京签订的《中华人民共和国和蒙古人民共和国边界条约》互换批准书仪式。中国驻蒙古大使谢甫生和蒙古外交部副部长斯·索索尔巴拉姆分别代表本国政府签字。

3 сар 25　1962 оны 12 сарын 26-нд Бээжинд гарын үсэг зурсан “БНХАУ болон БНМАУ-ын хилийн гэрээ”-ний солилцох зөвшөөрлийн бичгийн ёслол Улаанбаатар хотод зохион байгуулагдав. Хятадаас Монголд суугаа Элчин сайд Сье Фушэн болон Монголын ГЯЯ-ны дэд сайд Сосорбарам нар хоёр улсын засгийн газрыг төлөөлж гэрээнд гарын үсэг зурав.

3月26日　中华人民共和国政府公布了《中华人民共和国和蒙古人民共和国边界条约》全文。

3 сар 26　БНХАУ-ын ЗГ “БНХАУ болон БНМАУ-ын хилийн гэрээ ”-г бүрэн эхээр нь нийтэд тунхаглав.

3月30日　《中华人民共和国和蒙古人民共和国1963年文化合作执行计划》在乌兰巴托签订。

3 сар 30　“БНХАУ болон БНМАУ-ын 1963 оны соёлын хамтын ажиллагааг хэрэгжүүлэх төлөвлөгөө”-нд Улаанбаатар хотод　гарын үсэг зурав.

4月17日　中国政府代表团抵达乌兰巴托，参加中蒙边界联合检查委员会首次会议。

4 сар 17　Хятадын ЗГ-ын төлөөлөгчид Улаанбаатарт хүрэлцэн ирж, Хятад Монголын хилийн хамтран шалгах комиссын　анхдугаар хуралд оролцов.

5月29日　由国家建筑经济委员会副主席莫陶率领的蒙古政府经济工作组一行5人，当天上午乘火车抵达北京。工作组是前来中国商谈中蒙经济技术援助问题的。

5 сар 29 БНМАУ-ын барилга эдийн засгийн хорооны орлогч дарга Мө Тао тэргүүтэй Монголын ЗГ-ын эдийн засгийн 5 хүний бүрэлдэхүүнтэй төлөөлөгчид Бээжинд Хятад Монголын эдийн засаг техникийн тусламжийн асуудлаар хэлэлцээр хийхээр хүрэлцэн ирэв.

6月13日 中国全国人民代表大会常务委员会委员长朱德收到蒙古大人民呼拉尔主席鲁·曾德发来的吊唁沈钧儒副委员长逝世的电报。

6 сар 13 БХАТИХ-ын Байнгын хорооны дарга Жу Дэ, БНМАУ-ын АИХ-н дарга Цэндийн илгээсэн Чэнь Жюнру нас нөгчсөн явдалд эмгэнэлийн цахилгааныг хүлээн авав.

7月9日 中华人民共和国主席刘少奇、全国人民代表大会常务委员会委员长朱德、国务院总理周恩来致电蒙古大人民呼拉尔主席团主席扎·桑布、蒙古大人民呼拉尔主席鲁·曾德、蒙古部长会议主席尤·泽登巴尔，祝贺他们继续担任国家和政府的领导职务。

7 сар 9 БНХАУ–ын дарга Лю Шаочи, БХАТИХ-ын Байнгын хорооны дарга Жу Дэ, Төрийн Зөвлөлийн Ерөнхий сайд Жоу Эньлай нар БНМАУ-ын АИХ-ын Тэргүүлэгчдийн дарга Самбуу, АИХ-ын дарга Цэнд, Монголын сайд нарын зөвлөлийн дарга Цэдэнбал нарт үүрэгт ажлаа үргэлжлүүлж хийх болсонд баярын цахилгаан илгээв.

7月10日 中国共产党中央委员会主席毛泽东、中华人民共和国主席刘少奇、全国人民代表大会常务委员会委员长朱德、国务院总理周恩来致电蒙古人民革命党中央委员会第一书记、蒙古部长会议主席尤·泽登巴尔、蒙古大人民呼拉尔主席团主席扎·桑布，祝贺蒙古人民革命胜利42周年。中国外交部部长陈毅也给蒙古外交部部长杜格尔苏伦发去贺电。

同日　根据中蒙文化合作协定1963年执行计划，由对外文化联络委员会和中国蒙古友好协会联合举办的“蒙古人民共和国工业和建筑图片展览”当天下午在北京中山公园开幕。中国对外文化联络委员会副主任曹瑛，中国蒙古友好协会副会长曹禺等参加开幕式并观看展览。蒙古驻中国大使敦·策伯格米德和使馆外交官员以及社会主义国家驻中国大使馆文化官员应邀参加开幕式。

7 сар 10　ХКН-ын Төв хорооны дарга Мао Зэдун, БНХАУ-н дарга, Лю Шаочи, БХАТИХ-ын Байнгын хорооны дарга Жу Дэ, Төрийн Зөвлөлийн Ерөнхий сайд Жоу Эньлай нар МАХН-ын төв хорооны нэгдүгээр нарийн бичгийн дарга, Монголын Сайд Нарын Зөвлөлийн дарга Цэдэнбал, Монголын АИХ-ын дарга Самбуу нарт Монголын ардын хувьсгал ялсны 42 жилийн ойн баярын цахилгаан илгээв. Хятадын ГЯЯ-ны сайд Чэнь И Монголын ГЯЯ-ны сайд Дугарсүрэнд мөн баярын цахилгаан илгээв.

Мөн өдөр Хятад Монголын соёлын хамтын ажиллагааны хэлэлцээрийн 1963 онд хэрэгжүүлэх төлөвлөгөөний дагуу гадаад орнуудтай соёлоор харилцах нийгэмлэг болон Хятад Монголын найрамдлын нийгэмлэгийн зохион байгуулж буй “БНХАУ-н аж үйлдвэр болон барилгын гэрэл зургийн үзэсгэлэн” Бээжингийн Жуншань цэцэрлэгт нээлтээ хийв. Хятадын Гадаад Орнуудтай Соёлоор Харилцах Нийгэмлэгийн орлогч дарга Цао Ин, Хятад Монголын найрамдлын нийгэмлэгийн орлогч дарга Цао Юй нар үзэсгэлэнгийн нээлтэнд оролцов. Монголоос Хятадад суугаа Элчин сайд Цэвэгмид болон ЭСЯ-ны ажилчид болон социалист улсуудын дипломат төлөөлөгчид уг нээлтэд оролцов.

7月11日 蒙古驻中国大使敦·策伯格米德当晚举行招待会，庆祝蒙古人民革命胜利42周年。中华人民共和国副主席董必武、国务院副总理陈毅、全国人民代表大会常务委员会副委员长陈叔通、林枫等应邀出席招待会。策伯格米德大使和陈毅副总理先后在招待会上讲话。

7 сар 11 Монголоос Хятадад суугаа Элчин сайд Цэвэгмид, Монголын ардын хувьсгал ялсны 42 жилийн ойг тохиолдуулан дайллага зохион байгуулав. БНХАУ-ын орлогч дарга Дун Би-у, Төрийн Зөвлөлийн Ерөнхий сайдын орлогч Чэнь И, БХАТИХ-ын Байнгын хороон орлогч дарга Чэн Сюнтун, Лин Фэн нар урилгаар уг хүлээн авалтанд оролцов. Элчин сайд Цэвэгмид, Ерөнхий сайдын орлогч Чэнь И нар дайллага дээр үг хэлэв.

7月25日 蒙古作家协会书记达希登丹巴和作家勒·乔吉勒苏伦访问中国内蒙古自治区。

7 сар 25 Монголын зохиолчдын эвлэлийн хорооны нарийн бичгийн дарга Дашдэндэв болон зохиолч Л. Чойжилсүрэн нар БНХАУ-ын ӨМӨЗО-д айлчлав.

7月31日 中国国务院副总理兼国防部长林彪元帅收到蒙古人民军事务部长兼人民军司令员扎·勒哈格瓦苏伦上将发来的祝贺中国人民解放军建军36周年的电报。

7 сар 31 БНХАУ-ын Төрийн Зөвлөлийн Ерөнхий сайдын орлогч бөгөөд БХЯ-ны сайд, маршал Линь Бяод Ардын Армийн хэрэг эрхлэх газрын дарга бөгөөд Ардын Армийн командлагч хурандаа генерал Ж.Лхагвасүрэн Хятадын ардын чөлөөлөх армийн 36 жилийн ойн баярын

цахилгаан илгээв.

9月6日　中华人民共和国主席刘少奇任命张灿明为中华人民共和国驻蒙古人民共和国特命全权大使。免去谢甫生的中华人民共和国驻蒙古人民共和国特命全权大使的职务。

9 сар 6　БНХАУ-ын дарга Лю Шаочи БНХАУ-аас БНМАУ-д суух онц бөгөөд бүрэн эрхт Элчин сайдаар Жан Цаньминыг томилов. Сие Фушэн БНХАУ-аас БНМАУ-д суух онц бөгөөд бүрэн эрхт элчин сайдын үүрэгт ажлаасаа чөлөөлөгдөв.

9月17日　蒙古《真理报》刊登了尤·泽登巴尔在莫斯科对塔斯社记者发表的谈话。其中提到:"中国共产党领导人所进行的分裂活动使国际共产主义运动遭到巨大损失","目前中国领导人所奉行的同社会主义阵营各国隔绝的单纯靠自力更生来建设社会主义的主张，首先给中国带来损失"。

同日　中国驻蒙古人民共和国第四任大使张灿明抵乌兰巴托就任。

9 сар 17　Монголын "Үнэн сонин"-д Ю. Цэдэнбал Москвагийн ТАСС агентлагын сурвалжлагчид өгсөн яриаг нийтлүүлэв. Тэр дундаа "ХКН-ын удирдлагуудын явуулж бий задралын хөдөлгөөн дэлхий дахины коммунизмын хөдөлгөөнд багагүй хохирол учруулав", "одоогийн Хятадын удирдагчид социализмын эгнээнээс салж дан өөрийн хүчээр социализмыг байгуулах санаачлага нь юуны түрүүнд Хятадад хохирол учруулав "гэжээ.

Мөн өдөр БНХАУ-аас БНМАУ-д суух 4 дэх Элчин сайд Жан Цаньмин Улаанбаатар хотноо хүрэлцэн ирж ажлдаа гарав.

9月21日 蒙古大人民呼拉尔主席团和部长会议当天中午为期满即将回国的中国援蒙员工举行授奖仪式。蒙古大人民呼拉尔主席团委员宾巴道尔吉代表蒙古大人民呼拉尔主席团分别把劳动红旗勋章、金星勋章、劳动荣誉奖章授给丛永芝等19人。蒙古政府办公厅主任巴德尔奇代表蒙古政府把政府荣誉奖状，授给刘延富等20人。中国员工孙玉华代表得奖的中国员工讲话。蒙古工会中央理事会当天上午也举行了向中国员工发奖的仪式，蒙古工会中央理事会书记班扎拉格奇把蒙古工会中央理事会的荣誉奖状发给中国员工王治国等27人。当晚，蒙古政府为期满即将回国的中国员工举行了送别宴会。

9 сар 21 Монголын АИХ-н Тэргүүлэгчид болон Сайд Нарын Зөвлөл,Хятадаас тусламжаар Монголд ирж ажилласан ажилчид нутаг буцахтай холбогдуулан шагнал гардуулах ёслол зохион байгуулав. Монголын АИХ-ын Тэргүүлэгчдийн хорооны гишүүн Бямбадорж тэргүүтэй төлөөлөгчид хөдөлмөрийн улаан тугын одон, алтан таван хошуу медаль, хөдөлмөрийн яруу алдрын хүндэт цолоор Цун Юнжи зэрэг 19 хүнийг шагнав. Монголын ЗГ-ын тамгын газрын дарга Бадарч Монголын ЗГ-ыг төлөөлөн гавъяаны одонгоор Лю Янфу зэрэг 20 хүнийг шагнав. Хятадын ажилчдыг төлөөлж Сюн Юхуа үг хэлэв. Монголын Үйлдвэрчний Эвлэлийн төв хорооны хэрэг эрхлэх газар мөн Хятадын ажилчдыг шагнах ёслолыг зохион байгуулж, нарийн бичгийн дарга Банзрагч Монголын үйлдвэрчний эвлэлийн хэрэг эрхлэх газрын гавъяаны одонгоор Ван Жигуо зэрэг Хятадын 27 ажилчдыг шагнаж урамшуулав. Мөн орой, Монголын ЗГ нутаг буцах Хятадын ажилчдад үдэлтийн дайллага зохион байгуулав.

9月23日 援助蒙古生产建设期满回国的第一批中国工人309

人，当天乘火车抵达二连浩特，受到当地蒙古、汉等族人民300多人的亲切慰问和热烈欢迎。

9 сар 23 Монголын үйлдвэрийн бүтээн байгуулалтад туслахаар ирсэн эхний ээлж 309 хүний бүрэлдэхүүний Хятадын ажилчид нутаг буцаж, Эрээн хотод хүрэлцэн ирэхэд тус нутгийн монгол, хан зэрэг үндэстний 300 гаруй хүн халуун дотноор угтан авав.

9月24日—10月4日　中、蒙、苏铁路联运代表会第9次会议和中、蒙国境铁路联运委员会例会在乌兰巴托市举行。

9 сар 24-10 сар 4 Хятад, Монгол, Зөвлөлтийн төмөр замын хамтын ачаа тээврийн 9 дэх удаагийн хурал, Хятад Монголын төмөр замын комиссын ээлжит хурал Улаанбаатар хотод зохион байгуулагдав.

9月30日　蒙古人民革命党中央委员会、蒙古大人民呼拉尔主席团、蒙古部长会议致电中国共产党中央委员会、中国全国人民代表大会常务委员会、国务院，庆祝中华人民共和国成立14周年。蒙古外交部部长芒·杜格尔苏伦也给中国外交部部长陈毅发来贺电。

9 сар 30 МАХН-ын ТХ, Монголын АИХ-ын Тэргүүлэгчид, Монголын Сайд Нарын Зөвлөлөөс ХКН-ын төв хороо,БХАТИХ-ын байнгын хороо, Төрийн Зөвлөлд БНХАУ байгуулагдсаны 14 жилийн ойн баярын цахилгаан илгээв. Монголын ГЯЯ-ны сайд Дугарсүрэн мөн Хятадын ГЯЯ-ны сайд Чэнь И-д баярын цахилгаан илгээв.

10月1日　以蒙古劳动工资委员会中国工人事务局局长普日布道尔吉为首的蒙古交接中国援蒙工人代表团，蒙古科学院副院长达什扎木茨，蒙古科学院历史研究所学术秘书伊什扎木茨，蒙古历史学副博士比拉，参加了中国国庆活动。

10 сар 1 Монголын хөдөлмөр хөлсийн хороо, Хятадын ажилчдын хэрэг эрхлэх газрын дарга Пүрэвдорж тэргүүтэй Монголд туслахаар хүрэлцэн ирж буй Хятад ажилчдын төлөөлөлөгчдийг хүлээн авах Монголын ШУА-ийн дэд дарга Дашжамц, Монголын ШУА-ын Түүхийн Хүрээлэнгийн эрдэмтэн нарийн бичгийн дарга Ишжамц, Монголын түүхийн ухааны доктор Бира нар БНХАУ тунхагласны баярын үйл ажиллагаанд оролцов.

10月9日 根据中、蒙两国政府签订的《关于中华人民共和国派遣工人援助蒙古人民共和国生产建设的协定》，1960年由中国派往蒙古的700多名工人，今年工作期满，已于9月24日和29日分两批回国。蒙古国家劳动工资委员会代表团和中国劳动部代表团当天在北京举行了完成交接工作的签字仪式。劳动部副部长刘亚雄和蒙古驻华大使馆临时代办沙姆丹参加了签字仪式。签字后，刘亚雄设宴招待蒙古代表团。

10 сар 9 Хятад Монгол хоёр улсын Засгийн Газар БНХАУ-аас БНМАУ-ын бүтээн байгуулалтад туслах ажилчид томилох тухай хэлэлцээр"-ийн дагуу 1960 онд Хятадаас Монголд илгээсэн 700 гаруй ажилчдын ажиллах хугацаа дуусч 9 сарын 24-29-нд 2 хэсэг болон нутаг буцав. БНМАУ-ын хөдөлмөр хөлсний хорооны төлөөлөгчид болон Хятадын хөдөлмөрийн яамны Бээжинд шилжүүлэн өгөх гэрээнд гарын үсэг зурах ёслол хийв. Хөдөлмөрын Яамны орлогч дарга Лю Ясён болон БНХАУ-д суугаа БНМАУ-ын Элчин сайдын үүрэгт ажлыг түр хариуцагч Самдан гарын үсэг зурах ёслолд оролцов. Гарын үсэг зурсны дараа Лю Ясён Монголын төлөөлөгчдөд зориулан дайллага зохион байгуулав.

10月17日　蒙古《真理报》为纪念苏共“二十二大”两周年发表题为“共产主义建设者的光荣大会”的署名文章。文中说“目前中国共产党内教条主义和左倾机会主义已形成为主要危险”。

10 сар 17 БНМАУ-ын “Үнэн сонин ”-д Зөвлөлтийн КН-ын “22 их”-ын хоёр жилийн ойг тохиолдуулан “Коммунизмын бүтээн байгуулагчдын их хурал” гэсэн өгүүлэлд “Одоогийн ХКН-ын үхширмэл үзэл болон зүүний оппортунизм нь гол аюулыг бий болгож байна” гэсэн агуулгатай өгүүлэл нийтлэгдэв.

10月　蒙古国家交响乐团赴中国访问演出。

10 сар БНМАУ-ын симфони найрал хөгжимчид Хятадад айлчлан тоглолт хийв.

11月　中国中央歌舞团赴蒙古人民共和国进行访问演出。

11 сар БНХАУ-ын дуу бүжгийн чуулгын уран бүтээлчид БНМАУ-д айлчлан тоглолт хийв.

12月22日　蒙古人民革命党十四届五中全会作出“关于中国共产党领导人给世界共产主义运动制造的分歧和蒙古人民革命党的立场”的决议。

12 сар 22 МАХН-ын 14 дэх удаагийн 5-р бүх нийтийн хурлаар “ХКН-ын удирдлагууд Дэлхийн коммунизмын хөдөлгөөнд задрал үүссэн болон МАХН-ын байр суурийн тухай” шийдвэр гарав.

12月25日　蒙古人民革命党中央电贺中国共产党中央委员会主席毛泽东70寿辰。

12 сар 25 МАХН-ын төв хорооноос ХКН-ын төв хорооны дарга Мао Зэдуны 70 насны ойд баярын цахилгаан

илгээв.

12月27日　根据《中蒙文化合作协定1963年执行计划》，中国戏剧家协会理事、湖北省文联主席骆文当天乘火车离开北京前往蒙古人民共和国访问。

12 сар 27 “Хятад Монголын соёлын хамтын ажиллагааны хэлэлцээрийн 1963 онд хэрэгжүүлэх төлөвлөгөө”-ний дагуу Хятадын жүжгийн хорооны эрхлэгч, Хубэй мужийн Соёлын хорооны дарга Луо Вэн галт тэргээр Бээжингээс БНМАУ-д айлчлхаар мордов.

1964年中蒙国家关系历史编年

1964 оны Хятад Монгол хоёр улсын харилцааны түүхэн үйл явдлын товчоон

1月20日　中国政府贸易代表团和蒙古政府贸易代表团，经过友好会谈，就1964年两国贸易问题达成协议，并于当天在北京签订了两国政府关于1964年相互供应货物的议定书。议定书规定，中国将供应蒙古绸缎、水泥、化工原料、机器零件配件以及日用百货等；蒙古将供应中国马匹、肠衣以及各种皮张等。中国政府贸易代表团团长、对外贸易部副部长李强、蒙古政府贸易代表团团长、对外贸易部第一副部长冈茹尔扎布分别代表本国政府签字。

1 сар 20 БНХАУ-ын Засгийн Газрын Гадаад Худалдааны төлөөлөгчид болон БНМАУ-ын Засгийн Газрын Гадаад Худалдааны төлөөлөгчид 1964 онд хоёр улсын Гадаад Худалдааны асуудлаар тохиролцоонд хүрч Бээжин хотод хоёр улсын Засгийн Газар 1964 оны харилцан бараа нийлүүлэлтийн гэрээнд гарын үсэг зурав. Гэрээнд Хятад улс Монгол улсад торго дурдан, цемент, химийн үйлдвэрийн түүхий эд, машины тоног төхөөрөмж болон өдөр тутам

хэрэглэгдэх төрөл бүрийн бараа зэргийг нийлүүлэн Монгол улс Хятад улсад морь, өлөн гэдэс болон арьсан эдлэл зэргийг нийлүүлэхээр заажээ. Хятад улсын Засгийн Газрын Гадаад Худалдааны төлөөлөгчдийн багийн дарга, Гадаад Худалдааны Яамны орлогч сайд Ли Чян болон БНМАУ-ын Засгийн Газрын Гадаад Худалдааны төлөөлөгчдийн багийн дарга, Гадаад Худалдааны Яамны 1-р орлогч дарга Гонгоржав нар Засгийн Газраа төлөөлөн гарын үсэг зурав.

2月15日　蒙古单方中止中国援助蒙古人民共和国协定。

2 сар 15　БНМАУ дангаараа Хятад улсаас БНМАУ-д олгох тусламжын хэлэлцээрийг　түтгэлзүүлэв.

3月16日　中国国务院总理周恩来当日致电蒙古部长会议主席尤·泽登巴尔，对蒙古不久前由于严重风雪灾害所造成的牲畜和财物损失表示深切的同情和慰问。

同日　中国政府为蒙古遭受风雪灾害赠送价值达20万元人民币的救灾物资和饲料玉米1万吨。

3 сар 16　БНХАУ-ын Төрийн Зөвлөлийн Ерөнхий сайд Жоу Эньлай БНМАУ-ын Сайд Нарын Зөвлөлийн дарга Ю. Цэдэнбалд цахилгаан илгээж БНМАУ-д тохиолдсон зудын хүнд гамшигын улмаас мал адгуус болон эд материалны хүнд гарз хохирол учирсан явдалд гүн эмгэнэл илэрхийлэв.

Хятадын Засгийн Газар БНМАУ хүнд гамшигт өртсөн явдалд зориулан 200,000 юаны эд материал болон 10’ 000 тонн эрдэнэ шишийн тэжээл өгөв.

3月17日　中国国务院副总理兼国防部长林彪元帅致电蒙古人民军事务部长兼人民军司令员勒哈格瓦苏伦上将，祝贺蒙古人民军建军43周年。

3 сар 17 Хятад улсын Төрийн Зөвлөлийн Ерөнхий сайдын орлогч бөгөөд Батлан Хамгаалах Яамны сайд маршал Линь Бяо БНМАУ-ын БХЯ-ны сайд, Ардын армийн командлагч, хурандаа генерал Лхагвасүрэнд Монголын Ардын Арми байгуулагдсаны 43 жилийн ойн баярыг тохиолдуулан цахилгаан илгээв.

3月20日 中国国务院总理周恩来当日收到蒙古部长会议主席尤·泽登巴尔的电报，感谢中国政府为蒙古某些地区受灾而提供捐赠。

3 сар 20 БНХАУ-ын Төрийн Зөвлөлийн Ерөнхий сайд Жоу Эньлай БНМАУ-ын Сайд Нарын Зөвлөлийн дарга Ю.Цэдэнбалын Хятад улсын Засгийн Газарт илгээсэн БНМАУ-ын гамшигт өртсөн зарим бүс нутагт тусламжийн бараа нийлүүлсэн явдалд талархлаа илэрхийлсэн цахилгааныг хүлээн авав.

4月2日 中蒙联合勘界委员会蒙方首席代表达·巴塔及蒙方代表团人员一行15人，1日晚乘火车抵达北京。中方首席代表鲁清及中方代表团其他人员前往迎接。前往迎接的还有蒙古驻华大使策伯格米德和大使馆其他外交官员。当日，中方首席代表鲁清设宴招待蒙方首席代表达·巴塔及蒙方代表团全体人员。蒙古驻华大使策伯格米德也出席了宴会。

4 сар 2 Хятад Монголын хамтарсан хил шалгах зөвлөлийн Монголын талын төлөөлөгчдийн дарга Д.Бат болон Монголын талын 15 хүний бүрэлдэхүүнтэй төлөөлөгчид 4-р сарын 1-ний орой Бээжин хотод галт тэргээр хүрэлцэн ирэв. Хятадын талын ахлах төлөөлөгч Лү Чин болон Хятадын төлөөлөгчид болон бусад хүмүүс угтан авав. БНМАУ-аас БНХАУ-д суугаа Элчин сайд Цэвэгмид

болон Элчин Сайдын Яамны гадаад харилцааны албаны хүмүүс угтан авав. Хятадын талын ахлах төлөөлөгч Лү Чин Монголын талын ахлах төлөөлөгч Д. Бат болон Монголын талын төлөөлөгчидийн бие бүрэлдэхүүнийг хүлээн авч дайллага хийв. БНМАУ-аас Хятад улсад суугаа Элчин сайд Цэвэгмид мөн дайллагад оролцов.

4月23日　蒙古大人民呼拉尔主席团和部长会议当天在蒙古工会大厦为即将回国的200名中国援蒙员工举行了授奖仪式。此外，崔铁良等100名中国员工获得了蒙古工会中央理事会的奖状。蒙古政府当晚举行宴会，欢送即将回国的中国员工。

4 сар 23　БНМАУ-ын Ардын Их Хурлын Тэргүүлэгчид болон Сайд Нарын Зөвлөл　Монголын Үйлвэрчний Эвлэлийн ордонд нутаг буцах гэж байгаа хятадын талын 200 ажилтанд шагнал гардуулах ёслолын ажиллагаа зохион байгуулав. Үүнээс гадна Цуй Те Лан зэрэг 100 хятад ажилтанд Монголын үйлдвэрчний эвлэлийн төв хорооны жуух бичиг олгов. БНМАУ-ын Засгийн Газар удахгүй нутаг буцах Хятад улсын ажилчдыг үдэх дайллага зохион байгуулав.

4月24日　当天下午，乌兰巴托市劳动人民代表在火车站集会，欢送第一批回国的中国援蒙员工。中国员工代表毛德义和蒙古工人代表索苏尔巴拉木先后在会上讲话。

4 сар 24　Уг өдрийн үдээс хойш Улаанбаатар хотын хөдөлмөрчин иргэдийн төлөөлөл галт тэрэгний буудал дээр цугларч, нутаг буцаж буй Хятад улсын Монгол дахь тусламжын ажилчдийг үдэв. Хятад улсын ажилчдын төлөөлөгч Мао Дө И болон Монголын ажилчдын төлөөлөгч Сосорбарам нар хурал дээр үг хэлэв.

4月25日 根据蒙古政府提议，经过双方安排，中国援蒙工人将陆续回国。当天中午，第一批回国工人乘专车回到二连浩特，在车站上受到了二连浩特各族各界人民的热烈欢迎。

4 сар 25 БНМАУ-ын Засгийн Газрын дэвшүүлсэн саналыг үндэслэн Хятад улсын Монгол дахь тусламжийн ажилчдийг нутагт нь буцаах ажлыг зохион байгуулав. Эхний ээлжийн нутаг буцаж байгаа ажилчид тусгай галт тэргээр Эрээн хотод хүрэлцэн ирэхэд галт тэрэгний буудал дээр Эрээн хотын ард түмэн халуун дотноор хүлээн авав.

4月28日 中国山东省和济南市各界当天隆重集会，热烈欢迎山东省支援蒙古经济建设的第一批回国的工人。这批工人是在昨天回到济南的。

4 сар 28 Хятадын Шаньдун муж болон Жинань хотын ажилчид цугларч Шаньдун мужид БНМАУ-ын эдийн засгийн байгууламжид туслалцаа үзүүлээд нутагтаа ирсэн эхний ээлжийн ажилчдыг халуун дотноор угтан авав. Эдгээр ажилчид өмнөх өдөр нь Жинаньд хүрэлцэн ирсэн байна.

5月8日 吉林省暨长春市各界代表1 200多人当日为归国工人隆重举行欢迎大会。这批工人是7日回到长春市的。

5 сар 8 Жилинь мужын Чанчүнь хотын бүх давхаргын төлөөлөл болсон 1200 гаруй хүн улсдаа эргэн ирсэн ажилчдад зориулан угтан авах хурал зохион байгуулав. Эдгээр ажилчид 5-р сарын 7-ны өдөр Чанчүнь хотод хүрэлцэн ирэв.

5月13日 辽宁省和沈阳市各界人民当日下午为归国工人举行欢迎大会。这批工人是12日回到沈阳的。

5 сар 13 Ляонин муж болон Мүгдэн хотын ард түмний

төлөөлөл уг өдрийн үдээс хойш нутагтаа ирсэн ажилчдад зориулан угтан авах хурал зохион байгуулав. Эдгээр бүлэг ажилчид 5-р сарын 12-ны өдөр Мүгдэнд хүрэлцэн ирэв.

5月14日　从中国内蒙古去蒙古人民共和国帮助建设的一批工人深夜回到集宁，在车站上受到了集宁市各界5 000多人的热烈欢迎。

5 сар 14　Хятадын ӨМӨЗО-оос БНМАУ-ын бүтээн байгуулалтад туслалцсан бүлэг ажилчид шөнө Жининд хүрэлцэн ирэхэд галт тэрэгний буудал дээр Жинин хотын бүх давхаргын 5000 гаруй хүн халуун дотноор угтан авав.

5月18日　蒙古部长会议第一副主席德·莫洛木扎木茨在蒙古铁路技术经济第四次会议上讲话时提到，蒙古人民共和国过境货运量急剧减少，是因为中国单方面缩减了同苏联等国的贸易联系所致。

5 сар 18　БНМАУ-ын Сайд нарын Зөвлөлийн нэгдүгээр орлогч дарга Д. Моломжамц Монголын төмөр замын техник эдийн засгийн 4 дэх удаагийн хурал дээр БНМАУ-ын хил нэвтрэх бараа тээвэрлэлт эрс багассан нь Хятад улс дангаараа Зөвлөлт зэрэг улстай хийх гадаад худалдаагаа багасгасантай холбоотой гэж мэдэгдэв.

6月12日　蒙古人民革命党中央致中国共产党中央委员会公开信。信中批评中共“破坏国际共产主义运动，对蒙古人民革命党施加压力”等。

6 сар 12　МАХН-ын Төв Хороо ХКН-ын Төв Хорооны зөвлөлд захидал илгээв. Уг захидалд ХКН “Олон улсын коммунист хөдөлгөөнийг задаргаж МАХН-д дарамт үзүүлж байна” гэх зэргээр шүүмжлэв.

6月14日　中蒙联合勘界委员会第3次会议自4月2日至6月14日在北京举行，并在当天签订了会议纪要。中蒙联合勘界委员会中方首席代表鲁清和蒙方首席代表巴塔在会议纪要上签字。出席签字仪式的，有中国外交部副部长姬鹏飞和联合勘界委员会双方代表、顾问和其他工作人员。在中蒙联合勘界委员会第3次会议期间，双方起草了边界议定书，审定和制印了边界地图，商谈了双方政府全权代表在边界议定书和边界地图上签字的时间、地点等问题，并全部达成协议。当晚，姬鹏飞副部长设宴招待联合勘界委员会蒙方代表巴塔和其他人员。出席宴会的还有联合勘界委员会中方首席代表鲁清和其他有关人员。蒙古驻华大使策伯格米德也出席签字仪式和宴会。

6 сар 14 Хятад Монголын хамтарсан хил шалгах комисс 3 дахь удаагийн хуралдаан 4-р сарын 2-оос 6-р сарын 14-ны өдрийн хооронд Бээжин хотод зохион байгуулагдаж, хуралдааны товч протоколд гарын үсэг зурав. Хятад Монголын хамтарсан хил шалгах комиссын Хятадын талын ахлах төлөөлөгч Лү Чин болон Монголын талын тэргүүлэх төлөөлөгч Бат нар хуралдааны товч протоколд гарын үсэг зурав. Гарын үсэг зурах ёслолд Хятад улсын Гадаад Явдлын Яамны орлогч сайд Жи Пэнфэй болон хоёр талын хамтарсан хил шалгах комиссын төлөөлөгчид, зөвлөх болон бусад албан тушаалтнууд оролцов. Хятад Монголын хамтарсан хил шалгах комисс 3 дахь удаагын хурлаар талууд хилийн гэрээг байгуулж, хилийн газрын зургийг хянан тогтоож, хоёр талын Засгийн Газрын бүрэн эрхт төлөөлөгчид хилийн гэрээ болон газрын зурагт гарын үсэг зурах үе, газар зэрэг асуудлыг хэлэлцэх бүх талаар тохиролцоонд хүрэв. Уг орой нь орлогч сайд Жи ПэнФэй хамтарсан хил шалгах комиссын Монголын талын төлөөлөгч Бат болон бусад албаны хүмүүс дайллагад оролцов.

Дайллагад мөн хамтарсан хил шалгах комиссын Хятадын талын ахлах төлөөлөгч Лү Чин болон бусад албаны хүмүүс оролцов. Мөн БНМАУ-аас БНХАУ-д суугаа элчин сайд Цэвэгмид гарын үсэг зурах ёслол болон дайллагад оролцов.

6月16日　中国国务院全体会议第145次会议任命魏宝善为中华人民共和国驻蒙古人民共和国大使馆参赞。

6 сар 16　Хятадын Төрийн Зөвлөлийн бүх нийтийн 145 дахь удаагийн хурлаар Вэй Бао Шань-г БНХАУ-аас БНМАУ-д суух Элчин Сайдын Яамны зөвлөхөөр томилов.

6月17日　中蒙文化合作协定1964年执行计划当日在北京签订。中国对外文化联络委员会副主任陈忠经和蒙古驻华大使敦·策伯格米德，分别代表本国政府签字。

6 сар 17　Хятад Монголын соёлын хамтарсан хэлэлцээрийн 1964 онд хэрэгжүүлэхээр төлөвлөгөөнд Бээжин хотод гарын үсэг зурав. Хятадын гадаад орнуудтай соёлоор харилцах нийгэмлэгийн орлогч дарга Чэн Жунжин болон БНМАУ-аас Хятад улсад суугаа элчин сайд Цэвэгмид нар тус тус гэрээнд гарын үсэг зурав.

6月21日　到当日为止，已有27批5 200余名中国援蒙员工离开乌兰巴托回国。至此，在蒙古全国18个省帮助建设的中国员工，都已先后离开蒙古回国。目前仍在乌兰巴托工作的900多名中国员工，也将在近期回国。

6 сар 21　Одоогийн байдлаар Хятад улсаас 27 ээлжийн 5200 гаруй БНМАУ-д туслах ажилчид Улаанбаатар хотоос нутаг буцав. Үүгээр БНМАУ-ын бүх 18 аймгийн тусламжын байгууллагын Хятад ажилчид Монголоос гарч нутаг буцав. Одоогоор Улаанбаатар хотод 900 гаруй Хятад ажилчид

ажиллаж байгаа бөгөөд удахгүй нутаг буцах юм байна.

6月30日 《中蒙边界议定书》和边界地图当日在乌兰巴托签订。中国外交部副部长姬鹏飞和蒙古外交部第一副部长斯·索索尔巴拉姆，分别代表本国政府在议定书上签字。

6 сар 30 “Хятад Монголын хилийн гэрээ” болон хилийн газрын зурагт Улаанбаатар хотод гарын үсэг зурав. Хятад улсын Гадаад Явдлын Яамны орлогч сайд Жи ПэнФэй болон БНМАУ-ын Гадаад Явдлын Яамны 1-р орлогч сайд Сосорбарам нар хоёр улсын засгийн газрыг тус тус төлөөлж гэрээнд гарын үсэг зурав.

7月2日 中国政府全权代表、外交部副部长姬鹏飞，前往蒙古人民共和国签订中蒙两国边界议定书以后，已于当天乘飞机回到北京。

7 сар 2 Хятадын Засгийн Газрын бүрэн эрхт төлөөлөгч Гадаад Явдлын Яамны орлогч дарга Жи ПэнФэй БНМАУ-тай Хятад Монгол хоёр улсын хилийн гэрээг байгуулсаныхаа дараа тусгай онгоцоор Бээжин хотруу буцав.

7月10日 中国共产党中央委员会主席毛泽东、国家主席刘少奇、全国人民代表大会常务委员会委员长朱德、国务院总理周恩来致电蒙古人民革命党中央委员会第一书记、蒙古部长会议主席尤·泽登巴尔、蒙古大人民呼拉尔主席团主席扎·桑布，祝贺蒙古人民革命胜利43周年。中国外交部长陈毅也给蒙古外交部长杜格尔苏伦发去贺电。

7 сар 10 Хятадын Коммунист Намын Төв Хорооны дарга Мао Зэдун, дарга Лю Шаочи, БХАТИХ-ын Байнгын Хорооны дарга Жу Дэ, Төрийн Зөвлөлийн Ерөнхий сайд Жоу Эньлай МАХН –ын Төв Хорооны нэгдүгээр нарийн бичгийн дарга бөгөөд БНМАУ-ын Сайд Нарын Зөвлөлийн дарга

Ю.Цэдэнбал, БНМАУ-ын Ардын Их Хурлын Тэргүүлэгчдийн дарга Ж. Самбуу нарт цахилгаан илгээж Ардын Хувьсгал ялсны 43 жилийн ойд баяр хүргэв. Хятадын ГЯЯ-ны сайд Чэн И Монголын ГЯЯ-ны сайд Дугарсүрэнд баярын цахилгаан илгээв.

7月11日　蒙古驻中国大使敦·策伯格米德当晚举行招待会，庆祝蒙古人民革命胜利43周年。中国国务院副总理李先念、陆定一，全国人民代表大会常务委员会副委员长林枫，外交部副部长韩念龙以及解放军的高级将领，政府各部门和北京市的负责人，和首都各方面人士应邀出席招待会。敦·策伯格米德大使和陆定一副总理先后在招待会上祝酒，他们提议为中蒙两国人民的友谊干杯。

7 сар 11 БНМАУ-аас БНХАУ-д суугаа Элчин сайд Цэвэгмид уг өдрийн орой Ардын Хувьсгал ялсны 43 жилийн ойг тохиолдуулан дайллага хийж, Хятадын Төрийн Зөвлөлийн Ерөнхий сайдын орлогч Ли Сяньнянь, БХАТИХ-ын Байнгын Хорооны орлогч дарга Линь Фэн, ГЯЯ-ны орлогч сайд Чао Няньлун болон Ардын Чөлөөлөх Армийн дээд удирдлага, Засгийн Газрын яамдууд болон Бээжин хотын албаны хүмүүс дайллагад урилгаар оролцов. Элчин сайд Д.Цэвэгмид, Ерөнхий сайдын орлогч Лу Дин И нар дайллага дээр Хятад Монгол 2 орны ард түмний найрамдлын төлөө хундага өргөв.

7月12日　根据蒙古政府的提议，经过中蒙双方的安排，从当年4月24日开始分批回国的中国援蒙员工，最后一批于当日上午乘火车抵达哈尔滨。回国援蒙员工在车站上受到了黑龙江省副省长陈剑飞等以及哈尔滨市各界1 400多人的热烈欢迎。

7 сар 12 БНМАУ-ын Засгийн Газрын саналыг үндэслэн

Хятад Монгол хоёр тал энэ жилийн 4-р сарын 24-ний өдрөөс эхлэн Хятад улсын Монгол дахь тусламжын ажилчдыг нутаг буцах ажлыг зохион байгуулж, сүүлийн ажилчид тусгай галт тэргээр Харбин хотод хүрэв. Нутагтаа ирсэн ажилчдыг галт тэрэгний буудал дээр Хар Мөрөн аймгийн орлогч дарга Чэн ЖэнФэй Харбин хотын бүх давхаргын 1 400 гаруй хүн халуун дотноор угтан авав.

7月30日　蒙古《真理报》为蒙古人民革命党第三次代表大会召开40周年发表署名文章，题为《蒙古人民革命党实现了关于非资本主义发展道路的马列主义学说》。文章提到《中国领导人否认非资本主义发展道路，实质就是无视蒙古人民斗争的历史经验》。

7 сар 30　Монголын “Үнэн” сонинд “МАХН-ын 40 жилийн ойд зориулан төлөөлөгчдийн 3-р их хурлаа зарлан хуралдууллаа” гэсэн өгүүлэл нийтлэгдэв. “МАХН хөрөнгөтний биш коммунизмын хөгжлийн замын тухай марксизмын сургаалыг хэрэгжүүлсэн” гэж бичив. “Хятадын удирдагчид капитализмын бус хөгжлийн замыг үгүйсгэж, үнэндээ монголын ард түмний тэмцлийн түүхэн туршлагыг үгүйсгэж буй хэрэг” гэв.

7月31日　蒙古人民军事务部长兼人民军司令员上将扎·勒哈格瓦苏伦致电中国国防部长林彪元帅，庆祝中国人民解放军建军节。

7 сар 31　Монголын Ардын Армийн хэрэг эрхлэх газрын дарга бөгөөд Ардын Армийн командлагч, генерал Ж. Лхагвасүрэн Хятадын Батлан Хамгаалах Яамны сайд Линь Бяо маршалд цахилгаан илгээж Хятадын Ардийн Чөлөөлөх Арми байгуулагдсаны ойн баяр хүргэв.

9月9日　蒙通社发表“关于毛泽东于1964年7月10日同日本社会党人的谈话的声明”。声明中说：“毛泽东在谈话中企图对蒙苏关系的真诚性制造怀疑”等。

9 сар 9　Монголын хэвлэл мэдээлэлд “Мао Зэдун 1964 оны 7-р сарын 10-ны өдөр Японы социалист намын удирдлагатай ярилцсан мэдэглэл” нийтлэгдэв. Уг мэдэглэлд “ Мао Зэдун яриандаа Монгол Зөвлөлтийн харилцаанд эргэлзээ төрүүлэх гэж бий” гэсэн байна.

9月27日　应邀参加中华人民共和国成立15周年庆典，蒙古政府代表团抵达北京。

9 сар 27　БНХАУ байгуулагдсаны 15 жилийн ойн баярын ёслолд БНМАУ-ын Засгийн Газрын төлөөлөгчид урилгаар Бээжин хотод хүрэлцэн ирэв.

9月29日—10月4日　蒙古部长会议第一副主席索·鲁布桑率蒙古政府代表团来北京参加中国国庆15周年活动。

9 сар 29-10 сар 4　Монголын Сайд Нарын Зөвлөлийн 1-р орлогч дарга С.Лувсан БНМАУ-ын Засгийн Газрын төлөөлөгчдийн хамт Бээжин хотод ирж БНХАУ байгуулагдсаны 15 жилийн ойн баярын үйл ажилгаанд оролцов.

9月30日　中共中央政治局委员、国务院副总理陈毅，中共中央委员、国务院副总理邓子恢，当天上午会见了蒙古政府代表团团长索·鲁布桑一行。宾主进行了亲切友好的谈话。下午，代表团由中华全国手工业合作总社副主任谢邦选陪同参观了北京地毯厂。

同日　蒙古人民革命党领导人致电祝贺中国国庆15周年。蒙古和平与友好组织执行委员会举行集会庆祝中国国庆。《中国农牧业》图片展览在乌兰巴托展出。

同日　中国共产党中央委员会主席毛泽东同刘少奇、宋庆龄、董必武、朱德、周恩来、邓小平等中国党和国家领导人，当天分批会见了12个社会主义国家的代表团。由蒙古部长会议第一副主席索·鲁布桑率领的蒙古政府代表团参加了接见。

同日　毛泽东主席，刘少奇主席，宋庆龄、董必武副主席，朱德委员长和周恩来总理，当晚在人民大会堂宴会厅举行国庆招待会，庆祝中华人民共和国成立15周年。蒙古政府代表团应邀出席。

同日　蒙古人民革命党中央委员会第一书记、蒙古部长会议主席尤·泽登巴尔、蒙古大人民呼拉尔主席团主席扎·桑布致电中国共产党中央委员会主席毛泽东、中华人民共和国主席刘少奇、全国人民代表大会常务委员会委员长朱德、国务院总理周恩来，祝贺中华人民共和国成立15周年。蒙古外交部部长芒·杜格尔苏伦也给中国国务院副总理兼外交部部长陈毅发来贺电。

9 сар 30　Хятадын Коммунист Намын Төв Хорооны улс төрийн гишүүн, Төрийн Зөвлөлийн Ерөнхий сайдын орлогч Чэн И болон ХКН-ын Төв Хорооны гишүүн, Төрийн Зөвлөлийн Ерөнхий сайдын орлогч Дэн Зыхуй нар уг өдрийн үдээс өмнө БНМАУ-ын Засгийн Газрын төлөөлөгчдийн багийн дарга С.Лувсантай уулзаж халуун дотно нөхөрсөг яриа өрнүүлэв. Үдээс хойш төлөөлөгчид Бүх Хятадын гар урлалын үйлдвэрлэлийн хамтын ажиллагааны нийгэмлэгийн орлогч дарга Се Баншуаньтай Бээжин хотын хивсний үйлдвэрийг үзэж сонирхов.

МАХН-ын удирдлагууд БНХАУ тунхагласаны 15 жилийн ойд баярын цахилгаан илгээв. БНМАУ-ын энх тайван найрамдлын байгууллага Хятад улсын үндэсний баярт зориулан цуглаан зохион байгуулав. “Хятадын газар тариалан мал аж ахуй”–н гэрэл зургийн үзэсгэлэн уг өдөр Улаанбаатар хотноо болов.

Уг өдөр Хятадын Коммунист Намын төв хорооны дарга Мао Зэдунтай хамт дарга Лю Шаочи, Сун Чинлин, Дун Би-у, Жу Дэ, Жоу Эньлай, Дэн Сяопин зэрэг Хятадын нам төрийн удирдлагууд 12 социалист улсын төлөөлөгчидтэй уулзав. Монголын Сайд Нарын Зөвлөлийн нэгдүээр орлогч дарга С. Лувсан Монголын Засгийн Газрын төлөөлөгчдийн хамт хүлээн авалтанд оролцов.

Энэ өдөр Мао Зэдун дарга, Лю Шаочи дарга, орлогч дарга Сун Чинлин, Дун Би-у, зөвлөлийн дарга Жудэ болон Ерөнхий сайд Жоу Эньлай нар уг өдрийн орой нь АИХ-ын танхимд БНХАУ үүсгэн байгуулагдсаны 15 жилийн ойг тохиолдуулан баярын хүлээн авалт хийв. БНМАУ-ын Засгийн Газрын төлөөлөгчид урилгаар оролцов.

МАХН-ын Төв Хорооны нэгдүгээр нарийн бичгийн дарга, Монголын Сайд Нарын Зөвлөлийн дарга Ю.Цэдэнбал, Монголын АИХ-ын Тэргүүлэгчдийн дарга Ж. Самбуу нар ХКН-ын Төв Хорооны дарга Мао Зэдун, БНХАУ-ын дарга Лю Шаочи, БХАТИХ-ын байнгын хорооны дарга Жудэ болон Төрийн Зөвлөлийн Ерөнхий сайд Жоу Эньлай нарт БНХАУ байгуулагдсаны 15 жилийн ойн баярын цахилгаан илгээв. БНМАУ-ын Гадаад Явдлын Яамны дарга М. Дугарсүрэн Хятадын Төрийн Зөвлөлийн Ерөнхий сайдын орлогч бөгөөд ГЯЯ-ны сайд Чэнь И-д баярын цахилгаан илгээв.

10月1日　蒙中友好协会副会长班匝喇克查在蒙古《真理报》上发表题为《纪念中华人民共和国建国15周年》的文章。

同日　在北京隆重举行7万人参加的大集会及游行，庆祝建国15周年。蒙古人民共和国代表团团长鲁布桑率团应邀参加庆典。

10 сар 1 Монголын “Үнэн” сонинд Монгол Хятадын найрамдлын нийгэмлэгийн орлогч дарга Ж.Банзрагч “БНХАУ байгуулагдсаны 15 жилийн ой” гэсэн өгүүлэл нийтлүүлэв.

Уг өдөр Бээжинд 70,000 хүний бүрэлдэхүүнтэй сүрлэг цуглаан болон жагсаал хийж БНХАУ байгуулагдсаны 15 жилийн ойг ёслол төгөлдөр тэмдэглэв. БНМАУ-ын Засгийн газрын төлөөлөгчид, төлөөлөгчдийн багийн дарга С.Лувсан зэрэг хүмүүс баярын ёслолд урилгаар оролцов.

10月2日 蒙古政府代表团的部分团员，当天上午由中国文化部副部长徐平羽陪同，参观了故宫。下午由国家体委副主任李梦华陪同，观看了波兰国家男子篮球队同中国人民解放军“八一”男子篮球队的友谊比赛。

10 сар 2 БНМАУ-ын Засгийн газрын хэсэг төлөөлөгчид уг өдрийн үдээс өмнө Хятадын Соёлын Яамны орлогч сайд Шу Пинюйтэй хааны ордонг үзэж сонирхов. Үдээс хойш Төрийн Зөвлөлийн орлогч дарга Ли Мэнхуатай хамт “Польш” улсын эрэгтэйчүүдийн сагсан бөмбөгийн баг болон Хятадын Ардын Чөлөөлөх Армийн “8. 1” эрэгтэйчүүдийн сагсан бөмбөгийн багуудын нөхөрсөг тэмцээнийг үзэж сонирхов.

10月3日 中共中央副主席、国务院总理周恩来，当天下午会见了蒙古政府代表团团长、部长会议第一副主席索·鲁布桑和代表团团员萨·扎兰—阿扎布、敦·策伯格米德。宾主进行了亲切友好的谈话。

同日 蒙古驻华大使敦·策伯格米德当天为蒙古政府代表团访问中国举行宴会。中国国务院副总理邓子恢，外交部副部长刘新权和中蒙友好协会会长范长江应邀出席宴会。

10 сар 3 ХКН-ын Төв Хорооны орлогч дарга, Төрийн Зөвлөлийн Ерөнхий сайд Жоу Эньлай уг өдрийн үдээс хойш БНМАУ-ын Засгийн Газрын төлөөлөгчидийн дарга Сайд Нарын Зөвлөлийн нэгдүгээр орлогч дарга С. Лувсан болон төлөөлөгчидийн багын гишүүн С. Жаланаажав, Д.Цэвэгмид нартай уулзан халуун дотно нөхөрсөг ярилцав.

Уг өдөр БНМАУ-аас Хятад улсад суугаа Элчин сайд Д.Цэвэгмид БНМАУ-ын Засгийн газрын төлөөлөгчид Хятад улсад айлчилж буйг тохиолдуулан дайллага хийв. Хятад улсын Төрийн Зөвлөлийн Ерөнхий сайдын орлогч Дэн Зыхуй ГЯЯ-ны орлогч сайд Лю Синчуань болон Хятад Монголын найрамдлын нийгэмлэгийн дарга Фань Чанжан нар урилгаар дайллагад оролцов.

10月4日 蒙古政府代表团当天上午乘飞机离开北京回国。中国国务院副总理陈毅、邓子恢等政府各部门、各民主党派、人民团体和北京市的负责人和首都各界数千人，到机场欢送贵宾。

10 сар 4 БНМАУ-ын Засгийн газрын төлөөлөгчид тусгай онгоцоор Бээжингээс нутаг буцав. Хятадын Төрийн Зөвлөлийн Ерөнхий сайдын орлогч Чэнь И, Дэн Зыхуй зэрэг Засгийн газрын яамдууд, намын төлөөлөгчид, ард түмний бие төлөөлөл болон Бээжин хотын албаны хариуцлагатай хүмүүс, нийслэлийн бүх давхаргын 1000 гаруй хүн онгоцны буудал дээр хүндэт зочдыг үдэв.

10月16日 蒙古《真理报》发表蒙科学院院长巴·锡林迪布纪念蒙古人民共和国成立40周年的题为《蒙古人民共和国的独立是公认的》的文章。

10 сар 16 Монголын “Үнэн” сонинд ШУА-ийн хүрээлэнгийн дарга Б.Ширэндэв БНМАУ улс байгуулагдсаны 40 жилийн ойд зориулан “БНМАУ-ын тусгаар тогтнол бүх

нийтэд хүлээн зөвшөөрөгдлөө” гэсэн өгүүлэл нийтлэв.

11月5日 参加伟大十月社会主义革命47周年庆祝典礼的中国党政代表团团长周恩来在专机飞经蒙古上空时致电蒙古人民革命党中央第一书记、蒙古部长会议主席泽登巴尔，祝中蒙两国人民的兄弟友谊日益巩固和发展！祝蒙古人民在社会主义建设事业中取得新的成就。

11 сар 5 Агуу Октяврийн социалист хувьсгалын 47 жилийн ойн ёслолд оролцохоор Хятад улсын Нам Засгийн газрын төлөөлөгчид болон төлөөлөгчдийн дарга Жоу Эньлай нар тусгай онгоцоор Монголын харъя агаараар өнгөрөхдөө МАХН-ын Төв Хорооны нэгдүгээр нарийн бичгийн дарга Монголын Сайд нарын Зөвлөлийн дарга Цэдэнбалд цахилгаан илгээж Хятад Монгол хоёр улсын ард түмний ахан дүүгийн найрамдал өдөр ирэх тусам өргөжин хөгжиж байгаад талархаж, Монголын ард түмэн социалист бүтээн байгуулалтын шинэ амжилтанд баяр хүргэв.

11月18日—12月10日 蒙古美术家鲁布桑扎木茨、冈果尔二人访问中国北京、上海、杭州、广州等地。

11 сар 18-12 сар 10 Монголын уран зураач Лувсанжамц, Гонгор нар Хятадын Бээжин, Шанхай, Ханжоу, Гуанжоу зэрэг газруудад айлчлав.

11月23日 中国援建的乌兰巴托养鸡厂竣工，并举行了交接仪式。

11 сар 23 Хятадын тусламжаар барьж буй Улаанбаатар хот дахь тахиа өсгөх үйлдвэрийн барилгын ажил дуусч хүлээн авах ёслол хийв.

11月24日　蒙古驻中国大使馆当日就蒙古人民共和国成立40周年举行记者招待会。大使馆参赞道·萨姆丹在会上介绍了蒙古人民共和国成立以来各方面的情况。

11 сар 24　БНМАУ-ын Хятад улс дахь Элчин Сайдын Яам БНМАУ байгуулагдсаны 40 жилийн ойд зориулан хэвлэлийн бага хурал хийв. Элчин Сайдын Яамны зөвлөх Д. Самдан хэвлэлийн бага хурлын үеэр БНМАУ байгуулагдсанаас өнөөг хүртлэх бүх ажлын байдлыг танилцуулав.

11月25日　中华人民共和国主席刘少奇、国务院总理周恩来当日致电蒙古大人民呼拉尔主席团主席扎·桑布、蒙古部长会议主席尤·泽登巴尔，祝贺蒙古人民共和国成立40周年。

11 сар 25　БНХАУ-ын дарга　Лю Шаочи, Төрийн Зөвлөлийн Ерөнхий сайд Жоу Эньлай нар БНМАУ-ын Ардын Их Хурлын Тэргүүлэгчдийн дарга Ж.Самбуу болон Монголын Сайд Нарын Зөвлөлийн дарга Ю. Цэдэнбал нарт БНМАУ байгуулагдсаны 40 жилийн ойн баярын цахилгаан илгээв.

11月26日　蒙古驻中国大使策伯格米德当晚举行酒会，庆祝蒙古人民共和国成立40周年。中国国务院副总理贺龙应邀出席酒会。策伯格米德大使和中国外交部副部长韩念龙在酒会上致辞。

同日　蒙古首都乌兰巴托各界代表当天下午举行集会，庆祝蒙古人民共和国成立40周年。蒙古党和国家领导人泽登巴尔、桑布等出席庆祝集会。各国驻蒙古的外交使节也应邀出席。

11 сар 26　БНМАУ-аас Хятад улсад суугаа Элчин сайд Цэвэгмид уг өдрийн орой найр хийж БНМАУ байгуулагдсаны

40 жилийн ойг тохиолдуулан Хятад улсын Төрийн Зөвлөлийн Ерөнхий сайдын орлогч Хэ Лун урилгаар оролцов. Элчин сайд Цэвэгмид болон Хятадын Гадаад Явдлын Яамны Ерөнхий сайдын орлогч Хань Няньлун нар найран дээр үг хэлэв. Уг өдөр БНМАУ-ын нийслэл Улаанбаатар хотноо БНМАУ байгуулагдсаны 40 жилийн ойг тохиолдуулан бүх давхаргын төлөөлөл цуглаан хийж тэмдэглэв. Монголын нам төрийн удирдлагууд Цэдэнбал, Самбуу зэрэг хүмүүс баярын цуглаанд оролцов. Мөн Монголд суугаа гадаад харилцааны төлөөлөгчид урилгаар оролцов.

12月2日　前来中国参加中蒙科学技术合作协定执行机构第三届会议的蒙古科技代表团，在团长、蒙古手工业合作社中央理事会主席德木其格率领下，当晚乘火车抵达北京。

12 сар 2　Хятад Монголын шинжлэх ухаан техникийн хамтын ажиллагааны хэлэлцээрийг гүйцэтгэгч байгууллагуудын 3 дахь удаагын хуралд оролцохоор Монголын шинжлэх ухаан технологийн төлөөлөгчдийн багийн дарга Монголын гар урлалын үйлдвэрлэлийн хамтын ажиллагааны нийгэмлэгийн төвийн гүйцэтгэгч дарга Дэмчиг нар галт тэргээр Бээжинд хүрэв.

12月5日　蒙古人民共和国农业图片展览当天下午在中山公园开幕。展览会是根据中蒙文化合作协定1964年执行计划，由中国对外文化联络委员会主办的。

12 сар 5　БНМАУ-ын газар тариалангийн зургийн үзэсгэлэн үдээс хойш Жуншань цэцэрлэгт хүрээлэнд нээлтээ хийв. Уг үзэсгэлэнг Хятад Монголын Соёлын хамтын ажиллагааны 1964 оны хэлэлцээрийн төлөвлөгөөний дагуу Хятадын Гадаад орнуудтай соёлоор

харилцах нийгэмлэгээс зохион байгуулав.

12月10日　中蒙科学技术合作协定执行机构第三届会议在本月3日至10日在北京举行，并签订了议定书。议定书规定，双方将在电力、农牧业等方面派遣专家和提供技术资料。中华全国手工业合作总社主任陈一帆和蒙古手工业合作社中央理事会主席德木其格分别代表本国政府签字。

12 сар 10　Хятад Монголын шинжлэх ухаан технологийн хамтын ажиллагааны хэлэлцээрийг гүйцэтгэгч байгууллагуудын 3 дахь удаагын хурал уг сарын 3-ны өдрөөс 10-ны өдрийн хооронд Бээжин хотод явагдаж хэлэлцээрийн протоколд гарын үсэг зурав. Уг протоколд хоёр тал цахилгаан эрчим хүч, газар тариалан хөдөө аж ахуйн үйлдвэрлэл зэргээр мэргэжилтэн томилож бас техник технологийн хэрэгслийг нийлүүлэхээр болов. Бүх Хятадын гар урлалын үйлдвэрийн хамтын ажиллагааны нийгэмлэгийн дарга Чэнь Ифэнь болон Монголын гар урлалын үйлдвэрийн хамтын ажиллагааны нийгэмлэгийн төв хорооны гүйцэтгэгч дарга Дэмчиг нар тус тус засгийн газраа төлөөлж гарын үсэг зурав.

12月26日　中国援助蒙古新建的22万平方米住宅交付使用。

12 сар 26　Хятад улсын тусламжаар Монголд баригдсан 220000м.кв орон сууцыг ашиглалтанд хүлээлгэн өгөв.

1965年中蒙国家关系历史编年

1965 оны Хятад Монголын харилцааны түүхэн үйл явдлын товчоон

1月5日 中华人民共和国主席刘少奇、国务院总理周恩来收到了蒙古大人民呼拉尔主席团主席扎·桑布、蒙古部长会议主席尤·泽登巴尔发来的贺电，祝贺他们再次当选，并表示希望蒙中两国人民之间的友谊和合作将得到发展和巩固，以利于和平和社会主义事业。

1 сар 5 БНХАУ-ын дарга Лю Шаочи, Төрийн Зөвлөлийн Ерөнхий сайд Жоу Эньлай нар Монголын АИХ-ын Тэргүүлэгчдийн дарга Ж.Самбуу болон Монголын Сайд Нарын Зөвлөлийн дарга Ю.Цэдэнбалын илгээсэн баярын цахилгааныг хүлээн авав. Тэднийг дахин албан тушаалдаа сонгогдсонд нь баяр хүргэж Монгол Хятад хоёр улсын ард түмний найрамдал болон хамтын ажиллагаа хөгжин батжиж энх тайван болон социалист үйл хэрэгт туслахыг хүсэж буйгаа илэрхийлэв.

1月11日 蒙古部长会议主席尤·泽登巴尔复函周恩来总理，对1964年10月17日周总理致电各国首脑时提出的关于召开各国首脑会议讨论全面禁止和彻底销毁核武器问题的建议表示“赞同”。

1 сар 11 Монголын Сайд Нарын Зөвлөлийн дарга Ю.Цэдэнбал, Ерөнхий сайд Жоу Эньлайд дахин захидал илгээж 1964 оны 10-р сарын 17-ны өдөр Ерөнхий сайд Жоу олон улсын удирдагчдад цахилгаан илгээх үеэрээ олон улсын удирдагчдын хурлыг зарлан хуралдуулж талууд цөмийн зэвсгийг хориглож тууштай устгах тухай асуудлаар хэлэлцсэн явдалтай санал нэг байгаагаа илэрхийлэв.

2月24日—3月4日　中、蒙、苏铁路联运代表会第10次会议和中、蒙国境铁路联运委员会例会在呼和浩特市举行。根据协议，从3月1日起由中国机车、列车乘务组担当二连—扎门乌德国境间的交接列车牵引。

2 сар 24-3 сар 4 Хятад, Монгол Зөвлөлтийн транзит төмөр замын тээврийн комиссын ээлжит хурал 10 дахь удаагаа хуралдаж мөн Хятад Монгол хоёр улсын транзит төмөр замын тээврийн комиссын ээлжит хурал Хөх хотод болов. Хэлэлцээрийг үндэслэн, 3-р сарын 1-ний өдрөөс эхлэн Хятад улсын зүтгүүр, галт тэргэний ажилтад Эрээн, Замын-үүдийн хилийн хооронд галт тэргээр зорчихыг хөтлөх болов.

3月16日　中国国务院副总理兼国防部长林彪元帅致电蒙古人民军事务部长兼人民军司令员扎・勒哈格瓦苏伦上将，祝贺蒙古人民军建军44周年。

3 сар 16 Хятадын Төрийн Зөвлөлийн Ерөнхий сайдын орлогч, БХЯ-ны сайд маршал Линь Бяо маршал Монголын Ардын Армийн хэрэг эрхлэх газрын дарга, Ардын Армийн командлагч Ж. Лхагвасүрэнд цахилгаан илгээж Монголын Ардын Арми байгуулагдсаны 44 жилийн ойд баяр хүргэв.

3月24日　《中华人民共和国和蒙古人民共和国关于1965年相互供应货物的议定书》当日在乌兰巴托签字。中国政府贸易代表团团长、中国驻蒙古大使张灿明和蒙古政府贸易代表团团长、对外贸易部副部长赫希格分别在议定书上签字。

3 сар 24 “БНХАУ болон БНМАУ-ын 1965 онд харилцан бараа нийлүүлэх тухай хэлэлцээрийн товч протокол” –д уг өдөр Улаанбаатар хотноо гарын үсэг зурав. Хятад улсын Засгийн Газрын Гадаад Худалдааны төлөөлөгчдийн дарга,

Хятад улсаас БНМАУ-д суугаа элчин сайд Жан Цаньмин болон БНМАУ-ын Засгийн Газрын Гадаад Худалдааны төлөөлөгчдийн дарга, Гадаад Худалдааны Яамны орлогч сайд Хишиг нар тус тус хэлэлцээрийн товч протоколд гарын үсэг зурав.

4月13日 蒙古部长会议第一副主席索·鲁布桑致电中国国务院总理周恩来，吊唁中国共产党中央政治局委员、中国国务院副总理柯庆施逝世。

4 сар 13 Монголын Сайд Нарын Зөвлөлийн нэгдүгээр орлогч дарга Ж.Лувсан цахилгаан илгээж Төрийн Зөвлөлийн Ерөнхий сайд Жоу Эньлай, Хятадын Коммунист Намын улс төрийн хорооны гишүүн, Хятадын Төрийн Зөвлөлийн Ерөнхий сайдын орлогч Кө Чинши нас нөгчсөн явдалд гашуудаж буйгаа илэрхийлэв.

4月25日 由黑龙江省总工会副主席于雄飞率领的中国工会代表团，当天乘火车离开北京前往蒙古人民共和国。代表团是应邀前往参加“五一”国际劳动节庆祝活动和进行友好访问的。

4 сар 25 Хэйлүнжян мужийн Үйлдвэрчний Эвлэлийн орлогч дарга Ю Сюнфэй Хятад улсын Үйлдвэрчний Эвлэлийн төлөөлөгчдийн хамт тусгай галт тэргээр Бээжингээс гарч БНМАУ-г зорив. Төлөөлөгчид “5/1” олон улсын хөдөлмөрчдийн баярын ойн үйл ажиллагаанд урилгаар оролцож нөхөрсөг айлчлал хийх гэж байгаа юм.

5月13日 中华人民共和国国务院发表通告，“近几年来，我国先后同缅甸联邦、尼泊尔王国、蒙古人民共和国、巴基斯坦伊斯兰共和国、阿富汗王国等邻国，根据互相尊重主权和领土完整的原则，本着平等协商和互谅互让的精神，通过友好谈判，解决了历史上遗留下来的边界问题，划定了我国同这些国家间的边界线，并分别签订了相应的边界条约或边界协定。我国一切机关、团体和出版部门绘制的各种地图上，中华人民共和国同这些国家间的边界线，应一律按照上述条约或协定的有关规定标绘”。

5 сар 13 БНХАУ-ын Төрийн Зөвлөл нийтэлсэн зарлалдаа ойрын хэдэн жилээс манай улс дараалан “Бирмийн Холбоот улс”, “Непалын вант улс”, “БНМАУ”, “Пакистаны лалын бүгд найрамдах улс”, “Афганистаны вант улс” зэрэг хөрш зэргэлдээ орнуудтай харилцан бүрэн эрхээ хүндэтгэх болон нутаг дэвсгэрийн бүрэн бүтэн байдлын зарчмыг үндэслэн эрх тэгш зөвлөлдөн харилцан ойлголцох харилцан буулт хийх үзэл санааг голлож найрамдлын хэлэлцээр хийж, түүхээс улбаатай хилийн асуудлыг шийдвэрлэснээр манай улс эдгээр улсуудтай хиллэх хилийн шугамаа зааглаж холбогдох хилийн гэрээ болон хилийн хэлэлцээрт гарын үсэг зурав. Манай улсын бүхий л албан байгууллага, болон хэвлэлийн салбар олон төрлийн газрын зураг дээр БНХАУ, тэдгээр улсуудын хоорондын хилийн шугамыг дээр дурьдсан гэрээ хэлэлцээрийн дагуу холбогдох заалтанд тэмдэглэсэн ёсоор зурах хэрэгтэй” гэж мэдэгдэв.

5月30日　中国共产党中央委员会主席毛泽东、中华人民共和国主席刘少奇、全国人民代表大会常务委员会委员长朱德、国务院总理周恩来致电蒙古人民革命党中央委员会第一书记、蒙古部长会议主席尤·泽登巴尔、蒙古大人民呼拉尔主席团主席扎·桑布，祝贺中蒙友好互助条约签订5周年。中国外交部部长陈毅也给蒙古外交部部长曼·杜格苏伦发去贺电。蒙古人民共和国党和国家领导人也给中国党政领导人就蒙中友好互助条约签订五周年发来贺电。

5 сар 30 ХКН-ын Төв Хорооны дарга Мао Зэдун, БНХАУ дарга Лю Шаочи, БХАТИХ-ын Байнгын Хорооны дарга Жудэ, Төрийн Зөвлөлийн Ерөнхий сайд Жоу Эньлай нар, МАХН-ын Төв Хорооны нэгдүгээр нарийн бичгийн дарга, Монголын Сайд Нарын Зөвлөлийн дарга Ю.Цэдэнбал болон БНМАУ-ын Ардын Их Хурлын Тэргүүлэгчдийн дарга Ж. Самбуу нарт Хятад Монголын найрамдлын харилцан туслах гэрээнд гарын үсэг зурсны 5 жилийн ойн баярын цахилгаан илгээв. БНХАУ-ын ГХЯ-ны сайд Чэнь И мөн БНМАУ-ын ГЯЯ-ны сайд Дугарсүрэнд баярын цахийлгаан илгээв. БНМАУ-ын нам, төрийн улирдах хүмүүс мөн Хятадын нам, төрийн удирдах хүмүүст Монгол, Хятадын нөхөрсөг харилцаа, хамтран ажиллах гэрээ тогтоосны таван жилийн ойг тохиолдуулан баярын цахийлгаан илгээв.

5月31日 蒙古驻中国大使馆临时代办达赉当天下午举行酒会，庆祝蒙古人民共和国和中华人民共和国友好互助条约签订5周年。中国国务院副总理陈毅出席酒会并致辞。

5 сар 31 БНМАУ-аас БНХАУ-д суугаа Элчин Сайдын Яамны үүрэгт ажлыг түр хамааргч Далай уг өдрийн үдээс хойш БНМАУ болон БНХАУ-ын найрамдлын харилцан туслах гэрээнд гарын үсэг зурсаны 5 жилийн ойг

тохиолдуулан хүлээн авалт хийв. Хятадын Төрийн Зөвлөлийн Ерөнхий сайдын орлогч Чэнь И найранд оролцож үг хэлэв.

6月9日　应邀来中国访问的蒙古射箭队一行10人，由领队达·策仁达希率领，当天下午乘火车抵达北京。

6 сар 9　Хятад улсад урилгаар айлчилж байгаа Монголын байт сурчдын 10 хүний бүрэлдэхүүнтэй баг дасгалжуулагч Д. Цэрэндашын хамт　уг өдрийн үдээс хойш тусгай галт тэргээр Бээжинд хотод очив.

6月18日《中华人民共和国和蒙古人民共和国1965年文化合作执行计划》在乌兰巴托签订。

6 сар 18　“БНХАУ болон БНМАУ-ын 1965 оны соёлын хамтын ажиллагааг хэрэгжүүлэх төлөвлөгөө” –нд Улаанбаатар хотноо гарын үсэг зурав.

7月10日　蒙古驻中国大使馆临时代办道·萨姆丹当天下午举行招待会，庆祝蒙古人民革命胜利44周年。中国国务院副总理陈毅、谢富治，全国人民代表大会常务委员会副委员长林枫等政府有关部门、中国人民解放军、各人民团体和北京市的负责人以及各界人士、各国驻中国使节应邀出席了招待会。

同日　中国共产党中央委员会主席毛泽东、中华人民共和国主席刘少奇、全国人民代表大会常务委员会委员长朱德、国务院总理周恩来致电蒙古人民革命党中央委员会第一书记、蒙古部长会议主席尤·泽登巴尔、蒙古大人民呼拉尔主席团主席扎·桑布，祝贺蒙古人民革命胜利44周年，并表示中蒙两国人民之间存在着深厚的友谊。中国人民今后仍将在马克思列宁主义和无产阶级国际主义的基础上，同蒙古人民一起，为加强中蒙两国人民的友谊和团结、为反对帝国主义侵略和战争政策、为维护世界和平而共同努力。中国外交部部长陈毅也给蒙古外交部部长杜格苏伦发去贺电。

7 сар 10 БНМАУ-аас БНХАУ-д суугаа Элчин Сайдын Яамны үүрэгт ажлыг түр хамааргач Д.Самдан МАХ-ын 44 жилийн ойг тохиолдуулан үдээш хойш дайллага хийв. Хятадын Төрийн Зөвлөлийн Ерөнхий сайдын орлогч Чэнь И, Сие Фүтай, БХАТИХ-ын Байнгын Хорооны дарга зэрэг Засгийн Газрын холбогдох салбарын болон Хятадын Ардын Чөлөөлөх Арми, ард түмний төлөөлөл мөн Бээжин хотын хариуцлагатай албаны хүмүүс болон бүх давхаргын хүмүүс, Хятад улсад суугаа дипломат төлөөлөгчид дайллагад оролцов. Уг өдөр Хятадын Коммунист Намын Төв Хорооны дарга Мао Зэдун, БНХАУ–ын дарга Лю Шаочи, БХАТИХ-ын Байнгын Хорооны дарга Жу Дэ, Төрийн Зөвлөлийн Ерөнхий сайд Жоу Эньлай нар МАХН-ын төв хорооны нэгдүгээр нарийн бичгийн дарга Монголын Сайд Нарын Зөвлөлийн дарга Ю.Цэдэнбал болон Монголын АИХ-ын Тэргүүлэгчдийн дарга Ж.Лувсан нарт Ардын Хувьсгалын 44 жилийн ойн баярын мэнд хүргэж цахилгаан илгээв. Хятад Монгол хоёр улсын ард түмний хооронд бат бэх найрамдал оршин тогтнохыг хүсэж, Хятад улсын ард түмэн цаашид Марксизм, Ленинизм болон пролетари интернационализмын үндсэн дээр БНМАУ-ын ард түмэнтэй хамт Хятад Монгол

хоёр улсын ард түмний найрамдал, эв нэгдлийг бэхжүүлэхийн төлөө, империализмын түрэмгийлэл, болон дайны улс төрийн бодлогын эсэргүүцэж, дэлхийн энх тайваныг сахин хамгаалахын төлөө хичээхээ илэрхийлэв. Хятад улсын ГЯЯ-ны сайд Чэнь И Монголын ГЯЯ-ны сайд Дугарсүрэнд баярын цахилгаан илгээв.

7月11日　蒙古首都乌兰巴托当天上午举行了阅兵和群众游行，庆祝蒙古人民革命胜利44周年。蒙古党和国家领导人泽登巴尔、桑布等出席观礼。各国驻蒙古的外交使节也参加了观礼。

7 сар 11　Ардын Хувьсгалын 44 жилийн ойг тохиолдуулан Монголын нийслэл Улаанбаатар хотод үдээс өмнө цэргийн парад болон ард түмний жагсаал зохион байгуулав. БНМАУ-ын нам төрийн удирдлагууд Цэдэнбал, Лувсан нар ёслолд оролцов. БНМАУ-д суугаа дипломат төлөөлөгчид ёслолд оролцов.

7月15日　第6次社会主义国家邮电部长会议于当日在北京举行。中蒙两国都派邮电代表团参加这次会议。会议期间，中华人民共和国主席刘少奇、国务院副总理薄一波分别接见了各国代表团的全体代表。薄一波还设宴招待了各国代表。会议通过了各项决议和建议，并签订了议定书。会议期间，各国代表在北京并分别到上海、杭州、广州、武汉、哈尔滨、沈阳、鞍山等地进行了参观访问。

7 сар 15　Социалист улс орнуудын шуудан холбооны яамны 6 дахь удаагын хурал уг өдөр Бээжин хотноо зохион

байгуулагдав. Хятад Монгол хоёр улсын шуудан холбооны төлөөлөгчид энэ удаагын хуралд оролцов. Хуралдааны хугацаанд БНХАУ–ын дарга Лю Шаочи болон Төрийн Зөвлөлийн орлогч сайд Бао Ибо нар тус тус олон улсын төлөөлөгчидтэй уулзав. Бао Ибо олон улсын төлөөлөгчдийг хүлээн авч дайллага хийв. Уг хурлаар олон тогтоол , санал санаачлагыг баталж хэлэлцээрийн протоколд гарын үсэг зурав. Мөн хурлын хугацаанд олон улсын төлөөлөгчид Бээжингээс Шанхай хүртэл Ханжоу, Гуанжоу, Ухань, Харбин, Мүгдэн, Аньшан зэрэг газруудыг тус тус үзэж сонирхов.

7月19日　当日举行的中国国务院全体会议第157次会议，免去刘润生的中华人民共和国驻蒙古人民共和国大使馆参赞职务。

7 сар 19 Хятадын Төрийн Зөвлөлийн бүх нийтийн 157-р хурлаар Лю Руньшэнийг БНХАУ-аас БНМАУ-д суугаа Элчин Сайдын Яамны зөвлөх албан үүргээс нь чөлөөлөв.

7月29日　中国国务院副总理兼国防部长林彪当日收到蒙古人民军事务部长兼人民军司令员扎·勒哈格瓦苏伦上将发来的祝贺中国人民解放军建军38周年的贺电。

7 сар 29 Хятадын Төрийн Зөвлөлийн Ерөнхий сайдын орлогч бөгөөд Батлан Хамгаалах Яамны сайд Линь Бяо уг өдөр БНМАУ-ын Ардын Чөлөөлөх Армийн хэрэг эрхлэх газрын дарга, Ардын Армийн коммандлагч Ж.Лхагвасүрэн жанжиний илгээсэн Хятадын Ардын Чөлөөлөх Арми байгуулагдсаны 38 жилийн ойн баярын цахилгааныг хүлээн авав.

8月18日　蒙古部长会议副主席兼国家计划委员会副主席图·拉格查在中国驻蒙古大使张灿明陪同下，前往色楞格省宗哈拉市参观了中国正在援助兴建的酒精厂、淀粉糖浆厂、碳酸瓦斯车间和电厂4项工程。

8 сар 18 БНМАУ-ын Сайд Нарын Зөвлөлийн орлогч дарга бөгөөд улсын төлөвлөгөөний хорооны орлогч дарга Т.Рагчаа БНХАУ-аас БНМАУ-д суугаа элчин сайд Жан Ланьминтай Сэлэнгэ аймгийн Зүүнхараа хотод очиж Хятад улсын тусламжаар байгуулагдсан спиртны үйлдвэр цардуул, нүүрс усны үйлдвэр, нүүрстөрөгч газны цех болон цахилгааны үйлдвэр зэрэг дөрвөн байгууламжыг үзэж сонирхов.

9月1日—19日　蒙古杂技团一行32人抵达中国北京、天津、沈阳进行访问演出。

9 сар 1-19 Монголын Циркийн 32 хүний бүрэлдэхүүнтэй баг тамирчид Хятад улсын Бээжин, Тяньжин, Шэньянд ирж айлчлан тоглолт хийв.

9月1日—22日　蒙古舞蹈工作者额·奥云和巴·扎木扬达格瓦二人访问北京、上海、杭州、呼和浩特市等地。

9 сар 1-22 БНМАУ-ын бүжигчин Г.Оюун болон Б.Жамяндагва нар Бээжин, Шанхай, Ханжоу, Хөх хотод айлчлав.

9月4日　蒙古杂技团当晚在“二七”剧场首次演出。中国对外文化联络委员会副主任丁西林、文化部副部长李琦等观看了演出。

9 сар 4 Монголын циркийн баг уг өдрийн орой “2/7” театрт эхнийхээ тоглолтыг хийв. Хятадын Гадаад Орнуудтай Соёлоор Харилцах Нийгэмлэгийн орлогч дарга Дин Силинь болон Соёлын Яамны орлогч сайд Ли Чи нар тоглолтыг үзэж сонирхов.

9月5日 中国全国人民代表大会常务委员会副委员长林枫观看蒙古杂技团演出时接见了蒙古杂技团团长索苏尔、副团长扎姆斯兰和杂技团的主要演员，并同他们进行了亲切友好的谈话。

9 сар 5 БХАТИХ-ын Байнгын Хорооны дарга Линь фэн Монголын циркийн багийн дарга Сосор, орлогч дарга Жамсран болон циркийн багийн гол тоглогчтой уулзаж халуун дотно нөхөрсөг яриа өрнүүлэв.

9月28日 中国援建的乌兰巴托—纳莱赫公路竣工，并举行移交仪式。

9 сар 28 Хятад улсын тусламжаар барьж буй Налайхын засмал замын ажил дуусч хүлээлгэн өгөх ёслол болов.

9月29日 中国国务院副总理兼外交部部长陈毅在当日举行中外记者招待会，就中国政府的外交政策和当前国际局势中的许多问题，发表了重要谈话。其中谈到关于中蒙划界问题时说，蒙古人民共和国是经过革命在1924年宣布独立的，1945年蒋介石政府同苏联政府签订条约，承认了蒙古人民共和国。新中国成立后，承担了这一义务，承认蒙古为社会主义国家。中蒙之间友好划界是很自然的。中国国内有大汉族主义，始终不承认蒙古人民共和国。我们反对这种大汉族主义。谈到对蒙古人民共和国提供援助时，陈毅表示，是否认为和中国合作更为有利，这要由蒙古人民自己抉择。

9 сар 29　Хятадын Төрийн Зөвлөлийн Ерөнхий сайдын орлогч ГЯЯ-ны　сайд Чэнь И хэвлэлийн бага хурал хийж Хятад улсын Засгийн Газрын гадаад харилцааны бодлого болон одоогийн олон улсын байдал зэрэг олон асуудлаар чухал яриа нийтлүүлэв. Тэрээр Хятад Монголын хилийг заалглах тухай асуудлаар ярихдаа БНМАУ хувьсгалыг даван туулж 1924 онд тусгаар тогтнолоо зарласан, 1945 онд Жян Жиэшигийн Засгийн Газар Зөвлөлт Холбоот улсын Засгийн газартай гэрээнд гарын үсэг зурж, БНМАУ-ыг хүлээн зөвшөөрөв. Шинэ Хятад улс байгуулагдсаны дараа тэрэх хариуцлагыг үүргэлж, Монголыг социалист улс гэж хүлээн зөвшөөрөв. Хятад Монгол хоёр улс нөхөрсөгөөр хил зурах бол аяндааны хэрэг юм. Хятадын үндэстний дээрэнхий үзэлтэд БНМАУ-ыг ерөөсөө хүлээн зөвшөөрөөгүй. Бид энэ үндэстний дээрэнхий үзэлийг эсэргүүцэж бий гэжээ. БНМАУ-д тусламж нийлүүлэх үед Чэнь И Хятадын хамтын ажиллагаанд ашигтай эсэх явдалыг монголын ард түмэн өөрсдөө сонгох хэрэгтэй гэж мэдэгдэв.

9月30日　蒙古人民革命党中央委员会第一书记、蒙古部长会议主席尤·泽登巴尔、蒙古大人民呼拉尔主席团主席扎·桑布致电中国共产党中央委员会主席毛泽东、中华人民共和国主席刘少奇、全国人民代表大会常务委员会委员长朱德、国务院总理周恩来，祝贺中华人民共和国成立16周年。贺电提到，蒙古人民同中国人民有着深厚的友谊，并对中国16年来在社会主义改造事业取得的巨大成就感到高兴。表示相信，为了社会主义各国的团结、和平和社会主义的伟大事业，两国的友谊和合作关系，将在马克思列宁主义和无产阶级国际主义不可动摇的原则基础上，进一步得到发展和巩固。蒙古外交部部长芒·杜格尔苏伦也给中国国务院副总理兼外交部部长陈毅发来贺电。

9 сар 30 МАХН-ын Төв Хорооны нэгдүгээр нарийн бичгийн дарга, БНМАУ-ын Сайд Нарын Зөвлөлийн дарга Ю.Цэдэнбал, БНМАУ-ын АИХ-ын Тэргүүлэгчдийн дарга Ж.Самбуу нар Хятадын Коммунист Намын Төв Хорооны дарга Мао Зэдун, БНХАУ-ын дарга Лю Шаочи, БХАТИХ-ын Байнгын Хорооны дарга Жу Дэ, Төрийн Зөвлөлийн Ерөнхий сайд Жоу Эньлай нарт БНХАУ байгууллагдсаны 16-н жилийн ойд баярын цахилгаан илгээв. Баярын цахилгаандаа Монголын ард түмэн Хятадын ард түмний найрамдлыг гүнзгийрүүлж БНХАУ 16-н жилийн турш Социализмыг өөрчлөх үйл хэргээс их амжилт олсон явдалд баяртай байгаагаа илэрхийлэв. Мөн социалист олон улсын эв нэгдэл, энх тайван болон социализмын агуу их үйл хэргийн төлөө хоёр улсын найрамдал болон хамтын ажиллагааны харилцаа Марксизм, Ленинизм болон Пролетари интернационализмын бат бэх зарчмын үндсэн дээр улам бүр хөгжин батжин гэдэгт итгэлтэй байна гэж илэрхийлэв. Мөн БНМАУ-ын Гадаад Явдлын Яамны сайд

М.Дугарсүрэн, Хятадын Төрийн Зөвлөлийн Ерөнхий сайдын орлогч, ГЯЯ- ны сайд Чэнь Ид баярын цахилгаан илгээв.

10月6日—28日　蒙古美术家杜·沙格达尔苏仍和达·道尔吉占仓二人访问中国北京、上海、南昌、景德镇、广州、佛山、石湾镇等地。

10 сар 6-28　Монголын уран зураач Д.Шагдарсүрэн болон Д.Доржжанцан нар Хятад улсын Бээжин, Шанхай, Наньчан, Жиндэжэнь, Гуанжоу, Фошань, Шиванжэн зэрэг газруудад айлчлал хийв.

11月3日　中国援助蒙古修建的位于色楞格省的布东大桥竣工。当日中蒙双方交接小组在工地举行了交接签字仪式。

11 сар 3　БНХАУ-ын тусламжаар барьж байгаа Сэлэнгэ аймгийн гүүр засварлах　ажил дуусав. Хятад Монгол хоёр тал байгууламжыг хүлээлгэн өгөх гарын үсэг зурах ёслол болов.

1966年中蒙国家关系历史编年

1966 он Хятад Монгол хоёр улсын харилцааны түүхэн үйл явдлын товчоон

1月15日　苏联和蒙古在乌兰巴托签订友好合作互助条约。代表苏联签署条约的勃列日涅夫表示，“苏蒙条约的基本意义在于这一事实，即它承认一个社会主义国家的独立确有可能遭受另一个社会主义国家的威胁”。

1 сар 15　ЗХУ болон Монгол Улаанбаатар хотноо найрамдлын хамтын ажилгааны харилцан туслах гэрээнд

гарын үсэг зурав. Зөвлөлт холбоот улсын талаас гарын үсэг зурсан төлөөлөгч Валерини “Зөвлөлт Монголын гэрээний үндсэн утга нь үнэн хэрэгтээ социалист улс орнуудын тусгаар тогтнол нь өөр социалист улс орнуудын сүрдүүлгэд өртөх магадлалтайг хүлээн зөвшөөрөх явдал”гэж мэдэгдэв.

2月27日 中蒙政府经济代表团再次就中国提供贷款援助蒙古建设项目的执行和贷款资金的使用问题在北京举行谈判。

2 сар 27 Хятад Монголын Засгийн Газрын эдийн засгийн төлөөлөгчид дахин Хятадаас Монголын барилгын төслийн гүйцэтгэлд тусламжийн зээл олгох болон зээлийн хөрөнгийг ашиглах асуудлаар Бээжин хотод хэлэлцээр хийв.

3月2日 前来中国商谈并签订1966年中蒙相互供应货物议定书，蒙古对外贸易部副部长、蒙古政府贸易代表团团长札·赫希格当天下午乘火车抵达北京。

3 сар 2 1966 онд Хятад Монгол хоёр улс харилцан бараа нийлүүлэх хэлэлцээрийн протоколд гарын үсэг зурах талаар Хятад улстай зөвлөлдөхөөр Монголын Гадаад Худалдааны Яамны орлогч сайд Монголын Засгийн Газрын Гадаад Худалдааны төлөөлөгчдийн багийн дарга Ж.Хишиг үдээс өмнө тусгай галт тэргээр Бээжин хотод хүрэлцэн очив.

3月17日 中国国务院副总理兼国防部长林彪致电蒙古人民军事务部长兼人民军司令员扎·勒哈格瓦苏伦上将，祝贺蒙古人民军建军45周年。

3 сар 17 Хятадын Төрийн Зөвлөлийн Ерөнхий сайдын орлогч бөгөөд БХЯ-ны сайд маршал Линь Бяо, Монголын Ардын Армийн хэрэг эрхлэх газрын дарга Ардын Армийн коммандлагч Ж.Лхагвасүрэнд Монголын Ардын Арми байгуулагдсаны 45 жилийн ойн баярын цахилгаан илгээв.

3月18日 蒙古驻中国大使敦·策伯格米德今晚举行酒会，庆祝蒙古人民军建军45周年。中国国防部副部长许光达以及有关方面负责人张宗逊等应邀出席酒会。

3 сар 18 БНМАУ-аас БНХАУ-д суугаа Элчин сайд Д. Цэвэгмид уг өдрийн орой Монголын Ардын Арми байгуулагдсаны 45 жилийн ойг тохиолдуулан дайллага зохион байгуулав. Хятадын БХЯ-ны дэд сайд Сю Гуанда болон холбогдох салбарыг хариуцагч Жан Зуншүнь зэрэг хүмүүс дайллагад урилгаар оролцов.

3月28日 中国政府和蒙古政府，当天下午在北京签订了《关于中华人民共和国和蒙古人民共和国1966年度相互供应货物的议定书》。中国对外贸易部副部长李强，蒙古政府贸易代表团团长、对外贸易部副部长札·赫希格，分别代表本国政府在议定书上签字。

3 сар 28 БНХАУ-ын Засгийн Газар болон БНМАУ-ын Засгийн Газар уг өдрийн үдээс хойш Бээжинд “БНХАУ болон БНМАУ-ын 1966 онд харилцан бараа нийлүүлэх хэлэлцээрийн протокол” –д гарын үсэг зурав. Хятадын Гадаад Худалдааны Яамны орлогч сайд Ли Чян болон Монголын Засгийн Газрын Гадаад Худалдааны

төлөөлөгчдийн багийн дарга ГХЯ-ны орлогч сайд Ж.Хишиг нар хоёр улсын Засгийн Газрыг төлөөлж хэлэлцээрийн товч протоколд гарын үсэг зурав.

3月30日 蒙古政府贸易代表团当天下午乘火车离开北京回国。

3 сар 30 Монголын Гадаад Худалдааны төлөөлөгчид уг өдрийн үдээс хойш тусгай галт тэргээр Бээжингээс гарч нутаг буцав.

4月29日—5月12日 蒙古工会代表团奥·沙拉布、道·敦道格道尔吉一行二人访问中国的北京、上海、南京、杭州等地。

4 сар 29-5 сар 12 Монголын үйлдвэрчний эвлэлийн төлөөлөгчид болох О. Шарав, Д.Дондогдорж нар Хятадын Бээжин, Шанхай, Наньжин, Ханьжоу зэрэг газруудад айлчлал хийв.

5月24日—30日 中蒙科学技术合作协定执行机构第四届会议本月24日到30日在乌兰巴托举行，中蒙双方签订《中华人民共和国和蒙古人民共和国科技合作协定执行机构议定书》，中国科学技术委员会副主任赵继昌、蒙古手工业合作社中央理事会主席德姆奇格分别代表本国政府在议定书上签字。

5 сар 24-30 Хятад Монголын шинжлэх ухаан, технологийн хамтын ажиллагааны хэлэлцээрийг гүйцэтгэгч байгууллагын 4 дэх удаагын хурал энэ сарын 24-ны өдрөөс 30-ны өдөр хүртэл Улаанбаатар хотноо явагдаж Хятад Монгол хоёр тал “БНХАУ болон БНМАУ-ын Шинжлэх ухаан, технологийн хамтын ажиллагааны хэлэлцээрийг

гүйцэтгэгч байгууллагын гэрээнд”-д гарын үсэг зурав. Хятад улсын шинжлэх ухаан, технологийн зөвлөлийн орлогч дарга Жао Жичан болон Монголын гар урлалын үйлдвэрлэлийн нийгэмлэгийн төв хорооны гүйцэтгэх албаны дарга Дэмчиг нар хоёр улсын засгийн газрыг төлөөлж гэрээнд гарын үсэг зурав.

5月31日　中国科学技术代表团在参加了中蒙科学技术合作协定执行机构第四届会议后，本日乘火车离开乌兰巴托回国。

5 сар 31 Хятад улсын шинжлэх ухаан, технологийн төлөөлөгчид Хятад Монголын шинжлэх ухаан технологийн хамтын ажиллагааны хэлэлцээрийг гүйцэтгэгч байгууллагын 4 дэх удаагын хуралд оролцсоныхоо дараа тусгай галт тэргээр нутаг буцав.

7月7日　应蒙古政府的邀请，前往参加蒙古人民革命胜利45周年庆祝活动的中国政府代表团团长、中国内务部副部长黄庆熙当日乘火车离开北京前往乌兰巴托，团员中国驻蒙古大使张灿明已在乌兰巴托。

7 сар 7 БНМАУ-ын Засгийн газрын урилгаар Монгол Ардын Хувьсгал ялсны 45 жилийн ойн баярын үйл ажиллагаанд оролцохоор Хятадын Засгийн газрын төлөөлөгчдийн тэргүүн, Хятадын ДЯЯ-ны орлогч сайд Хуан Чинши тусгай үүргийн галт тэргээр Бээжингээс Улаанбаатар хот зүг мордоход төлөөлөгчийн нэг болох БНХАУ-аас БНМАУ-д суугаа Элчин сайд Жан Цанмин Улаанбаатарт ирээд байв.

7月8日 蒙古驻华大使策伯格米德大使为庆祝蒙古人民革命45周年举行了电影招待会。

7 сар 8 БНМАУ-аас БНХАУ-д суугаа Элчин сайд Цэвэгмид Монголын ардын хувьсгалын 45 жилийн ойг тохиолдуулан кино коктейль хийв.

7月10日 中华人民共和国主席刘少奇致电蒙古大人民呼拉尔主席团主席桑布，祝贺蒙古人民革命胜利45周年。中国国务院总理周恩来也致电蒙古部长会议主席泽登巴尔，祝贺蒙古人民革命胜利45周年。

同日 蒙古首都乌兰巴托各界人民，当晚在政府大厦举行集会，庆祝蒙古人民革命胜利45周年。蒙古人民革命党中央第一书记、部长会议主席泽登巴尔在集会上发表演讲。中国政府代表团团长黄庆熙在会上讲话。

7 сар 10 БНХАУ-ын дарга Лю Шаочи БНМАУ-ын Ардын Их Хурлын тэргүүлэгчдийн дарга Самбууд Монгол Ардын хувьсгалын 45 жилийн ойд баярын цахилгаан илгээв. БНХАУ-ын Төрийн Зөвлөлийн Ерөнхий сайд Жоу Эньлайгаас Монголын Сайд нарын Зөвлөлийн дарга Ю.Цэдэнбалд Монгол Ардын хувьсгалын 45 жилийн ойд баярын цахилгаан илгээв.

Мөн өдөр БНМАУ-ын нийслэл Улаанбаатар хотын иргэдийн төлөөлөгчид Төрийн ордонд цуглаан зохион байгуулж Монгол Ардын хувьсгалын 45 жилийн ойг ёслол төгөлдөр тэмдэглэв. МАХН-ын ТХ-ны нэгдүгээр нарийн бичгийн дарга, Сайд нарын Зөвлөлийн дарга Ю.Цэдэнбал цуглаан дээр үг хэлэв. Мөн Хятадын Засгийн газрын төлөөлөгчдийн дарга Хуан Чинши үг хэлэв.

7月11日　蒙古驻中国大使敦·策伯格米德，当天下午举行招待会，庆祝蒙古人民革命胜利45周年。中国国务院副总理陈毅等有关方面负责人应邀出席招待会。

7 сар 11　БНМАУ-аас БНХАУ-д суугаа Элчин сайд Д.Цэвэгмид үдээс хойш Монголын ардын хувьсгалын 45 жилийн ойг тохиолдуулан дайллага хийв. Дайллагад БНХАУ-ын Төрийн Зөвлөлийн Ерөнхий сайдын орлогч Чэнь И нарын холбогдох албаны хүмүүс урилгаар оролцов.

7月20日—29日　中、蒙、苏铁路联运代表会第11次会议和中、蒙国境铁路联运委员会例会在苏联伊尔库茨克市举行。

7 сар 20-29　Хятад, Монгол Зөвлөлтийн шууд төмөр замын ачаа тээврийн комиссын 11 дэх удаагийн хурал болон Хятад Монгол хоёр улсын төмөр замын комиссын ээлжит хурал ЗХУ-ын Эрхүү хотноо зохион байгуулагдав.

8月1日　蒙古人民军事务部长兼人民军司令扎·勒哈格瓦苏伦上将致电中国国务院副总理兼国防部长林彪，庆祝中国人民解放军建军39周年。

8 сар 1　БНМАУ-ын Ардын Армийн хэрэг эрхлэх газрын дарга бөгөөд Ардын Армийн командлагч Ж. Лхагвасүрэн Хятадын Төрийн Зөвлөлийн Ерөнхий сайд бөгөөд БХЯ-ны сайд маршал Линь Бяод БНХАУ-ын АЧА байгуулагдсаны 39 жилийн ойн баярын цахилгаан илгээв.

9月26日　《人民日报》发表通讯《激流中的友情》，报道了

7月12日夜中国建筑工程公司驻蒙公司联合加工厂中国援蒙工人在突发特大洪水时抢救蒙古灾民的事迹。

9 сар 26 “Ардын өдрийн сонин”-ны “Ширүүн урсгал дахь нөхөрлөл” мэдээнд 7-р сарын 12-ны шөнө Хятадын барилга угсралтын Монгол дахь хамтарсан үйлдвэрийн бүтээн байгуулалтын ажилд тусалж байгаа ажилчид гэнэтийн үерийн гамшигт өртсөн монголын ард иргэдийг аврах үйл хэрэгт тусласан тухай мэдээлсэн байна.

9月29日 《中华人民共和国和蒙古人民共和国文化合作协定1966年执行计划》当天上午在北京签字。中国对外文化联络委员会副主任史怀璧和蒙古驻中国大使敦·策伯格米德分别代表本国政府在协定上签字。

9 сар 29 “БНХАУ болон БНМАУ-ын соёлын хамтын ажиллагааны хэлэлцээрийг хэрэгжүүлэх төлөвлөгөө”-нд үдээс өмнө Бээжин хотноо гарын үсэг зурав. БНХАУ-ын Гадаад орнуудтай соёлоор харилцах нийгэмлэгийн орлогч дарга Ши Хуаби болон БНМАУ-аас БНХАУ-д суугаа Элчин сайд Д.Цэвэгмид нар хоёр улсын Засгийн газрыг төлөөлж хэлэлцээрт гарын үсэг зурав.

9月30日 蒙古大人民呼拉尔主席团主席扎·桑布、部长会议主席尤·泽登巴尔给中国领导人发来贺电，祝贺中华人民共和国成立17周年。中国国务院副总理兼外交部部长陈毅收到蒙古外交部部长曼·杜格苏伦发来的国庆贺电。

同日 中国驻蒙古大使张灿明当日举行国庆招待会，出席的有蒙古部长会议副主席贡布扎布、大人民呼拉尔主席团秘书长高托布等。

9 сар 30 Монголын АИХ-ын тэргүүлэгчдийн дарга Ж.Самбуу, Сайд нарын Зөвлөлийн дарга Ю.Цэдэнбал нар БНХАУ байгуулагдсаны 17 жилийн ойг тохиолдуулан БНХАУ-ын удирдлагуудад баярын цахилгаан илгээв. БНХАУ-ын Төрийн Зөвлөлийн Ерөнхий сайдын орлогч ГЯЯ-ны сайд Чэнь И БНХАУ-ын ГЯЯ-ны сайд М. Дүгэрсүрэнгийн илгээсэн баярын цахилгааныг хүлээн авав.

Мөн өдөр БНХАУ-аас БНМАУ-д суугаа Элчин сайд Жан Цаньмин баярын дайллага зохион байгуулсан ба БНМАУ-ын Сайд нарын Зөвлөлийн орлогч дарга Гомбожав болон АИХ-ын тэргүүлэгчдийн нарийн бичгийн дарга Готов нар оролцов.

1967年中蒙国家关系历史编年

1967 он Хятад Монголын харилцааны түүхэн үйл явдлын товчоон

1月28日 蒙古外交部就中国红卫兵在蒙驻华大使馆前举行抗议游行向中国提出强烈抗议。

1 сар 28 БНМАУ-аас БНХАУ-д суугаа Элчин Сайдын Яамны өмнө хятадын улаан хамгаалагчид эсэргүүцлийн цуглаан зохион байгуулсан явдалд БНМАУ-ын Гадаад Явдлын Яамнаас БНХАУ-д хатуухан эсэргүүцэл илэрхийлсэн байна.

2月8日 蒙古外交部就蒙驻华使馆外交官员当月5日为苏使

馆人员送行被中国红卫兵包围一事，向中国提出强烈抗议。

2 сар 8 БНМАУ-аас БНХАУ-д суугаа Элчин сайдын яамны дипломат ажилтан энэ сарын 5-ны өдөр Зөвлөлтийн Элчин сайдын яамны ажилтанг үдэн гаргах үед хятадын улаан хамгаалагч цэрэгт бүслэгдсэнд БНМАУ-ын Гадаад Явдлын Яамнаас хатуу эсэргүүцэл илэрхийлэв.

2月12日 蒙古外交部就中国驻蒙使馆新闻橱窗展出反映“文化大革命”图片一事，向中国政府提出强烈抗议。

2 сар 12 БНХАУ дахь БНМАУ-ын Элчин сайдын яамны үзмэрийн цонхон дээр “Соёлын их хувьсгал ” зураг тавьсан нь Хятадын Засгийн газарт хүчтэй эсэргүүцэл илэрхийлэв.

2月 蒙古政府拒发中国援蒙职工入境签证，导致中国经援工程中途停顿。

2 сар БНМАУ-ын Засгийн газар БНХАУ-аас Монголд туслахаар ирж буй ажилчдад хилээр нэвтрэн орох виз гаргахаас татгалзаж Хятадын тусламжийн барилгын ажилд саад учруулав.

7月10日 《人民日报》发表题为《主子与奴才》的文章，抨击“泽登巴尔修正主义集团”。

7 сар 10 “Ардын өдрийн мэдээ” сонинд нийтлэгдсэн “Эзэн хийгээд боол” өгүүлэлд Ю.Цэдэнбал ба ревизионист бүлэглэл”гэж давшилсан байна.

8月10日 蒙古人民共和国发表政府声明，要求中国政府终止红卫兵围攻蒙古人民共和国驻北京大使馆的挑衅事件。

8 сар 10 БНМАУ-ын Засгийн газар БНХАУ-ын Засгийн газарт улаан хамгаалагч цэргүүд БНХАУ-ын Бээжин хот дахь Элчин сайдын яамыг бүслэн дайрч өдөөн хатгаж буй үйл явдалыг даруй зогсоохыг шаардсан мэдэгдэл гаргав.

8月18日　中华人民共和国外交部第二亚洲司负责人当日下午召见蒙古驻华大使策伯格米德，就蒙古政府8月10日发表反华声明，向蒙古政府提出强烈的抗议。

8 сар 18 БНХАУ-ын ГЯЯ-ны Азийн асуудал хариуцсан хоёрдугаар хэлтэсийн дарга үдээс хойш БНМАУ-аас БНХАУ-д суугаа элчин сайд Цэвэгмидтэй уулзаж БНМАУ-ын Засгийн газрын 8-р сарын 10-ны өдөр гаргасан мэдэгдлийг эсэргүүцэж БНМАУ-ын Засгийн газарт хатуу эсэргүүцэл илэрхийлсэн байна.

9月29日　中国驻蒙古临时代办刘吉德当日举行国庆招待会。在此之前还举行了电影招待会。出席国庆招待会和电影招待会的有蒙古各界人士及有关方面负责人以及许多国家驻蒙使节和外交官员。

9 сар 29 БНХАУ-аас БНМАУ-д суугаа Элчин сайдын үүрэгт ажлыг түр хамаарагч Лю Жидэ улс тунхагласны баярыг тохиолдуулан дайллага хийв. Дайллага эхлэхийн өмнө кино коктейль зохион байгуулсан байна. Улс тунхагласны баярын дайллага болон кино коктейльд БНМАУ-ын олон нийтийн болон холбогдох салбарын хариуцлагатай ажилтнууд, олон улсаас БНМАУ-д суугаа дипломат төлөөлөгчид оролцсон байна.

10月2日　据新华社报道，中国领导人继续收到各国领导人发来的祝贺中华人民共和国成立18周年的电报。其中有蒙古人民共和国大人民呼拉尔主席团和部长会议的贺电。

10 сар 2　Синьхуа агентлаг БНХАУ байгуулагдсаны 18 жилийн ойг тохиолдуулан Хятадын удирдлагууд гадаад улс орны төрийн тэргүүн нараас илгээсэн баярын цахилгаан тасралтгүй хүлээн авсаар байна гэж мэдээлэв. БНМАУ-ын АИХ-ын Тэргүүлэгчид болон Сайд нарын Зөвлөл мөн баярын цахилгаан илгээсэн байна.

第三章　1969—1978 年

Гуравдугаар бүлэг 1969—1978 он

1969 年中蒙国家关系历史编年

1969 он Хятад Монгол хоёр улсын харилцааны түүхэн үйл явдлын товчоон

2 月 5 日　蒙古外交部向报界散发“备忘录”，就中蒙边境发生国际列车停车事件向中国提出抗议。

2 сар 5　БНМАУ-ын ГЯЯ дэлхий нийтэд зарласан меморандумд Хятад Монголын хилээр нэвтэрч буй олон улсын галт тэргийг зогсоосон явдалын тухай Хятад улсад эсэргүүцэл илэрхийлэв.

7 月 3 日　蒙古人民革命党第 15 届 7 中全会就莫斯科各国共产党和工人党会议作出决议，认为中国“奉行分裂主义政策”。

7 сар 3　МАХН-ын 15 дахь удаагийн 7-р хуралд Москва хотын олон улсын коммунист нам болон ажилчны намын хурлын тогтоолоор Хятад улс “Салан тусгаарлах бодлого явуулж бий” гэсэн шийдвэр гаргав.

7 月 11 日 蒙古驻中国大使馆临时代办楚龙巴托尔当天举行招待会，庆祝蒙古人民革命胜利 48 周年。中国政府有关部门负责人、各国驻中国使节，应邀出席了招待会。

7 сар 11 БНМАУ-аас БНХАУ-д суугаа Элчин Сайдын Яамны үүрэгт ажлыг түр хамаарагч Чулуунбаатар Монгол Ардын Хувьсгалын 48-н жилийн ойг тохиолдуулан дайллага хийв. Хятадын ЗГ-ын холбогдох албаны хүмүүс болон Хятадад суугаа дипломат төлөөлөгчид дайллагад урилгаар оролцов.

7 月 24 日 《中华人民共和国和蒙古人民共和国 1969 年相互供应货物的议定书》，于当日在乌兰巴托签字。中国政府贸易代表团团长、中国驻蒙古大使馆临时代办孙一先、蒙古政府贸易代表团团长、蒙古对外贸易部副部长那楚克桑布分别代表本国政府签字。

7 сар 24 “БНХАУ болон БНМАУ 1969 онд харилцан бараа нийлүүлэх хэлэлцээрийн товч протокол”-д Улаанбаатар хотноо гарын үсэг зурав. Хятадын Засгийн газрын гадаад худалдааны төлөөлөгчдийн дарга Хятад улсаас БНМАУ-д суугаа Элчин сайдын яамны үүрэгт ажлыг түр хамаарагч Сүнь Исэн болон Монголын ЗГ-ын Гадаад Худалдааны төлөөлөгчдийн дарга, Монголын Гадаад худалдааны яамны орлогч сайд Нацагсамбуу нар хоёр улсын засгийн газрыг төлөөлөн гарын үсэг зурав.

9 月 30 日 蒙古部长会议致电中国国务院："值此中华人民共和国成立 20 周年的有意义的节日之际，谨代表蒙古人民向中国人民表示热烈祝贺。"

9 сар 30 БНМАУ-ын Сайд нарын Зөвлөл БНХАУ-ын Төрийн Зөвлөлд илгээсэн цахилгаанд “БНХАУ

байгуулагдсаны 20 жилийн ойг тохиолдуулан Монголын ард түмний нэрийн өмнөөс Хятадын ард түмэнд халуун дотно баяр хүргэж сайн сайханыг хүсэн ерөөв".

10月1日　中国驻蒙古大使馆临时代办孙一先当晚举行招待会，庆祝中华人民共和国成立20周年。

10 сар 1　БНХАУ-аас БНМАУ-д суугаа Элчин сайдын үүрэгт ажлыг түр хамаарагч Сүнь Исэн үдээс хойш БНХАУ байгуулагдсаны 20 жилийн ойг тохиолдуулан баярын дайллага хийв.

1970年中蒙国家关系历史编年

1970 он Хятад Монгол хоёр улсын харилцааны түүхэн үйл явдлын товчоон

5月31日　蒙古《真理报》为《中蒙友好互助条约》签订10周年发表文章，称中国破坏了条约的基本原则，“干涉蒙古内政”。

5 сар 31　БНМАУ-ын "Үнэн сонин" "Хятад Монголын найрамдалын харилцан туслах гэрээ"-нд гарын үсэг зурсан 10 жилийн ойг тохиолдуулан БНХАУ нь гэрээний үндсэн зарчмыг зөрчин "БНМАУ-ын дотоод хэрэгт оролцов" нэртэй нийтлэл гаргасан байна.

7月11日　蒙古驻中国大使馆临时代办巴达玛拉嘎巧当天举行招待会，庆祝蒙古人民革命胜利49周年。中国外交部副部长韩念龙、外贸部副部长李强以及有关方面负责人应邀出席招待会。

7 сар 11　БНМАУ-аас БНХАУ-д суугаа Элчин Сайдын үүрэгт ажлыг түр хамаарагч Бадамрагчаа БНМАУ-ын Ардын Хувьсгалын 49 жилийн ойг тохиолдуулан дайллага зохион

байгуулав. Дайллаганд БНХАУ-ын ГЯЯ-ны дэд сайд Чяо Няньлун, Гадаад худалдааны яамны дэд сайд Ли Чян хийгээд албаны бусад хүмүүс урилгаар оролцов.

7 月 14 日 《中华人民共和国政府和蒙古人民共和国政府1970 年度相互供应货物的议定书》，当天在北京签字。中国对外贸易部副部长周化民、蒙古政府贸易代表团团长、驻中国大使馆临时代办巴达玛拉嘎巧分别代表本国政府在议定书上签字。

7 сар 14 “БНХАУ болон БНМАУ-ын Засгийн газар хооронд 1970 онд харилцан бараа нийлүүлэх протокол”-д Бээжин хотноо гарын үсэг зурав. БНХАУ-ын Гадаад худалдааны Яамны дэд сайд Жоу Хуаминь, БНМАУ-ын Засгийн газрын худалдааны төлөөлөгчдийн тэргүүн бөгөөд БНМАУ-аас БНХАУ-д суугаа Элчин сайдын үүрэгт ажлыг түр хамаарагч Бадамрагчаа нар хоёр улсын Засгийн газрыг төлөөлж протоколд гарын үсэг зурав.

9 月 30 日 蒙古部长会议致电中国国务院：“在中华人民共和国国庆的时候，谨代表蒙古人民向中国人民表示祝贺和良好的祝愿。”

9 сар 30 БНМАУ-ын Сайд Нарын Зөвлөлөөс БНХАУ-ын Төрийн Зөвлөлд БНХАУ-ын улс тунхагласны баярыг тохиолдуулан баярын цахилгаан илгээж БНМАУ-ын ард түмний нэрийн өмнөөс БНХАУ-ын ард түмэнд баяр хүргэж сайн сайхныг хүсч буйгаа илэрхийлэв.

10 月 30 日 中、蒙国境铁路联运委员会第 12 次例会在蒙古首都乌兰巴托市召开。

10 сар 30 Хятад, Монгол хоёр улсын хилийн төмөр замын транзит тээврийн комисын12 дахь ээлжит хурал

Монгол улсын нийслэл Улаанбаатарт болов.

1971年中蒙国家关系历史编年

1971 он Хятад Монгол хоёр улсын харилцааны түүхэн үйл явдлын товчоон

6月4日　中国政府贸易代表团团长、对外贸易部副部长周化民当日乘飞机抵达乌兰巴托，前来商谈中蒙两国贸易。中国驻蒙古大使馆临时代办吕子波以及先期抵达这里的中国政府贸易代表团副团长张政和代表团成员到机场迎接。

6 сар 4　БНХАУ-ын Засгийн газрын худалдааны төлөөлөгчдийн дарга, Гадаад худалдааны яамны дэд сайд Жоу Хуаминь тусгай нислэгээр Улаанбаатар хотноо хүрэлцэн ирж БНХАУ болон БНМАУ-ын худалдааны талаар зөвлөлдөв. БНХАУ-аас БНМАУ-д суугаа Элчин сайдын яамны Элчин сайдын үүрэгт ажлыг түр хамаарагч Лю Зибо болон өмнө нь БНМАУ-д хүрэлцэн ирсэн БНХАУ-ын Засгийн газрын худалдааны яамны дэд сайд Жан Жэн тэргүүтэй төлөөлөгчид дэд сайд Жоу Хуаминийг онгоцны буудалд угтан авав.

6月5日　《中华人民共和国和蒙古人民共和国1971年互供货物议定书》当日在乌兰巴托签字。中国政府贸易代表团团长、对外贸易部副部长周化民和蒙古政府贸易代表团团长、对外贸易部副部长策伦桑加分别代表本国政府在议定书上签字。蒙古对外贸易部部长奥其尔会见了周化民和中国政府贸易代表团全体成员。

6 сар 5　“БНХАУ болон БНМАУ-ын Засгийн Газрын хооронд 1971 онд харилцан бараа нийлүүлэх портокол”-д

гарын үсэг зурав. БНХАУ-ын Засгийн газрын худалдааны төлөөлөгчдийн дарга, Гадаад худалдааны яамны дэд сайд Жоу Хуаминь болон БНМАУ-ын Засгийн газрын худалдааны төлөөлөгчдийн тэргүүн, Гадаад худалдааны яамны дэд сайд Цэрэнсанжаа нар хоёр улсын Засгийн газрыг төлөөлж портоколд гарын үсэг зурав. БНМАУ-ын Гадаад худалдааны яамны сайд Очир, Жоу Хуаминь тэргүүтэй БНХАУ-ын Засгийн газрын худалдааны төлөөлөгчидтэй уулзав.

9月14日　蒙古外交部副部长要求在8点30分约见中国驻蒙古大使许文益，通报说9月13日凌晨2点左右(注:时间后确认为2点25分)，一架中国飞机在蒙古的纵深坠毁，机上9人，包括一名妇女全部死亡。蒙方对中国飞机深入蒙古领土提出口头抗议，并要求中国方面给予解释。

9 сар 14　Монголын ГЯЯ-ны орлогч сайд 8:30-д Хятадын элчин сайд Сю Вэнь И-ийг болзон уулзаж, 9 саын 13-ны өглөөний 2 цагын баргаар(хожим нь 2:25 гэж тодлов) Хятадын нэг цэргийн нисэх онгоц Монгол улсын нутгын гүнд унаж сүйрсэн ба онгоцон дээрэх 1 эмэгтэй бүхий 9 хүн цөм эндсэн байна гэж мэдэгдэв. Монголын талынхан Хятадын нисэх онгоц Монголын нутагт дотогш орсонд эсэргүцэл илэрхийлэж, Хятадын талд тайлбар өгөхийг шаардав.

9月15日—17日　中国驻蒙大使许文益携工作人员随蒙方乘专机前往温都尔汗现场。中方对中国民用飞机“误入”蒙古表示“遗憾”。

9 сар 15-17　Монголд суугаа Хятадын элч Сю Вэнь И ажилтан дагуулан Өндөр Ханы хэргийн газарт хүрсэн байна. Хятадын талаас Хятадын ардын хэрэглээний нисэх онгоц Монголын нутагт орсонд харамсал илэрхийлэв.

1972年中蒙国家关系历史编年

1972 он Хятад Монгол хоёр улсын харилцаанытүүхэн үйл явдлын товчоон

3月17日　蒙古《真理报》发表题为“谈北京和华盛顿之间‘搭桥’的原因”的文章，认为美国总统尼克松访问中国不利于越南、老挝和柬埔寨三国人民。

3 сар 17　БНМАУ-ын “Үнэн сонин”-нд “Бээжин болон Вашингтоны хэлэлцээрийн мухардлын шалтгаан” хэмээх нийтлэлд АНУ-ын Ерөнхийлөгч Никсон БНХАУ-д айлчлах нь Вьетнам, Лаос, Камбож зэрэг улсын ард түмэнд ашиггүй гэдгийг тэмдэглсэн байна.

5月12日　《中华人民共和国政府和蒙古人民共和国政府关于1972年相互供应货物的议定书》，当天在北京签字。中国国务院副总理李先念出席了签字仪式。中国对外贸易部副部长李强和蒙古政府贸易代表团团长、对外贸易部副部长策伦桑加分别代表本国政府在议定书上签字。

5 сар 12　“БНХАУ болон БНМАУ-ын Засгийн Газрын хооронд 1972 онд харилцан бараа нийлүүлэх портокол ”-д Бээжин хотноо гарын үсэг зурав. БНХАУ-ын Төрийн Зөвлөлийн Ерөнхий сайдын орлогч Ли Сяньнянь гарын үсэг зурах ёслолд оролцов. БНХАУ-ын Гадаад Худалдааны Яамны дэд сайд Ли Чян болон БНМАУ-ын Засгийн газрын худалдааны төлөөлөгчдийн дарга, Гадаад худалдааны яамны дэд сайд Цэрэнсанжаа нар хоёр улсын Засгийн газрыг төлөөлж портоколд гарын үсэг зурав.

5月20日　蒙古《蒙古消息报》刊登题为《被夺自由的25

年》署名文章，批评中国民族政策。

5 сар 20 БНМАУ-ын “Монголын мэдээ сонин”-нд“Эрх чөлөөний төлөөх тэмцлийн 25 жил” хэмээх нийтлэлдээ БНХАУ-ын үндэстний талаарх бодлогыг шүүмжилсэн байна.

5月22日 中国全国人民代表大会常务委员会当日电唁蒙古大人民呼拉尔主席团主席扎木斯朗·桑布病逝。

5 сар 22 БНХАУ-ын БХАТИХ-ын байнгын хорооноос БНМАУ-ын Ардын Их Хурлын тэргүүлэгчдийн дарга Ж. Самбууг нас нөгчсөнд харамсаж буйгаа илэрхийлсэн гашуудлын цахилгаан илгээв.

5月23日 中华人民共和国代主席董必武、全国人民代表大会常务委员会副委员长郭沫若等，当天前往蒙古驻中国大使馆，吊唁蒙古大人民呼拉尔主席团主席扎木斯朗·桑布逝世。前往蒙古大使馆吊唁的还有人大常委会委员，政府部门、北京市革命委员会、中国人民对外友好协会的负责人。

5 сар 23 БНХАУ-ын даргын үүрэгт ажлыг түр хамаарагч Дун Биү, БНХАУ-ын БХАТИХ-ын байнгын хорооны дэд дарга Гуо Моруо нар БНМАУ-аас БНХАУ-д суугаа Элчин сайдын яаманд хүрэлцэн ирж БНМАУ-ын АИХ-ын Тэргүүлэгчдийн дарга Ж. Самбууг нас нөгчсөнд харамсаж байгаагаа илэрхийлэв. Мөн БНХАУ-ын БХАТИХ-ын байнгын хорооны зөвлөл, Засгийн газрын яамд, Бээжин хотын хувьсгалт зөвлөл, БНХАУ-ын гадаад орнуудтай найрамдалаар харилцах ардын нийгэмлэгийн албан тушаалтнууд зэрэг албаны хүмүүс БНМАУ-аас БНХАУ-д суугаа Элчин сайдын яаманд мөн хүрэлцэн ирж эмгэнэл илэрхийлэв.

7月11日 蒙古驻中国大使索苏尔巴拉姆当天下午举行招待

会，庆祝蒙古人民革命胜利 51 周年。应邀出席招待会的有中国对外贸易部部长白相国，外交部副部长韩念龙，交通部副部长郭鲁，对外友协副会长杨骥等。各国驻中国使节也应邀出席招待会。

7 сар 11 Үдээс хойш, БНМАУ-аас БНХАУ-д суугаа Элчин сайд Сосорбарам гэргийн хамт БНМАУ-ын Ардын хувьсгалын 51-н жилийн ойг тохиолдуулан дайллага хийв. БНХАУ-ын Гадаад Худалдааны Яамны сайд Бай Сянгуо, Гадаад явдлын яамны дэд сайд Хань Няньлун, Зам тээврийн яамны дэд сайд Го Лү, Гадаад орнуудтай найрамдлаар харилцах нийгэмлэгийн дэд дарга Ян Жи зэрэг албаны хүмүүс урилгаар оролцов. Мөн БНХАУ-д суугаа дипломат төлөөлөгчид оролцов.

8 月 1 日 中国驻蒙古大使馆临时代办吕子波当晚举行酒会，热烈庆祝中国人民解放军建军 45 周年。应邀出席酒会的有蒙古人民军后勤部副部长尼・帕里少将，民航局局长杜・贡嘎少将，外交部第二司司长策伦朝达勒，蒙中友好协会副主席班兹拉格奇，国家新闻、广播和电视委员会副主席额尔德尼等。一些国家驻蒙古的外交使节应邀出席了酒会。酒会后，放映了彩色影片中国革命现代京剧《沙家浜》。

8 сар 1 БНХАУ-аас БНМАУ-д суугаа Элчин Сайдын Яамны Элчин сайдын үүрэгт ажлыг түр хамаарагч Лю Зибо БНХАУ-ын Ардын Чөлөөлөх Арми байгууллагдсаны 45 жилийн ойг тохиолдуулан дайллага зохион байгуулав. Дайллаганд БНМАУ-ын Ардын Армийн арын албаны орлогч дарга хошууч генерал Н. Бал, Иргэний агаарын тээврийн ерөнхий газрын дарга хошууч генерал Д. Гунгаа, ГХЯ-ны хоёрдугаар хэлтсийн дарга Цэрэнчуудал Монгол Хятадын найрамдлын нийгэмлэгийн орлогч дарга Банзрагч, улсын мэдээ мэдээлэл, радио телевизийн орлогч дарга Эрдэнэ

зэрэг албаны хүмүүс оролцов. Мөн БНМАУ-д суугаа дипломат төлөөлөгчид урилгаар оролцов. Дайллагын дараа БНХАУ-ын хувьсгалын тухай өгүүлэх орчин үеийн Бээжин дуурийг “Ша жя бан” өнгөт кино сонирхуулсан байна.

8 月 16 日　1952 年签订的《中华人民共和国与蒙古人民共和国经济及文化合作协定》的有效期即将届满，中蒙双方于当日下午在乌兰巴托就延长这一协定的有效期举行换文仪式。中国驻蒙古大使馆临时代办吕子波和蒙古外交部第三司司长策伦朝达勒分别代表双方进行换文。

8 сар 16　1952 оны БНХАУ болон БНМАУ-ын эдийн засаг, соёлын хамтын ажиллагааны тухай хэлэлцээрийн хүчинтэй хугацаа дуусгавар болж байгаатай холбогдуулан Хятад Монгол хоёр тал Улаанбаатар хотноо хэлэлцээрийн хүчинтэй хугацааг сунгах нот бичиг солилцох ёслол болов. БНХАУ-аас БНМАУ-д суугаа Элчин сайдын яамны Элчин сайдын үүрэгт ажлыг түр хамаарагч Лю Зибо, БНМАУ-ын ГХЯ-ны 2-р хэлтсийн Цэрэнчуудал нар өөр өөрийн улсыг төлөөлөн нот бичиг солилцов.

9 月 18 日—24 日　中、蒙国境铁路联运委员会在乌兰巴托举行第 14 次例会，签订了从 1972 年 11 月 1 日生效的新议定书。

9 сар 18-24　Монгол Хятадын шууд төмөр замын тээврийн комиссын 14 дүгээр хуралдаан Улаанбаатар хотноо зохион байгуулагдав. Талууд 1972 оны 11-р сарын 1-ээс эхлэн хүчин төгөлдөр мөрдөгдөх шинэ портоколд гарын үсэг зурав.

9 月 30 日　蒙中友协致电中蒙友协，祝贺中华人民共和成立 23 周年。蒙中友协举办电影招待会，庆祝中国成立，中国驻蒙古大使许文益应邀出席。

同日　蒙古大人民呼拉尔主席团第一副主席鲁布桑和部长会议主席泽登巴尔致电中华人民共和国代主席董必武、全国人民代表大会常务委员会委员长朱德、国务院总理周恩来，祝贺中华人民共和国成立 23 周年。

9 сар 30　Монгол Хятадын найрамдлын нийгэмлэгээс БНХАУ байгуулагдсаны 23 жилийн ойг тохиолдуулан Хятад Монголын найрамдлын нийгэмлэгт баярын цахилгаан илгээв. Монгол Хятадын найрамдлын нийгэмлэгээс БНХАУ байгуулагдсаны ойд зориулан зохион байгуулсан кино-коктейльд БНХАУ-аас БНМАУ-д суугаа Элчин сайд Сю Вэни урилгаар оролцов.

Мөн өдөр БНМАУ-ын Ардын Их хурлын Тэргүүлэгчдийн нэгдүгээр орлогч дарга Лувсан, Сайд нарын Зөвлөлийн дарга Ю. Цэдэнбал нар БНХАУ байгуулагдсаны 23 жилийн ойг тохиолдуулан БНХАУ-ын даргын үүрэгт ажлыг түр хамаарагч Дун Би-ү, БХАТИХ-ын байнгын хорооны зөвлөлийн дарга Жу Дэ, Төрийн Зөвлөлийн Ерөнхий сайд Жоу Эньлай нарт баярын цахилгаан илгээв.

1973 年中蒙国家关系历史编年

1973 он Хятад Монгол хоёр улсын харилцаанытүүхэн үйл явдлын товчоон

2 月 3 日　蒙古《真理报》发表题为“亚洲集团安全体系”的文章，称中国从原来坚持的亚洲安全体系政策上大倒退。

2 сар 3　БНМАУ-ын “Үнэн сонин”-нд “Азийн Аюулгүй байдлын тогтолцоо” сэдэвтэй нийтлэл хэвлэгдэв. Уг нийтлэлд Хятад улс Азийн Аюулгүй байдлын тогтолцоог чанд баримтлах улс төрийн бодлогоосоо ухарсан тухай

өгүүлсэн байна.

2 月 12 日　蒙古部长会议致电中国政府，对中国西部某地发生地震表示慰问。

2 сар 12　БНМАУ-ын Сайд нарын Зөвлөлөөс БНХАУ-ын Засгийн газарт гашуудлын цахилгаан илгээж БНХАУ-ын баруун нутгаар газар хөдлөлт болсонд харамсаж буйгаа илэрхийлэв.

2 月 27 日　中国政府贸易代表团团长、外贸部副部长周化民当天乘火车离开北京，前往蒙古、匈牙利、捷克斯洛伐克、波兰，签订中国同这些国家 1973 年度的贸易协定。

2 сар 27　БНХАУ-ын Засгийн газрын төлөөлөгчдийн тэргүүн, Гадаад худалдааны яамны дэд сайд тусгай үүргийн галт тэргээр Монгол, Уйнгар, Чехословак, Польш зэрэг улсад айлчлал хийхээр мордов. БНХАУ эдгээр улсуудтай 1973 оны хамтран худалдаа хийх хэлэлцээрт гарын үсэг зурах аж.

3 月 1 日　《中华人民共和国政府和蒙古人民共和国政府关于 1973 年相互供应货物的议定书》，当日下午在乌兰巴托签字。中国政府贸易代表团团长、对外贸易部副部长周化民和蒙古政府贸易代表团团长、对外贸易部第一副部长乌·道尔吉分别代表本国政府在议定书上签字。

3 сар 1　“БНХАУ болон БНМАУ-н Засгийн Газрын хооронд 1973 онд харилцан бараа нийлүүлэх портокол”-д гарын үсэг зурав. БНХАУ-ын Засгийн газрын худалдааны төлөөлөгчдийн тэргүүн, Гадаад худалдааны яамны дэд сайд Жоу Хуаминь, БНМАУ-ын Засгийн газрын худалдааны төлөөлөгчдийн дарга, Гадаад худалдааны яамны 1-р орлогч

дарга Ү. Дорж нар хоёр улсын Засгийн газрыг төлөөлөн протоколд гарын үсэг зурав.

3 月 23 日　中蒙签订两国政府经济代表团会谈纪要和关于处理劳动力援助协定遗留问题的换文，中方根据蒙方的建议把在建未完的 7 个项目按现状作价移交蒙方。

3 сар 23　БНХАУ болон БНМАУ нь хоёр улсын Засгийн газрын эдийн засгийн төлөөлөгчдийн хэлэлцээрийн товч протокол болон бүтээн байгуулалтанд туслах ажилчдын талаархи зарим шийдвэрлэгдээгүй асуудлыг хэрхэх тухай нот бичиг, Хятадын тал Монголын талын хүсэлтийг үндэслэн бүтээн босгох нэр бүхий долоон барилга байгууламжуудыг Монголын талд тухайн үеийн ханшаар бодон шилжүүлэн өгөх тухай зэрэг баримтанд гарын үсэг зурав.

3 月 27 日　中国政府经济代表团乘火车离开乌兰巴托于当日回到北京。在蒙古期间，中国政府经济代表团和蒙古政府经济代表团就中国向蒙古提供经济技术援助协定和中国派遣工人援助蒙古生产建设协定的遗留问题进行了会谈，并于 23 日由中国政府经济代表团团长、中国驻蒙古大使许文益和蒙古政府经济代表团团长、蒙古国家对外经济联络委员会主席丹・萨勒丹分别代表本国政府签订了《会谈纪要》和《换文》。《会谈纪要》规定，根据蒙古政府的建议，中国政府同意将按照中蒙两国政府 1958 年 12 月 29 日、1960 年 5 月 31 日签订的有关协定援助蒙古建设的七个在建未完工程项目，按现状作价移交给蒙古政府。上述在建未完工程项目、设备、物资和医院、学校的移交工作已经结束。中国援蒙留守职工已于日前离开乌兰巴托回到北京。

3 сар 27　БНХАУ-ын Засгийн газрын эдийн засгийн төлөөлөгчид тусгай үүргийн галт тэргээр Улаанбаатараас

Бээжин хотыг зорин мордов. Айлчлалын хугацаанд БНХАУ-ын Засгийн газрын эдийн засгийн төлөөлөгчид болон БНМАУ-ын Засгийн газрын эдийн засгийн төлөөлөгчид БНХАУ-аас БНМАУ-д Эдийн засаг, техник технологийн тусламж үзүүлэх хэлэлцээр болон БНХАУ-аас БНМАУ-ын үйлдвэр аж ахуй, бүтээн байгуулалтанд туслах ажилчид илгээх хэлэлцээрээс улбаатай асуудлаар хэлэлцээр хийв. 23-ны өдөр БНХАУ-ын Засгийн газрын эдийн засгийн төлөөлөгчдийн тэргүүн БНХАУ-аас БНМАУ-д суугаа Элчин сайд Сю Вэни, БНМАУ-ын Засгийн газрын эдийн засгийн төлөөлөгчдийн тэргүүн, БНМАУ-ын Гадаад орнуудтай эдийн засгаар харилцах нийгэмлэгийн дарга Д. Самдан нар хоёр улсын Засгийн газрыг төлөөлж хэлэлцээрийн портокол болон солилцох бичигт гарын үсэг зурав. Хэлэлцээрийн протоколд БНМАУ-ын ЗГ-ын дэвшүүлсэн саналыг үндэслэн БНХАУ-ын ЗГ-аас Хятад-Монгол хоёр улсын ЗГ хоорондын 1958 оны 12 сарын 29-ний өдөр, 1960 оны 5 сарын 31-ний өдөр гарын үсэг зурсан БНМАУ-д буцалтгүй тусламжаар байгуулж өгөх долоон барилгын ажлыг дуусган тухайн үеийн мөрдөгдөж буй үнэлгээгээр БНМАУ-ын ЗГ-т шилжүүлэн өгөх гэж тогтов. Дээр дурьдсан ажлууд буюу тоног төхөөрөмж, материал бааз болон эмнэлэг, сургууль зэргийг хүлээлгэн өгөх ажил хэдүйн дууссан аж. БНХАУ-аас БНМАУ-д туслах ажилчид эх орондоо буцсан байна.

6月29日　蒙古通讯社受权发表声明，对中国6月27日的核试验提出强烈抗议。

6 сар 29　БНМАУ-ын хэвлэл мэдээллийн агентлаг бүрэн эрхийнхээ дагуу БНХАУ-д 6-р сарын 27-ны өдөр хийсэн цөмийн туршилтыг эсэргүүцэл илэрхийлэв.

8月1日　中国驻蒙古大使许文益当日晚举行招待会，庆祝中国人民解放军建军46周年。应邀出席招待会的有：蒙古国防部干部司司长柏京上校等军队、政府部门以及文化新闻界人士。一些国家驻蒙古的使节应邀出席招待会。

8 сар 1　БНХАУ-аас БНМАУ-д суугаа Элчин сайд Сю Вэньи БНХАУ-ын АЧА байгууллагдсаны 46 жилийн ойг тохиолдуулан дайллага зохион байгуулав. Дайллаганд БНМАУ-ын БХЯ-ны холбогдох салбарын удирдлагууд Арми, Засгийн газар, Соёл мэдээлэл зэрэг нийгмийн олон хүрээний хүмүүс оролцов. Мөн БНМАУ-д суугаа дипломат албаны төлөөлөгчид оролцов.

8月18日　蒙古《蒙古消息报》发表题为“中国领土上的帝国主义残余”的文章，认为中国为了获取外汇有意不解决香港、澳门这两个帝国主义殖民地问题。

8 сар 18　БНМАУ-ын Монголын мэдээ сонинд “Хятад улс дахь империализмын үлдэгдэл” нэртэй нийтлэл гарав. Уг нийтлэлд Хятад улс гадаад валютаа өсгөхийн тулд Хонкон, Макао хоёр улсын империализмын колонийн асуудлыг зориуд шийдвэрлээгүй гэсэн байна.

9月30日　蒙古部长会议主席泽登巴尔致电中国国务院总理周恩来，祝贺中华人民共和国成立24周年。

9 сар 30　БНМАУ-ын Сайд нарын Зөвлөлийн дарга Ю. Цэдэнбал БНХАУ байгуулагдсаны 24-н жилийн ойг тохиолдуулан БНХАУ-ын Төрийн Зөвлөлийн Ерөнхий сайд Жоу Эньлайд баярын цахилгаан илгээж баяр хүргэв.

10月30日　中国边防某部副政委等6人，应邀到蒙古扎门乌德火车站，与蒙方东戈壁省边防代表等 5 人，就蒙方提出今后双方代表会谈之前相互通知会谈内容和索要越境牲畜问题进行会谈。

10 сар 30 БНХАУ-ын Хил хамгаалах ерөнхий газрын коммиссарын дагалдан яваа 6 хүний хамт урилгаар БНМАУ-ын Замын-Үүд хотод хүрэлцэн ирж БНМАУ-ын Дундговь аймгийн Хил хамгаалах ерөнхий газрын 5 хүний бүрэлдэхүүнтэй төлөөлөгчидтэй цаашид талууд хуралдааны өмнө хэлэлцэх асуудлаа харилцан мэдэгдэх тухай БНМАУ-ын дэвшүүлсэн саналын талаар болон хилээр мал амьтан гаргах зэрэг асуудлаар хуралдаан хийв.

11 月 4 日 中、蒙国境铁路联运会议例会于 10 月 26 日至 11 月 4 日在呼和浩特市举行。双方经过协商，签订了新的议定书。以采伦诺洛夫为团长的蒙古铁路代表团于当天下午乘火车离开呼和浩特回国。

11 сар 4 Монгол Хятадын шуудтөмөр замын тээврийн коммисын ээлжит хурлыг 10-р сарын 26-ны өдөрөөс 11-р сарын 4-ны өдрийн хооронд Хөх хотод зохион байгуулав. Талууд хуралдааны шинэ портоколд гарын үсэг зурав. БНМАУ-ын Төмөр замын төлөөлөгчид мөн өдрийн үдээс хойш Хөх хотоос тусгай үүргийн галт тэргээр эх орондоо буцав.

12 月 5 日 中国边防某部政委应蒙方邀请，在蒙古毕其格陶勒盖与蒙方苏赫巴特尔省代表，就维修界桩等事举行会谈。

12 сар 5 БНХАУ-ын Хил хамгаалах ерөнхий газрын коммиссар БНМАУ-ын талын урилгаар БНМАУ-ын Бичигт Толгойд хүрэлцэн ирж БНМАУ-ын Сүхбаатар аймгийн төлөөлөгчидтэй Хилийн шонг засах ажлын асуудлаар хэлэлцээр хийв.

1974 年中蒙国家关系历史编年

1974 он Хятад Монгол хоёр улсын харилцааныттүүхэн үйл явдлын товчоон

2 月 26 日　中国驻蒙古大使许文益当日离任回国。离任前，许文益大使曾分别向蒙古大人民呼拉尔主席团第一副主席索・鲁布桑、部长会议副主席达・贡布扎布和外交部部长洛・林钦等进行了辞行拜会。

2 сар 26　БНХАУ-аас БНМАУ-д суугаа Элчин сайд Сю Вэньи үүрэгт ажлын хугацаа дуусгавар болсоны учир эх орондоо буцав. Эх орондоо буцахын өмнө Элчин сайд Сю Вэньи БНМАУ-ын АИХ-ын тэргүүлэгчдийн нэгдүгээр орлогч дарга С. Лувсан, Сайд нарын Зөвлөлийн дэд дарга Д. Гомбожав, ГХЯ-ны сайд Л. Ринчин нартай салах ёс хийж уулзалт хийв.

4 月 25 日　蒙古政府贸易代表团团长、对外贸易部副部长策伦桑加当日乘火车抵达北京。

4 сар 25　БНМАУ-ын Засгийн газрын Гадаад худалдааны яамны дэд сайд Цэрэнсанжаа тэргүүтэй төлөөлөгчид тусгай үүргийн галт тэргээр Бээжин хотыг зорив.

4 月 26 日　《中华人民共和国政府和蒙古人民共和国政府关于 1974 年相互供应货物的议定书》，当天在北京签字。中国对外贸易部部长李强出席签字仪式并在签字仪式前会见了蒙古政府贸易代表团全体成员。中国对外贸易部副部长陈洁和蒙古政府贸易代表团团长、对外贸易部副部长策伦桑加，分别代表本国政府在议定书上签字。

4 сар 26 “БНХАУ, БНМАУ-н Засгийн газар хооронд 1974 онд харилцан бараа нийлүүлэх портокол”-д Бээжин хотноо гарын үсэг зурав. БНХАУ-ын Гадаад Худалдааны Яамны дэд сайд Ли Чян гарын үсэг зурах ёслолд оролцов. Тэрээр гарын үсэг зурах ёслолын өмнө БНМАУ-ын Засгийн Газрын Худалдааны төлөөлөгчидтэй уулзсан байна. БНХАУ-ын Гадаад Худалдааны Яамны дэд сайд Чэн Жье, БНМАУ-ын Гадаад худалдааны яамны дэд сайд Цэрэнсанжаа нар хоёр улсын Засгийн газрыг төлөөлж гарын үсэг зурав.

7 月 11 日 蒙古驻华大使索苏尔巴拉姆和夫人当天下午举行招待会，庆祝蒙古人民革命胜利 53 周年。应邀出席招待会的有中国外交部副部长韩念龙，外贸部副部长陈洁，交通部副部长彭敏，对外友好协会副会长杨骥等。各国驻中国使节也应邀出席招待会。

7 сар 11 БНМАУ-аас БНХАУ-д суугаа Элчин сайд Сосорбарам гэргийн хамт үдээс хойш МАХН-ын 53 жилийн ойг тохиолдуулан дайллага зохион байгуулав. Дайллаганд БНХАУ-ын Гадаад Явдлын Яамны Дэд сайд Хань Няньлун, Гадаад Худалдааны Яамны дэд сайд Чэнь Жье, Зам тээврийн яамны дэд сайд Пун Мин, Гадаад орнуудтай найрамдалаар харилцах нийгэмлэгийн дэд дарга Ян Жи нар урилгаар оролцов. Хятадад суугаа олон улсын элчины хүмүүс мөн оролцов.

8 月 1 日 中国驻蒙古大使馆临时代办吕子波当晚举行招待会，庆祝中国人民解放军建军 47 周年。应邀出席招待会的有：蒙古国防部外事处处长扎米杨上校等军队、政府部门与文化新闻界人士。一些国家驻蒙古的外交使节也应邀出席。

8 сар 1 БНМАУ-аас БНХАУ-д суугаа Элчин Сайдын Яамны Элчин сайдын үүрэгт ажлыг түр хамаарагч Лю Зибо БНХАУ-ын Ардын Чөлөөлөх Арми байгуулагдсаны 47 жилийн ойн баярыг тохиолдуулан дайллага зохион байгуулав. Дайллаганд БНМАУ-ын Батлан Хамгаалах Яамны Хэрэг Эрхлэх Газрын дарга Жамъян генерал зэрэг Засгийн Газар, соёл мэдээлэл олон хүрээний хүмүүс урилгаар оролцов. Мөн Гадаад улс орноос БНМАУ-д суугаа гадаад харилцааны зарим дипломат төлөөлөгчид урилгаар оролцов.

9 月 30 日 蒙古部长会议主席姜·巴特蒙赫致电中国国务院周恩来总理，祝贺中华人民共和国成立 25 周年。

9 сар 30 БНМАУ-ын Сайд нарын Зөвлөлийн дарга Ж. Батмөнх БНХАУ байгуулагдсаны 25 жилийн ойг тохиолдуулан БНХАУ-ын Төрийн Зөвлөлийн Ерөнхий сайд Жоу Эньлайд баярын цахилгаан илгээв.

10 月 1 日 蒙古《真理报》发表题为《中华人民共和国成立 25周年》的长篇文章，批评中国内外政策。

10 сар 1 БНМАУ-ын “Үнэн сонин” “БНХАУ байгуулагдсаны 25 жилийн ой” сэдэвтэй өгүүлэл нийтлэв. Уг нийтлэлд БНХАУ-ын дотоод гадаад бодлогыг шүүмжилсэн байна.

10 月 16 日 中华人民共和国新任驻蒙古人民共和国特命全权大使张伟烈，当天前往乌兰巴托赴任。

10 сар 16 БНХАУ-аас БНМАУ-д шинээр томилогдсон Онц бөгөөд Бүрэн Эрхт Элчин сайд Жан Вэйле Улаанбаатар хотноо хүрэлцэн ирэв.

10 月 21 日—26 日　中、蒙国境铁路联运委员会第 16 次例会在乌兰巴托市举行。

10 сар 21-26　Хятад, Монголын шууд Төмөр замын тээврийн коммисын ээлжит 16 дугаар хуралдаан Улаанбаатар хотноо болов.

10 月 24 日　中华人民共和国新任驻蒙古人民共和国特命全权大使张伟烈，当日向蒙古人民呼拉尔主席团主席泽登巴尔递交了国书。递交国书后，泽登巴尔主席同张伟烈大使进行了谈话。张伟烈大使 17 日抵达乌兰巴托。蒙古外交部部长林钦 23 日接见了张伟烈。

10 сар 24　БНХАУ-аас БНМАУ-д суух Элчин сайдаар шинээр томилогдсон Онц бөгөөд Бүрэн Эрхт Элчин сайд Жан Вэйле БНМАУ-ын АИХ-ын Тэргүүлэгчдийн дарга Ю. Цэдэнбалд итгэмжлэх жуух бичгээ өргөн барив. Итгэмжлэх жуух бичиг өргөн барьсаны дараа дарга Ю. Цэдэнбал Элчин сайд Жан Вэйлетэй ярилцав. Жан Вэйле нь мөн сарын 17-ны өдөр Улаанбаатар хотод ирсэн байна. БНМАУ-ын ГХЯ-ны сайд Ринчин 23-ны өдөр Жан Вэйлег хүлээн авч уулзав.

11 月 26 日　蒙古驻中国大使索苏尔巴拉姆和夫人当天在大使馆举行招待会，庆祝蒙古人民共和国国庆 50 周年。应邀出席招待会的有中国外交部副部长何英、外贸部副部长陈洁以及有关方面负责人。

11 сар 26　БНМАУ-аас БНХАУ-д суугаа Элчин сайд Сосорбарам гэргийн хамт БНМАУ байгуулагдсаны 50 жилийн ойг тохиолдуулан Элчин сайдын яаманд дайллага зохион байгуулав. Дайллагад БНХАУ-ын ГЯЯ-ны дэд сайд Хэ Ин, ГХЯ-ны дэд сайд Чэнь Жье болон бусад холбогдох

салбарын албан тушаалтнууд урилгаар оролцов.

12月7日　蒙古《真理报》刊登题为《北京对外政策的某些问题》的文章，不同意中国对三个世界的论断。

12 сар 7　БНМАУ-ын “Үнэн сонин”-д “Бээжингийн Гадаад бодлогын зарим асуудал” мэдээ нийтлэгдэв. Уг нийтлэл нь Хятад улсын гуравдагч ертөнц гэх үзэлтийг хүлээн зөвшөөрөхгүйгээ илэрхийлсэн байна.

1975年中蒙国家关系历史编年

1975 оны Хятад Монгол хоёр улсын харилцааныттүүхэн үйл явдлын товчоон

4月5日　蒙古大人民呼拉尔主席团致电中国全国人民代表大会常务委员会，对副委员长董必武的逝世表示深切哀悼。

4 сар 5　БНМАУ-ын Ардын Их Хурлын Тэргүүлэгчид БНХАУ-ын БХАТИХ-ын байнгын хорооны зөвлөлд гашуудлын цахилгаан илгээж зөвлөлийн дэд дарга Дун Биү нас нөгчсөн　явдалд гүн эмгэнэл илэрхийлэв.

4月6日　蒙古报刊登载董必武副委员长逝世消息。

4 сар 6　БНМАУ-ын сонин хэвлэлд БХАТИХ-ын байнгын хорооны зөвлөлийн дэд дарга Дун Биү нас барсан тухай мэдээлэв.

4月7日　蒙古大人民呼拉尔主席团副主席查・杜格尔苏仍、大人民呼拉尔副主席巴・锡林迪布等人到中国驻蒙使馆吊唁董必武副委员长。同日，大人民呼拉尔主席团给中国全国人民代表大会常务委员会发来唁电。

4 сар 7　БНМАУ-ын АИХ-ын Тэргүүлэгчдийн дэд дарга

Ц. Дүгэрсүрэн, Ардын Их хурлын дэд дарга Б. Ширэндэв нар, БНМАУ-аас БНХАУ-д суугаа Элчин сайдын яам, Зөвлөлийн дэд дарга Дун Биүгийн ар гэрт эмгэнэл илэрхийлэв. Мөн өдөр БНМАУ-ын Ардын Их Хурлын Тэргүүлэгчид БНХАУ-ын БХАТИХ-ын байнгын хорооны зөвлөлд гашуудлын цахилгаан илгээв.

4 月 16 日　中国政府贸易代表团团长、外贸部副部长陈洁，当日乘火车前往蒙古签订《中华人民共和国政府和蒙古人民共和国政府 1975 年相互供应货物议定书》。代表团副团长和代表团团员已先期抵达蒙古。

4 сар 16　БНХАУ-ын Засгийн газрын гадаад худалдааны яамны дэд сайд Чэнь Жье тэргүүтэй төлөөлөгчид “БНХАУ, БНМАУ-ын Засгийн газрын хооронд 1975 онд харилцан бараа нийлүүлэх портокол”-д гарын үсэг зурахаар тусгай үүргийн галт тэргээр БНМАУ-д хүрэлцэн ирэв. Төлөөлөгчид дэд дарга тэргүүтэйгээр дэд сайд Чэнь Жьегээс өмнө БНМАУ-д ирсэн байна.

4 月 19 日　《中华人民共和国和蒙古人民共和国 1975 年相互供应货物的议定书》当日在乌兰巴托签字。中国政府贸易代表团团长、对外贸易部副部长陈洁和蒙古政府贸易代表团团长、对外贸易部副部长策伦桑加分别代表本国政府在议定书上签字。陈洁副部长是 17 日下午乘火车抵达乌兰巴托的。

4 сар 19　“БНХАУ, БНМАУ-ын Засгийн газрын хооронд 1975 онд харилцан бараа нийлүүлэх портокол”-д Улаанбаатар хотноо гарын үсэг зурав. БНХАУ-ын Засгийн газрын худалдааны төлөөлөгчдийн дарга, Гадаад худалдааны яамны дэд сайд Чэнь Жье болон БНМАУ-ын Засгийн газрын худалдааны төлөөлөгчдийн тэргүүн, Гадаад

худалдааны яамны дэд сайд Цэрэнсанжаа нар хоёр улсын засгийн газрыг тус тус төлөөлж портоколд гарын үсэг зурав.

Дэд сайд Чэнь Жье 17-ны өдрийн үдээс хойш галт тэргээр Улаанбаатар хотод хүрэлцэн ирсэн байна.

7 月 11 日　蒙古驻中国大使索苏尔巴拉姆和夫人当日中午举行招待会，庆祝蒙古人民革命胜利 54 周年。应邀出席招待会的有中国外交部副部长韩念龙，外贸部副部长陈洁，铁道部副部长苏杰，对外友协副会长林林。各国驻中国的外交使节也应邀出席。

7 сар 11　БНМАУ-аас БНХАУ-д суугаа Элчин сайд Сосорбарам гэргийн хамт БНМАУ-ын Ардын Хувьсгалын 54 жилийн ойг тохиолдуулан дайллага зохион байгуулав.Дайллагад БНХАУ-ын Гадаад Явдлын Яамны Дэд сайд Хань Няньлун, Гадаад Худалдааны Яамны дэд сайд Чэнь Жие, Төмөр замын яамны дэд дарга Сү Жье, Гадаад орнуудтай найрамдлаар харилцах нийгэмлэгийн дэд дарга Линьлинь нар урилгаар оролцов.

9 月 30 日　蒙古部长会议主席巴特蒙赫致电中国国务院周恩来总理，祝贺中华人民共和国成立 26 周年。

9 сар 30　БНМАУ-ын Сайд нарын Зөвлөлийн дарга Батмөнх БНХАУ-ын Төрийн Зөвлөлийн Ерөнхий сайд Жоу Эньлайд баярын цахилгаан илгээж БНХАУ байгуулагдсаны 26 жилийн ойд баяр хүргэв.

10 月 14 日　中、蒙国境铁路联合委员会例会 6 日至 14 日在呼和浩特市举行。双方经过协商，签订了新的议定书。以乌兰巴托铁路局副局长采伦诺洛夫为团长的蒙古铁路代表团一行 8 人当晚乘火车离开呼和浩特市回国。

10 сар 14　Хятад Монголын шууд төмөр замын

тээврийн коммисын ээлжит хуралдааныг 6-14-ны өдрүүдэд Хөх хотод зохион байгуулсан байна. Талууд хэлэлцээр хийж хурлын шинэ портоколд гарын үсэг зурав. Улаанбаатар хотын Төмөр замын хэрэг эрхлэх газрын орлогч дарга Цэрэнноров тэргүүтэй БНМАУ-ын төмөр замын 8 хүний бүрэлдэхүүнтэй төлөөлөгчид мөн өдрийн орой Хөх хотоос тусгай үүргийн галт тэргээр эх орондоо буцав.

1976 年中蒙国家关系历史编年

1976 он Хятад Монгол хоёр улсын харилцааны түүхэн үйл явдлын товчоон

1 月 10 日　蒙古部长会议致电中国国务院，对周恩来总理的逝世表示哀悼。

1 сар 10　БНМАУ-ын Сайд нарын Зөвлөлөөс БНХАУ-ын Төрийн Зөвлөлд илгээсэн гашуудлын цахилгаанд Ерөнхий сайд Жоу Эньлай нас нөгчсөнд гүн эмгэнэл илэрхийлсэн байна.

1 月 14 日　蒙古部长会议副主席敦・策伯格米德，索・鲁布桑贡宝，外贸部长云・奥其尔，对外经委主席丹・萨勒丹・副处长杜・额尔敦比利格等 7 人，当日到中国驻蒙古大使馆吊唁周恩来总理逝世。

1 сар 14　БНМАУ-ын Сайд нарын Зөвлөлийн орлогч дарга Д. Цэвэгмид, С.Лувсангомбо, Гадаад Худалдааны Яамны сайд Ю. Очир, Гадаад орнуудтай эдийн засгаар харилцах нийгэмлэгийн дарга Д. Салдаан, Хэлтсийн орлогч дарга Д.Эрдэнэбилэг нарын долоон төлөөлөгч БНХАУ-аас БНМАУ-д суугаа Элчин сайдын Яаманд хүрэлцэн ирж Ерөнхий сайд Жоу Эньлайг нас нөгчсөнд эмгэнэл илэрхийлэв.

4 月 16 日　蒙古部长会议主席姜·巴特蒙赫致电华国锋，祝贺他就任中华人民共和国国务院总理。

4 сар 16　БНМАУ-ын Сайд нарын Зөвлөлийн дарга Ж. Батмөнх Хуа Гуопэнд илгээсэн баярын цахилгаандаа түүнийг БНХАУ-н Төрийн Зөвлөлийн Ерөнхий сайдаар томилогдсон явдалд баяр хүргэсэн байна.

5 月 26 日　中国国务院副总理谷牧当天下午会见即将离任回国的蒙古驻中国大使索苏尔巴拉姆。

5 сар 26　Үдээс хойш, БНХАУ-ын Төрийн Зөвлөлийн Ерөнхий сайдын орлогч Гу Мү удахгүй томилолтоор нутаг буцах БНМАУ-аас БНХАУ-д суугаа Элчин сайд Сосорбарамтай уулзав.

5 月 28 日　蒙古驻中国特命全权大使索苏尔巴拉姆当天离任回国。

5 сар 28　БНМАУ-аас БНХАУ-д суугаа Онц бөгөөд Бүрэн Эрхт Элчин сайд Сосорбарам томилолтын хугацаа дуусгавар болсоны учир нутаг буцав.

7 月 10 日　蒙古大人民呼拉尔主席团致电中国全国人民代表大会常务委员会，对朱德委员长的逝世表示深切哀悼。

7 сар 10　БНМАУ-ын АИХ-ын Тэргүүлэгчид БНХАУ-ын БХАТИХ-ын байнгын хорооны зөвлөлд гашуудлын илгээсэн цахилгаандаадэд дарга Жу Дэ нас нөгчсөнд гүн эмгэнэл илэрхийлэв.

8 月 1 日　蒙古《真理报》报道，蒙古部长会议就唐山地区发生地震向中国国务院发出慰问电。

8 сар 1　БНМАУ-ын “Үнэн сонин”-д мэдээлсэнээр,

БНМАУ-ын Сайд нарын Зөвлөл БНХАУ-ын Таншанд болсон газар хөдлөлттэй холбогдуулан БНХАУ-ын ГЯЯ-нд харамсаж буйгаа илэрхийлэн цахилгаан илгээсэн байна.

9 月 6 日—11 日 中蒙国境铁路联运委员会第 18 次例会在乌兰巴托市举行

9 сар 6-11 Нийслэл Улаанбаатар хотноо Хятад Монголын шууд төмөр замын тээврийн коммисын 18-р ээлжит хуралдаан болов.

9 月 10 日 当日下午，蒙古部长会议副主席敦·策伯格米德，蒙古人民革命党中央书记、文化部部长桑·索苏尔巴拉木，外交部部长芒·杜格尔苏仍，对外贸易部部长云·奥其尔和外交部三司司长等到中国驻蒙使馆吊唁毛泽东主席逝世。

9 сар 10 Үдээс хойш, БНМАУ-ын Сайд нарын Зөвлөлийн орлогч дарга Д. Цэгмид, МАХН-ын ТХ-ны нарийн бичиг дарга бөгөөд Соёлын хэлтэсийн дарга С. Сосорбарам, Гадаад Харилцааны Яамны сайд М. Дугарсүрэн, Гадаад Худалдааны Яамны сайд Ю. Очир, Гадаад Харилцааны Яамны 3-р хэлтсийн дарга зэрэг төлөөлөгчид БНХАУ-аас БНМАУ-д суугаа Элчин Сайдын Яаманд хүрэлцэн ирж БНХАУ-ын дарга Мао Зэдун нас нөгчсөнд эмгэнэл илэрхийлэв.

9 月 11 日 蒙古《真理报》报道了毛泽东主席逝世的消息和蒙古人民革命党中央唁电的电文。

9 сар 11 БНМАУ-ын “Үнэн сонин” БНХАУ-ын дарга Мао Зэдун нас нөгчсөн тухай хийгээд үүний учир МАХН-ын ТХ гашуудлын цахилгаан илгээсэн тухай мэдээ нийтлэв.

9 月 30 日 蒙古部长会议主席姜·巴特蒙赫致电中国国务院

华国锋总理，祝贺中华人民共和国成立 27 周年。

9 сар 30　БНМАУ-ын Сайд нарын Зөвлөлийн дарга Ж. Батмөнх БНХАУ байгуулагдсаны 27 жилийн ойг тохиолдуулан БНХАУ-ын Төрийн Зөвлөлийн Ерөнхий сайд Хуа Гуопэнд баярын цахилгаан илгээж баяр хүргэв.

10 月 15 日　蒙古《真理报》报道中国粉碎“四人帮”的消息。

10 сар 15　БНМАУ-ын “Үнэн сонин”-д Хятад улс “4 хулгайн бүлэг”-ийг бут цохисон тухай мэдээ нийтлэгдэв.

10 月 26 日　尤·泽登巴尔以党中央第一书记名义，代表蒙古人民革命党中央委员会电贺华国锋任中共中央主席。蒙古《真理报》29 日登载了电文。

10 сар 26　Ю. Цэдэнбал МАХН-ын ТХ-ны нэгдүгээр нарийн бичгийн даргын нэрийн өмнөөс БНХАУ-ын ХКН-ын ТХ-ны дарга Хуа Гуопэнд баярын цахилгаан илгээв. БНМАУ-ын “Үнэн сонин” 29-ны өдөр уг цахилгаан мэдээг нийтлэв.

11 月 11 日—19 日　由蒙古外贸部副部长达·策伦桑加率领的蒙古政府贸易代表团访问中国。

11 сар 11-19　БНМАУ-ын Гадаад Худалдааны Яамны дэд сайд Д.Цэрэнсанжаа тэргүүтэй БНМАУ-ын Засгийн газрын худалдааны төлөөлөгчид БНХАУ-д айчлав.

11 月 11 日　蒙古政府贸易代表团团长达·策伦桑加当日乘火车抵达北京。《中华人民共和国政府和蒙古人民共和国政府关于 1976 年相互供应货物的议定书》，当天在北京签字。中国外贸部部长李强出席签字仪式，并在签字仪式之前会见了蒙古对外贸易部副部长策伦桑加及蒙古政府贸易代表团全体成员。外贸部副部长陈洁和蒙古政府贸易代表团团长、对外贸易部副部长策伦桑加，分别代表本国政府在议定书上签字。

同日　中国外交部部长乔冠华当天会见蒙古人民共和国新任驻中华人民共和国特命全权大使鲁特·楚龙巴特尔，商谈递交国书事宜。楚龙巴特尔大使本月4日抵达北京。

11 сар 11　Д. Цэрэнсанжаа тэргүүтэй БНМАУ-ын Засгийн газрын худалдааны төлөөлөгчид тусгай үүргийн галт тэргээр Бээжин хотноо хүрэлцэн ирж “БНХАУ, БНМАУ-н Засгийн Газрын хооронд 1976 онд харилцан бараа нийлүүлэх портокол”-д Бээжин хотноо гарын үсэг зурав.

БНХАУ-ын Гадаад Худалдааны Яамны сайд Ли Чян гарын үсэг зурах ёслолд оролцов. Тэрээр гарын үсэг зурах ёслолын өмнө БНМАУ-ын Гадаад Худалдааны Яамны дэд сайд Цэрэнсанжаа тэргүүтэй БНМАУ-ын Засгийн газрын худалдааны төлөөлөгчидтэй уулзав.

Гадаад Худалдааны Яамны Дэд сайд Чэнь Жие, БНМАУ-н Засгийн газрын худалдааны төлөөлөгчдийн дарга, Гадаад Худалдааны Яамны дэд сайд Цэрэнсанжаа нар хоёр улсын Засгийн газрыг тус тус төлөөлж хэлэлцээрийн портоколд гарын үсэг зурав.

Мөн өдөр БНХАУ-ын Гадаад Явдлын Яамны сайд Чяо Гуаньхуа БНМАУ-аас БНХАУ-д шинээр томилогдон суугаа Онц бөгөөд Бүрэн Эрхт Элчин сайд Лутын Чулуунбаатартай уулзаж, итгэмжлэх жуух бичиг өргөн барих асуудлаар хэлэлцэв. Элчин сайд Чулуунбаатар мөн сарын 4-ны өдөр Бээжинд хүрэлцэн очсон байна.

11月13日　蒙古人民共和国新任驻中华人民共和国特命全权大使鲁特·楚龙巴特尔，当天下午向中国全国人民代表大会常务委员会副委员长谭震林递交国书。

11 сар 13　БНМАУ-аас БНХАУ-д шинээр томилогдон

суугаа Онц бөгөөд Бүрэн Эрхт Элчин сайд Л. Чулуунбаатар БНХАУ-ын БХАТИХ-ын байнгын хорооны дэд дарга Тань Жэньлиньд итгэмжлэх жуух бичгээ өргөн барив.

1977 年中蒙国家关系历史编年

1977 он Хятад Монгол хоёр улсын харилцааныттүүхэн үйл явдлын товчоон

1 月 29 日　中国国务院副总理谷牧当天下午会见蒙古新任驻华特命全权大使鲁特・楚龙巴特尔。

1 сар 29　БНХАУ-ын Төрийн Зөвлөлийн Ерөнхий сайдын орлогч Гу Мү БНМАУ-аас БНХАУ-д шинээр томилогдсон Онц бөгөөд Бүрэн Эрхт Элчин сайд Лутын Чулуунбаатартай уулзав.

6 月 15 日　中国政府贸易代表团团长、外贸部副部长陈洁，当天乘火车前往蒙古签订《中华人民共和国政府和蒙古人民共和国政府 1977 年相互供应货物议定书》。

6 сар 15　БНХАУ-ын Засгийн газрын худалдааны төлөөлөгчдийн тэргүүн, Гадаад худалдааны яамны дэд сайд Чэнь Жье “БНХАУ, БНМАУ-н Засгийн газрын хооронд 1977 онд харилцан бараа нийлүүлэх портокол”-д гарын үсэг зурахаар тусгай үүргийн галт тэргээр БНМАУ-д хүрэлцэн ирэв.

6 月 17 日　《中华人民共和国政府和蒙古人民共和国政府 1977 年相互供应货物议定书》在乌兰巴托签字。

6 сар 17　“БНХАУ, БНМАУ-ын Засгийн газрын хооронд 1977 онд харилцан бараа нийлүүлэх портокол”-д Улаанбаатар хотноо гарын үсэг зурав.

7月8日　蒙古驻中国大使楚龙巴托尔和夫人当天中午举行招待会，庆祝蒙古人民革命胜利56周年。应邀出席招待会的有中国外交部副部长余湛、外贸部副部长陈洁、铁道部副部长苏杰、对外友协副会长杨骥等。各国驻中国的外交使节也应邀出席招待会。

7 сар 8　БНМАУ-аас БНХАУ-д суугаа Элчин сайд Чулуунбаатар гэргийн хамт МАХ-ын 56 жилийн ойг тохиолдуулан дайллага зохион байгуулав. Дайллаганд БНХАУ-ын Гадаад Явдлын Яамны Дэд сайд Уй Жань, Гадаад Худалдааны Яамны Дэд сайд Чэнь Жие, Төмөр Замын Яамны дэд дарга Сү Жие, Гадаад Орнуудтай Найрамдалаар Харилцах Нийгэмлэгийн Дэд дарга Ян Жи нар урилгаар оролцов. Мөн Олон улсаас БНХАУ-д суугаа дипломат төлөөлөгчид урилгаар оролцов.

8月30日　中、蒙国境铁路联合委员会第19次例会8月22日至30日在呼和浩特市举行。双方经过协商，签订了新的议定书。以乌兰巴托铁路局副局长采伦·诺路夫为团长的蒙古铁路代表团已在当晚乘火车离开呼和浩特市回国。

8 сар 30　Хятад Монголын Транзит Төмөр замын тээврийн коммисын 19-р ээлжит хуралдаан 8-р сарын 22-30-ны өдрүүдэд Хөх хотод болов.Талууд харилцан зөвшилцөж хэлэлцээрийн шинэ портоколд гарын үсэг зурав. Улаанбаатар хотын Төмөр замын товчооны орлогч дарга Цэрэнноров тэргүүтэй БНМАУ-ын Төмөр замын төлөөлөгчид мөн өдрийн орой галт тэргэнд суун Хөх Хотоос нутаг буцав.

9月30日　蒙古部长会议主席泽·巴特蒙赫致电中国国务院华国锋总理祝贺中华人民共和国成立28周年。

9 сар 30 БНМАУ-ын Сайд нарын Зөвлөлийн дарга Ж.Батмөнх БНХАУ байгуулагдсаны 28 жилийн ойг тохиолдуулан БНХАУ-ын Төрийн Зөвлөлийн Ерөнхий сайд Хуа Гуопэнд баярын цахилгаан илгээж баяр хүргэв.

12 月 10 日 《中华人民共和国和蒙古人民共和国气象通信专家组会谈议定书》当日在乌兰巴托签字。中国专家组组长阮祖俊、蒙古专家组组长德钦勒洪德布分别签字。中蒙双方气象通信专家组曾于 10 月 24 日至 11 月 15 日在北京举行会晤，讨论了改善气象情报交换、通信电路质量和共同赴现场对通信电路进行测试等问题。双方对北京—乌兰巴托通信电路进行了共同测试，并于 12 月 1 日至 6 日在乌兰巴托讨论了测试结果。

12 сар 10 “БНХАУ, БНМАУ-н Цаг уурын холбооны мэргэжилтний багийн хэлэлцээний портокол”-д Улаанбаатар хотноо гарын үсэг зурав. БНХАУ-ын Мэргэжилтний багийн дарга Руань Зужюнь, БНМАУ-ын Мэргэжилтний багийн дарга Дэчилготов нар хоёр улсын Засгийн газрыг тус тус төлөөлж гарын үсэг зурав. Хятад Монголын Цаг уурын холбооны мэргэжилтний баг хамтран 10-р сарын 24-ээс 11 сарын 15-ны өдрүүдэд Бээжин хотноо уулзалт зохион байгуулж цаг уурын мэдээлэл солилцох, мэдээлэл дамжуулах цахилгаан шугамын чанар болон хамтдаа тухайн газар очиж мэдээлэл дамжуулах цахилгаан шугаманд шалгалт хийх зэрэг асуудлыг сайжруулах тухай хэлэлцэв. Талууд Бээжин—Улаанбаатарын мэдээлэл дамжуулах цахилгаан шугаманд хамтын шалгалт хийж, 12-р сарын 1-6 ны өдрүүдэд Улаанбаатар хотноо шалгалтын үр дүнгийн талаар хэлэлцэв.

12 月 11 日 中国气象通信专家组于当日离开乌兰巴托回国。

12 сарын 11-ний өдөр БНХАУ-ын Цаг уурын холбооны

мэргэжилтэний баг Улаанбаатар хотоос гарч нутаг буцав.

1978 年中蒙国家关系历史编年

1978 он Хятад Монгол хоёр улсын харилцааны түүхэн үйл явдлын товчоон

3 月 1 日 《中华人民共和国政府和蒙古人民共和国政府关于 1978 年相互供应货物的议定书》当天在北京签字。中国外贸部部长李强出席签字仪式，并在签字前会见了蒙古外贸部副部长策伦桑加以及蒙古政府贸易代表团全体成员。外贸部副部长王润生和策伦桑加副部长，分别代表本国政府在议定书上签字。

3 сар 1 “БНХАУ, БНМАУ-н Засгийн Газрын хооронд 1978 онд харилцан бараа нийлүүлэх портокол”-д Бээжин хотноо гарын үсэг зурав. БНХАУ-ын Гадаад Худалдааны Яамны сайд Ли Чян гарын үсэг зурах ёслолд оролцов. Тэрээр гарын үсэг зурах ёслолын өмнө БНМАУ-н Гадаад Худалдааны Яамны Дэд сайд Цэрэнсанжаа тэргүүтэй БНМАУ-н Засгийн Газрын Худалдааны Төлөөлөгчдийн бүрэлдхүүнтэй уулзалт хийв. БНХАУ-ын Гадаад Худалдааны Яамны Дэд сайд Ван Руньшэн, БНМАУ-ын Гадаад Худалдааны Яамны Дэд сайд Цэрэнсанжаа нар хоёр улсын Засгийн Газрыг тус тус төлөөлж портоколд гарын үсэг зурав.

3 月 11 日 蒙古大人民呼拉尔主席团主席尤・泽登巴尔致电叶剑英，祝贺他当选中国全国人民代表大会常务委员会委员长。蒙古部长会议主席姜・巴特蒙赫致电华国锋，祝贺他就任中国国务院总理。

3 сар 11 БНМАУ-н Ардын Их хурлын Тэргүүлэгчдийн дарга Ю. Цэдэнбал Е Жяньинг БНХАУ-ын БХАТИХ-ын

Байнгын хорооны гишүүнээр сонгогдсонд баяр хүргэж баярын цахилгаан илгээв. БНМАУ-н Сайд нарын Зөвлөлийн дарга Ж.Батмөнх Хуа Гуопэнийг БНХАУ-ын Төрийн Зөвлөлийн Ерөнхий сайдаар томилогдсонд баяр хүргэж баярын цахилгаан илгээв.

4 月 8 日　蒙古政府就中国向苏联提出从蒙古撤军一事照会中国政府，批评中国政府的观点。

4 сар 8　БНХАУ-ын Засгийн газар БНМАУ-аас Зөвлөлт Холбоот Улсын цэргийг гаргах тухай нот бичиг гаргав. БНХАУ-ын энэ улс төрийн бодлогыг БНМАУ-ын Засгийн газар шүүмжилсэн байна.

4 月 16 日　中国驻蒙古人民共和国大使张伟烈当日离任回国。离任前，蒙古部长会议副主席策伯格米德、外交部部长杜格苏伦等曾分别接见张伟烈大使。

4 сар 16　БНХАУ-аас БНМАУ-д суугаа Элчин сайд Жан Вэйле томилолтоор нутаг буцав.БНМАУ-н Сайд Нарын Зөвлөлийн дэд дарга Цэвэгмид, Гадаад Худалдааны Яамны сайд Дугарсүрэн нар түүний томилолтоор явахаас өмнө хүлээн авч уулзав.

7 月 7 日　蒙古驻中国大使楚龙巴特尔当天中午在大使馆举行招待会，庆祝蒙古人民革命胜利 57 周年。中方应邀出席招待会的有外交部副部长刘振华、外贸部副部长陈洁、铁道部副部长王效斌、对外友协副会长杨骥。各国驻中国的外交使节也应邀出席了招待会。

7 сар 7　БНМАУ-аас БНХАУ-д суугаа Элчин сайд Чулуунбаатар БНМАУ-ын Ардын Хувьсгалын 57 жилийн ойг тохиолдуулан Элчин Сайдын Яаманд Төрийн дайллага

хийв. БНХАУ-ын талаас дайллаганд Гадаад Харилцааны Яамны Дэд сайд Лю Жэньхуа, Гадаад Худалдааны Яамны Дэд сайд Чэнь Жие, Төмөр замын Яамны Дэд сайд Ван Сяо-ү, Гадаад Орнуудтай Найрамдалаар Харилцах Нийгэмлэгийн Дэд дарга Ян Жи нар урилгаар оролцов. Мөн Олон улсаас БНХАУ-д суугаа Гадаад Харилцааны дипломат төлөөлөгчид дайллагад урилгаар оролцов.

8 月 2 日　中华人民共和国新任驻蒙古人民共和国特命全权大使孟英当天离京赴任。

8 сар 2　БНХАУ-аас БНМАУ-д шинээр томилогдон суух Онц бөгөөд Бүрэн Эрхт Элчин сайд Мэн Ин Бээжингээс Улаанбаатар хот руу томилолтоор явав.

8 月 7 日　蒙古外交部部长杜格苏伦当日下午会见了中国驻蒙古大使孟英，双方商谈了递交国书事宜。孟英 3 日抵达乌兰巴托。

8 сар 7　Үдээс хойш, БНМАУ-н Гадаад Харилцааны Яамны сайд Дугарсүрэн БНХАУ-аас БНМАУ-д суугаа Элчин сайд Мэн Интэй уулзаж талууд итгэмжлэх жуух бичиг өргөн барих асуудлаар зөвлөлдөв. Мэн Ин 3-ны өдөр УБ хотод хүрэлцэн ирсэн байна.

8月8日　中国驻蒙古人民共和国第7任大使孟英当天上午向蒙古大人民呼拉尔主席团主席尤・泽登巴尔递交国书。 接受国书后，泽登巴尔同孟英进行了谈话。

8 сар 8　БНХАУ-аас БНМАУ-д томилогдон суух 7 дахь Элчин сайд　Мэн Ин уг өдрийн үдээс хойш БНМАУ-н Ардын Их Хурлын Тэргүүлэгчдийн дарга Ю. Цэдэнбалд итгэмжлэх жуух бичгээ өргөн барив. Жуух бичиг өргөн барьсаны дараа Цэдэнбал Мэн Интэй ярилцав.

10 月 2 日　蒙古部长会议给中国政府发来贺电，庆祝中华人民共和国成立 29 周年。

10 сар 2　БНМАУ-н Сайд нарын Зөвлөлөөс БНХАУ байгуулагдсаны 29 жилийн ойг тохиолдуулан БНХАУ-ын Засгийн Газарт баярын цахилгаан илгээж баяр хүргэв.

11 月 13 日—18 日　中国和蒙古国境铁路联合委员会第 20 次例会于 11 月 13 日至 18 日在乌兰巴托举行。由呼和浩特铁路局局长房洪吉率领的中国铁路代表团和由乌兰巴托铁路局第一副局长纳・策隆诺罗布率领的蒙古铁路代表团出席本次会议。18 日双方代表团团长签署了新的议定书。

11 сар 13-18　Хятад Монголын Транзит төмөр замын тээврийн коммисын ээлжит 20 дугаар хуралдаан 11 сарын 13-18-ны өдрүүдэд Улаанбаатар хотноо болов. Хөх хотын Төмөр замын товчооны дарга Фан Хунжи тэргүүтэй БНХАУ-ын төмөр замын төлөөлөгчид болон Улаанбаатар хотын Төмөр замын товчооны нэгдүгээр орлогч дарга Н.Цэрэнноров тэргүүтэй БНМАУ-ын Төмөр замын төлөөлөгчид энэ удаагийн хуралдаанд оролцов. 18-ны өдөр талуудын төлөөлөгчид хэлэлцээрийн шинэ портоколд гарын үсэг зурав.

11 月 25 日　中蒙两国政府关于改变非贸易支付办法的会谈纪要在乌兰巴托签署。

11 сар 25　БНХАУ, БНМАУ-ын Засгийн Газар “Байнгын худалдааны нийлүүлэлтийн аргыг өөрчлөх тухай хэлэлцээрийн портокол”-д Улаанбаатар хотноо гарын үсэг зурав.

12 月 22 日　蒙古《真理报》发表题为《关于建立外交关系》

的文章，批评中美建交。

12 сар 22 БНМАУ-ын “Үнэн сонин”-нд “Дипломат харилцаа тогтоосон тухай” сэдэвтэй мэдээ нийтлэгдэв. Уг нийтлэлд Хятад Америкийн дипломат харьцааг шүүмжилсэн тухай мэдээлэл гарсан байна.

第四章　1979—1988 年

Дөрөвдүгээр бүлэг 1979—1988 он

1979 年中蒙国家关系历史编年

1979 он Монгол Хятад хоёр улсын харилцааны түүхэн үйл явдлын товчоон

1 月 31 日　蒙中友协举办纪念瞿秋白诞辰 80 周年学术讨论会。

1 сар 31　Монгол Хятадын найрамдлын нийгэмлэг Чү Чюбайн мэндэлсний 80 жилийн ойн дурсгалд зориулсан эрдэм шинжилгээний хурал зохион байгуулав.

2 月 18 日　蒙古政府就中越边界冲突发表声明，批评中国“侵略”越南。

2 сар 18　БНМАУ-ын Засгийн газраас БНХАУ болон Вьетнамын хилийн мөргөлдөөний талаар хийсэн мэдэгдэлдээ БНХАУ Вьетнамын хил дээрх түрэмгийллийг шүүмжлэв.

5月30日—6月2日　经济互助委员会国家一批学者在乌兰巴托召开国际学术讨论会，中心议题是批评中国民族与民族区域自治政策。

5 сар 30-6 сар 2　Эдийн засгийн Харилцан Туслалцах Нийгэмлэгээс хэсэг эрдэмтэд Улаанбаатар хотноо олон улсын эрдэм шинжилгэний бага хурал зохион явуулсан байна. Хурлын гол сэдэв БНХАУ-ын үндэстэн, үндэстний орон нутаг буюу өөртөө засах орны бодлогын талаар шүүмжлэл байв.

8月8日　中国政府贸易代表团团长、外贸部副部长郑义山当日乘火车前往蒙古签订《中华人民共和国政府和蒙古人民共和国政府1979年相互供应货物议定书》。

8 сар 8　БНХАУ-ын Засгийн газрын худалдааны төлөөлөгчдийн тэргүүн, Гадаад Худалдааны Яамны дэд сайд Жэн Ишань “БНХАУ, БНМАУ-ын Засгийн газрын хооронд 1979 онд харилцан бараа нийлүүлэх портокол”-д гарын үсэг зурахаар тусгай үүргийн галт тэргээр БНМАУ-д хүрэлцэн ирэв.

8月10日　《中华人民共和国和蒙古人民共和国1979年相互供应货物议定书》当日在乌兰巴托签订。中国政府贸易代表团团长、对外贸易部副部长郑义山和蒙古政府贸易代表团团长、对外贸易部副部长那·奥其尔巴勒分别代表本国政府在议定书上签字。中国政府贸易代表团是应蒙古政府邀请于9日抵达乌兰巴托的。

8 сар 10　“БНХАУ, БНМАУ-ын Засгийн газар хооронд 1979 онд харилцан бараа нийлүүлэх тухай протокол”-д Улаанбаатар хотноо гарын үсэг зурав. БНХАУ-ын Засгийн газрын гадаад худалдааны төлөөлөгчдийн тэргүүн, Гадаад

Худалдааны Яамны дэд сайд Жэн Ишань, БНМАУ-ын Засгийн газрын гадаад худалдааны төлөөлөгчдийн тэргүүн, Гадаад Худалдааны Яамны дэд сайд Н. Очирбал нар хоёр улсын Засгийн газрыг төлөөлж портоколд гарын үсэг зурав. БНХАУ-ын Засгийн газрын гадаад худалдааны төлөөлөгчид БНМАУ-ын Засгийн газрын урилгаар 9-ны өдөр Улаанбаатар хотноо хүрэлцэн ирсэн байна.

9月28日 中、蒙国境铁路联合委员会第 21 次例会议定书，28 日下午在呼和浩特签字。中国铁路代表团团长、铁道部呼和浩特铁路局局长房洪吉，蒙古铁路代表团团长、乌兰巴托铁路局第一副局长采伦诺洛夫分别在议定书上签字。这次例会是 18 日至 28 日在呼和浩特举行的，乌兰巴托铁路局第一副局长采伦诺洛夫及全体团员一行 7 人前来参加会议。蒙古铁路代表团已于当日回国。

9 сар 28 Хятад Монголын шууд төмөр замын тээврийн коммисын 21 дүгээр ээлжит хуралдааны протоколд 28-ны үдээс хойш Хөх хотод гарын үсэг зурав. БНХАУ-ын төмөр замын төлөөлөгчдийн тэргүүн, Төмөр замын яамны Хөх хот дахь төмөр замын газрын дарга Фан Хунжи, БНМАУ-ын Төмөр замын төлөөлөгчдийн тэргүүн, Улаанбаатарын Төмөр замын товчооны нэгдүгээр орлогч дарга Цэрэнноров нар хурлын протоколд тус тус гарын үсэг зурав. Энэ удаагийн хурал нь 18-28-ны өдрүүдэд Хөх хотноо зохиогдсон бөгөөд Улаанбаатар хотын Төмөр замын товчооны нэгдүгээр орлогч дарга Цэрэнноров тэргүүтэй долоон төлөөлөгч хуралд оролцсон байна. БНМАУ-ын Төмөр замын төлөөлөгчид мөн өдрөө эх орондоо буцсан байна.

9月30日 蒙古大人民呼拉尔主席团和蒙古部长会议致电中国全国人民代表大会常务委员会、国务院，祝贺中华人民共和国成立30周年。

9 сар 30 БНМАУ-ын АИХ-ын тэргүүлэгчид болон Сайд нарын Зөвлөлөөс БНХАУ байгуулагдсаны 30 жилийн ойг тохиолдуулан БНХАУ-ын БХАТИХ-ын байнгын хороо болон Төрийн Зөвлөлд баярын цахилгаан илгээв.

10月1日 中国驻蒙古大使孟英举行国庆招待会，蒙古大人民呼拉尔主席兼蒙和平与友好组织执委会主席尼·鲁布桑楚勒特木、副外长索·丹巴达尔扎等出席。

10 сар 1 БНХАУ-аас БНМАУ-д суугаа Элчин сайд Мэн Ин БНХАУ байгуулагдсаны ойн баярыг тохиолдуулан дайллага зохион байгуулав. Дайллаганд БНМАУ-ын АИХ-ын дарга бөгөөд Энх тайван найрамдлын нийгэмлэгийн дарга Н. Лувсанчүлтэм, ГХЯ-ны дэд сайд С. Дамбадаржаа нар оролцов.

1980年中蒙国家关系历史编年

1980 он Хятад Монгол хоёр улсын харилцааныtүүхэн үйл явдлын товчоон

4月17日 《中华人民共和国政府和蒙古人民共和国政府关于1980年相互供应货物的议定书》当日在北京签字。中国外贸部副部长王润生和蒙古政府贸易代表团团长、外贸部副部长奥其尔巴勒分别代表本国政府在议定书上签字。

4 сар 17 “БНХАУ, БНМАУ-ын ЗГ хооронд 1980 онд харилцан бараа нийлүүлэх портокол”-д Бээжин хотноо гарын үсэг зурав. БНХАУ-ын Гадаад Худалдааны Яамны

дэд сайд Ван Рүньшэн, БНМАУ-ын Засгийн Газрын Худалдааны төлөөлөгчийн дарга, Гадаад Худалдааны Яамны дэд сайд Очирбал нар хоёр улсын Засгийн газрыг тус тус төлөөлж протоколд гарын үсэг зурав.

6月4日　蒙古政府以“从事不符合外交惯例活动”为理由，将中国驻蒙使馆一名工作人员驱逐出境。

6 сар 4　БНМАУ-ын ЗГ-аас гадаад харилцааны хэвийн үйл ажиллагаанд үл нийцэх хэрэг хийсэн гэж үзэн БНХАУ-аас БНМАУ-д суугаа Элчин сайдын яамны нэг ажилтанг нутгаасаа албадан гаргав.

7月10日　蒙古驻中国大使楚龙巴特尔当天中午在大使馆举行招待会，庆祝蒙古人民革命胜利59周年。中方应邀出席招待会的有外交部副部长王幼平，外贸部副部长陈浩，铁道部副部长赵文普和对外友协副会长侯桐等。各国驻华使节也应邀出席招待会。

7 сар 10　БНМАУ-аас БНХАУ-д суугаа Элчин сайд Чулуунбаатар БНМАУ-ын Ардын Хувьсгалын 59 жилийн ойг тохиолдуулан дайллага зохион байгуулав. Дайллаганд БНХАУ-ын талаас ГЯЯ-ны дэд сайд Ван Ёоупин, ГХЯ-ны дэд сайд Чэн Жье, ТЗЯ-ны дэд сайд Жао Вэнпү, Гадаад орнуудтай найрамдлаар харилцах нийгэмлэгийн дарга Хоу Тун зэрэг албаны хүмүүс урилгаар оролцов.

7月24日《人民日报》发表《重复公认的中蒙历史事实何罪之有？蒙党竟要对教科书作者等严加查处》一文，批评蒙古人民革命党中央政治局最近作出撤销《蒙古人民共和国历史》教科书和《蒙古人民共和国历史选读本》的决议。

7 сар 24 “Ардын Өдрийн мэдээ”-сонинд “Хятад Монголын түүхэн бүх бодит байдлыг нийтээр хүлээн зөвшөөрсөнийг дахин дурдах нь харш зүйл мөн үү ? МАХН энэ сурах бичгийн зохиогчыг чанга шийтгэсэн байна” гэсэн нийтлэл гарав. Уг нийтлэлд МАХН-ын ТХ-ны УТТ-оос хамгийн сүүлд гаргасан “БНМАУ-ын түүх” болон “БНМАУ-ын түүхийн дээж бичиг” гэсэн хоёр сурах бичгийг хүчингүй болгох тухай тогтоолыг шүүмжилсэн байна.

9 月 12 日—18 日 中、蒙国境铁路联运委员会第 22 次例会在蒙古首都乌兰巴托市举行。

9 сар 12-18 Хятад Монголын шууд төмөр замын тээврийн комиссын 22 дугаар ээлжит хуралдаан БНМАУ-ын нийслэл Улаанбаатар хотноо зохион байгуулагдав.

9 月 14 日 蒙古部长会议主席占·巴特蒙赫电贺赵紫阳就任中国国务院总理。

9 сар 14 БНМАУ-ын Сайд нарын Зөвлөлийн дарга Ж. Батмөнх Жао Зи Янийг БНХАУ-ын Төрийн Зөвлөлийн Ерөнхий сайдаар томилогдсонд баяр хүргэж цахилгаан илгээв.

10 月 1 日 蒙古部长会议为中国国庆 31 周年发来简短的贺电。

10 сар 1 БНМАУ-ын Сайд нарын Зөвлөлөөс БНХАУ байгуулагдсаны 31 жилийн ойн баярт зориулан товч цахилгаан илгээв.

1981年中蒙国家关系历史编年

1981 он Хятад Монгол хоёр улсын харилцааныгүүхэн үйл явдлын товчоон

5月　尤·泽登巴尔在蒙古人民革命党第18次代表大会上的报告中称，蒙古 “继续奉行同中华人民共和国恢复和发展正常睦邻关系的原则路线，符合蒙中人民的利益”，但是这将取决于中国方面是否抛弃“有害路线与实践”。

5-р сар Ю. Цэдэнбал МАХН-ын 18 дахь удаагийн төлөөлөгчдийн их хурал дээр илтгэл тавихдаа БНМАУ нь БНХАУ-тай сайн хөршийн харилцаагаа хөгжүүлж хэвийн байдалд оруулах бодлогоо үргэжлүүлэн явуулах болно.Энэ нь Хятад Монгол хоёр улсын ард түмний язгуур эрх ашигт нийцэх боловч үүнийг шийдвэрлэхэд БНХАУ-ын талаас буруу бодлогоо хаях эсхээс шалтгалана гэв.

5月21日　《中华人民共和国政府和蒙古人民共和国政府关于1981年相互供应货物的议定书》当天在乌兰巴托签字。

5 сар 21 “БНХАУ, БНМАУ-ын Засгийн Газрын хооронд 1981 онд харилцан бараа нийлүүлэх протокол”-д Улаанбаатар хотноо гарын үсэг зурав.

5月31日　蒙古大人民呼拉尔主席团当日致电中国全国人民代表大会常务委员会，对宋庆龄名誉主席逝世表示哀悼。

5 сар 31 БНМАУ-ын АИХ-ын тэргүүлэгчид БНХАУ-ын БХАТИХ-ын байнгын хороонд хүндэт Сун Чинлинь дарга нас нөгчсөнд эмгэнэл илэрхийлж гашуудлын цахилгаан илгээв.

6月1日 蒙古大人民呼拉尔主席团秘书长策·高托布代表蒙古大人民呼拉尔主席团当日到中国驻蒙古大使馆哀悼宋庆龄名誉主席的逝世。

6 сар 1 БНМАУ-ын АИХ-ын тэргүүлэгчдийн нарийн бичгийн дарга Ц. Готов БНМАУ-ын АИХ-ын тэргүүлэгчдийг төлөөлөн БНХАУ-аас БНМАУ-д суугаа Элчин Сайдын Яамыг хүрэлцэн ирж хүндэт Сун Чинлинь дарга нас нөгчсөнд эмгэнэл илэрхийлэв.

7月8日 中国对外友协当天下午举行电影招待会，庆祝蒙古人民革命胜利60周年。蒙古驻中国大使楚龙巴特尔和夫人及大使馆外交官员应邀出席。对外友协会长王炳南、外交部副部长张灿明等出席招待会。

7 сар 8 БНХАУ-ын Гадаад орнуудтай найрамдалаар харилцах нийгэмлэгээс БНМАУ-ын Ардын Хувьсгалын 60 жилийн ойг тохиолдуулан кино-коктейль зохион байгуулав. БНМАУ-аас БНХАУ-д суугаа Элчин сайд Чулуунбаатар, түүний гэргий болон Элчин сайдын яамны дипломат төлөөлөгчид болон Гадаад орнуудтай найрамдлаар харилцах нийгэмлэгийн дарга Ван Биннань, ГЯЯ-ны дэд сайд Жан Цаньмин нар тус тус урилгаар оролцов.

7月10日 为庆祝蒙古人民革命胜利60周年，蒙古驻中国大使楚龙巴特尔和夫人当天下午在大使馆举行招待会。中方应邀出席招待会的有外贸部长李强、外交部副部长宫达非和政府其他有关部门及对外友协的负责人。各国驻中国的外交使节也应邀出席招待会。

7 сар 10 БНМАУ-ын Ардын Хувьсгалын 60 жилийн ойд зориулан БНМАУ-аас БНХАУ-д суугаа Элчин сайд Чулуунбаатар гэргийн хамт Элчин сайдын яаманд дайллага

хийв. Дайллагад Хятадын талаас Гадаад Худалдааны Яамны сайд Ли Чян, ГЯЯ-ны дэд сайд Гун Дафэй болон Засгийн Газрын холбогдох албаны хүмүүс урилгаар оролцов. Мөн гадаадын БНХАУ-д суугаа дипломат төлөөлөгчид урилгаар оролцов.

10 月 1 日　蒙古部长会议致电中国政府，祝贺中国国庆 32 周年。

10 сар 1　БНМАУ-ын Сайд нарын Зөвлөл БНХАУ байгуулагдсаны 32 жилийн ойг тохиолдуулан БНХАУ-ын Засгийн Газарт баярын цахилгаан илгээж баяр хүргэв.

10 月 5 日—13 日　中、蒙国境铁路联合委员会例会在呼和浩特举行。乌兰巴托铁路局第一副局长采伦诺洛夫率员前来参加会议。双方审查和讨论了中蒙国境铁路联合委员会议定书，经协商，签订新议定书。

10 сар 5-13　Монгол Хятадын шууд төмөр замын тээврийн коммисын ээлжит хуралдааныг Хөх хотод зохион байгуулав. Улаанбаатарын төмөр замын хэрэг эрхлэх газрын нэгдүгээр орлогч дарга Цэрэннноров тэргүүтэй төлөөлөгчид хүрэлцэн ирж оролцов. Талууд хамтран Хятад Монголын шууд төмөр замын портоколыг нягтлан зөвлөлдөж улмаар шинэ хэлэлцээрийн портоколд гарын үсэг зурав.

10 月 27 日　中国中央气象局和蒙古水文气象管理局《关于北京—乌兰巴托气象情报交换和气象电路议定书》在北京签订。

10 сар 27　БНМАУ-ын ус цаг уурын албаны ерөнхий газар болон БНХАУ-ын цаг уурын газрын төв хороо хамтран“Улаанбаатар-Бээжингийн цаг уурын мэдээ

солилцох болон цаг уурын мэдээний сувгийн тухай протокол"-д Бээжин хотноо гарын үсэг зурав.

1982 年中蒙国家关系历史编年

1982 оныХятад Монгол хоёр улсын харилцааныттүүхэн үйл явдлын товчоон

1 月 20 日 中国国务院本日任命为王海山驻蒙古人民共和国大使馆参赞。

1 сар 20 БНХАУ-ын Төрийн Зөвлөл БНМАУдахь ЭСЯ-ны зөвлөхөөр Ван Хайшанийг томилов.

2 月 18 日—4 月 3 日 中、蒙边界联合检查委员会在蒙古首都乌兰巴托举行会议，4 月 3 日双方首席代表签署了会议纪要。由此恢复了 1963 年建立的中、蒙联合检查委员会的工作。

2 сар 18-4 сар 3 Хятад Монголын Хилийг хамтран шалгах комиссын хурал БНМАУ-ын нийслэл Улаанбаатар хотноо зохион байгуулагдав. 4 сарын 3-ны өдөрхоёр талын төлөөлөгчдийн дарга нар портоколд гарын үсэг зурав. Үүгээр 1963 онд байгуулсан Хятад Монголын Хилийг хамтран шалгах коммисын ажил сэргэв.

2 月 25 日 根据中蒙两国政府协议，开始对中蒙边界进行第一次联合检查。

2 сар 25 БНХАУ БНМАУ Засгийн Газрын хэлэлцээрийн дагуу Хятад Монголын хилийг хамтран шалгах анхдугаар ажил эхлэв.

2 月 26 日 《中华人民共和国政府和蒙古人民共和国政府 1982 年互相供应货物议定书》当天在北京签字。中国外贸部副部长陈洁和蒙古外贸部副部长纳·巴布分别代表本国政府在议定书上签字。中国外贸部长郑拓彬出席签字仪式，并在签字前会见了纳·巴布团长和由他率领的蒙古政府贸易代表团。纳·巴布是前日抵达北京的。

2 сар 26 “БНХАУ, БНМАУ-ын Засгийн газар хооронд 1982 онд харилцан бараа нийлүүлэх тухай протокол”-д Бээжин хотноо гарын үсэг зурав. БНХАУ-ын Гадаад худалдааны яамны дэд сайд Чэн Жье болон БНМАУ-ын Гадаад худалдааны яамны дэд сайд Н. Бавуу нар хоёр улсын Засгийн газрыг тус тус төлөөлж портоколд гарын үсэг зурав. Гарын үсэг зурах ёслолд БНХАУ-ын ГХЯ-ны сайд Жэн Табин оролцов. Тэрээр гарын үсэг зурах ёслолын өмнө Төлөөлөгчдийн дарга Н. Бавуу болон БНМАУ-ын Засгийн газрын худалдааны төлөөлөгчидтэй уулзав. Н. Бавуу өчигдөр Бээжинд хүрэлцэн ирсэн байна.

4 月 5 日　为完成《中华人民共和国政府和蒙古人民共和国政府 1964 年签订的边界议定书》规定的对边界进行联合检查的任务，中蒙边界联合检查委员会第一次会议从 2 月 18 日—4 月 3 日在乌兰巴托举行。双方讨论了联合检查的有关问题，签署了会议纪要。

4 сар 5 “БНХАУ, БНМАУ-ын Засгийн Газрын хооронд 1964 онд байгуулсан Хилийн гэрээг” биелүүлэхийн тулд хил хамтран шалгах ажлыг гүйцэтгэх үүргийг нь тогтоох Хятад Монголын хилийг хамтран шалгах комиссын анхдугаар хурлыг 2 сарын 18-4 сарын 3-ны өдрүүдэд Улаанбаатар хотноо зохион байгуулав. Талууд хилийг хамтран шалгах асуудлыг хэлэлцэн хурлын протоколд гарын үсэг зурав.

5月20日 中蒙双方分别对560—562、577—581号界标间进行航拍。双方飞机均越入对方境内飞行，深度不超过15公里，6月1日结束联合航拍工作。

5 сар 20 Хятад Монголын талууд 560-562, 577-581 дугаар бүхий хилийн баганын хооронд тус тус зураг авалт хийв. Талуудын онгоц хоёр улсын хилээс дотогш 15 километрээс цааш нэвтрэхгүй байхаар зураг авалтыг зохион байгуулав. Хамтарсан зураг авалт 6 сарын 1-ны өдөр дуусав.

6月2日 中国国务委员陈慕华当天会见了即将离任的蒙古驻中国大使楚龙巴特尔。

6 сар 2 БНХАУ-ын Төрийн Зөвлөлийн гишүүн Чэнь Мухуа томилолтын хугацаа нь дуусгавар болсонтой холбогдуулан нутаг буцах гэж буй БНМАУ-аас БНХАУ-д суугаа Элчин сайд Чулуунбаатарыг хүлээн авч уулзав.

6月28日 蒙古人民共和国新任驻中华人民共和国特命全权大使彭茨克·沙格达尔苏伦，当天上午在人民大会堂向中国全国人民代表大会常务委员会副委员长乌兰夫递交国书。

6 сар 28 БНМАУ-аас БНХАУ-д шинээр томилогдон суух Онц бөгөөд Бүрэн Эрхт Элчин сайд Пунцагийн Шагдарсүрэн АТИХ-ын танхимд БНХАУ-ын БХАТИХ-ын байнгын хорооны орлогч дарга Улаанхүүд итэмэжлэх жуух бичгээ өргөн барив.

7月9日 中国人民对外友好协会当天下午举行酒会，庆祝蒙古人民革命胜利61周年。蒙古驻中国大使彭茨克·沙格达尔苏伦和大使馆外交官员应邀出席酒会。

7 сар 9 Үдээс хойш, БНХАУ-ын Гадаад орнуудтай найрамдлаар харилцах Нийгэмлэгээс БНМАУ-ын Ардын хувьсгалын 61 жилийн ойг тохиолдуулан босоо хүлээн авалт зохион байгуулав. Хүлээн авалтанд БНМАУ-аас БНХАУ-д суугаа Элчин сайд Пунцагийн Шагдарсүрэн болон ЭСЯ-ны ажилтнууд урилгаар оролцов.

7 月 10 日 蒙古驻中国大使彭茨克·沙格达尔苏伦和夫人当天下午在大使馆举行招待会，庆祝蒙古人民革命胜利 61 周年。中国外交部副部长吴学谦等应邀出席招待会。各国驻中国的外交使节也应邀出席。

7 сар 10 БНМАУ-аас БНХАУ-д суугаа Элчин сайд Пунцагийн Шагдарсүрэн гэргийн хамт БНМАУ-ын Ардын хувьсгалын 61 жилийн ойг тохиолдуулан Элчин сайдын яаманд дайллага зохион байгуулав. Дайллаганд БНХАУ-ын ГЯЯ-ны дэд сайд У Сюечянь урилгаар оролцов. Мөн БНХАУ-д суугаа гадаадын дипломат албаны төлөөлөгчид урилгаар оролцов.

7 月 25 日—8 月 9 日 中蒙两国电信专家代表团在乌兰巴托就改善中蒙国际有线电话电报电路质量等问题进行会谈，并签署会谈议定书。

7 сар 25-8 сар 9 Хятад Монгол хоёр улсын цахилгаан холбооны мэргэжилтнүүд Улаанбаатар хотноо Хятад Монголын олон улсын утсан холбоо, цахилгаан мэдээ, цахилгаан шугамын чанар зэрэг сэдвийн хүрээнд уулзалт ярилцлага хийж хурлын портоколд гарын үсэг зурав.

9 月 29 日—30 日 中、蒙国境铁路联过委员会在乌兰巴托举行第 24 次例会并签署议定书。中国代表团在蒙古人民共和国逗留期间，参观了一些工厂企业和文化设施。蒙古运输部副部长贡·沃勒吉巴特接见并宴请了中国代表团。

9 сар 29-30 Улаанбаатар хотноо зохиогдсон Хятад Монголын шууд төмөр замын тээврийн комиссын ээлжит 24 дүгээр хурал хийгдэж, хурлын портоколд гарын үсэг зурав. БНХАУ-ын төлөөлөгчид БНМАУ-д байх хугацаандаа зарим үйлдвэр, соёлын байгууллагыг үзэж сонирхсон байна. БНМАУ-ын Тээврийн Яамны дэд сайд Г. Өлзийбат БНХАУ-ын төлөөлөгчдийг хүлээн авч уулзан, хүндэтгэлийн зоог барив.

10 月 1 日 蒙古《真理报》为中国国庆发表题为《中华人民共和国成立 33 周年》的文章，文中指出，恢复两国的睦邻关系完全符合蒙中人民的利益。

10 сар 1 БНМАУ-ын “Үнэн сонин”-д БНХАУ-ын улс тунхагласны баярыг тохиолдуулан “БНХАУ байгуулагдсаны 33 жилийн ой” нийтлэл нийтлэгдсэн байна. Уг нийтлэлд хоёр улсын сайн хөршийн харилцаа Монгол Хятад хоёр улсын ард түмний язгуур эрх ашигт бүрэн нийцдэг тухай өгүүлсэн байна.

10 月 19 日 在中国新巴尔虎左旗额布都格召开中蒙边界联合检查委员会第 7 联检队第 5 次会议。

10 сар 19 БНХАУ-ын Шинэ баргын зүүн хошууны Өвдөгтөд Хятад Монголын хил хамтран шалгах комиссын 7 дахь удаагийн 5 дугаар хурлыг зарлан хуралдуулав.

12 月 7 日 蒙古人民革命党中央总书记尤·泽登巴尔在该党第 18 届 5 中全会上讲话时表示，继续坚持使蒙中关系正常化立场。

12 сар 7 МАХН-ын ТХ-ны Ерөнхий нарийн бичгийн дарга Ю. Цэдэнбал Намын 18 дахь удаагийн 5 дугаар их хуралдаан дээр хэлсэн үгэндээ “Хятад Монголын хэвийн харилцааг цаашид чанд баримталж, үргэлжлүүлэхээ илэрхийлэв.

12 月 蒙古外交部部长芒·杜格尔苏仍回答苏联《新时代》周刊记者问时说，蒙古政府积极评价苏中之间就关系正常化问题开始的磋商。

12 сар БНМАУ-ын ГХЯ-ны сайд М. Дугарсүрэн ЗХУ-ын “Шинэ үеийн төлөөлөл” нэртэй 7 хоногтутмын сэтгүүлийн сурвалжлагчтай хийсэн ярилцлагадаа: “БНМАУ-ын Засгийн газар ЗХУ, БНХАУ-ын хооронд харилцааны талаарх зөвшилцөөн эхэлсэн явдлыг үнэлж байна” гэв.

1983 年中蒙国家关系历史编年

1983 онХятад Монгол хоёр улсынхарилцааны түүхэн үйл явдлын товчоон

2 月 应中国旅游总局邀请，蒙古人民共和国两名代表参加了在北京举行的国际旅游会议。

2 сар БНХАУ-ын Аялал жуулчлалын ерөнхий газрын урилгаар БНМАУ-ын хоёр төлөөлөгч Бээжин хотноо зохиогдсон олон улсын аялал жуулчлалын хуралд оролцов.

2 月 4 日 《中蒙之间 1983 年互供货物议定书》在乌兰巴托签订。

2 сар 4 БНХАУ, БНМАУ-ын Засгийн газар хооронд 1983 онд харилцан бараа нийлүүлэх тухай протоколд Улаанбаатар хотноо гарын үсэг зурав.

3 月 9 日 蒙古人民共和国政府以“无固定工作”为由，通知旅居乌兰巴托市的部分华侨在 14 天内迁往外省农场。

3 月 30 日 蒙古当局又限期令这一部分华侨离境。

3 сар 9 БНМАУ-ын Засгийн газраас “Тодорхой эрхэлсэн ажилгүй” хэмээн Улаанбаатар хотод байгаа хэсэг хятад цагаач иргэдийг арван дөрвөн хоногийн дотор хотын гаднах аж ахуйн нэгжүүдэд илгээх тогтоол гаргав.

3 сарын 30-ны өдөр БНМАУ-ын Засгийнгазар дахин хугацаа заасан тогтоол гаргаж хэсэг хятад цагаач иргэдийг албадан эх оронд нь буцаасан байна.

4 月 17 日 蒙古人民共和国《真理报》发表题为《尊重国家主权是睦邻关系的不可分割的特征》的文章。批评中国与苏联磋商中提出的苏军撤离蒙古的要求，认为这是对蒙古内政的干涉。

4 сар 17 БНМАУ-ын “Үнэн сонин”-нд “Улсын бүрэн эрхийг хүндэтгэх нь хорш улсуудын зайлшгүй нэгэн онцлог юм ” нэртэй нийтлэл гаргав. Уг нийтлэлд БНХАУ болон ЗХУ-ын зөвшилцөөний явцад гарсан ЗХУ-ыг БНМАУ-аас Цэргээ татахыг шаардсан яриа нь БНМАУ-ын дотоод бодлогод халдсан хэрэг болсон гэж шүүмжилсэн байна.

6 月 2 日 蒙古人民共和国《劳动报》发表文章，解释蒙方对华侨的政策。

6 сар 2 БНМАУ-ын “Хөдөлмөр сонин”-д БНМАУ-ын талаас цагаач хятадуудын талаарх улс төрийн бодлогын талаар мэдээ нийтэлж тайлбар хийв.

6 月 3 日 当天中午，中华人民共和国外交部领事司副司长刘庆有召见蒙古人民共和国驻华大使彭茨克 · 沙格达尔苏伦，向蒙方宣读了中华人民共和国外交部致蒙古人民共和国驻华大使馆的一份照会，就蒙古迫迁和驱赶华侨，向蒙古外交部提出抗议。

6 сар 3　БНХАУ-ын ГЯЯ-ны консул Лю Чин БНМАУ-ын элчин сайд Пунцагийн Шагдарсүрэнг дуудан уулзаж БНХАУ-ын ГЯЯ-аас БНМАУ-д иргүүлсэн БНМАУ-аас БНХАУ-д суугаа Элчин Сайдын Яамны нот бичгийг уншиж танилцахыг мэдэгдэв. Мөн БНМАУ хятадын цагаач иргэдийг албадан гаргасны учир БНМАУ-ын ГЯЯ-нд эсэргүүцэл гаргав.

6 月 24 日　蒙古大人民呼拉尔主席团主席尤·泽登巴尔和蒙古部长会议主席占·巴特蒙赫分别电贺李先念、彭真和赵紫阳当选为中国国家和政府领导人。

同日　蒙古工会中央理事电贺中国工会第 10 次代表大会召开。

6 сар 24　БНМАУ-ын АИХ-ын тэргүүлэгчдийн дарга Ю. Цэдэнбал, БНМАУ-ын Сайд нарын Зөвлөлийн дарга Ж. Батмөнх нар Ли Сяньнянь, Пэн Жэнь, Жао Зиян нарт БНХАУ-ын дарга болон Засгийн газрын тэргүүнээр тус тус сонгогдсонд нь баяр хүргэжцахилгаан илгээв.

Мөн өдөр БНМАУ-ын ҮЭ-ийн ТЗ БНХАУ-ын Үйлдвэрчний Эвлэл 10 дахь удаагийн Их хурлаа зарлан хуралдуулж байгаа явдалд баяр хүргэж цахилгаан илгээв.

7 月 5 日　为庆祝蒙古人民革命胜利 62 周年，中国人民对外友好协会当天下午举行酒会。蒙古人民共和国驻中国大使彭茨克·沙格达尔苏伦以及大使馆外交官员应邀出席。

7 сар 5　БНМАУ-ын Ардын Хувьсгалын 62 жилийн ойг тохиолдуулан БНХАУ-ын Гадаад орнуудтай найрамдлаар харилцах нийгэмлэгээс босоо хүлээн авалт зохион

байгуулав. Хүлээн авалтанд БНМАУ-аас БНХАУ-д суугаа Элчин сайд Пунцагийн Шагдарсүрэн болон Элчин сайдын яамны ажилтнууд урилгаар оролцов.

7月9日 蒙古驻中国大使彭茨克・沙格达尔苏伦当天下午在大使馆举行酒会，庆祝蒙古人民革命胜利62周年。沙格达尔苏伦大使和夫人昨天晚上在大使馆举行招待会，庆祝蒙古人民革命胜利62周年。

7 сар 9 БНМАУ-аас БНХАУ-д сугаа Элчин сайд Пунцагийн Шагдарсүрэн БНМАУ-ын Ардын Хувьсгал Ялсаны 62 жилийн ойг тохиолдуулан тус өдрийн үдээс хойш Элчин сайдын яаманд босоо хүлээн авалт зохион байгуулав. Урд орой нь Элчин сайд П. Шагдарсүрэн гэргийн хамт Элчин сайдын яаманд мөн БНМАУ-ын Ардын Хувьсгал Ялсны 62 жилийн ойг тохиолдуулан дайллага хийсэн байна.

7月11日 蒙古《蒙古消息报》刊登了蒙古人民共和国外交部致中国驻蒙大使馆的照会。照会称中国外交部6月3日致蒙驻华大使馆的照会是颠倒是非的粗暴行为。

7 сар 11 “Монголын мэдээ сонин”-д БНХАУ-аас БНМАУ-д суугаа ЭСЯ-аас БНМАУ-ын ГХЯ-нд ирүүлсэн нот бичгийн талаар мэдээ нийтлэгдэв. Уг нот бичигт БНХАУ-ын ГЯЯ-аас 6 сарын 3-ны өдөр БНМАУ-аас БНХАУ-д суугаа Элчин сайдын яаманд ирүүлсэн нот бичгийг зөв буурууг хольж хутгасан маш буруу үйлдэл байсныг дурьдсан байна.

7月15日 中国驻蒙古大使孟英当天乘火车离任回国。之前，孟英大使曾向蒙古部长会议副主席敦・策伯格米德、邮电部部长伊・诺罗布扎布和外交部第一副部长达・云登等政府官员进行了辞行拜会。9日，孟英大使举行了告别酒会。

7 сар 15 БНХАУ-аас БНМАУ-д суугаа Элчин сайд Мэн Ин үүрэгт ажлын хугацаа дуусгавар болсонтой холбогдуулан тусгай үүргийн галт тэргээр эх орондоо буцав. Эх орондоо буцахын өмнө Элчин сайд Мэн Ин БНМАУ-ын Сайд нарын Зөвлөлийн дэд дарга Д. Цэвэгмид, Шуудан Холбооны Яамны сайд И. Норовжав болон ГХЯ-ны нэгдүгээр орлогч сайд Д. Ёндон зэрэг Засгийн Газрын албаны хүмүүстэй уулзсан байна. 9-ны өдөр Элчин сайд Мэн Ин салалтын босоо найр хийсэн байна.

9月28日 蒙中友协为中华人民共和国成立34周年举行电影晚会。

9 сар 28 Монгол Хятадын Найрамдалын Нийгэмлэгээс БНХАУ байгуулагдсаны 34 жилийн ойг тохиолдуулан кино-коктейль зохион байгуулав.

9月30日 蒙古大人民呼拉尔主席团和部长会议联名向中国全国人民代表大会常务委员会和国务院发来了贺电，祝贺中华人民共和国成立34周年。

9 сар 30 БНМАУ-ын АИХ-ын Тэргүүлэгчид болон Сайд нарын Зөвлөл хамтран БНХАУ байгуулагдсаны 34 жилийн ойг тохиолдуулан БНХАУ-ын БХАТИХ-ын байнгын хороо болон Төрийн Зөвлөлд баярын цахилгаан илгээж баяр хүргэв.

10月10日—16日 中、蒙国境铁路联运委员会第25次例会在呼和浩特市举行，双方签订了新的协议书。

10 сар 10-16 Хятад Монголын төмөр замын тээврийн комиссын ээлжит 25 дугаар хуралдаан Хөх хотод болов. Талууд хэлэлцээрийн шинэ портоколд гарын үсэг зурав.

10 月 21 日　蒙古铁路代表团在参加在于呼和浩特市举行的中、蒙国境铁路联合委员会例会后到北京参观游览。当天离京回国。

10 сар 21　БНМАУ-ын төмөр замын төлөөлөгчид Хөх хотод зохион байгуулагдсан Хятад Монголын төмөр замын тээврийн комиссын ээлжит хуралдаанд оролцсоныхоо дараа Бээжин хотоор аялсан байна. Мөн өдрөө БНМАУ-ын төлөөлөгчид эх орондоо буцав.

10 月 31 日　蒙古《真理报》报道，蒙古人民共和国向联合国登记了 1962 年 12 月 26 日签订的《蒙中边界条约》。

10 сар 31　БНМАУ-ын "Үнэн сонин" 1962 оны 12 сарын 26-ны өдөр гарын үсэг зурсан "Хятад Монголын Хилийн гэрээ" баримтыг БНМАУ НҮБ-д бүртгүүлсэн тухай мэдээ нийтлэв.

11 月 23 日　中国驻蒙古人民共和国第 8 任大使李举卿当天下午向蒙古大人民呼拉尔主席团主席尤・泽登巴尔递交国书。递交国书后，双方进行了友好的会谈。

11 сар 23　БНХАУ-аас БНМАУ-д шинээр томилогдон суух 8 дахь Элчин сайд Ли Жючин уг өдрийн үдээс хойш БНМАУ-ын АИХ-ын тэргүүлэгчдийн дарга Ю. Цэдэнбалд итгэмжлэх жуух бичгээ өргөн барив. Итгэмжлэх жуух бичиг өргөн барьсаны дараа талууд найрсагаар ярилцсан байна.

11 月 23 日—12 月 6 日　奥勒兹巴雅尔率蒙古人民共和国摔跤队一行 16 人应邀访问中国，24 日抵达呼和浩特，在呼和浩特、北京进行了三场友谊比赛，由此恢复了中断近 20 年的两国体育交流。

11 сар 23-12 сар 6　Олзбаяр тэргүүтэй БНМАУ-ын чөлөөт бөхийн 16 хүний бүрэлдэхүүнтэй баг урилгаар

БНХАУ-д айлчлав. 24-ний өдөр Хөх хотод хүрэлцэн очсон ба Хөх хот, Бээжин хотноо гурван удаа нөхөрсөг тэмцээн хийв. Ингэснээр 20 гаруй жил завсарласан хоёр улсын спортын харилцаа дахин сэргэсэн байна.

12 月 4 日　世界摔跤劲旅蒙古乌兰巴托摔跤队，当晚在北京同中国大学生队进行了访问中国的最后一场比赛，实力雄厚的客队在自由式摔跤八个级别的较量中，六胜二负。蒙古乌兰巴托摔跤队是近 20 年来第一支访问中国的蒙古体育代表队。中国国家体育委员会副主任路金栋 3 日会见了乌兰巴托队全体成员，并观看了当日的友谊比赛。客队抵京前在呼和浩特同内蒙古队进行两场比赛，均取得胜利。

12 сар 4　Дэлхийн чөлөөт бөхийн хүчтэй багуудын нэг болох БНМАУ-ын чөлөөт бөхийн баг мөн өдрийн орой Бээжин хотноо БНХАУ-ын их сургуулийн оюутнуудын чөлөөт бөхийн багтай Хятадад айлчлах хугацааны сүүлийн барилдаанаа хийсэн ба зочин баг маань 8 үеэр барилдан 6:2-ын харьцаатай тэмцээнийг дуусгасан байна. БНМАУ-ын чөлөөт бөхийн баг нь сүүлийн 20 жилд БНХАУ-д айлчилж байгаа БНМАУ-ын анхны спортын төлөөл аж. БНХАУ-ын биеийн тамир спорт хорооны дэд дарга Лү Жиндун 3-ны өдөр БНМАУ-ын чөлөөт бөхийн баг тамирчидтай уулзаж нөхөрсөг тэмцээнийг үзэж сонирхов. Зочин баг мөн Хөх хотод ӨМӨЗО-ны багтай хоёр талбайн нөхөрсөг тэмцээн хийсэн бөгөөд хоёр баг хүч тэнцүү байж хайнцсанаар тэмцээн өндөрлөсөн байна.

1983 年两国贸易额为 934 万瑞士法郎。

1983 он, Хоёр улсын худалдааны нийт мөнгөний эргэлт 9.340.000 Швейцарь франк.

1984 年中蒙国家关系历史编年

1984он Хятад Монгол хоёр улсын харилцааны түүхэн үйл явдлын товчоон

1 月 21 日　蒙古部长会议副主席敦·策伯格米德当天接见了中国新任驻蒙古大使李举卿。此前，李举卿大使拜会了蒙古政府一些部委的负责人。

1 сар 21 БНМАУ-ын Сайд нарын Зөвлөлийн орлогч дарга Д. Цэгмид БНХАУ-аас БНМАУ-д шинээр томилогдсон Элчин сайд Ли Жүчинийг хүлээн авч уулзав. Элчин сайд Ли Жүнчин СнЗ-ийн орлогч дарга Д. Цэвэгмидтэй уулзахын өмнө БНМАУ-ын Засгийн газрын зарим яамдын албаны хүмүүст бараалхав.

2 月 2 日　在中国人民的传统佳节春节期间，中国驻蒙古大使李举卿和使馆参赞张德麟等分别看望了居住在乌兰巴托的一些华侨家庭，向侨胞们表示节日慰问。

2 сар 2 БНХАУ-ын ардын уламжлалт Хаврын баярын үеэр, БНХАУ-аас БНМАУ-д суугаа Элчин сайд Ли Жүчин, Элчин сайдын яамны зөвлөх Жан Дэминь нар Улаанбаатарт оршин суугаа зарим цагаач хятадын гэр бүлээр зочилж санаа тавив.

2 月 9 日　蒙中友协举行会议，巴·米格玛尔扎布和云·达什道尔吉分别当选为蒙中友协主席和副主席。友协成员由原来的 5 人增至 6 人，并且其身份亦相对有所提高。

2 сар 9 Монгол Хятадын Найрамдлын Нийгэмлэг хуралдаан зохион байгуулж Б. Мягмаржав, Ю. Дашдорж нарыг Монгол Хятадын Найрамдалын Нийгэмлэгийн дарга, орлогч даргаар тус тус сонгов. Найрамдалын нийгэмлэгийн

гишүүд анх байснаасаа 5-6 хүнээр нэмэгдэхийн зэрэгцээ хувь хүмүүсийн чадвар нь харьцангуй сайжирсан байна.

2 月 18 日　蒙古《蒙古消息报》发表题为《纪念中国作家老舍诞辰 85 周年》的文章，赞扬了老舍一生的伟大成就文学。

2 сар 18　БНМАУ-ын “Монголын мэдээ сонин”-д “БНХАУ-ын Зохиолч Лао Шэгийн мэндэлсэний 85 жилийн ойг тэмдэглэв” сэдэвтэй мэдээ нийтлэгдэв. Уг нийтлэлд Лао Шэгийн аугаа их амжилтыг магтан сайшаасан байна.

2 月 20 日　新当选的蒙中友协主席巴・米格玛尔扎布和副主席云・达希道尔吉，于当日下午在这里会见中国驻蒙古大使李举卿和使馆全体外交官员。

2 сар 20　Үдээс хойш МХНН-ийн шинээр сонгогдсон дарга Б. Мягмаржав, орлогч дарга Ю. Дашдорж нар БНХАУ-аас БНМАУ-д суугаа Элчин сайд Ли Жүчин болон ЭСЯ-ны дипломат төлөөлөгчидтэй уулзав.

3 月 2 日　蒙古外交部第一副部长达・云登向中国驻蒙大使李举卿递交了蒙古人民共和国政府政府关于苏中关系的声明，声明为苏军驻蒙古进行了解释。

同日　中蒙 1984 年换货议定书在北京签字。

3 сар 2　БНМАУ-ын　ГХЯ-ны нэгдүгээр орлогч сайд Д. Ёндон БНХАУ-аас БНМАУ-д суугаа Элчин сайд Ли Жүчинд БНМАУ-ын Засгийн газартай холбоотой ЗХУ, БНХАУ-ын Харилцааны тухай мэдэгдэлийг өгөв. Мэдэгдэлд ЗХУ-аас БНМАУ-д байрлаж байгаа цэргийн анги нэгтгэлийн талаар тайлбар хийсэн байна.

Хятад Монголын Засгийн газар хооронд 1984 онд харилцан бараа нийлүүлэх тухай протоколд Бээжин хотноо гарын үсэг зурав.

3 月 4 日　《人民日报》报道《蒙古举办民间艺术品展览》，介绍蒙古民间艺术品的综合性展览最近在乌兰巴托的造型艺术博物馆正式开幕。

3 сар 4 "Ардын өдрийн мэдээ" сонинд "БНМАУ-ын Ардын гар урлалын үзэсгэлэн зохион байгуулагдав" гарчигтай мэдээ нийтлэгдэв. Уг нийтлэлд Улаанбаатар хотын Дүрслэх Урлагийн Музейд БНМАУ-ын ардын урлалыг танилцуулах нэгдсэн үзэсгэлэн албан ёсны нээлтээ хийсэн тухай мэдээлсэн байна.

3 月 20 日　蒙古《劳动报》发表题为《我们重视同中国的睦邻关系》的文章，表示支持蒙古政府 3 月 2 日的声明，并说中苏磋商是当代国际生活中的最重要事件之一，希望磋商成功。

3 сар 20 БНМАУ-ын "Хөдөлмөр сонин"-д "Бид БНХАУ-ын нэгэн адил сайн хөршийн найрсаг харилцааг эрхэмлэн үздэг" сэдэвтэй мэдээ нийтлэгдэв. Уг нийтлэлд БНМАУ-ын Засгийн газар 3 сарын 2-ны өдрийн мэдэгдэлийг дэмжиж байгаагаа илэрхийлж БНХАУ болон ЗХУ-ын зөвшилцөөн нь олон улсын амьдралд болж байгаа чухал үйл явдал гэдгийг онцлон дурьдаад зөвшилцөөнд өндөр амжилт хүсэв.

3 月 27 日　中国驻蒙古大使李举卿当天下午在大使馆举行电影酒会，招待新当选的蒙中友协正副主席和主席团委员。蒙中友协主席巴・米格玛尔扎布、副主席云・达希道尔吉以及蒙古和平与友好组织联合会执行委员会副主席比列格特等应邀出席电影酒会。

3 сар 27 Үдээс хойш, БНХАУ-аас БНМАУ-д суугаа Элчин сайд Ли Жүчин Элчин Сайдын Яаманд кино-коктейль зохион байгуулж Монгол Хятадын Найрамдалын Нийгэмлэгийн шинээр сонгогдсон дэд дарга тэргүүтэй тэргүүлэгч гишүүдийг хүлээн авав. Кино-коктейльд Монгол Хятадын Найрамдалын Нийгэмлэгийн дарга Б. Мягмаржав, орлогч дарга Ю. Дашдорж болон БНМАУ-ын Энх тайван Найрамдалын байгууллагын Хамтарсан Зөвлөлийн Хэрэгжүүлэгч Комиссын орлогч дарга Билэгт нар урилгаар оролцов.

5 月 23 日 蒙古有关方面举行学术讨论会，纪念王明 80 岁生日。

5 сар 23 Ван Миний 80 насны ойн дурсгалд зориулж БНМАУ-ын холбогдох байгууллагууд эрдэм шинжилгээний хурал зохион байгуулав.

7 月 8 日 蒙古大人民呼拉尔主席团主席尤・泽登巴尔在回答日本记者的问题时称，蒙中关系改善取决于中国对蒙苏等国的政策和行动；蒙古没有反对中国的想法；苏军撤离蒙古是蒙苏之间的问题，同中国无关；蒙方不反对乌兰巴托—北京之间恢复通航的问题。

7 сар 8 БНМАУ-ын АИХ-ын тэргүүлэгчдийн дарга Ю. Цэдэнбал Японы сурвалжлагчид өгсөн ярилцлагадаа: “БНХАУ-ын зүгээс Монгол Хятадын харилцааг сайжруулахын тулд БНМАУ, ЗХУ хоёр улсын төрийн бодлого болон үйл ажиллагааг шийдвэрлэхийг хүссэн, БНМАУ, БНХАУ-ын үзэл бодлыг эсэргүүцээгүй, БНМАУ-аас ЗХУ-ын цэргийг гаргах нь БНМАУ болон ЗХУ-ын хоорондын асуудал бөгөөд БНХАУ-д ямарч хамаагүй хэрэг, БНМАУ-ын

талаас Улаанбаатар—Бээжингийн хооронд нислэг сайжруулах асуудлыг эсэргүүцээгүй зэрэг олон асуудлын талаар тайлбар хийв.

7 月　中蒙友好协会选出前任中国驻蒙古大使张伟烈和孟英为正、副会长。

7 сар БНХАУ-аас БНМАУ-д сууж байсан Элчин сайд асан Жан Вэйле, Мэн Ин нарыг Хятад Монголын Найрамдлын Нийгэмлэгийн тэргүүнүүдээр сонгов.

7 月 10 日　蒙古驻中国大使馆临时代办贝赫巴特当天举行招待会庆祝蒙古人民革命胜利 63 周年。中国教育部部长何东昌、中蒙友协会长张伟烈等出席招待会。

7 сар 10 БНМАУ-аас БНХАУ-д суугаа ЭСЯ-ны Элчин сайдын үүрэгт ажлыг түр хамаарагч Бэхбат БНМАУ-ын Ардын Хувьсгалын 63 жилийн ойг тохиолдуулан дайллага зохион байгуулав. Дайллаганд БНХАУ-ын БЯ-ны сайд Хэ Дунчан, Хятад Монголын Найрамдалын Нийгэмлэгийн дарга Жан Вэйле нар урилгаар оролцов.

7 月 12 日　中蒙边界联合检查委员会第四次会议 7 月 5 日至 7 月 12 日在北京举行。会议期间，双方审查并草签了关于中蒙边界联合检查的最后文件及其附图，商定了两国政府全权代表在最后文件及其附图上签字的日期。双方就讨论的问题签署了纪要。

7 сар 12 Хятад Монголын Хилийг хамтран шалгах комиссын 4 дүгээр их хурлыг Бээжин хотноо 7 сарын 5-12-ны өдрүүдэд зохион байгуулав. Хурлын үеэр талууд Хятад Монголын хилийг хамтран шалгасан сүүлийн баримт бичиг болон хавсаргасан газрын зургийг нягталж эх ноорогт гарын үсэг зурав. Мөн хоёр улсын бүрэн эрхт төлөөлөгчид

төгсгөлийн баримт бичиг болон хавсаргасан газрын зургийн үндсэн баримт бичигт гарын үсэг зурах хугацааг товлов. Талууд хэлэлцсэн асуудлуудын товч протоколд гарын үсэг зурав.

7 月 19 日　中国国务委员兼外交部部长吴学谦当日下午在会见蒙古外交部第一副部长达·云登时指出，只要中蒙双方都把和平共处五项原则作为处理两国关系的准则，相信两国关系的发展前景是广阔的。中国政府将继续严格遵守和平共处五项原则，愿意同蒙古人民共和国发展经济、贸易、技术和文化等各方面的关系。

云登表示，蒙古愿意在和平共处五项原则的基础上同中国发展关系，开展边境贸易和文化交流。他在谈到蒙中双方第一次对两国边界进行联合检查时说，蒙中边界是和平友好的边界，蒙古高度评价中国方面在联合检查中的合作精神。

吴学谦表示同意云登副外长的意见，中蒙边界是友好的边界。两国有四千六百多公里长的边界线，在两年半的时间里顺利地完成了中蒙边界的联合检查，具有重要意义。

会见后，外交部副部长韩叙和云登副外长分别代表本国政府在《中华人民共和国政府和蒙古人民共和国政府关于中蒙边界第一次联合检查的议定书及其附图》上签字。中蒙边界内蒙古段测定全长 3 197.686 公里，立界标 456 个号、480 棵，其中同号双立界标 14 个号、28 棵，同号三立界标 5 个号、15 棵。

7 сар 19　Үдээс хойш, БНХАУ-ын Төрийн Зөвлөлийн гишүүн бөгөөд Гадаад Явдлын Яамны сайд У Сюэчянь БНМАУ-ын Гадаад Харилцааны Яамны нэгдүгээр орлогч сайд Д. Ёндонтой уулзах үеэрээ Хятад Монгол хоёр улсын энх тайвнаар зэрэгцэн орших 5 зарчмын үндсэн дээр хоёр

улсын харилцааны зарчмын асуудал шийдвэрлэгдэж хоёр улсын харилцааны хөгжлийн хэтийн төлөв саруул болно гэдэгт гүнээ итгэж байна гэв. Мөн БНХАУ-ын Засгийн газар энх тайвнаар зэрэгцэн орших 5 зарчмыг үргэлжлүүлэн мөрдөж БНМАУ-тай эдийн засаг, худалдаа, техник технологи, соёл урлаг зэрэг олон салбарт хамтран ажиллахыг хүсэж буйгаа илэрхийлэв.

Ёндон БНМАУ нь энх тайвнаар зэрэгцэн орших 5 зарчимын үндсэн дээр БНХАУ-тай харилцаагаа хөгжүүлж хилийн худалдаа болон соёлын солилцоог хөгжүүлэхийг хүсч байгаагаа илэрхийлэв. Мөн тэрээр Монгол Хятадын хилийг анх удаагаа хамтран шалгах ажлын үеэр Монгол Хятадын хил бол найрамдлын хил юм гэж хэлж байснаа дурьдаад хамтран шалгах хамтын ажиллагааны явцад БНХАУ-ын талаас хийж буй үйл хэргийг өндрөөр үнэлж байна гэв.

У Сюэчянь БНМАУ, БНХАУ-ын хил нь найрамдалын хил гэдэг дээр дэд сайд Д. Ёндонтой санал нэг байгаагаа илэрхийлээд 2 жил хагасын хугацаанд Хятад Монголын хоёр улсын 4600 гаруй км урт хилийг хамтран шалгаж, амжилттай дуусгасан нь чухал ач холбогдолтой болсоныг онцлон тэмдэглэв.

Уулзалтын дараа Гадаад Явдлын Яамны дэд сайд Хан Шү, дэд сайд Ёндон нар хоёр улсын Засгийн газрыг тус тус төлөөлж “БНХАУ, БНМАУ-ын Засгийн газрын хоорондох Хятад Монголын хилийг анх удаагаа хамтран шалгасан тухай гэрээ болон хавсралт бичиг баримтанд” гарын үсэг зурав. Хятад Монголын хилийн шугамын Өвөр Монголын хэсгийн нийт урт 3197,686 км бөгөөд 456ш хилийн тэмдэгт, 480 суурь, тэр дундаа адилхан хоёр хос хилийн тэмдэг 14ш, 28суурь, адилхан 3 хос тэмдэг 5ш, 15 суурь байна.

7 月 25 日　蒙古外交部第一副部长达・云登一行结束对中国的访问，当天乘火车离开北京回国。访问期间，中国外交部副部长宫达非会见并宴请了达·云登。他们就发展两国睦邻友好关系交换了意见。24 日蒙古驻华大使馆临时代办贡·贝赫巴特为达·云登第一副外长访问中国举行宴会。中国外交部副部长韩叙等应邀出席宴会。

7 сар 25 БНМАУ-ын Гадаад Харилцааны Яамны нэгдүгээр орлогч сайд Д. Ёндон Хятад дахь айлчлал өндөрлөн нутаг буцав. Айлчлалын хугацаанд, БНХАУ-ын Гадаад Явдлын Яамны дэд сайд Гуань Дафэй, Д. Ёндонг хүлээн авч уулзан дайллага зохион байгуулав. Тэд хоёр улсын сайн хөршийн найрсаг харилцааг хөгжүүлэх талаар санал солилцов. 24-ны өдөр БНМАУ-аас БНХАУ-д суугаа Элчин сайдын үүрэгт ажлыг түр хамаарагч Г.Бэхбат Гадаад Харилцааны Яамны нэгдүгээр орлогч сайд Ёндонг Хятадад айлчлал хийж байгаатай холбогдуулан хүлээн авалт зохион байгуулав. Хүлээн авалтанд БНХАУ-ын Гадаад Явдлын Яамны Дэд сайд Хан шү болон хобогдох албаны хүмүүс урилгаар оролцов.

8 月 蒙古外长芒·杜格尔苏仍在苏联《共产党人》杂志第十一期上发表题为《为了巩固亚洲的和平与安全》的文章，认为中国把从蒙古撤出苏军作为苏中关系正常化的一个条件是干涉蒙古内政。

8 сар ЗХУ-ын “Коммунист намын гишүүн” сэтгүүлийн 11 дугаарт “Азийн Энх тайван, аюулгүй байдлыг бэхжүүлэхийн төлөө” хэмээх өгүүлэл нийтлэгдэв. Уг нийтлэлд БНМАУ-ын Гадаад Харилцааны Яамны дэд сайд М. Дүгэрсүрэнгийн:“БНХАУ-ын зүгээс ЗХУ БНМАУ-аас цэргээ татан авах тухай асуудлын талаарх байр сууринд үндэслэн ЗХУ, БНХАУ-ын хоорондох харилцааг хэвийн болгох албан бичиг нь БНМАУ-ын дотоод хэрэгт оролцож буй явдал” гэсэн шүүмжлэлийг нийтэлсэн байна.

8 月 21 日—27 日 中、蒙国境铁路联运委员会第 26 次例会在乌兰巴托市举行。

8 сар 21-27 Хятад Монголын шууд төмөр замын тээврийн комиссын 26 дугаар хуралдаан Улаанбаатар хотноо болов.

9 月 30 日 蒙古大人民呼拉尔主席团和部长会议联名向李先念主席和赵紫阳总理发来贺电，祝贺中华人民共和国成立 35 周年。贺电中称中国领导人为“同志”。

同日 蒙古《真理报》发表了署名布曼的题为《中华人民共和国成立 35 周》的文章，较客观地评价了中国建国 35 年的发展情况。

9 сар 30 БНМАУ-ын АИХ-ын тэргүүлэгчид болон Сайд нарын Зөвлөл хамтран Дарга Ли Сяньнянь, Ерөнхий сайд Жао Зиян нарт БНХАУ байгуулагдсаны 35 жилийн ойг тохиолдуулан цахилгаан илгээж баяр хүргэв. Баярын цахилгаанд БНХАУ-ын удирдлагуудыг “нөхөр” хэмээн онцолсон байв.

Мөн өдөр БНМАУ-ын “Үнэн сонин”-д “БНХАУ байгуулагдсаны 35 жилийн ой” хэмээх өгүүлэл нийтлэгдэв. Уг нийтлэлд БНХАУ нь байгуулагдсаны 35 жилийн хөгжилд үнэлэлт өгсөн байна.

10 月 1 日 以那德米德为团长的蒙古扎门乌德市和市铁路联合代表团一行 6 人，应中国人民对外友好协会二连浩特分会的邀请，当日前来二连浩特市参加了当地举行的庆祝中华人民共和国成立 35 周年活动。代表团在二连浩特市期间，中国对外友协二连浩特分会设宴招待客人。代表团还参观了“辉煌的三十五周年”

图片展览、商品展销会，观看了乌兰牧骑的文艺演出，游览了市容。代表团已在当天返回扎门乌德市。

10 сар 1 Надмид тэргүүтэй БНМАУ-ын Замын-Үүд болон нийслэлийн төмөр зам зэрэг байгууллагын хамтарсан 6 хүний бүрэлдэхүүнтэй төлөөлөгчид БНХАУ-ын Гадаад орнуудтай найрамдлаар харилцах нийгэмлэгийн Эрээн хот дахь салбар нийгэмлэгийн урилгаар Эрээн хотод хүрэлцэн ирж уг хотод зохион байгуулагдаж буй БНХАУ байгуулагдсаны 35 жилийн ойн баярын арга хэмжээнд оролцов. Төлөөлөгчдийг Эрээн хотод байх хугацаанд БНХАУ-ын Гадаад орнуудтай найрамдлаар харилцах нийгэмлэгийн Эрээн хот дахь салбар нийгэмлэг хүлээн авч дайллага зохион байгуулав. Мөн төлөөлөгчид "Гялалзсан 35 жил" зургийн үзэсгэлэн болон бараа бүтээгдэхүүний үзэсгэлэнг үзэж сонирхов. Мөн Үрэмч хоттой танилцаж урлагийн тоглолт үзэж сонирхоод төлөөлөгчид мөн өдрөө эх орондоо буцав.

10 月 15 日 蒙古驻华大使彭茨克・沙格达尔苏伦今晚举行宴会，庆祝蒙中建交 35 周年。中国外交部副部长刘述卿、对外经济贸易部部长代表陈洁、中国人民对外友好协会副会长陆璀、中蒙友协会长张伟烈等应邀出席。

同日 为庆祝中蒙建交 35 周年，中国驻蒙大使李举卿在大使馆举行招待会。蒙古外交部第一副部长达・云登、蒙古和平与友好组织联合会执委会副主席比利格特以及蒙中友协主席巴・米格玛尔扎布等 20 余人应邀出席招待会。

同日 就中蒙建交 35 周年，中国外交部部长吴学谦和蒙古外交部部长芒・杜格尔苏仍互致贺电。

10 сар 15 БНМАУ-аас БНХАУ-д суугаа Элчин сайд Пунцагын Шагдарсүрэн Монгол Хятад хоёр улсын дипломат

харилцаа тогтоосны 35 жилийн ойг тохиолдуулан дайллага зохион байгуулав. Дайллаганд БНХАУ-ын Гадаад Явдлын Яамны дэд сайд Лю Шүчин, Гадаад Худалдааны Яамны төлөөлөгч сайд Чэн Жье, БНХАУ-ын Гадаад Орнуудтай Найрамдлаар Харилцах Нийгэмлэгийн орлогч дарга Лү Цуй, Хятад Монголын Найрамдлын Нийгэмлэгийн дарга Жан Вэйле нар урилгаар оролцов.

Мөн өдөр, БНХАУ-аас БНМАУ-д суугаа Элчин сайд Ли Жүчин Хятад Монгол хоёр улсын дипломат харилцаа тогтоосны 35 жилийн ойг тохиолдуулан Элчин сайдын Яаманд хүлээн авалт зохион байгуулав. Хүлээн авалтанд БНМАУ-ын ГХЯ-ны 1-р орлогч сайд Д. Ёндон, БНМАУ-ын Энх тайван найрамдлын нийгэмлэгийн орлогч дарга Билэгт, Монгол Хятадын Найрамдлын Нийгэмлэгийн дарга Б. Мягмаржав зэрэг 20 гаруй хүн урилгаар оролцов.

Мөн өдөр БНХАУ-ын Гадаад Явдлын Яамны сайд У Сюэчянь, БНМАУ-ын Гадаад Харилцааны Яамны сайд М. Дугарсүрэн нар Хятад Монгол хоёр улсын дипломат харилцаа тогтоосны 35 жилийн ойг тохиолдуулан харилцан баярын цахилгаан илгээв.

10 月 30 日　中国驻蒙古大使馆为蒙古汉学家举行电影招待会。

10 сар 30　БНХАУ-аас БНМАУ-д суугаа Элчин сайдын Яамнаас Монголын Хятад судлаачдад кино-коктейль зохион байгуулав.

11 月 1 日　蒙古《劳动报》发表的题为《十月份国际局势政治述评》一文指出，中华人民共和国进入了自己历史的第 36 个年头，蒙古大人民呼拉尔主席团和部长会议在致中国国家和政府领导人的贺电中向友好的中国人民表示祝贺，并强调指出了蒙古忠于在和平共处原则基础上同中国发展睦邻正常关系的方针路线。

11 сар 1 БНМАУ-ын " Хөдөлмөр сонин"-д "10-р сарын эхэн үеийн Олон улс дахь Улс төрийн тойм" нэртэй мэдээ нийтлэгдэв. Уг нийтлэлд БНХАУ нь өөрийн түүхийн 36 дахь жилтэйгээ золгох гэж байгаад баяр хүргэж БНМАУ-ын АИХ-ын тэргүүлэгчид, Сайд нарын Зөвлөл хамтдаа БНХАУ-ын төр Засгийн удирдлагуудад баярын цахилгаан илгээв. Баярын цахилгаан днайрамдалт харилцаатай БНХАУ-ын ард түмэнд баяр хүргэж сайн сайхныг хүсэн ерөөхийн зэрэгцээ БНМАУ нь энх тайвнаар зэрэгцэн орших зарчмын үндсэн дээр БНХАУ-тай сайн хөршийн байнгын харилцаагаа үнэнчээр хөгжүүлэх чиглэлийг чухалчилан үзэж буйн тухай өгүүлсэн аж.

11 月 9 日—22 日 中国国家摔跤队应邀回访蒙古人民共和国，在乌兰巴托市和额尔敦特市与蒙古国家摔跤队进行了七个级别的自由式摔跤比赛，比赛结果蒙古队获胜。

11 сар 9-22 БНХАУ-ын Чөлөөт бөхийн улсын шигшээ багийн тамирчид БНМАУ-ын урилгаар БНМАУ-д хариу айлчлал хийж Улаанбаатар, Эрдэнэт хотуудад БНМАУ-ын чөлөөт бөхийн шигшээ багтай 7 жингийн төрлөөр нөхөрсөг тэмцээн хийв. Уг тэмцээн БНМАУ-ын баг тамирчдын ялалтаар өндөрлөв.

11 月 24 日 中国人民对外友好协会、中国蒙古友好协会当天下午举行电影酒会，庆祝蒙古人民共和国成立 60 周年。对外友协会长王炳南、中蒙友好协会会长张伟烈等出席酒会，蒙古驻华大使彭茨克・沙格达尔苏伦和夫人以及使馆其他外交官员也应邀出席酒会。

11 сар 24 БНХАУ-ын Гадаад орнуудтай найрамдалаар харилцах ардын нийгэмлэг, Хятад Монголын найрамдлын нийгэмлэг хамтран уг өдрийн үдээс хойш БНМАУ байгуулагдсаны 60 жилийн ойг тохиолдуулан кино-коктейль зохион байгуулав. Кино-коктейльд Гадаад орнуудтай найрамдлаар харилцах нийгэмлэгийн дарга Ван Биннан, Хятад Монголын найрамдлын нийгэмлэгийн дарга Жан Вэйле нар урилгаар оролцов. Мөн БНМАУ-аас БНХАУ-д суугаа Элчин сайд Пунцагийн Шагдарсүрэн, түүний гэргий болон Элчин сайдын яамны дипломат ажилтнууд урилгаар оролцов.

11 月 26 日 蒙古驻中国大使彭茨克・沙格达尔苏伦和夫人当天下午在使馆举行招待会，庆祝蒙古人民共和国成立 60 周年。中方应邀出席招待会的有铁道部部长陈璞如、邮电部副部长朱高峰、中蒙友协会长张伟烈和外交部部长助理齐怀远等有关部门负责人。各国驻华外交使节也应邀参加招待会。

11 сар 26 Үдээс хойш, БНМАУ-аас БНХАУ-д суугаа Элчин сайд Пунцагийн Шагдарсүрэн гэргийн хамт БНМАУ байгуулагдсаны 60 жилийн ойг тохиолдуулан Элчин сайдын Яаманд дайллага зохион байгуулав. Дайллаганд БНХАУ-ын талаас ТЗЯ-ны сайд Чэн Пүру, Шуудан Холбооны Яамны Дэд сайд Жу Гаопэн, Хятад Монголын Найрамдлын нийгэмлэгийн дарга Жан Вэйле, ГЯЯ-ны сайдын туслах Чи Хуайюань болон холбогдох албаны хариуцлагатай ажилтнуудаас гадна БНХАУ-д суугаа гадаадын дипломат албаны төлөөлөгчид нар тус тус урилгаар оролцов.

12 月 3 日—13 日 《中国工艺美术挂屏展览》在乌兰巴托举办。展览会展出了中国刺绣、木雕、漆画、贝雕画、羽毛画、麦秸画、银景画等 80 多幅展品。这次展览是在中蒙两国文化交流中断近 20 年之后，中国在蒙古举办的第一个展览会。举办期间，乌兰巴托观众达万余人次。

12 сар 3-13 БНХАУ-ын “Гар урлалын үзэсгэлэн” УБ хотноо гарав. Үзэсгэлэнд БНХАУ-ын хатгамал, модон сийлбэр, арьсан зураг, хясаан дээрх сийлбэр зураг, өдөн зураг, буудайн сүрэл зураг, мөнгөн зураг гэх мэт 80 гаруй үзмэрийг дэлгэн тавьжээ. Энэ удаагийн үзэсгэлэн нь Хятад Монгол хоёр улсын соёлын солилцоо тасалдаад байсан сүүлийн 20 жилд БНХАУ-аас БНМАУ-д зохион байгуулж буй анхны үзэсгэлэн юм. Үзэсгэлэнгийн үеэр Улаанбаатар хотын 10000 гаруй үзэгчид хүрэлцэн ирсэн байна.

12 月 19 日　蒙古《真理报》第一版全文刊登中国国家主席李先念和国务院总理赵紫阳分别祝贺占・巴特蒙赫就任蒙古大人民呼拉尔主席团主席和杜・索德诺木就任部长会议主席的贺电。

12 сар 19 БНМАУ-ын “ Үнэн сонин”-ны анхдугаар хэвлэлд БНХАУ-ын дарга Ли Сяньнянь, Төрийн зөвлөлийн Ерөнхий сайд Жао Зиян нар Ж. Батмөнхийг БНМАУ-ын АИХ-ын тэргүүлэгчдийн даргаар Д.Содномыг Сайд нарын Зөвлөлийн даргаар томилогдсонд баяр хүргэсэн цахилгааныг бүрэн эхээр нь нийтлэв.

1985 年中蒙国家关系历史编年

1985 он　Хятад Монгол хоёр улсынхарилцааны түүхэн үйл явдлын товчоон

1 月 31 日　《中蒙关于 1985 年互供货物议定书》和《边境贸易换文》在乌兰巴托签署。

1 сар 31 Хятад Монголын хооронд 1985 онд “Харилцан бараа нийлүүлэх тухай протокол” болон “хилийн худалдааны баримт”-нд гарын үсэг зурав.

2 月 4 日 蒙古人民共和国画家 H · 楚勒特木个人画展在北京中国美术馆开幕。

2 сар 4 БНМАУ-ын зураач Н · Чүлтэмийн бие даасан үзэсгэлэн Бээжин хотын уран зургийн галлерейд гарав.

2 月 10 日 《人民日报》发表署名果毅的《迷人的草原风光》一文，介绍蒙古美术家协会主席、人民画家尼亚木奥索尔 · 楚勒特木的作品展。

2 сар 10 “Ардын өдрийн мэдээ“ сонинд Го И хэмээгчийн “Сэтгэл татам талын үзэмж” нэртэй нийтлэл гарав. Уг нийтлэлд БНМАУ-ын дүрслэх урлагын нийгэмлэгийн дарга, ардын зураач Ням-Осорын Чүлтэмийн уран бүтээлийн үзэсгэлэнгийн талаар танилцуулсан байна.

3 月 16 日 蒙古《劳动报》发表一篇评论员文章，称中国“同阿富汗革命的敌人站在一条战线反对阿富汗”。

3 сар 16 БНМАУ-ын “Хөдөлмөр сонин”-нд нэгэн шүүмжлэгчийн шүүмжлэл нийтлэгдэж Хятад улсыг “Афганистаны хувьсгалын дайсантай нэг фронтын шугам дээр зогсож Афганистаныг эсэргүцэж бий” гэжээ.

3 月 21 日 蒙古《真理报》报道，值蒙古人民军建军 64 周年之际，中国河北省张北县人民政府负责人向在反法西斯战争中牺牲的苏蒙烈士纪念碑献了花圈。

3 сар 21 БНМАУ-ын “Үнэн сонин”-нд БНМАУ-ын АА байгуулагдсаны 64 жилийн ойг тохиолдуулан БНХАУ-ын Хэбэй мужийн Жанбэй хошууны орон нутгийн удирдлагууд

фашизмыг эсэргүүцсэн чөлөөлөх дайнд амь үрэгдсэн Зөвлөлт, Монголын дайчдын дурсгалд босгосон гэрэлт хөшөөнд цэцэг өргөсөн тухай мэдээ нийтлэгдэв.

3月24日　蒙古外长芒·杜格尔苏仍访问越南，双方发表的联合公报在谈到对华关系时说，蒙古和越南"坚决谴责中国当局的扩张主义政策以及他们在越中边境侵犯越南社会主义共和国主权和领土完整的武装活动。双方要求北京立即停止对印支各国的敌对行动"。公报还说："双方希望在和平共处的原则上为保证亚洲和平而同中华人民共和国关系正常化。越南和蒙古欢迎苏联在同中华人民共和国关系正常化中的原则立场"。

3 сар 24　БНМАУ-ын ГХЯ-ны сайд М. Дүгэрсүрэн Вьетнам Улсад айлчлав. Талууд хамтарсан мэдэгдэлдээ БНХАУ-ын харилцааны талаар өгүүлэхдээ:"БНМАУ болон Вьетнам улс нь БНХАУ-ын албан талын Вьетнам БНХАУ-ын хил болон хил орчмын бүс нутагт хэрэгжүүлж буй экспансионист бодлого, БНСВУ-ын бүрэн эрх болон нутаг дэвсгэрийн бүрэн бүтэн байдлыг зөрчсөн зэвсэгт халдлагыг эрс буруушаав. Албан илэрхийлэлд бас "талууд энэхүү албан мэдэгдэлдээ мөн дээрх дайсагнасан үйл ажиллагаагаа нэн даруй зогсоохыг Бээжингээс шаардсан" байна. Талууд энх тайвнаар зэрэгцэн орших зарчмын үндсэн дээр азийн энх тайвныг сахин хамгаалж тэр дундаа БНХАУ-тай харилцах байнгын харилцаагаа хэвийн болгох хүсэлтээ илэрхийлсэн байна. Вьетнам, Монгол хоёр улс ЗХУ Хятадтай харилцаагаа хэвийн болгохын тулд зөвшилцөхийн дундахь зарчимын байр суурийг угтаж байна гэв.

4月26日　北京—乌兰巴托国际列车开通。中国与蒙古铁路部门3月31日达成协议，在旅游旺季开行北京—乌兰巴托直通国际列车。这趟国际列车分别由中国和蒙古轮流提供车辆和担当乘务。这趟列车将于 7 月 1 日正式开行。

4 сар 26 Бээжин—Улаанбаатарын олон улсын галт тэрэгний чиглэлийг ашиглалтанд орсон байна. 3 сарын 31-ний өдөр Монгол, Хятадын төмөр замын яамд Бээжин—Улаанбаатар чиглэлийн олон улсын галт тэрэг аялал жуулчлалын улирлын үеэр явуулж байхаар хэлэлцэн тохирсон бөгөөд энэ олон улсын цуваag Хятад, Монголын тал ээлжлэн зүтгүүрээр хангах үүрэг хүлээв. Олон улсын энэ маршрут нь 7 сарын 1-ны өдрөөс албан ёсоор явж эхлэх аж.

5 月 21 日 中国内蒙古自治区政府恢复中蒙友好协会内蒙古自治区分会，由白俊卿任会长，周君球、兆恩、白云任副会长。

5 сар 21 ӨМӨЗО-ны Засгийн газраас Хятад Монголын Найрамдалын Нийгэмлэгийн ӨМӨЗО дахь салбарыг хэвийн үйл ажиллагаанд оруулж нийгэмлэгийн даргаар Бай Жүнчинийг томилж Жоу Жүнцю, ЖаоЭн, Бай Юн нарыг дэд даргаар томилов.

6 月 20 日 9 个国家代表参加的铁路合作组织公路和汽车运输委员会第 27 次例会当日在北京结束。蒙古人民共和国代表参加了会议。

6 сар 20 9 улсын төлөөлөгч оролцсон төмөр замын хамтын ажиллагааны байгууллагын зам тээврийн комиссын авто зам болон авто тээврийн холбооны гишүүдийн 27 дахь удаагийн ээлжит хурал Бээжин хотноо болж өндөрлөв. БНМАУ-ын төлөөлөгчид уг хуралд оролцсон байна.

7月10日　蒙古驻华大使彭茨克·沙格达尔苏伦当天举行招待会，庆祝蒙古人民革命胜利64周年。中国国家体育委员会主任李梦华和外交部副部长刘述卿出席招待会。

7 сар 10　БНМАУ-аас БНХАУ-д суугаа Элчин сайд Пунцагийн Шагдарсүрэн БНМАУ-ын Ардын Хувьсгалын 64 жилийн ойг тохиолдуулан дайллага зохион байгуулав. Дайллаганд БНХАУ-ын Биеийн тамир спорт хорооны дарга Ли Мэнхуа, ГЯЯ-ны дэд сайд Лю Шүчин нар урилгаар оролцов.

9月3日—10日　中、蒙国境铁路联运委员会第27次例会在呼和浩特市举行。

9 сар 3-10　Хятад Монголын шууд төмөр замын тээврийн комиссын 27 дугаар ээлжит хурал Хөх хотноо болов.

9月26日　蒙古国家民间歌舞团当晚在民族文化宫举行访问中国的首场演出。中国人民政治协商会议全国委员会副主席杨静仁观看了演出。劳·乌格塔巴雅尔团长率领的蒙古国家民间歌舞团一行35人于昨天抵达北京。这是二十多年来第一个访问中国的蒙古文艺团体。歌舞团在北京演出两场，然后赴内蒙古自治区首府呼和浩特进行三场演出。

9 сар 26　БНМАУ-ын Ардын дуу бүжгийн чуулга БНХАУ-д хийх аялан тоглолтын гараагаа Үндэсний Соёлын ордонд хийв. БНХАУ-ын БХ-ын Ардын Улс төрийн Зөвлөлдөх Зөвлөлийн Дэд дарга Ян Жинрэн уг тоглолтыг үзэж сонирхов. Л. Отгонбаяр тэргүүтэй БНМАУ-ын Ардын дуу бүжгийн чуулгын 35 хүний бүрэлдэхүүнтэй баг урд өдөр нь Бээжин хотод хүрэлцэн ирсэн байна. Энэ нь 20 гаруй жилийн дараа БНХАУ-д айлчлал хийж буй БНМАУ-ын анхны

соёл урлагийн баг юм. Дуу бүжгийн чуулга нь Бээжин хотод 2 удаа тоглолт хийснийхээ дараа ӨМӨЗО-ны төв Хөх хотод ирж 3 удаа тоглолт хийх аж.

9 月 30 日　蒙古大人民呼拉尔主席团主席姜・巴特蒙赫和部长会议主席杜・索德诺姆联名向中国国家主席李先念和国务院总理发来贺电，祝贺中华人民共和国成立 36 周年。

9 сар 30　БНМАУ-ын АИХ-ын тэргүүлэгчдийн дарга Ж. Батмөнх, Сайд нарын Зөвлөлийн дарга Д. Содном нар БНХАУ байгуулагдсаны 36 жилийн ойг тохиолдуулан БНХАУ-ын дарга Ли Сяньнянь болон Төрийн Зөвлөлийн Ерөнхий сайд нарт тус тус баярын цахилгаан илгээж баяр хүргэв.

10 月　参加联合国第 34 届大会的中国外交部部长吴学谦在纽约会见了蒙古外交部部长芒・杜格尔苏仍。

10 сар　НҮБ-ын Ерөнхий Ассамблейн чуулганд оролцох үеэрээ БНХАУ-ын Гадаад Явдлын Яамны сайд У Сюэчянь Нью-Иорк хотноо БНМАУ-ын ГХЯ-ны сайд М. Дүгэрсүрэнтэй уулзав.

10月 4 日　蒙古国家民间歌舞团结束了在呼和浩特的访问演出，于当日下午启程回国。劳・乌格塔巴雅尔团长率领的蒙古国家民间歌舞团一行 35 人，结束了在北京的演出后，于 9 月 29 日抵达呼和浩特。10 月 1 日晚上，他们在乌兰恰特剧院举行首场演出，内蒙古自治区政府主席布赫、自治区人民代表大会常务委员会主任巴图巴根观看了演出。10 月 2 日，他们同内蒙古文艺界人士举行了联欢会。在呼和浩特期间，他们还参观了工厂、学校和名胜古迹。中国人民政治协商会议内蒙古自治区委员会副主席云照光等观看演出。

10 сар 4 Л. Отгонбаяр тэргүүтэй БНМАУ-ын Ардын дуу бүжгийн чуулгын 35 хүний бүрэлдэхүүнтэй баг Бээжин дэх тоглолтоо өндөрлөөд 9 сарын 29-ны өдөр Хөх хотод хүрэлцэн ирсэн байна. 10 сарын 1-ний өдрийн орой, Тэд Улаан театрт тоглолт хийв. Уг тоглолтыг ӨМӨЗО-ны Засгийн Газрын Тэргүүн Бөхөө, ӨМӨЗО-ны АТИХ-ын байнгын хорооны тэргүүн Батбагана, Бүх Хятадын Ардын Улс төрийн Зөвлөлдөх Зөвлөлийн ӨМӨЗО-ны Зөвлөлийн дарга Юн Жаогуан нар үзэж сонирхов. 10 сарын 2-ны өдөр Тэд ӨМӨЗО-ны Соёл Урлагийн хүрээний хүмүүстэй баярын уулзалт хийсэн байна. Хөх хотод байх хугацаандаа тэд үйлдвэр, сургууль мөн байгалийн үзэсгэлэнт газруудыг үзэж сонирхсон байна. Үдээс хойш БНМАУ-ын Ардын дуу бүжгийн чуулга Хөх хот дахь айлчлан тоглолтоо дуусгаад нутаг буцав.

10 月 21 日—23 日 蒙中友协主席、蒙古水文气象管理总局局长巴·米格玛尔扎布为团长的蒙中友协代表团，访问中国内蒙古自治区。

10 сар 21-23 Монгол Хятадын Найрамдалын нийгэмлэгийн дарга, БНМАУ-ын Ус Цаг Уурын удирдах газрын дарга Б. Мягмаржав тэргүүтэй Монгол Хятадын Найрамдалын Нийгэмлэгийн төлөөлөгчид ӨМӨЗО-нд айлчлав.

11 月 5 日 中国内蒙古自治区和蒙古人民共和国之间的第一个边境贸易议定书在乌兰巴托签署。

11 сар 5 ӨМӨЗО, БНМАУ-ын хоорондын анхны хилийн худалдааны гэрээнд Улаанбаатар хотноо гарын үсэг зурав.

12 月 18 日 应蒙古外交部文化交流司的邀请，中国内蒙古自治区艺术团一行 32 人，当天离开呼和浩特前往蒙古访问演出。这是二十多年来第一个内蒙古艺术团访问蒙古。

12 сар 18 БНМАУ-ын ГХЯ-ны соёлын хэлтэсийн урилгаар ӨМӨЗО-ны Соёл урлагийн 32 хүний бүрэлдэхүүнтэй баг БНМАУ-д айлчлан тоглолт хийхээр хүрэлцэн ирэв. Энэ нь 20 гаруй жилийн дараа БНМАУ-д айлчлал хийж буй ӨМӨЗО-ны анхны соёл урлагийн баг юм.

12 月 18 日—30 日 中国内蒙古自治区乌兰牧骑艺术团一行赴蒙古乌兰巴托和达尔汗市进行访问演出。

12 сар 18-30 ӨМӨЗО-ны “Улаан мөчир” чуулга БНМАУ-ын Улаанбаатар, Дархан хотуудад аялан тоглолт хийв.

1986 年中蒙国家关系历史编年

1986 он Хятад Монгол хоёр улсын харилцааны түүхэн үйл явдлын товчоон

4 月 7 日 《中华人民共和国和蒙古人民共和国政府 1986 年至 1990 年长期贸易协定》当天下午在这里签字。这是中、蒙两国政府间的第一个长期贸易协定。根据该协定，两国将以平等互利的原则，进一步发展双边贸易关系。中国将向蒙古提供绸缎等轻工产品和干鲜水果，蒙古将向中国出口板材、马皮、鹿角等产品。当日双方还签署了两国 1986 年相互供应货物和付款议定书。

4 сар 7 “БНХАУ болон БНМАУ-ын Засгийн Газрын хооронд 1986-1990 он хүртэлх урт хугацааны худалдааны хэлэлцээр”-т гарын үсэг зурав. Энэ нь Хятад Монгол хоёр улсын Засгийн газрын хоорондын худалдааны анхны урт

хугацааны хэлэлцээр юм. Энэхүү гэрээнд үндэслэн хоёр улс эрх тэгш, харилцан ашигтай, хамтран ажиллах зарчмын үндсэн дээр хоёр талын худалдааны харилцааг улам бүр хөгжүүлэх болно. БНХАУ-аас БНМАУ-д торго дурдан зэрэг хөнгөн үйлдвэрийн бараа бүтээгдэхүүн болон шинэ жимс ногоог нийлүүлэх бол БНМАУ-аас БНХАУ-д мод, арьс шир, бугын эвэр зэрэг бүтээгдэхүүнийг экспортлохоор тогтсон байна. Мөн өдөр талууд хоёр улсын 1986 онд харилцан бараа нийлүүлэх протокол болон төлбөрийн гэрээнд гарын үсэг зурав.

5 月 28 日　蒙古人民革命党中央总书记巴特蒙赫在蒙古人民革命党十九大作政治报告，在谈到蒙古同中国的关系时说："蒙古人民共和国一贯奉行同中华人民共和国实现相互关系正常化的原则方针。我们认为，在严格遵守平等和互不干涉内政的原则的基础上发展两国的睦邻关系和互利合作，符合蒙古人民和中国人民的利益，符合和平和社会主义的利益"。

5 сар 28　МАХН-ын ТХ-ны Ерөнхий нарийн бичгийн дарга Ж. Батмөнх МАХН-ын 19-р их дээр тавьсан илтгэлдээ БНМАУ, БНХАУ-ын харилцааны талаар ийн өгүүлэв: "БНМАУ нь БНХАУ-тай харилцах харилцаагаа хэвийн байлгах зарчмыг хэрэгжүүлэх чиг хандлагыг тууштай мөрдөх болно гэдгээ илэрхийлээд,бид эрх тэгш байдлыг хатуу мөрдөж харилцан дотоод хэрэгт оролцохгүй байх зарчмын үндсэн дээр хоёр улсын сайн хөршийн найрсаг харилцааг хөгжүүлэх нь хоёр улсын ард түмний язгуур эрх ашиг, энх тайван ба социализмын эрх ашигт нийцнэ гэв.

6 月　《中蒙 1986 年文化交流计划》在乌兰巴托签署。这是自 1967 年以来两国政府签订的第一个文化交流执行计划。根据该计划，两国互派了进修生；蒙古教师应聘在北京大学任教；双方作家代表团和农牧业考察组先后进行互访；中国蒙古语言、口头文学和文学研究者访问蒙古；山东杂技团赴蒙古访问演出。

6 сар "Хятад Монголын 1986 оны Соёлын солилцооны төлөвлөгөө"-нд Улаанбаатар хотноо гарын үсэг зурав. Энэ нь 1967 оноос хойш хоёр улсын Засгийн газрын хооронд байгуулсан анхны соёлын солилцоог хэрэгжүүлэх төлөвлөгөө юм. Уг төлөвлөгөөний дагуу хоёр улс мэргэжил дээшлүүлэх оюутан илгээж, БНМАУ-ын багш нар Бээжингийн Их сургуулийн багш нартай туршлага солилцож, хоёр улсын зохиолчдын төлөөлөгчид болон газар тариалан, мал аж ахуйн судлах багууд, БНХАУ-ын Монгол хэл, аман зохиол, уран зохиол судлаач эрдэмтэд тус тус БНМАУ-д айлчилж, мөн Шаньдуны циркид БНМАУ-д айлчлан тоглолт хийсэн байна.

6月5日 蒙古民用航空局将从明天起恢复中断长达19年之久的从乌兰巴托至北京的航班飞行，以适应当前旅游事业的发展。恢复航班飞行的协议是中国民用航空局和蒙古民用航空局在去年达成的，今后在这条航线上将使用安-24型客机。

6 сар 5 БНМАУ-ын Иргэний агаарын тээврийн газар 19 жил тасраад байсан Улаанбаатар-Бээжингийн чиглэлийн нислэгийг тухайн цаг үеийн аялал жуулчлалын хөгжилд тохируулан сэргээв. Нислэгийг сэргээх тухай хэлэлцээрийг урд жил нь Хятадын Иргэний агаарын тээвэр болон Монголын Иргэний агаарын тээврийн газрын хооронд тохиролцсон аж. Мөн энэ үеэр цаашид энэ маршрутанд 24 төрлийн зорчигч тээврийн онгоц ашиглах талаар тохиролцсон байна.

6 月 27 日　蒙古人民共和国新任驻华大使尼・鲁布桑楚勒特木当天向国家副主席乌兰夫递交了国书。七十高龄的尼・鲁布桑楚勒特木大使是 6 月 20 日抵达北京的。

6 сар 27　БНМАУ-аас БНХАУ-д суух Элчин сайдаар шинээр томилогдсон Нямын Лувсанчүлтэм БНХАУ-ын дэд дарга Улаанхүүд итгэмжлэх жуух бичгээ өргөн барив. 70 настай Элчин сайд Нямын Лувсанчүлтэм 6-р сарын 20-ны өдөр Бээжинд хүрэлцэн ирсэн байна.

6 月 29 日—7 月 2 日　中国内蒙古边境贸易公司与蒙古人民共和国物资技术供应委员会边境贸易公司例行会谈在呼和浩特举行，并签订了贸易合同。

6 сар 29-7 сар 2　ӨМӨЗО-ны хилийн худалдааны компани болон БНМАУ-ын бараа, техникийн хангалтын хэлтэсийн хилийн худалдааны компани Хөх хотод зохиогдсон байнгын хуралдаанд оролцож худалдааны гэрээнд гарын үсэг зурав.

7 月 31 日　蒙古政府当日发表声明，对戈尔巴乔夫最近阐述的苏联当前对亚太地区的政策和主张表示“欢迎”，并说“蒙古政府完全支持苏联的新倡议”，其中包括从蒙古撤出“相当大一部分苏军”。戈尔巴乔夫 7 月 28 日曾在符拉迪沃斯托克（海参崴）说，目前苏联正在同蒙古领导讨论从这个国家撤出“相当大一部分苏军”的问题，但他没有说明什么时候从蒙古撤军和撤出多少军队。

7 сар 31 БНМАУ-ын Засгийн газрын мэдээлэл нийтэлж, Горбачёв Ойрын үед ЗХУ　Ази номхон далайн бүс нутгийн улс төрийн бодлого, үзэл баримтлалыг дэмжиж байна гээд цааш хэлсэн үгэндээ “БНМАУ-ын Засгийн Газар ЗХУ-ын энэ

шинэ санаачлагыг бүрэн дүүрэн дэмжиж түүний дотор БНМАУ-аас Зөвлөлтийн анги нэгтгэлийн үлэмж хэсгийг татан гаргах тухай асуудал багтсан гэдгийг хэлсэн тухай болон Горбачёв 7 сарын 28-ны өдөр Владивосток (далайн боомт хот) хотод хүрэлцэн ирэх үедээ хэлсэн үгэндээ ЗХУ нь БНМАУ-ын удирдлагуудтай тус улсаас Зөвлөлтийн цэргийн анги нэгтгэлийн үлэмж хэсгийг гаргах тухай хэлэлцэж байгаа гэсэн боловч БНМАУ-аас хэдүйдхичнээн тооны хүн хүч, анги нэгтгэлийг татан гаргах тухай тодорхой мэдэгдээгүй байна.

8 月 7 日—10 日 中国外交部副部长刘述卿访问蒙古。

8 сар 7-10 БНХАУ-ын ГЯЯ-ны дэд сайд Лю Шучин БНМАУ-д айлчлав.

8 月 9 日 《中华人民共和国和蒙古人民共和国领事条约》当日上午在蒙古首都乌兰巴托签订。这是中蒙两国间签订的第一个领事条约。正在这里访问的中国外交部副部长刘述卿和蒙古外交部第一副部长云登分别代表本国政府在条约上签字。条约签字后，蒙古外交部部长杜格苏伦会见了刘述卿。

同日 刘述卿拜会了蒙古部长会议副主席策伯格米德。在会见和拜会时，双方表示了进一步发展两国睦邻友好关系的共同愿望，并且认为新签订的领事条约必将为增进两国人民的传统友谊作出贡献。

8 сар 9 “БНХАУ болон БНМАУ-ын консулын гэрээ”-нд БНМАУ-ын нийслэл Улаанбаатар хотноо гарын үсэг зурав. Энэ нь Хятад Монгол хоёр улсын хооронд байгуулсан анхны консулын гэрээ юм. БНМАУ-д айлчилж буй БНХАУ-ын ГЯЯ-ны дэд сайд Лю Шүчин, БНМАУ-ын ГХЯ-ны нэгдүгээр орлогч сайд Ёндон нар хоёр улсын засгийн газрыг тус тус төлөөлж гэрээнд гарын үсэг зурав. Гэрээнд гарын үсэг

зурсаны дараа, БНМАУ-ын ГХЯ-ны сайд Дүгэрсүрэн Лю Шучинтэй уулзав.

Мөн өдөр Лю Шучин, БНМАУ-ын Сайд нарын Зөвлөлийн дэд дарга Цэгмидэд бараалхав. Бараалхах үеэр талууд хоёр улсын сайн хөршийн найрсаг харилцааг хамтын хүсэл эрмэлзлэлээр улам бүр хөгжүүлэхээ илэрхийлсэн төдийгүй шинээр байгуулсан консулын гэрээ нь хоёр улсын ард түмний уламжлалт найрамдалт харилцааг зузаатган бэхжүүлэхэд тодорхой хувь нэмэр оруулна гэдэгт итгэлтэй байгаагаа илэрхийлэв.

8 月 11 日—21 日　中断 20 年的中、蒙、苏铁路联运会第 12 次会议和中、蒙国境铁路联运委员人第 28 次例会在乌兰巴托市举行。

8 сар 11-21　20 жил тасраад байсан Хятад, Монгол, Зөвлөлтийн Төмөр замын тээврийн комиссын 12 дугаар хурал болон Хятад Монголын шууд төмөр замын тээврийн комиссын 28 дугаар хуралдаан Улаанбаатар хотноо болов.

8 月 28 日　中国国务院总理赵紫阳接见了蒙古第九任驻华大使尼·鲁布桑楚勒特木。

8 сар 28　БНХАУ-ын Ерөнхий сайд Жао Зиян БНМАУ-аас БНХАУ-д томилогдон суух 9 дахь Элчин сайд Н. Лувсанчүлтэмийг хүлээн авч уулзав.

9 月 5 日—6 日　蒙古部长会议副主席兼文化部部长敦·策伯格米德非正式访问中国。他是为参加在平壤召开的关于在朝鲜半岛实现非核武装问题的国际会议路过北京的。

9 сар 5-6　БНМАУ-ын Сайд нарын Зөвлөлийн орлогч дарга бөгөөд Соёлын Яамны сайд Д. Цэвэгмид БНХАУ-д

албан ёсны бус айлчлал хийв. Тэрээр Пхеньянд зарлан хуралдуулсан Солонгосын хойгийн цөмийн зэвсэгийн асуудлаарх олон улсын хуралд оролцохоор явахдаа Бээжинд түр саатсан байна.

9 月 6 日　应蒙中友协的邀请，由中蒙友协会长张伟烈率领的中蒙友协代表团当日离京前往蒙古人民共和国进行友好访问。

9 сар 6　Монгол Хятадын Найрамдалын Нийгэмлэгийн урилгаар Хятад Монголын Найрамдалын Нийгэмлэгийн дарга Жан Вэйлье тэргүүтэй Хятад Монголын Найрамдалын Нийгэмлэгийн төлөөлөгчид найрсаг айлчлал хийхээр БНМАУ-ыг зорив.

9 月 21 日　以内蒙古畜牧局副局长敖斯尔为首的中国农牧业考察小组结束对蒙古人民共和国的考察访问返国。

9 сар 21　ӨМӨЗО-ны Мал аж ахуйн Хэлтэсийн орлогч дарга Одсэр тэргүүтэй БНХАУ-ын газар тариалан, мал аж ахуйтай танилцах баг БНМАУ-д хийсэн ажлын айлчлалаа өндөрлөж нутаг буцав.

9 月 30 日　蒙古大人民呼拉尔主席团主席姜·巴特蒙赫和部长会议主席杜马·索德诺姆联名向中国国家主席李先念和国务院总理赵紫阳发来贺电，庆祝中华人民共和国建立 37 年。

9 сар 30　БНМАУ-ын АИХ-ын Тэргүүлэгчдийн дарга Ж. Батмөнх, Сайд нарын Зөвлөлийн дарга Д. Содном нар хамтдаа БНХАУ байгуулагдсаны 37 жилийн ойг тохиолдуулан БНХАУ-ын дарга Ли Сяньнянь, Төрийн Зөвлөлийн Ерөнхий сайд Жао Зиян нарт баярын цахилгаан илгээв.

9 月　以中蒙友好协会会长张伟烈为首的中蒙友协代表团访问蒙古。

以《民族文学》杂志主编玛拉沁夫为团长的中国作家代表团访问蒙古。

蒙古学者应邀赴中国出席在南京举行的元史国际讨论会。

9 сар　Хятад Монголын Найрамдалын Нийгэмлэгийн дарга Жан Вэйлье тэргүүтэй Хятад Монголын Найрамдалын Нийгэмлэгийн төлөөлөгчид Монгол улсад айлчлав.

"Үндэсний Уран зохиол" сэтгүүлийн ерөнхий редактор Малчинхүү тэргүүтэй БНХАУ-ын зохиолчдын төлөөлөл БНМАУ-д айлчлав.

БНМАУ-ын эрдэмтэд Наньжин хотноо зохиогдсон Юан улсын түүхийн олон улсын симпозиумд оролцохоор БНХАУ-д хүрэлцэн ирэв.

10 月 1 日　蒙古《真理报》头刊刊登蒙古大人民呼拉尔主席团主席占・巴特蒙赫和部长会议主席杜・索德诺姆联名致中国国家主席李先念和国务院总理赵紫阳的贺电。

10 сар 1　БНМАУ-ын "Үнэн сонин"-ний тэргүүн нүүрэнд БНМАУ-ын АИХ-ын тэргүүлэгчдийн дарга Ж. Батмөнх, Сайд нарын Зөвлөлийн дарга Д. Содном нараас БНХАУ-ын дарга Ли Сяньнянь болон Төрийн зөвлөлийн Ерөнхий сайд Жао Зиян нарт нэр холбон баярын цахилгаан илгээсэн тухай мэдээ нийтлэгдэв.

11 月 1 日　中、朝、蒙、苏铁铁路代表团在乌兰巴托签订了1987—1989 年新的国际列车时刻表议定书。

11 сар 1　БНХАУ, БНАСАУ, БНМАУ, ЗХУ-ын төмөр замын төлөөлөгчид 1987-1989 оны олон улсын галт тэрэгний цагын хэлэлцээрт Улаанбаатарх хотноо гарын үсэг зурав.

11 月 15 日　蒙古《蒙古消息报》刊登一篇纪念孙中山诞辰 120 周年的文章。文中说："孙中山赞成蒙古人民的解放运动"。"1924 年，孙中山同我党代表团会见时说，祝愿你们和我们的事业完全成功，两国人民获得自由，永远安宁地生活，两国取得独立"。"他正确评价我国同苏联建立的友好关系的实质，揭露过帝国主义反动分子在这方面进行的各种诽谤"。

11 сар 15　БНМАУ-ын "Монголын мэдээ сонин"-нд Сүн Жуншаний мэндэлсэний 120 жилийн ойдзориулсан мэдээ нийтлэгдэв. Уг мэдээнд "Сун Жуншань нь Монголын Ардын чөлөөлөх хөдөлгөөнийг дэмжигч" гэсэн байна. "1924 онд Сун Жуншань манай (МАХН) намын төлөөлөгчидтэй уулзах үеэрээ та бүгдийн болон бидний ажил үйлс бүх талаар амжилттай байж хоёр улсын ард түмэн эрх чөлөөтэй болж, үеийн үед амар амгалан амьдрах хийгээд хоёр улс тусгаар тогтнолоо олж авахын ерөөл өргөөд цааш хэлсэн үгэндээ манай улсын (БНМАУ) ЗХУ-тай тогтоосон найрамдалт харилцааны мөн чанарыг зөвөөр үнэлж империализм буюу харгис үзэлтнүүдийг илчлэн энэ тал дээр олон төрлийн гүтгэлгэ хийж буй тухай өгүүлсэнийг нийтлэсэн байна.

11 月 25 日–28 日　蒙古科学院文学研究所所长波·浩日劳为团长的蒙古人民共和国作家代表团一行 3 人，访问中国内蒙古自治区。

11 сар 25-28　БНМАУ-ын ШУА-ын Хэл зохиол судлалын захирал Б. Хорлоо тэргүүтэй БНМАУ-ын зохиолчдын гурван хүний бүрэлдэхүүнтэй төлөөлөгчид ӨМӨЗО-д айлчлав.

11 月 27 日　由中国国务院总理赵紫阳提交的中蒙领事条约议案，当天提请第六届全国人民大代表大会常务委员会第 18 次会议审议。

11 сар 27 БНХАУ-ын Төрийн Зөвлөлийн Ерөнхий сайд Жао Зиян Монгол Хятадын консулын гэрээний саналыг 6-р БХАТИХ-ын байнгын хорооны зөвлөлийн 18-р их хуралд өргөн мэдүүлж хэлэлцүүлэв.

11 月 蒙古学者应邀赴中国出席在上海举行的中国当代文学国际讨论会。

11 сар БНМАУ-ын эрдэмтэд урилгаар БНХАУ-д хүрэлцэн ирж Шанхай хотод болсон БНХАУ-ын одо үеийн Утга зохиолын олон улсын хэлэлцүүлэгт оролцов.

12 月 2 日 中国第六届全国人民代表大会常务委员会第 18 次会议当天上午在人民大会堂闭会，会议通过了批准《中华人民共和国和蒙古人民共和国领事条约》的决定。

12 сар 2 Үдээс өмнө, БНХАУ-ың 6-р БХАТИХ-ын байнгын хорооны зөвлөлийн 18-р их хурал АТИХ-ын танхимд өндөрлөв. Уг хурлаар " БНХАУ болон БНМАУ-ын консулын гэрээ"-г батласан байна.

12 月 9 日—22 日 根据中蒙 1986 年文化交流计划，中国杂技团赴蒙古人民共和国演出。

12 сар 9-22 Хятад Монголын 1986 оны Соёлын солилцооны төлөвлөгөөг үндэслэн БНХАУ-ын циркчид БНМАУ-д айлчлан тоглолт хийв.

12 月 11 日 《中蒙政府 1987 年互供货物和支付议定书》在乌兰巴托签署。

12 сар 11 Хятад Монголын хооронд 1987 онд харилцан бараа нийлүүлэх тухай болон төлбөрийн тухай протоколд Улаанбаатар хотноо гарын үсэг зурав.

1987年中蒙国家关系历史编年

1987 оны Хятад Монгол хоёр улсын харилцааны түүхэн үйл явдлын товчоон

1月9日 中国外交部部长助理唐龙彬和蒙古驻华大使尼·鲁布桑楚勒特木在北京就1986年签订的中蒙领事条约互换批准书。根据有关规定，该条约自1987年2月7日起正式生效。

1 сар 9 БНХАУ-ын ГЯЯ-ны сайдын туслах Тан Лунбин болон БНМАУ-аас БНХАУ-д суугаа Элчин сайд Н.Лувсанчүлтэм нар Бээжин хотноо 1986 онд байгуулсан Хятад Монголын консулын гэрээний батламж бичгийг солилцов. Холбогдох тогтоолыг үндэслэн тус гэрээ нь 1987 оны 2-р сарын 7-ны өдрөөс эхлэн албан ёсоор хүчин төгөлдөр мөрдөгдсөн байна.

1月15日 苏联外交部发言人格拉西莫夫当日在记者吹风会上宣布：根据苏联领导的决定和同蒙古政府达成的协议，今年4月至6月，苏联将把临时驻扎在蒙古人民共和国的一个完整的摩托化步兵师和苏军的某些其他部队从蒙古撤回苏联。

1 сар 15 ЗХУ-ын ГХЯ-ны хэвлэлийн төлөөлөгч Герасимов хэвлэлийн бага хурал дээр ЗХУ-ын төрийн тэргүүний шийдвэр болон БНМАУ-ын Засгийн газартай тохиролцсон хэлэлцээрийг үндэслэн энэ жилийн 4 сарынаас 6 сарын хооронд ЗХУ-аас БНМАУ-д түр байрлаж байгаа мото механикжуулсан Зөвлөлтийн анги нэгтгэлийн зарим хэсгийг тус улсаас гаргах болсон тухай мэдэгдэв.

2月19日　中国外交部和蒙古驻华大使馆在北京互换照会，就互免外交签证和简化因公签证手续问题达成协议，协议自1987年3月20日起生效。

2 сар 19　БНХАУ-ын ГЯЯ болон БНМАУ-аас БНХАУ-д суугаа ЭСЯ Бээжин хотноо нот бичиг солилцож харилцан гадаад харилцааны визнээс зайлсхийх болон албаны визнээс шалтгаалсан бичиг баримтыг хялбарчлах зэрэг асуудлаар хэлэлцэн тохиров. Хэлэлцээр 1987 оны 3 сарын 20-ны өдрөөс эхлэн хүчин төгөлдөр мөрдөгдөнө.

3月2日　中、朝、蒙、苏1987年进出口和过境货物铁路运量会议的议定书在平壤签订。

3 сар 2　БНХАУ, БНАСАУ, БНМАУ, ЗХУ-ын хооронд 1987 оны экспорт импорт болон шууд төмөр замын хурлын портоколд Пхеньян хотноо гарын үсэг зурав.

3月2日—9日　蒙古国家物资技术供应委员会局长、边境贸易代表团团长同中国内蒙古自治区对外经济贸易厅厅长举行1987年第一次例行会谈，签订今年第一批进出口互供商品合同。

3 сар 2-9　БНМАУ-ын Улсын бараа техник хангамжын газрын дарга, Хилийн худалдааны төлөөлөгчийн дарга болон ӨМӨЗО-ны гадаад эдийн засаг, худалдааны хэлтэсийн дарга нар 1987 онд зохион байгуулагдсан анхны хуралдаанд оролцож энэ жилийн анхны экспорт импортын харилцан бараа нийлүүлэх гэрээнд гарын үсэг зурав.

3月26日—31日　中蒙两国电信专家组在乌兰巴托举行会晤，商谈了两国边境地区电信问题。

3 сар 26-31　Хятад Монгол хоёр улсын цахилгаан холбооны мэргэжилтнүүд　Улаанбаатар хотноо уулзалт

зохион байгуулж хоёр улсын хилийн бүс нутгийн цахилгаан холбооны асуудлаар санал солилцсон байна.

3月27日 中国政府和蒙古政府关于中蒙边界制度和处理边境问题条约的第一轮会谈于3月19日—27日在北京举行。双方就条约文本草案交换了意见，并商定下一轮会谈在乌兰巴托举行。会谈期间，外交部副部长朱启祯于24日会见了蒙古代表团。另外，蒙古代表团还在北京、上海进行了参观游览。

3 сар 27 БНХАУ, БНМАУ-ын Засгийн газрын хоорондын Хятад Монголын хилийн тогтолцоо болон хилийн асуудлыг шийдвэрлэх гэрээний тухай анхдугаар хуралдааныг 3 сарын 19-27-ны өдөр Бээжин хотноо зохион байгуулав. Талууд гэрээний үндсэн төслийн талаар санал солилцож дараагийн хуралдааныг Улаанбаатар хотноо зохион байгуулахаар хэлэлцэн тохиролцсон байна. Хуралдааны үеэр ГЯЯ-ны дэд сайд Жу Чижэн 24-ны өдөр БНМАУ-ын төлөөлөгчтэй уулзав. Мөн түүнчилэн БНМАУ-ын төлөөлөгчид Бээжин, Шанхай хотуудад зочилсон байна.

4月 现代中国画展在蒙古首都乌兰巴托展出。

4 сар БНХАУ-ын Орчин үеийн уран зургийн үзэсгэлэн БНМАУ-ын нийслэл Улаанбаатар хотноо нээлтээ хийв.

4月11日 据苏联国防部当日宣布，根据苏联领导的决定和同蒙古人民共和国政府达成的协议，已经开始把苏联“临时驻扎”在蒙古领土上的一个摩托化步兵师和几支独立部队从蒙古撤回苏联。据悉，苏军是1963年开始进驻蒙古的。但苏联方面从未公布过其驻军数字。

4 сар 11 ЗХУ-ын БХЯ-аас ЗХУ-ын удирдагчдын шийдвэр болон БНМАУ-ын Засгийн Газартай тохиролцсон

хэлэлцээрийг үндэслэн ЗХУ-аас БНМАУ-ын нутаг дэвсгэр дээр “түр байрлаж буй” мото механикжуулсан болон зарим нэг тусгай анги нэгтгэлийг БНМАУ-ын нутаг дэвсгэрээс татах ажлыг эхлүүлсэн хийгээд зөвлөлтийн цэргийн анги нэгтгэл нь 1963 оноос эхлэн БНМАУ-д байрлаж байгаа тухай мэдэгдсэн боловч ЗХУ-ын талаас БНМАУ-д байрлаж буй цэргийн анги нэгтгэлийн тоог зарлаагүй байна.

5月16日　中国文化部副部长刘德有和蒙古驻华大使尼·鲁布桑楚勒特木在北京签署了中国政府和蒙古政府1987—1988年度文化交流执行计划。根据计划，1987年双方互派了6名进修生和5名大学生到对方高等院校学习；互派1名语文教师到对方大学任教。

5 сар 16　БНХАУ-ын СЯ-ны дэд сайд Лю Дэёоу, БНМАУ-аас БНХАУ-д суугаа Элчин сайд Нямын Лувсанчүлтэм нар Бээжин хотноо БНХАУ, БНМАУ-ын Засгийн газар хоорондын 1987-1988 онд хэрэгжүүлэх хамтын ажиллагааны соёлын төлөвлөгөөнд гарын үсэг зурав. Уг төлөвлөгөөг үндэслэн 1987 онд талуудаас тус бүр 6 хүн мэргэжил дээшлүүлэхээр, их сургуулийн 5 оюутан дээд тусгай мэргэжлийн сургуульд суралцахаар, хэл соёлын 1 багш их сургуульд багшлахаар тус тус тогтсон байна.

5月18日　蒙古部长会议主席杜·索德诺木致电中国领导人，就中国东北大兴安岭发生严重森林火灾以及由此造成的人员伤亡和巨大物资损失，向他们并通过他们向灾民表示深切的慰问。

5 сар 18　БНМАУ-ын Сайд нарын Зөвлөлийн дарга Д. Содном БНХАУ-ын удирдлагуудад илгээсэн гашуудлын цахилгаандаа Их Хянган даваанд гарсан ойн түймэр хийгээд үүний уршгаар нас барсан, шархадсан хүмүүст болон асар их хэмжээний бараа материалын гарз хохирол учирсанд

харамсал илэрхийлж байна.Та бүгдэд болон та бүхнээр дамжуулан гамшигт өртсөн ард иргэдэд, тэдний ар гэрт эмгэнэл илэрхийлье гэсэн байна.

6 月 6 日 以外交部条法司司长王厚立为团长的中国代表团和以外交部领事局局长布德为团长的蒙古代表团于 3 月和 6 月先后在北京和乌兰巴托就签订《中蒙边界制度和处理边境问题的条约》进行了两轮会谈。当日，双方在乌兰巴托草签了这一条约。

6 сар 6 БНХАУ-ын ГЯЯ-ны хуулийн хэлтсийн дарга Ван Хоули тэргүүтэй БНХАУ-ын төлөөлөгчид болон ГХЯ-ны Консулын газрын дарга Буд тэргүүтэй БНМАУ-ын төлөөлөгчид 3-р сарын болон 6-р саруудад тус тус Бээжин Улаанбаатар хотноо “Хятад Монголын Хилийн тогтолцоо болон Хилийн асуудлыг шийдвэрлэх гэрээ”-ний талаар хэлэлцээр хийв. Мөн өдөр талууд Улаанбаатар хотноо энэ гэрээний эх ноорогт гарын үсэг зурав.

6 月 17 日 应蒙古大人民呼拉尔的邀请，由全国人民代表大会常务委员会副委员长彭冲率领的中国全国人民代表大会代表团于当日上午乘火车离开北京，前往蒙古人民共和国进行友好访问。

6 сар 17 Үдээс өмнө БНМАУ-ын Ардын Их Хурлын урилгаар БХАТИХ-ын байнгын хорооны Дэд дарга Пэн Чун тэргүүтэй БНХАУ-ын БХАТИХ-ын төлөөлөгчид найрсаг айлчлал хийхээр галт тэргээр Бээжингээс мордож БНМАУ-ыг зорив.

6 月 18 日 蒙古大人民呼拉尔主席阿勒坦格尔勒今晚在国宾馆举行宴会，欢迎由彭冲副委员长率领的中国人大代表团。阿勒坦格尔勒和彭冲在宴会上发表了热情友好的讲话。当天下午，阿勒坦格尔勒会见了彭冲一行。彭冲转达了彭真委员长对他的问候。

6 сар 18 БНМАУ-ын АИХ-ын дарга Алтангэрэл Төрийн хүлээн авалтын танхимд дэд дарга Пэн Чун тэргүүтэй БНХАУ-ын БХАТИХ-ын төлөөлөгчдийг халуун дотноор угтан авч дайллага хийв. Алтангэрэл болон Пэн Чун нар дайллаган дээр халуун дотно, найрсаг яриа өрнүүлэв.Мөн өдрийн үдээс хойш Алтангэрэл дэд дарга Пэн Чун тэргүүтэй төлөөлөгчдийн бүрэлдэхүүнтэй уулзав. Пэн Чун нь БХАТИХ-ын байнгын хорооны дарга Пэн Жэний мэндчилгээг уламжлав.

6 月 19 日 彭冲副委员长率领的中国全国人民代表大会代表团同蒙古大人民呼拉尔主席阿勒坦格尔勒率领的蒙古大人民呼拉尔代表团当天上午在政府大厦进行了工作会谈。

6 сар 19 Үдээс өмнө, дэд дарга Пэн Чун тэргүүтэй БНХАУ-ын БХАТИХ-ын төлөөлөгчид БНМАУ-ын Ардын Их Хурлын дарга Алтангэрэл тэргүүтэй БНМАУ-ын Ардын Их Хурлын төлөөлөгчдийн хамт Засгийн газрын ордонд ажлын хэлэлцээр хийв.

6 月 18 日—25 日 由彭冲副委员长率领的中国全国人民代表大会代表团对蒙古人民共和国进行了正式友好访问。这是 20 多年来两国议会间的首次正式接触。访问期间，代表团受到蒙古人民革命党中央总书记、大人民呼拉尔主席团主席姜巴·巴特蒙赫的接见。在接见时，彭冲表示："从近年来两国关系发展情况看，今后两国在政治、经济、科技、文化等方面，有广阔的发展前景。"巴特蒙赫说："我们愿同伟大的邻邦——中华人民共和国全面发展友好关系。恢复与发展两国睦邻关系符合两国人民的根本利益，也符合社会主义事业的利益。”全国人大代表团还同以巴特奥其尔·阿勒坦格尔勒主席为首的蒙古大人民呼拉尔代表团举行了会谈。会谈中，双方介绍了各自的议会制度与活动、社会主义建设情况，并就双边关系和某些国际问题交换了意见。彭冲副委员长表示：“蒙古人民共和国是中国的友好近邻，中蒙两国人民有着传统的深厚友谊。我们高兴地看到，近年来在双方共同努力下，中蒙两国关系在新的起点上有了改善和发展。”阿勒坦格尔勒主席表示：“蒙中两国是毗邻的社会主义国家，蒙古人民革命党第十九次代表大会重申了在相互尊重主权、平等互利和互不干涉内政原则基础上改善和发展两国关系的方针路线。”双方都认为，发展中蒙两国睦邻友好关系和友好合作，是符合两国人民的愿望的，也符合两国人民的根本利益。此次中国全国人民代表大会代表团访问蒙古是 20 多年来两国议会间的首次正式接触。

6 сар 18-25 Дэд дарга Пэн Чун тэргүүтэй БНХАУ-ын БХАТИХ-ын төлөөлөгчид БНМАУ-д албан ёсны найрсаг айлчлал хийж байгаа ба энэ айлчлал нь 20 гаруй жилийн дараа хоёр улсын парламентын хороонд хийгдэж буй анхны албан ёсны айлчлал юм. Айлчлалын хугацаанд БНХАУ-ын төлөөлөгчид МАХН-ын ТХ-ны Ерөнхий нарийн бичгийн дарга, Ардын Их Хурлын тэргүүлэгчдийн дарга Ж. Батмөнхтэй уулзав. Уулзалтын үеэр Пэн Чун: “Сүүлийн үеийн хоёр улсын харилцааны хөгжлөөс үүдэн хоёр улсын улс төр, эдийн засаг, шинжлэх ухаан, боловсрол соёлын хамтын ажиллагааны хэтийн төлөвт итгэл төгс байна” гэв. Ж. Батмөнх: “ Бид томоохон хөрш улс болох БНХАУ-тай найрамдалт харилцаагаа бүхий л талаар нь хөгжүүлэхийг хүсч байгаа, хоёр улсын сайн хөршийн найрсаг харилцаа дахин сэргэн хөгжих нь хоёр улсын ард түмний язгуур эрх ашигт нийцэх төдийгүй социалист байгуулалтын үйлсэд ч

ашигтай гэдэгт итгэлтэй байна" гэв. БХАТИХ-ын төлөөлөгчид Бат-Очирын Алтангэрэл тэргүүтэй БНМАУ-ын Ардын Их Хурлын төлөөлөгчидтэй хэлэлцээр хийв. Хэлэлцээрийн явцад талууд өөр өөрийн орны их хурлын тогтолцоо, үйл ажиллагаа болон социалист бүтээн байгуулалтын нөхцөл байдлын талаар танилцуулав. Мөн талууд хоёр улсын харилцаа болон олон улсын зарим асуудлаар санал солилцов. Дэд дарга Пэн Чун: " БНМАУ нь БНХАУ-ын найрамдалт хөрш улс бөгөөд Хятад Монгол хоёр улсын ард түмний бат бөх найрамдал уламжлагдан ирсээр байгааг дурьдаад, сүүлийн жилүүдэд талуудын хамтын хүчин чармайлтаар Монгол Хятад хоёр улсын харилцаа шинээр хөгжиж байгаад бид маш их баяртай байна" гэв. Алтангэрэл: "Монгол Хятад хоёр улс нь хөрш зэргэлдээ орших социалист улсууд юм гээд МАХН-ын төлөөлөгчдийн 19 дүгээр их хурлын үеэр харилцан бүрэн эрхээ хүндэтгэх, эрх тэгш харилцан ашигтай хамтран ажиллах, харилцан дотоод хэрэгтээ оролцохгүй байх зэрэг зарчмын үндсэн дээр хоёр улсын харилцааны чиглэлийн шугамыг өөрчлөн хөгжүүлэх талаар хэлэлцэж байсныг дахин дурьдав" гэжээ. Хятад Монгол хоёр улсын сайн хөршийн найрсаг харилцаа болон хамтын ажиллагааг хөгжүүлэх нь хоёр улсын ард түмний хүсэл зориг хийгээд язгуур эрх ашигт нийцнэ гэдэгтэй талууд бүгд санаа нэгдэв. Энэ удаагийн БНХАУ-ын БХАТИХ-ын төлөөлөгчдийн БНМАУ-д хийсэн айлчлал нь 20 гаруй жилийн дараахь хоёр улсын парламентын хоорондын анхны албан ёсны айлчлал юм.

6 月 26 日　由彭冲率领的中国全国人民代表大会代表团结束对蒙古的友好访问，于当日乘火车回到北京。

6 сар 26　Пэн Чун тэргүүтэй БНХАУ-ын БХАТИХ-ын төлөөлөгчид БНМАУ-д хийсэн найрсаг айлчлалаа өндөрлөж галт тэргээр эх орондоо буцав.

6月26日—7月3日 中、蒙国境铁路联运委员会第29次例会和中、蒙、苏铁路联运会第13次会议在伊尔库茨克市举行。中国、蒙古、苏联三国的铁路代表在进行了充分协商之后，签署了有关中、蒙、苏三国铁路运输的议定书；中国与蒙古国签署了中蒙国境铁路联合委员会会议的议定书。

6 сар 26-7 сар 3 Монгол Хятадын шууд төмөр замын комиссын 29 дэх удаагийн ээлжит хуралдаан болон Монгол, Хятад, Зөвлөлтийн төмөр замын тээврийн комиссын 13 дугаар хурал Эрхүү хотноо болов. Хятад, Монгол, Зөвлөлтийн төмөр замын төлөөлөгчид хэлэлцээр хийсний дараа Хятад, Монгол, Зөвлөлтийн буюу 3 улсын төмөр замын хэлэлцээрийн портокол болон Хятад Монголын шууд төмөр замын тээврийн комиссын хурлын портоколд гарын үсэг зурав.

6月28日—7月4日 中蒙恢复了中断20余年的科学技术交流，由国家科学技术委员会国际科技合作局副局长潘志远率领的中国科技代表团访问蒙古人民共和国。访问期间，双方签署了中国政府和蒙古政府1987—1988年度科技合作计划。该计划规定，双方在两年内相互考察畜牧、能源、轻工业、食品加工、建筑材料等方面的9个专业项目。

6 сар 28-7 сар 4 Хятад Монгол хоёр улсын 20 гаруй жил тасалдсан шинжлэх ухаан техникийн солилцоо сэргэж, БНХАУ-ын ШУТ-ийн зөвлөлийн Олон улсын Шинжлэх ухааны хамтын ажиллагааны хэлтэсийн дэд дарга Пан Жиюань тэргүүтэй БНХАУ-ын Шинжлэх ухаан техникийн төлөөлөгчид БНМАУ-д айлчлал хийв. Айлчлалын хугацаанд талууд БНХАУ, БНМАУ-ын Засгийн Газрын хоорондох 1987-1988 оны шинжлэх ухаан техникийн хамтын ажиллагааны төлөвлөгөөнд гарын үсэг зурав. Уг төлөвлөгөө

ёсоор талууд хоёр жилийн дотор мал аж ахуй, эрчим хүч, хөнгөн үйлдвэр, хүнсний боловсруулалт, барилгын материал зэрэг 9 мэргэжлийн төслийг харилцан хянан судлах ажлыг тусгасан байна.

7 月 31 日　中国国家副主席、中央代表团团长乌兰夫当天在呼和浩特会见了前来参加内蒙古自治区成立 40 周年庆祝活动的蒙古人民共和国与内蒙古毗邻省代表团全体成员。

7 сар 31　БНХАУ-ын дэд дарга, ТХ-ны төлөөлөгчдийн дарга Улаанхүү ӨМӨЗО байгуулагдсаны 40 жилийн ойн арга хэмжээнд оролцохоор хүрэлцэн ирсэн БНМАУ болон ӨМӨЗО-ны хөрш зэргэлдээ аймгийн төлөөлөгчидтэй уулзав.

8 月 1 日　内蒙古自治区近 4 万名各族群众代表在呼和浩特市人民体育场隆重集会，庆祝内蒙古自治区成立 40 周年。以巴雅尔呼・米吉德为团长的蒙古人民共和国毗邻四省代表团应邀出席庆祝大会。

8 сар 1　ӨМӨЗО-ны олон үндэстэн, олон ард түмнийг төлөөлөн 40000 хүн Хөх хотын Ардын биеийн тамирын талбайд ӨМӨЗО байгуулагдсаны 40 жилийн ойг тохиолдуулан баярын цуглаан хийв. Баярын цуглаанд Баярхүүгийн Мижид тэргүүтэй БНМАУ-ын төлөөлөгчид болон хөрш 4 аймгийн төлөөлөгчид урилгаар оролцов.

8 月 3 日　中国内蒙古自治区政府主席布赫当日在呼和浩特会见了由巴雅尔呼・米吉德率领的蒙古人民共和国与内蒙古自治区毗邻省代表团全体成员，并与他们共进早餐。

8 сар 3　ӨМӨЗО-ны Засгийн газрын тэргүүн Бөхөө Хөх хотноо Баярхүүгийн Мижид тэргүүтэй БНМАУ-ын

төлөөлөгчид болон ӨМӨЗО-ны хөрш аймгийн төлөөлөгчидтэй уулзаж хамтдаа өглөөний зоог барив.

9月2日 中国全国人民代表大会常务委员会副委员长彭冲在当天下午举行的六届全国人大常委会第22次会议全体会上作了全国人大代表团访问蒙古情况报告，建议加强全国人大与蒙古大人民呼拉尔的来往，加强同蒙古议员团的接触，增进了解，根据需要进行某些合作。他还建议以彭真委员长的名义致函阿勒坦格尔勒主席，正式邀请蒙古大人民呼拉尔代表团在方便的时候访问中国。

9 сар 2 Үдээс хойш, БНХАУ-ын БХАТИХ-ын дэд дарга Пэн Чун 6-р БХАТИХ-ын байнгын хорооны 22-р хуралдаанд дээр БХАТИХ-ын БНМАУ-д хийсэн айлчлалын байдлын талаар мэдэгдэл хийж БХАТИХ болон БНМАУ-ын АИХ-ын харилцаа холбоо хийгээд БНМАУ-ын АИХ-ын гишүүдтэй харилцаагаа бэхжүүлэх зорилгоор зарим нэг чухал хамтын ажиллагааг хэрэгжүүлсэн гэв. Мөн Тэрээр БХАТИХ-ын байнгын хорооны дарга Пэн Жэний нэрийн өмнөөс БНМАУ-ын АИХ-ын төлөөлөгчдийг боломжтой үедээ БНХАУ-д айлчлахыг албан ёсоор урисан захидалыг дамжуулах тухай сануулга гаргав.

9月14日—18日 由中国社会科学院民族文学研究所副所长仁钦道尔吉率领的中国蒙古学家代表团出席了在乌兰巴托举行的第五届国际蒙古学家大会。这是中国自1959年参加第一届国际蒙古学家大会28年以来首次派团与会。

9 сар 14-18 БНХАУ-ын НШУ-ны академийн үндэстний үтаг зоиол судлалын хүрээлэнгийн дэд дарга Ринчендорж тэргүүтэй Хятадын монголч эрдэмтдийн төлөөлөгчид Улаанбаатар хотноо зохион байгуулагдсан олон улсын

монголч эртэмтэдийн 5 дугаар их хуралд оролцов. Энэ нь БНХАУ 1959 онд Олон улсын монголч эрдэмтдийн анхдугаар их хуралд оролцсоноос хойш 28 жилийн дараа дахин томилсон анхны баг юм.

9 月 14 日—19 日　中蒙两国气象专家组就扩大两国气象电路合作和科技合作问题在北京进行会晤并签署了会晤纪要。

9 сар 14-19　Хятад Монгол хоёр улсын цаг уурын мэргэжилтнүүд хоёр улсын цаг уурын мэдээний хамтын ажиллагаа болон шинжлэх ухааны зарим асуудлаар Бээжин хотноо хэлэлцүүлэг хийж улмаар уг хэлэлцүүлгийн портоколд гарын үсэг зурав.

9 月 21 日　中国外交部部长吴学谦参加第 42 届联合国大会期间在纽约会见了蒙古外交部部长芒・杜格尔苏仍，双方就发展双边关系和某些国际问题交换了意见。

9 сар 21　БНХАУ-ын ГЯЯ-ны сайд Ү Сюэцянь НҮБ-ын Ерөнхий Ассамблейн 42 дахь удаагийн чуулганд оролцох үеэрээ Нью-Йорк хотноо БНМАУ-ын Гадаад Харилцааны Яамны сайд М. Дугарсүрэнтэй уулзаж талууд хоёр улсын харилцааны хөгжил хийгээд олон улсын зарим асуудлаар санал солилцов.

9 月 25 日—29 日　由沙・鲁布桑旺丹率领的蒙古人民共和国蒙古学家代表团参加在呼和浩特市举行的内蒙古大学首次国际蒙古学学术讨论会。

9 сар 25-29　Ш. Лувсанвандан тэргүүтэй БНМАУ-ын эрдэмтдийн төлөөлөгчид Хөх хотноо ӨМИС-ын зохион байгуулсан олон улсын монгол судлалын эрдэм шинжилгээний анхдугаар хэлэлцүүлэгт оролцов.

9月26日—30日 由蒙古和平与友好组织联合会执行委员会主席达格瓦·查黑勒冈率领的蒙古和平与友好组织联合会执行委员会和蒙中友协代表团，应中国人民对外友好协会和中蒙友好协会的邀请，对中国进行了友好访问，中国全国人大常委会副委员长彭冲会见了该代表团。

9 сар 26-30 БНМАУ-ын Энх тайван найрамдлын холбооны дарга Д. Цахилгаан тэргүүтэй БНМАУ-ын Энх тайван найрамдлын холбооны төлөөлөгчид болон Монгол Хятадын Найрамдалын Нийгэмлэгийн төлөөлөгчид урилгаар БНХАУ-д айлчлал хийв. Айлчлалын үеэр БНХАУ-ын БХАТИХ-ын байнгын хорооны дэд дарга Пэн Чун тус төлөөлөгчидтэй уулзав.

9月 由中国内蒙古自治区科学委员会主任许令妊一行4人组成的中国牧草科技代表团，赴蒙古人民共和国考查牧草改良管理。

9 сар ӨМӨЗО-ны Шинжлэх ухааны зөвлөлийн дарга Сю Линрэнь тэргүүтэй БНХАУ-ын Малын бэлчээрийг хянан шалгах шинжлэх ухааны төлөөлөгчид 4 хүний бүрэлдхүүнтэйгээр БНМАУ-ын малын бэлчээрийг шалгахын зэрэгцээ хяналтыг сайжруулах ажлаар хүрэлцэн ирэв.

9月 蒙古电影工作者参加在北京举行的第一届中国电影回顾展。

9 сар БНМАУ-ын дэлгэцийн киноны уран бүтээлчид Бээжин хотноо зохион байгуулагдсан БНХАУ-ын дэлгэцийн кино бүтээлийг эргэн дурсах анхдугаар үзэсгэлэнг үзэж сонирхов.

10 月　根据中国政府和蒙古政府 1987—1988 年度科技合作计划，中国牧场草原考察组和中国乳品工业考察组赴蒙进行了考察。

10 сар　БНХАУ-ын Засгийн газар болон БНМАУ-ын Засгийн газар хоорондын 1987-1988 оны шинжлэх ухааны хамтын ажиллагааны төлөвлөгөөний дагуу БНХАУ-ын малын бэлчээр болон БНХАУ-ын сүүн бүтээгдэхүүний үйлдвэртэй тус тус танилцах төлөөлөгчид БНМАУ-д хүрэлцэн ирэв.

10 月 1 日　蒙古大人民呼拉尔主席团主席姜巴·巴特蒙赫和部长会议主席杜玛·索德诺姆联名向李先念主席和赵紫阳总理发来贺电，祝贺中华人民共和国成立 38 周年。

10 сар 1　БНМАУ-ын АИХ-ын тэргүүлэгчдийн дарга Ж. Батмөнх, Сайд нарын Зөвлөлийн дарга Д. Содном нар БНХАУ байгуулагдсаны 38 жилийн ойг тохиолдуулан Ли Сяньнянь дарга ба Ерөнхий сайд Жао Зиян нарт баярын цахилгаан илгээв.

11 月 17 日—22 日　中蒙两国民航专家组在北京举行会晤，商谈了蒙古民航在乌兰巴托至北京之间开设定期航班和签订总代理合同问题。

11 сар 17-22　Хятад Монгол хоёр улсын иргэний агаарын тээврийн мэргэжилтнүүд Бээжин хотноо уулзалт хийж БНМАУ-ын иргэний агаарын тээвэр Улаанбаатар-Бээжингийн хооронд тогтмол нислэг хийх болон төлөөлөгчийн газрын гэрээнд гарын үсэг зурах асуудлаар зөвшилцөв.

12 月 23 日 中国内蒙古自治区人民政府主席布赫会见并宴请以外贸部副部长纳·巴布为团长的蒙古政府贸易代表团。

12 сар 23 ӨМӨЗО-ны Ардын Засгийн газрын дарга Бөхөө, Гадаад Худалдааны Яамны дэд сайд Н.Бавуу тэргүүтэй БНМАУ-ын Засгийн газрын Гадаад Худалдааны төлөөлөгчидтэй уулзан зочдод зориулан дайллага хийв.

12月 由纳德米德·巴布副部长率领的蒙古政府贸易代表团来华，签订了中国政府和蒙古政府关于 1988 年相互供应货物和付款议定书。中国对外经济贸易部部长郑拓彬和巴布副部长对近年来两国贸易关系的发展表示满意。郑拓彬表示希望两国在进一步发展贸易的同时还可探讨和开展多种形式的合作。

1987 年两国进出口商品总额达 2 488 万美元，其中中国出口额为 2 027 万美元，进口额为 461 万美元。根据 1986 年签订的中蒙第一个长期贸易协定，中国从蒙古进口板材、马皮、旱獭皮、羊羔皮及其他土畜产品等，出口绸缎、布匹及其他轻纺产品等。

1985 年两国曾就开展边境贸易正式换文并开始实施。1987 年中蒙边境贸易有较大发展，比 1986 年增长两倍多。中国内蒙古自治区从蒙古边境地区进口水泥、地毯、白板纸等，出口运动衣、羽绒服、帆布等轻纺工业品。

12 сар БНМАУ-ын Засгийн Газрын Худалдааны төлөөлөгчид дэд сайд Надмидын Бавуу тэргүүтэй БНХАУ-д хүрэлцэн ирж БНХАУ, БНМАУ-ын Засгийн Газрын хооронд 1988 онд харилцан бараа нийлүүлэх портокол болон төлбөрийн тухай портоколд гарын үсэг зурав. БНХАУ-ын Гадаад эдийн засаг, Худалдааны Яамны сайд Жэн Туобинь болон дэд сайд Бавуу нар сүүлийн жилүүдэд хоёр улсын худалдааны харилцаа хөгжиж байгаад сэтгэл хангалуун байгаагаа илэрхийлэв. Мөн Жэн Туобинь Хоёр улсын

худалдааг улам бүр хөгжүүлэхийн зэрэгцээ олон төрлийн хамтын ажиллагааг нээн хөгжүүлэхийг хүсч буйгаа илэрхийлэв.

1987 онд, Хятад Монгол хоёр улсын экспорт импортын барааны нийт мөнгөний эргэлт 24. 880.000 долларт хүрэв. Тэр дундаа ÁÍÕÀÓ-ын экспортын нийт õýìæýý 20. 270.000 доллар, импортын нийт хэмжээ 4.610.000 доллар байна. 1986 оны Хятад Монголын хооронд анхны урт хугацаатай худалдааны гэрээнд гарын үсэг зурсаны дагуу БНХАУ нь БНМАУ-аас мод, арьс шир, тарваганы арьс, хурга ишигний арьс зэрэг малын гаралтай бүтээгдэхүүн импортлон, торго дурдан, бөс бараа çýðýã хөнгөн үйлдвэрийн бараа бүтээгдэхүүн экспортолсон байна.

1985 онд Хоёр улсын хилийн худалдааг хөгжүүлэх албан ёсны бичиг солилцож түүнийгээ хэрэгжүүлж эхэлсэн байна.1987 онд Хятад Монгол хоёр улсын Хилийн худалдаа хөгжсөн буюу 1986 онтой харьцуулахад 2 дахин нэмэгдсэн байна. ӨМӨЗО, БНМАУ-ын хилийн бүс нутгаас цемент, хивс, ватум цаас зэргийг импортлож, биеийн тамирын хувцас, өдөн куртка, брезент зэрэг хөнгөн үйлдвэрийн бараа бүтээгдэхүүн экспортлов.

1988 年中蒙国家关系历史编年

1988 он Хятад Монгол хоёр улсын харилцааныттүүхэн үйл явдлын товчоон

3 月 13 日　蒙古国际象棋代表队当日在北京与北京队进行了访问中国以来的第二场比赛，以三和三负再次受挫。在当天比赛前，蒙古驻华大使鲁布桑楚勒特木指出，这次蒙古国际象棋队访问中国，对增进蒙中人民之间的友谊，促进两国体育交往是很有益处的。

3 сар 13 БНМАУ-ын олон улсын шатрын баг БНХАУ-ын нийслэл Бээжин хотноо тус хотын шатрын багтай нөхөрсөг тэмцээн зохион явуулсан ба тэмцээн 3:3 харьцаатай өндөрлөв.Нөхөрсөг тэмцээний өмнө БНМАУ-аас БНХАУ-д суугаа Элчин сайд Лувсанчүлтэм үг хэлэхдээ энэ удаагийн БНМАУ-ын Олон улсын хэмжээний шатрын баг БНХАУ-д айлчилсан явдал нь Монгол Хятад хоёр улсын ард түмний найрамдалт харилцаа батжин хоёр улсын биеийн тамирын хамтын ажиллагаа хөгжихөд ихээхэн тус дөхөм болно гэв.

3月23日—4月4日 蒙古文化部创作司司长章其布率领蒙古艺术团在呼和浩特市和北京进行了访问演出。

3 сар 23-4 сар 4 БНМАУ-ын Соёлын Яамны уран бүтээлийн хэлтэсийн дарга Жанчив тэргүүтэй БНМАУ-ын Соёл Урлагийн баг Хөх хот болон Бээжин хотноо айлчлан тоглолт хийв.

3月31日 蒙古艺术团当日晚在北京举行首演。具有浓郁民族风格的歌舞节目，受到了观众的热烈的欢迎。

3 сар 31 БНМАУ-ын урлагийн бие бүрэлдэхүүн мөн өдрийн орой Бээжин хотноо анхны тоглолтоо хийв. Үндэсний дуу бүжгийн програмыг үзэгчид маш халуун дотноор хүлээн авсан байна.

4月2日 人民日报发表记者张健采写的通讯《草原歌舞寓深情——蒙古艺术团访问中国演出侧记》。

4 сар 2 “Ардын өдрийн сонин”-ны сурвалжлагч Жан Жяньцай “ Тал нутгийн сэтгэл хөдлөм дуу бүжиг - БНМАУ-ын

урлагийн бие бүрэлдэхүүн БНХАУ-д айлчлан тоглолт хийв." нэртэй мэдээ нийтлүүлэв.

4 月 4 日　清明节之际，中国驻蒙古大使馆政务参赞王保民与使馆工作人员一起前往乌兰巴托北山公墓，为援蒙建设中殉职的中国工人扫墓，并敬献花圈。

4 сар 4　Ханш нээх баярыг тохиолдуулан БНХАУ-аас БНМАУ-д суугаа Элчин сайдын яамны Элчин сайдын зөвлөх Ван Баоминь Элчин сайдын яамны ажилчдын хамт БНМАУ-аас БНХАУ-ын ажилчдад зориулан Улаанбаатар хотноо байгуулсан оршуулгын газрыг цэвэрлэж хөшөөнд цэцэг өргөв.

4 月 11 日　蒙古人民共和国大人民呼拉尔主席巴特蒙赫、致电杨尚昆、万里等人，祝贺他们分别当选为国家元首及全国人大常务委员长。蒙古人民共和国总理索德囊致电李鹏，祝贺他当选为国务院总理。

4 сар 11　БНМАУ-ын Ардын Их Хурлын Тэргүүлэгчдийн дарга Ж. Батмөнх, Ян Шанкүнь, Вань Ли нарт баярын цахилгаан илгээж тэднийг тус тус Төрийн тэргүүн болон БХАТИХ байнгын хорооны даргаар сонгогдсонд баяр хүргэв. Мөн БНМАУ-ын Сайд нарын Зөвлөлийн дарга Д.Содном, Ли Пэнд баярын цахилгаан илгээж Төрийн Зөвлөлийн Ерөнхий сайдаар сонгогдсонд баяр хүргэв.

4 月 14 日—22 日　由蒙古工会中央理事会秘书长云·达什道尔吉率领的蒙古工会代表团对中国进行友好访问，恢复了两国工会之间中断 20 多年的交往。

4 сар 14-22　БНМАУ-ын ҮЭ-ийн ТХ-ны Зөвлөлийн нарийн бичгийн дарга Ю. Дашдорж тэргүүтэй БНМАУ-ын

ҮЭ-ийн төлөөлөгчид БНХАУ-д найрсаг айлчлал хийв. Үүгээр хоёр улсын ҮЭ-ийн хоорондын 20 гаруй жил тасраад байсан харилцаа сэргэж эхэлсэн байна.

4 月 27 日—28 日 中国内蒙古人民政府副主席赵志宏会见了以蒙古文化部干部司司长阿·班钦道尔吉为团长的蒙古艺术教育考察团一行三人。

4 сар 27-28 ӨМӨЗО-ны Ардын Төв Засгийн Газрын дэд дарга Жао Жихун БНМАУ-ын СЯ-ны боловсон хүчний хэлтэсийн дарга А. Ванчиндорж тэргүүтэй БНМАУ-ын соёл боловсролын гурван төлөөлөгчидтэй уулзав.

5 月 5 日—13 日 中国内蒙古气象局副局长湖春率领气象专家组访问蒙古，同蒙古自然环境保护部专家组就中蒙气象电路和气象科技合作问题举行会谈，并签署有关文件。

5 сар 5-13 ӨМӨЗО-ны Цаг уурын хүрээлэнгийн дэд дарга Ху Чүнь тэргүүтэй цаг уурын мэргэжилтнүүд БНМАУ-д айлчлав. Айлчлалын хугацаанд, БНМАУ-ын Байгаль орчны яамны мэргэжилтнүүдийн хамт Хятад Монголын цаг уурын мэдээ болон ус цаг уурын шинжлэх ухааны хамтын ажиллагааны асуудлаар хэлэлцээр хийж холбогдох баримтанд гарын үсэг зурав.

5 月 5 日—15 日 青海省文化厅厅长李泽启率领中国艺术团在蒙古乌兰巴托和达尔汗市进行了访问演出。

5 сар 5-15 БНХАУ-ын Чинхай мужийн Соёлын хэлтэсийн дарга Ли Зэчи тэргүүтэй БНХАУ-ын соёл урлагийн бригад БНМАУ-ын Улаанбаатар, Дархан хотуудад айлчлан тоглолт хийв.

5 月 蒙古科学院院士那楚克道尔吉等参加了由内蒙古师范大学组织召开的《蒙古秘史》国际学术讨论会。由文化部艺术教育局局长方仟率领的中国艺术教育考察组赴蒙古人民共和国进行了考察。

5 сар БНМАУ-ын ШУА-ийн академич Ш. Нацагдорж ӨМӨЗО-ны БИС-аас зохион байгуулсан “Монголын Нууц Товчоо” олон улсын эрдэм шинжилгээний хуралд оролцов. Соёлын Яамны урлаг соёлын хэлтэсийн дарга Фан Чянь тэргүүтэй БНХАУ-ын соёл боловсролтой танилцах төлөөлөгчид БНМАУ-д хүрэлцэн ирж соёл боловсролын үйл ажиллагаатай танилцав.

7 月 7 日 蒙古驻华大使尼·鲁布桑楚勒特木当日在使馆举行招待会，庆祝蒙古人民革命胜利 67 周年。中国铁道部部长李森茂出席招待会。

7 сар 7 БНМАУ-аас БНХАУ-д суугаа Элчин сайд Н. Лувсанчүлтэм МАХН-ын 67 жилийн ойг тохиолдуулан ЭСЯ-нд дайллага зохион байгуулав. Уг дайллаганд БНХАУ-ын Төмөр замын яамны сайд Ли Шэнмао оролцов.

7 月 21 日—28 日 中国人民对外友好协会会长章文晋率领中国对外友协和中蒙友协代表团，应蒙古和平与友好组织联合会执行委员会及蒙中友协的邀请，于 7 月 21—28 日对蒙古进行友好访问。访问期间，蒙古部长会议副主席巴·阿勒坦格尔勒接见了代表团。

7 сар 21-28 БНХАУ-ын гадаад орнуудтай найрамдлаар харилцах ардын нийгэмлэгийн дарга Жан Вэньжинь тэргүүтэй БНХАУ-ын гадаад орнуудтай найрамдлаар харилцах нийгэмлэгийн төлөөлөгчид БНМАУ-ын энх тайван найрамдалын нийгэмлэг болон Монгол Хятадын

найрамдалын нийгэмлэгийн урилгаар 7 сарын 21-28-ны өдөр БНМАУ-д найрсаг айлчлал хийв. Айлчлалын хугацаанд, БНМАУ-ын Сайд нарын Зөвлөлийн дэд дарга Б.Алтангэрэл төлөөлөгчдийг хүлээн авч уулзав.

7月25日 中国内蒙古自治区人民政府主席布赫会见了蒙古驻华大使尼·鲁布桑楚勒特木及夫人和一等秘书策·达来一行。

7 сар 25 ӨМӨЗО-ны Ардын Засгийн газрын тэргүүн Бөхөө БНМАУ-аас БНХАУ-д суугаа Элчин сайд Н. Лувсанчүлтэм түүний гэргий болон нарийн бичгийн дарга Ч. Далай нартай уулзав.

7月 蒙古人民共和国第10任驻华大使 Н·奥其尔抵北京上任。

7 сар БНМАУ-аас БНХАУ-д шинээр томилогдон суух 10 дахь Элчин сайд Ю. Очир Бээжин хотод томилолтоор хүрэлцэн ирэв.

8月29日—9月6日 中、蒙国境铁路联运委员会第20次例会和中、蒙、苏铁路联运会第14次会议在呼和浩特市举行。

8 сар 29-9 сар 6 Хятад Монголын шууд төмөр замын тээврийн комиссын 20 дугаар ээлжит хурал болон Хятад, Монгол, Зөвлөлтийн төмөр замын тээврийн комиссын 14 дүгээр хуралдаан Хөх хотод болов.

8月30日—9月5日 中国民航局航行司副司长刘志义率领中国航空通信代表团赴蒙商谈空中交通管制移交和通信手段问题。

8 сар 30-9 сар 5 БНХАУ-ын иргэний агаарын тээврийн компаний аялалын хэлтсийн дэд дарга Лью Жий тэргүүтэй

БНХАУ-ын агаарын тээврийн төлөөлөгчид БНМАУ-д хүрэлцэн ирж агаарын тээврийн удирдах газрын болон холбооны арга барилын талаар зөвшилцөв.

9 月 8 日　蒙古人民共和国新任驻中国大使云登·奥其尔当天上午在人民大会堂向中国国家副主席王震递交国书。云登·奥其尔于 9 月 2 日抵京。

9 сар 8 Үдээс өмнө, БНМАУ-аас БНХАУ-д шинээр томилогдон суух Элчин сайд Юндэнгийн Очир АИХ-ын танхимд БНХАУ-ын дэд дарга Ван Жэньд итгэмжлэх жуух бичгээ өргөн барив. Ю. Очир 9 сарын 2-ны өдөр Бээжинд хүрэлцэн ирсэн байна.

9 月 12 日　应中国全国人民代表大会常务委员会的邀请，由主席洛敦·林钦率领的蒙古大人民呼拉尔代表团当天下午乘飞机抵达北京，对中国进行友好访问。代表团的访问是对去年彭冲副委员长率中国全国人民代表大会代表团访问蒙古的回访，也是自 1960 年以来，蒙古议会代表团第一次访问中国。

同日　以国家气象局局长邹竞蒙为首的中国代表团，当日同以蒙古自然保护部第一副部长米格玛尔扎布为首的代表团，签署了《中国国家气象局和蒙古自然环境保护部关于气象科学技术合作议定书》。

9 сар 12 Үдээс хойш, БНХАУ-ын БХАТИХ-ын байнгын хорооны урилгаар АИХ-ын дарга Л. Ринчин тэргүүтэй БНМАУ-ын АИХ-ын төлөөлөгчид БНХАУ-д найрсаг айлчлал хийхээр тусгай үүргийн онгоцоор Бээжин хотноо хүрэлцэн ирэв. Төлөөлөгчдийн энэ удаагийн айлчлал нь өнгөрсөн жил БХАТИХ-ын дэд дарга Пэн Чун тэргүүтэй БНХАУ-ын БХАТИХ-ын төлөөлөгчид БНМАУ-д хийсэн айлчлалын хариу айлчлал бөгөөд 1960 оноос нааш БНМАУ-ын Ардын Их

Хурлын төлөөлөгчдийн БНХАУ-д хийж буй анхны айлчлал юм.

Мөн өдөр БНХАУ-ын Цаг уурын хүрээлэнгийн дарга Зоу Жинмэн тэргүүтэй төлөөлөгчид БНМАУ-ын Байгаль орчныг хамгаалах яамны нэгдүгээр орлогч дарга Мягмаржав тэргүүтэй төлөөлөгчидтэй хамт "БНХАУ-ын Цаг Уурын хүрээлэн болон БНМАУ-ын байгаль орчныг хамгаалах яамны цаг уурын шинжлэх ухаан, техникийн хамтын ажиллагааны тухай хэлэлцээр"-т гарын үсэг зурав.

9 月 12 日—19 日　蒙古大人民呼拉尔代表团对中国访问期间，中国全国人民代表大会常务委员会副委员长彭冲同蒙古代表团举行了会谈，中国全国人民代表大会常务委员会委员长万里、中国国家主席杨尚昆和国务院副总理吴学谦分别会见了林钦主席及代表团。

9 сар 12-19　БНМАУ-ын АИХ-ын төлөөлөгчид БНХАУ-д айлчлах хугацаанд БНХАУ-ын БХАТИХ-ын байнгын хорооны дэд дарга Пэн Чун БНМАУ-ын төлөөлөгчидтэй хэлэлцээр хийсэн ба БНХАУ-ын БХАТИХ-ын байнгын хорооны дарга Ван ли, БНХАУ-ын дарга Ян Шанкүнь, Төрийн зөвлөлийн Ерөнхий сайдын орлогч Ү Сюэцянь нар АИХ-ын дарга Ринчин болон төлөөлөгчидтэй тус тус уулзав.

9 月 13 日　中国全国人民代表大会常务委员会委员长万里当天中午在人民大会堂会见了由主席洛敦·林钦率领的蒙古大人民呼拉尔代表团。万里和林钦分别就中蒙关系发表了讲话。会见后，万里举行宴会欢迎蒙古大人民呼拉尔代表团。全国人大常委会副委员长彭冲等出席宴会。当天上午，彭冲副委员长同洛敦·林钦举行会谈。

9 сар 13 Үд дунд, БНХАУ-ын БХАТИХ-ын байнгын хорооны дарга Вань Ли АТИХ-ын тамхимд АИХ-ын дарга Л. Ринчин тэргүүтэй БНМАУ-ын АИХ-ын төлөөлөгчидтэй уулзав. Вань Ли болон Ринчин нар Хятад Монголын харилцааны тухай халуун яриа өрнүүлэв. Уулзалтын дараа, Ван Ли дайллага зохион байгуулж БНМАУ-ын АИХ-ын төлөөлөгчдийг хүлээн авав. БХАТИХ-ын байнгын хорооны дэд дарга Пэн Чун дайллаганд оролцов. Мөн өдрийн үдээс өмнө дэд дарга Пэн Чун Л. Ринчинтэй ярилцсан байна.

9 月 23 日　中国外交部发言人金桂华回答路透社记者问：“中国是否坚持苏联全部撤走其驻扎在蒙古人民共和国的军队才能实现中苏关系正常化”时表示，苏联应当尽快从蒙古撤走其全部军队。苏联还应当采取实际行动消除中苏关系中的另外两个障碍，特别是苏联支持越南侵略柬埔寨这个主要障碍。

9 сар 23 БНХАУ-ын ГЯЯ-ны хэвлэлийн төлөөлөгч Жин Гүйхуа Ройтер агентлагын сэтгүүлчийн асуултанд хариулахдаа “ЗХУ нь БНМАУ-д байрлаж байгаа цэргийн анги нэгтгэлийнхээ ихэнхи хэсгийг гаргаснаар БНХАУ, ЗХУ-ын харилцаа хэвийн болох эсэх нь шийдэгдэнэ гэдгийг илэрхийлэхийн сацуу ЗХУ нь аль болох хурдан БНМАУ-аас цэргийн анги нэгтгэлээ татах хэрэгтэй гэв. Мөн Зөвлөлт Хятадын харилцааг хэвийн болгох асуудлаас гадна хоёр бэрхшээл байгааг онцлон дурьдвал: ЗХУ-аас Вьетнамийн Камбожад түрэмгийлснийг дэмжиж буй нь маш том саад болоод байна” гэв.

9 月 26 日　中国外交部部长钱其琛在参加第 43 届联合国大会期间，在纽约会见了蒙古新任外长策・贡布苏仍。会见时，钱外长正式邀请贡布苏仍外长访问中国，贡布苏仍接受邀请，并表示希望 1989 年成行。

9 сар 26 БНХАУ-ын ГЯЯ-ны сайд Цянь Цичэнь НҮБ-ын Ерөнхий Ассамблейн 43 дугаар чуулганд оролцох үеэрээ Нью-Йорк хотноо БНМАУ-ын ГХЯ-ны сайд Ц. Гомбосүрэнтэй уулзав. Уулзатын үеэр ГЯЯ-ны сайд Цянь Цичэнь ГХЯ-ны сайд Ц. Гомбосүрэнг БНХАУ-д айлчлал хийхийг албан ёсоор урисан бөгөөд Ц. Гомбосүрэн урилгыг хүлээн авч 1989 онд БНХАУ-д айлчлахаа илэрхийлэв.

9 月　中国联合国协会理事曹桂生率代表团于 9 月间出席在乌兰巴托举行的联合国协会世界联合会亚太地区第二次会议后，应蒙古支持联合国协会的邀请，对蒙古进行了访问。

9 сар БНХАУ дахь НҮБ Хэрэг эрхлэх газрын дарга Цао Гүйшэн тэргүүтэй төлөөлөгчид 9-р сард Улаанбаатар хотноо зохион байгуулагдсан НҮБ-ын Дэлхийн нэгдсэн хуралдааны Ази Номхон далайн орнуудын 2 дугаар чуулганд оролцсоныхоо дараа БНМАУ-ын дэмжлэгтэйгээр НҮБ-ын урилгаар БНМАУ-д айлчлал хийв.

10 月 11 日　据报道，三大英雄史诗之一的《江格尔》国际学术研讨会最近在中国新疆乌鲁木齐市举行。蒙古人民共和国学者、《江格尔》研究专家参加了会议。

10 сар 11 Гурван баатарлаг туульсын нэг болох “Жангар”-ын олон улсын эрдэм шинжилгээний хурал удахгүй БНХАУ-ын Шиньжааны Үрэмч хотод зохион байгуулагдах ба уг эрдэм шинжилгээний хуралд БНМАУ-ын эрдэмтэд, “Жангар” судлалын мэргэжилтнүүд оролцох аж.

11 月 4 日　中国政府贸易代表团团长、经贸部部长助理刘岩同蒙古政府贸易代表团团长、对外经济关系和供应部副部长纳·巴布分别代表本国政府在乌兰巴托签订了两国政府1989年相互供应货物和付款议定书。

同日 中蒙政府关于中国新疆维吾尔自治区与蒙古西部省之间开展边境贸易的换文在乌兰巴托签字。同日还签订了由中国向蒙古和由蒙古向中国交货共同条件。

11 сар 4 БНХАУ-ын Засгийн газрын худалдааны төлөөлөгчдийн дарга, Эдийн засаг, худалдааны яамны сайдын туслах Лю Янь БНМАУ-ын Засгийн газрын худалдааны төлөөлөгчдийн дарга, ГХЯ-ны дэд сайд Н. Бавуу нар хоёр улсын Засгийн газрын хооронд 1989 онд харилцан бараа нийлүүлэх тухай протокол болон төлбөрийн тухай портоколд Улаанбаатар хотноо хоёр улсын Засгийн газрыг төлөөлж гарын үсэг зурав.

Мөн өдөр Хятад Монголын Засгийн газрын хооронд ШУӨЗО болон БНМАУ-ын баруун аймгуудын хооронд хилийн худалдаа хийх тухай баримт бичигт гарын үсэг зурав. Мөн өдөр БНХАУ-аас БНМАУ-д, БНМАУ-аас БНХАУ-д харилцан бараа нийлүүлэх гэрээнд гарын үсэг зурав.

11 月 17 日 中国国务院副总理田纪云当天下午在中南海会见了蒙古部长会议副主席乔·苏伦。苏伦是从朝鲜回国途中于当天抵达北京的，次日离京回国。

11 сар 17 Үдээс хойш, БНХАУ-ын Төрийн зөвлөлийн Ерөнхий сайдын орлогч Тянь Жиюн Жуннаньхай ордонд БНМАУ-ын Сайд нарын Зөвлөлийн орлогч дарга Ч. Сүрэнтэй уулзав. Сүрэн нь Солонгос улсаас нутаг буцах замдаа Бээжин хотод түр саатсан бөгөөд мөн өдрөө Бээжингээс нутаг буцав.

11 月 23 日—30 日 蒙古外交部第一副部长达·云登访问中国。中国外交部副部长刘述卿同云登举行了会谈。双方回顾了两年来两国关系的进展，提出了发展双边关系的一些建议和设想，并就共同关心的国际问题交换了意见。中国国务院副总理吴学谦和外交部部长钱其琛也会见了云登。

11 сар 23-30 БНМАУ-ын ГХЯ-ны нэгдүгээр орлогч сайд Д. Ёндон БНХАУ-д айлчлав. БНХАУ-ын ГЯЯ-ны дэд сайд Лю Шүчинь Д. Ёндонтой уузалт хийсэн байна. Талууд хоёр улсын харилцааны сүүлийн 2 жилийн хөгжлийг эргэн дурсаж талуудын харилцааны хөгжлийн талаар зарим нэг санал болон төлөвлөгөөг гаргах хийгээд хоёр улсын харилцан санаа зовинож буй олон улсын асуудлаар санал солилцов. Мөн БНХАУ-ын Төрийн зөвлөлийн Ерөнхий сайдын орлогч Ү Сюэчянь, ГЯЯ-ны сайд Цянь Цичэнь нар Ёндонтэй уулзав.

11 月 28 日 中国外交部副部长刘述卿和蒙古外交部第一副部长云登代表各自政府签署了关于中蒙边界制度和处理边境问题的条约。

11 сар 28 БНХАУ-ын ГЯЯ-ны дэд дарга Лю Шүчинь, БНМАУ-ын ГХЯ-ны нэгдүгээр орлогч сайд Ёндон нар Хятад Монголын хилийн дэглэм болон хилийн асуудлыг шийдвэрлэх тухай гэрээнд хоёр улсын Засгийн газрыг төлөөлж гарын үсэг зурав.

11 月 24 日 中国内蒙古自治区人民政府主席布赫、内蒙古自治区人民代表大会常务委员会主任巴图巴根会见并宴请蒙古外交部第一副部长达·云登、蒙古驻华大使云·敖其尔一行。

11 сар 24 ӨМӨЗО-ны Ардын Засгийн Газрын тэргүүн Бөхөө, ӨМӨЗО-ны АТИХ-ын байнгын хорооны дарга Батбагана нар БНМАУ-ын ГХЯ-ны нэгдүгээр орлогч дарга

Д. Ёндон болон БНМАУ-аас БНХАУ-д суугаа Элчин сайд Ю. Очир нарт зориулан хүлээн авалт хийв.

11 月 24 日—30 日　分别由中国民航局副局长柯德铭和蒙古民航管理总局副局长莫洛木率领的中蒙两国民航代表团在乌兰巴托举行会谈，就中蒙两国航空协定及其他有关问题进行商谈，于 30 日草签了中蒙两国政府关于民用航空运输协定。与此同时，双方还签署了会谈纪要。根据会谈纪要，蒙古民航客机 1989 年由乌兰巴托飞往北京的定期航班继续进行；中国民航班机继续通过蒙古领空飞往第三国。此外，双方还签订了中国为蒙古无偿培训空中管制员和关于中蒙之间航空电传电路协议。

11 сар 24-30　БНХАУ-ын Иргэний агаарын тээврийн газрын дэд дарга Кэ Дэмин болон БНМАУ-ын Иргэний агаарын тээврийн удирдах газрын дэд дарга Молом тэргүүтэй Хятад Монгол хоёр улсын Иргэний агаарын тээврийн төлөөлөгчид Улаанбаатар хотноо хэлэлцээр хийж Хятад Монгол хоёр улсын агаарын тээврийн хэлэлцээ болон холбогдох асуудлаар зөвшилцөв. Мөн сарын 30-ны өдөр Хятад Монгол хоёр улсын Засгийн газрын хооронд иргэний агаарын тээврийн тээврийн комиссын хэлэлцээрт үсэглэв. Үүний зэрэгцээ талууд хурлын портоколд гарын үсэг зурав. Хурлын протоколыг үндэслэн БНМАУ-ын Иргэний агаарын зорчигч тээврийн онгоц 1989 оноос эхлэн Улаанбаатар-Бээжингийн чиглэлд тогтмол нислэг хийхээр болсон бөгөөд БНХАУ-ын Иргэний агаарын тээврийн нисэх онгоц БНМАУ-ын агаарын хилээр дамжин гуравдахь улсад нэвтрэх болов. Үүнээс гадна талууд БНХАУ, БНМАУ-ын агаарын тээврийн ажилчдыг үнэ төлбөргүй сургах тухай

болон Хятад Монгол хоёр улсын хоорондох агаарын тээврийн телекс болон цахилгаан холбооны шугамын тухай хэлэлцээрт гарын үсэг зурав.

11 月 24 日—12 月 9 日 蒙古作家协会常务书记、新闻工作者联合会理事那楚克道尔吉率领蒙古新闻工作者代表团应中国记者协会的邀请访问中国，同中国记协商谈了两国记者组织之间建立联系的长期协定和年度执行计划。

11 сар 24-12 сар 9 БНМАУ-ын Зохиолчдын эвлэлийн хорооны нарийн бичгийн дарга, хэвлэл мэдээллийн нэгдсэн холбооны дарга Нацагдорж тэргүүтэй БНМАУ-ын хэвлэл мэдээллийн ажилчдын төлөөлөгчид БНХАУ-ын Сэтгүүлчдийн нийгэмлэгийн урилгаар БНХАУ-д айлчлал хийж БНХАУ-ын сэтгүүлчдийн нийгэмлэгтэй хоёр улсын сэтгүүлчдийн байгууллагын хооронд тогтоосон харилцааны урт хугацааны гэрээ болон жилийн хэрэгжүүлэх төлөвлөгөөний талаар хэлэлцээр хийв.

12 月 13 日—16 日 应中国卫生部的邀请，蒙古卫生部医疗药品设备生产供应管理局局长索德木达尔扎一行 2 人在中国卫生部外事局同志的陪同下，前往中国内蒙古自治区参观访问。内蒙古自治区人民政府副主席赵志宏会见并宴请了蒙古客人。

12 сар 13-16 БНХАУ-ын ЭМЯ-ны урилгаар БНМАУ-ын ЭМЯ-ны эмнэлэгийн эм бэлдмэл, тоног төхөөрөмжийн үйлдвэрлэлийн хангалтын хэлтэсийн дарга Содномдорж дагалдан яваа хоёр хүний хамт БНХАУ-ын ЭМЯ-ны гадаад харилцааны хэлтэсийн ажилтнуудын хамтаар ӨМӨЗО-д айлчлав. ӨМӨЗО-ны Ардын Засгийн Газрын дэд тэргүүн

Жао Жихун БНМАУ-ын зочид төлөөлөгчдөд зориулж хүлээн авалт хийв.

12 月 30 日　中国驻蒙古使馆与蒙古外交部以互换照会的形式达成协议，自 1989 年 1 月 1 日起中蒙双方互免持外交、公务和因公普通护照人员的签证。

12 сар 30　БНХАУ-аас БНМАУ-д суугаа Элчин сайдын яам болон БНМАУ-ын ГХЯ нот бичгийн журмыг өөрчлөн 1989 оны 1-р сарын 1-ны өдрөөс эхлэн дипломат, албаны, энгийн паспорттой хүмүүс Хятад Монголын талд харилцан визгүйгээр зорчих талаар хэлэлцэн тохиролцов.

12 月　中国呼和浩特铁路局、苏联东西伯利亚铁路局和蒙古乌兰巴托铁路局三方边境易货会谈在乌兰巴托举行，并签署了边境易货议定书。

1988 年中蒙进出口商品总额为 2 493 万美元。其中中国出口额为 1 698 万美元，进口额为 795 万美元。中国从蒙古进口的货物的马皮、旱獭皮、板材和羊羔皮等，向蒙古出口的有水果、绸缎、布匹和其他轻工日用品。

12 сар　ӨМӨЗО-ны Хөх хотын төмөр замын газар, ЗХУ-ын Дорнод Сибирийн төмөр замын газар болон БНМАУ-ын Улаанбаатар хотын төмөр замын товчоо хамтран 3 талын хилийн худалдааны хэлэлцээрийг Улаанбаатар хотноо зохион байгуулж хилийн худалдааны портоколд гарын үсэг зурав.

1988 онд, Хятад Монголын экспорт импортын барааны нийт мөнгөний эргэлт 24.930.000 доллар байна. Тэр дундаа

БНХАУ-ын импортын нийт хэмжээ 16.980.000 доллар экспортын нийт хэмжээ 7.950.000 доллар байна. БНХАУ, БНМАУ-аас арьс шир, тарвагны арьс, ватум цаас, хурга ишигний арьс гэх мэт бараа бүтээгдэхүүнийг импортлож БНМАУ-д жимс жимсгэнэ, торго дурдан, бөс бараа болон бусад хөнгөн үйлдвэрийн бараа бүтээгдэхүүнийг экспортлов.

中蒙国家关系历史编年

（1949—2009）

（下卷）

毕奥南　主编

黑龙江教育出版社

第五章　1989—1998年

Тавдугаар бүлэг 1989—1998 он

1989年中蒙国家关系历史编年

1989 он Хятад Монгол хоёр улсын харилцааныттүүхэн үйл явдлын товчоон

2月　中国内蒙古自治区摔跤队首次参加了在乌兰巴托举行的国际自由式摔跤比赛。

2 сар　ӨМӨЗО-ны чөлөөт бөхийн баг тамирчид Улаанбаатар хотноо анх удаа зохион байгуулагдаж буй олон улсын чөлөөт бөхийн тэмцээнд оролцов.

2月25日—3月4日　中、蒙、朝、苏四国铁路和外贸代表商定1989年铁路进出口和过境货物运量会议在北京举行。蒙古人民共和国交通运输部副部长南策・策格特率代表团出席。

2 сар 25-3 сар 4　Монгол, Хятад, Солонгос, ЗХУ гэсэн 4 улсын төмөр зам, гадаад худалдааны төлөөлөгчид 1989 оны төмөр замын экспорт импорт болон хилээр бараа тээвэрлэх тухай хуралдааныг Бээжин хотноо зохион байгуулсан ба

БНМАУ-ын ЗТЯ-ны орлогч дарга Н. Цэцэгт тэргүүтэй төлөөлөгчид оролцов.

2月14日　蒙古大人民呼拉尔主席团发来唁电，对中国全国人民代表大会常务委员会副委员长班禅额尔德尼·确吉坚赞不幸病逝表示沉痛的哀悼和深切的慰问。

2 сар 14　БНМАУ-ын АИХ-ын тэргүүлэгчдээс БНХАУ-ын БХАТИХ-ын байнгын хороонд гашуудлын цахилгаан илгээж БХАТИХ-ын байнгын хорооны орлогч дарга Ванчин-эрдэнэ Чойжилжалсан хүнд өвчний улмаас таалал төгссөнд гүн эмгэнэл илэрхийлэв.

2月26日　中国内蒙古自治区政府主席布赫会见了以蒙古人民共和国对外经济合作部第一副部长高陶布为团长的蒙古人民共和国政府贸易代表团一行11人。

2 сар 26　ӨМӨЗО-ны Засгийн газрын тэргүүн Бөхөө БНМАУ-ын гадаад орнуудтай эдийн засгаар харилцах нийгэмлэгийн төв зөвлөлийн1-р орлогч сайд Готов тэргүүтэй БНМАУ-ын Засгийн газрын худалдааны төлөөлөгчдийн 11 хүнтэй уулзав.

3月8日　在印度访问的蒙古人民共和国领导人占·巴特蒙赫说，蒙古人民共和国受到同中国改善关系前景的鼓舞，决定裁军13万人。

3 сар 8　БНМАУ-ын төрийн тэргүүн Ж. Батмөнх Энэтхэг улсад айлчлах үеэрээ БНМАУ нь БНХАУ-тай харилцаа илүү сайжирч хэтийн төлөв нь тодорхой болсноор цэргийн тоог 130 000-р хорогдуулах шийдвэрийг гаргасан гэжээ.

3月10日　中国驻蒙古人民共和国大使李举卿和蒙古外交部

副部长贡·达希达瓦分别代表本国政府在乌兰巴托签署了中蒙两国政府 1989—1990年度文化交流执行计划。这两年双方交流的项目、人数和范围都较前两年有所增加和扩大。根据计划，双方每年互派本科生、进修生和研究生共16名；互派1名语文教师到对方大学任教。

3 сар 10 БНХАУ-аас БНМАУ-д суугаа Элчин сайд Ли Зючин, БНМАУ-ын ГХЯ-ны дэд сайд Г. Дашдаваа нар Улаанбаатар хотноо Монгол Хятадын Засгийн газрын хооронд 1989-1990 онд хэрэгжүүлэх соёлын солилцооны төлөвлөгөөнд хоёр улсын Засгийн газрыг тус тус төлөөлж гарын үсэг зурав. Энэ хоёр жилийн талуудын солилцооны төсөл болон хүмүүсийн хамрах хүрээ нь өмнөх хоёр жилээс илүү их өргөжин нэмэгдэв. Уг төлөвлөгөөний дагуу талууд жил бүр мэргэжил дээшлүүлэх болон бакалавар, аспирантурт суралцах нийт 16 хүн бас хэлний 1 багшийг их сургуульд багшлуулахаар тохиролцов.

3月16日　中国外交部发言人李肇星宣布，应钱其琛外长邀请，蒙古人民共和国外交部部长策伦皮勒·贡布苏伦将于3月30日开始对中国进行正式访问。

3 сар 16 БНХАУ-ын хэвлэлийн төлөөлөгч Ли Жаосин БНХАУ-ын ГЯЯ-ны сайд Цянь Цичэний урилгаар БНМАУ-ын ГХЯ-ны сайд Ц. Гомбосүрэн 3 сарын 30-ны өдрөөс эхлэн БНХАУ-д албан ёсны айлчлал хийх тухай мэдэгдэв.

3月23日—25日　蒙古革命青年团中央第一书记策·那伦格尔勒率领的蒙古革青团代表团访问朝鲜途中，顺访中国，中国共产主义青年团中央第一书记宋德福同代表团进行了工作会谈。

3 сар 23-25 БНМАУ-ын ХЗЭ-ийн ТХ-ны нэгдүгээр

нарийн бичгийн дарга Ц. Нарангэрэл тэргүүтэй ХЗЭ-ийн төлөөлөгчид БНАСАУ-д айлчлах замдаа БНХАУ-д айлчилсан бөгөөд БНХАУ-ын КЗЭ-ийн нэгдүгээр нарийн бичгийн дарга Сун Дэфүтэй ажил хэрэгч уулзалт хийв.

3月30日　中国外交部部长钱其琛和蒙古人民共和国外交部部长策伦皮勒·贡布苏伦都表示对中蒙两国关系进一步发展的前景表示乐观。贡布苏伦应钱其琛的邀请前来中国访问，于当天上午抵达北京。他是中蒙建交40年以来到中国正式访问的第一位蒙古人民共和国外交部部长。在下午举行的会谈中，钱其琛指出，现在中蒙两国之间“不存在什么悬而未决的问题”。贡布苏伦表示，进一步发展和扩大同中国的友好合作关系是蒙古外交政策的“主要方针之一”。钱其琛说，40年来，尽管两国关系的发展曾经经历了一段曲折，但总的说来，中蒙两国关系在政治、经济、贸易、文化和科技等各个领域都得到了发展。两位外长都对中蒙共同边界一直保持着安宁表示高兴。贡布苏伦外长邀请钱其琛外长在方便的时候访问蒙古人民共和国。钱其琛愉快地接受了邀请。当晚，钱其琛设宴欢迎贡布苏伦一行。宴会前，两位外长分别代表各自政府签署了关于成立中蒙经济、贸易、科技合作委员会，双方公民相互往来和恢复蒙古人民共和国驻中华人民共和国呼和浩特总领事馆的3个协定。

3 сар 30　БНХАУ-ын ГЯЯ-ны сайд Чянь Чичэнь, БНМАУ-ын ГХЯ-ны сайд Ц. Гомбосүрэн нар хоёр улсын харилцаа улам илүү хөгжихийн хирээр хэтийн төлөв нь тодорхой болно гэдгийг илэрхийлэв. Ц. Гомбосүрэн нь Чянь Чичэний урилгаар БНХАУ-д айлчлахаар уг өдрийн үдээс өмнө Бээжин хотноо хүрэлцэн ирэв. Ц. Гомбосүрэн нь Хятад Монгол хоёр улс дипломат харилцаа тогтоосноос хойш 40

жил БНХАУ-д албан ёсны айлчлал хийж буй БНМАУ-ын анхны ГЯЯ-ны сайд юм. Мөн өдрийн үдээс хойш болсон уулзалтын үеэр Чянь Чичэнь: Одоо Хятад Монгол хоёр улсын харилцаанд шийдвэрлэгдээгүй асуудал байхгүй гэв. Ц. Гомбосүрэн: БНХАУ-тай найрсаг харилцаа, хамтын ажиллагаагаа өргөжүүлэн хөгжүүлэх нь БНМАУ-ын гадаад бодлогын тэргүүлэх чиглэлүүдийн нэг юм гэв. Мөн Чянь Чичэнь өнгөрсөн 40 жилийн хугацаанд хоёр улсын харилцааны хөгжилд хэдийгээр саад бэрхшээл байсан боловч Хятад Монгол хоёр улсын харилцаан дахь улс төр, эдийн засаг, худалдаа, соёл боловсрол, шинжлэх ухаан зэрэг олон салбарын хамтын ажиллагаа амжилтанд хүрсэн байна гэв. Сайд нар Хятад Монголын хил амар тайван байгаад баяртай байгаагаа харилцан илэрхийлэв.ГХЯ-ны сайд Ц. Гомбосүрэн Цянь Цичэнийг боломжтой үедээ БНМАУ-д айлчлахыг урьсанд Чянь Чичэнь урилгыг баяртайгаар хүлээн авав. Мөн өдрийн орой Цянь Цичэнь дайллага хийж Гомбосүрэнг хүлээн авав. Дайллага эхэлхийн өмнө Хятад Монголын эдийн засаг, худалдаа, шинжлэх ухааны хамтын ажиллагааны зөвлөлийг байгуулах тухай, иргэд талуудад харилцан зорчих тухай болон БНМАУ-аас ӨМӨЗО-ны Хөх хотод суугаа Консулын газрыг хэвийн үйл ажиллагаанд нь оруулах зэрэг 3 хэлэлцээрт хоёр сайд хоёр улсын Засгийн газрыг төлөөлөн гарын үсэг зурав.

3月31日　中国国家主席杨尚昆当天下午在人民大会堂会见蒙古人民共和国外交部部长策伦皮勒·贡布苏伦时指出，我们一贯主张国与国之间的关系应该建立在和平共处五项原则的基础上，我们也一贯尊重蒙古人民共和国的独立、主权和领土完整。中蒙两国是完全平等的，两国之间的关系应该是亲密合作的关系。

3 сар 31 Үдээс хойш, БНХАУ-ын дарга Ян Шанкүнь АИХ-ын танхимд БНМАУ-ын ГХЯ-ны сайд Ц. Гомбосүрэнг хүлээн авч уулзах үеэрээ “манай улс улсын хоорондох харилцаа энх тайвнаар зэрэгцэн орших 5 зарчмын үндсэн дээр тогтох ёстойг чанд баримталдаг бөгөөд бид БНМАУ-ын тусгаар тогтнол, бүрэн эрх, газар нутгийн бүрэн бүтэн байдлыг үргэлж хүндэтгэдэг гээд Хятад Монгол хоёр улс бүрэмсэн адил тэгш, хоёр улсын харилцааны хамтын ажиллагаа нь нягт нөхөрсөг байх ёстой хэмээв.

4月8日 《中蒙民用航空运输协定》在北京签订。

4 сар 8 “Хятад Монголын Иргэний агаарын тээврийн хэлэлцээр”-т Бээжин хотноо гарын үсэг зурав.

5月1日 蒙古人民共和国家新闻、广播和电视委员会主席兼蒙通社社长勒·赞塔布率蒙通社代表团访问中国。中国全国人民代表大会常务委员会副委员长彭冲会见了赞塔布一行。

5 сар 1 БНМАУ-ын Улсын мэдээлэл, радио телевизийн дарга бөгөөд МОНЦАМЭ агентлагийн дарга Л. Зантав тэргүүтэй төлөөлөгчид БНХАУ-д айлчлав. БНХАУ-ын БХАТИХ-ын байнгын хорооны дэд дарга Пэн Чун Зантавыг хүлээн авч уулзав.

5月4日—6日 蒙古人民共和国国家银行管理委员会主席高·呼德尔楚龙以观察员身份出席了在北京举行的亚洲银行理事会第22届年会。

5 сар 4-6 БНМАУ-ын Монгол банкны удирдах зөвлөлийн дарга Г. Хүдэрчулуун Бээжин хотноо зохиогдсон Азийн Банкны удирдагчдын 22 дахь их хуралд ажиглагчаар оролцов.

5月12日　苏联当天宣布，从本月15日开始从蒙古人民共和国撤走其部分军队。据塔斯社报道，首批撤出的是坦克和高射火箭部队。苏联陆军参谋长格林克维奇上将说，1989—1990年期间，将从蒙古人民共和国撤出近5万人，850多辆坦克，约1 100辆步兵战车和装甲车，820多门各种火炮，约190架飞机和130架直升机。他希望苏联采取的这一步骤有利于加强该地区的相互信任、睦邻关系与和平合作。

5 сар 12　ЗХУ-ын зүгээс энэ сарын 15-ны өдрөөс эхлэн БНМАУ-аас үлдсэн цэргийн анги нэгтгэлийг татан гаргах болсон тухайгаа мэдэгдэв. ТАСС агентлагийн мэдээлсэнээр хамгийн түрүүнд танк болон агаараас эсэргүүцэн хамгаалах пуужингийн анги нэгтгэлийг татан гаргах аж. ЗХУ-ын хуурай замын цэргийн ерөнхий штабын дарга хурандаа генерал Голицын 1989-1990-ны хооронд БНМАУ-аас нийт 50 000 цэрэг, 850 гаруй танк, 1 100 явган цэргийн машин болон хуягт машин, 820 гаруй олон төрлийн галт зэвсэг, 190 байлдааны онгоц болон 130 байлдааны нисдэг тэргийг гаргахаа мэдэгдсэн байна. Мөн ЗХУ-ын гаргасан энэ гэнэтийн шийдвэр нь энэ бүс нутгийн сайн хөршийн харилцаа болон энх тайван, хамтын ажиллагааг бэхжүүлэхийн төлөө гэдгийг илэрхийлэв.

5月18日　中国和苏联当天在北京发表了一项联合公报。中方对苏方宣布从蒙古人民共和国撤出75%的苏联驻军表示欢迎，并希望其余的苏联军队在一个较短的期限内全部从蒙古人民共和国撤出。

5 сар 18　БНХАУ болон ЗХУ Бээжин хотноо нэгдсэн мэдэгдэл хийв. БНХАУ-ын зүгээс ЗХУ-д БНМАУ-ын нутаг дэвсгэр дээр байрлаж байгаа ЗХУ-ын цэргийн анги нэгтгэлийн 75%-ыг гаргасаныг талархан хүлээн авч байгаа ч

бусад хэсгийг богино хугацаанд БНМАУ-аас татан гаргахыг хүссэн мэдэгдэл хийв.

5月14日—22日 蒙古人民共和国农牧业仪器工业部副部长巴桑扎布一行10人，抵达中国内蒙古自治区进行考察访问。内蒙古自治区人民政府主席布赫、副主席文精等会见并设宴招待了蒙古人民共和国客人。

5 сар 14-22 БНМАУ-ын ХААЯ-ны дэд сайд Баасанжав дагалдан яваа 10 хүний хамт ӨМӨЗО-нд ажлын айлчлал хийв. ӨМӨЗО-ны АЗГ-ын дарга Бөхөө, орлогч дарга Вэнь Жин нар БНМАУ-ын зочдод зориулан дайллага зохион байгуулав.

6月 由斯·鲁那率领的蒙古人民共和国“友谊”文化娱乐中心艺术团在中国内蒙古自治区呼和浩特市进行访问演出。

6 сар С. Лунаа тэргүүтэй БНМАУ-ын “Найрамдал” соёл урлагийн баг ӨМӨЗО-ны Хөх хотод айлчлан тоглолт хийв.

6月16日—17日 中国内蒙古自治区人民政府主席布赫、副主席赵志宏分别接见了以斯·鲁那率领的蒙古人民共和国“友谊”文化娱乐中心艺术团。

6 сар 16-17 ӨМӨЗО-ны АЗГ-ын дарга Бөхөө, орлогч дарга Жао Жихун нар С. Лунаа тэргүүтэй БНМАУ-ын “Найрамдал” соёл урлагийн багийн уран бүтээлчдийг тус тус хүлээн авч уулзав.

6月26日 中国内蒙古人民政府副主席阿拉坦敖其尔接见了蒙古人民共和国商业收购部贸易代表团一行5人，双方签订了1989年第二批易货贸易合同。

6 сар 26 ӨМӨЗО-ны АЗГ-ын орлогч дарга Алтан-Очир БНМАУ-ын ХЯ-ны худалдааны төлөөлөгчдийн 5 хүний бүрэлдэхүүнтэй төлөөлөгчдийг хүлээн авч уулзсан ба талууд 1989 оны 2 дахь удаагийн худалдааны нийлүүлэлтийн гэрээнд гарын үсэг зурав.

6月27日　中国国家主席杨尚昆根据全国人民代表大会常务委员会的决定，任命张德麟为中国驻蒙古人民共和国特命全权大使，免去李举卿的中国驻蒙古人民共和国特命全权大使职务。

6 сар 27 БНХАУ-ын дарга Ян Шанкүнь БХАТИХ-ын шийдвэрийг үндэслэн БНХАУ-аас БНМАУ-д суугаа Онц бөгөөд Бүрэн Эрхт Элчин сайд Ли Жюйчиныг үүрэгт ажлаас нь чөлөөлж БНХАУ-аас БНМАУ-д суух Онц бөгөөд Бүрэн Эрхт Элчин сайдаар Жан Дэлинийг томилов.

7月　中国新疆维吾尔自治区同蒙古毗邻省份开展了边境贸易。双方增辟的边境贸易口岸，中方为新疆阿勒泰地区青河县塔克什肯口岸，蒙方为科布多省布尔干县布尔干口岸。这是中国新疆同蒙古人民共和国之间的第一对边贸口岸。

7 сар ШУӨЗО нь БНМАУ-ын хил залгаа аймагуудтай худалдаа хийж эхлэв. Талууд хилийн худалдааны боомт нээсэн нь ШУӨЗО-ны Чинхэ хошууны Такашикэн боомт, БНМАУ-ын Ховд аймгийн Булган сумын Булган боомт бөгөөд энэ нь ШУӨЗО болон БНМАУ-ын хоорондахь анхны боомт аж.

7月8日　中国国务委员宋健8日在人民大会堂会见了由蒙古人民共和国科技高教委员会副主席策登丹巴率领的蒙古人民共和国科技合作代表团。这是中蒙两国恢复科技合作关系后第一个来华访问的蒙古人民共和国科技合作代表团。代表团于 7 日抵京，前来商议签订中蒙1989—1990年度科技合作计划。会见时，宋健表示希望加强双边科技合作，增加人员交往，并扩大民间合作的规模。策登丹巴说，蒙中两国间在众多科技领域中进一步开展合作的潜力是巨大的。他说，蒙古人民共和国政府认为，双方的经济、技术合作不会受到丝毫影响。

同日 与中国新疆自治区接壤的蒙古人民共和国边防当局邀我边防军人参加纪念蒙古人民革命胜利68周年庆祝活动，从而恢复了中断25年之久的双方节日互邀活动。

同日 应蒙古人民共和国东戈壁省边防代表的邀请，中国二连浩特边防检查站与边防二团一行15人，前往蒙古人民共和国扎门乌德参加蒙古人民革命胜利68周年庆祝活动。

7 сар 8 БНХАУ-ын Төрийн Зөвлөлийн гишүүн Сун Жянь АТИХ-ын танхимд БНМАУ-ын шинжлэх ухаан, дээд боловсролын хорооны орлогч дарга Д. Цэдэндамба тэргүүтэй БНМАУ-ын шинжлэх ухааны хамтын ажиллагааны төлөөлөгчидтэй уулзав. Энэ нь Хятад Монгол хоёр улсын шинжлэх ухааны хамтын ажиллагааны харилцаа дахин сэргэснээс хойшхи БНМАУ-ын шинжлэх ухааны хамтын ажиллагааны төлөөлөгчдийн БНХАУ-д хийж буй анхны айлчлал юм. Төлөөлөгчид 7-ны өдөр Бээжинд хүрэлцэн ирж Хятад Монгол хоёр улсын 1989-1990 оны шинжлэх ухааны хамтын ажиллагааны төлөвлөгөөнд гарын үсэг зурах талаар ярилцав. Уулзалтын үеэр Сун Жянь талуудын хамтын ажиллагааг зузаатган туршлага солилцох зэрэг ажлыг нэмэгдүүлж ард түмний хамтын ажиллагааны цар хүрээг өргөтгөхийг хүсч буйгаа илэрхийлэв. Д. Цэдэндамба Хятад Монгол хоёр улсын хоорондох шинжлэх ухааны олон талын хамтын ажиллагааг улам хөгжүүлэх асар их нөөц боломцоо бидэнд бий хэмээн онцлон тэмдэглээд БНМАУ-ын

Засгийн газар, сүүлийн жилүүдэд Бээжинд гарч буй төрийн эсрэг үймээнийг дарах нь бүхэлдээ БНХАУ-ын дотоод хэрэг бөгөөд хоёр улсын эдийн засаг, шинжлэх ухаан техникийн хамтын ажиллагаанд өчүүхэн ч нөлөөлөлж чадахгүй гэж үзэж байгаагаа илэрхийлэв.

Мөн өдөр ШУӨЗО-той хил залгаа орших БНМАУ-ын хил хамгаалах газрын урилгаар ШУӨЗО-ны хил хамгаалах албаны ажилтнууд БНМАУ-д хүрэлцэн ирж ардын хувьсгал ялсны 68 жилийн ойн баярын үйл ажиллагаанд оролцов.

Мөн өдөр Дундговь аймгийн хил хамгаалах газрын урилгаар БНХАУ-ын Эрээн хотын хил хамгаалах болон шалган нэвтрүлэх хорооны 15 хүний бүрэлдэхүүнтэй 2 баг Замын-Үүд хотод хүрэлцэн ирж Ардын Хувьсгал Ялсны 68 жилийн ойн үйл ажиллагаанд оролцов.

7月日10日—17日　中共中央对外联络部长朱良应蒙古人民革命党中央委员会的邀请访问了蒙古人民共和国。通过访问，正式恢复了两党关系。

7 сар 10-17　БНХАУ-ын КНТХ-ны гадаад орнуудтай харилцах нийгэмлэгийн дарга Жу Лян МАХН-ын ТХ-ны урилгаар БНМАУ-д айлчлав. Энэ удаагийн айлчлалаар Хятад Монгол хоёр улсын хоёр намын харилцаа дахин албан ёсоор сэргэв.

7月11日　中国内蒙古自治区人民政府副主席阿拉坦敖其尔在自治区政府礼堂会见了由蒙古人民共和国科技高教委员会副主席策登丹巴为团长的蒙古人民共和国科技合作代表团。

7 сар 11　ӨМӨЗО-ны Ардын Засгийн Газрын орлогч дарга Алтан-Очир ӨМӨЗО-ны Засгийн Газрын ёслолын танхимд БНМАУ-ын Шинжлэх ухаан, дээд боловсролын хорооны орлогч дарга Д. Цэдэндамба тэргүүтэй БНМАУ-ын

Шинжлэх ухааны хамтын ажиллагааны төлөөлөгчдийг хүлээн авч уулзав.

7月20日 中国新疆维吾尔自治区同蒙古人民共和国的第一个边境贸易口岸当日宣布开放。双方的首批货物在新开关的塔克什肯口岸进行了通关。开辟这个口岸的换文是去年11月在蒙古乌兰巴托签署的。

7 сар 20 ШУӨЗО болон БНМАУ-ын хоорондох анхны хилийн худалдааны боомт нээгдсэнийг мэдэгдэв. Талууд хамгийн анхны худалдааны солилцоог шинээр нээгдсэн Такашикэн боомтоор хийв. Хоёр талын худалдаа энэ боомтоос эхлэх тухай баримт бичигт өнгөрсөн жилийн 11 сард Улаанбаатар хотноо гарын үсэг зурсан байна.

8月 中国驻蒙古人民共和国人民共和国第九任大使张德麟抵达乌兰巴托上任。

8 сар БНХАУ-аас БНМАУ-д шинээр томилогдон суух 9 дэхь Элчин сайд Жан Дэли Улаанбаатар хотноо хүрэлцэн ирэв.

8月 中国蒙古文图书展览在乌兰巴托举办，这是中蒙建交40年来中国首次在蒙古举办的蒙古文图书展览。

8 сар БНХАУ-аас монгол ном бичгийн үзэсгэлэнг Улаанбаатар хотноо зохион байгуулав. Энэ нь Хятад Монгол хоёр улс дипломат харилцаа тогтоосон 40 жилээс хойш анх удаагаа БНХАУ-аас монгол ном бичгийн үзэсгэлэнг БНМАУ-д зохион байгуулж буй хэрэг юм.

8月13日 由蒙古人民共和国主办的“友谊之路”蒙古乌兰巴托至苏联伊尔库茨克自行车赛当日在此开赛，苏联三支代表队、蒙古人民共和国两个代表队和中国国家集训队共35名运动员参加比赛。其中中国队参赛的运动员有5人。中国运动员是第一次参加这一自行车赛。

8 сар 13 БНМАУ-аас зохион байгуулж буй “Найрамдлын зам” нэртэй БНМАУ-ын Улаанбаатар хотоос ЗХУ-ын Эрхүү хот хүрэх дугуйн уралдаан Улаанбаатар хотоос эхлэв. Үүнд ЗХУ-ын 3 баг, БНМАУ-ын 2 баг, БНХАУ-ын чуулж боловсрох багын нийт 35 тамирчин тэмцээнд оролцсон ба БНХАУ-ын багийн 5 тамирчин анх удаагаа энэхүү дугуйн тэмцээнд оролцсон байна.

8月26日 中国全国人民代表大会常务委员会当天上午举行新闻发布会宣布：根据全国人大常委会委员长会议的决定，七届全国人大常委会第九次会议将于8月29日在北京举行。委员长会议提出了会议议程的建议，审议国务院关于提请批准《中华人民共和国政府和蒙古人民共和国政府关于中蒙边界制度和处理边境问题的条约》的议案。

8 сар 26 БНХАУ-ын БХАТИХ-ын байнгын хорооноос хэвлэлийн бага хурал зохион байгуулж БХАТИХ-ын тэргүүлэгчдийн хурлын шийдвэрийг үндэслэн 7-р БХАТИХ-ын байнгын хорооны 9 дахь удаагийн хурлыг 8 сарын 29-ны өдөр Бээжин хотноо зохион байгуулж Хурлын тэргүүлэгчид хэлэлцэх асуудлын талаар санал гаргаж Төрийн Зөвлөл “БНХАУ, БНМАУ-ын Засгийн Газрын хоорондох Хятад Монголын хилийн дэглэм болон хилийн асуудлыг зохицуулах тухай гэрээ”-г зөвшөөрөх эсэх талаар хэлэлцэнэ гэдгийг мэдэгдэв.

8月29日 根据中国、蒙古1989—1990年文化交流执行计划举办的蒙古人民共和国邮票展览当日在中国美术馆开幕。

8 сар 29 Хятад Монгол хоёр улсын 1989-1990 онд хэрэгжүүлэх соёлын солилцооны төлөвлөгөөг үндэслэн зохион байгуулж буй БНМАУ-ын маркны үзэсгэлэнг БНХАУ-ын уран зургийн галлерейд дэлгэн тавив.

8月30日 中国外交部部长钱其琛应蒙古政府的邀请，当天乘火车离开北京前往蒙古人民共和国进行正式友好访问。外交部副部长朱启祯和蒙古驻华使馆临时代办包勒德等前往车站送行。

8 сар 30 БНМАУ-ын Засгийн Газрын урилгаар БНХАУ-ын ГЯЯ-ны сайд Чянь Чичэнь тусгай үүргийн галт тэргээр БНМАУ-д албан ёсны найрсаг айлчлал хийхээр Бээжингээс Улаанбаатар зүг мордов. БНХАУ-ын ГЯЯ-ны дэд сайд Жу Чижэнь, БНМАУ-аас БНХАУ-д суугаа Элчин сайдын Яамны Элчин сайдын үүрэгт ажлыг түр хамаарагч Болд нар галт тэрэгний буудал дээр хүндэт зочдыг үдэн мордуулав.

8月31日 中国外交部部长钱其琛和蒙古人民共和国外长贡布苏伦当日下午在蒙古人民共和国外交部举行会谈。两国外交部部长就双边关系和国际问题交换了意见。钱其琛一行是当日中午抵达乌兰巴托进行正式友好访问的。当天下午，两国外交部部长还签署了《中华人民共和国和蒙古人民共和国关于民事和刑事司法协助的条约》。蒙古人民共和国外交部部长贡布苏伦当晚在蒙古外交部举行宴会，欢迎钱其琛一行访问蒙古人民共和国。

同日 中国外交部副部长齐怀远在当天下午举行的第七届全国人民代表大会常务委员会第 9 次会议全体会上，受国务院委托就中蒙边界制度和处理边境问题的条约作了说明。他说，已签署的《中华人民共和国政府和蒙古人民共和国政府关于中蒙边界制度和处理边境问题的条约》符合中国法律规定和国际惯例，也符合两国合作处理边境事务的实际需要。

8 сар 31 БНХАУ-ын ГЯЯ-ны сайд Цянь Цичэнь, БНМАУ-ын ГХЯ-ны сайд Гомбосүрэн нар БНМАУ-ын ГХЯ-нд хэлэлцээр хийв. Хоёр улсын сайдууд талуудын харилцаа болон олон улсын асуудлаар санал солилцов. Чянь Чичэнь нь уг өдрийн үд дунд БНМАУ-д албан ёсны айлчлал хийхээр Улаанбаатар хотноо хүрэлцэн ирсэн байна. Мөн өдрийн үдээс хойш хоёр улсын ГХЯ-ны сайдууд “БНХАУ болон БНМАУ-ын иргэний болон эрүүгийн хэргийн хуулийн тусламжын тухай гэрээ”-д гарын үсэг зурав. Орой нь БНМАУ-ын ГХЯ-ны сайд Гомбосүрэн ГЯЯ-д сайд Чянь Чичэнийг айлчилж буйг тохиолдуулан дайллага зохион байгуулав.

Мөн өдөр БНХАУ-ын ГЯЯ-ны дэд сайд Чи Хуайюаньүдээс хойш зохион байгуулагдсан 7-р БХАТИХ-ын байнгын хорооны 9 дэх удаагийн хурал дээр Төрийн зөвлөл “Монгол Хятад хоёр улсын хилийн дэглэм болон хилийн асуудлыг зохицуулж байх тухай гэрээ”-г итгэмжлэн хүлээн авах талаар тайлбар хийв. Тэрээр “БНХАУ-ын Засгийн Газар болон БНМАУ-ын Засгийн Газрын хоорондох Хятад Монголын хилийн дэглэм болон хилийн асуудлыг зорхицуулах гэрээ”-нд гарын үсэг зурсан хийгээд энэ нь БНХАУ-ын хуулийн тогтолцоо болон олон улсын байдал, хилийн бодит байдлыг зохицуулах хоёр улсын хамтын ажиллагааны хэрэгцээнд нийцнэ гэв.

8月31日—9月4日 中国外交部部长钱其琛访问蒙古期间，蒙古人民革命党中央总书记、蒙古大人民呼拉尔主席团主席姜·巴特蒙赫和蒙古人民共和国部长会议主席杜·索德诺木分别会见了钱外长。会见时，巴特蒙赫主席说：“中国进行改革的经验不仅是中国的经验，对中国的事业有好处，在国际上也有积极意义。我们珍视其他社会主义国家的改革经验，尤其重视中国的经验”。索德诺木主席说：“近年来两国的经贸关系有发展，两国的边境贸易也在发展，希望今后在此基础上进一步开展多种合作”。

8 сар 31-9 сар 4 БНХАУ-ын ГЯЯ-ны сайд ЦяньЦичэнийг БНМАУ-д айлчлал хийх хугацаанд БНМАУ-ын МАХН-ын Төв хорооны Ерөнхий нарийн бичгийн дарга, БНМАУ-ын АИХ-ын тэргүүлэгчдийн дарга Ж. Батмөнх, БНМАУ-ын Сайд нарын Зөвлөлийн дарга Д. Содном нар Чянь Чичэнтэй тус тус уулзав. Уулзалтын үеэр, Ж. Батмөнх БНХАУ-ын өөрчлөн шинэчлэлт хийсэн энэ туршлага нь БНХАУ-ын үйл хэрэгт сайн талтай төдийгүй олон улсад ач холбогдолтойг дурьдаад бид бусад соцалист улс орнуудын өөрчлөн шинэчлэлтийн туршлагыг хүндэтгэн үздэгч тэр дундаа БНХАУ-ын туршлагыг чухалчилан үздэгээ хэлэв. Д. Содном Сүүлийн жилүүдэд хоёр улсын эдийн засаг, худалдааны харилцаа болон хилийн худалдаа эрчимтэй хөгжиж байна, энэ суурин дээр цаашид олон салбарын хамтын ажиллагааг улам хөгжүүлэхийг хүсч буйгаа илэрхийлэв.

9月4日 中国全国人民代表大会常务委员会批准《中华人民共和国政府和蒙古人民共和国政府关于中蒙边界制度和处理边境问题的条约》。

同日 中国外交部部长钱其琛结束对蒙古人民共和国的正式友好访问，乘飞机于当日中午返京。

9 сар 4 БНХАУ-ын БХАТИХ-ын байнгын хороо “БНХАУ, БНМАУ-ын Засгийн Газар хоорондох Хятад Монгол хоёр улсын хилийн дэглэм болон хилийн асуудлыг зохицуулжах гэрээ”-г хүлээн зөвшөөрөв.

Мөн өдөр БНХАУ-ын ГЯЯ-ны сайд Цянь Цичэний БНМАУ-д хийсэн албан ёсны найрсаг айлчлал өндөрлөж тусгай үүргийн онгоцоор нутаг буцав.

9月15日—23日　蒙古人民共和国乌兰巴托市人民代表呼拉尔执行委员会主席（市长）桑·蒙赫扎尔嘎勒率领乌兰巴托市代表团，应北京市人民政府的邀请对中国进行了友好访问。中国全国人民代表大会常务委员会副委员长彭冲会见了该代表团。

9 сар 15-23　БНМАУ-ын Улаанбаатар хотын Ардын депутатуудын гүйцэтгэх хорооны дарга (хотын дарга) С. Мөнхжаргал тэргүүтэй Улаанбаатар хотын төлөөлөгчид Бээжин хотын Ардын захиргааны урилгаар БНХАУ-д найрсаг айлчлал хийв. БНХАУ-ын БХАТИХ-ын байнгын хорооны дэд дарга Пэн Чун төлөөлөгчидтэй уулзав.

9月20日　中国内蒙古军区司令部、内蒙古自治区外事办公室、公安厅边防局联合召开会议，贯彻执行《中蒙边界制度和处理边境问题的条约》。

9 сар 20　БНХАУ-ын ӨМӨЗО-ны Цэргийн тойргийн Жанжин став, ӨМӨЗО-ын гадаад хэргийн хэлтэс, нийгмийг хамгаалах хэлтэс, хил хамгаалах газрын хамтарсан хуралдаанаар “Хятад Монголын хилийн дэглэм болон хилийн асуудлыг зохицуулах гэрээ”-г хэрэгжүүлэхээр шийдвэрлэв.

9月20日—26日　由中国国际商会内蒙古商会与内蒙古国际贸易公司、内蒙古医药保健品进出口公司、内蒙古进出口贸易公司联合主办的中国内蒙古自治区出口商品展览会在蒙古首都乌兰巴托举行。成交金额250万瑞士法郎。

9 сар 20-26　БНХАУ-ын Олон улсын худалдааны танхимын ӨМӨЗО-ны Худалдааны танхим болон ӨМӨЗО-ны Эм эмчилгээний бүтээгдхүүний экспорт

импортын компани, ӨМӨЗО-ны худалдааны экспорт импортын компани хамтран ӨМӨЗО-ны Экспортын бараа бүтээгдэхүүний үзэсгэлэнг БНМАУ-ын нийслэл Улаанбаатар хотноо зохион байгуулав. Худалдааны мөнгөний нийт эргэлт 2 500 000 франк байна.

9月25日—10月2日　应中国邮电部的邀请，蒙古人民共和国邮电部长宾巴扎布·巴特尔率领的蒙古人民共和国政府邮电代表团对中国进行友好访问。

9 сар 25-10 сар 2　БНХАУ-ын ХЯ-ны урилгаар БНМАУ-ын Холбооны Яамны сайд Бямбажавын Баатар тэргүүтэй БНМАУ-ын Засгийн газрын Холбооны төлөөлөгчид БНХАУ-д найрсаг айлчлал хийв.

9月27日　中国内蒙古自治区人民政府主席布赫在呼和浩特会见了以邮电部部长宾·巴特尔为团长的蒙古人民共和国邮电代表团。

9 сар 27　ӨМӨЗО-ны Ардын Засгийн Газрын тэргүүн Бөхөө Хөх хотод Холбооны Яамны сайд Б. Баатар тэргүүтэй БНМАУ-ын Холбооны төлөөлөгчдийг хүлээн авчуулзав.

9月29日　中国全国人民代表大会常务委员会副委员长朱学范会见了蒙古人民共和国邮电部长宾·巴特尔一行。会见结束后，中国邮电部部长杨泰芳同巴特尔部部长签署了《中蒙邮电合作协议》。

9 сар 29　БНХАУ-ын БХАТИХ-ын байнгын хорооны орлогч дарга Жу Сюэфан БНМАУ-ын Холбооны Яамны сайд Б. Баатарыг хүлээн авч уулзав. Уулзалтын дараа БНХАУ-ын Холбооны Сайд Чан Тайпань, БНМАУ-ын ХЯсайд Б. Баатар нар “Монгол Хятадын Холбооны хамтын ажиллагааны

хэлэлцээрт" гарын үсэг зурав.

9月30日　蒙古人民革命党中央委员会总书记、蒙古大人民呼拉尔主席团主席姜·巴特蒙赫和部长会议主席杜·索德诺姆致电中国共产党总书记江泽民、国务院总理李鹏和全国人民代表大会常务委员会委员长万里，祝贺中华人民共和国成立40周年。

9 сар 30　БНМАУ-ын МАХН-ын ТХ-ны Ерөнхий нарийн бичгийн дарга, БНМАУ-ын АИХ-ын тэргүүлэгчдийн дарга Ж. Батмөнх, Сайд нарын Зөвлөлийн дарга Д. Содном нар БНХАУ байгуулагдсаны 40 жилийн ойг тохиолдуулан ХКН-ын Ерөнхий нарийн бичгийн дарга Жян Зэминь, Төрийн Зөвлөлийн Ерөнхий сайд Ли Пэн болон БХАТИХ-ын байнгын хорооны дарга Вань Ли нарт баярын цахилгаан илгээж баяр хүргэв.

9月　蒙古人民共和国国家中央图书馆馆长查嘎其率蒙古人民共和国图书馆代表团访问中国。

9 сар　БНМАУ-ын Төвномын сангийн дарга Цагаач тэргүүтэй МУ-ын Төв номын сангийн төлөөлөгчид БНХАУ-д айлчлав.

9月　蒙古人民共和国能源矿产地质部代表团访问中国内蒙古自治区。

9 сар　БНМАУ-ын Уул уурхайн яамны төлөөлөгчид ӨМӨЗО-д айлчлав.

10月1日　中国中央军事委员会主席邓小平主席当晚在天安门城楼上会见了应邀参加国庆联欢晚会的蒙古人民共和国邮电部长宾·巴特尔。

10 сар 1　БНХАУ-ын Цэргийн Төв Зөвлөлийн дарга Дэн

Сяопин Тяньаньмэний талбай дээр улс тунхагласны баярын үдэшлэгт оролцож буй БНМАУ-ын ХЯ-ны сайд Б. Баатартай уулзав.

10月5日—13日 应中国妇联的邀请，蒙古人民共和国妇女委员会主席鲁·帕格玛杜拉木率领的蒙古人民共和国妇女代表团对中国进行友好访问。中国全国人民代表大会常务委员会副委员长、全国妇联主席陈慕华会见了代表团。

10 сар 5-13 БНХАУ-ын Эмэгтэйчүүдийн холбооны урилгаар БНМАУ-ын Эмэгтэйчүүдийн холбооны дарга Л. Пагмадулам тэргүүтэй БНМАУ-ын Эмэгтэйчүүдийн төлөөлөгчид БНХАУ-д найрсаг айлчлал хийв. БНХАУ-ын БХАТИХ-ын байнгын хорооны орлогч дарга, БХ-ын Эмэгтэйчүүдийн холбооны дарга Чэнь Мухуа төлөөлөгчидтэй уулзав.

10月5日 中国全国人民代表大会常务委员会副委员长、全国妇联主席陈慕华当晚在人民大会堂会见并宴请由蒙古人民共和国妇女委员会主席鲁·帕格玛杜拉木率领的蒙古人民共和国妇女代表团。

10 сар 5 БХАТИХ-ын байнгын хорооны орлогч дарга, Бүх Хятадын Эмэгтэйчүүдийн холбооны дарга Чэнь Мухуа АИХ-ын танхимд БНМАУ-ын Эмэгтэйчүүдийн холбооны дарга Л. Пагмадулам тэргүүтэй БНМАУ-ын Эмэгтэйчүүдийн төлөөлөгчдийг хүлээн авч уулзаад дайллага зохион байгуулав.

10月8日—14日 应蒙古人民共和国工会中央理事会的邀请，中华全国总工会书记处书记张全有率领的中国工会代表团对蒙古人民共和国进行了友好访问。代表团受到蒙古人民共和国人民革命党中央书记策·巴勒哈扎布的接见。

10 сар 8-14 БНМАУ-ын ҮЭТХ-ны урилгаар БНХАУ-ын БХ-ын ҮЭ-ийн нарийн бичгийн дарга нарын газрын нарийн бичгийн дарга Жан Чуаньёоу тэргүүтэй БНХАУ-ын ҮЭ-ийн төлөөлөгчид БНМАУ-д найрсаг айлчлал хийв. БНМАУ-ын МАХН-ын нарийн бичгийн дарга төлөөлөгчдийг хүлээн авч уулзав.

10月9日—16日　应中国人民争取和平与裁军协会的邀请，以副主席索·乌德娃拉为团长的蒙古人民共和国保卫和平委员会代表团对中国进行了友好访问。中国全国人民代表大会常务委员会副委员长雷洁琼会见了代表团。

10 сар 9-16 БНХАУ-ын Ардын Энх тайваныг сахин хамгаалах болон зэвсэглэлийг хорогдуулах нийгэмлэгийн урилгаар орлогч дарга С. Удвал тэргүүтэй БНМАУ-ын Энх тайвныг сахин хамгаалах нийгэмлэгийн төлөөлөгчид БНХАУ-д найрсаг айлчлал хийв. БНХАУ-ын БХАТИХ-ын байнгын хорооны орлогч дарга Лэй Жезчюн төлөөлөгчидтэй уулзав.

10月12日　蒙古人民共和国驻华大使云·奥其尔当日在使馆举行招待会庆祝蒙中两国建交40周年。中国外交部部长钱其琛和有关方面负责人应邀出席招待会。

10 сар 12 БНМАУ-аас БНХАУ-д суугаа Элчин сайд Ю. Очир БНХАУ байгуулагдсаны 40 жилийн ойг тохиолдуулан Элчин Сайдын Яаманд дайллага зохион байгуулав. Дайллаганд БНХАУ-ын ГЯЯ-ны сайд Чянь Чичэнь болон холбогдох албаны хүмүүс урилгаар оролцов.

10月23日—30日　中国国家环境保护局副局长金鉴明率领代

表团访问蒙古人民共和国，同蒙古人民共和国自然环境保护部签署了会谈纪要。

10 сар 23-30 БНХАУ-ын Байгаль Орчныг Хамгаалах Газрын орлогч дарга Жин Жяньмин тэргүүтэй төлөөлөгчид БНМАУ-д айлчилж БНМАУ-ын БОЯ-тай хамтран хурлын портоколд гарын үсэг зурав.

10月24日 中国内蒙古自治区人民政府主席布赫会见蒙古人民共和国驻华大使云·敖其尔。双方就蒙古人民共和国在呼和浩特恢复设立总领事馆建馆问题等有关事宜交换了意见。

10 сар 24 ӨМӨЗО-ны Ардын Засгийн Газрын тэргүүн Бөхөө БНМАУ-аас БНХАУ-д суугаа Элчин сайд Ю. Очиртой уулзав. Талууд БНМАУ-ын Хөх хот дахь Ерөнхий Консулын Газрыг дахин сэргээх болон холбогдох асуудлаар санал солилцов.

10月 蒙古人民共和国对外经济联络和供应部第一副部长高陶布一行访问中国，并参加了10月28—31日在北京举行的中国与亚太地区经贸合作研讨会。

10 сар БНМАУ-ын Гадаад орнуудтай Эдийн засгийн талаар харилцах болон хангалтын хэлтсийн нэгдүгээр орлогч дарга Готов нар Хятадад айлчлав. Тэрбээр 10 сарынын 28-31-ний өдрүүдэд Бээжин хотноо зохион байгуулагдсан БНХАУ болон Ази Номхон далайн орнуудын эдийн засаг худалдааны хамтын ажиллагааны хэлэлцүүлэгт оролцсон байна.

11月2日 中蒙两国签署了关于1990年相互供货和付款议定书。

11 сар 2 Хятад Монгол хоёр улс 1990 онд харилцан

бараа нийлүүлэх тухай болон төлбөрийн тухай портоколд гарын үсэг зурав.

11月2日—10日　蒙古人民共和国海关总署署长色色尔访问中国。

11 сар 2-10　БНМАУ-ын ГЕГ-ын дарга Г.Сэсээр БНХАУ-д айлчлав.

11月2日—22日　应中国自行车协会的邀请，蒙古人民共和国公路自行车队访问中国，并同中国自选车队共同训练和比赛。

11 сар 2-22　БНХАУ-ын унадаг дугуйн нийгэмлэгийн урилгаар БНМАУ-ын баг тамирчид БНХАУ-д айлчилж БНХАУ-ын баг тамирчидтай хамтарсан бэлтгэл хийж нөхөрсөг тэмцээн хийв.

11月10日—21日　应蒙古政府的邀请，中国内蒙古自治区人民政府主席布赫率领内蒙古自治区代表团对蒙古人民共和国进行了友好访问。蒙古人民革命党中央总书记、蒙古大人民呼拉尔主席团主席占·巴特蒙赫和蒙古部长会议主席杜·索德诺木、副主席苏伦，蒙古对外经济联络和供应部长奥其尔巴特和外交部部长贡布苏伦分别会见了布赫一行。

11 сар 10-21　БНМАУ-ын ЗГ-ын урилгаар ӨМӨЗО-ны Ардын Засгийн Газрын дарга Бөхөө тэргүүтэй ӨМӨЗО-ны төлөөлөгчид БНМАУ-д найрсаг айлчлал хийв. БНМАУ-ын МАХН-ын Ерөнхий нарийн бичгийн дарга, АИХ-ын тэргүүлэгчдийн дарга Ж. Батмөнх, БНМАУ-ын Сайд нарын Зөвлөлийн дарга Д. Содном, орлогч дарга Сүрэн болон БНМАУ-ын Гадаад Орнуудтай Эдийн засгаар харилцах болон хангалтын хэлтсийн дарга Очирбат, ГХЯ-ны сайд Гомбосүрэн нар ӨМӨЗО-ны тэргүүн Бөхөөтэй тус тус

уулзав.

12月4日—11日　应中国体育运动委员会的邀请，蒙古人民共和国体育运动委员会主席嘎·达希泽伯格率领的蒙古人民共和国体育代表团对中国进行了友好访问。中国全国人民代表大会常务委员会副委员长廖汉生会见了该团。

12 сар 4-11　БНХАУ-ын Биеийн тамир, Спорт хорооны урилгаар БНМАУ-ын Биеийн тамир, Спорт хорооны дарга Г. Дашзэвэг тэргүүтэй БНМАУ-ын Биеийн тамир, спортын төлөөлөгчид БНХАУ-д найрсаг айлчлал хийв. БНХАУ-ын БХАТИХ-ын байнгын хорооны орлогч дарга Ляо Ханьшэн төлөөлөгчидтэй уулзав.

12月6日　蒙古人民共和国体育运动委员会主席、蒙古人民共和国奥委会主席嘎·达希泽伯格当日下午在人民大会堂会见中国全国人民代表大会常务委员会副委员长廖汉生时表示，蒙古人民共和国将派出代表团参加明年在北京举行的第十一届亚运会。

12 сар 6　Үдээс хойш, БНМАУ-ын Биеийн тамир, Спорт хорооны дарга, БНМАУ-ын олимпийн хорооны дарга Галсаны Дашзэвэг АИХ-ын танхимд БНХАУ-ын БХАТИХ-ын байнгын хорооны орлогч даргатай уулзах үеэрээ ирэх жил Бээжин хотноо зохион байгуулагдах Азийн аврага шалгаруулах 11 дэхь удаагийн тэмцээнд оролцох БНМАУ-ын төлөөлөгчид томилох талаар хэлэв.

12月　中国工艺品赴蒙贸易小组访问蒙古。

1989年两国贸易有较大发展，根据中国海关总署的统计，中蒙的进出口商品总额达2 853万美元，其中中国出口额为1 986万美元，进口额为867万美元。

中蒙边境贸易发展迅速，除中国内蒙古自治区同蒙古人民共和国的边境贸易继续有较大增长外，中国新疆维吾尔自治区同蒙古人民共和国毗邻省份也开展了边境贸易。

中国文联代表团、柔道队、国际象棋队，内蒙古杂技团、柔道队，在蒙古人民共和国进行了互访和比赛。

12 сар БНХАУ-ын Гар урлалын БНМАУ-д худалдаа эрхлэх бүлэг БНМАУ-д айлчлав.

1989 онд Хоёр улсын худалдаа асар их хөгжсөн байна. БНХАУ-ын ГЕГ-ын статистик үзүүлэлтээс харахад Хятад Монголын экспорт импортын барааны мөнгөний нийт эргэлт 28 530 000 доллар, Үүний дотор БНХАУ-ын экспортын нийт хэмжээ 19 860 000 доллар, импортын нийт хэмжээ 8 670 000 доллар байна.

БНХАУ, БНМАУ-ын Хилийн худалдаа хурдацтай хөгжиж ӨМӨЗО болон БНМАУ-ын Хилийн худалдаа нэмэгдсэнээс гадна ШУӨЗО нь БНМАУ-ын хөрш зэргэлдээ орших аймгуудтай худалдаа хийж эхэлсэн байна.

БНХАУ-ын утаг урлагын хамтарсан төлөөлөгчид, жюдо бөхийн баг, олон улсын шатрын баг болон БНМАУ-ын циркчид, жюдо бөхийн багууд тус тус харилцан айлчлал хийн нөхөрсөг тэмцээн зохион явуулсан байна.

1990年中蒙国家关系历史编年

1990 оны Хятад Монгол хоёр улсын харилцааны түүхэн үйл явдлын товчоон

2月6日　中国内蒙古自治区人民政府主席布赫会见了来内蒙古自治区访问的以甘登寺副堪布却扎木苏为首的蒙古人民共和国佛教界访问中国团。

2 сар 6　ӨМӨЗО-ны Ардын Засгийн Газрын дарга

Бөхөө ӨМӨЗО-нд айлчлахаар ирсэн Гандантэгчилэн хийдийн хамба лам Чойжамц тэргүүтэй Монголын бурханы шашны төлөөлөгчдийг хүлээн авч уулзав.

2月8日—13日　中国柔道队参加在蒙古人民共和国举行的国际柔道赛。

2 сар 8-13　Хятадын жудогийн тамирчид Монголд зохиогдсон олон улсын жудогийн тэмцээнд оролцов.

2月11日—27日　蒙古人民共和国《蒙古画家艺术作品展》在北京举办。

2 сар 11-27　БНМАУ-ын "Монголын зураачдын уран зургийн үзэсгэлэн" Бээжинд зохион байгуулагдав.

2月15日—27日　中国自由式摔跤队和中国内蒙古自治区摔跤队参加在蒙古人民共和国举行的"国际—90"自由式摔跤赛.

2 сар 15-27　БНХАУ болон ӨМӨЗО-ны чөлөөт бөхийн баг тамирчид Монголд зохиогдсон "Олон Улс-90" чөлөөт бөхийн тэмцээнд оролцов.

2月12日—21日　应中共中央对外联络部的邀请，蒙古人民革命党中央委员、党中央对外联络部长兼蒙古大人民呼拉尔主席洛敦・林钦率蒙古人民革命党中央对外联络部代表团访问中国。中共中央总书记江泽民会见了蒙古人民革命党中央对外联络部长洛敦・林钦一行。林钦一行还参观访问了福州、泉州、厦门等地。

2 сар 12-21　ХКН-ын ТХ-ны гадаад харилцааны хэлтсийн урилгаар МАХН–ын гишүүн, НТХ-ны ГХХ-ийн эрхлэгч бөгөөд МАИХ-ын дарга Л.Ринчин МАХН-ын ТХ-ны ГХХ-ийн төлөөлөгчдийгтэргүүлэн Хятадад айлчлав. ХКН-ын ТХ-ны ерөнхий нарийн бичгийн дарга Жян Зэминь

МАХН-ын ТХ-ны ГХХ-ны эрхлэгч Л.Ринчин тэргүүтэй төлөөлөгчдийг хүлээн авч уулзав. Л.Ринчин тэргүүтэй төлөөлөгчид айлчлалын хугацаанд Фужоу, Чуаньжоу, Сямэнь зэрэг газруудаар айлчлав.

3月5日—9日　蒙古人民共和国法律仲裁部长奥·占巴勒道尔吉率代表团访问中国。中国全国人民代表大会常务委员会副委员长彭冲会见了代表团。

3 сар 5-9　Монгол Улсын Хууль Зүйн Арбитрийн Шүүхийн дарга О. Жамбалдорж тэргүүтэй төлөөлөгчид Хятадад айлчлав. БХАТИХ-ын байнгын хорооны дэд дарга Пэн Чун төлөөлөгчдийг хүлээн авч уулзав.

3月15日—22日　中国和蒙古政府间经济、贸易、科技合作委员会中方主席、轻工业部长曾宪林率中国政府代表团访问蒙古人民共和国，参加合作委员会第一次会议。双方签署了会议纪要。会议就在蒙古人民共和国合作开采铁矿、中方承建煤矿、陶瓷厂、牙膏厂、加工猪皮服装革厂等六个意向性合作项目达成协议。蒙古人民共和国新任部长会议主席沙·贡嘎道尔吉会见了曾宪林一行。

3 сар 15-22　Хятад Монголын ЗГ хоорондын эдийн засаг, худалдаа, шинжлэх ухаан техникийн хамтын ажиллагааны комиссын Хятадын талын дарга, хөнгөн үйлдвэрийн хэлтэсийн дарга Зэн Шяньлинь Хятадын Засгийн Газрын төлөөлөгчдийн хамтаар БНМАУ-д айлчлал хийж, хамтын ажиллагааны комиссын анхдугаар хуралдаанд оролцон, хоёр тал хурлын товч тэмдэглэлд гарын үсэг зурав. Хурал дээр Монгол улстай хамтран төмрийн уурхай нээх, Хятадын талаас хариуцан нүүрсний уурхай, шаазангийн үйлдвэр барих, шүдний оо, гахайн арьсан хувцасны болон

боловсруулах үйлдвэр байгуулах зэрэг 6 чиглэлийн хамтарсан төслийн талаар тохиролцоонд хүрэв. Монголын шинээр томилогдсон Сайд Нарын Зөвлөлийн дарга Ш.Гунгаадорж Зэн Шяньлинь тэргүүтэй төлөөлөгчдийг хүлээн авч уулзав.

3月24日 中华人民共和国主席杨尚昆和国务院总理李鹏分别致电彭·奥其尔巴特和沙·贡嘎道尔吉，祝贺他们分别当选蒙古大人民呼拉尔主席团主席和就任部长会议主席。

3 сар 24 БНХАУ-ын дарга Ян Шанкунь болон ТЗ-ийн Ерөнхий сайд Ли Пэн нар АИХ-ын тэргүүлэгчдийн дарга, Сайд Нарын Зөвлөлийн даргын албанд шинээр томилогдсон П.Очирбат болон Ш.Гунгаадорж нарт тус тус баяр хүргэсэн цахилгаан илгээсэн байна.

4月29日—5月15日 中国东方歌舞团访问蒙古人民共和国。

4 сар 29-5 сар 15 Хятадын Дүн Фан дуу бүжгийн ансамбль БНМАУ-д айлчлав.

5月4日—7日 应中国国家主席杨尚昆邀请，蒙古大人民呼拉尔主席团主席彭·奥其尔巴特访问中国。这是自1962年以来，蒙古人民共和国最高领导人对中国的首次访问。杨尚昆主席、江泽民总书记分别会见奥其尔巴特主席，李鹏总理同奥其尔巴特主席举行了会谈。访问结束时，双方发表了中蒙联合公报。公报指出，“今后仍将依据1960年签署的中蒙友好互助条约，在互相尊重主权和领土完整、互不侵犯、互不干涉内政、平等互利、和平共处五项原则基础上，加强和发展两国友好合作关系”。钱其琛外长同贡布苏仍外长签署了中蒙两国政府关于科学技术、保护自然环境和卫生的3个合作协定。

5 сар 4-7 БНХАУ-ын дарга Ян Шанкуний урилгаар, АИХ-ын тэргүүлэгчдийн дарга П.Очирбат БНХАУ-д албан ёсны айлчлал хийв. Энэ нь 1962 оноос хойш, МУ-ын төрийн дээд албан тушаалтан анх удаа Хятадад айлчилж байгаа явдал юм. БНХАУ-ын дарга Ян Шанкунь, ерөнхий нарийн бичгийн дарга Жян Зэминь, Ерөнхий сайд Ли Пэн нар тус тус Очирбат даргатай уулзав. Айлчлалын төгсгөлд хоёр тал хамтарсан албан мэдэгдэл хийсэн байна. Албан мэдэгдэлдээ “Хоёр тал цаашид 1960 онд гарын үсэг зурсан Хятад Монголын харилцан туслалцах гэрээг үндэслэн бүрэн эрх, нутаг дэвсгэрийн бүрэн бүтэн байдлыг харилцан хүндэтгэж, харилцан үл довтлох, дотоод хэрэгт оролцохгүй, харилцан тэгш эрхтэй энх тайвнаар зэрэгцэн орших 5 зарчмын үндсэн дээр, 2 орны найрамдлын хамтын ажиллагааг бэхжүүлэн хөгжүүлнэ” гэж заажээ. ГЯЯ-ны сайд Цянь Цичэнь БНМАУ-ын ГЯЯ-ны сайд Гомбосүрэн нар Хятад Монгол хоёр улсын Засгийн Газар шинжлэх ухаан техник, байгаль хамгаалах болон эрүүл ахуйн асуудлаар 3 хэлэлцээрт гарын үсэг зурав.

5月6日—7日 蒙古大人民呼拉尔主席团主席彭·奥其尔巴特和夫人一行在中国陪同团团长曾宪林和夫人的陪同下对中国内蒙古自治区进行了参观访问。内蒙古自治区政府主席布赫、副主席文精等前往机场迎送。彭·奥其尔巴特一行参观了内蒙古彩电中心，访问了达尔罕茂明安联合旗希拉穆仁苏木牧民家庭。

5 сар 6-7 АИХ-ын тэргүүлэгчдийн дарга П. Очирбат гэргий болон БНХАУ-д айлчлах хугацаанд нь бараа бологсодын ахлагч Цэн Шэнлин дарга гэргийн хамт дагалдан ӨМӨЗО-нд айлчлав. ӨМӨЗО-ны засгийн газрын дарга Бөхөө, дэд дарга Вэнь Жин нар нисэх онгоцны буудал дээр угтан авлаа. П.Очирбат дарга Өвөр монголын телевизийн төвийг үзэж сонирхон, Дархан Муумянганы

холбоот хошууны Шармөрөн сумын малчин айлд зочлов.

5月6日—14日 蒙古人民共和国建设部部长鲁·尼雅木桑布率代表团访问中国，中国国务院副总理姚依林会见了蒙古人民共和国代表团。

5 сар 6-14 Барилга хот байгуулалтын хэлтсийн дарга Л.Нямсамбуу тэргүүтэй төлөөлөгчидБНХАУ-д айлчилсан ба БНХАУ-ын Төрийн Зөвлөлийн Ерөнхий сайдын орлогч Яо Илинь Монголын төлөөлөгчдийг хүлээн авч уулзав.

5月22日 在蒙中友协召开的会议上，乌兰巴托市市长勒·额奈比什当选为蒙中友协主席，同时选出由25人组成的蒙中友协主席团。

5 сар 22 Монгол Хятадын найрамдлын нийгэмлэгийн зарлан хуралдуулсан хурал дээр Улаанбаатар хотын дарга Л.Энэбиш Монгол Хятадын найрамдлын нийгэмлэгийн тэргүүлэгчээр, Монгол Хятадын найрамдлын нийгэмлэгийн удирдах зөвлөлд 25 хүн тус тус сонгогдов.

5月31日 值中蒙友好互助条约签订30周年纪念日之际，杨尚昆主席同彭·奥其尔巴特主席互致贺电。

同日 中国内蒙古自治区首府呼和浩特和蒙古人民共和国首都乌兰巴托间首次开通国际旅客列车。

5 сар 31 Монгол Хятадын найрамдлын харилцан туслах гэрээ байгуулсаны 30 жилийн ойг тохиолдуулан Ян Шанкунь дарга П.Очирбат дарга нар харилцан баярын цахилгаан илгээв.

ӨМӨЗО-ны төв Хөх хот болон Монголын нийслэл Улаанбаатар хотын хооронд анх удаагаа олон улсын галт тэрэгний маршрут нээв.

6月4日—11日　中共中央对外联络部副部长朱善卿访问蒙古人民共和国。蒙古人民革命党中央主席委员、中央书记布・苏米雅会见了朱善卿一行。

6 сар 4-11　ХКН-ын Төв хорооны ГХХ-ийн орлогч дарга Жу Шаньчин БНМАУ-д айлчлав. МАХН-ын ТХ-ны гишүүн, Ерөнхий нарийн бичгийн дарга Б.Сумъяа Жу Шаньчин тэргүүтэй төлөөлөгчидтэй уулзав.

6月8日—13日　蒙古人民共和国摔跤队访问中国。

6 сар 8-13　Монголын бөхийн баг тамирчид Хятадад айлчилав.

6月13日—15日　蒙古人民共和国部长会议副主席巴・沙拉布桑布出访泰国后回国途中顺访中国。中国国务院副总理吴学谦会见了沙拉布桑布一行。

6 сар 13-15　БНМАУ-ын Сайд нарын Зөвлөлийн орлогч дарга Б.Шаравсамбуу Тайланд улсад айлчлаад нутаг буцах замдаа Хятад улсад богино хугацааны айлчлал хийв. Хятадын Төрийн Зөвлөлийн Ерөнхий сайдын орлогч У Сюэцянь Шаравсамбуу тэргүүтэй төлөөлөгчидтэй уулзав.

6月10日—17日　中国外交部领事司司长纪立德率领领事代表团访问蒙古人民共和国。

6 сар 10-17　БНМАУ-ын ГЯЯ-ны Консулын хэлтэсийн дарга Жи Лидэт эргүүтэй консулын албаны төлөөлөгчид БНМАУ-д айлчилав.

6月15日—7月17日　应蒙古人民共和国文化部邀请，中国内蒙古杂技团一行44人赴蒙古人民共和国进行了为期30天的访问演出。蒙古人民共和国文化部和蒙古杂技院向中国内蒙古人民共和国杂技团领队颁发了“文化友好使者”的荣誉证书，并向优秀节目表演者颁发了荣誉证书。

’ 6 сар 15-7 сар 17 БНМАУ-ын СЯ-ны урилгаар Өвөр монголын 44 хүний бүрэлдэхүүнтэй циркийн хамтлаг БНМАУ-д 30 хоногийн хугацаатай аялан тоглолт хийв. Монголын Соёлын Яам болон улсын цирк Өвөр монголын циркийн хамтлагт “Соёлын Найрамдлын элч” гэрчилгээ олгон мөн шилдэг хөтөлбөрийн жүжигчинд алдарын гэрчилгээ олгов.

6月23日—28日 以团中央第一书记宋德福为团长的中国共产主义青年团代表团访问蒙古人民共和国。蒙古人民革命党中央委员会主席彭·奥其尔巴特会见了代表团。

6 сар 23-28 ХКЗЭ-ийн Төв хорооны 1-р нарийн бичгийн дарга Сун Дэфу Монголд айлчлав. МАХН-ын Төв хорооны дарга Г.Очирбат төлөөлөгчидтэй уулзав.

6月24日—7月12日 中国《蒙古秘史》人物画展在蒙古人民共和国举办。

6 сар 24-7 сар 12 БНХАУ-ын “Монголын Нууц Товчоо” сэдэвт уран зургийн үзэсгэлэн БНМАУ-д зохион байгуулагдав.

7月7日 蒙古人民共和国新任总领事宗堆·萨拉勒在中国内蒙古自治区政府礼堂拜会了内蒙古人民政府主席布赫。根据中蒙两国政府协定，蒙古人民共和国驻中国呼和浩特总领事馆恢复建立。

7 сар 7 БНМАУ-ын шинээр томилогдсон Ерөнхий консул Д.Саарал ӨМӨЗО-ны ЗГ-ын ёслолын танхимд ӨМӨЗО-ны Засгийн газрын дарга Бөхөөд бараалхав. Хятад

Монгол хоёр орны ЗГ хоорондын хэлэлцээрт үндэслэн, Монголоос Хөх хотод суух Ерөнхий консулын газрыг дахин сэргээн байгуулав.

7月10日　蒙古人民共和国驻中国呼和浩特总领事馆正式恢复开馆。总领事馆总领事为宗堆·萨拉勒，副领事为策德布·宝音巴达拉呼。中国内蒙古自治区政府主席布赫出席升旗仪式。

7 сар 10　Монголоос Хөх хотод суух Ерөнхий консулын газар албан ёсоор үйл ажиллагаагаа дахин сэргээв. Ерөнхий консулаар Д.Саарал, дэд консулаар Ц.Баянбадрах нар тус тус томилогдов. ӨМӨЗО-ны Засгийн газрын тэргүүн Бөхөө нээлтийн ёслолд оролцов.

7月15日—26日　中国射击队访问蒙古人民共和国。

7 сар 15-26　Хятадын байт сурчын баг тамирчид БНМАУ-д айлчлав.

7月16日—23日　由邮电部副部长谢高觉率领的中国邮电代表团访问蒙古人民共和国，蒙古人民共和国部长会议副主席巴·沙拉布桑布会见代表团。

7 сар 16-23　БНМАУ-д айлчилж буй Хятадын шуудан холбооны дарга Сье Гаожюэ тэргүүтэй төлөөлөгчидтэй БНМАУ-ын Сайд Нарын Зөвлөлийн дэд дарга Б.Шаравсамбуу уулзав.

7月22日—8月6日　中国歌手参加乌兰巴托1990年流行歌曲国际比赛，中国中央民族歌舞团腾格尔获第一名，中国东方歌舞团彭康亮获第二名。

7 сар 22-8 сар 6　Хятадын дуучид Улаанбаатар хотноо зохиогдсон 1990 оны шилдэг дууны олон улсын уралдаанд

оролцож, Хятадын үндэстний дуу бүжгийн чуулгын дуучин Тэнгэр тэргүүн байр эзэлж, мөн Хятадын Дүн Фан Дуу бүжгийн чуулгын Пэн Канлян дэд байр эзлэв.

7月22日—8月2日 中国青年拳击队访问蒙古人民共和国，并参加在蒙古人民共和国举行的国际拳击赛。

7 сар 22-8 сар 2 Хятадын өсвөрийн залуу боксчдын баг Монголд айлчилж, Монголд зохиогдсон олон улсын боксын тэмцээнд оролцов.

7月30日—8月6日 由中国国家气象局局长（世界气象组织主席）邹竞蒙率领的中国气象代表团访问蒙古人民共和国。蒙古人民共和国部长会议副主席乔·普勒布道尔吉会见代表团。

7 сар 30-8 сар 6 БНХАУ-ын Цаг уурын газрын дарга (Дэлхийн цаг уурын байгууллагын тэргүүн) Зоу Жинмэн тэргүүтэй хятадын цаг уурчдын төлөөлөгчид БНМАУ-д айлчлав. БНМАУ-ын Сайд нарын Зөвлөлийн дэд дарга Ч.Пүрэвдорж төлөөлөгчидтэй уулзав.

8月6日—16日 由中共中央统战部部长张声作为团长的中国共产党党的干部代表团访问蒙古人民共和国。蒙古人民革命党中央主席团委员、中央书记策·乌勒德会见了代表团。

8 сар 6-16 ХКН-ын ТХ-ны нэгдсэн фронтын хэсгийн дарга Жан Шэн тэргүүтэй төлөөлөгчид БНМАУ-д айлчлав. МАХН-ын ТХ-ны тэргүүлэгчдийн гишүүн, ТХ-ны нарийн бичгийн дарга Ц.Өлзий төлөөлөгчидтэй уулзав.

8月7日—9日 中国自行车队访问蒙古人民共和国。

8 сарын 7-9-ны өдөр Хятадын унадаг дугуйн спортын баг тамирчид БНМАУ-д айлчлав.

8月12日—31日　蒙古人民共和国文化部副部长贡·尼亚木桑布率领的蒙古人民共和国“蓝天”民间艺术团参加了在中国举行的首届中国国际民间艺术节。

8 сар 12-31　БНМАУ-ын Соёлын Яамны дэд дарга Г.Нямсамбуу тэргүүтэй “Хөх тэнгэр“ хамтлаг БНХАУ-д зохиогдсон олон улсын ардын урлагийн анхдугаар наадамд оролцов.

8月19日—27日　由全国妇联副主席林丽韫率领的中国妇女代表团访问蒙古人民共和国。蒙古大人民呼拉尔主席团秘书乔·达希登贝尔勒会见了代表团。

8 сар 19-27　Бүх Хятадын Эмэгтэйчүүдийн Холбооны дэд дарга Линь Лиюнь тэргүүтэй төлөөлөгчид Монголд айлчлав. БНМАУ-ын АИХ-ын тэргүүлэгчдийн нарийн бичгийн дарга Ч.Дашдэмбэрэл төлөөлөгчидтэй уулзав.

8月20日—27日　蒙古人民共和国重工业部副部长赞·巴拉斯访问中国。

8 сар 20-27　БНМАУ-ын Хүнд Үйлдвэрийн Яамны дэд сайд З.Барс БНХАУ-д айлчлав.

8月24日—31日　中、蒙、苏铁路联运会第16次会议和中、蒙国境铁路联运委员会第32次例会在伊尔库茨克市举行。

8 сар 24-31　Хятад, Монголын шууд төмөр замын тээврийн комиссын 32 дугаар ээлжит хуралдаан болон Монгол, Хятад, Зөвлөлтийн төмөр замын тээврийн комиссын 16 дугаар хуралдаан Эрхүү хотноо болов.

8月31日—9月15日　蒙古人民共和国民间歌舞团参加了在北京举行的亚运会艺术节。

8 сар 31-9 сар 15 Монголын Ардын дуу бүжгийн чуулга Бээжинд зохион байгуулагдсан Азийн урлагийн наадамд оролцов.

9月3日—10日 蒙古人民共和国工会联合会中央理事会主席希·巴特巴雅尔率工会代表团访问中国。中国国务院副总理吴学谦会见代表团。

9 сар 3-10 Монголын ҮЭХ-ны Төв Зөвлөлийн дарга Ш.Батбаяр тэргүүтэй үйлдвэрчний эвлэлийн төлөөлөгчид Хятадад айлчлав. Хятадын Төрийн Зөвлөлийн Ерөнхий сайдын орлогч Ү Сюэчянь төлөөлөгчидтэй уулзав.

9月4日 蒙古人民共和国首任总统彭·奥其尔巴特说，“蒙古人民共和国将全面发展同伟大邻邦中国的政治、经济、贸易和文化关系，蒙中关系的不断发展对于蒙古人民共和国的进一步发展至关重要，完全符合我们的国家利益”。

9 сар 4 Монгол Улсын анхны Ерөнхийлөгч П.Очирбат “БНМАУ цаашид ч их хөрш Хятад улстай эдийн засаг, улс төр, худалдаа, соёлын харилцаа зэрэг бүхий л талаар хамтран ажиллах ба Монгол Хятад 2 орны харилцаа тасралтгүй хөгжүүлнэ. Монгол Хятадын харилцаа хөгжих нь БНМАУ-ын хөгжилд чухал түлхэц болохын сацуу манай улсын эрх ашигт бүрэн дүүрэн нийцэж байгаа юм” гэжээ.

9月9日—15日 农业部副部长刘江率中国农业部代表团访问蒙古人民共和国。

9 сар 9-15 БНХАУ-ын ХААЯ-ны дэд сайд Лю Зян тэргүүтэй төлөөлөгчид БНМАУ-д айлчлав.

9月9日—12日 应中共中央邀请，以蒙古人民革命党中央理论和意识形态部顾问达格瓦为团长的蒙古人民革命党休假团一行14人来内蒙古自治区休假访问。11日中共内蒙古党委副书记张丁华宴请代表团一行。

9 сар 9-12 ХКН-ын ТХ-ны урилгаар МАХН-ын ТХ-ны онол, үзэл сурталын хэлтсийн зөвлөх Дагва тэргүүтэй МАХН-ын 14 төлөөлөгчид ӨМӨЗО-нд амрахаар айлчлан ирэв. 11-ний өдөр Өвөр монголын КН-ын нарийн бичгийн даргын орлогч Жан Динхуа төлөөлөгчдөд зориулан дайллага зохиосон байна.

9月10日—17日　由巴·米格玛尔扎布第一副部长率领的蒙古人民共和国自然环境保护部代表团访问中国。中国国务院国务委员宋健会见了代表团。

9 сар 10-17 БНМАУ-ын БОХЯ-ны нэгдүгээр орлогч сайд Б.Мягмаржав тэргүүтэй төлөөлөгчид БНХАУ-д айлчлав. БНХАУ-ын Төрийн Зөвлөлийн хорооны гишүүн Сун Жянь төлөөлөгчдийг хүлээн авч уулзав.

9月11日—15日　应中国残疾人联会会邀请，以蒙古人民共和国残疾人协会中央理事会访问中国团一行5人，在团长格·达木丁率领下对内蒙古自治区进行友好访问。

9 сар 11-15 Хятадын Хөгжлийн бэрхшээлтэй иргэдийн нийгэмлэгийн урилгаар, БНМАУ-ын хөгжлийн бэрхшээлтэй иргэдийн нийгэмлэгийн ТЗ 5 хүний бүрэлдэхүүнтэй БНХАУ-д айлчлан, нийгэмлэгийн дарга Г.Дамдинаар удирдуулан ӨМӨЗО-д найрсаг айлчлал хийв.

9月22日—10月5日　蒙古人民共和国全国奥林匹克委员会主席索·宝勒德率领的蒙古人民共和国体育代表团参加在北京举行的第十一届亚运会。

9 сар 22-10 сар 5 Монголын Үндэсний Олимпийн хорооны дарга С.Болд тэргүүтэй Монголын баг тамирчид Бээжинд болсон Азийн 11-р наадамд оролцов.

9月29日 中国外交部副部长刘华秋和蒙古人民共和国驻华大使云・奥其尔在北京签署了互换中蒙民事和刑事司法协助条约批准书的证书。

9 сар 29 БНХАУ-ын ГЯЯ-ны дэд сайд Лю Хуачиү болон БНМАУ-аас БНХАУ-д суугаа элчин сайд Ю.Очир нар Бээжин хотноо Хятад Монголын иргэний болон эрүүгийн хэрэгт хууль зүйн туслалцаа үзүүлэх гэрээний батламж бичгийн гэрчилгээнд гарын үсэг зурж солилцов.

9月23日—30日 应蒙古人民共和国国防部的邀请，中国国防部外事局长傅加平少将率领中国国防部代表团对蒙古人民共和国进行正式友好访问。这是自1961年以来第一个中国人民解放军代表团访问蒙古人民共和国。蒙古人民共和国国防部长沙・扎丹巴中将会见了代表团。

9 сар 23-30 БНМАУ-ын БХЯ-ны урилгаар, БНХАУ-ын БХЯ-ны гадаад харилцааны хэлтсийн дарга хошууч генерал Фо Жяпин тэргүүтэй төлөөлөгчид БНМАУ-д албан ёсны найрсаг айлчлал хийв. Энэ нь 1961 оноос хойш Хятадын АЧА-ийн төлөөлөгчид Монголд анх удаа айлчилсан явдал байв. Монголын БХЯ-ны сайд дэслэгч генерал Ш.Жадамбаа төлөөлөгчидтэй уулзав.

9月30日—10月7日 中国国际象棋队访问蒙古人民共和国。

9 сар 30-10 сар 7 БНХАУ-ын шатрын баг тамирчид БНМАУ-д айлчлав.

10月7日—19日　应蒙古科技信息中心的邀请，由中国贸易促进会内蒙古分会、冶金机械工业厅、自治区科学技术协会、内蒙古农机学会联合组织了有关企业组成中国内蒙古农牧业技术展览团，在乌兰巴托市举办了“中国内蒙古农牧业机械技术展览会”。与蒙方有关部门、地区和单位就联合生产和经销我区农牧业机械产品签订了8个意向书。

10 сар 7-19　Монголын ШУМТ-ийн төвийн урилгаар, Хятадын гадаад худалдааны дэмжлэг үзүүлэх хурлын Өвөр монгол дах салбар, төмөр боловсруулах механик аж үйлдвэрийн хэлтэс, Өөртөө Засах Орны ШУТ-ийн нийгэмлэг, Өвөр монголын ХАА газар тариалангийн судалгааны төвөөс хамтран “БНХАУ-ын Өвөр монголын ХАА газар тариалангийн үзэсгэлэн”-г Улаанбаатар хотноо зохион байгуулав. Монголын талаас холбогдох байгууллагууд орон нутаг болон аж ахуйн нэгжүүдийн хамтарсан бүтээгдэхүүн болон манай бүс нутгийн техник тоног төхөөрөмж зэрэг 8 зүйл санамж бичигт гарын үсэг зурлаа.

11月　蒙古人民共和国第十一任驻华大使洪·奥勒兹沃依抵达北京上任。

11 сар　БНМАУ-аас БНХАУ-д суух 11 дэх элчин сайд Х.Олзвой Бээжинд томилогдон ирэв.

11月5日—12日　中国国家教育委员会副主任柳斌率中国教育代表团访问蒙古人民共和国。蒙古人民共和国部长会议主席助理达·道尔利格扎布会见了代表团。

11 сар 5-12　БНХАУ-ын Боловсролын Хорооны орлогч дарга Лю Бинь тэргүүтэй төлөөлөгчид БНМАУ-д айлчлав. БНМАУ-ын Сайд нарын Зөвлөлийн даргын туслах Д.Дорлигжав төлөөлөгчидтэй уулзав.

11月5日—14日 蒙中友协主席勒·额奈比什率蒙中友协代表团访问中国。中国国务院副总理吴学谦会见了代表团。

11 сар 5-14 Монгол Хятадын найрамдалын нийгэмлэгийн дарга Л.Энэбиш тэргүүтэй төлөөлөгчид БНХАУ-д айлчлав. БНХАУ-ын Төрийн Зөвлөлийн Ерөнхий сайдын орлогч ҮСюэжиэнь төлөөлөгчидтэй уулзав.

11月5日—15日 值蒙古《真理报》创刊70周年之际，中国《人民日报》副总编辑唐纪宇率代表团访问蒙古人民共和国，并出席蒙古人民共和国《真理报》创刊70周年活动。

11 сар 5-15 Монголын “Үнэн” сонин хэвлэгдсэний 70 жилийн ойг тохиолдуулан Хятадын “Ардын өдрийн сонин”-ы ерөнхий редакторын орлогч Тан Жиюй тэргүүтэй төлөөлөгчид Монголд айлчилж, Монголын “Үнэн” сонин хэвлэгдсэний 70 жилийн ойн баярын үйл ажиллагаанд оролцов.

11月9日—17日 蒙古人民共和国国防部外事条法司司长阿·苏赫巴特尔上校率团访问中国。这也是近30年来第一个蒙古人民军代表团正式访问中国。中国国防部长秦基伟会见了代表团。双方就互派武官问题原则上达成协议。通过互访，中蒙正式恢复两军交往。

11 сар 9-17 БНМАУ-ын БХЯ-ны гадаад харилцааны албаны хуулийн хэлтсийн дарга хурандаа А.Сүхбаатар тэргүүтэй төлөөлөгчид Хятадад айлчлав. Энэ нь ойрын 30 жилд Монголын Ардын Армийн төлөөлөгчид анх удаагаа Хятадад айлчилсан явдал байв. Хятадын БХЯ-ны сайд Чинь Живэй төлөөлөгчидтэй уулзав. Хоёр тал харилцан атташе томилох асуудлаар тохиролцоонд хүрэв. Энэхүү айлчлал нь Хятад Монгол 2 орны цэргийн харилцааг албан ёсоор

сэргээсэн явдал болов.

11月10日—15日　应中国包头市人民政府邀请，蒙古人民共和国额尔登特市市长陶格奇和由他率领的该市代表团抵达包头参观访问。双方就两个城市之间开展地方贸易和经济合作等领域广泛交换了意见，并达成了意向性协议。内蒙古自治区政府副主席裴英武会见了蒙古人民共和国客人。

11 сар 10-15　БНХАУ-ын Бугат хотын Ардын Засгийн Газрын урилгаар, Монголын Эрдэнэт хотын дарга Тогооч тэргүүтэй төлөөлөгчид Бугат хотод айлчлав. Хоёр тал хоёр хотын хооронд гадаад худалдаа болон эдийн засгийн хамтын ажиллагаа зэрэг олон асуудлаар санал солилцож, тохиролцоонд хүрэв. ӨМӨЗО-ны ЗГ-ын даргын орлогч Пэн Ину Монголын зочид төлөөлөгчидтэй уулзав.

11月11日　应中国对外友好协会邀请，以蒙古人民共和团蒙中友协主席、乌兰巴托市市长额奈比什为团长的蒙中友协代表团一行10人抵达呼和浩特，对内蒙古自治区进行友好访问。12日，内蒙古自治区政府主席布赫会见并宴请了蒙古人民共和国客人。

11 сар 11　Хятадын Гадаадтай Харилцах Найрамдлын нийгэмлэгийн урилгаар, БНМАУ-ын Хятад Монголын Найрамдлын нийгэмлэгийн тэргүүн, Улаанбаатар хотын дарга Энэбиш Монгол Хятадын Найрамдлын нийгэмлэгийн 10 хүний бүрэлдэхүүнтэй төлөөлөгчдийг ахлан Хөх хотод хүрэлцэн очиж, ӨМӨЗО-д найрсаг айлчлал хийв. 12-ны өдөр, ӨМӨЗО-ны Засгийн Газрын дарга Бөхөө Монголын зочид төлөөлөгчидийг хүлээн авч цайллага хийв.

11月15日　彭萨勒玛・奥其尔巴特总统从日本回国途中在北京作短暂停留。杨尚昆主席会见奥其尔巴特总统，同他进行了亲切的谈话。

11 сар 15 МУ-ын Ерөнхийлөгч П.Очирбат Японоос буцах замдаа Бээжинд түр саатан морилов. Ян Шанкүнь дарга МУ-ын Ерөнхийлөгч Очирбаттай уулзан халуун дотно яриа өрнүүлэв.

11月19日—26日 蒙古人民共和国教育部长诺·乌日特纳森率团访问中国。双方签署了《中华人民共和国和蒙古人民共和国1991—1995年教育合作计划》。中国国务院国务委员兼国家教委主任李铁映出席签字仪式，并会见了代表团。

11 сар 19-26 БНМАУ-ын БЯ-ны сайд Н.Уртнасан тэргүүтэй төлөөлөгчид БНХАУ-д айлчлав. Хоёр тал “БНХАУ болон БНМАУ-ын 1991-1995 оны боловсролын хамтын ажиллагааны төлөвлөгөө”-нд гарын үсэг зурав. БНХАУ-ын Төрийн Зөвлөлийн гишүүн бөгөөд Улсын боловсролын хорооны дарга Ли Тьеин гарын үсэг зурах ёслолд оролцож, төлөөлөгчидтэй уулзав.

11月20日—26日 中国国际商会内蒙古商会在呼和浩特市国贸大厦举办 “蒙古人民共和国出口商品展览会”，成交金额87万元人民币。

11 сар 20-26 Хятадын олон улсын худалдааны Өвөр монгол дахь худалдааны салбар Хөх хотын улсын худалдааны ордонд “БНМАУ-ын экспортын бүтээгдэхүүний үзэсгэлэн” зохион байгуулагдаж, арилжааны нийт дүн 870 000 юан хүрэв.

11月26日—12月1日 中蒙两国政府代表团在乌兰巴托就促进边境贸易发展，增辟边境过货口岸问题举行会谈，签署了中蒙边境口岸及其管理制度会谈第一次会议纪要。双方就开辟六个边境公路口岸达成一致意见。这六对口岸是：二连浩特—扎门乌德、阿尔哈沙特—哈比日嘎、嘎达布其—毕其格图、甘其毛道—嘎顺苏海图、老爷庙—布尔嘎斯台、塔克什肯—布尔根。

11 сар 26-12 сар 1 Хятад Монгол хоёр улсын Засгийн Газрын төлөөлөгчид Улаанбаатар хотод хилийн худалдаанд тус дөхөм үзүүлэх үүднээс, дамжин өнгөрөх хилийн боомт шинээр нээх тухай асуудлаар хэлэлцээр хийж, Хятад Монголын хилийн боомт тэдгээрийн дэглэмийн тухай хэлэлцээрийн анхдугаар хуралдааны протоколд гарын үсэг зурав. Хоёр тал 6 хилийн боомтын авто замыг нээхээр санал нэгтэй тохиролцов. Энэ 6 боомт нь: Эрээн хот–Замын-Үүд, Архашаат-Хавирга, Гадавч-Бичэгт, Ганц мод-Гашуун сухайт, Ляо Емё –Бургастай , Такешикан-Булган.

11月26日—12月2日　应乌兰巴托市的邀请，北京市副市长张百发率团访问蒙古人民共和国。蒙古人民共和国部长会议第一副主席达·冈宝勒德会见了代表团。

11 сар 26-12 сар 2 Улаанбаатар хотын урилгаар, Бээжин хотын орлогч дарга Жан Байфа тэргүүтэй төлөөлөгчид Монголд айлчлав. БНМАУ-ын Сайд нарын Зөвлөлийн 1-р орлогч дарга Д.Ганболд төлөөлөгчидтэй уулзав.

11月26日—12月3日　由蒙古人民共和国和平与友好组织联合会执委会主席巴·利格登率团访问中国。中国全国人民代表大会常务委员会副委员长陈慕华会见了代表团。

11 сар 26-12 сар 3 Монголын Энх тайван Найрамдлын Нийгэмлэгийн удирдах зөвлөлийн тэргүүн Б.Лигдэн тэргүүтэй төлөөлөгчид Хятадад айлчлав. БХАТИХ-ын байнгын хорооны дэд дарга Чэнь Мүхуа төлөөлөгчидтэй

уулзав.

11月29日 应中国农业部的邀请，以蒙古人民共和国农业、食品、轻工业部副部长哈德嘎尔为团长的蒙古考察团专程抵达内蒙古自治区考察。12月1日，内蒙古人民政府副主席阿拉坦敖其尔会见了考察团一行。哈德嘎尔希望在植物保护和草原建设方面加强双边交流与协作关系。

11 сар 29 Хятадын Газар Тариалангийн Яамны урилгаар, Монголын Хүнс ХАА хөнгөн үйлдвэрийн яамны дэд сайд Хатгал тэргүүтэй Монголын Хяналтын албаны төлөөлөгчид ӨМӨЗО-ны хөгжилтэй танилцахаар хүрэлцэн ирэв. 12 сарын 1-ний өдөр, Өвөр монголын Ардын Засгийн газрын дэд дарга Алтан-Очир Хяналтын албаны төлөөлөгчдийг хүлээн авч уулзав. Хатгал тал хээрийн ургамалын ай савыг хамгаалах болонтал нутгийн бүтээн байгуулалтын тухайд туршлага солилцох,хамтын ажиллагааг эрчимжүүлэх хүсэлтээ илэрхийлэв.

12月8日—17日 以第一副总编辑米希格道尔吉率领的蒙古人民共和国《真理报》代表团访问中国。中共中央政治局常委李瑞环会见了代表团。

12 сар 8-17 Монголын “Үнэн” сонины ерөнхий редактор Мишигдорж тэргүүтэй монголын “Үнэн” сонины төлөөлөгчид Хятадад айлчлав. ХКН-ын ТХ-ны УТТ-ны байнгын хорооны гишүүн Ли Дуаньхуай төлөөлөгчидтэй уулзав.

12月20日—23日 蒙古人民共和国全国发展部长扎·巴特苏里率领的科技代表团顺访中国。访问期间，双方签署了《1991—1992年度中国和蒙古科技合作计划》。根据计划，中蒙两国将加强畜牧业、地质矿产等20多个项目的合作。中国国务院国务委员兼国家科学委员会主任宋健出席签字仪式并会见代表团。

12 сар 20-23 Монголын худалдаа хөгжлийн танхимын дарга Ж.Батсүр тэргүүтэй шинжлэх ухааны төлөөлөгчид Хятадад айлчлав. Айлчлалын хугацаанд хоёр тал 1991-1992 оны хоёр улсын шинжлэх ухааны хамтын ажиллагааны төлөвлөгөөнд гарын үсэг зурав. Төлөвлөгөөний дагуу хоёр улс мал аж ахуй, геологи, уул уурхай зэрэг 20 гаруй салбарыг онцлон хамтын ажиллагааны төсөл хэрэгжүүлэхээр болов. БНХАУ-ын Төрийн Зөвлөлийн гишүүн бөгөөд БНХАУ-ын ШУА-ийн Тэргүүлэх Зөвлөлийн дарга Сун Жянь гарын үсэг зурах ёслолд оролцон төлөөлөгчидтэй уулзав.

12月24日—30日　中国东方歌舞团应邀参加蒙古人民共和国民间歌舞团建团40周年庆祝活动。

12 сар 24-30 Хятадын Дүн Фан Дуу бүжгийн чуулга Монголын ардын дуу бүжгийн чуулга байгуулагдсаны 40 жилийн ойн ёслолын ажиллагаанд урилгаар оролцов.

12月28日　中国驻蒙古大使张德麟和蒙古人民共和国健康部首席副部长嘎·达希泽伯格在乌兰巴托签署了中国卫生部和蒙古人民共和国健康部关于执行两国政府卫生合作协定1991—1995年执行计划。

12 сар 28 БНХАУ-аас БНМАУ-д суугаа Элчин сайд Жан Дэлинь болон Монголын ЭМЯ-ны тэргүүн дэд сайд Г.Дашзэвэг нар Хятадын ЭМЯ болон Монголын ЭМЯ хоёр улсын Засгийн газар хоорондын эрүүл мэндийн хамтын ажиллагааны хэлэлцээрийг хэрэгжүүлэх 1991-1995 — оны төлөвлөгөөнд Улаанбаатар хотноо гарын үсэг зурав.

1990年　中国同蒙古人民共和国的进出口商品总额4 102万美

元，其中中国出口额2 982万美元，进口额1 120万美元。

1990 он, Хятад Монголын экспорт импортын бүтээгдэхүүний нийт хэмжээ 41 сая 20 мянган доллар болсон буюу тухайлбал Хятадын экспортын хэмжээ 29 сая 820 мянган доллар импортын хэмжээ 11 сая 200 мянган долларт хүрсэн байна.

1991年中蒙国家关系历史编年

1991 оны Хятад Монгол хоёр улсын харилцааны түүхэнүйл явдлын товчоон

1月7日 中国内蒙古自治区政府主席布赫会见了以蒙古人民共和国国家电影公司副总经理巴雅尔赛汗为团长的蒙古人民共和国电影代表团一行。

1 сар 7 ӨМӨЗО-ны Засгийн газрын дарга Бөхөө Монголын кино нэгтгэлийн дэд дарга Баярсайхан тэргүүтэй төлөөлөгчидтэй уулзав.

1月10日—12日 中国贸易代表团访问蒙古人民共和国。访问期间，双方签署了中蒙两国政府贸易协定和有关换文。双方商定1991年1月10日起将两国记账贸易改为现汇贸易。

1 сар 10-12 Хятадын гадаад худалдааны төлөөлөгчид БНМАУ-д айлчлав. Айлчлалын хугацаанд хоёр тал хоёр улсын Засгийн газрын гадаад худалдааны хэлэлцээр болон холбогдох баримт бичигт гарын үсэг зурж солилцов. Хоёр талын хэлэлцээрт 1991 оны 1 сарын 10–аас эхлэн хоёр улсын гадаад худалдааны эргэлтэнд бэлэн мөнгө хэрэглэх болов.

1月19日—20日 蒙古人民共和国总统彭·奥其尔巴特前往美

国访问途经北京，中国国务院副总理吴学谦会见了彭·奥其尔巴特总统。

1 сар 19-20 Монгол Улсын Ерөнхийлөгч П.Очирбат Америкт айлчлах замдаа Бээжинд түр буудаллах зуур БНХАУ-ын Төрийн Зөвлөлийн Ерөнхий сайдын орлогч У Сюэчянь бараалхав.

1月27日—2月1日 蒙古人民共和国人民军后勤管理局副局长布·达利率军贸代表团访问中国。

1 сар 27-2 сар 1 Монголын Ардын Армийн Ар тал хангалтын албаны орлогч дарга Б.Дал тэргүүтэй төлөөлөгчид Хятадад айлчлав.

1月28日—2月4日 蒙古人民革命党中央委员会主席彭·奥其尔巴特应中国共产党中央委员会邀请对中国进行了友好访问。中共中央总书记江泽民会见了奥其尔巴特一行，从而实现了两党最高领导人30多年来的第一次会晤。江泽民说："我们非常高兴地看到，中蒙两党自1989年7月恢复关系以来，两党关系不断地改善和发展，两党两国之间有了很多有益的交往。"彭·奥其尔巴特说，蒙古人民革命党在政治安定的条件下，团结全国人民进行建设，提高经济效益和改善生活，并同其他政党合作。他说，蒙古人民革命党坚持对外开放政策，坚持社会主义道路。他还说，中国改革和建设的经验对蒙古特别重要。

中共中央政治局常委宋平同蒙古人民革命党中央主席奥其尔巴特会谈时指出，经济和政治体制改革都要从实际出发，有利于政治、社会稳定和经济发展。

彭·奥其尔巴特访问中国回国后说，蒙中两党关系进入了一个新的发展阶段。他在谈到对访问中国内地的感想时说，"尤其使我们感兴趣的是，中国共产党正在根据中国的具体情况成功地建设具有中国特色的社会主义”。蒙古人民革命党中央委员会就党中央主席彭·奥其尔巴特对中国进行访问通过决议指出，蒙中两党领导人在求实、友好和坦率的气氛中进行了会谈对于推动蒙中两国人民的友谊与合作具有重要意义，并高度评价中国社会主义建设的巨大成就。

1 сар 28-2 сар 4 МАХН-ын ТХ-ны дарга Г.Очирбат ХКН-ын ТХ-ны урилгаар БНХАУ-д найрсаг айлчлал хийв. ХКН-ын ТХ-ны Ерөнхий нарийн бичгийн дарга Жян Зэминь Очирбаттай тусгайлан уулзсан нь хоёр намын дээд хэмжээний уулзалт 30 жилийн дараа ийнхүү анх удаа болж байгаа аж. Жян Зэминь “Хятад Монголын хоёр нам 1989 оны 7 сараас хойш харилцаагаа дахин сэргээсэн нь, хоёр намын харилцаа тасралтгүй сайжран хөгжиж, хоёр нам хоёр орны хооронд маш олон ашигтай харилцаа бий болж байгааг харахад маш их баяртай байна” гэв. Г.Очирбат “МАХН улс төрийн тогтвортой нөхцөлд ард түмнээ нэгтгэж, эдийн засгийн ашгаа нэмэгдүүлэн амьдралаа сайжруулж, бусад улс төрийн намуудтай хамтран ажиллана” гэж хэлэв. Тэрээр мөн “МАХН гадаадтай харилцах улс төрийн чөлөөт бодлого, социализмын замыг чанд баримтална” гэв. Тэрээр “Хятадын шинэчлэлт болон бүтээн байгуулалтын туршлага нь Монгол Улсад онцгой ач холбогдолтой” хэмээн онцлон тэмдэглэв.

ХКН-ын ТХ-ны УТТ-ны байнгын хорооны гишүүн Сун Пин МАХН-ын ТХ-ны дарга Г.Очирбаттай хийсэн уулзалтын үеэр, эдийн засаг улс төрийн системийн шинэчлэлт нь бүхэлдээ бодит байдлаас үүдэн гарах нь улс төр, нийгмийн тогтвортой байдал хийгээд эдийн засгийн хөгжилд ашигтай” хэмээв.

Г.Очирбат Хятадад айлчилсны дараа Хятад Монголын

хоёр намын харилцаа хөгжлийн шинэ шатанд гарлаа гэв. Тэрээр Хятадад айлчлах үеэр төрсөн сэтгэгдлээ хэлэхдээ, “ Ялангуяа бидний сонирхож байгаа зүйл бол, ХКН Хятадын онцлогтой социализмыг бодит байдалд амжилттайгаар хэрэгжүүлж байгаа явдал юм” гэв. МАХН-ын ТХ-ны дарга Г.Очирбат Хятадад хийсэн айлчлалын протоколд, Монгол Хятадын хоёр намын тэргүүлэгчид чин сэтгэлээсээ нөхөрсөг илэн далангүй ярилцсан нь хоёр орны ард түмний найрсаг харилцаа хамтын ажиллагаанд чухал ач холбогдолтой түлхэц болж, Хятад улс социализмыг маш амжилттай байгуулж чадсан хэмээн өндрөөр үнэлж буйгаа цохон тэмдэглсэн байна.

2月9日—11日　蒙古人民共和国部长会议第一副主席达·冈宝勒德前往瑞士参加国际会议途经北京，中国国务院副总理吴学谦会见了达·冈宝勒德。

2 сар 9-11　Монголын Сайд нарын Зөвлөлийн 1-р орлогч дарга Д.Ганболд Швейцари улсыг зорин олон улсын хуралд оролцохоор явах замдаа Бээжинд түр саатахад, Хятадын Төрийн ЗөвлөлийнЕрөнхий сайдын орлогч У Сюэцянь Д.Ганболдыг хүлээн авч уулзав.

2月24日—3月4日　蒙古人民革命党第20次代表大会于2月25—28日在乌兰巴托举行，中共中央委员、中共内蒙古自治区党委书记王群作为中共代表应邀出席了蒙古人民革命党第20次代表大会和该党建党70周年庆祝活动。在蒙古人民革命党第20次代表大会上王群宣读了中国共产党中央委员会致大会的贺词、江泽民致布·达希云登当选蒙古人民革命党中央委员会主席的贺电。蒙古人民共和国总统彭·奥其尔巴特、部长会议主席Д·宾巴苏仍和蒙古人民革命党中央委员会主席达希云登分别会见了王群。奥其尔巴特总统高度评价了蒙中两党和两国的友好关系。新当选的蒙古人民革命党中央委员会主席达希云登会见王群时表示，新的中央委员会将坚定地执行上届中央委员会制定的同中国共产党友好的政策，并且非常希望今后继续发展这种关系。宾巴苏仍主席会见王群时，双方都表达了进一步发展中蒙两党、两国友好关系和全面合作的愿望。

2 сар 24-3 сар 4 МАХН-ын Төлөөлөгчдийн 20-р их хурал 2 сарын 25-28-ны өдрүүдэд Улаанбаатар хотод зохион байгуулагдаж, ХКН –ын төв хорооны гишүүн, ӨМӨЗО-ны ХКН-ын нарийн бичгийн дарга Ван Чүн ХКН-ын төлөөлөгчдийн хамт урилгаар МАХН-ын төлөөлөгчдийн 20-р их хурал бөгөөд тус нам байгуулагдсаны 70 жилийн ойн баярын үйл ажиллагаанд оролцов. МАХН-ын төлөөлөгчдийн 20-р их хурал дээр Ван Чүн ХКН-ын ТХ-ны илгээсэн мэндчилгээ болон Жян Зэминь даргын Б.Дашёндонд МАХН-ын ТөвХорооны даргаар сонгогдсонд баяр хүргэсэн цахилгааныг уншив. МУ-ын Ерөнхийлөгч П.Очирбат, Сайд нарын Зөвлөлийн дарга Д.Бямбасүрэн болон МАХН-ын Төв Хорооны дарга Дашёндон нар тус тус Ван Чүнийг хүлээн авч уулзав. Ерөнхийлөгч Очирбат Монгол Хятадын хоёр намын болон хоёр улсын найрсаг харилцааг өндрөөр үнэлэв. МАХН-ын шинээр сонгогдсон дарга Б.Дашёндон Ван Чүнтэй уулзах үеэрээ, шинэ төв хороо өмнөх коммунист намын тогтоол болон найрсаг төрийн бодлогыг хэрэгжүүлэн цаашид энэ харилцааг үргэлжилүүлэн хөгжүүлнэ гэдэгт итгэж байгаагаа илэрхийлэв. Д. Бямбасүрэн дарга Ван Чүнтэй уулзах үеээрээ, Хятад Монголын хоёр намын болон хоёр улсын найрсаг харилцаа болон бүх талаар хамтран ажиллах хүсэл эрмэлзлэл нь хөгжлийн шинэ шатанд гарлаа гэв.

3月5日　内蒙古自治区政府副主席赵志宏会见蒙古人民共和国驻呼和浩特领事馆总领事宗堆·萨拉勒，祝贺蒙古人民革命党第20次代表大会胜利闭幕。

3 сар 5　ӨМӨЗО-ны Засгийн газрын дэд дарга Жао Жилун Монголоос Хөх хотод суух Консулын газрын Ерөнхий консул Д.Сааралтай хийсэн уулзалтын үеэр МАХН–ын төлөөлөгчдийн 20-р их хурал амжилттай өндөрлөсөн явдалд баяр хүргэв.

3月14日—19日　应蒙古人民共和国防部的邀请，中国内蒙古军区司令员刁从洲少将率中国人民解放军友好代表团访问蒙古人民共和国，参加了蒙古人民军70周年庆祝活动。蒙古总统、蒙古武装力量总司令彭·奥其尔巴特，蒙古人民共和国防部长沙·扎丹巴中将分别接见了代表团。

3 сар 14-19　БНМА-ын БХЯ-ны урилгаар, Өвөр Монголын цэргийн тойргийн командлагч, хошууч генерал Дё Цунжоу тэргүүтэй Хятадын АЧА-ийн төлөөлөгчид Монголын Ардын Армийн 70 жилийн ойн баярын үйл ажиллагаанд оролцохоор БНМАУ-д айлчлан ирэхэд Монгол улсын Ерөнхийлөгч, Монголын зэвсэгт хүчний Ерөнхий командлагч П.Очирбат, Монголын БХЯ-ны сайд дэслэгч генерал Ш.Жадамба нар төлөөлөгчдийг тус тус хүлээн авч уулзав.

3月26日—4月1日　应《人民日报》社的邀请，蒙古人民革命党中央主席团委员、党中央刊物主编、党中央机关报《真理报》总编辑洛·图德布访问中国，中共中央政治局常委李瑞环与其会见。

3 сар 26-4 сар 1　Хятадын “Ардын өдрийн сонины” газрын урилгаар, МАХН-ын ТХ-ны тэргүүлэгчдийн гишүүн, ХКН-ын ТХ-ны хэвлэлийн редактор, Намын ТХ-ны “Үнэн”

сонины ерөнхий редактор Л.Түдэв Хятадад айлчлах үеэр ХКН-ын УТТ-ны байнгын хорооны гишүүн Ли Дуанхуай хүлээн авч уулзав.

3月31日—4月1日 蒙古人民共和国外交部部长策·贡布苏伦访问韩国途经北京，中国外交部部长钱其琛与其会见。

3 сарын 31-4 сарын 1-ний өдөр Монголын ГЯЯ-ны сайд Ц.Гомбосүрэн Өмнө Солонгост айлчлах замдаа Бээжингээр түр саатах үеэр Хятадын ГЯЯ-ны сайд Цяьн Цичэнь түүнтэй уулзав.

4月4日—10日 中蒙关于增辟边境口岸及其管理制度问题第二轮会谈在北京举行。双方商定将开辟八对过境口岸。

4 сар 4-10 Хятад Монголын хилийн боомтын үйл ажиллагааг зохицуулах асуудлаар 2 дугаар ээлжийн хэлэлцээр Бээжинд зохион байгуулагдав. Хоёр тал дамжин өнгөрөх хилийн найман боомтыг нээхээр тохиролцов.

4月15日 《内蒙古日报》报道，中国内蒙古自治区政府副主席刘作会会见了以扎布兹玛为团长的蒙古人民共和国乌兰巴托市政府代表团。

4 сар 15 “Өвөр Монголын өдрийн сонин”-д мэдээлснээр, ӨМӨЗО-ны Засгийн газрын дэд дарга Лю Зуохуй Улаанбаатар хотын Гүйцэтгэх Захиргааны Жавзмаа тэргүүтэй төлөөлөгчдийг хүлээн авч уулзлаа гэжээ.

4月15日—23日 应中国国务院委员兼国防部长秦基伟上将的邀请，蒙古人民共和国国防部长沙·扎丹巴中将率蒙古人民共和国军事代表团访问中国。这是近30年来蒙军高级领导人的首次访问中国。中国国务院总理李鹏会见了扎丹巴中将，中央军委副主席刘华清上将和中国人民解放军总参谋长迟浩田上将也分别与其会见，国防部长秦基伟与扎丹巴部长举行了会谈。

4 сар 15-23　Хятадын Төрийн Зөвлөлийн гишүүн бөгөөд БХЯ-ны сайд хурандаа генерал Чинь Живэйгийн урилгаар, Монголын БХЯ-ны сайд дэслэгч генерал Ш.Жадамба тэргүүтэй МАА-ын төлөөлөгчид Хятадад айлчлав. Энэ нь ойрын 30 жилд МАА-ын өндөр тушаалын хүн анх удаагаа айлчилсан явдал байв. Хятадын Төрийн Зөвлөлийн Ерөнхий сайд Ли Пэн, дэслэгч генерал Ш. Жадамбаатай уулзаж, Хятадын Цэргийн ТЗ-ийн дэд дарга хурандаа генерал Лю Хуачин болон Хятадын Ардын Чөлөөлөх Армийн Жанжин ставын дарга хурандаа генерал Чи Хаотянь нар тус тус түүнтэй уулзав, Хятадын БХЯ-ны сайд Чинь Живэй сайд Жадамбаатай хэлэлцээ хийв.

4月24日　中蒙两国政府1991—1992年文化交流执行计划在北京签署。这一年度中蒙双方互访的文化、体育团队近20个。

4 сар 24　Хятад Монгол хоёр улсын Засгийн Газар 1991-1992 оны соёлын солилцоог хэрэгжүүлэх төлөвлөгөөнд Бээжин хотноо гарын үсэг зурав. Энэ нэг жилийн хугацаанд хоёр талын соёл, спортын 20 орчим баг харилцан айлчлав.

4月28日　全年定期开行中国呼和浩特至蒙古人民共和乌兰巴托国际列车开通。每星期运行两个往返车次，星期三、日分别从呼和浩特和乌兰巴托对开，单程为1 907公里，中、蒙双方各担任一个往返。这是首次从外国首都开往中国省会的全年定期列车。

4 сар 28　Улаанбаатар-Хөх хотын чиглэлийн зорчигч тээврийн галт тэрэг тогтмол явж эхлэв. Долоо хоног бүр хоёр удаа ирж очих эргэлттэй буюу лхагва ням гаригуудад тус тус Хөх хотоос Улаанбаатарын чиглэлд яван, нэг талдаа 1 907 км зам туулах ба Хятад Монголын тал тус бүр

эргэлтээ хариуцан авав. Энэ нь анх удаагаа гадаадын нийслэлээс Хятад улсын орон нутгийн чиглэлд зорчигч тээврийн галт тэрэг тогтмол явж байгаа явдал юм.

5月20日—27日 应中共中央对外联络部的邀请，乌兰巴托市委主席吉・雅达木苏伦率领的蒙古人民革命党党的工作者代表团访问中国。

5 сар 20-27 ХКН-ын ТХ-ны ГХХ-ийн урилгаар, Улаанбаатар хотын Гүйцэтгэх Захиргааны дарга Ж.Ядамсүрэн тэргүүтэй МАХН-ын төлөөлөгчид Хятадад айлчлав.

5月23日—26日 应中联部邀请抵达中国访问的以蒙古人民革命党中央委员、乌兰巴托市委主席吉・雅达木苏伦为团长的蒙古人民革命党党的工作者代表团，先后到呼和浩特市、包头市和伊克昭盟参观访问。

5 сар 23-26 ХКН-ын ТХ-ны ГХХ-ийн урилгаар Хятадад айлчлахаар ирсэн МАХН-ын ТХ-ны гишүүн, Улаанбаатар хотын Гүйцэтгэх Захиргааны дарга Ж.Ядамсүрэн тэргүүтэй МАХН-ын төлөөлөгчид Хөх хот, Бугат хот болон Их Зуу аймгаар айлчлав.

5月30日 中国内蒙古自治区政府主席布赫会见以巴雅尔夫・米吉德为团长的蒙古人民共和国东戈壁省代表团。

5 сар 30 ӨМӨЗО-ны Засгийн газрын дарга Бөхөө Монгол улсын Дундговь аймгийн дарга Б.Мижид болон аймгийн төлөөлөгчидтэй уулзав.

5月30日 世界粮食计划署代表美国政府，中国商业部、铁道部代表中国政府在世界粮食计划署驻北京代表处签署了一项向蒙古人民共和国提供紧急粮食援助的协议（美国政府决定向蒙古提供3万吨小麦援助，为了尽快使其中一部分运抵蒙古人民共和国，中国政府同意借出1万吨小麦发往乌兰巴托）。

5 сар 30　Дэлхийн үр тариан төлөвлөгөөний захиргааг төлөөлөн Америкийн Засгийн газар, Хятадын Засгийн газрыг төлөөлөн Хятадын Худалдааны яам, Төмөр Замын яам Дэлхийн үр тариан төлөвлөгөөний захиргааны Бээжинд суугаа төлөөлөгчийн газрын нэг гишүүн БНМАУ-д үр тарианы яаралтай тусламжийн гэрээнд гарын үсэг зурав/Америкийн Засгийн газар Монголд 30 000 тн буудайгаар туслах, гэхдээ аль болох түргэвчлэхийн тулд эхний хэсгийг Монгол руу тээвэрлэн хүргэж, Хятадын Засгийн газар 10 000 тн буудай зээлээр өгөхийг зөвшөөрсөн байна.

5月　中国公安外事代表团访问蒙古人民共和国。

5 сар　БНХАУ-ын ДЯЯ-ны гадаад хэргийн төлөөлөгчид БНМАУ-д айлчлав.

5月30日　中蒙关于扩大两国民航部门合作的会谈纪要在乌兰巴托签字。根据纪要，中方将从1991年8月起开辟北京—乌兰巴托、呼和浩特—乌兰巴托两条航线，每周各飞两个班次。

5 сар 30　Хятад Монгол хоёр улс Иргэний агаарын тээврийн хамтын ажиллагааг өргөтгөх хэлэлцээрийн протоколд Улаанбаатар хотноо гарын үсэг зурав. Протоколоос үндэслэхэд, Хятадын тал 1991 оны 8 сарынаас эхлэн Бээжин-Улаанбаатар, Хөх хот-Улаанбаатар гэсэн хоёр нислэгийн шугамаар долоо хоногт 2 удаа нислэг хийхээр тогтсон байв.

6月5日　中共内蒙古党委常委乌云其木格会见以蒙古人民共

和国新闻工作者协会副主席冈巴特为团长的蒙古人民共和国客人。冈巴特一行3人是应中华全国新闻工作者协会的邀请来中国访问的。

6 сар 5 ХКН-ын Өвөр Монголын намын байнгын хорооны гишүүн Оюунчимэг Монголын хэвлэл мэдээллийн албаны холбооны дэд дарга Ганбат тэргүүтэй төлөөлөгчидтэй уулзав. Ганбат дарга болон дагалдан яваа 3 хүн нь БХ-ын сэтгүүлчдийн холбооны урилгаар Хятадад айлчилсан аж.

6月18日—23日 应蒙古工商会商检局的邀请，中国内蒙古自治区商检局长云旭升率团访问蒙古人民共和国。双方签订了《中华人民共和国内蒙古进出口商品检验局与蒙古人民共和国工商会进出口商品检验局友好合作协议》。

6 сар 18-23 Монголын Худалдаа аж үйлдвэрийн зөвлэлийн хянан шалгах танхимын урилгаар, ӨМӨЗО-ны худалдааны хяналтын газрын дарга Юн Шүшэн тэргүүтэй төлөөлөгчид Монголд айлчлав. Хоёр тал "БНХАУ-ын Өвөр Монголын экспорт импортын бүтээгдэхүүний хянан шалгах газар болон БНМАУ-ын худалдаа аж үйлдвэрийн танхимын экспорт импортын барааг хянан шалгах газрын хамтын ажиллагааны хэлэлцээр"-т гарын үсэг зурав.

6月19日—20日 蒙古人民共和国部长会议主席达·宾巴苏仍访美途经北京，中国总理李鹏与其进行了会见。

6 сар 19-20 Монголын Сайд нарын Зөвлөлийн дарга Д.Бямбасүрэн Америкт айлчлахын өмнө Бээжинд түр саатах үед нь Хятадын Ерөнхий сайд Ли Пэн түүнтэй уулзав.

6月24日—7月1日 应中国全国人民代表大会常务委员会的

邀请，蒙古国家小呼拉尔主席、蒙古人民共和国副总统拉·贡其格道尔吉率领蒙古国家小呼拉尔代表团对中国进行了友好访问。中国国家主席杨尚昆和全国人民代表大会常务委员会委员长万里分别会见了贡其格道尔吉主席一行。彭冲副委员长与贡其格道尔吉主席举行了会谈。万里在会见时说：“发展中蒙睦邻友好关系不仅符合两国人民的根本利益，也有利于两国的建设事业和世界和平事业”。贡其格道尔吉说：“自去年蒙古总统彭·奥其尔巴特访问中国后，两国关系进入了一个新的阶段。两国关系和两国议会间的关系得到积极、迅速的发展”。他表示希望加强蒙古大人民呼拉尔和国家小呼拉尔及其各专门委员会与中国全国人大及其常委会和各委员会之间的友好合作关系。他说：“中国改革开放经验，特别是经济发展，对外贸易经验值得蒙古人民共和国学习”。访问期间，双方签署了中国、蒙古人民共和国边境口岸及其管理制度协定和两国政府汽车运输协定。杨尚昆在会见贡其格道尔吉时说，中蒙两国是邻居、是亲戚，两国边境线也很长，这使得两国往来与合作很方便。贡其格道尔吉结束访问回乌兰巴托后，接受新华社记者的采访时说：“蒙中两国关系已进入求实的新阶段，蒙中关系的发展不仅对蒙中两国有重要意义，而且符合世界利益”。

6 сар 24-7 сар 1 БХАТИХ-ын байнгын хорооны урилгаар, МУ-ын Бага хурлын дарга, Монгол Улсын дэд ерөнхийлөгч Р.Гончигдорж тэргүүтэй төлөөлөгчид БНХАУ-д нөхөрсөг айлчлал хийв. БНХАУ-ын дарга Ян Шанкунь болон БХАТИХ-ын байнгын хорооны дарга Ван Ли нар Р. Гончигдорж даргатай тус тус уулзсан ба байнгын хорооны дэд дарга Пэн Чун Р. Гончигдорж даргатай хэлэлцээр хийв. Ван Ли уулзалтын үеэр, Хятад Монгол хоёр улс нь хөрш орны найрсаг харилцааг хөгжүүлсэнээр зөвхөн хоёр орны ард түмний язгуур эрх ашигт бүрэн нийцээд зогсохгүй, хоёр

улсын бүтээн байгуулалтад төдийгүй дэлхийн энх тайвны үйл хэрэгт тус нэмрээ үзүүлж байна гэв. Р. Гончигдорж, өнгөрсөн жил МУ-ын Ерөнхийлөгч П.Очирбат Хятадад айлчилснаас хойш хоёр улсын харилцаа шинэ шатанд гарсаныг тэмдэглэв. Хоёр улсын харилцаа болон хоёр улсын парламентын хоорондын харилцаа маш идэвхтэй хөгжиж байна гээд УИХ болон УБХ хийгээд тусгай хороод БХАИХ-ын байнгын хороо болон хороодын найрсаг хамтын ажиллагааг улам бэхжүүлэхийг хүсэж байгаагаа илэрхийлсэн байна. Тэрээр Хятадын шинэчлэлтийн туршлага, ялангуяа эдийн засгийн хөгжил, гадаад худалдааны туршлага зэргээс Монгол Улс суралцах хэрэгтэй гэж хэлэв. Айлчлалын хугацаанд хоёр тал “Хятад Монголын хилийн боомт, тэдгээрийн дэглэм”-ийн тухай болон“авто тээврийн хэлэлцээр”-т Бээжин хотноо гарын үсэг зурав. Ян Шанкунь Гончигдоржтой уулзах үедээ, Хятад Монгол хоёр улс хөрш зэргэлдээ, ойр дотно харилцаатай бөгөөд, хоёр орныг заагласан хилийн шугам өргөн буй нь хоёр улсын хамтын ажиллагаанд ихээхэн тус дөхөмтэй юм гэв. Р. Гончигдорж айлчиллаа дуусгаад эргэн ирсэний дараа Синхуа агентлагийн сурвалжлагчийг хүлээн авч уулзах үеэр “Хятад Монгол хоёр улсын харилцаа үнэнхүү шинэ шатанд гарч, хоёр улсын харилцааны хөгжил зөвхөн Монгол Хятад хоёр оронд чухал ач холбогдол үзүүлээд зогсохгүй дэлхийн эрх ашигт нийцэж байгаа юм” гэж хэлэв.

7月4日—5日 中蒙边境口岸首开仪式分别在蒙古人民共和国科布多省布尔干口岸和中国新疆维吾尔自治区塔克什肯口岸举行。

7 сар 4-5 Хятад Монголын хилийн боомтын нээлтийн ёслолыг Ховд аймгийн Булганы болон Хятадын Шиньжаан Уйгарын ӨЗО-ны Такэшикан боомтуудад тус тус зохиов.

7月9日—15日　应蒙古人民共和国政府的邀请，国务院委员陈俊生率领中国政府代表团参加蒙古人民革命胜利70周年庆典。蒙古人民共和国总统彭·奥其尔巴特、部长会议主席达·宾巴苏仍和蒙古人民革命党中央主席达什云登分别会见了代表团。中国政府代表团在蒙逗留期间，出席了蒙古人民共和国首都各界庆祝蒙古人民共和国人民革命胜利70周年的庆祝会和阅兵式，并观看了具有民族特点的那达慕节日比赛。

7 сар 9-15　МУ-ын ЗГ-ын урилгаар, БНХАУ-ын Төрийн Зөвлөлийн гишүүн Чэнь Зюньшэн тэргүүтэй БНХАУ-ын ЗГ-ын төлөөлөгчид Монголын Ардын хувьсгалын 70 жилийн ойн баярын үйл ажиллагаанд оролцов. МУ-ын Ерөнхийлөгч П.Очирбат, Сайд нарын Зөвлөлийн дарга Д.Бямбасүрэн болон МАХН-ын Төв Хорооны дарга Дашёндон нар тус тус төлөөлөгчдийг хүлээн авч уулзав. Хятадын Засгийн газрын төлөөлөгчид Монголд саатах хугацаандаа Монгол Ардын Хувьсгалын 70 жилийн ойн баярын парад хүлээн авах ёслолд оролцож, үндэсний баяр наадмыг үзэж сонирхов.

7月16日　《内蒙古日报》报道，以内蒙古自治区锡林郭勒盟歌舞团为主体的中国艺术团一行20人，受中国文联和文化部的委托，代表中国参加了蒙古人民共和国国际艺术节的演出。

7 сар 16　“Өвөр Монголын өдрийн сонин”–д ӨМӨЗО-ны Шилийн гол аймгийн Дуу Бүжгийн Чуулга ба 20 хүний бүрэлдэхүүнтэй Хятадын урлагийн баг БНХАУ-аа төлөөлөн ирж Монголын ОУ-ын Урлагийн Наадамд оролцсон байна гэж мэдээлэв.

7月26日—8月3日　就蒙古人民革命党的邀请，中国西藏自治区党委副书记热地率领中国共产党党的工作者代表团访问蒙古人民共和国。

7 сар 26-8 сар 3 МАХН-ын урилгаар Түвдийн ӨЗО-ны намын нарийн бичгийн даргын орлогч Рэ Ди тэргүүтэй ХКН-ын төлөөлөгчид Монгол Улсад айлчлав.

7月 中国国家民族事务委员会代表团、中国司法部代表团访问蒙古人民共和国。蒙古人民共和国红十字会代表团，小呼拉尔妇女、儿童、青年常设委员会主席访问中国。

7 сар БНХАУ-ын Үндэсний хэрэг эрхлэх хороо, БНХАУ-ын ХЗЯ-ны төлөөлөгчид Монгол Улсад айлчлав.

Монголын Улаан загалмайн нийгэмлэгийн төлөөлөгчид, Бага хурлын эмэгтэйчүүд, хүүхэд, залуучуудын байнгын хорооны дарга БНХАУ-д айлчлав.

7月26日—8月6日 蒙古人民共和国人民军记者团访问中国。

7 сар 26-8 сар 6 МАА-ийн сурвалжлах баг Хятадад айлчлав.

8月 中国中蒙友协代表团、《人民日报》副总编、全国总工会代表团、地矿部代表团分别访问蒙古人民共和国。

8 сар Хятадын Хятад Монголын найрамдлын нийгэмлэгийн төлөөлөгчид, “Ардын өдрийн мэдээ” сонины орлогч дарга, БХ-ын ҮЭ-ийн төлөөлөгчид, Уул уурхайн Яамны төлөөлөгчид тус тус МУ-д айлчлав.

8月5日 中国内蒙古自治区政府副主席阿拉坦敖其尔会见蒙古人民共和国农牧业部部长拉登纳拉格查为团长的蒙古人民共和国农牧业代表团一行5人。

8 сар 5 ӨМӨЗО-ны Засгийн газрын дэд дарга Алтан-очир Монголын ХААЯ-ны сайд Раднааргчаа

тэргүүтэй ХААЯ-ны таван хүний бүрэлдэхүүнтэй төлөөлөгчидтэй уулзав.

8月12日—20日　中、蒙、苏三国铁路联运会第17次会议和中、蒙国境铁路联运委员会第33次会议在中国呼和浩特市召开。会议主要就中、蒙、苏三国国际铁路联运工作中有关运输组织、通讯信号、货物车辆交接、货物换装和国际旅客联运等问题进行了商谈。

8 сар 12-20　Хятад, Монгол, Орос 3 улсын Төмөр замын тээврийн холбооны 17-р Их хурал болон Хятад Монголын Төмөр замын хилийн тээврийн холбооны 33-р их хурлыг Хөх хотод зарлан хуралдуулав. Хурлын гол асуудал нь Хятад, Монгол, Орос гурван улсын олон улсын төмөр замын ачаа тээврийн холбогдох байгууллага, дохио тэмдэг, эд бараа машин тэргийг хүлээн авах ба тушаах, бараа солилцох болон олон улсын жуулчдыг тээвэрлэх зэрэг асуудлыг авч хэлэлцэв.

8月26日—29日　应蒙古人民共和国总统彭·奥其尔巴特的邀请，中国国家主席杨尚昆对蒙古人民共和国进行了为期4天的访问。这是两国建交41年来中国国家元首首次访问蒙古人民共和国，也是蒙古人民共和国国家领导人奥其尔巴特访问中国的重要回访。杨尚昆受到蒙古人民共和国政府和人民隆重、热烈的欢迎。杨尚昆主席同奥其尔巴特总统举行了会谈。杨尚昆说："去年奥其尔巴特总统访问中国，实现了20多年来两国领导人的首次会晤。那次会晤取得的圆满结果进一步巩固和发展了两国友好合作关系。中国愿意同蒙古人民共和国在平等互利的基础上进一步发展经贸合作关系。"杨尚昆在会谈时宣布，为了表达中国人民对蒙古人民的一点心意，中国政府决定向蒙古人民共和国政府赠送大米、食品、药品等一批物资。奥其尔巴特总统表示完全同意杨尚昆主席对两国关系的评价。他指出："蒙古人民共和国很重视在平等互利原则指导下同中华人民共和国进一步发展经贸合作。"会谈结束后，中蒙双方签订了五个重要文件，即关于蒙古人民共和国通过中国领土出入海洋和过境运输协定，关于避免双重征收所得税和防止偷税漏税协定，关于相互鼓励和保护投资协定及中国向蒙古人民共和国提供贷款的协定。蒙古人民共和国部长会议主席达·宾巴苏仍和蒙中友协主席勒·额奈比什分别拜会杨尚昆主席。宾巴苏仍主席表示，蒙古人民共和国政府将为进一步落实两国元首达成的协议做出积极努力。他代表蒙古人民共和国政府和人民对中国给予蒙古人民共和国的援助表示衷心感谢。额奈比什主席说，杨主席的访问取得圆满成功。不仅对两国关系而且对国际关系都有重要意义。他表示将按两国元首达成的协议精神，为进一步发展两国人民友谊，作出积极努力。

8 сар 26-29　Монгол Улсын Ерөнхийлөгч П. Очирбатын урилгаар, БНХАУ-ын дарга Ян Шанкунь Монголд 4 хоногийн хугацаатай албан ёсны айлчлал хийв. Энэ нь 2 улс дипломат харилцаа тогтоосноос хойш 41 жилийн хугацаанд Хятад улсын төрийн тэргүүн Монгол Улсад анх удаагаа айлчилсан явдал бөгөөд МУ-ын Ерөнхийлөгч П. Очирбат Хятад улсад айлчилсаны хариу айлчлал байв. БНХАУ-ын дарга Ян Шанкунийг МУ-ын ЗГ болон монголын ард түмэнхалуун дотноор угтан авав. Ян Шанкунь дарга хэлсэн үгэндээ Ерөнхийлөгч П. Очирбат өнгөрсөн жил БНХАУ-д айлчилсан нь 20-иод жилийн хугацаанд хоёр улсын төрийн тэргүүн анх удаагаа уулзалт хийсэн явдал байсан юм гээд

энэ удаагийн уулзалт нь хоёр улсын найрамдалт харилцаа, хамтын ажиллагааг цаашид хөгжүүлэх тухайд ихээхэн үр дүнд хүрэв. Хятад улс нь Монгол улстай эрх тэгш, харилцан ашигтай хамтран ажиллах үндсэн дээр эдийн засаг худалдааны харилцааг хөгжүүлэх хүсэлтэй гэв. Ян Шанкунь уулзалтын үеэр Хятадын ард түмний чин сэтгэлийн илэрхийлэл болгон Хятадын ЗГ-аас МУ-ын ЗГ-аар дамжуулан монголын ард түмэнд будаа, хүнсний бүтээгдэхүүн, эм гэх мэт бараа бүтээгдэхүүн бэлэглэхээр шийдвэрлэсэн тухай мэдэгдэв. Ерөхнийлөгч П. Очирбат Ян Шанкунь даргын 2 улсын харилцаанд өгсөн дүгнэлтийг бүрэн дүүрэн дэмжиж буйгаа илэрхийлэв. Тэрээр эрх тэгш, харилцан ашигтай зарчмын дор БНХАУ-тай хийж буй эдийн засаг худалдааны хамтын ажиллагаанд ахиц гарч байгааг МУ чухалчлан үзэж байна гэж хэлэв. Уулзалт өндөрлөсний дараа, Хятад Монгол хоёр улс таван чухал бичиг баримт буюу “Монгол улс Хятадын нутаг дэвсгэрээр дамжин далайд гарцтай болох мөн дамжин өнгөрөх тээвэр хийх”, “Хоёр тал татвар хураах болон татвараас зайлсхийх, татвар орхигдуулахаас сэргийлэх”, “Харилцан хөрөнгө оруулалт оруулахыг хамгаалж мөн дэмжих тухай”,“Хятад улс Монгол улсад зээл олгох” зэрэг хэлэлцээрт гарын үсэг зурав. Монголын Сайд нарын Зөвлөлийн дарга Д.Бямбасүрэн болон Монгол Хятадын найрамдлын нийгэмлэгийн тэргүүн Л.Энэбиш нар тус тус Ян Шанкунь даргад бараалхав. Д. Бямбасүрэн дарга МУ-ын Засгийн газар хоёр улсын төрийн тэргүүний бодитой идэвхи чармайлтын үр дүнд батлагдсан эдгээр хэлэлцээрийг хэрэгжүүлэхийн төлөө хичээх болно гэдгээ илэрхийлэв. Тэрээр МУ-ын Засгийн газар болон ард түмний нэрийн өмнөөс Хятад улс МУ-д тусалж байгаад чин сэтгэлээсээ талархаж буйгаа илэрхийлэв. Л. Энэбиш дарга хэлсэн үгэндээ Ян даргын айлчлал амжилттай болж байна.

Энэ уулзалт зөвхөн хоёр улсын харилцаанд төдийгүй олон улсын харилцаанд чухал ач холбогдолтой уулзалт болсон юм гээд хоёр улсын төрийн тэргүүн хоёр ард түмний найрамдлыг хөгжүүлэхийн төлөө ихээхэн идэвхи зүтгэл гарган тохиролцоонд хүрсэн гэдгийг тэмдэглэв.

8月30日 《人民日报》就杨尚昆主席访问蒙古人民共和国发表题为《加强睦邻友好、促进共同发展》的社论，祝贺杨尚昆主席访问蒙古人民共和国圆满成功。

8 сар 30 “Ардын өдрийн мэдээ” сонинд Ян Шанкунь даргын Монголд айлчилсан айлчлалын тухай мэдээлэхдээ “Сайн хөршийн найрамдалт харилцааг бэхжүүлж, хамтдаа хөгжицгөөе” сэдэвтэй нийтлэл хэвлүүлж, Ян Шанкунь даргад Монголд амжилттай айлчилал хийхийг хүсэн ерөөв.

8月30日—9月4日 中国内蒙古大学第二次蒙古学国际学术讨论会在呼和浩特市举行。蒙古人民共和国以毕拉院士为首的13名学者前来参加此次学术讨论会。

8 сар 30-9 сар 4 ӨМ-ын Их сургуулийн олон улсын монголч эрдэмтдийн 2-р их хурал Хөх хотод зохион байгуулагдав. БНМАУ-ын академич Бираа тэргүүтэй 13 эрдэмтэн уг эрдэм шинжилгээний хуралд оролцов.

9月27日—29日 应蒙古人民共和国佛教中心和甘登寺的邀请，十四世达赖喇嘛访问蒙古人民共和国。蒙古对外关系部发言人说，在尊重人道、尊重宗教和历史文化传统的当今时代，达赖应宗教组织之邀访问蒙古人民共和国，不应把此理解为蒙古政府的对外政策在某些问题上立场发生了变化。在蒙古人民共和国，国家和宗教组织单独开展活动。达赖喇嘛是通过非政府组织系统来蒙古人民共和国访问的。

9 сар 27-29 БНМАУ-ын бурханы шашны төв Гандантэгчилэн хийдийн урилгаар 14-р далай лам БНМАУ-д айлчлав. Монгол улсын гадаад хэвлэлийн ажилтан хэлэхдээ Хүнлэг ёс, шашин болон түүх соёлын уламжлалыг эрхэмлэсэн өнөө үед, далай лам шашны байгууллагын урилгаар БНМАУ-д айлчилсан нь, Монгол Улсын ЗГ-ын гадаад бодлого хийгээд зарим асуудлын талаар байр суурь нь өөрчлөгдсөн гэсэн үг биш юм гэжээ. МУ-д шашны байгууллага нь бие даан үйл ажиллагаа явуулдаг ба Далай ламын МУ-д хийсэн айлчлал нь албан бус аж.

9月27日　中国外交部部长钱其琛在联合国总部会见蒙古人民共和国外交部部长策・贡布苏伦。

9 сар 27 НҮБ-ын Ерөнхий Ассамблейн чуулганд оролцох үеэрээ БНМАУ-ын ГЯЯ-ны сайд Ц.Гомбосүрэн, БНХАУ-ын ГЯЯ-ны сайд Цянь Цичэнь нар Нью Йорк хотноо уулзав.

9月27日—10月8日　蒙古人民军副总参谋长策・嘎勒桑少将率蒙古人民军休假团访问中国。

9 сар 27-10 сар 8 МАА-ийн жанжин штавын орлогч дарга хошууч генерал Ц.Галсан тэргүүтэй МАА-ийн төлөөлөгчид БНХАУ-д айлчилав.

9月　中国全国人民代表大会民族委员会代表团访问蒙古人民共和国。

9 сар БХ-ын АТИХ-ын Үндэсний Зөвлөлийн төлөөлөгчид БНМАУ-д айлчлав.

9月　由中国和蒙古人民共和国合资兴办的大型百货商店“图拉—京盘”商店在乌兰巴托开门营业。当月，中蒙两国合营的中国御膳饭庄在乌兰巴托开业。

9 сар БНХАУ болон БНМАУ-н хамтын хөрөнгөөр байгуулсан том хэмжээний худалдааны ” Туул-Жинпан” их дэлгүүр Улаанбаатарт нээлтээ хийв. Энэ сард Хятад Монгол 2 улсын хамтран эрхэлсэн Хятадын Йү Шань зоогийн газар Улаанбаатарт нээв.

10月11日—15日　应中国广播电影电视部的邀请，蒙古人民共和国广播电视台总台长卓·阿勒泰率领的蒙古人民共和国广播电视代表团访问中国。访问期间，代表团同中国广播电影电视部签订了中蒙广播电视1991—1992年合作计划。中共中央政治局常委李瑞环会见了代表团。

10 сар 11-15 Хятадын Радио Телевизийн Хорооны урилгаар Монголын Радио Телевизийн Ерөнхий захирал З.Алтай тэргүүтэй төлөөлөгчид БНХАУ-д айлчлав. Айлчлалын хугацаанд төлөөлөгчид Хятадын Радио Телевизийн Хорооны хамтаар Хятад Монголын Радио Телевизийн 1991-1992 онд хамтран ажиллах төлөвлөгөөнд гарын үсэг зурав. ХКН-ын УТТ-ны байнгын хорооны гишүүн Ли Руйхуань төлөөлөгчидтэй уулзав.

10月　中国国家档案局代表团、国家物价局代表团分别访问蒙古人民共和国；蒙古人民共和国国家警察总局局长、燃料动力部部长和政府办公厅主任分别访问中国。

10 сар Монголын ЦЕГ-ын дарга, ТЭХЯ-ны сайд, ЗГХЭГ-ын дарга нар Хятадад айлчилсан бол Хятадын Улсын архив, Улсын барааны үнийн газрын төлөөлөгчид Монголд тус тус айлчлав.

11月1日—8日　蒙古人民革命党中央主席团委员、中央书记那楚克·巴嘎班迪率蒙古人民革命党代表团访问中国。中共中央政治局常委宋平会见了代表团。

11 сар 1-8 МАХН-ын Төв хорооны гишүүн, Ерөнхий нарийн бичгийн дарга Н.Багабанди тэргүүтэй МАХН-ын төлөөлөгчид БНХАУ-д айлчлахад ХКН-ын УТТ-ны байнгын хорооны дарга Сун Пинь төлөөлөгчидтэй уулзав.

11月8日 中国内蒙古自治区政府副主席赵志宏会见了由蒙古人民共和国自然环境监督国家委员会副主席班吉尔哈率领的蒙古人民共和国气象代表团。

11 сар 8 ӨМӨЗО-ы ЗГ-ын дэд тэргүүлэгч Жао Жихун Монголын Байгаль орчны хяналтын улсын хорооны орлогч дарга Банзрагч тэргүүтэй Монголын Ус Цаг Уурын Хүрээлэнгийн төлөөлөгчдийг хүлээн авч уулзав.

11月12日 据《内蒙古日报》报道，应内蒙古作家协会的邀请，蒙古人民共和国作家代表团《文学报》主编纳楚克·道尔吉一行3人来访，与内蒙古自治区的部分作家、编辑进行了座谈和学术交流，并赴锡林郭勒盟进行了访问活动。

11 сар 12 "Өвөр монголын өдрийн сонин"-д мэдээлснээр өвөр монголын зохиолчдын нийгэмлэгийн урилгаар Монголын зохиолчдын төлөөлөгчид буюу "Утга зохиол" сонины ерөнхий редактор Нацагийн Дорж тэргүүтэй гурван хүн айлчлав. ӨМӨЗО-ы салбар хорооны зохиолчид редактортой дугуй ширээний ярилцлага хийж судалгааны ажлын туршлага солилцов. Мөн түүнчлэн Шилийн гол аймагт айлчлав.

11月 根据中蒙两国协议，经由欧亚大陆桥运输的第一批蒙古人民共和国出口物资3 000吨铜矿砂在天津港装船起运日本。

11 сар Хятад Монгол 2 улсын хэлэлцээрээр, Евразийн тээврийн гүүрээр анхны ачаа буюу Монголын 3 000 тонн зэсийн баяжмалын шаарыг Тянжинээс Япон руу усан замаар экспортлов.

11月22日—26日 由中国贸促会内蒙古分会主办，蒙古人民共和国公路总局公路技术生产开发公司承办的“中国内蒙古自治区工程和农业机械及轻工电子产品展览会”在蒙古人民共和国首都乌兰巴托市举行。本次展览会共签易货贸易合同21项，金额总计为406.5万瑞士法郎。

11 сар 22-26 Хятад улсын гадаад худалдааны өвөр монгол дахь салбар эрхлэн зохион байгуулсан БНМАУ-н Замын ерөнхий газрын зам техник үйлдвэрлэлийн компани хариуцан гүйцэтгэсэн “ӨМӨЗО-ы барилга байгууламж газар тариалан механик болон хөнгөн үйлдвэрийн цахилгаан хэрэгслийн үзэсгэлэн”-г Монголын нийслэл Улаанбаатарт зохион байгуулав. Энэ удаагийн үзэсгэлэнд нийт 21 төрлийн, 40 сая 650 мянган Швейцар франкын өртөгтэй бараа бүтээгдэхүүн солилцох гэрээг тогтов.

11月29日 中国驻蒙古人民共和国大使馆首任陆、空军武官徐元钦上校抵达蒙古人民共和国。

11 сар 29 БНХАУ-аас Монгол Улсад суугаа ЭСЯ-ны анхны атташегаар томилогдсон хуурай газрын болон агаарын цэргийн хурандаа Сү Юаньчин Монгол улсад хүрэлцэн ирэв.

11月29日 蒙古人民共和国国总统兼武装力量总司令巴嘎班迪当日在国家宫会见中国人民解放军总后勤部政委周坤仁上将率领的中国人民解放军友好代表团时说，蒙古人民共和国把发展睦邻关系作为对外政策的一个重要部分，发展中蒙两国友好睦邻关系符合两国人民的利益，有助于地区的稳定和发展。周坤仁上将介绍了中国人民解放军的精简和改革情况，并感谢蒙古人民共和国军方对代表团的周到安排。中国驻蒙古人民共和国大使黄家骅和武官汪华堂大校等参加了会见。蒙古人民共和国国防部长古尔拉格查当天也会见了中国人民解放军友好代表团。双方就共同感兴趣的问题交换了意见。中国人民解放军友好代表团是应蒙古人民共和国国防部的邀请于26日来蒙古人民共和国访问的。代表团将于30日结束访问回国。

11 сар 29 МУ-ын Ерөнхийлөгч бөгөөд Зэвсэгт Хүчний Ерөнхий командлагч Н. Багабанди Төрийн ордонд Хятадын АЧА-ийнарын албаны ерөнхий газрын улс төрийн комиссар хурандаа генерал Жоу Куньрэн тэргүүтэй Хятадын АЧА-ийн төлөөлөгчидтэй уулзах үедээ, Монголын найрсаг хөршийн харилцааг хөгжүүлэхэд гадаад бодлого нэгэн чухал хэсэг болж, Хятад Монгол 2 улсын найрсаг хөршийн харилцаагаа 2 орны ард түмний эрх ашигт нийцүүлэн хөгжүүлж, бүс нутгийн тогтвортой хөгжилд тус дэм үзүүлэх хэрэгтэй юм гэв. Хурандаа генерал Жоу Куньрэн БХ-ын АЧА-ийн намтар болон хувьсгалын нөхцөл байдлыг танилцуулж, Монголын АА-ийн төлөөлөгчдөд сайн зохион байгуулсанд нь талархал илэрхийлэв. Хятадаас Монголд суугаа элчин сайд Хуан Жяхуа болон атташе ахлах хурандаа Ван Хуатан нар хуралд оролцов. Монгол улсын БХЯ-ны сайд Ж. Гүррагчаа мөн БХ-ын АЧА-ийн төлөөлөгчидтэй уулзав. 2 тал нийтээр сонирхож байгаа асуудлын талаар санал солилцов. БХ-ын АЧА-ийн төлөөлөгчид Монголын БХЯ-ны урилгаар 26-ны өдөр Монгол улсад айлчилсан байна.Төлөөлөгчдийн айлчлал 30-ны өдөр дууссаны учир эх орондоо буцав.

12月 中国呼和浩特市友好代表团、中国全国人民代表大会常务委员会财经委员会和内务司法委员会联合代表团分别访问蒙古人民共和国。

12 сар Хөх хотын нөхөрсөг төлөөлөгчид, БХ-ын АТИХ-ын байнгын хорооны санхүү эдийн засгийн хороо болон ДЯЯ-ны хууль цаазын хэлтэсийн хамтарсан төлөөлөгчид тус тус БНМАУ-д айлчилав.

1991年 中国同蒙古人民共和国的进出口商品总额为4 603万美元，其中国出口额2 596万美元，进口额为2 007万美元。

1991 оны БНХАУ болон БНМАУ-ын экспорт импортын бүтээгдэхүүний нийт өртөг 46 сая 30 мянган америк доллар, тэр дундаа Хятадын экспортын өртөг 25 сая 960 мянган америк доллар, импортын өртөг 20 сая 70 мянган америк доллар хүрэв.

1992年中蒙国家关系历史编年

1992 оны Хятад Монгол хоёр улсын харилцааны түүхэнүйл явдлын товчоон

1月11日 蒙古人民共和国第12届大人民呼拉尔第2次会议通过新宪法，自1992年2月12日起国名由“蒙古人民共和国”改为“蒙古国”。

1 сар 11 БНМАУ-ын 12-р АИХ-ын 2-р бүгд хурлаар шинэ үндсэн хууль баталж, 1992 оны 2 сарын 12-ны өдрөөс эхлэн “БНМАУ”-ын нэрийг “МУ” болгон өөрчлөв.

1月17日—19日 蒙古人民共和国部长会议第一副主席乔·普日布道尔吉率领蒙古人民共和国政府贸易代表团参加

18日在北京举行的中蒙经济贸易和科学技术合作委员会第二次会议。双方签署了中蒙经济技术合作议定书，中蒙经济贸易和科技合作委员会第二次会议纪要和中国政府向蒙古人民共和国政府赠送一批物资的换文。

1 сар 17-19 Монгол улсын Сайд нарын Зөвлөлийн нэгдүгээр орлогч дарга Ч.Пүрэвдорж тэргүүтэй Монгол улсын ЗГ-ын гадаад худалдааны төлөөлөгчид 18-ны өдөр Бээжин хотноо зохион байгуулагдсан Хятад Монголын Засгийн Газар хоорондын эдийн засаг, худалдаа, болон ШУТ-ийн хамтын ажиллагааны комиссын 2-р хуралдаанд оролцов. 2 тал Хятад Монголын эдийн засаг ШУТ-ийн хамтарсан гэрээнд гарын үсэг зурж, Хятад Монголын эдийн засаг гадаад худалдаа болон ШУТ-ийн хамтын ажиллагааны комиссын 2-р хуралдааны протокол болон Хятадын Засгийн газраас Монголын Засгийн газарт эд материалын тусламж үзүүлэх солилцооны бичигт гарын үсэг зурав.

1月27日　中国内蒙古自治区政府副主席刘作会会见以蒙古人民共和国工业商业部副部长巴·满都勒苏伦为首的物价代表团一行。

1 сар 27 ӨМӨЗО-ны ЗГ-ын дэд дарга Лю Зуохуй Монголын Худалдаа Аж Үйлдвэрийн танхимын дарга Б.Мандалсүрэн тэргүүтэй төлөөлөгчдийг хүлээн авч уулзав.

1月31日　中国内蒙古自治区政府主席布赫会见蒙古人民共和国驻呼和浩特总领事宗堆·萨拉勒和夫人及领事馆其他官员。

1 сар 31 ӨМӨЗО-ны Засгийн Газрын дарга Бөхөө Монгол Улсаас Хөх хотод суугаа Ерөнхий Консулын Газрын дарга Д.Саарал болон түүний гэргий, консулын газрын

дипломат албаныхантай уулзав.

2月12日　蒙古新宪法生效，国名改为“蒙古国”，采取总统制。

2 сар 12　Монголын шинэ үндсэн хууль хүчинтэй болж улсын нэрийг “Монгол Улс” болгон өөрчилж, Ерөнхийлөгчийн дүрмийг авч хэрэглэв.

2月　中蒙之间又增开了乌兰巴托至中国口岸城市二连浩特之间的国际列车。

2 сар　Хятад Монгол хоёр улсын хооронд нэмэлтээр УБ-Эрээн хотхооронд олон улсын зорчигч тээврийн галт тэрэг тогтмол явж эхлэв.

3月2日　中国最高人民检察院检察长刘复之会见了由蒙古国国家总检察长贡·巴赫达勒为团长的蒙古国检察代表团。

3 сар 2　БНХАУ-ын Ардын дээд прокурорын газрын дарга Лю Фүжи, Монгол Улсын Прокурорын Ерөнхий Газрын дарга Г.Бахдал тэргүүтэй МУ-ын прокурорын төлөөлөгчидтэй уулзав.

3月6日　中国内蒙古自治区政府副主席赵志宏会见蒙古国健康部第一副部长、蒙古国医学会会长格·达希择维格为团长的蒙古国卫生代表团一行。

3 сар 6　ӨМӨЗО-ны ЗГ-ын дэд дарга Жао Жихун Монголын ЭМЯ-ны 1-р орлогч сайд, МУ-ын АУХ-ийн дарга Г.Дашзэвэг тэргүүтэй МУ-ын Эрүүлийг Хамгаалахын төлөөлөгчидтэй уулзав.

3月23日　中国人民解放军总参谋长迟浩田上将会见访问韩

国途经北京的蒙古国人民军总参谋长兼国防部副部长拉·嘎瓦少将。

3 сар 23 БХ-ын АЧА-ын Ерөнхий штабын дарга хурандаа генерал Чи Хаотян Солонгос улсад айлчлал хийх замдаа Бээжинд түр саатсан МАА-ын Жанжин штабын дарга бөгөөд БХЯ-ны дэд сайд хошууч генерал Л.Гаваатай уулзав.

3月27日　为纪念国际戏剧日，蒙古国话剧艺术家把中国著名戏剧家曹禺的名著《雷雨》首次搬上舞台。

3 сар 27 Олон улсын жүжгийн өдрийг тохиолдуулан, МУ-ын яриан жүжгийн томоохон төлөөлөгч, Хятадын нэрт жүжгийн зохиолч Цао Юүгийн бүтээл “Аянгын бороо” жүжгийг монголын тайзнаа анх удаа амилуулав.

3月28日　中国科学院院长、著名科学家周光召当选为蒙古国科学院外籍院士。

3 сар 28 БНХАУ-ын ШУА-ийн дарга, нэрт шинжлэх ухаантан Жоу Гуанжао Монголын ШУА-ийн гадаадын харъяат академичаар сонгогдов.

3月28日—30日　蒙古国对外关系部长策·贡布苏仍访问日本途经北京，中国国务委员兼外长钱其琛与其会见。

3 сар 28-30 МУ-ын ГХЯ-ны сайд Ц.Бямбасүрэн Япон улсад айлчлал хийх замдаа Бээжинд түр саатан Хятадын Төрийн Зөвлөлийн гишүүн бөгөөд ГЯЯ-ны сайд Цянь Цичэньтэй уулзав.

3月31日　中国国际航空公司内蒙古分公司开辟的呼和浩特至乌兰巴托的国际航线开通。这条航线每星期二、五各一班，当天往返。

3 сар 31 БНХАУ-ын ОУ-ын иргэний агаарын тээврийн Өвөр Монгол дахь салбар компани Хөх хот-Улаанбаатарын чиглэлд нислэг хийж эхлэв. Энэхүү нислэг нь Мягмар, Баасан гариг бүрт ээлжээр нислэг хийх ба өдөртөө буцах аж.

4月12日—16日 以蒙古国工会书记钦巴特为首的蒙古国工会联合会代表团一行4人前往中国内蒙古自治区访问，中共内蒙古党委副书记千奋勇会见了蒙古国客人。

4 сар 12-16 МУ-ынҮЭ-ийн нарийн бичгийн дарга Чинбат тэргүүтэйМонголын Үйлдвэрчний Эвлэлийн дөрвөн хүний бүрэлдэхүүнтэй төлөөлөгчид, Хятадын ӨМӨЗО-д айлчлав. ХКН-ын ӨМ-ын Намын Хорооны нарийн бичгийн даргын орлогч Чянь Фэньюн Монголын төлөөлөгчидтэй уулзав.

4月20日—21日 蒙古国副总统兼国家小呼拉尔主席拉·贡其格道尔吉赴夏威夷参加亚太地区国家议会领导人会晤途经北京，中国全国人大常委会副委员长叶飞与其会见。

4 сар 20-21 МУ-ын дэд Ерөнхийлөгч бөгөөд УБХ-ын дарга Л.Гончигдорж Хавайн аралд болох Азийн улс орнуудын УИХ-ын тэргүүнүүдийн уулзалтанд оролцох замдаа Бээжинд түр саатан БХ-ын АТИХ-ын байнгын хорооны орлогч дарга Еэ Фэйтэй уулзав.

4月23日—29日 应蒙古国方面的要求，以内蒙古军区副司员方成海少将为团长的中国内蒙古边防代表团和以边防军参谋长查·巴扎尔色德上校为团长的蒙古国边防代表团在呼和浩特会晤。双方签署了《中国内蒙古边防代表团与蒙古国边防代表团会晤纪要》。内蒙古军区司令员刁从洲少将会见并宴请了蒙古国代表团。

4 сар 23-29 Монголын талын шаардлагаар ӨМ-ын цэргийн тойргийн дэд командлагч хошууч генерал Фан Чэнхай тэргүүтэй Өвөр Монголын хил хамгаалахын төлөөлөгчид болон МУ-ын Хил хамгаалах ерөнхий газрын штавын дарга хурандаа Ч.Базарсад тэргүүтэй МУ-ын хил хамгаалахын төлөөлөгчид Хөх хотод хуралдан “ӨМ болон МУ-ын хил хамгаалахын төлөөлөгчдийн протоколд” гарын үсэг зурав. ӨМ-ын цэргийн тойргийн командлагч хошууч генерал Дяо Цунжоу МУ-ын төлөөлөгчдийг хүлээн авч дайллага зохион байгуулсан байна.

4月 中国二连浩特和蒙古国扎门乌德之间开通旅客班车，车票价为10美元或70元人民币（3 500图格里克）。

4 сар БНХАУ-ын Эрээн хотоос МУ-ын Замын-Үүдийн хооронд тогтмол цагаар зорчигч тээврийн автомашин явж эхлэв. Автобусны билетийн үнэ нь 10 америк доллар, 70 юань (3500 төгрөг).

4月27日—5月4日 应中共中央党校的邀请，以蒙古人民革命党中央委员、院长雅·道勒格尔扎布为团长的蒙古国家和社会研究学院代表团访问中国。中共中央政治局常委、中央党校校长乔石会见了蒙古国代表团。该代表团5月1—4日访问内蒙古自治区，中共内蒙古自治区党委副书记白恩培会见了代表团成员。

4 сар 27-5 сар 4 ХКН-ын ТХ-ны намын сургуулийн урилгаар МАХН-ын ТХ-ны гишүүн, Монголын Нийгэм Судлалын дээд сургуулийн захирал Я.Долгоржав тэргүүтэй төлөөлөгчид Хятадад айлчлав. ХКН-ын ТХ-ны УТТ-ны байнгын хороо болон намын сургуулийн захирал Чяо Ши МУ-ын төлөөлөгчидтэй уулзав. Төлөөлөгчид 5 сарын 1-4-ний өдөр ӨМӨЗО-д айлчилж, ӨМӨЗО-ны ХКН-ын ТХ-ны нарийн

бичгийн даргын орлогч Бай Энпэй төлөөлөгчидтэй уулзав.

4月　中国内蒙古自治区同蒙古国合作，在二连浩特、扎门乌德开放边境互市。

4 сар　БНХАУ-ын ӨМӨЗО болон МУ-ын хамтын ажиллагааг хөгжүүлэх зорилгоор хилийн боомт хот Эрээн хот-Замын-Үүдийг нээлттэй болгов.

5月7日—11日　应中国国务院总理李鹏的邀请，蒙古国政府总理达·宾巴苏仍对中国进行正式友好访问。这是30年来蒙古国总理首次访问中国。李鹏总理同宾巴苏仍总理举行了会谈。中共中央总书记江泽民和国家主席杨尚昆分别会见了宾巴苏仍总理。会谈时李鹏总理说，中国政府尊重蒙古国的独立和主权，愿在平等互利基础上积极发展两国的经济合作关系。他指出："中国政府发展中蒙睦邻友好关系的政策不会改变。"李鹏说："杨尚昆主席和彭·奥其尔巴特总统的互访使两国关系进入了一个新的阶段。"他指出："1960年中蒙友好互助条约和1990年中蒙联合公报是发展中蒙关系的指导性文件"。宾巴苏仍强调："蒙中友好关系的发展不仅符合两国人民的利益，也是对东亚地区的繁荣与稳定的重要贡献。"在他介绍蒙古国内情况时说："目前蒙古国的经济面临不少困难。蒙古国政府把充分利用本国资源，依靠自己的条件作为国家复兴的基本方针，同时，也愿意同其他国家在贸易和开发方面进行合作，特别是同中国开展合作。"江泽民总书记会见宾巴苏仍总理时说："中国十分重视同蒙古国的关系，愿意在和平共处五项原则的基础上继续发展两国的友好合作关系。"宾巴苏仍强调要继续发展两国的睦邻友好关系，进一步发展蒙中在政治、经济、贸易、科技、文化等各个领域的合作。杨尚昆主席会见时说："近年来，中蒙两国关系发展得很好，各部门之间的来往增加，经贸合作有了新的进展。贵国资源丰富，中蒙开展经贸合作具有互补性，发展的前景广阔。中国十分重视发展中蒙睦邻友好关系，愿意积极发展两国平等互利的合作关系。"中国和蒙古国双方在北京签署了两国政府经济合作协定和关于中国政府向蒙古国政府提供贷款的协定以及两国政府汽车运输协定实施细则和两国政府关于植物检疫的协定。

5 сар 7-11 БНХАУ-ын Төрийн Зөвлөлийн Ерөнхий сайд Ли Пэний урилгаар МУ-ын ЗГ-ын Ерөнхий сайд Д.Бямбасүрэн БНХАУ-д албан ёсны найрсаг айлчлал хийв. Энэ нь 30 жилийн турш МУ-ын Ерөнхий сайд анх удаа Хятадад айлчилсан явдал байв. Ерөнхий сайд Ли Пэн нь Ерөнхий сайд Д.Бямбасүрэнтэй ярилцав. ХКН-ын ТХ-ны Ерөнхий нарийн бичгийн дарга Жян Зэминь болон БНХАУ-ын дарга Ян Шанкунь нар тус тус Ерөнхий сайд Д.Бямбасүрэнтэй уулзав. Уулзалтын үеэр Ерөнхий сайд Ли Пэн БНХАУ-ын ЗГ МУ-ын тусгаар тогтнол болон бүрэн эрхийг хүндэтгэн, тэгш эрх харилцан ашигтай үндэс суурин дээр 2 улсын эдийн засгийн хамтын ажиллагааг идэвхитэй хөгжүүлэхийг хүсч буйгаа илэрхийлээд цааш нь хэлсэн үгэндээ Хятадын ЗГ-ын Хятад Монголын найрамдалт хөршийн харилцааны бодлогод өөрчлөлт оруулахгүй гэдгийг тэмдэглэв. Ли Пэн хэлсэн үгэндээ БНХАУ-ын дарга Ян Шанкунь болон МУ-ын Ерөнхийлөгч П.Очирбат нарын харилцан айлчлал нь 2 орны харилцааг шинэ шатанд гаргасан гэв.1960 оны Хятад Монголын харилцан туслах гэрээ болон 1990 оны Хятад Монголын хамтарсан албан

ёсны мэдэгдэл нь Хятад Монголын харилцааг хөгжүүлэх гол баримт юм хэмээв. Ерөнхий сайд Д.Бямбасүрэн Монгол Хятадын найрамдалт харилцааны хөгжил нь 2 орны ард түмний эрх ашигт нийцээд зогсохгүй мөн зүүн Азийн бүс нутгийн хөгжил цэцэглэлт болон тогтвортой байдалд чухал хувь нэмрээ оруулж байна гэдгийг онцлон тэмдэглэв. Тэрээр МУ-ын дотоод байдлыг танилцуулахдаа:Одоогоор МУ эдийн засгийн хувьд нилээд бэрхшээлтэй тулгарч байгаа. Монголын ЗГ улсынхаа эд баялгийг бүрэн дүүрэн ашиглаж, өөрсдийн нөхцөл байдалдаа түшиглэн улсаа сэргээн босгохыг үндсэн чиглэлээ болгохын зэрэгцээ мөн бусад улстай гадаад худалдаа болон шинээр гарц гаргах талаар хамтран ажиллахыг, онцгойлон Хятад улстай хамтын ажиллагаагаа хөгжүүлэхийг хүсэж байгаагаа илэрхийлэв. Ерөнхий нарийн бичгийн дарга Зян Зэминь Ерөнхий сайд Д.Бямбасүрэнг хүлээн авч уулзах үеэрээ Хятад улс Монголтой харилцах харилцаагаа чухалчлан үзэж, энх тайвнаар зэрэгцэн орших 5 зарчимд тулгуурлан хоёр орны найрамдалт хамтын ажиллагааны харилцаагаа үргэлжлүүлэн хөгжүүлэхийг хүсч байна гэв. Д. Бямбасүрэн хоёр улс сайн хөршийн найрамдалт харилцаагаа үргэлжлүүлэн хөгжүүлж, Хятад Монгол хоёр улсын улс төр, эдийн засаг, гадаад худалдаа, ШУ, соёл зэрэг салбарын хамтын ажиллагааны хөгжилд ахиц гарч байна хэмээн онцлон тэмдэглэв. Ян Шанкунь дарга мөн уулзалтын үеэр ойрын хэдэн жилүүдэд Хятад Монгол 2 улсын харилцаа маш сайн хөгжиж, эл салбар хоорондын харилцаа нэмэгдэн, эдийн засаг, гадаад худалдааны хамтын ажиллагаа хөгжлийн шинэ шатанд гарсаныг тэмдэглэв. Тэрээр цааш нь хэлсэн үгэндээ Танай улс байгалын баялаг их, Хятад Монгол хоёр улсын эдийн засаг, гадаад худалдааны хамтын ажиллагаа нь харилцан бие биеэ нөхөн хөгжих хэтийн төлөв нь саруул уудам байна. Хятад улс Хятад Монголын сайн хөршийн найрамдалт харилцааны хөгжлийг чухалчлан үзэж, хоёр улс эрх тэгш харилцан ашигтай хамтын ажиллагааг идэвхитэй хөгжүүлэхийг хүсэж байна гэв. Хятад улс болон Монгол улсын хоёр тал Бээжин хотод хоёр улсын Засгийн Газрын эдийн засгийн хамтын ажиллагааны хэлэлцээр болон Хятадын Засгийн Газар Монгол улсын Засгийн Газарт зээл олгох тухай хэлэлцээр хийгээд хоёр улсын Засгийн Газар машин тэргээр тээвэрлэх тухай хэлэлцээрийг хэрэгжүүлэх нарийвчилсан дүрэм болон хоёр улсын Засгийн Газрын ургамалын хижиг сэргийлэх тухай хэлэлцээр зэрэг баримт бичигт тус тус гарын үсэг зурав.

5月1日—4日　蒙古国国家和社会研究学院代表团一行4人，抵达中国内蒙古自治区进行访问。中共内蒙古党委副书记白恩培会见了代表团一行。

5 сар 1-4　МУ-ын болон Нийгэм судлалын сургуулийн 4 хүний бүрэлдэхүүнтэй төлөөлөгчид, ӨМӨЗО-д айлчлав. ХКН-ын ӨМӨЗО-ны намын хорооны нарийн бичгийн дарга Бай Эньпэй төлөөлөгчидтэй уулзав.

5月7日—13日　应中国《人民日报》社的邀请，蒙古国《人民权利报》总编辑巴・利格登率团访问中国。中国全国人民代表大会常务委员会副委员长叶飞会见了代表团。该代表团在中国内蒙古自治区进行了为期3天的访问。中共内蒙古自治区党委常委、宣传部长乌云其木格会见了代表团成员，并向其介绍了内蒙古自治区新闻界的情况。

5 сар 7-13 Хятадын “Ардын өдрийн мэдээ” сонины урилгаар МУ-ын “Ардын эрх сонин”-ы ерөнхий редактор Б.Лигдэн тэргүүтэй төлөөлөгчид Хятадад айлчлав. БХАТИХ-ын Байнгын хорооны дэд дарга Е Фэй төлөөлөгчидтэй уулзав. Тус төлөөлөгчдийн баг ӨМӨЗО-д 3 хоногийн хугацаатай айлчлал хийв. ХКН-ын ӨМӨЗО-ны намын байнгын хороо, суртал ухуулгын хэлтсийн дарга Оюунчимэг тэдэнтэй уулзаж, ӨМӨЗО-ны сонины мэдээний нөхцөл байдлыг танилцуулав.

5月10日—17日 蒙古国人民军摔跤队访问中国。

5 сар 10-17 МУ-ын АА-ийн чөлөөт бөхийн баг тамирчид Хятадад айлчлав.

5月26日 中国内蒙古自治区政府副主席伊钧华会见蒙古国科学院院长德·巴特尔等蒙古国客人。

5 сар 26 ӨМӨЗО-ны Засгийн газрын дэд дарга И Юэхуа МУ-ын ШУА-ийн дарга Д.Баатар нарын Монголын зочидтой уулзав.

5月 中国交通部批准了由中国内地、蒙古国和香港三方合资组建“CMH航运公司”的项目。

5 сар Хятадын Зам харилцааны яамнаас Хятад Монгол болон Хонконгын 3 талын хамтын хөрөнгө оруулалттай “CMN агаарын тээврийн компани”-ий төслийг батлав.

6月13日　中国内蒙古自治区政府副主席阿拉坦敖其尔会见蒙古国林业考察团和乌兰巴托市园林绿化考察团全体成员。

6 сар 13　ӨМӨЗО-ны Засгийн газрын дэд дарга Алтан-Очир Монгол улсын ойн аж ахуйн болон УБ хотын хот тохижуулалтын албаны төлөөлөгчдийг хүлээн авч уулзав.

6月14日—19日　国务委员兼国防部长秦基伟上将率中国人民解放军军事代表团应邀访问了蒙古国。秦基伟上将是继1959年彭德怀元帅率中国人民解放军军事代表团访问蒙古30多年后到蒙古国访问的第一位中国国防部长。蒙古国总统彭·奥其尔巴特、政府总理达·宾巴苏仍分别会见，蒙古国防部长沙·扎丹巴中将与秦基伟部长举行了会谈。会见时秦基伟指出：“发展同周边国家的睦邻友好合作关系是中国对外关系的基本方针和政策。”他表示相信中蒙之间的友好关系将得到进一步扩大和发展。奥其尔巴特总统指出：“秦基伟部长的访问对促进两国关系的发展，加深两国和两军的相互信任具有很重要的意义。”宾巴苏仍总理和秦基伟上将进行了亲切友好的谈话。

6 сар 14-19　БНХАУ-ын Төрийн Зөвлөлийн гишүүн бөгөөд БХЯ-ны сайд хурандаа генерал Чинь Живэйтэргүүтэй ХАЧА-ийн төлөөлөгчид урилгаар Монгол улсад айлчлав. Хурандаа генерал Чинь Живэй 1959 онд маршал Пэн Дэхуайгаар ахлуулсан АЧА-ийн төлөөлөгчид Монгол улсад айлчилснаасхойш 30 гаруй жилийн дараа Монголд айлчилсан анхны Хятадын БХЯ-ы сайд юм. Монголын Ерөнхийлөгч П.Очирбат, Засгийн газрын Ерөнхий сайд Д.Бямбасүрэн нар тус тус Монголын БХЯ-ны сайд дэслэгч генерал Ш.Жадамбаа ба Чинь Живэй сайд нартай

хэлэлцээ хийв. Уулзалтын үеэр Чинь Живэй хоёр улсын сайн хөршийн найрамдалт хамтын ажиллагааны харилцаа нь Хятадын гадаад болон төрийн бодлогын үндсэн чиг болж байна хэмээн дурьдав. Тэрээр Хятад Монгол хоёр орны найрамдалт харилцаа өргөжин хөгжинө гэдэгт итгэлтэй байгаагаа илэрхийлэв. Ерөнхийлөгч П. Очирбат Чинь Зивэй сайдын айлчлал нь хоёр улсын хөгжлийг ахиулж хоёр улсын армийн итгэлцэлийг гүнзгийрүүлэхэд маш чухал ач холбогдол үзүүлсэн гэв. Улмаар Ерөнхий сайд Д.Бямбасүрэн болон хурандаа генерал Чинь Зивэй нар халуун дотно яриа өрнүүлэв.

6月20日　中国内蒙古自治区政府副主席阿拉坦敖其尔会见以农业经济市场政策局局长普日恩来为团长的蒙古国农牧业代表团一行。

6 сар 20　ӨМӨЗО-ны Засгийн газрын дэд дарга Алтан-Очир Газар тариалангийн зах зээлийн эдийн засгийн бодлогын хэлтсийн дарга Пэрэнлэй тэргүүтэй Монголын хөдөө аж ахуй газар тариалангийн төлөөлөгчидтэй уулзав.

6月30日　中国内蒙古自治区政府副主席伊钧华会见蒙古国政府代表团一行。

6 сар 30　ӨМӨЗО-ны Засгийн газрын дэд дарга И Жүньхуа МУ-ын Засгийн газрын төлөөлөгчидтэй уулзав.

6月　中蒙两国间的8个边境口岸全部正式开放，按协议双方允许对方的客货车沿规定路线到对方指定地点卸车。

6 сар　Хятад Монголын хоорондох хилийн 8 боомт албан ёсоор нээгдэж, гэрээний дагуу хоёр тал тогтсон

маршрутын дагуу нэг тал нь галт тэрэгний ачааг нөгөө талынхаа тогтоосон газарт буулгахаар тогтов.

7月17日—25日　蒙古国家自然环境监督委员会主席巴特扎尔嘎拉率蒙古国气象代表团访问中国，参加中蒙气象科技合作第三次会谈。

7 сар 17-25　Монгол улсын Байгаль орчны хяналтын хорооны дарга Батжаргал тэргүүтэй Монгол улсын Цаг уурын хүрээлэнгийн төлөөлөгчид Хятад улсад айлчилж, Хятад Монголын цаг уурын шинжлэх ухаан техникийн хамтын ажиллагааны 3-р хэлэлцээрт оролцов.

7月20日　根据中蒙民航达成的《蒙古航空公司开通乌兰巴托—呼和浩特—乌兰巴托航线协议》，蒙古国家航空公司首航班机于7月20日上午10:40 抵达呼和浩特机场。蒙航苏制AH–24型飞机担负这个航线飞行任务，每星期一、四往返。

7 сар 20　Хятад Монгол хоёр улсын Иргэний агаарын тээврийн газрын тохиролцсон “Миат агаарын тээврийн компаний УБ-Хөх хот-УБ чиглэлийн нислэгийн маршрутын тухай хэлэлцээр”-ийн дагуу Миат компани анхны нислэг 7 сарын 20-ны өдрийн үдээс өмнө 10 цаг 40 минутад Хөх хотын онгоцны буудалд газардав. МИАТ-ын ашиглаж буй ЗХУ-д үйлдвэрлэсэн АН-24 маркийн онгоц энэ маршрутаар нисэх үүргийг хүлээн авч, даваа, пүрэв гаригуудад нислэг хийхээр болов.

7月20日　中国新疆清河至蒙古国布尔干的国际旅客班车正

式开通。

7 сар 20 Хятадын Шиньжааны Чинхэ ба Монгол улсын Булган хооронд ОУ-ын зорчигч тээврийн автобус албан ёсоор явах болов.

8月7日—19日 退役的前蒙古国国防部长扎·云登上将率蒙古国老战士代表团访问中国。

8 сар 7-19 МУ-ын БХЯ-ны сайд асан хурандаа генерал Ж.Ёндон тэргүүтэй Монгол улсын ахмад дайчдын төлөөлөгчид БНХАУ-д айлчлав.

8月17日 中国内蒙古自治区政府主席乌力吉授予原蒙古国驻呼和浩特总领事馆总领事宗堆·萨拉勒自治区荣誉公民称号。

8 сар 17 БНХАУ-ын ӨМӨЗО-ны АЗГ-ын тэргүүлэгч Өлзий Монголоос Хөх хотод суугаа Ерөнхий консулын газрын Ерөнхий консул З.Сааралд ӨМӨЗО-ны хүндэт иргэн цол гардуулав.

8月21日 中蒙经济技术合作议定书在北京签订。

8 сар 21 Хятад Монголын эдийн засаг техникийн хамтын ажиллагааны хэлэлцээрийг Бээжин хотноо байгуулав.

8月 由联合国教科文组织和蒙古科学院组织的中、蒙、俄等国参与的国际考察队通过考察表明，古代中国北方确实存在着一条从中国新疆哈密起贯穿蒙古高原至辽东的游牧丝绸之路。

8 сар НҮБ-ын Соёл Боловсролын хэлтэс болон МУ-ын

ШУА-ийн байгууллага эрхлэн Хятад, Монгол, Орос зэрэг улс оролцсон ОУ-ын археологийн судалгаа эртний Хятадын хойд нутаг болох Хятадын Шиньжааны Хамигаас эхлэн Монголын өндөрлөг дайран өнгөрч Ляо Дун хүрч асан торгоны замыг батлав.

9月8日—15日　中、蒙、俄铁路联运会第18次会议和中、蒙国境铁路联运委员会第34次例会在乌兰巴托市举行。

9 сар 8-15　Хятад, Монгол, Оросын төмөр замын тээврийн 18-р хуралдаан болон Хятад Монгол улсын хилийн хамтарсан төмөр зам тээврийн хорооны 34 дахь ээлжит хурал Улаанбаатар хотноо зохиогдов.

9月22日—29日　中国国家科学委员会副主任、中蒙科技合作委员会中方主席李时效为团长的中国政府科技代表团访问蒙古国，出席中蒙科技合作第四次会议，双方签署了1993—1994年度科技合作计划。

9 сар 22-29　БНХАУ-ын Улсын Эрдмийн Зөвлөлийн дэд дарга, Хятад Монголын шинжлэх ухаан техникийн хамтын ажиллагааны нийгэмлэгийн хятадын талын дарга Ли Шисяо тэргүүтэй Хятадын Засгийн Газрын шинжлэх ухаан техникийн төлөөлөгчид Монгол улсад айлчилж, Хятад Монголын ШУ техникийн хамтын ажиллагааны 4-р их хуралд оролцож, хоёр тал 1993-1994 онд ШУ-ны хамтын ажиллагааны төлөвлөгөөнд гарын үсэг зурав.

9月22日　中国内蒙古自治区政府副主席云布龙会见了来访

的蒙古国国家统计局代表团一行。

9 сар 22 ӨМӨЗО-ны Засгийн газрын дэд дарга Юнь Бүлун МУ-ын Статистикийн Хорооны төлөөлөгчдийг хүлээн авч уулзав.

9月27日—30日 蒙古国总统彭·奥其尔巴特出席第47届联合国大会途经北京，中国全国人民代表大会常务委员会副委员长陈慕华与其会见。

9 сар 27-30 МУ-ын Ерөнхийлөгч П.Очирбат НҮБ-ийн 47-р их хуралд оролцохоор явах замдаа Бээжинд түр саатахад нь БХ-ын АТИХ-ын байнгын хорооны дэд дарга Чэн Мүхуа бараалахсан байна.

9月29日—10月6日 中国内蒙古大学王政祥副校长应邀参加了蒙古国国立大学50周年校庆活动。

9 сар 29-10 сар 16 БНХАУ-ын ӨМИС-ын орлогч дарга Ван Жэнсян МУИС-ын 50 жилийн ойн баярын үйл ажиллагаанд урилгаар оролцов.

10月6日—13日 蒙古国家民防指挥中心贡·达木丁苏门少将率领蒙古国家民防代表团访问中国。

10 сар 6-13 Монголын Иргэний Хамгаалахын удирдах газрын дарга, хошууч генерал Г.Дамдинсүрэн тэргүүтэй Монголын Иргэний Хамгаалахын газрын төлөөлөгчид Хятадад айлчлав.

10月13日 由中国内蒙古自治区经济贸易总公司承建的蒙古国玻璃马赛克厂投产。

10 сар 13 ӨМӨЗО-ны Эдийн засаг, гадаад худалдааны компаний хариуцан барьсан Монголын шилэн мозайкны

үйлдвэр ашиглалтанд оров.

10月9日—11日　由联合国开发计划署在北京主持召开的图们江地区开发项目管理委员第二次会议上，来自中国、蒙古、朝鲜、韩国和俄罗斯的五国高级政府官员签署了一份有关图们江地区开发的协议。

10 сар 9-11 НҮБ-ын төлөвлөгөөний хэлтэсээс Бээжин хотноо зарлан хуралдуулсан Түмэн хошууны бүс нутгийн хөгжлийн төсөл хариуцсан гишүүдийн 2 дугаар их хурал дээр Хятад, Монгол, Хойд, Өмнөд болон Хойт Солонгос, Орос зэрэг 5 улсаас ирсэн ЗГ-ын өндөр албаны төлөөлөгчид Түмэн хошууны бүс нутгийн хөгжлийн гэрээнд гарын үсэг зурав.

10月21日—25日　中、蒙、俄三国交界点会谈在乌兰巴托举行。三方草签了关于确定三国交界点的协定。

10 сар 21-25 Улаанбаатар хотноо зохион байгуулагдсан Хятад, Монгол, Орос 3 улсын хил тогтоох хэлэлцээрийг талууд үзэглэв.

11月　中蒙双方在北京互换了关于利用中国贷款向蒙古国提供价值约1 000万元人民币日用品的换文。

11 сар БНХАУ-аас МУ-д зээлж буй 10 000 000 юаны өртөг бүхий өдөр тутмын хэрэглээний бараа нийлүүлэх тухай солилцооны бичгийг Хятад Монголын 2 тал Бээжин хотноо солилцов.

12月5日　中国内蒙古自治区政府主席布赫会见来访的以省长色・贡其格为团长的蒙古国中央省代表团客人。

12 сар 5 БНХАУ-ын ӨМӨЗО-ны ЗГ-ын дарга БөхөөМУ-ын Төв аймгийн Засаг дарга С.Гончиг тэргүүтэй төлөөлөгчдийг хүлээн авч уулзав.

12月26日值中蒙边界条约签订30周年之际，中国总理李鹏和蒙古国总理彭·扎斯莱互致贺电。

12 сар 26 Хятад Монголын хилийн гэрээнд гарын үсэг зурсаны 30 жилийн ойг тохиолдуулан БНХАУ-ын Ерөнхий сайд Ли Пэн болон МУ-ын Ерөнхий сайд П.Жасрай нар харилцан баярын цахилгаан илгээв.

12月30日 蒙古国国防部30日正式宣布，俄罗斯即原苏联驻蒙军队已全部撤离蒙古。

12 сар 30 МУ-ын БХЯ-аас албан ёсоор зарласан 30-ны өдөр ОХУ буюу хуучнаар ЗХУ, МУ-д байрлаж буй бүх анги нэгтгэлээ МУ-аас татаж авав.

1992年 中国同蒙古国的进出口商品总额为1.838 7亿美元，其中中国出口额为1.357 6亿美元，进口额为4 811万美元。

1992 оны Хятад Монголын импорт экспортын бүтээгдэхүүний нийт өртөг 183 сая 870 мянган доллар, тэр дундаа Хятадын экспортын нийт өртөг 135 сая 760 мянган доллар, импортын нийт өртөг 48 сая 110 мянган долларт хүрэв.

1993年中蒙国家关系历史编年

1993 оны Хятад Монгол хоёр улсын харилцааны түүхэнүйл явдлын товчоон

1月1日　根据《中华人民共和国政府和蒙古国政府汽车运输协定》的规定，自1993年1月1日起，中蒙边境公路口岸二连浩特、阿日哈沙特、甘其毛道和嘎达布其将正式使用中蒙国际汽车运输行车许可证。

1 сар 1 “БНХАУ болон Монгол улсын ЗГ-ын авто машин тээвэрлэлтийн хэлэлцээр”-т үндэслэн 1993 оны 1 сарын 1-ээс эхлэн Хятад Монголын засмал зам бүхий Эрээн хот, Архашаат, Ганцмод болон Зүүн хатавч зэрэг хилийн боомтод Хятад Монголын олон улсын авто тээврийн хэрэгсэлд албан ёсоор лиценз ашиглах болов.

1月1日—15日　蒙古国贸易工业部副部长巴·曼达勒苏仍率政府经贸代表团访问中国。双方就1993年进出口商品货单达成一致意见，并签署了中国政府无偿援助方式帮助蒙古国建立一所中文语言培训中心换文。

1 сар 1-15 Монголын Худалдаа аж үйлдвэрийн тэнхимийн дэд дарга Б.Мандалсүрэн тэргүүтэй ЗГ-ын эдийн засаг, гадаад худалдааны төлөөлөгчид БНХАУ-д айлчлав. Хоёр тал 1993 оны импорт экспортын бараа бүтээгдэхүүний тухайд тохиролцон, БНХАУ-ын ЗГ-аас буцалтгүй тусламжийн хэлбэрээр Монгол Улсад Хятад хэлний сургалтын төв байгуулах баримт бичигт гарын үсэг зурав.

1月24日　中国全国人民代表大会常务委员会委员长万里会

见了对法国和德国进行访问后回国途经北京的蒙古国家大呼拉尔主席那·巴嘎班迪。

1 сар 24 БХ-ын АТИХ-ын байнгын хорооны дарга Ван Ли Франц болон Герман улсад айлчлаад буцах замдаа Бээжинд түр саатсан МУ-ын УИХ-ын дарга Н.Багабандитай уулзав.

1月 蒙古国青年和体育运动委员会主席卓力格访问中国。

1 сар Монголын Залуучуудын болон Биеийн тамир спортын хорооны дарга Зориг Хятадад айлчлав.

2月9日 蒙古国总统彭·奥其尔巴特会见即将离任回国的中国驻蒙古国大使张德麟时说，中国在蒙古国的对外关系中占有重要地位，两国关系发展到高水平是两国共同努力的结果。他还说，中国提供的贷款和援助对于蒙古国克服过渡时期所遇到的困难发挥了应有的作用。

2 сар 9 Монгол улсын Ерөнхийлөгч П.Очирбат Монгол улсад суугаа Элчин сайд Жан Дэлинийг үүрэгт ажлын хугацаа нь дуусч эх орондоо буцах болсонтой нь холбогдуулан хүлээн авч уулзах үеэр хэлсэн үгэндээ:“Хятад улс нь МУ-ын гадаад харилцаанд маш чухал байр суурь эзэлдэг ба хоёр улсын харилцааны хөгжил өндөр түвшинд хүрсэн нь хоёр улсын хамтын хүчин чармайлтын үр дүн юм. Хятад улсаас олгосон зээл тусламж нь Монгол улсын шилжилтийн үед учирсан бэрхшээлийг даван туулахад чухал үүрэг гүйцэтгэсэн” хэмээн тэмдэглэв.

2月13日 中国内蒙古自治区副主席云布龙会见了蒙古国贸易工业部副部长巴·曼达勒苏仍。曼达勒苏仍此次访问内蒙古自治区与有关部门就中蒙双方合作开采蒙古国铁矿、铜冶炼及内蒙古在乌兰巴托成立“中国国际贸易中心”等问题进一步交换了意见。

2 сар 13 ӨМӨЗО-ны дэд дарга Юн Булун Монгол улсын Худалдаа аж үйлдвэрийн тэнхимийн орлогч дарга Б.Мандалсүрэнтэй уулзав. Б.Мандалсүрэн нь ӨМӨЗО-нд хийх айлчлалынхаа үеэр Хятад-Монгол 2 талын хамтын ажиллагаа, МУ-ын төмрийн уурхай, зэс, төмөр боловсруулах болон ӨМӨЗО-оос УБ хотод “Хятадын олон улсын гадаад худалдааны төв” байгуулах зэрэг асуудлаар санал солилцов.

2月23日—3月3日　由内蒙古军区副司令员方成海少将率领的中国内蒙古军区边防友好代表团访问蒙古国。

2 сар 23-3 сар 3 ӨМӨЗО-ны цэргийн тойргийн дэд командлагч хошууч генерал Фан Чэнхай тэргүүтэй ӨМ-ийн цэргийн тойргийн хил хамгаалалтын төлөөлөгчид МУ-д айлчлав.

3月4日　中国全国人民代表大会常务委员会委员长万里会见由丹·龙达占桑主席率领的蒙古国大呼拉尔外交与安全常设委员会代表团。

3 сар 4 БХ-ын АТИХ-ын байнгын хорооны дарга Ван Ли Д.Лүндээжанцан тэргүүтэй МУИХ-ын Гадаад харилцаа, аюулгүй байдлын байнгын хорооны төлөөлөгчидтэй уулзав.

3月9日　中国内蒙古自治区政府副主席伊钧华在呼和浩特市会见了蒙古国驻华大使洪·奥勒兹沃伊。

同日，中国内蒙古自治区副主席宋志民会见了以蒙古国达尔汗市市长阿木尔萨纳为首的代表团。

3 сар 9 ӨМӨЗО-ны Засгийн газрын дэд дарга И Жүньхуа МУ-аас БНХАУ-д суугаа элчин сайд Х.Олзвойтой Хөх хотод уулзав.

Тус өдөр ӨМӨЗО-ны дэд дарга Сун Жимин Монгол улсын Дархан хотын дарга Амарсанаа тэргүүтэй төлөөлөгчидтэй уулзав.

3月11日—19日 蒙古国武装部队总参谋长拉·嘎瓦少将访问中国，中共中央军事委员会副主席张震与其会见。

3 сар 11-19 ХКН-ын ТХ-ны Цэргийн Зөвлөлийн дэд дарга Жан Жэнь МУ-ын ЗХЖШ-ын дарга, хошууч генерал Р.Гавааг БНХАУ-д айлчилж байгаатай холбогдуулан хүлээн авч уулзав.

3月17日 中国第十任驻蒙古国大使裴家义向蒙古国总统彭·奥其尔巴特递交国书。

3 сар 17 БНХАУ-аас МУ-д суугаа 10 дахь элчин сайд Пэй Жя и Монгол Улсын Ерөнхийлөгч П. Очирбатад итгэмжлэх жуух бичгээ өргөн барив.

3月28日—30日 蒙古总统彭·奥其尔巴特电贺江泽民当选中国国家主席，蒙古国大呼拉尔主席那·巴嘎班迪分别电贺乔石当选中国全国人民代表大会常务委员会委员长、荣毅仁当选中国国家副主席，蒙古国总理彭·扎斯莱电贺李鹏连任中国国务院总理，蒙古国副总理乔·普日布道尔吉电贺李岚清就任中国国务院副总理，蒙古国外交部部长策·贡布苏仍电贺钱其琛就任中国国务院副总理兼外交部部长。

3 сар 28-30 Монгол Улсын Ерөнхийлөгч П.Очирбат Зянь Зэминийг БНХАУ-ын даргаар сонгогдсон явдалд баяр хүргэн цахилгаан илгээв. МУ-ын УИХ-ын дарга Н.Багабанди Чяо Шиг БХ-ын АТИХ-ын байнгын хорооны даргаар сонгогдсон явдалд болон Рун Ирэнийг БНХАУ-ын дэд даргаар сонгогдсонд тус тус баяр хүргэсэн цахилгаан илгээж, МУ-ын Ерөнхий сайд П.Жасрай мөн Ли Пэн БНХАУ-ын Төрийн Зөвлөлийн Ерөнхий сайдаар дахин томилогдсон явдалд баяр хүргэн цахилгаан илгээв. МУ-ын Ерөнхий сайдын орлогч Ч.Пүрэвдорж нь Ли Ланьчинийг БНХАУ-ын Төрийн ЗөвлөлийнЕрөнхий сайдын орлогчоор сонгогдсонд мөн баярын цахилгаан илгээв. МУ-ын ГХЯ-ны сайд Ц.Гомбосүрэн Цянь Цичэнийг Хятад улсын Төрийн зөвлөлийн Ерөнхий сайдын орлогч бөгөөд ГЯЯ-ны сайдаар томилогдсонд тус тус баяр хүргэн цахилгаан илгээв.

4月13日 中国政府紧急援助蒙古国100万元人民币，帮助其克服自然灾害。中国红十字会向蒙红十字会提供一万美元救济款。

4 сар 13 МУ-д тохиолдсон байгалийн гамшгийг даван туулахад зориулж Хятадын Засгийн газраас 1 000 000 юанийн яаралтай тусламж үзүүлсэн бол Хятадын Улаан Загалмайн нийгэмлэгээс Монголын Улаан Загалмайн нийгэмлэгт 10 000 ам. долларын тусламж үзүүлэв.

4月 以外交部新闻司司长其米德道尔吉为团长的蒙古国新闻代表团访问中国。

4 сар МУ-ын ГХЯ-ны хэвлэл мэдээллийн албаны дарга Чимэддорж тэргүүтэй Монгол Улсын хэвлэл мэдээллийн агентлагын төлөөлөгчид Хятад улсад айлчлав.

4月 蒙古人民革命党经济代表团访问中国。

同月，中蒙双方决定开辟额布都格—巴音胡硕，策克—西伯库伦两对边境口岸。

4 сар МАХН-ын эдийн засгийн төлөөлөгчид Хятад улсад айлчлав.

Мөн сард Хятад Монгол хоёр тал Өвдөг-Баянхошуу, Сэхээ-Шивээхүрээнд хилийн боомт нээхээр тогтов.

5月23日 中国内蒙古自治区人民代表大会常务委员会主任王群会见了蒙古国总领事宗堆·萨拉勒，并向其介绍了内蒙古自治区发展概况。

5 сар 23 ӨМӨЗО-ны АТИХ-ын байнгын хорооны дарга Ван Чүнь Монголын Консулын газрын Ерөний консул Д.Саарлыг хүлээн авч уулзан, ӨМӨЗО-ны хөгжлийн ерөнхий байдлыг танилцуулав.

5月24日 应中国内蒙古自治区人民检察院检察长张鹤松的邀请，蒙古国肯特省检察院代表团一行5人，在特·敖敦苏荣检察长的率领下，来内蒙古自治区进行为期一周的访问。

5 сар 24 ӨМӨЗО-ны Дээд шүүхийн газрын дарга Жан Хэсуны урилгаар Монгол улсын Хэнтий аймгийн прокурорын газрын дарга Т.Одсүрэн тэргүүтэй таван хүний бүрэлдэхүүнтэй төлөөлөгчид ӨМӨЗО-нд 7 хоногийн хугацаатай айлчлал хийв.

5月25日 中国政府向蒙古国政府赠送1 600吨面粉并负责运至中国二连浩特交付蒙方。

5 сар 25 БНХАУ-ын Засгийн газраас Монголын Засгийн газарт бэлгэлсэн 1 600 тн гурилыг хятадын тал Эрээн хот хүртэл хариуцан тээвэрлээд Монголын талд хүлээлгэн өгөв.

5月　以中华全国总工会书记处书记于庆和为团长的中国工会代表团访问蒙古国。

5 сар　БХ-ын ҮЭ-ийн Ерөнхий Хорооны бичиг хэргийн хэлтэсийн нарийн бичгийн дарга Юй Чинхэ тэргүүтэй БНХАУ-ын ҮЭ-ийн төлөөлөгчид Монгол Улсад айлчлав.

6月11日　中国内蒙古自治区政府副主席赵志宏会见并宴请了蒙古国和平友好联合会主席利格登为团长的蒙中友协代表团一行7人。

6 сар 11　ӨМӨЗО-ны Засгийн газрын дэд дарга Жао Жихун Монголын Энх тайван найрамдалын нийгэмлэгийн дарга Лигдэн тэргүүтэй Монголын 7 хүний бүрэлдэхүүнтэй төлөөлөгчдийг дайллагад урив.

6月17日　中国国家主席江泽民电贺彭·奥其尔巴特连任蒙古国总统。

6 сар 17　БНХАУ-ын дарга Жян Зэминь Монгол Улсын Ерөнхийлөгч П.Очирбатыг Монгол Улсын Ерөнхийлөгчийн албанд улиран томилогдсонд нь баяр хүргэн цахилгаан илгээв.

6月26日　中国副总理兼外长钱其琛会见访美途经北京的蒙古国总理彭·扎斯莱。

6 сар 26　Монгол Улсын Ерөнхий сайд П. Жасрай айлчлал хийхээр Америк улсыг зорих замдаа Бээжин хотноо түр саатах үед нь БНХАУ-ын Ерөнхий сайдын орлогч бөгөөд ГЯЯ-ны сайд Чянь Чичэнь уулзав.

7月3日　应蒙古国国防部战略研究所邀请，中国国际战略学会副会长石侠率团赴蒙参加题为《冷战后的国际安全》研讨会。

7 сар 3 МУ-ын БХЯ-ны Стратеги судлалын хүрээлэнгийн урилгаар Хятадын олон улсын стратеги судлалын нийгэмлэгийн дэд дарга Ши Ся тэргүүтэй төлөөлөгчид МУ-д хүрэлцэн ирж “Хүйтэн дайны дараахь олон улсын аюулгүй байдал” сэдэвт хэлэлцүүлэгт оролцов.

7月6日 蒙古国《人民权利报》政治评论员达希泽伯格发表述评称，台湾“国会”讨论台湾地区与蒙古国“建交”问题是“他们的事”，蒙古国政府坚持一个中国，即以北京为首都的中国的政策。

7 сар 6 Монголын “Ардын эрх сонин”-д улс төрийн шүүмжлэгч Дашзэвэгийн Тайваний “Улсын хурал” Тайвань Монгол улстай дипломат харилцаа тогтоох нь “Тэдний хэрэг”, Монголын Засгийн Газар “Нэг Хятад, Хятадын нийслэл бол Бээжин гэсэн бодлого”-ыг дэмжиж байна гэсэн шүүмжлэл нийтлэгдэв.

7月24日—31日 中、蒙国境铁路联运委员会第35次例会和中、蒙、俄铁路联运会第19次会议在俄罗斯联邦的伊尔库茨克市举行。

7 сар 24-31 Хятад Монголын хилийн төмөр зам тээврийн хорооны 35-р хурал Хятад-Монгол-Оросын төмөр зам ачаа тээвэрийн хорооны 19-рхурал ОХУ-ын Эрхүү хотноо охиогдов.

7月 以副主任委员朱光为团长的中国全国人民代表大会常务委员会内务司法委员会代表团访问蒙古国。

7сар БХАТИХ-ын байнгын хорооны ДЯЯ-ны хууль зүйн хорооны дэд дарга Жу Гуан тэргүүтэй төлөөлөгчид Монгол улсад айлчлав.

7月 以最高人民检察院副检察长陈明枢为团长的中国检察

代表团访问蒙古国。

7 сар　БНХАУ-ын Ардын Дээд Прокурорын газрын дэд прокурор Чэнь Миншү тэргүүтэй төлөөлөгчид Монголд айлчлав.

8月4日　蒙古国政府对外关系部发表声明，对香港《明报》报道蒙古国支持台湾地区“加入联合国”予以否认。声明说，蒙古国政府坚持“一个中国”的政策没有改变。

8 сар 4　Монголын Засгийн газрын ГХХ, Гонконгийн “Минбао” сонинд Монгол улс Тайваныг НҮБ-д орохыг дэмжихгүй гэдгээ илэрхийлэв. Энэхүү мэдэгдэлдээ Монгол Улсын Засгийн газар “Нэг Хятад улс” бодлогод өөрчлөлт оруулаагүйг дэмжиж буйгаа мөн илэрхийлэв.

8月20日—27日　由国家人民防空办公室副主任刘朝明少将为首的中国人民防空代表团对蒙古国进行访问。蒙古国国防部第一副部长策·达希泽伯格少将会见了代表团。

8 сар 20-27　БНХАУ-ын Улсын иргэний агаараас эсэргүүцэх албаны дэд дарга хошууч генерал ЛюЧаомин тэргүүтэй Хятадын иргэний агаараас эсэргүүцэх албаны төлөөлөгчид Монгол улсад айлчлав. Монгол улсын БХЯ-ы 1-р орлогч сайд хошууч генерал Ц.Дашзэвэг төлөөлөгчидтэй уулзав.

8月20日　中蒙合营“阿拉木斯”贸易工业公司兴建蒙古国达兰扎德嘎特首家面粉厂投产。

8 сар 20　Хятад Монголын хамтарсан “Алмас” гадаад худалдаа, үйлдвэрлэлийн компани Монгол Улсын Даланзадгайт хотод анхны гурилын үйлдвэрийг ашиглалтанд оруулав.

8月 以兰州军区副司令员邢世忠为团长的中国军事友好代表团访问蒙古国。

8 сар Ланьжоугийн цэргийн тойргийн дэд командлагч Син Шижун тэргүүтэй Хятадын цэргийн төлөөлөгчид Монгол улсад айлчлав.

9月3日—10日 中国内蒙古鄂尔多斯歌舞团赴蒙古国参加第二届蒙古语族话剧节。

9 сар 3-10 Өвөр Монголын Ордосын Дуу Бүжгийн Чуулга Монголд хүрэлцэн ирж Монголын төрөл хэлтэний жүжгийн 2-р наадамд оролцов.

9月8日 中国内蒙古自治区政府副主席林用三会见以蒙古国边防军司令桑德尔少将为团长的蒙古国边防军访问中国代表团。

9 сар 8 ӨМӨЗО-ны Засгийн газрын дэд дарга Линь Юнсань Хятадад айлчилж буй Монголын Хилийн цэргийн командлагч хошууч генерал Сүндэв тэргүүтэй төлөөлөгчидтэй уулзав.

9月23日—28日 中、蒙、俄三国交界点会谈在海拉尔举行，三方重新草签了三国政府关于确定中蒙俄三国国界交界点的协定。

9 сар 23-28 Хятад Монгол Орос гурван улсын хилийн хэлэлцээр Хайларт зохион байгуулагдаж, 3 улсын Засгийн газар Хятад Монгол Орос 3 улсынхил тогтоох гэрээг гурван тал дахин шинээр үзэглэв.

9月 以副署长刘文杰为团长的中国海关总署代表团访问蒙古国，访问期间，中蒙双方签署了海关互助与合作协定和关于中国政府向蒙古政府提供无偿援助物资的协议。

以中国新华通讯社副社长张宝顺为团长的中国新华通讯社代表团访问蒙古国。

以中联部副部长朱善卿为团长的中联部代表团访问蒙古国。

9 сар БНХАУ-ын Гаалийн Ерөнхий газрын дэд дарга Лю Вэньзеэ тэргүүтэй төлөөлөгчид Монголд айлчлав. Айлчлалын хугацаанд Хятад Монголын хоёр тал гаалийн харилцан туслалцах мөн хамтран ажиллах хэлэлцээр болон Хятадын Засгийн Газраас Монголын Засгийн Газарт өгөх буцалтгүй тусламжийн тухай хэлэлцээрт гарын үсэг зурав.

Хятадын "Синьхуа" агентлагийн дэд дарга Жан Баошунь тэргүүтэй төлөөлөгчид Монгол Улсад айлчлав.

ХКН-ын ТХ-ны ГХГ-ын дэд дарга Жу Шаньчин тэргүүтэй төлөөлөгчид Монголд айлчлав.

10月30日　蒙古国人民军歌舞团抵呼和浩特进行访问演出。

10 сар 30 Монголын Цэргийн дуу бүжгийн ансамблийн жүжигчид Хөх хотод айлчлан тоглолт хийв.

10月　以蒙古国外交部领事局局长额尔敦奈为团长的蒙古国领事代表团访问中国。

以副总理兼蒙中友协主席勒·额奈比什为团长的蒙中友协代表团访问中国。

10 сар Монголын ГЯЯ-ны консулын газрын дарга Эрдэнэ тэргүүтэй төлөөлөгчид Хятадад айлчлав.

Монгол Улсын Шадар сайд бөгөөд Монгол-Хятадын найрамдлын нийгэмлэгийн дарга Л.Энэбиш тэргүүтэй төлөөлөгчид Хятадад айлчлав.

11月　蒙古国文化部长Н·恩赫巴雅尔访问中国。

11 сар МУ-ын Соёлын Яамны сайд Н.Энхбаяр

Хятадад айлчлав.

12月 利用中国政府贷款兴建的蒙古国中央省包尔诺尔马铃薯淀粉条厂建成投产。

12 сар Хятадын Засгийн газрын зээлээр Монгол Улсын Төв аймгийн Борнуурын САА-д төмсний цардуулын үйлдвэрийг ашиглалтанд оруулав.

1993年 中国同蒙古国的进出口商品总额为1.509 6亿美元，其中中国出口额为8 158万美元，进口额为6 938万美元。

1993 онд Хятад Монголын экспорт импортын бүтээгдэхүүний нийт өртөг 1 миллиард 509 сая 600 мянган доллар, тэр дундаа Хятадын экспортын нийт өртөг 81 сая 580 мянган доллар, импортын нийт өртөг 69 сая 380 мянган долларт хүрэв.

1988年—1993年 在蒙古国的外国直接投资企业数为342家，投资总额为4 693.63万美元。其中中国企业109家，投资额为909.86万美元，俄罗斯企业138家，投资额为1 680.18万美元。

1988-1993 он хүртэл Монголын гадаадын шууд хөрөнгө оруулалттай 342 аж ахуйн нэгжийн хөрөнгө оруулалтын нийт өртөг нь 46 сая 936 мянга 300 доллар.Тэр дундаа Хятадын хөрөнгө оруулалттай 109 аж ахуй нэгжийн хөрөнгө оруулалтын нийт өртөг нь 9 сая 98 мянга 600 доллар, Оросын хөрөнгө оруулалттай 138 аж ахуйн нэгжийн хөрөнгө оруулалтын нийт өртөг нь 16 сая 801 мянга 800 долларт хүрэв.

1994年中蒙国家关系历史编年

1994 оны Хятад Монгол харилцааны түүхэн үйл явдлын товчоон

1月25日—28日　中、蒙、俄三国国界交界点协定谈判代表团中方团长李清元访问蒙古，出席《中华人民共和国政府、俄罗斯联邦政府和蒙古国政府关于确定三国国界交界点的协定》签字仪式。

1 сар 25-28　Хятад, Монгол, Орос гурван улсын хил тогтоох хэлэлцээрт Ли Чинюань тэргүүтэй Хятадын төлөөлөгчид Монгол Улсад айлчилж, "БНХАУ-ын Засгийн Газар, ОХУ-ын Засгийн Газар болон Монгол Улсын Засгийн Газар гурван улсын хил тогтоох тухай хэлэлцээр"-т гарын үсэг зурах ёслолд оролцов.

2月21日　蒙古国总统彭·奥其尔巴特赴印度、泰国、老挝和越南四国访问，途经中国时致电中国国家主席江泽民。

2 сар 21　Монгол Улсын Ерөнхийлөгч П. Очирбат Энэтхэг, Тайланд, Лаос, Вьетнам 4 улсад айлчилж, Хятад Улсаар дайран өнгөрөх үед Хятад Улсын төрийн тэргүүн Жян Зэминьд цахилгаан утас илгээв.

2月22日—3月1日　中国内蒙古、山西摔跤队和北京军区摔跤队赴蒙古国参加了"蒙古戈壁—94"摔跤比赛。

2 сар 22-3 сар 1　БНХАУ-ын ӨМӨЗО, Шаньси болон Бээжингийн цэргийн тойргийн баг тамирчид Монгол Улсад зохиогдож байгаа "Монгол говь-94" чөлөөт бөхийн тэмцээнд оролцов.

2月26日 蒙古国工会联合会主席阿迪雅率团访问中国。

2 сар 26 МУ-ын ҮЭХ-ны тэргүүн О. Адъяа БНХАУ-д айлчлав.

3月4日 蒙古国食品与农牧业部副部长Г·苏仍扎尔嘎勒等在中国台北参加了农牧业专题短训班。

3 сар 4 Монгол улсын ХХААЯ-ны дэд сайд Г. Сүрэнжаргал Хятадын Тайваньд ХАА-н богино хугацааны семинарт оролцов.

3月7日—12日 蒙古国自然与环境部代表团访问中国，商谈共同利用保护边境水协定。

3 сар 7-12 Монгол Улсын БОЯ-ны төлөөлөгчид БНХАУ-д айлчилж хоёр улсын хилийн зурвас дахь ус хамтран ашиглах, хамгаалах тухай хэлэлцээр хийв.

3月15日—22日 中国人民解放军“八一”青年男子排球队访问蒙古国并参加国际排球赛。

3 сар 15-22 БНХАУ-ын АЧА-ийн “8/1” залуучуудын гар бөмбөгийн баг Монгол Улсад хүрэлцэн ирж олон улсын гар бөмбөгийн тэмцээнд оролцов.

3月29日 中、蒙、俄《关于建立中蒙俄共同自然保护区协定》在乌兰巴托签订。

3 сар 29 Хятад, Монгол, Орос гурван улсын бүс нутгийн байгаль хамгаалах хамтын гэрээнд Улаанбаатар хотноо гарын үсэг зурав.

3月30日 蒙古国《真理报》副主编米希格道尔吉访问中国。

3 сарын 30-ны өдөр Монголын “Үнэн” сонины дэд

редактор Мишигдорж Хятад улсад айлчлав.

4月6日—11日　蒙古国外交部长策·贡布苏仍对中国进行正式访问。中国国务院副总理兼外长钱其琛与贡布苏仍进行会谈，李鹏总理会见了贡布苏仍。两国外长就中蒙友好合作关系及共同关心的国际问题交换了意见。钱其琛指出，中国愿在和平共处五项原则的基础上发展中蒙睦邻友好关系。贡布苏仍外长指出，蒙古对外政策的重要内容之一是发展同中国的睦邻友好关系。会谈结束后，两国外长签署了《中华人民共和国外交部和蒙古国对外关系部合作议定书》，并草签了《中华人民共和国和蒙古国友好合作关系条约》。

4 сар 6-11　Монгол Улсын ГХЯ-ны сайд Ц.Гомбосүрэн Хятад Улсад албан ёсны айлчлал хийв. Хятад Улсын Төрийн зөвлөлийн Ерөнхий сайдын орлогч, ГЯЯ-ны сайд Чян Чишэнь Гомбосүрэнтэй уулзав, мөн Ерөнхий сайд Ли Пэн Гомбосүрэнг хүлээн авч уулзав. Хоёр улсын ГХЯ-ны сайд нар Хятад, Монгол хоёр улсын найрсаг хамтын ажиллагаа болон хоёр тал харилцан сонирхож буй олон улсын асуудлаар санал солилцов. Чян Чишэнь хэлсэн үгэндээ: Хоёр улс энх тайвнаар зэрэгцэн орших 5 үндсэн зарчим дээр тулгуурлан хоёр улсын харилцааг хөгжүүлнэ гэж онцлон тэмдэглэв. Мөн Ц. Гомбосүрэн сайд хэлсэн үгэндээ: Монгол улсын гадаад бодлогын нэг чухал хэсэг нь Хятад Улстай сайн хөршийн найрсаг харилцааг хөгжүүлэх явдал юм гэв. Хоёр улсын сайд нар хэлэлцээр өндөрлөсний дараа “БНХАУ-ын ГЯЯ болон Монгол Улсын ГЯЯ-ны хамтын ажиллагааны баримт”-нд гарын үсэг зурж, мөн “БНХАУ ба Монгол Улсын найрсаг харилцаа, хамтын ажиллагаа”-ны гэрээнд гарын үсэг зурав.

4月6日—12日　蒙古国《政府消息报》总编辑策维莱应中国《经济日报》之邀访问中国。

4 сар 6-12　Монгол Улсын “Засгийн Газрын Мэдээ” сонины Ерөнхий редактор Цэвээн, Хятад Улсын “Эдийн засгийн өдрийн мэдээ” сонины газрын урилгаар Хятад улсад айлчлав.

4月15日—19日　总参谋长助理隗福临少将率中国人民解放军友好代表团访问蒙古国。

4 сар 15-19　БНХАУ-ын АЧА-ийн Жанжин ставын даргын туслах Куй Фулиний тэргүүлсэн Хятадын АЧА-ийн төлөөлөгчид Монгол Улсад айлчлав.

4月20日—27日　蒙古国家大呼拉尔农牧业常设委员会主席巴雅尔特赛汗率团访问中国，中国全国人民代表大会常务委员会副委员长王丙乾会见了代表团。

4 сар 20-27　МУ-ын УИХ-ын ХАА-н байнгын хорооны дарга Баяртсайхан тэргүүтэй төлөөлөгчид Хятад Улсад айлчилж БХАТИХ-ын байнгын хорооны дэд дарга Ван Бинчянь төлөөлөгчдийг хүлээн авч уулзав.

4月23日—30日　中蒙两国政府关于经济、贸易和科技合作委员会第三次会议在乌兰巴托举行。由中方主席、对外贸易经济合作部副部长刘山在率领的中国政府代表团出席了会议，双方签订了会议纪要、中国政府向蒙古国提供无偿援助的换文、两国政府关于边境贸易换文和关于清理中蒙两国政府记帐贸易时期产生的差额的换文。

4 сар 23-30 Хятад, Монгол хоёр улсын Засгийн газар хооронд улс төр, эдийн засаг, худалдаа, шинжлэх ухааны хамтын ажиллагааны комиссын 3 дахь удаагын хуралдаан Улаанбаатар хотноо болж өндөрлөв. БНХАУ-ын Гадаад Худалдаа, Эдийн Засгийн хамтын ажиллагааны хэлтсийн орлогч дарга Ли Шаний тэргүүлсэн Хятадын Засгийн газрын төлөөлөгчид тус хуралд оролцов, хоёр тал товч тэмдэглэлд гарын үсэг зурсаны дараа Хятадын Засгийн газраас Монгол Улсад буцалтгүй тусламж нийлүүлэх тухай баримт гардуулсан ба хоёр улсын Засгийн газар гадаад худалдааны хамрах хүрээ, цаг хугацааг тодотгосон баримт солилцов.

4月20日—5月2日　中国对外经济贸易部运输代表团访问蒙古国。

4 сар 20-5 сар 2 Хятадын Гадаад худалдаа эдийн засгийн тээврийн хэлтэсийн төлөөлөгчид Монгол улсад айлчлав.

4月25日　陪同中国国务院总理李鹏对蒙古国进行正式访问的内蒙古人民政府主席乌力吉离开呼和浩特，抵达乌兰巴托。

4 сар 25 Монгол Улсад албан ёсны айлчлал хийж буй БНХАУ-ын Төрийн зөвлөлийн Ерөнхий Сайд Ли Пэнийг дагалдан явах ӨМӨЗО-ны Засгийн газрын дарга Өлзий Хөх хотоос Улаанбаатарт хүрэлцэн ирэв.

4月26日—5月2日　蒙古通讯社副社长兼总编辑乔·图门德勒格尔率蒙通社代表团访问中国。

4 сар 26-5 сар 2 МОНЦАМЭ-ийн орлогч дарга бөгөөд Ерөнхий редактор Ч. Түмэндэлгэр тэргүүтэй Монголын цахилгаан мэдээ агентлагийн төлөөлөгчдийн баг БНХАУ-д айлчлав.

4月28日—29日　应蒙古国总理彭·扎斯莱的邀请，中国国务院总理李鹏对蒙古国进行了正式访问。这是周恩来总理1960年访问蒙古后中国总理34年来第一次来访。蒙古国总统彭·奥其尔巴特和国家大呼拉尔主席那·巴嘎班迪分别会见了李鹏总理。李鹏总理同彭·扎斯莱总理举行了会谈。会谈中李鹏总理强调，中国政府在同蒙古的交往中将遵循以下五个基本点：

一、坚持在和平共处五项原则基础上同蒙古国发展面向21世纪的睦邻友好合作。

二、尊重蒙古国的独立、主权和领土完整，尊重蒙古国人民对自身发展道道路的选择。

三、在平等互利的基础上开展经贸合作，促进共同发展和繁荣。

四、希望东亚地区保持和平稳定，赞赏蒙古国成为无核区，以及关于不在蒙古国领土部署外国军队、核武器及其他大规模杀伤性武器，不允许其通过蒙古国领土的政策。

五、中国政府也愿意看到蒙古国同其他国家发展友好合作关系。

李鹏总理说，1960年周恩来总理访问蒙古国期间签署的中蒙友好互助条约曾经为发展两国关系奠定了基础。现在两国和国际形势发生了很大的变化。考虑到蒙方的愿望，为进一步发展中蒙友好关系，我们双方对条约作了修订、完善，将正式签署新的友好合作关系条约。扎斯莱总理说，一个稳定发展，改革开放的中国对亚太乃至世界的和平与稳定具有重要意义。他说，蒙古国对外政策的原则是，不分信仰、不分国家大小、一律平等互利。其中，同中国、俄罗斯两大邻国发展睦邻友好是蒙古国对外关系中的首要方针。蒙古国不仅要发展同西方发达国家的关系，更重要的是要同亚洲、东亚国家发展合作关系。扎斯莱总理重申，中华人民共和国政府是中国的唯一合法政府，台湾是中国领土不可分割的一部分。蒙古国政府不同台湾发生任何官方关系。李鹏总理对此表示赞赏和感谢。

4 сар 28-29 Монгол Улсын Ерөнхий сайд П. Жасрайн урилгаар, Хятадын Төрийн зөвлөлийн тэргүүн Ерөнхий сайд Ли Пэн Монгол Улсад албан ёсны айлчлал хийв. Энэ нь 1960 онд Ерөнхий сайд Жоу Эньлай Монголд айлчилснаас хойш 34 жилийн дараа Хятадын Ерөнхий сайд анх удаа айлчилж буй юм. Монгол улсын ерөнхийлөгч П. Очирбат болон Улсын Их Хурлын дарга Н.Багабанди нар Ерөнхий сайд Ли Пэнтэй уулзав. Ерөнхий сайд Ли Пэн болон Монгол Улсын Ерөнхий сайд П. Жасрай нар хэлэлцээр хийв. Хэлэлцээрийн үеэр Ерөнхий сайд Ли Пэн хэлсэн үгэндээ: Хятад Улсын Засгийн Газар Монгол Улстай харилцахдаа үндсэн 5 зарчмыг мөрдөж буй. Үүнд:

1.Энх тайвнаар зэрэгцэн орших 5 зарчмыг үндэс болгон 21 зуунд Монгол Улстай хамтран сайн хөршийн найрсаг харилцааг хөгжүүлэх.

2. Монгол улсын тусгаар байдлыг хүндэтгэн нутаг дэвсгэрийн бүрэн эрхт байдал, Монголын ард түмний сонгосон хөгжлийн замыг хүндэтгэнэ.

3. Энх тайвнаар зэрэгцэн орших зарчимд тулгуурлан эдийн засаг хамтын ажиллагааг хөгжүүлнэ.

4. Зүүн хойд Азийн бүс нутгийн энх тайван тогтвортой байдлыг сахин хамгаалах, Монгол Улсын цөмийн зэвсэггүй бүс нутаг гэдгийг сайшаан Монгол Улсын нутаг дэвсгэр дээр гадаадын цэргийн ангинэгтгэл, цөмийн болон үй олноор хөнөөх зэвсэг зэргийг агуулах, бусад улс оронтой энэ төрлийн улс төрийн бодлого явуулахгүй байхыг хүсч байна.

5. БНХАУ-ын Засгийн газар болон Монгол Улсыг бусад улс оронтой хөгжлийн нөхөрсөг харилцаатай байхыг хүсч

байгаагаа илэрхийлсэн байна.

Ерөнхий сайд Ли Пэн цааш нь хэлэхдээ 1960 онд Ерөнхий сайд Жоу Эньлай Монгол улсад айлчлах үедээ “Хятад-Монголын харилцан туслах тухай гэрээ”-нд гарын үсэг зурсан нь хоёр улсын харилцааны хөгжлийн суурь нь болсон гэж үзэж байна. Одоо манай хоёр улс болон олон улсын байдалд маш том өөрчлөлт гарч байна. Хятад, Монгол хоёр орны найрсаг харилцааг урагшлуулах алхамыг хөгжүүлэх хүсэлтийг харгалзан манай хоёр улс гэрээнд нэмэлт өөрчлөлт оруулж, сайжруулаад албан ёсоор шинэ нөхөрсөг хамтын гэрээнд гарын үсэг зурахыг хүсэж буйгаа илэрхийлэв. Ерөнхий сайд П. Жасрай хувьсгалаас хойш тогтвортой хөгжиж буй Хятад Улс нь Ази болон дэлхий дахинаа Энх тайвнаар тогтвортой хөгжихөд томоохон ач тус өгч буй билээ гэв. Мөн цааш нь хэлэхдээ Монгол Улсын төрийн бодлогын зарчим бол, шашин шүтлэг, улс орны том бага гэж ялгалгүй эрх тэгш харилцах явдал юм. Тэр дундаа Хятад, Орос 2 том хөршийн хөгжил, сайн хөршийн найрсаг харилцаа нь Монгол Улсын хөгжлийн чиг хандлага нь болно. Үүний сацуу Монгол Улс Европын хөгжингүй орнуудтай харилцахын сацуу хамгийн чухал нь Ази, Зүүн Азийн улс орнуудтай хамтын ажиллагааг хөгжүүлэх явдал юм. Ерөнхий сайд П. Жасрай хэлсэн үгэндээ БНХАУ-ын Засгийн газар нь Хятад Улсын цорын ганц засаг захиргаа, Тайвань бол Хятадын салшгүй нэг хэсэг. Монгол Улсын Засгийн газраас Тайваньтай ямар нэгэн албан ёсны харилцаа тогтоохгүй гэдгээ мэдэгдэв. Ерөнхий сайд Ли Пэн Монгол Улсын Ерөнхий сайд П. Жасрайн хэлсэн үгэнд талархал илэрхийлэв.

4月29日　中蒙双方签署了《中华人民共和国和蒙古国友好合作关系条约》《中华人民共和国政府和蒙古国政府文化合作协定》

《经济技术合作协定》《保护和利用边界水协定》《动物检疫和兽医工作合作协定》及《保证进出口商品质量和相互认证的合作协定》等一系文件。

4 сар 29　Хятад-Монгол 2 улс нь “БНХАУ болон Монгол Улсын найрсаг хамтын ажиллагааны гэрээ”-нд гарын үсэг зурж, БНХАУ-ын Засгийн газар болон Монгол улсын Засгийн газрын соёлын хамтын ажиллагааны гэрээ, эдийн засаг, шинжлэх ухааны хамтын гэрээ, хилийн бүс нутгийн гол мөрөнг ашиглах хамгаалах, амьтаны хижиг сэргийлэх болон малын эмнэлгийн ажлын талаар хамтран ажиллах гэрээг тус тус баталж мөн импортын худалдаа, бараа бүтээгдэхүүний чанар болон баталгааг хангах хамтын ажиллагааны бичиг баримтыг батлав.

5月上旬　蒙古国副总检察长占·却依占桑访问中国；蒙古国《政府消息报》代表团访问中国。

5 сарын эхний 10 хоног Монголын Мэргэжлийн хяналтын газрын орлогч дарга Ж. Чойжамц Хятадад айлчлав. Мөн МУ-ын “Засгийн Газрын Мэдээ” сонины төлөөлөгчдийн баг Хятадад айлчлав.

5月14日　中蒙双方签署了将从1994年7月1日起由二连浩特通过高压线路向蒙古国扎门乌德供电的合同。

5 сар 14　Монгол, Хятад хоёр улс 1994 оны 7 сарын 1–нээс эхлэн Эрээн хотыг дайран өнгөрөх өндөр хүчдэлийн шугам, Монголын Замын-Үүдийг цахилгаанаар хангах гэрээнд гарын үсэг зурав.

5月25日—30日　蒙古国首都乌兰巴托市行政首长巴桑扎布率领乌兰巴托市代表团访问中国首都北京市。访问期间，签署了两市合作议定书。

5 сар 25-30 Монгол Улсын нийслэл Улаанбаатар хотын дарга Ц.Баасанжав тэргүүтэй Улаанбаатар хотын төлөөлөгчид БНХАУ-ын нийслэл Бээжин хотод айлчлав. Айлчлалын хугацаанд хоёр хотын хамтын ажиллагааны гэрээнд гарын үсэг зурав.

5月30日—6月2日 中国铁路代表团访问蒙古国。

5 сар 30-6 сар 2 Хятадын төмөр замын төлөөлөгчид МУ-д айлчлав.

5月 中国驻蒙古大使馆第二任陆、空军武官温少宗大校抵蒙古国就任。

5 сар БНХАУ-аас МУ-д суугаа Элчин сайдын 2–р орлогчоор томилогдсон агаарын цэргийн атташеахлах хурандаа Вэн Шаозун Монгол Улсадирэв.

6月9日 蒙古国政府会议任命达·达希道布登为驻中国内蒙古呼和浩特市总领事。

6 сар 9 МУ-ын ЗГ-аас ӨМӨЗО-ны Хөх хотын Ерөнхий Консулаар Д. Дашдовдоныг томилов.

6月10日 中共内蒙古党委书记王群、内蒙古自治区政府主席乌力吉、内蒙古自治区政治协商会议主席千奋勇会见了以蒙古人民革命党领导委员会政治局成员、乌兰巴托市党委主席乌勒吉为团长的蒙古人民革命党代表团一行。

6 сар 10 ӨМӨЗО-ны байнгын хорооны нарийн бичгийн дарга Ван Чүнь, ӨМӨЗО-ны Засгийн Газрын дарга Өлзий, ӨМӨЗО-ны УТЗ-ийн дарга Цянь Фэньюн нар, МАХН-ын Удирдах Зөвлөлийн Улс төрийн товчооны гишүүн,

Улаанбаатар хотын Намын хорооны дарга Өлзий тэргүүтэй МАХН-ын төлөөлөгчдийг хүлээн авч уулзав.

6月11日　蒙古国外交部发言人就6月10日中国在新疆罗布泊进行核试验一事发表声明，表示遗憾。

6 сар 11　МУ-ын ГЯЯ-ны хэвлэлийн төлөөлөгч 6 сарын 10-ны өдөр Хятадын Шиньжааны Лов нуурт хийгдсэн цөмийн туршилтын талаар хийсэн мэдэгдэлдээ харамсаж буйгаа илэрхийлэв.

6月15日—19日　蒙古国达尔汗市举办中国电影日、图片展活动，中国驻蒙大使馆政务参赞黄家骙和处长温文焕、邹文忠出席了这一活动。

6 сар 15-19　Монгол Улсын Дархан хотод хятадын кино өдрүүд, гэрэл зургийн үзэсгэлэн зохиогдож, БНХАУ-аас Монгол Улсад суух Элчин Сайдын яамны улс төрийн зөвлөх Хуан Жякуй болон хэлтэсийн эрхлэгч Вэнь Вэньхуань, Зоу Вэньжун нар энэхүү үйл ажиллагаанд оролцов.

6月23日—30日　以中国内蒙古自治区外事办公室副主任刘汉民为团长的中蒙友协内蒙古分会代表团访问蒙古国。

6 сар 23-30　Хятадын ӨМӨЗО-ны гадаад бодлогын албаны орлогч дарга Ли Ханьминь болон Хятад, Монголын найрамдлын нийгэмлэгийн Өвөр Монгол дахь салбар хорооны төлөөлөгчид Монголд айлчлав.

6月24日　“蒙古国摄影集邮展览”在中国内蒙古博物馆开幕。

6 сар 24　“Монгол Улсын гэрэл зургийн үзэсгэлэн” БНХАУ-ын Өвөр Монголын музейд нээлтээ хийв.

6月28日—7月5日 中国气象局副局长温克刚率中国气象代表团出席中蒙气象科技合作第四次会议。

6 сар 28-7сар 5 Хятадын Цаг уур судлалын газрын дарга Вэнь Кэган тэргүүтэй Хятадын цаг агаарын төлөөлөгчид Хятад Монголын Цаг агаарын судалгааны хамтарсан дөрөвдүгээр хуралд оролцов.

6月 应蒙古和平与友好联合会的邀请，中国政治协商会议全国委员会常务委员、原新疆维吾尔自治区政治协商会议主席巴岱访问蒙古国。

蒙古国国家档案局副局长诺日布桑布访问中国内蒙古自治区。

6 сар Монголын энх тайван найрамдлын нийгэмлэгийн урилгаар, Хятадын УТЗЗ-ийн байнгын хорооны гишүүн, ШУӨЗО-ны УТЗЗ-ийн зөвлөлийн дарга Баадай Монгол Улсад айлчлав.

Монгол Улсын “Улсын архивын газар”-ын орлогч дарга Норовсамбуу Хятадын ӨМӨЗО-нд айлчлав .

7月8日 蒙古国驻呼和浩特总领事馆举行馆舍开馆仪式和庆祝蒙古国人民革命胜利73周年招待会。中国内蒙古自治区政府副主席宋志民、蒙古国驻华大使呼木巴·奥勒兹沃伊携夫人等应邀出席。

7 сар 8 МУ-аас Хөх хотод суух Ерөнхий консулын газрын барилгын нээлтийн ёслол болон МАХН байгуулагдсаны 73 жилийн ойн баярын хурлыг зохион байгуулсан ба хуралд ӨМӨЗО-ны Засгийн Газрын орлогч дарга Сун Жиминь, Монгол Улсаас БНХАУ-д суугаа Элчин сайд Х.Олзвой гэргийн хамт урилгаар оролцов.

7月10日　中国国家主席江泽民和国务院总理李鹏联名致电蒙古国总统彭·奥其尔巴特和政府总理彭·扎斯莱，祝贺蒙古国人民革命73周年。

7 сар 10　Хятад улсын дарга Жян Зэминь, Төрийн зөвлөлийн Ерөнхий сайд Ли Пэн нараас Монгол Улсын Ерөнхийлөгч П.Очирбат болон Ерөнхий сайд Жасрай нарт Монгол Ардын Хувьсгалын 73 жилийн ойн баярын цахилгаан илгээв.

7月22日—28日　中国上海法官代表团访问蒙古国。

7 сар 22-28　Шанхай хотын шүүхийн төлөөлөгчид Монгол Улсад айлчлав.

8月13日—25日　蒙古国乌兰巴托市甘登寺主持却依扎木茨、达希乔依勒寺堪布喇嘛丹巴扎布和政府代表班迪在印度期间会见了宗教人士，并带回了弥勒佛像。

8 сар 13-25　Монгол Улсын нийслэл Улаанбаатар хот дахь Гандан тэгчилэн хийдийн тэргүүн Чойжамц, Дашчойлон хийдийн хамба нар болон Засгийн газрын төлөөлөгч нар Энэтхэгт Далай ламтай уулзаж, Майдар бурхан залсан байна.

8月16日—24日　中国内蒙古射箭队访问蒙古国。

8 сар 16-24　БНХАУ-ын ӨМӨЗО-ны сур харвааны баг тамирчид Монгол Улсад айлчлав.

8月17日　中国内蒙古自治区政府主席乌力吉会见了即将离任的蒙古国驻呼和浩特总领馆总领事宗堆·萨拉勒。乌力吉代表内蒙古自治区政府授予宗堆·萨拉勒“内蒙古自治区荣誉公民”

的称号。

8 сар 17 БНХАУ-ын ӨМӨЗО-ны Засгийн Газрын дарга Өлзий, Монгол Улсаас Хөх хотод суугаа Ерөнхий консул З.Сааралтай уулзав. Өвөр Монголын Засгийн газрын дарга Өлзий З.Саарaлд "ӨМӨЗО-ны хүндэт иргэн"өргөмжлөл гардуулав.

8月22日—27日 应中国全国人民代表大会常务委员会的邀请，蒙古国家大呼拉尔主席那·巴嘎班迪对中国进行了正式友好访问。中国国家主席江泽民、全国人民代表大会常务委员会委员长乔石会见了那·巴嘎班迪一行，全国人大常委会副委员长布赫与巴嘎班迪主席举行了工作会谈。会见时，江泽民说："两国领导人的互访和各个层次的人员交流，加强了彼此间的相互了解和信任。特别是今年李鹏总理成功访问蒙古国，两国签署了中蒙友好合作关系条约，这对巩固两国友好关系，开辟两国关系的未来具有重要意义。"巴嘎班迪表示相信，在双方共同努力下，两国关系一定会不断向前发展。乔石代表全国人大常委会对巴嘎班迪和夫人一行的来访表示热烈欢迎。他表示，中蒙两国领导人的互访和议会之间的交往促进了两国关系的发展。巴嘎班迪说："蒙中两国议会关系的发展对两国关系的发展起着重要作用。蒙古国家大呼拉尔愿为增进两国友好合作关系作出自己的贡献。"巴嘎班迪指出，保持亚太地区的稳定和发展，是蒙古国获得发展的一个前提。他认为中国对亚太地区和世界的稳定具有重要作用。访问期间，巴嘎班迪一行还赴乌鲁木齐进行了为期两天的参观访问。

8 сар 22-27 БХ-ын АТИХ-ын байнгын хорооны урилгаар, Монгол Улсын Их Хурлын дарга Н.Багабанди Хятад улсад албан ёсны айлчлалт хийв. БНХАУ-ын дарга Жян Зэминь, БХАТИХ-ын байнгын хорооны дарга Чяо Ши

нар Н.Багабандитай уулзаж, БХ-ын байнгын хорооны орлогч дарга Бөхөө Н.Багабанди нар ажил хэргийн уулзалт хийв. Уулзалтын үеэр Жян Зэминь хоёр улсын төрийн тэргүүний харилцан айлчлал, нийгмийн бүхий л салбарын хамтын ажиллагаа зэрэг нь манай хоёр орны итгэлцэл, харилцан ойлголцлыг бэхжүүлсэнийг онцлон тэмдэглэв. Ялангуяа энэ жил Ерөнхий сайд Ли Пэний Монгол Улсад хийсэн айлчлал амжилттайөндөрлөж, хоёр орны найрсаг хамтын ажиллагааны гэрээнд гарын үсэг зурсан нь хоёр улсын найрсаг харилцааг бэхжүүлэх, ирээдүйд маш их ач холбогдолтой үйл явдал болсон юм гэв. Н.Багабанди мөн хоёр талын хичээл зүтгэлийн үр дүнд хоёр улсын харилцаа тасралтгүй хөгжих нь дамжиггүй гэдэгт итгэж буйгаа илэрхийлэв. БХ-ын АТИХ-ын байнгын хорооны дарга Чяо Ши БХ-ын АТИХ-ын байнгын хорооны гишүүдийг төлөөлөн Н.Багабанди болон түүний гэргийг халуун дотноор хүлээн авсан ба тэрээр хэлсэн үгэндээ:Хятад Монгол хоёр улсын төрийн тэргүүнүүд харилцан айлчлал хийсэн хийгээд хоёр орны парламентын харилцаа нь манай хоёр улсын харилцааг хөгжүүлэхэд ихээхэн хувь нэмэр оруулсаныг тэмдэглэв. Н. Багабанди: Монгол Хятад хоёр улсын парламентын харилцаа нь хоёр орны хамтын ажиллагааг хөгжүүлэхэд чухал нөлөөтэй болохыг тэмдэглээд, Монгол Хятад хоёр улсын парламентын харилцаа нь хоёр орны харилцааг хөгжүүлэхэд чухал үүрэгтэй ба МУ-ын Их Хурал хоёр улсын найрамдалт харилцааг хөгжүүлэхэд өөрийн хувь нэмрийг оруулахыг эрмэлздэг. Ази номхон далайн бүс нутгийн тогтвортой хөгжил нь Монгол Улсын хөгжлийн урьдчилсан нөхцөл нь юм гэв. Мөн тэрээр Хятад Улс нь Азийн бүс нутаг болон дэлхийн тогтвортой хөгжилд чухал нөлөө үзүүлдэг гэв. Хоёр хоногийн айлчлалын хугацаандаа Н.Багабанди Үрэмчид зочилсон байна.

8月27日　由中国二连浩特口岸通向蒙古国扎门乌德市的10千伏输电线路建成投运。

8 сар 27　БНХАУ-ын Эрээн хотын боомтоос Монгол Улсын Замын-Үүд боомт хот хүртэл 10 000 ватт цахилгаан шугам тавьсан байна.

8月23日—30日　中共中央候补委员、内蒙古自治区党委副书记王占率中共党的友好代表团访问蒙古国。中国和平与发展研究中心代表团访问蒙古国。

8 сар 23-30　ХКН-ын ТХ-ны орлогч гишүүн, ӨМӨЗО-ны байнгын хорооны нарийн бичгийн орлогч дарга Ван Жань тэргүүтэй ХКН-ын төлөөлөгчид Монгол Улсад айлчлав. Мөн Хятад улсын Энх тайван, хөгжлийн төвийн төлөөлөгчид Монгол Улсад айлчлав.

8月29日　中国副总理兼外交部长钱其琛会见即将离任的蒙古国驻华大使洪·奥勒兹沃依。

8 сар 29　БНХАУ-ын Ерөнхий сайдын орлогч болон ГЯЯ-ны сайд Чянь Чичэнь Монгол Улсаас Хятад Улсад суух Элчин сайдын алба хашиж асан Х.Олзвойг хүлээн авч уулзав.

8月29日　蒙古人民革命党总书记布·达希云登会见了以中共中央候补委员、内蒙古党委副书记王占为团长的中国共产党友好访问团。

8 сар 29　МАХН-ын Ерөнхий нарийн бичгийн дарга Б.Даш-Ёндон нөхөрсөг айлчлал хийж буй ХКН-ын ТХ-ны орлогч гишүүн, ӨМӨЗО-ны байнгын хорооны орлогч нарийн бичиг Ван Жань тэргүүтэй ХКН-ын төлөөлөгчидтэй уулзав.

8月31日　中国全国人民代表大会常务委员会批准《中蒙友好合作关系条约》。

8 сар 31　БХ-ын АТИХ-ын байнгын хороо “Монгол Хятадын найрсаг хамтын ажиллагааны гэрээ”-г батлав.

8月　中国内蒙古拳击队访问蒙古国。以中国人民对外友好协会理事、河南省对外友好协会会长蔡流海为团长的中蒙友协代表团访问蒙古国。

8 сар　БНХАУ-ын ӨМӨЗО-ны боксын баг тамирчид Монголд айлчлав. БНХАУ-ын Гадаад орнуудтай найрамдлаар харилцах нийгэмлэгийн төв зөвлөл, Хэнань мужийн гадаад орнуудтай найрамдлаар харилцах нийгэмлэгийн тэргүүн Цай Люхай тэргүүтэй төлөөлөгчид Монгол Улсад найрсаг айлчлал хийв.

8月　蒙古国海关总署副署长额尔赫木巴雅尔率团访问中国。

8 сар　Монгол Улсын Гаалийн Ерөнхий Газрын орлогч дарга Эрхэмбаяр тэргүүтэй төлөөлөгчид Хятад улсад айлчлав.

8月29日—9月6日　中、蒙、俄铁路联运会第20次会议在呼和浩特市举行。

8 сар 29-9 сар 6　Хятад, Монгол,Орос гурван улс төмөр замын хамтын ачаа тээврийн 20 дахь хурал Хөх хотод хуралдав.

9月1日　中国国务院总理李鹏当日接见了即将离任的蒙古国驻华大使奥勒兹沃依。

9 сар 1　БНХАУ-ын Төрийн Зөвлөлийн Ерөнхий сайд Ли Пэн Монгол Улсаас Хятад Улсад суух Элчин сайд Олзвойг

ажлаас халагдаж улстаа буцах гэж байгааг тохиолдуулан хүлээн авч уулзав.

9月12日　中国驻蒙古国大使裴家义签署中国政府同意蒙古国政府派6名专业技术人员到中国参加为期一个月的培训（已执行）的备忘录。

9 сар 12　БНХАУ-аас Монгол Улсад суугаа Элчин Сайд Пэй Жяи гарын үсэг зурснаар хүчин төгөлдөр болсон БНХАУ-ын ЗГ Монголын Засгийн газраас томилогдсон 6 техникчийг Хятадад нэг сарын сургалтанд хамруулсан байна.

9月6日—11日　达赖喇嘛应蒙古国宗教界的邀请第四次访问蒙古国，蒙古国政府文化部长H·恩赫巴雅尔与其会见。

9 сар 6-11　Далай лам Монголын бурханы шашинтны урилгаар Монгол улсад дөрөв дэхь удаагаа айлчилж Монгол Улсын СЯ-ны Сайд Н. Энхбаяртай уулзав.

9月19日—10月19日　由中国内蒙古自治区政府经济贸易厅副厅长王海文为团长的内蒙古自治区16位企业家组成的代表团赴蒙古国、俄罗斯、乌克兰进行贸易洽谈，共签订14个合作项目。

9 сар 19-10 сар 19　Хятад Улсын ӨМӨЗО-ны Засгийн газар, Эдийн засаг худалдааны танхимын орлогч Ван Хайвэнь төлөөлөгчдийг ахлан ӨМӨЗО-ны 16 аж ахуй нэгжээс бүрдсэн төлөөлөгчид Орос, Украйн, Монголоор аялах худалдааны хэлэлцээр хийж хамтран ажиллах 14 төсөлд гарын үсэг зурав.

9月24日　蒙古国第12任驻华大使达·查黑勒干当天向中国国家主席江泽民递交国书。

9 сар 24 Монгол Улсын 12 дахь элчин Д.Цахилгаан Хятад Улсын Тэргүүн Жян Зэминьд итгэмжлэх жуух бичиг өргөн барив.

9月30日　中国驻蒙古国大使裴家义和夫人举行中国国庆45周年招待会。蒙古国总理彭·扎斯莱、大呼拉尔副主席占·贡布扎布、副总理兼蒙中友协主席勒·额奈比什、国家大呼拉尔常设委员会4名主席、外交部长夫妇、自然环境部长夫妇、科学与教育部长、贸易工业部长、基础设施发展部长、总检察长和蒙古人民革命党中央主席等近300人出席。

9 сар 30 Хятад Улсаас Монгол Улсад суух Элчин Сайд Пэй Жяи гэргийн хамтаарХятад улс тунхагласны 45 жилийн ойн баярыг тохиолдуулан зохион явуулсан дайллагад Монгол Улсын Ерөнхий Сайд П. Жасрай, УИХ-ын Дарга Ж. Гомбожав, Ерөнхий сайдын орлогч бөгөөд Монгол Хятадын Найрамдалын Нийгэмлэгийн дарга Л. Энэбиш, Их Хурлын байнгын хорооны дөрвөн дарга, ГХЯ-ны дарга болон Байгаль орчны сайд гэргийн хамт, Шинжлэх ухаан боловсролын яамны сайд, худалдаа аж үйлдвэрийн сайд, дэд бүтцийн яамны сайд, Прокурорын ерөнхий газрын дарга, МАХН-ын дарга зэрэг 300 гаруй хүн оролцов.

9月　蒙古国和平与友好联合会主席利格登访问了中国新疆、青海和内蒙古自治区。

9 сар Монголын Энх тайван найрамдлын нийгэмлэгийн тэргүүн Б. Лигдэн Хятад Улсын Шиньжаан, Хөхнуур болон ӨМӨЗО-оор айлчлал хийв.

10月1日　蒙古国总统彭·奥其尔巴特、总理彭·扎斯莱致电江泽民主席和李鹏总理，祝贺中国国庆45周年。

10 сар 1 Монгол Улсын Ерөнхийлөгч П. Очирбат,

Ерөнхий Сайд П. Жасрай нар Хятад улсын тэргүүн Жян Зэминь, Төрийн зөвлөлийн Ерөнхий Сайд Ли Пэнд Хятад Улс тунхагласны 45 жилийн ойн баярын мэнд хүргэж цахилгаан илгээв.

10月12日　中国人民对外友好协会、中蒙友好协会致电蒙中友好协会，祝贺中蒙建交45周年。

10 сар 12　БНХАУ-ын Ард түмний гадаад орнуудтай найрамдлаар харилцах нийгэмлэг, Хятад Монголын Найрамдлын нийгэмлэгийн зүгээс Монгол Хятадын Найрамдалын нийгэмлэгт Хятад Монголын дипломат харилцааны 45 жилийн ойд зориулан баярын цахилгаан илгээв.

10月14日　蒙古国和平与友好联合会、蒙中友协致电中国人民对外友好协会、中蒙友协，祝贺蒙中建交45周年。

10 сар 14　Монгол Улсын Энх Тайван Найрамдлын нийгэмлэг, Монгол Хятадын найрамдал нийгэмлэгийн зүгээс Хятадын Ард Түмний Гадаад Орнуудтай Найрамдалаар Харилцах нийгэмлэг, Хятад Монголын Найрамдал нийгэмлэг зэрэг байгууллагуудад Хятад Монголын дипломат харилцаа тогтоосны 45 жилийн ойг тохиолдуулан баярын цахилгаан илгээв.

10月15日　中华人民共和国主席江泽民和蒙古国总统彭·奥其尔巴特、中国国务院副总理兼外长钱其琛和策·贡布苏仍外长互致贺电，祝贺中蒙建交45周年。

10 сар 15　БНХАУ-ын дарга Жян Зэминь, Монгол Улсын Ерөнхийлөгч П. Очирбат, БНХАУ-ын Төрийн Зөвлөлийн Ерөнхий сайд болон ГЯЯ-ны сайд Цянь Чишэнь болон Ц.Гомбосүрэн нар харилцан цахилгаан илгээж Хятад

Монгол хоёр улсын дипломат харилцаа тогтоосны 45 жилийн ойн баяр хүргэв.

10月18日　蒙古国总统彭·奥其尔巴特就援蒙国际会议致信江泽民主席，要求中国派代表出席援蒙国际会议。

10 сар 18　Монгол Улсын Ерөнхийлөгч П. Очирбат Монголд туслалцаа үзүүлэх олон улсын хурлын үеэр Жян Зэминь даргад захиа илгээв. Уг захианд Хятад улс өөрийн төлөөлөгчөө илгээн Монголд туслалцаа үзүүлэх олон улсын хуралдаанд оролцуулах тухай өгүүлсэн байна.

10月20日　中国外交部副部长唐家璇和蒙古国驻华大使达·查黑勒干在北京互换《中华人民共和国蒙古国友好合作关系条约》的批准书。根据条约规定，本条约自互换批准书之日起生效。

10 сар 20　БНХАУ-ын ГЯЯ-ны орлогч дарга Тан Жясуань болон Монгол Улсаас Хятад Улсад суугаа Элчин Сайд Д. Цахилгаан нар Бээжинд "БНХАУ ба Монгол Улсын найрамдалт харилцааны гэрээг" зөвшөөрөв. Гэрээний болзолын дагуу, уг гэрээнд харилцан зөвшөөрсөний дараа хүчин төгөлдөр болно гэж заав.

10月26日—11月2日　蒙中友协主席团委员、贸工部市场协调局总局长巴·曼达勒苏仍为团长的蒙中友协代表团访问中国。

10 сар 26-11 сар 2　Монгол Хятад хоёр улсын Найрамдлын нийгэмлэгийн удирдах зөвлөлийн гишүүн, Худалдаа аж үйлдвэрийн тэнхимийн хот зохицуулалтын газрын дарга Б. Мандалсүрэн тэргүүтэй Монгол Хятадын Найрамдлын нийгэмлэгийн төлөөлөгчид Хятад улсад айлчлав.

10月29日 蒙古国边防军管理局副局长兼边防军参谋长达什上校率团访问中国新疆维吾尔自治区。

10 сар 29 Монгол Улсын Хил Хамгаалах Ерөнхий Газрын дарга болоод Хил Хамгаалах Ерөнхий газрын штабын дарга Даш тэргүүтэй төлөөлөгчид БНХАУ-ын ШУӨЗО-д айлчлав.

11月4日 中国内蒙古自治区政府主席乌力吉、副主席林用三会见了新任蒙古国驻呼和浩特总领事馆总领事达瓦·达西道布丹先生一行。

11 сар 4 БНХАУ-ын ӨМӨЗО-ны Засгийн газрын тэргүүн Өлзий, орлогч дарга Линь Юнсань нар Монгол Улсаас Хөх хотод шинээр томилогдсон Ерөнхий консул В. Дашдовдонтой уулзалт хийв.

11月4日 蒙古国以沿海国家合作协会的名义派遣20多名法学工作者前往台湾省进修两月。

11 сар 4 Монгол Улсаас далайд гарцтай орнуудтай хамтран ажиллах нийгэмлэгийн шугамар хуулийн мэргэжлээр 20 гаруй хүнийг 2 сарын хугацаатай мэргэжил дээшлүүлэхээр Тайваньд илгээв.

11月18日 蒙古国后杭盖省省长莫·古尔拉格查访问中国内蒙古自治区阿拉善盟。

11 сар 18 Монгол Улсын Архангай аймгийн засаг дарга М. Гүррагчаа БНХАУ-ын ӨМӨЗО-ны Алшаа аймагт айлчлав.

11月19日 中国总理李鹏接见蒙古国第12任驻华大使达·查黑勒干，12月初中国副总理兼外长钱其琛也与其会见。

11 сар 19 Монгол Улсаас БНХАУ-д суугаа 12 дахь элчин сайд Д. Цахилгааныг БНХАУ-ын Ерөнхий сайд Ли Пэн,12 сарын эхээр Ерөнхий сайдын орлогч бөгөөд ГЯЯ-ны сайд Цянь Чишэнь тус тус хүлээн авч уулзсан байна.

12月5日—12日 应中国对外经济贸易部长吴仪的邀请，蒙古国贸易工业部部长色·朝格特率领蒙政府经贸代表团访问中国，双方签署了《会谈纪要》《关于蒙古国政府在1995年偿还中蒙政府记帐贸易期间产生的中方顺差余额的换文》和《中蒙两国关于旅游合作协议》。

12 сар 5-12 БНХАУ-ын Гадаадтай худалдаа эдийн засгаар харилцах салбарын дарга Уу Игийн урилгаар Монгол Улсын Худалдаа Аж Үйлдвэрийн тэнхимийн дарга С.Цогт тэргүүтэй Монгол Улсын Засгийн газрын эдийн засгийн төлөөлөгчид Хятад улсад айлчилсан ба талууд Монгол Улсын Засгийн газрын 1995 онд буцаан төлөх Хятад Монгол хоёр улсын Засгийн газрын худалдааны ашгийн үлдэгдлийн тухай баримт болон хоёр орны аялал жуулчлалын салбарт хамтран ажиллах гэрээнд тус тус гарын үсэг зурав.

12月15日 中国政府向蒙古国无偿提供价值150万元人民币的3 400吨砂糖交接仪式在乌兰巴托举行。

12 сар 15 БНХАУ-ын Засгийн газраас Монгол Улсад үзүүлсэн буцалтгүй тусламж болох 1 500 000 юаны өртөг бүхий 3 400 тонн элсэн чихэр хүлээн авах ёслол Улаанбаатар хотноо болов.

12月19日—22日 中蒙边境口岸首次联合检查会晤在中国二连浩特举行。

12 сар 19-22 Хятад Монгол хоёр улсын хилийн боомтыг хамтран шалгах комиссын анхдугаар хуралдаан Хятад Улсын Эрээн хотноо зохион байгуулагдав.

12月20日—23日 中国国家教育委员会代表团访问蒙古国。双方在中国援蒙建立的中文培训中心设备交接证书上签字。中方向蒙方无偿提供价值100万元人民币的一套24人座汉语教学实验室设备、中文图书阅览室和电视机、电脑打字机及其他办公用品等。由北京大学东语系党委书记吴新英副教授负责援建的该培训中心于1994年3月开始进行教学工作。

12 сар 20-23 БНХАУ-ын Улсын Боловсорлын хорооны төлөөлөгчид Монгол Улсад айлчлав. Хоёр тал Хятад улсын тусламжаар Монгол улсад Хятад хэлний сургалтын төв байгуулах хэлэлцээрт гарын үсэг зурав. БНХАУ нь буцалтгүй тусламжийн хүрээнд 1 000 000 юаны өртөг бүхий 24 хүний суудалтай Хятад хэлний хичээлийн танхим, холбогдох тоног төхөөрөмж, хятад хэлний сургалтанд ашиглах зурагт, ном сурах бичиг болон компьютер бусад хэрэгсэл бэлэглэсэн ба уг сургалтын төвийг 1994 оны 3 сараас эхлэн Бээжингийн Их Сургуулийн дорно дахины танхимын нарийн бичгийн дарга профессор У Синьин хариуцан үйл ажиллагаа нь явуулж эхлэв.

据中国海关总署统计，1994年中国同蒙古国的进出口商品总额为1.189 7亿美元，其中中方出口额为4 278.2万美元，进口额为7 611.5万美元。1994年中国在蒙古国投资机构有25个，投资金额8 169.3万美元。

Хятадын ГЕГ-ын статистик үзүүлэлт, 1994 онд Хятад Улс Монгол Улстай хийсэн худалдааны мөнгөний нийт эргэлт 118 970 000 доллар, тэр дундаа Хятадын талын экспорт 42 782 000 доллар, импорт 76 115 000 доллар. 1994 онд Хятад Улсаас Монгол Улсад 25-н төрөл хөрөнгө оруулалт хийсэн худалдааны нийт мөнгөний эргэлт 81 693 000 америк доллар болжээ.

蒙古国1994年公布了《蒙古国外交政策构想》，正式确认“同俄罗斯和中国保持友好关系是蒙古国对外政策的主要目标”。

Монгол Улс 1994 онд зарласан “Монгол улсын гадаад харилцааны бодлого”-д албан ёсоор Орос, Хятад улстай тогтоосон найрамдалт харилцаагаа сахин хамгаалах нь Монгол улсын төрийн гол зорилго гэжээ.

1995年中蒙国家关系历史编年

1995 оны Хятад Монгол харилцааны түүхэн үйл явдлын товчоон

1月27日　中国内蒙古自治区政府副主席林用三会见蒙古国驻呼和浩特总领事馆人员，向他致以中国传统节日春节的问候。

1 сар 27　БНХАУ-ын ӨМӨЗО-ны Засгийн газрын орлогч дарга Лин Юнсань Монгол Улсаас Хөх хотод суух Ерөнхий консулын газрын ажилчидтай уулзан Хятадын уламжлалт хаврын баярын мэнд хүргэв.

5月24日　中国内蒙古自治区政府副主席王凤岐会见了以蒙古国鄂尔浑省省长乔·道尔吉帕拉木为团长的政府代表团一行。

5 сар 24　БНХАУ-ын ӨМӨЗО-ны Засгийн газрын дэд дарга Ван Фэнчи, Монгол Улсын Орхон аймгийн засаг дарга Ц. Доржпалам болон албан төлөөлөгчидтэй уулзалт хийжээ.

6月5日—8日　以蒙古国奥林匹克委员会常务副主席扎木苏

为团长的蒙古国体育代表团应邀访问中国内蒙古自治区。蒙古国体育代表团与内蒙古体委就双边体育交流进行了会谈，并就1995年双方交流签定了正式协议，就1996年的双边交往达成意向。

6 сар 5-8 Монгол Улсын Олимпын хорооны гишүүн байнгын хорооны дэд дарга Жамсран ахлагчтай Монгол Улсын биеийн тамир спортын газрын төлөөлөгчид урилгаар Өвөр Монголд айлчлав. Монгол улсын болон Өвөр Монголын спортын төлөөлөгчид спортын талаар харилцан санал солилцож 1995 онд хоёр талын харилцааны хэлэлцээрт албан ёсоор гарын үсэг зурсанаар 1996 оны хоёр талын харилцааны чиглэлийг тодотгов.

7月8日 “蒙中合资乌兰巴托国际贸易中心”当日在乌兰巴托举行开业典礼。“蒙中合资乌兰巴托国际贸易中心”是由中国内蒙古自治区国际经济技术合作公司和蒙古国工贸供应集团具体负责承办的。这一合作项目，是中蒙两国政府间目前最大的合作项目。

7 сар 8 “Монгол Хятадын хамтарсан хөрөнгө оруулалттай Улаанбаатарын олон улсын худалдааны төв” Улаанбаатар хотноо нээлтийн ёслолоо хийв. Монгол Хятадын хамтарсан хөрөнгө оруулалттай олон улсын худалдааны төвийг ӨМӨЗО-ны олон улсын эдийн засаг техник технологийн хамтын ажиллагааны компани болон Монгол Улсын Худалдаа Аж Үйлдвэрийн тэнхим хариуцах аж. Энэ хамтын ажиллагааны төсөл нь Хятад Монгол хоёр улсын Засгийн газар хоорондын хамгийн том төсөл ажээ.

8月23日 当天下午，蒙古国大呼拉尔副主席贡布扎布在国家宫接见了中国《人民日报》新闻代表团。贡布扎布向代表团介绍了蒙古经济改革的形势和当前亟待解决的问题，对进一步发展蒙中关系寄予厚望。《人民日报》新闻代表团是应蒙古国《人民权利报》社的邀请前来访问的。

8 сар 23 МУ-ын УИХ-ын дэд дарга Гомбожав төрийн ордонд Хятадын "Ардын өдрийн мэдээ" сонины төлөөлөгчдийг хүлээн авч уулзав. Гомбожав төлөөлөгчдөд Монголын эдийн засгийн өөрчлөлт болон нэн түрүүнд шийдвэрлэвэл зохих асуудлын талаар танилцуулахын дашрамд Хятад Монголын харилцаа улам батжина гэдэгт итгэж буйгаа илэрхийлэв. "Ардын өдрийн мэдээ" сонины төлөөлөгчид нь "Монголын Ардын эрх" сонины урилгаар Монголд айлчлал хийсэн аж.

9月8日　在中国二连浩特杀害4名蒙古国公民的蒙古国犯罪嫌疑人在中蒙警方配合下落入法网。

9 сар 8 БНХАУ-ын Эрээн хотноо гэмт хэрэгт сэжиглэгдэж буй Монгол улсын дөрвөн иргэнийг Хятад Монголын цагдаа нар хамтран саатуулав.

9月13日　据当日《人民日报》报道，日前，由中国内蒙古经济电视台牵头，七家中方股东与蒙古国戈尔迪公司合资成立桑斯尔有线电视有限公司。该公司将在乌兰巴托市建立有线电视网。

9 сар 13 "Ардын өдрийн мэдээ" сонины мэдээлсэнээр БНХАУ-ын Өвөр Монголын эдийн засгын телевизээр тэргүүлэгч болгосон долоон компани болон Монгол улсын Гарьд хамтын хөрөнгө оруулалттай Сансарын телевиз хариуцлагатай компаниүйл ажиллагаа эхэлж теле сүлжээгээ Улаанбаатар хотод байгуулав.

9月28日　蒙古国总统奥其尔巴特和蒙古国总理扎斯莱向中

国国家主席江泽民和国务院总理李鹏发来国庆贺电。

9 сар 28 Монгол Улсын Ерөнхийлөгч П. Очирбат болон Монгол Улсын Ерөнхий сайд П. Жасрай нар Хятад Улсын Тэргүүн Жян Зэминь болон Төрийн Ордны Ерөнхий сайд Ли Пэн нарт улс тунхагласны баярыг тохиолдуулан цахилгаан илгээв.

9月29日 中国驻蒙古国使馆举行盛大宴会，庆祝中华人民共和国建国46周年。中国驻蒙古国大使裴家义在宴会上致祝词。蒙古国家大呼拉尔副主席贡布扎布、蒙古国政府副总理额奈比希以及驻蒙古国的一些国家外交使节也应邀出席宴会。

9 сар 29 БНХАУ-аас Монгол Улсад суугаа Элчин сайдын Яамнаас БНХАУ тунхагласны 48 жилийн ойн баярыг тохиолдуулан дайллага хийсэн ба БНХАУ-ын Онц бөгөөд Бүрэн эрхт Элчин сайд Вэй Жяи дайллаган дээр үг хэлэв. Дайллаганд Монгол Улсын Их Хурлын дэд дарга Гомбожав, Засгийн газрын дэд сайд Энэбиш болон Монгол Улсад суугаа гадаад орны дипломат төлөөлөгчид мөн урилгаар оролцов.

10月4日 中国驻蒙古国使馆与蒙古国前德门文化服务中心共同举办的“中国艺术陶瓷、盆景艺术展览会”日前在乌兰巴托开幕。蒙古国家大呼拉尔副主席贡布扎布和中国驻蒙古国大使裴家义以及一些国家驻蒙古国的大使出席开幕式并观看展览。

10 сар 4 БНХАУ-ын Монгол Улс дахь Элчин сайдын Яамнаас Монгол Улсын нийслэл Улаанбаатар хот дахь “Чандмань” соёлын төвд зохион байгуулсан “Хятад орны шаазан болон гар урлалын үзэсгэлэн” нээлтээ хийлээ. Нээлтийн ёслолд Монгол Улсын Их Хурлын дэд дарга Гомбожав, Элчин сайд Вэй Жяи болон гадаадын зарим орны

дипломат албаны төлөөлөгчид оролцов.

10月6日　中共内蒙古自治区党委副书记乌云其木格在政府礼堂会见了以副总编辑巴伦·普勒布达希为团长的蒙古国《人民权力报》新闻访问团一行。

10 сар 6　БНХАУ-ын ӨМӨЗО-ны байнгын хорооны нарийн бичгийн даргын орлогч Оюунчимэг, Монгол Улсын "Ардын эрх" сонины дэд редактор Л. Пүрэвдаштай Засгийн газрын их танхимд уулзав.

10月24日　中国国家主席胡锦涛在人民大会堂接受蒙古国新任驻华大使巴特苏赫递交的国书。蒙古国大使巴特苏赫9月7日抵京。

10 сар 24　БНХАУ-ын дарга Ху Жинтао АТИХ-ын танхимд Монгол Улсаас БНХАУ-д суух Элчин сайдаар шинээр томилогдсон Элчин сайд Батсүхийг хүлээн авч уулзан итгэмжлэх жуух бичгийг нь хүлээн авав. Монгол Улсын Элчин сайд Батсүх нь 9 сарын 7-нд Бээжинд хүрэлцэн ирсэн байна.

12月12日　中国内蒙古自治区政府副主席王占会见了蒙古国蒙中友好协会代表团一行。

12 сар 12　БНХАУ-ын ӨМӨЗО-ны Засгийн газрын орлогч дарга Ван Жань, Монгол Улсын Хятад-Монголын найрамдал нийгэмлэгийн төлөөлөгчидтэй уулзлаа.

12月《关于建立图门江经济开发区和东北亚开发协商委员会协定》等文件由中、俄、蒙、朝、韩5国代表签字。同时，中国吉林大学——珲春市图门江国际开发研究所代表团应蒙古国图门江开发国家工作小组邀请访问蒙古国。访问期间，代表团会见了包括蒙古国图门江开发国家工作小组组长、国家发展委员会副主任在内的许多蒙古国官员，经过座谈，进一步了解到蒙古国方面对图门江地区经济开发的态度和新动向。

12 сар “Түмэн хошууг нээлттэй эдийн засгийн бүс болгох” болон “Зүүн хойд Азийн Хөгжлийн худалдааны хурлын хэлэлцээр” зэрэг бичиг баримтанд Хятад, Монгол, Орос, Хойт Солонгос, Өмнөт Солонгос зэрэг таван орны төлөөлөгчид гарын үсэг зурав. Үүний зэрэгцээ Хятадын Жилиний Их Сургууль-Хуй Чүнь хотын Түмэн хошууны олон улсын хөгжлийн судалгааны төвийнтөлөөлөгчид Монгол Улсын “Түмэн хошууны хөгжлийн ажлын хэсэг”-ийн урилгаар Монгол улсад айлчлав. Айлчлалын хугацаанд төлөөлөгчид Монгол Улс Түмэн хошууны хөгжлийн ажлын хэсгийн дарга, улсын хөгжлийн хорооны дэд дарга болон албаны бусад хүмүүстэй уулзсан ба Монголын тал Түмэн хошууны эдийн засгийн нээлттэй бүс болон хөгжлийн шинэ чиг хандлагын тухайд тодорхой ойлголттой болсон аж.

1996年中蒙国家关系历史编年

1996 оны Хятад Монгол харилцааны түүхэн үйл явдлын товчоон

1月8日 中国全国人民代表大会常务委员会副委员长布赫会见并宴请出访途经北京的蒙古国大呼拉尔主席那·巴嘎班迪夫妇一行。

1 сар 8 БХ-ын АТИХ-ын байнгын хорооны дэд дарга Бөхөө Бээжин хотноо айлчилж буй МУ-ын ИХ-ын дарга Багабандийг гэргийн хамт хүлээн авч дайллага хийв.

1月 蒙古国对外关系部外交机构生活服务局局长尼·米希格

道尔吉访问中国。中国国家科学技术委员会高技术研究发展中心主任绍立勤率团访问蒙古国。

1 сар МУ-ын ГХЯ-ны Гадаад харилцааны газрын үйлчилгээний албаны дарга Н. Мишигдорж Хятад Улсад айлчлав. Хятад Улсын техникийн шинжлэх ухааны газрын гишүүн шинжлэх ухааны судалгааны төвийн дарга Шао Личин тэргүүтэй төлөөлөгчид Монгол Улсад айлчлав.

1月29日 蒙古国政府副总理、蒙中友好协会主席勒·额奈比希当日在乌兰巴托会见中国国家科委代表团时说，通过政府及社会团体等多种途径开展广泛合作是蒙中两国的共同目标。

1 сар 29 Монгол Улсын Засгийн газрын дэд сайд "Монгол Хятадын Найрамдал Нийгэмлэгийн тэргүүн Энэбиш Улаанбаатар хотноо Хятадын ШУА-ийн төлөөлөгчидтэй уулзах үедээ Засгийн газар болон олон нийтийн байгууллага хоорондын олон талт хамтын ажиллагаа нь Монгол Хятад хоёр орны нэгдсэн зорилго юм гэв.

2月5日 中国对外贸易经济合作部部长助理陈新华会见途经北京的蒙古国内务部长兼国家发展局局长楚·乌兰。双方就如何进一步发展双边经贸关系等问题交换了意见。

2 сар 5 БНХАУ-ын Гадаад Худалдаа эдийн засаг хамтын газрын дарга Чэнь Шиньхуа Бээжин дахь Монгол Улсын Хууль Зүй Дотоод Хэргийн Сайд бөгөөд Хөгжлийн газрын дарга Улаантай уулзав. Хоёр тал эдийн засаг худалдааны харилцааг хөгжүүлэх тухайд санал солилцов.

2月6日 蒙古国总统彭·奥其尔巴特和总理彭·扎斯莱联名致电中国国家主席江泽民和国务院总理李鹏，对中国云南省丽江地区发生地震表示慰问。

2 сар 6 Монгол Улсын Ерөнхийлөгч П. Очирбат болон Ерөнхий Сайд Жасрай нар Юннань мужид газар хөдлөлт болсон явдалд Хятад Улсын дарга Жян Зэминь болон Ерөнхий Сайд Ли Пэн нарт эмгэнэл илэрхийлсэн цахилгаан утас илгээв.

2月8日 中国内蒙古自治区政府副主席王占会见了蒙古国驻呼和浩特总领事馆总领事达瓦·达希道布敦和总领事馆馆员，对总领事和总领事馆的全体官员为内蒙古自治区与蒙古国在经济、贸易、文化、教育等方面的合作与交流所做的大量工作表示赞赏。双方还就在新的一年里开展友好交流与合作交换了意见。

2 сар 8 БНХАУ-ын ӨМӨЗО-ны Засгийн Газрын дэд дарга Ван Жань Монгол Улсаас Хөх хотод суух Ерөнхий консул В. Дашдаваа болон консулын газрын ажилтнуудтай хийсэн уулзалтын үеэр Ерөнхий консул болон консулын газрын нийт ажилтнууд ӨМӨЗО Монгол улсын хоорондын эдийн засаг, худалдаа, соёл, боловсрол зэрэг өргөн хүрээний хамтын ажиллагаа болон туршлага солилцох зэрэг ажилд оруулж буй хувь нэмрийг өндөрөөр үнэлж талархал илэрхийлэв. Хоёр тал шинэ онд найрсаг хамтын ажиллага туршлага солилцох талаар санал солилцов.

2月10日—11日 蒙古国执政党——蒙古人民革命党总书记布达希云登出访途经北京，与中共中央对外联络部部长李淑铮进行了会见。

2 сар 10-11 Монгол Улсын засгийн эрх барьж буй МАХН-ын нарийн бичгийн дарга Даш-Ёндон Бээжинд айлчилж Хятад Улсын Комунист намын ГХХ-ийн дарга Ли

Шүжэнтэй уулзав.

2月24日　蒙古国总统奥其尔巴特和总理扎斯莱就中国云南省丽江地区发生强烈地震向中国国家主席江泽民和国务院总理李鹏发来慰问函。

2 сар 24　Монгол Улсын Ерөнхийлөгч П.Очирбат болон Монгол Улсын Ерөнхий сайд П. Жасрай нар Хятадын Юннань мужийн Лижян бүс нутагт хүчтэй газар хөдлөлт болсонтой холбогдуулан Хятад Улсын дарга Жян Зэминь болон Ерөнхий сайд Ли Пэн нарт эмгэнэл илэрхийлсэн цахилгаан илгээв.

2月26日　中共中央致电蒙古人民革命党领导委员会，祝贺该党建党75周年。

2 сар 26　ХКН-ын төв хорооноос МАХН-ын байнгын хорооны удирдах зөвлөлд МАХН үүсэн байгуулагдсны 75 жилийн ойн баярын цахилгаан илгээв.

3月8日　中共内蒙古自治区党委副书记、内蒙古人民政府副主席王占会见了蒙古国边防军司令松德布少将率领的蒙古国边防军代表团一行。

3 сар 8　БНХАУ-ын ӨМӨЗО-ны байнгын хорооны нарийн бичиг, Өвөр Монголын Ардын Засгийн Газрын дэд дарга Ван Жань, Монголын хилийн цэргийн командлагч хошууч генерал Сүндэв тэргүүтэй төлөөлөгчидтэй уулзалт хийв.

3月14日　中国外交部发言人沈国放当日宣布：应中国国务院总理李鹏的邀请，蒙古国总理彭查格·扎斯莱将于3月27日至30日对中国进行正式访问。

3 сар 14 БНХАУ-ын ГЯЯ-ны хэвлэлийн төлөөлөгч Шэнь Гуофан тус өдөр хийсэн мэдэгдэлдээ Хятадын Төрийн зөвлөлийн Ерөнхий сайд Ли Пэний урилгаар Монгол улсын Ерөнхий сайд П. Жасрай 3 сарын 27-ноос 30-ны хооронд Хятад улсад албан ёсны айлчлал хийх тухай мэдэгдэв.

3月15日—19日 北京军区副司令员郭伯雄中将率中国人民解放军友好代表团访问蒙古国，出席蒙古国武装力量成立75周年庆祝活动。

3 сар 15-19 Бээжингийн цэргийн бүсийн Ерөнхий командлагч дэслэгч-генерал Гуо Бэсён тэргүүтэй ардын чөлөөлөх армийн төлөөлөгчид Монгол Улсад нөхөрсөг айлчлал хийн Монгол Улсын зэвсэгт хүчин үүсч хөгжсөний 75 жилийн ойн арга хэмжээнд оролцов.

3月19日 据当日《人民日报》报道，为适应对外开放政策的需要，蒙古国政府日前决定开辟 4 个边境国际口岸和 1 个国际备用机场：乌兰巴托布音图乌哈中央机场，巴彦乌列盖省会乌列盖市机场，与俄罗斯接壤的色楞格省苏赫巴托市火车站，与中国接壤的东戈壁省扎门乌德火车站。这次被辟为国际备用机场的是东戈壁省赛音山德市机场。

3 сар 19 “Ардын Өдрийн мэдээ” сонинд Засгийн газрын гадаад бодлогын шаардлагын дагуу Монгол улсын Засгийн газар Олон улсын дөрвөн боомт болон нэг олон улсын нисэх буудал, Улаанбаатар Буянт–Ухаа, Баян-Өлгий аймгийн Өлгий хотын нисэх онгоцны буудал, ЗХУ-тай хил залгах Сэлэнгэ аймгийн Сүхбаатар хотын галт тэрэгний буудал, мөн Хятад улстай хил залгаа Замын-Үүдийн галт тэрэгний буудал байдаг гэж мэдээлжээ. Мөн Дорноговь аймгийн Сайншанд хотын нисэх онгоцны буудлыг олон

улсын хэмжээний нисэх онгоцны буудал болгосон байна.

3月25日　蒙古国总理彭·扎斯莱近日接受中国《人民日报》记者采访时说，发展蒙中关系是蒙古今后对外政策的首要方针之一。面向21世纪，蒙中两国扩大、巩固和发展友好合作关系有着美好的前景。

3 сар 25　Монгол Улсын Ерөнхий сайд П. Жасрай Хятадын “Ардын өдрийн мэдээ” сонинд өгсөн ярилцлагадаа “Хөгжиж буй Монгол Хятад хоёр улсын харилцаа нь өнөөдрөөс хойш Монголын гадаад улс төрийн бодлогын нэгэн чиглүүлэгч болж байна. 21-р зуунд Монгол Хятад хоёр улсын харилцааг бэхжүүлж хөгжүүлэх нөхөрсөг хамтын ажиллагаанд сайхан ирээдүй ирсэн” гэж хэлжээ.

3月27日—30日　应中国国务院总理李鹏的邀请，蒙古国总理彭·扎斯莱对中国进行正式访问。27日下午，李鹏总理同扎斯莱总理举行会谈，就双边关系和共同关心的地区与国际问题深入地交换了意见，并取得了广泛的共识。李鹏说：“蒙古国是中国的重要邻国，与蒙古国建立长期稳定的友好关系是中国政府坚定不移的政策。中国尊重蒙古国人民选择的发展道路. 中国国家主席江泽民会见了扎斯莱总理。”江泽民说：“无论国际风云如何变幻，中国都将始终如一地坚持和平共处五项原则和中蒙友好合作关系条约的精神，为使中蒙关系长期、稳定、健康地发展而不懈努力。”27日，双方签署了《中华人民共和国政府和蒙古国政府经济技术合作协定》（中国政府向蒙古政府提供2 000万元人民币的无偿援助）《中华人民共和国文化部和蒙古国文化部1996—1997年文化交流执行计划》等文件。扎斯莱向江泽民转交了奥其尔巴特总统的信件。访问结束时，双方发表了《中蒙新闻公报》。扎斯莱一行29日访问了大连。当天上午，扎斯莱总理来到大连开发区，详细询问了开发区的关税政策、管理机构等方面的情况，并参观了大连佳能办公设备公司。下午，扎斯莱总理冒着细雨参观了大窑湾新港、金石滩国家旅游度假区和大连衬衫厂。晚上，辽宁省省长闻世震会见扎斯莱总理一行。宾主在友好的气氛中谈到了中蒙双方正在进行的3个合作项目，并表示今后将继续加强合作。之后，闻世震省长设晚宴款待蒙古国客人。

3 сар 27-30 БНХАУ-ын Төрийн зөвлөлийн Ерөнхий сайд Ли Пэний урилгаар МУ-ын Ерөнхий сайд П. Жасрай Хятад Улсад албан ёсны айлчлал хийв. 27-ны үдээс хойш Ерөнхий сайд Ли Пэн Ерөнхий сайд П. Жасрай нар хэлэлцээр хийж, хоёр улсын харилцаа болон бүс нутаг, дэлхий дахины асуудлаар санал солилцов. Ли Пэн хэлэхдээ: Монгол улс бол Хятад Улсын чухал хөрш бөгөөд Монгол улстай урт хугацаанд тогтвортой найрсаг эрүүл харилцах Хятадын Засгийн газрын улс төрийн бодлогоо үргэлжлүүлэн баримтлах юм гэв. Хятад Улс Монголын ард түмний сонгосон хөгжлийн замыг хүндэтгэж байна гэв. Хятад Улсын дарга Зян Зэминь Монгол Улсын Ерөнхий сайд П. Жасрайтай уулзав. Зян Зэминь хэлэхдээ “Дэлхий дахины ямарч өөрчлөлт гарсан Хятад Улс хэзээд Энх тайвнаар зэрэгцэн орших таван зарчмыг баримтлах болно. Хятад Монголын хоёр улсын найрамдал, хамтын ажиллагааны гэрээний үзэл санаанд тулгуурлан манай хоёр орны харилцаа урт удаан тогтвортой, эрүүл хөгжүүлэхийн төлөө хичээх болно” гэв. 27-ны өдөр хоёр тал “БНХАУ-ын ЗГ болон Монгол Улсын ЗГ эдийн засаг, техникийн хамтын хэлэлцээр”, “Хятад Улсын Засгийн Газраас Монголын Улсын Засгийн Газарт өгөх 20 сая юаний буцалтгүй тусламж”, “БНХАУ –ын Соёлын Яам болон Монгол Улсын Соёлын Яамны 1996-1997 оны Соёлын солилцооны төлөвлөгөө”

зэрэг бичиг баримтанд гарын үсэг зурав. П. Жасрай, БНХАУ-ын дарга Жян Зэминьд Монгол Улсын Ерөнхийлөгч П. Очирбатын илгээсэн захидлыг гардуулав. Айлчлал дуусах үед хоёр тал хамтран Хятад Монголын харилцааны талаар мэдэгдэл хийв. П. Жасрай 29-ны өдөр Даляньд зочлов. Үдээс өмнө Ерөнхий сайд П. Жасрай Даляний нээлттэй бүсийн гаалийн татварын бодлого, захиргааны бүтэц зэрэг асуудлын талаар лавлан нөхцөл байдалтай танилцан Даляний байгууллагын тоног төхөөрөмжийг үзэж сонирхов. Үдээс хойш Ерөнхий сайд П. Жасрай шиврээ бороонoор Жиншитан аялал жуулчлалын бүс болон Даляний цамцны үйлдвэрийг үзэж сонирхов. Орой нь Ляонин мужийн захирагч Вэнь Шижэнь Жасрай тэргүүтэй төлөөлөгчдөд бараалхан уулзалт зохион байгуулав. Зочид нөхөрсөгөөр хоёр талын хамтын ажиллагааны талаархи гурван төсөл хэлэлцэж мөн цаашид хамтын ажиллагаагаа бэхжүүлэхийг хүсэж буйгаа илэрхийлэв. Мужийн дарга Вэнь Шижэнь болон Далянь хотын дарга Бо Силай нар Монголын зочдод зориулан дайллага зохион байгуулав.

3月底至4月初　蒙古国科学教育部部长桑·图木尔奥其尔访问中国，双方签署《中蒙1996—2000年教育交流与合作计划》。

3 сарын сүүлч 4 сарын эхэн МУ-ын БСШУЯ-ны сайд Төмөр-Очир Хятадад айлчилж, хоёр тал “Хятад Монголын 1996-2000 оны боловсролын солилцооны хамтын ажиллагааны төлөвлөгөө”-нд гарын үсэг зурав.

4月29日　中国国务院总理李鹏致电蒙古国总理扎斯莱，对蒙古国发生森林草原火灾造成人员伤亡和财产损失表示慰问。

4 сар 29 БНХАУ-ын Төрийн зөвлөлийн Ерөнхий сайд Ли Пэн МУ-ын Ерөнхий сайд П. Жасрайд цахилгаан илгээж Монголд гарсан ой хээрийн түймэрт хүмүүс шархалсан

хийгээд эд материалын хохирол гарсан явдалд харамсаж буйгаа илэрхийлэв.

4月 中国国家主席江泽民复信蒙古国总统奥其尔巴特，阐述了中国对核试验问题的原则立场。

4 сар БНХАУ-ын дарга Зян Зэминь МУ-ын Ерөнхийлөгч П. Очирбатад Хятад Улс цөмийн туршилтийн зарчмын асуудлын талаархи байр сууриа илэрхийлсэн хариу захидал илгээв.

4月 由蒙中友协和蒙古钱币全国俱乐部联合举办的“中国硬币和纸币收藏品”展览在乌兰巴托展出。蒙古国乌兰巴托市妇联代表团访问北京。蒙古国首次发行“蒙中友谊”邮票一套4枚。

4 сар Монгол Хятадын Найрамдлын нийгэмлэг болон Монголын зоосон мөнгө цуглуулагчдын клубын холбооноос зохион байгуулсан “Хятадын зоос болон цаасан тэмдэгтийн цуглуулгын үзэсгэлэн” Улаанбаатар хотноо зохиогдов. МУ-ын нийслэл Улаанбаатар хотын эмэгтэйчүүдийн холбооны төлөөлөгчид Бээжин хотод айлчлав. Монгол Улс анх удаа “Монгол Хятадын найрамдал” сэдэвт дөрвөн хэсгээс бүрдэх иж бүрдэл маркыг үйлдвэрлэв.

5月6日 蒙古国总理扎斯莱致电中国国务院总理李鹏，对中国内蒙古包头地区发生强烈地震，造成人员伤亡和大量财产损失表示慰问。

5 сар 6 Монгол Улсын Ерөнхий сайд П. Жасрай БНХАУ-ын Ерөнхий сайд Ли Пэнд цахилгаан илгээж, Өвөр Монголын Бугат хотын бүс нутагт болсон хүчтэй газар хөдлөлтөнд хүний амь нас эрсдэж, их хэмжээний эд

хөрөнгийн хохирол гарсанд харамсаж буйгаа илэрхийлэв.

5月6日—9日　中蒙经济、贸易、科技合作委员会第4次会议在北京举行。中国政府代表团由委员会中方主席、对外贸易经济合作部副部长刘山率领，蒙古国政府代表团由委员会蒙方副主席、贸易工业部部长策·朝格特率领。双方签署了会议纪要和有关换文。中国政府决定向蒙古国政府提供300万元人民币的救灾物资。中国国务院副总理李岚清会见了代表团。

5 сар 6-9 Хятад Монголын эдийн засаг, худалдаа шинжлэх ухааны техникийн хамтын ажиллагааны 4 дэх удаагийн хурал Бээжин хотноо зохиогдов. Хуралдаанд хятадын талын дарга, гадаад худалдаа эдийн засгийн хамтын ажиллагааны салбарын дэд дарга Ли Шань тэргүүтэй Хятад Улсын Засгийн газрын төлөөлөгчид болон Монголын талын дарга, худалдаа аж үйлдвэрийн дарга Ц.Цогт тэргүүтэй Монгол Улсын Засгийн газрын төлөөлөгчид тус тус оролцов. Хоёр тал хурлын товч протоколд гарын үсэг зурж, холбогдох бичиг баримт солилцов. Хятад Улсын Засгийн Газрын шийдвэрээр МУ-ын ЗГ-т буцалтгүй тусламжаар 3 000 000 юаныг гамшгийг арилгахад хандивласан байна. Хятадын Төрийн Зөвлөлийн Ерөнхий сайдын орлогч Ли Ланьчин төлөөлөгчидтэй уулзав.

5月　蒙古国对外关系部亚非局总局长索·呼尔勒巴特尔访问中国。

5 сар МУ-ын ГХЯ-ны Азийн хэлтэсийн дарга С. Хүрэлбаатар Хятад улсад айлчлав.

6月15日　应蒙古国武装力量总参谋长拉西玛·嘎瓦少将的邀请，中国中央军委委员、中国人民解放军总参谋长傅全有上将一行今天离京前往蒙古国进行正式友好访问。

6 сар 15 МУ-ын зэвсэгт хүчний жанжин штавын дарга хошууч генерал Л.Гаваагийн урилгаар Хятадын Цэргийн ТЗ-ийн гишүүн, Хятадын ардын чөлөөлөх армийн жанжин штабын дарга хурандаа генерал Фо Чуаньёу Монгол улсад албан ёсны нөхөрсөг айлчлал хийв.

6月16日 蒙古国武装力量总参谋长兼国防部副部长拉·嘎瓦少将在与来访的中国中央军委委员、中国人民解放军总参谋长傅全有上将会谈时强调，近年来蒙中高层互访对增进两国和两国军队之间的相互了解与信任及加强相互合作产生了积极的影响。

6 сар 16 МУ-ын зэвсэгт хүчний жанжин штабын дарга бөгөөд БХЯ-ны дэд сайд хошууч генерал Л.Гаваа Монгол улсад зочилж буй Хятадын цэргийн ТЗ-ийн гишүүн, Хятадын ардын чөлөөлөх армийн жанжин штабын дарга хурандаа генерал Фо Чуаньёутай хийсэн уулзалтын үеэр сүүлийн үед Монгол Хятад хоёр улсын дунд шатны болон төрийн дээд хэмжээний хийгээд хоёр орны цэрэг армийн харилцан айлчлал нь хоёр орны итгэлцэл, ойлголцол, хамтын ажиллагаа эрчимтэй хөгжихөд нөлөөлсөн гэдгийг онцлон тэмдэглэв.

6月18日 中国内蒙古自治区政府副主席王占会见了来内蒙古自治区参观访问的蒙古国驻华大使达·查希勒冈和夫人一行。访问期间，就中蒙两国第4次经济贸易混合委员会纪要中有关内容的落实问题，双方交换了意见。

6 сар 18 ӨМӨЗО-ны ЗГ-ын дэд дарга Ван Жань Өвөр Монголд айлчлахаар ирсэн Монголоос Хятадад суугаа элчин сайд Д.Цахилгаан болон түүний гэргийтэй уулзав. Айлчлалын хугацаанд Хятад Монгол хоёр орны 4 дэх

удаагийн эдийн засаг гадаад худалдааны комиссын хурлын товч протоколын агуулгыг баталгаажуулах тухай хоёр тал харилцан санал солилцов.

6月19日　中国内蒙古自治区政府副主席张廷武会见了以格·杜格热为团长的蒙古国鄂尔浑省政府经济贸易代表团。1992年，鄂尔浑省与包头市结为友好城市，该团将与包头市有关方面围绕落实双方签署的合作交流项目进一步洽谈。

6 сар 19　Хятадын ӨМӨЗО-ны ЗГ-ын дэд дарга Жан Тин-у нь Г. Дүгрээ тэргүүтэй МУ-ын Дархан аймгийн захиргааны эдийн засаг, гадаад худалдааны төлөөлөгчидтэй уулзав. Уулзалтын үеэр 1992 онд Дархан аймаг болон Бугат хотууд нь найрамдалт хот болох хийгээд Бугат хотын зүгээс холбогдох асуудлаар ямар арга хэмжээ авбал зохих талаар хоёр тал хэлэлцэж хамтын ажиллагааны төслийг хэрэгжүүлэх тухайд ажил хэргийн яриа өрнүүлсэн байна.

6月20日　蒙古国总统彭·奥其尔巴特当天在国家宫会见了来访的中央军委委员、中国人民解放军总参谋长傅全有上将为团长的中国人民解放军代表团一行。会见时彭·奥其尔巴特总统说："这次访问有十分重要的意义。这不仅对两国军队的关系与合作具有意义，而且对蒙中两国关系具有重要意义。"

6 сар 20　Монгол улсын Ерөнхийлөгч П. Очирбат Төрийн ордонд Цэргийн ТЗ-ийн гишүүн, Хятадын ардын чөлөөлөх армийн жанжин штабын дарга хурандаа генерал Фо Чуаньёу тэргүүтэй ардын чөлөөлөх армийн төлөөлөгчдийг хүлээн авч уулзав. Уулзалтын үеэр Ерөнхийлөгч П. Очирбат энэ удаагийн айлчлал нь маш их ач холбогдолтой. Энэ нь хоёр орны цэрэг армийн харилцаа

болон хамтын ажиллагаанд төдийгүй, Монгол Хятадын харилцаанд ч чухал ач хобогдолтой юм гэв.

6月21日 中央军委委员、中国人民解放军总参谋长傅全有上将一行圆满结束了对蒙古国的正式友好访问，回到北京。

6 сар 21 Хятадын Цэргийн ТЗ-ийн гишүүн, Хятадын ардын чөлөөлөх армийн жанжин штабын дарга хурандаа генерал Фо Чуаньёу Монгол улсад хийсэн албан ёсны айлчлал өндөрлөж нутаг буцав.

6月24日 中国外交部副部长张德广在北京与蒙古国驻华大使达格瓦・查黑勒冈和俄罗斯驻华大使罗高寿今天签署了中、蒙、俄三国国界东、西端交界点叙述议定书及其附图。至此，中、蒙、俄三国国界东、西端交界点的位置已用法律形式确定下来。

6 сар 24 БНХАУ-ын ГХЯ-ны дэд сайд Жан Дэгуан Бээжинд суугаа Монгол улсын Элчин сайд Цахилгаантай болон Оросын элчин сайд Лукачи нартай уулзаж, Хятад, Монгол, Орос гурван улсын зүүн баруун хил орчмын зургийг пртоколд тусгав. Монгол,Хятад, Оросын хилийн зүүн баруун үзүүрийн байрлалыг хуульчлан тогтоов.

7月10日 中国国家主席江泽民、国务院总理李鹏联名致电蒙古国总统奥其尔巴特和总理扎斯莱，祝贺蒙古国人民革命75周年。

7 сар 10 БНХАУ-ын тэргүүн Зян Зэминь, Төрийн зөвлөлийн Ерөнхий сайд Ли Пэн нараас Монгол улсын Ерөнхийлөгч Очирбат, Ерөнхий сайд Жасрай нарт МАХН-ын 75 жилийн ойн баярыг тохилдуулан цахилгаан илгээв.

7月16日—19日 中国国际贸易促进委员会副会长、中国国际贸易仲裁委员会副主席徐大有率团访问蒙古国。双方签署了中国国际贸易仲裁委员会和蒙古国对外贸易仲裁法院仲裁合作协议。

7 сар 16-19 БНХАУ-ын олон улсын худалдааг дэмжих хорооны гишүүн ,БНХАУ-ын олон улсын худалдааы арбитрийн шүүх хорооны дэд дарга Сюй Даёу тэргүүтэй төлөөлөгчид МУ-д айлчлав. Хоёр тал Хятадын олон улсын худалдааны арбитрийн шүүх хороо болон МУ-ын гадаад худалдааны арбитрийн шүүхтэй хамтран ажиллах хэлэлцээрт гарын үсэг зурав.

7月23日　中共内蒙古自治区党委常委、总工会主席尤仁，会见了以特·扎旦巴为团长的蒙古国乌兰巴托市工会代表团一行。

7 сар 23 ӨМӨЗО-ны КН-ын байнгын хорооны гишүүн, үйлдвэрчний эвлэлийн дарга Ёу Рэнь Улаанбаатар хотын үйлдвэрчний эвлэлийн дарга Жадамба тэргүүтэй төлөөлөгчидтэй уулзав.

7月24日　中国全国人民代表大会常务委员会委员长乔石和国务院总理李鹏分别电贺拉·贡其格道尔吉和门·恩赫赛汗当选为蒙古国家大呼拉尔主席和就任总理。

7 сар 24 БХАТИХ-ын байнгын хорооны дарга Чяо Ши болон Төрийн Зөвлөлийн Ерөнхий сайд Ли Пэн нараас УИХ-ын даргаар сонгогдсон Гончигдорж болон Ерөнхий сайдаар сонгогдсон Энхсайхан нарт баярын цахилгаан илгээв.

7月　新华社副总编马胜荣参加蒙古国通讯社建社75周年庆祝活动，中国社会科学院副院长龙永枢访问蒙古国。中国民用航空总局副局长包培德访问蒙古国。中国公安部友好团访问蒙古国出席蒙古国警察组织成立75周年庆祝活动。中国邮电代表团访问蒙古国。

7 сар Монголын цахилгаан мэдээний агентлагын 75 жилийн баярт оролцохоор Синхуа агентлагын ерөнхий редактор Ма Шэнрун Монгол улсад хүрэлцэн ирсэн бол БНХАУ-ын нийгмийн шинжлэх ухааны академийн дэд дарга Лун Юнцү, БНХАУ-ын иргэний агаарын тээврийн ерөнхий газрын орлогч дарга Бао Пэйдэ нар мөн энэ үеэр айлчилсан байна. Түүнчилэн БНХАУ-ын ДХЯ-ны төлөөлөгчид Монголын цагдаагийн байгууллагын 75 жилийн ойн үйл ажиллагаанд оролцохоор нөхөрсөг айлчлал хийхээр Монгол Улсад хүрэлцэн ирсэн байна. БНХАУ-ын шуудан холбооны төлөөлөгчид мөн Монгол улсад айлчлав.

8月5日—9日 中国内蒙古自治区政府副主席包文发率团出席在乌兰巴托举行的内蒙古出口商品展销会。

8 сар 5-9 ӨМӨЗО-ны ЗГ-ын дэд дарга Бао Пэйдэ тэргүүтэй төлөөлөгчид Улаанбаатар хотноо Өвөр Монголын экспортын бараа бүтээгдэхүүний үзэсгэлэн зохион байгуулав.

8月9日—12日 蒙古国铁路消防访问中国团应邀到中国内蒙古自治区访问。

8 сар 9-12 МУ-ын төмөр замын гал сөнөөх ангийн төлөөлөгчид БНХАУ-ын ӨМӨЗО-д айлчлав.

8月29日 蒙古国总统奥其尔巴特夫妇为即将离任的中国大使裴家义夫妇设晚宴饯行。

8 сар 29 Монгол улсын Ерөнхийлөгч П. Очирбат гэргийн хамтаар үүрэгт ажлын хугацаа дуусгавар болсонтой нь холбогдуулан эх орондоо буцах гэж буй Хятадын Элчин сайд Бэй Жяиийг гэргийн хамт оройн зоогт урив.

9月3日—7日　中国外交部领事司副司长魏瑞兴率团参加在乌兰巴托和二连浩特举行的中蒙第二次边境联检会晤。

9 сар 3-7 БНХАУ-ын ГХЯ-ны консулын газрын орлогч дарга Вэй Дуаньсин тэргүүтэй төлөөлөгчид Улаанбаатар болон Эрээн хотод Хятад Монголын 2 дахь удаагийн хил шалгах хамтарсан хурал зохион байгуулагдав.

9月5日—9日　由中华人民共和国国家科委主办的、蒙古国蒙中友好协会、蒙中亚太合资有限公司协助举办的“96中国优秀科技产品展览会”在乌兰巴托举行。中国100多家公司和厂家的部分高科技产品参展。

9 сар 5-9 БНХАУ-ын улсын шинжлэх ухааны академи тэргүүтэй Хятад Монголын найрамдлын нийгэмлэг, Монгол Хятадын хөрөнгө оруулалттай Ази номхон далайн компани зэрэг байгууллагаас зохион явуулсан “96 оны Хятадын шинжлэх ухаан техникийн шилдэг бүтээгдэхүүний үзэсгэлэн” Улаанбаатар хотноо зохиогдов. Уг үзэсгэлэнд Хятадын 100 гаруй үйлдвэр, компани оролцов.

9月17日　中国全国人民代表大会常务委员会委员长乔石会见在北京出席各国议会联盟第96届大会的蒙古国家大呼拉尔主席贡其格道尔吉一行。在会见乔石时说：“中蒙作为邻国，双边关系发展很好。近年两国保持着高层互访，两国议会也保持着友好交往。中国全国人大愿同蒙古国家大呼拉尔共同努力，为进一步发展两国间业已存在的友好关系、为促进本地区的和平、稳定与发展作出努力”。

贡其格道尔吉表示：“蒙中两国间业已建立了很好的交往与合作，两国议会间的交流促进了两国关系的发展。”他还对中国在蒙古国经济发展中提供的无私援助表示感谢。

9 сар 17 БХАТИХ-ын байнгын хорооны дарга Чяо Ши Бээжинд болсон олон улсын холбооны 96-р их хуралд Монголын АИХ-ын дарга Гончигдоржтой тэргүүтэй төлөөлөгчид оролцов. Хурлын үеэр Чяо Ши хэлсэн үгэндээ хоёр улсын хөршийн харилцаа сайжирч байна. Ойрын жилүүдэд хоёр улс харилцан дээд хэмжээний айлчлал хийж хоёр улсын парламентын нөхөрсөг харилцаа ч мөн хөгжиж байна. БХАТИХ Монголын АИХ-тай хамтдаа зүтгэж, хоёр улсын нөхөрсөг харилцааг улам бэхжүүлж ,бүс нутагтаа энх тайвнаар тогтвортой хөгжихийн төлөө хичээхээр бэлэн байна гэжээ.

Гончигдорж Монгол Хятад хоёр улсын байгуулсан найрсаг харилцаа хамтын ажиллагаа, хоёр улсын парламентын солилцоо нь хоёр улсын харилцааны хөгжилд ихээхэн дэмжлэг боллоо. Мөн тэрээр БНХАУ-аас Монголын эдийн засгийн хөгжилд дэмжлэг үзүүлж буйд талархал илэрхийлэв.

9月17日—10月15日 中国政府项目考察团对蒙古国库苏古尔省德力格尔河恰盖特水电站项目进行考察。

9 сар 17-10 сар 15 БНХАУ-ын Засгийн Газрын төсөлтэй танилцах төлөөлөгчид Монгол Улсад хүрэлцэн ирж Монгол Улсын Хөвсгөл аймгийн Дэлгэрхангай сумын усан цахилгаан станцын байгууламжтай танилцав.

9月18日 蒙古国驻中国内蒙古呼和浩特市总领馆领事办公室在二连浩特开设。

9 сар 18 Монгол Улсаас ӨМӨЗО-ны Хөх хотод суугаа Ерөнхий Консулын Газрын захиргааг Эрээн хотод байгуулав.

9月　北京市妇女联合会代表团访问蒙古国。

9 сар Бээжин хотын Эмэгтэйчүүдийн холбооны төлөөлөгчид Монгол Улсад айлчлав.

10月3日　世界气象组织亚洲区域协会第11次届会当日上午在蒙古国首都乌兰巴托闭幕。中国代表出席了这次会议。

10 сар 3 Үдээс өмнө, дэлхийн цаг уурын байгуулагуудын Азийн бүсийн 11 дэхь удаагийн хуралдаан Монгол Улсын нийслэл Улаанбаатар хотноо хуралдав. Хятад улсын төлөөлөгчид энэ удаагийн хуралд оролцов.

10月12日　蒙古国武装力量两名军官赴中国人民解放军洛阳外国语学院留学。这是中国首次接受蒙古国军队留学生。

10 сар 12 МУ-ын Зэвсэгт хүчний 2 офицер ХАЧА-ийн дэргэдэх "Ло Яан" гадаад хэлний дээд сургуульд суралцахаар очив. Энэ нь Хятад Улс анх удаагаа МУ-ын армиас гадаад оюутан хүлээн авч суралцуулж буй явдал юм.

11月2日—9日　蒙古国军事外事代表团访问中国。

11 сар 2-9 МУ-ын Цэргийн Гадаад хэргийг хариуцсан төлөөлөгчид Хятад Улсад айлчлав.

11月12日　中国国家主席江泽民根据全国人民代表大会常务委员会的决定免去裴家义的中国驻蒙古国特命全权大使职务。任命齐治家为中国驻蒙古国特命全权大使。

11 сарын 12-ны өдөр БНХАУ-ын Төрийн тэргүүн Зян Зэминь БХАТИХ-ын шийдвэрийг үндэслэн БНХАУ-аас Монгол Улсад суух Онц бөгөөд Бүрэн Эрхт Элчин сайдын үүрэгт ажлаас нь чөлөөлж Чи Жизяг БНХАУ-аас Монгол Улсад суух Онц бөгөөд Бүрэн Эрхт Элчин сайдаар томилов.

11月13日 蒙古国政府批准基础设施发展部部长嘎·尼亚木达瓦为蒙中经济、贸易、科技合作委员会蒙方主席。

11сар 13 Монгол Улсын Засгийн Газрын зөвшөөрлөөр Дэд бүтцийн Яамны сайд Г. Нямдаваа Монгол Хятадын эдийн засаг, худалдаа, техникийн хамтын ажиллагааны хуралд Монголын Улсыг төлөөлөн оролцов.

11月22日 中国全国人民代表大会常务委员会副委员长王丙乾会见并宴请出席世界粮食首脑会议回国途经北京的蒙古国总理恩赫赛汗。

11 сар 22 Монгол Улсын Ерөнхий сайд Эхнсайхан Дэлхийн газар тариалангын тэргүүлэгчдийн хуралдаанд оролцоод нутаг буцах замдаа Бээжингээр дайрч БНХАУ-ын БХАТИХ-ын Байнгын хорооны Дэд дарга Ван Бинцияньтай уулзсан байна.

11月 中国外交人员服务局副局长宋阳柱访问蒙古国。

蒙古国国家监察委员会主席勒·扎布兹玛访问中国。

蒙古国和平友好组织联合会主席利格登率蒙古国和平友好联合会和蒙中友协代表团访问中国。

11 сар Хятад Улсын ГЯЯ-ны Хүний нөөцийн албаны орлогч дарга Жу Янван Монгол Улсад айлчлав.

Монгол Улсын ХШХ-ны дарга Жавзмаа Хятад Улсад айлчлав.

Монгол Улсын Энх тайван Найрамдлын байгууллагуудын холбооны дарга Лигдэн тэргүүтэй Монгол Улсын Энх тайван Найрамдлын байгууллагуудын холбоо болон Монгол Хятадын Найрамдлын Нийгэмлэгийн төлөөлөгчид Хятад улсад айлчлав.

12月24日　中国内蒙古自治区政府副主席包文发会见即将离任的蒙古国驻呼和浩特总领事达什道布丹先生。

12 сар 24　ӨМӨЗО-ны Засгийн Газрын Дэд тэргүүн Бао Вэнфа удахгүй томилолтоор нутаг буцах гэж байгаа Монгол Улсаас Хөх хотод суугаа Ерөнхий Консулын Газрын Ерөнхий консул Дашдаваатай уулзав.

1996年　中国在蒙古国进修人员有4人；蒙古国在华进修、留学人员有134人。

据中国海关总署统计，1996年中国同蒙古国贸易总额为1.987亿美元，其中中方出口额为7 235万美元，进口额为1.264亿美元。

1996 он, Хятад улсаас Монгол улт 4 хүн мэргэжил дээшлүүлж, Монголоос Хятадад134 мэргэжил дээшлүүлсэн буюу суралцсан аж.

Хятадын Гаалын Ерөнхий Газрын бүртгэлээр1996 оны Хятад Монголын арилжааны нийт өртөг 198 700 000 ам.доллор, тэр дундаа Хятадын тал 72 350 000 ам.доллорын бараа экспортолж, 126 400 000 ам.доллорын бараа импортлов.

1997年中蒙国家关系历史编年

1997он Монгол Хятад хоёр улсын харилцааныттүүхэн үйл явдлын товчоон

1月27日　中国国务院副总理兼外交部长钱其琛当日下午在北京钓鱼台国宾馆与蒙古国对外关系部长舒赫尔·阿勒坦格列尔会谈。钱其琛强调，“中国一向重视发展中蒙长期稳定的睦邻友好关系。蒙古国内政治体制和政府更迭不会影响中国迄今坚持的对蒙友好方针政策。我们赞赏蒙古坚持与中俄两大邻国保持睦邻友好关系的立场。相信经过双方的共同努力，中蒙两国将永远成为好邻居、好朋友”。阿勒坦格列尔表示，蒙中两国人民有悠久的交往历史，发展蒙中友好关系符合蒙古国人民的利益，蒙中之间没有悬而未决的问题。只要双方相互信任、加强协商，两国关系一定能够进一步向前发展。会谈后，两国外长签署了《中华人民共和国政府和蒙古国政府关于蒙古国在中华人民共和国香港特别行政区保留名誉领事馆的协定》。当晚，钱其琛在钓鱼台国宾馆设宴款待了蒙古国客人。

1 сар 27 БНХАУ-ын Төрийн Зөвлөлийн Ерөнхий сайдын орлогч бөгөөд Гадаад Явдлын Яамны сайд Чянь Чичэнь Бээжингийн Дяоюйтай төрийн зочид буудалд Монгол Улсын ГХЯ-ны сайд Алтангэрэлтэй хэлэлцээр хийв. Чянь Чичэнь: Хятад Улс, Хятад Монгол хоёр улсын сайн хөршийн найрсаг харилцааг урт удаан хугацаанд тогтвортрй хөгжүүлхийг чухалчилан үзэж байна. Монгол Улсын дотоодын төрийн тогтоц болон засаг төрийн өөрчлөлт нь Хятад улсын баримталж байгаа нөхөрсөг хүршийн бодлогыг нөлөөлөхгүй гэдгийг онцлон тэмдэглээд Бид Монгол Улсыг Хятад Орос хоёр том хөрш улстайгаа харилцах сайн хөршийн найрсаг харилцааны байр суурийг үргэлж хамгаалж байдгийг сайшааж байна гэв. Мөн талуудын хамтын хүчин чармайлтаар Хятад Монгол хоёр улс мөнхийн сайн хөрш улс, сайн найзууд болно гэдэгт итгэлтэй байгаагаа илэрхийлэв. Алтангэрэл: Монгол Хятад хоёр улсын ард түмэн урт удаан харилцааны түүхтэй билээ. Хятад Монголын найрсаг харилцааг хөгжүүлэх нь Монголын ард түмний язгуур эрх ашигт нийцнэ гэдгийг онцлон тэмдэглээд Монгол Хятад хоёр улсын хооронд шийдвэрлэж болохгүй зарчмын асуудал гэж байхгүй гэв. Талууд мөн хоёр улсын харилцааг улам бүр хөгжүүлэхэд чиглэсэн хэлэлцээр хийв. Уулзалтын дараа хоёр улсын сайд “БНХАУ-ын засгын

газар болон МУ-ын засгын газар хоорондын МУ-аас БНХАУ-ын Хонкон онц оронд консолын газрын нэрийг үлдээх хэлэлцээрт" гарын үсэг зурав. Мөн орой Чянь Чичэнь Дё юйтайн улсын зочид буудалд хүлээн авалт зохион байгуулж Монголын зочидыг дайлав.

1月28日　中国外经贸部部长吴仪当天下午在北京会见来访的蒙古国对外关系部长舒赫尔·阿勒坦格列尔时说："中蒙贸易近年来有了显著发展，去年双边贸易额为2亿美元左右，比前年增长了24%。中蒙经济合作虽然目前规模较小，但中国有一套完整的工业体系，蒙古国有着丰富的石油和多种矿产资源，双方在这些领域合作前景广阔。"她希望双方政府鼓励两国大企业增加接触和了解，寻求更多的合作机会。阿勒坦格列尔对此表示赞同，认为两国经贸合作在双边关系中占有重要位置，蒙古国希望加强与中国的经贸合作。会见后，吴仪还和阿勒坦格列尔共同签署了一项有关两国经贸合作项目的换文。

1 сар 28　БНХАУ-ын Гадаад Эдийн засаг, Худалдааны Яамны сайд Ү И Бээжин хотноо айлчлалаар хүрэлцэн ирсэн Монгол Улсын ГХЯ-ны сайд Алтангэрэлтэй уулзах үеэрээ: Хятад Монголын худалдаа ойрын жилүүдэд илт сайн хөгжсөн байна. Өнгөрсөн жилийн талуудын худалдааны нийт мөнгөний эргэлт 200 сая доллар байсан бөгөөд өмнөх жилтэй харьцуулхад 24%-р нэмэгдсэн байна. Хятад Монголын эдийн засгийн хамтын ажиллагааны хамрах хүрээ хэдийгээр өмнө нь бага байсан ч Хятад улсад одоо нэгэн төрлийн аж үйлдвэрийн төгс байдал бий болж Монгол улс газрын тос болон олон төрлийн эрдэс баялагаар баяжиж байгаа бөгөөд талууд эдгээр салбаруудын хамтын ажиллагааны хэтийн төлөвийг тодорхойлно гэдгийг онцлон талуудын Засгийн газарт тулгуурлан хоёр улсын томоохон

үйлдвэрлэлүүдийг нэмэгдүүлж хамтын ажиллагааны талаар олон боломжыг эрэлхийлхийг хүсч буйгаа илэрхийлэв. Мөн Алтангэрэл: Хоёр улсын эдийн засгийн хамтын ажиллагаа талуудын харилцаанд тус дөхөм үзүүлж байгааг сайшааж Монгол Улсын зүгээс Хятад Улстай эдийн засгийн хамтын ажиллагаагаа улам бүр нэмэгдүүлхийг хүсч буйгаа илэрхийлэв. Уулзалтын дараа Ү И, Алтангэрэл нар хоёр улсын эдийн засгийн хамтын ажиллагааны төслийн тухай албан бичигт гарын үсэг зурав.

2月20日　蒙古国总统奥其尔巴特致电江泽民主席，对“中华人民共和国杰出的领导人、中国改革开放政策的倡导者、20世纪世界著名的政治活动家、中国人民忠诚的儿子邓小平的逝世”，表示深切的哀悼。

2 сар 20　Монгол улсын ерөнхийлөгч Очирбат, Жян Зэминь тэргүүнд гашуудлын цахилгаан илгээж “БНХАУ-ын гарамгай удирдагч, БНХАУ-ын хувьсгалыг эхлүүлэх улс төрийн бодлогыг санаачлагч, 20-р зууны дэлхийн нэрт улс төрч, БНХАУ-ын ард түмний шударга хүү Дэн” Сяопинийг нас нөгчсөнд гүн эмгэнэл илэрхийлэв.

2月24日　蒙古国总理恩赫赛汗致电中国领导人：“在中国举国哀悼中国人民的杰出领导人、中国改革开放政策的奠基人邓小平逝世的悲痛时刻，我谨代表蒙古国政府和人民，并以我个人的名义，向中华人民共和国、中国政府和人民以及逝者家属、亲友再次表示深切的哀悼。”

2 сар 24　Монгол улсын Ерөнхий сайд Энхсайхан Хятад улсын удирдлагад цахилгаан илгээж “Хятадын бүх ард түмэн Хятадын ард түмний гарамгай удирдагч, БНХАУ-ын өөрчлөлтийг эхлүүлэх улс төрийн бодлогыг санаачлагч Дэн

Сяопинийг нас нөгчсөнд гашуудаж байгаа эрэнд миний бие БНХАУ, БНХАУ-ын засгын газар хийгэд ард түмэн жич нөгчигчийн гэр бүл, найз нөхтөд дахин гүн эмгэнэл илэрхийлэж бий" гэжээ.

2月16日　蒙古国家档案馆馆长巴查可罕访问中国中央档案馆,并就两国档案部门之间进行合作事宜与中央档案馆沈正乐副馆长达成共识。

2 сар 16　Монгол Улсын Архивын Газрын дарга Батсайхан Хятад Улсын Төв Архивын Газарт айлчилж хоёр улсын Архивын Газрын салбаруудын хоорондох хамтын ажиллагааны талаар Хятад Улсын Төв Архивын Газрын дэд дарга Шэнь Жэнлэтэй санал нэгтэв.

3月19日—23日　筹备东亚术语研究论坛专家组会议在北京中国标准化与信息编码分类研究所昌平科研基地召开。蒙古国专家巴亚尔芒乃·诺尔杜夫介绍了本国的术语学、术语标准化的工作情况。

3 сар 19-23　Зүүн Азийн Нэр томъёо судлалын мэргэжилтнүүдийн зөвлөлийн хуралдаан Хятад Улсын мэдээ мэдээлэл дахь нэр томъёоны төрөл зүйлийн судлалын Чан Пин дахь суурин газарт болов. Монгол Улсын мэргэжилтэн Баярмагнайн Норовхүү өөрийн улсын нэр томъёо судлал болон нэр томъёо, хэмжилзүйн талаарх ажлын нөхцөл байдлыг танилцуулав.

4月3日　中国国务委员兼国家科委主任宋健当天在京会见蒙古国水文气象和环境监测局局长赞宾·巴特扎尔嘎勒率领的蒙古国气象代表团。宋健对巴特扎尔嘎勒一行的来访表示欢迎。他说，自1988年中蒙"气象科技合作议定书"签订以来，双方合作已取得了一定效果，对两国科技事业的发展发挥了很重要的作用。中国政府和社会各方面将全力支持和帮助实施双方业已达成的合作协议，同时在更广泛的领域内发展两国的科技合作。巴特扎尔嘎勒感谢中国政府对两国在气象领域的合作的重视和支持。他说蒙中长期的气象合作，促进了两国的国民经济发展和各方面的友好关系。

4 сар 3 БНХАУ-ын Төрийн Зөвлөлийн гишүүн бөгөөд Улсын Шинжлэх Ухааны Академийн тэргүүн Жу Зянь Бээжин хотноо Монгол Улсын Ус цаг уур, Байгаль орчны Хяналтын Газрын дарга Б. Батжаргал тэргүүтэй Монгол Улсын Цаг уурын төлөөлөгчидтэй уулзав. Жу Зянь, Батжаргалыг Хятад Улсад айлчилан ирсэнд баяртай байгаагаа илэрхийлээд тэрээр 1988 онд Хятад Монголын “Цаг уурын шинжлэх ухааны хамтын ажиллагааны гэрээ”-нд гарын үсэг зурснаас нааш талуудын хамтын ажиллагаа амжилтанд хүрч хоёр улсын шинжлэх ухааны хамтын ажиллагааны хөгжилд чухал нөлөө үзүүлсэн гэдгийг онцлон тэмдэглээд Хятад Улсын Засгийн газар болон Нийгмийн олон салбар талуудын хамтын ажиллагааны хэлэлцээрийг амжилттай биелүүлэхэд бүхий л талаар тусалж дэмжих бөгөөд энэ үед хоёр улсын шинжлэх ухааны хамтын ажиллагаа олон салбарт өргөн далайцтай хөгжих болно гэв. Б. Батжаргал: Хятад Улсын Засгийн газраас хоёр улсын Цаг уурын салбарын хамтын ажиллагааг чухалчилан үзэж дэмжинэ гэдгээ илэрхийлж байгаад баяртай байна гээд Монгол Хятад хоёр улсын Цаг уурын салбар дахь урт удаан хугацааны хамтын ажиллагаа нь хоёр улсын Ард түмний эдийн засгийн хөгжил болон олон салбарын найрсаг харилцаанд тус дөхөм үзүүлэх болно гэв.

4月12日 蒙古国大呼拉尔主席拉·贡其格道尔吉在中国全国人民代表大会常务委员会委员长乔石即将访问蒙古国之际接受中

国《人民日报》记者采访时表示，乔石访蒙将是对发展两国友好合作，特别是进一步发展两国议会之间的关系具有极其重要的意义。

4 сар 12 Монгол Улсын УИХ-ын дарга Гончигдорж БНХАУ-ын БХАТИХ-ын байнгын хорооны дарга Чяо Ши удахгүй Монгол Улсад айлчлах гэж байгаатай холбогдуулан Хятад Улсын “Ардын өдрийн сонин”-ны сэтгүүлчдийг хүлээн авч уулзах үеэрээ: Чяо Ши удахгүй Монгол улсад айлчлал хийх гэж байгаа нь хоёр улсын найрсаг хамтын ажиллагаа хөгжүүлэхэд тэр дундаа хоёр улсын парламентын хоорондох харилцааг улам бүр хөгжүүлэхэд чухал ач холбогдол үзүүлэх болно гэв.

4月13日　应蒙古国家大呼拉尔主席贡其格道尔吉的邀请，中国全国人民代表大会常务委员会委员长乔石于当天下午17时（当地时间）乘专机抵乌兰巴托，开始对蒙古国进行为期3天的正式访问。这是乔石委员长欧亚四国之行的最后一站，也是中国全国人大常委会委员长首次访蒙。当天下午，乔石在乌兰巴托蒙古国家宫会见了蒙古国家大呼拉尔主席贡其格道尔吉。贡其格道尔吉代表蒙古国家大呼拉尔对乔石访问蒙古国表示欢迎，他说，蒙中两国关系很好，近几年来高层领导互访不断。蒙古国家和人民特别感谢中国政府和人民在蒙古国走向市场经济过程中所给予的各种支持和帮助。他说，加强同中国的友好合作关系是蒙古国对外政策的重要组成部分，两国的友好合作关系不仅符合蒙中两国的利益，也有利于亚太地区的和平与稳定。蒙古国愿意与中国建立面向21世纪的友好合作关系。乔石赞同贡其格道尔吉对两国关系的评价。他说，中蒙两国是山水相连的友好邻邦。1989年两国关系实现正常化以来，在双方的共同努力下，两国在各个领域的友好合作不断扩大并取得显著成果。我们对此感到满意和高兴。

双方一致同意进一步加强中国全国人大同蒙古国家大呼拉尔的友好合作与交往，认为这种合作与交往是两国关系的重要组成部分。会见后，乔石和贡其格道尔吉出席了中国全国人大常委会向蒙古国家大呼拉尔赠送办公用品以及中国全国人大常委会通过蒙古国家大呼拉尔向蒙古国立大学赠送图书、教学和文体用品的交接签字仪式。中国全国人大常委会秘书长曹志，蒙古国家大呼拉尔办公厅秘书长朝格，分别代表中国全国人大常委会和蒙古国家大呼拉尔在赠品交接的换文和交接证书上签字。

4 сар 13 Монгол Улсын УИХ-ын дарга Гончигдоржын урилгаар БНХАУ-ын БХАТИХ-ын байнгын хорооны дарга Чяо Ши үдээс хойш 17 цагийн үед тусгай нислэгээр Улаанбаатар хотноо хүрэлцэн ирснээр Монгол Улсад хийх 3 өдрийн албан ёсны айлчлал нь эхлэв. Энэ нь байнгын хорооны дарга Чяо Шигийн Евро Азийн 4 орноор хийж буй айлчлалын хамгийн сүүлийн айлчлал бөгөөд БНХАУ-ын БХАТИХ-ын Байнгын хорооны даргын хувиар Монгол Улсад хийж буй анхны айлчлал юм. Мөн өдрийн үдээс хойш, Чяо Ши Улаанбаатар хотноо Монгол Улсын Төрийн ордонд Монгол Улсын УИХ-ын дарга Гончигдоржтой уулзав. Гончигдорж Монгол Улсын УИХ-ыг төлөөлж Чяо Шигийн Монгол Улсад айлчлан ирсэнд баяртай байгаагаа илэрхийлэв. Тэрээр Хятад Монгол хоёр улсын харилцаа маш сайн байгаа бөгөөд сүүлийн жилүүдэд хоёр улсын удирдлагууд тасралтгүй харилцан айлчлал хийсэн байна гэдгийг онцлон тэмдэглээд Монгол Улсын төр болон ард түмэн Монгол Улсын хотуудын эдийн засгийн байгуулалтанд олон талаар тусламж дэмжлэг үзүүлж байгаа Хятад Улсын Засгийн газарт болон Ард түмэнд талархаж буйгаа илэрхийлэв. Мөн тэрээр Хятад Улстай найрсаг харилцаа,

хамтын ажиллагаагаа нэмэгдүүлэх нь Монгол Улсын гадаад бодлогын чухал бүрэлдэхүүн хэсэг гэдгийг онцлоод хоёр улсын найрсаг харилцаа, хамтын ажиллагаа нь хоёр улсын язгуур эрх ашигт нийцэх төдийгүй Ази номхон далайн орнуудын энх тайвны тогтвортой байдалд ч ашигтай гээд Монгол Улс нь Хятад Улстай хамтдаа 21 дүгээр зуунд чиглэсэн найрсаг харилцаа, хамтын ажиллагааг байгуулахыг хүсч буйгаа илэрхийлэв. Чяо Ши: Гончигдоржыг хоёр улсын харилцааг үнэлэж байгааг сайшааж Монгол Хятад хоёр улс бол уул усаар холбогдсон найрамдалт хөрш улсууд юм. 1989 оноос хоёр улсын харилцаа хэвийн болсноор талууд хамтын хүчин чармайлтаар хоёр улсын олон салбарын найрсаг хамтын ажиллагаа тасралтгүй өргөжин тэлж амжилтанд хүрсэн бөгөөд бид үүнд маш их сэтгэл хангалуун байна гэв. Талууд БНХАУ-ын БХАТИХ болон Монгол Улсын УИХ-ын хоорондох найрсаг хамтын ажиллагаа болон харилцааг улам бүр нэмэгдүүлэх тухай асуудлыг санал нэгтэй зөвшөөрөв. Энэ төрлийн хамтын ажиллагаа болон солилцоо нь хоёр улсын харилцааны чухал бүрэлдэхүүн хэсэг юм.

Хурлын дараа Чяо Ши, Гончигдорж нар БНХАУ-ын БХАТИХ-ын зүгээс Монгол Улсын УИХ-д албаны эд зүйл бэлэглэх болон БНХАУ-ын БХАТИХ, Монгол Улсын УИХ-аар дамжуулан Монгол Улсын Их сургуулиудад ном, сурах бичиг болон бичгийн хэрэгсэл бэлэглэх тухай батламж бичигт гарын үсэг зурах ёслолд оролцов. БНХАУ-ын БХАТИХ-ын байнгын хорооны нарийн бичгийн дарга Зань Ши, Монгол Улсын УИХ-ын тамгын газрын нарийн бичгийн дарга Цог нар БНХАУ-ын БХАТИХ болон Монгол Улсын УИХ-ыг тус тус төлөөлж эд зүйл бэлэглэх батламж бичгийг солилцож гарын үсэг зурав.

4月14日　中国全国人民代表大会常务委员会委员长乔石，当天上午在乌兰巴托会见了蒙古国总理恩赫赛汗。恩赫赛汗说，蒙古国把发展同中国的关系作为对外政策首要方针之一，并希望根据1994年签订的蒙中友好合作关系条约精神，长期稳定地发展面向21世纪的两国关系。蒙古国对中国在蒙古经济发展中给予的支持表示感谢。乔石说，蒙古国新政府为发展经济采取了一系列改革举措，但也遇到一些困难。我们两国是近邻，彼此有什么困难，应该互相帮助。我们认为，蒙古国正处于经济转轨时期，这些困难是暂时的。相信你们一定能够克服前进道路上的各种困难，不断取得新的成就。乔石欢迎恩赫赛汗总理在方便的时候访问中国。恩赫赛汗对此表示感谢。

蒙古国总统奥其尔巴特当天在国家宫会见了中国全国人民代表大会常务委员会委员长乔石。奥其尔巴特欢迎乔石访问蒙古国，相信这次访问一定会为进一步发展业已存在的蒙中睦邻友好关系作出贡献。乔石表示，非常高兴同奥其尔巴特总统会晤。他说，中国政府历来十分重视发展同周边国家的睦邻友好关系。不断加强同蒙古国的睦邻友好关系，符合两国和两国人民的共同愿望和根本利益。我们愿在和平共处五项原则的基础上，继续本着中蒙友好合作条约的精神，同蒙方一道，把一个充满活力、睦邻友好的中蒙关系带入21世纪。希望无论国际风云如何变幻，中蒙两国都永远做好邻居、好朋友，共享21世纪的繁荣。奥其尔巴特表示完全赞同乔石对两国关系的评价，并表示蒙古国愿意在平等互利的基础上，不断发展同中国在各个方面的友好合作关系。

当天，蒙古国家大呼拉尔主席贡其格道尔吉和夫人为中国全国人大常委会委员长乔石和夫人访问蒙古国举行欢迎宴会。蒙古国家大呼拉尔蒙中议员小组主席额尔德尼比列格和蒙古人民革命党议会党团主席巴嘎班迪当日分别到乔石下榻的国宾馆拜会了乔石委员长。

4 сар 14 Үдээс өмнө, БНХАУ-ын БХАТИХ-ын Байнгын хорооны дарга Чяо Ши Улаанбаатар хотноо Монгол Улсын Ерөнхий сайд Энхсайхантай уулзав. Энхсайхан хэлэхдээ: Монгол Улс, Хятад Улстай харилцаагаа хөгжүүлэх нь Монгол Улсын Гадаад бодлогын эн тэргүүний зорилтын нэг юм гээд 1994 онд байгуулсан Монгол Хятадын найрсаг харилцаа, хамтын ажиллагааны тухай гэрээнд тулгуурлан 21 дүгээр зуунд чиглэсэн хоёр улсын харилцааг урт удаан хугацаанд тогтвортой хөгжүүлхийг хүсч байна гэв. Мөн Хятад Улс, Монгол Улсын эдийн засгийн хөгжилд тусламж дэмжлэг үзүүлж байгаад Монголын талаас баяртай байгааг илэрхийлэв. Чяо Ши хэлэхдээ: Монгол Улсын шинэ Засгийн Газар эдийн засгаа хөгжүүлхийн тулд зарим нэг өөрчлөлтийг хийсэнч бэрхшээлтэй тулгарсан. Манай хоёр улс нь ойрын сайн хөрш улс бөгөөд ямар ч бэрхшээл тулгарсан харилцан туслах ёстой. Бид Монгол Улсын эдийн засгийн өөрчлөлтөнд гарсан эдгээр бэрхшээлүүд нь цаг хугацааны асуудал гэж бодож байна гээд та бүхнийг энэ эдийн засгийн өөрчлөлтөнийн замд гарсан олон бэрхшээлийг даван гарч эдийн засгаа амжилттай хөгжүүлнэ гэдэгт итгэлтэй байна гэв. Чяо Ши Ерөнхий сайд Энхсайханыг Хятад Улсад айлчлахыг урисан бөгөөд Энхсайхан урилгыг баяртайгаар хүлээн авав.

Монгол Улсын Ерөнхийлөгч Очирбат Төрийн ордонд БНХАУ-ын БХАТИХ-ын байнгын хорооны дарга Чяо Шитэй уулзав. Ерөнхийлөгч Очирбат Чяо Шиг Монгол Улсад айлчлал хийж байгаад баяртай байгаагаа илэрхийлээд энэ удаагийн айлчлал нь Монгол Хятад хоёр улсын сайн хөршийн найрсаг харилцааг улам илүү хөгжүүлхэд ач холбогдол үзүүлнэ гэдэгт итгэлтэй байгаагаа илэрхийлэв. Чяо Ши: Ерөнхийлөгч Очирбатын хэлсэн үгэнд маш баяртай байгаагаа илэрхийлээд Хятад Улс хөрш орнуудтайгаа сайн хөршийн найрсаг харилцаагаа хөгжүүлхийг ихэд чухалчилан үздэг гэв. Мөн тэрээр Хятад Улс, Монгол Улстай сайн хөршийн найрсаг харилцаагаа тасралтгүй хөгжүүлэн нэмэгдүүлэх нь хоёр улсын болон хоёр улсын ард түмний язгуур эрх ашигт нийцнэ гэдгийг илэрхийлээд бид энх тайвнаар зэрэгцэн орших 5 зарчмын үндсэн дээр Хятад Монголын найрсаг харилцаа, хамтын ажиллагааны гэрээнд тулгуурлан монголын талтай хамтдаа сайн хөршийн найрсаг харилцааг хөгжүүлж Хятад Монголын харилцааг 21 дүгээр зуунд дэвшүүлэн оруулхыг хүсч байна гэв. Мөн Олон улсын байдалд өөрчлөлт гарсан ч Хятад Монгол хоёр улс сайн хөрш, сайн найз байж хамтдаа 21 дүгээр зуунд хоёр улсын харилцааг цэцэглэн хөгжүүлэхийг хүсч буйгаа илэрхийлэв. Очирбат: Чяо Шигийн хоёр улсын харилцааны тухайд хэлсэн саналыг дэмжиж буйгаа илэрхийлээд эрх тэгш, харилцан ашигтай хамтран ажиллах зарчмын үндсэн дээр Монгол Улс, Хятад Улстай олон салбарт найрсаг харилцаа хамтын ажиллагаагаа улам бүр хөгжүүлэх хүсэлтэйгээ өгүүлэв.

Мөн өдөр Монгол Улсын УИХ-ын дарга Гончигдорж гэргийн хамт Монгол Улсад айлчлахаар хүрэлцэн ирсэн БНХАУ-ын БХАТИХ-ын байнгын хорооны дарга Чяо Ши болон түүний гэргийд зориулан хүлээн авалт зохион байгуулав. Монгол Улсын УИХ-ын дэргэдэх Монгол Хятадын парламентын бүлгийн дарга Эрдэнэбилэг, МАХН-ын УТТЗ-ийн дарга Багабанди нар Чяо Шигийн буудалласан зочид буудалд тус тус хүрэлцэн ирж БХАТИХ-ын байнгын хорооны дарга Чяо Шид бараалхав.

4月15日 中国全国人民代表大会常务委员会委员长乔石结束对蒙古国正式访问，于当日下午乘专机离开乌兰巴托回国。在圆满结束对蒙古国的访问之际，乔石委员长致电贡其格道尔吉主席，对访问期间受到蒙古国家大呼拉尔和蒙古国人民的热烈欢迎和盛情款待表示诚挚的感谢。乔石在访蒙期间，还参观了蒙古国皮革制品厂、蒙古国立大学。

4 сар 15 БХАТИХ-ын байнгын хорооны дарга Чяо Шигийн Монгол улсад хийсэн албан ёсны айлчилал дуусч, үдээс хойш тусгай нислэгээр Улаанбаатар хотоос нутаг буцав. Монголд хийсэн айлчилал амжилттай дууссаны дараа Чяо Ши Гончигдорж даргад цахилгаан илгээж айлчлалын хугацаанд МУИХ болон Монголын ард түмэн халуун дотноор хүлээн авч найрсаг сайхан сэтгэлээр зочилсонд талархаж байгаагаа илэрхийлэв. Чяо Ши Монгол улсад айлчлах хугацаандаа Монголын арьс ширний үйлдвэр болон МУИС-ыг үзэж сонирхсон аж.

5月6日 中共中央办公厅副主任、国家档案局局长、中央档案馆馆长王刚和蒙古国家档案馆馆长巴查可罕在北京签署了《中国国家档案局和蒙古国家档案馆档案合作议定书》。签字仪式前，王刚、沈正乐及国家档案局副局长、中央档案馆副馆长冯鹤旺会见了蒙古国客人，双方就共同关心的话题交换了意见。巴查可罕一行5人是应国家档案局、中央档案馆的邀请访问中国的。他们将在北京、内蒙古自治区进行为期一周的工作访问。

5 сар 6 ХКН-ын ажлын албаны эрхлэгчийн орлогч, Улсын Архивийн газрын дарга, Төв Архивийн дарга Ван Ган болон Монголын Үндэсний Архивийн дарга Батсайхан нар Бээжинд “БНХАУ-ын Архивийн газар болон Монгол улсын Архивийн газрын хамтран ажиллах гэрээ”-нд гарын үсэг

зурав. Гарын үсэг зурах ёслолын өмнө Ван Ган, Шэнь Жэнлэ болон Улсын Архивийн газрын дэд дарга, Архивийн төв хорооны дэд дарга Фэн Хэван нар Монголын зочид төлөөлөгчдийг хүлээн авч уулзан 2 тал холбогдох асуудлаар санал солилцов. Батсайхан болон 5 хүний бүрэлдэхүүнтэй төлөөлөгчдийн хамтаар Хятадын Төв Архивийн урилгаар БНХАУ-д айлчлал хийн, төлөөлөгчид Бээжинд болон ӨМӨЗО-д 7 хоног ажлын айлчлах аж.

5月7日　蒙古国家档案馆馆长巴查可罕一行参观了北京市档案馆。

5 сар 7　Монголын Үндэсний Архивийн дарга Батсайхан Бээжин хотын Архивын газрыг үзэж сонирхов.

5月6日—9日　由中国文化部部长刘忠德率领的中国政府文化代表团一行6人访问蒙古国。这是两国建交以来中国文化部长第一次访问蒙古国。蒙古国总理恩赫赛汗会见了代表团。中国文化部向蒙古国科教文部赠送了文化用品和图书。

5 сар 6-9　Хятадын Соёлын яамны сайд Лю Жундэ тэргүүтэй 6 хүний бүрэлдэхүүнтэй төлөөлөгчдийн баг Монгол улсад айлчлав. Хоёр улс дипломат харилцаа тогтоосноос хойш Хятадын Соёлын яамны сайд анх удаа Монгол улсад айлчилж буй нь энэ юм. Монгол улсын Ерөнхий сайд Энхсайхан төлөөлөгчидтэй уулзав. Хятадын Соёлын яамнаас Монголын БСШУ-ны яаманд соёлын хэрэглээний зүйлс, зурагт ном бэлэглэв.

7月2日　中国驻蒙古国使馆举行酒会，庆祝香港回归祖国。蒙古国家大呼拉尔政权建设常设委员会主席卓力格、蒙古国政府基础设施部部长尼玛达瓦、蒙古国政府教育部部长拉哈格瓦、蒙中友协主席额尼毕希以及各国驻蒙使馆和国际机构代表等近200人出席酒会。

7 сар 2 БНХАУ-аас Монгол улсад суух Элчин сайдын яаманд босоо хүлээн авалт зохион байгуулж, Хонгконг эргэж эх орондоо нэгдсэн баярыг тэмдэглэв. МУ-ын ИХ-ын бүтээн байгуулалтын байнгын хорооны дарга Зориг, Монгол улсын Дэд бүтцийн яамны сайд Нямдаваа, Монгол улсын Боловсролын яамны сайд Лхагва, Монгол Хятадын найрамдлын нийгэмлэгийн дарга Энэбиш болон Гадаадын Элчин айдын яамд, олон улсын байгууллагуудын төлөөлөгчид зэрэг 200 хүн тус хүлээн авалтад оролцов.

7月8日 近日蒙古国总统巴嘎班迪向江泽民主席、蒙古国对外关系部长阿勒坦格列尔向钱其琛副总理兼外长、蒙古国总理恩赫赛汗向李鹏总理发来贺电，祝贺中国政府恢复对香港行使主权。

7 сар 8 Ойрын өдрүүдэд Монгол Улсын Ерөнхийлөгч Багабанди БНХАУ-ын дарга Жянь Зэминь, Монгол Улсын ГХЯ-ны сайд Алтангэрэл Хятадын Ерөнхий сайдын орлогч бөгөөд Гадаад хэргийн сайд Чянь Чичэньд, Монгол Улсын Ерөнхий сайд Энхсайхан БНХАУ-ын Ерөнхий сайд Ли Пэн нарт тус тус цахилгаан илгээж Хятадын Засгийн газар Хонгконгд бүрэн эрхээ сэргээсэнд баяр хүргэв.

7月17日 中国政府向蒙古国赠送价值2 000万元人民币的食品援助交接仪式当日在乌兰巴托举行。这批无偿援助包括3 100吨面粉、1 300吨大米和780吨白糖。

7 сар 17 Хятадын Засгийн газраас Монгол Улсад 20 сая юаний өртөг бүхий хүнсний бүтээгдэхүүнийг тусламжаар өгсөнийг хүлээж авах ёслол Улаанбаатар хотод зохиов. Энэхүү буцалтгүй тусламжийн хүрээнд 3 100 тн цагаан гурил, 1 300 тн цагаан будаа 780 тн элсэн чихэр багтсан байна.

7月30日　中国人民解放军建军70周年之际，蒙古国国防部长道尔里格扎布和蒙古国劳动英雄、原边防军司令、退役中将扎米扬给中国国防部部长迟浩田上将发来贺电；蒙古国武装力量总参谋长达木丁苏伦少将给中国人民解放军总参谋长傅全有上将发来贺电。

7 сар 30　БХАЧА байгуулагдсаны 70 жилийн ойн баяр хүргэн МУ-ын БХЯ-ны сайд Дорлигжав болон Монгол улсын хөдөлмөрийн баатар, Хил хамгаалах жанжин штабын командлагч, чөлөөнд гарсан дэслэгч генерал Жамъян нараас Хятадын БХЯ-ны сайд хурандаа генерал Чи Хаотенд цахилгаан илгээж, Монголын Зэвсэгт хүчний жанжин штабын дарга хошууч генерал Дамдинсүрэн, БХАЧА-ын Ерөнхий штабын дарга хурандаа генерал Фо Чюаньиоуд цахилгаан илгээв.

8月12日　中国外交部发言人沈国放当天宣布：应蒙古国政府的邀请，中国国务院副总理兼外交部长钱其琛将于8月19日—22日对蒙古国进行正式访问。

8 сар 12　Хятадын ГЯЯ-ийн сайдын хэвлэлийн төлөөлөгч Шэн Гуофан Монгол улсын Засгийн газрын урилгаар БНХАУ-ын Төрийн Зөвлөлийн Ерөнхий сайдын орлогч бөгөөд ГЯЯ-ны сайд Чянь Чичэнь 8 сарын 19-22 хүртэл Монгол улсад албан ёсны айлчлал хийх болсныг зарлав.

8月19日　中国国务院副总理兼外长钱其琛同蒙古国对外关系部长阿勒坦格列尔举行会谈。钱其琛说，中蒙两国人民之间有着深厚的传统友谊，1989年两国实现关系正常化以来，双方在政治、经济和文化教育等领域的友好交往与合作不断扩大与发展。两国领导人的来往加深了彼此之间的了解和信任，推动了两国睦邻友好关系不断向前发展。中国将一如既往地尊重蒙古国的独立、主权与领土完整，尊重蒙古国人民对社会制度和发展道路的选择。中方赞赏蒙方重视发展对华关系的方针，认为这符合中蒙两国人民的根本利益。阿勒坦格列尔说，蒙古国致力于同中国发展睦邻友好关系。两国之间没有不能解决的问题。他说，蒙中双方在经贸领域进行了卓有成效的合作，但是还可以继续寻求新的合作方式和方法。蒙古国的地下资源丰富，开采和有效利用这些资源对振兴蒙古经济意义重大，蒙方希望与包括中国在内的有关国家积极开展各项合作。双方还就参与东北亚经济合作和促进两国边境地区友好交往的问题交换了意见。会谈结束后，两国外长签署了《中华人民共和国和蒙古国引渡条约》。

蒙古国政府总理恩赫赛汗当日下午在国家宫会见了中国国务院副总理兼外长钱其琛。恩赫赛汗说，钱副总理的此次访问对保持两国间高层政治对话、发展蒙中友好关系具有重要意义。目前蒙中关系发展很好，蒙古国对此表示满意。蒙古国政府将根据1994年两国签署的友好合作关系条约，努力发展与中国的长期友好合作关系。他希望在本届政府任期内蒙中关系达到更高水平。钱其琛强调，中蒙在经济上各具优势，合作潜力很大。中国重视两国的经贸合作，将进一步深化和扩大政府间的合作，同时将鼓励两国企业开展互利合作和相互投资。会见结束后，恩赫赛汗在蒙古国宾馆为钱其琛举行了欢迎宴会。钱其琛的随行人员内蒙古自治区人民政府副主席云公民、外交部部长助理杨洁篪、中国驻蒙古国大使齐治家等参加了会见和宴会。

8 сар 19 БНХАУ-ын Төрийн Зөвлөлийн Ерөнхий сайдын орлогч бөгөөд ГЯЯ-ны сайд Чянь Чичэнь Монголын

ГХЯ-ны сайд Алтангэрэл нар хэлэлцээ хийв. Чянь Чичэнь хэлэхдээ Хятад Монгол хоёр улсын ард түмний хооронд бат бэх уламжилалт нөхөрсөг харилцаатай, 1989 оноос хоёр улсын харилцаа хэвийн болсноос хойш хоёр улсын улс төр, эдийн засаг, болон соёл боловсролын салбаруудын найрсаг харилцаа хамтын ажиллагаа тасралтгүй өргөжин хөгжиж байна. Хоёр улсын тэргүүнүүдийн харилцаанд харилцан ойлголголцох болон итгэлцэл илүү нэмэгдэж байгаа нь 2 улсын сайн хөршийн найрсаг харилцааг тасралтгүй урагшаа хөгжүүлэхэд тус дөхөм болсон юм. Хятад улс урьдын адилаар Монгол улсын тусгаар тогтнол, бүрэн эрхт болон нутаг дэвсгэрийн бүрэн бүтэн байдлыг хүндэтгэн, Монголын ард түмэн нийгмийн тогтолцоо болон хөгжилийн замаа сонгох сонголтыг хүндэтгэнэ. Хятадын тал Монгол улс Хятад улстай харилцах харилцаагаа хөгжүүлэх чиглэлээ чухалчилан үзэж байгааг сайшаан, Хятад Монголын ард түмний үндсэн эрх ашигт нийцэж байна гэж үзэв. Алтангэрэл сайд хэлэхдээ Монгол улс Хятад улстай сайн хөршийн найрсаг харилцаагаа хөгжүүлэхэд их хүчин чармайлт гаргаж байгаа. Хоёр улсын хооронд шийдвэрлэгдэх боломжгүй асуудал гэж байхгүй гээд Монгол Хятад 2 улсын эдийн засаг гадаад худалдааны салбаруудад мэдэгдэхүйц үр дүнтэй хамтын ажиллагаа явуулсан, гэвч бас шинэ хамтын ажиллагааны арга хэлбэрүүдийг үргэлжлүүлэн эрэлхийлж болох юм. Монголын газар доорх баялаг арвин, эдгээр баялгийг олборлох нь Монгол улсын эдийн засгийг сэргээн хөгжүүлэхэд чухал ач холбогдолтой бөгөөд Монголын тал Хятад улсын энэ салбарын тэргүүлэгч аж ахуйн нэгж байгууллагатай хамтран ажиллах хүсэлтээ илэрхийлэв. Хоёр тал мөн Зүүн хойд Азийн эдийн засгийн хамтийн ажиллагаа болон 2 улсын хилийн бүс нутгийн найрсаг харилцааны асуудалд тус дөхөм үзүүлэх талаар санал солилцов. Хэлэлцээрийн дууссаны дараа 2 улсын Гадаад харилцааны сайд нар "БНХАУ болон Монгол улсуудын гэмт хэрэгтнийг шилжүүлэн өгөх гэрээ"-нд гарын үсэг зурав.

Монголын Засгийн газрын Ерөнхий сайд Энхсайхан үдээс хойш Төрийн ордонд Хятад улсын Төрийн зөвлөлийн Ерөнхий сайд бөгөөд ГЯЯ-ны сайд Чянь Чичэнийг хүлээн авч уулзав. Энхсайхан хэлэхдээ Ерөнхий сайдын орлогч Чянь Чичэний энэ удаагийн айлчлал 2 улсын хоорондох дээд түвшний улс төрийн яриа хэлэлцээрийг хадгалсан, Монгол Хятадын найрсаг харилцааны хөгжилд чухал ач холбогдол үзүүлсэн юм. Одоо Хятад Монголын харилцааны хөгжил маш сайн байгаад Монгол улс сэтгэл хангалуун байгаагаа илэрхийлэв. Монголын Засгийн газар 1994 онд 2 улсын гарын үсэг зурсан найрсаг хамтын ажиллагааны харилцааны гэрээнээс үндэслэн Хятад улстай урт хугацааны туршид найрсаг хамтын ажиллагааны харилцаагаа хичээнгүйлэн хөгжүүлж байна гэв. Тэрээр мөн энэ удаагийн Засгийн газрын томилсон хугацаанд Монгол Хятадын харилцааг улам илүү өндөр түвшинд хүргэхийг хүсэв. Чянь Чичэнь Хятад Монголын эдийн засаг эл зүйлийн давуу талуудтай, хамтын ажиллагааны нөөц бололцоо маш их. Хятад улс хоёр орны эдийн засаг гадаад худалдааны хамтын ажиллагааг чухалчилан үзэж, Засгийн газар хоорондын хамтын ажиллагааг амжилттай өргөжүүлэн хөгжүүлэхийн зэрэгцээ 2 улсын аж ахуй нэгжийг дэмжин харилцан ашигтай ажиллагаа болон харилцан хөрөнгө оруулалтыг хөгжүүлэх болно гэдгийг онцлон тэмдэглэв. Уулзалт дууссаны дараа Энхсайхан сайд Монгол улсын төрийн ёслолын ордонд Чянь Чичэнийг хүлээн авах дайллага зохион байгуулав. Чянь Чичэнийг дагалдах хүмүүс ӨМӨЗО-ы Засгийн газрын дэд дарга Юнь Гунмин, Гадаад хэргийн сайдын туслах Ян Зечи, Хятадаас Монгол улсад суух элчин сайд Чи Жизя нар хэлэлцээр болон дайллагад оролцов.

8月22日 中国国务院副总理兼外交部长钱其琛结束对蒙古国的正式访问，当天下午返回北京。

8 сар 22 Хятадын Төрийн Зөвлөлийн Ерөнхий сайдын орлогч бөгөөд ГЯЯ-ны сайд Цянь Цичэний Монгол улсад хийсэн албан ёсны айлчлал өндөрлөж үдээс хойш эх орондоо буцав.

10月11日 据报道，作为第五届中国艺术节的特邀参演剧团之一，蒙古国家民间歌舞团将赴成都献艺。

10 сар 11 Хятадын 5 дахь удаагийн урлагийн баярт тусгай урилгаар оролцож буй жүжигчдийн нэг болох Монголын Ардын Дуу Бүжгийн Чуулгын жүжигчид тоглолтоо сонирхуулав.

11月3日 中国中央军委副主席、国务委员兼国防部长迟浩田上将当天在钓鱼台国宾馆与到访的蒙古国防部长达木比·道尔里格扎布举行了会谈。迟浩田说，当今世界发生了巨大变化，和平与发展成为各国普遍追求的目标。中国赞赏蒙古国奉行同世界各国发展友好合作关系的政策。中蒙两国是有着漫长共同边界线的邻国，发展两国友好合作关系有利于保持边界线的和平与安宁，符合双方的根本利益。他指出，中方对两国、两军关系的顺利发展表示高兴和满意。中国愿意在和平共处五项原则基础上与蒙古国发展面向21世纪的长期睦邻友好关系，在平等互利的基础上开展友好合作，从而促进两国的共同发展，维护地区和世界的和平与稳定。他强调，在发展对蒙关系时，中国将一如既往地尊重蒙古国的独立、主权与领土完整，尊重蒙古国的无核区地位。道尔里格扎布表示，他这次访华的目的就是进一步扩大蒙中两国在军事领域的合作，增强双方的军事信任。他说，近年来，随着两国关系的稳步发展，两军之间的合作也不断增强，相信这次访问会为推动两国、两军关系的发展作出积极的贡献。会谈后，双方签署了《中华人民共和国国防部和蒙古国国防部合作交流议定书》。

11 сар 3 Хятадын Цэргийн Төв Зөвлөлийн дэд дарга, Төрийн Зөвлөлийн гишүүн бөгөөд БХЯ-ын сайд хурандаа генерал Чи Хаотянь айлчиллаар ирсэн Монгол улсын БХЯ-ны сайд Дорлигжавтай Дяоюйтай төрийн ёслолын танхимд уулзалт хийв. Чи Хаотянь хэлсэн үгэндээ өнөөдөр дэлхий ертөнцөд асар их өөрчлөлт гарч байгаа ба энх тайвнаар хөгжих нь улс орнуудын нийтлэг зорилт юм. Хятад улс Монгол улсын дэлхийн улс орнуудтай найрсаг хамтын ажиллагааны харилцаа хөгжүүлэх бодлогыг сайшааж байна. Хятад Монгол хоёр улс урт хугацааны туршид хамтаар хиллэн оршисон хөрш орнуудын хувьд 2 улсын найрсаг хамтын ажиллагааны харилцааг хөгжүүлснээр хилийн энх тайван амар түвшин байдлыг хадгалахад ашиг тустай бөгөөд хоёр талын үндсэн эрх ашигт нийцэх юм хэмээгээд тэрээр Хятадын тал хоёр орны цэргийн харилцаа амжилттай хөгжиж байгаад сэтгэл хангалуун баяртай байгаагаа илэрхийлэв. Хятад улс энх тайвнаар зэрэгцэн орших таван зарчмын үндсэн дээр Монгол улстай 21-р зуунд урт хугацааны сайн хөршийн найрсаг харилцаагаа хөгжүүлэхийг хүсч, эрх тэгш харилцан ашигтай байдлын үндсэн дээр найрсаг хамтын ажиллагааг хөгжүүлж, 2 улсын хамтын хөгжилд тус дөхөм үзүүлснээр бүс нутгийн болон дэлхийн энх тайван тогтвортой байдлыг сахин хамгаалах болно гэв. Тэрээр Монгол улстай харилцах харилцаа хөгжиж байгаа энэ үед Хятад улс урьдын адилаар Монгол улсын тусгаар тогтнол, бүрэн эрх нутаг дэвсгэрийн бүрэн бүтэн байдлыг хүндэтгэхийн зэрэгцээ Монгол улсын цөмийн зэвсэггүй орон байх байр суурийг хүндэтгэж байгаагаа онцлон тэмдэглэв. Дорлигжав хэлсэн үгэндээ: Түүний энэ удаагийн БНХАУ-д

хийж байгаа айлчлалын зорилго нь Монгол Хятад 2 улсын цэргийн салбарт хамтын ажиллагааг өргөжүүлэн 2 талын цэргийн явдлын итгэлцлийг нэмэгдүүлэх юм гэв. Тэрээр мөн ойрын жилүүдэд 2 улсын тогтвортой хөгжлийг дагаад 2 талын цэргийн хамтын ажиллагаа ч бас тасралтгүй нэмэгдэж байгаа бөгөөд энэ удаагийн айлчилал 2 улсын цэргийн харилцааны хөгжилд идэвхитэй хувь нэмрээ оруулна гэдэгт итгэлтэй байгаагаа илэрхийлэв. Уулзалтын дараагаар хоёр талууд "БНХАУ-ын Батлан хамгаалах яам болон Монгол улсын Батлан хамгаалах яамны хамтын ажиллагаа солилцооны гэрээ"-нд гарын үсэг зурав.

1997年　中蒙两国签订了《中华人民共和国政府和蒙古国政府关于蒙古国在中国香港特别行政区保留名誉领事馆的协定》。

1997年　中国内蒙古民族曲艺团应邀赴乌兰巴托参加了"蒙古国97国际幽默艺术节"，获得了专项一等奖和最高荣誉奖。

1997 он　Хятад Монгол 2 улс "БНХАУ-ын Засгийн газар болон Монгол улсын Засгийн газар Монгол улс дахь Хятадын онцгой засаг захиргааны бүс Хонгконгийн хүндэт Консулын газрыг хэвээр хадгалах тухай гэрээ" байгуулав.

1997 он БНХАУ-ын Өвөр монголын үндэстний урлагийн төлөөлөгчид урилгаар Улаанбаатарт хүрэлцэн очиж "Монгол улс 97 олон улсын хошин шогийн уралдаан"-д оролцож тэргүүн байрын шагнал хүртэв.

1998年中蒙国家关系历史编年

1998 оны Хятад Монгол хоёр улсын харилцааны түүхэн үйл явдлын товчоон

3月20日　中国全国人民代表大会九届一次会议和全国人民政治协商会议九届一次会议日前选出的新领导人。蒙古国总统巴嘎班迪向中国国家主席江泽民发来贺电；蒙古国大呼拉尔主席贡其格道尔吉向中国全国人民代表大会常务委员会委员长李鹏发来贺电；蒙古国总理恩赫赛汗向中国国务院总理朱镕基发来贺电。

3 сар 20　БХАТИХ-ын есдүгээр чуулганы анхдугаар их хурал болон БХ-ын ардын УТЗ-ийн хурлын есдүгээр чуулганы анхдугаар их хурал саяхан шинэ удирдагчаа сонгов. Монгол Улсын ерөнхийлөгч Багабанди, БНХАУ-ын дарга Зян Зэминьд, МУИХ-н дарга Гончигдорж БХАТИХ-ын байнгын хорооны дарга Ли Пэн, Монгол улсын Ерөнхий сайд Энхсайхан БНХАУ-ын Төрийн зөвлөлийн Ерөнхий сайд Жу Рунжид тус тус баярын цахилгаан илгээв.

3月26日—4月3日　应中国人民对外友好协会邀请，以蒙中友协副会长姜仓诺尔布为团长的蒙古国友好民间歌舞团在北京、天津进行了友好访问演出。

3 сар 26-4 сар 3　Хятадын Ардын Гадаад орнуудтай найрамдлаар харилцах нийгэмлэгийн урилгаар Монгол Хятадын найрамдлын нийгэмлэгийн дэд дарга Жанцанноров тэргүүтэй Монголын Ардын дуу бүжгийн чуулга Бээжин Тяньжин хотуудад нөхөрсөг аялан тоглолт хийв.

4月18日　蒙古国草原大火被大风刮进中国内蒙古呼伦贝尔

盟新巴尔虎左旗境内，酿成重大草原森林大火。这场大火在20日已被基本扑灭。另外，从蒙古国进入中国内蒙古兴安盟境内的草原荒火22日被扑灭。

4 сар 18 Монголын тал хээрийн түймэр салхинд туугдан Өвөр Монголын Хөлөн буйрын Шинэ барга зүүн хошууны хил рүү орсноор ой хээрийн түймрийг дэвэргэх нөхцлийг бүрдүүлж байгаа юм. Энэхүү түймрийг 20-ны өдөр гэхэд үндсээр нь унтраах болно. Мөн Монголоос Өвөр монголын Хянган аймгийн хил рүү орсон бэлчээрийн түймрийг 22-ны өдөр гэхэд унтраана гэсэн төлөвлөгөөтэй байна.

5月13日 中国和蒙古国合作开发蒙古国图木尔廷敖包锌矿的签约仪式当日在乌兰巴托举行。中国有色金属建设股份公司代表达莲古尔班、蒙古国财政部长巴图巴雅尔分别在合同上签了字。这是中国在蒙古国最大的开发项目。

5 сар 13 Хятад Монгол улсын хамтарсан Монголын Төмөртийн-Овооны цайрын баяжуулах үйлдвэрийг нээх гэрээнд гарын үсэг зурах ёслол Улаанбаатар хотноо зохион байгуулагдав. Хятад улсын өнгөт металл байгууламжийн хувьцаат компанийг төлөөлөн Далангурван, Монгол улсын Сангийн яамны сайд Батбаяр нар тус тус хамтын гэрээнд гарын үсэг зурав. Энэ бол Хятад улсаас Монгол улсад хэрэгжүүлсэн хамгийн том төсөл юм.

5月 中国政府援建的蒙古国第一家妇女卫生巾厂在乌兰巴托市正式投产。这是中国政府向蒙古国提供无息贷款援建的15个中小企业项目中的第12个。

5 сар Хятадын Засгийн газрын тусламжаар байгуулсан Монгол улсын эмэгтэйчүүдийн ариун цэврийн хэрэглэлийн

анхны үйлдвэрийг Улаанбаатар хотноо албан ёсоор ашиглалтанд оруулав. Энэ бол Хятадын Засгийн газраас Монгол улсад буцалтгүй тусламжаар барьж өгөх 15 жижиг дунд үйлдвэрийн төслийн 12 дахь нь юм.

6月22日—26日　第九届中国全国人民代表大会常务委员会第3次会议在北京举行。22日，中国外交部副部长杨文昌受国务院委托，向会议作了关于提请审议批准《中华人民共和国和蒙古国引渡条约》的说明。26日，会议通过了批准《中华人民共和国和蒙古国引渡条约》的决定。

6 сар 22-26　БХАТИХ-ын Байнгын хорооны 9-р чуулганы 3-р их хурал Бээжин хотноо зохион байгуулагдав. 22-ны өдөр Хятадын Гадаад хэргийн сайд Янь Вэньжин Төрийн зөвлөлийн даалгасны дагуу хурлаас “БНХАУ болон Монгол улс гэмт хэрэгтнээ шилжүүлэх гэрээ”-г зөвшөөрөхийг урьдчилан хянан хэлэлцэх тухай тайлбар хийв.

7月7日—13日　由中国残疾人联合会主席邓朴方率领的中国残疾人联合会代表团应蒙古国政府和残疾人联合会的邀请于 7 月 7 日抵达蒙古国进行访问。蒙古国家大呼拉尔主席贡其格道尔吉 8 日会见了邓朴方一行。为蒙古国人民革命胜利77周年蒙古国政府11日至12日在乌兰巴托举行盛大的那达慕大会，邓朴方出席了11日的开幕式。蒙古国总统巴嘎班迪13日在会见中国残疾人联合会主席邓朴方一行时表示，蒙中两国应在残疾人教育、康复和职业培训等领域进行广泛交流与合作。访问期间，中蒙双方签署了《中国残疾人联合会与蒙古国残疾人联合会友好合作协议》。邓朴方一行还参观了蒙古国残疾人康复和教育等设施。

7 сар 7-13　БНХАУ-ын Хөгжлийн бэрхшээлтэй иргэдийн холбооны дарга Дэн Пуфан тэргүүтэй төлөөлөгчид, МУ-ын

ЗГ болон тахир дутуу иргэдийн холбооны урилгаар 7 сарын 7-ны өдөр айлчлал хийхээр хүрэлцэн ирэв. МУ-ын АИХ-ын дарга Гончигдорж 8-ны өдөр төлөөлөгчдийг хүлээн авч уулзав. МАХН-ын 77 жилийн ойг тохиолдуулан Монголын ЗГ 11-12-ны өдөр Монгоын үндэсний баяр наадам болж Дэн Пуфан нээлтийн ёслолд оролцов. МУ-ын Ерөнхийлөгч Н. Багабанди 13-ны өдөр Хятадын тахир дутуу иргэдийн холбооны дарга Дэн Пуфан болон төлөөлөгчидтэй уулзаж, Монгол Хятад хоёр улсын тахир дутуу иргэдийн боловсрол, эрүүл мэнд, мэргэжил эзэмшүүлэх зэргээр харилцаагаа өргөжүүлж хамтран ажиллахаар болов. Айлчлалын хугацаанд хоёр тал " Хятадын тахир дутуу иргэдийн холбоо болон Монголын тахир дутуу иргэдийн холбооны найрамдалт хамтын ажиллагааны хэлэлцээр"-т гарын үсэг зурав. Дэн Пуфан төлөөлөгчдийн хамт Монголын тахир дутуу иргэдийн эрүүл мэнд боловсролын байгууллагыг үзэж сонирхов.

7月17日 中国国务院副总理李岚清当天在北京会见了由蒙古国教育部部长奇米德・赛汗比列格率领的蒙古国政府文化代表团。李岚清希望中蒙两国加强在文化、教育等领域的合作，以促进双边关系的进一步发展。中国文化部部长孙家正参加了会见。蒙古国政府文化代表团是应中国文化部邀请来华访问的。除北京外，代表团还将访问上海。

7 сар 17 БНХАУ-ын Төрийн Зөвлөлийн Ерөнхий сайдын орлогч Ли Ланьчин Бээжинд Монголын Боловсролын Яамны сайд Ч. Сайханбилэг тэргүүтэй Монгол Улсын ЗГ-ын соёл боловсролын төлөөлөгчидтэй уулзав. Ли Ланьчин Хятад Монгол хоёр улсын соёл боловсрол зэрэг салбарын хамтын ажиллагааг бэхжүүлж, хоёр талын харилцааг хөгжүүлэхийг хүсэж буйгаа илэрхийлэв.

БНХАУ-ын СЯ-ны сайд Сюн Зяжэн хуралд оролцов. Монголын ЗГ-ын соёл боловсролын төлөөлөгчид БНХАУ-ын СЯ-ны урилгаар Хятадад айлчлав. Төлөөлөгчид Бээжин, Шанхай хотуудаар айлчлав.

8月18日—22日　应蒙古国社会民主党、民族民主党、人民革命党三党联合邀请，中共中联部部长戴秉国为团长的中国共产党代表团访问蒙古国。蒙古国总统巴嘎班迪和民族民主党主席、看守政府总理额勒贝格道尔吉、民族民主党副主席冈包勒德、人民革命党总书记额奈比希等蒙古国领导人会见了代表团一行。

8 сар 18-22　Монголын Социал Демократ Нам, ҮАН, МАХН зэрэг 3 намын урилгаар ХКН-ын Харилцааны Яамны сайд Дай Бингуо тэргүүтэй ХКН-ын төлөөлөгчид Монголд айлчлав. МУ-ын Ерөнхийлөгч Багабанди болон ҮАН-ын дарга, Ерөнхий сайд Элбэгдорж, ҮАН-ын дэд дарга Ганболд, МАХН-ын Ерөнхий нарийн бичгийн дарга Энэбиш зэрэг Монголын удирдах албаны хүмүүс төлөөлөгчидтэй уулзав.

9月9日　中国西藏艺术团当晚在乌兰巴托举行访蒙首场演出，受到蒙古国观众的热烈欢迎。中国西藏艺术团应邀将在蒙古国访问演出10天。

9 сар 9　Хятадын Төвдийн уран бүтээлчид Монголд айлчлан тоглолт хийж, Монголын үзэгчид халуун дотноор хүлээж авав. Төвдийн уран бүтээлчид Монголд 10 хоног айлчлан тоглолт хийв.

11月26日　中国外交部发言人唐国强当天在记者招待会上宣布：应中国国家主席江泽民的邀请，蒙古国总统那楚克・巴嘎班迪将于1998年12月7日至12日对中国进行国事访问。除内地外，巴嘎班迪总统还将访问香港特别行政区。

11 сар 26　Хятадын ГХЯ-ны хэвлэлийн төлөөлөгч Тан Гуочян хэвлэлийн төлөөлөгчдөд Хятад улсын тэргүүн Зян Зэминий урилгаар　МУ-ын ерөнхийлөгч Н. Багабанди 1998 оны 12 сарын 7 -12-ны өдрүүдэд Хятадад төрийн айлчлал хийх юм байна. Мөн Багабанди ерөнхийлөгч Хонгконгийн онцгой бүсэд айлчлна гэж мэдээлэв.

12月10日　应中国国家主席江泽民的邀请,蒙古国总统那·巴嘎班迪当天下午乘专机抵达北京，开始对中国进行为期6天的国事访问。

12 сар 10　Хятад улсын тэргүүн Зян Зэминий урилгаар МУ-ын ерөнхийлөгч Н. Багабанди үдээс хойш Бээжингийн онгоцны буудалд хүрэлцэн ирснээр Хятадад хийх 6 өдрийн төрийн айлчлал эхлэв.

12月11日　当天上午，中国国家主席江泽民在人民大会堂与蒙古国总统那·巴嘎班迪举行会谈，双方就进一步发展中蒙关系和共同关心的国际问题交换了意见。江泽民说，中蒙两国互为邻国，同属发展中国家，又都在进行经济改革，面临着发展经济和提高人民生活水平的共同任务。在双方共同努力下，近年来，两国经贸合作不断扩大，中国连续数年成为蒙古国第二大贸易伙伴。中蒙经贸合作互补性强，有较多有利条件和较大的发展潜力，我们有着良好的政治关系，也有发展合作的共同愿望。只要双方共同努力，本着平等互利原则，一起探讨符合两国国情的经贸合作新途径和新领域，相信两国经贸关系一定能再上一个新台阶。关于亚洲地区形势，江泽民说，亚洲地区出现了一些新的不稳定因素，金融危机对本地区经济发展和政治、社会稳定带来不利影响。

中国政府采取了高度负责任的态度，为缓解亚洲金融危机、维护本地区的稳定作出了自己的贡献。巴嘎班迪表示，蒙古国政府高度重视对华关系，致力于进一步发展两国关系。相信通过此次访问，蒙中之间业已存在的睦邻友好关系将进一步加深和巩固，以推动两国成为21世纪的重要伙伴。巴嘎班迪还介绍了蒙古国奉行的积极对外政策，重申将发展与中国、与俄罗斯南北两大邻国的友好关系置于蒙对外政策的首要位置，对中俄关系的改善和发展感到高兴。蒙中早已圆满解决边境问题，蒙古国对两国间的和平友好边境感到满意。他表示，蒙古国在台湾问题上的立场是明确的，台湾是中国领土不可分割的一部分，中华人民共和国政府是代表全中国的唯一合法政府，蒙古国支持中国在台湾问题上采取的“一国两制、和平统一”的方针，不支持台湾独立，反对台湾重返联合国的图谋。蒙古国不承认所谓的达赖流亡政府，不允许达赖在蒙古从事政治活动，已多次拒绝达赖访问蒙古国。巴嘎班迪还表示蒙古国支持中国早日加入世贸组织，并对中国在亚洲金融危机中坚持人民币不贬值的政策给予高度评价和赞赏。会谈前，江泽民在人民大会堂北大厅举行仪式欢迎巴嘎班迪和夫人一行。会谈后，两国元首共同出席签字仪式，两国有关部门签署了《中华人民共和国政府和蒙古国政府经济技术合作协定》等五个合作文件。中国全国人民代表大会常务委员会委员长李鹏当天在人民大会堂会见蒙古国总统那·巴嘎班迪，他表示，中国全国人大同蒙古国家大呼拉尔之间的关系得到了良好的发展，中蒙议会领导人之间的互访进一步增进了两国议会间的了解和友谊。现在，两国议会许多专门委员会及办事机构之间建立了友好交流关系，两国议会还各自成立了议员友好小组。中国全国人大愿与蒙古国家大呼拉尔进一步加强交往与合作，为推动两国关系的发展作出积极的贡献。巴嘎班迪介绍了蒙古国的国内形势，并对中国经济的快速发展表示钦佩。他说，蒙中议会领导人和议员之间的互访已形成机制，两国议会代表团在出席国际会议期间就重大国际问题交换意见，协调立场，促进了双方合作关系的发展。他表示相信，蒙中两国议会之间已经建立的友好交流将进一步发展，并对促进两国关系继续发挥重要作用。

当天，中国国务院总理朱镕基在人民大会堂会见蒙古国总统那·巴嘎班迪。他说，目前两国经贸关系呈良性发展态势，去年中蒙贸易额达到2.5亿美元，中国继续保持着蒙古国第二大贸易伙伴的地位，我们对此表示高兴。中国愿同蒙方开展多领域的合作，希望双方在平等互利的基础上着眼长远，进一步提高两国经贸合作关系的水平。朱镕基说，中国感谢蒙古国在台湾、西藏等问题上给予中国的宝贵支持。

巴嘎班迪指出，发展对华关系是蒙古国对外政策的重要原则，蒙古国将继续遵守两国间达成的有关条约和文件，为发展面向21世纪的蒙中关系而努力。巴嘎班迪代表蒙古国政府再次对中国政府多年来给予蒙方的援助表示感谢。他表示，蒙中经贸关系近年来发展迅速，蒙古国企业家对进一步开展对华经贸关系有很高的积极性，希望蒙中政府共同关心和推动有关项目的实施。

12 сар 11 БНХАУ-ын дарга Жян Зэминь, АИХ-ын танхимд МУ-ын Ерөнхийлөгч Н. Багабандитай уулзалт хийж, хоёр тал хоёр улсын харилцааны хөгжил болон дэлхий дахины асуудлаар санал солилцов. Жян Зэминь Хятад Монгол хоёр улсын хөршийн харилцаа, харилцан хөгжиж,

эдийн засгийн хувьсал, эдийн засгийн хөгжил, ард түмний амьдралын түвшинг сайжруулах нь бид бүхний үүрэг гэж хэлэв. Хоёр тал хамтдаа хичээж ойрын хугацаанд хоёр улсын эдийн засаг гадаад худалдааны хамтын ажиллагааг тасралтгүй хөгжүүлж, Хятад Монгол хоёр улс гадаад худалдааны хоёр том түнш болов. Хятад Монголын эдийн засаг гадаад худалдааны хамтын ажиллагааг харилцан бэхжүүлж, ашигтай нөхцлөөр хөгжих боломжийг хангаж, улс төрийн холбоогоо бэхжүүлж, хамтран ажиллахыг хүсэж байгаагаа илэрхийлэв. Хоёр тал хамтдаа хичээж, харилцан тэгш эрхтэйгээр, хоёр улсын эдийн засаг гадаад худалдааны хамтын ажиллагаанд шинэ зам болон шинэ салбарт хамтран ажиллахаар тохирч хоёр улсын эдийн засаг гадаад худалдааны харилцаа шинэ шатанд хүрэв. Азийн бүс нутгийн байдлын тухай Жян Зэминь хэлэхдээ Азийн бүс нутагт банк санхүүгийн тогтворгүй байдал гарч байгаа нь эдийн засаг болон улс төрийн хөгжил, нийгмийн тайван байдалд сөргөөр нөлөөлж байна" гэв. Хятадын ЗГ өндөр хэмжээнд хариуцлагатайгаар Азийн банк санхүүгийн аюул, уг бүс нутгийн амар тайван байдлын төлөө өөрсдийн хүчийг зориулах болно гэв. Багабанди хэлэхдээ " МУ-ын ЗГ Хятадтай харилцах харилцаагаа чухалчлан хоёр улсын харилцааг дахин нэг алхам урагшлуулахын төлөө хичээнэ. Энэ удаагийн айлчлалаар Монгол Хятад хоёр улсын сайн хөршийн найрсаг харилцаа улам бэхжиж, хоёр улс 21-р зуунд сайн түншүүд болно гэдэгт итгэж байгаагаа илэрхийлэв. Багабанди МУ улс төрийн гадаад бодлогодоо онцгой анхаарал хандуулж Хятад , Орос хоёр том хөрш улстай найрсагаар харилцаж эн тэргүүнд Хятад Оросын харилцаагаа сайжруулахыг хүсэж байна. Монгол Хятадын хилийн асуудал шийдвэрлэгдэж, Монгол хоёр улсын хоорондын энх тайван найрамдлын хил болсон явдалд талархаж байгаагаа илэрхийлэв. Монгол Тайваны асуудалд байр суурь нэгдэж Тайван нь Хятадын нутаг дэвсгэрийн нэгэн хэсэг, БНХАУ-ын ЗГ бүх Хятадын цорын ганц хууль ёсны ЗГ, Монгол Хятадын Тайваны асуудал дээр "Нэг улс хоёр тогтолцоот, энх тайвнаар нэгтгэх" гэсэн чиг шугамыг баримталж байгааг дэмжиж, НҮБ-ын Тайван улс гэснийг эсэргүүцэж, тусгаар улс болохыг дэмжихгүй байгаагаа илэрхийлэв. Монгол улс хилийн чанадад цагаачилж буй Далай ламын ЗГ-ыг хүлээн зөвшөөрөхгүй, Далай лам Монголд улс төрийн үйл ажиллагаа хийхийг хориглох зэргээр Монголд айлчлахыг нь олон удаа татгалзав. Багабанди Монгол улс Хятад улсыг дэлхийн гадаад худалдааны байгууллагад орохыг дэмжиж, Хятадын Ази тивийн банк санхүүгийн хямралд юаны ханшыг тогтвортой барьж чадсан улс төрийн бодлогыг өндрөөр үнэлж магтан сайшаав. Хэлэлцээрийн өмнө, Жян Зэминь АИХ-ын танхимд МУ-ын ерөнхийлөгч Багабанди болон түүний гэргий болон бусад төлөөлөгчдийг угтан авах ёслол зохион байгуулав. Хэлэлцээрийн дараа хоёр улсын тэргүүн гарын үсэг зурах ёслолд оролцож, " БНХАУ-ын ЗГ болон МУ-ын ЗГ эдийн засаг техникийн хамтын ажиллагааны хэлэлцээр" зэрэг 5 төрлийн хамтын ажиллагааны материалд гарын үсэг зурав. БХАТИХ-ын Байнгын хорооны дарга Ли Пэн АИХ-ын танхимд МУ-ын ерөнхийлөгч Н. Багабандитай уулзаж, БХАТИХ болон Монголын АИХ-ын хоорондын харилцаа өргөнөөр хөгжиж, хоёр улсын парламентийн удирдлагууд харилцан айлчилж хоёр улсын харилцаа бэхжин найрамдаж байна. Одоогийн байдлаар хоёр улсын парламентийн олон салбар хороо болон гүйцэтгэх байгууллагын хооронд найрсаг харилцаа бий болж хоёр улсын парламент өөрсдийн зөвлөл найрамдлын байгууллагаа байгуулав. БХАТИХ болон МУ-ын АИХ-ын харилцаа болон хамтын ажиллагаагаа бэхжүүлж хоёр улсын харилцааг эрчимтэй хөгжинө гэдэгт итгэж байгаагаа илэрхийлэв. МУ-ын ерөнхийлөгч Багабанди Монголын улсын дотоод байдлын талаар танилцуулж, Хятадын эдийн засгийн хөгжлийн хурдацыг бишрч байгаагаа дурьдав. Тэрээр Монгол Хятадын парламентийн удирдлагууд болон зөвлөлийн хоорондын харилцан айлчлал хоёр улсын парламентын төлөөлөгчид олон улсын парламентын дарга нар олон улсын асуудлаар санал солилцож, байр сууриа тохирч, хоёр талын хамтын ажиллагааны хөгжилд тус дөхөм болно гэдэгт итгэж байгаагаа хэлэв. Мөн тэрээр Монгол Хятад хоёр улсын парламентын хооронд найрамдлын харилцаа хөгжиж хоёр улсын харилцаа тасралтгүй хөгжихөд нөлөөлнө гэдэгт итгэж байгаагаа илэрхийлэв.

Мөн өдөр Хятадын Төрийн Зөвлөлийн Ерөнхий сайд Жу Рунжи АИХ-ын танхимд МУ-ын ерөнхийлөгч Н. Багабандитай уулзав. Тэрээр одоогийн байдлаар хоёр улсын эдийн засаг гадаад худалдааны харилцаа сайжирч, өнгөрсөн жил Хятад Монголын гадаад худалдааны хэмжээ 250 сая долларт хүрч, Хятад улс Монголын хоёр дахь том худалдааны түншийн баяр сууриа хадгалж байгаа явдалд их талархаж байна гэв. Хятад Монголын олон салбартай хамтран ажиллаж хоёр тал харилцан тэгш эрх ашгийн үндсэн дээр хоёр улсын эдийн засаг гадаад худалдааны хамтын ажиллагаа өргөжиж байна. Жу Рунжи МУ-ыг Хятадын Тайван, Төвдийн асуудал дээр Хятадад үнэт дэмжлэг үзүүлсэнд талархал илэрхийлэв.

МУ-ын ерөнхийлөгч Багабанди Хятадын харилцаа нь Монголын гадаад бодлогын чухал зарчмаар хөгжиж, Монгол хоёр улсын байгуулсан гэрээ болон баримт бичгээ үргэлжлүүлэн баримтлан, 21-р зууны Монгол Хятадын харилцааг хөгжүүлэхийн төлөө хичээж зүтгэхээ тэмдэглэн хэлэв. Багабанди Монголын ЗГ-ыг төлөөлөн Хятадын ЗГ-ын олон жилийн турш тусалж дэмжиж байсанд талархлаа илэрхийлэв. Тэрээр Монгол Хятадын эдийн засаг гадаад худалдааны харилцаа ойрын жилүүдэд хурдацтай хөгжиж , Монголын аж ахуй нэгжийн хөгжил дэвшилд Хятадын эдийн засаг гадаад худалдааны харилцаанд өндөр идэвх чармайлт гаргаж, Монгол Хятадын ЗГ хамтаар санаа тавих болон холбогдох төслийг хэрэгжүүлэхийг хүсэж байгаагаа илэрхийлэв.

12月14日 蒙古国驻香港领事馆举行成立酒会。蒙古国总统那楚克·巴嘎班迪出席了酒会。蒙古国驻香港名誉领事容裕仁表示，新成立的领事馆将致力于加强香港和蒙古国在贸易及文化方面的交流。领事馆将通过举办展览及邀请香港商人到蒙古国参观等途径，吸引香港人到蒙古国投资。

12 сар 14 МУ-аас Хонконгд суугаа консул-нд босоо хүлээн авалт зохион байгуулсан ба МУ-ын ерөнхийлөгч Н. Багабанди хүлээн авалтанд оролцов. Монголоос Хонгконгод суугаа хүндэт консул Рүн Юйрэнь хэлэхдээ шинээр баригдсан консулын газар нь Монголын гадаад худалдаа, соёлын талын солилцоог нэмэгдүүлхийн төлөө хүчин зүтгэл гаргана гэв. Консулын газар үзэсгэлэн зохион байгуулах, Хонгконгын худалдаачиндыг урих зэрэг аргаар Монголд хөрөнгө оруулхыг татана гэв.

12月10日—15日 应中华人民共和国主席江泽民的邀请，蒙古国总统那楚克·巴嘎班迪对中国进行国事访问。访问期间，中国国家主席江泽民同蒙古国总统那·巴嘎班迪举行了正式会谈。中国全国人民代表大会常务委员会委员长李鹏和国务院总理朱镕基分别会见了那·巴嘎班迪总统。两国领导人在友好、诚挚的气氛中就各自国内形势和两国外交政策的主要方面相互通报了情况，并就进一步发展双边关系以及共同关心的国际问题交换了意见。访问期间，双方签署了《中华人民共和国政府和蒙古国政府经济技术合作协定》等5个文件。

12 сар 10-15 БНХАУ-ын тэргүүн Жян Зэминий урилгаар МУ-ын ерөнхийлөгч Н. Багабанди Хятадад төрийн айлчлал хийв. Айлчлалын хугацаанд Хятад улсын тэргүүн Жян Зэминь МУ-ын ерөнхийлөгч Н. Багабанди нар албан ёсны хэлэлцээр хийв. БХАТИХ-ын Байнгын хорооны дарга Ли Пэн, Төрийн Зөвлөлийн ерөнхий сайд Жу Рунжи нар Н. Багабанди ерөнхийлөгчтэй уулзав. Хоёр улсын удирдагчид нөхөрсөг чин сэтгэлээсээ өөрийн улс орны дотоод хэрэг болон хоёр улсын гадаад бодлогын талаар харилцан мэдээлэхийн зэрэгцээ хоёр орны харилцаа болон дэлхий дахины асуудлаар харилцан санал солилцов. Айлчлалын хугацаанд хоёр тал “ БНХАУ-ын ЗГ болон МУ-ын ЗГ-ын эдийн засаг техникийн хамтын ажиллагааны хэлэлцээр” зэрэг 5 баримт бичигт гарын үсэг зурав.

12月16日 中共中央政治局常委、书记处书记尉健行当天下午在人民大会堂会见了由总书记勒哈木苏伦·额奈比希率领的蒙古人民革命党代表团。尉健行说，两国高层领导人的经常往来有利于加深彼此的了解和信任，推动两国、两党和两国人民友好关系的进一步发展。谈到两党关系，尉健行说，虽然两国社会制度不同，两党意识形态也有差异，但两党有着长期的传统友好关系，在多年友好交往中，增进了相互了解和友谊，为促进国家关系全面发展发挥了积极作用。中国共产党将继续在独立自主、完全平等、相互尊重和互不干涉内部事务的党际关系四项原则基础上，同蒙古人民革命党和蒙古国其他主要政党发展新型的党际交流与合作关系，为面向21世纪的中蒙睦邻友好合作关系的长期稳定、健康发展不断作出新的贡献。额奈比希说，他对有机会率团访华，亲眼目睹中国坚持邓小平理论，在建设有中国特色的社会主义方面取得的巨大成就感到非常高兴。中国的经验表明，根据本国国情制定人民所欢迎的政策并认真实行是十分重要的。他说，蒙古人民革命党长期奉行蒙中友好和坚持“一个中国”的政策，反对任何分裂中国、损害蒙中两国友谊的活动。蒙中两国发展面向21世纪长期稳定的睦邻友好关系非常重要，符合两国人民的切身利益。蒙古人民革命党将为此继续努力。蒙古人民革命党代表团是应中国共产党邀请来访的。当天上午，中共中央对外联络部部长戴秉国与代表团进行了工作会谈。

12 сар 16 ХКН-ын төв хорооны улс төрийн товчооны гишүүн, нарийн бичгийн дарга Вэй Жянсин АИХ-ын танхимд ерөнхий нарийн бичгийн дарга Л. Энэбиш тэргүүтэй МАХН-ын төлөөлөгчидтэй уулзав. Вэй Жянсин яриандаа хоёр улсын удирдлагуудын дээд түвшний уулзалт нь харилцан ойлголцол итгэлцлийг улам гүнзгийрүүлж харилцан ашигтайгаар, хоёр нам, хоёр улсын найрсаг харилцааг шинэ шатанд гаргасан хэрэг гэж тэмдэглэв. Хоёр намын харилцааны тухай Вэй Жянсин хэдийгээр хоёр улсын нийгмийн бүтэц адилгүй боловч хоёр намын үзэл суртал бас

ялгаатай ч хоёр нам урт удаан хугацаанд найрамдалт харилцаагаа баримталж олон жилийн найрамдалт харилцаанд, харилцан ойлголцол найрамдлыг бэхжүүлэх, улсын харилцааг бүхий л талаар хөгжүүлэхэд нөлөө үзүүлэв. ХКН-ын тусгаар тогтнол бүрэн эрхээ үргэлжлүүлэх, эрх тэгш, харилцан хүндэтгэж дотоод хэрэгт оролцохгүй нам 4 төрлийн зарчмын үндсэн дээр харилцах, МАХН болон Монголын бусад голлох намын хөгжлийн шинэ хэв маягыг солилцох болон хамтран ажиллах, 21 зуунд Хятад Монголын сайн хөршийн найрсаг хамтын ажиллагаа урт хугацааны турш тогтвортой, эрүүл саруул хөгжиж тасралтгүй шинэ шатанд гаргахын төлөө хичээн ажиллах болно гэв. Энэбиш хэлсэн үгэндээ тэрээр төлөөлөгчдийн хамт Хятадад айлчлах үеэрээ Хятад улс Дэн Сяопиний онолыг баримтласныг нүдээрээ үзэж, Хятад улс социализмын бүтээн байгуулалтад бүхий л талаар онцгой их амжилт олсон явдалд баярлаж байгаагаа илэрхийлэв. Хятадын эдийн засгийн туршлага бол ард түмэн улсын бодлогыг чин сэтгэлээсээ хүндэтгэн хэрэгжүүлж чадсанд оршино. Мөн тэрээр МАХН-ын даргын хугацаанд “Нэг Хятад улс ”гэсэн улсын бодлогыг чанд баримталж, Хятадын аливаа задрал бутралыг , Хятад Монгол хоёр улсын найрамдалд ан цав гарахыг эсэргүүцэх болно. Монгол Хятад хоёр улсын хөгжил 21-р зуунд урт хугацаанд тогтвортой сайн хөршийн найрсаг харилцаа улам батжиж, хоёр улсын ард түмний эрх ашигт нийцэхийг хүсэж байна. МАХН энэ бүхний төлөөл үргэлжлүүлэн хичээх болно гэв. МАХН-ын төлөөлөгчид ХКН-ын урилгаар Хятад аялчлал хийсэн билээ. Үдээс хойш ХКН-ын Төв хорооны гадаад орнуудтай харилцах нийгэмлэгийн дарга Дай Бингуо төлөөлөгчдийн хамт хэлэлцээр хийв.

1998年　蒙古国教育部长其·赛汗比列格率政府代表团访问中国，双方签署《中蒙1998—2000年文化交流执行计划》。

1998 онд, Монголын БЯ-ны сайд Ч. Сайханбилэг тэргүүтэй ЗГ-ын төлөөлөгчид Хятадад айлчилж, хоёр тал “Хятад Монголын 1998-2000 оны соёл боловсролын солилцооны хэрэгжүүлэх төлөвлөгөө”-нд гарын үсэг зурав.

1998年 中蒙签署《中华人民共和国政府和蒙古国政府相互承认学位学历的协定》。

1998 он Хятад Монгол “БНХАУ-ын ЗГ болон МУ-ын ЗГ диплом мэдэрэх хэлэлцээр”-т гарын үсэг зурав.

第六章　1999—2009 年

Зургаадугаар бүлэг 1999—2009 он

1999 年中蒙国家关系历史编年

1999 оны Хятад Монгол хоёр улсын харилцааны түүхэн үйл явдлын товчоон

4 月 29 日 《中蒙友好合作关系条约》签署 5 周年之际，中国外交部长唐家璇日前与蒙古国对外关系部部长尼亚木奥色尔·图娅互致贺电。

4 сар 29 “Монгол Улс, БНХАУ-ын найрсаг харилцаа, хамтын ажиллагааны тухай Гэрээ” байгуулагдсаны 5 жилийн ойг тохиолдуулан БНХАУ-ын Гадаад Хэргийн сайд Тан Зясюань Монгол улсын Гадаад Харилцааны сайд Н.Туяа нар харилцан баярын цахилгаан илгээв.

4 月　文化部副部长艾青春率中国政府文化代表团访问蒙古国。

4 сар　Соёлын яамны орлогч сайд Ай Чинчунь тэргүүтэй Хятад улсын Засгийн Газрын соёлын төлөөлөгчид

Монгол улсад айлчилав.

6月18日 中国政府和蒙古国政府间经济、贸易、科技合作委员会（简称联委会）第六次会议于15日至18日在乌兰巴托举行。双方签署了会议纪要。会议期间，蒙古国总理那兰查茨拉勒特和对外关系部长图娅分别会见了中国政府代表团。

6 сар 18 Хятадын Засгийн Газар болон Монголын Засгийн Газрын хоорондох эдийн засаг, гадаад худалдаа, ШУ-ы хамтын нийгэмлэг (товч нэр нь хамтарсан зөвлөл)-ийн 6-р хурал 15-18-ны өдөр хүртэл Улаанбаатар хотноо зохион байгуулагдав. 2 тал хурлын протоколд гарын үсэг зурав. Хурлын үеэр Монгол улсын ерөнхий сайд Наранцацралт болон Гадаад харилцааны сайд Туяа нар тус тус Хятадын Засгийн Газрын төлөөлөгчидтэй уулзав.

7月6日 中国外交部发言人章启月当天在例行记者招待会上宣布：应蒙古国总统那楚克·巴嘎班迪的邀请，中国国家主席江泽民将于7月15日至17日对蒙古国进行国事访问。

7 сар 6 Хятадын Гадаад Хэргийн яамны төлөөлөгч Жан Чиюүэ хэвлэлийн бага хурал дээр: “Монгол улсын ерөнхийлөгч Нацагийн Багабандийн урилгаар Хятад улсын төрийн тэргүүн Жянь Зэминь 7 сарын 15-17ны хооронд Монгол улсад төрийн айлчлал хийнэ” гэдгийг мэдэгдэв.

7月7日 中国国家主席江泽民当天上午在钓鱼台国宾馆会见了以特尔比希·其米德道尔吉为团长的蒙古国新闻团一行，并就中蒙关系的现状及未来、中蒙经贸合作前景等问题接受了该团记者的书面采访。

7 сар 7 Хятад улсын төрийн тэргүүн Зянь Зэминь үдээс өмнө Дяо Юү Тай төрийн зочдын танхимд

Т.Чимэддорж тэргүүтэй Монгол улсын хэвлэл мэдээллийн төлөөлөгчидтэй уулзаж, Хятад Монгол улсын харилцаан дахь өнөөгийн болон ирээдүйн байдал, Хятад Монгол улсын эдийн засаг гадаад худалдааны хамтын ажиллагааны хэтийн төлөв зэрэг асуудлаар тус сэтгүүлчдэд ярилцлага өгөв.

7月15日　应蒙古国总统那楚克·巴嘎班迪的邀请，中国国家主席江泽民当天上午离开北京，前往蒙古国进行为期3天的国事访问。这是江泽民主席首次访问蒙古，也是对巴嘎班迪总统去年访问中国的回访。11:30，江泽民主席乘坐的专机降落在乌兰巴托国际机场。随后江泽民下榻成吉思汗饭店。下午3:00，巴嘎班迪总统在乌兰巴托市中心的苏赫巴托尔广场举行了隆重的欢迎仪式。随后江泽民主席在蒙古国家宫同蒙古总统巴嘎班迪进行会谈。会谈后，两国元首出席了签字仪式。双方有关部门负责人签署了《中华人民共和国政府和蒙古国政府经济技术合作协定》《中华人民共和国政府和蒙古国政府关于边境地区森林、草原防火联防协定》，以及关于中国政府向蒙古国政府提供无偿援助使用问题的换文、互换关于修改中蒙两国政府卫生合作协定部分条款的照会。晚上，巴嘎班迪总统在大天口国宾馆举行盛大宴会，欢迎江主席夫妇及全体陪同人员。宴会结束时，江主席欣然为中蒙友谊题词：山水相连，友谊长存。随后，巴嘎班迪总统向江主席夫妇赠送了传统的蒙古袍和将军帽。

7 сар 15　Монгол улсын Ерөнхийлөгч Нацагийн Багабандийн урилгаар Хятад улсын төрийн тэргүүн Зянь Зэминь үдээс өмнө Бээжингээс хөдөлж 3 хоногийн хугацаатай төрийн айлчлал хийхээр Монгол улсыг зорив. Энэ нь Зянь Зэминь тэргүүн Монгол улсад анх удаа

айлчилал хийж байгаа явдал бөгөөд Багабанди ерөнхийлөгчийн өнгөрсөн жил Хятадад айлчилсан айчиллын хариу айлчилал болов. Үдээс өмнө 11:30 минутад Зянь Зэминь тэргүүний суусан тусгай нислэгийн онгоц Улаанбаатар хотын олон улсын нисэх онгоцны буудалд газардав. Дараа нь Жянь Зэминь тэргүүн “Чингис хаан” зочид буудалд буудаллав. Үдээс хойш 3:00 цагт ерөнхийлөгч Багабанди Улаанбаатар хотын төв Сүхбаатарын талбайд сүрлэг сайхан угтан авах ёслол хийв. Дараа нь Зянь Зэминь тэргүүн Монгол улсын төрийн ордонд Ерөнхийлөгч Багабандитай хэлэлцээр хийв. Хэлэлцээрийн дараа хоёр улсын тэргүүн гарын үсэг зурах ёслолд оролцов. 2 талын холбогдох салбарыг хариуцсан хүмүүс “БНХАУ-ын Засгийн Газар болон Монгол улсын Засгийн Газрын эдийн засаг, ШУ-ы хамтын ажиллагааны гэрээ”, “БНХАУ-ын Засгийн Газар болон Монгол Улсын Засгийн Газрын хилийн бүс нутгийн ой мод болон тал хээрийг галын аюулаас хамтдаа хамгаалах тухай гэрээ” хийгээд Хятад улсын Засгийн Газар Монгол улсын Засгийн Газарт буцалтгүй тусламж үзүүлэх асуудлаар баримт бичиг солилцох мөн Хятад Монгол хоёр улсын Засгийн Газар эрүүлийг хамгаалах талын хамтын ажиллагааны хэлэлцээрийн хэсгийн зүйл ангийн нот бичигт засвар оруулах тухай зэрэг бичиг баримтуудад гарын үсэг зурав. Орой нь Ерөнхийлөгч Багабанди Их тэнгэрийн аман дахь төрийн зочдын өргөөнд сүрлэг дайллага зохион байгуулж, Зянь тэргүүн түүний гэргий болон бүх дагалдах гишүүдийг хүлээн авав. Дайллага дуусах үед Зянь тэргүүн баяртайгаар Хятад Монголын найрамдалт харилцаанд зориулан “Уул, усаар холбогдсон хөрш орнуудын найрамдал мөнхөд оршино” гэсэн агуулгатай уран бичлэгийг бичиж дурсгав. Үүний дараа Ерөнхийлөгч Багабанди Зянь тэргүүн болон гэргийд нь улалмжлалт Монгол дээл мөн жанжин малгай бэлэглэв.

7 月 16 日　中国国家主席江泽民当天上午在乌兰巴托市那莱赫牧区与青年牧民冈巴特一家进行了亲切的交谈，并观看了小型那达慕表演。下午在那莱赫牧区接受了蒙古国中央电视台和中国记者的采访。江泽民高度评价了昨天和巴嘎班迪总统举行的会谈，认为会谈富有成效，取得了重要成果。

江泽民当天下午还在下榻的饭店会见了蒙古国总理那兰查茨拉勒特。他表示，中国十分重视两国在经贸领域的合作，对两国经贸关系不断发展感到高兴。那兰查茨拉勒特强调，蒙古国政府的一个重要任务，就是要落实两国间上述两个重要文件所确定的各项原则。他相信在双方的共同努力下，这些原则一定能够在两国关系中得到贯彻。他还表示，每当蒙古国经济遇到困难时，中国政府都提供了各方面的援助和帮助，蒙古国政府对此十分感谢。

江泽民当天下午还在下榻的饭店会见蒙古国家大呼拉尔主席贡其格道尔吉，他说，中国全国人大与蒙古国家大呼拉尔之间有着良好的交往历史。这些交往加深了两国人民之间的相互了解，密切了两国议会之间的友好合作。希望两国议会开展更加频繁、富有成效的交往，为中蒙睦邻友好关系的加强与发展作出积极贡献。贡其格道尔吉欢迎江泽民主席对蒙古国进行国事访问，认为这次访问是在两国关系的一个重要时刻进行的一次十分重要的访问。他还表示，议会交往是两国关系中一个重要组成部分。会谈中，江泽民还说，世界上有近 200 个国家，约 2 500 个民族，每个国家都希望保持自身特点并在稳定中得到发展。任何一种管理模式都绝不可能推广到整个世界，这个世界应该是一个多极化的世界。贡其格道尔吉表示完全赞同江泽民主席的看法。他强调，世界各地区的稳定十分重要，而蒙中两国的稳定及两国关系的稳定对本地区和世界的稳定也是很重要的。

当晚，江泽民和夫人王冶坪前往蒙古国家古典艺术剧院观看蒙古国总统巴嘎班迪为其安排的专场文艺演出。演出结束后，江泽民主席和夫人王冶坪向演员赠送了花篮。江泽民主席与巴嘎班迪总统一起登台与演员握手，庆贺演出成功，并与他们合影留念。

7 сар 16 Хятадын төрийн тэргүүн Жян Зэминь үдээс өмнө Улаанбаатар хотын Налайх дүүргийн малчидын хорооны залуу малчин Ганбат болон түүний гэр бүлтэй халуун дотно яриа өрнүүлж, “Бэсрэг наадам” үзэж сонирхов. Үдээс хойш Налайх дүүрэгт МҮОНТ-ийн болон Хятад улсын сэтгүүлчдийг хүлээн авч ярицлага өгөв. Жян Зэминь тэргүүн хэлэлцээр баялаг амжилттай болж, чухал үр дүнд хүрсэн гэж үзэн Ерөнхийлөгч Багабандитай хийсэн хэлэлцээрт өндөр үнэлгээ өгөв.

Жян Зэминь үдээс хойш буудалласан зочид буудалдаа Монгол улсын ерөнхий сайд Наранцацралтыг хүлээн авч уулзав. Тэрээр Хятад улс хоёр улсын эдийн засаг гадаад худалдааны салбарын хамтын ажиллагааг ихэд чухалчилан үзэж, хоёр улсын эдийн засаг гадаад худалдааны харилцаа тасралтгүй хөгжиж байгаад баяртай байгаагаа илэрхийлэв. Наранцацралт Монгол улсын Засгийн Газрын нэг чухал үүрэг бол хоёр улсын хоорондох өмнө өгүүлсэн хоёр чухал албан бичгийн тогтсон зарчимыг баталгаажуулах гэдгийг онцлон тэмдэглэв. Тэрээр 2 тал хамтдаа хичээж, эдгээр зарчмыг 2 орны харилцаанд хангалттай нэвтрүүлж чадна гэдэгт итгэлтэй байна гэв. Мөн тэрээр Монгол улсын эдийн засаг бэрхшээлтэй тулгарах болгонд Хятад улсын Засгийн Газар олон талын тусламж дэмжлэг үзүүлдэгт Монгол улсын Засгийн Газар маш их талархаж явдгаа илэрхийлэв.

Жян Зэминь үдээс хойш мөн буудалласан зочид буудалдаа МУИХ-н дарга Гончигдоржийг хүлээн авч уулзах үеэрээ тэрээр БХАТИХ болон МУИХ хоорондоо сайхан харилцаж ирсэн түүхтэй. Эдгээр харилцаа нь хоёр улсын ард түмний харилцан ойлголцлийг гүнзгийрүүлж хоёр улсын парламентын найрсаг хамтын ажиллагааг нягтруулж байна. Мөн Хятад Монголын найрамдалт хөршийн харилцаагаа бэхжүүлэн хөгжүүлэхийн тулд хоёр улсын парламент удаа дараагийн баялаг амжилттай харилцаагаа улам илүү хөгжүүлж идэвхитэй хувь нэмрээ оруулахыг хүсэж байна гэжээ.

Гончигдорж Жян Зэминь тэргүүнийг Монгол улсад айлчлал хийж байгаад баяртай байгаагаа илэрхийлээд, энэ удаагийн айлчлал хоёр улсын харилцааны нэг чухал үед хийгдэж буй нэг маш чухал айлчлал юм хэмээн бодож байна гэжээ. Тэрээр мөн парламентын харилцаа бол хоёр улсын харилцаанд нэг чухал бүрэлдэхүүн хэсэг болж байна гэж илэрхийлэв.Хэлэлцээрийн явцад Зян Зэминь Дэлхий дээр бараг 200 орчим улс, 2 500 орчим үндэстэн байдаг, улс орон бүр бүгд өөр өөрсдийн онцлогоо хадгалсан тогтвортой хөгжлийг хүсдэг. Аливаа нэг хэлбэрээр захирах хэв загварыг бүх дэлхийгээр дэлгэрүүлэх боломжгүй, энэ дэлхий нь олон туйлт дэлхий байх ёстой хэмээн нэмж хэлэв. Гончигдорж Жян Зэминь тэргүүний үзэл бодолтой бүрэн дүүрэн санал нийлж байгаагаа илэрхийлэв. Тэрээр дэлхийн эл бүс нутгийн тогтвортой байдал маш чухал бөгөөд Монгол Хятад хоёр улсын тогтвортой байдал хийгээд хоёр улсын харилцааны тогтвортой байдал тухайн бүс нутгийн болон дэлхийн тогтвортой байдалд маш чухал гэдгийг онцлон тэмдэглэв.

Орой нь Жян Зэминь болон гэргий хадагтай Ван Епин нар Монгол Улсын Сонгодог урлагийн театрт хүрэлцэн очиж Монгол Улсын Ерөнхийлөгч Багабандийн тусгайлан бэлтгэсэн урлагын тоглолтыг үзэж сонирхов. Тоглолт дууссаны дараа Жян Зэминь тэргүүн болон гэргий хадагтай Ван Епин нар жүжигчидэд цэцгийн баглаа бэлэглэв. Жян Зэминь тэргүүн Ерөнхийлөгч Багабандийн хамтаар тайзан дээр гарч жүжигчидтэй гар барин тоглолт амжилттай болсонд баяр хүргэн тэдний хамт дурсгалын зураг татуулав.

7月17日　中国国家主席江泽民今天上午参观了蒙古国家历史博物馆和“戈壁”公司。“戈壁”公司是蒙古国最大的羊绒制品企业。

中国国家主席江泽民和夫人王冶坪当天下午在下榻的饭店同蒙古国总统巴嘎班迪和夫人亲切话别。江泽民感谢巴嘎班迪总统和夫人前来话别，并代表夫人、同事对巴嘎班迪总统、蒙古国政府和人民的热情友好、真诚周到的接待表示感谢。江泽民对访问成果表示满意。他说，访问期间，双方既对过去半个世纪两国关系的发展作了认真的回顾和总结，也从世纪之交的高度对未来两国关系进行了展望。这必将对今后两国关系的发展产生积极而深远的影响。他表示，通过访问深深体会到蒙古国政府和人民对发展两国友谊充满热情，对扩大两国在各个领域的合作抱有强烈的期待。

巴嘎班迪对江泽民主席应邀访蒙再次表示感谢。他说，“江主席访问时间不长，但内容丰富。我们进行了很好的会谈，确定了蒙中两国21世纪友好合作关系的正确方向。江主席访问期间，同蒙古国各界人士进行了广泛接触，了解了蒙古国的传统文化、生活习俗和建设成就，也使得蒙古国人民更好地了解了中国对蒙政策”。下午 3 时，中国国家主席江泽民乘专机离开乌兰巴托回国。

7 сар 17 Хятад улсын дарга Зян Зэминь үдээс өмнө Монгол улсын түүхийн музей болон “Говь” кампаныг үзэж сонирхов. “Говь” компани бол Монголын хамгийн том ямааны ноолууран эдлэлийн үйлдвэр газар юм.

Хятад улсын тэргүүн Зян Зэминь болон хатагтай Ван Епин нар үдээс хойш буудалласан зочид буудалд Монгол улсын ерөнхийлөгч Багабанди болон түүний гэргийн хамт халуун дотно яриа өрнүүлэв. Тухайн үед Зян Зэминь дарга Ерөнхийлөгч Багабанди болон түүний гэргийг хүрэлцэн ирж яриа өрнүүлсэнд талархан, гэргий болон хамтран ажиллагсдаа төлөөлөн Ерөнхийлөгч Багабанди, Монгол улсын Засгийн Газар болон ард түмний найрсаг халуун сэтгэл, чин сэтгэлээсээ хүлээн авсанд талархаж байгаагаа илэрхийлэв. Зян Зэминь тэргүүн энэ удаагийн айлчлалын үр дүнд сэтгэл хангалуун байгаагаа илэрхийлэв. Тэрээр мөн айлчлалын хугацаанд өнгөрсөн хагас зуунд хоёр улсын харилцааны хөгжлийг эргэн харж нэгтгэн дүгнэхэд, зууны зааг дээрээс хоёр улсын харилцааны ирээдүйг өндрөөс алсын барааг харж байна гэж хэлж болох юм. Энэ нь гарцаагүй хоёр улсын цаашдын харилцааны хөгжилд идэвхтэй гүн гүнзгий нөлөө үзүүлнэ гэдгийг хэлэв. Мөн тэрээр энэ айлчлалаар дамжуулан Монгол улсын Засгийн газар болон ард түмэн хоёр улсын найрамдалт харилцаанд халуун дотно сэтгэлээ шингээн хөгжүүлж, 2 улс бүх л салбарт хамтран ажиллах оргилуун хүсэлтэй байгааг биеэрээ мэдэрлээ хэмээн илэрхийлэв.

Багабанди, Зянь Зэминь тэргүүнийг Монгол улсад дахин ирэхэд баяртай байх болно гэдгээ илэрхийлэв. Тэрээр “Зянь Зэмин даргын энэ удаагийн айлчлалын хугацаа богино байсан боловч агуулга нь баялаг байлаа. Мөн бид маш сайн хэлэлцээр хийж Монгол Хятад хоёр орны

21-р зууны найрсаг хамтын харилцааны зөв чиг хандлагыг тогтоосон. Зянь тэргүүн айлчлалын хугацаанд Монголын бүх давхаргын хүмүүстэй өргөнөөр харилцаж, Монголын уламжлалт соёл, амьдралын зан заншил болон амжилт бүтээлийн талаар ойлголттой боллоо. Мөн Монголын ард түмэн Хятадын талаар улам илүү сайн ойлголттой болсон нь Монгол улсын төрийн бодлого юм" гэв. Үдээс хойш 3 цагийн үед Хятад улсын төрийн тэргүүн Зян Зэминь тусгай нислэгийн онгоцоор Улаанбаатар хотоос гарч эх орондоо буцав.

8 月 10 日—14 日　应蒙古国边防军管理局的邀请，以中国公安部边防管理局局长朱家华少将为团长的中国公安边防代表团访问了蒙古国。访问期间，朱家华同蒙古国边防军管理局局长巴扎尔色德少将举行了工作会谈，并签署了会谈纪要。

8 сар 10-14　Монгол улсын Хил хамгаалалтын газрын удирдах зөвлөлийн урилгаар Хятад улсын Дотоодыг хамгаалах яамны Хил хамгаалалтын газрын удирдах зөвлөлийн дарга хошууч генерал Жу Жяхуа тэргүүтэй төлөөлөгчид Монгол улсад айлчилав. Айлчлалын хугацаанд Жу Зяхуа Монгол улсын Хил хамгаалалтын газрын удирдах зөвлөлийн дарга хошууч генерал Базарсадын хамтаар ажил хэргийн хэлэлцээр хийж, хэлэлцээрийн протоколд гарын үсэг зурав.

9 月 7 日　中国主席江泽民根据全国人民代表大会常务委员会的决定免去齐治家的中国驻蒙古国特命全权大使职务。任命黄家骙为中国驻蒙古国特命全权大使。

9 сар 7　Хятад улсын дарга Зян Зэминь БХАТИХ-ын байнгын хорооны шийдвэрийг үндэслэн Хятад улсаас Монгол улсад суугаа онц бөгөөд бүрэн эрхт элчин сайд Чи

Жизяг албан үүргээс нь бүрэн чөлөөлөв. Хятад улсаас Монгол улсад суух онц бөгөөд бүрэн эрхт Элчин сайдаар Хуан Зякуйг томилов.

10 月 15 日　中国国家主席江泽民同蒙古国总统巴嘎班迪在两国建交 50 周年之际互致贺电。江泽民在贺电中表示，“半个世纪以来，在双方的共同努力下，两国人民相互帮助、相互支持，进行了卓有成效的合作。1994 年，双方重签了《中蒙友好合作关系条约》，为两国关系健康、稳定发展奠定了重要的政治和法律基础。去年底以来，两国元首实现互访，双方确定建立面向 21 世纪长期稳定、健康互信的睦邻友好合作关系，启动了走向新世纪两国更加友好的开端。实践证明，两国人民睦邻友好，不仅符合两国人民的根本利益，也有利于本地区的和平、稳定与发展。回顾过去，展望未来，我们对两国睦邻友好合作的美好前景充满信心”。巴嘎班迪在贺电中表示，“在过去的半个世纪里，蒙中关系经受住了历史的考验，并得到了顺利发展。由于近年来进行的高层互访和我们之间富有成效的对话与达成的协议，我们两国的友好合作关系进入了一个新的阶段，并为在 21 世纪巩固和发展这种稳定和相互依赖关系创造了良好的条件。1994 年签订的友好合作关系条约和 1998 年发表的联合声明具有深远的历史意义。蒙中发展长期稳定的友好关系，不仅完全符合蒙中两国人民的根本利益，而且必将对保障亚太地区的和平与稳定作出贡献”。

中国外交部长唐家璇和蒙古国对外关系部部长图娅也就两国建交 50 周年互致贺电。

10 сар 15　Хятад улсын дарга Жян Зэминь Монгол улсын Ерөнхийлөгч Багабанди нар хоёр улсын дипломат

харилцаа байгуулсны 50 жилийн ойг тохиолдуулан харилцан баярын цахилгаан илгээв. Жян Зэминь баярын цахилгаандаа, “Хагас зуун жилийн тэртээгээс 2 тал хамтдаа хичээж мөн хоёр улсын ард түмэн харилцан туслалцаж харилцан бие биенээ дэмжиж мэдэгдэхүйц үр бүтээлтэй амжилттай хамтран ажилласаар ирлээ. 1994 онд хоёр улсын харилцаа эрүүл тогтвортой хөгжихөд улс төр болон хуулийн чухал үндэс суурийг тавихын тулд “Хятад Монголын найрсаг хамтын ажиллагааны гэрээ”-нд талууд чухалчлан гарын үсэг зурав. Мөн өнгөрсөн жилийн сүүл үеэс хоёр улсын төрийн тэргүүн нар харилцан айлчлал хийж, талууд 21-р зуунд урт хугацааны тогтвортой, эрүүл харилцан итгэлцсэн сайн хөршийн найрсаг хамтын ажиллагааг байгуулахаар тогтон, шинэ зуунд хоёр орны харилцаа бүр ч илүү нэмэгдэх болно. Хоёр улсын ард түмний сайн хөршийн найрсаг харилцаа нь хоёр улсын ард түмний язгуур эрх ашигт нийцэх төдийгүй бүс нутгийн энх тайван, тогтвортой байдал болон хөгжилд ашиг тустай гэдгийг баталж байна. Өнгөрснийг эргэцүүлэн бодож ирээдүйг угтан харахад, хоёр улсын сайн хөршийн найрсаг хамтын ажиллагааны хэтийн төлөв сайн сайхан байна гэдэгт бид итгэл дүүрэн байгаа” гэсэн байна. Харин Багабанди баярын цахилгаандаа, “Өнгөрсөн хагас зууны хугацаанд Монгол Хятад хоёр улс түүхэн сорилтыг даван туулж амжилттай хөгжсөн. Мөн ойрын жилүүдэд өндөр хэмжээний харилцан айлчлал хийснээр бид тохиролцоонд хүрч, манай хоёр улсын найрсаг хамтын ажиллагаа нэгэн шинэ үе шатанд гарч, 21-р зуунд энэ төрлийн тогтвортой харилцааг бэхжүүлэн хөгжүүлснээр таатай нөхцлийг бүрдүүлсэн. 1994 онд тогтсон найрсаг хамтын ажиллагааны гэрээ болон 1998 онд гаргасан хамтарсан мэдэгдэл нь түүхийн маш гүн гүнзгий ач холбогдолтой байсан. Монгол Хятадын хөгжлийн урт хугацааны тогтвортой найрсаг харилцаа нь Монгол Хятад хоёр улсын ард түмний язгуур эрх ашигт бүрэн нийцсэн төдийгүй Азийн бүс нутгийн энх тайван тогтвортой байдалд сахин хамгаалахад хувь нэмэр оруулна" гэв.

Хятад улсын Гадаад явдлын яамны сайд Тан Жяшюань болон Монгол улсын Гадаад харилцааны сайд Туяа нар хоёр улсын дипломат харилцаа тогтоосны 50 жилийн ойн баяр хүргэсэн баярын цахилгаан харилцан илгээв.

10 月 16 日　中国驻蒙古国大使黄家骙当晚上举行招待会，庆祝中国与蒙古国建交 50 周年。出席招待会的蒙古国总理阿玛尔扎尔嘎勒在致辞时说，1994 年签署的《蒙中友好合作关系条约》和去年双方发表的联合声明，为今后两国睦邻友好合作关系的全面发展奠定了坚实基础。蒙古国对外关系部部长图娅、蒙古国家大呼拉尔蒙中议员小组主席额尔登比列格、蒙中友协主席额奈比希以及前来参加蒙中建交 50 周年庆祝活动的中国人民对外友好协会会长齐怀远等也出席招待会。

10 сар 16　Хятад улсаас Монгол улсад суугаа Элчин сайд Хуан Зякуй Хятад Монголын хооронд дипломат харилцаа тогтоосны 50 жилийн ойд зориулан хүлээн авалт зохиов. Хүлээн авалт дээр Монгол улсын Ерөнхий сайд Амаржаргал хэлсэн үгэндээ 1994 онд гарын үсэг зурсан "Монгол Хятадын найрсаг хамтын ажиллагааны гэрээ" болон өнгөрсөн жил хоёр улсын хамтарсан мэдэгдэл нь хоёр улсын цаашдын сайн хөршийн найрсаг хамтын ажиллагааг бүх талаар хөгжүүлэх бат бэх суурийг тавьсан" юм гэсэн байна. Уг хүлээн авалтанд мөн Монгол улсын Гадаад харилцааны сайд Туяа, УИХ-ын Монгол-Хятадын найрамдлын бүлгийн дарга Эрдэнэбилэг, Монгол Хятадын найрамдлын нийгэмлэгийн дарга Энэбиш хийгээд Монгол Хятадын дипломат харилцаа тогтоосны 50 жилийн ойн

баярын үйл ажиллагаанд ирж оролцож буй Хятадын Ардын гадаад харилцааны нийгэмлэгийн дарга Чи Хуайюань нар оролцсон байна.

10月15日—19日 应蒙古中国友好协会邀请，以中国对外友好协会会长齐怀远为团长、中蒙友好协会会长张德麟为副团长的对外友协、中蒙友协代表团赴蒙，参加中蒙建交50周年纪念活动，并进行友好访问。代表团出席了中蒙友好周、“蒙中关系50周年图片展”、中国电影周开幕式、为庆祝蒙中建交50周年蒙古国外长图娅举行的招待会和中国驻蒙古国大使黄家骙举行的招待会。蒙古国总统巴嘎班迪、总理阿玛尔扎尔格勒分别会见了代表团。蒙古国家大呼拉尔蒙中议员小组主席额尔登比列格、蒙中友协主席额奈比希等分别会见并宴请了中国代表团。

10 сар 15-19 Монгол Хятадын найрамдалын нийгэмлэгийн урилгаар Хятадын гадаад харилцааны нийгэмлэгийн дарга Чи Хуаяюань тэргүүтэй Хятад Монголын найрамдалын нийгэмлэгийн дарга Жан Дэлинь дэд тэргүүтэй Хятад Монголын найрамдлын нийгэмлэгийн төлөөлөгчид Монголд хүрэлцэн ирж Хятад Монголын дипломат харилцаа тогтоосны 50 жилийн ойн баярын үйл ажиллагаанд оролцон найрсаг айлчлал хийв. Төлөөлөгчид “Хятад Монголын найрамдлын 7 хоног”, “Хятад Монголын харилцааны 50 жилийн ойн гэрэл зургийн үзэсгэлэн”, “Хятадын кино 7 хоногийн нээлт”, Хятад Монголын дипломат харилцаа тогтоосны 50 жилийн ойд зориулан Монгол Улсын Гадаад харилцааны сайд Туяагийн зохион байгуулсан хүлээн авалт болон Хятадаас Монгол улсад суугаа элчин сайд Хуан Зякуйн зохион байгуулсан хүлээн авалт зэрэг үйл ажиллагаануудад оролцов. Монгол Улсын Ерөнхийлөгч Багабанди, Монгол улсын Ерөнхий сайд

Амаржаргал нар тус тус төлөөлөгчдийг хүлээн авч уулзав. УИХ-ын Хятад-Монголын найрамдлын бүлгийн дарга Эрдэнэбилэг, Монгол Хятадын найрамдлын нийгэмлэгийн дарга Энэбиш нар тус тус Хятад улсын төлөөлөгчдийг хүлээн авч уулзав.

10 月 18 日　蒙古国总统巴嘎班迪在会见前来参加蒙中建交 50 周年庆祝活动的中国人民对外友协和中蒙友协代表团时说，作为最早承认新中国的国家之一的蒙古国认为，两国建交 50 周年具有特别重要的意义。他认为，1994 年签署的蒙中友好合作关系条约和 1998 年发表的蒙中联合声明是把两国睦邻友好合作关系带入 21 世纪的重要政治文献。实施上述文件和落实两国领导人互访时达成的协议，是双方今后的主要任务。两国友好协会的合作对发展蒙中关系以及增进两国人民之间的相互了解和信任起着重要作用。

10 сар 18　Монгол Хятадын дипломат харилцаа тогтоосны 50 жилийн ойн баярын үйл ажиллагаанд оролцохоор ирсэн Хятадын Ардын гадаад харилцааны нийгэмлэг болон Хятад Монголын найрамдлын нийгэмлэгийн төлөөлөгчдийг Монгол Улсын Ерөнхийлөгч Багабанди хүлээн авч уулзах үеэрээ “Шинэ Хятад улсыг хамгийн эрт хүлээн зөвшөөрсөн улсын нэг болох Монгол улсын хувьд хоёр улсын дипломат харилцаа тогтоосны 50 жилийн ой нь онцгой чухал ач холбогдолтой гэж үзэж байна гэжээ. Мөн тэрээр 1994 онд гарын үсэг зурсан Монгол Хятадын найрсаг хамтын ажиллагааны гэрээ болон 1998 онд гаргасан Монгол Хятадын хамтарсан мэдэгдэл нь хоёр улсын сайн хөршийн найрсаг хамтын ажиллагаанд 21-р зууны улс төрийн чухал сурвалжийг авчирсан явдал болсон юм. Хоёр улсын удирдлагууд харилцан айчлах үеэрээ

тохиролцсон дээр дурьдсан албан бичгийг биелүүлэх болон хэрэгжүүлэх нь 2 улсын цаашдын хамтын үйл ажиллагаанд чухал үүрэгтэй. Мөн хоёр улсын найрамдлын нийгэмлэгийн хамтын ажиллагаа нь Монгол Хятадын харилцааны хөгжил хийгээд 2 улсын ард түмний хоорондох харилцан ойлголцол ба итгэлцлийг нэмэгдүүлэхэд чухал үүрэгтэй” гэж хэлэв.

10月26日　中国外交部发言人章启月当天在记者招待会上宣布，应中国国务院总理朱镕基邀请，蒙古国总理林钦尼亚木·阿玛尔扎尔嘎勒将于11月5日至8日对中国进行工作访问。

10 сар 26　Хятад улсын Гадаад хэргийн яамны хэвлэлийн төлөөлөгч Жан Чиюүе хэвлэлийн бага хурал дээр “Хятад улсын Төрийн зөвлөлийн ерөнхий сайд Жу Рунжигын урилгаар Монгол улсын Ерөнхий сайд Р.Амаржаргал 11 сарын 5-8-ны өдрийн хооронд Хятад улсад ажлын айлчлал хийнэ” гэдгийг зарлав.

11月3日　蒙古国总理阿玛尔扎尔嘎勒在访华前夕接受中国记者采访时指出，蒙中两国毗邻而居，两国人民在经济管理和思想文化方面有着许多相似之处，发展和扩大经济合作的潜力很大，前景广阔。蒙古国幅员辽阔、资源丰富，人口稀少，中国有着充足的劳动力资源，是世界上生产力高速发展的具有影响的经济大国。他认为，蒙中两国经济互补性强，同中国发展经贸合作具有重要意义。目前在外国对蒙投资中，中国占首位。今年头7个月，蒙古国对中国的外贸进出口额占蒙古国外贸进口总额的13.3%和出口总额的63.8%。他说，中国在羊绒制品和棉布生产方面走在世界前列，在修筑铁路和公路方面具有丰富的经验。蒙古国畜产品原料丰富，并且需要大力发展交通和基础设施。双方在这些方面合作前景广阔。他希望两国进一步扩大边境贸易，并积极寻找诸如发展旅游等新的合作方式。他表示蒙古国政府将保护包括中国投资在内的外国投资，希望中国增加在蒙古的投资，尤其是中国的大公司应增加对蒙了解，积极开拓蒙古国市场。他说，蒙中双方刚刚隆重庆祝了两国建交 50 周年。半个世纪以来，蒙中关系经受住了历史的考验。特别是近 10 年来，在双方的共同努力下，两国关系在各个领域顺利发展。他强调，同邻国中国发展关系是蒙古国对外政策的首要方针之一。蒙古国总统巴嘎班迪 1998 年对中国的访问、中国国家主席江泽民今年对蒙古国的访问，是将两国友好关系与合作推向新阶段的具有重要意义的事件。蒙古国总理说，蒙古国作为世界贸易组织成员，支持中国加入该组织。他提到，在蒙古国向市场经济过渡遇到困难之际，中国提供了优惠贷款和无偿援助，对此我们向中国政府表示感谢。阿玛尔扎尔嘎勒最后说，他在访华期间将同朱镕基总理举行会谈，对建交 50 年来的两国关系和合作作出总结，并就如何落实两国国家元首会晤所达成的协议进行协商，讨论解决两国经济合作的一系列具体问题。

11 сар 3 Монгол улсын Ерөнхий сайд Амаржаргал айлчлалынхаа урьдах өдөр Хятад улсын сурвалжлагчдад мэдээлэл хийх үеэрээ Монгол Хятад хоёр улс хөрш зэргэлдээ оршдог, хоёр улсын ард түмэн эдийн засгийн удирдлага болон соёлын бодлогын талаар адил төстэй зүйл олон, эдийн засгийн хамтын ажиллагаагаа өргөжүүлэн хөгжүүлэх нөөц бололцоо маш их бөгөөд хэтийн төлөв нь саруул юм. Монгол улсын нутаг дэвсгэр өргөн уудам арвин их баялагтай, хүн ам нь сийрэг, Хятад улс бол хүрэлцэхүйц хөдөлмөрийн хүчний эх баялагтай, дэлхий дээр үйлдвэрлэх хүчний өндөр хурдацтай хөгжлөөрөө эдийн засагтаа нөлөөлж буй их гүрэн юм. Тэрээр Монгол Хятад хоёр улсын

эдийн засгийн харилцан нөхвөрлөх чанарыг бэхжүүлэхийн хамтаар Хятад улсын эдийн засаг гадаад худалдааны хамтын ажиллагааны хөгжилд маш чухал ач холбогдолтой. Одоогоор Монгол улсад хөрөнгө оруулж байгаа гадаад орнуудын дундаас Хятад улс тэргүүн байрыг эзэлж байна. Энэ жилийн эхний 7 сарын байдлаар Монгол улс Хятад улсын гадаад худалдааны импорт экспортын нормд Монгол улсын гадаад худалдааны импортын нийт хэмжээ нь 13.3% экспортын нийт хэмжээ нь 63.8%-ыг эзэлж байна. Мөн тэрээр Хятад улс ямааны ноолууран бүтээгдэхүүн болон хөвөн бөс үйлдвэрлэлийн талаар дэлхийд тэргүүн байранд явдаг, төмөр зам болон засмал зам засах талаар баялаг туршлагатай. Монгол улс малын гаралтай бүтээгдэхүүн, түүхий эдээр баялаг, гэвч зам харилцаа болон дэд бүтцээ эрчимтэй хөгжүүлэх шаардлагатай. 2 талын эдгээр хамтын ажиллагааны хэтийн төлөв өргөжих хандлагатай байна гэв. Түүнчлэн хоёр улсын хилийн худалдаанд ахиц гарахын сацуу бусад салбарт ч хамтын ажиллагаа идэвхижиж байна. Жишээлбэл аялал жуулчлалын зэрэг шинэ хамтын ажиллагааны хэлбэрийг идэвхтэй хайхыг тэрээр хүсч байна. Тэрээр Монгол улсын Засгийн газар дотоод дахь гадаадын хөрөнгө оруулалтанд багтаж буй Хятадын хөрөнгө оруулалтыг хамгаалж, Хятад улсын Монгол дахь хөрөнгө оруулалтыг нэмэгдүүлэн, ялангуяа Хятадын том компаниуд Монголын талаар илүү их ойлголттой болж, идэвхитэй зах зээлийг нээхийг хүсэж байгаагаа илэрхийлэв. Тэрээр нэмж хэлэхдээ Монгол Хятад хоёр улс саяхан хоёр улсын дипломат харилцаа тогтоосны 50 жилийн ойг сүрлэг сайхан тэмдэглэсэн бөгөөд энэ хагас зуун жилд Монгол Хятадын харилцаа түүхэн сорилтыг даван туулсаар ирсэн билээ. Онцгойлон ойрын 10 жилд 2 тал хамтдаа хичээсний үр дүнд хоёр улсын харилцаа амжилттай хөгжиж байна. Мөн тэрээр хөрш улс болох Хятад улстай харилцаагаа хөгжүүлэх нь Монголын гадаад бодлогын эн тэргүүний зорилтын нэг юм. Монгол улсын Ерөнхийлөгч Багабанди 1998 онд Хятад улсад айчлалхийсэн бол Хятад улсын төрийн тэргүүн Зян Зэминь энэ жил Монгол улсад айлчилсан нь хоёр улсын найрсаг харилцаа болон хамтын ажиллагааг шинэ үе шатанд гаргасан чухал ач холбогдолтой хэрэг болсон гэдгийг онцлон дурдав.Монгол улсын Ерөнхий сайд хэлэхдээ Монгол улс Дэлхийн худалдааны байгууллагын гишүүн болоход Хятад улс дэмжлэг үзүүлсэн гэдгийг хэлж мөн Монгол улс зах зээлийн эдийн засаг шилжилтийн үедээ хүнд хэцүү бэрхшээлтэй учирхад Хятад улс хөнгөлөлттэй зээл олгохын зэрэгцээ буцалтгүй тусламж үзүүлж байсанд бид Хятад улсын Засгийн газарт талархаж байгаагаа илэрхийлж байна гэв. Амаржаргал хамгийн сүүлд нь айлчлалын хугацаанд Ерөнхий сайд Жу Рунжитай хэлэлцээр хийж дипломат харилцаа тогтоогоод 50 жил болсноос хойш хоёр улсын харилцаа болон хамтын ажиллагааг дүгнэхэд хоёр улсын төрийн тэргүүн нар уулзаж тохиролцоонд хүрсэн хэлэлцээ зөвлөлдөөнийг хэрхэх талаар ярилцаж, хоёр улсын эдийн засаг хамтын ажиллагааны нэлээд хэдэн бодитой асуудлыг шийдвэрлэх талаар мөн ярилцна гэв.

11 月 5 日　中国国务院总理朱镕基当天下午在人民大会堂同来访的蒙古国总理林钦尼亚木·阿玛尔扎尔嘎勒举行会谈，双方就双边关系和共同关心的问题交换了意见。朱镕基说，“中蒙睦邻友好关系正在向深度和广度发展，特别是在不到一年的时间内，两国元首实现互访，双方确定建立面向 21 世纪长期稳定、健康互信的睦邻友好合作关系，为两国发展跨世纪的友好关系奠定了坚实的基础，也指出了正确的发展方向。我们相信，只要双方坚持相互尊重独立与主权、互不干涉内政等和平共处五项原则，就一定能够确保两国睦邻友好关系的稳定与发展。江泽民主席今年七月访蒙时，就加强两国经贸合作提出了五点意见，我们将认真落实，进一步深化中蒙两国在各个领域的互利合作”。

阿玛尔扎尔嘎勒对中国政府重视蒙中庆祝建交 50 周年活动并盛情接待他访华表示感谢。他说，“蒙中两国元首在不到一年的时间里实现互访，说明两国政治关系达到了最高水平。蒙古国对外政策的首要方针之一是与中国发展长期睦邻友好，蒙方对两国合作的现状表示满意，对今后的发展充满信心。蒙中边界已经成为两国友好交流的纽带。蒙古国政府和人民感谢中国政府迄今对蒙古国提供的援助。迫切希望扩大双方在经贸领域的合作，欢迎中国有实力的企业到蒙投资。在即将到来的 21 世纪把蒙中友好关系推到更高阶段”。

会谈后，两国总理出席了有关经贸合作的换文签字仪式。中国外经贸部副部长周可仁和蒙古国基础设施发展部长巴特呼分别代表本国政府签署了换文。

11 сар 5 Хятад улсын Төрийн Зөвлөлийн Ерөнхий сайд Жу Рунжи үдээс хойш АТИХ-ын танхимд Монгол улсын Ерөнхий сайд Р.Амаржаргалтай уулзалт хийсэн ба талууд хоёр талын харилцаа болон хамтран анхаарал хандуулах шаардлагатай асуудлаар санал солилцов. Жу Рунжи хэлэхдээ, “Хятад Монголын сайн хөршийн найрсаг харилцаа гүн гүнзгий өргөн далайцтай хөгжиж байна, жил хүрэхгүй хугацаанд 2 улсын төрийн тэргүүнүүд харилцан айлчлал хийж, 21-р зуунд урт хугацааны тогтвортой байдал, эрүүл харилцан итгэлцсэн сайн хөршийн найрсаг хамтын ажиллагааг бүтээн босгоход хандаж, 2 улс зуун дамнасан найрсаг харилцаандаа бат бэх суурь тавихын тулд

хөгжлийн зөв чиглэлийг зааж өгсөн. Гагцхүү талууд тусгаар тогтнол болон бүрэн эрхээ харилцан хүндэтгэхийг чанд баримтлан, энх тайвнаар зэрэгцэн орших 5 зарчимд тулгуурлан дотоод хэрэг зэрэгт харилцан оролцохгүй байх, хоёр улсын сайн хөршийн найрсаг харилцааны тогтвортой байдал болон хөгжлийг баталж чадна гэдэгт бид итгэлтэй байна. Зян Зэминь тэргүүн энэ жилийн 7 сард Монголд хийсэн айлчлалын үеэрээ “Хоёр улсын эдийн засаг гадаад худалдааны хамтын ажиллагаанд дэвшүүлсэн 5 саналыг бид үнэн сэтгэлээсээ хэрэгжүүлж, Хятад Монгол хоёр улсын эл салбарын харилцан ашигтай хамтын ажиллагааг гүнзгийрүүлэх болно” гэв.

Амаржаргал БНХАУ-д айлчлах үеэдээ Хятад улсын Засгийн газар Монгол Хятад дипломат харилцаа тогтоосны 50 жилийн ойн баярын үйл ажиллагааг чухалчилан үзэж найрсагаар хүлээн авсанд талархаж байгаагаа илэрхийлэв.Тэрээр “Монгол Хятад хоёр улсын тэргүүн жил хүрэхгүй хугацаанд харилцан айлчлал хийж, хоёр улсын улс төрийн харилцаа хамгийн өндөр түвшинд хүрсэнийг харуулна. Монгол улсын гадаад бодлогын эн тэргүүний зорилт бол Хятад улстай урт хугацааны найрсаг сайн хөршийн харилцаагаа хөгжүүлэх, Монголын тал хоёр улсын хамтын ажиллагааны одоогийн байдалд сэтгэл хангалуун байгаа цаашдын хөгжилд ч мөн итгэл дүүрэн байна. Монгол Хятадын хил аль хэдийн хоёр улсын найрсаг солилцооны холбоос болсон. Монгол Улсын Засгийн газар болон ард түмэн Хятадын Засгийн газар өнөөг хүртэл Монгол улсад буцалтгүй тусламж үзүүлж байсанд талархаж явдгаа илэрхийлж байна. Эн тэргүүний хүсэл бол талуудын эдийн засаг гадаад худалдааны хамтын ажиллагааг өргөжүүлж, Хятад улсын бодит хүчин чадалтай аж ахуйн нэгжийг Монголд хөрөнгө оруулахыг хүлээн авч байна. Удахгүй болох 21-р зуунд Монгол Хятадын найрсаг харилцаа өндөр түвшинд хүрэх болно.” гэж хэлэв.

Хэлэлцээрийн дараа хоёр улсын Ерөнхий сайд эдийн засаг гадаад худалдааны хамтын ажиллагаанд холбогдох солилцооны бичигт гарын үсэг зурах ёслолд оролцов. Хятад улсын Гадаад худалдааны дэд сайд Жоу Кэрэнь болон Монгол улсын дэд бүтцийн яамны сайд Батхүү нар тус тус улсын Засгийн газраа төлөөлөн солилцооны бичигт гарын үсэг зурав.

11 月 6 日　中国人民对外友好协会和中蒙友好协会当晚在钓鱼台国宾馆举行招待会，庆祝中国与蒙古人民共和国建交 50 周年。中国国务院副总理钱其琛和夫人周寒琼以及专程来京参加纪念活动的蒙古国总理林钦尼亚木・阿玛尔扎尔嘎勒和夫人加・包勒尔玛出席了招待会。对外友协会长齐怀远在致辞中说，中蒙外交关系的建立开辟了两国友好关系的新纪元，对促进两国人民的传统友谊和加深双方友好合作关系的发展具有重要意义。

11 сар 6　Хятадын Гадаад орнуудтай найрамдлаар харилцах ардын нийгэмлэг болон Хятад Монголын найрамдлын нийгэмлэг уг өдрийн орой “Дяоюйтай” төрийн зочид буудалд хүлээн авалт зохион байгуулж, БНХАУ болон БНМАУ дипломат харилцаа тогтоосны 50 жилийн ойг тэмдэглэв. Хятад улсын Төрийн Зөвлөлийн Ерөнхий сайдын орлогч Чянь Чичэнь ба түүний гэргий хадагтай Жоу Ханьчён болон Бээжин хотноо хүрэлцэн ирж баярын үйл ажиллагаанд оролцож байгаа Монгол улсын Ерөнхий сайд Р.Амаржаргал мөн түүний гэргий хадагтай Ж.Баярмаа нар хүлээн авалтанд оролцов. Гадаад орнуудтай найрамдлаар харилцах нийгэмлэгийн дарга Чи Хуайюань хэлсэн үгэндээ Хятад Монголын дипломат харилцаанд хоёр улсын найрсаг харилцааны шинэ эрин үеийг нээсэн нь хоёр улсын ард түмний уламжлалт нөхөрлөлд тус дөхөм үзүүлж хоёр талын

найрсаг хамтын ажиллагааны хөгжилд чухал ач холбогдол үзүүлсэн.

11 月 7 日　蒙古国总理阿玛尔扎尔嘎勒一行上午参观了天津新港、天津港保税区及天津经济技术开发区，并听取了有关情况介绍。中午，天津市委书记张立昌和市长李盛霖分别会见了阿玛尔扎尔嘎勒。下午，阿玛尔扎尔嘎勒和李盛霖一起会见了中蒙企业家，两国有关企业签订了合作协议。蒙古国在天津现有 9 家投资企业，今年 1 至 9 月，双方贸易额为 400 万美元。

当天，蒙古国驻华使馆举行招待会，庆祝蒙中建交 50 周年。蒙古国总理阿玛尔扎尔嘎勒、中国外交部部长唐家璇以及两国有关方面负责人出席了招待会。

蒙古国总理阿玛尔扎尔嘎勒当天会见了中蒙记者。在介绍访华成果时，阿玛尔扎尔嘎勒高度评价了两国领导人已经建立的定期互访机制。他说，通过这些访问，以及双方领导人在访问期间签署的重要文件，特别是 1994 年签署的《蒙中友好合作关系条约》和 1998 年签署的“联合声明”，两国关系的跨世纪发展的政治和法律基础已经形成。他强调，“现在，两国更应当共同努力使我们达成的协议得到落实。”他说通过与朱镕基总理的会谈，两国进一步交换了意见，达成了共识。两国有关部门在这次访问中也就此事达成了一些协议。

11 сар 7　Монгол улсын ерөнхий сайд Амаржаргал үдээс өмнө Тяньжины шинэ боомт, Тяньжин боомтын гаалийн бүс хийгээд Тяньжиний эдийн засаг, техник технологийн нээлттэй бүс нутгийг үзэж сонирхон холбогдох нөхцөл байдлын танилцуулгыг сонсож хэлэлцэв. Үд дунд Тяньжин хотын зөвлөлийн нарийн бичгийн дарга Жан Личан болон хотын дарга Ли Шэнлин нар тус тус Амаржаргалтай

уулзав. Үдээс хойш Амаржаргал болон Ли Шэнлин нар хамтдаа Хятад Монголын бизнесмэнүүдтэй уулзаж хоёр улс холбогдол бүхий аж ахуй нэгжийн хамтын ажиллагааны хэлэлцээрт гарын үсэг зурав. Тяньжинд Монголын хөрөнгө оруулалттай есөн үйлдвэрийн газар байдаг бөгөөд энэ жилийн 1-9 сарын хооронд хоёр талын гадаад худалдааны нийт өртөг 4 000 000 долларт хүрэв.

Тус өдөр Монгол улсаас БНХАУ-д суугаа Элчин сайдын яам Монгол, Хятадын хооронд дипломат харилцаа тогтоосны 50 жилийн ойд зориулан хүлээн авалт зохиов. Монгол улсын ерөнхий сайд Амаржаргал болон Хятад улсын Гадаад хэргийн сайд Тан Зясюань хийгээд хоёр улсын холбогдох талын хариуцсан хүмүүс хүлээн авалтанд оролцов.

Монгол улсын ерөнхий сайд Амаржаргал Хятад Монголын сурвалжлагчидтай уулзан айлчлалын үр дүнг танилцуулах үеэрээ Амаржаргал хоёр улсын удирдлагууд тогтсон хугацаандаа харилцан айлчлал хийсэнд өндөр үнэлгээ өгөв. Тэрээр эдгээр айлчлалаар дамжуулан хоёр талын удирдлагууд айлчлалын хугацаанд гарын үсэг зурсан чухал баримт бичиг, онцгойлон 1994 онд гарын үсэг зурсан "Монгол Хятадын найрсаг хамтын ажиллагааны гэрээ" болон 1998 онд гарын үсэг зурсан "хамтарсан мэдэгдэл", хоёр улсын харилцааны зуун дамнан хөгжисөн улс төр болон хууль цаазын үндэс хэдийн тогтсон гэж хэлэв. Мөн "одоо хоёр улс хамтын хүчин чармайлтаар бидний тохиролцоонд хүрсэн хэлэлцээрийг хэрэгжүүлэх ёстой" гэдгийг онцлон тэмдэглэв. Тэрээр хэлэхдээ ерөнхий сайд Жу Рунжитэй хийсэн хэлэлцээрээр дамжуулан хоёр улсын санал солилцоонд ахиц гарч нийтийн ашиг сонирхолд нийцсэн юм гэв.

11月8日　中国国家主席江泽民当天上午在中南海会见了蒙古国总理林钦尼亚木·阿玛尔扎尔嘎勒，宾主进行了亲切友好的交谈。

江泽民表示欢迎阿玛尔扎尔嘎勒在两国建交 50 周年之际来华进行工作访问。他愉快地回顾了今年 7 月对蒙古国进行的访问，表示很高兴地看到访问期间双方商定的一些经贸合作项目正在得到落实。他还表示相信，在双方共同努力下，由两国元首确定建立的长期稳定、健康互信的中蒙睦邻友好合作关系，必将在新的世纪里不断向新的更高水平发展。

阿玛尔扎尔嘎勒转达了蒙古国总统巴嘎班迪对江主席的问候。他说，同中国发展睦邻友好、平等互利、长期稳定的友好合作关系是蒙古国坚定不移的国策。50 年前，蒙中建交翻开了两国关系史上新的一页。近 10 年来，双方在政治、经济、贸易、文化等各个领域的合作顺利发展。特别是两国元首在不到一年的时间里实现互访，加深了相互了解，为两国关系在 21 世纪的发展奠定了坚实的基础。

蒙古国总理于当天上午结束访问离开北京。

11 сар 8 Хятад улсын төрийн тэргүүн Жян Зэминь үдээс өмнө Жун Нань Хайд Монгол улсын ерөнхий сайд Р.Амаржаргалтай уулзаж, халуун дотно нөхөрсөг ярилцав.

Жян Зэминь Амаржаргалд хоёр улсын дипломат харилцаа тогтоосны 50 жилийн ойн баяраар Хятадад ирж ажлын айчлал хийж байгаад баяртай байгаагаа илэрхийлэв. Тэрээр энэ жилийн 7 сард Монгол улсад хийсэн айчлалаа баяртайгаар эргэн дурсаж, айчлалын хугацаанд хоёр тал эдийн засаг гадаад худалдааны хамтын ажиллагааны зарим төслийг хэлэлцэн тогтож яг одоо хэрэгжүүлж байгаагаа харахад баяртай байгаагаа илэрхийлэв. Тэрээр мөн 2 тал хамтын хүчин чармайлтаар хоёр улсын тэргүүний байгуулахаар тогтсон урт хугацааны тогтвортой байдал эрүүл итгэлцсэн Хятад Монголын сайн хөршийн найрсаг хамтын харилцаа, шинэ зуунд үргэлжлүүлэн шинэ өндөр түвшинд хөгжих болно гэдэгт итгэлтэй байгаагаа илэрхийлэв.

Амаржаргал Монгол улсын Ерөнхийлөгч Багабандиас БНХАУ-ын дарга Жян Зэминий амар мэндийг уламжлав. Тэрээр хэлэхдээ Хятад улстай сайн хөршийн харилцаа болон харилцан ашигтай эрх тэгш байдал, урт хугацааны тогтвортой байдлын найрсаг хамтын ажиллагааны харилцаагаа хөгжүүлсэн нь Монгол улсын гуйвшгүй төрийн бодлого юм. 50 жилийн өмнө Монгол Хятадын дипломат харилцаа хоёр улсын харилцааны түүхэнд нэгэн шинэ хуудас нээсэн. Ойрын 10 жилд хоёр талын улс төр, эдийн засаг, гадаад худалдаа, соёл зэрэг эл салбарын хамтын ажиллагаа амжилттай хөгжиж байна. Онцгойлон хоёр улсын харилцаа 21-р зуунд хөгжлийн бат бэх суурийг тавихийн тулд хоёр улсын тэргүүнүүд жил хүрэхгүй хугацаанд харилцан айлчлал хийж, хоёр улс харилцан ойлголцлоо гүнзгийрүүлж байна гэдгийг илэрхийлэв.

Монгол улсын Ерөнхий сайд үдээс өмнө айлчлалаа дуусган Бээжингээс мордов.

11月 中国国防部与蒙古国边防军管理局签署了《中蒙边防合作协议》，规定：双方开展边防合作，致力于保持中蒙边界的和平与稳定；交换有助于维护边界地区正常秩序的信息和其他有关信息；交流守卫管理边界和维护其正常秩序的措施与经验；预防在边界地区发生意外事件和纠纷；制止通过边界非法偷运武器、贩毒、走私、抢劫、盗窃等违法犯罪活动；加强边界代表机构合作，协商处理边境事件，协助寻找并及时移交对方越境人员及其交通工具、财物和越境牲畜；通报可能给对方造成损失的自然灾害、流行病和疫情，采取措施防止其越界等。

11 сар Хятад улсын БХЯ болон Монгол улсын хил хамгаалалтын армийн удирдах зөвлөлийн гарын үсэг зурсан “Хятад Монголын хил хамгаалах хамтын ажиллагааны хэлэлцээр”-т зааснаар: “Хоёр талын хил хамгаалалтын хамтын ажиллагааг хөгжүүлж, Хятад Монголын хилийн энх тайван тогтвортой байдлыг хамгаалахын төлөө чармайх , Хилийн бүс нутгийн хэвийн эмх журамтай мэдээлэл болон бусад холбогдох мэдээллийг сахин хамгаалахад тустай бичиг баримтыг солилцох; Хил хамгаалах болон хэвийн эмх журмыг сахин хамгаалах арга хэмжээ туршлагаа солилцох; хил орчмын бүс нутагт үүссэн болон гадна үүссэн хэрэг явдал зөрчлөөс урьдчилан хамгаалах, Хилээр дамжуулан хууль бус зэвсэг хулгайгаар зөөх, хар тамхи наймаалах, нууцаар арилжаалах, тонох, хулгайлах зэрэг хууль бус гэмт хэргийн үйлдлийг хязгаарлах; хилийн төлөөлөх байгууллагын хамтын ажиллагааг бэхжүүлэх, хилийн хэрэг явдлыг шийдвэрлэх талаар зөвлөлдөх, хилээр нэвтрэх хүн хийгээд зам тээврийн хэрэгсэл, эд бараа болон хилээр нэвтрэх мал зэргийг эрж хайн цаг тухайд нь эсрэг талдаа шилжүүлэн өгөхөд дэмжлэг үзүүлэх,байгалийн гамшиг, халдварт өвчин болон тахал зэрэг гарз хохирол үүссэн тохиолдолд нийтэд зарлах зэрэг сэрэмжлэх зүйлүүд байна.

1999 年 中国科学院院长路甬祥率中国科学院代表团访问蒙古国。

1999 онд шинжлэх ухааны академийн дарга Лү Юнсян Хятад улсын шинжлэх ухааны академийн төлөөлөгчдийг тэргүүлэн Монгол улсад айлчлав.

2000年中蒙国家关系历史编年

2000 он Хятад Монгол хоёр улсын харилцааныттүүхэн үйл явдлын товчоон

1月10日—15日　应中国共产党中央委员会邀请，蒙古国民族民主党总书记班·德勒格尔玛率领民族民主党代表团访问中国。访问期间，中共中央政治局常委、书记处书记尉健行，中共中央对外联络部部长戴秉国分别同代表团会见和会谈。

1 сар 10-15　БНХАУ-ын Коммунист Намын Төв хорооны урилгаар Монгол Улсын Үндэсний Ардчилсан Намын Ерөнхий нарийн бичгийн дарга Б. Дэлгэрмаа тэргүүтэй Үндэсний Ардчилсан Намын төлөөлөгчид Хятад Улсад айлчлав. Айлчлалын үеэр БНХАУ-ын Коммунист Намын Төв хорооны Улс төрийн товчооны байнгын хорооны гишүүн, нарийн бичгийн дарга нарын газрын нарийн бичгийн дарга Вэй Зяньшин, БНХАУ-ын Коммунист Намын Төв хорооны Гадаад Орнуудтай Харилцах Хэлтэсийн дарга Дай Бингуо нар тус тус төлөөлөгчидтэй уулзав.

1月23日—25日　应蒙古国政府邀请，中国中央军事委员会副主席、国务委员兼国防部部长迟浩田上将对蒙古国进行正式访问。

1 сар 23-25　Монгол улсын Засгийн газрын урилгаар БНХАУ-ын Цэргийн Төв хорооны Дэд дарга, Зөвлөлийн гишүүн бөгөөд Батлан Хамгаалах Яамны сайд хурандаа генерал Чи Хаотянь Монгол Улсад албан ёсны айлчлал хийв.

1月24日　中国中央军事委员会副主席、国务委员兼国防部部长迟浩田会见了蒙古国总统那·巴嘎班迪、总理林·阿玛尔扎尔嘎勒，并与蒙古国防部长沙·图布登道尔吉举行了会谈。

1 сар 24 БНХАУ-ын Цэргийн төв хорооны дэд дарга, Зөвлөлийн гишүүн бөгөөд Батлан Хамгаалах Яамны сайд Чи Хаотянь, Монгол улсын Ерөнхийлөгч Н. Багабанди болон Ерөнхий сайд Р. Наранцацралт нартай уулзаж Монгол улсын Батлан Хамгаалах Яамны сайд Ш. Түвдэндоржтой уулзалт хийв.

2 月 28 日—3 月 4 日 应中国中央军事委员会邀请，蒙古国家安全委员会秘书拉·包勒德率领安全委员会代表团访问中国。29 日，中国中央军事委员会副主席迟浩田上将接见了代表团。

2 сар 28-3 сар 4 БНХАУ-ын Цэргийн Төв хорооны урилгаар Монгол Улсын Үндэсний аюулгүй байдлын зөвлөлийн нарийн бичгийн дарга Р. Болд тэргүүтэй Үндэсний аюулгүй байдлын зөвлөлийн төлөөлөгчид БНХАУ-д айлчлав. 29-ны өдөр БНХАУ-ын Цэргийн Төв хорооны дэд дарга хурандаа генерал Чи Хаотянь төлөөлөгчдийг хүлээн авч уулзав.

3 月 14 日 中国外交部发言人孙玉玺当日在这里举行的例行记者招待会上宣布：应李鹏委员长的邀请，蒙古国大呼拉尔主席拉·贡其格道尔吉将于 3 月 20 日至 26 日率大呼拉尔代表团对中国进行正式友好访问。

3 сар 14 Хятадын Гадаад Явдлын Яамны хэвлэлийн төлөөлөгч Сүн Уйси хэвлэлийн бага хурал хийж Ли Пэн даргын урилгаар МУ-ын УИХ-ын дарга Р. Гончигдорж тэргүүтэй УИХ-ын төлөөлөгчид 3 сарын 20-26-ны өдрүүдэд Хятад Улсад албан ёсны найрсаг айлчлал хийх тухай мэдэгдэв.

3 月 13 日—18 日 应中国共产党中央委员会邀请，蒙古社会民主党总书记诺·阿拉坦呼亚格率领社会民主党代表团访问中国。访问期间，中共中央政治局常委、书记处书记尉健行，中共中央对外联络部部长戴秉国分别同代表团会见和会谈。

3 сар 13-18 Хятадын Коммунист Намын Төв хорооны урилгаар Монгол Улсын Социал демократ намын ерөнхий нарийн бичгийн дарга Н. Алтанхуяг тэргүүтэй Социал демократ намын төлөөлөгчид Хятад Улсад айлчлал хийв. Айлчлалын үеэр БНХАУ-ын Коммунист намын төв хорооны улс төрийн товчооны байнгын хорооны гишүүн, нарийн бичгийн дарга нарын газрын нарийн бичгийн дарга Вэй Зяньшин, Хятадын Коммунист намын төв хорооны гадаад орнуудтай харилцах хэлтсийн эрхлэгч Дай Бингуо нар тус тус төлөөлөгчидтэй уулзав.

3 月 20 日—26 日 应中国全国人民代表大会常务委员会委员长李鹏的邀请，蒙古国家大呼拉尔主席拉·贡其格道尔吉访问中国。20 日，李鹏委员长会见了贡其格道尔吉。李鹏在会见时表示，中蒙建立面向 21 世纪长期稳定、健康互信的睦邻友好合作关系，符合两国人民的根本和长远利益。贡其格道尔吉表示，同中国发展睦邻友好合作关系是蒙古对外政策的首要任务，不会改变。21 日，朱镕基总理会见贡其格道尔吉，朱镕基说，中蒙两国近年来高层互访不断，两国关系取得了长足的发展。中国已经成为蒙古国的第一大贸易伙伴和投资国。中方对双方在各个领域的合作，包括经贸合作，所取得的进展感到高兴。贡其格道尔吉说，蒙中两国是友好邻国。邻居的愿望是相同的，蒙古国对中国经济建设取得的成就表示祝贺。去年蒙中总理会晤时，朱镕基总理提出了促进双边经贸合作的五项建议。两国有关部门都应加紧工作，落实这些建议。蒙古国议会也将为推进这些工作提供法律基础。贡其格道尔吉还就进一步加强双方在基础建设等方面合作的问题与朱镕基交换了意见。他希望朱镕基总理能够在不久的将来访问蒙古国。

3 сар 20-26 БНХАУ-ын БХАТИХ-ын байнгын хорооны дарга Ли Пэний урилгаар Монгол Улсын УИХ-н дарга Р. Гончигдорж Хятад Улсад айлчлав. 20-ны өдөр дарга Ли Пэн Гончигдоржийг хүлээн авч уулзав. Ли Пэн уулзалтын үеэр “Хятад Монгол хоёр улсын 21 дүгээр зуунд чиглэсэн эрүүл саруул, харилцан итгэсэн сайн хөршийн найрсаг харилцаа, хамтын ажиллагааг урт удаан хугацаанд хөгжүүлэх нь хоёр улсын ард түмний язгуур эрх ашигт нийцнэ” гэв.Гончигдорж: “Хятад Улстай сайн хөршийн найрсаг харилцаа, хамтын ажиллагаагаа хөгжүүлэх нь Монгол Улсын гадаад бодлогын эн тэргүүний зорилт бөгөөд хэзээд өөрчлөгдөхгүй” гэв. 21-ны өдөр Ерөнхий сайд Жу Рунжи Гончигдоржтой уулзах үеэрээ: “Хятад Монгол хоёр улс нь сүүлийн жилүүдэд тасралтгүй өндөр хэмжээний харилцан айчлал хийсний үр дүнд хоёр улсын харилцаа хурдацтай хөгжиж Хятад Улс нь одоо Монгол Улсын худалдааны томоохон түнш бас хөрөнгө оруулагч улс болсон. Хятадын талаас талуудын олон салбарын хамтын ажиллагаа түүний дотор эдийн засгийн хамтын ажиллагаанд ахиц дэвшил гарч байгаад маш их баяртай байна гэв. Гончигдорж: Монгол Хятад хоёр улс бол найрсаг хөрш улсууд юм. Хөрш улсын хүсэл эрмэлзлэл адилхан байдаг гээд Монгол улс Хятад улсыг эдийн засгийн салбартаа амжилт олсонд баяр хүргэж буйгаа илэрхийлэв. Өнгөрсөн жил Монгол Хятад хоёр улсын Ерөнхий сайд нар

уулзах үеэр Ерөнхий сайд Жу Рунжи хоёр талын эдийн засгийн хамтын ажиллагаанд тус дөхөм үзүүлэх 5 санал дэвшүүлсэн ба хоёр улсын холбогдох салбарууд эдгээр саналыг баталгаажуулахын төлөө идэвхитэй ажилласан юм. Мөн Монгол Улсын Их Хурал эдгээр ажлыг ахиулах хуулийн үндсийг гарган тавьсан байна. Гончигдорж: дэд бүтцийг улам илүү зузуутгах зэрэг талуудын хамтын ажиллагааны асуудлаар Жу Рунжитэй санал солилцсон байна. Мөн Гончигдорж Ерөнхий сайд Жу Рунжийг боломжтой үедээ Монгол Улсад айлчлахыг хүсэв.

4月2日 中蒙最大合资项目——图木尔廷锌矿奠基仪式在蒙古国苏赫巴托尔省举行，蒙古国总统那·巴嘎班迪和中国驻蒙古国大使黄家骙出席。

4 сар 2 Монгол Хятадын хамгийн том хамтарсан хөрөнгө оруулалттай байгууламж болох “Төмөртийн хүдэрийн уурхай”-н суурь тавих ёслолыг Монгол Улсын Сүхбаатар аймагт хийв. Үүнд Монгол Улсын Ерөнхийлөгч Н. Багабанди болон Хятад Улсаас Монгол Улсад суугаа элчин сайд Хуан Зякуй нар оролцов.

4月18日 中国外交部发言人孙玉玺今天在这里举行的记者招待会上宣布：应外交部长唐家璇的邀请，蒙古国对外关系部长尼亚木奥色尔·图娅将于4月24日至29日对中国进行正式访问。

4 сар 18 БНХАУ-ын Гадаад Явдлын Яамны хэвлэлийн төлөөлөгч Сүн Уйши хэвлэлийн бага хурал хийж БНХАУ-ын Гадаад Явдлын Яамны сайд Тан Зясюаны урилгаар Монгол Улсын Гадаад Харилцааны Яамны сайд Ням-Осорын Туяа 4 сарын 24-29 ний өдрүүдэд Хятад Улсад албан ёсны

айлчлал хийх тухай мэдэгдэв.

4 月 24 日　中国政府决定向蒙古国提供 100 万元人民币用于救灾援助。

4 сар 24 БНХАУ-ын Засгийн Газар Монгол Улсад гамшгийн хор уршгийг арилгахад зориулж 1 000 000 юаны тусламж үзүүлэх шийдвэр гаргав.

4 月 24 日—29 日　应中国外交部部长唐家璇的邀请，蒙古国外交部部长尼·图娅对中国进行正式访问。24 日，唐家璇和尼·图娅举行了会谈，双方就双边关系和共同关心的地区和国际问题交换了意见，并达成广泛共识。唐家璇强调，中国高度重视与蒙古国的关系，不论国际形势发生什么变化，都将一如既往地奉行与蒙古国睦邻友好的政策，恪守中蒙友好合作关系条约的原则。28 日下午，中国国务院总理朱镕基在人民大会堂会见了尼·图娅一行。中国外交部副部长王光亚、蒙古国驻华大使达·查希勒冈等参加了会见。

4 сар 24-29 БНХАУ-ын Гадаад Явдлын Яамны сайд Тан Жясюаны урилгаар Монгол Улсын Гадаад Харилцааны Яамны сайд Н.Туяа Хятад Улсад албан ёсны айлчлал хийв. 24-ны өдөр Тан Жясюань болон Н.Туяа нар уулзалт хийж талууд хоёр талын харилцаа ба харилцан сэтгэл зовниж буй бүс нутгийн болон олон улсын асуудлаар санал солилцов.Тан Жясюань: “Хятад Улс Монгол Улстай харилцах харилцаагаа эрхэмлэж олон улсын байдалд ямар нэгэн өөрчлөлт гарсан ч бид урьдын адилаар Монгол Улсын найрсаг сайн хөрш байх бодлогыг баримталж Хятад Монголын найрсаг хамтын ажиллагаа, харилцааны тухай гэрээний зарчмыг баримтлах болно” гэдгээ онцлон тэмдэглэв. 28-ны үдээс хойш БНХАУ-ын Төрийн Зөвлөлийн

Ерөнхий сайд Жу Рунжи Ардын Их хурлын танхимд Н.Туяатай уулзав. БНХАУ-ын Гадаад Явдлын Яамны дэд сайд Ван Гуаня болон Монгол Улсаас Хятад Улсад суугаа Элчин сайд Цахилгаан нар уулзалтанд оролцов.

5 月 4 日 蒙古国全军歌舞团赴华参加“2000 相约北京”世纪大联欢活动，并在华进行为期两个月的访问演出。

5 сар 4 Монгол Улсын Бүх Цэргийн Дуурь Бүжгийн чуулга Хятад Улсад хүрэлцэн очиж “Бээжин 2000” шинэ зууны их баярын үйл ажиллагаанд оролцож Хятад Улсад 2 сарын хугацаатай айлчлан тоглолт хийв.

5 月 7 日 鉴于蒙古国东戈壁省乌兰巴德拉赫县爆发了口蹄疫。为防止该病传入中国，中国国家出入境检验检疫局当天发布公告，规定从即日起，禁止直接或间接从蒙古国输入偶蹄动物（如猪、牛、羊等）及其产品。

5 сар 7 Монгол Улсын Дундговь аймгийн Улаанбадрах суманд шүлхий өвчин гарсаны учир Хятад Улс уг өвчний халдвараас сэргийлэхийн тулд Хятад Улсын хилийн хорио цээрийн шалган нэвтрүүлэх хэлтэс албан мэдэгдэл гаргаж тухайн өдрөөс эхлэн шууд ба шууд бус замаар Монгол Улсаас шүлхий туссан малын /гахай, үхэр, хонь, ямаа/ гаралтай бүтээгдэхүүн оруулахыг хориглов.

5 月 19 日 中蒙签订利用中国政府无偿援助款项为蒙古国培养留学生项目的执行计划。

5 сар 19 Хятад Монгол хоёр улс нь БНХАУ-ын Засгийн Газрын буцалтгүй тусламжаар Монгол Улс гадаадад оюутан суралцуулах төслийн хэрэгжүүлэх төлөвлөгөөнд гарын үсэг зурав.

8 月 15 日—18 日　应蒙古国家大呼拉尔邀请，中国人民政治协商会议全国委员会副主席叶选平对蒙古国进行友好访问，15 日蒙古国总统那·巴嘎班迪会见了叶选平一行。16 日蒙古国总理那·恩赫巴亚尔会见了叶选平一行。中国全国政协代表团同蒙古国家大呼拉尔副主席扎·宾巴道尔吉举行了会谈。这是中国全国政协代表团首次访问蒙古国。

8 сар 15-18　Монгол Улсын УИХ-ын урилгаар БНХАУ-ын Улс Төрийн Зөвлөлдөх зөвлөлийн дэд дарга Е Сюанпин Монгол Улсад найрсаг айлчлал хийв. 15-ны өдөр Монгол Улсын Ерөнхийлөгч Н. Багабанди Е Сюанпинтэй уулзав. 16-ны өдөр Монгол Улсын Ерөнхий сайд Н. Энхбаяр Е Сюанпинтэй уулзав. БНХАУ-ын Улс Төрийн Зөвлөлдөх зөвлөлийн төлөөлөгчид Монгол Улсын УИХ-ын дэд дарга Ж. Бямбадоржтой хэлэлцээр хийв. Энэ нь БНХАУ-ын Улс Төрийн Зөвлөлдөх зөвлөлийн төлөөлөгчдийн Монгол Улсад хийж буй анхны айлчлал юм.

8 月 17 日　中国派工作组赴蒙古国，将中国籍犯罪嫌疑人杨彦军引渡回国(杨彦军系原北京市房山区河北信用分社会计，携 200 万元外逃)。

8 сар 17　Хятад Улсын харъяат сэжигтэн Ян Янжүны хэргийг Хятад Улсад шилжүүлэх талаар Хятад Улсаас Монгол Улсад ажиллах ажлын хэсгийг томилсон. (Ян Енжүн бол Бээжингийн Фан шань дүүргийн Хэбэйн Нийгмийн зээл олгох төвийн 2 000 000 юанийг шамшигдуулан гадаадад зугтсан хүн) юм.

9 月 1 日—5 日　应蒙古国国防部邀请，北京军区副司令员粟戎生中将率领中国人民解放军代表团赴蒙古国出席蒙古国纪念二战胜利 55 周年活动。

9 сар 1-5 Монгол Улсын Батлан Хамгаалах Яамны урилгаар Бээжингийн цэргийн тойргийн дэд командлагч дэслэгч генерал Сү Руншэн тэргүүтэй БНХАУ-ын Ардын Чөлөөлөх Армийн төлөөлөгчид Монгол Улсад хүрэлцэн ирж Монгол Улс Дэлхийн 2-р дайнд оролцсоны 55 жилийн ойн ёслолын үйл ажиллагаанд оролцов.

9 月 5 日—8 日 应蒙古国和平与友好组织联合会邀请，中国全国人民代表大会常务委员会副委员长、中国人民争取和平与裁军协会会长何鲁丽率代表团访问蒙古国，蒙古国总统那·巴嘎班迪和总理那·恩赫巴亚尔、国家大呼拉尔主席额奈比希分别会见了何鲁丽一行。

9 сар 5-8 Монгол Улсын Энхтайван найрамдалын байгууллагуудын холбооны урилгаар, БНХАУ-ын БХАТИХ-ын байнгын хорооны дэд дарга, БНХАУ-ын Ард түмний энх тайвныг сахин хамгаалах болон зэвсэглэлийг хорогдуулах нийгэмлэгийн дарга Хэ Люли тэргүүтэй төлөөлөгчид Монгол Улсад айлчлав. Монгол улсын Ерөнхийлөгч Н. Багабанди, Ерөнхий сайд Н.Энхбаяр, УИХ-ын дарга Энэбиш нар Хэ Люлинийг тус тус хүлээн авч уулзав.

9 月 28 日 为庆祝中华人民共和国成立 51 周年而举办的“中国日”活动当日在蒙古国首都乌兰巴托隆重举行。这一活动是由蒙中友好协会和中国驻蒙古国大使馆联合举办的。蒙古国家大呼拉尔（议会）蒙中议员小组主席巴桑扎布、蒙古国基础设施发展部部长吉格吉德、蒙中友协副主席姜仓诺勒布和阿尤尔扎那出席了“中国日”活动的开幕式。本次“中国日”活动通过举办图片展览、播放电影以及发放各种书刊的形式介绍了中国的历史，改革开放以来中国取得的巨大成就以及中国各族人民的生活、文化和风土人情等。

9 сар 28 БНХАУ байгуулагдсаны 51 жилийн ойд зориулан “Хятадын нэг өдөр” үйл ажиллагааг Монгол Улсын нийслэл Улаанбаатар хотноо зохион байгуулав. Энэ үйл ажиллагааг Монгол Хятадын найрамдлын нийгэмлэг болон Хятад Улсаас Монгол Улсад суугаа Элчин Сайдын Яам хамтран зохион байгуулсан байна. Монгол Улсын УИХ-ын дэргэдэх Монгол Хятадын парламентын гишүүдийн бүлгэмийн дарга Баасанжав, Монгол Улсын дэд бүтцийн Яамны сайд Жигжид, Монгол Хятадын найрамдалын нийгэмлэгийн орлогч дарга Жанцанноров, Аюурзана нар “Хятадын нэг өдөр” үйл ажиллагааны нээлтийн ёслолд оролцов. Энэ удаагийн “Хятадын нэг өдөр” арга хэмжээний үеэр зургийн үзэсгэлэн, кино үзвэр, олон төрлийн ном хэвлэл дэлгэн тавих зэрэг үйл ажиллагааг зохион байгуулж Хятад Улсын түүх болон өөрчлөлтийг нэвтрүүлснээс хойшхи Хятад Улсын амжилт хийгээд Хятадын олон үндэстний ард түмний ахуй амьдрал, соёл, ёс заншил зэргийг танилцуулсан байна.

9 月 29 日 中国中央军委副主席、国务委员兼国防部长迟浩田今天在八一大楼会见了由蒙古国国防部老战士协会主席贡布苏伦率领的蒙古国老战士代表团。

9 сар 29 БНХАУ-ын Цэргийн Төв хорооны дэд дарга, Зөвлөлийн гишүүн бөгөөд Батлан Хамгаалах Яамны сайд Чи Хаотянь “8/1 цамхаг”-т Монгол Улсын ахмад дайчдын төлөөлөгчдийг удирдан ирсэн Монгол Улсын Батлан Хамгаалах Яамны Ахмад дайчдын нийгэмлэгийн тэргүүн Гомбосүрэнтэй уулзав.

10 月 19 日 中国驻蒙古国大使黄家骙通报蒙方，中国政府决定再向蒙古国政府提供 1 亿元人民币优惠贷款，用于蒙古国图木尔廷锌矿开发。

10 сар 19 Хятад Улсаас Монгол Улсад суугаа Элчин сайд Хуан Зякуй БНХАУ-ын Засгийн Газраас Монгол Улсад нийт 1 000 000 000 юаны хөнгөлөлттэй зээл дахин олгохоор болсныг мэдэгдэв. Уг зээлийг Монгол улс “Төмөртийн хүдэрийн уурхай” нээхэд ашиглахаар тогтов.

10 月 23 日—30 日 以内蒙古自治区教育厅副厅长阿荣为团长的中国内蒙古自治区教育代表团一行 7 人，应蒙古国首都乌兰巴托市教育局局长波道尔吉的邀请，对蒙古国乌兰巴托进行了友好访问。

10 сар 23-30 БНХАУ-ын Боловсролын хэлтсийн орлогч дарга Ариун тэргүүтэй ӨМӨЗО-ны Боловсролын төлөөлөгч 7 хүн Монгол Улсын нийслэл Улаанбаатар хотын Боловсролын газрын дарга Бадарчын урилгаар Монгол Улсын нийслэл Улаанбаатар хотноо найрсаг айчлал хийв.

10月28日—30日 应蒙古国总理、人民革命党主席恩赫巴亚尔的邀请，中共中央政治局常委、书记处书记尉健行对蒙古国进行友好访问。

28日，尉健行在会见恩赫巴亚尔时表示，中方希望双方共同努力，把长期稳定、健康互信的中蒙睦邻友好合作关系不断推向前进。中国共产党愿在独立自主、完全平等、互相尊重、互不干涉内部事务的基础上与人民革命党发展新型的党际交流与合作，为中蒙睦邻友好合作关系的发展做出新的贡献。

恩赫巴亚尔表示，尉健行对蒙古国的访问必将对两国关系的发展产生重要影响。蒙古国政府愿在两国友好合作关系条约等双边文件的基础上，更加努力地发展同中国的关系。

同日，尉健行同蒙古人民革命党书记恩赫图布辛举行了会谈，双方就进一步发展两党两国关系交换了意见。

29日，尉健行分别会见了蒙古民族民主党主席阿玛尔扎尔嘎勒和蒙古社会民主党主席贡其格道尔吉。当晚，尉健行到中国驻蒙古国使馆看望了使馆工作人员。

蒙古国总统巴嘎班迪30日上午会见了尉健行一行。尉健行说，中蒙建交以来，两国关系经历过曲折，但睦邻友好始终是主流。近10年来，在双方的共同努力下，两国关系发展迅速，各领域的合作成就显著，相互信任不断加深。1998年巴嘎班迪总统访华和1999年江泽民主席访蒙，把两国关系提升到一个新阶段，为21世纪两国关系的发展指明了方向。中蒙两国保持和发展友好关系，不仅符合两国人民的根本利益，也有利于本地区乃至世界和平与发展。在新世纪即将到来之际，中国愿与蒙方一道，继续恪守两国友好合作关系条约的基本原则，努力促进两国长期稳定、健康互信的睦邻友好关系不断发展，永做好朋友、好邻居。尉健行对蒙古国在恢复和发展经济方面取得的成就感到高兴，祝愿蒙古国在今后的经济和社会发展中取得更大进步。

巴嘎班迪对尉健行率中国共产党代表团访蒙表示欢迎，并称此次访问将对加强两国、两党关系起到重要作用。他说，蒙中之间的友好关系历史悠久，两国领导人近年的互访，使两国关系发展到一个新阶段。中国目前已成为蒙古国的第一大贸易伙伴和投资国，两国之间不存在任何不能解决的问题。他对中国政府尊重蒙古国人民选择自己的发展道路，尊重蒙古国的独立、主权和领土完整，支持蒙古国提出的在蒙建立无核区的建议表示感谢，并重申，蒙古国将在台湾、西藏等问题上继续支持中国政府的立场。他相信两国关系将在已有良好的基础上在21世纪得到新的发展。巴嘎班迪总统还愉快地回忆起他今年9月在联合国总部与江泽民主席亲切会见的情景，并请尉健行转达他本人对江泽民主席的亲切问候。

当天，尉健行还与蒙古国家大呼拉尔（议会）主席、人民革命党总书记额奈比希进行了会晤。尉健行对他作为蒙中友协主席为中蒙友好事业所做的积极贡献表示赞赏。尉健行说：中蒙两国虽然社会制度不同，两党在意识形态方面也有差异，但这并不妨碍我们之间的友好交往。中国共产党重视与蒙古人民革命党的关系，愿在党际关系四项原则基础上进一步探索、充实两党交流与合作的内容，促进两国睦邻友好合作关系长期、稳定、健康地发展。尉健行还对中蒙两国议会的交往与合作予以积极评价，希望双方进行更加富有成效的交往，为促进两国关系发展而继续努力。额奈比希说，近年来，蒙中两国关系发展顺利，相互之间的了解和理解进一步加深。发展同中国的睦邻友好合作关系，是蒙古国对外政策的首要目标之一。蒙古国对两国关系发展到今天这样一种水平感到高兴。蒙古人民革命党与中国共产党的友好关系不断加强和发展，对进一步促进两国关系的全面发展起到重要作用，蒙古国家大呼拉尔愿与中国人民共同努力，继续发展各种形式的友好交往与合作，以利于 21 世纪的蒙中关系更加健康、稳定地向前发展。

当日下午，尉健行结束对蒙古国的访问，乘飞机离开乌兰巴托回国。

10 сар 28-30 Монгол Улсын Ерөнхий сайд, МАХН-ын дарга Энхбаярын урилгаар БНХАУ-ын Коммунист Намын Төв хорооны улс төрийн товчооны байнгын хорооны гишүүн, нарийн бичгийн дарга нарын газрын нарийн бичгийн дарга

Вэй Жяньшин Монгол Улсад найрсаг айлчлал хийв.

28-ны өдөр Вэй Жяньшин Энхбаяртай уулзах үеэрээ: Талуудын хамтын хүчин чармайлтаар Хятад Монгол хоёр улсын урт удаан хугацааны, тогтвортой, эрүүл саруул, харилцан итгэсэн, сайн хөршийн найрсаг харилцаа, хамтын ажиллагаа гүнзгийрэн хөгжихийг Хятадын талаас хүсч буйг илэрхийлэв. Мөн БНХАУ-ын Коммунист Намаас Хятад Монгол хоёр улсын сайн хөршийн найрсаг харилцаа, хамтын ажиллагааны хөгжилд шинэ хувь нэмэр оруулахын төлөө тусгаар тогтнол, бүрэн эрхт байдалыг харилцан хүндэтгэх хийгээд харилцан дотоод хэрэгт оролцохгүй байх зарчмын үндсэн дээр МАХН-тай шинэ маягын намын солилцоо болон хамтын ажиллагааг хөгжүүлэхийг хүсч буйг илэрхийлэв.

Энхбаяр: "Вэй Жяньшины Монгол Улсад хийж буй энэ удаагийн айлчлал нь хоёр улсын харилцааны хөгжилд чухал нөлөө үзүүлнэ гэдгийг онцолон тэмдэглээд Монгол Улсын Засгийн газраас хоёр улсын найрсаг харилцаа, хамтын ажиллагааны тухай гэрээ зэрэг талуудын албан бичгийн үндсэн дээр Хятад Улстай харилцаагаа хөгжүүлэхийн төлөө улам бүр хичээн ажиллахыг хүсч буйгаа илэрхийлэв.

Мөн өдөр Вэй Жяньшин, МАХН-ын нарийн бичгийн дарга Энхтүвшинтэй хэлэлцээр хийж талууд хоёр нам, хоёр улсын харилцааг улам илүү хөгжүүлэх талаар санал солилцов.

29-ны өдөр Вэй Жяньшин Монгол улсын Үндэсний Ардчилсан Намын тэргүүн Амаржаргал, Монгол улсын Социал Демократ Намын дарга Гончигдорж нартай тус тус уулзав. Орой нь Вэй Жяньшин Хятад Улсаас Монгол Улсад суугаа Элчин Сайдын Яам болон Элчин Сайдын Яамны ажилчдыг эргэж үзэв.

Монгол Улсын Ерөнхийлөгч Багабанди 30-ны өдрийн

үдээс өмнө Вэй Жяньшинтэй уулзав. Энэ үеэр Вэй Жяньшин: "Хятад Монгол хоёр улс дипломат харилцаа тогтсон тэр цагаас хойш хоёр улсын харилцаа олон бэрхшээлийг туулж ирсэн ч сайн хөршийн найрсаг харилцаа ямагт гол чиг хандлага нь байсаар ирсэн. Сүүлийн 10 жилд талуудын хүчин чармайлтаар хоёр улсын харилцаа хурдацтай хөгжиж олон салбарын хамтын ажиллагаа амжилтанд хүрч харилцан итгэлцэх түншийн харилцаа улам бүр гүнзгийрэв. 1998 онд Ерөнхийлөгч Багабанди БНХАУ-д айлчилсан ба 1999 онд Жян Зэминь тэргүүн Монгол Улсад айлчилсанаар Хоёр улсын харилцаа шинэ шатанд гарч 21-р зууны хоёр улсын харилцааны хөгжлийн хандлагыг тодорхойлсон. Хятад Монгол хоёр улсын найрсаг харилцааг хамгаалан хөгжүүлэх нь хоёр улсын ард түмний язгуур эрх ашигт нийцэх төдийгүй бас уг бүс нутагт улмаар дэлхийн энх тайван болон хөгжилд ч ашиг тустай. Мөн Шинэ зуунтай золгосонтой холбогдуулан Хятад Монгол хоёр улсын найрсаг харилцаа, хамтын ажиллагааны гэрээний үндсэн зарчмыг үргэлжлүүлэн мөрдөж урт удаан хугацааны тогтвортой эрүүл саруул, харилцан итгэсэн сайн хөршийн найрсаг харилцааг тасралтгүй хөгжүүлж үүрдийн сайн найз бас сайн хөрш байхыг Хятадын талаас хүсч буйг" илэрхийлэв.

Вэй Жяньшин: "Монгол Улсад эдийн засаг нь сайжран хөгжиж амжилт олж байгаад маш их баяртай байна гээд Монгол Улс цаашидын эдийн засаг, нийгмийнхээ хөгжлийн явцад улам их амжилт олохыг хүсч байгаагаа" илэрхийлэв. Багабанди Вэй Жяньшин тэргүүтэй Хятад Улсын Коммунист Намын төлөөлөгчдийг хүлээн авах үеэрээ: Энэ удаагийн айлчлал нь хоёр улс, хоёр намын хамтын ажиллагаанд чухал нөлөө үзүүлэнэ гэдгийг онцлон тэмдэглэв. Тэрээр Монгол Хятад хоёр улсын хоорондын найрсаг харилцаа нь өнө удаан жилийн түүхтэй бөгөөд хоёр улсын удирдлагууд сүүлийн жилүүдэд харилцан айлчлал хийснээр хоёр улсын харилцааны хөгжил нэг шинэ шатанд хүрсэн. Хятад Улс нь одоо Монгол Улсын худалдааны томоохон түнш, хөрөнгө оруулагч улс болсон бөгөөд хоёр улсын хооронд ямар нэгэн шийдвэрлэж чадахгүй асуудал байхгүй" гэв. "Хятад Улсын Засгийн Газар Монгол Улсын ард түмний сонгосон хөгжлийн зам, тусгаар тогтнол, бүрэн эрхт байдал, нутаг дэвсгэрийн бүрэн бүтэн байдлыг хүндэтгэж Монгол Улсын цөмийн зэвсэггүй бүсийн статусыг дэмжиж байгаад талархал илэрхийлэв. Мөн тэрээр хоёр улсын харилцаа найрсаг харилцааны үндсэн дээр 21-р зуунд шинэ хөгжилд хүрнэ гэдэгт итгэлтэй байна гэв. Ерөнхийлөгч Багабанди энэ жил 9 сард НҮБ-ын Ерөнхий асамблейн чуулган дээр Жян Зэминь тэргүүнтэй халуун дотноор уулзсанаа эргэн дурсаж Вэй Зяньшинийг Зян Зэминь тэргүүний амар мэндийг асууж байгааг уламжлахыг" хүсэв.

Мөн өдөр Вэй Жяньшин Монгол Улсын УИХ-ын дарга, МАХН-ын Ерөнхий нарийн бичгийн дарга Энэбиштэй уулзалт хийв. Вэй Жяньшин түүнд Монгол Хятадын найрамдалын нийгэмлэгийн тэргүүний хувьд Хятад Монголын найрамдлын үйл хэрэгт идэвхитэй хувь нэмэр оруулж байгааг сайшааж буйгаа илэрхийлэв. Вэй Жяньшин: "Хятад Монгол хоёр улс хэдийгээр нийгмийн тогтолцоо адилгүй, хоёр нам үзэл бодлын тал дээр ялгаатай ч бид хоорондоо найрсагаар харилцахад саад болохгүй гэв. Хятад Улсын Коммунист Нам Монгол Улсын МАХН-тай харилцах харилцаагаа чухалчилан үзэж намын хоорондох харилцааны 4 зарчмын үндсэн дээр улам илүүг эрэлхийлэх, хоёр намын солилцоо болон хамтын ажиллагааны агуулгыг бүрэн төгс байлгах нь хоёр улсын сайн хөршийн найрсаг харилцаа, хамтын ажиллагааг урт удаан хугацаанд тогтвортой, эрүүл саруул, хөгжүүлхэд тус дөхөм үзүүлнэ" гэв. Мөн Вэй Жяньшин: "Хоёр улсын харилцааны хөгжил болон хичээл зүтгэлд тус дөхөм үзүүлхийн тулд Хятад Монгол хоёр улсын парламентын харилцаа болон хамтын ажиллагаанд идэвхитэй үнэлэлт өгч талууд илүү баялаг амжилттай харилцахыг" хүсэв. Энэбиш: "Сүүлийн жилүүдэд Монгол Хятад хоёр улсын харилцаа амжилттай хөгжиж харилцааны хоорондох ойлголт болон ойлголцлыг улам бүр гүнзгийрүүлэв. Хятад Улстай сайн хөршийн найрсаг харилцаа, хамтын ажиллагаагаа хөгжүүлэх нь Монгол Улсын гадаад бодлогын эн тэргүүний зорилтын нэг юм. Хоёр улсын харилцааны хөгжил өнөөдрийн энэ түвшинд хүрсэнд Монгол улсын зүгээс маш их баяртай байна. МАХН нь ХКН-тай найрсаг харилцаагаа тасралтгүй бэхжүүлэн хөгжүүлэх нь хоёр улсын харилцааг бүх талаар нь хөгжүүлэхэд чухал үүрэг гүйцэтгэнэ. Монгол Улсын УИХ, БНХАУ-ын БХАТИХ-ын хамтын хүчин чармайлтаар олон хэв маягаар харилцаа болон хамтын ажиллагаагаа үргэжлүүлэн хөгжүүлэх нь 21-р зуунд Монгол Хятадын харилцааны эрүүл саруул, тогтвортой хөгжилд ашигтай" гэв.

Мөн өдрийн үдээс хойш, Вэй Жяньшин Монгол Улсад хийж буй айлчиллаа өндөрлөөд тусгай нислэгээр Улаанбаатараас гарч эх орондоо буцав.

10 月 30 日　蒙古国总理恩赫巴亚尔当天向采访他的中国《人民日报》记者表示，蒙中两国在政治、经济、文化等各个领域的交流与合作不断发展，特别是两国领导人的互访，有力地推进了两国关系。蒙中两国关系中没有不能解决的原则问题，对在合作过程中出现的任何问题都能通过友好、对话的方式解决。双方在国际舞台及联合国积极合作，这种合作与交流是十分重要的。两国关系近 10 年来发展迅速，成果显著，达到了很高的水平。保持这一水平，全面发展蒙中关系与合作是本届政府的任务。

10 сар 30 Монгол Улсын ерөнхий сайд Энхбаяр БНХАУ-ын “Ардын өдрийн сонин”-ны сурвалжлагчидад ярилцлага өгөхдөө: “Монгол-Хятад хоёр улсын улс төр, эдийн засаг, соёл зэрэг олон салбарын солилцоо болон хамтын ажиллагаа тасралтгүй хөгжиж байна. Онцолбол хоёр улсын удирдлагууд харилцан айлчилал хийснээр хоёр улсын харилцаа хүчтэй ахисан. Мөн Монгол Хятад хоёр улсын харилцаанд шийдвэрлэж болохгүй зарчмын асуудал байхгүй бөгөөд хамтын ажиллагааны явцад ямар нэгэн асуудал гарвал бүгдийг найрсаг яриа хэлэлцээрээр шийдвэрлэх болно. Талууд олон улсын салбар болон НҮБ-тай идэвхитэй хамтран ажилладаг бөгөөд энэ төрлийн хамтын ажиллагаа болон солилцоо нь маш чухал юм. Хоёр улсын харилцаа сүүлийн 10 жилээс хурдацтай хөгжиж маш өндөр түвшинд хүрсэн. Энэ түвшингээ хамгаалахын тулд Монгол Хятад хоёр улсын харилцаа болон хамтын ажиллагааг бүх талаар хөгжүүлэх нь Хоёр улсын Засгийн Газрын үндсэн үүрэг юм” гэв.

11 月 27 日—12 月 4 日　应中国国防部邀请，蒙古国防部国务秘书伦・巴桑呼少将率领国防部代表团访问中国。

11 сар 27-12 сар 4 БНХАУ-ын Батлан Хамгаалах Яамны урилгаар Монгол Улсын Батлан Хамгаалах Яамны нарийн бичгийн дарга хошууч генерал Л. Баасанхүү тэргүүтэй Батлан Хамгаалах Яамны төлөөлөгчид Хятад Улсад айлчлав.

12 月 3 日，中共中央军事委员会副主席迟浩田上将在八一大楼会见了巴桑呼一行。迟浩田说，中蒙两国是友好邻邦，中国致力于发展与周边国家的睦邻友好合作关系，重视与蒙古国在各个领域开展互利合作与交流。我们愿意与蒙方共同努力，推进两军友好合作关系的发展。巴桑呼说，近年来蒙中两军友好合作日益扩大和加深。他表示相信，他此次访华必将有助于进一步加强两国、两军之间的合作。

12 сар 3 БНХАУ-ын Коммунист Намын Цэргийн Төв хорооны орлогч дарга хурандаа генерал Чи Хаотянь "Найман сарын нэгэн"-ий цамхагт хошууч генерал Баасанхүүг хүлээн авч уулзав. Чи Хаотянь: "Хятад Монгол хоёр улс бол найрамдалт хөрш улс бөгөөд Хятад Улс сайн хөршийн найрсаг харилцаа, хамтын ажиллагаагаа хөгжүүлхийн төлөө хичээж Монгол Улсын олон салбартай харилцан ашигтай хамтын ажиллагаа болон солилцоог хөгжүүлэхийг чухалчлан үзэж байна гэв. Мөн бид Монгол Улстай хамтдаа хичээж хоёр армийн найрсаг харилцаа, хамтын ажиллагааны хөгжлийг ахиулхыг хүсч буйгаа" илэрхийлэв.Баасанхүү: "Сүүлийн жилүүдэд Монгол Хятадын хоёр армийн найрсаг хамтын ажиллагаа өдөр ирэх тусам өргөжин гүнзгийрч байна гээд энэ удаагийн Хятадад хийсэн айлчлал манай хоёр улс, хоёр армийн хоорондын хамтын ажиллагааг улам бэхжүүлэхэд ихээхэн тус дөхөм болно гэдэгт итгэлтэй байгаа"-гаа илэрхийлэв.

据中国海关总署统计，2000 年，中国同蒙古国的贸易总额为 3.226 1 亿美元，其中，中方出口额为 1.105 4 亿美元，进口额为 2.120 7 亿美元。

Хятадын Гаалийн Ерөнхий Газрын статистик үзүүлэлтээр 2000 он Хятад Монголын худалдааны нийт мөнгөний эргэлт 32 261 000 000 доллар буюу үүнээс Хятадын талын экспортын хэмжээ 11 054 000 000 доллар, импортын хэмжээ 21 207 000 000 доллар.

2000 年 中国在蒙古国有 18 名公派进修人员，1 名援蒙汉语教师。

蒙古国在华公派和自费留学、进修人员共有510名。

2000 оны байдлаар Хятад Улсаас Монгол Улсад мэргэжил дээшлүүлэхээр нийт 18 оюутан, нэг монгол-хятад хэлний багш мэргэжил дээшлүүлж байгаа бол Монгол Улсаас Хятад Улсад улсын зардлаар болон хувийн зардлаар мэргэжил дээшлүүлж буй болон суралцагсад нийтдээ 510 байна.

2001年中蒙国家关系历史编年

2001 он Хятад Монгол хоёр улсын харилцааныт үүхэн үйл явдлын товчоон

1月15日　中国国务院总理朱镕基当日致电蒙古国总理那·恩赫巴亚尔，就蒙古国民航一架米-8型直升机失事向遇难者亲属表示哀悼。

1 сар 15　БНХАУ-ын Төрийн Зөвлөлийн Ерөнхий сайд Жу Рунжи Монгол Улсын Ерөнхий сайд Н.Энхбаярт гашуудлын цахилгаан илгээж Монгол Улсын Иргэний Агаарын Тээврийн МИ-8 нисдэг тэрэг осолдон хүний амь эрсэдсэнд амь үрэгдэгсэд болон тэдний төрөл төрөгсдөд эмгэнэл илэрхийлэв.

2月27日—3月3日　中共中央对外联络部副部长王家瑞率中国共产党代表团参加蒙古人民革命党第23次代表大会和建党80周年庆祝活动。

2 сар 27-3 сар 3　БНХАУ-ын Коммунист Намын Төв хорооны Гадаад орнуудтай харилцах хэлтсийн дэд дарга Ван Жяруй тэргүүтэй БНХАУ-ын Коммунист Намын төлөөлөгчид МАХН-ын 23 дахь удаагийн Их хурал болон нам байгуулагдсаны 80 жилийн ойн ёслолын үйл

ажиллагаанд оролцов.

2月28日 蒙古人民革命党第23次全国代表大会在国家宫开幕，近600名代表出席会议。应邀出席蒙古人民革命党第23次全国代表大会的中国共产党代表、中共中央对外联络部副部长王家瑞，当日下午在大会上致辞，祝大会取得圆满成功，祝两党的传统友好关系得到进一步发展。

2 сар 28 МАХН-ын 23 дахь удаагийн их хурал Төрийн ордонд эхлэв. Ойролцоогоор 600 төлөөлөгч хуралдаанд оролцсон байна. МАХН-ын 23 дахь удаагийн их хуралд урилгаар Хятадын Коммунист Намын төлөөлөгч, Хятадын Коммунист Намын Төв хорооны Гадаад орнуудтай харилцах хэлтэсийн дэд дарга Ван Зяруй оролцож их хурал дээр үг хэлж энэ удаагийн их хурал амжилттай болж хоёр намын уламжлалт найрсаг харилцаа улам их хөгжлийг олсонд баяр хүргэв.

2月28日—3月5日 应中国人民银行行长戴相龙的邀请，蒙古国国家银行行长奥·楚龙巴特访问中国。戴相龙会见了楚龙巴特。

2 сар 28-3 сар 5 БНХАУ-ын Ардын банкны дарга Дай Сянлуны урилгаар Монгол Улсын Монгол банкны дарга О. Чулуунбат Хятад Улсад айлчлав. Дай Сянлун дарга Чулуунбаттай уулзав.

3月4日 蒙古国家体育运动中心副主任、蒙古国大学生联合会秘书长扎尔格勒赛汗率团访问中国。

3 сар 4 Монгол Улсын Улсын Биеийн тамир Спорт хорооны дэд дарга, Монгол Улсын Их сургуулийн оюутнуудын холбооны нарийн бичгийн дарга Жаргалсайхан

тэргүүтэй төлөөлөгчид Хятад Улсад айлчлав.

3 月 14 日　应蒙古国国防部的邀请，成都军区司令员廖锡龙作为中央军委副主席、国务委员兼国防部长迟浩田的代表，率领中国人民解放军友好代表团当日离京前往蒙古国，参加蒙古国武装力量成立 80 周年庆典活动并进行友好访问。

3 сар 14　Монгол Улсын Батлан Хамгаалах Яамны урилгаар Монгол Улсад найрсаг айлчлан Монгол улсын Зэвсэгт Хүчин байгуулагдсаны 80 жилийн ойн баярын үйл ажиллагаанд оролцохоор Хятадын Цэргийн Төв хорооны дэд дарга, цэргийн зөвлөлийн гишүүн бөгөөд Батлан Хамгаалах Яамны сайд Чи Хаотяны төлөөлөгч Чэнду тойргийн командлагч Лё Тилун тэргүүтэй БНХАУ-ын Ардын Чөлөөлөх Армийн найрамдалын төлөөлөгчид Бээжингээс Монгол улсыг зорин мордсон байна.

3 月 19 日—24 日　应中国司法部的邀请，蒙古国法律和内务部长曾・尼亚木道尔吉访问中国。中共中央政治局委员、国务委员罗干会见了尼亚木道尔吉一行。尼亚木道尔吉与司法部长张福森举行了会谈，并会见了中国公安部、最高人民法院和最高人民检察院负责人。

3 сар 19-24　БНХАУ-ын Хууль зүйн Яамны урилгаар Монгол Улсын Хууль зүй Дотоод Хэргийн Яамны сайд Ц. Нямдорж Хятад Улсад айлчлав. Энэ үеэр БНХАУ-ын Коммунист намын төв хорооны улс төрийн товчооны гишүүн бөгөөд Зөвлөлийн гишүүн Ло Гань Нямдоржтой уулзав. Нямдорж Хууль зүйн Яамны сайд Жан Фүлинтэй хэлэлцээр хийв. Мөн БНХАУ-ын Нийгмийн Аюулаас Хамгаалах Яам, Дээд шүүх болон Ерөнхий прокурорын газрын даргатай уулзав.

3月21日 中共中央政治局委员、国务委员罗干当日在北京会见了由蒙古国司法和内务部长曾德·尼亚木道尔吉率领的蒙古国司法代表团。罗干对客人的来访表示欢迎，他说中国政府重视两国在法律与司法领域的交流与合作，希望两国有关部门认真执行已签署的双边协定，并不断探讨新的交流领域。

3 сар 21 Хятадын Коммунист намын төв хорооны улс төрийн товчооны гишүүн бөгөөд Зөвлөийн гишүүн Ло Гань Бээжин хотод Монгол Улсын Хууль зүй Дотоод Хэргийн Яамны сайд Ц.Нямдорж тэргүүтэй Монгол Улсын Хууль зүйн төлөөлөгчидтэй уулзав. Ло Ган: Хүндэт зочдын БНХАУ-д айлчлан ирсэнд баяртай байгаагаа илэрхийлээд “БНХАУ-ын Засгийн газар хоёр улсын хууль цааз, хууль зүйн салбарын туршлага солилцоо болон хамтын ажиллагааг чухалчилан үзэж Хоёр улсын холбогдох салбаруудын хамтын хэлэлцээрт гарын үсэг зурсан байдлыг идэвхитэй хэрэгжүүлж салбаруудын шинэ туршлага солилцоог үргэлж туршин үзэж байхыг хүсч байна” гэв.

4月27日—5月1日 中国文化部部长助理常克仁率领文化代表团访问蒙古国。

4 сар 27-5 сар 1 БНХАУ-ын Соёлын Яамны Сайдын туслах Чан Кэрэнь тэргүүтэй Соёлын Яамны төлөөлөгчид Монгол Улсад айлчлав.

4月30日 常克仁与蒙古国教育文化科学部部长仓吉德代表各自政府签署了《中华人民共和国和蒙古国政府二〇〇一年至二〇〇三年文化交流合作执行计划》，内容包括加强两国在文化、艺术等领域的合作。

中国内蒙古自治区政治协商会议秘书长王玉山率领的经济贸

易考察团访问蒙古国。

浙江省对外友好协会会长沈祖伦率领的该省友好协会代表团访问蒙古国。

4 сар 30 Чан Кэрэнь болон Монгол Улсын БСШУЯ-ны сайд Цанжид нар “БНХАУ, Монгол Улсын Засгийн газрын хооронд 2001-2003 онд хэрэгжүүлэх соёлын солилцооны болон хамтын ажиллагааны төлөвлөгөө”-нд хоёр улсын Засгийн газрыг төлөөлж гарын үсэг зурав. Төлөвлөгөөнд хоёр улсын соёл урлаг, уран сайхны салбарын хамтын ажиллагааг бэхжүүлэх зэрэг асуудал багтсан байна.

ӨМӨЗО-ны Улс төрийн Зөвлөлийн нарийн бичгийн дарга Ван Уйсянь тэргүүтэй Эдийн засаг, Худалдааны үйл ажиллагаатай танилцах төлөөлөгчид Монгол Улсад айлчлав.

Жэжян аймгийн Гадаад орнуудтай найрамдлаар харилцах нийгэмлэгийн дарга Шэн Зүлүн тэргүүтэй төлөөлөгчид Монгол Улсад айлчлав.

4 月　蒙古国报业联合会主席拉・哈德巴特尔率领的代表团访问中国。

4 сар Монгол Улсын Хэвлэлийн нэгдсэн холбооны дарга Л.Хадбаатар тэргүүтэй төлөөлөгчид Хятад Улсад айлчлав.

5 月 7 日—14 日　蒙古国边防军管理局长普・达希少将率团访问中国”。

5 сар 7-14 Монгол Улсын Хилийн цэргийн удирдах газрын дарга П. Даш тэргүүтэй төлөөлөгчид Хятад Улсад айлчлав.

5 月 21 日　中国国家主席江泽民向蒙古国总统那楚克・巴嘎班迪发去贺电，祝贺他再次当选蒙古国总统。

5 сар 21 БНХАУ-ын дарга Жян Зэминь Монгол Улсын Ерөнхийлөгч Нацагын Багабандид баярын цахилгаан илгээж Монгол Улсын Ерөнхийлөгчөөр дахин сонгогдсонд нь баяр хүргэв.

5 月 中蒙边界第二次联合检查工作开始。

5 сар Хятад Монгол хоёр улсын хоёр дахь удаагийнхил хамтран шалгах ажил эхлэв.

6 月 1 日—5 日 “中国·呼和浩特周”活动在乌兰巴托举行。中国内蒙古自治区呼和浩特市市长柳秀率团参加。

6 сар 1-5 “БНХАУ-ын Хөх хотын 7 хоног” үйл ажиллагааг Улаанбаатар хотноо зохион байгуулав. Энэ үйл ажиллагаанд ӨМӨЗО-ны Хөх хотын дарга Лю Сю тэргүүтэй төлөөлөгчид хүрэлцэн ирж оролцов.

6 月 4 日—9 日 应中国外交部副部长王毅的邀请，蒙古国外交部副部长巴特包勒德访问中国，并与王毅举行磋商。

6 сар 4-9 БНХАУ-ын ГЯЯ-ны дэд сайд Ван Игийн урилгаар Монгол Улсын ГХЯ-ны дэд сайд Батболд Хятад Улсад айлчлав. Батболд Ван И нар хэлэлцээр хийв.

6 月 11 日—18 日 蒙古国国防部长珠·古尔拉格查访问中国。11 日，中国国务院副总理温家宝会见了古尔拉格查，中国中央军委副主席、国务委员兼国防部长迟浩田上将与古尔拉格查举行会谈。12 日，中国人民解放军总参谋长傅全有上将会见了珠·古尔拉格一行。

6 сар 11-18 МУ-ын БХЯ-ны сайд Ж. Гүррагчаа Хятад Улсад айлчлав. 11-ний өдөр БНХАУ-ын Төрийн Зөвлөлийн Ерөнхий сайдын орлогч Вэнь Жябао Гүррагчаатай уулзав.

Мөн БНХАУ-ын Цэргийн төв зөвлөлийн дэд дэрга, төрийн зөвлөлийн гишүүн бөгөөд БХЯ-ны сайд хурандаа генерал Чи Хаотянь Гүррагчаатай уулзалт хийв. 12-ны өдөр БНХАУ-ын АЧА-ийн жанжин штабын дарга хурандаа генерал Фу Чуанёоу Ж. Гүррагчаатай уулзав.

6 月 13 日—20 日　应中国文化部的邀请，蒙古国教育文化科学部长阿 · 仓吉德为团长的蒙古国政府文化代表团访问中国。15 日，中国全国人民代表大会常务委员会副委员长布赫在人民大会堂会见了他。双方就中蒙两国在文化领域的交流与合作等共同关心的话题进行了友好会谈。除北京外，蒙古国政府文化代表团还访问了上海和广东。

6 сар 13-20　БНХАУ-ын БЯ-ны урилгаар Монгол Улсын БСШУЯ-ны сайд А. Цанжид тэргүүтэй Монгол Улсын Засгийн газрын соёлын төлөөлөгчид БНХАУ-д айлчлав. 15-ны өдөр БНХАУ-ын БХ-ын АТИХ-ын байнгын хорооны дэд дарга Бөхөө АТИХ-ын танхимд Цанжидтай уулзав. Талууд Хятад Монгол хоёр улсын соёлын салбарын солилцоо болон хамтын ажиллагаа зэрэг нийтээр санаа тавьж буй асуудлаар нөхөрсөг хэлэлцээр хийв. МУ-ын ЗГ-ын соёлын төлөөлөгчид мөн Шанхай, Гуаньдун зэрэг хотуудаар айлчлав.

6 月 26 日　中国外交部发言人章启月在记者招待会上宣布：应蒙古国外交部长额尔敦楚伦的邀请，中国外交部长唐家璇将于 7 月 3 日至 5 日对蒙古国进行正式访问。

6 сар 26　БНХАУ-ын ГЯЯ-ны хэвлэлийн төлөөлөгч Жан Чиюе хэвлэлийн бага хурал дээр: МУ-ын ГХЯ-ны сайд Эрдэнэчулууны урилгаар БНХАУ-ын ГЯЯ-ны сайд Тан Жясюань 7 сарын 3-5-ны өдрүүдэд Монгол Улсад албан ёсны айлчлал хийх тухай мэдэгдэв.

6 月 29 日 中国驻蒙古国大使馆举行招待会，庆祝中国共产党建党 80 周年。蒙古人民革命党领导委员会成员、蒙古国各主要在野党派负责人及新闻机构代表应邀出席招待会，并观看了中共建党 80 周年图片展。

6 сар 29 БНХАУ-аас Монгол улсад суугаа Элчин сайдын Яам Хятадын Коммунист Нам байгуулагдсаны 80 жилийн ойг тохиолдуулан дайллага зохион байгуулав. Дайллаганд МАХН-ын УТЗ-ийн гишүүд, Монгол Улсын намуудын хариуцлагатай албан тушаалтангууд хийгээд хэвлэл мэдээллийн байгууллагуудын төлөөлөгчид урилгаар оролцож Коммунист Нам байгуулагдсаны 80 жилийн ойн зургийн үзэсгэлэнг үзэж сонирхов.

6 月 蒙古国东戈壁省行政长官扎·巴特苏里率领代表团访问中国。

蒙古国家大呼拉尔委员组成的考察团访问中国。

6 сар Монгол Улсын Дорнод аймгийн Засаг дарга З. Батсүх тэргүүтэй төлөөлөгчид Хятад Улсад айлчлав.

Монгол Улсын УИХ-ын төлөөлөгчид Хятад Улсад айлчлав.

7 月 2 日—6 日 中蒙两国政府间经贸、科技合作联合委员会第七次会议在北京举行。对外经济贸易合作部副部长安民率领中国政府经贸代表团，基础设施部长吉格吉德率领蒙古国政府经贸代表团参加会议。双方就推动中蒙经贸合作关系在平等互利基础上进一步发展广泛、深入地交换了意见，并签署了会议纪要。中国国务委员吴仪和对外经济贸易合作部长石广生分别会见蒙方代表团。

7 сар 2-6 Хятад Монгол хоёр улсын Засгийн газрын хоорондох эдийн засаг, худалдаа, шинжлэх ухааны хамтын ажиллагааны хамтарсан комиссын 7 дугаар хурал Бээжин хотноо зохион байгуулагдав. Гадаадтай эдийн засаг, худалдаагаар хамтран ажиллах салбарын дэд сайд Ань Минь тэргүүтэй БНХАУ-ын Засгийн газрын эдийн засаг, худалдааны төлөөлөгчид болон Монгол Улсын дэд бүтцийн яамны сайд Жигжид тэргүүтэй Монгол Улсын Засгийн газрын эдийн засаг, худалдааны төлөөлөгчид уулзалтанд оролцов. Талууд Хятад Монгол хоёр улсын эдийн засаг, худалдааны хамтын ажиллагаа, харилцааг эрх тэгш харилцан ашигтай хамтран ажиллах зарчмын үндсэн дээр илүү их далайцтай өргөжүүлэн хөгжүүлэх талаар санал солилцож хурлын портоголд гарын үсэг зурав.

БНХАУ-ын Зөвлөлийн гишүүн Ү И болон Гадаадтай эдийн засаг, худалдаагаар хамтран ажиллах хэлтсийн дарга Си Гуансянь нар Монгол Улсын төлөөлөгчидтэй тус тус уулзав.

7 月 3 日—5 日 应蒙古国外交部长额尔登楚龙的邀请，中国外交部长唐家璇对蒙古国进行正式访问。4 日，蒙古国总统那・巴嘎班迪在国家礼仪宫会见了唐家璇。唐家璇首先转达了江泽民主席对巴嘎班迪总统的亲切问候和良好祝愿，并对他再次当选蒙古国总统表示祝贺。唐家璇积极评价了中蒙关系近年来取得的积极进展，重申中国对蒙友好政策。他表示，中方历来重视同蒙方发展全面友好合作关系，对两国关系近几年来在各个领域得到顺利发展感到满意。巴嘎班迪总统对唐家璇外长到访表示热烈欢迎，并请唐家璇回国后转达他对江泽民主席的亲切问候和良好祝愿。巴嘎班迪表示，同中俄两大邻国均衡发展友好合作关系是蒙外交政策的首要方针。蒙古国奉行对华长期睦邻友好和平等互利合作的政策。

蒙古国总理那·恩赫巴亚尔和蒙古国家大呼拉尔副主席扎·宾巴道尔吉分别会见了唐家璇，额尔登楚龙外长与唐家璇外长举行了正式会谈。

7 сар 3-5 Монгол Улсын Гадаад Харилцааны Яамны сайд Эрдэнэчулууны урилгаар БНХАУ-ын Гадаад Явдлын Яамны сайд Тан Жясюань Монгол Улсад албан ёсны айлчлал хийв. 4–ны өдөр Монгол Улсын Ерөнхийлөгч Н. Багабанди Төрийн ёслолын ордонд Тан Жясюаньтай уулзав. Тан Жясюань: Юуны өмнө Жян Зэминь дарга Ерөнхийлөгч Багабандын амар мэндийг асуун сайн сайхныг хүсч дахин Монгол Улсын Ерөнхийлөгчөөр сонгогдсонд баяр хүргэж байгааг уламжлаад цааш хэлэхдээ: “Хятад Монголын харилцаа сүүлийн жилүүдэд идэвхитэй хөгжиж байгааг үнэлж Хятад улс Монгол улсын найрамдалын бодлогыг хүндэтгэн үзэж байгааг дурьдаад Хятадын тал Монголын талтай найрсаг хамтын ажиллагаа, харилцаагаа бүх талаар хөгжүүлэхийг чухалчлан үздэг гээд хоёр улсын харилцаа сүүлийн жилүүдэд олон салбарт амжилттай хөгжиж байгаад сэтгэл хангалуун байгаагаа илэрхийлэв. Ерөнхийлөгч Багабанди: Тан Жясюаньд Гадаад Явдлын Яамны сайдын хувиар Монгол Улсад айлчлан ирсэнд баяртай байгаагаа илэрхийлж Тан Жясюаныг эх орондоо очмогц Жян Зэминь даргад амар мэндийг эрэн сайн сайхныг хүсч буйг уламжлахыг хүсэв. Мөн тэрээр “Хятад, Орос хоёр том хөрш улстай найрсаг хамтын ажиллагаа, харилцаагаа тэнцвэртэй хөгжүүлэх нь Монгол улсын гадаад харилцааны бодлогын эн тэргүүний зорилт юм гэдгийг илэрхийлээд Монгол улс Хятад улстай урт удаан хугацааны сайн хөршийн найрсаг харилцаа болон эрх тэгш харилцан ашигтай хамтран ажиллах бодлогыг баримталж ирснийг онцолон тэмдэглэв.

Монгол Улсын Ерөнхий сайд Н. Энхбаяр, Монгол Улсын УИХ-ын дэд дарга Ж. Бямбадорж нар Тан Жясюаньтай тус тус уулзав. Мөн Гадаад Харилцааны Яамны сайд Эрдэнэчулуун ба Гадаад Явдлын Яамны сайд Тан Жясюань нар албан ёсны хэлэлцээр хийв.

7 月 6 日　中国国务委员吴仪和外经贸部部长石广生当天分别会见了蒙古国基础设施部部长宾巴・吉格吉德一行。

7 сар 6　Хятад Улсын Төрийн Зөвлөлийн гишүүн У И, Гадаад Худалдааны Яамны сайд Ши Гуаншэн нар Монгол Улсын дэд бүтцийн яамны Сайд Бямбын Жигжидтэй тус тус уулзав.

7 月　北京市副市长刘海燕率领的北京市代表团访问蒙古国。

中国新华社副总编俱孟军率领的新华社代表团访问蒙古国。

副会长王运泽率领的中国人民对外友好协会友好协会代表团访问蒙古国。

中国甘肃省银川市市长郝林海率领的代表团访问蒙古国。

中国监察部社会福利局长率领的代表团访问蒙古国。

7 сар　Бээжин хотын орлогч дарга Лю Хайянь тэргүүтэй Бээжин хотын төлөөлөгчид Монгол Улсад айлчлав.

Хятадын Синьхуа агентлагын ерөнхий редакторын орлогч Жю Мэнжюн тэргүүтэй Синьхуа агентлагын төлөөлөгчид Монгол Улсад айлчлав.

Нийгэмлэгийн орлогч дарга Ван Юньзэ тэргүүтэй БНХАУ-ын Гадаад орнуудтай найрамдлаар харилцах ардын нийгэмлэгийн төлөөлөгчид Монгол Улсад айлчлав.

Хятад Улсын Ганьсү мужын Ин Чуань хотын дарга Хао Линхай тэргүүтэй төлөөлөгчид Монгол Улсад айлчлав.

Хятад Улсын хянан шалгах хэлтэсийн нийгмийн салбарын дэд дарга тэргүүтэй төлөөлөгчид Монгол Улсад айлчлав.

8 月 22 日—27 日 应北京市的邀请，蒙古首都乌兰巴托市行政长官恩赫包勒德出席在北京举行的世界大学生运动会开幕式并访问北京市。两市签署了《北京市与乌兰巴托市友好交流备忘录》。

8 сар 22-27 Бээжин хотын урилгаар Монгол Улсын нийслэл Улаанбаатар хотын Засаг дарга Энхболд Бээжин хотод айлчилж Бээжинд зохион байгуулагдсан Дэлхийн Их сургуулийн оюутнуудын спортын наадмын нээлтийн ёслолд оролцов. Хоёр хот “Бээжин, Улаанбаатар хотын найрсаг солилцох тэмдэглэл”-д гарын үсэг зурав.

8 月 中国《新闻出版报》副社长张芬率领的新闻代表团访问蒙古国。

中国全国青联国际部部长倪健率领的代表团访问蒙古国。

8 сар Хятад Улсын хэвлэл мэдээллийн газрын нийгмийн хэлтсийн дэд дарга Жан Фэнь тэргүүтэй хэвлэл мэдээллийн төлөөлөгчид Монгол Улсад айлчлав.

БНХАУ-ын Бүх Хятадын залуучуудын олон улстай харилцах хэлтсийн дарга Ни Жянь тэргүүтэй төлөөлөгчид Монгол Улсад айлчлав.

9 月 3 日—10 日 应中国人民政治协商会议全国委员会的邀请，蒙古国家大呼拉尔副主席扎·宾巴道尔吉率领的大呼拉尔代表团访问中国。3 日，中国人民政治协商会议全国委员会副主席叶选平会见了蒙古国家大呼拉尔副主席扎木斯朗·宾巴道尔吉一行。4 日，中国人民政治协商会议全国委员会主席李瑞环在会见宾巴道尔吉时表示，中蒙是近邻，进一步发展中蒙友好合作关系是中国政府的既定方针。中方对近年来双方高层交往日益增多和各个领域的交流下不断发展感到满意。相信中国全国政协与蒙古国家大呼拉尔之间的交往一定会为两国关系的发展做出重要贡献。宾巴道尔吉表示，蒙中友好关系有着悠久的历史，近年来在各个方面都得到了顺利发展。两国最高领导人的互访，使两国关系进入一个崭新的历史阶段，新世纪的蒙中友好关系前景光明。同日，中国全国人民代表大会常务委员会副委员长许嘉璐也会见了宾巴道尔吉一行。双方就共同关心的问题交换了意见。

宾巴道尔吉副主席一行是应中国全国政协的邀请，于 9 月 3 日抵达北京对中国进行友好访问的。

9 сар 3-10 БНХАУ-ын Бүх Хятадын Улс төрийн зөвлөлдөх зөвлөлийн урилгаар Монгол Улсын УИХ-н орлогч дарга Ж. Бямбадорж тэргүүтэй УИХ-ын төлөөлөгчид Хятад Улсад айлчлав. 3-ны өдөр БНХАУ-ын Бүх Хятадын Улс төрийн зөвлөлдөх зөвлөлийн дэд дарга Е Сюаньпин Монгол Улсын УИХ-ын орлогч дарга Ж. Бямбадоржтой уулзав. 4-ний өдөр БНХАУ-ын БХ-ын Улс төрийн зөвлөлдөх зөвлөлийн дарга Ли Рүйхуан Бямбадоржтой уулзах үеэрээ: “Хятад Монгол хоёр улс бол ойрын сайн хөрш улсууд бөгөөд Хятад Монголын найрсаг харилцаа, хамтын ажиллагааг илүү сайн хөгжүүлэх нь Хятад Улсын Засгийн Газрын бодлогын үндсэн чиглэлүүдийн нэг юм. Сүүлийн жилүүдэд талуудын харилцааны давхрага өдөр ирэх тусам нэмэгдэж хоёр улсын олон салбарын харилцаа тасралтгүй хөгжиж байгаад Хятадын талаас сэтгэл хангалуун байгааг илэрхийлж мөн БНХАУ-ын БХ-ын Улс төрийн зөвлөлдөх зөвлөл болон Монгол Улсын УИХ-ын хоорондын харилцаа нь хоёр улсын харилцааны хөгжилд чухал хувь нэмэр оруулна гэдэгт итгэлтэй байна гэв. Бямбадорж: “Монгол Хятадын найрсаг харилцаа өнө удаан жилийн түүхтэй

бөгөөд сүүлийн жилүүдэд хоёр улсын харилцаа олон талаар амжилттай хөгжиж байна. Мөн хоёр улсын тэргүүн нарын харилцан айлчлалын үр дүнд хоёр улсын харилцаа шинэ түүхэн шатанд хүрсэн учраас шинэ зууны Монгол Хятадын найрсаг харилцааны хэтийн төлөвт итгэл төгс байна" гэв.

Мөн өдөр БНХАУ-ын БХАТИХ-ын байнгын хорооны дэд дарга Сю Жялү Бямбадоржтой уулзаж талууд хоёр улсын санаа зовинож буй олон асуудлаар санал солилцов. Орлогч дарга Бямбадорж нь БНХАУ-ын Бүх Хятадын Улс төрийн Зөвлөлдөх Зөвлөлийн урилгаар 9 сарын 3-ны өдөр Бээжинд хүрэлцэн ирж Хятад Улсад найрсаг айлчлал хийсэн байна.

9月4日—9日 中共内蒙古自治区党委宣传部副部长孟树德率团出席在乌兰巴托举行的"中国·内蒙古电影电视周"活动。

9 сар 4-9 Хятадын Коммунист Намын ӨМӨЗО-ны намын байнгын хорооны суртал ухуулгын хэлтсийн дарга Мэн Шүдэ тэргүүтэй төлөөлөгчид Улаанбаатар хотноо зохион байгуулагдсан "ӨМӨЗО-ны кино 7 хоног" үйл ажиллагаанд оролцов.

9月27日—10月9日 蒙古国合唱团参加了中国广东江门举行的国际合唱节。

9 сар 27-10 сар 9 Монгол Улсын найрал дуучид Хятадын Гуандун мужийн Жян Мэнд зохион байгуулагдсан олон улсын найрал дуучдын баярт оролцов.

9月28日 中国驻蒙古国使馆举行的国庆招待会，蒙古国家大呼拉尔（议会）主席、蒙古人民革命党总书记、蒙中友协主席勒哈木苏伦·额奈比希及蒙方150多名客人出席。

9 сар 28 БНХАУ-ын Монгол Улсдахь Элчин сайдын

Яамнаас төрийн хүлээн авалт зохион байгуулав. Үүнд Монгол Улсын УИХ-ын дарга, МАХН-ын ерөнхий нарийн бичгийн дарга, Монгол Хятадын найрамдалын нийгэмлэгийн тэргүүн Лхамсүрэнгийн Энэбиш болон монголын талын 150 зочин оролцов.

9 月 29 日　中国全国人民代表大会常务委员会委员长李鹏向蒙古国大呼拉尔（议会）发去唁电，对蒙古国大呼拉尔主席额奈比希逝世表示深切哀悼。全国人大常委会副委员长布赫，以及外交部副部长王毅、中联部副部长王家瑞等有关部门负责人分别前往蒙古国驻华使馆吊唁。

9 сар 29　БНХАУ-ын БХАТИХ-ын байнгын хорооны дарга Ли Пэн Монгол Улсын УИХ-д гашуудлын цахилгаан илгээж Монгол Улсын УИХ-ын дарга Энэбишийг нас нөгчсөнд гүн эмгэнэл илэрхийлэв. Мөн БХАТИХ-ын байнгын хорооны дэд дарга Бөхөө, Гадаад Явдлын Яамны сайд Ван И, БНХАУ-ын Бүх Хятадын Залуучуудын Олон улстай харилцах хэлтсийн орлогч дарга Ван Жяруй зэрэг албаны хариуцлагатай хүмүүс Хятад Улсаас Монгол Улсад суугаа Элчин сайдын Яамыг зорин ирж тус тус гашуудалд оролцов.

9 月　中国全国人民代表大会常务委员会办公厅联络局局长彭一兵率领的中国全国人民代表大会办公厅代表团访问蒙古国。

9 сар　БНХАУ-ын БХАТИХ-ын байнгын хорооны тамгын газрын харилцааны хэлтэсийн дарга Пэн Ибин тэргүүтэй БНХАУ-ын БХАТИХ-ын тамгын газрын төлөөлөгчид Монгол Улсад айлчлал хийв.

10 月 27 日—11 月 4 日　蒙古国杂技团参加中国举办的第八届吴桥国际杂技节。

10 сар 27-11 сар 4　Монгол Улсын циркийн баг

тамирчид Хятад Улсад зохион байгуулагдсан 6 дахь удаагийн олон улсын циркчдийн баярт оролцов.

11月1日—5日　中国内蒙古广播电视代表团访问蒙古国，与蒙古国广播电视局签署在蒙古国建立调频广播电台的协议。

11 сар 1-5　ӨМӨЗО-ны Радио Телевизийн төлөөлөгчид Монгол Улсад айлчилж Монгол Улсын радио телевизийн төлөөлөгчидтэй хамт Монгол Улсад богино долгионы радио телевиз байгуулах тухай хэлэлцээрт гарын үсэг зурав.

11月5日　中方代表团首席代表张愉大使和蒙方首席代表哈腾巴特尔大使分别代表两国政府签署了《中蒙边界第二次联合检查委员会条例》《中蒙边界第二次联合检查工作组织细则》《中蒙边界第二次联合检查人员、交通工具、技术设备和物资临时过境并在对方境内暂时停留简化手续的细则》《中蒙边界第二次联合检查测制地形图细则》和《中蒙边界第二次联合检查委员第一次会议纪要》等5份文件。会谈是在友好与务实的气氛中进行的。其间，蒙古国外交部长额尔登楚龙会见了中方代表团团长张愉大使。双方商定，中蒙边界第二次联合检查第二次会议于2002年1月在北京举行。

11 сар 5　Хятадын төлөөлөгчдийн тэргүүн Элчин сайд Жан Уй болон Монголын төлөөлөгчдийн дарга, Элчин сайд Хатанбаатар нар “Хятад Монголын хилийг хоёр дахь удаагаа хамтран шалгах комиссын тогтоол”, “Хятад Монголын хилийг 2 дахь удаагаа хамтран шалгах комиссын зохион байгуулах ажлын нарийвчилсан дүрэм”, “Хятад Монголын хилийг хоёр дахь удаагаа хамтран шалгах ажилчид, зам тээврийн хэрэгсэл, техникийн бэлтгэл болон хилээр харилцан бараа нийлүүлэх үед эсрэг талын хилийн

байранд түр зуур буудаллах тухай баримт бичиг хялбарчилсан дүрэм", "Хятад Монголын хилийг хоёр дахь удаагаа хамтран шалгах комиссын газрын байдлыг хэмжин үзэх тухай нарийвчилсан дүрэм" болон "Хятад Монголын хилийг хоёр дахь удаагаа хамтран шалгах комиссын анхдугаар хуралдааны протокол" зэрэг таван төрлийн баримт бичигт хоёр улсын Засгийн газрыг тус тус төлөөлж гарын үсэг зурав. Хэлэлцээр найрсаг уур амьсгалд явагдсан ба хурлын үеэр Монгол Улсын Гадаад Харилцааны Яамны сайд Эрдэнэчулуун Хятадын төлөөлөгчдийн дарга, Элчин сайд Жан Уйтай уулзсан бөгөөд талууд Хятад Монголын хилийг хоёр дахь удаагаа хамтран шалгах комиссын хоёрдугаар хуралдааныг 2002 оны 1 сард Бээжин хотноо хийхээр хэлэлцэн тогтов.

11 月 6 日　中国和蒙古国边界第二次联合检查委员会第一次会议于 10 月 24 日至 11 月 8 日在乌兰巴托召开。会议期间，双方就两国边界第二次联合检查的原则、任务、文件及所涉及的其他问题进行了磋商，并达成了共识。

11 сар 6　Хятад Монгол хоёр улсын хилийг хоёр дахь удаагаа хамтран шалгах комиссын анхдугаар хуралдааныг 10 сарын 24-11 сарын 8-ны өдрүүдэд Улаанбаатар хотноо зарлан хуралдуулав. Хурлын үеэр талууд хоёр улсын хилийг хоёр дахь удаагаа хамтран шалгах ажлын зарчим, үүрэг, албан бичиг хийгээд холбогдох бусад асуудлаар зөвшилцөөн хийж хамтын тохиролцоонд хүрэв.

11 月 10 日　在多哈召开的世贸组织第四届贸易部长级会议通过《关于中国加入世贸组织的决定》后，几十个出席会议的世贸组织成员的代表先后发言，祝贺中国加入世贸组织。蒙古国代表说中国的加入标志着世贸组织的历史翻开了新的一页。蒙古国工业和贸易部长冈卓力格说，中国成功完成加入程序是一个历史性事件。中国的一揽子谈判结果是对世界贸易和经济的一个巨大贡献，并促进亚洲和太平洋地区的区域融合和经济发展，从而使所有世贸组织成员都从中获益。蒙古国相信，中国将成为世贸组织体制内最有活力和最具决定性的国家之一。

11 сар 10 Орон орны худалдааны яамны сайд нарын оролцсон Дэлхийн худалдааны байгууллагаас Дохад зарлан хуралдуулсан 4 дүгээр хуралдаанаар “Хятад Улсыг дэлхийн худалдааны байгууллагад орох тухай шийдвэрлэсний” дараа хуралдаанд оролцсон Дэлхийн худалдааны байгууллагуудын төлөөлөгчид Хятад Улсыг дэлхийн худалдааны байгууллагад орсонд баяр хүргэж үг хэлэв. Монгол Улсын төлөөлөгч: Хятад Улс Дэлхийн худалдааны байгууллагад орсноор түүхэнд нэгэн шинэ хуудас нээгдэж байна гэв. Мөн Монгол Улсын Худалдаа үйлдвэрлэлийн яамны сайд Ганзориг: “Хятад Улс Дэлхийн худалдааны байгууллагад амжилттай орсон нь түүхийн чухал үйл явдал бөгөөд Хятад Улс Дэлхийн худалдааны байгууллагад орсноор дэлхийн худалдаа болон эдийн засагт томоохон хувь нэмэр болохын сацуу Ази Номхон далайн бүс нутгийн хамтын ажиллагаа болон эдийн засгийн хөгжилд түүнчлэн дэлхийн худалдааны байгууллагын бүх гишүүн орнуудын хөгжилд түлхэц болно гэдгийг онцлон тэмдэглээд Хятад улсыг Дэлхийн худалдааны байгууллагын тогтолцоон доторх хамгийн чадвартай бас хамгийн шийдвэртэй улсын нэг болно гэдэгт монголын тал итгэлтэй байна” гэв.

11 月 12 日—28 日　蒙古国全军歌舞团参加在北京举行的第五届国际艺术节。

11 сар 12-28 Монгол Улсын Бүх цэргийн дуу бүжгийн чуулга Бээжин хотноо зохион байгуулагдсан 5 дахь

удаагийн олон улсын урлагийн баярт оролцов.

11 月 23 日—25 日　蒙古国科布多省海关关长特·达瓦加甫一行到乌鲁木齐海关参观访问。双方介绍了各自机构设置及所承担职能等基本情况，还商议就不断加强中蒙边境海关的合作、增加学习和交流机会、促进两国外贸事业共同发展等问题作进一步探讨。

11 сар 23-25　Монгол улсын Ховд аймгийн гаалийн газрын дарга Т. Даваажав Үрэмчийн гаалийн үйл ажиллагаатай танилцах айлчлал хийв. Талууд өөр өөрсдийн бүс нутгийн бүтцийн байгуулал хийгээд хүлээх үүрэг зэрэг үндсэн нөхцөлөө танилцуулж Хятад Монголын Хилийн гаалийн хамтын ажиллагааг улам илүү бэхжүүлэх, харилцан суралцаж туршлага солилцох боломжыг нэмэгдүүлэх, хоёр улсын гадаад худалдааны үйл хэргийг хамтын хүчин чармайлтаар хөгжүүлэх зэрэг асуудлуудаар хэлэлцэв.

11 月 26 日—30 日　总后勤部政委周坤仁海军上将率领中国人民解放军友好代表团访问蒙古国。蒙古国总统兼武装力量总司令巴嘎班迪 29 日会见了正在这里访问的中国人民解放军总后勤部政委周坤仁上将率领的中国人民解放军友好代表团。巴嘎班迪感谢中国国防部、总参谋部对蒙军的无偿援助，表示支持两国在防务和军事上的交流。周坤仁向巴嘎班迪通报了中国国内的情况及中国人民解放军军队精简和改革情况。蒙古人民军总参谋长达希泽伯格中将、国防部部长古尔拉格查分别会见了周坤仁一行。

11 сар 26-30　БНХАУ-ын Ардын Чөлөөлөх Армийн Арын албаны комиссар далайн цэргийн хурандаа генерал Жоу Күнрэнь тэргүүтэй төлөөлөгчид Монгол Улсад айлчлав.

Монгол Улсын Ерөнхийлөгч Зэвсэгт Хүчний Ерөнхий командлагч Баганбанди 29-ны өдөр буюу айлчлалын үеэр, Хятад Улсын Ардын Чөлөөлөх Армийн арын албаны комиссар Жоу Күнрэнь тэргүүтэй Хятад Улсын Ардын Чөлөөлөх Армийн төлөөлөгчидтэй уулзав. Багабанди: Хятад Улсын Батлан Хамгаалах Яам, Жанжин штабаас Монгол Улсын Армид буцалтгүй тусламж үзүүлсэнд талархаж байгаагаа илэрхийлээд хоёр улсын Батлан Хамгаалах Яамны цэргийн солилцоо болон хамтын ажиллагааг дэмжихээ илэрхийлэв. Жоу Күнрэнь: Ерөнхийлөгч Багабандид Хятад Улсын дотоод нөхцөл байдал хийгээд БНХАУ-ын Ардын Чөлөөлөх Армийн анги нэгтгэлийг цомхотгох хийгээд нөхцөлийг нь өөрчлөх тухай мэдэгдэв. Монгол Улсын Ардын Армийн Жанжин штабын дарга дэслэгч генерал Дашзэвэг, Батлан Хамгаалах Яамны сайд Гүррагчаа нар Жоу Күнрэньтай тус тус уулзав.

11 月 27 日—30 日 应蒙古国科学院的邀请，中国科学院副院长杨柏龄访问蒙古国，参加蒙古国科学机构成立 80 周年暨蒙古国科学院成立 40 周年庆祝活动。

11 сар 27-30 Монгол Улсын Шинжлэх Ухааны Академын урилгаар Хятад Улсын Шинжлэх Ухааны Академын дэд дарга Ян Байлин Монгол Улсад айлчлав.

Мөн өдөр Монгол Улсын Шинжлэх Ухааны байгууллага үүссэний 80 жил, Монгол Улсын Шинжлэх Ухааны Академи байгуулагдсаны 40 жилийн ойн тэмдэглэлт үйл ажиллагаанд оролцов.

12 月 11 日—15 日 蒙古国财政经济部部长乌兰访问中国。中国财政部部长项怀诚会见了客人。双方就扩大财经部门合作等交换了看法。中国政府向蒙古国政府提供 200 万元人民币的无偿援助用于防治口蹄疫和雪灾救助。

12 сар 11-15 Монгол Улсын Санхүү,эдийн засгийн яамны сайд Улаан Хятад Улсад айлчлав. БНХАУ-ын Санхүү, эдийн засгийн яамны сайд Шян Хуанчэн хүндэт зочныг хүлээн авч уулзах үеэр талууд санхүү, эдийн засгийн салбарын хамтын ажиллагааг өргөтгөх талаар үзэл бодлоо хуваалцав. Хятад Улсын Засгийн газраас Монгол Улсын Засгийн газарт шүлхий өвчнөөс урьдчилан сэргийлэх болон зудын тусламж зэрэгт нийт 2 000 000 юаны буцалтгүй тусламж үзүүлэв.

12 月 27 日 中国外交部发言人章启月在记者招待会上宣布蒙古国总理恩赫巴亚尔将于 2002 年 1 月 7 日至 12 日对中国进行正式访问。

12 сар 27 БНХАУ-ын Гадаад Явдлын Яамны хэвлэлийн төлөөлөгч Жан Чиюэ хэвлэлийн бага хурал дээр Монгол Улсын Ерөнхий сайд Энхбаяр 2002 оны 1 сарын 7-12-ны өдрүүдэд Хятад Улсад албан ёсны айлчлал хийх тухай мэдэгдэв.

据中国海关部署统计，2001 年，中国同蒙古国的贸易总额为 3.62 亿美元，其中，中方出口额为 1.23 亿美元，进口额为 2.39 亿美元。

Хятад Улсын Гаалийн Ерөнхий Газрын статистик үзүүлэлт, 2001 он Хятад Улс, Монгол Улстай хийсэн худалдааны нийт мөнгөний эргэлт 362 000 000 доллар. Үүний Хятадын талын экспортын нийт хэмжээ 123 000 000 доллар, импортын нийт хэмжээ 239 000 000 доллар.

2001 年 蒙古国在华留学生为 664 名。

2001 онд Монгол Улсаас Хятад Улсад сурч буй оюутан нийт 664 байна

2002 年中蒙国家关系历史编年

2002 он Хятад Монгол хоёр улсын харилцааны түүхэн үйл явдлын товчоон

1 月 5 日 蒙古国政府总理那木巴尔·恩赫巴亚尔在访华前夕接受中国《人民日报》记者采访时表示，在访问期间，除与朱镕基总理举行正式会谈外，还将拜会江泽民主席和李鹏委员长。会谈中，两国将就蒙中关系与合作现状、今后的任务和共同关心的国际问题交换意见。他还将赴深圳、香港、呼和浩特市等地参观考察。在谈到如何评价蒙中关系现状时，恩赫巴亚尔表示，蒙中两国关系实现正常化已经 10 多年了。10 多年对于两国关系来说是非常短的，但是，在这短短的时间里，两国关系与合作在各个领域得到了扩大和发展。他说，蒙古国和中国的关系在 1994 年的《蒙中友好合作关系条约》和 1998 年的联合宣言基础上得到了积极的发展，两国的国家元首和政府官员已进行了多次互访。2001 年，中国外交部长唐家璇访问蒙古国，蒙古国财政与经济部长、国防部长、司法与内务部长、教育文化科学部长先后访问了中国，蒙古国有 60 万人次到中国公务和旅游。在经贸关系中，蒙古国有近 60%的商品出口中国，18%的进口商品来自中国。中国已经成为蒙古国的第一大投资国。他强调，蒙中两国应该进一步加强在经贸领域的合作，特别是在矿山和自然资源等大的项目上进行合作。他认为，蒙中两国的贸易和投资额将会得到极大的提高，两国关系将会进入新的时期。

1 сар 5 Монгол Улсын Засгийн газрын Ерөнхий сайд Намбарын Энхбаяр Хятад Улсад айлчлал хийхийн өмнө Хятад Улсын “Ардын өдрийн мэдээ” сонины сурвалжлагчийг

хүлээн авч уулзах үеэрээ: “Айчлалын хугацаанд Ерөнхий сайд Жу Рунжитэй албан ёсны хэлэлцээр хийхээс гадна Жян Зэминь дарга болон Ли Пэн даргатай уулзана”. Хэлэлцээрийн явцад хоёр улс Монгол Хятадын харилцаа, хамтын ажиллагааны өнөөгийн байдал болон цаашдын үүрэг зэрэг хоёр улсын санаа зовниж буй Олон улсын асуудлаар санал солилцоно. Мөн ШУӨЗО болон Хонконг, Хөх хотуудаар мөн айлчлах болно гэв. Монгол Хятадын харилцааны өнөөгийн байдалд ямар үнэлэлт өгөх талаар ярилцах үеэр Н. Энхбаяр: Монгол Хятад хоёр улсын харилцаа хэвийн болоод нэгэнт 10 гаруй жил болсон байна. Энэ 10 гаруй жил хоёр улсын харилцаанд маш богино хугацаа ч гэсэн хоёр улсын харилцаа болон хамтын ажиллагааны олон салбар өргөжин хөгжсөн байна. Тэрээр Монгол Хятад хоёр улсын харилцаа 1994 оны “Монгол Хятадын найрсаг харилцаа, хамтын ажиллагааны гэрээ” болон 1998 оны хамтарсан мэдэгдлийн үндсэн дээр идэвхитэй хөгжсөнийг дурьдаад хоёр улсын удирдлагууд, Засгийн Газрын гишүүд олон удаагийн харилцан айлчлал хийсэн бөгөөд 2001 онд БНХАУ-ын Гадаад Явдлын Яамын сайд Тан Жясюань Монгол Улсад айлчилж Монгол Улсын Санхүү, Эдийн засгийн Яамны сайд, Батлан Хамгаалах Яамны сайд, Хууль зүй Дотоод Хэргийн Яамны сайд, БСШУЯ-ны сайд нар дараалан тус тус Хятад Улсад айлчлал хийсэн байна. Мөн Монгол Улсын 600 000 хүн Улсын ажлаар болон аялал жуулчлалаар Хятад Улсад хүрэлцэн очисон тухай хэлэв. Эдийн засгийн харилцааны явцад Монгол Улсаас Хятад Улсад экспортлосон нийт бараа ойролцоогоор 60%, Хятад улсаас Монгол Улсад импортолсон нийт бараа 18%-тай байна. Хятад Улс нь одоо Монгол Улсын нэг дэхь том хөрөнгө оруулагч улс болсон гэээд тэрээр Монгол Хятад хоёр улсын эдийн засаг, худалдааны салбарын хамтын ажиллагааг улам бүр бэхжүүлэх хэрэгтэй бөгөөд түүний дотор уул уурхай болон байгалын баялаг зэрэг томоохон төсөл дээр хамтран ажиллахыг чухалчилан үзэж буйгаа илэрхийлхийн сацуу Монгол Хятад хоёр улсын худалдаа болон хөрөнгө оруулалтын хэмжээ өндөр түвшинд хүрч хоёр улсын харилцаа нэгэн шинэ цаг үеругү орж байгааг" онцлон тэмдэглэв.

1月7日—12日 蒙古国总理那木巴尔·恩赫巴亚尔应邀对中国进行正式访问。

1 сар 7-12 Монгол Улсын Ерөнхий сайд Намбарын Энхбаяр урилгаар Хятад Улсад албан ёсны айлчлал хийв.

1月7日 中国国务院总理朱镕基当天下午在人民大会堂与来访的蒙古国总理那木巴尔·恩赫巴亚尔举行会谈，双方就发展两国关系及其他共同关心的问题交换了意见。

朱镕基重申，中国在与蒙古国交往中将继续尊重蒙古国的独立、主权与领土完整，尊重蒙古国的无核区地位，尊重蒙古国人民对发展道路的选择。中方愿同蒙方一道，恪守《中蒙友好合作关系条约》的精神，根据江泽民主席访蒙时与蒙方达成的共识，推动两国长期稳定、健康互信的友好合作关系不断深入发展。

朱镕基对进一步发展中蒙关系提出三点意见。首先，应继续保持高层互访的势头，两国政府部门、议会、政党也应积极开展各种形式的交往；第二，进一步加强两国文化、教育等领域的合作，尤其是开展两国年轻一代的友好交流，促进彼此间的了解和友谊；第三，加强两国在国际和地区事务中的合作，中方愿在国际和地区事务中继续同蒙方加强协调与配合。

关于经贸关系，朱镕基说，目前中国是蒙古国的第一大贸易国和投资国，但双方的合作仍有很大潜力。两国政府首先应予以积极推动，以使中蒙合作关系再上新台阶。同时，中方欢迎两国的大企业之间建立更密切的直接联系，调动各方面发展合作的积极性。

恩赫巴亚尔介绍了蒙古国内经济改革和国家建设取得的进展，代表蒙古国政府和人民对中国长期以来对蒙古国经济建设和发展给予的宝贵支持表示衷心感谢。恩赫巴亚尔赞同朱镕基关于两国关系的评价。他说，发展与中国的睦邻友好与平等互利合作是蒙古国对外关系的首要方针之一。蒙方愿根据 1994 年签署的《蒙中友好合作条约》，按照两国元首确立的建立面向 21 世纪长期稳定、健康互信、睦邻友好合作关系的目标，稳定发展两国关系。

双方就一些重要项目进行了讨论。恩赫巴亚尔代表蒙古国政府再次祝贺中国加入世界贸易组织，表示这为蒙中深化互利合作提供了更为有利的条件。双方还就两国在资源开发和基础设施建设以及风沙治理、疫情防治等方面的合作交换了意见。关于国际和地区形势，恩赫巴亚尔介绍了蒙古国对外工作取得的进展和在反恐问题上的立场，强调加强本地区的对话与合作十分重要。朱镕基阐述了中方关于反对恐怖主义的原则立场，表示中蒙在国际事务中有很多共识，双方可进一步加强协调与合作。会谈结束后，朱镕基与恩赫巴亚尔共同出席了《中华人民共和国政府与蒙古国政府经济技术合作协定》等 3 个文件的签字仪式。

会谈开始前，朱镕基总理在人民大会堂举行仪式，隆重欢迎恩赫巴亚尔对中国进行为期 6 天的正式友好访问。

1 сар 7 Үдээс хойш, БНХАУ-ын Төрийн Зөвлөлийн Ерөнхий сайд Жу Рунжи Ардын Их Хурлын танхимд

Хятад Улсад айлчлалаар хүрэлцэн ирсэн Монгол Улсын Ерөнхий сайд Намбарын Энхбаяртай хэлэлцээр хийж талууд хоёр улсын харилцааг хөгжүүлэх талаар болон хоёр улсын санаа зовниж буй асуудлаар санал солилцов.

Жу Рунжи: "Хятад Улс, Монгол Улстай харилцахдаа үргэлж Монгол Улсын тусгаар тогтнол, төрийн бүрэн эрх, нутаг дэвсгэрийн бүрэн бүтэн байдал, Монгол Улсын цөмийн зэвсэггүй бүсийн статус болон Монгол улсын ард түмний сонгосон хөгжлийн замыг хүндэтгэн үздэг гэдгээ онцлон тэмдэглээд Хятадын талаас Монголын талтай хамтран "Хятад Монголын найрсаг харилцаа, хамтын ажиллагааны гэрээ"-ний үндсэн зарчимд тулгуурлан Жян Зэминь тэргүүн Монголд айлчлах үеэр хоёр улсын урт удаан хугацааны тогтвортой, эрүүл саруул, харилцан итгэлцэх найрсаг харилцаа, хамтын ажиллагааг гүнзгийрүүлэн хөгжүүлэхийг хүсэв".

Мөн Жу Рунжи Хятад Монголын харилцааг улам илүү хөгжүүлэх 3 санал дэвшүүлсэн нь : 1-рт Өндөр хэмжээний харилцан айлчлалын хэвээр хадгалж хоёр улсын Засгийн газар, Парламент, улс төрийн намын харилцааг бүх салбар чиглэлээр идэвхитэй хөгжүүлэх; 2-рт Хоёр улсын соёл, боловсрол зэрэг салбаруудын хамтын ажиллагааг бэхжүүлж ялангуяа хоёр улсын хүүхэд, залуучуудын хоорондын найрсаг солилцоог өргөжүүлэн харилцан хоорондын нөхөрлөлд тус дөхөм үзүүлэх; 3-рт Хоёр улс, Олон улсын болон бүс нутгийн үйл хэргийн хамтын ажиллагааг өргөжүүлж Хятадын талаас олон улсын болон бүс нутгийн үйл хэргийг Монголын талтай үргэлжлүүлэн хөгжүүлэх"юм.

Эдийн засаг, худалдааны харилцааны тухайд Жу Рунжи: " Хятад Улс нь одоо Монгол Улсын томоохон худалдааны түнш бас хөрөнгө оруулагч улс болсон бөгөөд энэ нь гагцхүү талуудын цаашдын хамтын ажиллагааны маш их нөөц боломжоо байж болох юм. Хоёр улсын Засгийн

Газрын тэргүүнүүд Хятад Монголын хамтын ажиллагаа, харилцааг дахин шинэ шатанд хүргэхийн тулд хоорондын харилцааг идэвхитэй хөгжүүлж байна. Хятадын талаас хоёр улсын томоохон үйлдвэрийн газаруудын хооронд тогтоосон шууд харилцааг нягтруулж олон талын хамтын ажиллагааг хөгжүүлхийг хүсч буйг онцлон тэмдэглэв.

Н. Энхбаяр: "Монгол Улсын дотоод эдийн засгийн өөрчлөлт болон улсынхаа бүтээн байгуулалтын амжилтын талаар танилцуулхын зэрэгцээ Монгол Улс эдийн засгаа хөгжүүлэхэд Хятад Улс урт хугацааны туршид үнэ цэнэтэй дэмжлэг үзүүлж байсанд Монгол Улсын Засгийн газар, монголын ард түмний нэрийн өмнөөс чин сэтгэлээсээ талархаж байгаагаа онцлон тэмдэглээд хоёр улсын харилцааны тал дээр Ерөнхий сайд Жу Рунжитэй санал нийлж байна гэв. Мөн тэрээр: "Хятад улстай найрамдалт сайн хөршийн эрх тэгш харилцан ашигтай хамтын ажиллагаагаа хөгжүүлэх нь Монгол Улсын гадаад харилцааны эн тэргүүний чиглэлийн нэг юм. Монголын талаас 1994 оны "Монгол Хятадын харилцаа, хамтын ажиллагааны гэрээ"-ны үндсэн дээр хоёр улсын тэргүүнүүд 21-р зуунд чиглэсэн урт удаан хугацааны, тогтвортой, эрүүл саруул, харилцан итгэсэн сайн хөршийн найрсаг харилцаа, хамтын ажиллагааны зорилтыг бий болгосноор дамжуулан хоёр улсын харилцааны хөгжлийг тогтвортой байлгахыг хүсч буйгаа илэрхийлэв.

Мөн талууд зарим чухал төслийн талаар хэлэцээр хийсэн байна. Н. Энхбаяр: Монгол Улсын Засгийн газрыг төлөөлж БНХАУ-ыг Дэлхийн худалдааны байгууллагад орсонд дахин баяр хүргэж энэ нь Монгол Хятадын харилцан ашигтай хамтын ажиллагааг гүнзгийрүүлэхэд ашигтай нөхцөл болж байна гэв. Талууд бас Хоёр улсын эх баялагыг ашиглах болгон болон Дэд бүтцийг байгуулах хийгээд цөлжилт, халдварт өвчнөөс урьдчилан сэргийлэх зэрэг талуудын хамтын ажиллагааны талаар санал солилцов. Олон улсын болон бүс нутгийн байдлын тухайд Н. Энхбаяр: Монгол Улсын гадаадад ажиллах хүчний хөгжлийг ахиулах болон терроризмын асуудлаар өөрийн улсын байр суурийг танилцуулж тухайн бүс нутгийн хамтын ажиллагааг өргөжүүлэх нь маш чухал гэдгийг онцлов. Жу Рунжи: Хятад Улсын терроризмын зарчмын байр суурийг тодорхойлон өгүүлж Хятад Монгол хоёр улсын олон улс дахь үйл хэргийг хамтран хөгжүүлж талуудын хамтын ажиллагааг улам бүр бататган өргөжүүлэх тухай хэлэв. Хэлэлцээрийн дараа Жу Рунжи болон Энхбаяр нар хамтдаа “БНХАУ, Монгол Улсын Засгийн газрын хооронд Эдийн засаг, техникийн хамтын ажиллагааны хэлэлцээр” зэрэг 3 албан бичигт гарын үсэг зурах ёслолд оролцов.

Хэлэлцээр эхлэхийн өмнө Ерөнхий сайд Жу Рунжи Ардын Их Хурлын танхимд дайлага зохион байгуулж Хятад Улсад 6 өдрийн хугацаатай албан ёсны найрсаг айлчилал хийж буй Ерөнхий сайд Энхбаярыг хүлээн авав.

1 月 8 日 中国国家主席江泽民当天上午在中南海会见了蒙古国总理恩赫巴亚尔。江泽民说，“9·11”事件发生后，恐怖主义成为国际公害，各国人民在反恐问题上开展了国际合作。中国一贯反对一切形式的恐怖主义，支持联合国为此发挥重要作用。恐怖主义势力毕竟是少数人，打击恐怖主义要避免伤及无辜。

恩赫巴亚尔说，中国是蒙古国的重要邻国，长期稳定地发展与中国的友好合作是蒙古国对外政策的首要方针之一。1994 年签署的中蒙友好合作条约为发展两国友好合作关系奠定了法律基础。两国元首互访，又为新世纪的两国关系指明了方向。恩赫巴亚尔赞同江泽民对国际形势的分析，表示蒙古国也坚持反对恐怖主义的立场，同时认为要注意解决恐怖主义的根源问题。恩赫巴亚尔高度评价中国保持自身的稳定与发展和由此对世界的整体和平与稳定做出的重要贡献，期待中国在国际舞台上发挥更大作用。

同日，中国全国人大常委会委员长李鹏今天在人民大会堂会见了蒙古国总理那木巴尔·恩赫巴亚尔。李鹏说， 1994 年，我曾代表中国政府访问蒙古国，双方签署了面向未来的中蒙友好合作关系条约，这一条约奠定了两国关系新的政治和法律基础。近年来，两国友好合作在各个领域发展顺利，我对此感到高兴，尤其是两国元首互访，共同倡导两国建立长期稳定、健康互信的睦邻友好合作关系，为两国关系在新世纪的发展指明了方向。中国全国人大支持并鼓励两国各个部门之间进一步深化互利合作，为两国人民谋得更多的利益，为促进本地区的和平与稳定作出积极的贡献。

恩赫巴亚尔回顾了蒙中友好关系近年来取得的显著进展，强调 1994 年两国签署的友好合作关系条约为两国在各个领域的合作提供了坚实基础和动力。恩赫巴亚尔赞赏李鹏多年来为增进蒙古国与中国的友好与合作所作的重要贡献，希望中国全国人大继续关心和支持两国间在各个领域的交流与合作。

1 сар 8 БНХАУ-ын дарга Жян Зэминь Жуннаньхай ордонд Монгол Улсын Ерөнхий сайд Энхбаяртай уулзах үеэрээ: “9 сарын 11-ний өдөр гарсан үйл явдлын дараа терроризм олон улсад хор нөлөө үзүүлэх болсон бөгөөд олон улс терроризмын асуудлаар хамтын ажиллагааг өрнүүлсэн. Мөн Хятад Улс бүхий л хэлбэрээр терроризмын эсрэг байж НҮБ-ыг дэмжихээ илэрхийлж тэрээр маш цөөн хүн терроризмыг дэмждэг учраас терроризмыг дархын тулд тайван замаар цохилт өгөх хэрэгтэй” гэсэн байна.

Н. Энхбаяр: Хятад Улс нь Монгол Улсын нэгэн чухал

хөрш улс бөгөөд Хятад Улстай сайн хөршийн найрсаг харилцаагаа урт удаан хугацаанд тогтвортой хөгжүүлэх нь Монгол Улсын гадаад бодлогын эн тэргүүний зорилтын нэг юм. 1994 онд байгуулсан Хятад Монголын найрсаг харилцаа, хамтын ажиллагааны гэрээ нь хоёр улсын найрсаг харилцаа, хамтын ажиллагааг хөгжүүлэх хуулийн үндсийг бий болгосон. Хоёр улсын тэргүүнүүдийн харилцан айчилал нь шинэ зууны хоёр улсын харилцааны хандлагыг тодорхойлсон гэдгийг хэлэв. Мөн Н. Энхбаяр Олон улсын нөхцөл байдалыг судлах тал дээр Жян Зэминь тэргүүний саналыг дэмжиж байгаагаа илэрхийлж Монгол Улс тууштай терроризмын эсрэг байр суурьтай байна гэдгээ онцлон тэмдэглээд Хятад Улс нь өөрийн тогтвортой хөгжлийг хамгаалан сайжруулахаас гадна бас дэлхийн энх тайваны тогтвортой байдалд чухал хувь нэмэр оруулсанаараа олон улсын талбарт өөрийн улсын байр суурийг тодорхойлж чадсаныг өндрөөр үнэлэв.

Мөн өдөр БНХАУ-ын БХАТИХ-ын байнгын хорооны дарга Ли Пэн Ардын Их Хурлын танхимд Монгол Улсын Ерөнхий сайд Намбарын Энхбаяртай уулзав. Ли Пэн: “1994 онд Миний бие Хятад Улсын Засгийн газрыг төлөөлөн Монгол Улсад айлчилсан бөгөөд талууд ирээдүйрүүгээ чиглэсэн Монгол Хятадын найрсаг харилцаа, хамтын ажиллагааны гэрээнд гарын үсэг зурсан. Энэ гэрээ нь хоёр улсын харилцаанд шинээр улс төр болон хууль зүйн үндэс суурийг тавьсан гэдгийг онцлон тэмдэглээд сүүлийн жилүүдэд хоёр улсын найрсаг хамтын ажиллагаа олон салбарт амжилттай хөгжиж байгаад түүнчлэн хоёр улсын тэргүүн нарын харилцан айлчлалын үр дүнд хамтдаа хоёр улсын урт удаан хугацааны тогтвортой, эрүүл саруул, харилцан итгэлцэх сайн хөршийн найрсаг харилцаа, хамтын ажииллагааг тогтоосон нь хоёр улсын харилцаа шинэ зуунд тогтвортой хөгжих чиг шугамыг тодорхой болгож өгсөнд өөрийн зүгээс баяртай байна гэв. Мөн тэрээр БНХАУ-ын Бүх Хятадын Ардын Төлөөлөгчдийн Их хурал хоёр улсын олон салбарын хоорондох харилцан ашигтай хамтын ажиллагааг улам бүр гүнзгийрүүлэн хөгжүүлэх тал дээр дэмжлэг үзүүлж хоёр улсын ард түмний язгуур эрх ашиг болон бүс нутгийн энх тайвны тогтвортой байдлын төлөө идэвхитэй хувь нэмэр оруулна гэдгээ илэрхийлэв.

Энхбаяр: Монгол Хятадын найрсаг харилцаа сүүлийн жилүүдэд ихээхэн хөгжиж буйг дурьдаад хоёр улсын 1994 онд байгуулсан найрсаг харилцаа, хамтын ажиллагааны гэрээ нь хоёр улсын олон салбарын хамтын ажиллагааны бат бөх суурь, хөдөлгөх хүч нь болсон гэдгийг онцлон тэмдэглэв. Мөн тэрээр Ли Пэн дарга олон жилийн туршид Монгол Хятад хоёр улсын найрамдал, хамтын ажиллагааг нэмэгдүүлэхэд чухал хувь нэмэр оруулж буйг сайшаан БНХАУ-ын БХАТИХ цаашид ч гэсэн хоёр улсын харилцаанд санаа тавьж хоёр улсын хоорондын олон салбарын солилцоо болон хамтын ажиллагааг дэмжиж байхыг хүсэв.

1 月 11 日　中国政府与蒙古国政府当天在北京发表《中蒙联合公报》。

1 сар 11　БНХАУ-ын Засгийн г азар болон Монгол Улсын Засгийн г азар хамтран Бээжин хотноо “Хятад Монголын хамтарсан албан мэдэгдэл” гаргав .

2 月 4 日　中国国家环境保护局中日友好环境保护中心“沙尘暴与黄沙对北京地区大气颗粒物影响研究”课题组全浩组长宣布，课题组已初步查明了北京沙尘暴的源区和传输路径。建议尽快与蒙古国建立长期合作防治沙尘暴的计划框架。

2 сар 4　БНХАУ-ын, Улсын байгаль орчныг хамгаалах

газрын Хятад Японы найрамдалт байгаль орчныг хамгаалах төвийн “Элсэн шуурга болон шар элсний нүүдэл Бээжингийн нутаг дэвсгэрийн агаар мандалд нөлөөлж буй талаар судлах” ажлын хэсэг, Бээжин дэхь шар элсний нүүдлийн гол бүс болон чиглэлийг тодорхойлж аль болох богино хугацаанд элсэн шуурганаас урьдчилан сэргийлэх урт хугацааны хамтын ажиллагааны төлөвлөгөөг гаргах хуралдааныг зарлан хуралдуулав.

3 月 应中国共产党的邀请，蒙古人民革命党总书记道龙金·伊德沃赫腾访问中国，中共中央政治局常委、书记处书记尉健行会见了他。

应蒙古人民革命党的邀请，中共中央政治局委员李铁映访问蒙古。与蒙古国总统那楚克·巴嘎班迪、国家大呼拉尔主席桑吉贝格兹·图木尔奥其尔、总理恩赫巴亚尔分别进行了会见。

应中国国家广播电视总局邀请，蒙古国广播电视局长冈包勒德访问中国。

3 сар ХКН-ын урилгаар МАХН-ын Ерөнхий нарийн бичгийн дарга Д. Идэвхитэн Хятад Улсад айлчлав. ХКН-ын ТХ-ны УТТ-ны байнгын хорооны гишүүн, нарийн бичгийн дарга нарын газрын нарийн бичгийн дарга Вэй Жяньшин Идэвхитэнтэй уулзав.

МАХН-ын урилгаар Коммунист Намын Төв хорооны Улс төрийн товчооны байнгын хорооны гишүүн Ли Тьеин Монгол Улсад айлчлав. Айлчлалын үеэр, Монгол улсын ерөнхийлөгч Нацагын Багабанди, ИТХ-ын дарга С. Төмөр-очир, Ерөнхий сайд Н. Энхбаяр нар тус тус түүнтэй уулзав.

БНХАУ-ын Радио Телевизийн Ерөнхий Газарын урилгаар Монгол Улсын Радио телевизийн хэрэг эрхлэх газрын дарга Ганболд Хятад Улсад айлчлав.

4 月　应蒙古国教文科部邀请，中国文化部长孙家正访问蒙古国，并参加了首次在蒙古国举办的“中国文化周”活动。

蒙古国家特保局局长道·其米德云登少将率领的代表团访问中国。

蒙古国自然环境部长巴尔斯包勒德访问中国。

蒙古国家大呼拉尔主席图木尔奥其尔来华出席亚洲议会和平协会第三届年会。

蒙古国外交部邻国局局长恩赫图尔访问中国。

蒙古国和平友好组织联合会主席巴特扎尔格勒一行访问中国。

4 сар　Монгол Улсын БСШУЯ-ны урилгаар Хятад Улсын Соёлын яамны сайд Сүн Жяжэн Монгол Улсад айлчлав. Айлчлалын хүрээнд анх удаагаа Монгол улсад зохион байгуулагдаж буй “Хятад Улсын Соёлын 7 хоног” үйл ажиллагаанд оролцов.

Монгол Улсын Улсын Онцгой байдлын хамгаалалтын хэлтэсийн дарга хошууч генерал Д. Чимэдюндэн тэргүүтэй төлөөлөгчид Хятад Улсад айлчлав.

Монгол Улсын Байгаль орчны яамны сайд Барсболд Хятад Улсад айлчлав.

Монгол Улсын УИХ-ын дарга Төмөр-Очир Хятад Улсад хүрэлцэн ирж Азийн Парламентчдын энх тайвны нийгэмлэгийн 3 дугаар хуралд оролцов.

Монгол Улсын ГХЯ-ны Хөрш улсын харилцааны хэлтэсийн дарга Энхтөр Хятад улсад айлчлав.

Монгол Улсын Энх тайван найрамдалын нийгэмлэгийн дарга Батжаргал Хятад Улсад айлчлав.

5 月　蒙古国前总理阿玛尔扎尔嘎勒访问中国。

蒙古国财政经济部长乌兰率团参加在上海举行的第 35 届亚

洲开发银行理事会会议。

蒙古国乌兰巴托电视台台长率团参加 2002 年北京国际电视周。

蒙古国食品农牧业部长那桑扎尔格勒一行访问中国。

中国教育部副部长张天保访问蒙古国。

5 сар Монгол Улсын Ерөнхий сайд асан Амаржаргал Хятад Улсад айлчлав.

Монгол Улсын Санхүү Эдийн засгийн яамны сайд Улаан тэргүүтэй төлөөлөгчид Шанхай хотноо зохион байгуулагдсан азийн банкны удирдах зөвлөлийн 35 дугаар нээлттэй хуралдаанд оролцов.

Монгол Улсын Улаанбаатар телевизийн захирал тэргүүтэй төлөөлөгчид “Бээжин 2002” олон улсын телевизийн 7 хоногт оролцов.

Монгол Улсын ХХААЯ-ны сайд Д. Насанжаргал Хятад Улсад айлчлав.

БНХАУ-ын Боловсролын Яамны дэд сайд Жан Тяньбао Монгол Улсад айлчлав.

6 月 蒙古国外交部新闻司司长嘎尼巴勒率新闻团访问中国。

蒙古国国家大呼拉尔委员、蒙古民主社会主义青年联盟主席呼日勒苏赫访问中国。

中国对外经济贸易部部长石广生访问蒙古国。

6 сар Монгол Улсын ГХЯ-ны хэвлэл мэдээллийн албаны дарга Ганнибал тэргүүтэй хэвлэл мэдээллийн төлөөлөгчид Хятад Улсад айлчлав.

Монгол Улсын УИХ-ын гишүүн, Монгол Улсын Ардчилсан социалт залуучуудын холбооны дарга У. Хүрэлсүх Хятад Улсад айлчлав.

БНХАУ-ын Гадаадтай эдийн засаг, худалдаагаар хамтран ажиллах салбарын дарга Ши Гуаншэн Монгол Улсад айлчлав.

7 月 济南军区政委张文台中将率领的中国人民解放军友好代表团访问蒙古国。当日蒙古国总统兼武装力量总司令巴嘎班迪在蒙古国家宫会见中国人民解放军友好代表团时指出，蒙古国把发展同中国的睦邻友好关系作为对外政策的主要方针，并表示相信中国在国际和地区事务中将发挥更重要的作用。他说，近年来在双方的共同努力下，蒙中两国和两军关系发展顺利,此次访问对进一步发展两军关系具有重要意义。张文台中将转达了江泽民主席对巴嘎班迪总统的问候和祝愿，并说代表团此次访问蒙古国的目的就是为了巩固发展中蒙两国和两军的友好关系。

蒙古国作家协会主席其拉扎布访问中国。

中国上海市副市长蒋以任率申办世界博览会代表团访问蒙古国。

中国大连电视台台长李耀访问蒙古国。

中国外交部亚洲司司长傅莹赴蒙古国举行对口磋商。

中国人民银行副行长、国家外汇管理局局长郭树清访问蒙古国。

中国人民解放军新疆军区副司令员库尔班・艾尔西丁少将率领的新疆军区边防代表团访问蒙古国。

7 сар Жинаний цэргийн тойргийн комиссар дэслэгч генерал Жан Вэньтай тэргүүтэй БНХАУ-ын А Ч А-ийн төлөөлөгчид Монгол Улсад айлчлав. Мөн өдөр Монгол Улсын Ерөнхийлөгч, Зэвсэгт Хүчний Ерөнхий командлагч Н. Багабанди Монгол Улсын Төрийн ордонд БНХАУ-ын АЧА-ийн төлөөлөгчидтэй уулзах үеэрээ: “Хятад Улстай сайн

хөршийн найрсаг харилцаагаа хөгжүүлэх нь Монгол Улсын гадаад бодлогын нэгэн чухал чиглэл бөгөөд Хятад Улс олон улсын болон бүс нутгийн үйл хэрэгт чухал нөлөө үзүүлнэ гэдэгт итгэлтэй байна гэв. Мөн тэрээр сүүлийн жилүүдэд талуудын хүчин чармайлтаар Монгол Хятад хоёр улс болон хоёр армийн харилцаа амжилттай хөгжиж буйг онцлон тэмдэглээд энэ удаагийн айлчлал нь хоёр армийн харилцааны хөгжилд чухал ач холбогдол үзүүлэх болно гэв. Дэслэгч генерал Жан Вэньтай: Жян Зэминь дарга Ерөнхийлөгч Багабандын амар мэндийг мэдэн сайн сайхныг хүсэн ерөөснийг уламжлаад БНХАУ-ын АЧА-ийн төлөөлөгчдийн Монгол Улсад хийж буй энэ удаагийн айлчлалын зорилго нь Хятад Монгол хоёр улсын болон хоёр армийн найрсаг харилцааг хөгжүүлэн бэхжүүлэхийн төлөө юм” гэдгийг онцлон тэмдэглэв.

Монгол Улсын Зохиолчдын Эвлэлийн Хорооны дарга Чилаажав Хятад Улсад айлчлав.

БНХАУ-ын Шанхай хотын орлогч дарга Жян Ирэнь тэргүүтэй Худалдааны яармагын төлөөлөгчид Монгол Улсад айлчлав.

БНХАУ-ын “Да лянь” телевизийн захирал Ли Яо Монгол Улсад айлчлав.

БНХАУ-ын ГЯЯ-ны Азийн хэлтсийн дарга Фү Ин Монгол Улсыг зорин ирж хэлэлцээр хийв.

БНХАУ-ын Ардын банкны орлогч дарга, Улсын Гадаад валютын удирдах газрын дарга Го Шү-ин Монгол Улсад айлчлав.

БНХАУ-ын Ардын Чөлөөлөх Армийн Шиньжан Уйгарын Цэргийн тойргийн дэд командлагч хошууч генерал К. Арсиддин тэргүүтэй Шиньжан-Уйгарын Цэргийн тойргийн хил хамгаалахын төлөөлөгчид Монгол Улсад айлчлав.

7 月 31 日　中国驻蒙古国大使馆武官汪华堂大校当晚在中国

驻蒙古国使馆举行招待会，庆祝中国人民解放军建军 75 周年。蒙古国防部副部长陶高、武装力量总参谋长达希泽布格中将、边防军司令孙德布少将、议员嘎瓦、总统办公厅主任巴特赫希格等蒙古国军政官员，以及一些国家驻蒙使节及外交官 150 多人出席了招待会。

7сар 31 БНХАУ-аас Монгол Улсад суугаа Элчин Сайдын Яамны атташе Ван Хуатан БНХАУ-ын АЧА-ийн Арми байгуулагдсаны 75 жилийн ойг тохиолдуулан Элчин Сайдын Яаманд дайллага зохион байгуулав. Дайллаганд Монгол Улсын БХЯ-ны дэд сайд Тагва, Зэвсэгт Хүчний Ерөнхий Штабын дарга дэслэгч генерал Дашзэвэг, Хилийн цэргийн командлагч хошууч генерал Сүндэв, УИХ-ын гишүүн Гаваа, Ерөнхийлөгчийн тамгын газрын дарга Батхишиг зэрэг Монгол Улсын цэргийн албан тушаалтнууд болон зарим гадаад улс орнуудаас Монгол улсад суугаа дипломат төлөөлөгчид зэрэг 150 гаруй хүн оролцов.

8 月 2 日 呼和浩特第四届昭君文化节当日开幕。本届昭君文化节的活动内容包括“中国·呼和浩特第二届国际民间艺术节”“蒙古国·乌兰巴托周”等文化活动。

8 сар 2 Хөх хотын 4 дүгээр Жао Жүнь баяр албан ёсоор эхлэв. Энэ удаагийн Жао Жү-ийн баярын үйл ажиллагаанд ӨМӨЗО-ны Хөх хотын олон улсын Ардын 2 дугаар урлагийн их наадам, Монгол Улсын Улаанбаатарын 7 хоног зэрэг арга хэмжээ багтсан байна.

8 月 20 日 中亚区域海关合作委员会今天在新疆乌鲁木齐市召开第一次会议，这标志着中亚区域海关合作委员会正式成立。中亚区域海关合作委员会是 2002 年 3 月在马尼拉举行的中亚部长级会议上批准设立的。中亚区域海关合作委员会的成员有：中国、蒙古国、哈萨克斯坦、吉尔吉斯斯坦、塔吉克斯坦、乌兹别克斯坦、土库曼斯坦、阿塞拜疆、世界海关组织和亚洲开发银行。

8 сар 20 Дундад Азийн бүс нутгийн гаалийн хамтарсан зөвлөл ШУӨЗО-ны Үрэмч хотод анхдугаар хуралдаанаа зарлан хуралдуулав. Энэ хуралдааныг Дундад Азийн бүс нутгийн гаалийн хамтарсан зөвлөл албан ёсоор зохион байгуулсан байна. Дундад Азийн бүс нутгийн гаалийн хамтарсан зөвлөл нь 2002 оны 3 сард Манилд зохион байгуулагдсан Дорнод Азийн сайд нарын хуралдаан дээр байгууллагуудыг батламжилсан байна. Одоо Төв Азийн бүс нутгийн гаалийн хамтарсан зөвлөлийн гишүүнээр Хятад улс, Монгол Улс, Хасаг, Киркис, Тажик, Узбек, Туркмен, Азербажайн зэрэг улс үндэстэн болон дэлхийн гаалийн байгууллага, азийн хөгжлийн банк зэрэг байгууллагууд байна.

9月1日 蒙古国和台湾省互设“经济贸易代表处”。

9 сар 1 Монгол Тайван “Эдийн засаг, худалдааны төлөөлөгчдийн газар”-ыг байгуулав.

9月3日 中国国务院总理朱镕基出席南非约翰内斯堡可持续发展世界首脑会议期间会见了蒙古国总统巴嘎班迪。

9 сар 3 БНХАУ-ын Төрийн Зөвлөлийн Ерөнхий сайд Жу Рунжи дэлхийн удирдагчдын уулзалтанд оролцох үеэрээ Монгол Улсын Ерөнхийлөгч Н. Багабандитай уулзав.

9月11日 中国公安部向蒙古国警察总局交通管理局赠送警用摩托车仪式当日在乌兰巴托的蒙古国交通警察训练广场举行。蒙古国警察总局局长桑德格奥其尔少将、蒙古国警察总局交通管理局局长阿玛尔巴亚斯格楞、中国公安部交通管理局副局长王金彪、中国驻蒙古国大使黄家骙以及中国驻蒙武官汪华堂大校等出席了赠送仪式。当天上午，由王金彪率领的中国公安部代表团与蒙古国交通管理局长阿玛尔巴亚斯格楞举行了会谈，双方就加强相互间的学习与交流，扩大今后的友好交往交换了意见。代表团是应蒙古国交通管理局的邀请于 10 日抵达乌兰巴托对蒙古国进行友好访问的。

9 сар 11 БНХАУ-ын ДХЯ-аас Монгол Улсын Цагдаагийн ерөнхий газрын замын цагдаагийн газрын салбарт дохиолол бэлгэлэх ёслолыг нийслэл Улаанбаатар хотын замын цагдаагийн газрын сургалтын талбайд зохион байгуулав. Монгол Улсын Цагдаагийн ерөнхий газрын дарга хошууч генерал Сандаг-Очир, Цагдаагийн ерөнхий газрын замын цагдаагийн газрын дарга Амарбаясгалан, БНХАУ-ын Дотоодыг хамгаалах яамны зам тээврийн удирдах газрын дэд дарга Ван Жиньбяо, Хятад Улсаас Монгол Улсад суугаа Элчин сайд Хуан Жякуй болон Хятад Улсаас Монгол Улсад суугаа цэргийн атташе Ван Хуатан зэрэг албаны хүмүүс ёслолд оролцов. Мөн өдрийн үдээс өмнө Ван Жиньбяо тэргүүтэй БНХАУ-ын Дотоодыг хамгаалах яамны төлөөлөгчид Монгол Улсын Замын цагдаагийн газрын дарга Амарбаясгалантай хэлэлцээр хийж талууд харилцан хоорондын солилцоог нэмэгдүүлж цаашдын найрсаг харилцааг бэхжүүлэх талаар санал солилцов. Төлөөлөгчид Монгол Улсын Замын Цагдаагын Газрын урилгаар Улаанбаатар хотноо хүрэлцэн ирж 10 өдрийн найрсаг айлчлал хийсэн байна.

9 月 23 日　蒙古国总统巴嘎班迪当日在国家宫会见了以中共中央委员、中共中央对外联络部部长戴秉国为团长的中共代表团。巴嘎班迪说，自 20 世纪 90 年代以来，蒙中两国政府、议会和政党之间的关系都得到了全面发展。政党之间的关系是国家关系的组成部分，中共代表团对蒙古国的访问将进一步加强两国政党之间的关系，促进两国关系的发展。戴秉国表示，中国共产党和中国政府坚定奉行同蒙古国发展睦邻友好关系的方针，尊重蒙古国的独立、主权和领土完整，尊重蒙古国人民选择的发展道路，愿意同蒙方共同努力，将健康、稳定的中蒙睦邻友好关系带入 21 世纪。此前，蒙古国家大呼拉尔主席、蒙古社会民主党主席贡其格道尔吉和蒙古人民革命党主席恩赫巴雅尔分别会见了戴秉国一行。

9 сар 23 Монгол Улсын Ерөнхийлөгч Багабанди Төрийн ордонд Хятадын Коммунист Намын Төв хорооны гишүүн, Коммунист Намын Төв хорооны Гадаадтай Харилцах Хэлтсийн дарга Дай Бингуо тэргүүтэй төлөөлөгчидтэй уулзав. Багабанди: “90 оноос нааш Монгол Хятад хоёр улсын Засгийн газар, Парламент ,Улс төрийн намын хоорондын харилцаа бүх талаар идэвхитэй хөгжиж байна. Улс төрийн намын хоорондын харилцаа нь хоёр улсын харилцааны нэг бүрэлдэхүүн хэсэг юм. Коммунист Намын төлөөлөгчид Монгол Улсад айлчлал хийснээр дамжуулан Хоёр улсын Улс төрийн намын хоорондын харилцаа улам бүр өргөжиж хоёр улсын харилцааны хөгжилд чухал ач холбогдол болно гэдгийг онцлон тэмдэглэв. Дай Бин Го: “Хятадын Коммунист Нам болон БНХАУ-ын Засгийн газар Монгол Улстай сайн хөршийн найрсаг харилцаагаа хөгжүүлэх чиглэлийг баримталж Монгол Улсын Тусгаар тогтнол, Бүрэн эрх, Газар нутгийн бүрэн бүтэн байдал болон Монгол Улсын ард түмний сонгосон хөгжлийн зам зэргийг хүндэтгэн үздэгээ илэрхийлхийн сацуу хоёр талын хамтын хүчин чармайлтаар

Хятад Монголын сайн хөршийн найрсаг харилцааг эрүүл саруул, тогтвортой байдлаар 21 дүгээр зуунд хөтлөн оруулж дэвшүүлэн хөгжүүлхийг хүсч буйгаа илэрхийлэв. Монгол Улсын УИХ-н дарга, Монгол Улсын Социал Демократ Намын дарга Гончигдорж болон МАХН-н дарга Энхбаяр тус тус Дай Бинго нартай уулзав.

9 月 24 日　蒙古人民革命党总书记道龙金·依德沃赫腾当日下午会见了由中共中央政治局委员李铁映率领的中国共产党代表团，依德沃赫腾对李铁映率团前来蒙古国访问表示热烈欢迎。他说，蒙古人民革命党十分重视中国共产党代表团此次对蒙古国进行的友好访问。蒙古人民革命党将继续执行同中国共产党友好交流与合作的方针，并不断推动两国睦邻友好关系向前发展。李铁映表示，中国共产党始终不渝地坚持在独立自主、完全平等、相互尊重和互不干涉内部事务的党际关系四项原则基础上，同蒙古人民革命党发展新型的党际交流与合作，并通过政党之间的友好交往促进两国睦邻友好合作关系长期、稳定、健康地向前发展。李铁映还就今后加强和发展中蒙两党友好合作关系提出了几点具体合作意向，并扼要介绍了中国共产党第 16 次全国代表大会的筹备情况。中国共产党代表团是 24 日抵达乌兰巴托，开始对蒙古国进行为期 4 天的友好访问的。

9 сар 24　Үдээс хойш, Монгол Улсын МАХН-ын Ерөнхий нарийн бичгийн дарга Идэвхитэн Хятадын Коммунист Намын Төв хорооны Улс төрийн товчооны байнгын хорооны гишүүн Ли Тьеин тэргүүтэй Хятадын Коммунист Намын төлөөлөгчидтэй уулзсан бөгөөд Идэвхитэн, Ли Тьеинд төлөөлөгчидөө удирдан Монгол Улсад айлчилан ирсэнд баяртай байгаагаа илэрхийлэв. Тэрээр “МАХН нь Хятадын Коммунист Намын

төлөөлөгчидийн Монгол Улсад хийж буй энэ удаагийн найрсаг айлчлалыг маш ихээр чухалчилан үзэж байгаа гэдгийг илэрхийлж МАХН, Хятадын Коммунист Намтай харилцах найрсаг солилцоо болон хамтын ажиллагааныхаа чиглэлийг үргэлжлүүлэн хэрэгжүүлж хоёр улсын сайн хөршийн найрсаг харилцааг ахиулан хөгжүүлэх болно гэв.Ли Тьеин: “Хятадын Коммунист Нам нь тусгаар тогтнол, төрийн бүрэн эрхийг харилцан хүндэтгэх, харилцан дотоод хэрэгт оролцохгүй байх хоёр намын харилцааны 4 зарчмын үндсэн дээр МАХН-тай шинэ маягийн намын солилцоо болон хамтын ажиллагааг хөгжүүлж хоёр намын хоорондох найрсаг харилцаагаар дамжуулан хоёр улсын сайн хөршийн найрсаг харилцаа, хамтын ажиллагааг урт удаан хугацаанд тогтвортой, эрүүл саруул хөгжихөд тус дөхөм үзүүлнэ” гэв. Тэрээр цаашид Хятад Монгол хоёр улсын хоёр намын найрсаг харилцаа, хамтын ажиллагааг өргөжүүлэн хөгжүүлэх талаар хамтран ажиллах хэдэн санал дэвшүүлсэн байна. Мөн БНХАУ-ын Коммунист Намын бүх төлөөлөгчдийн 16 дахь удаагийн хурлын бэлтгэл ажлын тухай танилцуулав.Хятадын Коммунист Намын төлөөлөгчид 24-ны өдөр Улаанбаатар хотноо хүрэлцэн ирснээр Монгол Улсад хийх дөрвөн өдрийн найрсаг айлчлал нь эхэлсэн байна.

9 月 蒙古国边防总局局长松德布少将率领边防代表团访问中国新疆维吾尔自治区。

蒙古国法律内务部长尼亚木道尔吉出席在京举办的“WTO与法律服务”国际研讨会和世界知识产权第 37 次会议。

蒙古国乌兰巴托市行政长官率团出席呼和浩特市举办的“乌兰巴托周”活动。

中国内蒙古自治区审计局局长长江访问蒙古国。

中国贸易促进会副会长戴克祥一行赴蒙出席“2002 投资者论坛”。

中国内蒙古自治区人民代表大会常务委员会副主任舍勒巴图率领的内蒙古自治区人民代表大会代表团访问蒙古国。

9 сар Монгол Улсын хил хамгаалах ерөнхий газрын дарга Сүндэв тэргүүтэй хил хамгаалах албаны төлөөлөгчид ШУӨЗО-нд айлчлав.

Монгол Улсын Хууль зүй дотоод хэргийн яамны сайд Нямдорж Бээжинд зохион байгуулагдсан “WTO буюу хуулийн үйлчилгээ” Олон эрдэм шинжилгээний хурал болон дэлхийн оюуны өмчийн тухай хуулийн 37 дугаар хуралдаанд оролцов.

Монгол Улсын Улаанбаатар хотын засаг дарга тэргүүтэй төлөөлөгчид Хөх хотод зохион байгуулагдсан “Улаанбаатарын 7 хоног” үйл ажиллагаанд оролцов.

ӨМӨЗО-ны Төлөвлөгөөний хяналтын хэлтсийн дарга Чан Зян Монгол Улсад айлчлав.

БНХАУ-ын Худалдааг дэмжих хорооны дэд дарга Дай Рэсян Монгол Улсыг зорин ирж “2002 хөрөнгө оруулагчдын форум”-д оролцов.

ӨМӨЗО-ны Ардын Төлөөлөгчдийн Их хурлын байнгын хорооны дэд дарга Сээлэбат тэргүүтэй ӨМӨЗО-ны Ардын Төлөөлөгчдийн Их хурлын төлөөлөгчид Монгол Улсад айлчлав.

10 月 蒙古国苏赫巴托省行政长官达希苏伦访问中国。

蒙古人民革命党老年人联合会主席朗图访问中国。

中国河北大学校长王洪瑞访问蒙古国。

10 сар Монгол Улсын Сүхбаатар аймгийн засаг дарга Дашсүрэн Хятад улсад айлчлав.

Монгол Улсын МАХН-ын Ахмадын холбооны дарга

Лантуу Хятад Улсад айлчлав.

Хятад Улсын Хэбэй их сургуулийн захирал Хун Руй Монгол Улсад айлчлав.

11 月 7 日 中国外交部发言人孔泉在外交部例行新闻发布会上指出，中方并未因达赖欲访问蒙古国之事而关闭中蒙边界。至于中蒙边界一些列车因技术原因出现滞留的问题，目前已经得到解决。孔泉表示，达赖今年九月表示要去蒙古国，但他不是一位单纯的宗教人士，更不是什么宗教领袖。他是一个在世界上从事分裂祖国的政治流亡者，中方一直反对有关国家为其分裂活动提供讲坛或场所。孔泉说，蒙古国是中国的友好邻邦，中方希望蒙古国能以中蒙关系的大局为重，妥善处理这一问题。

11 сар 7 БНХАУ-ын Гадаад Явдлын Яамны хэвлэлийн төлөөлөгч Кун Чюань Гадаад Явдлын Яамны хэвлэлийн бага хурал дээр:Хятад улс Далай Ламыг Монголд айлчилсанаас болж Хятад Монголын хилийг хаасан бус. Хятад, Монголын хилийн галт тэрэгний техникийн шалтгаанаас гарсан асуудлыг одо нэгэнт шийдвэрлэсэн байна.Мөн Кун Чюань Далай лам энэ жил 9 сард Монгол Улсад айлчлах хүсэлтэй байгааг дурьдаад тэрээр энгийн нэгэн хүн биш шашины удирдагч хүн биш бөгөөд эх орноо задаргах гэж байгаа улс төрийн цагаачлал хийж бий хүн юм гэдгийг онцлон тэмдэглээд иймд Хятадын тал холбогдох улсуудын үйл ажиллагаатай нэгдэхийн эсрэг байна гэв. Кун Чюань хэлсэн үгийнхээ төгсгөлд Монгол Улс бол Хятад Улсын найрамдалт сайн хөрш мөн бөгөөд Хятадын талаас Монгол Улс, Хятад Монголын харилцааг чухалчлан үзэж, энэ асуудлыг зөв оновчтой шийдвэрлэхийг хүсч байна гэдгээ илэрхийлэв.

11 月 24 日 蒙古国首届奥林匹克中小学汉语大赛颁奖仪式

在乌兰巴托和平友谊宫会议大厅举行。此次蒙古国首届奥林匹克中小学汉语大赛是由乌兰巴托市教育局、蒙中友好协会、《今日报》、中国驻蒙古国大使馆及蒙古“育才”汉语中学联合举办。

11 сар 24 Монгол Улсын бага дунд сургуулиудын хооронд зохиогдсон хятад хэлний анхдугаар олимпиадын шагнал гардуулах ёслолыг Улаанбаатар хотын Энх тайван найрамдалын ордоны танхимд зохион байгуулав. Монгол Улсын бага дунд сургуулиудын хооронд зохиогдсон энэ удаагийн хятад хэлний олимпиадыг Улаанбаатар хотын Боловсролын газар, Монгол Хятадын найрамдлын нийгэмлэг, “Өдрийн мэдээ” сонин, БНХАУ-аас Монгол улсад суугаа Элчин сайдын яам хийгээд Монгол Улсын “Юй Цай” хятад хэлний дунд сургууль хамтран зохион байгуулав.

12 月 2 日 中国全国人民代表大会常务委员会副委员长、全国妇联主席彭珮云当日会见了蒙古民主社会主义妇女联盟主席、国家大呼拉尔委员、革命党委员会委员杜勒巴·阿勒泰率领的代表团。蒙古国客人是应全国妇联的邀请来华进行访问的。

12 сар 2 БНХАУ-ын БХАТИХ-ын байнгын хорооны дэд дарга, Бүх Хятадын эмэгтэйчүүдийн холбооны тэргүүн Пэн Пэйюн Монгол Улсын Ардчилсан Соцалист Эмэгтэйчүүдийн Холбооны дарга УИХ-ын гишүүн, МАХН-ын байнгын хорооны гишүүн, Д. Алтай тэргүүтэй төлөөлөгчдтэй уулзав.Монгол Улсын зочид Бүх Хятадын Эмэгтэйчүүдийн Холбооны урилгаар Хятад улсад айлчлал хийсэн байна.

12 月 17 日 星牌杯中蒙台球对抗赛在北京佳华“星牌”台球城举行。蒙古人民共和国前来参赛的为两男一女 3 位选手。

12 сар 17 Бээжин хотноо зохион байгуулагдсан “Син Пай” цомын төлөөх Хятад Монголын бильярдны тэмцээн

эхлэв. Уг тэмцээнд Монгол Улсын хоёр эрэгтэй, нэг эмэгтэй нийт гурван тамирчин оролцов.

12 月 19 日 中国中央军委副主席、国务委员兼国防部长迟浩田当日在八一大楼会见了来访的蒙古国国防部国务秘书巴桑呼一行。迟浩田说，中蒙两国人民和军队之间有着传统的友好合作关系。中国重视与蒙古国在各个领域里开展互利合作与交流。中方赞赏和感谢蒙古国政府坚持一个中国的政策，希望贵国继续支持中国的统一大业。中方愿与蒙方一道认真落实两国领导人达成的共识，继续推动两军关系的发展。迟浩田还向客人介绍了中国共产党第十六次全国代表大会及中国国内和军队建设情况。巴桑呼说，蒙古国政府把对华关系作为外交工作最优先方面之一。蒙中两军关系对两国关系的发展至关重要。从 20 世纪 90 年代开始，蒙中两军关系走上了积极发展的轨道，双方高层互访频繁，在各领域进行了广泛的交流。他希望此行能进一步加强两军友好关系的发展。中国人民解放军副总参谋长熊光楷此前会见了巴桑呼，双方就国际和地区形势交换了意见。

12 сар 19 БНХАУ-ын Цэргийн төв хорооны дэд дарга, УТТ-ийн Зөвлөлийн гишүүн бөгөөд Батлан хамгаалах яамны сайд Чи Хаотянь "8/1 цамхагт"-т БНХАУ-д айлчлалаар ирсэн Монгол Улсын Батлан хамгаалах яамны төрийн нарийн бичгийн дарга Баасанхүүтэй уулзав. Чи Хаотянь: "Хятад Монгол хоёр улсын ард түмэн болон хоёр арми хоорондоо уламжлалт найрсаг харилцаа, хамтын ажиллагаатай билээ. Хятад Улс, Монгол Улстай хамтын ажиллагаа болон солилцоогоо олон салбарт харилцан ашигтай хөгжүүлхийг чухалчилан үзэж байна. Мөн Хятадын тал, Монгол Улсын Засгийн газрыг Хятад Улсын гадаад бодлогыг баримталж байгаа явдлыг талархан сайшааж

байгааг илэрхийлхийн зэрэгцээ танай улс үргэлжлүүлэн бас дэмжиж байхыг хүсч байна" гэв. Мөн тэрээр зочиндоо Хятадын коммунист намын 16 дахь удаагийн бүх хятадын төлөөлөгчдийн их хурал хийгээд Хятад Улсын Дотоод байдал болон Цэргийн байгууллын талаарх нөхцөл байдлыг танилцуулав. Баасанхүү: "Монгол Улсын Засгийн газраас Хятад Улстай явуулж буй гадаад харилцаа нь Монгол Улсын нэн чухал асуудлын нэг юм. Мөн Монгол Хятад хоёр Армийн харилцаа хоёр улсын харилцааны хөгжилд маш чухал болохыг онцлон тэмдэглээд 20-р зууны 90-д оноос Хятад Монгол хоёр армийн харилцаа идэвхитэй хөгжиж эхэлснээр талууд өндөр хэмжээний олон удаагийн харилцан айлчлал хийж олон салбарт солилцоог амжилттай хэрэгжүүлж ирсэн байна гээд тэрээр хоёр армийн найрсаг харилцааг улам бүр бэхжүүлэн хөгжүүлхийг хүсч буйгаа" илэрхийлэв. БНХАУ-ын ардын чөлөөлөх армийн ерөнхий штабын дэд дарга Сюн Гуанкай, Баасанхүүг хүлээн авч уулзав. Талууд олон улс болон бүс нутгийн байдлын талаар санал солилцов.

12 月 25 日　中蒙两国关于中国政府提供 5 000 万人民币援助款的立项换文签字仪式当日下午在乌兰巴托举行，中国驻蒙古大使馆临时代办王福康和蒙古国财政经济部国务秘书图门登贝尔乐分别代表本国政府在立项换文上签字。根据 2002 年 1 月蒙古国政府总理恩赫巴亚尔访问中国期间中蒙双方就援助款事宜达成的协议，中国政府将向蒙古国提供 5 000 万人民币的无偿援助款。该款项将主要用于购买供牧民家庭使用的太阳能光伏发电设备。本月 17 日，中蒙双方就家用太阳能光伏发电设备的规格、型号和使用援款的比例，以及技术服务等事宜达成一致。中国技术考察团据此还同蒙古财政经济部经济合作管理局签署了《关于中国向蒙古国提供太阳能发电设备具体事宜的会谈纪要》。

12 сар 25 Хятад Монгол хоёр улс “Хятад Улсын Засгийн газрын 50 000 000 юаны буцалтгүй тусламжийн мөнгийг олгох тухай албан бичиг”-т гарын үсэг зурах ёслолыг Улаанбаатар хотноо зохион байгуулав. Хятад улсаас Монгол улсдахь Элчин сайдын яамны Элчин сайдын үүрэгт ажлыг түр хамаарагч Ван Пүкан, Монгол Улсын Санхүү эдийн засгийн яамны төрийн нарийн бичгийн дарга Түмэндэмбэрэл нар хоёр улсын Засгийн газрыг тус тус төлөөлж албан бичигт гарын үсэг зурав. 2002 оны 1 сард Монгол Улсын Засгийн газрын Ерөнхий сайд Энхбаяр Хятад Улсад айлчлах үеэр Хятад Монголын талууд тусламжийн мөнгөний талаар хэлэлцэн тохирч Хятад Улсын Засгийн газраас Монгол Улсад 50 000 000 юаны буцалтгүй тусламж олгох тухай шийдвэрийн дагуу тухайн мөнгийг малчин айл өрхөд хэрэглэгдэх нарны зай хурагуур болон дагалдах хэрэслийг худалдан авахад ашиглахаар тогтов. Мөн сарын 17-д Хятад Монголын талууд ахуйн зориулалттай нарны зай хураагуурын стандарт, хэв загвар болон тусламжийн мөнгөний харьцаа хийгээд техникийн үйлчилгээ зэрэг олон асуудлын талаар хэлэлцэн тохиролцов. Хятад Улсын техник технологтой танилцах төлөөлөгчид болон Монгол Улсын Санхүү эдийн засгийн яамны эдийн засгийн хамтын ажиллагааны удирдах газар хамтдаа “Хятад улсаас Монгол Улсад нарны зай хураагуур болон дагалдах багаж хэрэгслийг нийлүүлэх тухай хэлэлцээрийн протокол”-д гарын үсэг зурав.

12 月 27 日 《中华人民共和国政府同意向蒙古国政府提供太阳能光伏发电设备换文》签字仪式在蒙古国财政经济部举行。中国驻蒙古国大使馆临时代办王福康、蒙古国财政经济部国务秘书恩·图门登贝尔乐分别代表本国政府在文件上签字。

12 сар 27 “БНХАУ-ын Засгийн газраас Монгол Улсын Засгийн газарт нарны зай хураагуур болон дагалдах багаж хэрэгслийг нийлүүлэх тухай зөвшөөрлийн бичиг”-т гарын үсэг зурах ёслолыг Монгол Улсын Санхүү эдийн засгийн яаманд зохион байгуулав. Хятад Улсын Монгол Улс дахь Элчин сайдын яамны Элчин сайдын үүрэгт ажлыг түр хамаарагч Ван Пүкан, Монгол Улсын Санхүү эдийн засгийн яамны төрийн нарийн бичгийн дарга Э. Түмэндэмбэрэл нар хоёр улсын засгийн газрыг тус тус төлөөлж зөвшөөрлийн бичигт гарын үсэг зурав.

12 月 31 日 《中华人民共和国政府和蒙古国政府经济技术合作协定》签字仪式当天下午在蒙古国外交部举行。根据蒙古国的需要，中国政府向蒙古国政府提供 400 万美元无偿援助。中国驻蒙古国大使馆临时代办王福康、蒙古国外交部长额尔德尼楚龙分别代表本国政府在协定上签字。

12 сар 31 Үдээс хойш, “БНХАУ, МУ-ын Засгийн газар хоорондын эдийн засаг, техникийн хамтын ажиллагааны хэлэлцээр”-т гарын үсэг зурах ёслолыг Монгол Улсын Гадаад Харилцааны Яаманд зохион байгуулав. Монгол Улсын хүсэлтийг үндэслэн Хятад Улсын Засгийн газраас Монгол Улсын Засгийн газарт 4 000 000 долларын буцалтгүй тусламж олгов. Хятад Улсын Монгол Улсдахь Элчин сайдын яамны Элчин сайдын үүрэгт ажлыг түр хамаарагч Ван Пүкан, Монгол Улсын Гадаад Харилцааны Яамны сайд Эрдэнэчулуун нар хоёр улсын засгийн газрыг тус тус төлөөлж хэлэлцээрт гарын үсэг зурсан байна.

据统计，截止 2002 年底，蒙古国有 844 家蒙中合资企业。中国对蒙直接投资额逾 2.67 亿美元，已经成为在蒙第一大投资国。

另据中国海关部署统计，2002 年，中蒙贸易额达 3.63 亿美元，比上年增长 3%。中国共向蒙提供 6 130 万元人民币和 405 万美元无偿援助。

2002 оны сүүл үеийн статистик үзүүлэлт; Монгол Улсад Монгол Хятадын хамтарсан хөрөнгө оруулалттай 844 аж ахуйн нэгж байна. Хятад Улсаас Монгол Улсад оруулсан шууд хөрөнгө оруулалтын нийт хэмжээ 267 000 000 доллар байна. Хятад улс одогооро Монгол Улсын томоохон хөрөнгө оруулагч улсын нэг болсон байна.

Хятад Улсын Гаалийн ерөнхий газрын статистик үзүүлэлт, 2002 он, Хятад Монголын худалдааны нийт мөнгөний эргэлт 363 000 000 доллар, өмнөх жилтэй харьцуулахад 3%-р нэмэгдсэн байна. Хятад Улс Монгол Улсад нийт 61 300.000 юаны, 4 050 000 долларын буцалтгүй тусламж олгосон байна.

2002 年是中蒙边界第二次联检野外作业的第一年，联检工作进展顺利。双方共更换和新竖了 955 根界桩，占更换和新竖界桩总数的 60%。双方还举行了两次联委会全体会议和两次专家组会议，签订了联检工作所需的法律文件，验收了部分联检工作成果，制定了 2003 年联检工作计划。

2002 он нь Хятад Монголын хилийг 2 дахь удаагаа хамтран шалгах хээрийн ажиллагааны эхний жил байсан бөгөөд хамтран шалгах хээрийн ажлыг амжилттай эхлүүлсэн байна. Талууд нийт 955 хилийн багана солиж бас шинээр босгосон нь нийт ажлын 60%-г эзлэж байна. Талууд хилийг 2 дахь удаагаа хамтран шалгах комиссын бүх нийтийн 2 дугаар хурал болон мэргэжилтнүүдийн хоёрдугаар хуралдааныг зохион байгуулж хамтран шалгах ажлын хуулийн албан бичигт гарын үсэг зурж хэсгүүдийн хамтран шалгах ажлын үр дүнг хүлээн авч 2003 оны

хамтран шалгах ажлын чиглэлийг боловсруулав .

2003 年中蒙国家关系历史编年

2003 он Хятад Монгол хоёр улсын харилцааны түүхэн үйл явдлын товчоон

1 月—4 月　中蒙联合检查测图组举行了三轮会晤，制作完成了联合检查工作用图。

1-4 сар　Хятад Монголын хамтран шалгах ажлын хэсэг гурав дахь удаагийн уулзалтыг зохион байгуулж хамтран шалгах ажлын бодлогыг хийж гүйцэтгэсэн байна.

3 月 17 日　蒙古国工业贸易部政策、合作司官员嘎桑道尔吉当天在乌兰巴托接受媒体采访时表示，蒙古国将借鉴中国建设经济特区的经验，快速有效地搞好本国自由贸易区的建设。

3 сар 17　Монгол Улсын Үйлдвэр худалдааны яамны улс төр, хамтын ажиллагааны хэлтсийн ажилтан Галсандорж Улаанбаатар хотноо сурвалжлагчдыг хүлээн авч уулзах үеэрээ: Монгол Улс нь Эдийн засгийн онцгой бүс нутгийг байгуулах Хятад Улсын туршлагыг судлан Монгол Улсын чөлөөт худалдааны бүс байгуулах ажлыг хурдацтай хэрэгжүүлж байна гэв.

3 月　蒙古国铁路局局长拉什出席在北京举行的国际会议。

3 сар　Бээжинд зохион байгуулагдсан олон улсын хуралд Монгол Улсын Төмөр замын хэрэг эрхлэх газрын дарга Раш оролцов.

4 月 3 日　据报道，近日蒙古国驻呼和浩特总领事馆、中国内蒙古自治区外事办公室、内蒙古自治区旅游局共同组织举办了蒙古国与中国内蒙古自治区旅游推介及交流会，旨在增进友谊，加强旅游业领域的交流与合作。据悉，蒙古国政府把 2003 年定为“访问蒙古国”年，向世界人民敞开大门，并为此采取了很多措施，尤其注重扩大发展与中国、俄罗斯两大邻国在旅游业领域的合作。

4 сар 3-ны мэдээ, Монгол Улсаас Хөх хотод суугаа Ерөнхий Консулын газар, ӨМӨЗО-ны Гадаад хэргийн захиргаа, ӨМӨЗО-ны аялал жуулчлалын хэлтэс зэрэг байгууллагууд хамтран Монгол Улс болон ӨМӨЗО-ны аялал жуулчлалын хоорондын солилцооны талаарх хурлыг зохион байгуулж аялал жуулчлалын салбарын солилцоо болон хамтын ажиллагааг бэхжүүлэн найрамдлыг зузаатгав. Монгол Улсын Засгийн газраас 2003 оныг “Монгол Улсын айлчлал”-ын он гэж зарласан нь Дэлхий нийтэд ихээхэн боломж нээгдэж байна. Үүний тулд маш олон арга хэмжээ авч байгаа бөгөөд ялангуяа Хятад, Орос хоёр хөрш улстай аялал жуулчлалын салбарын хамтын ажиллагааг хөгжүүлэн өргөтгөхийг чухалчилан үзэж байна.

4 月 蒙古国边防总局局长松德布少将访问中国。

中国外交部礼宾司司长张云访问蒙古国。

4 сар Монгол Улсын Хил хамгаалах ерөнхий газрын дарга хошууч генерал Сүндэв Хятад Улсад айлчлав.

БНХАУ-ын Гадаад явдлын яамны ёслолын хэлтсийн дарга Жан Юн Монгол Улсад айлчлав.

5 月 全部 17 个联合检查工作组上界进行联合检查野外作业。截至 10 月底，双方已按联合检查委员会计划基本完成了联合检查作业，双方还召开了一次联合检查委员会会议和四次专家组会晤，审查了上述野外作业成果。2 月和 10 月，中蒙双方代表团分别在乌兰巴托和北京就重新谈判签订协定举行了第一轮和第二轮会谈。双方重新商定了边境口岸的数量、性质、开放时间、“边境通行证”等问题，并对原协定中未作规定或规定不详的协定用语、突发事件处理、口岸开放条件、节假日闭关等问题重新作了规定。双方原则同意将原协定签订后通过换文方式开辟的额布都格、阿尔山、满都拉、策克口岸纳入修订后的协定中；将珠恩嘎达布其、二连浩特（分为铁路和公路）和塔克什肯口岸升格为国际性常年开放口岸；将策克口岸升格为双边性常年开放口岸；将阿尔山口岸升格为国际性季节开放口岸，使口岸数由原来的 8 个增加至 13 个。

5 сар Бүх хэсгийг хамтран шалгах 17 ажлын хэсэг Хилийг хамтран шалгах хээрийн ажлыг хийсэн байна. 10 сарын сүүлээр талууд хамтран шалгах комисс хамтран шалгах ажлын төлөвлөгөөний үндсэн гүйцэтгэлийг тулган үзэж талууд хамтран шалгах ажлын анхдугаар хуралдаан болон мэргэжилтнүүдийн 4 дүгээр уулзалтыг зарлан хуралдуулан ажлын үр дүнгийн талаар ярилцав. 2 сар болон 10 сард Хятад Монголын төлөөлөгчид Улаанбаатар болон Бээжин хотноо тус тус 1, 2 дугаар шатны хэлэлцээрийг зохион байгуулж шинэ хэлэлцээрт гарын үсэг зурав. Мөн талууд чухал шинэ боомтын тоо хэмжээ, шинж чанар, нээх цаг хугацаа, хил нэвтрэх бичиг зэрэг асуудлуудаар хэлэлцэн тохирч анхны хэлэлцээрийн явцад тогтоож чадаагүй асуудал болон хэлэлцээрийн үг хэллэгийн тодорхой бус байдлыг тогтоон шийдвэрлэх тухай хийгээд боомт нээх нөхцөл байдал, ажлын өдрүүдийн нөхцөл зэрэг асуудлаар ажлын шинэ чухал тогтоол гаргав. Талууд хуучин хэлэлцээрийн албан бичигийг үндэслэн “Өвдөг”, “Рашаан”, “Мандал”, “Сэхээ” боомтуудыг нээх тухай зөвшөөрлийг шинэ хэлэлцээрийн заалтанд оруулсан байна. “Зүүн хатавч”,

“Эрээн хотын” (төмөр зам болон засмал замын), “Такашкан” боомтууд нь олон улсын чанартай бүтэн жил нээлттэй байдаг боомт. “Сэхээ” боомт нь талуудын чанартай бүтэн жил нээлттэй байдаг боомт. “Рашаан” боомт нь олон улсын чанартай дөрвөн улиралд нээлттэй байдаг боомт юм. Боомтын тоо анх удаагаа 8-13 боомтоор нэмэгдсэн байна.

5月20日 中国外交部发言人章启月主持例行记者招待会时宣布，应蒙古国总统巴嘎班迪的邀请，中华人民共和国主席胡锦涛将于2003年6月4日至5日对蒙古国进行国事访问。

5 сар 20 БНХАУ-ын Гадаад Явдлын Яамны хэвлэлийн төлөөлөгч Жан Чиюэ хэвлэлийн бага хурал дээр Монгол Улсын Ерөнхийлөгч Багабандийн урилгаар БНХАУ-ын тэргүүн Ху Жиньтао 2003 оны 6 сарын 4-5-ны өдрүүдэд Монгол Улсад төрийн айлчлал хийх тухай мэдэгдэв.

5月22日 蒙古国总统巴嘎班迪在蒙古国家宫会见了到访的中国外交部副部长王毅。巴嘎班迪说，蒙古国政府和人民热切期待着胡锦涛主席即将对蒙古国进行的国事访问，相信这次访问将进一步加强两国人民的友谊，在新世纪把两国关系推向一个新阶段。王毅转达了中国领导人对巴嘎班迪总统的问候。他说，胡锦涛主席即将对蒙古的访问体现了中国领导人和中国政府对中蒙关系的高度重视。中方愿与蒙方共同做好各种准备，确保胡锦涛主席访问蒙古国圆满成功。同日，蒙古国总理恩赫巴亚尔也会见了王毅，双方就如何进一步深化两国合作交换了意见。

5 сар 22 Монгол Улсын Ерөнхийлөгч Багабанди Монгол Улсын Төрийн ордонд айлчлалаар ирсэн БНХАУ-ын Гадаад явдлын яамны дэд сайд Ван И-тэй уулзав. Багабанди: Ху Жиньтао тэргүүн Монгол Улсад төрийн айлчлал хийх гэж байгаад Монгол Улсын Засгийн газар

болон монголын ард түмэн чин сэтгэлээсээ баяртай байна. Энэ удаагийн айлчлал нь хоёр улсын ард түмний нөхөрлөлийг улам бүр бэхжүүлж шинэ зуунд нэгэн шинэ түвшинд хүргэнэ гэдэгт итгэлтэй байна гэв. Ван И: "БНХАУ-ын дарга Монгол Улсын Ерөнхийлөгч Багабандийн амар мэндийг мэдэж буйг уламжлав. Тэрээр Удахгүй Ху Жиньтао тэргүүн Монгол Улсад айлчлал хийх тухай онцлон тэмдэглээд айлчлалын үеэр Хятад Улсын удирдагчдын болон Засгийн газрын зүгээс Хятад Монголын харилцааг дээд зэргээр чухалчлан үзэх болно гэв. Мөн Ху Жиньтао тэргүүний Монгол Улсад хийх айлчлалыг амжилттай зохион байгуулахын тулд Хятад Монгол хоёр улс хамтдаа олон талын бэлтгэл ажлыг хийхийг Хятадын талаас хүсч байгааг илнрхийлэв.Мөн өдөр Монгол Улсын Ерөнхий сайд Энхбаяр Ван Иг хүлээн авч уулзах үеэр талууд хоёр улсын хамтын ажиллагааг хэрхэн улам илүү өргөжүүлэн бэхжүүлэх талаар санал солилцов.

5 月　中国国家开发银行行长助理赵建平访问蒙古国。

5 сар　Хятад Улсын Төрийн Нээлттэй банкны захирлын туслах Жао Жяньпин Монгол Улсад айлчлав.

6 月 3 日　蒙古国总统巴嘎班迪在接受新华社和人民日报记者联合采访时说，蒙中两国建立和发展面向 21 世纪长期稳定的睦邻友好关系，符合两国人民的根本利益。蒙中两国关系在各个方面都得到顺利发展，两国关系中不存在悬而未决的原则问题，两国领导人在历次访问和会晤中探讨、商定了发展两国关系的基本原则。1994 年签署的《蒙中友好合作关系条约》和 1998 年《蒙中联合声明》是蒙中关系与合作的基础。蒙中双方都理解和认识到进一步巩固和推动两国关系发展的重要性，双方都愿意以新的内容充实蒙中关系与合作。中国国家主席胡锦涛将对蒙古国进行国事访问，蒙方对此非常高兴。这足以证明中国新一届国家领导人重视发展蒙中关系。

6 сар 3 Монгол Улсын Ерөнхийлөгч Багабанди Синьхуа агентлагын болон “Ардын өдрийн мэдээ” сонины сурвалжлагчдыг хүлээн авч уулзах үеэрээ: “Монгол Хятад хоёр улс хоёр улсын ард түмний язгуур эрх ашигт нийцүүлэн 21-р зуунд урт удаан хугацааны тогтвортой, эрүүл, сайн хөршийн найрсаг харилцааг байгуулан хөгжүүлсэн. Хятад Монгол хоёр улсын харилцаа олон салбарт амжилттай хөгжиж байгаа бөгөөд хоёр улсын харилцаанд шийдвэрлэж болохгүй зарчмын асуудал гэж байхгүй. Мөн хоёр улсын удирдлагуудын харилцан айлчлал, үр бүтээлч уулзалт, яриа хэлэлцээрийн үр дүнд хоёр улсын харилцааг хөгжүүлэх үндсэн зарчмуудыг хэлэлцэн тогтсон. 1994 онд байгуулсан “Монгол Хятадын найрсаг хамтын ажиллагаа харилцааны гэрээ”, 1998 онд гаргасан “Монгол Хятадын Хамтарсан мэдэгдэл”-ийн үндсэн дээр Монгол Хятадын харилцаа, хамтын ажиллагааны бат суурь үндэс тавигдсан. Одоо Монгол Хятадын талууд хоёр улсын харилцааны хөгжлийг ахиулан бэхжүүлэх нь чухал гэдгийг онцолон тэмдэглээд талууд Монгол Хятадын харилцаа, хамтын ажиллагааг шинэ агуулгаар баяжуулан хөгжүүлэх хэрэгтэй тухай хэлэв. Мөн тэрээр Хятад Улсын дарга Ху Жиньтао Монгол Улсад төрийн айлчлал хийх гэж байгаад Монголын талаас маш их баяртай байгааг илэрхийлээд Хятад Улсын шинэ Төрийн тэргүүн айлчлалын үеэрээ Монгол Хятадын харилцааны хөгжлийг чухалчлан үзнэ гэдгийг баттай хэлэх байна” гэв.

6 月 4 日—5 日 中国国家主席胡锦涛对蒙古国进行国事访问，与蒙古国总统那楚克·巴嘎班迪举行正式会谈，会见了蒙古国家大呼拉尔主席桑吉贝格兹·图木尔奥其尔和蒙古国总理那木巴尔·恩赫巴亚尔，并在议会发表了题为《携手共建睦邻互信伙伴关系》的演讲。双方发表了《中蒙联合声明》，重申相互尊重各自的独立、主权和领土完整，尊重各自对本国发展道路的选择，主张加强在政治、经济和安全事务上的对话与合作，协商合作处理两国间出现的任何问题。中方重申，进一步巩固和发展与蒙古国的睦邻友好是中国周边外交的重要组成部分。蒙方重申，同中国全面发展友好合作关系，是蒙古国对外政策的首要方针之一。两国元首商定建立和发展中蒙睦邻互信伙伴关系。

6 сар 4-5 БНХАУ-ын дарга Ху Жиньтао Монгол Улсад төрийн айлчлал хийв. Айлчлалын үеэр БНХАУ-ын дарга Ху Жиньтао, Монгол Улсын Ерөнхийлөгч Нацагийн Багабандитай албан ёсны хэлэлцээр хийж Монгол Улсын УИХ-ын дарга С. Төмөр-Очир, Монгол Улсын Ерөнхий сайд Намбарын Энхбаяр нартай уулзав. Хуралдаан “харилцан итгэцлээр сайн хөршийн түншлэлийн харилцааг байгуулах” сэдвийн дор явагдав. Талууд “Хятад Монголын хамтарсан мэдэгдэл”-ийн тусгаар тогтнол, бүрэн эрхт байдал, нутаг дэвсгэрийн бүрэн бүтэн байдал, тухайн улсын ард түмний сонгосон хөгжлийн замыг харилцан хүндэтгэх, улс төр, эдийн засаг, аюулгүй байдлын үйл хэргийг өргөжүүлэх талаар ярилцан хамтран ажиллах болон хамтын ажиллагааны явцад хоёр улсын хооронд гарсан аливаа асуудлыг зөвлөх” зэрэг асуудлуудаар ярилцав. Хятадын талаас Монгол улстай сайн хөршийн найрсаг харилцаагаа улам бүр бэхжүүлэн хөгжүүлэх нь Хятад Улсын Гадаад харилцааны чухал бүрэлдэхүүн хэсэг юм гэдгийг онцолов. Монголын талаас Хятад улстай найрсаг хамтын ажиллагаа, харилцаагаа бүх талаар хөгжүүлэх нь Монгол улсын гадаад бодлогын эн тэргүүний зорилтын нэг юм гэдгийг онцолов.

Хоёр улсын тэргүүн нар Харилцан итгэлцлээр Хятад Монголын сайн хөршийн түншлэлийн харилцааг байгуулан хөгжүүлэх талаар хэлэлцэн тохиров.

6月4日　中国国家主席胡锦涛当日上午结束了对哈萨克斯坦的国事访问，离开阿斯塔纳前往乌兰巴托进行国事访问。当天下午在蒙古国家礼仪宫同蒙古国总统巴嘎班迪举行了正式会谈。巴嘎班迪对胡锦涛就任国家主席后首次出访就来到蒙古国表示热烈欢迎，并表示相信这次访问必将推动蒙中关系不断开创新局面。

胡锦涛积极评价了中蒙近年在各领域富有成果的合作。他强调指出，为在新世纪使中蒙关系迈上新台阶，并建议：第一，在目前友好关系的基础上，宣布建立中蒙睦邻互信伙伴关系，两国永远做好邻居、好朋友、好伙伴；第二，保持高层互访势头，推动两国关系进一步发展；第三，发展互利互惠的经贸关系，开展多渠道、多领域、多种类的合作；第四，加强双方在国际和地区事务中的合作，共同维护本地区的和平与稳定。

巴嘎班迪表示，蒙中两国人民世代毗邻而居，近年来双边关系在相互尊重和信任的基础上得到迅速发展。坚定不移地发展对华友好互利合作是蒙古国的长期国策，蒙方完全赞同中方提出的建立睦邻互信伙伴关系等积极建议，并重申坚定奉行一个中国政策。

两国元首就进一步扩大和深化双边经贸合作深入交换了意见，一致同意双方在金融、基础设施建设和防治沙尘暴等方面开展合作。巴嘎班迪说，蒙方重视加强对华经贸合作，感谢中方为支持开展大型项目提供优惠贷款，并欢迎中方将蒙古国列为中国公民自费旅游目的地国。两国元首还介绍了各自国内的经济社会发展情况，并就地区局势、亚洲区域合作等问题交换了看法。

会谈后，两国元首出席了《中华人民共和国政府和蒙古国政府经济技术合作协定》等合作文件的签字仪式。签字仪式后，两国元首共同会见了记者。双方一致对会谈成果表示满意，强调加强中蒙友好合作符合双方根本利益，愿共同努力，建立和发展中蒙睦邻互信伙伴关系。当晚，胡锦涛主席和夫人刘永清出席了巴嘎班迪总统和夫人奥云比列格举行的国宴，两国元首发表了热情洋溢的讲话。

6 сар 4 Үдээс хойш, БНХАУ-ын дарга Ху Жиньтао Казахстан улсад хийсэн төрийн айлчлалаа дуусгаж Астана хотоос мордон Улаанбаатар хотод хүрэлцэн ирж төрийн айлчлал хийв. Багабанди: Ху Жиньтао даргад, БНХАУ-ын дарга болсныхоо дараа анх Монгол Улсад айлчлал хийж байгаад баяртай байгаагаа илэрхийлээд энэ удаагийн айлчлал Монгол Хятад хоёр улсын харилцаанд шинэ нөхцөл бий болгож хоёр улсын харилцааг улам ахиулна гэдэгт итгэлтэй байна гэв.

Ху Жиньтао сүүлийн жилүүдэд Хятад Монгол хоёр улс олон салбарт амжилттай хамтран ажиллаж байгааг өндрөөр үнэлэхийн сацуу шинэ зуунд чиглэсэн Хятад Монголын харилцааны тухай шинэ шатны санал дэвшүүлсэн буюу: 1-рт Одоогийн найрсаг харилцааны үндсэн дээр Хятад Монголын сайн хөршийн харилцан итгэлцэх түншийн харилцааг тогтоож хоёр улс хэзээд сайн хөрш улс, сайн найз, сайн түнш байх; 2-рт Дээд хэмжээний харилцан айлчлалын нөхцөлийг хэвээр хадгалж хоёр улсын харилцааг улам бүр ахиулан хөгжүүлэх; 3-рт Эдийн засаг, Худалдааны харилцааг харилцан ашигтай хөгжүүлж, олон суваг, олон салбар, олон төрөл зүйлийн хамтын ажиллагааг нээн хөгжүүлэх; 4-рт Талуудын олон улс болон бүс нутгийн үйл хэргийн хамтын ажиллагааг бэхжүүлэх хамтдаа уг бүс нутгийн энх тайван болон тогтвортой байдлыг сахин хамгаалах;

Багабанди: Монгол Хятад 2 улсын ард түмэн цаг үе бүр хөрш зэргэлдээ амьдарсаар ирсэн билээ. Сүүлийн жилүүдэд талуудын харилцаа харилцан хүндэтгэл болон харилцан итгэлцлийн үндсэн дээр хурдацтай хөгжиж байна. Хятад Улстай найрсаг харилцан ашигтай хамтын ажиллагаагаа хэзээд өөрчлөхгүйгээр хөгжүүлэх нь Монгол Улсын урт удаан хугацааны төрийн бодлого юм. Хятадын талаас гаргасан сайн хөршийн харилцан итгэлцэх түншийн харилцааг тогтоох зэрэг саналтай Монголын тал бүрэн санал нийлж байгаагаа илэрхийлээд Хятад Улсын энэ бодлогыг чанад баримтлахаа онцолон тэмдэглэв.

Хоёр улсын тэргүүн нар талуудын эдийн засаг худалдааны хамтын ажиллагааг гүнзгийрүүлэн бэхжүүлэх талаар санал солилцож банк санхүү, дэд бүтцийн байгуулах болон элсэн шуурганаас урьдчилан сэргийлэх зэрэг талуудын хамтын ажиллагааг нээн хөгжүүлэх тухай саналыг санал нэгтэй хүлээн зөвшөөрөв. Багабанди: “Хятад Улстай эдийн засаг, худалдааны хамтын ажиллагаагаа бэхжүүлэхийг Монголын талаас чухалчилан үзэж байгаагаа илэрхийлээд Монгол Улсын томоохон төсөл нээн хөгжүүлэх саналыг дэмжиж хөнгөлөлттэй зээл олгосон Хятад Улсын Засгийн Газарт талархаж байна” гэдгээ илэрхийлэв. Хоёр улсын тэргүүн нар өөр өөрийн улсын эдийн засаг, нийгмийн хөгжлийн байдлыг танилцуулж бүс нутгийн салбар болон Азийн бүс нутгийн салбаруудын хамтын ажиллагаа зэрэг асуудлуудаар үзэл бодлоо солилцов.

Хэлэлцээрийн дараа хоёр улсын тэргүүн нар “БНХАУ, Монгол Улсын Засгийн Газрын хоорондын эдийн засаг, техникийн хамтын ажиллагааны хэлэлцээрийн портокол”-д гарын үсэг зурах ёслолд оролцов. Гарын үсэг зурах ёслолын дараа хоёр улсын тэргүүн нар хамтдаа сэтгүүлчидтэй уулзаж санал нэгтэйм хэлэлцээрийн үр дүнд сэтгэл хангалуун байгаагаа илэрхийлж талуудын язгуур эрх ашигт нийцсэн Монгол Хятадын найрсаг хамтын ажиллагааг бэхжүүлэхийг чухалчилж хамтдаа Хятад Монголын сайн хөршийн харилцан итгэлцэх түншийн харилцааг байгуулан хөгжүүлэхийг хүсч байна гэв. Мөн өдрийн орой Ху Жиньтао тэргүүн болон хадагтай Лю Юнчин нар Ерөнхийлөгч Багабанди, хадагтай Оюунгэрэл нарын зохион байгуулсан Төрийн хүлээн авалтанд оролцож Хоёр улсын тэргүүн халуун дотноор яриа өрнүүлсэн байна.

6 月 5 日　正在对蒙古国进行国事访问的国家主席胡锦涛当日在蒙古国家大呼拉尔（议会）发表题为《携手共建睦邻互信伙伴关系》的演讲。就中蒙关系和促进地区和平与发展等问题作了全面阐述。蒙古国总统巴嘎班迪、总理恩赫巴亚尔、国家大呼拉尔副主席宾巴道尔吉和政府多位部长以及各界人士、外国驻蒙使节的代表出席了演讲会。演讲前，胡锦涛会见了国家大呼拉尔主席图木尔奥其尔。

6 сар 5　Монгол Улсад төрийн айчлал хийж буй Хятад Улсын Төрийн тэгүүн Ху Жиньтао Монгол Улсын УИХ /парламент/-тай “Хамтдаа сайн хөршийн харилцан итгэлцэх түншийн харилцааг байгуулах” сэдвийн дор яриа хийж Хятад Монголын харилцаа болон бүс нутгийн энх тайваны хөгжилд тус дөхөм үзүүлэх асуудлуудаар тодорхой ярилцав. Хуралдаанд МУ-ын Ерөнхийлөгч Багабанди, Ерөнхий сайд Энхбаяр, УИХ-ын орлогч дарга Бямбадорж болон Засгийн газрын олон бүлгийн дарга нар болон олон нийтийн байгууллагын төлөөл хийгээд Гадаад улсаас Монгол Улсад суугаа дипломат төлөөлөгчид зэрэг хүмүүс

оролцов. Ярилцлагын өмнө Ху Жиньтао тэргүүн УИХ-ын дарга Төмөр-Очиртой уулзсан байна.

7月 蒙古国边防总局局长松德布少将访问中国。

中国自行车运动协会主席蔡家东访问蒙古国。

7 сар МУ-ын Хил хамгаалах ерөнхий газрын дарга хошууч генерал Сүндэв БНХАУ-д айлчлав.

БНХАУ-ын унадаг дугуйн нийгэмлэгийн дарга Цай Жядун Монгол Улсад айлчлав.

8月22日—28日 应蒙古科学院国际问题研究所海桑岱所长邀请，以蔡文中为团长的中国和平与发展研究中心学术代表团一行5人访问蒙古国。期间，代表团与该所联合举行了题为“伊拉克战后的东北亚局势”的学术研讨会。此外，代表团还拜访了蒙古国外交部、蒙古国科学院、蒙古国和平友好联合会等国家机构。

8 сар 22-28 МУ-ын ШУА-ийн Олон улс судлалын хүрээлэнгийн захирлын урилгаар БНХАУ-ын энх тайван болон хөгжлийг судлах төвийн 5 хүний бүрэлдхүүнтэй эрдэм шинжилгээний ажилтнууд МУ-д айлчлав. Айлчлалын үеэр: Хятад улсын төлөөлөгчид МУ-ын төлөөлөгчидтэй хамтран “Ираны дайны дараахь Зүүн хойд Азийн байдал” сэдэвтэй эрдэм шинжилгээний хурал хийв. Мөн төлөөлөгчид МУ-ын ГХЯ, МУ-ын ШУА, МУ-ын Энх тайван найрамдлын нийгэмлэг зэрэг газраар зочлов.

8月 中国人民解放军内蒙古军区参谋长李玉田少将访问蒙古国。

中国国际广播电台副台长苏克彬访问蒙古国。

8 сар БНХАУ-ын АЧА-ийн ӨМӨЗО-ны Цэргийн тойргийн штабын дарга Ли Юйтянь Монгол Улсад айлчлав.

БНХАУ-ын Олон улсын радио телевизийн дэд захирал Сү Кэбинь Монгол Улсад айлчилав.

9 月 1 日 中国全国人民代表大会常务委员会委员长吴邦国在菲律宾首都马尼拉会见出席亚洲议会和平协会第四届年会的蒙古国家大呼拉尔主席图木尔奥其尔。

9 сар 1 БНХАУ-ын БХАТИХ-ын байнгын хорооны дарга Ү Бангуо Филиппины нийслэл Манила хотод Азийн парламентын энх тайвны нийгэмлэгийн 4 дүгээр хуралд оролцож буй Монгол Улсын УИХ-ын дарга Төмөр-Очиртой уулзав.

9 月 16 日—21 日 中国河北大学党委副书记万素英率领代表团一行 14 人对蒙古国伊和扎萨克大学进行了友好访问。

17 日下午，伊和扎萨克大学千余名师生和河北大学代表团师生在乌兰巴托工会宫隆重召开的中蒙友谊大会，蒙古国教育部官员、部分国会议员、中国国驻蒙古国大使馆官员等应邀出席了大会。

9 сар 16-21 Хятад Улсын Хэбэй их сургуулийн Намын хорооны нарийн бичгийн дарга Ван Сүин тэргүүтэй 14 хүний бүрэлдхүүнтэй төлөөлөгчид Монгол Улсын ИЗИС-д найрсаг айлчлал хийв.

17-ны үдээс хойш ИЗИС–н багш оюутанууд, Хэбэй их сургуулийн төлөөлөгч багш оюутанууд хамтдаа Улаанбаатар хотын Үйлдвэрчний Эвлэлийн Соёлын Төв ордонд Хятад Монголын Найрамдалын их хурлыг зохион байгуулав. Хуралд Монгол Улсын Боловсролын Яамны албан тушаалтангууд, УИХ-ын зарим гишүүд, Хятад Улсаас Монгол Улсад суугаа Элчин Сайдын Яамны албан тушаалтангууд зэрэг олон хүмүүс урилгаар оролцов.

9 月　蒙古国美术家协会主席包勒德来北京参加国际美术双年展。

中国民航总局副局长高宏峰赴乌兰巴托出席亚太国家民航总裁第 40 次会议。

中国国家气象局副局长刘英金赴蒙古国出席中蒙气象科技合作联合工作组第 8 次会议。

中国商务部副部长安民率团参加在乌兰巴托举行的中蒙经济、贸易和科技合作委员会第 8 次会议。

中蒙友好协会会长孟英等前驻蒙古大使访问蒙古国。

中国进出口银行副行长朱鸿杰访问蒙古国。

9 сар　Монгол Улсын Дүрслэх урлагийн нийгэмлэгийн дарга Болд Бээжин хотноо зохион байгуулагдсан Олон улсын Дүрслэх урлагийн үзэсгэлэнд оролцов.

БНХАУ-ын Иргэний агаарын тээврийн ерөнхий газрын дэд дарга Гао Хунфэн Улаанбаатар хотыг зорин ирж Азийн улс орнуудын Иргэний агаарын тээврийн удирдагчдын 40 дахь удаагийн хуралдаанд оролцов.

БНХАУ-ын Цаг агаарын товчооны орлогч дарга Лю Инжинь Монгол улст хүрж Хятад Монголын Цаг агаарын техникийн хамтран ажиллах багын 8 дахь хуралд орлцов.

БНХАУ-ын Худалдааны Яамны дэд сайд Ан Минь тэргүүтэй төлөөлөгчид Улаанбаатар хотод зохион байгуулагдсан Хятад Монгол хоёр улсын эдийн засаг, худалдаа,шинжлэх ухааны хамтын ажиллагааны комиссын 8 дахь удаагийн хуралдаанд оролцов.

Хятад Монголын найрамдалын нийгэмлэгийн дарга Мэн Ин зэрэг Хятад Улсын Монгол Улс дахь Элчин сайд асан хүмүүс Монгол Улсад айлчлав.

БНХАУ-ын Экспорт Импортын банкны дэд захирал Жү

Хунже Монгол Улсад айлчлав.

10 月　蒙古国基础设施部长吉格吉德来北京参加世界旅游组织大会第 15 次会议。

蒙古国武装力量总参谋长陶高访问中国。

蒙古国外交部新闻司司长嘎尼巴勒率领的新闻代表团访问中国。

中国中华全国妇联书记处书记甄砚访问蒙古国。

10 сар　Монгол Улсын Дэд бүтцийн яамны сайд Жигжид Бээжин хотод зохиогдсон Дэлхийн аялал жуулчлалын байгууллагуудын 15 дугаар их хуралд оролцов.

Монгол Улсын Зэвсэгт хүчний жанжин штабын дарга Ц.Тогоо Хятад Улсад айлчлав.

Монгол улсын Гадаад харилцааны яамны мэдээний хэлтсийн дарга Ганнибал тэргүүтэй Мэдээний төлөөлөгчид Хятад Улсад айлчлав.

БНХАУ-ын Бүх Хятадын Эмэгтэйчүүдийн холбооны нарийн бичгийн дарга нарын газрын нарийн бичгийн дарга Жэн Ень Монгол Улсад айлчлав.

11 月 13 日　中共中央政治局常委吴官正当日在人民大会堂会见了蒙古民主党主席恩赫赛汗一行。吴官正说，近几年来，两国关系发展顺利，相互信任水平不断提高。今年 6 月，胡锦涛主席成功访问蒙古国，两国元首共同宣布建立中蒙睦邻互信伙伴关系，把两国关系提升到一个新的发展阶段。他表示愿在独立自主、完全平等、互相尊重、互不干涉内部事务的原则基础上，继续深化两党新型党际交流与合作。恩赫赛汗说，中国的发展和进步不仅有益于中国人民，而且有益于包括蒙古国在内的亚洲各国人民。蒙古国朝野各党都将始终信守一个中国的原则，全力促进两国在各个领域的友好合作不断向前发展。

11 сар 13 Хятадын Коммунист Намын Төв хорооны Улс төрийн товчооны Байнгын хорооны гишүүн Ү Гуаньжэн Ардын Их хурлын танхимд Монгол Улсын Ардчилсан намын дарга Энхсайхан нартай уулзав. Ү Гуаньжэн: "Сүүлийн жилүүдэд хоёр улсын харилцаа амжилттай хөгжиж харилцан итгэлцлийн түвшин сайжирсан байна. Энэ жилийн 6-р сард Ху Жиньтао тэргүүн Монгол Улсад амжилттай айлчлал хийж хоёр улсын тэргүүн нар хамтдаа Хятад Монголын сайн хөршийн харилцан итгэлцэх түншийн харилцааг тогтоон хоёр улсын харилцааг нэг шинэ хөгжлийн түвшинд хүргэсэн тухай онцлон тэмдэглээд тэрээр тусгаар тогтнол, бүрэн эрхт байдал, харилцан хүндэтгэл, харилцан дотоод хэрэгт оролцохгүй байх зэрэг зарчмуудын үндсэн дээр хоёр намын шинэ маягийн намын солилцоо болон хамтын ажиллагааг үргэлжлүүлэн гүнзгийрүүлэхээ илэрхийлэв. Энхсайхан: "Хятад Улсын хөгжил дэвшил нь Хятад Улсын ард түмэнд ашигтай төдийгүй түүнчлэн Монгол Улс, мөн Азийн олон улс орны ард түмэнд ашигтай. Монгол Улсын улс төрийн хүрээний намууд хэзээд Хятад Улсын хөгжлийн зарчмыг чанд баримталж хоёр улсын олон салбарын найрсаг хамтын ажиллагааг үргэлжлүүлэн хөгжүүлэхэд бүх талаараа тус дөхөм үзүүлэх болно гэв.

11 月 18 日 中国国家主席胡锦涛根据全国人民代表大会常务委员会的决定，免去黄家骙的中国驻蒙古国特命全权大使职务；任命高树茂为中国驻蒙古国特命全权大使。

11 сар 18 Хятад Улсын дарга Ху Жиньтао БХ-ын АТИХ-ын байнгын хорооны шийдвэрийг үндэслэн Хуан Жякуйг Хятад Улсаас Монгол Улсад суух Онц бөгөөд Бүрэн Эрхт Элчин сайдын үүрэгт ажласс нь чөлөөлж, Гао Шумаог Хятад Улсаас Монгол Улсад суух Онц бөгөөд Бүрэн Эрхт

Элчин сайдаар томилов.

11 月　蒙古国青年联合会书记奥云其木格访问中国。

蒙古国民主党主席恩赫赛汗访问中国。

蒙古国国家大呼拉尔安全和对外政策常设委员会主席龙戴姜仓访问中国。

蒙古国教育文化科学部长仓吉德访问中国。

11 сар　Монгол Улсын Залуучуудын холбооны нарийн бичгийн дарга Оюунчимэг Хятад Улсад айлчлав.

Монгол Улсын Ардчилсан Намын дарга Энхсайхан Хятад Улсад айлчлав.

Монгол Улсын УИХ-ын Аюулгүй байдал болон Гадаад бодлогын байнгын хорооны дарга Лүндээжанцан Хятад Улсад айлчлав.

Монгол Улсын БСШУЯ-ны сайд А. Цанжид Хятад Улсад айлчлав.

12 月 15 日　在北京举行的东北亚沙尘暴高级别会议上，来自中国、蒙古、日本、韩国和朝鲜的环境官员首次聚在一起，商讨如何建立有效的交流与合作机制应对每年春季在东北亚地区频频发生的沙尘暴。

12 сар 15　Бээжин хотод зохион байгуулагдсан Зүүн хойд Азийн элсэн шуурганы талаарх дээд хэмжээний уулзалтанд Хятад улс, Монгол улс, Япон улс, Өмнөд Солонгос, бас хойд Солонгосын Байгаль орчны яамны албан тушаалтанууд Бээжин хотноо хүрэлцэн ирж оролцов. Тэд анх удаагаа хамтдаа цуглан байгууллагын солилцоо болон хамтын ажиллагааны чухал дүрэмийн талаар болон жил бүрийн хавар Зүүн хойд Азийн бүс нутагт дахин давтан гарч буй элсэн шуургыг хэрхэх талаар хэлэлцэв.

12月 蒙古国财政经济部长乌兰访问中国。

蒙古国工业贸易部长冈卓里格访问中国。

12 сар Монгол Улсын Санхүү эдийн засгийн яамны сайд Ч. Улаан Хятад Улсад айлчлав.

Монгол Улсын Үйлдвэр худалдааны яамны сайд Ч. Ганзориг Хятад Улсад айлчлав.

2003年 中蒙边界第二次联合检查工作。

2003 он Хятад Монголын хилийг хоёр дахь удаагаа хамтран шалгах ажил.

2003年中蒙双边贸易总额达4.562亿美元，占蒙古国总贸易额的33.4%。中国也是蒙古国最大的投资国之一，目前有1 300多家中国企业在蒙古国投资，投资总额4亿多美元，集中在纺织、服务、贸易、矿产等领域。近年来，在矿业、工程和基础设施建设等领域的中国投资明显增长。

2003 оны Хятад Монголын худалдааны нийт мөнгөний эргэлт 4 562 000 000 доллар Монгол Улсын худалдааны нийт хэмжээний 33.4%-г эзлэж байна. Хятад Улс бол Монгол Улсын томоохон хөрөнгө оруулагч улсын нэг. Одоогоор Хятад Улсын 1 300 гаруй аж ахуйн нэгж Монгол Улсад хөрөнгө оруулсан ба хөрөнгө оруулалтын нийт хэмжээ 4.000.000 доллар. Мөн Хятад Улс нэхмэл, үйлчилгээ, худалдаа, ашигт малтмал зэрэг салбаруудад төвлөрөн ажиллаж байна. Ойрын жилүүдэд уул уурхайн үйлдвэрлэл, барилга байгууламж, дэд бүтцийн зэрэг салбаруудад Хятад Улс хөрөнгө оруулалтаа нэмэгдүүлсэн байна.

蒙古国到中国旅游、学习、经商的人数不断增加。据不完全统计，每年到中国的蒙古国人达 35 万~37 万人次。

Монгол Улсаас Хятад улсад жуулчилж бас суралцаж, бизнес эрхлэж буй хүний тоо улам бүр нэмэгдсэн байна. Хятад Улсад жил бүр Монгол улсын 350 000 – 370 000 хүн ирж очдог гэсэн бүрэн бус тоо байна.

2004 年中蒙国家关系历史编年

2004 он Монгол Хятад хоёр улсын харилцааны түүхэн үйл явдлын товчоон

1 月 12 日—14 日　蒙古国家大呼拉尔主席桑吉贝格兹·图木尔奥其尔出席在北京举行的亚太议会论坛第 12 届年会。中国国家主席胡锦涛、全国人民代表大会常务委员会委员长吴邦国分别与其会见。

1 сар 12-14　Монгол Улсын УИХ-ын дарга Санжбэгзийн Төмөр-Очир Бээжин хотод жил бүр зохион байгуулагддаг Ази Номхон далайн орнуудын парламентчдын чуулга уулзалтын 12 дугаар их хуралд оролцов. Тэрээр БНХАУ-ын дарга Ху Жиньтао болон БХАТИХ-ын байнгын хорооны дарга Ү Бангуо нартай тус тус уулзсан байна.

1 月 14 日　中国国务院总理温家宝会见过境北京的蒙古国总理那木巴尔·恩赫巴亚尔。

1 сар 14　Монгол Улсын Ерөнхий сайд Н. Энхбаяр Бээжин хотоор дайран өнгөрөх үеэдээ БНХАУ-ын Төрийн Зөвлөлийн Ерөнхий сайд Вэн Жябаотай уулзав.

1 月 14 日—20 日　蒙古国外交部长额尔登楚龙对中国进行正式访问，并应邀出席上海合作组织秘书处成立仪式。蒙古国成为上海合作组织首个观察员国。

1 сар 14-20 Монгол Улсын Гадаад Харилцааны Яамны сайд Л. Эрдэнэчулуун Хятад Улсад албан ёсны айлчлал хийж Шанхайн хамтын ажиллагааны байгууллагын нарийн бичгийн дарга нарын газрыг байгуулах ёслолд урилгаар оролцов. Монгол Улс Шанхайн хамтын ажиллагааны байгууллагын хамгийн анхны ажиглагч улс болсон байна.

4月6日—13日 中国文化部部长孙家正参加在蒙古国首都乌兰巴托举办的“中国文化周”活动。双方共同在蒙古国举办了“中国文化周”活动。

4 сар 6-13 БНХАУ-ын Соёлын яамны сайд Сунь Жяжэн Монгол Улсын нийслэл Улаанбаатар хотноо зохион байгуулагдсан “Хятадын соёлын 7 хоног” үйл ажиллагаанд оролцов. Монгол Улсад зохион байгуулагдаж буй “Хятадын соёлын 7 хоног” үйл ажиллагааг талууд хамтран зохион байгуулсан байна.

4月12日 蒙古国扎门乌德至北京国际旅游班车线日前正式开通。据了解，此次开通的旅游班车线是由蒙古国扎门乌德始发至北京间的国际公路班车线路。

4 сар 12 Замын-Үүд-Бээжингийн хооронд тогтмол цагаар явах олон улсын аяллын автобусыг албан ёсоор явуулж эхлэв. Тогтмол цагаар явах олон улсын аяллын автобусыг явуулах болсон Замын-Үүд-Бээжингийн хоорондох олон улсын засмал замын шугам байна.

4月18日 中国内蒙古自治区锡林郭勒盟东乌珠穆沁旗珠恩嘎达布口岸到蒙古国东方省毕其格图口岸的 10 千伏输电线路建成投运，年供电 2.2 万千瓦时。

4 сар 18 ӨМӨЗО-ны Шилийн гол аймгийн Зүүн үзэмчин хошууны зүүн хатавч боомтоос Монгол Улсын Дорнод аймгийн Бичигтийн боомт хүртэлх 10 000 цахилгаан шугамыг барих ажлыг хийж гүйцэтгэв. Жилд нийлүүлэх цахилгаан нийт 2.2 мянган ватт байна.

4 月 26 日　蒙古国总统恩赫巴亚尔当天下午在蒙古国大天口国宾馆会见了前来进行首次中蒙防务安全磋商的中国人民解放军副总参谋长熊光楷一行。他在会见时说，根据 1994 年蒙中两国签署的《蒙中友好合作关系条约》以及 1998 年和 2003 年两国发表的联合声明，蒙中关系不断扩大和发展，双方已将两国关系确立为睦邻互信伙伴关系，这标志着蒙中关系进入了一个新阶段。蒙中睦邻互信伙伴关系的发展，不仅有利于蒙中两国，而且有利于本地区的和平与发展。蒙中边界线是最稳定和最安全的边界线。蒙古国政府高度重视发展蒙中军事关系，相信将于 26 日开始的蒙中首次防务安全磋商，将进一步促进蒙中两国在防务领域的互信与合作。

熊光楷说，中蒙两国和两国人民有着传统的友谊，中蒙两国有着 4 600 多公里的共同边界线，中国领导人非常重视同蒙古国的关系。他指出，中蒙两军关系是两国关系的重要组成部分，他这次前来蒙古国进行首次中蒙防务安全磋商，说明中国领导人对中蒙两军关系的高度重视。熊光楷还介绍了中国在台湾问题上的一贯立场，并感谢蒙古国政府在台湾问题上坚持一个中国的立场。

此前，蒙古国国防部长古尔拉格查会见了熊光楷一行。就中蒙两国和两军关系以及共同关心的问题进行了广泛的交谈。熊光楷一行于 25 日中午抵达蒙古国首都乌兰巴托。

4 сар 26 Үдээс хойш, Монгол Улсын Ерөнхийлөгч Н. Энхбаяр Монгол Улсын Их Тэнгэрийн аман дахь Төрийн ордонд БНХАУ-ын Ардын чөлөөлөх армийн ерөнхий штабын дарга Сюн Гуанкайтай уулзаж Хятад Монголын хилийн аюулгүй байдлын талаарх анхдугаар зөвлөлдөх уулзалт хийв. Тэрээр уулзалтын үеэр: 1994 онд Монгол Хятад хоёр улсын байгуулсан "Монгол Хятадын найрсаг хамтын ажиллагаа, харилцааны гэрээ", 1998 он болон 2003 онд хоёр улсын гаргасан хамтарсан мэдэгдэлийн үндсэн дээр Монгол Хятад хоёр улсын харилцаа тасралтгүй бэхжин хөгжиж талууд хоёр улсын харилцаанд тулгуурлан сайн хөршийн харилцан итгэх түншийн харилцааг байгуулснаар Хятад Монголын харилцаа нэгэн шинэ шатанд гарсан бөгөөд Хятад Монголын сайн хөршийн харилцан итгэсэн түншийн харилцааг хөгжүүлэх нь Хятад Монгол хоёр улсын харилцаанд төдийгүй тухайн бүс нутгийн энх тайвны хөгжилд ч ашигтай гэв. Мөн тэрээр Монгол Хятадын хилийн шугам нь хамгийн тогтвортой хамгийн аюулгүй хилийн шугам юм гээд Монгол Улсын Засгийн газар хоёр улсын цэргийн харилцааг илүүтэй чухалчилан үзэж байна. 26-ны өдөр эхэлсэн Монгол Хятадын хилийн аюулгүй байдлын талаарх анхдугаар зөвлөлдөх уулзалт нь Хятад Монгол хоёр улсын Хилийн салбарын харилцан итгэлцэл болон хамтын ажиллагаанд тус дөхөм үзүүлнэ гэдэгт итгэлтэй байгаагаа илэрхийлэв.

Шюн Гуанкай: Хятад Монгол хоёр улс болон хоёр улсын ард түмэн хоорондоо уламжлалт найрсаг харилцаатай бөгөөд Хятад Монгол хоёр улсын хамтарсан хилийн шугам 4 600 км. Хятад Улсын удирдлагууд үргэлж Монгол Улстай харилцах харилцаагаа эрхэмлэн үздэг гэв. Мөн тэрээр Хятад Монгол хоёр улсын цэргийн харилцаа нь хоёр улсын харилцааны нэгэн чухал бүрэлдэхүүн хэсэг юм гэдгийг тусган хэлээд Монгол Улсад хийсэн энэ удаагийн

Хятад Монголын хилийн аюулгүй байдлын талаарх анхдугаар зөвлөлдөх уулзалтан дээр Хятад улсын удирдлагууд Хятад Монгол хоёр улсын цэргийн харилцааг маш их чухалчлан үздэг талаар тайлбар хийсэн гэв. Сюн Гуанкай дахин Тайваны асуудлаар байр сууриа танилцуулаад Монгол улсын Засгийн газарт Тайваны асуудал дээр Хятад улстай нэгэн байр суурин дээр зогсож байгаад талархаж байгаагаа илэрхийлэв.

Үүнээс өмнө, Монгол Улсын Батлан хамгаалах яамны сайд Ж. Гүррагчаа Сюн Гуанкайтай уулзсан байна. Тэд Хятад Монгол хоёр улс болон хоёр армийн харилцаа хийгээд хоёр улсын санаа зовниж буй асуудлаар дэлгэрэнгүй ярилцсан байна. Сюн Гуанкай нь 25-ны өдрийн үд дунд Монгол Улсын нийслэл Улаанбаатар хотод хүрэлцэн ирсэн байна.

5 月　中国与蒙古国重新谈判签署《中蒙边境口岸及其管理制度协定》第三轮会谈在乌兰巴托举行，双方就协定全部条款达成一致。

5 сар Хятад Монголын шинэ чухал хэлэлцээр болох “Монгол Хятад хоёр улсын хилийн боомт болон удирдах журмын тухай хэлэлцээр” байгуулах 3 дугаар шатны хэлэлцээрийг Улаанбаатар хотноо зохион байгуулж талууд хэлэлцээний бүх зүйлийг санал нэгтэй тохирсон байна.

5 月　蒙古国家石油管理局局长达瓦桑布在乌兰巴托表示，蒙古国和中国在石油勘探和开发领域有着广阔的合作前景。

5 сар Монгол Улсын Газрын тосны удирдах газарын дарга Даваасамбуу Улаанбаатар хотноо Хятад Монгол хоёр улсын нефтийн хайгуулын тухай болон холбогдох салбаруудыг хөгжүүлэх хэтийн төлөвт итгэл төгс байгаагаа илэрхийлэв.

5月 中国地质调查矿产考察团访问蒙古国矿产资源管理局，提出合作开展中蒙边界重要成矿带 1:100 万成矿规律图编制的建议。

5 сар БНХАУ-ын Геологын хянан шалгах, ашигт малтмалтай танилцах төлөөлөгчид Монгол Улсын Ашигт малтмалын нөөцийн удирдах газарт айлчлал хийж Хятад Монгол хоёр улсын хилийн чухал орд болох 1:1 000 000 орд газрын хуулийн зургыг хамтдаа боловсруулах талаар хэлэлцэв.

6月1日 经过两年多激烈的竞争，中国包头钢铁设计研究总院在蒙古国乌兰巴托居民集中供热项目第一次竞标中一举中标，当日在乌兰巴托正式签约。这一由亚洲开发银行贷款、投资上千万美元的“送温暖工程”，是目前蒙古国热力工程中最大的项目，也是中国迄今在蒙古国最大的总承包工程。

6 сар 1 Хоёр жил гаруй ширүүн өрсөлдөгчидтэй тулгараад байгаа Хятад Улсын ӨМӨЗО-ны Бугат хотын ган төмрийн зураг төслийн судалгааны ерөнхий газар Монгол Улсын Улаанбаатар хотноо оршин суугчдын дулаалах системийг байгуулах төсөл хийж Улаанбаатар хотноо албан ёсны гэрээг байгуулав. Азийн хөгжлийн банкнаас зээл олгосон 10 000 000 долларын хөрөнгө оруулалт хийгдээд байгаа “Дулааны байгууламжын” төсөл нь Монгол Улс дахь дулааны эрчим хүчний байгууламж дотор хамгийн том байгууламжын төсөл бөгөөд Хятад Улс өдгөө Монгол Улсын хамгийн том гол батлан даагч болсон юм.

6月2日 十一世班禅额尔德尼·确吉杰布在北京雍和宫举行佛事活动，接见了来中国访问的蒙古国佛教代表团。

6 сар 2 11-р Банчин-эрдэнэ Чойжилжав Бээжингийн Найралт Найрамдуу Сүмд бурханы шашны үйл ажиллагааг зохион байгуулж Хятад Улсад айлчлалаар ирсэн Монгол Улсын бурханы шашны төлөөлөгчдийг хүлээн авч уулзав.

6 月 上海合作组织成员国元首第四次会晤在乌兹别克斯坦首都塔什干举行。峰会启动了观察员机制，蒙古国获得观察员国资格。

6 сар Шанхайн Хамтын ажиллагааны байгууллагын гишүүн орнуудын удирдагчдын 4 дүгээр чуулга уулзалтыг Узбекстаны нийслэл Ташкент хотод зохион байгуулав. Уулзалтад ажиглагчийн дүрэм эхлүүлсэн ба Монгол Улс мөн ажиглагч орон болов.

7 月 1 日—6 日 蒙古国总统那楚克·巴嘎班迪对中国进行国事访问，与中国国家主席胡锦涛举行会谈。胡锦涛表示，中方愿与蒙方一道保持两国高层交往势头，扩大和深化两国以资源开发和基础设施建设为重点的经贸合作，加强两国在文化、教育、环保、旅游等领域的交流与合作，加强两国在国际和地区事务中的沟通与协调。巴嘎班迪表示，愿同中方共同努力，遵循双方签署的一系列文件所确立的原则，落实两国领导人达成的重要共识，扩大和深化蒙中在各领域的交流与合作。中国全国人民代表大会常务委员会委员长吴邦国、国务院总理温家宝、国家副主席曾庆红分别会见了巴嘎班迪。访问期间，中蒙双方签署了《中蒙两国政府经济技术合作协定》《中蒙边境口岸及其管理制度协定》《中国人民银行和蒙古银行支付与预算协定》。

7 сар 1-6 Монгол Улсын Ерөнхийлөгч Нацагийн Багабанди Хятад Улсад төрийн айлчлал хийж БНХАУ-ын дарга Ху Жиньтаотай уулзалт хийсэн байна. Ху Жиньтао:

Монголын талтай хамтдаа хоёр улсын дээд хэмжээний харилцан айлчлалыг хэвээр хадгалж хоёр улсын нөөц баялагыг нээн илрүүлэх, дэд бүтцийн бий болгох зэрэг эдийн засаг, худалдааны хамтын ажиллагааг бэхжүүлэн гүнзгийрүүлж хоёр улсын соёл, боловсрол, байгаль орчин, аялал жуулчлал зэрэг салбарын солилцоо болон хамтын ажиллагааг нэмэгдүүлэх хийгээд хоёр улсын олон улсын болон бүс нутаг дахь үйл ажиллагааны уялдаа холбоог нэмэгдүүлэхийг Хятадын талаас хүсч буйг илэрхийлэв. Багабанди: Талуудын хүчин чармайлтаар, хоёр улсын байгуулсан зарим нэг албан бичгийн үндсэн дээр хоёр улсын удирдлагууд чухал ойлголтонд хүрч Монгол Хятад хоёр улсын олон салбарын солилцоо болон хамтын ажиллагааг өргөтгөн гүнзгийрүүлэхийг Монголын тал хүсч буйг илэрхийлэв. Мөн өдөр БНХАУ-ын БХАТИХ-ын байнгын хорооны дарга Ү Бангуо, Төрийн Зөвлөлийн Ерөнхий сайд Вэн Жябао, Төрийн тэргүүний орлогч Зэн Чинхун нар Ерөнхийлөгч Багабандид тус тус бараалхав. Айлчлалын хугацаанд, Хятад Монголын талууд “Хятад Монгол хоёр улсын Засгийн Газрын хоорондын эдийн засаг, техникийн хамтын ажиллагааны хэлэлцээр”, “Хятад Монголын хилийн боомтын тухай болон удирдах журмын хэлэлцээр”, “Хятад Улсын Ардын банк болон Монгол Улсын Монгол банкны зээл олгох төсвийн хэлэлцээр” зэрэг албан бичигт тус тус гарын үсэг зурав.

7月1日 中国海南省省长卫留成会见了蒙古国总统巴嘎班迪。双方达成共识，认为海南和蒙古国两地在旅游业合作方面条件已经具备，有很大的发展空间，两地间的经贸往来和合作，可以率先在旅游领域进行。巴嘎班迪表示，博鳌亚洲论坛在海南举办，使越来越多的人了解海南，蒙古国代表团 2001 年开始就出席了论坛年会，已经有许多蒙古国的议员和企业家、民间组织代表到海南参加过论坛的各项活动，今后蒙古国将会继续积极支持和参与博鳌亚洲论坛年会。他介绍说，蒙古国已经决定在蒙中、蒙俄边境开设自由贸易区，欢迎海南企业家到自由贸易区投资发展。巴嘎班迪总统是当日下午乘专机经由北京飞抵海南省省会海口市。

7 сар 1 Хятад Улсын Хайнань мужийн дарга Вэй Лючэн Монгол Улсын Ерөнхийлөгч Н. Багабандид бараалхав. Хайнань, Монголын талууд аялал жуулчлалын тал дээр хамтран ажиллах баримтыг бүрдүүлж Хоёр газрын хооронд эдийн засаг, худалдааны харилцаа болон хамтын ажиллагааг маш том орон зайд хөгжүүлэх талаар хэлэлцэж нэн түрүүнд аялал жуучлалын салбарт хамтран ажилахаар болов. Багабанди: Хайнаньд зохион байгуулагдсан “Бо Ао” Азийн форумд оролцож маш олон хүмүүс Хайнаны талаар тодорхой ойлголттой болдог талаар дурьдаж Монгол Улсын төлөөлөгчид Азийн форумд 2001 оноос эхэлж оролцсон бөгөөд үүнээс хойш Монгол Улсын УИХ гишүүд, аж ахуйн нэгжүүд, ард түмний байгууллагууд зэрэг олон төлөөлөгчид Хайнаньд хүрэлцэн ирж Азийн форумын олон төслийн үйл ажиллагаанд оролцсон байна. Цаашид ч Монгол Улс уг хурлыг үргэлжлүүлэн идэвхитэй дэмжиж “Бо Ао” азийн форумд оролцож байхаа илэрхийлэв. Мөн тэрээр Монгол улс нь Монгол Хятад, Монгол Оросын хилийн чөлөөт худалдааны бүсийг нээх асуудлыг шийдвэрлэсэн талаар танилцуулж Хайнаны аж ахуйн нэгжүүд чөлөөт худалдааны бүсэд хөрөнгө оруулбал хүлээн авч улам илүү хөгжүүлэх болно гэдгээ онцлон тэмдэглэв. Ерөнхийлөгч Н. Багабанди мөн өдрийн үдээс хойш тусгай үүргийн онгоцоор Бээжин хотыг дайран өнгөрч Хайнань мужийн Хай Коу хотод хүрэлцэн ирсэн нь энэ аж.

7 月 3 日 蒙古国总统巴嘎班迪结束对海南省的访问，乘专机离开三亚，经由广东省珠海市前往澳门特别行政区，进行为期 2 天的访问。澳门特区行政长官何厚铧当日中午会见并宴请了巴嘎班迪一行，并共同出席了在澳门特区政府总部举行的《中华人民共和国澳门特别行政区政府与蒙古国政府互免签证协议》签署仪式。澳门特区政府行政法务司司长陈丽敏、蒙古国驻华大使阿玛尔萨那分别代表澳门特区政府和蒙古国政府签署上述协议。中国外交部驻澳特派员万永祥出席了签署仪式。澳门特别行政区是在中华人民共和国中央人民政府的授权下，与蒙古国代表签署该协议的。访澳期间，巴嘎班迪一行还将出席中国外交部驻澳特派员万永祥举行的欢迎宴会，并游览澳门的名胜古迹。

7 сар 3 МУ-ын Ерөнхийлөгч Н.Багабанди Хайнань муж дахь айлчлалаа өндөрлөөд тусгай үүргийн онгоцоор Саньягаас Гуандунь мужийн Жу Хай хотоор дайран өнгөрч Макаогын онцгой бүсийг зорин ирж хоёр өдрийн айлчлалаа эхэлсэн байна. Мөн өдрийн үд дунд Макаогын онцгой бүсийн захирагч Хэ Хоухуа Ерөнхийлөгч Н. Багабандид бараалхан хамтдаа Макаод зохион байгуулагдаж буй “БНХАУ, Макаогын онцгой бүс, Монгол Улсын Засгийн газруудын хоорондох харилцан визгүй зорчих тухай хэлэлцээрт” гарын үсэг зурах ёслолд оролцов. Макаогын онцгой бүсийн хуулийн хэлтсийн дарга Чэнь Лиминь, Монгол Улсаас Хятад Улсад суугаа Элчин сайд Амарсанаа нар Макаогын онцгой бүс болон Монгол Улсын Засгийн газрыг тус тус төлөөлж хэлэлцээрт гарын үсэг зурав. БНХАУ-ын Гадаад Явдлын Яамнаас Макаод томилолтоор суугаа гишүүн Вань Юнян гарын үсэг зурах ёслолд оролцов. Макаогын онцгой бүс нь БНХАУ-ын Ардын Төв Засгийн Газрын олгосон эрхийн хүрээнд Монгол Улсын

төлөөлөгчидтэй хамт уг хэлэлцээрт гарын үсэг зурсан байна. Макаогын онцгой бүсэд айлчлах хугацаандаа Ерөнхийлөгч Багабанди БНХАУ-ын Гадаад Явдлын Яамнаас Макаод томилолтоор суугаа гишүүн Вань Юняны зохион байгуулсан хүлээн авалтанд оролцов. Мөн Макаогийн түүхт дурсгалын газруудыг үзэж сонирхсон байна.

7 月 5 日　中国外交部部长李肇星与来访的蒙古国外交部部长鲁·额尔登楚龙在北京签署了《中华人民共和国政府和蒙古国政府关于中蒙边境口岸及其管理制度的协定》。该协定取代了中蒙两国政府 1991 年 6 月 24 日签订的中蒙边境口岸协定。重新签订的协定在中蒙边界开辟了 13 对边境口岸。

7 сар 5　БНХАУ-ын Гадаад Явдлын Яамны сайд Ли Жаошин Монгол Улсад айлчлав. БНХАУ-ын Гадаад Явдлын Яамны сайд Ли Жаошин, Монгол Улсын Гадаад Харилцааны Яамны сайд Л. Эрдэнэчулуун нар Улаанбаатар хотноо “БНХАУ, Монгол Улсын Засгийн газрын хоорондох Хятад Монголын хийлийн боомт хийгээд удирдах журмын тухай хэлэлцээр”-т гарын үсэг зурав. Тус хэлэлцээр нь Монгол Хятад хоёр улсын Засгийн газрын хооронд 1991 оны 6 сарын 24-нд байгуулсан Хятад Монголын Хилийн боомтын тухай хэлэлцээрийг орлох юм. Шинэ хэлэлцээр байгуулснаар Хятад Монголын Хилийн 13 дахь боомтыг нээсэн байна.

7 月 6 日　中华人民共和国和蒙古国在北京发表《中华人民共和国和蒙古国联合声明》。

7 сар 6　БНХАУ болон Монгол Улс хамтран Бээжин хотноо “БНХАУ болон Монгол Улс хамтарсан мэдэгдэл” гаргав.

7月6日　蒙古国总统巴嘎班迪在北京钓鱼台国宾馆向中国国务委员唐家璇、外交部副部长王毅和中国前驻蒙古国大使张德麟授予蒙古国最高勋章——“北极星”勋章，表彰他们长期以来为发展中蒙关系所做的贡献。

7 сар 6　Монгол Улсын Ерөнхийлөгч Н. Багабанди Бээжин хотноо Дяо Юйтай төрийн зочид буудалд БНХАУ-ын Төрийн Зөвлөлийн гишүүн Тан Жясюань, Гадаад Явдлын Яамны дэд сайд Ван И, БНХАУ-аас Монгол Улсад Элчин сайдын үүрэгт ажлыг хашиж асан Жан Дэлинь нарыг олон жилийн туршид Монгол Хятадын харилцааны хөгжилд үнэтэй хувь нэмэр оруулж ирсэнийг нь өндөрөөр үнэлэж Монгол Улсын төрийн дээд одон “Алтан гадас” одонгоор шагнав.

7月7日　正在北京访问的蒙古总统巴嘎班迪，代表蒙古国政府向中国政府发出了联合开发蒙古国境内包括石油在内的资源的邀请。

7 сар 7　Ерөнхийлөгч Н. Багабанди Бээжин хотод айлчлах хугацаандаа Монгол Улсын Засгийн газрыг төлөөлөн БНХАУ-ын Засгийн газарт хандан Монголын нутаг дэвсгэр дахь газрын тос болон газар доорх баялагыг олборлох тухайд хамтран ажиллах санал тавив.

7月10日　据新华社报道，内蒙古电视台和中蒙合资桑斯尔有线电视有限责任公司合办蒙语卫视栏目《索伦嘎》，即将在蒙古国播出。《索伦嘎》栏目以增进中蒙两国文化合作交流为宗旨，内容涉及友好交往、经济、文化、科教、医卫、旅游、体育、民俗风情等方面。中蒙合资桑斯尔有线电视台成立于 1995

年，1996年1月1日，内蒙古蒙语卫视开播伊始，这家电视台便将内蒙古蒙语卫视节目引入蒙古国，成为当地收视率最高的电视节目。

7 сар 10 Синьхуа агентлагийн мэдээлснээр Өвөр монголын “Одон” телевиз болон Хятад Монголын хамтын хөрөнгө оруулалттай “Сансарын” кабелийн телевиз ХХК хамтран “Солонго” нэвтрүүлгийг Монгол хэлээр удахгүй Монгол Улсад шууд дамжуулах болсон байна. Солонго нэвтрүүлэг нь Хятад Монгол хоёр улсын соёлын хамтын ажиллагаа болон солилцоог нэмэгдүүлэх зорилготой бөгөөд агуулганд нь найрсаг харилцаа, эдийн засаг, соёл, шинжлэх ухаан, анагаах ухаан, аялал жуулчлал, боловсрол, ардын зан заншил зэрэг багтана. Хятад Монголын хамтын хөрөнгө оруулалттай Сансарын кабелийн телевиз нь 1995 онд байгуулагдан, 1996 оны 1 сарын 1-ний өдөр Өвөр монголын монгол хэлээр нэвтрүүлэг бэлтгэн явуулах Одон телевиз үйл ажиллагаагаа эхэлсэн бөгөөд энэ телевиз нь Өвөр монголын монгол хэлээр бэлтгэн явуулдаг нэвтрүүлгүүдээ Монгол Улсруу мөн дамжуулдаг бөгөөд энэ нь үзэгчидийн хамгийн их таашаал хүлээсэн нэвтрүүлэг болсон байна.

7月31日 据报道，近日在中国内蒙古锡林郭勒草原举办了“中国蒙古族服装服饰艺术节”，蒙古国服饰表演队应邀前来表演。

7 сар 31 ӨМӨЗО-ны Шилийн гол аймагт зохион байгуулагдсан “Хятад Монгол хоёр улсын үндэсний хувцас, гоёл чимэглэлийн урлагын өдөрлөг”-т Монгол Улсын үндэсний хувцас чимэглэлийн урлагийн баг урилгаар хүрэлцэн ирж оролцсон байна.

8月8日 蒙古国总统巴嘎班迪接受 CCTV《高端访问》主

持人水均益采访，表示愿与中国发展友好关系。

8 сар 8 МУ-ын Ерөнхийлөгч Н. Багабанди“Дээд хэмжээний айлчлал” сэдвийн дор CCTV-ын сурвалжлагчдыг хүлээн авч уулзах үеэдээ Хятад Улстай найрсаг харилцаагаа илүү хөгжүүлэхийг хүсч буйгаа илэрхийлсэн байна.

9 月 1 日 蒙古国总理额勒贝格道尔吉当日下午在蒙古国政府大厦会见了到访的由副会长江亦曼率领的中国红十字会代表团，双方进行了友好的交谈。额勒贝格道尔吉希望两国红十字会继续相互支持，加强合作，成为非政府组织之间合作的典范。此前，蒙古国家大呼拉尔委员、蒙古国红十字会会长奥登其米德会见了江亦曼，双方就进一步加强两国红十字会的合作进行了广泛的交谈。中国红十字会代表团是应蒙古红十字会的邀请，于 8 月 29 日前来蒙古国进行为期 5 天的友好访问的。

9 сар 1 Монгол Улсын Ерөнхий сайд Элбэгдорж Монгол Улсын Төрийн Ордонд айлчлалаар хүрэлцэн ирсэн БНХАУ-ын Улаан загалмайн нийгэмлэгийн орлогч дарга Жян Имань тэргүүтэй төлөөлөгчдийг хүлээн авч уулзсан байна. Ерөнхий сайд Элбэгдорж: Хоёр улсын Улаан Загалмайн Нийгэмлэгийн харилцаа холбоог үргэлжлүүлэн дэмжиж хамтын ажиллагааг нэмэгдүүлэн Засгийн Газрын байгуулагуудын хоорондох эсрэг хамтын ажиллагаанд үлгэр жишээ үзүүлэхийг хүсч буйгаа илэрхийлэв. Үүнээс өмнө Монгол Улсын УИХ-ын гишүүн, Улаан загалмайн нийгэмлэгийн дарга Одончимэг БНХАУ-ын Улаан загалмайн нийгэмлэгийн орлогч дарга Жян Иманьтай уулзаж хоёр орны Улаан загалмайн нийгэмлэгийн хамтын ажиллагааг улам бүр нэмэгдүүлэх талаар хэлэлцээр хийв. БНХАУ-ын Улаан загалмайн нийгэмлэгийн төлөөлөгчид Монгол Улсын

Улаан загалмайн нийгэмлэгийн урилгаар 8 сарын 29-ний өдөр Монгол Улсад хүрэлцэн ирж 5 өдрийн хугацаатай найрсаг айлчлал хийсэн нь энэ аж.

10 月 1 日　为庆祝中华人民共和国成立 55 周年，由中国驻蒙古国大使馆举办的“把目光投向中国”图片展当日在位于乌兰巴托的蒙古美术家协会展厅隆重展出。中国驻蒙古国大使高树茂及蒙古国教育文化和科技部长彭茨格·查冈，蒙古国政府有关部门官员以及一些外国驻蒙古国的使节和蒙古观众近 200 人出席了开展仪式。图片展将持续 1 个星期。

10 сар 1　БНХАУ байгуулагдсаны 55 жилийн ойг тохиолдуулан БНХАУ-аас Монгол Улсад суугаа Элчин сайдын яамнаас “Хятад Улсыг анхарж үзнүү” нэртэй гэрэл зургийн үзэсгэлэнг эрхлэн зохион байгуулж Улаанбаатар хотноо Монголын уран зургийн үзэсгэнгийн танхимд нээлтээ хийв. БНХАУ-аас Монгол Улсад суугаа Элчин сайд Гао Шумао, Монгол Улсын БСШУЯ-ны сайд П. Цагаан, Монгол Улсын Засгийн газрын холбогдох салбаруудын албан тушаалтнууд болон гадаадын Монгол Улсад суугаа Элчин сайдууд болон Монгол Улсын 200 гаруй иргэд үзэсгэлэнгийн нээлтийн ёслолд оролцов.

10 月 9 日—12 日　中共内蒙古自治区党委副书记、自治区政府主席杨晶率中国内蒙古政府代表团访问蒙古国。杨晶等拜见了蒙古国总统巴嘎班迪、蒙古国家大呼拉尔主席那·恩和巴雅尔、蒙古国政府总理查·额勒贝格道尔吉；会见了蒙古国工业贸易部、交通运输和旅游部、外交部、食品农牧部等部部长，双方签署了内蒙古自治区巴彦淖尔市政府向蒙古国工业贸易部提供援助换文，签订了内蒙古自治区人民政府与蒙古国工业贸易部会谈纪要。

在蒙古国访问期间，杨晶接受了乌兰巴托电视台和桑斯尔有线电视台记者的采访。随内蒙古政府代表团抵蒙投资招商的内蒙古经贸代表团，举办了中蒙投资促进会。共达成意向性合作投资项目20余项，签署投资合作协议总额已达4亿余美元。

10 сар 9-12 ӨМӨЗО-ны Засгийн газрын тэргүүн Ян Жин, ӨМӨЗО-ны намын хорооны орлогч нарийн бичгийн дарга тэргүүтэй ӨМӨЗО-ны Засгийн газрын төлөөлөгчид Монгол Улсад айлчлав. Ян Жин Монгол Улсын Ерөнхийлөгч Н. Багабанди, УИХ-ын дарга Н. Энхбаяр, Ерөнхий сайд Ц. Элбэгдорж нарт бараалхав. Мөн Монгол Улсын Үйлдвэрлэл худалдааны яам, Зам тээвэр, Аялал жуулчлалын яам, Гадаад Харилцааны Яам, ХХААЯ зэрэг яамдын сайдуудтай уулзаж талууд ӨМӨЗО-ны Баяннуур хотын захиргаанаас Монгол Улсын Үйлдвэрлэл худалдааны яаманд тусламж үзүүлэх тухай албан бичигт болон ӨМӨЗО-ны Ардын Засгийн Газар болон Монгол Улсын Засгийн газар хоорондын хэлэлцээрийн протоколд гарын үсэг зурав.

Монгол Улсад хийсэн айлчлалын хүрээнд Ян Жин Улаанбатар телевиз болон Сансарын кабелийн телевизийн сэтгүүлчдийг хүлээн авч уулзсан байна. ӨМӨЗО-ны Засгийн газрын төлөөлөгчидийг дагалдан ӨМӨЗО-ны эдийн засгийн төлөөлөгчид Монгол Улсад хөрөнгө оруулалтын талаар хэлэлцээр хийхээр хүрэлцэн ирж Хятад Монгол хоёр улсын хөрөнгө оруулалтыг дэмжих талаар хурал хийв. Хуралдаанаар нийт 20 гаруй төслийн талаар санал солилцож хөрөнгө оруулалтын хамтын ажиллагааны хэлэлцээрийн нийт 400 сая долларын гэрээнд гарын үсэг зурав.

10月11日 蒙古国总理额勒贝格道尔吉和蒙古国大呼拉尔

主席恩赫巴亚尔当天下午在国家宫分别会见了由内蒙古自治区主席杨晶率领的内蒙古自治区政府代表团。额勒贝格道尔吉总理在会见时表示，中国国家主席胡锦涛去年 6 月访问了蒙古，前不久蒙古总统巴嘎班迪又对中国进行了访问，这些访问为两国关系在新世纪进一步发展奠定了基础。他指出，蒙古国与中国内蒙古自治区之间的合作在两国合作中占有很大比重，希望今后加强与内蒙古在各个领域的合作。恩赫巴亚尔在会见中说，蒙古国与中国有着传统的友好关系，希望两国今后在农牧业、文化、商业及环保等方面开展紧密合作。中国内蒙古自治区代表团是在访问俄罗斯后于9日抵达蒙古首都乌兰巴托进行为期4天的访问的。

10 сар 11 Үдээс хойш,Монгол Улсын Ерөнхий сайд Ц. Элбэгдорж, УИХ-ын дарга Н. Энхбаяр нар Төрийн ордонд ӨМӨЗО-ны Засгийн Газрын тэргүүн Ян Жин тэргүүтэй ӨМӨЗО-ны Засгийн Газрын төлөөлөгчидтэй уулзав. Ерөнхий сайд Элбэгдорж уулзалтын үеэр: “БНХАУ-ын дарга Ху Жиньтао өнгөрсөн жилийн 6 сарынд Монгол Улсад айлчлал хийсэн бөгөөд удалгүй Монгол Улсын Ерөнхийлөгч Н. Багабанди БНХАУ-д айлчлал хийсэн эдгээр айлчлалууд нь Хятад Монгол хоёр улсын харилцааг шинэ зуунд улам илүү хөгжүүлэх үндсэн суурийг нь тавьж өгсөн гэв. Мөн тэрээр Монгол Улс болон ӨМӨЗО-ны хамтын ажиллагаа нь хоёр улсын хамтын ажиллагаанд маш том байр суурь эзлэж байгаа бөгөөд цаашид ӨМӨЗО-ны олон салбарт хамтын ажиллагаагаа нэмэгдүүлэхийг хүсч буйгаа илэрхийлэв. Н. Энхбаяр уулзалтын үеэр: Монгол Улс нь Хятад Улстай уламжлалт найрсаг харилцаатай бөгөөд цаашид хоёр улсын газар тариалан, соёл, худалдаа аж үйлдвэрлэл, байгаль орчин зэрэг салбаруудын хамтын ажиллагааг нягт уялдаа холбоотой хөгжүүлэхийг хүсч буйгаа илэрхийлэв. ӨМӨЗО-ны төлөөлөгчид ОХУ-д хийсэн айлчлалаа өндөрлөж 9-ний

өдөр Монгол Улсын нийслэл Улаанбаатар хотноо хүрэлцэн ирж 4 өдрийн хугацаатай айлчлалаа хийсэн байна.

10 月 14 日 中国外交部长李肇星当日上午在钓鱼台国宾馆会见了过境北京的蒙古国新任外交部长蒙赫奥尔吉勒。李肇星重申了中方对中蒙关系的高度重视，再次祝贺蒙古国新政府成立和蒙赫奥尔吉勒就任外长。蒙赫奥尔吉勒表示，蒙古国新政府将继续奉行对华友好政策。双方一致同意共同致力于中蒙睦邻互信伙伴关系的发展。

10 сар 14 Үдээс өмнө, БНХАУ-ын Гадаад Явдлын Яамны сайд Ли Жаосин Дяо Юйтай Төрийн ордонд Бээжинд түр саатсан Монгол Улсын шинээр томилогдсон Гадаад Харилцааны Яамны сайд Мөнх-Оргилтой уулзав. Ли Жаошин: Хятадын тал Монгол, Хятадын харилцааг маш их чухалчлан үздэг гэдгээ онцлон тэмдэглээд Монгол Улсын шинэ Засгийн газар байгуулагдсанд болон Мөнх-Оргилыг Гадаад Харилцааны Яамны сайдаар томилогдсонд дахин баяр хүргэв. Мөнх-Оргил: Монгол Улсын шинэ Засгийн газар, Хятад Улстай найрсагаар харилцах бодлогоо үргэжлүүлэн баримтлах болно гэдгээ илэрхийлэв. Талууд хамтын хүчин чармайлтаар Хятад Монголын сайн хөршийн харилцан итгэлцэх түншлэлийн харилцааг хөгжүүлэх бодлогыг санал нэгтэй хүлээн зөвшөөрөв.

10 月 14 日 中国人民对外友好协会在北京举行招待会，庆祝中国和蒙古国建交 55 周年。中国对外友协副会长王运泽在招待会上说，两国政治互信极大地推动了两国经济互利合作，双边贸易额连创新高，中国已成为蒙古国最大的贸易伙伴和投资国。他表示，中方将本着“睦邻、安邻、富邻”精神，继续推动中蒙关系的全面发展。蒙古国驻华大使阿玛尔萨那在致辞中表示，蒙古国是最早承认并与中国建立外交关系的国家之一，蒙古国对外政策的首要方针就是与中国发展友好合作关系。

10 сар 14 БНХАУ-ын ардын гадаад орнуудтай найрамдалаар харилцах нийгэмлэг БНХАУ болон Монгол Улсын дипломат харилцаа тогтоосны 55 жилийн ойг тохиолдуулан Бээжин хотноо дайллага зохион байгуулав. БНХАУ-ын ардын гадаад орнуудтай найрамдлаар харилцах нийгэмлэгийн орлогч дарга Ван Юнзэ дайллаган дээр үг хэлэхдээ: Хоёр улсын улс төрийн харилцан итгэлцэл туйлын их бөгөөд талууд хоёр улсын эдийн засгийн харилцан ашигтай хамтын ажиллагааг ахиулж худалдааны хэмжээг шинэ түвшинд хүргэсэн. Мөн Хятад Улс нь Монгол Улсын худалдааны томоохон түнш бас хөрөнгө оруулагч улс болсон гэдгийг онцлон тэмдэглээд тэрээр Хятадын талаас Монгол Улсын сайн хөрш, амгалан хөрш, баялаг хөрш улс нь байж Хятад Монголын харилцааг бүх талаар нь хөгжүүлж улам ахиулна гэв. Монгол Улсаас БНХАУ-д суугаа Элчин сайд Амаржаргал хэлсэн үгэндээ: “Монгол Улс нь БНХАУ-ыг хамгийн эрт хүлээн зөвшөөрч дипломат харилцаа тогтоосон улсын нэг юм. Монгол Улсын гадаад орнуудад чиглэсэн улс төрийн бодлогын эн тэргүүний зорилт бол Хятад Улстай найрсаг харилцаа, хамтын ажиллагаагаа хөгжүүлэх явдал юм гэв.

10 月 15 日 中国驻蒙古国大使馆当日晚举行招待会，热烈庆祝中蒙建交 55 周年。中国驻蒙大使高树茂发表讲话指出，中蒙关系经受了历史考验，相互理解与信任不断加强，各领域的友好合作稳步推进。两国经贸合作稳步发展，中国已成为蒙古国重要的贸易伙伴国和投资国。蒙古国总统巴嘎班迪、蒙古国大呼拉尔委员、政府部门负责人以及当地各界人士近百人出席招待会。

10 сар 15 БНХАУ-ын Монгол Улсдахь Элчин сайдын яамнаас дайллага зохион байгуулж Хятад Монголын дипломат харилцаа тогтоосны 55 жилийн ойг халуун дотно тэмдэглэв. БНХАУ-аас Монгол Улсад суугаа Онц бөгөөд Бүрэн Эрхт Элчин сайд Гао Шумао хэлэхдээ: Хятад Монгол хоёр улсын харилцаа түүхэн сорилтыг даван туулж ирсэн бөгөөд харилцан ойлголт, харилцан итгэлцэлээ тасралтгүй нэмэгдүүлэн олон салбарт найрсаг харилцаагаа ахиулсан байна. Мөн хоёр улсын эдийн засгийн хамтын ажиллагаа амар тайван хөгжсөн ба Хятад Улс нь одоо Монгол Улсын чухал худалдааны түнш бас хөрөнгө оруулагч улс болсон гэв. Дайллаганд Монгол Улсын Ерөнхийлөгч Н. Багабанди, УИХ-ын гишүүд, Засгийн газрын холбогдох салбаруудын албан тушаалтангууд зэрэг нийгмийн олон давхаргын ойролцоогоор 100 гаруй хүмүүс оролцов.

10月中旬 应蒙古国科教文部的邀请，中国内蒙古自治区文化厅副厅长兼文物局局长刘兆和率中国内蒙古自治区文物代表团访问蒙古国，就联合研究蒙古游牧民族文化等方面进行了考察和探讨。双方商定，2005 年 7、8 月间，内蒙古自治区将举办蒙古国民族、民俗、宗教文化展。中国还将与蒙古国合作开展研究游牧民族墓葬及调查发掘工作。这项工作将从 2005 年开始实施，一期计划为 5 年，内蒙古将每年派出一到两个考古队与蒙古国考古人员合作，重点对突厥、匈奴等古代游牧民族墓葬和遗址进行调查发掘。内蒙古自治区文物代表团在蒙古国考察了前杭盖、后杭盖、布尔根等省的民族文化和 16 处古文化遗址。

10 сар дундах 10 хоног Монгол Улсын БСШУЯ-ны урилгаар ӨМӨЗО-ны соёлын хэлтэсийн орлогч дарга болон ӨМӨЗО-ны Соёлын салбарын дарга Лю Жаохэ тэргүүтэй ӨМӨЗО-ны түүхийн дурсгал судлалын төлөөлөгчид

Монгол Улсад айлчилж Монгол Улсын нүүдэлчдийн соёл, ахуй амьдралтай танилцах болон судлах талаар хэлэлцүүлэг хийв. Талууд 2005 оны 7, 8 сарын хооронд ӨМӨЗО-нд Монгол Улсын үндэстэн, үндэсний зан заншил, шашны соёлын үзэсгэлэнг гаргах тухай хэлэлцэн тогтов. Мөн Хятад Улс Монгол Улстай хамтын ажиллагаагаа хөгжүүлж нүүдэлчин үндэстний булш, бунхан судлах судалгааны ажлыг эхлүүлэхээр тогтов. Энэ судалгааны ажил нь 2005 оноос эхлэн хэрэгжих бөгөөд 5 жил хийхээр төлөвлөсөн аж. ӨМӨЗО-оос жил бүр археологиийн 2 баг Монгол Улсад томилолтоор хүрэлцэн ирж Монгол Улсын археологийн судлаачидтай хамтран ажиллаж Түрэг болон Хүннү зэрэг нүүдэлчин үндэстний булш болон хот суурийнгийн балгасны судалгаа хийх юм. ӨМӨЗО-ны түүхийн дурсгал судлалын судлаачдын төлөөлөгчид Монгол Улсын Өвөрхангай, Архангай, Булган зэрэг аймгуудын үндэсний соёл хийгээд эртний 16 газрын соёлын өв болон хот балгасны туурьтай танилцав.

11 月 9 日　据新华社报道，内蒙古自治区档案部门近日首次从蒙古国成功征集了包括自治区成立 10 周年庆祝活动电影胶片在内的 820 多件珍贵档案资料。自治区档案局副局长朝克说，中国内蒙古自治区与蒙古国的档案文化交流开始于 1989 年。此次内蒙古自治区从蒙古国成功征集档案，预示着中蒙两国档案文化交流前景更好。蒙古国档案部门也向内蒙古有关部门表达了不断加强交流的愿望。

11 сар 9　Синьхуа агентлагийн мэдээлснээр, ӨМӨЗО-ны Архивын салбарынхан саяхан анх удаагаа Монгол Улсаас ӨМӨЗО-ны 10 жилийн ойн тэмдэглэлт үйл явдлыг баримтжуулсан бичлэгээс 820 гаруй ховор нандин архивын материал цуглуулсан байна. ӨМӨЗО-ны архивын салбарын

орлогч дарга Цог хэлэхдээ: ӨМӨЗО Монгол Улстай архивын газрын соёлын солилцоог 1989 оноос эхэлсэн. Энэ удаагийн ӨМӨЗО-ны Монгол Улсаас архивын материал цуглуулсан явдал нь Хятад Монгол хоёр улсын архивын соёлын солилцооны хэтийн төлөвийг тодорхойлсон гэв. Монгол Улсын Архивын хэрэг эрхлэх газраас ӨМӨЗО-ны Архивын хэрэг эрхлэх газартай соёлын солилцоогоо тасралтгүй нэмэгдүүлэхийг хүсч буйгаа илэрхийлэв.

11 月 15 日　蒙古国驻华大使阿玛尔萨那在北京举行的经贸洽谈会上表示，蒙古国将在中蒙边境设立经济开发区，并采取免征经营所得税等具体措施促进中国与该国的经贸合作。蒙古国贸易政策合作局局长嘎桑多杰在洽谈会上介绍说，经济开发区计划设置于蒙古国与中国内蒙古自治区二连浩特接壤的地带，占地 900 公顷，目前已完成基础设施建设项目的招标。开发区将分为三部分，分别针对从事贸易、加工和旅游的公司。嘎桑多杰指出，为吸引外商投资，在蒙古国投资发电、公路、开采和加工石油、化工业等行业的外资企业可享受经营后 5 到 10 年的免征所得税优惠。此外，蒙古国政府还大幅减少了必须办理的许可证种类，并设立了“一点式服务中心”，将外资企业办理手续时间减少到 3 天以内。阿玛尔萨那说，“中国作为蒙古国最大的贸易伙伴，也将享受在铺路、合作开采矿产资源、农牧业和畜牧业加工及半加工等具体项目上的优惠政策”。

11 сар 15　Монгол Улсаас Хятад Улсад суугаа Элчин сайд Амарсанаа Бээжин хотноо зохион байгуулагдсан Эдийн засаг, худалдааны хэлэлцүүлэг дээр Монгол Улс Хятад Монголын хилийн нээлттэй бүсийг байгуулж Хятад Улс болон тухайн улсын эдийн засгийн хамтын ажиллагаанд тодорхой тус дөхөм үзүүлэх гаалийн татварыг

авахгүй байх талаар тодорхой арга хэмжээг авсаныг онцлон тэмдэглэв. Мөн Монгол Улсын Худалдаа, Улс төрийн Хэлтсийн дарга Галсандорж хэлэлцүүлэг дээр Монгол Улс ӨМӨЗО-ны Эрээн хоттой хил залгаа орших бүсэд Эдийн засгийн нээлттэй бүсийг байгуулах төлөвлөгөөтэй байгаа бөгөөд одоогоор 900 гектор газарт дэд бүтцийг байгуулах төслийн тендер зарлаад байна. Нээлттэй бүсийг бие даасан 3 хэсэг болгох бөгөөд тус тус худалдааны хэрэг эрхлэх, түүхий эд боловсруулах болон аялал жуулчлалын компаниудад чиглэх юм. Галсандоржын дэвшүүлснээр Гадаадын хөрөнгө оруулалтыг татахын тулд Монгол Улсын цахилгаан станц, засмал зам, газрын тос олборлон боловсруулах, химийн үйлдвэр зэрэг салбаруудад гадаад аж ажуйн нэгжүүдээс хөрөнгө оруулалт хийгдсэний дараа 5-10 жилийн хооронд татварыг хөнгөлттэй болгож болно. Үүнээс гадна Монгол Улсын Засгийн Газар шаардлагатай бичиг баримтын тоо төрлийг багасгаж нэг цэгийн үйлчилгээний төвийг байгуулах нь гадаадын хөрөнгө оруулагч аж ахуйн нэгжүүдийн бүрдүүлэх бичиг баримтын хугацааг 3 өдрөөр багасгана гэв. Амарсанаа хэлэхдээ: Хятад Улс, Монгол Улсын хамгийн том худалдааны түнш бөгөөд уурхайн олборлолт, газар тариалан, мал аж ахуйн боловсруулах болон хагас боловсруулах үйлдвэр зэрэг үйлдвэрүүдийн хамтын ажиллагааны төсөл дээр улс төрийн хөнгөлөлт авдаг гэв.

11 月 18 日　蒙古国工业贸易部部长巴特包勒德日前在京与中国企业代表进行了洽谈，巴特包勒德介绍了蒙古国经济形势和中蒙经贸合作情况。据悉，中国已连续 7 年成为蒙古国第一大贸易伙伴和投资国。中国企业代表向巴特包勒德咨询投资的有关问题。为吸引更多外资，蒙古国家大呼拉尔与 1991 年通过了《外国投资法》。这项法律已经做过三次修正，以期进一步改善投资环境。矿产开发是蒙古国支柱产业，蒙古国的苏赫巴托尔省正在建设一个锌矿，中方总投资额为 3 亿元人民币，将于 2005 年建成投产。这是中国在蒙古国最大的投资项目。参加洽谈会的中国首钢国际贸易工程公司已经从蒙古国购进了 1 500 吨铁矿。巴特包勒德表示，蒙古国计划通过国际铁路方面的投资进行一些建设。

11 сар 18 Монгол Улсын Үйлдвэрлэл Худалдааны Яамны сайд Батболд Бээжин хотноо Хятад Улсын аж ахуйн нэгжүүдийн төлөөлөгчидтэй хэлэлцээр хийж Монгол Улсын эдийн засгийн байдал болон Хятад Монголын эдийн засаг, худалдааны хамтын ажиллагааны нөхцөл байдлыг танилцуулав. Мөн Хятад Улс тасралтгүй 7 жилийн туршид Монгол Улсын хамгийн том худалдааны түнш бас хөрөнгө оруулагч улс болсон гэв. Хятад Улсын аж ахуйн нэгжүүдийн төлөөлөгчид Батболдтой хөрөнгө оруулалттай холбоотой асуудлаар хэлэлцэв. Гадаадын хөрөнгө оруулалтыг ихээр татахын тулд Монгол Улсын УИХ 1991 онд “Гадаадын хөрөнгө оруулалтын хууль”-ийг баталсан. Энэ хуулийн тогтоолд 3 удаа завсар оруулсан бөгөөд энэ хугацаанд хөрөгнө оруулалтын орчин сайжирсан байна. Уул уурхайн үйлдвэрлэл бол Монгол Улсын тулгуур аж үйлдвэр юм. Монгол Улсын Сүхбаатар аймагт цайрын уурхай байгуулахад Хятадын талаас нийт 300 сая юаны хөрөнгө оруулалт хийсэн бөгөөд энэ нь 2005 онд бүрэн ашиглалтанд орохоор төлөвлөгдсөн байна. Мөн энэ нь Хятад Улсын хөрөнгө оруулалттай Монгол Улсын хамгийн том төсөл юм. Хятад Улсын Гангийн үйлдвэрлэлээр тэргүүлэгч олон улсын худалдааны компани Монгол Улсаас 1 500 тн төмрийн хүдэр оруулах тухай асуудлыг хэлэлцээрт оруулсан байна. Батболд хэлэхдээ: Монгол Улс олон улсын төмөр замаар

дамжуулан эдгээр байгууламжуудад хөрөгнө оруулалт хийх тухай онцлон тэмдэглэв.

12 月 17 日　蒙古国政府总理额勒贝格道尔吉本日专程前往乌兰巴托东南部 600 公里处的苏赫巴托尔省图木尔廷敖包草原，视察了由中国有色金属建设股份有限公司承建的中蒙最大经贸合作项目—蒙古国图木尔廷敖包锌矿。锌矿为中蒙合资项目，中方股东为中国有色金属建设股份有限公司，占项目股份的 51%，蒙方股东占 49%。项目于 2003 年 10 月开始建设，计划于 2005 年 8 月建成投产。

12 сар 17　Монгол Улсын Ерөнхий сайд Элбэгдорж Улаанбаатараас зүүн өмнөд хэсэгт буюу 600 км зайтай орших Сүхбаатар аймгийн Төмөртийн овоо газарт тусгайлан хүрэлцэн ирж Хятад Улсын “Өнгөт метал” барилгын ХХК-тай хамтран Хятад Монголын эдийн засаг, худалдааны хамтын ажиллагааны хамгийн том хамтарсан байгууламж болох Төмөртийн-Овооны цайрын уурхайтай танилцав. Энэ Цайрын уурхай нь Хятад Монголын хамтын хөрөнгө оруулалттай байгууламж бөгөөд Хятадын талаас хөрөнгө оруулсан Хятад Улсын “Өнгөт метал” барилгын ХХК байгууламжын нийт хувьцааны 51%-ыг эзэмшдэг, Монголын талаас байгууламжын нийт хувьцааны 49%-ыг эзэмшдэг байна. 2003 оны 3 сараас бүтээн байгуулалтын ажил эхэлсэн бөгөөд 2005 оны 8 сард бүрэн ашиглалтанд орох төлөвлөгдсөн байна.

12 月 18 日—19 日　北京大学国际和平与安全研究中心与北京大学国际关系学院国际安全研究项目联合举办了“变化中的东北亚地区安全”国际学术研讨会暨“第一届北京大学东北亚地区安全论坛”。来自中国、美国、日本、韩国、俄罗斯、蒙古以及台湾的40余名专家学者参加了会议。

12 сар 18-19 Бээжингийн Их сургуулийн дэргэдэх Олон улсын Энх тайван, Аюулгүй байдалын судалгааны төв болон Бээжингийн Их сургуулийн дэргэдэх Олон улсын дээд сургуулиудтай харилцах Олон улсын аюулгүй байдлын судалгааны төв хамтран “Өөрчлөлтийн дундах зүүн хойд Азийн бүс нутгийн аюулгүй байдал” сэдэвтэй олон улсын эрдэм шинжилгээний хэлэлцүүлэг болон “ Бээжингийн Их сургуулийн Зүүн хойд Азийн бүс нутгийн аюулгүй байдлын талаарх анхдугаар форум”-ыг зохион байгуулав. Үүнд Хятад, Америк, Солонгос, Монгол болон Тайваны 40 гаруй мэргэжилтэн эрдэмтэд оролцсон байна.

12 月 23 日 中共中央政治局常委李长春在人民大会堂会见了蒙古公民意志——共和党主席、国家大呼拉尔副主席奥云一行。李长春指出，近年来，在中蒙双方的共同努力下，两国在各领域的友好交流与合作不断扩大。中蒙两国元首成功互访，有力地推动了中蒙睦邻互信伙伴关系的深入发展。中方将继续本着“与邻为善、以邻为伴”和“睦邻、安邻、富邻”的周边外交政策，与蒙方一道共同努力，不断开创中蒙关系新局面。李长春还积极评价中蒙党际交往。奥云表示，蒙古公民意志—共和党和蒙古国希望与中国共产党和中国政府在互相尊重与平等的原则基础上，发展长期稳定的睦邻友好合作关系。奥云强调，蒙古公民意志—共和党坚定地坚持一个中国政策，愿与中国共产党共同努力，推动蒙中两国在各领域的友好合作关系不断向前发展。

12 сар 23 ХКН-ын Төв хорооны улс төрийн товчооны байнгын хорооны дарга Ли Чанчүнь Ардын Их Хурлын танхимд Монгол Улсын Иргэний Зориг Намын дарга, УИХ-ын орлогч дарга Оюунтай уулзав. Ли Чанчүнь хэлэхдээ:

Сүүлийн жилүүдэд Хятад Монгол хоёр улсын хамтын хүчин чармайлтаар хоёр улсын олон салбарын найрсаг солилцоо, хамтын ажиллагаа өргөжин хөгжсөн бөгөөд мөн хоёр улсын тэргүүн нарын харилцан айлчлалын үр дүнд Хятад Монголын сайн хөршийн харилцан итгэлцэх түншийн харилцаа ахиж улам бүр гүнзгийрэн хөгжсөн байна. Хятадын талаас Хөрш улсынхаа Сайн хөрш, Аюулгүй хөрш, Баялаг хөрш нь байх гадаад харилцааны бодлогыг баримталж байгаа бөгөөд Монголын талтай хамтран Хятад Монголын харилцаанд шинэ салбаруудыг тасралтгүй нээн хөгжүүлхийг хүсч буйгаа илэрхийлэв. Мөн Ли Чанчүнь Хятад Монгол хоёр улсын хоёр намын харилцааг өндрөөр үнэлэж байгаагаа онцлон тэмдэглэв. Оюун: Монгол Улсын Иргэний Зориг Нам болон Монгол Улсын Засгийн Газар эрх тэгш харилцан хүндэтгэлийн зарчмын үндсэн дээр Хятадын Коммунист Нам болон Хятад Улсын Засгийн Газартай сайн хөршийн найрсаг харилцаа, хамтын ажиллагаагаа урт удаан хугацаанд тогтвортой хөгжүүлэхийг хүсч буйгаа илэрхийлэв. Мөн тэрээр Монгол Улсын Иргэний Зориг нам Хятад Улсын улс төрийн бодлогыг тууштай баримталж Хятадын Коммунист Намтай хамтран Хятад Монголын олон салбарын найрсаг харилцааг ахиулан цаашид тасралтгүй өргөжүүлэн хөгжүүлэх хүсэлтэй байна гэдгээ онцлон тэмдэглэв.

12 月 中蒙双方首席代表草签了联合检查议定书及其所附边界地图。中蒙边界第二次联合检查工作于 2004 年 12 月正式结束。

12 сар Хятад Монголын төлөөлөгчдийн дарга нар талуудын хамтран шалгах ажлын хэлэлцээрийн портогол болон Хил орчмын газрын зургийг нягтлан гарын үсэг зурав. Хятад Монголын Хилийг 2 дхь удаагаа хамтран шалгах

ажил 2004 оны 12 сард албан ёсоор дуусав.

据中国海关统计，2004 年，中蒙贸易总额约为 6.93 亿美元，其中，中方出口额约为 2.33 亿美元，进口额约为 4.6 亿美元。

据蒙方统计，截至 2004 年底，中国对蒙投资共计 4.6 亿美元，投资项目 1 575 项，分别占外商对蒙直接投资总额和外资企业总数的 37.7%和 41.4%，继续保持对蒙第一大投资国。

Хятад Улсын Гаалийн Ерөнхий Газрын статистик үзүүлэлт 2004 он,Хятад Монголын Худалдааний нийт мөнгөний эргэлт 693 000 000 доллор бөгөөд үүнээс Хятад Улсын экспортын хэмжээ 233 000 000 доллор,Импортын хэмжээ 460 000 000 доллор байна.

Монгол Улсын 2004 оны сүүлээр зогсоосон статистик үзүүлэлт, Хятад Улсаас Монгол Улсад оруулсан хөрөнгө оруулалтын нийт хэмжээ 460 000 000 доллор байгаа бөгөөд 1 575 төсөлд хөрөнгө оруулалт хийгдсэн байна. Үүний Гадаадаас Монгол Улсад оруулсан шууд хөрөнгө оруулалтын хэмжээ 37,7%, Гадаад хөрөнгө оруулалттай аж ахуйн нэгжийн тоо 41,4%-ыг эзлэж байна.

2005 年中蒙国家关系历史编年

2005 оны Хятад Монгол хоёр улсын харилцааны түүхэн үйл явдлын товчоон

3 月 12 日　中国内蒙古自治区东乌珠穆沁旗珠恩嘎达布其口岸第一季度开关近日圆满结束，进出口货物 7 885 吨，贸易总额达 2 230 万元，同比增长 416%。

3 сар 12　БНХАУ-ын ӨМӨЗО-ы Зүүн Үзэмчин хошууны

Зүүн хатавч боомтын 1-р улирлын ажил ойрын өдрүүдэд амжилттай дуусч, экспорт импортын бараа 7 885 тн, гадаад худалдааны нийт өртөг 22 сая 300 мянган юаньд хүрч өмнөхөөсөө 416 %-р өсөв.

3 月 24 日　应蒙古国交通旅游部的邀请,中国内蒙古自治区旅游局副局长云大平近日率团参加了在蒙古国首都乌兰巴托市举办的两年一度的旅游论坛和旅游展览会。蒙古国交通旅游部部长巴特乎和国务秘书等要员与中方代表就旅游方面的发展和合作进行了深入的探讨,并达成共识:

1.双方要尽快建立旅游协调机制,进一步加强旅游协调工作和研究解决旅游合作中存在的一些问题,促进双方旅游工作的顺利发展。

2.组织各自地区的大旅行社负责人进行互访,相互了解,促进发展。

3.就双方的旅游基础设施、交通、签证、吃、住的有关事宜和旅游服务的价格问题交换了意见。

4.对开展内蒙古阿尔山地区的边境旅游提出了具体的方案,并探讨了蒙方的特色旅游,如:钓鱼游、打猎游、驾车越野游等。

3 сар 24　Монголын Зам тээвэр аялал жуулчлалын яамны урилгаар ӨМӨЗО-ы Аялал жуулчлалын хэлтсийн дэд дарга Юнь Дапинаар ахлуулсан баг ойрын өдрүүдэд Монгол улсын нийслэл Улаанбаатарт 2 жилд 1 удаа зохион байгуулагддаг аялал жуулчлалын форум болон аялал жуулчлалын үзэсгэлэнд оролцов. Монголын Зам тээвэр аялал жуулчлалын яамны сайд Батхүү болон Төрийн нарийн бичгийн дарга зэрэг чухал хүмүүс Хятадын талын төлөөлөгчидтэй аялал жуулчлалын хөгжил хамтын ажиллагааны талаар гүнзгийрүүлэн судлав. Үүнд:

1. 2 тал аялал жуулчлалын холбоотой үйлдвэрлэлийг яаравчлан байгуулж, аялал жуулчлалын холбоотой ажил болон судалгааг сайжруулахад ахиц гарган аялал жуулчлалын хамтын ажиллагаанд гарсан эдгээр асуудлыг шийдвэрлэн, 2 талын аялал жуулчлалын ажлыг амжилттай хөгжүүлэхэд тус дөхөм үзүүлэх.

2. Эл нутгийн жуулчлалын товчоодын хариуцсан хүмүүсийг харилцан айлчлал хийж, харилцан ойлголцох, хөгжилд тус дөхөм үзүүлэх ажлыг зохион байгуулах.

3. 2 талын аялал жуулчлалын дэд бүтэц, зам харилцаа, виз, хоол хүнс, амьдрах сууц зэрэг холбогдох хэрэг болоод аялал жуулчалын үйлчилгээний үнэ өртгийн асуудлын талаар санал солилцох.

4. ӨМ-ын Рашаантын бүс нутгийн хилийн аялал жуулчлалын тодорхой төслүүдийг дэвшүүлэн хөгжүүлж, Монголын талын онцлогийг харуулсан аялал жуулчлалын талаар шинжлэн судлах, жишээ нь: загас барих, ан хийх, машинаар холын зайд аялах гэх мэт.

3 月 中国同蒙古国边界第二次联合检查委员会在北京举行会晤，就边界联合检查议定书及附图等全部达成一致。

3 сар Хятад Монголын хамтарсан хилийн хянан шалгах хорооны 2-р хуралдаан Бээжин хотноо зохион байгуулагдав. Хилийн хамтарсан хянан шалгах хорооны протокол болон хавсралт зураг зэргийг бүгдийг санал нэгтэйгээр тохиролцов.

4 月 6 日 中国国家旅游局局长邵琪伟在北京会见了来华访问的蒙古国交通旅游部部长巴特呼一行。双方就进一步加强双边旅游合作、扩大旅游合作领域等共同关心的问题交换了意见。邵琪伟表示，2004 年蒙古国到中国旅游的游客为 55 万人次，中国公民前往蒙古国已达 12 万人次。中国政府已批准将蒙古国开放为中国公民出境旅游目的地国家。巴特呼希望蒙中两国能够利用地理优势，互相吸引第三国游客。蒙古国欢迎中国企业家前去投资，并希望能与中国在旅游交通基础设施建设等方面加大合作力度。邵琪伟邀请蒙古国派团参加每年一度的中国国际旅游交易会,以借助这一平台让中国游客充分地了解蒙古国丰富的旅游资源。

4 сар 6 Хятадын Аялал жуулчлалын удирдах газрын дарга Шао Чивэй Хятад улсад айлчлал хийж буй Зам тээвэр аялал жуулчлалын сайд Батхүүг хүлээн авч уулзав. Хятад Монгол улс 2 талын хамтын ажиллагаагаа сайжруулж, аялал жуулчлалын эл салбаруудын хамтын ажиллагаагаа өргөтгөн мөн нийтээр анхаарал хандуулж буй асуудлын талаар санал солилцов. Шао Чивэй 2004 онд Монголоос Хятад улсад 550 мянган хүн жуулчилсан, Хятадаас 120 мянган иргэн БНМАУ-д зорчсон байна гэв. Хятадын Засгийн газар Монгол улсад аялах зорилготой хятад иргэдэд Монгол улс нээлттэй болохыг аль хэдийн хүлээн зөвшөөрсөн. Батхүү Хятад Монгол 2 улс газар зүйн давуу байдлаа бүрэн ашиглаж харилцан гуравдагч орны жуулчидыг татахыг хүсэж байна. Монгол улс Хятадын бизнесменүүдийн хөрөнгө оруулалтыг хүлээн авч Хятад улстай аялал жуучлал зам харилцааны дэд бүтцийг байгуулах зэрэг талын хамтын ажиллагааны эрчийг нэмэгдүүлэхийг хүсэж байгаагаа илэрхийлэв. Шао Чивэйний урилгаар Монголын төлөөлөгчид жилд нэг удаа зохиогддог Хятадын олон улсын аялал жуулчлал арилжаа наймааны хуралд оролцож, энэхүү орчин нь Хятадын жуулчидад Монголын аялал жуулчлалын баялаг их нөөцийг бүрэн дүүрэн таниулахад туслалцаа өгсөн юм.

4 月 17 日 中国全国人民代表大会常务委员会副委员长许嘉璐当日在北京会见了由蒙古国教育、文化和科技部长彭查格·查干率领的蒙古国政府文化代表团。代表团是应中国文化部邀请访问中国的。

4 сар 17 БХАТИХ-ын байнгын хорооны дэд дарга Сю Жялю Бээжин хотноо Монголын БСШУ-ны сайд П.Цагаан тэргүүтэй Монголын Засгийн газрын соёлын төлөөлөгчдийг хүлээн авч уулзав. Төлөөлөгчид БНХАУ-ын Соёлын яамны урилгаар БНХАУ-д айлчлал хийв.

4 月 8 日 中国内蒙古自治区政府副主席乌兰在内蒙古新城宾馆会见了以乌日特那森为团长的蒙古国代表团一行,就中蒙两国联合申报蒙古族长调民歌为联合国教科文组织人类口头和非物质文化遗产代表作一事进行了座谈。乌兰表示，长调民歌是蒙古族文化最富代表性的表现形式,保护、继承长调民歌是一项历史责任,蒙古国和中国只有对这一同质文化进行整体性和一体性的保护,才能使它更好地传承下去。内蒙古自治区作为联合申报工作主要实施者,愿意与蒙古国一道,为推动蒙古族长调早日申报成为世界非物质文化遗产作出不懈的努力。乌日特那森对内蒙古自治区社会、经济、文化飞速发展表示欣慰。

4 сар 8 ӨМӨЗО-ны Засгийн газрын дэд дарга Улаан Өвөр монголын Синь Чэн зочид буудалд Уртнасан тэргүүтэй Монголын Засгийн газрын төлөөлөгчдийг хүлээн авч уулзан, Хятад Монгол хоёр улс хамтран мэдүүлсэн Монгол ардын уртын дууг НҮБ-ын ЮНЕСКО-гийн дэлхийн соёлын өвд оруулах талаар ярилцав. Улаан хэлэхдээ уртын дуу бол Монгол үндэстний соёлын өвийн хамгийн баялаг төлөөлөл бөгөөд уртын дууг хамгаалах, залгамжлах нь нэгэн зүйлийн түүхийн хариуцлага, Монгол улс болон

БНХАУ-ын хамтын соёлын өвийг гагцхүү бүхэл цогцоор нь болон дан ганцаар нь хамгаалж байж сая түүнийг маш сайнаар нь уламжлан үлдээж чадна. Хамтарсан мэдүүлэлтийн ажлын гол хэрэгжүүлэгч болох ӨМӨЗО Монгол улстай хамтрахыг хүсэж байгаа бөгөөд Монгол ардын уртын дууг дэлхийн соёлын өвд даруйхан бүртгүүлэх ажлыг урагшлуулахын тулд хүчин чармайлт гаргаж байна гэв. Уртнасан ӨМӨЗО-ны нийгэм, эдийн засаг, соёл хурдацтай хөгжиж байгаад халуун баяр хүргэв.

4 月 30 日　由中国国家文化部、蒙古国教育文化科学部主办，天津市文化局承办的题为“蓝色的蒙古国”蒙古国当代艺术摄影展近日在天津博物馆举行，共展出了 62 位蒙古国艺术家以各种技法创作的 91 幅油画、传统绘画作品和 143 幅摄影作品，从侧面反映出蒙古国社会的进步。

4 сар 30　БНХАУ-ын Соёлын яам Монгол улсын БСШУЯ-аас эрхлэн зохион байгуулсан, Тяньжинь хотын соёлын хэлтсийн хариуцан гүйцэтгэсэн “Хөх Монгол улс” сэдэвтэй Монголын гэрэл зургийн үзэсгэлэн ойрын өдрүүдэд Тяньжин хотын музейд зохион байгуулагдаж, Монголын нийгмийн дэвшлийг тусган харуулсан 62 уран бүтээлчдийн мэргэжлийн 91 тосон будгын зураг, уламжлалт уран зургийн бүтээл болон гэрэл зургийн 143 бүтээл дэлгэн тавигдсан байна.

4 月　中国内蒙古自治区档案局首次组团赴蒙古国征集相关内蒙古的历史档案。考察征集团经蒙方的友好合作，征集到各类档案共约 800 多件，涵盖斯拉夫蒙古文、蒙文、汉、日 4 种文字。

4 сар　ӨМӨЗО-ны архивийн газрын анхны баг

бүрэлдэхүүн өвөр монголын түүхэнд холбогдох данс баримт зэргийг цуглуулахаар Монгол улсад хүрэлцэн ирсэн байна. Хятадын баг Монголын талтай хамтран явуулсан шалгалтаараа эл төрлийн данс эвхмэл 800 гаруй славян монгол хэл, монгол хэл, хятад хэл, япон хэл гэх мэт дөрвөн хэлээр гарсан материалыг цуглуулав.

5 月 1 日 应中国内蒙古自治区旅游局的邀请,蒙古国交通旅游部以策·奥日高德勒为团长的一行 5 人近日来访,就旅游合作方面有关事宜与内蒙古自治区旅游局进行了友好协商。内蒙古自治区政府副主席余德辉会见并宴请蒙古国代表团一行。双方就如何进一步加强旅游合作进行了会谈。双方达成了以下协议:

一、建立中蒙旅游协调制度,每年至少在对方国家举办一次会议,磋商双方旅游合作与发展;协调解决有关问题。

二、增加中蒙边境旅游线路和旅游活动项目,满足不同游客的需求。

三、制作各自旅游宣传品和宣传资料,介绍双方旅游活动内容和线路,为游客提供更完善的服务。

四、加快开通旅游列车和旅游包机,满足双方日益增长的游客需要。

五、加强旅游投资合作、开发旅游合作项目,扩大双方旅游合作范围。中方就游客进入蒙古国边境旅游常常受阻,办签证的费用高、时间长等问题提出了一些建议。蒙方表示将就中方提出的一些建议向该国总理进行详细汇报,并希望中方能够加大对通往蒙古国道路、交通、旅游等基础设施建设的力度。

5 сар 1 ӨМӨЗО-ны Аялал жуулчлалын хэлтсийн урилгаар Монголын Зам тээвэр аялал жуулчлалын яамны Ц.Оргодол тэргүүтэй 5 хүний бүрэлдэхүүнтэй төлөөлөгчдийн

баг айлчлал хийж, аялал жуулчлалын хамтын ажиллагааны талын зэрэг асуудлаар ӨМӨЗО-ны Аялал жуулчлалын хэлтэстэй найрсаг уулзалт хийв. ӨМӨЗО-ны Засгийн газрын дэд дарга Юү Дэхуй Монголын төлөөлөгчдийг хүлээн авч уулзан дайллага зохион байгуулав. 2 тал доорх хэлэлцээрийг байгуулав. Үүнд:

1. Хятад Монголын аялал жуулчлалын дүрмийг боловсруулан, жил бүр хамгийн багадаа 1 удаа нөгөө улсдаа хурал зохион байгуулан, 2 улсын аялал жуулчлалын хамтын ажиллагаа болон хөгжлийн талаар зөвшилцөж, холбогдох асуудлуудыг шийдвэрлэн тохиролцох.

2. Хятад Монголын хилийн аялал жуулчлалын чиглэл болон аялал жуулчлалын үйл ажиллагааны төслийн ажлыг нэмэгдүүлэн олон төрлийн аялал жуулчлалын шаардлагыг хангах.

3. Аялал жуулчлалын сурталчилгааны материал болон сурталчлах ажлыг дор бүрнээ хийж, 2 талын аялал жуулчлалын үйл ажиллагааны агуулга болон чиглэлийг танилцуулж жуулчдыг улам илүү боловсронгуй үйлчилгээгээр хангах.

4. Аялал жуулчлалын галт тэрэг болон автобусны нэмэлт цувааг гаргаж, 2 тал өдөр ирэх тутам нэмэгдэж буй жуулчдын шаардлагыг хангах.

5. Аялал жуулчлалын хамтын ажиллагааны хөрөнгө оруулалтыг нэмэгдүүлж, аялал жуулчлалын хамтын ажиллагааны төслийг боловсруулж, 2 талын аялал жуулчлалын хамтын ажиллагааны цар хүрээг өргөжүүлэх. Хятадын тал тус улсын жуулчид Монголын хилээр нэвтрэхэд байнгын саад учирдаг, виз гаргах өртөг нь өндөр цаг хугацаа их шаарддаг зэрэг асуудлуудын талаар саналаа дэвшүүлэв. Монголын тал Хятад талаас дэвшүүлсэн эдгээр саналыг өөрийн улсын Ерөнхий сайдад өргөн мэдүүлж улмаар нягтлан үзээд, Хятадын тал Монголоор дайран

өнгөрөх зам, зам харилцаа, аялал жуулчлал зэрэг дэд бүтцийг бий болгох хүч, хүрэлцээг нэмэгдүүлэхийг хүсэв.

5 月 5 日—12 日　由李玉林院长率领的中国内蒙古大学艺术学院代表团一行 7 人赴蒙古国首都乌兰巴托,与蒙古国文化艺术大学和蒙古国国立大学分别签署了校际合作协议。

5 сар 5-12　Ли Юүлинээр удирдуулсан 7 хүний бүрэлдэхүүнтэй ӨМИС-ын Урлагийн сургуулийн төлөөлөгчид Монгол улсын нийслэл Улаанбаатар хотноо хүрэлцэн ирж СУИС, МУИС-тай хамтран ажиллах хэлэлцээрт гарын үсэг зурав.

5 月 12 日　中国外交部发言人孔泉当日在北京宣布，应蒙古国政府邀请，吴仪副总理将于 5 月 24 日至 26 日对蒙古国进行正式访问。

5 сар 12　Хятадын Гадаад Явдалын яамны бие төлөөлөгч Кун Чюань Монгол улсын Засгийн газрын урилгаар БНХАУ-ын Төрийн Зөвлөлийн Ерөнхий сайдын орлогч У И 5 сарын 24-26-ны хооронд Монгол улсад албан ёсны айлчилал хийх болсныг зарлав.

5 月 22 日　中国国家质量监督检验检疫总局局长李长江率领的中国国家质检总局代表团访问蒙古国。

5 сар 22　БНХАУ-ын Чанарын хяналт, шалгалт, хорио цээрийн ерөнхий газрын дарга Ли Чанжян тэргүүтэй төлөөлөгчид Монгол улсад айлчиав.

5 月 23 日　蒙古国政府总理额勒贝格道尔吉当日下午会见了到访的中国国家质量监督检验检疫总局局长李长江。额勒贝格道尔吉说，近年来，随着蒙中两国经贸关系的迅速发展，在原材料和商品进出口的监督和检验检疫方面，两国质量监督和检验检疫部门的工作显得十分重要。他感谢中国国家质量监督检验检疫总局对蒙古国质检部门提供的帮助，并希望两国质量监督和检验检疫部门的友好合作关系进一步发展。李长江说，吴仪副总理访问蒙古国期间，中国国家质检总局还将同蒙古国相关部门签署 3 项合作文件，这些合作文件将有助于两国经贸关系的稳步发展。

5 сар 23 Монгол улсын Ерөнхий сайд Элбэгдорж үдээс хойш Монгол улсад албан ёсны айлчлал хийж буй БНХАУ-ын Чанарын хяналт, шалгалт, хорио цээрийн ерөнхий газрын дарга Ли Чанзяныг хүлээн авч уулзав. Ерөнхий сайд Элбэгдорж хэлсэн үгэндээ ойрын жилүүдэд Хятад Монгол 2 улсын эдийн засаг гадаад худалдааны хурдацтай хөгжилийг даган, түүхий эд болон бараа бүтээгдэхүүний экспорт импортын хяналт шалгалт болон хорио цээрийн талаар 2 улсын мэргэжлийн хяналтын газар чухалчлан авч үзэж байна гэв. Тэрээр Хятад улсын Чанарын хяналт, хорио цээрийн ерөнхий газар Монголын Мэргэжлийн хяналтын газарт туслалцаа үзүүлсэнд талархаж байгаагаа илэрхийлэн бөгөөд 2 улсын Мэргэжлийн хяналтын газрын найрсаг хамтын ажиллагааны хөгжилд ахиц гаргахыг хүсэв. Ли Чанжян хэлэхдээ Ерөнхий сайдын орлогч У И Монголд айлчлах хугацаанд Хятадын Чанарын шалгалтын хэлтэс Монголын холбогдох салбарын хамтаар 3 төрөлт хамтын ажиллагааны бичиг баримтанд гарын үсэг зурахаар болов. Эдгээр хамтын ажиллагааны бичиг баримт нь хоёр улсын эдийн засаг гадаад худалдааны харилцааг тогтвортой хөгжүүлэхэд туслалцаа үзүүлэх юм гэсэн байна.

5 月 24 日　孔泉是在外交部例行记者会上表示，吴仪副总理访问蒙古国是一次很重要的访问。访问期间，吴仪将同蒙古国政府副总理乌兰举行议题广泛的会谈，同现任总统巴嘎班迪，新当选总统、现任议长恩赫巴亚尔以及蒙古国总理额勒贝格道尔吉举行会见。这些会晤将为两国领导人提供很好的深入交换意见的机会，以总结近年来双方关系发展取得的重要结果，并对两国今后的互利合作做出规划。

5 сар 24 Кун Чюань нь Гадаад хэргийн яамны хэвлэлийн бага хурал дээр ерөнхий сайдын орлогч У И Монголд айлчилж байгаа айлчилал нь нэг удаагийн маш чухал айлчилал юм хэмээн илэрхийлэв. Айлчлалын хугацаанд У И Монгол улсын Ерөнхий сайдын орлогч Улаантай өргөн цар хүрээтэй сэдвээр хэлэлцэн, одоогоор ерөнхийлөгчийн албыг хашиж буй Багабанди, шинээр сонгогдсон ерөнхийлөгч буюу одоогоор УИХ-ын даргын албыг хашиж буй Энхбаяр болоод Монгол улсын Ерөнхий сайд Элбэгдорж нартай уулзав. Эдгээр уулзалт нь хоёр улсын удирдагчдийн санал солилцох маш сайхан боломжийг ханган, ойрын жилүүдийг нэгтгэн дүгнэхэд 2 талын харилцааны хөгжилд чухал үр дүн болж 2 орны цаашдын харилцан ашигтай хамтын ажиллагааны төлөвлөгөөг гаргав.

5月24日 中国国务院副总理吴仪当日中午抵达乌兰巴托，开始对蒙古国进行为期 3 天的正式访问。当天下午，吴仪在乌兰巴托蒙古政府大厦会见了蒙古国总理额勒贝格道尔吉。吴仪指出，蒙古国是中国的重要邻邦，在中国的周边外交中始终占有重要位置，同蒙古国发展睦邻互信伙伴关系将是中国长期坚持的政策。加强中蒙经贸合作符合双方利益。两国经贸合作具有较强的互补性和诸多优势条件，前景广阔。额勒贝格道尔吉表示，蒙古国政府将对华关系作为蒙古国外交的优先方向，致力于与中国发展睦邻友好、长期稳定的双边关系。近 10 年来，蒙中两国签署了友好合作关系条约等一系列政治文件，为两国关系发展奠定了法律基础。蒙古国希望两国经贸关系不断扩大。

当天，吴仪还同蒙古国副总理乌兰举行了会谈。双方强调，支持两国企业本着“共同开发、共同受益”的原则，在资源开发和基础设施建设两个重点领域深化互利合作，同时加强和拓展在通讯、电力、中小企业、海关以及旅游、卫生、质检等领域的合作。双方还希望支持中国内蒙古自治区同蒙古国开展更为密切的合作，为两国睦邻互信伙伴关系增添新内容。会谈后，吴仪和乌兰还出席了中蒙经济技术合作协定等 18 个政府间和企业间在质检、旅游、医药、教育、通讯、矿业等领域开展合作的文件签字仪式。

5 сар 24 БНХАУ-ын Төрийн Зөвлөлийн Ерөнхий сайдын орлогч У И үд дунд Улаанбаатар хотноо хүрэлцэн ирж 3 хоногийн албан ёсны айлчлал хийв. Үдээс хойш Улаанбаатар хот дахь Монгол улсын Засгийн газрын ордонд Монгол улсын Ерөнхий сайд Элбэгдорж У И-г хүлээн авч уулзав. У И хэлэхдээ Монгол улс бол Хятадын чухал хөрш бөгөөд Хятадын эргэн тойрон дахь гадаад харилцааны дунд ямагт чухал байр суурийг эзэлдэг, Монгол улстай харилцан итгэлцсэн сайн хөршийн найрамдалт харилцаагаа хөгжүүлэх нь Хятадын урт хугацааны тууштай төрийн бодлого юм. Хоёр талын эрх ашигт нийцсэн Хятад Монголын эдийн засаг гадаад худалдааны хамтын ажиллагааг нэмэгдүүлж байгаа. Хоёр улсын эдийн засаг гадаад худалдааны хамтын ажиллагаанд харьцангуй бат бөх харилцан нөхвөрлөх чанартай арвин олон давуутай нөхцөл, саруул уудам хэтийн төлөвтэй байна гэв. Ерөнхий сайд Элбэгдорж хэлэхдээ Монголын Засгийн газар БНХАУ-тай харилцах харилцааг Монголын Гадаад харилцааны

яамны тэргүүлэх зорилт гэж хэлж болох бөгөөд Хятад улс сайн хөршийн харилцаагаа хөгжүүлэн, 2 талын харилцааг урт хугацааны тогтвортой байдалтай байлгахад бүхий л хүчин чармайлтаа дайчилж байгаа. Ойрын 10 жилд хоёр улсын харилцааны хөгжилд хуулийн бат бөх суурийг тавихын тулд Хятад Монгол хоёр улс найрсаг хамтын ажиллагааны гэрээ зэрэг цуврал улс төрийн баримт бичгүүдэд гарын үсэг зурсан. Монгол улс 2 улсын эдийн засаг гадаад худалдааны харилцааг тасралтггүй өргөжүүлэхийг хүсэж байна гэв.

Мөн өдөр У И Монгол улсын Ерөнхий сайдын орлогч Улаантай хэлэлцээ хийв. Уг хэлэлцээрт хоёр улсын аж ахуй нэгжүүд “Хамтдаа нээж, хамтдаа хүртэх” гэсэн зарчимыг дагах, мөн эх баялгийг нээх болон дэд бүтэц бий болгох хоёр чухал салбарын харилцан ашигтай хамтын ажиллагааг гүнзгийрүүлэхийн зэрэгцээ харилцаа холбоо, цахилгаан эрчим хүч, жижиг дунд үйлдвэрлэл, гааль ба аялал жуулчлал, эрүүл ахуй, чанарын шалгалт зэрэг салбарын хамтын ажиллагааг өргөжүүлэн нэмэгдүүлэхийг дэмжих тухай онцлон тэмдэглэв. Мөн хоёр тал Хятад Монголын сайн хөршийн харилцан итгэлцсэн найрсаг харилцаанд шинэ агуулга нэмэхийн тулд ӨМӨЗО Монгол улстай илүү нягт хамтран ажиллахыг дэмжихийг хүсэв. Хэлэлцээрийн дараа У И болон Улаан нар Хятад Монголын эдийн засаг техникийн хамтын ажиллагааны хэлэлцээр зэрэг Засгийн газар болон аж үйлдвэрийн хоорондын чанарын шалгалт, аялал жуулчилал, эм эмнэлэг, боловсрол, харилцаа холбоо, уурхай гэх мэт 18 салбарын хамтын ажиллагааг өргөжүүлэх баримт бичигт гарын үсэг зурах ёслолд оролцов.

5月　蒙古国国家档案局局长乌力吉巴特尔为团长的蒙古国档案工作代表团，应中国内蒙古自治区档案局局长张佃敏邀请，对内蒙古自治区档案局进行了为期五天的工作访问。访问期间，双方围绕 2005 年合作计划及双方所关心的问题进行了座谈，并签订了《内蒙古自治区档案局与蒙古国国家档案局 2005 年合作计划》。在合作编辑出版旅蒙商档案史料汇编、互派人员学习培训、定期交流史料汇编等方面形成共识，达成了合作意向。同时，中方无偿向蒙方赠送蒙古文档案管理软件一套，并提供档案缩微耗材、修裱用纸代购等服务。

5 сар Монгол улсын Архивын газрын дарга Өлзийбаатар тэргүүтэй Монголын төлөөлөгчид ӨМӨЗО-ы Архивын газрын дарга Жан Денминий урилгаар ӨМӨЗО-ны Архивийн газарт 5 хоногийн хугацаатай ажлын айлчлал хийв. Айлчлалын хугацаанд хоёр тал 2005 оныг тойрсон хамтын ажиллагааны төлөвлөгөө хийгээд анхаарал хандуулах бүхий л асуудлуудын талаар ярилцаж, "ӨМӨЗО-ны Архивын газар болон Монгол улсын Архивын газрын 2005 оны хамтын ажиллагаа"-ны гэрээг байгуулав. Редакторууд хамтран Монголын данс эвхмэл сурвалж бичгийн эмхтгэлийг хэвлэн нийтэлж, харилцан ажилчдаа илгээн сургалтанд хамруулан, тогтсон хугацаанд сурвалж бичгийн эмхтгэл зэргийг солилцон олны хүртээлд хүргэх ажлуудыг хамтын санаагаар гүйцэтгэнэ гэв. Үүний зэрэгцээ Хятадын тал Монголын талд буцалтгүй тусламж болгон монгол хэлтэй дансны иж бүрэн программ хангамж хүргүүлэн, дансыг эмхэтгэн засварлаж цаасыг солих зэрэг үйлчилгээ үзүүлэв.

6 月 7 日　中国文化部与蒙古教育、文化和科技部当日在蒙古首都乌兰巴托签署了两国《关于联合申报蒙古族长调民歌为"人类口头和非物质遗产代表作"协议书》。中国驻蒙大使高树茂和蒙古国教育、文化和科技部长彭查格·查干在协议书上签字。

6 сар 7 Хятадын Соёлын яам болон Монгол улсын БСШУЯ Монгол улсын нийслэл Улаанбаатар хотноо “Монгол ардын уртын дууг дэлхийн соёлын өвийн төлөөлөл болохыг хамтран мэдүүлэх тухай” гэрээнд хоёр улс гарын үсэг зурав. БНХАУ-аас Монгол улсад суугаа Элчин сайд Гао Шумао болон Монгол улсын БСШУЯ-ы сайд П.Цагаан нар уг хэлэлцээрт гарын үсэг зурав.

6 月 8 日 据报道，日前，由内蒙古自治区政府副主席乌兰率领的中国内蒙古自治区合作交流代表团访问蒙古国。期间，双方共签订 16 项合作协议，协议投资金额达 3 亿多美元。这次签订的合作协议内容主要涉及经贸、文化、教育、出版等领域，其中包括 7 个合作交流项目，4 项合作协议和 5 个经贸合作项目。

6 сар 8 Саяхан ӨМӨЗО-ны Засгийн газрын дэд дарга Улаан тэргүүтэй ӨМӨЗО-ны хамтран ажиллах солилцооны төлөөлөгчид Монгол улсад айлчлав. Айлчлалын хугацаанд хоёр тал 16 зүйл хамтын ажиллагааны хэлэлцээрийг тогтож, хэлэлцээрийн дагуу хөрөнгө оруулалтын нийт өртөг 300 000 000 ам.доллар болов. Энэ удаагийн хэлэлцээрт эдийн засаг, соёл, боловсрол, хэвлэх зэрэг чухал салбарууд хамрагдсан ба үүнд 7 хамтран ажиллах солилцооны төсөл, 4 зүйл хамтын ажиллагааны хэлэлцээр болон 5 эдийн засаг гадаад худалдааны хамтарсан төсөл багтаж байна.

6 月 14 日 据新华社记者从日前在呼和浩特举行的中蒙两国联合考古研究暨文物展览合作项目签字仪式上获悉，中国内蒙古自治区博物馆将与蒙古国民族历史博物馆合作，于当年 7 月至 10 月间举办“蒙古国民族民俗文物精品展览”。

6 сар 14 Синьхуа агентлагын сурвалжлагч Хөх хотод зохион байгуулагдаж буй Хятад Монгол хоёр улсын

хамтарсан археологийн судалгаа болон түүхийн дурсгалт зүйлийн хамтын ажиллагааны төсөлд гарын үсэг зурах ёслолд үндэслэн мэдээлснээр, ӨМӨЗО-ны музей Монгол УлсынҮндэсний түүхийн музейтэй хамтран энэ оны 7 сараас 10 сарын хооронд “Монгол үндэстний ардын заншил, түүхийн дурсгалт эд өлгийн зүйлийн үзэсгэлэн”-г зохион байгуулав.

6 月 19 日—24 日　应世界宗教和环境保护联合基金会的邀请，以中国佛教协会副会长、北京雍和宫住持加木样·图布丹活佛为团长的中国佛教代表团一行 5 人，参加了在蒙古国首都乌兰巴托举行的“北传佛教与环境保护大会”。

6 сар 19-24　Дэлхийн шашин болон байгаль орчныг хамгаалах хамтын сангийн урилгаар Хятадын Бурханы шашны нийгэмлэгийн дэд дарга Бээжингийн Найралт Найрамдуу Сүмийн хамба Жамъянгийн Түвдэн тэргүүтэй Хятадын бурханы шашины 5 хүний бүрэлдэхүүнтэй төлөөлөгчдийн баг, Монгол улсын нийслэл Улаанбаатар хотноо зохион байгуулагдсан “Умардын буддын шашин болон байгаль орчныг хамгаалах их хурал”-д оролцов.

6 月 28 日　由中国内蒙古大学法学院和内蒙古大学蒙古学研究中心合办的“2005 年中蒙民族法学学术研究讨论会”于内蒙古大学法学院多媒体会议厅开幕。以蒙古国国家法律中心主任、法学博士、院士阿穆尔萨纳博士为团长的蒙古国代表一行 10 人参加了本次研究讨论会。

6 сар 28　ӨМИС-ын Хуулийн сургууль болон Монгол судлалын төв хамтран “2005 оны Хятад Монгол үндэстний хууль зүйн эрдэм шинжилгээ судалгааны хурал”-ыг ӨМИС-ын Хуулийн сургуулийн мультимедиа танхимд нээв. Монгол

улсын Хууль зүйн төвийн дарга, хууль зүйн доктор, академич доктор Амарсанаа тэргүүтэй Монголын 10 хүний бүрэлдэхүүнтэй төлөөлөгчдийн баг энэ удаагын эрдэм шинжилгээний хуралд оролцов.

6月30日—7月1日　在中国内蒙古大学法学院和蒙古学研究中心部分老师的陪同下，蒙古国部分参会专家、学者前往成吉思汗陵进行了学术考察。内蒙古大学蒙古学研究中心与蒙古国国立大学法学院蒙古国家、法律历史研究中心主任巴·巴雅尔赛汗博士就合作研究蒙古古代法律文献达成了意向。

6 сар 30-7 сар 1　ӨМӨЗО-ны Хуулийн сургууль болон Монгол судлалын төвийн хэсэг багш нар дагалдан, Монгол улсын бүлгийн хуралд оролцож буй мэргэжилтэн эрдэмтэд Чингис хааны онгонд хүрэлцэн очиж эрдэм шинжилгээний судалгаа хийв. ӨМИС-ийн Монгол судлалын төв болон МУИС-ийн хуулийн сургуулийн Монгол улсын хууль түүх судлалын төвийн эрхлэгч доктор Б.Баярсайхан Монголын эртний хуулийн сурвалж бичгийн хамтарсан судалгаа хийхээр санал нэгтэй тохиролцов.

6月　中国中兴通讯与蒙古国运营商达成一揽子通信网建设项目协议，涉及CDMA450 WLL、CDMA2000 1x、NGN、GSM等多种通信网解决方案。到目前为止，中兴通讯已成为蒙古国市场占有率第一的国际性通信设备厂商。

6 сар　Хятадын Жун Синь харилцаа холбооны компани Монгол улстай хийсэн шилэн кабель байгуулах хэлэлцээрээр CDMA450 WLL, CDMA2000 1x, NGN, GSM зэрэг олон төрлийн сүлжээнд холбогдох асуудлыг шийдвэрлэх аж. Одоогийн байдлаар Жун Шин харилцаа холбооны компани нь Монгол улсын зах зээл дахь олон

улсын чанартай харилцаа холбооны тоног төхөөрөмжийн үйлдвэрлэлийн чиглэлээр үйл ажиллагаа явуулж буйгаараа нэгдүгээрт орж байна.

7 月 13 日　中国政治协商会议全国委员会主席贾庆林在人民大会堂会见了来访的蒙古国国防部长策伦呼格·沙拉布道尔吉一行。贾庆林重申，中国政府坚持“与邻为善、以邻为伴”的外交方针和“睦邻、安邻、富邻”的政策，愿与蒙方共同努力，推动中蒙关系全面、深入地发展，永远作好邻居、好伙伴、好朋友。中方对蒙方在台湾问题和西藏问题上采取支持中国的政策表示赞赏和感谢。沙拉布道尔吉说，蒙方重视对华关系，并把发展同中国的睦邻互信伙伴关系作为对外政策的首要方针之一。近年来蒙中友好关系得到全面发展，各领域的交流与合作日益密切，蒙方对此感到满意。希望双方继续扩大两国传统友谊，促进共同发展。

同日　中国中央军委副主席、国务委员兼国防部长曹刚川在八一大楼与来访的蒙古国国防部长沙拉布道尔吉举行了会谈。曹刚川希望双方共同努力，促进中蒙两国两军关系取得更大的发展。沙拉布道尔吉说，蒙方将继续支持中方在台湾问题上的立场，理解和尊重中方对达赖问题的关切，继续加强两国、两军的友好合作。双方还就国际和地区安全、双边关系以及共同关心的问题交换了意见。

7 сар 13　БХАУТЗЗ-ийн төв хорооны дарга Жя Чинлинь АИХ-ын танхимд Хятад улсад айлчилжбуй Монгол улсын БХ-ын сайд Ц.Шаравдоржийг хүлээн авч уулзав. Жя Чинлинь Хятадын Засгийн газар “Сайн хөрш, сайн түнш”-ийн гадаад харилцааны чиглэл болон “сайн хөрш, амар тайван хөрш, чинээлэг хөрш”-ийн төрийн бодлогыг

баримталж, Монголын талын хамтын хүчин чармайлтаар Хятад Монголын харилцааг бүх талаар нь ахиулж, хөгжлийг гүнзгийрүүлэн, өнө удаан сайн хөрш сайн түнш сайн найзын харилцаатай байхыг хүсэж байгаагаа чухалчлан тэмдэглэв. Хятадын тал Монгол улсын талд Тайваний асуудал болон Төвдийн асуудал дахь Хятадын төрийн бодлогод дэмжлэг үзүүлсэнд сайшаан талархаж байгаагаа илэрхийлэв. Ц.Шаравдорж хэлэхдээ Монголын тал Хятадтай харилцах харилцаагаа чухалчилж, Хятадтай хамтаар хөгжиж буй сайн хөршийн харилцан итгэлцсэн түншийн харилцаа нь гадаад бодлогын эн тэргүүний зорилтын нэг юм. Ойрын жилүүдэд Монгол Хятадын найрамдалт харилцаа нь бүх талаараа хөгжиж, эл салбарын солилцоо болон хамтын ажиллагаа өдөр ирэх тусам улам нягтарч байгаад Монголын тал сэтгэл хангалуун байна. Хоёр тал хоёр улсын уламжилалт найрамдалт харилцааг тасралтгүй өргөжүүлэн, хамтын хөгжилд тус дөхөм үзүүлэхийг хүсч байгаагаа илэрхийлэв.

БНХАУ-ын Цэргийн зөвлөлийн төв хорооны дэд дарга, Төрийн зөвлөлийн гишүүн бөгөөд Улсын БХ-ын сайд Цао Ганчуань 8:1-ны цамхагт Хятад улсад айлчлалаар ирсэн Монгол улсын БХЯ-ны сайд Ц. Шаравдоржтой хэлэлцээр хийв. Цао Ганчуань хоёр талын хамтын хүчин чармайлтаар Хятад Монгол хоёр улсын цэргийн харилцааг улам илүү хөгжүүлэхэд тус дөхөм үзүүлэхийг хүсэв. Ц. Шаравдорж хэлэхдээ Монголын тал Тайваний асуудал дахь Хятадын байр суурийг цаашид дэмжих болно, Хятадын тал Далай ламын асуудалд анхаарал тавиж байгааг бид ойлгон хүндэтгэж байна, 2 орны цэргийн найрсаг хамтын ажиллагааг цаашид нэмэгдүүлэх болно гэв. Хоёр тал мөн олон улсын болон газар нутгийн аюулгүй байдал, хоёр талын харилцаа хийгээд хамтран санаа тавих асуудлуудын талаар санал солилцов.

7 月 22 日　蒙古国总统恩赫巴亚尔当日上午在蒙古国家宫会见了由中国最高人民检察院副检察长姜建初率领的中国检察代表团。恩赫巴亚尔希望蒙中两国检察机关进一步加强交流与合作，加大司法协助和引渡工作的力度，预防和打击跨国和跨地区犯罪，为两国日益密切的人员往来和经贸合作提供良好的法律环境。

7 сар 22　Монгол улсын Ерөнхийлөгч Энхбаяр үдээс өмнө Монгол улсын Засгийн газрын ордонд Хятад улсын Ардын дээд прокурорын газрын дэд дарга Жян Женчу тэргүүтэй Хятадын төлөөлөгчидийг хүлээн авч уулзав. Энхбаяр 2 улсын ажилтадын өдөр тутмын нягт харилцаа болон эдийн засаг гадаад худалдааны хамтын ажиллагаанд хуулийн таатай орчин бүрдүүлэхийн тулд Хятад Монгол хоёр улсын шүүхийн байгууллагын солилцоо хамтын ажиллагааг нэмэгдүүлж, хуулийн дэмжлэг болон нэг улсаас нөгөө улсад гэмт хэрэгтнийг шилжүүлэн өгөх хүчийг нэмэгдүүлж, улс дамнасан болон бүс нутаг дамнасан гэмт хэргээс урьдчилан сэргийлэх мөн цохилт өгөхийг хүсч байгаагаа илэрхийлэв.

8 月 1 日　据报道，中国和蒙古国近日签署了阿尔山—松贝尔口岸努木尔根界河桥选址会谈纪要。中方有关官员说，该界河桥的建设将有助于阿尔山—松贝尔口岸尽早开通。该口岸开通后，将开辟亚欧大陆的第四条通道，并成为连接东北亚区域合作的桥头堡，为密切中蒙两国友好合作打开一条新的陆路口岸通道。中蒙双方同意将建桥位置确定为 1382 和 1383 号界标之间，其地理坐标为东经 119° 28′ 40″ ，北纬 47° 19′ 43″ 。蒙方确认，确立的这一桥址合理避开了蒙方自然保护区，同时避开了口岸蒙方一侧的高山和沼泽地，有利于蒙方规划和建设松贝尔口岸。会谈中，双方对界河桥建设与两岸口岸设施建设同步进行达成一致。内蒙古自治区阿尔山市位于中蒙边界东段，与蒙古国东方省为邻，同时阿尔山市又位于东北亚经济圈腹地和中国东北经济区西端出口，是联合国开发计划署规划的东北亚运输主干线的连接点。

8 сар 1 Хятад болон Монгол улс ойрын өдрүүдэд Рашаан-Сүмбэрийн боомт дахь Нөмрөгийн голын гүүрийн байршлыг сонгох хэлэлцээрийн протоколд гарын үсэг зурав. Хятадын талын холбогдох албаны хүн хэлэхдээ тус хил дэх голын гүүрийг байгуулснаар Рашаан-Сүмбэрийн боомтыг эртхэн нээхэд тус дөхөмтэй юм гэв. Тус боомтыг нээсний дараа Евра азийн эх газрын 4 дэх зам нээгдэн Зүүн хойд азийн бүс нутгийн хамтын ажиллагааны гүүрний үзүүр дэх цамхагтай холбогдсон Хятад Монгол 2 улсын найрсаг хамтын ажиллагааг нягтруулахын тулд нэгэн шинэ хуурай замын боомтыг нэвтрүүлэв. Хятад Монгол хоёр тал санал нэгдэн гүүрний байрлалаа 1382 болон 1383 дугаар хилийн тэмдгийн хооронд байгуулахаар тогтож, газар зүйн координат нь зүүн уртрагийн 119 градус 28’40”, өмнөд өргөрөгийн 47 градус 19’43”, юм. Монголын талаас хүлээн зөвшөөрч барисан энэхүү гүүрийн байршил нь зүй ёсоор Монголын дархан цаазат газрыг хамгаалахын зэрэгцээ Монголын талын нэг хэсэг өндөр уул болоод намгархаг газрыг хамгаалсан бөгөөд Монголын талын төлөвлөлт болон Сүмбэрийн боомтыг байгуулахад ашиг тустай. Хэлэлцээр хийх явцад хоёр тал гүүр барих болон хоёр эргийн боомтын байгууламжийг байгуулахад санал нэгтэйгээр хэлэлцэн тогтов. ӨМӨЗО-ы Рашаан хот нь Хятад Монголын хилийн зүүн зурваст оршидог бөгөөд Монголын зүүн аймгуудтай хөрш болохын зэрэгцээ мөн Рашаан хот нь зүүн хойт азийн эдийн засгийн гол цөм болон Хятадын зүүн хойт эдийн засгийн бүс нутгийн экспортын баруун төв бүсэд

байрладаг, НҮБ-ын төлөвлөгөөний комисс зүүн хойт азийн тээвэрлэлтийн гол замын холбоос цэг болгох төлөвлөгөөг гаргав.

8 月 18 日　中国石油大庆塔木察格有限责任公司与 SOCO 公司签署了购买蒙古国第 19、21 和 22 区块的勘探开发权，当日在北京正式交接。同年 9 月份该公司在美国特拉华州和开曼岛注册登记。

8 сар 18　Хятад улсын газрын тосны “Да Чин Тамсаг” ХХК болон SOCO компани Монголын 19, 21, 22-р хэсгийн хайгуул хийх эрхийг худалдан авах бичигт гарын үсэг зурсан бөгөөд мөн өдөр Бээжин хотод албан ёсоор хүлээн авав. Мөн оны 9 сард салбар компани нь Америкийн Техас болон Калифорнид бүртгүүлэв.

8 月 19 日　中国内蒙古爱德律师事务所在蒙古国乌兰巴托市乌兰巴托饭店举行了其驻蒙古国代表处的开业仪式。中国驻蒙古国大使馆参赞柴文睿、商务参赞宋学军、内蒙古自治区司法厅副厅长岩英、中华全国律师协会副会长兼内蒙古自治区律师协会会长宋建中以及蒙古国外资外贸局局长钢照日格、蒙古国律师协会会长普日布尼玛、蒙古国著名法学家其木德等参加了开业仪式。

8 сар 19　ӨМӨЗО-ны Айдэ өмгөөллийн хэрэг эрхлэх газар Монгол улсын нийслэл Улаанбаатар хотын Улаанбаатар зочид буудалд өөрийн төлөөлөгчийн газраа байгуулах нээлтийн ёслолыг зохион байгуулав. БНХАУ-ын Монгол улсдахь Элчин сайдын яамны зөвлөх Чай Вэнруй, худалдааны зөвлөх Сун Сюежүн, ӨМӨЗО-ы хуулийн танхимын дэд дарга Ень Ин, БНХАУ-ын БХ-ын өмгөөлөгчдийн холбооны дэд дарга бөгөөд ӨМӨЗО-ны

өмгөөлөгчдийн холбооны дарга Сун Жянжун хийгээд Монгол улсын гадаадын хөрөнгө оруулалт гадаад худалдааны хэлтсийн дарга Ганзориг, Монголын өмгөөлөгчдийн холбооны дарга Пүрэвням, Монголын нэрт хуульч Чимэд зэрэг хүмүүс нээлтийн ёслолд оролцов.

8 月 19 日—21 日　中国蒙古学国际学术讨论会在呼和浩特召开。来自中国、蒙古、俄罗斯、日本、德国、法国、匈牙利、美国、芬兰、波兰、韩国、哈萨克斯坦、吉尔吉斯斯坦 13 个国家和香港、台湾等地区的 330 多名蒙古学专家和学者出席了会议。

8 сар 19-21　Хятад улсын Монгол судлалын Олон улсын эрдэм шинжилгээний хурал Хөх хотод хуралдав. Хятад улс, Монгол улс, ОХУ, Япон улс, Германь, Франц, Унгар улс, АНУ, Финлянд, Польш, Солонгос, Казахстан, Киргизистан зэрэг 13 улс мөн Хонгкон, Тайвань зэрэг улсын болон орон нутгаас ирсэн 330 гаруй нэртэй монголч эрдэмтэд, мэргэжилтэд хуралд оролцов.

9 月 9 日　据报道，由中蒙两国在能源领域首度合作的、迄今为止中国对蒙古国最大的投资项目、蒙古国历史上第一个炼油厂——蒙古国忠巴音炼油厂项目建设启动仪式日前在京举行。由中财燃料贸易有限公司、黑龙江华福实业有限公司、北京京德顺物资有限公司联合投资建设的蒙古国忠巴音炼油厂总投资 2 亿美元，将在 2007 年底投产，在蒙古国境内进行石油开采项目，该项目采用国际先进技术设备，年加工原油 100 万吨。

9 сар 9　Мэдээллээс үндэслэхэд Хятад, Монгол 2 улсын эрчим хүчний салбарын эн тэргүүний хамтын ажиллагааны, өдгөөг хүртэл Хятад Улс Монгол улсад хамгийн том хөрөнгө оруулсан төсөл нь, Монгол улсын

түүхэн дэх анхны нефть боловсруулах үйлдвэр болох МУ-ын Зүүнбаян нефть боловсруулах үйлдвэрийн төслийг нээх ёслолыг саяхан Бээжин хотноо зохион байгуулав. Хятадын ахуйн түлшний ХХК, Хөлөнбуйр мужийн Хуа Фуши ХХК, Бээжингийн Жин Дэшүн ХХК хамтын хөрөнгө оруулалтаар байгуулсан МУ-ын Зүүнбаянгийн нефть боловсруулах үйлдвэрт нийт 200 сая ам.долларын өртөгийн хөрөнгө оруулж, 2007 оны сүүлээр ашиглалтанд орох бөгөөд МУ-ын нутаг дэвсгэрт нефть олборлох төсөл юм. Тус төсөлд олон улсын шилдэг техник, тоног төхөөрөмжийг ашиглан жилд 1 сая тонн түүхий газрын тос боловсруулж байна.

9月12日　中国全国人民代表大会常务委员会副委员长顾秀莲当日在人民大会堂会见了以蒙中议员小组主席、蒙古公民意志共和党总书记蒙・卓里格特为团长的蒙古国西部地区超党派议员代表团。顾秀莲说，双方政治家之间开展密切的交流，对彼此加深了解、增进友谊、巩固互信、推动合作有着重要意义。卓里格特说，蒙中议员小组不仅致力于两国议会的友好交流，更要致力于发展蒙中两国友好关系。蒙古国西部地区超党派议员代表团应中共中央对外联络部邀请，于9月12日起对中国进行访问。

9 сар 12　БХАТИХ-ын байнгын хорооны дэд дарга Гү Сюлень АИХ-ын ордонд Монгол Хятадын парламентийн бүлгийн дарга, Монголын Иргэний Зориг намын ерөнхий нарийн бичгийн дарга М.Зоригт тэргүүтэй Монголын баруун бүсийн зүүний бүлэглэлийн төлөөлөгчдийг хүлээн авч уулзав. Гү Сюлен хэлэхдээ хоёр талын улс төрчдийн хоорондын солилцоог өрнүүлж, найрамдалт харилцаагаа нэмэгдүүлэн, харилцан ойлголцлоо гүнзгийрүүлж, харилцан итгэлцэн, хамтын ажиллагааг урагшлуулахад чухал ач холбогдолтой гэв. М.Зоригт хэлэхдээ Монгол Хятадын парламентийн бүлэг хоёр улсын парламентийн найрсаг

солилцоо хийхэд хүчин чармайлт гаргаад зогсохгүй Монгол Хятадын найрсаг харилцааг хөгжүүлэхэд улам их хүчин чармайлт гаргах хэрэгтэй юм гэв. Монголын баруун аймгуудийн зүүний бүлэглэлийн төлөөлөгчид ХКН-ын ГХХ-ийн урилгаар 9 сарын 12-оос эхлэн Хятадад айлчлал хийв.

9 月 20 日 蒙古国铁路局在北京召开“2005 年乌兰巴托铁路报告会”，该局局长全面介绍近年来蒙古铁路提升运输服务能力的成绩，表达了希望为中蒙、中俄乃至中欧贸易发挥作用的愿望。

9 сар 20 Монголын Төмөр замын товчоо Бээжинд “2005 оны Улаанбаатар төмөр замын зөвлөгөөн”-ийг зарлан хуралдуулав. Товчооны дарга ойрын жилүүдэд Монголын төмөр замын тээвэрлэлтийн үйлчилгээний чадварын амжилтыг бүх талаар нь танилцуулж, Хятад Монгол, Хятад Орос цаашилбал Хятад Европын гадаад худалдааг дэлгэрүүлэх хүсэлтэй байгаагаа илэрхийлэв.

9 月 27 日—29 日 由蒙古国教育文化科学部、中国内蒙古自治区科技厅和蒙古国科学技术基金会共同主办的“中蒙科技展示会”在蒙古国乌兰巴托成功举办。参展的内蒙古自治区代表团成员由 40 多位技术专家和企业界代表组成，展出科研成果项目 50 多项。研究内容涵盖农畜产品加工新技术与设备、种植业、生物医药、信息技术、能源等领域，绝大多数项目有着良好的应用前景和市场前景。蒙方参展的许多项目水平很高，一些项目达到了世界领先进水平。三天的展会中蒙共签订协议 14 项，涉及蒙医药、文化交流、人才交流、农业建设等领域。

9 сар 27-29 Монгол улсын БСШУ-ны яам, БНХАУ-ын ӨМӨЗО-ны ШУ-ны тэнхим болон МУ-ын ШУТ-ийн сангийн хамтран зохион байгуулсан “Хятад, Монголын ШУТ-ийн үзэсгэлэн” Монгол улсын нийслэл Улаанбаатар хотод

амжилттай зохион байгуулагдав. Үзэсгэлэнд оролцсон ӨМӨЗО-ы төлөөлөгчдийн гишүүн болох 40 гаруй техникийн мэргэжилтэн болон аж ахуйн нэгжийн амжилттай болсон эрдэм шинжилгээний 50 гаруй төсөл дэлгэн тавигдав. Судалгааны гол агуулга нь хангайн бүсийн газар тариалан малын гаралтай бүтээгдэхүүн боловсруулах шинэ технологи ба тоног төхөөрөмж, тариалан эрхэлсэн аж ахуй, био эм, мэдээлэл технологи, эрчим хүч зэрэг салбарын нилээд төслийн хэтийн төлөв болоод зах зээлийн хэтийн төлөв нь маш сайн байгааг харуулсан юм. Монголын талаас үзэсгэлэнд оролцсон маш олон төсөл өндөр түвшинд байгаа бөгөөд зарим төсөл нь дэлхийд тэргүүлэх байрыг эзэлсэн байна. 3 хоногийн үзэсгэлэнгээр Хятад, Монгол улс хамтран 14 зүйлийн гэрээ байгуулав. Монгол улсад холбогдох эм эмнэлэг, соёлын солилцоо, боловсон хүчний солилцоо, газар тариалан байгуулах зэрэг салбарууд юм.

9 月 27 日　在北京召开的欧亚交通部长级会议及第三届欧亚道路运输大会。会后，发表了联合声明。中国和蒙古国官员出席了会议。

9 сар 27　Бээжинд Евро-Азийн Зам харилцааны хэлтсийн дээд шатны хуралдаан хийгээд Евро-Азийн Зам тээврийн 3-р их хуралдааныг зарлан хуралдуулав. Хурлын дараа хамтарсан мэдэгдэл хийв. Хятад болон Монголын албаны хүмүүс хуралд оролцов.

10 月 10 日　中国恒有源科技发展有限公司的蒙古国样板工程竣工剪彩暨规模推广仪式在蒙古国首都乌兰巴托市 Nuht 自然保护区举行。仪式由蒙古国工商总会和蒙古国派奥内任有限公司主持，蒙古国总统办公厅主任毕力格图，蒙古国建设部部长 S.巴图巴雅尔等出席仪式。

10 сар 10 Хятад улсын “Хэн Ёоу Юань Техникийн хөгжил” ХХК-ий Монгол улс дахь загвар барилгын ажил дуусч тууз хайчлах ёслол МУ-ын нийслэл Улаанбаатар хотын дархан цаазат газар Нүхтэд зохиогдов. Монгол улсын Худалдаа Аж Үйлдвэрийн танхим болон Монгол улсын “Пионер” ХХК-ий эрхлэн зохион байгуулсан уг ёслолд Монгол улсын Ерөнхийлөгчийн ажлын албаны дарга Билэгт, Монгол улсын Барилга хот байгуулалтын яамны сайд С.Батбаяр зэрэг албаны хүмүүс оролцов.

10月13日 由英国、蒙古国和中国的野生动物专家等14人组成的联合考察队当日上午从乌鲁木齐出发，前往新疆罗布泊野骆驼国家级自然保护区，开始为期约 20 天的野骆驼生存状况调查活动。

10 сар 13 Англи, Монгол ба Хятад зэрэг улсын 14 хүний бүрэлдэхүүнтэй зэрлэг амьтны мэргэжилтнүүдийн хамтарсан экспедиц үдээс өмнө Үрэмчээс хөдлөн Шиньжян Лов нуурын хавтгайн улсын дархан цаазат газарт хүрэлцэн ирж, 20 гаруй хоногийн туршид хавтгайг амьдрах орчинд нь судлах хээрийн судалгааны ажил эхэлсэн байна.

10月13日 经中国国家文物局与蒙古国文化部批准，中蒙联合考古队在蒙古境内，进行了 50 余天的考古调查。本日，中蒙联合考古队汇报会在中国呼和浩特举行。通过此次调查，考古队对蒙古国中东部地区古代遗址的分布状况及研究现状有了一个较为清晰的认识。

10 сар 13 БНХАУ-ын Улсын Түүхийн дурсгалын газар болон Монгол улсын Соёлын Яамны зөвшөөрөлтэй, Хятад Монголын хамтарсан археологийн экспедиц Монгол Улсын нутаг дэвсгэрт 50 гаруй өдөр археологийн судалгаа

явуулав. Хятад Монголын хамтарсан археологийн хээрийн судалгааны ажлын тайлан хурал БНХАУ-ын ӨМӨЗО-ны нийслэл Хөх хотод зохион байгуулагдав. Энэ удаагийн хээрийн судалгаагаар тус археологийн экспедиц нь Монгол улсын төв, зүүн бүс нутаг дахь эртний хот суурины бодит байдалтай танилцсан байна.

11 月 3 日　“中蒙第一桥”额布都格—巴彦呼舒口岸大桥竣工通车仪式在中国内蒙古新巴尔虎左旗额布都格口岸隆重举行。蒙古国大呼拉尔议员莫·照日格、东方省省长策·詹拉布和中国内蒙古自治区相关部门及呼伦贝尔市、新巴尔虎左旗领导出席了庆典仪式。新巴尔虎左旗与蒙古国有 207 公里的边境线。额布都格口岸位于新左旗阿木古郎镇西南 22 公里处，隔哈拉哈河与蒙古国巴彦呼舒口岸相对，1995 年成为国家一类季节性口岸。2004 年，该口岸进出口货运量突破 3 000 吨，创历史最高水平。

11 сар 3　“Хятад Монголын нэгдүгээр гүүр” Өвдөг–Баянхошуу боомтын гүүр барих барилгын ажил дуусч машин явах нээлтийн ёслол Хятад улсын ӨМ-ын Шинэ барга зүүн хошууны Өвдөг боомтод ёслол төгөлдөр зохион байгуулагдав. МУ-ын УИХ-ын гишүүн М.Зоригт Зүүн бүсийн аймгийн дарга Ц.Жанлав болон БНХАУ-ын ӨМӨЗО-ны холбогдох салбар хийгээд Хөлөнбуйр хотын Шинэ барга зүүн хошууны удирдагчид баярын ёслолд оролцов. Шинэ барга зүүн хошуу нь Монгол улстай 207 км хилийн шугамаар хаяа нийлдэг. Өвдөг боомт нь Шинэ барга зүүн хошуу Амгалантын баруун урд 22 км-т, Халхын голоор зааглагдсан Монгол улсын Баянхошуу боомтын эсрэг талд байрладаг бөгөөд 1995 онд улсын улирлын шинж чанартай боомт болсон аж. 2004 онд тус боомтын импорт экспортын худалдааны ачаа тээврийн эргэлтийн хэмжээ нь 3 000 тонн хүрсэн нь өндөр үзүүлэлтээр бүртгэгдсэн аж.

11月4日　蒙古国驻华大使巴特苏赫在蒙驻华使馆代表蒙古国总统为参加中蒙边界第二次联合检查的中方有关人员举行授勋仪式。

11 сар 4　Монгол улсаас БНХАУ-д суугаа элчин сайд Батсүх Монголоос БНХАУ-ын Элчин сайдын яаманд суух Монгол улсын Ерөнхийлөгчийн төлөөлөгч Хятад Монголын хилийн 2 дахь удаагийн хамтарсан шалгалтад оролцож буй Хятадын талын холбогдох албаны ажилтанд одон гардуулах ёслол болов.

11月10日　首届欧亚经济论坛当日上午在中国西安开幕，来自欧亚10多个国家的代表就能源、金融、旅游等领域的合作进行了研讨。论坛由上海合作组织、中国国家开发银行和联合国亚洲太平洋地区经济社会理事会主办，博鳌亚洲论坛协办，西安市人民政府和北京当代世界发展研究院共同承办。蒙古国前总统奥其尔巴特在开幕式后作了专题演讲。蒙古国燃料与能源部部长门塞可汗也对本国电力系统及电力供应问题作了介绍，表示蒙古愿意积极参与地区和国际合作。

11 сар 10　Евро-Азийн эдийн засгийн анхдугаар форум үдээс өмнө Хятад улсын Си-ань хошуунд нээлтээ хийж, Евро-Азийн 10 гаруй орны төлөөлөгчид эрчим хүч, санхүү, аялал жуулчлал зэрэг салбарын хамтын ажиллагаанд судалгаа явуулав. Уг форумыг Шанхайн хамтын ажиллагааны байгууллага, Хятад улсын нээсэн банк болон НҮБ-ын Ази номхон далайн бүс нутгийн нийгэм эдийн засгийн зөвлөлөөс эрхлэн Азийн төлөө Бо-аогийн форум хамтран гүйцэтгэж Си-ань хотын Ардын Засгийн газар болон Бээжингийн тухайн үеийн Дэлхийн хөгжлийн судалгааны хүрээлэнтэй хамтран зохион байгуулав. Монгол

улсын Ерөнхийлөгч асан П.Очирбат нээлтийн ёслолын дараа тусгай сэдвээр лекц уншив. Монгол улсын Түлш эрчим хүчний сайд Мөнхсайхан мөн тус улсын цахилгаан эрчим хүчний систем хийгээд цахилгаан эрчим хүчний хангамжийн асуудлуудтай танилцан, Монгол улс бүс нутгийн болон ОУ-ын хамтын ажиллагаанд идэвхитэй оролцохыг хүсэж байгаагаа илэрхийлэв.

11 月 16 日　在北京论坛上，蒙古国科学院院士沙・毕拉做了专题发言。

11 сар 16　Бээжинд болсон форум дээр Монгол улсын ШУА-ийн　академич Ш.Бира тусгай сэдвээр яриа тавьжээ.

11 月 16 日　以蒙古国国家档案局编研室主任门德赛罕率领的代表团访问中国内蒙古档案局馆，与内蒙古自治区档案局有关领导及有关部门负责人举行了座谈。

11 сар 16　Монгол улсын Архивийн газрын Найруулан судлах тэнхимийн эрхлэгч Мэндсайхан тэргүүтэй төлөөлөгчид Хятад улсын ӨМ-ын Архивийн газарт айлчилж ӨМӨЗО-ы Архивийн газрын холбогдох удирдлагууд болон холбогдох салбарын хариуцсан хүмүүстэй яриа хийв.

11 月 22 日　中国外交部发言人刘建超当日宣布：应国家主席胡锦涛邀请，蒙古国总统那木巴尔・恩赫巴亚尔将于 11 月 27 日至 12 月 3 日对中国进行国事访问。

11 сар 22　Хятад улсын ГХЯ-ны хэвлэлийн төлөөлөгч Лю Женьчао, тус улсын тэргүүн Ху Жиньтао-ийн урилгаар Монгол улсын Ерөнхийлөгч Н.Энхбаяр 11 сарын 27-12 сарын 3-ны өдөр хүртэл Хятад улсад төрийн айлчлал хийх болсныг мэдэгдэв.

11月22日 中共内蒙古自治区党委书记储波在内蒙古饭店会见了应中蒙合资桑斯尔有线广播电视公司邀请，前来呼和浩特、包头、鄂尔多斯等地进行私人访问的蒙古国人民革命党总书记巴亚尔一行。

11 сар 22 ХКН-ын ӨМӨЗО-ны намын хорооны нарийн бичгийн дарга Чу Пө нь ӨМ-ын зочид буудалд Хятад Монголын хамтын хөрөнгө оруулалттай Сансарын кабелийн телевизийн компаний урилгаар Хөх хот, Бугат хот, Ордост хүрэлцэн ирж хувийн айлчилал хийж буй МАХН-ын ерөнхий нарийн бичгийн дарга С.Баярыг хүлээн авч уулзав.

11月25日 联合国教科文组织总干事松浦晃一郎向中国常驻联合国教科文组织副代表马燕生和蒙古国驻法大使阿勒坦格列尔颁发“蒙古族长调民歌”荣列“人类口头和非物质文化遗产代表作”证书。

11 сар 25 НҮБ-ын ЮНЕСКО-ын ерөнхий гүйцэтгэгч Сун Пухуан Хятад улсаас НҮБ-ын ЮНЕСКО-Д байнгын суух төлөөлөгчийн орлогч Ма Яншэн болон Монгол улсаас Франц улсад суух элчин сайд Алтангэрэл нар “Монгол үндэстний уртын дуу”-г “Дэлхийн соёлын өвийн төлөөлөгч” мөн хэмээх гэрчилгээг зарлан тунхаглав.

11月26日 蒙古国总统恩赫巴亚尔访问中国前夕接受新华社和《人民日报》记者联合采访时说，蒙古国外交政策的首要方针是发展与中国和俄罗斯两个邻国的关系。蒙古国重视发展与中国的友好合作，目前蒙中关系正在积极向前发展。

11 сар 26 Монгол улсын Ерөнхийлөгч Н.Энхбаяр нь Синьхуа агентлаг болон “Ардын өдрийн сонин”-ы хамтарсан сурвалжлагчдыг өмнөх орой нь хүлээн авч уулзах үеэрээ хэлэхдээ Монгол улсын гадаад бодлогын эн тэргүүний

зорилт бол Хятад, Орос 2 улстай хөршийн харилцаагаа хөгжүүлэх юм. Монгол улс Хятад улстай найрсаг хамтын ажиллагаагаа хөгжиж байгааг чухалчилан үзэж байгаа, Монгол Хятадын харилцаа яг одоо идэвх чармайлттай урагшаа хөгжиж байна гэв.

11 月 27 日　应中国国家主席胡锦涛的邀请，蒙古国总统那木巴尔·恩赫巴亚尔当日下午抵达北京，开始对中国进行为期 7 天的国事访问。这是他今年 6 月就任蒙古国总统后的首次出访。随同恩赫巴亚尔访问中国的有不少蒙古国企业界代表，这些代表将同中国企业家进行交流并商谈合作事宜。恩赫巴亚尔希望中国能在蒙古国的铁路、公路、电力设施和输电线路建设方面进行投资，并参与对蒙古国大型矿山的合资开发。

11 сар 27　БНХАУ-ын тэргүүн Ху Жиньтао-ийн урилгаар Монгол улсын Ерөнхийлөгч Н.Энхбаяр үдээс хойш Бээжин хотод хүрэлцэн ирж 7 хоногийн хугацаатай төрийн айлчилал хийв. Энэ нь түүний Монгол улсын Ерөнхийлөгчийн албанд томилогдоод 6 сар болсны дараа анх удаа хийсэн айлчилал юм. Энхбаярыг Хятадад айлчлах үед Монгол улсын олон аж ахуй нэгжүүдийн төлөөлөгчид дагалдан явсан ба эдгээр төлөөлөгчид Хятадын бизнесмэнүүдтэй туршилга солилцон хамтын ажиллагааны асуудлын талаар зөвлөлдөв. Энхбаяр Хятад улс Монгол улсын төмөр зам, засмал зам, цахилгаан эрчим хүчний байгууламж болон цахилгаан дамжуулах шугам зэрэг талуудад хөрөнгө оруулж мөн Монголын том оврын уурхайг хамтын хөрөнгө оруулалтаар нээхэд оролцохыг хүсэв.

11 月 28 日　中国外交部长李肇星和蒙古国外长曾·蒙赫奥尔吉勒分别代表两国政府正式签署了《中华人民共和国政府和蒙

古国政府关于中蒙边界第二次联合检查的议定书》，标志着该项工作圆满完成。

11 сар 28 БНХАУ-ын Гадаад хэргийн сайд Ли Жаосин болон Монгол улсын Гадаад харилцааны сайд Ц.Мөнх-Оргил нар хоёр улсын Засгийн газраа төлөөлөн “БНХАУ-ын Засгийн газар болон Монгол улсын Засгийн газрын Хятад Монголын хилийн хоёр дахь удаагийн хамтарсан шалгалтын протокол”-д албан ёсоор гарын үсэг зурснаар уг төслийн ажил амжилттай дуусгавар болсныг илтгэн харуулж байна.

11 月 28 日 正在中国进行正式访问的蒙古国总统恩赫巴亚尔在北京钓鱼台国宾馆为中国前副总理钱其琛授勋，表彰他为中蒙两国关系发展所做的杰出贡献。批准了两国在 2005–2010 年期间实施的教育领域合作计划。

11 сар 28 БНХАУ-д албан ёсны айлчлал хийж буй Монгол улсын Ерөнхийлөгч Энхбаяр Бээжин хотын “Дяоюйтай” төрийн ордонд Хятадын ерөнхий сайдын орлогч асан Чянь Чичэньд одон гардуулж, Хятад Монгол 2 улсын харилцааны хөгжилд үнэтэй хувь нэмрээ оруулсныг нь сайшаав. 2005-2010 онд хэрэгжүүлэх боловсролын солилцоо хамтын ажиллагааны төлөвлөгөөг баталсан.

11 月 28 日 中国国家主席胡锦涛当日下午在人民大会堂北大厅举行仪式，欢迎恩赫巴亚尔访问中国。随后胡锦涛在人民大会堂与蒙古国总统恩赫巴亚尔举行会谈。胡锦涛表示，中国尊重蒙古国的独立、主权与领土完整，尊重蒙古国人民自主选择的发展道路。在和平共处五项原则基础上，进一步发展中蒙睦邻互信伙伴关系是中国政府坚定不移的方针。中方愿同蒙方一道，从以下四个方面深化两国睦邻友好和互利合作：

一、加强两国高层及各层次的对话与交流，扩大两国议会、政府和政党之间的友好交往，不断增进理解和信任，永做好邻居、好朋友、好伙伴。

二、坚持以资源开发和基础设施建设为重点，拓展双边互利合作。双方应抓紧落实好已商定的合作项目，同时要充分利用互补优势，挖掘潜力，加强双方在能源、交通、通信等领域的合作，积极探讨新的合作渠道和方式。中方支持有实力、信誉好的企业以及中国北方省份同蒙方开展合作，以实现互利双赢、共同发展。

三、扩大两国在人文等领域的交流与合作，丰富中蒙睦邻互信伙伴关系的内涵。双方可更多地开展形式多样的文化交流活动，加强在教育、旅游、环保、救灾、卫生防疫等领域的合作。

四、保持两国在国际和地区事务中的协调与配合，共同促进本地区的和平与发展。中方支持蒙古国作为上海合作组织观察员在该组织中发挥积极作用，支持蒙古国积极参与东北亚及亚洲区域合作进程。

恩赫巴亚尔表示完全赞同胡锦涛关于进一步发展两国关系的看法和主张。他说，蒙方愿与中方继续保持高层交往，进一步加强两国在政治、安全、经贸、旅游等领域的交流与合作。中国经济的持续快速发展为两国合作提供了良好机遇。蒙方欢迎中方积极参与蒙古国矿产资源开发和交通运输等基础设施建设，希望进一步利用中国天津港作为蒙古国贸易出海口。双方还应在环境与自然资源保护方面进行合作，鼓励文化、教育交流，积极考虑互设文化中心。蒙方祝贺中国神舟六号载人航天飞行圆满成功，愿与中方在和平利用空间资源方面开展更多的合作。恩赫巴亚尔还表示，蒙古国重视区域合作，愿在上海合作组织等框架内加强同中方的沟通与协作，也愿积极参与东北亚合作，共同维护本地区的和平稳定，促进共同发展。他还对最近中国江西发生地震灾害，造成人员伤亡和财产损失表示慰问，胡锦涛对此表示感谢。会谈后，两国元首共同出席了两国政府关于中蒙边界第二次联合检查的议定书、两国政府经济技术合作协定等合作文件的签字仪式。

11 сар 28 БНХАУ-ын дарга Ху Жиньтао Монгол улсын Ерөнхийлөгч Н.Энхбаярыг БНХАУ-д албан ёсны айлчлал хийж буйг тохиолдуулан АИХ-ын ордны хойд их танхимд хүлээн авах ёслол болсон ба ёслолын дараа Ху Жиньтао АИХ-ын танхимд Монгол улсын Ерөнхийлөгч Н.Энхбаяртай ярилцав. Ху Жиньтао Хятад улс Монгол улсын тусгаар тогтносон, бүрэн эрх, газар нутгийн бүрэн бүтэн байдлыг хүндэтгэж байна, Монголын ард түмэн хөгжлийн замаа сонгох бүрэн эрхийг нь мөн хүндэтгэж байгаагаа илэрхийлэв. Энх тайвнаар зэрэгцэн орших 5 зарчмын үндсэн дээрх Хятад Монголын сайн хөршийн харилцан итгэлцсэн түншийн харилцааг ахиулах бол Хятадын гуйвшгүй чиг шугам юм. Хятадын тал Монголын талтай зорилго нэгтэй байхыг хүсэж, доорх 4 чиглэл 2 улсын сайн хөршийн найрсаг харилцаа болон харилцан ашигтай хамтын ажиллагааг гүнзгийрүүлнэ гэв. Үүнд:

1. Хоёр улсын дээд шатны болоод эл шатны яриа хэлэлцээр ба солилцоог нэмэгдүүлж, 2 улсын парламент, Засгийн газар болон улс төрийн намуудын хоорондох харилцааг өргөжүүлэн, харилцан ойлголцол итгэлцлийг тасралтгүй сайжруулж, үүрд мөнхийн сайн хөрш, сайн найз, сайн түнш байх.

2. Байгалын баялгийг ашиглах болон дэд бүтцийг байгуулахаар гол болгон баримталж 2 талын харилцан ашигтай хамтын ажиллагааг өргөжүүлэх. 2 тал аль хэдийн

хэлэлцэж тогтсон хамтын ажиллагааны төслүүдийг шавдуулан хэрэгжүүлэхийн зэрэгцээ харилцан нөхвөрлөх давуу байдлаа аль болохоор ашиглан далд нөөцийг гаргах, 2 талын эрчим хүч, зам харилцаа, мэдээ мэдээлэл зэрэг салбаруудын хамтын ажиллагааг нэмэгдүүлж, шинээр хамтран ажиллах усан замын арга хэлбэрүүдийг идэвхитэй судлан шинжлэх хэрэгтэй. Хятадын тал бодит хүчтэй итгэл хүндтэй сайн аж ахуй нэгж хийгээд Хятад улсын хойд нутгийн мужийн хэсэг Монголын талтай хамтын ажиллагаагаа өрнүүлэн, харилцан ашигтай хамтын хөгжилийг дэмжих.

3. Хоёр улсын хүмүүнлэгийн салбарын солилцоо болон хамтын ажиллагааг өргөжүүлэн, Хятад Монголын сайн хөршийн харилцан итгэлцсэн түншийн харилцааны дотоод агуулгыг баяжуулах. Хоёр тал олон янзын соёлын солилцооны үйл ажиллагааг хөгжүүлэн, боловсрол, аялал жуулчлал, орчин тойрноо хамгаалах, гамшгаас аврах, тахлаас сэргийлэх зэрэг салбарын хамтын ажиллагааг нэмэгдүүлэх.

4. Хоёр улсын Олон улс болон бүс нутаг дахь хэрэг явдлын уялдаа холбоо нийцлийг хадгалан, тус бүс нутгийн энх тайван байдал болон хөгжлийг хамтаар ахиулах. Хятадын тал Монгол улс Шанхайн хамтын ажиллагааны байгууллагын ажиглах гишүүн болохыг дэмжин тус байгууллагад идэвхитэй үүрэг гүйцэтгэх, Монгол улсыг Зүүн хойд Ази болон Ази тивийн нутаг дэвсгэрийн хамтын ажиллагааны явцад идэвхитэй оролцохыг дэмжих.

Энхбаяр Ху Жиньтао-ийн хоёр улсын харилцааны хөгжлийн ахиж байгаа талаарх үзэл бодолтой бүрэн дүүрэн санал нэгтэй байгаагаа илэрхийлэв. Тэрээр хэлэхдээ Монголын тал Хятад улстай дээд шатны харилцаагаа үргэлжлүүлэн хэвээр хадгалж, 2 улсын улс төр, аюулгүй байдал, худалдаа арилжаа, аялал жуулчлал зэрэг салбарын солилцоо болон хамтын ажиллагааг улам илүү нэмэгдүүлэхийг хүсч байна. Хятад улсын эдийн засгийн үргэлжилсэн хурдацтай хөгжил нь 2 улсын хамтын ажиллагаанд сайхан тохиол болсон юм. Монгол улсын ашигт малтмалын баялгийг ашиглах болон зам харилцаа тээвэрлэлт зэрэг дэд бүтэц байгуулах тал дээр Хятадын талыг идэвхтэй оролцоход Монгол улс халуун дотноор хүлээн авч, Монгол улс гадаад худалдаагаа далайгаар гаргахад Хятад улсын Тяньжин боомтыг илүүтэй ашиглахыг хүсч байна. 2 тал мөн орчин тойрон байгаль экологийн баялгийг хамгаалах тал дээр хамтран ажиллаж, соёл, боловсролын солилцоог дэмжин, харилцан соёлын төв байгуулах талаар идэвхитэй бодолцож үзэх ёстой гэв. Монголын тал Хятад улсын 6 дугаар Шэн Дань сансрын хөлөг онгоц амжилттай хөөрсөнд үйлдсэнд баяр хүргэн, Хятадын талтай эв найрамдалтайгаар сансарын огторгуйг судлах олон талын хамтын ажиллагааг хөгжүүлэхийг хүсэв. Энхбаяр мөн Монгол улс бүс нутгийн хамтын ажиллагааг чухалчилан үзэж Шанхайн хамтын ажиллагааны байгууллага зэрэг хүрээний дотор Хятадын талтай солилцох болон хамтын ажиллагааг нэмэгдүүлж, Зүүн хойд Азийн хамтын ажиллагаанд мөн идэвхитэй оролцохыг хүсэн, тус бүс нутгийн амар тайван тогтвортой байдлыг хамтаар хамгаалахын зэрэгцээ хамтын хөгжилд тус дөхөм үзүүлэхийг хүсч байгаагаа илэрхийлэв. Тэрээр ойрын үед тохиолдсон Хятад улсын Жянши мужийн газар хөдлөлтийн гамшигт шархадсан хүмүүс болон эд хөрөнгийн гарз хохиролд санаа тавьсан явдалд Ху Жиньтао баярласнаа илэрхийлэв. Хэлэлцээрийн дараа 2 улсын тэргүүнүүд хамтран 2 улсын Засгийн газрын Хятад, Монголын хилийн хоёрдугаар удаагийн хамтарсан шалгалтын тухай хэлэлцээр, 2 улсын Засгийн газрын эдийн засаг техникийн хамтын ажиллагааны хэлэлцээр болон хамтын ажиллагааны баримтанд гарын үсэг зурах ёслолд оролцов.

11 月 28 日　在中国国家主席胡锦涛和蒙古国总统恩赫巴亚尔的见证下，中国国家电网公司副总经理郑宝森与蒙古国中央区域电网公司总经理巴斯赛汗签署了中蒙能源合作备忘录。中国国家发展与改革委员会和蒙古国燃料动力部同期签署了合作备忘录。两国能源合作将在备忘录的框架下积极开展工作。

作为蒙古国总统访问中国的重要内容，中国国家知识产权局局长田力普代表中国政府，蒙古国知识产权局局长庆巴特·纳姆吉代表蒙古国政府，在北京签署了《中华人民共和国政府与蒙古国政府知识产权合作协议》。根据该协议，双方将在知识产权法律制度的完善、人员培训以及自动化建设等领域开展合作，并将就重大国际知识产权问题交换意见。

11 сар 28　БНХАУ-ын дарга Ху Жиньтао болон Монгол улсын Ерөнхийлөгч Н.Энхбаяр нар гэрчлээр байлцан Хятад улсын интернэтийн компаний ерөнхий менежер Жэн Баосэн Монгол улсын Төв аймгийн нутаг дахь интернэтийн компаний ерөнхий менежер Батсайхан нар Монгол Хятадын эрчим хүчний хамтын ажиллагааны санамж бичигт гарын үсэг зурав. Хятад улсын хөгжил, өөрчлөлт шинэчлэлтийн зөвлөл болон Монгол улсын Түлш эрчим хүчний яам мөн үед хамтын ажиллагааны санамж бичигт гарын үсэг зурав. 2 улсын эрчим хүчний хамтын ажиллагааны санамж бичгийн хүрээний ажлыг идэвхитэй өрнүүлэв.

Монгол улсын Ерөнхийлөгчийн БНХАУ-д хийсэн айлчлалын гол агуулга нь, БНХАУ-ын Оюуны өмчийн газрын дарга Тен Липү Хятад улсын Засгийн газрыг төлөөлөн, Монгол улсын Оюуны өмчийн газрын дарга Чинбатын Намжил Монгол улсын Засгийн газрыг төлөөлөн Бээжинд

“БНХАУ-ын Засгийн газар Монгол улсын Засгийн газартай Оюуны өмчийн хамтрах ажиллах гэрээ”-нд гарын үсэг зурах аж. Тус гэрээнд үндэслэн хоёр талын Оюуны өмчийн эрхийн хуулийн системийг боловсронгуй болгож, боловсон хүчнийг сурган бэлтгэх болон техник хэрэгслийг автоматжуулах зэрэг салбарын хамтын ажиллагааг хөгжүүлэх болно. Талууд Олон улсын Оюуны өмчийн асуудлыг чухалчилан санал солилцов.

11 月 29 日 中国全国人民代表大会常务委员会委员长吴邦国和中国人民政治协商会议全国委员会主席贾庆林当日在北京分别会见了蒙古国总统恩赫巴亚尔。吴邦国说，中蒙关系经受了历史风雨的考验，取得长足发展。两国各层次、各领域的交流与合作十分密切。我们愿与蒙方一道，扩大两国各领域的对话与合作，把中蒙睦邻互信伙伴关系提高到一个新的水平。中国全国人民代表大会愿同蒙古国家大呼拉尔保持和发展业已存在的友好关系，加强双方领导人、各专门委员会、办事机构及友好小组之间的交往与合作，为增进两国人民之间的相互了解、推动中蒙关系的发展作出新的贡献。

恩赫巴亚尔说，蒙方满意地看到，蒙中睦邻互信伙伴关系在各领域得到良好发展。蒙古国希望不断加强同中国在经济贸易等领域的合作，实现共同发展。议会交往是两国关系的重要组成部分，蒙方愿与中方一道，扩大两国议会的交流与合作。

贾庆林强调，中国坚定地奉行“与邻为善、以邻为伴”的方针。中蒙双方应本着睦邻互信伙伴的精神增进相互理解与信任，在建设各自国家的过程中相互借鉴，相互促进，加强合作，推动中蒙关系长期稳定地发展，实现和平共处，共同发展，互利共赢。中国全国政协愿进一步加强与蒙古国家大呼拉尔在各层次、各界别的友好交往与合作，为发展两国关系和两国人民的友谊作出贡献。恩赫巴亚尔表示，我此次访问中国亲眼目睹了中国的发展，同中国领导人就进一步发展两国合作达成广泛共识。这进一步坚定了蒙古国对发展蒙中关系的决心和信心。蒙方愿加强蒙古国家大呼拉尔与中国全国政协之间的交流与合作。

11 сар 29 БХАТИХ-ын байнгын хорооны дарга У Бангуо Хятадын БХУТЗЗ-ийн дарга Жя Чинлинь нар Бээжинд Монгол улсын ерөнхийлөгч Энхбаярыг тус тус хүлээн авч уулзав. У Бангуо хэлэхдээ Хятад Монгол хоёр улсын харилцаа түүхийн хүнд бэрх шалгалтыг даван туулснаар хурдацтай хөгжлийг олж авсан. Хоёр улсын эл шат, эл салбарын солилцоо хамтын ажиллагааг улам нягтруулж байна. Бид Монголын талтай адил, хоёр улсын эл салбарын яриа хэлэлцээр хамтын ажиллагаагаа өргөжүүлж, Хятад Монголын сайн хөршийн харилцан итгэлцсэн түншийн харилцаагаа нэгэн шинэ түвшинд хүргэн дээшлүүлэхийг хүсч байна. Хоёр улсын ард түмний хоорондын харилцан ойлголцлыг сайжруулж Хятад Монголын харилцааны хөгжлийг урагшлуулахад хувь нэмрээ оруулахын тулд БХАТИХ, МУ-ын УИХ-тай хамтран урьдын найрсаг харилцааны хөгжлөө хадгалж, хоёр улсын удирдлагууд, эл талын тусгай хороо, гүйцэтгэгч байгууллага болон найрсаг бүлэглэлийн хоорондын харилцаа хамтын ажиллагааг нэмэгдүүлэхийг хүсч байна гэв.

Н.Энхбаяр хэлэхдээ Монгол Хятадын сайн хөршийн харилцан итгэлцсэн түншийн харилцаа эдгээр салбарт сайн хөгжиж байгааг Монголын тал сэтгэл хангалуунаар харж байна. Монгол улс Хятад улстай эдийн засаг гадаад худалдаа зэрэг салбарын хамтын ажиллагааг тасралтгүй нэмэгдүүлж, хамтдаа хөгжихийг хүсч байна. Парламентын харилцаа бол хоёр улсын харилцааны чухал бүрэлдэхүүн хэсэг бөгөөд Монголын тал Хятадын талтай санал нэгтэй байж хоёр улсын парламентын солилцоо хамтын ажиллагааг нэмэгдүүлэхийг хүсч байна гэв.

Жя Чинлинь Хятад улс “сайн хөрш, сайн түнш” хэмээх зорилтыг чухалчилан мөрдөж байна. Монгол Хятадын хоёр тал сайн хөршийн харилцан итгэлцсэн түншлэлийн харилцааны агуулгадаа харилцан ойлголцол итгэлцлийг нэмэгдүүлж, эл улс орон бүр байгуулагдах явцад харилцан сургамж болдог, харилцан тус дөхөм үзүүлэх, хамтын ажиллагааг нэмэгдүүлж, Хятад Монголын харилцааны урт хугацааны тогтвортой хөгжлийг ахиулан энх тайвнаар зэрэгцэн оршиж хамтаар хөгжин харилцан ашиг олох хэрэгтэй. Хоёр улсын харилцаа болон хоёр улсын ард түмний нөхөрлөлийг хөгжүүлэхэд хувь нэмрээ оруулахын тулд Бүх Хятадын улс төрийн зөвлөлдөх зөвлөл, МУИХ-тай энэ хүрээний найрсаг харилцаа хамтын ажиллагааг нэмэгдүүлэхийг хүсч байна хэмээн онцлон тэмдэглэв. Н.Энхбаяр Би энэ удаа Хятад улсад айлчилахдаа Хятад улсын хөгжлийг өөрийн нүдээр харж, Хятад улсын удирдагчтай хоёр улсын хамтын ажиллагааг өргөн цар хүрээтэй олны хүсэл сонирхолд нийцэн амжилттай хөгжиж байгаатай танилцлаа. Энэхүү амжилт нь Монгол улсын Монгол Хятадын харилцааны хөгжил дэх хандлагын шийдвэр хэрэгжүүлэх итгэлийг бэхжүүлж өгсөн юм. Монголын тал МУ-ын УИХ болон БХ-ын УТЗЗ хоорондын солилцоо болон хамтын ажиллагааг нэмэгдүүлэхийг хүсч байна.

11 月 29 日　中蒙发表《中华人民共和国与蒙古国联合声明》。

11 сарын 29-ний өдөр Хятад, Монгол улс “БНХАУ болон МУ-ын хамтарсан мэдэгдэл” хийв.

11 月 29 日　上午，蒙古国总统那木巴尔·恩赫巴亚尔率团前往天津市访问。恩赫巴亚尔一行参观了天津港五洲集装箱码头、滨海新区规划建设展馆和天津港保税区国际汽车城。中共天津市委副书记、市长戴相龙在天津经济技术开发区会见恩赫巴亚尔一行并陪同参观。

11 сар 29　Үдээс өмнө МУ-ын Ерөнхийлөгч Н.Энхбаяр тэргүүтэй төлөөлөгчид Тянжинь хотод айлчилхаар хүрэлцэн очив. Энхбаяр болон дагалдах төлөөлөгчид Тянжинь гарамын 5 тивийн контейнерын боомт, далайн ойролцоо байгуулах шинэ дүүргийн үзэсгэлэн болон Тянжинь гарамын гаалийн чөлөөт бүсийн ОУ-ын автомашины боомтыг үзэж сонирхов. ХКН-ын Тянжинь хот дахь намын хорооны нарийн бичгийн даргын орлогч, хотын дарга Дай Сянлун Тянжины эдийн засаг техникийн нээлттэй дүүрэгт Н. Энхбаяр болон түүний дагалдах төлөөлөгчдийг угтан авч уулзалт хийв.

11 月 29 日　由中国红十字会总会、蒙古国红十字会、中国铁道部主办，内蒙古自治区红十字会承办的中蒙两国红十字会 2005 世界艾滋病日宣传活动于当日在北京市启动。同日，蒙古国红十字会人员从乌兰巴托出发，在驶往二连浩特的列车上向乘客进行预防艾滋病的相关知识宣传。

11 сар 29　Хятад улсын УЗН, МУ-ын УЗН, БНХАУ-ын Төмөр замын яамны хэрэг эрхлэх газар, ӨМӨЗО-ы УЗН-ээс эрхлэн 2005 оны Дэлхийн ДОХ-ын эсрэг өдрийн үйл ажиллагааг Бээжин хотноо зохион байгуулав. МУ-ын УЗН-ийн гишүүд Улаанбаатар хотоос хөдлөн Эрээн хот хүрсэн

галт тэргэнд сууж явсан зорчигчдод ДОХ-оос урьдчилан сэргийлэх тухай сурталчилгаа хийв.

11 月 30 日 中国红十字会总会、铁道部有关人员在从北京至二连浩特的列车上进行了发放传单、知识问答等丰富多彩的宣传活动。

11 сар 30 Хятад улсын УЗН, Төмөр Замын яамны холбогдох албаны төлөөлөгчид Бээжин хотоос Эрээн хот хүрэх галт тэргэнд ДОХ-оос сэргийлэх ухуулгын хуудас тарааж, мэдэгдэхүүнийг нь шалгах асуулт хариулт явуулах зэрэг олон төрлийн үйл ажиллагаа явуулав.

11 月 30 日 蒙古国总统恩赫巴亚尔率代表团访问北京大学，并发表题为“全球化与蒙古国”的演讲。

11 сар 30 МУ-ын Ерөнхийлөгч Н. Энхбаяр тэргүүтэй төлөөлөгчид Бээжингийн их сургуульд айлчлал хийж “Дэлхийн дахины хөгжил ба Монгол улс” сэдвээр лекц уншив.

11 月 联合国大会无异议通过决议案，决定在 2006 年纪念成吉思汗创立蒙古帝国 800 周年。

11 сар НҮБ-ын их хурлаар санал нэгтэй баталсан тогтоолын төслийн дагуу 2006 онд Чингис хаан Их Монгол улсыг байгуулсны 800 жилийн ойг тэмдэглэхээр болов.

11 月 中国酒泉钢铁机械制造公司与蒙古国进出口公司签订了 5 000 套井盖、井圈购销确认书。

11 сар Хятад улсын “ЖюЧюань” ган төмөр машин механик үйлдвэрийн компани Монгол улсын импорт экспортын компанитай 5 000 ширхэг худгийн таг, худгийн

бүслүүр худалдан авах борлуулахыг хүлээн зөвшөөрөх тухай гэрээг байгуулав.

12 月 1 日　天津市建材业协会与蒙古国建材协会达成合作发展蒙古国建筑材料批发销售中心协议，双方昨日在上海召开的中蒙经贸合作论坛上签约。蒙古国总统那木巴尔·恩赫巴亚尔和天津市有关方面负责人出席签约仪式。

12 сар 1　Тяньжинь хотын барилгын материалын нийгэмлэг болон Монгол улсын барилгын материалын нийгэмлэгтэй Монгол улсын барилгын материалын бөөний төвийг хөгжүүлэх хамтын ажиллагааны тохиролцоонд хүрч, хоёр тал өчигдөр Шанхай хотод зарлан хуралдуулсан Хятад Монголын эдийн засаг гадаад худалдааны хамтарсан форум дээр гарын үсэг зурав. Гарын үсэг зурах ёслолд МУ-ын Ерөнхийлөгч Н. Энхбаяр болон Тяньжинь хотын холбогдох талын хариуцлагатнууд оролцов.

12 月 1 日　中共浙江省委副书记周国富在杭州会见了蒙古国总统那木巴尔·恩赫巴亚尔夫妇一行。周国富代表中共浙江省委、浙江省政府对恩赫巴亚尔一行表示欢迎，他说，浙江省早在 1998 年就开始与蒙古国进行经济、文化艺术等方面的交流，相信总统阁下的这次访问将促进双方进一步交流和合作。恩赫巴亚尔说，蒙古国与中国的关系一直发展得很顺利，欢迎浙江省的企业到蒙古国来投资。

12 сар 1　ХКН-ын Жэжян мужийн хорооны нарийн бичгийн дарга Жоу Гуофү Ханьжоу хотод МУ-ын Ерөнхийлөгч Н. Энхбаяр болон түүний гэргий мөн дагалдах төлөөлөгчдийг хүлээн авч уулзав. Жоу Гуофү ХКН-ын Жэжян мужийн хороо, Жэжян мужийн Засгийн газар МУ-ын Ерөнхийлөгч Н.Энхбаярыг баярлан угтаж байгаагаа

илэрхийлэн хэлэхдээ Жэжян муж 1998 оноос эхлэн Монгол улстай эдийн засаг, соёл урлаг зэрэг талаар солилцоо хийж ирсэн, эрхэм ерөнхийлөгчийн энэ удаагийн айлчлал нь хоёр талын солилцоо хамтын ажиллагааг нэмэгдүүлэх тус дөхөм үзүүлсэн гэдэгт итгэлтэй байна гэв. Н. Энхбаяр Монгол улс Хятад улсын харилцаа амжилттай хөгжиж байгаа ба Жэжян мужийн аж ахуй нэгж Монгол улсад хөрөнгө оруулахад бид баяртай байх болно гэв.

12 月 1 日 参加 2005 世界艾滋病日宣传活动的中国红十字会总会和内蒙古自治区红十字会的领导会见了蒙古国红十字会客人。

12 сар 1 2005 оны Дэлхийн ДОХ-той тэмцэх өдрийн үйл ажиллагаанд оролцож буй Хятадын УЗН болон ӨМӨЗО-ны УЗН-ийн удирдах хүмүүс МУ-ын УЗН-ийн төлөөлөгчдийг хүлээн авч уулзав.

12 月 2 日 当日下午，恩赫巴亚尔出席了在上海举行的中蒙经贸合作论坛并发表了主题演讲。在演讲中，他表示，蒙古国愿意积极参与亚太地区经贸一体化，已经确立了加入亚太经合组织的目标，蒙古国支持自由贸易，希望吸引更多的外国投资。随同恩赫巴亚尔一同来访的 50 多位蒙古国企业家参加了中蒙经贸合作论坛，他们主要来自能源、通讯、旅游、农产品加工等行业。论坛结束后，恩赫巴亚尔总统还出席了蒙古国家工商总会上海代表处揭牌仪式和中蒙两国企业合作项目签字仪式。

12 сар 2 Үдээс хойш МУ-ын Ерөнхийлөгч Н.Энхбаяр Шанхай хотод зохиогдсон Хятад, Монголын эдийн засаг гадаад худалдааны хамтарсан форумд оролцон гол сэдвээр лекц уншив. Тэрээр лекцэндээ Монгол улс Ази Номхон далайн бүс нутгуудийн эдийг засаг гадаад худалдаанд

идэвхтэй оролцож нэгэн цогц болохыг хүсч байгаа бөгөөд аль хэдийнээ Ази Номхон далайн эдийн засгийн байгууллагад орох зорилгоо баталгаажуулан Монгол улс чөлөөт худалдааг дэмжиж илүү олон гадаадын хөрөнгө оруулалтыг татахыг хүсч байна гэв. Н.Энхбаярыг дагалдан яваа МУ-ын 50 гаруй бизнесмэнүүд Хятад Монголын эдийн засаг гадаад худалдааны хамтарсан форумд оролцов.Тэд голлон эрчим хүч, харилцаа холбоо, аялал жуулчлал, газар тариалангийн бүтээгдэхүүн боловсруулах зэрэг салбарт ажил эрхлэгчид байв. Форум өндөрлөсний дараа Ерөнхийлөгч Н.Энхбаяр МУ-ын үйлдвэр худалдааны нийгэмлэгийн Шанхай хот дахь төлөөлөгчийн газрыг нээх ёслол болон Хятад Монгол хоёр улсын аж ахуйн нэгж хамтын ажиллагааны төсөлд гарын үсэг зурах ёслолд оролцов.

12 月 3 日　蒙古国总统那木巴尔·恩赫巴亚尔当日下午离京回国，结束了对中国为期 7 天的国事访问。

12 сар 3 МУ-ын Ерөнхийлөгч Н.Энхбаяр үдээс хойш Бээжингээс хөдлөн эх орондоо ирснээр Хятад улсад хийсэн 7 хоногийн хугацаатай төрийн айлчлал өндөрлөв.

12 月 4 日　中国佛山日报社记者就蒙古族长调共同申请非物质遗产等问题采访蒙古国艺术团团长巴图塞汗。

12 сарын 4-ний өдөр Хятадын Фо Шань хотын өдрийн сонины сурвалжлагч Монгол үндэсний уртын дууг дэлхий соёлын өв хөрөнгөд бүртгүүлэх зэрэг асуудлаар МУ-ын уран сайханчдын ахлагч Батсайхантай уулзаж сурвалжлав.

12 月 15 日　中国内蒙古自治区副主席雷·额尔德尼在内蒙古新城宾馆与蒙古国政府内阁成员、蒙古国食品农业部部长特尔比希达格瓦率领的代表团举行工作会谈。

12 сар 15 Хятад улсын ӨМӨЗО-ны орлогч дарга Л.Эрдэнэ Өвөр монголын Шинь Чэн зочид буудалд МУ-ын Засгийн газрын сайд нарын танхимын гишүүн, ХХААЯ-ны сайд Тэрбишдагва тэргүүтэй төлөөлөгчидтэй ажил хэргийн хэлэлцээр хийв.

12 月 16 日 蒙古国国立大学教授、蒙古国功勋教师乔玛博士到中国内蒙古大学蒙古学学院及蒙古学研究中心进行学术访问。16 日、19 日在内蒙古大学举行了 2 场学术报告会。乔玛教授是结束在中国中央民族大学的客座教授工作之后来到内蒙古大学进行访问的。

12 сар 16 МУИС-ийн профессор, МУ-ын гавьяат багш эрдэмтэн Чоймаа өвөр Монголын их сургуулийн Монгол судлалын дээд сургууль хийгээд Монгол судлалын төвд эрдэм шинжилгээний айлчлал хийв. 16,19-ний өдрүүдэд ӨМИС-д 2 удаагийн эрдэм шинжилгээний хурал зохиогдов. Профессор Чоймаа энэхүү илтгэлээ дуусгаад БНХАУ-ын Үндэстний их сургуулийн зочин профессороор ажиллаж байгаад ӨМИС-д ирсэн байна.

12 月 18 日 中国内蒙古自治区政府主席杨晶在内蒙古新城宾馆会见蒙古国食品农业部代表团一行。

12 сар 18 ӨМӨЗО-ны Засгийн газрын дарга Ян Жин Шин Чэнь зочид буудалд МУ-ын ХХААЯ-ны төлөөлөгчдийг хүлээн авч уулзав.

12 月 19 日 最高人民检察院检察长、中国首席大检察官贾春旺当日在北京会见了蒙古国总检察长蒙・阿勒坦呼亚格。

12 сар 19 Ардын Дээд Прокурорын газрын дарга,

Хятадын Ерөнхий прокурор Жя Чуньван Бээжин хотод МУ-ын Ерөнхий прокурор Алтанхуягийг хүлээн авч уулзав.

12 月 20 日　中国内蒙古自治区政府主席杨晶在内蒙古饭店会见蒙古国国家工商会会长德木贝热勒一行。

12 сар 20　ӨМӨЗО-ы Засгийн газрын дарга Ян Жин Өвөр монголын ресторанд МУ-ын ХАҮТ-ийн дарга Дэмбэрэлийг хүлээн авч уулзав.

12 月 27 日　中国内蒙古自治区阿拉善盟额济纳旗策克口岸至蒙古国南戈壁省那林苏海图 35 千伏输变电工程建成投运，这是目前内蒙古自治区向境外送电的一条电压等级最高的电力外送通道，这项跨国输电工程自 2005 年 10 月 8 日开工建设，架设线路 52 千米。

12 сар 27　БНХАУ-ын ӨМӨЗО-ны Алшаа аймгийн Эзнээ хошуу боомтоос МУ-ын Өмнөговь аймгийн Нарийн Сухайт хүртэл 35 мянган вольтын өндөр хүчдэл тавиж байгуулсан нь одоо ӨМӨЗО-ны хилийн гадна руу хүргэгдэж буй цахилгааны даралтын зэрэглэлээрээ хамгийн өндөр цахилгаан эрчим хүчний гадагш хүргэгдэх зам юм. Энэхүү улс дамнасан цахилгаан эрчим хүчний байгууламж нь 2005 оны 10 сарын 8-аас байгуулж эхлэн 52 мянган метр цахилгааны утас татаад байна.

12 月 29 日　中国内蒙古新华书店运营处建立的“塔鸽塔书店”在乌兰巴托市中心开业。这是蒙古国第一家专门出售中文书籍的书店。中国内蒙古自治区新闻出版局副局长姜伯彦在开业典礼致辞，认为“塔鸽塔书店”将成为中蒙文化交流的窗口和桥梁，可以增进蒙古国人民对中国社会各个方面的了解。据悉，目前蒙古国约有40所大、中、小学开设汉语课。

12 сар 29 ӨМ-ын Синьхуа номын дэлгүүрээс эрхлэн байгуулсан "Тагтаа номын дэлгүүр" Улаанбаатар хотын төвд нээлтээ хийв. Энэ нь Монгол улсын анхны Хятад ном худалдаалах номын дэлгүүр юм. ӨМӨЗО-ны сонин мэдээний хэвлэлийн газрын дарга Жян Боень нээлтийн ёслол дээр үг хэлэхдээ "Тагтаа номын дэлгүүр"-ийг Хятад Монголын соёлын солилцооны цонх гүүр нь болно гэж бодож байна, Монголын ард түмний Хятадын нийгмийн эл талын ойлголтыг нэмэгдүүлэх болно гэв. Мэдээнд өгүүлсэнчилэн одоо Монгол улсад бараг 40 их, дунд, бага сургуулиуд хятад хэлний хичээл заадаг байна.

12月31日 中国内蒙古自治区政府副主席乌兰在内蒙古新城宾馆会见即将离任回国的蒙古国驻呼和浩特总领事萨·楚龙巴特尔及总领事馆全体人员。

12 сар 31 БНХАУ-ын ӨМӨЗО-ны Засгын газрын дэд дарга Улаан Өвөр Монголын Синь Чөн зочид буудалд удахгүй томилолтын хугацаа нь дуусч нутаг буцах гэж буй Монголоос Хөх хотод суугаа ерөнхий консул С.Чулуунбаатар болон Ерөнхий консулын газрын нийт ажилчидыг хүлээн авч уулзав.

12月31日 据报道，大庆油田有限责任公司成功收购了蒙古国塔木察格盆地3个开发区块，成为中国石油天然气股份有限公司在海外扩张迈出实质步伐的地区公司。

12 сар 31 Мэдээллээс үндэслэхэд "Да Чин Ёоу Тен" ХХК Монгол улсын Тамсагийн нам дор газрын 3 нээлттэй цооногийг худалдаж авсан нь Хятадын нефть болон байгалийн хийн ХХК-аас хилийн чанад руу хүрээгээ өргөтгөсөн бүс нутгийн компани болов.

2005 年　中蒙双边贸易额为 8.6 亿美元，同比增长 24%。

2005 年　蒙中友协执行主席其米德策耶将儒家经典《论语》译成蒙文出版发行。

2005 онд Хятад Монгол 2 талын худалдааны нийт өртөг 860 сая ам.доллар, харьцуулалтаар 24%-аас өсөв.

2005 онд Монгол Хятадын найрамдлын нийгэмлэгийн гүйцэтгэх захирал Чимэдцээ күнзийн сурталтны сонгодог сурвалж болох “Күнзийн сургаал” номыг монгол хэлнээ орчуулан хэвлүүлэв.

2006 年中蒙国家关系历史编年

2006 оны Хятад Монгол хоёр улсын харилцааны түүхэнүйл явдлын товчоон

1 月 12 日　据报道，日前天津百龙塑钢门窗异型材制品有限公司与蒙古国建设部门经过友好洽谈，达成购销门窗用未增塑聚氯乙烯(PVC－U)型材合同和合资在蒙古国建立门窗加工制造公司意向协议。

1 сар 12　Саяхан Тяньжиний “Бай Лун” вакумм цонх хаалга үйлдвэрлэх ХХК Монгол улсын барилгын салбартай найрсаг хэлэлцээр байгуулан, хаалга цонх хийхэд хэрэглэгдэх PVC-U материалыг худалдан авах борлуулах хамтын хөрөнгө оруулалттай хаалга цонх боловсруулах компани Монгол улсад байгуулах талаар хэлэлцэж тохиролцоонд хүрэв.

1 月 19 日　中国国务院总理温家宝当日在人民大会堂会见了到任的蒙古国驻华大使巴特苏赫。

1 сар 19　Хятад улсын Төрийн Зөвлөлийн Ерөнхий сайд Вэнь Жябао Ардын Төлөөлөгчдийн Их хурлын

танхимд МУ-аас БНХАУ-д суух Элчин сайдаар шинээр томилогдсон Элчин сайд Батсүхийг хүлээн авч уулзав.

2 月 21 日　据蒙古国政府新闻办公室宣布，蒙古国新任总理米耶贡布·恩赫包勒德当日在接见中国大使高树茂时说，蒙古国重视发展对华关系，将在各个领域进一步发展与中国的合作。米耶贡布·恩赫包勒德说，虽然蒙古国的政治局势略有变动，但不会影响蒙古国的对外关系与合作，蒙古国将保持对外政策的一致性。他希望今后蒙古国与中国在铁路和居民住宅区建设等方面继续开展合作。

2 сар 21　МУ-ын ЗГ-ын хэвлэл мэдээллийн албанаас МУ-ын шинээр томилогдсон Ерөнхий сайд М. Энхболд БНХАУ-ын Элчин сайд Гао Шумаог хүлээн авч уулзах үедээ: Монгол улс Хятад улстай харилцах харилцааг хөгжүүлэхийг чухалчлан үзэж, Хятад улстай бүх салбарт хамтын ажиллагаагаа улам хөгжүүлэх болно. Мөн МУ-ын улс төрд өөрчлөлт гарч буй ч энэ нь Монгол улсын гадаад харилцаа, хамтын ажиллагаанд нөлөөлж чадахгүй. Монгол улс гадаад бодлогоо нэгэн жигд хэвээр хадгалсаар байх болно хэмээн дурьдав. Тэрээр цаашид Монгол улс Хятад улстай төмөр зам, орон сууцны хороолол барих зэрэг асуудлаар хамтын ажиллагаагаа өргөжүүлэхийг хүсч байгаагаа илэрхийлэв.

2 月 21 日—22 日　由日本 NPO 法人东北亚运输走廊网络协会和中国珲春市人民政府联合主办的第二届图们江运输走廊会议在珲春召开。中国、日本、俄罗斯、韩国、蒙古 5 个国家的产业、贸易、港口海关及研究部门代表参观了珲春市部分外资企业，考察了珲春口岸、珲春铁路、圈河口岸，听取了在珲春投资的部分外企代表就解决珲春国际交通运输瓶颈问题的建议。5 国代表就建立图们江运输走廊达成共识，并签署了《珲春会议宣言》。

2 сар 21-22 Японы NPO хуулийн этгээд Зүүн хойд Азийн ачаа тээврийн сүлжээний нийгэмлэг болон Хятадын Хуй Чунь хотын Ардын Засаг захиргааны хамтарсан Түмэн хошууны ачаа тээврийн 2-р хурлыг Хуй Чунь хотноо хуралдуулав. Хятад, Япон, ОХУ, Солонгос, Монгол зэрэг таван улсын аж үйлдвэр, худалдаа, боомтын гаалийн судалгааны хэсгийн төлөөлөгчид Хуй Чунь хотын гадаадын хөрөнгө оруулалттай аж ахуй нэгжүүдийг үзэж сонирхон, Хуй Чуний боомт, төмөр зам болон Жюань Хэ боомттой танилцаж, Хуй Чунь дахь хөрөнгө оруулалттай гадаадын аж ахуй нэгжийн төлөөлөгчид Хуй Чуний олон улсын зам тээвэрт учирч буй саад бэрхшээлийг хэрхэн шийдвэрлэх саналыг хэлэлцэв. 5 улсын төлөөлөгчид Түмэн хошууны ачаа тээврийн гарцын тал дээр санал нэгтэй тохиролцоонд хүрч “Хуй Чуний хурлын тунхаг бичиг”-т гарын үсэг зурав.

3 月 1 日 根据蒙古国外交部提供的信息，自 2006 年 3 月 1 日起，蒙方已停止为中国公民颁发单个旅游签证，改发团体旅游签证。另据报道，根据中国政府和蒙古国政府已达成的协定，自 2006 年 3 月 1 日起，中国旅行社可组织中国公民自费团体赴蒙古旅游。蒙古国外交部与交通旅游部日前决定，对于中国旅游团来蒙古国旅游，在签证收费方面给予优惠。

3 сар 1 МУ-ын ГХЯ-ны мэдээлснээр 2006 оны 3 сарын 1-ний өдрөөс эхлэн Монголын тал Хятад улсын иргэдэд ганц хүний аялал жуулчлалын виз олгохыг зогсоон, бүлгээр жуулчилж буй жуулчдад виз олгохоор болгож өөрчлөв. Мөн Хятад болон Монгол улсын ЗГ-ийн тохиролцсоны дагуу 2006 оны 3 сарын 1-ний өдрөөс эхлэн Хятадын Аялал жуулчлалын шугамаар хятад иргэд хувийн зардлаар МУ-д

жуулчлав. МУ-ын ГХЯ болон ЗТАЖ Яам МУ-д жуулчлахаар ирсэн хятад жуулчдын визний хураамжинд хөнгөлөлт үзүүлэхээр шийдвэрлэв.

3月13日 蒙古国外交部发言人13日就台湾当局做出终止"国统会"运作和"国统纲领"适用决定一事发表声明，重申蒙古国一贯奉行一个中国原则，支持中华人民共和国和平统一祖国的政策。

3 сар 13 Монгол улсын ГХЯ-ны хэвлэлийн төлөөлөгч 13-ны өдөр Тайваний эрх баригчдын "улсыг нэгтгэх хурал", "улсыг нэгтгэх мөрийн хөтөлбөр"-ийн тухайд БНХАУ-ын ЗГ-ын нэгдмэл нэг улс болон эх орноо энх тайвнаар нэгтгэх төрийн бодлогыг дэмжиж байгаагаа илэрхийлэв.

3月23日 中共河南省委常委、省委高校工委书记刘春良在郑州会见了以蒙古民主党副主席、国家大呼拉尔蒙中议员小组副主席蒙赫图娅为团长的蒙古议员考察团全体成员。刘春良对蒙赫图娅一行的来访表示欢迎,希望通过此次访问,进一步加强双方在妇女事业及经济、技术、文化、教育等方面的交流与合作。此次蒙古国议员考察团来河南重点是考察该省妇女参与社会政治、经济建设的情况。

3 сар 23 ХКН-ын Хэ Нань муж дахь байнгын хороо, мужийн Хянан шалгах хорооны нарийн бичгийн дарга Лю Чуньлян Жэн Жоуд Монгол улсын АН-ын дэд дарга, УИХ-ын гишүүн Монгол Хятадын парламентийн бүлгийн орлогч дарга Б.Мөнхтуяа тэргүүтэй төлөөлөгчдийг хүлээн авч уулзав. Лю Чуньлян Мөнхтуяаг айлчилж буйд баяртай байгаа бөгөөд энэ удаагийн айлчлалаар дамжуулан 2 талын эмэгтэйчүүдийн эдийн засаг, техник, соёл, боловсрол зэрэг салбарт туршлага солилцох хийгээд хоёр талын хамтын

ажиллагаанд оролцоог нэмэгдүүлэхийг хүсч байгаагаа илэрхийлэв. Монгол улсын парламентийн төлөөлөгчид Хэ Наньд ирэхдээ гол нь тус мужийн эмэгтэйчүүд нийгмийн улс төр, эдийн засгийн хөгжилд оролцох оролцоотой танилцахад оршиж буй аж.

3 月 26 日　日前，中蒙双方就阿尔山—松贝尔口岸界河桥的建设达成了协议：力争使中方勘测队在 3 月底至 4 月初由阿尔山—松贝尔口岸出境，开始勘测工作，4 月在阿尔山签订建桥合同，力争 5 月中旬开工建桥。这标志着中蒙阿尔山—松贝尔口岸建设取得了突破性进展。在蒙古国海关总署高级官员朝伦巴图的带领下，蒙古国海关和边防代表团近日在中国内蒙古自治区阿尔山市进行了为期两天的访问，双方针对阿尔山—松贝尔口岸建设工作进行了会谈。

3 сар 26　Саяхан Хятад Монголын 2 тал Рашаан-Сүмбэр боомтын хил орчим дахь голын гүүр барих талаар хэлэлцэн тогтож: Хятадын судалгааны баг 3 сарын сүүл 4 сарын эх хүртэл Рашаан-Сүмбэр боомтын хилээр нэвтэрч судалгааны ажлыг эхлэхийн тулд, 4 сард Рашаанд гүүр барих гэрээ байгуулан, 5 сарын дундуур гүүр барих ажлаа эхлэхээр төлөвлөж байгаа аж. Энэ нь Хятад Монголын Рашаан-Сүмбэр боомтын бүтээн байгуулалт нь ихээхэн дэвшилттэй байгааг илтгэн харуулж байна. МУ-ын Гаалийн Ерөнхий Газрын дээд албан тушаалтан Чулуунбат тэргүүтэй Монгол улсын гааль болон хилийн албаны төлөөлөгчид ойрын өдрүүдэд ӨМӨЗО-ны Рашаан хотод 2 хоногийн хугацаатай айлчилж хоёр тал Рашаан-Сүмбэр боомтыг байгуулах ажлын талаар ярилцлага хийв.

3 月 28 日—30 日　应蒙古国东戈壁省政府及省长吉·巴图

苏日邀请，中国内蒙古自治区二连浩特市市长陈和平率政府代表团访问蒙古国东戈壁省。此次访问以经贸考察、开发合作为主，还专门邀请了山西海鑫国际钢铁公司、二连华海龙矿业冶金公司、宁夏宝塔石化集团二连分公司等企业负责人随团出访。

3 сар 28-30 Дорноговь аймгийн Засаг дарга Ж.Батсуурийн урилгаар БНХАУ-ын ӨМӨЗО-ны Эрээн хотын дарга Чэнь Хэпин тэргүүтэй засаг захиргааны төлөөлөгчид Дорноговь аймагт айлчлав. Энэ удаагийн айлчлалаар эдийн засаг, гадаад худалдаатай танилцах нь хамтын ажиллагааны гол асуудал байсан ба тусгай урилгаар Шаньси мужийн “Хай Синь олон улсын ган төмөр хийц”-ийн компани, Эрээн хотын “Хуа Хай Лун” уул уурхайн төмөр боловсруулах компани, “Нинь Сябао та чулуу боловсруулах группын Эрээн хот дахь салбар компани зэрэг аж ахуйн нэгжийн хариуцлагатай албан тушаалтнууд дагалдан явсан байна.

3 月 28 日 中国内蒙古二连浩特市政府代表团抵达蒙古国东戈壁省，受到蒙古国东戈壁省省长吉・巴图苏日欢迎，双方就加强经贸合作、友好往来和促进双方社会事业发展等相关事宜进行了广泛深入的交流。东戈壁省 13 家企业参加会谈。访问期间，陈和平代表二连浩特市政府与蒙古国东戈壁省正式签署了《中国内蒙古二连浩特市人民政府市长陈和平与蒙古国东戈壁省省长吉・巴图苏日会谈纪要》《中国二连浩特市与蒙古国东戈壁省友好合作协议》，与扎门乌德县签署了《中国内蒙古自治区二连浩特市与扎门乌德县 2006—2007 年友好合作协议》。

3 сар 28 БНХАУ-ын ӨМӨЗО-ны Эрээн хотын захиргааны төлөөлөгчид МУ-ын Дорноговь аймагт хүрэлцэн ирэхэд аймгийн засаг дарга Ж. Батсуурь угтан авч, хоёр

талын эдийн засаг гадаад худалдааны хамтын ажиллагааг эрчимжүүлэх, хоёр талын нийгмийн хөгжил зэрэг асуудлаар туршлага солилцон найрсаг харилцаа тогтоов. Дорноговь аймгийн 13 аж ахуйн нэгж хэлэлцээрт оролцов. Айлчлалын хугацаанд Чэнь Хэпин болон төлөөлөгчид Эрээн хотын засаг захиргаа болон МУ-ын Дорноговь аймаг "БНХАУ-ын ӨМӨЗО-ны Эрээн хотын дарга Чэнь Хэпин болон Монгол улсын Дорноговь аймгийн Засаг дарга Ж. Батсуурь нарын уулзалтын протокол", "БНХАУ-ын Эрээн хот болон МУ-ын Дорноговь аймгийн найрсаг хамтын ажиллагааны хэлэлцээр", "БНХАУ-ын ӨМӨЗО-ны Эрээн хот болон Замын-Үүд боомт хот 2006-2007 он найрсаг хамтын ажиллагааны хэлэлцээр" зэрэг баримтанд Замын Үүд хотноо гарын үсэг зурав.

3 月 29 日　据报道，中国黑龙江省实施“走出去”战略，投资 6 000 多万元在蒙古国取得了 2 处品位高达 57%以上的大型富铁矿的矿权。

3 сар 29　Хятадын Хэйлүнжян муж "гарц" холч бодлогыг хэрэгжүүлэн 60 000 000 гаруй юаний хөрөнгө оруулалт хийснээр Монгол улсад бүтээгдэхүүн нийлүүлэлт нь 57%-с дээш хувьд хүрдэг төмрийн томоохон хоёр уурхайн эрхийг эзэмших болов.

3 月 30 日　中国交通部日前批准建设内蒙古哈拉哈河伊尔施至三角山段航道，安排项目建设资金 3 690 万元，建设七级航道 30 公里，并配套建设伊尔施、玫瑰峰、三角山 3 个港点及相应的航道助导航等设施。总投资 7 300 余万元的中蒙水路航线将正式开工建设。

3 сар 30　Саяхан Хятадын ЗТЯ ӨМӨЗО-ны Халх голын Эрчисээс гурван хошуу уул хүртэл зам тавих зөвшөөрөл

олгож, зам тавихад зориулан 36 900 000 юаний төсөв баталж, долдугаар зэрэглэлийн 30 км зам тавин Эрчис, Мэй Гүй оргил, Гурван хошуу уул гэсэн гурван боомт болон усан замын байгууламж зэрэг нийт 73 000 000 гаруй юаний хөрөнгө оруулалттай Хятад Монголын усан зам тавих ажил албан ёсоор нээгдэв.

4月1日 据满洲里海关提供的消息，即日起中蒙边境东部最大口岸阿日哈沙特口岸实行集中开关。

4 сар 1 Манжуурын гаалийн мэдээлснээр тухайн өдрөөс эхлэн Хятад Монголын хилийн зүүн хэсгийн хамгийн том боомт болох Ар Хашаат боомтын үйл ажиллагаа эхлэх хаах хугацааг тогтов.

4月2日 据报道，一支由6名业余登山者组成的“2006年中国业余珠穆朗玛峰登山队”当日下午从拉萨启程前往珠穆朗玛峰山区。这是今年春季攀登珠峰的最大一支国内登山队。与这支业余登山队一同前往珠峰的还有一支蒙古国登山队，有5名女队员和1名男队员。这也是首支进藏登山的蒙古国登山队。这支队伍的技术支持和后勤保障同样由西藏登山学校负责提供。

4 сар 2 Уулын чөлөөт авирагчдын зохион байгуулсан “2006 оны Хятад улсын Хималайн оргилд авирах баг” үдээс хойш Лхасаас Хималай уулын чиглэлд хөдлөв. Энэ нь тухайн жилийн хаврын Хималай ууланд авирсан дотоодын хамгийн том уулын спортын баг юм. Энэхүү чөлөөт ууланд авирагчдын багтай хамт Монгол улсын уулын спортын 5 эмэгтэй тамирчин, 1 эрэгтэй тамирчинаас бүрдсэн баг Хималай ууланд хүрсэн нь Төвдийн ууланд авирсан Монгол улсын анхны уулын спортын баг аж. Энэхүү цувааны техникийн дэмжлэг болон арын албаны баталгааг Төвдийн уул авиралтын сургууль хариуцсан байна.

4月3日　中国额布都格口岸自 2 月 27 日临时集中开关一个月，出口货物超过了 2005 年全年出口货物总量。据了解，这些出口货物主要是中国大庆石油公司出口的石油开采设备及物资，共计 3 400 吨，价值 700 万美元。

4 сар 3　БНХАУ-ын Өвдөг боомт 2 сарын 27-ноос эхлэн 1 сарын хугацаатай ажиллахад экспортын бараа 2005 оны бүтэн жилийн экспортын барааны нийт хэмжээнээс давсан байна. Эдгээр экспортын барааны гол нь Хятад улсын Да Чин нефтийн компаний экспортын нефть олборлох тоног төхөөрөмж,сэлбэг хэрэгсэл бөгөөд нийт тооцоо нь 3 400 тн буюу нийт өртөг нь 7 000 000 ам. доллар болсон байна.

4 月 5 日　蒙古国总统恩赫巴亚尔和大呼拉尔主席（议长）尼亚木道尔吉当日在蒙古国家宫分别会见了到访的中国最高人民法院院长肖扬一行。

4 сар 5　МУ-ын ерөнхийлөгч Н.Энхбаяр болон УИХ-ын дарга Нямдорж нар БНХАУ-ын Ардын Дээд шүүхийн дарга Шё Яаныг МУ-ын Төрийн ордонд тус тус хүлээн авч уулзав.

4月6日　据中国内蒙古自治区二连浩特边防检查站统计，2006 年第一季度，二连浩特口岸出入境货运列车 1 161 列次，比去年同期增长 62%，数量和增长速度均创下了该口岸 50 年以来的最高记录。

4 сар 6　БНХАУ-ын ӨМӨЗО-ны Эрээн хотын хилийн шалган нэвтрүүлэх албаны тоо бүртгэлээр 2006 оны 1-р улиралд Эрээн хотын боомтоор ачаа тээврийн галт тэрэг нийт 1 161 удаа нэвтэрсэн буюу өнгөрсөн жилийн мөн үеэс 62%-аар өссөн тоо хэмжээ болон өсөлтийн дундаж хурд нь тус боомтын 50 жилийн хугацаанд хамгийн дээд амжилтыг тогтоов.

4月 7 日　中国驻蒙古国大使馆当日宣布，中国与蒙古国日前签订了蒙古国首都中心大桥——和平桥的维修施工协议，中国工人将从今年5月开始对和平桥进行加固并修整。

4 сар 7　БНХАУ-аас МУ-д суугаа Элчин Сайдын Яамнаас Хятад Монгол улс саяхан МУ-ын нийслэлийн төв гүүр буюу Энх тайвны гүүрийг засан сэлбэх барилгын хэлэлцээрт гарын үсэг зурж Хятад улсын ажилчид энэ жилийн /2006 он/ 5 сараас эхлэн Энх тайвны гүүрийг засах ажил эхлэх болсныг зарлав.

4月 11 日　中国国家知识产权局当日在北京举办亚洲地区专利审查培训班。来自孟加拉国、越南、蒙古国、哈萨克斯坦等13个国家的21名政府官员和专利工作人员参加了该培训班。

4 сар 11　Хятад улсын Оюуны өмчийн газар Бээжин хотод Ази тивийн бүс нутгийн патентийн хяналт шалгалтын сургалтыг зохион байгуулав. Бангладеш, Вьетнам, Монгол, Казахстан зэрэг 15 улсаас ирсэн ЗГ-ын 21 гишүүн болон патентийн албаны ажилтнууд тус сургалтад оролцов.

4月 11 日　据记者报道，近日从中国内蒙古二连海关获悉，今年一季度，二连口岸进口蒙古国原煤 56 475.77 吨，创历史同期最高。

4 сар 11　БНХАУ-ын ӨМӨЗО-ны Эрээн хотын гаалийн албанаас мэдээлсэнээр, энэ жилийн 1-р улиралд Эрээнхотын боомтоор дамжуулан Монгол улсаас 56 475,77 тонн нүүрс импортолсон нь түүхэндээ хамгийн өндөр үзүүлэлт аж.

4月 11 日　一辆由中国内蒙古自治区二连浩特市开往呼和浩特市的客运汽车在武川县境内的山路上侧翻，包括5名蒙古国公民在内的 30 余名乘客受伤。这些乘客随后被送进解放军第 253 医院接受治疗观察。12 日，蒙古国驻呼和浩特市总领事馆副领事拉·朝格到 253 医院看望了受伤的蒙古国公民。拉·朝格代表蒙古国驻中国呼和浩特总领事馆，对 253 医院给予 5 名蒙古国公民的细心治疗表示感谢。

4 сар 11 БНХАУ-ын ӨМӨЗО-ны Эрээн хотоос Хөх хот чиглэлийн зорчигч тээврийн автобус У Чуань хошууны нутаг дахь уулын замд хажуулдаж унасны улмаас МУ-ын 5 иргэн,хятадын 30 гаруй зорчигчид гэмтэл авсан байна. Эдгээр зорчигчдыг чөлөөлөх армийнхан 253-р эмнэлэгт хүргэсэн ба 12-ны өдөр, Монгол улсаас Хөх хотод суугаа Ерөнхий консулын газрын консулын орлогч Л.Цог 253-р эмнэлэгт очиж Монгол улсын гэмтсэн иргэдийг эргэв. Л.Цог Монгол улсаас Хөх хотод суух Ерөнхий консулын газрыг төлөөлөн 253-р эмнэлэг МУ-ын 5 иргэнд анхаарал тавин эмчилж байгаад талархал илэрхийлэв.

4 月 13 日　据报道，近日，蒙古国肯特省政府代表团在结束对中国内蒙古自治区呼伦贝尔市为期 3 天的访问后，在呼伦贝尔宾馆与呼伦贝尔市签署了会谈纪要。呼伦贝尔市副市长金昭、蒙古国肯特省省长斯·吉日嘎拉分别在会谈纪要上签字。

4 сар 13 Саяхан МУ-ын Хэнтий аймгийн захиргааны төлөөлөгчид БНХАУ-ын ӨМӨЗО-ны Хөлөнбуйр хотод хийсэн гурав хоногийн айлчлалын төгсгөлд Хөлөнбуйрын зочид буудалд Хөлөнбуйр хоттой хийсэн уулзалтын протоколд гарын үсэг зурав. Протоколд Хөлөнбуйр хотын орлогч дарга Жан Жиньжао, МУ-ын Хэнтий аймгийн Засаг дарга С.Жаргал нар тус тус талыг төлөөлж гарын үсэг зурав.

4 月 13 日 据中国内蒙古自治区中蒙医院副院长乌力吉・特古斯对记者说，“每年约 3.5 万蒙古国病人来中蒙医院就诊，去年中蒙医院接待了 1 000 多名来自蒙古国的住院患者。”根据中蒙两国关于医疗合作的协议，蒙古国公民来华治病可以享受同中国公民同等的价格待遇，医疗费用比蒙古国内花费低。

4 сар 13 БНХАУ-ын ӨМӨЗО-ны Хятад-Монгол эмнэлгийн захирал Ө.Төгс сурвалжлагчидтай хийсэн ярилцлагадаа “Жил бүр ойролцоогоор МУ-аас 35 000 өвчтөн Хятад-Монгол эмнэлэгт ирж оношилгоо хийлгэдэг ба өнгөрсөн жил Хятад-Монгол эмнэлэг Монголын 1 000 гаруй хэвтэн эмчлүүлэх өвчтөнг хүлээн авсан. “Хятад Монгол 2 улсын эмчилгээний хамтын ажиллагааны хэлэлцээр”-ийн дагуу МУ-ын иргэн нь БНХАУ-ын эмнэлэгт эмчлүүлэх тохиолдолд БНХАУ-ын иргэдийн адил үнийн эрх эдлэх буюу эмчилгээний зардал нь МУ-ын дотоодын зардлаас бага байх.

4 月 14 日 据中国二连浩特边防检查站负责人介绍说：近一个月来共验放出境务工人员近 2 万人。

4 сар 14 Хятадын Эрээн хотын хилийн шалган нэвтрүүлэх албаны хариуцлагтай ажилтан хийсэн мэдэгдэлдээ албан томилолтоор хилээр нэвтэрсэн хүмүүсийн тоо 20 000-дхүрсэн гэв.

4 月 21 日 中共中央对外联络部部长王家瑞当日在北京会见了由总书记桑・巴亚尔率领的蒙古人民革命党代表团。

4 сар 21 ХКН-ын ГХХ-ийн дарга Ван Жяруй Бээжин хотноо МАХН-ын Ерөнхий нарийн бичгийн дарга С.Баяр тэргүүтэй төлөөлөгчдийг хүлээн авч уулзав.

4 月 21 日　第二届中国吉林·东北亚投资贸易博览会乌兰巴托推介会当日在中国驻蒙古国大使馆举行，来自蒙古国商界、新闻界的代表 100 多人参加了会议。中国吉林省副省长李锦斌在推介会上介绍了第一届东北亚投资贸易博览会取得的成果和第二届博览会的安排。此次博览会专门安排举办蒙古国商务日，为蒙古国提供投资推介机会，另外，博览会还将为蒙古国免费提供展位等。中国驻蒙古国大使高树茂在推介会上希望蒙古国商界等人士积极参与第二届东北亚投资贸易博览会，进而促进两国关系的发展。

4 сар 21　Хятад улсаас Монгол улс дахь Элчин Сайдын Яаманд зохион байгуулагдсан Хятадын Жилинь муж-Зүүн хойд Азийн хөрөнгө оруулалтын хоёр дахь удаагийн үзэсгэлэн яармагт Улаанбаатар хотыг танилцуулах хуралд Монголын бизнесийн, хэвлэл мэдээллийн 100 гаруй төлөөлөгчид оролцов. Хятадын Жилинь мужийн дарга Ли Жиньбинь танилцуулах хурал дээр Зүүн хойд Азийн хөрөнгө оруулалттай анхдугаар худалдааны үзэсгэлэн яармаг амжилттай болсон талаар болон хоёрдахь яармагын төлөвлөгөөг танилцуулав. Энэ удаагийн үзэсгэлэн яармагын тусгай төлөвлөгөөний дагуу Монгол улсын худалдааны өдрүүдийг зохион байгуулан Монгол улсад хөрөнгө оруулах боломжийг танилцуулахаас гадна үзэсгэлэнгийн танхим Монгол улсад үнэгүй олгох аж. Хурал дээр БНХАУ-аас Монгол улсад суугаа Элчин сайд Гао Шумао монголын бизнесийн төлөөлөл Зүүн хойд Азийн хөрөнгө оруулах хоёр дахь үзэсгэлэнд идэвхитэй оролцож хоёр улсын харилцааны хөгжилд тус дөхөм үзүүлэхийг хүсэв.

4 月 22 日　据二连海关介绍，连日来，在对二连海关所辖区域进行监管过程中，发现并查获数量不等的蒙古国入境走私羊绒。

4 сар 22 Эрээн хотын гаалийн мэдээлсэнээр саяхан харъяа бүс нутгийн хяналт шалгалтын алба Эрээн хотын гаальд хийсэн шалгалтаар шаардлага хангаагүй ямааны ноолуур нууцаар Монгол усын хилээр нэвтрүүлэхийг завдсаныг илрүүлэв.

4月22日 据中国二连浩特市人民政府办公室负责人介绍，蒙古国国家旅行社副总裁巴特尔夫一行近日到二连浩特市访问，中蒙双方就开展跨国旅游的相关事宜交换意见，定于5月16日至18日在二连浩特市举办中蒙边境旅游推介会。

4 сар 22 Хятадын Эрээн хотын захиргааны хариуцлагатай ажилтаны мэдээлсэнээр Саяхан Монгол улсын аялал жуулчны товчооны дэд захирал Баатархүү тэргүүтэй төлөөлөгчид Эрээн хотод айлчилж, Хятад Монгол 2 улсын хил дамнасан аялал жуулчлалтай холбоотой асуудлаар санал солилцов. 5 сарын 16-18-ныг хүртэл Эрээн хотод Хятад Монголын аялал жуулчлалыг сурталчлах хурал зохиов.

4月22日 据中国内蒙古自治区策克口岸介绍，3月份策克口岸每天往返中蒙两国运煤车近200辆，日进口原煤约1万吨。从4月中旬开始，中方在蒙古国开发纳林苏海图煤田的内蒙古庆华集团开始增加200辆大吨位运煤车，策克口岸每天将有400余辆运煤车出入境，日进口原煤可达2万吨。

4 сар 22 БНХАУ-ын ӨМӨЗО-ы Сэхээ боомтын танилцуулснаар 3 сард Сэхээ боомтоор өдөр бүр Хятад Монгол 2 улсын 200 орчим нүүрсний машин зорчидог бөгөөд өдөрт импортоор 10 000 тонн цэвэр түүхий нүүрс орж ирдэг мөн 4 сарын дунд 10 хоногоос эхлэн Хятадын тал

Монгол улсад Нарийн Сухайтын нүүрсний уурхайг нээсэн ӨМӨЗО-ы Чин Хуа группэд 200 хүнд даацын нүүрсний машиныг нэмж олгон, Сэхээ боомтоор өдөр бүр 400 гаруй нүүрсний машин нэвтэрч, өдөрт импортоор 20 000 тонн хүртэлх нүүрс орж ирдэг болох юм байна.

4 月 21 日—23 日　以达瓦桑布局长为团长的蒙古国东方省技术监督局代表团一行对满洲里检验检疫局进行了工作访问，并签署了会谈纪要。根据该纪要，双方今后将在更加广泛的领域开展更加深入的交流与合作。

4 сар 21-23　Монгол улсын Дорноговь аймгийн техник хяналтын газрын дарга Даваасамбуу тэргүүтэй төлөөлөгчид Манжуурын Хяналт шалгалт хорио цээрийн газарт айлчилал хийн хэлэлцээрийн протоколд гарын үсэг зурав. Тус протоколоос үндэслэснээр 2 тал цаашид солилцоо хамтын ажиллагаагаа өргөн цар хүрээтэй явуулж улам илүү гүнзгийрүүлэх болно.

4 月 26 日　中共中央政治局常委、国家副主席曾庆红当日在人民大会堂会见了由总书记桑·巴亚尔率领的蒙古人民革命党代表团。

4 сар 26　ХКН-ын Улс төрийн товчооны Байнгын хороо, Улсын дэд тэргүүлэгч Зэн Чинхун Ардын их хурлын ордонд МАХН-ын ерөнхий нарийн бичгийн дарга С.Баяр тэргүүтэй төлөөлөгчдийг хүлээн авч уулзав.

4 月 28 日　蒙古国驻华大使阿玛尔萨那当日在使馆举行招待会，纪念《中蒙友好合作关系条约》修订 10 周年。中国外交部副部长王毅等出席招待会。

4 сар 28　Монгол улсаас Хятад улсад суугаа элчин

сайд Амарсанаа элчин сайдын яаманд дайллага зохион байгуулан “Хятад Монголын найрсаг хамтын ажиллагааны гэрээ”-нд санал оруулсны 10 жилийн ойг тэмдэглэв. Хятад улсын Гадаад хэргийн дэд сайд Ван И дайллагад оролцов.

5 月 7 日 据统计，“五一”假期期间，中国内蒙古自治区二连浩特口岸日出入境旅客升至 5 000 人次。

5 сар 7 Статистакаар 5 сарын 1-ний амралтын өдрийн хугацаанд Хятад улсын ӨМӨЗО-ны Эрээн хотын боомтоор өдөрт 5 000 жуулчиныг оруулж гаргаж байв.

5 月 17 日 第四届蒙古国奥林匹克汉语竞赛在蒙古国国立大学举行了颁奖仪式。中国驻蒙使馆 5 月 6 日至 13 日组织了这次汉语竞赛，共有 150 多名大学生参加。这次竞赛同时是中国“汉语桥”比赛的选拔赛。

5 сар 17 4 дахь удаагийн Монгол улсын их дээд сургуулийн оюутнуудын дунд 4 дэх удаагаа зохиогдсон хятад хэлний олимпиадын шагнал гардуулах ёслол МУИС дээр зохион байгуулагдав. Хятад улсаас Монгол улсад суугаа элчин сайдын яамны 5 сарын 6-13-ны хооронд зохион байгуулсан энэ удаагийн Хятад хэлний тэмцээнд нийт их сургуулийн 150 гаруй оюутнууд оролцов. Энэ удаагийн тэмцээнтэй зэрэгцэн Хятадын “Хятад хэлний гүүр” тэмцээний шалгаруулах тэмцээн болов.

5 月 17 日 据报道，今年经中国内蒙古自治区额济纳旗策克口岸进口蒙古国原煤将由 2005 的 185 万吨增至 300 多万吨，仅此一项就可为地方财政增加收入 3 000 多万元。

5 сар 17 Энэ жил Хятад улсын ӨМӨЗО-ны Эзнээ хошуу боомтоор дайран Монгол улсад импортоор орж ирдэг

түүхий нүүрс 2005 онд 1 сая 850 мянган тонноос 3 сая гаруй тонн хүрч, зөвхөн энэ талын хөрөнгө санхүү 30 сая гаруй юанийн орлогоор нэмэгдэв.

5 月 18 日　蒙古国总统恩赫巴亚尔日前在东部苏赫巴托尔西乌尔特市会见了中国有色金属建设集团代表团。恩赫巴亚尔对由中国有色金属建设集团承建的蒙古国苏赫巴托尔省图木尔廷敖包锌矿给予了高度评价。代表团团长、中国有色金属建设集团党委副书记朱宜武向恩赫巴亚尔总统介绍了锌矿自去年 8 月投产以来的生产和经营情况。

5 сар 18　МУ-ын ерөнхийл өгч Н.Энхбаяр саяхан зүүн бүсийн Сүхбаатар аймгийн Шивэрт хотод Хятад улсын өнгөт металл барилгын группийн төлөөлөгч нарыг хүлээн авч уулзав. МУ-ын ерөнхийлөгч Н.Энхбаяр Хятад улсын өнгөт металл барилгын группын хариуцан бариулсан Монгол улсын Сүхбаатар аймгийн Төмөртийн Овоо цайрын баяжуулах үйлдвэрт өндөр үнэлгээ өгөв. Төлөөлөгчидийн ахлагч Хятад улсын өнгөт металлын байгууламж болоод намын хорооны нарийн бичгийн даргын орлогч Жу И Ү МУ-ын ерөнхийлөгч Н.Энхбаярт цайрын үйлдвэрийн өнгөрсөн жилийн 8 сард ашиглалтанд орсноос хойшхи үйлдвэрлэлийн болон эрхлэлтийн нөхцлийг танилцуулав.

5 月 18 日　中蒙边界第二次联合检查成果交接仪式于当日在内蒙古自治区二连浩特市举行。中蒙边界第二次联合检查委员会中方首席代表、外交部大使张愉与蒙方副首席代表、蒙古国边防总局局长、边防军司令松德布少将相互递交了联合检查成果交接书。中方向蒙方递交了《中华人民共和国政府和蒙古国政府关于中蒙边界第二次联合检查的议定书》《中华人民共和国和蒙古国边界地图》《界标登记表》等文件，蒙方向中方递交了《蒙古国政府和中华人民共和国政府关于蒙中边界第二次联合检查的议定书》《界标登记表》《蒙中边界第二次联合检查成果汇编》等文件。本次联合检查成果交接仪式的举行，标志着中蒙边界第二次联检后续工作的完成。

5 сар 18 Хятад Монголын 2 дахь удаагийн хилийн хамтарсан шалгалтын үр дүнг хүлээн авах ёслол ӨМӨЗО-ны Эрээн хотод зохион байгуулагдав. Хятад Монголын 2 дахь удаагийн хилийн хамтарсан шалгалтын комиссын Хятадын талын ахлах төлөөлөгч, Гадаад хэргийн сайд Жан Ю болон Монголын талын ахлах төлөөлөгчийн орлогч, Монгол улсын Хил хамгаалах ерөнхий газрын дарга, хилийн цэргийн командлагч хошууч генерал Сүндэв нар харилцан хамтарсан шалгалтын үр дүнгийн хүлээн авах бичгийг өргөн барив. “БНХАУ-ын Засгийн газар болон Монгол улсын Засгийн газрын Хятад Монголын 2 дахь удаагийн хилийн хамтарсан шалгалтын тухай гэрээ”, “БНХАУ болон Монгол улсын хилийн газрын зураг”, “Хилийн тэмдэгтийн бүртгэлийн хүснэгт” зэрэг баримтуудыг Хятадын тал Монголын талд өргөн барив, “Монголын Засгийн газрын болон БНХАУ-ын Засгийн газрын Монгол Хятадын 2 дахь удаагийн хилийн хамтарсан шалгалтын тухай гэрээ”, “Хилийн тэмдэгтийн бүртгэлийн хүснэгт”, “Монгол Хятадын 2 дахь удаагийн хилийн хамтарсан шалгалтын үр дүнгийн хураангуй эмхэтгэл” зэрэг баримтыг Монголын тал Хятадын талд өргөн барив. Энэ удаагийн хамтарсан шалгалтын үр дүнг хүлээн авах ёслолыг зохион байгуулсан нь Хятад Монголын 2 дахь удаагийн хилийн хамтарсан шалгалтын дараа үргэлжлүүлэн ажлаа гүйцэтгэж байгааг илтгэн харуулж байна.

5 月 27 日　中国援助蒙古国博格达汗宫维修工程当日举行开工仪式，蒙古国总理米耶贡布·恩赫包勒德参加了开工仪式。据了解，中国将出资 600 万元人民币（约合 75 万美元）对蒙古国的博格达汗宫博物馆进行维修。中国派出技术精湛的古建筑修缮人员，对该博物馆的门前区包括大门、牌楼和照壁实施维修保护，工程期约为 2 年。中国国家文物局副局长董保华专程赶赴蒙古国参加开工仪式，他说，中国修复博格达汗宫博物馆门前区工程是中蒙两国首次在文物保护修复领域进行合作，这开创了两国文化交流合作的新领域。

5 сар 27　Хятад улсын тусламжаар Монгол улсын Богд хааны ордонг сэргээн засварлах ажлын нээлтийн ёслолыг зохион байгуулж МУ-ын ерөнхий сайд М.Энхболд нээлтийн ёслолд оролцов. Монгол улсын Богд хааны ордон музейг сэргээн засварлах ажилд зориулан Хятад улсаас 6 сая юаний /нийт 750 мянган ам.доллар/ хөрөнгө гаргав. Хятад улс эртний барилгыг сэлбэн засах техникийн чадварлаг ажилчдаа томилж, тус музейн хаалганы өмнөх бүсд том хаалга, цамхаг болон халхавч хэрэм багтан тэдгээрийг сэргээн засварлан хамгаалах ажлыг ойролцоогоор 2 жилийн хугацаанд гүйцэтгэхээр болов. Хятад улсын Түүхийн дурсгалт зүйлийн хэлтсийн дарга Дун Баохуа тусгайлан МУ-д очиж ажлын нээлтийн ёслолд оролцох үеэрээ хэлэхдээ Хятад улс Богд хааны ордон музейн өмнөх бүсийг сэргээн засварлах ажил бол Хятад Монгол 2 улсын анхдугаар удаагийн түүхийн дурсгалт зүйлийг хамгаалах, сэргээн засварлах салбарын хамтын ажиллагаа бөгөөд энэ нь 2 улсын соёлын харилцаа хамтын ажиллагаанд шинэ салбарыг нээсэн явдал болсон юм гэв.

5 月　截止到 5 月底，经中蒙边境口岸二连浩特市出口的显示器、笔记本电脑及微机设备等总金额达 116.55 万美元，同比增长 63 倍。

5 сар 5 сарын сүүл хүртэл зогсоосон Хятад Монголын хилийн боомт Эрээн хотоор дамжих экспортын бараа дисплей, notebook болон жижиг оврын тоног төхөөрөмж зэргийн нийт мөнгөн дүн 1 сая 165 мянга 500 ам.доллар хүрч, 63 дахин нэмэгдсэн байна.

6 月 4 日 中国社会科学院邀请来自中国、蒙古国、俄罗斯、日本和美国的 50 多位历史学家和蒙古学专家，当日在北京研讨成吉思汗与蒙古汗国的建立这一课题。中国社会科学院蒙古学研究中心向与会专家学者赠送了成吉思汗与蒙古汗国研究纪念文集《天骄伟业》，该文集收录了新中国成立以来中国学者的重要学术论文。

6 сар 4 Хятадын Нийгэмийн Шижлэх Ухааны Академын урилгаар Хятад, Монгол, Япон, ОХУ болон АНУ-аас ирсэн 50 гаруй түүхийн эрдэмтэд болон Монгол судлалын мэргэжилтнүүд Бээжин хотод Чингис хаан болон Монголын хаант улс байгуулсан зэрэг асуудлын талаар ярилцав. Хятадын Нийгэмийн Шижлэх Ухааны Академын Монгол судлалын төв мэргэжилтэн эрдэмтэдэд Чингис хаан болон Монголын хаант улсын талаар судалсан “Тэнгэрлэг Хөвгүүний Их Үйлс” зохиолын түүврийг дурсгав. Тус зохиолын түүвэр нь Шинэ Хятад улс байгуулагдсанаас хойшхи Хятад эрдэмтэдийн чухал эрдэм шинжилгээний өгүүлэлүүдийг буулган тэмдэглэсэн юм.

6 月 6 日 中国商品展览暨投资贸易洽谈会 6 日在蒙古国首都乌兰巴托开幕，来自中国的 25 家企业参加了展览。这次展览会由中国国际贸易促进委员会内蒙古自治区分会与蒙古国工商会等联合举办，参展企业来自食品、服装、机械器具等多个领域。展览会将持续到 6 月 10 日，期间组织者将举办各种讲座和优质商品评选等活动。在中方举办中国商品展览暨投资贸易洽谈会的同时，蒙古国工商会举办“中小企业产品与科技国际展览会”，蒙古国的 50 多家企业、其他国家的 30 多家企业参展。

6 сар 6 Хятадын бараа таваарын үзэсгэлэн болон худалдааны хөрөнгө оруулалтын талаарх хурал 6-ны өдөр МУ-ын нийслэл Улаанбаатар хотноо нээлтээ хийж, Хятад улсаас 25 аж ахуйн нэгж ирж үзэсгэлэнд оролцов. Хятадын олон улсын худалдааны нийгэмлэгийн ӨМӨЗО дахь салбар нийгэмлэг болон МУ-ын ХАҮ-ийн танхим зэрэг хамтран зохион байгуулсан энэ удаагийн үзэсгэлэнд хүнсний бүтээгдэхүүн, хувцас, механик багаж хэрэгслийн зэрэг олон салбарын аж ахуй нэгжээс ирж оролцов. Үзэсгэлэн 6 сарын 10-ны өдрийг хүртэл үргэлжлэх хугацаанд зохион байгуулагчид эл төрлийн лекц болон сайн чанарын бүтээгдэхүүнийг сонгон шалгаруулах зэрэг үйл ажиллагааг зохион байгуулах болно. Хятад улсад зохион байгуулагдаж буй Хятадын бараа таваарын үзэсгэлэн болон худалдааны хөрөнгө оруулалтын талаарх хуралдаантай зэрэгцэн Монгол улсын ХАҮ-ийн танхим “Жижиг дунд үйлдвэрлэлийн болон Олон улсын ШУ-ы үзэсгэлэн”-г зохион байгуулан Монголын 50 гаруй аж ахуй нэгж, бусад улсын 30 гаруй аж ахуй нэгж оролцов.

6 月 7 日 中国内蒙古自治区锡林浩特市贝子庙广场上演大型歌舞晚会《敖包相会》，蒙古国歌手也一展风采。

6 сар 7 БНХАУ-ын ӨМӨЗО-ны Шилийнхотын Бэйсийн Сүмийн талбайд “Овоон дээрэх уулзалт” хэмээх том хэмжээний дуу бүжгийн наадам зохион байгуулагдаж МУ-ын дуучид ая дуугаа өргөв.

6月9日　据报道，日前，山西阳泉煤业集团宏厦一建公司拥有了自己的蒙古国子公司——蒙古国宏厦一建有限责任公司。据蒙古国外国投资外贸管理局人员透露，这也是中国煤炭施工企业在蒙古国建立的首个独资公司。

6 сар 9　Саяхан Шань ши мужийн Ян Чуань нүүрсний корпораци Монгол улсад өөрийн салбар охин компаниа байгуулав. Монгол улсын гадаадын хөрөнгө оруулалттай гадаад худалдаа эрхэлсэн товчооны ажилтан энэ нь Хятадын нүүрс боловсруулах аж ахуй нэгжийн Монгол улсад байгуулсан анхны бие даасан хөрөнгө оруулалттай компани юм гэв.

6月12日　《人民日报》记者采访蒙古国科学院国际问题研究所所长海桑岱，海桑岱表示，蒙古国对上海合作组织很感兴趣。蒙古国自 2004 年成为上合组织观察员国后，积极参与该组织各项活动，并积极提出自己的意见和建议。他认为，上合组织有着广阔的发展前景，必将对中亚地区的稳定与发展产生积极影响。

6 сар 12　“Ардын өдрийн сонин”-ы сурвалжлагч МУ-ын ШУА-ын ОУ-ын асуудлын судалгаа хариуцсан дарга Хайсандааг сурвалжлах үед тэрээр МУ Шанхайн хамтын ажиллагааны байгууллагыг ихэд сонирхож байгаа. МУ 2004 оноос Шанхайн хамтын ажиллагааны байгууллагын ажиглагч гишүүн орон болсноос хойш тус байгууллагын эл төрлийн үйл ажиллагаанд идэвхитэй оролцож мөн өөрийн саналаа идэвхитэй дэвшүүлэх болсон гэв. Мөн тэрээр Шанхайн хамтын ажиллагааны байгууллага хөгжлийн саруул хэтийн төлөвтэй байна, Дундад Азийн бүс нутгийн тогтвортой байдал болон хөгжилд идэвхтэй нөлөө үзүүлэх нь зайлшгүй юм гэв.

6 月 14 日　蒙古国总统恩赫巴亚尔抵达上海，出席将于 15 日在这里举行的上海合作组织成员国元首理事会第 6 次会议。

6 сар 14　МУ-ын ерөнхийлөгч Н.Энхбаяр Шанхайд хүрэлцэн ирж 15-ны өдөр зохион байгуулагдсан Шанхайн хамтын ажиллагааны байгууллагын гишүүн орнуудын анхдугаар удаагийн дээд хэмжээний уулзалтын 6-р хуралдаанд оролцов.

6 月 15 日　蒙中友协秘书长、中国问题专家其米德策耶在乌兰巴托接受新华社记者采访时说，上海合作组织日益成熟，正逐渐成为一个地区性合作平台。胡锦涛主席在总结了上海合作组织 5 年来的发展历程后提出的 4 点建议，符合上海合作组织的发展现状，符合世界发展的潮流，它将使上海合作组织更加壮大，成为维护地区和平与发展的重要力量。他说，蒙古国是中国的北方近邻，蒙古国学者十分关注上海合作组织的这次峰会，他们希望该组织的发展给蒙古国带来更多发展的机遇。

6 сар 15　Монгол Хятадын найрамдлын нийгэмлэгийн нарийн бичгийн дарга Хятадын асуудал хариуцсан мэргэжилтэн Чимэдцээ Улаанбаатар хотод Синьхуа агентлагийн сурвалжлагчийг хүлээн авч ярилцах үеэрээ Шанхайн хамтын ажиллагааны байгууллага өдөр ирэх тусам улам боловсронгуй болж аажмаар бүс нутгийн шинжтэй хамтын ажиллагааны орчин болох юм байна гэв. Ху Жиньтао тэргүүлэгч Шанхайн хамтын ажиллагааны байгууллагын 5 жилийн хөгжлийн явцаас хойш дэвшүүлсэн 4 саналыг нэгтгэн дүгнэж, Шанхайн хамтын ажиллагааны байгууллагын хөгжлийн одоогийн байдалд нийцүүлэн, дэлхийн хөгжлийн цагийн урсгалд мөн нийцүүлж, эдгээр нь Шанхайн хамтын ажиллагааны байгууллагыг улам илүү өргөтгөснөөр бүс нутгийн энх тайван хөгжлийг сахин

хамгаалах чухал хүчин зүйл болох юм. Тэрээр цааш нь хэлэхдээ МУ бол Хятад улсын хойд хөрш, МУ-ын эрдэмтэд Шанхайн хамтын ажиллагааны байгууллагын энэ удаагийн дээд хэмжээний уулзалтанд ихээхэн анхаарал хандуулж байгаа бөгөөд тэд тус байгууллагын хөгжил Монгол улсад илүү олон хөгжлийн тохиолыг авчирахыг хүсч байна гэв.

6月15日 中国黑龙江省省长助理、省国家资产委员会主任赵杰在省政府会见了以国务秘书长车・刚夫为团长的蒙古国建筑、城市建设部政府经济贸易代表团一行。赵杰表示，黑龙江省十分重视与蒙古国在各个领域的交流与合作。近年该省与蒙古国的经贸往来日益频繁，尤其是双方在建设、建筑领域的合作进展顺利，希望双方进一步加强交流与合作，实现共同发展。刚夫表示，蒙古国与黑龙江企业的合作很愉快，参加哈尔滨洽谈会就是来寻找更多的商机，希望双方进行更广泛更深入的合作。

6 сар 15 Хятад улсын Хэй Лун Жян мужийн даргын туслах, муж дахь улсын хөрөнгийн биржийн дарга Жао Же мужийн захиргааны газарт Төрийн зөвлөлийн нарийн бичгийн дарга Ч.Ганхүү тэргүүтэй МУ-ын Барилга хот байгуулалтын яам, ЗГ-ын эдийн засаг гадаад худалдааны төлөөлөгчидийн хамт хүлээн авч уулзав. Жао Же хэлэхдээ Хэй Лун Жян муж МУ-тай эл салбарын солилцоо болон хамтран ажиллахыг чухалчилан үзэж байгаа. Ойрын жилүүдэд тус муж болон МУ-ын эдийн засгийн харилцаа өдөр ирэх тусам нэмэгдэж, ялангуяа 2 талын барилга байгууламжийн салбарын хамтын ажиллагаа амжилттай хөгжиж, 2 тал солилцоо хамтын ажиллагаагаа нэмэгдүүлж хамтдаа хөгжихийг хүсч байна гэв. Ч.Ганхүү хэлэхдээ Монгол улс болон Хэй Лун Жян мужийн аж ахуй нэгжийн хамтын ажиллагаанд баяртай байгаагаа илэрхийлж, Харбины хэлэлцээрт оролцсоноор олон олон худалдааны

боломжуудыг эрэлхийлж, 2 тал илүү өргөн цар хүрээтэй илүү гүн гүнзгий хамтран ажиллахыг хүсч байна гэв.

6 月 16 日　中国国家主席胡锦涛在上海西郊宾馆会见了蒙古总统恩赫巴亚尔。胡锦涛指出，中蒙睦邻互信伙伴关系已进入了全面发展的新阶段。双边经贸合作持续发展，在人文等领域的交流合作日益活跃。在国际和地区事务中，双方保持着良好的协调和配合。胡锦涛就深化两国睦邻互信伙伴关系提出 4 点建议：

一、密切相互交往，增进相互理解和信任，加强两国议会、政党和政府部门之间的交流。

二、深化双方经贸合作，促进两国共同发展，把资源开发和基础设施建设作为两国经贸合作的重点。

三、拓展双方人文领域的合作，中方正积极筹备在蒙古设立文化中心，还愿积极考虑扩大两国青少年交流。双方还可在旅游、防治沙尘暴、空间技术等领域加强合作。

四、加强在国际和地区事务中的协调和合作，共同促进地区和世界的和平与发展。

恩赫巴亚尔说，去年我就任蒙古国总统后第一次出访就来到中国，我高兴地看到我同胡锦涛主席所达成的各项共识正在得到落实，两国贸易连年增加，在能源、教育领域的合作不断取得新进展，在上海合作组织等国际和地区组织中密切沟通。蒙方高度重视蒙中关系，愿同中方共同努力，推动两国在政治、经贸、投资、能源、旅游等领域的互利合作。

6 сар 16　Хятад улсын дарга Ху Жиньтао Шанхайн Ши Жё зочид буудалд МУ-ын ерөнхийлөгч Н.Энхбаярыг хүлээн авч уулзав. Ху Жиньтао хэлэхдээ Хятад Монголын сайн

хөршийн харилцан итгэлцсэн түншийн харилцаа бүх талаараа хөгжлийн шинэ шатанд гаргав. 2 талын эдийн засгийн хамтын ажиллагааг үргэлжлүүлэн хөгжүүлж, хүмүүнлэгийн зэрэг салбарын солилцоо хамтын ажиллагаа өдөр ирэх тусам идэвхижиж байна. ОУ-ын болон бүс нутгийн хэрэгт, 2 тал сайн уялдаа холбоо нийцлийг хадгалж байна гэв. Ху Жиньтао 2 улсын сайн хөршийн харилцан итгэлцсэн түншийн харилцааг гүнзгийрүүлэхийн тулд 4 санал дэвшүүлсэн:

1. Харилцааг нягтруулж, харилцан ойлголцол, итгэлцлийг нэмэгдүүлэн, 2 улсын парламент, улс төрийн нам болон ЗГ-ын салбар хоорондын солилцоог нэмэгдүүлэх.

2. Хоёр талын эдийн засаг гадаад худалдааны хамтын ажиллагааг гүнзгийрүүлэн, 2 улсын хамтын хөгжилд тус дөхөм үзүүлж, 2 улсын эдийн засаг гадаад худалдааны хамтын ажиллагааны чухал зүйл болох эх баялгийг нээж дэд бүтцийг байгуулах .

3. Хоёр талын хүмүүнлэгийн салбарын хамтын ажиллагааг өргөжүүлэх. Хятадын тал МУ-д соёлын төв байгуулахад идэвхитэй бэлтгэж, мөн 2 улсын өсвөр залуу үеийн солилцоог өргөжүүлэх талаар идэвхитэй бодолхийлох. 2 тал аялал жуулчлал, элсэн шуурганаас урьдчилан сэргийлэх, сансрын техник зэрэг салбарын хамтын ажиллагааг нэмэгдүүлэх

4. ОУ-ын болон бүс нутгийн хэрэг явдал дахь уялдаа холбоо болон хамтын ажиллагааг нэмэгдүүлэх, бүс нутгийн болон дэлхийн энх тайвнаар хөгжихөд тус дөхөм үзүүлэх.

Н.Энхбаяр хэлсэн үгэндээ өнгөрсөн жил би МУ-ын ерөнхийлөгчөөр сонгогдсоныхоо дараа анх удаа Хятад улсад айлчлал хийж байгаа юм. Би Ху Жиньтао даргатай тохиролцоонд хүрсэн эл зүйлийн хэлэлцээрүүд яг одоо хэрэгжиж байгааг харахад баяртай байна. 2 улсын худалдаа жил ирэх тусам нэмэгдэж, эрчим хүч, боловсролын салбарын хамтын ажиллагаа тасралтгүй хөгжиж байна, Шанхайн хамтын ажиллагааны байгууллага зэрэг ОУ-ын болон бүс нутгийн байгууллагын солилцоог илүү нягтруулж байна. Монголын тал Монгол Хятадын харилцааг дээд зэргээр чухалчилж, Хятадын талтай хамтын хүчин чармайлтаар 2 улсын улс төр, эдийн засаг, хөрөнгө оруулалт, эрчим хүч, аялал жуулчлал зэрэг салбарын харилцан ашигтай хамтын ажиллагааг ахиулахыг хүсч байна гэв.

6 月 16 日　以内蒙古自治区贸易促进会副会长李建钢为团长的中国内蒙古自治区赴蒙古国经济贸易代表团一行 62 人，满载对蒙合作的丰硕成果回到呼和浩特。

6 сар 16　ӨМӨЗО-ны худалдааны хэлтсийн дэд дарга Ли Женьган тэргүүтэй ӨМӨЗО-ны МУ-д хүрэлцэн ирсэн эдийн засаг, худалдааны 62 төлөөлөгч Монгол улстай хамтран ажилласан ололт амжилтаар дүүрэн Хөх хотдоо буцав.

6 月 18 日　中国商务部国际贸易经济合作研究院院长柴海涛，在诚信企业家大会上表示，中国将建立 50 个境外经济贸易合作区，以应对日益扩大的贸易摩擦，实施外贸转型。蒙古国的一个合作区已经动工。

6 сар 18　Хятад улсын Худалдааны яам ОУ-ын худалдаа эдийн засгийн хамтарсан судалгааны хүрээлэнгийн захирал Чай Хайтао итгэмжлэгдсэн бизнесмэнүүдийн их хурал дээр Хятад улс хилийн чанадын эдийн засаг худалдааны хамтын ажиллагааны 50 бүс нутаг байгуулж, өдөр ирэх тусам худалдаа арилжааг өргөтгөн, гадаад худалдааны шилжих чанарыг хэрэгжүүлж байгаа.

МУ-ын хамтын ажиллагааны бүс нутгийн барилгын ажил аль хэдийн эхэлсэн гэв.

6 月 18 日 “2006 中国·吉林查干湖蒙古族民俗旅游节”开幕。蒙古国驻华大使嘎乐桑·巴特苏赫作为贵宾出席了成吉思汗庙隆重开馆仪式。

6 сар 18 “Хятад улсын Жилинь мужийн Цагаан нуурын Монгол үндэстний зан заншлын жуулчлалын өдөрлөг” нээлтээ хийв. Чингис хааны сүмийн сүр жавхлантай нээлтэд МУ-аас БНХАУ-д суух элчин сайд Г.Батсүх болон эрхэм зочид оролцов.

6 月 19 日 中国吉林省长王珉当晚在长春会见了来吉林省访问的蒙古国驻华大使嘎乐桑·巴特苏赫一行。王珉说，吉林省将于今年 9 月在长春市举办第二届东北亚投资贸易博览会，我们真诚地希望嘎乐桑·巴特苏赫大使和蒙古国商界人士能够参与博览会，促进双方的经济交流与合作。嘎乐桑·巴特苏赫表示将努力推动双方的经贸往来与合作。

6 сар 19 Хятад улсын Жилинь мужийн дарга Ван Минь, Жилинь мужид айлчлал хийж буй элчин сайд Г.Батсүхийг Чанчунь хотод хүлээн авч уулзав. Ван Мин хэлэхдээ Жилинь муж энэ жилийн 9 сард Чанчунь хотод Зүүн хойд Азийн худалдаа хөрөнгө оруулалтын чуулга уулзалтын 2 дахь удаагийн үзэсгэлэнг зохион байгуулах болно, бид элчин сайд Г.Батсүх болон Монголын худалдааны хүрээний хүмүүс үзэсгэлэнд оролцож, 2 талын эдийн засгийн солилцоо хамтын ажиллагаанд хувь нэмрээ оруулахыг чин сэтгэлээсээ хүсч байна гэв. Элчин сайд Г.Батсүх 2 талын эдийн засгийн харилцаа болон хамтын ажиллагааг урагшлуулахын төлөө хичээж байгаа гэдгээ

илэрхийлэв.

6 月 19 日　在中国内蒙古图书馆会议室内，内蒙古图书馆与蒙古国国家图书馆签订了两馆《编制联合目录协议书》。

6 сар 19　ӨМӨЗО-ы номын сангийн хурлын танхимд ӨМ-ын номын сан Монгол улсын төв номын сангийн хамтаар "Хамтарсан жагсаалт зохиох хэлэлцээр"-т гарын үсэг зурав.

6 月 20 日　蒙古国外交部长尼亚马·恩赫包勒德在当天举行的记者招待会上说，上海合作组织正在发展壮大，无论从成员国的面积、人口，还是经济增长速度来看，上海合作组织都是一个潜力巨大的地区组织。这次上海峰会还成立了实业家委员会，协调地区经济贸易合作。蒙古国希望参与上海合作组织的经济贸易合作，特别是在电力、基础设施建设、过境运输等方面的合作。

6 сар 20　МУ-ын Гадаад Харилцааны сайд Н.Энхболд тус өдөр зохион байгуулагдсан хэвлэлийн бага хурал дээр хэлсэн үгэндээ Шанхайн хамтын ажиллагааны байгууллага яг одоо өргөнөөр хөгжиж байна, ямар ч гишүүн орны газар нутгийн талбай, хүн амын тооноос эдийн засгийн өсөлтийн хурдацыг харж болох бөгөөд Шанхайн хамтын ажиллагааны байгууллага нь бүхэлдээ асар том бүс нутгийн байгууллын нөөц бололцоо юм. Бүс нутгийн эдийн засаг худалдааны хамтын ажиллагаанд уялдуулан энэ удаагийн Шанхайн дээд хэмжээний уулзалтаар мөн үйлдвэрлэгчдийн зөвлөлийн хурал зохион байгуулагдав. Монгол улс Шанхайн хамтын ажиллагааны байгууллагатай эдийн засаг, худалдааны хамтын ажиллагаа болон онцгойлон цахилгаан эрчим хүч, дэд бүтэц байгуулах, хил дамжуулан тээвэрлэх зэрэг талын хамтын ажиллагаанд оролцохыг хүсэв.

6月20日 “乌兰巴托—二连浩特2006蒙古国商品展销会”当日在内蒙古自治区二连浩特市开幕。展销会为期3天。来自蒙古国乌兰巴托市、扎门乌德市的20余家企业、60余名展销商，带来了蒙古国地毯、肉类制品、奶食品、皮革制品、酒类、绒毛制品等6大类近万种商品。据蒙古国乌兰巴托消费者协会执行主席陶克陶巴雅尔介绍，这次展销会是蒙古国消费者协会在中国举行的第一次商品展销会，也是蒙古国展销会史上规模较大的一次。举办这次展销会的目的是为了拓展中国市场，并让中国消费者了解蒙古国产品，加强中蒙间经济贸易往来。

6 сар 20 “Улаанбаатар-Эрээн хот 2006 оны Монголын бараа таваарын үзэсгэлэн худалдаа” ӨМӨЗО-ы Эрээн хотод нээлтээ хийж 3 хоногийн хугацаатай зохион байгуулагдав. МУ-ын Улаанбаатар хот, Замын-Үүд боомт хотоос ирсэн 20 гаруй аж ахуйн нэгж, 60 гаруй бизнесменүүд Монгол хивс, мах махан бүтээгдэхүүн, сүү сүүн бүтээгдэхүүн, арьс ширэн эдлэл, ноос ноолууран бүтээгдэхүүн, архи дарс зэрэг 6 нэр төрлийн ойролцоогоор 10 000 гаруй бүтээгдэхүүнээрээ оролцов. Улаанбаатар хотын хэрэглэгчдийн холбооны тэргүүн Тогтохбаярын танилцуулснаар энэ удаагийн үзэсгэлэн худалдаа бол МУ-ын хэрэглэгчдийн холбооны Хятад улсад зохион байгуулсан анхны үзэсгэлэн худалдаа, мөн Монгол улсын үзэсгэлэн худалдааны түүхэнд цар хүрээгээрээ харьцангуй том болсон юм. Энэ удаагийн үзэсгэлэнг зохион байгуулсан зорилго нь Хятадын зах зээлийг өргөжүүлэн, Хятад улсын хэрэглэгчдэд Монгол улсын бүтээгдэхүүнийг таниулах, Хятад Монголын хоорондын эдийн засаг гадаад худалдааны харилцааг нэмэгдүүлэх байв.

6月23日 中国自主研发的SCDMA网络在蒙古国全线

开通。

6 сар 23　Хятад улсын бүрэн эрхт SCDMA сүлжээг МУ-ын бүх шугамын сүлжээнд нэвтрүүлэв.

6 月 26 日　中国重庆市副市长谢小军在重庆市外事大楼会见了蒙古国卫生部副部长奥特公博德一行，双方进行了友好的会谈。

2006 年前 6 个月内蒙古二连浩特口岸贸易额实现 13.5 亿元。

6 сар 26　Хятад улсын Чунчин хотын дэд дарга Шө Сяожүн Чун Чин хотын Гадаад хэргийн ордонд МУ-ын Эрүүл мэндийн яамны дэд сайд Отгонбуд тэргүүтэй төлөөлөгчидийг хүлээн авч уулзан 2 тал найрсаг хэлэлцээр хийв.

2006 оны эхний 6 сарын ӨМӨЗО-ны Эрээн боомт хотын худалдааны нийт хэмжээ 1 милл 350 сая юань болов.

7 月 3 日　蒙古国开始实施更改后的《矿物资源法》，并加强与俄罗斯、中国、日本等国的合作。

7 сар 3　МУ засвар оруулсан “Эрдэс баялгийн хууль”-ийг хэрэгжүүлж эхэлж байгаа бөгөөд ОХУ, Япон, Хятад зэрэг орнуудтай хамтын ажиллагаагаа нэмэгдүүлэв.

7 月 4 日　中国外交部发言人姜瑜当日在此间宣布，应蒙古国总统恩赫巴亚尔邀请，中国人民政治协商会议全国委员会副主席徐匡迪将作为胡锦涛主席特使，于 10 日至 13 日访问蒙古国，并出席“大蒙古国”800 周年纪念活动。

7 сар 4　Хятад улсын Гадаад Явдлын яамны хэвлэлийн төлөөлөгч Жян Ю МУ-ын ерөнхийлөгч Н.Энхбаярын урилгаар БНХАУ-ын дарга Ху Жиньтаогийн тусгай элч

Хятад улсын Бүх Хятадын Ардын Улс төрийн зөвлөлдөх зөвлөлийн Үндэсний хорооны дэд дарга Сюй Куанди 7 сарын 10-13-ны өдөр хүртэлх хугацаанд МУ-д айлчлан, “Их Монгол улс” байгуулагдсаны 800 жилийн ойн баярын үйл ажиллагаанд оролцох болсноо мэдэгдэв.

7 月 5 日 中国陕西有色金属控股集团有限责任公司与内蒙古宏德矿业有限公司签订合作协议，共同投资开发蒙古国巴彦乌拉盖省多兰哈达铅锌铜金矿。蒙古国蒙泰矿业有限公司拥有该矿的探矿、采矿权，而内蒙古宏德矿业有限公司全资持有蒙泰公司100%股权。此次共同投资开发，宏德公司将蒙泰公司 30%的股份转让给陕西有色集团。

7 сар 5 Хятад улсын Шань Си мужийн өнгөт металлын ХХК болон ӨМӨЗО-ы Хун Дө уул уурхайн ХХК хамтын ажиллагааны хэлэлцээрт гарын үсэг зуран, МУ-ын Баянөлгий аймгийн Дулаан хадны хар тугалга, цайр, зэс, алтны баяжуулах үйлдвэрийг хамтын хөрөнгө оруулалтаар нээсэн. МУ-ын Мэн тай уул уурхайн ХХК тус уурхайд тус уурхайн хайгуул, уурхайн олборлолтын эрх багтах бөгөөд ӨМ-ын Хун Дө уул уурхайн ХХК-ий бүх хөрөнгөнд Монгол улсын Мэн Тай компани 100% эрх байна. Энэ удаагийн хамтын хөрөнгө оруулалтаар нээхдээ, Хун Дө компани Мэн тай компаний 30% хувьцааг Шань Си мужийн өнгөт металлын ХХК-д дамжуулан өгөв.

7 月 6 日 蒙古国通过其驻华使馆向中国交存了《亚太空间合作组织公约》批准书，这是该公约的第一份批准书。《亚太空间合作组织公约》于 2005 年 10 月 28 日在北京签订，目前已有包括中国在内的 9 个国家签署。按照《公约》规定，《公约》将在 5 个签署国向中方（公约保存国）交存批准书后生效，届时，亚太空间合作组织将正式成立，总部设在北京。中国全国人民代表大会常务委员会已于今年 6 月 29 日决定批准《公约》。

7 сар 6 МУ-аар дамжин өнгөрдөг бусад орны Хятад улсад суух элчин сайдын яам "Ази номхон далайн орны сансрын хамтын ажиллагааны байгууллагын конвенц"-ийн батламж бичгээ Хятад улсад тушаав. "Ази номхон далайн орны сансрын хамтын ажиллагааны байгууллагын конвенц"-д 2005 оны 10 сарын 28-ны өдөр Бээжин хотноо гарын үсэг зурсан бөгөөд, одоогоор Хятад улс дахь 9 улс гарын үсэг зурав. "Конвенц"-ийн дүрэм ёсоор "Конвенц"-д гарын үсэг зурсан 5 улс Хятадын талд /конвенцийг багтаж буй улс/ батламж бичгээ тушаасны дараа хүчин төгөлдөр болон, цаг тухайд нь Ази номхон далайн орны сансрын хамтын ажиллагааны байгууллага албан ёсоор зохион байгуулж ерөнхий хэлтэс нь Бээжинд бэлтгэл ажилаа хийх болно. БХАТИХ-ын Байнгын хороо энэ оны 6 сарын 29-ний өдөр "Конвенц"-ийг хүлээн зөвшөөрөхөөр шийдвэрлэв.

7 月 6 日　中国台湾省台南市市长许添财 7 月 6 日至 9 日应蒙古国副总理恩赫赛汗邀请参加"大蒙古国"建国八百年的庆祝活动，此次访问由台湾省"国民外交协会台南分会与乌兰巴托分会"居中安排促成。

7 сар 6 Хятад улсын Тайваний Тайнань хотын дарга Сю Тенцай 7 сарын 6-9-ний өдрүүдэд Монгол улсын ерөнхий сайдын орлогч М.Энхсайханы урилгаар "Их Монгол" улс байгуулагдсаны 800 жилийн ойн баярын үйл ажиллагаанд оролцов. Энэ удаагийн айлчлалыг Тайваний "Ардын Гадаад харилцааны нийгэмлэгийн Тайнань дахь салбар болон Улаанбаатар дахь салбар" тус тус зохион байгуулав.

7 月 8 日 在哈尔滨市政府支持下，中国哈尔滨亿阳集团近日购买到蒙古国一处铁矿 60 年开采权，成为哈尔滨市首个跨国进行矿产资源开发的企业。

7 сар 8 Харбин хотын Захиргааны газрын дэмжлэгээр, Хятад улс Харбин хотын И Ян групп ойрын өдрүүдэд Монгол улсын төмрийн уурхайн 60 жил олборлох эрхийг худалдан авч, улс дамнан ашигт малтмалын нөөцийг нээн гаргасан Харбин хотын анхны аж ахуй нэгж болов.

7月 10 日 蒙古国总统恩赫巴亚尔当天在蒙古国宾馆会见了采访蒙古国国庆那达慕的多家外国媒体。他在回答新华社记者提问时说，中国是蒙古国的重要邻国，蒙古国每年约有 45 万人前往中国。蒙古国与中国在经济贸易、文化等各个领域的合作日益紧密。蒙古国与中国在矿产资源、电力、建筑等领域有着广泛的合作条件，蒙古国的产品也需要出口到中国这个大市场，希望两国关系更快更好地发展。

7 сар 10 МУ-ын ерөнхийлөгч Энхбаяр МУ-ын Төрийн ордонд Монгол улсын үндэсний их баяр Наадмыг сурвалжлахаар ирсэн гадаадын олон сурвалжлагчидыг хүлээн авч уулзав. Тэрээр Синьхуа агентлагийн сурвалжлагчийн тавьсан асуултанд хариулахдаа Хятад улс бол МУ-ын чухал хөрш улс, жил бүр Монгол улсын ойролцоогоор 450 000 хүн Хятад улсыг зорин явдаг. МУ Хятад улстай эдийн засаг, худалдаа , соёл зэрэг эл салбарын хамтын ажиллагааг өдөр ирэх тусам нягтруулж байна. МУ Хятад улстай ашигт малтмалын нөөц, цахилгаан эрчим хүч, барилга байгууламж зэрэг салбаруудад өргөн цар хүрээтэй хамтран ажиллах нөхцөл боломж байна, МУ-ын бүтээгдэхүүнийг Хятад улсын энэ том зах зээлд экспортлох шаардлагатай, 2 улсын харилцаа улам

хурдацтай, улам сайн хөгжихийг хүсч байна гэв.

7 月 10 日　北京航空航天大学 2006 年亚太空间技术应用研究生班（Master Program on Space Technology Applications, MASTA）开学典礼在报告厅举行。蒙古国驻华大使出席了开学典礼。

7 сар 10　Бээжин хотын Агаарын тээврийн их сургууль 2006 онд Ази номхон далайн техникийг ашиглах магистрын анги /Master Program On Space Technology Application, MASTA/ нээх ёслолыг илтгэлийн танхимд зохион байгуулав. МУ-аас БНХАУ-д суугаа элчин сайд энэхүү ёслолд оролцов.

7 月 11 日　蒙古国总统恩赫巴亚尔当日下午在蒙古国家宫会见了中国国家主席胡锦涛的特使、中国人民政治协商会议全国委员会副主席徐匡迪。徐匡迪向恩赫巴亚尔转达了胡锦涛主席的问候，并对蒙古国举办“大蒙古国”800 周年纪念活动表示祝贺。他强调，不断巩固和发展中蒙睦邻互信伙伴关系是中方坚定不移的战略选择，中方对恩赫巴亚尔总统高度重视发展对华关系表示赞赏。恩赫巴亚尔感谢胡锦涛主席派特使出席纪念活动,并请徐匡迪转达对胡锦涛主席的问候。他表示，蒙方对近年来蒙中关系的良好发展势头感到高兴，愿与中方一起认真落实他与胡锦涛主席就发展蒙中关系达成的重要共识，努力扩大双方各方面合作，特别是经贸领域的互利合作。蒙古国家大呼拉尔（议会）主席尼亚木道尔吉也会见了徐匡迪。双方表示，将共同努力加强在各领域的交流合作，推动中蒙关系长期健康稳定发展。当天上午，徐匡迪作为胡锦涛主席特使出席了“大蒙古国”800 周年纪念活动。

7 сар 11 МУ-ын ерөнхийлөгч Энхбаяр үдээс хойш Монгол улсын Засгийн газрын ордонд Хятад улсын дарга Ху Жиньтао-ийн тусгай элч, БХАУТЗЗ-ийн Үндэсний хорооны дэд дарга Сюй Куандиг хүлээн авч уулзав. Сюй Куанди Ху Жиньтао дарга ерөнхийлөгч Энхбаярын амар мэнд асууж МУ-д зохион байгуулагдаж буй "Их Монгол" улс байгуулагдсаны 800 жилийн ойн баярын үйл ажиллагаанд баяр хүргэж байгаагаа илэрхийлснийг дамжуулав. Тэрээр Хятад Монголын сайн хөршийн харилцан итгэлцсэн түншийн харилцаа тасралтгүй бэхжин хөгжиж байгаа нь стратегийн гуйвшгүй сонголт бөгөөд ерөнхийлөгч Энхбаяр Хятад Монголын харилцааны хөгжилд дээд зэргээр анхаарал хандуулж байгааг Хятадын тал сайшааж байна хэмээн онцлон тэмдэглэв. Ху Жиньтао дарга тусгай элчээ томилон баярын үйл ажиллагаанд оролцуулсанд ерөнхийлөгч Энхбаяр талархаснаа илэрхийлж, Сюй Куандигаар дамжуулан Ху Жиньтао даргын амар мэндийг асууж өгөхийг хүсэв. Тэрээр ойрын жилүүдэд сайтар хөгжиж буй Хятад Монголын харилцаанд Монголын тал баяртай байгаа бөгөөд тэрээр Ху Жиньтао даргатай Хятад-Монголын харилцааны тохиролцоонд хүрсэн асуудлыг Хятадын талтай хамтдаа хэрэгжүүлэхийг хүсэж, 2 талын хамтын ажиллагааг онцгойлон эдийн засаг, худалдааны салбарын харилцан ашигтай хамтын ажиллагааг өргөжүүлэхийн төлөө хичээж байгаагаа илэрхийлэв. МУИХ-ын дарга Нямдорж Сюй Куанди-г мөн хүлээн авч уулзав. 2 тал хамтын хүчин чармайлтаар эл салбарын хамтын ажиллагааны солилцоог нэмэгдүүлэн, Монгол-Хятадын харилцааг урт хугацааны эрүүл саруул тогтвортой байдалтай хөгжихөд түлхэц болохоо илэрхийлэв. Үдээс өмнө, Сюй Куанди Ху Жиньтао даргын тусгай элч болон "Их Монгол" улс байгуулагдсаны 800 жилийн ойн баярын үйл ажиллагаанд оролцов.

7 月 14 日　据报道，今年上半年中国二连浩特海关监管人民币（流通中货币现钞）出境 2.305 亿元，突破了 2005 年全年总量 1.173 亿元，增长 96.5%。

7 сар 14　Энэ жилийн эхний хагаст Хятад улсын Эрээн хотын гаалийн шалган нэвтрүүлэх газар Хятадын ардын мөнгө /Хятадын мөнгөн тэмдэгтээр гүйлгээ хийсэн эргэлт/ 230 сая 500 мянган юань хилээр нэвтрүүлэн, 2005 оны бүтэн жилийн нийт хэмжээ 117 сая 300 мянган юаниас давж, 96.5%-аар нэмэгдсэн байна.

7 月 18 日　中国全国人民代表大会常务委员会副委员长、全国妇联主席顾秀莲当日在北京会见了参加第六届东亚妇女论坛的部分代表。第六届东亚妇女论坛于 18 日—19 日在北京召开。来自朝鲜、日本、蒙古国、韩国以及中国内地和港澳台地区的 300 名妇女问题专家、妇女团体负责人应邀参加。蒙古国代表参加了会见。

7 сар 18　БХАТИХ-ын Байнгын хорооны дэд дарга, Бүх хятадын эмэгтэйчүүдын холбооны тэргүүн Гү Сюлен Бээжин хотноо Зүүн Азийн эмэгтэйчүүдийн 6-р удаагийн форумд оролцож буй төлөөлөгчидийн хэсгийг хүлээн авч уулзав. Зүүн Азийн эмэгтэйчүүдийн 6-р удаагийн форум 18-ны өдрөөс 19-ны өдөр хүртэл Бээжин хотноо зохион байгуулав. Хойд Солонгос, Япон, Монгол, Өмнөд Солонгос хийгээд Хятад улсын дотоодын бүс нутаг болон Гонгконг Макао Тайваний бүс нутгуудаас ирсэн 300 гаруй эмэгтэйчүүдийн асуудал хариуцсан мэргэжилтэн, эмэгтэйчүүдийн байгууллагын хариуцлагатай албан тушаалтад урилгаар оролцов. МУ-ын төлөөлөгчид мөн уг уулзалтанд оролцов.

7 月 19 日　中蒙两国在内蒙古边境城市阿尔山正式签署文

件，确定阿尔山—松贝尔口岸以及口岸界河开通建设项目。这对东北亚以及图们江的开发开放计划，将有重大推进。中蒙双方就口岸的努木尔根界河桥建设和合同举行了签字仪式。

7 сар 19 Хятад Монгол 2 улс Өвөр монголын хилийн боомт хот Рашаанд албан ёсны баримт бичигт гарын үсэг зурж, Рашаан-Сүмбэр боомт хийгээд боомтоор голыг нэвтрүүлэх байгууламжийн төслийн тохиролцоонд хүрэв. Энэ нь Зүүн хойд Ази болон Түмэн хошууны гаргасан төлөвлөгөөнд ахиц гаргахад чухал ач холбогдолтой. Хятад Монгол 2 тал Нөмөргөн боомтын голын гүүр барих гэрээнд гарын үсэг зурах ёслолыг зохион байгуулав.

7月21日 “中国—呼和浩特对俄蒙经贸合作说明会”在呼和浩特内蒙古饭店举行。来自俄罗斯东西伯利亚工商会和伊尔库茨克对外贸易公司、蒙古国乌兰巴托市等政府和企业的代表参加了说明会。当日，中国内蒙古自治区呼和浩特市与蒙古国乌兰巴托市、中戈壁省的官员当日举行经贸洽谈，决定近期在呼和浩特筹建蒙古国贸易中心，在乌兰巴托建立呼和浩特贸易中心。

7 сар 21 “Хятад улсын Хөх хот Орос-Монголын эдийн засаг, худалдаа хамтын ажиллагааны тайлбар хуралдаан” Хөх хотын Өвөр монгол ресторанд зохион байгуулагдав. Оросын Зүүн Сибирийн Үйлдвэр Худалдааны танхим болон Эрхүү хотын Гадаад худалдааны компани, МУ-ын Улаанбаатар хотын Засгийн газар болон аж ахуйн нэгжийн төлөөлөгчид тус хуралдаанд оролцов. Хятад улсын ӨМӨЗО-ны Хөх хотод болон МУ-ын Улаанбаатар хот, Дундговь аймгийн албаны хүмүүс тус өдөр эдийн засаг, худалдааны хэлэлцээр зохион байгуулж, ойрын хугацаанд Хөх хотод МУ-н эдийн засаг, худалдааны төвийг, Улаанбаатар хотод Хөх хотын эдийн засаг, худалдааны

төвийг байгуулахад бэлтгэхээр шийдвэрлэв.

7 月 27 日　中国驻蒙古国大使馆武官当日晚在乌兰巴托举行招待会，庆祝中国人民解放军建军 79 周年。蒙古国国防部长、总参谋长及各国驻蒙使节 100 多人参加了招待会。

2006 年 1 月—7 月　中国内蒙古额布都格口岸过货量达到 12 620 吨，出入境车辆达到 2 990 台次，人员出入境 6 654 人次，同比分别增长了 487.2%、349.8%和 128.9%。

7 сар 27　Хятад улсаас Монгол улсад суугаа элчин сайдын яамны атташе орой Улаанбаатар хотод дайллага зохион байгуулж, Хятад улсын Ардын чөлөөлөх арми байгуулагдсаны 79 жилийн ойг тэмдэглэв. МУ-ын Батлан хамгаалахын сайд, Жанжин штабын ерөнхий командлагч хийгээд эл улсаас МУ-д суугаа 100 гаруй элчин сайдууд дайлагад оролцов.

2006 он 1-7 сарын Хятад улсын ӨМӨЗО-ы Өвдөг боомтоор дамжин өнгөрсөн барааны хэмжээ 12 620 тн, хилээр нэвтэрч буй машины тоо 2 990, хилээр нэвтэрч буй хүний тоо 6 654 хүрч, харьцуулалтаар 487.2%, 349.8% болон 128.9%-аар тус тус нэмэгдсэн байна.

截至 7 月底，经中国内蒙古自治区二连浩特市进口的蒙古国纯羊毛地毯货物量达 1 989 万公斤，比去年同期增长了 48.99%。

7 сарын сүүл хүртэл, ӨМӨЗО-ын Эрээн хотын экспорт импортын Монгол цэвэр ямааны ноолууран хивс хивсэн бараа бүтээгдэхүүний хэмжээ 19 сая 890 мянга кг, өнгөрсөн жилтэй харьцуулахад 48.99%-аар өссөн байна.

8 月 5 日　呼和浩特第五届国际民间艺术节闭幕，蒙古国的艺人参加了艺术节。

8 сар 5 Хөххотын ОУ-ын ардын урлагийн 5-р наадмын хаалтын ажиллагаа болж, МУ-ын уран сайханчид урлагийн наадамд оролцов.

8月8日 据新华社电，一辆载有4名中国公民的汽车当日下午在蒙古国首都乌兰巴托以西约150公里处发生车祸，其中2人当场死亡，1人在被送往医院后经抢救无效身亡，另一人正在医院接受治疗，伤势稳定。车祸发生后，中国驻蒙古国使馆代办柴文睿第一时间率队赶赴现场了解相关情况，并协助蒙方安排好死者的善后工作。

8 сар 8 Шиньхуа агентлагийн мэдээлснээр Хятад улсын 4 иргэний сууж явсан машин үдээс хойш МУ-ын нийслэл Улаанбаатар хотоос баруун тийш ойролцоогоор 150 км-т осолдож, 2 хүн нь газар дээрээ нас барж, 1 хүн эмнэлэгт хүргэгдэн ирж яаралтай тусламж үзүүлсэн боловч нас барсан, мөн 1 хүн эмнэлэгт эмчлүүлэн биеийн байдал нь хэвийн болоод байна. Машины осол гарсны дараа Хятад улсаас МУ-д суугаа элчин сайдын яамыг төлөөлөн Чай Вэнрүй эхний хугацаанд хүмүүсийн хамтаар хэргийн газар дээр очиж нөхцөл байдалтай танилцан, монголын талд нас барагсдын буяны ажилыг гүйцэтгэхэд дэмжлэг үзүүлэв.

8月11日—24日 以蒙美军队为主、代号为“可汗探索-2006”的多国联合军演，在蒙古国首都乌兰巴托郊外举行，中国驻蒙古武官应邀参加演习开幕式。

8 сар 11-24 Монгол, АНУ-ын арми голлосон “Хааны эрэлд-2006” олон улсын хамтарсан цэргийн үзүүлэх сургуулилт МУ-ын нийсэлэл Улаанбаатар хотоос гадна зохион байгуулагдаж, Хятад улсаас МУ-д суугаа атташе урилгаар цэргийн хээрийн сургуулийн нээлтийн ёслолд

оролцов.

8 月 20 日　据报道，中国包头市乳泉奶业公司将向蒙古国出口 60 头纯种荷斯坦种奶牛，这批奶牛 8 月底将运抵蒙古国。

8 сар 20　Хятад улсын Бугат хотын Рү Чуань сүүний үйлдвэрийн компани МУ-д 60 толгой цэвэр ХөСитан үүлдрийн саалийн үнээг экспортлохоор болж, энэхүү саалийн үнээнүүдээ 8 сарын сүүлчээр МУ-д оруулж ирэхээр болов.

8 月 22 日　据 BBC 中文网报道，蒙古国首都乌兰巴托最大的寺庙甘登寺准备迎接达赖喇嘛的到访。这是达赖喇嘛四年来首次到蒙古国的访问，也是达赖第七次访问蒙古，目的据说是为了增进宗教间的理解。

8 сар 22　BBC-гийн мэдээлснээр МУ-ын нийслэл Улаанбаатар хотын хамгийн том хийд болох Гандан Тэгчилэн хийд Далай ламыг айлчлалаар ирэхэд нь угтан авахаар бэлтгэв. Энэ бол Далай лам 4 жилд анх удаа МУ-д айлчилж байгаа бөгөөд Далай ламын МУ-д айлчилсан 7 дахь айлчилал нь энэ юм. Энэ удаагийн айлчил нь шашин хоорондын ойлголцлыг нэмэгдүүлэх зорилготой юм гэв.

8 月 23 日　据星岛环球网讯，中国政府再次对蒙古国接待达赖的行为提出了批评。中国外交部当日对媒体表示：任何为达赖喇嘛提供机会，令其能够从事分裂活动的行为都会受到中国政府的强烈抗议。蒙古国外交部也做出回应，表示此次邀请达赖前往乌兰巴托的并不是蒙古国政府，而是佛教寺庙。蒙古外交部在一份声明中还表示，达赖喇嘛过去曾多次因为宗教事务前往蒙古，而期间并没有试图进行任何政治活动。因此，蒙古政府认为，达赖的此次访问也会同以往一样，仅限于处理宗教事务。

8 сар 23 Хятад улсын Засгийн газар МУ Далай ламыг хүлээн авсан явдлыг дахин шүүмжлэв. Хятад улсын Гадаад явдлын яам тус өдөр мэдэгдэл хийж: Далай ламд олгосон ямар ч боломж, энэхүү задралын үйл ажиллагааг явуулсан үйлдэл нь Хятадын Засгийн газрыг хүнд эсэргүүцэлтэй учруулсан явдал болсон юм гэв. МУ-ын Гадаад харилцааны яам хариулт өгөхдөө, энэ удаа Далай лам Улаанбаатар хотноо хүрэлцэн ирсэн нь огтхон ч МУ-ын Засгийн газрын урилгаар биш харин Буддын шашны Гандан Тэгчилэн хийдийн урилгаар юм. Монголын Гадаад харилцааны яам дахин мэдэгдэлдээ, Далай лам урьд нь олон удаа шашны хэрэг явдлаар МУ-д айлчилан ирэх хугацаандаа огтхон ч төлөвлөөгүй ямар нэгэн улс төрийн үйл ажиллагаанд оролцож байгаагүй гэдгийг илэрхийлэв. Иймээс МУ-ын Засгийн газар Далай ламын энэ удаагийн айлчлалыг урьд өмнөхтэй адил зөвхөн шашины асуудлын талаар ирсэн юм гэж үзэв.

8 月 21 日—25 日 由中国商务部、交通部等组成的中蒙经济贸易联合委员会后续落实工作小组 21 日至 25 日对蒙古国进行了访问，与蒙方共同督促落实联合委员会会议纪要等有关工作。中方工作小组在蒙期间视察了中国援蒙和平桥维修项目和中国援蒙国家体育馆场地情况，并与蒙古国成立的政府工作小组就两国经贸合作的具体问题进行了会谈。中方在会谈时表示，希望蒙方尽快实施 3 亿美元优惠贷款项目、签署中蒙劳务合作协定、保障中方项目人员在蒙安全、降低俄罗斯经蒙古国过境货物的运输价格等。对此，蒙方给予了积极答复。截至去年，中蒙两国已进行了 9 次经济贸易联合委员会会议，就两国经贸关系中存在的问题进行了定期交流协商。

8 сар 21-25 Хятад улсын Худалдаа үйлдвэрийн яам, Зам харилцааны яамнаас бүрэлдсэн Хятад Монголын эдийн засаг, худалдааны хамтарсан зөвлөлийн ажлыг үргэлжлүүлэн хэрэгжүүлэгч хэсэг 21-25-ны өдөр хүртэл МУ-д айлчлал хийж, Монголын талтай хамтран хамтарсан зөвлөлийн хурлын протокол зэрэг холбогдох ажлыг хэрэгжүүлэхийг шаардав. Хятадын талын ажлын хэсэг Монголд байх хугацаандаа Хятад улсын МУ-д тусламжаар энх тайвны гүүрийг засварлах төсөл болон Хятад улсын МУ-д тусламжаар байгуулсан биеийн тамирын заалны нөхцөл байдалтай танилцан, МУ-ын байгуулсан ЗГ-ын ажлын хэсэг 2 улсын эдийн засаг, худалдааны хамтын ажиллагааны бодитой асуудлын талаар хэлэлцэв. Хятадын тал хэлэлцээрийн үед Монголын тал аль болохоор хурдан 300 сая ам.долларын хөнгөлөлттэй зээлийн төслийг хэрэгжүүлэхийг хүсч, Хятад Монгол хөдөлмөрийн хамтын ажиллагааны гэрээнд гарын үсэг зурж, Хятадын төслийн гишүүдийн Монгол дахь аюулгүй байдлыг батлан хамгаалах, Орос улс Монгол улсын хилээр дайран өнгөрөх барааны тээвэрлэлтийн үнийг хямдруулах зэргийг хүсэж байгаагаа илэрхийлэв. Үүнд монголын тал идэвхтэй хариулт өгөв. Өнгөрсөн жилийг хүртэл эдийн засаг, худалдааны хамтарсан зөвлөлийн хуралдааныг Хятад Монгол 2 улс аль хэдийнээ 9 удаа явуулсан бөгөөд 2 улсын эдийн засаг, худалдааны харилцаан дахь асуудлын талаар тогтсон хугацаанд зөвлөлгөөн явуулдаг байна гэв.

8 月 24 日 2006 年爱波网杯国际汽车集结赛当日上午在呼和浩特发车，来自中国、俄罗斯、蒙古国的 20 支车队参加了比赛。这次国际汽车集结赛从呼和浩特至蒙古首都乌兰巴托，行进路程约 1 600 公里，蒙古国有 10 支车队参赛。

8 сар 24 2006 онд Ай Бо Ван Бэй ОУ-ын машины

уралдааны тэмцээн үдээс өмнө Хөх хотод эхэлж, Хятад, ОХУ, МУ-аас ирсэн нийт 20 баг тэмцээнд оролцов. Энэ удаагийн ОУ-ын машины уралдааны тэмцээн Хөх хотоос МУ-ын нийслэл Улаанбаатар хот хүртэл нийт 1 600 км зам туулах ба МУ-ын 10 баг оролцов.

8 月 27 日　中国内蒙古自治区政府主席杨晶在满洲里市会见了前来参加中国“俄罗斯年”内蒙古满洲里大型系列活动的蒙古国东方省、肯特省政府代表团成员。

8 сар 27　Хятад улсын ӨМӨЗО-ны Засгийн газрын дарга Ян Жин Хятад улсад хүрэлцэн ирж “Оросын он жил” Өвөрмонголын Манжуурын том хэмжээний цогц үйл ажиллагаанд оролцохоор ирсэн МУ-ын Дорнод аймаг, Хэнтий аймгийн төлөөлөгчидийг Манжуур хотод хүлээн авч уулзав.

8 月 28 日　中国“俄罗斯年”内蒙古满洲里大型系列活动启动仪式暨第三届中俄蒙科技展、第九届中俄经贸展及首届绿色食品展开幕式在满洲里市国际会展中心隆重举行。蒙古国东方省省长策・詹拉瓦等出席开幕式。第五届中俄蒙三国国际旅游节为期 4 天，由中国国家旅游局、内蒙古自治区政府、满洲里市政府、俄罗斯赤塔州政府、蒙古国东方省政府共同主办。

2002—2006 年 8 月份　内蒙古自治区进口蒙古国煤炭 579 万吨。

8 сар 28　Хятад улс “Оросын он жил” Өвөр монголын Манжуурын том хэмжээний цогц үйл ажиллагааг нээх ёслол болон 3 дахь удаагийн Хятад-Орос-Монголын шинжлэх ухаан, технологийн үзэсгэлэн, 9 дахь удаагийн Хятад-Орос-Монголын эдийн засаг, худалдааны үзэсгэлэн хийгээд анх удаа зохион байгуулагдаж буй экологийн цэвэр

бүтээгдэхүүний үзэсгэлэнгийн нээлтийн ёслол Манжуур хотын ОУ-ын үзэсгэлэнгийн төв танхимд зохион байгуулагдав. МУ-ын Дорнод аймгийн засаг дарга Ц.Жанлав нээлтийн ёслолд оролцов. 5 дахь удаагийн Хятад-Орос-Монгол 3 улсын ОУ-ын аялал жуулчлалын өдөрлөг 4 хоногийн хугацаатай болж, Хятад улсын аялал жуулчлалын хэлтэс, ӨМӨЗО-ны ЗГ, Манжуур хотын ЗГ, Оросын ЗГ, МУ-ын Дорнод аймгийн Захиргааны газар хамтран эрхлэв.

2002-2006 оны 8-р сард ӨМӨЗО МУ-аас 5 сая 790 мянга тонн нүүрс импортлов.

9 月 1 日　中共新疆维吾尔自治区党委副书记、中国人民政治协商会议新疆维吾尔自治区主席艾斯海提·克里木拜会见了以国家大呼拉尔议员德伯雷·达姆丁为团长的蒙古国代表团一行。艾斯海提·克里木拜欢迎德伯丁·达姆丁一行参加乌鲁木齐对外经济贸易洽谈会。艾斯海提·克里木拜说，中国新疆与蒙古国在上届乌洽会上达成了很多意向。由于双方有 4 个口岸，目前合作项目一年比一年多，进出口产品质量一年比一年好，合同履约率越来越高，合作范围也越来越广。德伯雷·达姆丁说，蒙古国与中国新疆的合作由来已久，上届乌鲁木齐对外经济贸易洽谈会达成的意向正在积极落实中，希望双方加强交流与合作。

9 сар 1　БНХАУ-ын Шиньжан Уйгарын ӨЗО-ны намын хорооны нарийн бичгийн даргын орлогч, Хятад улсын Бүх Хятадын Ардын Улс төрийн зөвлөлдөх зөвлөл Шиньжан Уйгарын ӨЗО-ы дарга И Си Хай Ти.Кө Ли Мү Бай УИХ-ын гишүүн Д.Дамдин тэргүүтэй Монгол улсын төлөөлөгчдийг хүлээн авч уулзав. И Си Хай Ти.Кө Ли Мү Бай Д.Дамдин болон Өрөмчийн гадаад эдийн засаг худалдааны хэлэлцээрт оролцож буй төлөөлөгчдийг угтан авав. И Си

Хай Ти.Кө Ли Мү Бай хэлэхдээ Хятад улсын Шиньжан болон МУ-ын өмнөх удаагийн хэлэлцээрт маш олон санал нэгтэй асуудлуудад гарын үсэг зурав. 2 талын 4 боомт одоогоор хамтын ажиллагааны төсөл жил ирэх тусам нэмэгдэж, экспорт импортын бүтээгдэхүүний чанар жил ирэх тусам сайжирч, гэрээний хэрэгжилт улам илүү болж, хамтын ажиллагааны цар хүрээ улам бүр тэлж байгаа юм гэв. Д.Дамдин хэлэхдээ МУ болон хятад улсын Шиньжантай хамтран ажиллаад удлаа, түрүү удаагийн Өрөмчийн гадаад эдийн засаг, худалдааны хэлэлцээрээр санал нэгтэй хэлэлцэн тогтож яг одоо идэвхитэй хэрэгжих шатандаа явж байгаа, 2 талын солилцоо хамтын ажиллагааг илүү нэмэгдүүлэхийг хүсч байгаагаа илэрхийлэв.

9 月 1 日　当晚，第二届东北亚博览会“相约东北亚”歌舞晚会在中国吉林省文化活动中心东方大剧院举行。中国国务院副总理吴仪，中共吉林省委书记王云坤，省长王珉等以及国家各部委代表，国外贵宾，国内省（区、市）代表，与吉林省各界代表共计 1 400 人观看了演出。蒙古国中央省歌舞剧院表演了《平安节》。

9 сар 1　2 дахь удаагийн Зүүн хойд Азийн үзэсгэлэн “Зүүн хойд Азид болзожгоё” дуу бүжгийн үдэшлэг Хятад улсын Жилинь мужийн соёлын үйл ажиллагааны төв болох Дүн Фан том театрт зохион байгуулагдав. Хятад улсын Төрийн зөвлөлийн ерөнхий сайдын орлогч У И, Үйлдвэр худалдааны яамны сайд Бө Силай, ХКН-ын хорооны Жилинь муж дахь нарийн бичгийн дарга Ван Юнкүн, мужийн дарга Ван Мин нар хийгээд улсын эл яамны төлөөлөгчид, гадаадын эрхэм зочид, дотоодын муж /бүс нутаг, хот/-ын төлөөлөгчид болон Жилинь мужийн эл хүрээний төлөөлөгчид нийттээ 1 400 хүн тоглолтыг үзэж сонирхов.

МУ-ын Төв аймгийн дуу бүжгийн театр “Амар амгаланг сахих” сэдэвт тоглолтоо тавив.

9 月 2 日　由中国新疆维吾尔自治区人民政府和乌鲁木齐对外经济贸易洽谈会领导委员会主办的 2006 中西南亚区域经济合作高层论坛在乌鲁木齐隆重举行。中共新疆维吾尔自治区党委副书记、自治区主席司马义·铁力瓦尔地出席论坛开幕式并致辞。来自蒙古国的代表参加了开幕式。当日上午，中共新疆维吾尔自治区党委副书记、自治区主席司马义·铁力瓦尔地会见了参加乌鲁木齐对外经济贸易洽谈会中西南亚区域经济合作高层论坛的外国嘉宾团。蒙古国大呼拉尔议员德伯雷·达姆丁参加了会见。

9 сар 2　Хятад улсын Шиньжан Уйгарын ӨЗО-ы Ардын засгийн газар болон Өрөмчийн гадаад эдийн засаг худалдааны хэлэлцээрийн удирдах зөвлөлийн эрхэлсэн 2006 онд Дундад, Баруун, Өмнөд Азийн бүс нутгуудын эдийн засаг хамтын ажиллагааны дээд түвшний форум Өрөмчд сүр жавхлантай зохион байгуулагдав. ХКН-ын Шиньжан Уйгарын ӨЗО дахь намын хорооны нарийн бичгийн даргын орлогч, ӨЗО-ны дарга Си Ма Ю Ти Вон Эр тус форумын нээлтийн ёслолд оролцож үг хэлэв. МУ-аас ирсэн төлөөлөгчид мөн нээлтийн ёслолд оролцов. Үдээс өмнө БНХАУ-ын Шиньжан Уйгарын ӨЗО дахь намын хорооны нарийн бичгийн даргын орлогч, ӨЗО-ны дарга Си Ма Ю-ийн Ти Ли Вон Эр нар Өрөмчийн гадаад эдийн засаг худалдааны хэлэлцээрийн Дундад, Баруун, Өмнөд Азийн бүс нутгуудын эдийн засаг хамтын ажиллагааны дээд түвшний форумд оролцож буй гадаад хүндэт зочидыг хүлээн авч уулзав. МУИХ-ын гишүүн Д.Дамдин мөн уулзалтанд оролцов.

9 月 2 日　蒙古国商务日开幕式在长春国际会展中心举行。

蒙古国外资外贸局局长钢佐日格在开幕式上说，外商投资蒙古国多种领域可享受税收优惠或免税待遇，蒙古国期待外商尤其是邻国的投资。中国吉林省省长助理、吉林市市长徐建一说，中国与蒙古国经济互补性较强，具有良好的合作基础。希望今后吉林省与蒙古国进一步加强合作，实现双赢。2004年吉林省对蒙古国进口贸易额为510万美元，主要出口企业是吉林高速公路发展股份有限公司。

9 сар 2 МУ-ын Худалдааны өдөрлөгийн нээлтийн ёслол Чанчуний ОУ-ын үзэсгэлэнгийн танхимд зохион байгуулагдав. МУ-ын гадаад хөрөнгө оруулалттай гадаад худалдааны хэлтсийн дарга Ганзориг нээлтийн ёслол дээр хэлэхдээ гадаад худалдааны хөрөнгө оруулалттай МУ дахь олон салбар хөнгөлөлттэй татварын болон татвараас чөлөөлөгдсөн зэрэг хангалтуудыг хүртээд байгаа бөгөөд МУ гадаад худалдаа ялагуяа хөрш орны хөрөнгө оруулалтыг хүсч байна гэдгээ илэрхийлэв. Хятад улс Жилинь мужийн даргын туслах, Жилинь хотын дарга Сю Жен хэлэхдээ Хятад улс болон МУ-ын эдийн засгийн харилцан нөхвөрлөх чанар харьцангуй чанга, маш сайн хамтын ажиллагааны суурьтай байна. Хойшид Жилинь муж болон МУ-ын хамтын ажиллагааг нэмэгдүүлж 2 улсад харилцан ашигтай байхыг хүсэж байгаагаа илэрхийлэв. 2004 онд Жилинь муж МУ-д импортолсон барааны нийт өртөг 5 сая 100 мянган ам.доллар, гол экспортолдог аж ахуй нэгж нь Жилиний өндөр хурдны замын хөгжлийн ХХК юм.

9月2日　第二届中国吉林—东北亚投资贸易博览会当日在长春开幕，中共中央政治局委员、国务院副总理吴仪出席开幕式。在随后举行的第二届东北亚经济合作论坛开幕式上，吴仪发表了题为“加强区域经济合作，促进东北亚繁荣和谐”的演讲。

当天下午，吴仪会见了蒙古国副总理门·恩赫塞汗等外国政要。

9 сар 2 2 дахь удаагийн Хятад улсын Жилинь-Зүүн хойд Азийн хөрөнгө оруулалт, худалдааны үзэсгэлэн яармаг Чанчунь-д нээлтээ хийж, ХКН-ын төв хорооны Улс төрийн товчооны Байнгын хорооны гишүүн, Төрийн зөвлөлийн ерөнхий сайдын орлогч У И нар нээлтийн ёслолд оролцов. Дараа нь зохион байгуулагдсан 2 дахь удаагийн Зүүн хойд Азийн эдийн засгийн хамтын ажиллагааны форумын нээлтийн ёслол дээр У И "Бүс нутгийн эдийн засгийн хамтын ажиллагааг нэмэгдүүлж, Зүүн хойд Азийн хөгжил цэцэглэлт болон зохицон тохироход тус дөхөм үзүүлэх" сэдвээр илтгэл тавина гэдгээ мэдэгдэв. Үдээс хойш У И МУ-ын Шадар сайд М.Энхсайхан зэрэг гадаадын улс төрчидийг хүлээн авч уулзав.

9 月 2 日　第一届东亚柔道锦标赛当日在蒙古国首都乌兰巴托市摔跤馆开幕，来自中国、蒙古国、朝鲜、韩国、日本、关岛、中国台北、中国香港、中国澳门的 100 多名运动员将参加为期两天的角逐。

9 сар 2 Зүүн Азийн Жудогийн цомын анхдугаар тэмцээн МУ-ын нийслэл Уланбаатар хотын Бөхийн өргөөнд нээлтээ хийж, Хятад, Монгол, Хойд Солонгос, Өмнөд Солонгос, Япон, Гуань арал, Хятад улсын Тайбэй, ХонгКон, Макао-ын 100 гаруй тамирчид 2 өдрийн турш өрсөлдөх юм байна.

9 月 2 日　中国国务院副总理吴仪在长春南湖宾馆会见了前来参加东北亚博览会的蒙古国副总理门·恩赫塞汗等外国政要。

9 сар 2 Хятад улсын Төрийн зөвлөлийн ерөнхий сайдын орлогч У И Чанчуний Нань Ху зочид буудалд Зүүн хойд Азийн үзэсгэлэн яармагт оролцохоор ирсэн Монгол

улсын Шадар сайд М.Энхсайхан зэрэг гадаадын улс төрчидийг хүлээн авч уулзав.

9 月 2 日　由中国吉林省政府主办、吉林日报社承办的第二届东北亚地方媒体代表研讨会 2 日在长春南湖宾馆举行。来自中国吉林省、蒙古国中央省等东北亚地区的地方媒体代表以及有关专家学者会聚一堂，就加强媒体间合作，促进东北亚地区经济和社会发展等问题进行研讨。

9 сар 2　Жилинь мужийн Засгийн газар эрхлэн Жилиний өдрийн сонины редакц хариуцан гүйцэтгэсэн 2 дахь удаагийн Зүүн хойд Азийн орон нутгийн хэвлэл мэдээллийн төлөөлөгчдийн хуралдаан 2 өдөр Чанчуний Нан Ху зочид буудалд зохион байгуулагдав. Хятад улсын Жилинь муж, МУ-ын Төв аймгаас ирсэн зэрэг Зүүн хойд Азийн бүс нутгийн орон нутгийн хэвлэл мэдээллийн төлөөлөгчид хийгээд мэргэжилтэн эрдэмтэд нэгэн зэрэг цугларч, мэдээллийн хамтын ажиллагааг нэмэгдүүлэх, Зүүн хойд Азийн бүс нутгийн эдийн засаг болон нийгмийн хөгжил зэрэг асуудлын талаар судалгаа шинжилгээний хурал явуулав.

9 月 4 日　来自中国内蒙古公安边防总队的消息，截至 9 月 4 日满洲里边检站成功查获一起 7 人团伙偷渡案件后，当年以来内蒙古自治区共破获边境偷渡案件 40 起、口岸偷渡 34 起，共抓获偷渡人员 234 人，抓获“蛇头”23 人。

9 сар 4　Хятад улсын Өвөр монголын НАХЯ-ы Хил хамгаалах ерөнхий газрын ирүүлсэн мэдээгээр 9 сарын 4-нийг хүртэл Манжуурын хилийн шалган нэвтрүүлэх газар хамсаатан 7 хүнийг хулгайгаар нэвтрэхийг завдсан гэмт хэргийн амжилттай илрүүлэн барисны дараа, энэ жилээс

ӨМӨЗО-ы хилээр хулгайгаар нэвтэрсэн гэмт хэрэг 40, боомтоор хулгайгаар нэвтэрсэн гэмт хэрэг 34-ийг илрүүлэн баривчилж, хулгайгаар нэвтрэн баригдсан нийт 234 хүн, “могойн толгой” гэх бүлгийн 23 хүнийг баривчилсан байна.

9 月 5 日　中共内蒙古自治区党委副书记、自治区政府主席杨晶在内蒙古新城宾馆会见蒙古国新任驻呼和浩特总领事策・巴桑扎布及夫人和副领事。杨晶代表自治区党委、政府欢迎策・巴桑扎布就任总领事。杨晶表示，希望通过我们的共同努力，使我们之间的经贸合作及文化交流进一步加强，扩大在教育、科技、文化、卫生等领域的交流与合作，造福于两国人民。策・巴桑扎布说，蒙中两国在教育、科技、文化、卫生、旅游等方面的合作非常成功，祝愿内蒙古取得更大的成就。

9 сар 5　ХКН-ын ӨМӨЗО-ы намын хорооны нарийн бичгийн даргын орлогч, ӨЗО-ны Засгийн газрын дарга Ян Жин Өвөр монголын Шинь Чэн зочид буудалд МУ-аас шинээр томилогдон Хөх хотод суух ерөнхий консул Ц.Баасанжав түүний гэргий нарыг хүлээн авч уулзав. Ян Жин ӨЗО-ны намын хороог, Засгийн газрыг төлөөлөн шинээр томилогдсон ерөнхий консул Ц.Баасанжавыг угтан авав. Ян Жин хэлэхдээ бидний хамтын хүчин чармайлтаар дамжин бидний хоорондын эдийн засаг, худалдааны хамтын ажиллагаа хийгээд соёлын солилцоо нэмэгдэн, боловсрол, шинжлэх ухаан, технологи, соёл, эрүүл мэнд зэрэг салбарын солилцоо хамтын ажиллагаа өргөжүүлэн, 2 улсын ард иргэдэд ач буянаа өгөхийг хүсч байна хэмээн илэрхийлэв. Ц.Баасанжав хэлэхдээ Монгол Хятад 2 улс боловсрол, шинжлэх ухаан технологи, соёл, эрүүл мэнд, аялал жуулчлал зэрэг талуудын хамтын ажиллагаа маш амжилттай байгаа, Өвөр монгол илүү их амжилт олохыг хүсэн ерөөе гэв.

9 月 6 日 第二届中蒙俄经贸合作论坛在呼和浩特举行。中国内蒙古自治区政府副主席余德辉致开幕辞。由蒙古国工商会发起的中蒙俄经贸合作论坛于 2005 年在乌兰巴托市举办了首届论坛，并协议商定论坛每年举办一届，三国轮流主办。本届论坛由中国内蒙古自治区贸易促进会、国家开发银行内蒙古分行和呼和浩特市政府一同承办，论坛的宗旨是促进三方的非官方友好往来与经贸合作，加强信息交流与沟通，推动中蒙俄的贸易往来与经济技术合作向广阔的领域发展。论坛举办期间，还达成了中蒙俄商会组织合作协议。开幕前，余德辉在内蒙古饭店会见了参加论坛的蒙古国和俄罗斯代表。

9 сар 6 2 дахь удаагийн Хятад-Монгол-Оросын эдийн засаг, худалдааны хамтын ажиллагааны форум Хөх хотод зохион байгуулагдав. Хятад улсын ӨМӨЗО-ны Засгийн газрын дэд дарга Ю Дө Хуй нээлтийн ёслол дээр үг хэлэв. МУ-ын Үйлдвэр Худалдааны танхимаас санаачилсан Хятад-Монгол-Оросын эдийн засаг, худалдааны хамтын ажиллагааны форум 2005 онд Улаанбаатар хотноо анхдугаар форумаа зохион байгуулж, зөвшөлцөөний форум жил бүр 1 удаа зохион байгуулагдаж, 3 улсад ээлжлэн зохион байгуулагддаг байна. Энэ удаагийн форумыг Хятад улсын ӨМӨЗО-ы гадаад худалдааны хурал, улсын банкны ӨМӨЗО дахь салбар болон Хөх хотын Засгийн газар хамтран хариуцан гүйцэтгэж, форумын зорилго нь 3 улсын албан бус найрамдалт харилцаа болон хамтын ажиллагаа солилцоонд тус дөхөм үзүүлэх, мэдээллийн солилцоог нэмэгдүүлж, Хятад Монгол Оросын гадаад худалдааны харилцаа болон эдийн засаг техникийн хамтын ажиллагаа салбарын саруул хөгжлийг урагшлуулах юм. Форум зохион байгуулагдах хугацаанд Хятад-Монгол-Оросын худалдааны

хамтын ажиллагааны хэлэлцээрийг зохион байгуулав. Нээлтийн ёслолын өмнө Ю Дө Хуй Өвөр монголын ресторанд форумд оролцохоор ирсэн МУ болон ОХУ-ын төлөөлөгчидийг хүлээн авч уулзав.

9 月 6 日　在日前举行的第 15 届乌鲁木齐对外经济贸易洽谈会上，首次亮相的蒙古国代表团收获颇丰。蒙古国代表团共有代表 35 人，参展产品上百种，以地毯、手工艺品和酒类为主。

9 сар 6　Саяхан зохион байгуулагдсан 15 дахь удаагийн Өрөмчийн гадаад эдийн засаг, худалдааны хэлэлцээр дээр анх удаа үзэл бодлоо илэрхийлсэн МУ-ын төлөөлөгчид олз омог дүүрэн байв. МУ-ын нийт 35 хүний бүрэлдэхүүнтэй төлөөлөгчид 100 гаруй төрлийн бүтээгдэхүүнээр оролцсон бөгөөд хивс, гар урлалын бүтээгдэхүүн болон архи, дарс голлон багтсан байна.

9 月 8 日　中国内蒙古伊利集团董事长兼总裁潘刚同蒙古国食品和农牧业部国务秘书巴特苏日当日在乌兰巴托签署了双方乳品加工合作意向书。意向书规定，中国内蒙古伊利实业集团股份有限公司将与蒙古国有关企业开展奶牛饲养、牧草种植、乳品加工等领域的全方位合作。蒙古国食品农业部将对该项目给予政策上的支持。

9 сар 8　Хятадын Өвөр монголын И Ли группийн удирдах зөвлөлийн дарга бөгөөд ерөнхий захирал Пан Ган МУ-ын ХХААЯ-ы төрийн зөвлөлийн нарийн бичгийн дарга Батсуурийн хамт Улаанбаатар хотод 2 тал сүү боловсруулах хамтын ажиллагааны санамж бичигт гарын үсэг зурав. Санамж бичигт зааснаар Хятад улсын Өвөр монголын И Ли үйлдвэр худалдааны групп ХХК болон МУ-ын аж ахуй нэгжтэй саалийн үнээний арчилгаа, өвс

бэлчээрийн тариалалт, сүү сүүн бүтээгдэхүүнийг боловсруулах зэрэг салбарын бүх талын хамтын ажиллагааг өргөжүүлэх болно. МУ-ын ХХААЯ уг төсөлд төрийн дэмжлэг үзүүлэхээр болов.

9月9日 连接中国二连浩特与蒙古国扎门乌德口岸之间的疏港公路当日正式通车，出境车辆由中方口岸出发仅需3分钟即可抵达蒙方口岸，车辆通关效率将大大提升。

9 сар 9 Хятад улсын Эрээн хоттой холбогдсон МУ-ын Замын-Үүд боомт хооронд Шу Ган засмал зам албан ёсоор ашиглалтад орж, хилээр нэвтэрч буй машин Эрээн хотоос Замын-Үүд боомт ороход зөвхөн 3 минут л шаардлагатай болж, машин нэвтрэхэд ихээхэн дэвшилттэй байгаа юм байна.

9月11日 据报道，日前，蒙古国塔木察格试油甲方向辽河井下公司发来电传，对辽河井下公司针对塔木察格21区块施工难题而专门采取的电磁加热井筒工艺表示认可，并对该公司的技术支持表示感谢。

9 сар 11 Саяхан МУ-ын Тамсагийн нефьтийн эзэмшигч тал Ляо Хө Жин Сиа компанид телекс илгээж Ляо Хэ Жин Ся компани Тамсагийн 21 бүс нутагт хэцүү асуудал болох тусгайлан ашиглах цахилгаан соронзонг халаах худгийн технологийг байгуулахыг зөвшөөрсөн энэ компаний техникийн дэмжлэгт талархаж байгаагаа илэрхийлэв.

9月11日 中国新疆首府乌鲁木齐召开“中国新疆《江格尔》史诗国际学术讨论会”，中国、蒙古、俄罗斯、美国、德国、日本、哈萨克斯坦等国的50多名学者参加会议。

9 сар 11 Хятадын ШУӨЗО-ы Өрөмчид “Хятадын

Шиньжан "Жангар" туужийн тухай ОУ-ын эрдэм шинжилгээний хурал" зохион байгуулагдаж, Хятад Монгол, Орос, Америк, Герман, Япон, Казахстан зэрэг улсын 50 гаруй нэртэй эрдэмтэд хуралдаанд оролцов.

9 月 4 日—13 日　当月，中国内蒙古自治区公安边防机关反偷渡执法共查获偷渡案件 6 起，抓获涉嫌偷渡人员 40 人。

9 сар 4-13　Энэ сард, Хятад улсын ӨМӨЗО-ны НАХЯ-ы Хил хамгаалах ерөнхий газрын хулгайн гэмт хэрэгтэй тэмцэх хэлтэс 6 хулгайн гэмт хэргийг илрүүлэн баривчилж, хулгайн гэмт хэрэгт сэжиглэгдэж буй 40 хүнийг баривчилав.

9 月 15 日　上海合作组织成员国政府首脑（总理）理事会例行会议在杜尚别举行。中国国务院总理温家宝出席会议。蒙古国副总理恩赫赛汗作为该组织观察员国代表也出席了会议。

9 сар 15　Шанхайн хамтын ажиллагааны байгууллагын гишүүн орны Засгийн газрын тэргүүн (ерөнхий сайд) захиргааны хурлын ээлжит хуралдаан Душанбе /Таджикийн нийслэл/ хотод зохион байгуулагдав. Хятад улсын Төрийн зөвлөлийн ерөнхий сайд Вэнь Жябао хуралдаанд оролцов. МУ-ын ерөнхий сайд М.Энхсайхан тус байгууллагын ажиглагч орны төлөөлөгчийн хувиар хуралдаанд оролцов.

9 月 20 日　中国策克—蒙古国那林苏海特 35 千伏输变电工程举行了盛大的通电剪彩仪式，以此为标志，中国内蒙古第三条跨国外送电力通道正式投入国际化商业运营。

9 сар 20　Хятад улсын Сэхээ–МУ-ын Нарийн Сухайтад 35 мянган вольтын хувьсах цахилгаан станцын байгууламжийг нээн тууз хайчлах ёслол сүр жавхлантай зохион байгуулагдаж, Хятад улсын Өвөр монголын 3 дахь удаагийн улс дамнан гадаадад цахилгаан хүчдэл

дамжуулах энэхүү зам нь ОУ-ын чанартай худалдаа арилжааны тээвэрлэлтийг албан ёсоор оруулж байгааг илтгэн харуулж байна.

9月26日　记者从中国内蒙古自治区二连浩特检验检疫局办公室获悉，由中蒙专家和技术人员共同编撰的《蒙古高原常见天牛图谱》，将中文和斯拉夫蒙语两种文字出版发行。

9 сар 26　Хятад улсын ӨМӨЗО-ны Эрээн хотын Чанарын шалгалт, хорио цээрийн газрын албанаас сурвалжлагчийн мэдээлснээр Хятад-Монголын мэргэжилтэн болон техникчдийн хамтран зохион бичсэн “Монголын өндөрлөгийн малын өвчиний атлас” ойрын хугацаанд хятад хэл болон славян монгол хэл гэсэн 2 төрлийн хэлээр хэвлэгдэн гарахаар болов.

9月26日　中共辽宁省锦州市委书记佟志武在锦州市大厦宾馆与蒙古国驻中国大使馆商务参赞乌兰巴雅尔就锦州港口问题进行了交流探讨，双方就港口合作表现出了浓厚的兴趣。

9 сар 26　ХКН-ын Ляо Нин мужийн Жинжоу хот дахь намын хорооны нарийн бичгийн дарга Тун Живү Жинжоу хотын зочид буудлын танхимд МУ-аас Хятад улсад суугаа элчин сайдын худалдааны зөвлөх Уламбаяртай Жинжоу боомтын асуудлаар хэлэлцээр хийн, 2 тал боомтын хамтын ажиллагаанд гүн гүнзгий сонирхолтой байгаагаа мэдэгдэв.

9月27日　据中国记者报道，20多名湖北孝感籍务工人员日前被困蒙古国。经中国外交部领事保护处陈处长证实，该20余名务工人员确属“非法”，其手中持有的仅是旅游签证，而非工作签证，这违反了蒙古国的相关法律规定，护照已被当地警察机关扣留。中国驻蒙古大使馆在事发后派遣专员探望了被困农民工，并积极同蒙方有关部门进行沟通，争取早日让 20 余名农民工回国。据悉，被困于蒙古国的 20 多名湖北孝感籍务工人员是于今年 7 月前往蒙古国的。

9 сар 27　Ху Бэй мужийн 20 гаруй Шяо Ганийн ажилчид саяхан МУ-д хоригдов. ХУ-ын Гадаад явдлын яамны консулын хамгаалалтын алба нотлон, тус 20 гаруй ажилчидын байнгын оршин сууж байгаа нь “хууль бус” тэр дундаа зарим нь зөвхөн аяллын визтэй байсан нь батлагдсан бөгөөд, ажлын бус визтэй байсан, энэ нь МУ-ын хуулийг зөрчин тухайн улсын цагдаагийн байгууллага паспортын зөрчлийг илрүүлэн саатуулсан байна. Хятад улсаас МУ-д суугаа элчин сайдын яам хэрэг гарсны дараа тусгайлан хүн томилж хоригдсон тариачин ажилчнаа эргэж тойрон, Монголын талын холбогдох салбартай яаравчлан холбоо тогтоон, эртхэн 20 гаруй тариачин ажилчнаа нутагт нь буцаахаар чармайж байна. МУ-д хоригдсон эдгээр 20 гаруй Ху Бэй мужийн Сяо Ган-ийн ажилчид нь энэ оны 7 сард МУ-д ирсэн байна.

9 月 29 日　《蒙古国风情摄影展》当日在北京首都图书馆举行，以纪念中蒙建交 57 周年。展览将持续至 10 月 8 日。

9 сар 29　“МУ-ын өнгө үзэмж гэрэл зургийн үзэсгэлэн” Бээжин хотын төв номын санд зохион байгуулагдсан нь Хятад-Монголын дипломат харилцаа тогтоосны 57 жилийн ойг угтсан ажил болов. Үзэсгэлэн 10 сарын 8-ны өдөр хүртэл үргэлжилэх юм байна.

9 月 29 日　中国驻蒙古国大使高树茂在乌兰巴托举行国庆招待会。蒙古国外交部长那・恩赫包勒德、农业部长特日毕希达格瓦、工业贸易部长加尔格勒赛汗、卫生部长贡达莱、总统办公厅主任毕力格特等政府官员、主要党派代表、外国驻蒙使节等近

200人应邀出席。蒙古国总统恩赫巴亚尔致电表示祝贺。

9 сар 29 БНХАУ-аас МУ-д суугаа элчин сайд Гао Шумао Улаанбаатар хотод улс тунхагласны баярын дайллага зохион байгуулав. МУ-ын Гадаад явдлын сайд Н.Энхболд, МУ-ын ХХААЯ-ы сайд Тэрбишдагва, ХАҮЯ-ы сайд Жаргалсайхан, ЭМЯ-ы сайд Гүндалай, ерөнхийлөгчийн ажлын албаны дарга Билэгт нарын Засгийн газрын ажилтад, голлох намуудын илгээсэн төлөөлөгчид, гадаадаас Монгол улсад суугаа элчин сайдын яамны төлөөлөл зэрэг ойролцоогоор 200 хүн урилгаар оролцов. МУ-ын ерөнхийлөгч Энхбаяр цахилгаан илгээж баяр хүргэж байгаагаа илэрхийлэв.

9月 据报道，联合国教科文组织于2006年9月份组织各国著名工艺品专家评审团在蒙古国首都乌兰巴托对提交的产品进行评审。中国共有49家企业及个人100多件作品参加了申报，13件作品获奖。

9 сар НҮБ-ын ЮНЕСКО-оос 2006 оны 9 сард зохион байгуулсан эл улсын алдартай гар урлалын бүтээлчидийн шүүгчид МУ-ын нийслэл Улаанбаатар хотноо дэлгэн тависан бүтээгдэхүүнд үнэлэлт дүгнэлт өгөв. БНХАУ-ын нийт 49 аж ахуйн нэгж хийгээд хувь хүмүүсийн 100 гаруй бүтээл мэдүүлэгт орж 13 бүтээгдэхүүн шагналт байр эзлэв.

1月—9月 中蒙两国双边贸易额达到11.3亿美元，同比增长88.8%。其中，中方出口3.17亿美元，同比增长32.6%；进口8.14亿美元，同比增长126.1%。

1-9 сар Хятад Монгол 2 талын худалдааны нийт өртөг 1 сая 130 мянган ам.долларт хүрч, харьцуулалтаас үзэхэд 88,8%-р өссөн байна. Тэр дундаа Хятадын талаас экспортолсон барааны нийт өртөг 317 сая ам.долларт хүрч урьдынхаасаа 32,6 %, импорт нь 814 сая ам.долларт хүрч 126,1%-р тус тус нэмэгдэв.

10 月 5 日　中国内蒙古第一机械制造集团专用汽车公司当日举行了首批 100 辆对外贸易汽车的发车仪式。这批北方奔驰厢式半挂运输车全部出口蒙古国。

10 сар 5 Хятад улсын Өвөр монголын анхны машин механик үйлдвэрлэх группийн тусгай хэрэглээний машины компани анхны 100 гадаад худалдааны машинаа хөдөлгөх нээлтийн ёслол зохион байгуулагдав. Энэхүү машинууд нь Хойд нутгийн Бенз маркийн хагас ачааны машин бөгөөд бүгдийг нь МУ руу экспортлов.

10 月 9 日　中国国家电网公司在向国家发展与改革委员会报送的《关于将中蒙电力合作项目纳入国家电力工业发展规划的请示》中提到，中蒙电力合作项目主要由两部分组成：由中国鲁能集团在蒙古国建特大型煤电基地，中国国家电网公司筹建大型跨国输电项目。此前，鲁能集团已取得蒙古国锡伯敖包、额尔敦朝克图、柴达木查尔、德力格尔汗 4 个矿区的探矿权或采矿权，规划在蒙古国建设三座大型煤电基地。

10 сар 9 Хятад улсын цахилгаан сүлжээний компани улсын хөгжил болон өөрчлөлт шинэчлэлтийн зөвлөлийн сонинд өгсөн “Хятад-Монголын цахилгаан хүчний хамтын ажиллагааны төсөл, улсын цахилгаан хүчний аж үйлдвэрийн хөгжлийн хэтийн төлөвлөгөөнд зааварчилгаа оруулах тухай” мэдээлэлдээ Хятад-Монголын цахилгаан хүчний хамтын ажиллагааны төслийн гол чухал 2 хэсгийн бүрэлдэхүүн: Хятад улсын Лү Нөн групп МУ-д байгуулахаар болсон том хэмжээний нүүрсний цахилгаан станцын суурь, Хятад улсын цахилгаан сүлжээний компани том хэмжээний

улс дамнасан цахилгаан дамжуулах төслийг гүйцэтгэхээр бэлтгэж байна. Үүнээс өмнө Лү Нөн групп Баян-овоо, Эрдэнэцогт, Цайдаммөчир, Дэлгэрхаан зэрэг 4 орд газрын уурхайн хайх эрх болон уурхайн олборлох эрхийг авч, төлөвлөгөө ёсоор Монгол улсад 3 том хэмжээний нүүрсний цахилгаан станцын суурийг тавив.

10 月 13 日 中蒙联合考古汇报会在中国内蒙古自治区文物考古研究所举行，内蒙古赴蒙古国的考古专家对此次考古调查结果进行了介绍。

10 сар 13 Хятад-Монголын хамтарсан археологийн багийн илтгэх хурал ӨМӨЗО-ны түүхийн дурсгалт зүйлсийн археологийн судалгааны хүрээнд зохион байгуулж, Өвөр монголоос Монгол улсад хүрэлцэн очисон археологийн мэргэжилтнүүд энэ удаагийн археологийн судалгааны үр дүнгээ танилцуулав.

10 月中旬 国际野骆驼保护与管理研究讨论会在蒙古国首都乌兰巴托举行。参加会议的有国际野骆驼保护基金会、全球环境开发计划署驻蒙古国项目部、蒙古国自然环境部和中国、美国等 9 个世界组织、国家代表团。会议期间，与会者就当前在蒙古国和中国分布的野双峰驼的保护与管理，国际协作与相关信息交流，物种保护与科学研究等诸多领域进行了交流研讨。会议还发表了《蒙古人民共和国和中华人民共和国关于大戈壁生态系统及物种保护的联合公告》。

10 сар дунд үе ОУ-ын Хавтгай хамгаалах болон захиргааны судалгааны хурал МУ-ын нийслэл УБ хотод зохион байгуулагдлаа. ОУ-ын Хавтгай хамгаалах сан, дэлхий нийтийн байгаль, орчин тойрны төлөвлөгөөний захиргаанаас МУ-д суугаа төслийн хэсэг, МУ-ын БОЯ-ны

болон АНУ зэрэг дэлхийн 9 байгууллагын төлөөлөгчид хуралд оролцлоо. Хуралд одоогийн байдлаар МУ болон БНХАУ-д тархсан хавтгайг хамгаалах ОУ-ын хамтран ажиллах болон харилцан шинжилгээ хийлээ. Хуралд "МУ болон БНХАУ-ын их говьд байгаль орчны тохиргоо хийгээд төрөл зүйлийг нь хамгаалах" тухай хамтран мэдэгдэл гаргав.

10 月 17 日　中国锦州市市长刘志强在北京会见了蒙古国驻中国大使馆特命全权大使嘎乐桑・巴特苏赫。刘志强指出，蒙古国乔巴山地区有着丰富的煤炭矿产资源和油气资源，需要寻找适合的出海口。锦州港经赤峰至白音华段的铁路和蒙古国乔巴山市是一条笔直的最近便的通道，连接这条线路，选择锦州作为蒙古国出海口是非常经济和可行的。嘎乐桑・巴特苏赫大使对选择锦州作为蒙古国出海口的建议很感兴趣，提议与锦州市共同组成工作小组，一起推进该项目向前发展。

10 сар 17　БНХАУ-ын Жинжоу хотын дарга Лю Жичян, МУ-аас БНХАУ-д суугаа консулын газрын бүрэн эрхт сайд Г. Батсүхийг хүлээж авч уулзлаа. Лю Жичян хэлсэнчилэн МУ-ын Чойбалсан нутаг дахь нүүрсний уурхай болон хар тос байдаг, эдгээрийг далайн боомтоор экспортлох хэрэгтэй. Жинжоу далайн боомтоос Улаанхад-Баянхуа хүртэл төмөр зам болон МУ-ын Чойбалсан хот бол шулуун хамгийн ойр нэвтрэх зам. Энэ шулуун замтай холбогдох Жин Жоу сонговол болох МУ-ын далайн боомтоор экспортлох боломжтой байдаг. Элчин сайд Батсүх Жин Жоу сонголт болох МУ далайн боомтод гарах байгууллагыг сонирхож байна. Жин Жоу хот хамтран зохион байгуулах ажлын шугамын санал гарган хамтдаа тус тусын хөгжлийг ахиулна гэв.

10月23日 在刚闭幕的第四届中国国际农产品交易会上，宁安响水村米业公司与蒙古国鄂尔多斯乌日格贸易公司签订的1 600吨绿色有机大米购销合同，总金额达1 280万元。

10 сар 23 Саяхан хаасан 4 дэхь удаагийн Хятад улс, ОУ-ын ХАА-н бүтээгдэхүүн арилжаа худалдааны хурал дээр Нин Шан Шүй Кун Ни Е компани, МУ-ын худалдааны компани 1 600 тонн экологийн цэвэр цагаан будаа худалдах, борлуулах гэрээнд гарын үсэг зурж ерөнхий мөнгөний хэмжээ 1 280 түмэн юань юм.

10月25日 《蒙古国—中国友好交流集邮展览》及境外制作发行的2008奥运纪念邮票中国首发式，于当日在北京德胜国际文化交流中心开展。2006年是中蒙两国建交57周年和蒙古国邮政85周年。为此，在中国北京、成都、上海和蒙古国乌兰巴托、达尔汗、额尔登特分别举办友好交流集邮展览。

10 сар 25 “МУ, БНХАУ-ын найрамдлын марк цуглуулга, солилцооны үзэсгэлэн” хийгээд хил хязгаараас гадна хийх 2008 оны олимпийн дуртадгал, марк цуглуулгын анх ёслол Бээжингийн ОУ-ын соёлын солилцооны төвд нээгдсэн. 2006 он бол Хятад, Монгол 2 улсын хооронд гадаад харилцаа тогтоосны 57 жилийн ой болон МУ-ын шуудангийн 86 ой болох юм. Үүнд Хятад улсын Бээжин Чэн Дү, Шанхай болон МУ-ын нийслэл Улаанбаатар, Дархан, Эрдэнэт хотуудад найрамдлын марк солилцооны цуглаан зохион байгуулагдлаа.

10月25日 “中国—蒙古国知识产权法律制度研讨会”当日在北京隆重开幕。在开幕式上，中蒙两国专利法(汉蒙双语对照本)新书首次正式发行。中国国家知识产权局局长田力普和蒙古国知识产权局局长辛巴特·纳姆吉为新书发行揭幕，并签名互赠新书。

10 сар 25 Хятад, Монголын оюуны өмчийн эрхийн хууль тогтоомжийн дүрэм журмын хэлэлцүүлэг Бээжин хотод нээлтээ хийсэн. Нээлтийн ёслолын үеэр Хятад, Монгол 2 улсын патентийн хуулийн шинэ ном анх удаа гарсан. Хятад улсын оюуны өмчийн эрхийн газрын даргаТянь Ли Пү болон МУ-ын оюуны өмчийн газрын дарга Чинбатын Номинжин шинэ ном гаргах нээлтэнд оролцож номон дээр гарын үсэг зурж харилцан бэлэглэлээ.

10 月 25 日　中国最大的通信设备制造商之一中兴通讯当日宣布，该公司与蒙古信息技术通讯局签订了蒙古下一代网络（NGN）国际关口局合同。据介绍，此国际关口局位于乌兰巴托，是蒙古第一个 NGN 正式商用局，主要用于规范蒙古 IP 运营商国际长话市场。中兴通讯 1999 年进入蒙古市场，从 2004 年起，中兴通讯在当地市场进入稳定收获期。

10 сар 25 Хятад улсын хамгийн том захидлаар харьцах тоног төхөөрөмжийн үйлдвэрлэлийн, мэдээлэл, технологийн газар мэдээлэлийг уг өдөр зарлан, тус номын болон МУ-ын нэгэн үеийн сүлжээ /NGN/ ОУ-ын боомтын газрын гэрээнд гарын үсэг зурсан. Үүнийг танилцуулахдаа энэ өдөр ОУ-ын боомтын газар Улаанбаатаар хотод байршсан нь Му нэг дэх албан ёсны хэрэглэх газар, гол нь журам орших МУ IP зөөвөрлөн ОУ-ын зах зээлд хэлэлцэх юм. Жун Шиний мэдээллэснээр 1999 онд МУ-ын зах зээлд нэвтэрч 2004 оноос тус газрын зах зээлд олох хугацааг тогтоон нэвтрүүлдэг байна.

10 月 25 日　天津至乌兰巴托航线开航。该航线由蒙古国第一家民营航空公司蒙古航空公司经营，机型福克—100，每周

一、五各一班，空中飞行时间为2个小时。

10 сар 25 Тянь Жинээс Улаанбаатар хот хүртэл агаарын нислэг хийсэн. Уг агаарын зам МУ-ын нэг дэх иргэний агаарын тээврийн компани эрхлэн явуулжээ. Фү Ке -100 7 хоног бүр нэг, S тус бүр 1, агаарт нисэх хугацаа 2 цаг.

10月26日 中国外交部部长助理崔天凯会见来华进行中蒙第8次双边领事磋商的蒙古国外交部领事局局长奥其尔扎布一行。

10 сар 26 Хятад улсын гадаад харилцааны сайдын туслах Цуй Тянькайд Хятад улсад 8 дахь удаагийн 2 талын зөвшөлцөөнд ирсэн МУ-ын Гадаад харилцааны сайд Очиржавтай уулзлаа.

10月26日 据中国内蒙古自治区公安厅当日通报，两名蒙古国犯罪嫌疑人在呼和浩特被抓获。10月20日蒙古国边防部队向中国内蒙古自治区阿拉善盟边防部门通报：两名逃犯从蒙古国一监狱越狱潜逃，进入中方内蒙古自治区阿拉善盟。内蒙古自治区公安机关在中国公安部的指挥协调下，迅速展开搜捕工作，于21日晚在内蒙古自治区呼和浩特市将两名逃犯成功抓获。

10 сар 26 Хятад улсын ӨМӨЗО-ны нийгэм хамгаалалын танхим уг өдөр мэдээгээр: МУ-д гэмт хэрэгт сэжиглэгдсэн этгээдийг Хөх хотод баривчиллаа. 10-р сарын 20-ны өдөр МУ-ын Батлан хамгаалах яамны хамгаалалтын цэргийн анги БНХАУ-ын ӨМӨЗО-ны Алшаа аймгийн хамгаалалтын хэсэг рүү мэдээллэснээр 2 ялтан МУ-ын шоронгоос оргож ӨМӨЗО-ныАлшаа аймагт нэвтэрсэн. ӨМӨЗО-ны нийгмийн хамгаалалын байгууллага БНХАУ-ын нийг,мийн хамгаалалын яамны удирдлагатай зохицсоны

дараа хурдан нэгжэн баривчилгаа явуулж 10-р сарын 21-ний орой ӨМӨЗО-ны Хөх хотод 2 оргодлыг амжилттай баривчиллаа.

10 月 26 日　中国内蒙古自治区首批派赴蒙古国开展国际志愿服务的 7 名青年志愿者，圆满完成为期一周的志愿服务后，于当日返回呼和浩特。

10 сар 26　ӨМӨЗО-ны анхны бүлэг МУ-д очин ОУ-ын сайн дурын үйлчилгээ явуулах 7 сайн дурын ажилтан 7 хоногийн хугацаанд сайн дурын үйлчилгээг бүрэн үзүүлж дууссаны дараа Хөх хотод буцаж ирлээ.

10 月 30 日　据报道，蒙古国知识产权局局长辛巴特·纳姆吉于 29 至 30 日率团到访中国广东省佛山市。佛山市领导梁绍棠会见代表团，双方就共同关心的知识产权工作进行了交流探讨。佛山市与蒙古国一直有贸易往来，纺织产品、陶瓷、家电和家具以及摩托车等均有出口蒙古，双方贸易近年不断增长，今年 1 月至 9 月佛山市出口蒙古的商品额已相当于去年全年的总数。

10 сар 30 МУ-ын Оюуны өмчийн газрын дарга Шинэбатын Намжил 29-30-д төлөөллөгчидийн хамт Хятад улсын Гуандүн мужийн Фошан хотод айлчилсан. Тэд хотын удирдагч Лян Шао Тан-тай уулзаж 2 тал хамтын санаа тавих, оюуны өмчийн эрхийн ажлын талаар санал солилцон судалгаа хийлээ. Фошан хот болон МУ руу шууд худалдаа арилжаа хийж нэхмэл бараа, шаазан, цахилгаан бараа болон гэрийн тавилга хийгээд моторт дугуй зэргийг МУ-д экспортолж 2 талын худалдаа арилжаа ойрын жилүүдэд тасралтгүй нэмэгдэж байна. Энэ жилийн 1-9-р сард Фошан хот МУ-д экспортолж байгаа бүтээгдэхүүний тоо өнгөрсөн жилийнхтэй тохирч байна.

10月30日　据报道，中国安徽省仅最近一次就向蒙古国注册了24家蔬菜贸易企业。

10 сар 30　БНХАУ-ын Ан Хүй мужийн хамгийн ойр 1 удаа МУ руу 24хүнсний ногооны аж ахуй бүртгэгдсэн байна.

11月初　中国新疆兵团农十三师天元供销有限公司与蒙古国戈壁阿尔泰省外贸公司签订的500吨煤出口合同履约，创汇1万美元。

11 сарын эхээр　БНХАУ-ын Шинэжаны цэргийн ангийн 13-р дивиз Тянь Юань ХХК болон МУ-ын Говь-Алтай аймгийн гадаад худалдааны компани 500 тонн нүүр экспортлох гэрээнд гарын үсэг зурж 1 түмэн ам.доллар гуйвууллаа.

11月3日　中蒙哈拉哈界河桥（额布都格口岸—白音胡硕口岸桥）当日建成通车，成为中华人民共和国和蒙古国之间的“中蒙界河第一桥”。这座口岸桥工程于2004年6月份开工建设，桥长164.9米，宽5.5米，总投资600万元人民币。与这个桥同时竣工的还有总投资2 851.5万元的额布都格口岸至阿木古郎镇的国家三级口岸公路和10KV配电线路。至此，额布都格口岸已具备了国家一类口岸的“四通”标准。

11 сар 3　Хятад, Монголын Халхын голын гүүрээр /Өвдөг боомт – Баянхошуу боомтын гүүр/ уг өдөр барилгын машин нэвтэрч, БНХАУ болон МУ-ын хооронд “Хятад, Монголыны хил хязгаарын голын 1 дэх гүүр бий болсон”. Энэ боомтын гүүрний барилга 2004 оны 6-р сард барилгын ажлаа эхэлж, гүүрний урт нь 164,9 метр, өргөн нь 5,5 метр. Ерөнхий хөрөнгө оруулалт нь 600 түмэн юань. Энэхүү гүүрний барилгын ажил дуусхад ерөнхий хөрөнгө оруулалт

нь 2 851,5 түмэн юань, Өвдөг боомтоос Амгалан хүртэл 3 улсын боомтын засмал зам болон 10Квт цахилгаан шугаман зам тавьжээ. И Бү Дүо боомт улсын нэгдүгээр төрлийн боомт болж “Си Тон” стандартад бүртгүүллээ.

11 月 6 日　2006 年中蒙汽车集结赛举行。

11 сар 6　2006 онд Хятад, Монгол 2 улсын автомашины уралдаан болов.

11 月 14 日　中国外交部发言人姜瑜在例行记者会上宣布：应中国国务院总理温家宝邀请，蒙古国总理米耶贡布·恩赫包勒德将于 11 月 22 日—27 日对中国进行正式访问。温家宝总理将举行欢迎仪式，并与他举行会谈。中国人民政治协商会议全国委员会主席贾庆林和全国人民代表大会常务委员会委员长吴邦国也将与他会面。他还将赴乌鲁木齐和西安进行访问。中蒙关系发展良好，双方高层交往频繁，经贸合作日益扩大，相互理解与信任不断加深。2003 年中蒙建立睦邻互信伙伴关系。中蒙双边贸易额去年为 8.6 亿美元，同比增长 24%。今年 1 至 9 月，中蒙双边贸易额达 11.3 亿美元，同比增长 88.8%。我们相信此访将进一步深化中蒙双边交流与合作，推动两国关系进一步向前发展。

11 сар 14 БНХАУ-ын Гадаад харилцааны яамны төлөөлөгч Жян Юү сурвалжлагчтай байнгын хийдэг хурал дээр хэлэхдээ: БНХАУ-ын төрийн зөвлөлийн ерөнхий сайд Вэн Жян Баогийн урилгаар МУ-ын ерөнхий сайд М.Энхболд 11-р сарын 22-27-ныг хүртэл БНХАУ-д албан ёсны айчлал хийнэ. Ерөнхий сайд Вэнь Жя Бао хүлээж авах ёслол зохион байгуулж хэлэлцээр хийх аж. БНХАУ-ын ардын улс төрийн тохиролцох хурлын бүх хятадын зөвлөлийн хурлын тэргүүн Жя Чинлинь болон бүх хятадын ардын төлөөлөгчдийн их хурлын байнгын хорооны зөвлөлийн

хурлын зөвлөлийн нарийн бичгийн дарга Ү Банго нар түүнтэй уулзах аж. Тэрээр мөн Үрүмч болон СиАн-д очиж айчлал хийнэ. Хятад, Монголын харилцаа сайн хөгжиж 2 тал дээд зэргээр олонтоо харилцаж эдийн засаг, худалдаа арилжааны хамтын ажиллагаа өдөр ирэх тусам өргөжин харилцан ойлголцол болон итгэл найдвар тасралтгүй гүнзгийрч байна. 2003 онд Хятад, Монголын найрсаг хөршийн харилцан итгэлцэх түншийн харилцаа тогтоосон. Хятад, Монголын 2 талын худалдаа арилжааны хэмжээ өнгөрсөн жилд 8,6 сая ам.доллар, урдынхаас 24% нэмэгдсэн. Энэ жилийн 1-р сарынаас 9-р сарын хүртэл Хятад, Монголын 2 талын худалдаа арилжааны хэмжээ 11,3 сая ам. долларт хүрч урьдынхаас 88,8%-р өсчээ. Бид энэ айлчлал нь Хятад, Монгол 2 талын хамтын ажиллагааны солилцоог нэг алхамаар гүнзгийрүүлж 2 атлын хоорондын хөгжлийг нэг урагш ахиулна гэж итгэж вий гэв.

11 月 20 日　截止到当日的资料表明，中国内蒙古二连浩特公路口岸进出口货物总量已达到 50.25 万吨，与去年同期比较，增长 15.26%，创历史同期最高水平。

11 сар 20　ӨМӨЗО-ны Эрээн хотын боомтын засмал замын экспорт, импортын арилжааны барааны ерөнхий хэмжээ нь 50 250 000 тн-д хүрч өнгөрсөн жилийн мөн хугацаанаас 15,26 % нэмэгдсэн нь түүхэнд хамгийн өндөр үзүүлэлт байлаа.

11 月 22 日　中国国务院总理温家宝在人民大会堂北大厅为应邀来华进行正式访问的蒙古国总理恩赫包勒德举行了欢迎仪式，并在人民大会堂与恩赫包勒德举行会谈。温家宝指出，巩固和发展中蒙友好合作关系是中国政府坚定不移的战略方针，中方愿同蒙方共同努力，抓住机遇，加强合作，造福两国和两国人民。恩赫包勒德说，同中国发展长期稳定的友好合作关系是蒙古国政府的坚定政策。蒙方愿同中方一道，推动两国睦邻互信伙伴关系深入向前发展。恩赫包勒德重申，蒙政府坚持一个中国原则，这一立场不会变化。会谈中，两国总理就加强双边各领域合作达成以下共识：

一、保持高层互访和各层次交往的良好势头，增进彼此了解与信任，不断巩固和发展睦邻互信伙伴关系。

二、继续将基础设施建设和能源开发作为两国经贸合作的重点领域，加强双方在蒙古国电站、公路、铁路建设等方面的合作；尽快制定两国经贸关系发展的中期规划，统筹双边经贸安排；充分发挥双边经贸科技合作委员会的作用，推进两国的重点项目合作。

三、拓展两国在自然保护、防灾救灾、传染病防治等方面的合作。

四、扩大双边人文领域的交流与合作，逐步增加互派留学生名额，适时举办“国家日”等活动。

五、密切两国在“上海合作组织”内的沟通与协调，加强中蒙俄三国协商机制，共同维护地区稳定和促进区域合作；加紧就反恐、打击非法毒品交易等问题进行磋商，争取早日达成有关协议。

会谈后，两国总理共同出席了《中蒙政府经济技术合作协定》等双边合作文件的签字仪式。

11 сар 22 БНХАУ-ын төрийн зөвлөлийн ерөнхий сайд Вэн Жян Бао Ардын их хурлын тэнхмийн хойд том танхимд БНХАУ-д айчлалаар ирсэн МУ-ын ерөнхий сайд М.Энхболдыг хүлээн авах ёслол зохион байгуулж Ардын их хурлын танхимд М.Энхболдтой хэлэлцээр хийлээ. Вэн Жян

Бао хэлэхдээ: Хятад, Монгол 2 улсын хооронд найрамдал хамтын ажиллагааг бэхжүүлэх болон хөгжүүлэх нь БНХАУ-ын Засгийн газрын гуйвшгүй стратегийн чиглэл, Хятадын тал Монголын талтай хамтран ажиллах хүсэлтэй байгаа нь хамтын ажиллагаагаа нэмэгдүүлэх, 2 улс болоод 2 улсын ард иргэдэд буян хийж байна. М.Энхболд хэлэхдээ: БНХАУ-ын хөгжлийн урт хугацаанд тогтсон найрамдалт хамтын ажил бол Му-ын ЗГ-ын баттай төрийн бодлого. Монголын тал Хятадын талтай нэг адил 2 улсын найрсаг хөршийн харилцан итгэлцэх түншийн харилцаа, хөгжлийг гүнзгийрүүлж ахиулсан. Мөн МУ-ын ЗГ БНХАУ-ын зарчимыг тууштай дэмжиж энэ байрь сууриа өөрчлөхгүй хэмээжээ. Хэлэлцээрийн хооронд 2 улсын ерөнхий сайдууд дараах зүйлүүдийг тохиролцлоо. Үүнд:

1. Дээд зэргийн харилцан айчлалыг болоод энэ удаагийн харилцан нөхөрсөг байдлыг хамгаалах, ойлголцол болон итгэлцлийг нэмэгдүүлэх, найрсаг хөршийн харилцан итгэлцэх түншийн харилцааг бэхжүүлэх, хөгжүүлэх,

2. Суурин байгууламж байгуулах болон нөөц баялагийн нээх ажлыг 2 улсын эдийн засаг, худалдаа арилжааны хамтын ажиллагааны нутаг дэвсгэрийг хөгжүүлэх, 2 тал Монгол улсад цахилгаан станци, засмал зам, төмөр зам байгуулах зэрэг тал дээр хамтран ажиллана. 2 улсын эдийн засаг худалдааны арилжааны хоорондын хөгжлийн дундаж хугацааны хэтийн төлөвлөгөөг аль болох хурдан тогтоох, 2 улсын эдийн засаг, худалдаа арилжааг нэгдэлтэй төлөвлөж нийтэд нь зохион байгуулах, 2 талын эдийн засаг, худалдаа арилжааны техникийн хамтын ажиллагааг зөвлөлийн үйл ажллагааг бүрэн дүүрэн дэлгэрүүлэх, 2 улсын гол төслийн хамтын ажиллагааг ахиулах.

3. 2 улсын байгаль хамгаалал, гамшгаас сэргийлэх, халдварт өвчнөөс сэргийлэх тал дээр хамтран ажиллах.

4. 2 талын нутаг дэвсгэр дээр хамтын ажиллагааны

солилцоог өргөжүүлэх, харилцан гадаад оюутан солилцох хэмжээг аажмаар нэмэгдүүлэх, цагт нь тохируулж “улсын өдөр” зэрэг үйл ажиллагааг зохион байгуулна.

5. 2 улсын Шанхайн хамтын ажиллагааг зохион байгуулж доторх холбоо болон тохиролцоог нягтруулж Хятад-Монгол-Орос 3 улсын зөвөлгөөнийг нэмэгдүүлэх, хамтран газар нутгийг тогтоох болон газар нутгийн хамтын ажиллагааг ахиулан сахих, харилцан нэмэгдүүлэх, цохилт өгөх, худалдаа арилжжаг нэмэгдүүлэх зэрэг асуудлаар хэлэлцээр хийжээ.

Хурлын дараа, 2 улсын ерөнхий сайдууд хамтран”Хятад Монголын засгийн газар, эдийн засаг техникийн хамтын ажиллагааны хэлэлцээр” зэрэг баримтад гарын үсэг зурах ёслолд оролцсон байна.

11 月 23 日　中国人民政治协商会议全国委员会主席贾庆林在人民大会堂会见了蒙古国总理恩赫包勒德。贾庆林表示，中国人民政治协商会议全国委员会愿同蒙古国社会各界加强交往，增进了解，共同推动中蒙睦邻互信伙伴关系不断向前发展。恩赫包勒德说，蒙中睦邻互信伙伴关系发展顺利。两国领导人互访增进了彼此互信，加深了人民间的了解和友谊，促进了各领域的交流与合作。蒙古国社会各界与中国全国政协的合作近年发展良好。蒙方愿进一步加强与中国全国政协的合作。

同日　中国全国人民代表大会常务委员会委员长吴邦国在人民大会堂会见了蒙古国总理恩赫包勒德。吴邦国积极评价中蒙关系。他指出，加强睦邻友好，扩大互利合作，不仅符合两国和两国人民的根本利益，也有利于地区乃至世界的和平与发展。中方愿同蒙方一起努力，在平等互利基础上，以资源开发利用和基础设施建设为重点深化经贸合作，进一步发挥企业在经贸合作中的主体作用，扩大人员往来，促进人文交流，加强议会、政党和民间、地区合作。恩赫包勒德说，蒙中建立睦邻互信伙伴关系以来，两国关系进入了新的发展阶段。领导人互访丰富了双边关系内涵。议会间良好合作对国家关系的深入发展起到了积极作用。

11 сарын 23-ны өдөр Хятадын БХ-ын Ардын улс төрийн Зөвлөлдөх зөвлөлийн тэргүүн Жя Чинлинь МУ-ын ерөнхий сайд М.Энхболдтой Ардын их хурлын танхимд уулзав. Жя Чинлинь Хятад улсын улс төрийн зөвлөлгөөний хурал Монгол улсын олон салбарын хүмүүстэй харилцаагаа нэмэгдүүлэх, ойлголцлыг нэмэгдүүлэх, хамтран Хятад, Монголын харилцан итгэлцэх түншийн харилцаан дахь хөгжил амжилттай байгааг харуулна хэмээжээ. Энхболд Хятад Монголын нөхөрсөг хүрш харилцан итгэлцэх харилцаа урагштай хөгжиж байна гэжээ. 2 улсын удирдагчдийн харилцан айлчлалаар энэхүү харилцан итгэлцлээ нэмэгдүүлж ард иргэдийн ойлголцол болон найрамдал гүнзгийрлээ. Уг нутаг дэвсгэрийн хамтын ажиллагааны солилцоог ахиулсан байна. МУ-ын нийгмийн олон талынхан болон ХБНХАУ-ын Засгийн газар хамтын ажиллагаагаа ойрын жилүүдэд сайн байгаа. МУ-ын тал БНХАУ-ын Засгийн газрын хамтын ажиллагааг нэг алхамаар нэмэгдүүлсэн.

Тухайн өдөр Бүх хятадын ардын төлөөлөгчдийн их хурлын байнгын хорооны зөвлөлийн хурлын зөвлөлийн нарийн бичгийн дарга Ү Бан Го МУ-ын ерөнхий сайд М.Энхболдтой Ардын их хурлын танхимд уулзав. Ү Бан Го нь Хятад, Монголын харилцааг өндөр үнэлсэн байна. Тэрээр хэлэхлдээ: найрсаг хөршийн нөхөрлөлийг нэмэгдүүлэх, хамтын ажиллагааг харилцан ашигтай дэлгэрүүлэх төдийгүй 2 улс болоод 2 улсын ард иргэд ашиг тустай хамтрах, мөн нутаг дэвсгэр хийгээд дэлхийн энх тайван болон хөгжилд хүртэл ашигтай. Хятадын тал

Монголын талын нэгэн адил хичээн, эрх тэгш харилцан ашигтай суурин дээр хөрөнгө оруулалт хийх, суурин байгууламжийг байгуулах, эдийн засаг худалдаа арилжааны ажил дунд гол цогцын үйл явдлыг улам хөгжүүлэх, ажилчдын харилцааг өргөтгөх, хүмүүнлэгийн солилцоог ахиулах, УИХ, Төр, нам болоод ард түмэн газар нутгийн хамтын ажиллагааг нэмэгдүүлнэ гэжээ. М.Энхболд хэлэхдээ: Хятад, Монголын босгосон найрсаг хөршийн харилцан итгэлцэх түншийн харилцааг 2 улсын хоорондох хөгжлийг шинэ үе шатанд оруулж байна. Удирдагчдийн харилцан айлчлал нь 2 улсын харилцааны дотоод агуулгыг баяжуулж байна. Их хурал хоорондын хамтын ажиллагаа 2 улсын хөгжлийг идвэхтэй үйл ажиллагаанд хүртэл гүнзгийрүүлж байна.

11 月 23 日　“中国—蒙古商务论坛”当日在北京举行，蒙古国总理恩赫包勒德、蒙古国家工商会会长森布·登贝尔勒、中国贸易促进会张伟副会长到会并讲话，中蒙两国建筑工程、建筑设备、房地产开发、金融等行业 200 余名企业家参加会议并签署了约 1 亿美元的承包工程、房地产开发合同等 5 个合同。

11 сар 23　“Хятад Монголын худалдааны форум” Бээжинд нээлтээ хийв. МУ-ын Ерөнхий сайд Энхболд, МХАҮТ-ийн дарга Дэмбэрэл Хятадын худалдааг дэмжих зөвлөлийн дэд дарга Жан Вэйтэй уулзсан байна. Хятад Монгол хоёр улсын барилга байгууламж, барилгын тоног төхөөрөмж, орон сууцны талбайг чөлөөлөх, хөрөнгө санхүү зэрэг асуудлаар 200 аж ахуйн нэгж байгууллагууд хуралдаж 100 000 000ам. долларын барилгын гүйцэтгэл, барилгын талбай чөлөөлөх тухай зэрэг нийт 5 гэрээнд гарын үсэг зурсан байна.

11 月 23 日 来华访问的蒙古国总理米耶贡布·恩赫包勒德在北京会见了中国水利水电建设集团公司副总经理刘起涛。宾主双方就蒙古泰西尔电站等水电开发、建设事宜，进行了深入交谈。

11 сар 23 Хятад улсад айлчлахаар ирсэн МУ-ын ерөнхий сайд М.Энхболд Бээжин хотод Хятад улсын усжуулалтын усан цахилгаан барилгын эвсэл компанийн ерөнхий менежер Ли Күтаотай уулзав. Зочинг 2 тал МУ-ын Тайширийн усан цахилгаан станцыг нээх барилгын хэрэг явдлыг гүнзгийрүүлж хэлэлцээр хийв.

11 月 22 日—27 日 蒙古国总理恩赫包勒德应中国国务院总理温家宝的邀请对中国进行了正式访问。两国领导人对关于促进两国关系，尤其是贸易关系而交换了意见。两总理的此次会谈颇有成果，达成了一些重要的协议。如：双方共同商议制定了对和谐发展有指导性意义的文件“中期纲领”。商议了自 2003 年起协商在 2005 年签订的中方贷款给蒙古的 30 亿美元的问题。蒙古总理还会见了全国人民代表大会常务委员会委员长吴邦国，中国人民政治协商会议全国委员会主席贾庆林，为两国关系问题交换了意见。蒙古国总理还会见了北京市市长王岐山，为北京和乌兰巴托两市的关系及今后的发展合作交换了意见。蒙古国总理同时还参加了在北京举行的中蒙商业会议，近 200 多名商业经营者参加了此次会议，签署了 10 亿多美元的合作文件。蒙古国总理还走访了新疆，陕西西安，受到了当地领导人的欢迎。蒙古国总理为发展两国接壤地区之间的合作关系交换了意见。

11 сар 22-27 МУ-ын Ерөнхий сайд М.Энхболд болон БНХАУ-ын Төрийн зөвлөлийн Ерөнхий сайд Вэнь Жябаогийн урилгаар БНХАУ-д албан ёсны айлчлал

хийв. Ерөнхий сайдууд 2 улсын харилцааг ахиулах тухай ялангуяа худалдаа арилжааны талаар санал солилцсон ба энэ хэлэлцээр тун үр бүтээлтэй болж, олон чухал асуудлаар тохиролцоонд хүрсэн гэдгийг тэмдэглэсэн байна. Жишээлбэл: 2 тал хамтын зөвшилцөөнд зохицсон хөгжлийн зааварчилгааны баримт бичиг болох “Дунд хугацааны мөрийн хөтөлбөр” боловсруулав. 2003 онд зөвлөлгөөн зөвшөлцөж 2005 онд гарын үсэг зурсан Хятадын тал МУ-д зээлэн өгсөн 30 сая ам.долларын асуудалыг авч хэлэлцэв. МУ-ын Ерөнхий сайд М.Энхболд, Бүх хятадын ардын төлөөлөгчдийн их хурлын байнгын хорооны зөвлөлийн нарийн бичгийн дарга Ү Банготай уулзан БНХАУ-ын ардын улс төрийн зөвлөл, бүх хятадын зөвлөлийн хурлын тэргүүн Жя Чинлиньтэй ярилцан 2 улсын харилцааны асуудлаар саналаа солилцсон байна. МУ-ын Ерөнхий сайд М.Энхболд Бээжин хотын дарга Ван Шантай уулзаж Бээжин болоод Улаанбаатар 2 хотын харилцаа хийгээд хойшдын хөгжлийн хамтын ажиллагааны талаар саналаа солилцов. МУ-ын Ерөнхий сайд Бээжин хотод зохион байгуулсан Хятад, Монгол худалдааны зөвлөлгөөнд оролцож ойролцоо 200 гаруй худалдаа эрхлэн явуулагчид энэ удаагийн хэлэлцээрт оролцож 10 гаруй сая ам.дролларын хамтын ажиллагааны баримтад гарын үсэг зурлаа. Энэхүү айлчлалаар МУ-ын Ерөнхий сайд Шинжаанд хүрэлцэн ирэхэд Шаньши Си-ан-ий орон нутгийн тэргүүн нар халуун дотноор хүлээн авсан байна. МУ-ын Ерөнхий сайд 2 улсын хил залгаа бүс нутаг хоорондын хамтын ажиллагааг хөгжүүлэх талаар санал солилцсон байна.

11 月 27 日　日前，一批蒙古国客户到东风襄樊专用汽车有限公司考察，一次订购了 31 辆“东风金刚”自卸车。

11 сар 27　Саяхан МУ-ын төлөөлөгчид Дун Фэнсян тусгай хэрэглээний авто машин үйлдвэрийн ХХК-д зочлон

“Дун Фэн Жин Ган”-аас 31 шөөрөө буулгагч хүнд даацын техник захиалсан байна.

12月5日 中国、蒙古国政府官员和专家当日在呼和浩特市召开蒙古族长调民歌联合保护协调指导委员会会议，宣布为期10年的中国和蒙古国蒙古族长调民歌联合保护行动正式启动。联合保护行动开展期间，中蒙两国计划每3年召开一次联席会议，由协调指导委员会对保护工作进行全面协调和指导，会商和确定保护行动的基本原则、保护政策、实施方案以及经费政策，同时负责实施监督，对出现的问题通过会商确定解决方案。

12 сар 5 Хятад-Монголын Засгийн газрын гишүүд болон мэргэжилтнүүд энэ өдөр Хөх хотод МУ-ын үндэсний ардын, уртын дууг хамтран хамгаалах талаар хуралджээ. Хурлаас 10 жилийн хугацаатай Хятад улс дахь ба МУ дахь үндэсний уртын дууг хамгаалах албан ёсны хөдөлгөөн зарлалсан байна. Энэ хугацаанд төлөвлөгөө ёсоор 3 жилд нэг удаа хоёр улс холбооны тэргүүлэгчид хуралдахаар тохиролцож уртын дууг хамгаалах талаар удирдамж гаргасан байна.Энд тогтвортой хамгаалах хөдөлгөөний үндсэн зарчим, төрийн бодлогоор хамгаалах, хэрэгжүүлэх хийгээд төрөөс гарах зардлыг тогтвортой байлгах, мөн харилцан хяналт тавьж хэрэгжүүлэх, шийдвэрлэвэл зохих асуудлыг харилцан мэдэгдэж, харилцан зөвшилцөх замаар шийдэхээр тогтсон байна.

12月5日—6日 中国内蒙古自治区政府与蒙古国工业贸易部贸易经济合作常设协商工作组第7次会议在呼和浩特举行。内蒙古自治区政府副主席余德辉出席会议并讲话。会议就双方经贸、科技、文化、卫生、教育、交流等合作领域中存在的问题进行了进一步协商。

12 сар 5-6 ӨМӨЗО-ны Засгийн газар болон МУ-ын Үйлдвэр худалдааны яам, худалдаа арилжаа, эдийн засаг хамтын ажиллагааны байнгын зөвлөлдөх ажил зохион байгуулж 7 дахь удаагийн хэлэлцээрээ хийв. ӨМӨЗО-ны ЗГ-ын тэргүүн Юй Дэхүй хэлэлцээрт оролцсон байна. Хэлэлцээр нь 2 талын эдийн засаг шинжлэх ухаан технологи, соёл, эрүүл ахуй /эрүүлийг хамгаалах, боловсрол солилцоо зэрэг/ хамтын ажиллагааны асуудлыг хамарсан зөвлөлгөөн байлаа.

12 月 5 日 蒙古国总理恩赫包勒德到中国有色金属建设集团在蒙投资开发的图木尔廷敖包锌矿视察，对该矿的生产经营、安全环保等各项工作给予了充分肯定和高度评价。蒙古国家大呼拉尔议员和国家预算常设委员会主席乌兰等政府有关部门负责人陪同视察。

12 сар 5 МУ-ын Ерөнхий сайд М.Энхболд БНХАУ-ын өнгөт төмөрлөгийн үйлдвэрт хүрэлцэн ирж Монголд хөрөнгө оруулалт хийх Төмөртийн ордын цайрын хүдрийг шалгах, тус хүдэр үйлдвэрлэлтийг эрхлэн явуулах, аюулгүй байдлыг хамгаалах зэрэг уг төслийн ажилд үнэлгээ өгөв.УИХ-ын гишүүн Төсвийн байнгын хорооны дарга Улаан болоод ЗГ-ын төлөөлөгчид хамтдаа сонирхсон байна.

12 月 13 日 据报道，不久前中国国务院批复的《国家“十一五”口岸发展规划》，将乌力吉口岸列入了 8 个新开陆路口岸之一。届时，乌力吉口岸将继策克口岸之后成为内蒙古自治区阿拉善盟第二个对蒙边贸新通道。

12 сар 13 БНХАУ-ын Төрийн Зөвлөлөөс “Арван нэгдүгээр таван жилийн төлөвлөгөө" боомтыг хөгжүүлэх тогтоол” баталсан ба уг тогтоолоор Өлзийт боомтоос гадна

хуурай замын найман боомтоос гадна. Өлзэйт боомт нь Цэгээ боомтын дараа Өвөр Монголын Алшаа аймгийн хоёрдахь Монгол улстай арилжаа хийх боомт болох аж.

12月14日　在当日召开的庆祝中国资源卫星应用中心成立15周年暨用大会上，蒙古国用户代表发言，交流了资源卫星应用的研究成果和经验。

12 сар 14　Мөн өдөр хуралдсан Хятадын эх баялагын хиймэл дагууь одны төв байгуулагдсан15 жилийн ойг тэмтэглэх хурал дээр Монгол улсын төлөөлөгч үг хэлж, эх баялагын дагууль одны хэрэглээний судалгааны үр бүтээл болон туршлагаа солилцов.

12月15日　中国驻蒙古国大使馆与蒙古国新闻界举行新年联欢会，蒙古国各主要电视台、广播电台、报纸和其他新闻机构的领导和代表出席。

12 сар 15　БНХАУ-аас МУ-д суугаа консул болон МУ-ын хэвлэл мэдээлийнхэн Шинэ жилийн баярын хурал зохион байгуулж МҮОНРТ, сонин сэтгүүл болон бусад мэдээллийн байгууллагын удирдлага болоод төлөөлөгчид оролцлоо.

12月16日—17日　蒙古国东方省省长兼国家东部区区长策詹拉布，蒙古国驻中国大使馆商务参赞乌兰巴雅尔等一行5人，应中国辽宁省锦州市政府和市长刘志强的邀请，就“锦州港作为蒙古国货物出海口”的项目，前往锦州市考察访问。

12 сар 16-17　МУ-ын Дундговь аймгийн засаг дарга, Зүүн хязгаарын дарга Цэжанрав, МУ-аас БНХАУ-д суугаа худалдааны зөвлөх Уламбаяр зэрэг 15 төлөөлөгч БНХАУ-ын Ляо Нин мужийн Жинжоу хотын дарга Лю Жичяны

урилгаар “Жинжоу МУ-ын далайн гарц хот болохын төлөө” төслийн ажлаар Жинжоу хотод хүрэлцэн ирэв.

12 月 19 日　中共内蒙古自治区党委书记储波，内蒙古自治区政府主席杨晶在内蒙古新城宾馆会见了蒙古国蒙古民主党主席额勒贝格道尔吉一行。

12 сар 19　ХКН-ын ӨМӨЗО-ы хорооны нарийн бичгийн дарга Чү Бо, ӨМӨЗО-ы ЗГ-ын дарга Ян Жин Шинь Чэн буудалд Монголын Ардчилсан Намын тэргүүн Элбэгдорж нарыг хүлээн авч уулзав.

12 月 21 日　中国鄂尔多斯市代市长杜梓在康巴什新区会见了蒙古国前总理、蒙古民主党主席查·额勒贝格道尔吉一行。

12 сар 21　БНХАУ-ын Ордос хотын орлогч дарга Дү Зи, Кан багш шинэ дүүрэгт МУ-ын ерөнхий сайд асан, Ардчилсан намын тэргүүн Элбэгдоржтой уулзав.

12 月 17 日—23 日　中国铁路建筑二十二局集团公司董事长刘国志随同中国建设部部长汪光焘一行出访越南、蒙古国，与两国政府有关部门就建设领域发展进行了交流，并就进一步加强双方在建筑领域开展合作以及有关工程项目建设等事宜进行了探讨，达成了共识。22 日下午，蒙古国总统恩赫巴亚尔、总理恩赫包勒德分别会见了访问团一行。

12 сар 17-23　БНХАУ-ын Төмөр замын байгуулага, 22 газрын группын ерөнхий захирал Лю Гожи мөн Хятадын барилгын яамны сайд Ван Гуантаогийн хамтаар Вьетнам, МУ-д айлчилсан ба хоёр улсын ЗГ-ын холбогдох яамдын барилгын салбарын хөгжлийн талаар санал солилцохын сацуу хоёр талын барилгын салбарыг хөгжүүлэхэд хамтран ажиллаж, барилгын төсөл хэрэгжүүлэх зэрэг асуудлаар

ярилцаж тохиролцоонд хүрсэн байна. 22-ны үдээс хойш МУ-ын Ерөнхийлөгч Н.Энхбаяр, Ерөнхий сайд М.Энхболд нар айлчлалаар ирсэн төлөөлөгч нарыг хүлээн авч уулзсан байна.

12 月 31 日 中国内蒙古自治区政府副主席乌兰在新城宾馆会见了即将离任回国的蒙古国驻呼和浩特总领事萨·楚龙巴特尔及总领事馆全体人员。

12 сар 31 ӨМӨЗО-ны Засгийн газрын тэргүүн Улаан "Шинчэн" буудалд МУ-аас Хөх хотод суугаа Ерөнхий консул С.Чулуунбат болон консулын газрын ажилтнуудтай уулзалт хийсэн байна.

2006 年 中国内蒙古自治区对蒙古国贸易总值为 5.8 亿美元，增长 57.9%。主要进口商品仍为铜精矿、原木、原油等，第一大进口商品原木全年进口 830.8 万立方米，增长 3.1%；价值 7.4 亿美元，增长 21.3%；内蒙古自治区对蒙古国公路口岸完成货运量 273 万吨，出入境运输量大幅增长。

1999—2006 年，中国已经连续第 8 年保持了蒙古国第一大贸易伙伴国地位。2006 年，蒙古国对中国贸易额再创 14.5 亿美元的新高，占蒙古国外贸总额近 48%。其中，出口 10.5 亿美元，进口 4.0 亿美元，分别占蒙古国出口总额的 67.8%和进口总额的 27.2%。蒙古国对中国出口额位居各贸易伙伴之首。

自 1998 年以来中国已连续 9 年保持蒙古国第一大投资国地位。

2006 онд ӨМӨЗО-ны Монгол улстай хийсэн худалдааны мөнгөн дүн 5 800 000 000 ам долларт хүрсэн ба 57.9%-иар өссөн байна. Импортоор оруулсан гол бараа нь зэсийн баяжмал, мод, түүхий нефть зэрэг бол мод жилийн үзүүлэлтээр 83 080 000 шоо дөрвөлжин буюу 3.1%-иар өсөж үзүүлэлттэйгээр импортын бараан дотор хамгийн их хувь эзэлсэн ба үнийн өртөг 7 400 000 000ам доллар болсон нь 21.3%-иар өссөн байна. ӨМӨЗО Монгол улсад авто замаар 2 730 000 тн бараа экспортолсон нь хилээр оруулж буй болон гаргаж буй ачаа эргэлт эрс нэмэгдсэнийг харуулж байна.

1999-2006 онуудад буюу найман жилийн туршид Хятад улс Монгол улсын хамгийн том түнш гэсэн байр сууриа хадгалж чадсан байна. 2006 он Монгол улсаас Хятад улстай хийсэн худалдааны нийт өртөг 14 500 000 000 ам.долларт хүрсэн буюу экспорт 67.8%, импорт 27.2% болсон байна.

Монгол улс нь Хятад улсын худалдааны гол түнш нь болсон бол 1998 оноос хойш есөн жил Хятад улс Монгол улсын хамгийн том хөрөнгө оруулагч улс болсон байна.

2007 年中蒙国家关系历史编年

2007 он Хятад Монгол хоёр улсын харилцааныт үүхэн үйл явдлын товчоон

1 月 12 日　中国驻蒙古国大使高树茂与蒙古国食品和农牧业部长登德布·特尔比什达格瓦当日在乌兰巴托签署了中国援助蒙古国农业设备交接书，据此中国政府共向蒙古国提供价值 2 000 万元人民币的拖拉机和水利灌溉设备。中蒙两国政府于 2005 年 10 月商定，中国政府向蒙古国无偿援助 2 000 万元人民币的农业设备。中方已于 2006 年内将援助物资运抵蒙古国。蒙方在收到物资后，将着手向各个省分配，蒙古国食品和农牧业部新闻办公室表示，这些物资将对蒙古国农业的恢复发展起到促进作用。

1 сар 12　Хятад Улсаас Монгол Улсад суугаа Элчин сайд Гао Шумао Монгол Улсын ХХААЯ-ны сайд Дондовын

Тэрбишдагватай хамт Улаанбаатар хотноо Хятад Улсаас Монгол Улсад газар тариалангын аж үйлдвэрлэлийн техник, тоног төхөөрөмжийн тусламж олгох тухай батламж бичигт гарын үсэг зурав. Энэ батламж бичгийг үндэслэн Хятад Улсын Засгийн газар Монгол Улсад 20 000 000 юаны өртөг бүхий трактор болон усжуулалтын системийн тоног төхөөрөмж нийлүүлэв. Хятад Монгол хоёр улсын Засгийн газар 2005 оны 10 сард Хятад Улсын Засгийн газраас Монгол Улсад 20 000 000 юаны өртөг бүхий газар тариалангийн аж үйлдвэрлэлийн тоног төхөөрөмжийн буцалтгүй тусламж олгох талаар хэлэлцэн тогтсон байна. Монголын тал эдгээр тоног төхөөрөмжийг хүлээн авсныхаа дараагаар аймгуудад хувиарлалт хийсэн бөгөөд Монгол Улсын ХХААЯ-ны мэдээний албанаас эдгээр тоног төхөөрөмжийн тусламж нь Монгол Улсын газар тариалангын аж үйлдвэрлэлийг дахин сэргээн хөгжүүлэхэд чухал нөлөө үзүүлнэ гэдгийг онцлон тэмдэглэв.

1 月 12 日　中国黑龙江省副省长刘海生会见了蒙古国工业贸易部代表团一行。刘海生说，由哈尔滨电站设备集团公司参与实施的蒙古国柴达诺尔煤电一体化项目是有利于双方经济发展的大项目，希望蒙古国政府本着互信、互利、互惠、共同发展的原则给予关注和支持。蒙古国工业贸易部部长吉日嘎拉赛汗表示希望增强蒙古国与黑龙江省之间的交流，使得双方能在更多领域开展合作。

1 сар 12　Хятад Улсын Хэйлүнжян мужын орлогч дарга Лю Хайшэн Монгол Улсын үйлдвэрлэл худалдааны яамны төлөөлөгчидтэй уулзав. Лю Хайшэн хэлэхдээ: Харбин хотын цахилгаан станцын тоног төхөөрөмж нийлүүлэлтийн компаниас Монгол Улстай хамтран хэрэгжүүлсэн Монгол Улсын Цайдамын Дулааны цахилгаан станцын байгууламж

нь талуудын эдийн засгийн хөгжилд түлхэц болохуйц томоохон байгууламж юм гэдгийг онцлон тухайн байгууламжид Монгол Улсын Засгийн газраас хоёр улсын харилцан итгэлцэх, харилцан ашигтай, харилцан туслалцах хамтын хөнжлийн зарчмын үндсэн дээр тусламж дэмжлэг үзүүлхийг хүсч буйгаа илэрхийлэв. Монгол Улсын Үйлдвэрлэл худалдааны яамны сайд Жаргалсайхан хэлэхдээ:Монгол Улс болон Хэйлүнжян мужын хоорондох харилцааг бэхжүүлж талуудын олон салбарт хамтын ажиллагааг явуулхыг хүсч буйгаа илэрхийлэв.

1 月 19 日　中国内蒙古自治区东北亚经济研究所正式挂牌成立。该所是一家以内蒙古财经学院为依托，整合区内外科研力量，从事东北亚经济问题研究和咨询的实体性学术机构。

1 сар 19　ӨМӨЗО-ны Зүүн хойд Азийн Эдийн засгийн эрдэм шинжилгээний хүрээлэнг албан ёсоор батлан байгуулав. Энэ эрдэм шинжилгээний хүрээлэн нь ӨМӨЗО-ны Санхүү, эдийн засгийн дээд сургуульд түшиглэн бүс нутгийн дотоод болон гадаад судалгаа шинжилгээний ажлыг нэгтгэн дүгнэж Зүүн хойд Азийн эдийн засгийн асуудлыг судлан хэлэлцэх бодит судалгаа шинжилгээний бүрэлдэхүүн хэсэг юм.

1 月 20 日　“中俄蒙三国交界地区 2007 新巴尔虎右旗合作发展论坛”在当地举行。来自新巴尔虎右旗、蒙古国东方省和俄罗斯布里亚特共和国的代表们就合作方向和领域进行了深入的交流探讨。与会代表们还签订了包括生态、医疗、教育、经贸、文化等方面的合作意向。当日还举行了中俄蒙三国交界地区新春联谊会，来自蒙古国、俄罗斯的艺术家与新巴尔虎右旗的文艺团体为代表们献上了一台精彩的节目。

1 сар 20 “Хятад, Орос, Монгол 3 улсын Хилийн бүс нутгийн 2007 оны Шинэ Баргын хошууны хамтын ажиллагааны хөгжлийн форум” уг бүс нутагт зохион байгуулагдав. Шинэ Баргын хошуу, Монгол Улсын Дорнод аймаг болон ОХУ-ын Буриадын Бүгд Найрамдах Улсын төлөөлөгчид хамтын ажиллагааны талаар болон олон салбарын харилцааг гүнзгийрүүлэн хөгжүүлэх талаар хэлэлцээр хийв. Мөн төлөөлөгчид Байгаль орчин, анагаах ухаан, боловсрол, эдийн засаг, худалдаа, соёл зэрэг салбаруудын хамтын ажиллагааны зорилтуудыг багтаасан баримт бичигт гарын үсэг зурав. Мөн өдөр Хятад, Монгол, Орос 3 улсын хилийн бүс нутгийн Синчүны наадмын хурал дээр Монгол Улс, ОХУ болон Шинэ Баргын хошууны соёл урлагийн төлөөлөгчид телевизийн нэвтрүүлгэ бэлтгэн хүргэсэн байна.

1月21日 由中国内蒙古自治区锡林郭勒盟行署、辽宁省锦州市人民政府、辽宁省阜新市人民政府和蒙古国苏赫巴托尔省、东方省、肯特省政府共同主办的构筑欧亚新通道战略论坛在东乌珠穆沁旗隆重举行。锡林郭勒盟行政公署、锦州市人民政府、阜新市人民政府代表及相关的政府官员、学者专家、企业界人士，蒙古国东方省行政长官策·詹拉布、苏赫巴托尔省行政长官热·额尔登朝克图、蒙古国驻二连浩特领事馆领事森·米亚格玛尔以及蒙古国交通旅游部、铁路事务处等政府官员、专家学者、企业界代表参加论坛。与会专家、学者就如何依托锡林郭勒盟珠恩嘎达布其口岸和蒙古国毕其格图口岸常年开放的有利时机，推进继二连浩特、满洲里之后的第三条欧亚新通道建设，开展了深入研讨。两国六个地区的代表共同签署了战略合作框架协议书。

1 сар 21 ӨМӨЗО-ны Шилийн гол аймгийн захиргаа, Ляонин мужын Жинжоу хотын Ардын засгийн газар, Ляонин

мужын Фүсинь хотын Ардын засгийн газар болон Монгол Улсын Сүхбаатар аймаг, Дорнод аймаг, Хэнтий аймгийн засаг захиргаа хамтран зохион байгуулж буй Евро Азийн шинэ нэвтрэх замыг барьж байгуулах стратегийн форумыг Зүүн Үзэмчин хошуунд баяр ёслолын байдалтай зохион байгуулсан байна. Шилийн гол аймгийн засаг захиргаа, Жинжоу хотын Ардын засгийн газар, Фүсинь хотын Ардын засгийн газрын төлөөлөгчид хийгээд холбогдох албаны хүмүүс, эрдэмтэн мэргэжилтнүүд, аж ахуйн нэгжийн янз бүрийн давхаргын хүмүүс болон Монгол Улсын Дорнод аймгийн Засаг дарга Ц. Шарав, Сүхбаатар аймгийн Засаг дарга Эрдэнэцогт, Монгол Улсаас Эрээн хотод суугаа Ерөнхий консулын газрын консул Мягмар хийгээд Монгол Улсын Зам тээвэр Аялал жуулчлалын Яам, Төмөр замын хэрэг эрхлэх газар зэрэг Засгийн газрын гишүүд, мэргэжилтэн эрдэмтэд, аж ахуйн нэгжийн янз бүрийн давхаргын хүмүүс форумд оролцсон байна. Хуралдаанаар эрдэмтэд болон мэргэжилтнүүд Шилийн гол аймгийн Зүүн хатавчын боомт болон Монгол Улсын Бичигтийн боомтын байнгын нээлттэй байдаг ашигтай нөхцөлд тулгуурлан Эрээн, Манжуурын хооронд 3 дахь удаагийн Евро Азийн нэвтрэх замыг барьж хэрхэн гүнзгийрүүлэн хөгжүүлэх талаар хэлэлцэв. Хоёр улсын 6 бүс нутгийн төлөөлөгчид хамтран стратегийн хамтын ажиллагааны бодлогын тухай портоколд гарын үсэг зурав.

1月28日　中国山西省宏厦第一建筑公司董事长马连平与蒙古国布仁集团公司董事长布仁·蒙和图日签订合作协议，双方决定共同出资100万美元成立布仁房地产开发公司。同时，宏厦一建副总经理韩亚军与布仁矿业公司董事长布仁·达勒签订了合作开发铁矿项目的协议。布仁房地产开发公司将在乌兰巴托建设

139.8 万平方米的布仁国际新城。

1 сарын 28-ны өдөр Хятад Улсын Шаньси мужын "Хунся" барилгын 1 дүгээр компаний захирал Ма Ляньпин, Монгол Улсын "Бүрэн" компаний захирал Бүрэнгийн Мөнхтөр нар хамтын ажиллагааны хэлэлцээрт гарын үсэг зурж талууд хамтдаа "Бүрэн" үл хөдлөх хөрөнгийн нээлттэй компанийг байгуулахад 1 000 000 долларын хөрөнгө оруулах талаар шийдвэрлэв.Мөн өдөр "Хунся" барилгын 1 дүгээр компаний дэд захирал Хань Яжүнь, "Бүрэн" уул уурхайн компаний захирал Бүрэнгийн Далай нар төмрийн хүдрийн уурхай нээн хөгжүүлэх хамтын ажиллагааны төслийн хэлэлцээрт гарын үсэг зурав. "Бүрэн" үл хөдлөх хөрөнгийн нээлттэй компаний 139,8 кв.м албан байрыг Улаанбаатар хотноо барисан байна.

1 月 29 日 据报道，中国"十一五"期间，中国和蒙古国将加强国际道路运输合作，双方将协商开通 6 条国际公路通道，以推动双边贸易发展。这些国际公路通道包括 4 条货物运输线路和两条国际客运线路，分别是中国珠恩嘎达布其口岸至蒙古国苏赫巴托尔省西乌尔特市、中国甘其毛道口岸至蒙古国塔本陶勒盖煤矿、甘其毛道口岸至蒙古国奥云陶勒盖铜金矿、中国策克口岸至蒙古国那林苏海特煤矿的货物运输线路，以及中国珠恩嘎达布其口岸至蒙古国塔木察格油田和中国甘其毛道口岸至蒙古国嘎顺苏海图客运线路。

1 сар 29 Мэдээгээр, Хятад Улсын 11 дүгээр 5 жилийн хугацаанд Хятад Монгол хоёр улс нь олон улсын зам тээврийн хамтын ажиллагаагаа нэмэгдүүлж талууд олон улсын 6 засмал замын гарцыг нээх тухай зөвлөлдсөн бөгөөд энэ нь талуудын худалдааны хөгжилд ихээхэн дэмжлэг үзүүлсэн юм. Эдгээр олон улсын засмал замын

гарц нь 4 худалдааны тээврийн чиглэлийн гарц, зорчигч тээврийн хоёр гарцтай бөгөөд Хятад Улсын Зүүн хатавч боомт—Монгол Улсын Сүхбаатар аймгийн Баруун-Урт хот, Хятад Улсын Ганц мод боомт—Монгол Улсын Таван толгойн нүүрсний уурхай, Ганц мод боомт—Монгол Улсын Оюу толгойн алтны уурхай, Хятад Улсын Сэхээ боомт—Монгол Улсын Налайхын нүүрсний уурхайн хоорондох худалдааны зам болон Хятад Улсын Зүүн хатавч боомт—Монгол Улсын Тамсагын нефтийн байгууламж, Хятад Улсын Ганц мод боомт—Монгол Улсын Гашуун сухайтын хоорондох зорчигч тээврийн чиглэлийн замыг тус тус хамаарна.

1 月　蒙古国国防部国务秘书包勒巴特尔访问中国，并参加两国国防部磋商。

1 сар　Монгол Улсын Батлан хамгаалах яамны төрийн нарийн бичгийн дарга Борбаатар Хятад Улсад айлчилж хоёр улсын Батлан хамгаалах яамны зөвшилцөөнд оролцов.

2 月 2 日　中国检验检疫科学研究院、内蒙古检验检疫局与蒙古国卫生部自然疫源性疾病防治研究中心近日在北京举行工作会谈，并签署《中蒙联合开展啮齿动物携带病原及鼠疫遗传多态性研究的会谈纪要》。双方决定在今年 4 月至 10 月间分别在蒙古国中央省、东方省、南戈壁省和中国内蒙古二连浩特、满洲里地区，联合开展鼠疫及啮齿动物携带病原的共同监测。

2 сар 2　БНХАУ-ын Хянан шалгах хорио цээрийн судалгааны хүрээлэнгийн Өвөр Монгол дахь хянан шалгах хорио цээрийн газар болон Монгол Улсын Эрүүл мэндийн яамны гоц халдварт өвчин судлалын үндэсний төв хамтран Бээжин хотноо ажлын хэлэлцээр хийж “Монгол Хятад хоёр

улс өвчин үүсгэгч тээн яваа мэрэгч амьтадын болон хижиг өвчний шинж байдлын талаарх судалгаа шинжилгээний ажлыг хамтран хөгжүүлэх тухай хэлэлцээрийн портокол"-д гарын үсэг зурав. Талууд энэ жилийн 4-10 сарын хооронд Монгол Улсын Төв аймаг, Дорнод аймаг, Өмнөговь аймаг болон Хятад Улсын Эрээн хот, Манжуурын бүс нутагт тус тус өвчин үүсгэгч тээн яваа мэрэгч амьтадын болон хижиг өвчний судалгааг хамтран хөгжүүлэх ажлын явцыг хамтран шалгахаар шийдвэрлэв.

2月9日 中国驻蒙古国大使高树茂当晚在使馆举行华侨华人春节招待会，近200名侨胞参加。高树茂在致辞中表示，2006年，中国已连续8年成为蒙古国的最大投资国，连续9年为蒙古国的最大合作伙伴，两国年贸易额超过了14亿美元。他对旅蒙华侨华人为中蒙两国友好关系所做的贡献表示衷心感谢。

2 сар 9 Хятад Улсаас Монгол Улсад суугаа Элчин сайд Гао Шумао Цагаач Хятад хүмүүст зориулан хаврын баярын дайллага зохион байгуулсан бөгөөд ойролцоогоор 200 гаруй Цагаач Хятад хүмүүс оролцсон байна. Гао Шумао хэлэхдээ: 2006 оны байдлаар Хятад Улс 8 жил дараалан Монгол Улсын хамгийн том хөрөнгө оруулагч улс болсон ба 9 жил дараалан Монгол Улсын хамгийн том худалдааны түнш улс болсон байна. Мөн хоёр улсын жилийн худалдааны нийт хэмжээ 1 тэрбум 400 сая доллор байна гэдгийг онцлон тэмдэглээд тэрээр Монгол Улсад байгаа цагаач хятад иргэд Хятад Монгол хоёр улсын найрсаг харилцаанд өөрсдийн хувь нэмрээ оруулж байгаад чин сэтгэлээсээ баяртай байна гэдгээ илэрхийлэв.

据二连浩特海关统计，今年1月至2月，二连浩特口岸进口蒙古国原煤7.53万吨，同比增长71.48%，创历史同期最高。

Эрээн хотын гаалийн ерөнхий газрын статистик үзүүлэлт, энэ жилийн 1-2 сарын байдлаар Эрээн хотын боомтоор экспортлосон Монгол Улсын нүүрс 7 530 000 тн байна. Нийт үзүүлэлттэй харьцуулахад 71,48%-р нэмэгдсэн бөгөөд энэ нь түүхэн дэхь хамгийн өндөр үзүүлэлт юм.

2 月底　蒙古国家大呼拉议员巴塔、日本议会议员、中国钢铁厂总经理表示，蒙中日三方将共同建立“蒙古国 21 世纪”发展联合会。该联合会的主要宗旨是加快蒙古国发展，利用社会闲置资金对卫生、教育、农牧业、交通部门进行投资。据通报，联合会首先将对四万户住宅项目进行投资，此后将资助蒙古大学生到日本和中国学习。

2 сарын сүүлээр　Монгол Улсын УИХ-ын гишүүн Батаа, Япон Улсын парламентын гишүүн болон Хятад Улсын Ган төмрийн үйлдвэрийн компаний дэд захирал нар Монгол, Хятад, Японы хамтран зохион байгуулсан “Монгол Улсын 21 дүгээр зуун”-ны хөгжил сэдэвтэй хамтарсан хуралдаанд оролцсон байна. Уг хамтарсан хурлын голлон хэлэлцэх сэдэв нь Монгол Улсын хөгжлийг хурдацтай ахиулах нийгмийн салбаруудад хэрэгтэй хөрөнгө мөнгийг эрүүл мэнд, боловсрол, газар тариалан, мал аж ахуй, зам тээвэр зэрэг салбаруудад хөрөнгө оруулалтаар олгох тухай юм. Энэ мэдээллээр дамжуулан хамтарсан хуралдааны тэргүүлэгчид 40 000 айлын орон сууцны төсөлд хөрөнгө оруулхаар болов. Мөн Монгол Улсын Их сургуулийн оюутнуудыг тэтгэлэгээр Япон болон Хятад улсуудад суралцуулахаар болов.

3 月 3 日　中国地质调查局与蒙古矿产与石油管理局的合作项目——中蒙边界 1:100 万系列地质图件编制与相关地质研究项目目前正式启动。该项目将在中蒙边界各 100 公里范围内，合作编制 1:100 万地质图、大地构造图、成矿预测图和生态地质图等系列地质图件，建立相关地质空间数据库，并开展成矿规律对比研究。

3 сар 3 Хятадын Газар зүйн Судалгааны төв болон Монгол Улсын Уул уурхай, Газрын тосны удирдах газрын хамтын ажиллагааны төсөл болох Хятад Монголын хилийн 1:1 000 000 масштаб газар зүйн зургийг зохиох газар зүйн судалгааны хөтөлбөр саяхан албан ёсоор эхэлсэн байна. Уг хөтөлбөрт Хятад Монголын хилийн тус бүр 100 километрын хүрээнд хамтын ажиллагааны 1:1 000 000 масштаб газрын зураг, их газрын бүрэлдэхүүн хэсгийн зураг, уурхайн байгууламжуудын барагцаалсан зураг болон байгаль орчны газрын зураг зэрэг масштаб газрын зургийг зохиох, газрын зургийн орон зайтай холбогдох тоон байгуулалтыг хийх, уурхайн байгууламжуудын хууль зүйн харьцуулсан судалгааг хөгжүүлэх зэрэг ажлууд багтсан байна.

3月16日 中国驻蒙古使馆与蒙古国全国残疾人联合会联合举办蒙古国残疾人手工艺品展览和义卖活动。驻乌兰巴托部分使节、蒙古国主流媒体、蒙古国立大学学生等积极参加。蒙古全国残联副主席贡吉德玛发表讲话，对中国使馆在支持举办此项活动中所体现出来的人道主义精神表示赞赏。

3 сар 16 БНХАУ-аас Монгол Улсдахь Элчин сайдын Яам, Монгол Улсын Хөгжлийн бэрхшээлтэй иргэдийн нийгэмлэгтэй хамтран Монгол Улсын Хөгжлийн бэрхшээлтэй иргэдийн гар урлалын бүтээлийн үзэсгэлэн болон бас худалдаалах үйл ажиллагааг зохион байгуулав. Улаанбаатарт суугаа зарим дипломат төлөөлөгчид, Монгол улсын гол зуулчлагч байгууллага, МУИС-ын оюутанууд үйл ажиллагаанд идэвхитэй оролцсон байна. Монгол Улсын Хөгжлийн бэрхшээлтэй иргэдийн нийгэмлэгийн орлогч дарга

Гүнжидмаа хэлэхдээ: Хятад Улсын Элчин сайдын яамнаас эдгээр үйл ажиллагааг зохион байгуулахыг дэмжиж буй хүмүүнлэг үзлийг нь сайшааж буйгаа илэрхийлэв.

3 月 26 日—27 日　以蒙古国家大呼拉尔议员阿·巴克易为团长的蒙古国家大呼拉尔议员代表团，就中国内蒙古自治区草原立法和执法工作开始对内蒙古自治区正式考察访问。内蒙古自治区人民代表大会常务委员会常务副主任尤仁在内蒙古饭店会见了蒙古国代表团一行。尤仁向蒙古国客人简要介绍了内蒙古自治区草原法制建设方面的情况。阿·巴克易向尤仁等介绍了蒙古国近几年的发展和大呼拉尔的有关情况，并希望进一步了解内蒙古自治区加强草原立法和执法工作，有效保护草场和草原生态方面的经验。3 月 27 日上午，内蒙古自治区人大常委会副主任哈斯巴根应蒙古国代表团要求介绍了内蒙古自治区在草原立法和执法工作方面的情况，并就如何实现草畜平衡等问题进行了说明。

3 сар 26-27　Монгол Улсын УИХ-ын гишүүн А. Бэкэй тэргүүтэй Монгол Улсын УИХ-ын гишүүдийн төлөөлөгчид ӨМӨЗО-ны тал нутагт хууль тогтоох болон хууль хэрэгжүүлэх ажлаар ӨМӨЗО дахь албан ёсны ажлын айлчлалаа эхлүүлэв. ӨМӨЗО-ны АТИХ-ын Байнгын хорооны дэд дарга Яо Рэнь Өвөр Монгол ресторанд Монгол Улсын төлөөлөгчдийн бүрэлдхүүнтэй уулзав. Яо Рэнь, Монгол Улсын зочдод ӨМӨЗО-ны тал нутгийн хууль зүйн байгуулалын нөхцөл байдлын талаар товч танилцуулав. А. Бэкэй, Яо Рэньд Монгол Улсын сүүлийн жилүүдийн хөгжил болоод УИХ хурлын талаар танилцуулж ӨМӨЗО-ны тал нутгийн хууль тогтоох болон хууль хэрэгжүүлэх ажлыг өргөжүүлж тал нутгийн байгаль орчныг хамгаалах туршлагыг үр өгөөжтэй болгохыг хүсч буйгаа илэрхийлэв. 3 сарын 27-ны үдээс өмнө, ӨМӨЗО-ны АТИХ-ын Байнгын

хорооны дэд дарга Хасбагана Монгол Улсын төлөөлөгчдийн хүсэлтээр ӨМӨЗО-ны тал нутагт хууль тогтоох болон хууль хэрэгжүүлэх ажлын нөхцөл байдлын талаар танилцуулж бэлчээрийн мал аж ахуйг хэрхэн тэнцвэртэй болгох зэрэг асуудлаар тайлбар хийв.

3 月 30 日　中国高等教育推介会当天在蒙古国首都乌兰巴托举行。此次推介会由中国国家留学基金委员会主办，北京大学、南开大学、上海大学等 17 所中国高校参加。蒙古国教育文化科学部长恩赫图布辛、中国驻蒙古国大使高树茂、中国国家留学基金委副秘书长李建民出席开幕式并致辞。开幕式上还举行了联合国教科文组织中国委员会向蒙古国教育部赠送价值 50 万元人民币、2 900 块教学用黑板协议的签字仪式。

3 сар 30　Хятад Улсын дээд боловсролтой танилцах хуралдаан Монгол Улсын нийслэл Улаанбаатар хотноо зохион байгуулагдав. Энэ удаагийн танилцах хуралдааныг Хятад Улсын гадаадад оюутан суралцуулах сангаас голлон зохион байгуулсан ба Бээжингийн Их сургууль, Нанкай Их сургууль зэрэг Хятад Улсын 17 дээд сургууль оролцов. Монгол Улсын БСШУЯ-ны сайд Энхтүвшин, Хятад Улсаас Монгол Улсад суугаа Элчин сайд Гао Шумао, Хятад Улсын гадаадад оюутан суралцуулах сангийн орлогч нарийн бичгийн дарга Ли Жяньмин нар нээлтийн ёслолд оролцож үг хэлэв. Мөн нээлтийн ёслол дээр НҮБ-ын дэргэдэх соёл боловсролын байгууллагын хятадын хорооноос Монгол Улсын БСШУЯ-нд 500 000 юаны өртөг бүхий сургалтанд хэрэглэгдэх 2 900 самбарыг бэлэглэх тухай хэлэлцээрт гарын үсэг зурах ёслол болов.

4 月 1 日—6 日　应中共中央的邀请，蒙古人民革命党领导委员会委员、国家大呼拉尔法律常设委员会主席、前外长曾・蒙赫奥尔吉勒一行 5 人于 4 月 1 至 6 日访问中国。

4 сар 1-6 ХКН-ын урилгаар Монгол Улсын МАХН-ын Удирдах Зөвлөлийн гишүүн, УИХ-ын Хууль зүйн байнгын хорооны дарга, Гадаад Харилцааны сайд асан Ц. Мөнх-Оргил тэргүүтэй 5 хүний бүрэлдэхүүнтэй төлөөлөгчдийн баг 4 сарын 1-6-ны өдрийн хооронд Хятад Улсад айлчлав.

4 月 2 日—4 日　曾・蒙赫奥尔吉勒一行 5 人对中国海南省进行为期 3 天的访问。4 月 2 日中午，海南省人民代表大会常务委员会副主任陈孙文在海口会见并宴请了代表团一行。

4 сар 2-4 Ц. Мөнх-Оргил дагалдан яваа төлөөлөгчдийн хамт Хайнань мужид гурван өдрийн хугацаатай айлчлал хийв. 4 сарын 2-ны өдрийн үд дунд, Хайнань мужийн АТИХ-ын байнгын хорооны дэд дарга Чэнь Сүньвэнь Хайкоуд төлөөлөгчдийг хүлээн авч уулзав.

4 月 4 日　中国辽宁省省长张文岳在辽宁友谊宾馆会见了蒙古国总统经济顾问、蒙古国工商会会长登贝尔勒一行。张文岳说，“作为中国地方政府，我们将全力促进辽宁与蒙古国的经贸交流与合作。我们愿意在互利互惠的前提下，加强与蒙古国在经济技术领域的合作，深化在煤矿、有色金属和黄金等矿产资源的勘探、开发等方面的合作；加强双方在进出口贸易领域以及在文化、教育、科技、卫生等领域的合作，促进双方的人员往来与交流。辽宁是蒙古国最近的出海口，我省将继续加强公路、铁路等基础设施建设，尽可能为蒙古国提供便利的出海通道。我们鼓励更多的辽宁企业到蒙古国投资，也欢迎更多的蒙古国企业来辽宁发展”。登贝尔勒表示，代表团此次来访的主要目的是加强蒙古国和辽宁省的经贸合作关系，学习辽宁省的先进技术与生产经验，为双方的进一步合作搭建平台。会见后，辽宁省贸易促进会和蒙古国工商会缔结了友好合作备忘录。

4 сар 4 Хятад Улсын Ляонинь мужын захирагч Жан Вэнюэ Ляонин мужын найрамдал зочид буудалд Монгол Улсын Ерөнхийлөгчийн эдийн засгийн зөвлөх, Монгол Улсын Үйлдвэрлэл худалдааны яамны сайд Дэмбэрэлтэй уулзав. Жан Вэнюэ хэлэхдээ: Хятад Улсын Орон нутгийн Засгийн газрын хувиар бид бүхий л боломжит нөхцөлийг ашиглан Ляонин муж болон Монгол Улсын хоорондох эдийн засгийн солилцоо, хамтын ажиллагаанд дэмжлэг үзүүлэх болно гээд мөн бид харилцан ашигтай хамтран ажиллах зарчмын үндсэн дээр Монгол Улстай эдийн засаг, техник технологийн салбарт хамтын ажиллагаагаа нэмэгдүүлэх; нүүрс, өнгөт метал, алт зэрэг уул уурхайн үйлдвэрлэлд нөөц баялагын хайгуул хийж энэ тал дээр талуудын хамтын ажиллагааг хөгжүүлэн гүнзгийрүүлэх; талуудын экспорт импортын худалдааны салбар болон соёл, боловсрол, шинжлэх ухаан, техник технологи, эрүүл мэнд зэрэг салбаруудын хамтын ажиллагааг нэмэгдүүлж талуудын ард иргэдийн харилцаа болон туршлага солилцоог ахиулх зэргийг хүсч буйгаа илэрхийлэв. Мөн тэрээр Ляонинь муж бол Монгол Улсын хамгийн ойрын далайн гарц юм. Манай муж засмал зам болон төмөр зам зэрэг дэд бүтцээ үргэжлүүлэн нэмэгдүүлж аль болох Монгол Улсын далайн гарцаар хийх бараа нийлүүлэлтэнд тус дөхөм болохыг хичээж буйгаа онцлон тэмдэглээд бид Ляонинь мужын аж ахуйн нэгжүүдийн Монгол Улсад оруулах хөрөнгө оруулалтыг нэмэгдүүлж бас Монгол Улсын аж ахуйн нэгжүүдийг Ляонинь мужид ирэхэд баяртайгаар угтан авах болно гэв.

4 月 18 日—20 日 18 日，蒙古国农业部部长夫人、TBD 公司总裁巴桑克雅女士一行 5 人来中国辽宁省锦州考察。3 天期间，他们先后考察了锦州市的肉类制品、生物制药、黑白花奶牛养殖、物流等领域，参观了北镇的蔬菜、水果、花卉大棚种植基地，黑山的农机具制造业。19 日晚，锦州市委常委、常务副市长刘伟和相关部门领导与蒙古国代表团就双方合作的相关事宜进行座谈。20 日下午巴桑克雅女士一行结束在锦州的行程。

4 сар 18-20　18-ны өдөр, Монгол Улсын ХААЯ-ны сайдын гэргий, ТБД компаний ерөнхий захирал хатагтай Баасантуяа дагалдан яваа 5 хүний хамт Хятад Улсын Ляонинь мужын Жиньжоу хотод ажлын айлчлал хийв. Айлчлалын 3 өдрийн хугацаанд, тэд Жиньжоу хотын мах махан бүтээгдхүүн, эмийн үйлдвэрлэл, алаг үнээг үржүүлэх, тээвэрлэх зэрэг салбаруудтай танилцаж, хойд суурингийн хүнсний ногоо, жимс жимсгэнэ, цэцгийн хүлэмжийг үзэж сонирхохын зэрэгцээ Хэйшаны газар тариалангийн багаж хэрэгслийн үйлдвэрлэлийг үзэж сонирхов. 19-ны өдрийн орой, Жиньжоу хотын байнгын хорооны орлогч дарга Лю Вэй болон холбогдох салбарын удирдлагууд Монгол Улсын төлөөлөгчидтэй хамт хамтын ажиллагааны харилцa, холбооны талаар дугуй ширээний ярилцлага хийв. 20-ны өдрийн үдээс хойш, хадагтай Баасантуяа Жиньжоу дахь айлчлалаа өндөрлөв.

5 月 15 日　中国内蒙古自治区人民代表大会常务委员会副主任尤仁会见了蒙古国家大呼拉尔副主席德・伦德詹苍。

同日　由中国新疆阿勒泰地区青河供电公司承建的中蒙塔克什肯口岸蒙方边防检查站 0.4 千伏线路及电力基础设施当日顺利完工。

5 сар 15　ӨМӨЗО-ны АТИХ-ын байнгын хорооны дэд дарга Яо Рэнь Монгол Улсын УИХ-ын орлогч дарга Д.

Лүндээжанцантай уулзав.

Мөн өдөр ШУӨЗО-ны Алтайн бүс нутгийн Хөх мөрөнгийн Цахилгаан эрчим хүчний компаний гүйцэтгэгч байгууллагаас Хятад Монголын Такашикэн боомтын Монголын талын хилийг хянан шалгаж 0.4 мянган ватт цахилгаан шугамын ажил болон цахилгаан эрчим хүчний дэд бүтцийн ажлыг амжилттай хийж гүйцэтгэсэн байна.

5月16日　蒙古国留华学生联谊会、中国驻蒙古国大使馆近日在蒙古美术家协会展览厅联合举办名为“东方色彩”的蒙古国留华学生艺术作品展。展览会上展出了曾在中国留学的10位蒙古国艺术家的80多件作品。

5 сар 16　Монгол Улсын Хятад Оюутануудын Холбоо, Хятад Улсаас Монгол Улсад суугаа Элчин Сайдын Яам хамтран Монгол Улсын Уран зургийн музейн үзэсгэлэнгийн танхимд “Дорнын Үзэмж”сэдэвтэй Монгол Улс дахь Хятад Оюутнуудын урлагийн бүтээлийн үзэсгэлэнг зохион байгуулав. Үзэсгэлэнд Хятад Улсын оюутануудын 10 бүтээл Монгол Улсын уран бүтээлчдийн 80 гаруй бүтээл тавигдсан байна.

5月 27 日　蒙古国总统恩赫巴亚尔当日在国家宫会见了正在蒙古国进行正式友好访问的中国中央军事委员会委员、中国人民解放军总参谋长梁光烈上将。恩赫巴亚尔说，蒙古国致力于发展同中国的长期稳定、睦邻友好、互利合作的关系。蒙中睦邻互信伙伴关系正在不断深入。梁光烈表示中方将继续致力于扩大和深化同蒙古国的双边合作。此前，梁光烈总参谋长与蒙古国武装力量总参谋长陶高在蒙古国总参谋部举行了会谈，双方就国际和地区安全形势、两国和两军关系及其它共同关心的问题交换了意见。梁光烈一行应蒙古国总参谋长陶高的邀请于 26 日抵达乌兰巴托开始对蒙古国进行为期 3 天的正式友好访问。

5 сар 27 Монгол Улсын Ерөнхийлөгч Энхбаяр Төрийн ордонд Монгол Улсад албан ёсны айлчлал хийж буй Хятад Улсын Цэргийн Төв Зөвлөлийн гишүүн, Хятадын Ардын Чөлөөлөх Армийн Ерөнхий штабын дарга хурандаа генерал Лян Гуаньлег хүлээн авч уулзав. Энхбаяр хэлсэн үгэндээ: Монгол Улс Хятад Улстай урт удаан хугацаанд сайн хөршийн найрсаг, харилцан ашигтай харилцаа, хамтын ажиллагааг хөгжүүлж Монгол Хятадын сайн хөршийн харилцан итгэлцэх түншийн харилцааг гүнзгийрүүлнэ гэдгээ илэрхийлэв. Лян Гуанлье хэлсэн үгэндээ: Хятадын тал Монгол Улстай хамтын ажиллагаагаа улам гүнзгийрүүлэн бэхжүүлнэ гэдгээ илэрхийлэв. Үүний өмнө, Ерөнхий штабын дарга Лян Гуанлье Монгол Улсын Зэвсэгт Хүчний Жанжин штабын дарга Тогоотой Монгол Улсын Жанжин Штабт хэлэлцээр хийж талууд олон улсын болон бүс нутгийн аюулгүй байдал хийгээд хоёр улс, хоёр армийн харилцаа зэрэг харилцан санаа зовниж буй олон асуудлаар санал солилцсон аж. Лян Гуанлье нь Монгол Улсын Жанжин штабын дарга Тогоогийн урилгаар 26-ны өдөр Улаанбаатар хотод хүрэлцэн ирсэнээр Монгол Улсад хийх 3 өдрийн албан ёсны айлчлалаа эхлүүлсэн байна.

5 月 28 日 蒙古国总理米·恩赫包勒德和国防部长米·索诺姆皮勒当日分别会见了正在此间进行正式友好访问的中国中央军事委员会委员、中国人民解放军总参谋长梁光烈上将。恩赫包勒德表示蒙方愿进一步加强与中国的全面合作；蒙古国坚持奉行一个中国政策不会改变。索诺姆皮勒说，蒙中建立睦邻互信伙伴关系以来，两军间的良好合作对两国关系的深化发展起到了积极作用。蒙方愿意在防务领域进一步加强同中方的交流与合作。梁光烈说，中国政府和军队将继续本着中蒙友好合作关系条约和其他双边文件的精神，致力于扩大和深化同蒙古国的双边合作，为维护地区的和平与稳定，促进共同发展而共同努力。梁光烈对蒙古国政府和军队在西藏和台湾问题上给予中国的理解和支持表示感谢。

5 сар 28 Монгол Улсын Ерөнхий сайд М. Энхболд, БХЯ-ны сайд М. Сономпил нар Монгол Улсад албан ёсны айлчлал хийж буй Хятад Улсын Цэргийн Төв хорооны гишүүн, Хятад Улсын Ардын Чөлөөлөх Армын Ерөнхий штабын дарга Лян Гуанлиетэй тус тус уулзав. Энхболд хэлэхдээ: Хятад Улстай бүх талын хамтын ажиллагаагаа улам бүр нэмэгдүүлхийг Монголын талаас хүсч буйгаа илэрхийлээд Монгол Улс цаашид ч Хятад Улсын Улс төрийн бодлогыг өөрчлөхгүйгээр баримталж дэмжинэ гэдгээ онцлов. Сономпил хэлэхдээ: Хятад Монголын сайн хөршийн харилцан итгэлцэх түншийн харилцааг тогтоосноос наш хоёр арми хоорондоо идэвхитэй харилцах болсноор хоёр улсын харилцаанд ихээхэн ач холбогдол үзүүлсэн гээд Монголын талаас Хятад Улсын талтай хамтран талуудын Батлан Хамгаалах салбарын солилцоо болон хамтын ажиллагааг улам бүр нэмэгдүүлхийг хүсч буйг илэрхийлэв. Лян Гуанлие хэлэхдээ: Хятад Улсын Засгийн Газар болон Арми Хятад Монголын найрсаг харилцаа, хамтын ажиллагааны гэрээ болон бусад албан бичгийн зарчмыг баримтлан Монгол Улстай талуудын хамтын ажиллагааг улам бүр гүнзгирүүлэн бэхжүүлж бүс нутгийн энх тайван, тогтвортой байдлыг хамгаалан хамтын хөгжил, хамтын хичээл зүтгэлийг ахиулна гэв. Мөн тэрээр Монгол Улсын Засгийн газар болон Арми Төвд, Тайваны асуудал дээр Хятад Улстай санал нэг байгаад талархаж байгаагаа илэрхийлэв.

6 月 15 日　中国建筑材料集团董事长宋志平会见了由蒙古国建设和城建部部长那仁察茨勒拉特率领的政府及企业代表团一行 20 余人。双方进行了友好会谈并签署了合作备忘录。那仁察茨勒拉特部长希望中国建材集团能够参与蒙古国政府目前大力推行的“4 万套住宅计划”，加强与蒙古国当地建筑公司合作，提供优质的房屋及建材产品。宋志平表示，中国建材集团非常看重与蒙古国建设和城建部及建筑建材企业的合作，也非常愿意以适当的方式参与到蒙古国城市住宅建设及建材生产领域中去。双方商定在技术培训、房屋建设、建材生产与贸易、水泥厂建设等领域展开合作。

6 сар 15　Хятад Улсын Барилгын материал үйлдвэрлэлийн компаний захирал Сун Жипин Монгол Улсын Барилга хот байгуулалтын Яамны сайд Наранцацралт тэргүүтэй Засгийн Газрын болон аж үйлдвэрийн 20 гаруй төлөөлөгчидтэй уулзав. Талууд найрсаг хэлэлцээр хийж хамтын ажиллагааны санамж бичигт гарын үсэг зурав. Сайд Наранцацралт: Хятад Улсын Барилгын материал үйлдвэрлэлийн компани Монгол Улсын Засгийн газрын одоо хэрэгжүүлж байгаа “40.000 айлын орон сууц төсөл”-ийг үзэж сонирхож болно гээд Монгол Улсын барилгын компаниудтай хамтын ажиллагаагаа нэмэгдүүлж чанар сайтай байшин барилгын материал нийлүүлэх хүсэлтэй буйгаа илэрхийлэв. Сун Жипин хэлэхдээ: Хятад Улсын Барилгын материал үйлдвэрлэлийн компани, Монгол Улсын Барилга хот байгуулалтын яам болон барилгын материал үйлдвэрлэлийн аж ахуйн нэгжүүдтэй харилцах хамтын ажиллагаагаа маш ихээр чухалчилан үздэг гээд боломжтой үедээ Монгол Улсын хот байгуулалт болон барилгын материал үйлдвэрлэлийн салбаруудтай очиж танилцахыг маш ихээр хүсч буйгаа илэрхийлэв. Мөн талууд

техник, технологийн сургалт, хот байгуулалт, барилгын үйлдвэрлэл болон худалдаа, цементын үйлдвэрийн байгуулалт зэрэг салбаруудад хамтын ажиллагааг нээн хөгжүүлэх талаар зөвлөлдөв.

6 月 19 日　蒙古国建设和城建部部长那仁察茨勒拉特率领的政府及企业代表团一行 20 余人访问北新集团建材股份有限公司，并与公司总经理王兵亲切会谈。北新集团建材股份有限公司与蒙古国随行企业签署了房屋项目合作协议和销售合同。当天下午，那仁察茨勒拉特率领代表团访问了中国建筑材料联合会。副会长徐永模代表中国建材联合会在北京会见了代表团。在会谈正式开始之前，蒙古国代表团与陕西一家煤矿企业签署了合作协定。蒙古国代表团提出两点建议：一是通过联合会工作加强两国企业合作，如互相参加在对方国内举办的相关展览会，二是蒙古国建筑和建材行业协会希望同中国有关协会加强合作。徐永模表示，联合会乐于与蒙古国建立并发展合作关系，如有会展等信息将会及时向联合会的会员单位沟通，今后也将保持联系，同蒙古国行业协会进行交流。会后，金隅集团代表同蒙古国一家企业还进行了专门会谈。

6 сар 19　Монгол Улсын Барилга хот байгуулалтын яамны сайд Наранцацралт тэргүүтэй Засгийн газрын болон аж үйлдвэрийн 20 гаруй төлөөлөгчид Хятадын Бээжингийн шинэ барилгын материалын ХХК-д айлчилж компаний Ерөнхий захирал Ван Бинтэй халуун дотноор ярилцав. Бээжингийн шинэ барилгын материалын ХХК болон Монгол Улсын аж ахуйн нэгжүүдийн төлөөлөгчид барилгын төслийн хамтын ажиллагааны хэлэлцээрт болон борлуулалтын тухай гэрээнд гарын үсэг зурав. Мөн өдрийн үдээс хойш, Наранцацралт тэргүүтэй төлөөлөгчид Хятад Улсын

барилгын материалын компаниудын холбоонд айлчлав. Холбооны Орлогч дарга Шү Юнмо Хятад Улсын Барилгын материалын компаниудын холбоог төлөөлөн Бээжин хотноо төлөөлөгчидтэй уулзав. Уулзалт албан ёсоор эхэлхийн өмнө Монгол Улсын төлөөлөгчид Шаньши мужын нүүрсний уурхайн аж ахуйн нэгжтэй хамтран ажиллах хэлэлцээрт гарын үсэг зурав. Монгол Улсын төлөөлөгчид 2 санал дэвшүүлсэн нь: 1-рт Холбооны ажил хэргээр дамжуулан хоёр улсын аж үйлдвэрийн хамтын ажиллагааг нэмэгдүүлж хэрвээ талууд өөр өөрийн улсдаа аж үйлдвэрийн үзэсгэлэн зохион байгуулвал харилцан оролцож байх; 2-рт Монгол Улсын Барилга болон барилгын материал үйлдвэрлэлийн холбоо, Хятад Улсын барилгын холбоотой хамтын ажиллагаагаа нэмэгдүүлэх; юм. Шү Юнмо хэлэхдээ: Хятад Улсын барилгын холбоо Монгол Улстай аж үйлдвэрийн салбарын харилцаа болон хамтын ажиллагааны хөгжлийг тогтоохдоо баяртай байх болно гээд цаашид ч харилцаа хамгаалж Монгол Улстай аж үйлдвэрийн холбооны солилцоо болон хамтын ажиллагааг явуулах болно гэв. Уулзалтын дараа, Жиньюй компаний төлөөлөгчид Монгол Улсын аж үйлдвэрийн төлөөлөгчидтэй тусгайлан хэлэлцээр хийв.

6 月 17 日　中国内蒙古自治区政府副主席郝益东在新城国宾馆会见了蒙古国建设和城建部长那仁察茨勒拉特一行。就建筑和建设方面双方进行洽谈与交流。

6 сар 17　ӨМӨЗО-ны Засгийн Газрын Дэд тэргүүн Хао Идун, “Шиньчэн” төрийн зочид буудалд Монгол Улсын барилга хот байгуулалтын Яамны сайд Наранцаралттай уулзав. Талууд барилга хот байгуулалтын талаар хэлэлцээр хийв.

6月23日—28日　由副省长陈伟根率领的中国吉林代表团前往蒙古国，开展高层次、大规模的考察访问，宣传推介第三届东北亚博览会和经贸交流活动。访问期间，陈伟根分别拜访了蒙古国副总理门·恩赫赛汗、蒙古国国工业与贸易部部长达瓦杜尔吉、蒙古国国工商会会长登贝尔勒。同蒙古国工贸部相关部门、交通运输旅游部、食品农牧业部、外资外贸局等政要进行了广泛接触，就加强双方合作事宜，进行了交流与洽谈。陈伟根诚挚地邀请蒙古国各政要、工商会及广大企业界人士，出席9月在长春市举行的第三届东北亚博览会。6月26日，代表团在乌兰巴托市举办了“中国吉林省—蒙古国经贸合作推介会”。推介会上，吉林省农业推广站、食品工业办公室，分别与蒙古国食品农牧业部交换了合作意向书；吉林省中吉集团与蒙古国塔拉意吉古日矿业公司签订合作开发蒙古国东方省珠恩布拉格煤田协议；吉蒙公司与蒙古国呼仁比奇尔公司签订合作收购呼仁比奇尔公司矿山开采权意向协议；吉林郭尔罗斯生物饲料公司与蒙古国吉斯蒙公司签订出口500吨生物饲料合同。

6 сар 23-28　Мужын орлогч захирагч Чэнь Вэйгэн тэргүүтэй Жилинь мужын төлөөлөгчид Монгол Улсыг зорин ирж өндөр хэмжээний өргөн хүрээ хамарсан айлчлал хийн Зүүн хойд Азийн 3 дугаар үзэсгэлэнгийн талаар болон эдийн засаг, худалдааны солилцооны үйл ажиллагааны талаар танилцуулав. Айлчлалын хугацаанд Чэнь Вэйгэн, Монгол Улсын Ерөнхий Шадар сайд Энхсайхан, Монгол Улсын Үйлдвэрлэл, Худалдааны Яамны сайд Даваадорж, Үйлдвэрчний Эвлэлийн дарга Дэмбэрэл нарт бараалхав. Монгол Улсын Үйлдвэрлэл худалдааны яамны холбогдох салбарууд, Зам тээвэр аялал жуулчлалын яам, ХХААЯ, Гадаад хөрөнгө оруулалт, Худалдааны хэлтэс зэрэг чухал

байгууллагуудын хүрээнд талуудын хамтын ажиллагааг нэмэгдүүлэх талаар хэлэлцээр хийж туршлага солилцов. Мөн Чэнь Вэйгэн Монгол Улсын олон чухал Үйлдвэрчний эвлэл болон Аж үйлдвэрийн төлөөлөгчдийг 9 сард Чанчүн хотод зохион байгуулагдах Зүүн хойд Азийн 3 дугаар үзэсгэлэнд оролцхыг чин сэтгэлээсээ урив. 6 сарын 26-ны өдөр, төлөөлөгчид Улаанбаатар хотноо “Хятад Улсын Жилинь муж болон Монгол Улсын хоорондын эдийн засаг, худалдааны хамтын ажиллагааг танилцуулах хуралдаан”-ыг зохион байгуулав. Танилцуулах хуралдаан дээр Жилинь мужын Газар тариаланг хөгжүүлэх хэлтэс болон хүнс үйлдвэрлэлийн албан газар тус тус Монгол улсын ХХААЯ-тай хамтын ажиллагааны санамж бичиг солилцов.

6 月 26 日　蒙古国总理恩赫包勒德在蒙古国政府大厦会见到访的中国国家发展和改革委员会副主任张晓强一行时说，近年来，两国签署了一系列合作文件，并就开展能源领域的合作达成共识。目前蒙中在一些大型项目上正进行合作，希望这些项目能够顺利实施。

6 сар 26　Монгол Улсын Ерөнхий сайд Энхболд Монгол Улсын Засгийн газрын ордонд Хятадын Хөгжил, өөрчлөлт шинэчлэлтийн хорооны дэд дарга Жан Шёчянтай уулзах үеэрээ: Сүүлийн жилүүдэд, хоёр улсын зарим хамтын ажиллагааны албан бичигт гарын үсэг зурж чухал салбаруудын хамтын ажиллагааг өргөн цар хүрээнд хөгжүүлсэн байна. Одоогоор Хятад Монгол хоёр улс энэ мэт томоохон төслүүд дээр хамтран ажиллаж байгаа бөгөөд эдгээр төслүүдийг амжилттай хэрэгжүүлхийг хүсч буйгаа илэрхийлэв.

6 月 28 日　蒙古国总理恩赫包勒德当日在政府大厦会见到访

的中共中央宣传部副部长、国家广播电影电视总局局长王太华时说，蒙古国政府重视两国在宣传领域和新闻媒体间的合作。今年5月底，新华社代表团访问蒙古国，他本人同代表团就两国新闻界的交流与合作进行了热烈交谈。他说，中国国际广播电台、中国内蒙古电视台等同蒙古国电台和电视台有着良好的合作基础。这次中国国家广播电影电视总局代表团的到访将会进一步加强和扩大两国广播和电视领域的合作关系。

6 сар 28 Монгол Улсын Ерөнхий сайд Энхболд Засгийн газрын ордонд айлчиллаар хүрэлцэн ирсэн ХКН-ын Төв хорооны сурталчилгааны хэлтэсийн дарга, Улсын Радио Телевизийн Ерөнхий Газрын дарга Ван Тайхуатай уулзах үеэрээ: Монгол Улсын Засгийн газар хоёр улсын зар сурталчилгааны салбар болон мэдээ мэдээллийн хамтын ажиллагааг чухалчилан үздэг гээд энэ жилийн 5 сарын сүүлээр, Синьхуа агентлагын төлөөлөгчид Монгол Улсад айлчилсан ба тэрээр төлөөлөгчидтэй хоёр улсын мэдээ мэдээллийн салбарын солилцоо болон хамтын ажиллагааны талаар халуун дотно хэлэлцээр хийсэн гэв. Мөн тэрээр Хятад Улсын Олон улсын радио телевиз, ӨМӨЗО-ны телевиз болон Монгол Улсын радио станц болон телевизийн хамтын ажиллагааны суурь үндэс сайн байгааг онцлон тэмдэглээд Хятад Улсын радио телевизийн ерөнхий газрын төлөөлөгчдийн энэ удаагийн айлчлал нь хоёр улсын Радио телевизийн салбарын харилцаа, хамтын ажиллагааг улам бүр өргөжүүлэн бэхжүүлэнэ гэдэгт итгэлтэй байна гэв.

6月30日　正在蒙古国访问的外交部长杨洁篪当日同蒙古国外交部长恩赫包勒德举行了会谈，双方高度评价中蒙关系。杨洁篪强调，中国政府尊重蒙古国的独立、主权和领土完整，尊重蒙古国人民选择的发展道路。恩赫包勒德表示，杨洁篪外交部长首次正式出访就访问蒙古国，表明中国政府对蒙中关系的高度重视。蒙方继续致力于推动蒙中睦邻互信伙伴关系和各领域平等互利合作长期发展。他强调，台湾是中国领土不可分割的一部分，中华人民共和国政府是代表全中国的唯一合法政府，蒙方坚定奉行一个中国政策。他指出，西藏是中国不可分割的一部分，西藏问题是中国的内政，蒙方不支持任何分裂中国的活动。会谈后，双方签署了经济技术、地震管理等 3 个合作文件，还共同会见了记者。杨洁篪应蒙古国外交部长恩赫包勒德的邀请于 30 日中午抵达乌兰巴托对蒙古国进行为期 3 天的访问。

6 сар 30 Монгол Улсад айлчлалаар хүрэлцэн ирсэн Хятад Улсын Гадаад Явдлын Яамны сайд Ян Жэчи, Монгол Улсын Гадаад Харилцааны Яамны сайд Энхболдтой хэлэлцээр хийв. Ян Жэчи: Хятад Улсын Засгийн Газар Монгол Улсын тусгаар тогтнол, төрийн бүрэн эрх, газар нутгийн бүрэн бүтэн байдал болон Монгол Улсын ард түмний сонгосон хөгжлийн зам зэргийг хүндэтгэн үздэг гэдгээ онцлон тэмдэглэв. Энхболд хэлэхдээ: Хятад Улсын Гадаад Явдлын Яамны сайд Ян Жэчи анх удаагаа Монгол Улсад албан ёсны айлчлал хийж байгаа бөгөөд Хятад Улсын Засгийн Газар, Монгол Хятадын харилцааг өндөр хэмжээнд авч үзнэ гэдэгт итгэлтэй байна гэв. Мөн тэрээр Монгол Хятадын сайн хөршийн харилцан итгэлцэх түншийн харилцаа болон олон салбарын эрх тэгш харилцан ашигтай хамтын ажиллагааг хөгжүүлхийн төлөө Монголын талаас хичээн ажиллах болно гэдгээ илэрхийлээд Тайван бол Хятад Улсын нутаг дэвсгэрийн салшгүй нэгэн хэсэг бөгөөд Тайваны асуудлаар БНХАУ-ын явуулж буй “Нэг улс хоёр систем” гэсэн чиг бодлогыг Монголын тал дэмжинэ гэдгээ онцлон тэмдэглэв. Мөн Төвд бол Хятад Улсын нутаг

дэвсгэрийн салшгүй нэг хэсэг юм. Төвдийн асуудал бол Хятад Улсын дотоод хэрэг бөгөөд Монголын талаас Хятад Улсын аливаа нэг задрал бутралын үйл ажиллагааг дэмжихгүй гэв. Уулзалтын дараа, талууд эдийн засаг, техник технологи, газар хөдлөлт зэрэг 3 хамтын ажиллагааны албан бичигт гарын үсэг зурж бас хамтдаа сэтгүүлчидтэй уулзав. Гадаад явдлын яамны сайд Ян Жэчи, Монгол улсын Гадаад харилцааны яамны сайд Энхболдын урилгаар 30-ны өдрийн үд дунд Улаанбаатар хотноо хүрэлцэн ирж Монгол Улсад 3 өдрийн хугацаатай айлчлал хийсэн байна.

6 月 中国知识产权局副局长李玉光访问蒙古国。中国地震局副局长修济刚访问蒙古国。

6 сар БНХАУ-ын Оюуны өмчийн эрхийн газрын дэд дарга Ли Баогуан Монгол Улсад айлчлав. БНХАУ-ын Газар хөдлөлтийн удирдах газрын дэд дарга Сю Жиган Монгол Улсад айлчлав.

7 月 2 日 蒙古国总统那木巴尔·恩赫巴亚尔、总理米耶贡布·恩赫包勒德、蒙古国家大呼拉尔主席丹增·伦代姜灿在乌兰巴托分别会见了到访的中国外交部长杨洁篪。恩赫巴亚尔高度评价中国为维护东北亚和平稳定、解决朝鲜半岛核问题所发挥的重要作用和作出的积极努力，表示蒙方希望同中方加强在东北亚和中亚的区域合作以及国际事务中的协调配合。杨洁篪说，中方重视蒙方在区域合作中的作用，支持蒙方在东北亚地区参与多边合作，加强两国在上海合作组织中的交流。在会见恩赫包勒德时，杨洁篪说，中国政府高度重视中蒙经贸合作，始终将互利共赢作为推进合作的根本出发点。中方愿与蒙方本着“政府引导、企业参与、市场运作”的方针，建立健全合作机制，推进重点领域合作项目，妥善解决相互关切的问题。恩赫包勒德说，中国是蒙古国最大贸易伙伴和最大投资国，两国经贸合作促进了蒙古国经济社会发展。蒙古国将同中方重点加强矿产和基础设施建设等领域的平等互利合作。会见伦代姜灿时，杨洁篪说，不断巩固和发展中蒙友好合作是中国政府坚定不移的方针。中方将始终尊重蒙古国的独立、主权和领土完整，尊重蒙古国人民选择的发展道路，中方希望两国立法机构继续开展多种形式的交流，为两国关系奠定坚实的基础。伦代姜灿说，蒙方始终认为台湾是中国领土不可分割的一部分，中华人民共和国政府是代表全中国的唯一合法政府，蒙方坚定奉行一个中国政策。他表示，蒙古国家大呼拉尔将加强同中国全国人民代表大会合作，为推动两国关系作出贡献。

7 сар 2 Монгол Улсын Ерөнхийлөгч Намбарын Энхбаяр, Ерөнхий сайд М. Энхболд, Монгол Улсын УИХ-ын дарга Лүндээжанцан нар Улаанбаатар хотноо айлчлалаар хүрэлцэн ирсэн Хятад Улсын Гадаад явдлын яамны сайд Ян Жэчийг тус тус хүлээн авч уулзав. Энхбаяр: Хятад Улс нь Зүүн хойд Азийн энх тайваны тогтвортой байдлыг хамгаалхын төлөө бас Солонгосын хойгын асуудлыг шийдвэрлэхэд чухал нөлөө үзүүлж идэвхитэй хичээл зүтгэл гаргаж байгааг өндрөөр үнэлэж Монголын тал, Хятадын талтай Зүүн хойд Ази болон Дундад Азийн бүс нутгийн хамтын ажиллагаа хийгээд олон улсын үйл хэргийг нэмэгдүүлхийг хүсч буйгаа илэрхийлэв. Ян Жэчи хэлэхдээ: Хятадын талаас Монголын талын бүс нутгийн хамтын ажиллагаан дахь үүргийг чухалчилан үздэг гээд Монголын талыг Зүүн хойд Азийн бүс нутгийн олон талын хамтын ажиллагаанд оролцхыг дэмжиж хоёр улсын Шанхайн

хамтын ажиллагааны байгууллага дахь туршлага солилцоог нэмэгдүүлнэ гэв. Ян Жэчи, Энхбаяртай уулзах үеэрээ: Хятад Улсын Засгийн газар Хятад Монголын эдийн засаг, худалдааны салбарын хамтын ажиллагааг чухалчилан үздэг бөгөөд хэзээд харилцан ашигтай хамтын ажиллагааг хамтын амжилтаар хөгжүүлэх болно гэв. Мөн Хятадын тал, Монголын талтай хамтдаа “Засгийн газрын удардлага, Аж үйлдвэрийн оролдлого, хотын тээвэрлэлт” зэрэг чиглэлүүд дээр бүрэн төгс хамтын ажиллагааг бий болгож чухал салбаруудын хамтын ажиллагааг ахиулан харилцан анхаарал хандуулж буй асуудлуудыг шийдвэрлхийг хүсч буйгаа илэрхийлэв. Энхболд хэлэхдээ: Хятад Улс бол Монгол Улсын хамгийн том худалдааны түнш бас хөрөнгө оруулагч улс бөгөөд хоёр улсын эдийн засаг, худалдааны хамтын ажиллагаа Монгол Улсын нийгэм, эдийн засгийн хөгжилд тус дөхөм үзүүлнэ гэдгийг онцлон тэмдэглээд Хятадын талтай уул уурхай болон дэд бүтэц зэрэг салбарын хамтын ажиллагааг нэмэгдүүлхийг Монгол талаас хүсч буйг илэрхийлэв. Ян Жэчи, Лүндээжанцантай уулзах үеэрээ: Хятад Монголын найрсаг хамтын ажиллагааг хөгжүүлэн бэхжүүлэх нь Хятад Улсын Засгийн Газрын хувирашгүй нэг бодлого юм. Хятадын тал, Монгол Улсын тусгаар тогтнол, төрийн бүрэн эрх, нутаг дэвсгэрийн бүрэн бүтэн байдал болон Монгол Улсын ард түмний сонгосон хөгжлийн замыг үргэлж хүндэтгэн үздэг гээд хоёр улсын харилцаанд бат бөх суурь тавихын тулд хоёр улсын хуулийн тогтолцооны олон хэлбэрийн солилцоог хөгжүүлхийг хүсч буйг илэрхийлэв. Лүндээжанцан хэлэхдээ: Тайвань бол Хятад Улсын нутаг дэвсгэрийн салшгүй нэг хэсэг бөгөөд Тайваны асуудлаар БНХАУ-ын явуулж буй “Нэг улс хоёр систем” гэсэн чиг бодлогыг Монгол талаас үргэлж дэмждэг гэв. Мөн тэрээр Монгол Улсын УИХ, БНХАУ-ын БХАТИХ-тай хамтын ажиллагаагаа өргөжүүлэх нь хоёр улсын харилцаанд чухал хувь нэмэр оруулна гэдгийг онцлон тэмдэглэв.

7 月 7 日　在蒙古国后杭爱省土布如勒呼县，中国山西宏厦一建投资的中蒙合资布仁集团公司达米拉铁矿正式投产。铁矿一期工程设计服务年限 20 年，项目总投资 500 万美元，年产铁精粉 20 万吨，年洗选能力 70 万吨。

7 сар 7　Монгол Улсын Архангай аймгийн Төвшрүүлэх суманд Хятад Улсын Шаньси мужын “Хунся” барилгын 1 дүгээр компаний хөрөнгө оруулалттай Хятад Монголын хамтарсан “Бүрэн” компаний төмрийн хүдрийн уурхай албан ёсоор үйл ажиллагаагаа эхлэв. Төмрийн хүдрийн уурхайн байгууламжын зураг төслийн хүчинтэй хугацаа 20 жил. Хөрөнгө оруулалтын нийт хэмжээ 5 000 000 доллор бөгөөд жилд 200 000 тн төмрийн хүдрийн нунтаг үйлдвэрлэж 700 000 тн хүдэр угаах хүчин чадалтай.

7 月 9 日　以中国人民解放军内蒙古军区司令员郑传福为团长的中国内蒙古军区代表团，与应邀来访的以蒙古国边防总局局长兼边防军司令巴特尔朝克图为团长的蒙古国边防总局代表团举行工作会谈。

7 сар 9　БНХАУ-ын Ардын Чөлөөлөх Армийн Өвөр монголын Цэргийн тойргын командлагч Жэн Жюаньпү тэргүүтэй Өвөр монголын цэргийн тойргийн төлөөлөгчид урилгаар Хятад Улсад хүрэлцэн ирсэн Монгол улсын хил хамгаалах ерөнхий газрын дарга бөгөөд хилийн цэргийн командлагч Баатарцогт тэргүүтэй Монгол улсын хил хамгаалах ерөнхий газрын төлөөлөгчидтэй ажлын хэлэлцээр хийв.

7 月 12 日　中国内蒙古二连浩特市工商局接到举报，扣留将要通过二连口岸出口到蒙古国的一批假冒伪劣机械。

7 сар 12 ӨМӨЗО-ны Эрээн хотын Үйлдвэрлэл худалдааны газраас Эрээн хотын боомтоор дамжуулан хэрэглээнээс гарсан муу машин механизмыг Монгол улсад экспортлох гэж байсныг хураан авсан байна.

7 月 15 日 中冶京唐海外公司承建的蒙古国乌兰铅锌矿工程于当日顺利开工，合同工期 120 天。

7 сарын 15-ны өдөр Хятад Улсын “Е Жин Тан” компаний гүйцэтгэгч байгууллага болсон Монгол Улсын Улаан Цайрын уурхайн үйлдвэр амжилттай нээв. 120 өдрийн хугацаатай гэрээ байгуулав.

7 月 15 日 据记者报道，今年是蒙古国的“迎奥运年”，也是蒙古运动员争夺 2008 年北京奥运会参赛资格的关键一年。从年初开始，蒙古国内掀起了一股“迎奥运”热潮：3 月，蒙古国公民开始踊跃订购北京奥运会门票；4 月，为宣传北京奥运会，蒙古国家体委与中国驻蒙使馆共同举办了长跑比赛。记者近日采访了蒙古国家奥委会秘书长朱格德尔·奥特根查干。奥特根查干说，蒙古国运动员有望在射击、柔道、拳击、自由式摔跤等项目上冲击奥运金牌。他强调说，无论蒙古国政府还是老百姓，都热切期待着明年的北京奥运会。许多蒙古国人还希望明年能到北京观看奥运会比赛，为蒙古奥运健儿加油助威。

7 сар 15 Сэтгүүлчдийн мэдээлснээр, Энэ жил бол Монгол Улсын “Олимпыг угтах жил” бөгөөд бас Монгол Улсын спортын баг тамирчид 2008 оны Бээжингийн олимпд оролцох эрхээ олж авах жил юм. Энэ жилийн эхнээс Монгол Улсад “Олимпыг угтсан” үйл ажиллагаанууд өрнөж эхэлсэн байна. 3 сард, Монгол Улсын ард иргэд Бээжингийн

олимпийн билетийг захиалгаар худалдан авч эхэлсэн байна. 4 сард, Бээжингийн олимпийг сурталчлахын тулд Монгол Улсын Үндэсний биеийн тамир спортын хороо, Хятад Улсаас Монгол Улсад суугаа Элчин Сайдын Яамтай хамтран Холын зайн гүйлтийн тэмцээнийг зохион байгуулав. Монгол Улсын Олимпын хорооны нарийн бичгийн дарга Ж. Отгонцагаан сэтгүүлчдийг хүлээн авч уулзах үеэрээ: Монгол Улсын спортын баг тамирчид буудлага, жудо, бокс, чөлөөт бөх зэрэг төрлүүдэд Олимпын алтан медаль авна гэж бодож байгаагаа илэрхийлхийн зэрэгцээ ирэх жил Монгол Улсаас маш олон хүн Бээжин хотноо очиж Олимпын наадмыг үзэж сонирхох бөгөөд Монгол Улсаас Олимпын наадамд оролцож байгаа шилдгүүдээ зоригжуулан дэмжинэ гэдгээ онцлон тэмдэглэв.

7 月 18 日　蒙古国大呼拉尔主席丹增·伦代姜灿当日在国家宫会见了到访的中国全国妇女联合会副主席、书记处书记赵少华，双方进行了亲切友好的交谈。

7 сар 18　Монгол Улсын УИХ-ын дарга Лүндээжанцан Төрийн ордонд Монгол Улсад айлчлалаар хүрэлцэн ирсэн Бүх Хятадын эмэгтэйчүүдийн холбооны дэд дарга, нарийн бичгийн дарга нарын газрын нарийн бичгийн дарга Жао Шаохуатай уулзаж талууд халуун дотно найрсаг хэлэлцээр хийв.

7 月 21 日　第四届满洲里中俄蒙科技展暨高新技术产品交易会当天上午在中国最大的陆路口岸城市内蒙古满洲里市国际会展中心拉开帷幕。中国国务委员陈至立等出席开幕式。本届展会主题为“合作、创新、共赢——搭建平台、展示成果、推动合作、创新发展”，承办单位是内蒙古科技厅、满洲里市政府，呼伦贝尔市科技局、俄罗斯新西伯利亚国际会展中心、俄罗斯伊尔库茨克国际会展中心、俄罗斯伊尔库茨克国立技术大学、俄罗斯东西伯利亚国立大学、蒙古国科学技术基金会协办。蒙古国东方省克鲁伦乳业公司与满洲里光牧乳业有限公司签署关于乳业合作协议。蒙古国乔巴山市市长亚·纳森德里格尔出席了开幕式。

7 сар 21 Хятад, Орос, Монголын шинжлэх ухаан, технологын хөгжлийн болон шинэ техник, технологын худалдааны тухай Манжуурын 4 дүгээр хуралдаан Хятад Улсын хуурай замын хамгийн том боомт хот болох ӨМӨЗО-ны Манжуур хотын олон улсын үзэсгэлэнгийн төвд нээлтээ хийв. Хятад Улсын Төрийн Зөвлөлийн гишүүн Чэнь Жили нээлтийн ёслолд оролцов. Уг үзэсгэлэнгийн гол сэдэв нь хамтын ажиллагааг ахиулах, үр дүнд хүргэх, шинээр хөгжүүлэх юм. Гүйцэтгэгч байгууллага нь Өвөр Монголын Шинжлэх ухаан, технологын хэлтэс, Манжуурын Засгийн Газар, Хөлөн буйрын Шинжлэх ухаан, технологын газар, ОХУ-ын Шинэ Сибирийн олон улсын үзэсгэлэнгийн төв, ОХУ-ын Эрхүү хотын олон улсын үзэсгэлэнгийн төв, ОХУ-ын Эрхүү хотын Улсын Технологын Их Сургууль, ОХУ-ын Дорнод Сибирийн Улсын Их Сургууль, Монгол Улсын Шинжлэх ухаан, Технологын сан зэрэг байгууллагууд юм. Монгол Улсын Дорнод аймгийн “Хэрлэн” сүү, сүүн бүтээгдэхүүн үйлдвэрлэлийн компани болон Манжуурын мал аж ахуйн сүүн бүтээгдэхүүн үйлдвэрлэлийн ХК хамтран сүүн бүтээгдэхүүн үйлдвэрлэлийн хамтын ажиллагааны тухай хэлэлцээрт гарын үсэг зурав. Монгол Улсын Чойбалсан хотын дарга Насандэлгэр гарын үсэг зурах ёслолд оролцсон байна.

7月25日 中国内蒙古自治区呼和浩特市市长汤爱军会见了以蒙古国中戈壁省省长席·图日巴图为团长的中戈壁省政府代表团一行，双方就一些合作项目进行了广泛交流。

7 сар 25 БНХАУ-ын ӨМӨЗО-ны Хөх хотын дарга Тан Айжүнь Монголын Дундговь аймгийн дарга С. Төрбат тэргүүтэй Дундговь аймгийн захиргааны төлөөлөгчидтэй уулзаж, хоёр тал хамтын ажиллагааны асуудалаар өргөн дэлгэр ярилцаа хийв.

7 月 26 日 中国驻蒙古国大使馆武官朱德武大校当日晚在大使馆举行招待会。蒙古国国防部副部长额尔登巴特、武装力量总参谋长陶高以及驻蒙使节共 60 余人出席招待会。

7 сар 26 Хятадаас Монголд суугаа Элчин сайдын яамны атташе Жу Дэ ү хүлээн авалт хийв. МУ-ын БХЯ-ны дэд сайд Эрдэнэбат, зэвсэгт хүчний жанжин штабын дарга Тогоо болон Монголд суугаа дипломат төлөөлөгчид нийт 60 гаруй хүн уг хүлээн авалтад оролцов.

7 月 27 日 中共兴安盟盟委委员、盟委宣传部长刘春良会见了道・朝伦巴特尔为团长的蒙古国新闻采访团一行六人，并介绍了兴安盟的基本情况。兴安盟新一届领导班子上任以来，与蒙古国的往来频繁。今年 6 月 23 日—7 月 3 日，兴安盟党政代表团对蒙古国进行了友好访问，加强了两地之间的经济、文化、教育等方面的合作。此次蒙古国新闻采访团的到来加深了两地之间的相互了解，他们先后参观和采访了成吉思汗庙、五一会址、蒙牛分公司、乌兰浩特拖拉机有限责任公司、乌兰哈达水稻基地。

7 сар 27 Хянган аймгийн КН-ын хорооны гишүүн, аймгийн суртал ухуулгын хэлтсийн дарга Лю Чүнлян Д. Чулуунбаатар дарга тэргүүтэй Монголын сонины сурвалжлагчдын 6 хүний бүрэлдэхүүнтэй төлөөлөгчидтэй уулзаж, Хянган аймгийн нөхцөл байдалтай танилцав. Хянган аймгийн анхны удирдах бүрэлдэхүүн томилогдсоноос Монголтой олон удаа харилцах болов. 6

сарын 23-ны өдрөөс 7 сарын 3-ны өдөр Хянган аймгийн нам засгийн төлөөлөгчид Монголд нөхөрсөг айлчлал хийж, хоёр нутгийн хоорондын эдийн засаг, соёл, боловсрол зэргээр хамтын ажиллагаагаа бэхжүүлэв. Монголын сонин мэдээний сурвалжлагчид хүрэлцэн ирснээр хоёр нутгийн хоорондын харилцан ойлголцол нэмэгдэж, Чингис хааны сүм, 51 хурлын газар, Мон-ню салбар компани,Улаанхот тракторын ХХК, Улаанхот тутаргын бааз зэргийг үзэж сонирхов.

7 月　中国科技部副部长程津培访问蒙古国。中国海关总署副署长孙松璞访问蒙古国。

7 сар БНХАУ-ын ШУЯ-ны дэд сайд Чэн жиньпэй МУ-д айлчлав. БНХАУ-ын Гаалийн Ерөнхий газрын дэд дарга Сунь Сунпу МУ-д айлчлав.

7 月底　中国通过二连浩特口岸向蒙古国出口的机电产品达 6.37 万吨，货值 1.43 亿美元，同比分别增长 16.26％和 128.92％。

7 сарын сүүл БНХАУ-ын Эрээн хотын арилжааны боомтоос МУ-ын экспортолсон бүтээгдэхүүн 63700 тн, 143 сая долларт хүрч, өмнөхтэй харьцуулахад тус тус 16,26% болон 128,92%-аар нэмэгдсэн байна.

8 月 2 日　东亚儿童艺术节在中国沈阳开幕，来自朝鲜、日本、蒙古、韩国、中国以及中国澳门特别行政区的儿童们欢聚一堂。联合国教科文组织总干事松浦晃一郎，中国联合国教科文全国委员会主席、教育部副部长章新胜出席开幕式并致词。亚太地区联合国教科文组织协会联合会主席陶西平、中国联合国教科文组织全国委会员副秘书长杜越，朝鲜、日本、蒙古、韩国联合国教科文组织全委会秘书长、副秘书长，澳门联合国教科文组织中心负责人参加开幕式。

8 сар 2 Зүүн Азийн хүүхдүүдийн соёл урлагийн наадам БНХАУ-ын Мүгдэнд нээлтээ хийж, Хойд Солонгос, Япон, МУ, Өмнөд Солонгос Улс, БНХАУ болон Хятадын Макаогийн онцгой бүсийн хүүхдүүд оролцсон байна. НҮБ-ын БСШУ-ны байгууллагын ажилтан Сун Пухуан, БНХАУ дахь НҮБ-ын БСШУ-ны хорооны дарга, БЯ-ны дэд сайд Жан Шиньшэн нээлтийн ёслолд оролцож үг хэлэв. Мөн уг нээлтэнд Ази номхон далайн бүс нутгийн НҮБ-ын БСШУ-ны нийгэмлэгийн тэргүүн Тао Шипин, Хятад дахь НҮБ-ын БСШУ-ны байгууллагын нарийн бичгийн орлогч дарга Ду Юэ, Хойд Солонгос, Япон, МУ, Солонгосын НҮБ-ын БСШУ-ны байгууллагын нарийн бичгийн дарга, нарийн бичгийн орлогч дарга, Макао дахь НҮБ-ын БСШУ-ны байгууллагын дарга нар нээлтийн ёслолд оролцов.

8 月 7 日 中国内蒙古自治区政府主席杨晶在内蒙古饭店会见并宴请了应邀前来参加自治区成立 60 周年大庆活动的俄罗斯和蒙古国来宾。杨晶代表自治区政府对俄罗斯卡尔梅克共和国主席基奇科夫、蒙古国南戈壁省省长额尔敦巴特、阿加布里亚特自治区政府代理副主席苏霍巴托洛娃，蒙古国驻呼和浩特总领事馆总领事巴桑扎布、蒙古国驻二连浩特领事馆领事米亚格玛尔和蒙古国苏赫巴托尔省和东方省代表团等来宾的到来表示欢迎。

8 сар 7 БНХАУ-ын ӨМӨЗО-ны засгийн газрын тэргүүн Янжин ӨМ зоогийн газар ӨМӨЗО байгуулагдсаны 60 жилийн ойн үйл ажиллагаанд урилгаар хүрэлцэн ирсэн ОХУ болон МУ-ын зочидыг дайлав. Янжин болон ӨМӨЗО-ны засгийн газрын төлөөлөгчид ОХУ-ын БН Калмык улсын

тэргүүн Цыбиков /Илюмжино/, Өмнөговь аймгийн засаг дарга Эрдэнэбат, Агийн Буриадын ӨЗО-ны ЗГ-ын дэд дарга , МУ-аас Хөх хотод суугаа ерөнхий консул Баасанжав, Монголоос Эрээн хотод суугаа консул Мягмар болон Монголын Сүхбаатар, Дорноговь аймгийн төлөөлөгчид зэрэг зочид талархалтайгаар угтан авч буйгаа илэрхийлэв.

8 月 9 日　蒙古国外交部当日表示，希望参与上海合作组织框架内的经济合作，尤其是在能源、基础设施、过境运输等领域。

蒙古国 2007 年 1 月正式向上合组织提出，希望以观察员身份参加上合组织成员国经济、交通、教育、文化、环境等方面的部长会议。

蒙古国总统恩赫巴亚尔将于 8 月 14 日至 15 日对哈萨克斯坦进行国事访问，然后作为上海合作组织比什凯克峰会主席国客人与会。

8 сар 9 МУ-ын ГХЯ тус өдөр Шанхайн хамтын ажиллагааны байгууллагын эдийн засгийн хамтын ажиллагааны суурин төлөөлөгчид эдийн засгийн хамтын ажиллагаа тэр дундаа эрчим хүч, барилга байгууламж, хилээр нэвтрэх тээвэрлэлт зэрэг салбараар үйл ажиллагаанд оролцох хүсэлтэй байгаагаа илэрхийлэв.

МУ 2007 оны 1 сараас албан ёсоор Шанхайн хамтын ажиллагааны байгууллагатай хамтран ажиллахаар санал гаргаж, бие төлөөлөгчид ЭЗ, зам тээвэр, боловсрол, соёл, байгаль хамгаалах зэрэг салбарын хэлтсийн дарга нартай хурал хийв.

МУ-ын ерөнхийлөгч Н.Энхбаяр 8-р сарын 14-15-ны өдөр Казакстан улсад төрийн айлчлал хийж, дараа нь Шанхай хамтын ажиллагааны байгууллагын хурлын дарга Бишкеков зочидтой уулзаж хуралдав.

8 月 8 日　中国驻蒙古使馆临时代办柴文睿参加了由蒙古国 NTV 电视台、蒙古国家体育委员会、蒙古国家奥委会、发展奥林匹克基金为迎接 2008 年北京奥运会倒计时 1 周年联合举办的"通向北京之路——2008"活动并应邀发表讲话。

8 сар 8　БНХАУ-аас МУ-д суугаа консулын газрын үүрэгт ажлыг түр хамаарагч Чай Вэньруй МУ-ын NTV телевиз, МУБТС-ын хороо, Монголын Олимпийн хороо , 2008 онд Бээжингийн олимпын хорооноос зохион байгуулсан "Бээжин хүрэх зам -2008" үйл ажиллагаанд урилгаар оролцож үг хэлэв.

8 月 10 日　中国包头市市长呼尔查会见了以东戈壁省省长扎·巴图苏尔为团长的蒙古国东戈壁省政府代表团。呼尔查向蒙古国客人介绍了包头市社会经济发展情况,希望双方继续扩大在各个领域的合作，实现互利互惠。巴图苏尔说，近年来，东戈壁省与包头市在多个合作项目上取得了积极进展，希望在今后的交流合作中继续得到包头市的支持与帮助，实现双方发展共赢。蒙古国东戈壁省于 2001 年与包头市结成友好省市，此次来包访问主要考察包头市经济社会发展情况，并与包头市相关部门洽谈满都拉——杭吉口岸边贸规划及口岸长年通关事宜。

8 сар 10　БНХАУ-ын Бугат хотын дарга Хурц, Дорноговь аймгийн засаг дарга З. Батсуурь тэргүүтэй Дорноговь аймгийн засаг даргын тамгын газрын төлөөлөгчдийг хүлээн авч уулзав. Хурц Монголын төлөөлөгчидөд Бугат хотын нийгэм эдийн засгийн хөгжлийн байдлыг танилцуулж хоёр тал олон салбарт хамтран

ажиллаж харилцан ашигтайгаар харилцаагаа бэхжүүлэх хүсэлтэй байгаагаа илэрхийлэв. З. Батсуурь хэлсэн үгэндээ Ойрын жилүүдэд Дорноговь аймаг болон Бугат хот олон төслөөр хамтран ажиллаж харилцаагаа хөгжүүлж, цаашдын хамтын ажиллагаанд Бугат хот туслаж дэмжиж хоёр тал хамтдаа хөгжихийг хүсэж байгаагаа илэрхийлэв. 2001 онд Дорноговь аймаг Бугат хоттой найрамдаж, Энэ удаагийн айчлалын гол зорилт нь Бугат хотын эдийн засаг нийгмийн хөгжлийн нөхцөл байдлыг судалж, Бугат хотын Ханги-Мандал боомтын худалдааны төлөвлөгөө хийгээд урт хугацааны хамтын ажиллагааны талаар ярилцав.

8月10日 2007年呼和浩特—乌兰巴托国际汽车穿越（拉力赛）日前在内蒙古自治区呼和浩特发车。此次拉力赛从8月10日开始，20日结束，历时10天，有来自中国、俄罗斯、蒙古国等多家国际汽车俱乐部的10名职业车手参赛。

8 сар 10 2007 онд Хөххот-УБ хотын чиглэлийн ОУ-ын авто ралли тэмцээний тамирчид саяхан ӨМӨЗО-ны Хөх хотыг зорив. Энэ удаагийн тэмцээн 8 сарын 10-ны өдөр эхэлж 20-ны өдөр дуусав. 10 хоног үргэлжилсэн уг тэмцээнд БНХАУ, ОХУ, МУ зэрэг орноор дамжсан олон орны авто ралли клубын 100 гаруй мэргэжлийн жолооч нар оролцов.

8月16日 中国二连浩特口岸落地签证业务当日起正式开始办理。今后，经二连口岸入出境的第三国公民、商务考察人员可直接在二连浩特办理口岸落地签证手续。据了解，2006年，有蒙古国、俄罗斯及东欧等101个国家的51.7万第三国公民从二连口岸入境。

8 сар 16 БНХАУ-ын Эрээн хотын боомтын виз олгох ажиллагаа албан ёсоор үйл ажиллагаагаа эхлэв. Цаашид

Эрээн хотын боомтоор гуравдагч улсын иргэнийг хил нэвтрүүлэх, худалдаачдад Эрээн хотын боомтоор нэвтрэх виз олгохоор болов. 2006 онд МУ, ОХУ, Европ зэрэг 101 орны нийт 517 мянган гуравдагч улсын иргэд Эрээн хотын боомтоор нэвтэрсэн байна.

8 月 18 日　内蒙古满洲里第六届中俄蒙国际旅游节开幕。中国内蒙古自治区旅游局、满洲里市政府、俄罗斯赤塔州政府、蒙古国东方省联合主办的“内蒙古满洲里第六届中俄蒙国际旅游节”在满洲里隆重开幕。

8 сар 18　ӨМ-ын Манжуурт 6 дах удаагийн Хятад, Орос, Монголын олон улсын аялал жуулчлалын өдөр нээлтээ хийв. Хятадын ӨМӨЗО-ны аялал жуулчлалын товчоо, Манжуур хотын ЗГ,Оросын ЗГ, Монголын Дорноговь аймгийн холбооноос голлон зохион байгуулсан “ӨМ-ын Манжуурт 6 дахь удаагийн Хятад, Орос, Монголын олон улсын аялал жуулчлалын өдөр” Манжуурт ёслол төгөлдөр нээлтээ хийв.

8 月 18 日　中国内蒙古自治区兴安盟与蒙古国苏赫巴托尔省经济技术文化合作洽谈会于当日在乌兰浩特圆满结束。这次洽谈会是根据今年 6 月 27 日兴安盟盟委书记杨汉忠率团访问苏赫巴托尔省时所签订的《中华人民共和国兴安盟与蒙古国苏赫巴托尔省经济技术文化合作协议》而召开的。双方在合作项目、合作方式、日程安排等方面进一步洽谈，做出了具体部署。蒙古国苏赫巴托尔省议会议长策・拉玛苏荣率领林业、环保、城市美化方面的负责人参加了洽谈会。

8 сар 18　БНХАУ-ын ӨМӨЗО-ны Хянган аймаг болон МУ-ын Сүхбаатар аймаг хоорондын эдийн засаг, техник, соёлын хамтын ажиллагааны хэлэлцээр тус өдөр Улаан

хотод амжилттай дуусав. Энэ удаагийн хэлэлцээр энэ жилийн 6-р сарын 27-ны өдөр Хянган аймгийн зөвлөлийн нарийн бичгийн дарга Янь Ханзун тэргүүтэй төлөөлөгчид Сүхбаатар аймагт айлчилж байгуулсан "БНХАУ-ын Хянган аймаг болон МУ-ын Сүхбаатар аймаг хоорондын эдийн засаг, техник, соёлын хамтын ажиллагааны хэлэлцээр" –ээс үндэслэв. Хоёр талын хамтын ажиллагааны төсөл, хамтын ажиллагааны арга барил, ажлын төлөвлөгөөний жагсаалт зэрэг асуудлаар хэлэлцээр хийж, тодорхой тохиролцоонд хүрэв. МУ-ын Сүхбаатар аймгийн иргэдийн төлөөлөгчдийн хурлын дарга Ц.Лхамсүрэн тэргүүтэй модны үйлдвэр, байгаль хамгаалал, хот тохижилтын салбарын албаны хүмүүс хэлэлцээрт оролцов.

8月21日　中国内蒙古自治区扎兰屯市市长任宇江和蒙古国乔巴山市市长亚·纳森德力格尔签订了友好城市意向书。据悉，2001年8月扎兰屯市就与乔巴山市签订确立兄弟城市交流的协议，此次签订友好城市意向书，将为两市签订友好城市奠定基础。

8 сар 21　БНХАУ-ын ӨМӨЗО-ны Залантун хотын дарга Рень Южян болон МУ-ын Чойбалсан хотын засаг дарга Я.Насандэлгэр нар найрсагаар хотын санамж бичигт гарын үсэг зурав. 2001 оны 8-н сард Залантун хот нь Чойбалсан хоттой ах дүүгийн харилцааны хэлэлцээр хийж, найрамдлын санамж бичигт гарын үсэг зурав.

8月23日　中国国家主席胡锦涛根据全国人民代表大会常务委员会的决定，免去高树茂的中国驻蒙古国特命全权大使职务；任命余洪耀为中国驻蒙古国特命全权大使。

8 сар 23　БНХАУ-ын тэргүүн Ху Жиньтао БХАТИХ-ын Байнгийн хорооны тогтоолоор, БНХАУ-аас МУ-д суух бүрэн

эрхт консулын албан тушаалд Ю Хунгуань-г томилов.

8 月 25 日　2007 年中国围棋甲级联赛第十一轮新兴地产队对阵中国移动上海队的比赛当日上午在蒙古国首都乌兰巴托举行，赛场设在中国驻蒙古国大使馆。这是中国围甲首次在外国比赛。中国棋院院长华以刚、中国围协副主席聂卫平、中国驻蒙大使余洪耀、蒙古国围棋协会会长铁木尔巴特尔参加了开幕式。

8 сар 25　2007 онд МУ-ын нийслэл Улаанбаатар хотноо БНХАУ-ын Мягманы нэгдүгээр шатны тэмцээн 11 дэх удаагаа зохиогдож, Шинь Шин гэр хөрөнгийн баг Шанхайн багтай тоглов. Уг тэмцээнд БНХАУ-аас МУ-д суугаа ерөнхий консул оролцов. БНХАУ-ын мягманы тэмцээн анх удаагаа гадаадад зохион байгуулагдав. БНХАУ-ын шатрын нийгэмлэгийн дарга Хуа Иган, БНХАУ-ын мягманы холбооны дэд дарга Не Вейпин, БНХАУ-аас МУ-д суугаа консул Ю Хунгуань, МУ-ын мягман шатрын холбооны дарга Төмөрбаатар нар нээлтийн ёслолд оролцов.

8 月 25 日　浙商—阿勒泰国际商贸高峰论坛会在中国新疆阿勒泰地区旅游宾馆隆重召开。来自俄罗斯、哈萨克斯坦、蒙古国的地方政府人士及商务人士、百名浙商代表齐聚阿勒泰市，共商阿勒泰市外贸发展大计。在接受记者采访时，蒙古国巴彦省外办主任阿曼开勒德说："参加这次商贸论坛后，对阿勒泰有了新的认识，我们希望能够取得更多与中国相互合作的机会，中国能有更多的公司前往蒙古国合作交流。"

8 сар 25　ОУ-ын худалдааны чуулган БНХАУ-ын "Шинжаан-Алтай нутгийн аялал жуулчлал" зочид буудалд нээлтээ хийв. Орос, Казакстан, МУ-аас ирсэн 3Г-ын төлөөлөгчид болон худалдаачид нийлсэн 100 гаруй

төлөөлөгчид Алтай хотод цуглаж гадаад худалдааны хөгжлийн бодлогыг хамтран явуулах болов. Сурвалжлагчдын мэдээлж байгаагаар “МУ-ын Баян-Өлгий аймгийн засаг дарга Аманкалд хэлсэн үгэндээ:” Энэ удаагийн худалдааны форумд оролцсоноор бид Хятад улстай хамтран ажиллах боломжтой болж, харилцаа хамтын ажиллагаа нэмэгдлээ гэв.”

8月28日 中国有色金属建设股份公司在蒙古国苏赫巴托尔省与蒙方合资建设的图木尔廷敖包锌矿，于当日举行竣工投产典礼，蒙古国总统亲自出席并给予高度评价。

1月—8月 二连浩特口岸日出入境旅客高达7 682人次，创单日旅客数量历史新高；8月份验放出入境旅客195 202人次，同比增长10.9%，创单月验放旅客数量历史新高；共验放出入境旅客1 029 566人次，同比增长9.4%，创历史新高。

8 сар 28 БНХАУ-ын өнгөт металл ХК МУ-ын Сүхбаатар аймаг болон Монголд байгуулах төмөрлөгийн уурхайд хамтарсан хөрөнгө оруулсан барилгын ажил дуусаж ашиглалтанд орох ёслол зохион байгуулагдаж, МУ-ын Ерөнхийлөгч өөрийн биеэр хүрэлцэн ирж өндрөөр үнэлэв.

1-8 сарын Эрээн хотын боомтоор өдөрт 7 682 хүн хил нэвтэрч, 8 сард 195 202 хүн хил нэвтрсэн ба өмнөх жилтэй харьцуулбал 10.9%-аар нэмэгдэж, нийт 1 029 566 хүн хил нэвтэрсэн ба энэ тоон үзүүлэлтийг өмнөх жилийнхтэй харьцуулбал 9.4%-аар нэмэгдсэн үзүүлэлттэй байна.

9月1日 中共吉林省委书记王珉会见参加第三届东北亚博览会的蒙古国代表，蒙古国代表表示，蒙古国已经是第三次参加东北亚博览会，非常注重与吉林省的经济合作。去年蒙古国和吉林省的贸易额为 11 亿美元，今年到目前为止已经达到了 15 亿美元，充分展现了一个非常良好的合作前景。

9 сар 1 БНХАУ-ын Жилинь мужийн КН-ын нарийн бичгийн дарга Ван Мин 3 дахь удаагийн зүүн хойд Азийн яармагт оролцож буй МУ-ын төлөөлөгчидтэй уулзав. МУ-ын төлөөлөгчид, МУ 3 дахь удаагийн Зүүн Өмнөд Азийн хуралд оролцож, Жилинь мужтай эдийн засгаар хамтран ажиллаж байгаадаа талархаж буйгаа илэрхийлэв. Өнгөрсөн жил МУ болон Жилинь мужийн гадаад худалдааны нийт хэмжээ 1 тэрбум 100 сая доллар болж, энэ жил өмнөх жилтэй харьцуулбал 1 тэрбум 500 сая долларт хүрч, хамтын ажиллагаа улам хөгжиж байна гэв.

9 月 2 日 备受关注的东北亚经贸合作高层论坛在长春成功举办。中共中央政治局委员、国务院副总理曾培炎发表主旨演讲。国内外政要、国际金融和投资机构代表、世界 500 强企业代表共 500 多人出席了论坛。蒙古国副总理门·恩赫赛汗在演讲中表示，“近八年来，中国已成为蒙古国最大外贸伙伴国和最大投资国。中国经济自由运行将对我国经济发展产生良好的影响”，希望今后向中国市场供应包含“增值”的产品。

9 сар 2 Зүүн хойд Азийн эдийн засаг гадаад худалдааны хамтын ажиллагааны чуулга уулзалт Чанчүнь хотод амжилттай зохион байгуулагдав. ХКН-ын Төв хорооны улс төрийн товчооны гишүүн, Төрийн Зөвлөлийн Ерөнхий сайдын орлогч Цэн Пэйянь лекц уншив. Улсын засгийн газар, олон улсын банк санхүү болон хөрөнгийн биржийн төлөөлөгчид, дэлхийн 500 аж ахуй нэгжийн төлөөлөгчид, нийт 500 гаруй хүн чуулганд оролцов. МУ-ын ерөнхий сайдын орлогч М. Энхсайхан яриандаа Ойрын 8 жилд Хятад улс Монгол улсын хувьд гадаад худалдааны

түнш болон хөрөнгө оруулагч орон болсон билээ. Хятадын эдийн засгийн зах зээл Монголын эдийн засгийн хөгжилд сайнаар нөлөөлж, цаашид Хятадын зах зээл бүтээгдэхүүний үнээ нэмэх асуудлыг баримтлахыг хүсэж байгаагаа илэрхийлэв.

9 月 3 日 中国商务部副部长魏建国在长春南湖宾馆会见了中国驻日本、韩国、蒙古、俄罗斯、朝鲜的经商参赞，并进行了座谈。中国驻蒙古国经商处参赞宋学军指出，现在蒙古国有 130 万亩耕地，但总体利用率很低，仅为 20 万亩。吉林省是农业大省，在农业方面有着非常大的优势，因此可以把蒙古耕地看做是境外的土地资源，在那里进行农业资源开发。另外，蒙古国还有着丰富的矿产资源，吉林省也可以考虑作为一个矿产资源加工区。座谈会上，中共吉林省委常委、延边州委书记邓凯透露，吉林省正打算开展四大工程，其中，将建设乔巴山—阿尔山—白城—长春—珲春的中蒙铁路运输大通道，对乌兰浩特、白城、长春和图们铁路枢纽站进行扩建，该项目总投资初步估计约 120 亿元。

9 сар 3 БНХАУ-ын Худалдааны яамны дэд сайд Вэй Жянгуо Чанчүний Наньху зочид буудалд БНХАУ-аас Япон, Солонгос, МУ, Хойд Солонгос, Оросын эдийн засаг худалдааны зөвлөх нар хэлэлцээр хийв. Хятадаас Монголд суугаа эдийн засаг гадаад худалдааны газрын зөвлөх Сун Сүежүнь МУ 1 сая 300 мянга мү тариан талбайтай ч, зөвхөн 200 мянга мү газрыг ашигласан байна. Жилинь муж бол газар тариалангийн нутаг бөгөөд энэ давуу байдлыг Монгол улс газар тариалангийн баялагтаа ашиглах нь зүйтэй. Үүнээс гадна Монгол улс асар их ашигт малтмалтай, Жилинь муж ашигт малтмалын баялгыг аж үйлдвэртээ хэрэглэх талаар бодож үзэх хэрэгтэйг дурьдав. Хэлэлцээрт

Жилинь мужийн КН-ын байнгийн хорооны гишүүн, хорооны нарийн бичгийн дарга Дэн Кая, Жилинь мужийн 4 том байгууламжийн төлөвлөгөө, тэр дундаа Чойбалсан-Аршаант-Байчэн-Чанчүнь- Жүнчүний Хятад Монголын төмөр замын хамтран тээвэрлэлтийн Улаан хот, Байчэн, Чанчүнь болон Түмэн хошууны төмөр замын уулзвар зогсоолыг өргөтгөх 12 тэрбум юаны хөрөнгө оруулалттай төслийг батлав.

9 月 3 日 第三届东北亚博览会蒙古国商务日当日上午在长春国际会展中心大饭店隆重举行，会议由蒙古国工商会会长登贝尔勒主持，蒙古国驻华特命全权大使噶乐桑·巴特苏赫，蒙古国食品贸易部副部长彭·乌兰胡，吉林省副省长陈伟根参加了开幕式并分别致辞。双方政府及工商界代表进行了友好交流，中外媒体应邀出席。蒙古国工商会会长登贝尔勒向与会代表介绍了蒙古国本次参会情况。蒙古国特命全权大使噶乐桑·巴特苏赫在发言中指出，近几年蒙古国外贸投资范围都在迅速扩大，而中国是蒙古国最大的投资国，2006 年中国在蒙投资占蒙古国总投资额的 46.6%。为了进一步便利贸易交往、吸引外商，蒙古国通过实施“创立外贸便利电子窗口”国家级纲要、组建国家运输物流委员会、推行“转口蒙古”综合纲要等举措，极大地促进了蒙古国外贸经济的活跃发展。陈伟根希望，双方通过着力构建环东北亚经济贸易区，强化政府、企业间交流合作的平台。开幕式结束后，蒙方进行萤石选矿等项目的推荐和对接。

9 сар 3 3 дахь удаагийн зүүн хойд Азийн яармагт МУ-ын худалдаа Чанчүний олон улсын үзэсгэлэн төв зочид буудалд зохион байгуулагдаж, МУ-ын үйлдвэр худалдааны яамны дарга Дэмбэрэл, Монголоос Хятадад суугаа онц бөгөөд бүрэн эрхт элчин сайд Батсүх, Монголын ХХАА

Яамны дэд сайд Улаанхүү, Жилинь мужийн орлогч дарга Чэн Вэйгэнь нар нээлтийн ёслолд оролцож үг хэлэв. Хоёр талын ЗГ болон үйлдвэр худалдааны төлөөлөгчид нөхөрсөгөөр солилцоо хийж, Хятадын гадаад харилцааны бие төлөөлөгчид урилгаар оролцов. МУ-ын үйлдвэр худалдааны дарга Дэмбэрэл төлөөлөгчидтэй уулзаж Монголын нөхцөл байдлыг танилцуулав. МУ-ын онц бөгөөд бүрэн эрхт элчин сайд Батсүх хэвлэлийн төлөөлөгчдөд ойрын хэдэн жилийн МУ-ын гадаад худалдааны хөрөнгө оруулалтын цар хүрээ өргөжиж, БНХАУ бол МУ-ын хамгийн том хөрөнгө оруулагч улс болсон бөгөөд 2006 онд Хятад улс Монгол улсад оруулсан нийт хөрөнгө оруулагчдийн 46.6%-ыг эзэлж байна. Гадаад худалдааны харилцааг нэмэгдүүлэхийн тулд гадаад худалдааг дэмжиж, Монгол улс “гадаад худалдааны цахилгаан цонх болох” гэсэн бодлогыг улсын хөтөлбөрт тусгаж, улсын тээврийн товчоо , “МУ-ыг хил дамжих” улс болгож хөтөлбөрт нэгтгэсэн зэрэг нь Монголын гадаад худалдаа эдийн засгийн хөгжлийг дэмжиж байна гэж мэдэгдэв. Чэн Вэйгэнь хоёр тал зүүн хойд Азийн эдийн засаг гадаад худалдааны бүс, ЗГ-ыг бэхжүүлэх, аж ахуй нэгжийн хоорондын солилцоо хамтын ажиллагааны орчинг бүрдүүлэв. Нээлтийн ёслолын дараа Монголын талаас үйлдвэр уурхайн салбар зэрэг төслийг зорилго болгон танилцуулав.

9月3日　蒙古国总理、蒙古人民革命党主席米耶贡布·恩赫包勒德当日会见了中共中央对外联络部副部长刘洪才，双方进行了亲切友好的交谈。恩赫包勒德说，中国共产党和蒙古人民革命党都是执政党，加强两党之间的交流与合作对继续发展两国友好关系特别重要。蒙古民主党总书记达·道尔利格扎布当天会见了刘洪才一行，双方就两党之间的交流与合作等问题交换了意见。

9 сар 3 МУ-ын ерөнхий сайд, МАХН-ын дарга М. Энхболд ХКН-ын Төв хорооны гадаад орнуудтай харилцах хэлтсийн дэд дарга Лю Хунцайтай уулзаж, хоёр тал халуун дотноор ярилцав. Энхболд яриандаа ХКН болон МАХН хамтаар хоёр намын хоорондын солилцоо болон хаамтын ажиллагааг үргэлжлүүлэн хөгжүүлэх нь хоёр улсын найрсаг харилцаанд чухал ач холбогдолтой гэв. Монголын АН-ын ерөнхий нарийн бичгийн дарга Д. Дорлигжав Лю Хунцай тэргүүтэй төлөөлөгчидтэй уулзаж, хоёр тал хоёр намын хоорондын солилцоо болон хамтын ажиллагаа зэрэг асуудлаар харилцан санал солилцов.

9 月 4 日 蒙古国总统那木巴尔・恩赫巴亚尔当天在国家宫会见中共中央对外联络部副部长刘洪才时重申优先发展同中国的友好关系是蒙古国对外政策的首要方针之一。

9 сар 4 МУ-ын ерөнхийлөгч Н. Энхбаяр төрийн ордонд ХКН-ын төв хорооны гадаад орнуудтай харилцах хэлтсийн дэд дарга Лю Хунцайтай уулзаж Хятадтай найрсагаар харилцах нь МУ-ын гадаад бодлогын эн тэргүүний асуудлын тухай ярилцав.

9 月 4 日 据报道，唐山轨道客车有限责任公司向蒙古国出口的 16 辆新型客车日前开工生产。按合同要求，这批新型客车将于 12 月初交付用户，用于乌兰巴托—北京区间的国际联运线路。

9 сар 4 Таншань суудлын галт тэрэгний ХХК МУ-д экспортлох 16 шинэ суудлын галт тэргийг хийх үйлдвэрлэж эхлэв. Энэ хэсэг шинэ галт тэргийг 12 сарын эхээр хэрэглэгчид хүлээлгэн өгөх бөгөөд Улаабаатар—Бээжин хооронд олон улсын тээврийн зам дээр хэрэглэх юм байна.

9 月 6 日　历时 4 天半的第三届中国·吉林东北亚投资贸易博览会当日闭幕。蒙古国副总理门·恩赫赛汗表示，蒙古国将会全面积极地参与东北亚地区经济合作和一体化，希望该地区各国联合改善动力交通运输网络、建立金融贸易稳定机制、互相支持直接投资。

9 сар 6　Дөрвөн өдрийн хугацаатай, 3 дахь удаагийн БНХАУ-ын Жилиний Зүүн хойд Азийн хөрөнгө оруулалттай гадаад худалдааны яармаг нээлтээ хийв. МУ-ын ерөнхий сайд М.Энхсайхан хэлэхдээ МУ Зүүн өмнөд Азийн ЭЗ-ийн хамтын ажиллагаа болон хөгжлийг идэвхитэй дэмжиж, тус бүс нутгын зам харилцаа, барилга, банк санхүү, худалдаа арилжааны хамтын ажиллагааны хөрөнгө оруулалтыг дэмжиж буйгаа илэрхийлэв.

9 月 7 日　据报道，东北亚博览会上，中国万隆路桥建设集团和蒙古国雇主联盟签订了《蒙古国环保型锅炉无烟煤生产投资合作意向书》。意向书规定，万隆路桥建设集团有限公司拟在蒙古国投资开发环保型锅炉和无烟煤生产项目，预计总投资 3 000 万美元。

9 сар 7　Зүүн хойд Азийн яармагт БНХАУ-ын гүүр барих байгууллага болон МУ-ын хөлслөгч холбоо ”МУ-ын байгаль хамгаалах том уурын тогоо нүүрсний утаагүйжүүлэх үйлдвэрт хөрөнгө оруулах санамж бичиг”-т гарын үсэг зурав. Санамж бичигт тусгаснаар “Зам гүүр барих нэгдсэн ХХК МУ-д хөрөнгө оруулж байгаль хамгаалах том уурын тогоо болон утаагүйжүүлэх үйлдвэр барих төсөлд ойролцоогоор 30 сая долларын хөрөнгө оруулна” гэж мэдэгдэв.

9 月 26 日　中国驻蒙古国大使余洪耀当日在使馆举行国庆招待会。蒙古国家大呼拉尔副主席伊德沃赫腾、外交部长恩赫包勒德、工业贸易部长达瓦道尔吉、农业部长特日毕希达格瓦、国家安全委员会秘书长松德布、总统外交顾问朝格特巴特尔、乌兰巴托市长巴特巴亚尔、公民意志党主席奥云等官员以及各国驻蒙使节、旅蒙华侨华人代表、中资企业代表及留学生代表共 180 多人出席了招待会。

9 сар 26 БНХАУ-аас МУ-д суугаа консул Ю Хунгуань тус өдөр консулын газар Улс тунхагласны баярын үйл ажиллагаа зохион байгуулав. МУ-ын УИХ-ын дэд дарга Идэвхтэн, ГХЯ-ны сайд Энхболд, Үйлдвэр Худалдаа Яамны сайд Даваадорж, ХААЯ-ны сайд Тэрбишдагва, Улсын аюулгүй байдлын нарийн бичгийн дарга Сүндэв, ерөнхийлөгчийн гадаад харилцааны зөвлөх Цогтбаатар, УБ хотын дарга бөгөөд нийслэлийн захирагч Батбаяр, ИЗН-ын тэргүүн Оюун зэрэг албаны хүмүүс болон Монголд суугаа дипломат төлөөлөгчид , МУ дахь БНХАУ-ын цагаачдын байгууллагын төлөөлөгчид, Жижиг дунд үйлдвэрийн төлөөлөгчид болон гадаад оюутны төлөөлөл нийт 180 гаруй хүн дайллаганд оролцов.

10 月 8 日 蒙古国博格达汗宫博物馆维修工程竣工仪式当日在乌兰巴托举行。蒙古国教育文化科学部长恩赫图布辛、中国国家文物局副局长张柏、中国驻蒙古国大使余洪耀等参加了仪式。这项维修工程是根据中国国家文物局与蒙古国教科文部签署的协议，利用中国政府提供的 600 万元人民币的无偿援助，对蒙古国文化遗产实施保护的项目。

10 сар 8 МУ-ын Богд хааны ордон музейн засварын ажил дуусаж ёслолын ажил зохион байгуулагдав. МУ-ын БСШУЯ-ны сайд Энхтүвшин, БНХАУ-ын соёлын хэлтсийн дэд дарга Жан Бо, БНХАУ-аас МУ-д суугаа бүрэн эрхт элчин сайд Ю Хунгуань нар ёслолын ажиллагаанд оролцов.

БНХАУ-ын ЗГ буцалтгүй тусламжаар 6 сая юаны хандив үзүүлсэнийг МУ-ын соёлын өвийг хадгалах төсөлд хэрэгжүүлэв.

10月13日 “中蒙六地区”战略合作阜新年会代表前往中国辽宁省锦州市考察。锦州市副市长王伟国会见了蒙古国苏赫巴托尔省省长热·额尔敦朝克图及代表团主要成员。“中蒙六地区”战略合作阜新年会代表参观了锦州港和开发区西海工业园。

10 сар 13 Хятад Монголын 6 бүс нутагт стратегийн хамтын ажиллагааны ээлжит хурлын төлөөлөгчид Хятад Улсын Ляонинь мужийн Жиньжоу хотод судалгаа хийв. Жиньжоу хотын дарга Вань Вэйгуо Монгол улсын Сүхбаатар аймгийн засаг дарга Р. Эрдэнэцогт болон төлөөлөгчдтэй уулзав. Хятад Монголын 6 бүс нутгын стратегийн хамтын ажиллагааны Фүшиний ээлжит хурлын төлөөлөгчид болох Жинь Жоугуо болон Сихай аж үйлдвэрийн хүрээлэнгийн нээлтийг үзэж сонирхов.

10月15日 中国和蒙古国政府间经济贸易联合委员会第10次会议15日在乌兰巴托举行。双方决定进一步深化两国经贸领域的合作。会议期间，双方就两国矿业、交通、能源、电力、通讯等领域的具体合作项目交换了意见，并同意支持两国企业在各个领域强化合作。中方委员会主席、中国商务部部长助理陈健表示，近年来中蒙两国各个领域的合作不断发展，本次会议的主要目的是提升两国经贸合作效果，落实两国领导人达成的共识。蒙方委员会主席、蒙古国交通旅游部副部长雅·索德巴特尔说，发展对华长期、稳定、友好关系是蒙古国外交政策首要方针之一，蒙方希望中国更多有条件、有实力的大型企业来蒙投资。蒙古国还希望扩大蒙中两国经贸合作范围，尽可能采取措施保持吸引外资政策的连续性，并维护在蒙中资企业的合法权益。

10 сар 15 Хятад Улс болон Монгол Улсын ЗГ хоорондын эдийн засаг гадаад худалдааны зөвлөлийн хурал 10 дахь удаагаа 15-ны өдөр Улаанбаатар хотноо зохиогдов. Хоёр талын шийдвэрээр хоёр улсын эдийн засаг гадаад худалдааны хамтын ажиллагааг гүнзгийрүүлэн ахиулахаар болов. Хурлын хугацаанд хоёр тал хоёр улсын уул уурхай, зам харилцаа, нөөц баялаг, цахилгаан эрчим хүч, мэдээ мэдээлэл зэрэг хамтын ажиллагааны төсөлд санал солилцов. Хоёр улсын аж ахуйн хамтын ажиллагааг бэхжүүлэхийг санал нэгтэй дэмжив. Хятадын талын зөвлөлийн тэргүүн, Хятад Улсын Худалдааны яамны сайдын туслах Чэнь Жянь ойрын жилүүдэд Хятад Монгол хоёр улсын хамтын ажиллагаа тасралтгүй хөгжиж бий. Энэ удаагийн хурлын гол зорилго нь хоёр орны эдийн засаг, гадаад худалдааны хамтын ажиллагаа амжилттай болох, хоёр улсын удирдагчидын хамтын ажиллагаа амжилттай болохыг хүсэв. Монголын талын зөвлөлийн тэргүүн, Монгол улсын зам харилцаа аялал жуулчлалын яамны дэд дарга Я. Содбаатар хэлэхдээ “Хятад улстай урт хугацаанд тогтвортой найрамдалт харилцаатай байгаа нь Монгол Улсын Гадаад харилцааны гадаад бодлогын гол чиглэлийн нэг юм” гэв. Монголын тал Хятад Улстай олон нөхцлөөр том үйлдвэрүүдэд бодитой хөрөнгө оруулалт хийхийг хүсэв. Мөн Монгол Улс Монгол Хятад хоёр улсын эдийн засаг гадаад худалдааны хамтын ажиллагааны цар хүрээг өргөтгөж, гадаадын хөрөнгө оруулалтыг татах төрийн бодлогоо баримталж, Монгол Хятад хоёр улсын хөрөнгө оруулалттай аж ахуйн нэгжүүдийн хууль ёсны эрх ашигийг хамгаалах хэрэгтэй гэв.

10 月 15 日　蒙古国总理恩赫包勒德当日会见来访的中国商

务部部长助理陈健时说，蒙古国希望进一步发展对华经贸合作。陈健说，中国将在矿产、交通运输、基础设施等领域加强与蒙方的合作，并加快实施两国领导人互访时商定的合作项目。陈健于14日抵达乌兰巴托，对蒙古国进行为期3天的访问。

10 сар 15 МУ-ын ерөнхий сайд Энхболд айлчлалаар ирсэн БНХАУ-ын Худалдааны Яамны сайдын туслах Чэнь Жяньтэй уулзаж, МУ Хятад улстай эдийн засаг гадаад худалдааны хамтын ажиллагаагаа цаашид хөгжүүлэхийг хүсэж байгаагаа илэрхийлэв. Чэнь Жянь БНХАУ ашигт малтмал, зам тээвэр, дэд бүтэц зэрэг салбараар МУ-тай хамтын ажиллагаагаа бэхжүүлэхийн зэрэгцээ хоёр улсын удирдлага харилцан айлчлал хийж хамтран ажиллахаар хэлэлцэн тогтсон билээ гэв. Чэнь Жянь 14-ны өдөр Улаанбаатарт ирж, МУ-д 3 хоногийн айлчлал хийв.

10月16日 蒙古国多家报纸当日对中共十七大开幕进行了详细客观的报道。蒙古国《真理报》详细报道了胡锦涛在报告中提及的改革开放、建设小康社会以及科学发展观等内容。《人权报》当日在其网站上发表题为《社会主义民主政治展现“龙之国”新形象》的文章，高度评价中共十七大报告。

10 сар 16 МУ-ын олон сонин хэвлэлд ХКН-ын 17 дахь их хурлын нээлтийг шууд дамжуулав. “Үнэн сонин”-д Ху Жиньтао өөрчлөлт шинэчлэлт, чинээлэг нийгмийг байгуулах болон шинжлэх ухааны хөгжлийн тухай мэдээлэв. “Ардын эрх сонин”-д вэбсайтаар “ Социалист ардчилсан улс төрийн хөгжил ” луугын төрхтэй болсон улс” өгүүлэл нийтлэгдэж, ХКН-ын 17-р их хурлыг өндрөөр үнэлж буйгаа илтгэв.

10月24日 蒙古国—中国友好协会秘书长、中国问题专家其米德策耶博士当日对记者说，中共十七大的召开是世界瞩目的一件大事，它明确了中国今后的发展战略和目标，具有划时代的意义。中国共产党在新的历史发展时期提出科学发展观，符合世界发展潮流。中国倡导“和谐发展、和平发展”，其发展势必对地区乃至世界的和平发展带来积极影响，这也将为蒙古国带来发展机遇。

10 сар 24　Монгол Хятадын найрамдлын нийгэмлэгийн нарийн бичгийн дарга, Хятадын асуудал хариуцсан мэргэжилтэн Чимэдцээ доктор сурвалжлагчдад ХКН-ын 17 дахь их хурал бол дэлхийн нийтээрээ анхарал хандуулсан том явдал мөн. Хятад улсын цаашдын хөгжлийн стратеги болон зорилт нь төлөвлөгдөж, шинэ цаг үеэ эхлүүлсэн ач холбогдолтой гэдгийг тодотгов. ХКН-ын шинэ хөгжлийн хугацаанд шинжлэх ухааны хөгжлийн сэдэн санаачласан нь дэлхийн хөгжлийн замналтай тохирч байна. БНХАУ-ын санаачлагаар “ Хөгжлийн зохицол, энх тайвны хөгжил” бүс нутгийг хөгжүүлэх тэрчлэн дэлхийн энх тайвны хөгжилд идэвхтэйгээр нөлөөлөх, мөн МУ-ын хөгжлд тохиол олгох болно.

10 月 26 日—27 日　中国国家航空产业基地联合中国航空学会在西安阎良举办“2007 中国通用航空大会”。由中国温州籍民营企业家投资的西捷飞机公司向蒙古国销售 10 架飞机。西捷公司人员说，飞机已经组装完毕，只等对方货款一到马上起运。

10 сар 26-27　БНХАУ-ын агаарын тээврийн аж үйлдвэрийн суурин газар Хятадын агаарын тээврийн хурал хамтран Си-ань хотноо “ 2007 оны Хятадын агаарын тээврийн их хурал” зохион байгуулагдав. БНХАУ-ын Вэньжоу хотын аж ахуйн нэгжийн хөрөнгө оруулалттай “Сижи” нислэгийн компани Монголд 10 онгоц худалдсан байна.

“Сижи” компаний ажилтан онгоцны зохион бүтээлтийн ажил дууссан тул нөгөө талын бараагаа авч зөөвөрлөхийг л хүлээж байна гэж хэлэв.

10 月 27 日 当晚第十一届中国吴桥国际杂技艺术节在石家庄开幕。蒙古国选手表演的“柔术”给人们留下深刻印象。

10 сар 27 11 дэх удаагийн БНХАУ-ын Ү Чё олон улсын циркийн наадам Ши Жяуанд нээлтээ хийв. МУ-ын Уран нугаралтын баг тоглолт хийж, үзэгчид халуун дотноор хүлээж авав.

10 月 30 日 中国外交部部长助理何亚非会见以蒙古国外交部邻国局副局长巴特布音为团长的蒙古国青年外交官代表团一行。双方表示两国青年外交官开展互访交流，将有利于深化两国外交部之间的沟通与合作。此次访问系中蒙两国外交部之间开展的首次青年外交官访问。除北京外，蒙方代表团还将赴深圳和杭州参观访问。

10 сар 30 БНХАУ-ын ГХЯ-ны сайдын туслах Хэ Яфэй МУ-ын ГХЯ-ын хөршийн холбооны дэд дарга Батбуян тэргүүтэй МУ-ын залуучуудын гадаад харилцааны дарга болон бусад төлөөлөгчидтэй уулзав. Хоёр тал хоёр улсын залуучуудын гадаад харилцааны дарга нар харилцан айлчилж, хоёр улсын ГХЯ-ыг холбож, хамтран ажиллахыг хүсэж буйгаа илэрхийлэв. Энэ удаагийн айлчлал Хятад Монгол хоёр улсын ГХЯ-ны хооронд анх удаагаа залуучуудын гадаад харилцааны айлчлал хийснээрээ онцлогтой болов. МУ-ын төлөөлөгчид Бээжингээс гадна шэнжэнь болон Ханжоуг үзэж сонирхох юм байна.

11 月 2 日 上海合作组织成员国总理第 6 次会议当日在乌兹

别克斯坦首都塔什干举行。中国总理温家宝、蒙古国副总理恩赫赛汗出席会议。

11 сар 2 Шанхайн хамтын ажиллагааны байгууллагын гишүүдийн ерөнхий сайдын 6 дахь удаагийн хурал Узбекстаны нийслэл Ташкан хотод зохион байгуулагдав. БНХАУ-ын ерөнхий сайд Вэнь Жябао МУ-ын ерөнхий сайдын орлогч Энхсайхан нар хуралд оролцов.

11月2日 中国国际广播电台代表团与乌兰巴托市育才汉语学校签署协议，正式成立蒙古国乌兰巴托市中国国际广播电台育才广播孔子课堂。

11 сар 2 БНХАУ-ын олон улсын радио хорооны төлөөлөгчид МУ-ын Улаанбаатар хотын Юй Цай Хятад хэлний сургуультай хэлэлцээр байгуулж албан ёсоор Улаанбаатар хотод БНХАУ-ын олон улсын радио хорооноос Күнзийн сургалтын танхим байгуулж өгөв.

11月3日 中亚区域经济合作第6次部长会议当日在塔吉克斯坦首都杜尚别举行，来自中国、阿富汗、阿塞拜疆、哈萨克斯坦、吉尔吉斯斯坦、蒙古国、塔吉克斯坦、乌兹别克斯坦等8个成员国的政府官员，亚洲开发银行、世界银行、国际货币基金组织等国际组织的代表以及一些国家的观察员共约200人出席了会议。

11 сар 3 Дундад Азийн бүс нутгийн ЭЗ-ын 6 дахь удаагийн хамтын ажиллагааны сайд нарын хурал уг өдөр Тажикстан улсын нийслэл Душан хотод зохион байгуулагдаж Хятад, Афгани, Азербайжан, Киргизстан, Казакстан, Монгол, Таджикстан, Узбекстан зэрэг 8 улсын ЗГ-ын гишүүд, Азийн хөгжлийн банк, Дэлхийн банк, ОУ-ын хөрөнгийн бирж зэрэг ОУ-ын байгууллагын төлөөлөгчид

зарим орны ажиглагчид нийт 200 орчим хүн уг хуралд оролцов.

11 月 5 日 蒙古国自然环境部部长额尔德内巴塔尔当日会见了来访的中国水利部副部长矫勇。双方表示将继续就中蒙边界水的科学保护和合理利用进行合作。额尔登巴特尔说，蒙中边界水领域的合作将丰富两国合作的内容。矫勇说，边界水合作是中蒙关系的重要组成部分。中蒙成立了边界水联合委员会，这为进一步开展边界水合作打下了基础。他说，希望双方制订科学保护和合理利用边界水的计划，并互通信息。会见后，为期 3 大的中蒙边界水联合委员会第三次会议在乌兰巴托正式开始，矫勇作为中方代表参加会议。矫勇于 5 日抵达乌兰巴托，开始对蒙古国进行为期 5 天访问。

11 сар 5 МУ-ын БОЯ-ны сайд Эрдэнэбаатар уг өдөр айлчлалаар ирсэн Хятадын усжуулалтын газрын дарга Жё Юнтой уулзав. Хоёр талууд Хятад Монголын хилийн усыг хамгаалах ШУ болон усжуулалтын хэрэглэх хамтын ажиллагааны талаар хэлэлцэв. Эрдэнэбаатар Монгол Хятадын хилийн усны салбарын хамтын ажиллагааг өргөжүүлэх талаар дурьдав. Жё Юн хэлсэн үгэндээ Хилийн усны хамтын ажиллагаа бол Хятад Монголын харилцааны чухал асуудал юм. Хятад Монголын хилийн усны хамтын ажиллагааны хороог байгуулсанаар хамтын ажиллагааны суурь болж байна гээд цааш нь хоёр талын ШУ ба усыг зөв зохистой ашиглах төлөвлөгөө харилцан үр дүнд хүрэхийг хүсч байна гэв. Хурлын дараа 3 хоногийн хугацаанд Хятад Монголын хилийн усны нийгэмлэгийн 3 дахь удаагийн хурал УБ хотноо нээлтээ хийж, Жё Юн Хятадын талыг төлөөлөн оролцов. Жё Юний МУ-д хийх 5 өдрийн айлчлал ийнхүү эхлэв.

11 月 5 日—9 日　中华人民共和国和蒙古国边界水联合委员会第三次会议在乌兰巴托召开。联合委员会中方代表、中国水利部副部长矫勇率中方代表团参加了会议。蒙方代表团团长、联合委员会蒙方代表为蒙古国自然环境部副部长恩赫满达赫。双方就中蒙边界水合理利用和保护问题交换了意见，正式成立了联合专家组，对 2008—2009 年度工作作出了安排。会议取得实质性成果，并签署了会议纪要。

11 сар 5-9 БНХАУ болон МУ-ын хилийн усны нийгэмлэгийн 3 дахь удаагийн хурал УБ хотноо нээлтээ хийв. Нийгэмлэгийн гишүүн Хятадын талын төлөөлөгч, Хятадын усжуулалтын газрын дарга Жё Юн тэргүүтэй Хятадын талын төлөөлөгчид хуралд оролцов. Монголын талын төлөөлөгчидийн дарга, нийгэмлэгийн гишүүн МУ-ын БОЯ-ны сайд нар оролцов. Хятад Монголын хилийн усыг зохистой ашиглан хамгаалахаар санал солилцож албан ёсоор нийгэмлэгээс тусгай мэргэжилтэн томилж 2008, 2009 оны ажлын төлөвлөгөөгөө гаргав. Хурлын үр дүнг тодорхойлон хурлын товч протоколд гарын үсэг зурав.

11 月 8 日　“2007 欧亚经济论坛”当日在西安举行。这次为期两天的论坛是由上海合作组织秘书处、上海合作组织实业家委员会、联合国开发计划署、欧亚经济共同体秘书处、中国国家开发银行和陕西省人民政府联合主办，博鳌亚洲论坛协办，西安市人民政府、北京当代世界发展研究院承办的，共设能源、金融、旅游、地方政府合作和教育 5 个平行分会，与会代表就相关领域的问题展开讨论并对具体合作倡议进行论证，以推动欧亚合作取得新突破。中共中央政治局常委、中国人民政治协商会议全国委员会主席贾庆林出席论坛开幕式并作演讲。蒙古国副总理恩赫赛汗在开幕式上说，蒙古希望加深同包括中、俄在内的上海合作组织成员国的合作，以实现更快的发展。希望同上合组织开展更多合作，为蒙古国基础设施建设、交通路网规划以及能源、教育、环保和旅游等领域的发展提供支持。

11 сар 8 2007оны Евро Азийн ЭЗ-н форум уг өдөр Си-ань хотод зохион байгуулагдав. Энэ удаагийн 2 өдрийн форумыг Шанхайн хамтын ажиллагааны байгууллагын нарийн бичгийн дарга нарын газар, Шанхайн хамтын ажиллагааны байгууллагын үйлдвэр, худалдааны зөвлөл, НҮБ-ын хөгжлийн хөтөлбөр, Евро Азийн ЭЗ-ийн ерөнхий нарийн бичгийн дарга нарын газар, БНХАУ-ын хөгжлийн банк болон Шаньши мужийн ардын ЗГ-ын хамтран зохион байгуулж, Боаогийн форумын нийгэмлэг хамжиж, Си-ань хотын ардын ЗГ, Бээжингийн өнөөгийн дэлхийн хөгжлийг судлах хүрээлэн даачлан зохион байгуулж, банк санхүү, аялал жуулчлал, ЗГ-ын хамтын ажиллагаа болон боловсролын 5 салбар хурал хувааж төлөөлөгчид харилцан холбогдол бүхий салбарын хөгжлийн асуудлын талаар ярилцаж хамтын ажиллагаанд санаачлага гарган нотолж, Евро Азийн хамтын ажиллагаа шинэ хөгжилд хүргээхээр чармайв. ХКН-ын төв хорооны улс төрийн товчооны гишүүн, БХАУТ-ын зөвлөлдөх зөвлөлийн дарга Жя Чинлинь форумын нээлтиын ёслолд оролцож үг хэлэв. МУ-ын ерөнхий сайдын орлогч Энхсайхан нээлтийн ёслол дээр МУ Хятад, Орос зэрэг Шанхайн хамтын ажиллагааны байгууллагын гишүүн оронуутай хамтын ажиллагаагаа эрчимтэй хөгжүүлэхийг хүсэж буйгаа илэрхийлэв. ШХАБ-тай цаашид МУ-ын дэд бүтцийн байгуулалт, зам тээврийн сүлжээ төлөвлөгө болон эрчим хүч, боловсрол, байгаль хамгаалал болон аялал жуулчлал зэрэг салбарын хамтын ажиллагаа хөгжүүлж дэмжин ажиллахыг хүсэж буйгаа илэрхийлэв.

11 月 8 日　中国人民政治协商会议全国委员会主席贾庆林当日在西安会见出席“2007 欧亚经济论坛”的蒙古国副总理恩赫赛汗，双方就中蒙关系和共同关心的问题交换了意见。

11 сар 8　БХАУТ-ын зөвлөлдөх зөвлөлийн дарга Жя Чинлинь Си-ань хотноо “2007 оны Евро Азийн ЭЗ-ын форум”-д оролцож, МУ-ын ерөнхий сайдын орлогч Энхсайхантай уулзаж хоёр тал Хятад Монголын харилцаа болон хамтын ажиллагааны асуудлаар харилцан санал солилцов.

11 月 8 日　中国内蒙古自治区鄂尔多斯市与蒙古国鄂尔浑省签订结为友好城市意向书。鄂尔多斯市副市长袁庆中及蒙古国鄂尔浑省省长、鄂尔德尼图市市长格·沙日夫在两地结为友好城市意向书上签字。

11 сар 8　ӨМӨЗО-ны Ордос хот Монгол Улсын Орхон аймагтай найрамдалын санамж бичигт гарын үсэг зурав. Ордос хотын засгийн газрын орлогч дарга Юань Чинжун Монгол Улсын Орхон аймгийн дарга, Эрдэнэт хотын дарга Г. Шархүү хоёр улсын найрамдлын санамж бичигт гарын үсэг зурав.

11 月 9 日　中共陕西省委常委、西安市委书记孙清云在西安市大唐芙蓉园会见了蒙古国副总理恩赫赛汗一行。

11 сар 9　Шаньси мужийн КН-ын хорооны гишүүн, Си-ань хотын хорооны нарийн бичгийн дарга Сюнь Чинюнь Си-ань хотын Датанфурун цэцэрлэгт хүрээлэнд Монгол Улсын Ерөнхий сайдын орлогч Энхсайхан болон бусад төлөөлөгчидтэй уулзав.

11 月中旬　蒙古国东方省哈拉哈高勒县县长米格码苏荣带领

县政府各部门负责人来中国内蒙古自治区兴安盟阿尔山市进行友好访问。双方就进行友好合作及推动旅游业的发展进行了相互交流与探讨。米格码苏荣说，他们此行的目的是学习借鉴阿尔山市的旅游、接待、基础设施建设及旅游管理等方面的经验，为口岸开通后双边旅游业实现健康有序发展做好前期准备工作。

11 сарын эхний хагас МУ-ын Дорноговь аймгийн Халх гол сумын дарга Мягмарсүрэн тэргүүтэй сумын захиргааны төлөөлөгчид БНХАУ-ын ӨМӨЗО-ын Хянган аймгийн Рашаант хотод нөхөрсөг айлчлал хийв. Хоёр тал нөхөрсөг хамтын ажиллагаа хийх, аялал жуулчлалын салбарыг хөгжүүлх тухай харилцан солилцоо шинжлэн судалгаа хийв. Мягмарсүрэн хэлсэн үгэндээ энэ удаагийн айлчлалын зорилго нь Рашаант хотын аялал жуулчлал, харилцаа, барилга бүтээн байгуулалт болон аялал жуулчлалын хамааралт зэргийн туршлагыг суралцаж, боомт нээсний дараа хоёр талын аялал жуулчлалын салбарын эрүүл диглэмтэй хөгжхөд тус дөхөм болгоно гэв.

12 月 10 日 中国锦州港总体规划（修编）目前已经通过辽宁省政府批准，规划能力调整到 2 亿吨。“锦州港作为蒙古国、俄罗斯远东地区出海口”受到有关地区高度重视，蒙古国和内蒙古东部地区分别组成考察团到锦州，就建设“沿海通道”进行洽谈并取得共识，锦州港到中蒙边境的铁路建设已经上报中国国家发展与改革委员会并得到原则同意。

12 сар 10 БНХАУ-ын Жиньжоу боомтын ерөнхий төлөвлөгөөгөөр Ляонин мужийн ЗГ-аас 200 сая тн зарцуулахаар хүлээн зөвшөөрөв. “Жинжоу боомт МУ, Оросын зүүн бүс нутгийн боомтоор зорчих ” явдал холбогдол бүхий газар нутгийн дээд зэргын анхаарал татаж Монгол болон Өвөр Монголын зүүн нутагуудын бүс нутаг

шалгах байгууллагын төлөөлөгчид Жиньжоуд хүрэлцэн ирж, “далайн эрг дагасан замын” тухай ярилцлага хийж санал нэгтэв. Жиньжоу боомтоос Хятад Монголын хил хүрэх төмөр зам байгуулах асуудлыг Хятад улсын хөгжил болон өөрчлөлтийн хороонд мэдүүлж хэлэлцүүлсний үндсэн дээр зарчмын хувьд зөвшөөрсөн юм.

12 月 17 日　中共中央政治局委员王刚当日在人民大会堂会见了蒙古人民革命党前主席、蒙古国前总统那楚克・巴嘎班迪。王刚说，中国共产党与蒙古人民革命党友好交往不断深化，对促进两国关系全面发展发挥了重要作用。我们愿意继续同包括贵党在内的蒙古国各友好政党一道，进一步发展党际友好交流与合作，就共同关心的问题交换看法，交流治党治国经验，以推动中蒙睦邻互信伙伴关系不断发展。王刚还向客人介绍了中共十七大的有关情况。

12 сар 17　ХКН-ын Төв хорооны улс төрийн товчооны гишүүн Ван Ган АИХ-ын танхимд МАХН-ын дарга, МУ-ын хоёр дахь ерөнхийлөгч Н. Багабандитай уулзав. Ван Ган хэлсэн үгэндээ ХКН болон МАХН-ын найрамдалт харилцаа тасралтгүй хөгжиж, хоёр улсын харилцааг бүхий л талаар хөгжүүлэхэд чухал нөлөө үзүүлсэн байна. Бид эрхэм Намыг багтаасан Монголын олон намтай хамтаар намын найрамдалт харилцаа болон хамтын ажиллагаа эрчимтэй хөгжүүлж, хамтаар анхарал тавьж буй асуудлаа хэлэлцэн саналаа солилцож, намаа засах болон улсаа засах туршлагаа солилцож, Хятад Монголын найрсаг хөршийн болон харилцан түншлэлийн хйрилцаагаа тасралтгүй хөгжүүлхийг хүсэж байна гэв. Ван Ган мөн ХКН-ын 17-р их хурлын нөхцөл байдлыг зочидод танилцуулав.

2007 年中蒙双边进出口总额为 20.3 亿美元，增长 28.4%。其中，中方出口 6.83 亿美元，增长 57.5%，进口 13.47 亿美元，增长 17.4%。

至 2007 年底，中国对蒙投资 11.81 亿美元，投资项目 3 769 个，是蒙古国的最大投资者。

2007 年，吉林省对蒙古国的进出口总额为 474 万美元。吉林省在蒙古国投资已超 1 200 万美元。

2007 年内蒙古自治区对蒙古国进出口贸易达到 6.77 亿美元，同比增长了 17.3%，占中蒙贸易额的 34%。

2007 онд Хятад Монгол хоёр талын экспорт, импортын барааны нийт хэмжээ 2 тэрбум 30 сая долларт хүрч, 28.4%-аар өсөв. Ялангуяа Хятадын талын экспорт 683 сая доллар, импорт 1 тэрбум 347 сая доллар болж 17.4% -иар нэмэгдсэн байна.

2007 оны сүүлээр БНХАУ-аас МУ-д 1 тэрбум 181 сая долларын 3 769 төрлийн төсөлд хөрөнгө оруулж, Монголын хамгийн том хөрөнгө оруулагч улс болов.

2007 онд Жилинь мужаас МУ-д экспорт импортын барааны нийт хэмжээ 4 740 000 доллар болж, Жилинь муж МУ-д 120 сая долларын хөрөнгө оруулжээ.

2007 онд ӨМӨЗО МУ-д оруулсан экспорт импортын барааны нийт хэмжээ 677 сая долларт хүрч, 17.3%-иар өсөж, Хятад Монголын гадаад худалдааны 34%-ыг эзэлж байна.

据二连海关统计，2007 年二连口岸对蒙贸易量为 250.46 万吨，同比增长 17.07%；贸易值 15.27 亿美元，同比增长 19.2%，占同期中国对蒙古国贸易总额的 75.22%。

Эрээн хотын гаалийн бүртгэлээс үзвэл 2007 онд Эрээн хотын боомтоор МУ-д оруулсан гадаад худалдааны барааны нийт хэмжээ 2 504 600 тн-д хүрч өмнөхтэй харьцуулбал 17.07%-иар нэмэгдэж, нийт өртөг нь 1 сая 527 мянган долларт хүрч,19.2%-иар өсөж, Хятадаас Монголд оруулсан гадаад худалдааны нийт хэмжээ дахин өссөн байна.

2008 年中蒙国家关系历史编年

2008 оны Хятад – Монгол хоёр улсын харилцааны түүхэн он цагийн хэлхээс

1 月 1 日　蒙古国总统恩赫巴亚尔在新年贺词中说，在过去的一年中，蒙古国经济保持稳定增长，国际声誉日益提高。2008 年，蒙古国将继续加快大型矿产资源开发，令全体人民受益。此外，奥林匹克体育盛会将在中国举行，祝愿蒙古国体育健儿实现蒙古国奥运会金牌零的突破。

1 сар 1 Монгол Улсын Ерөнхийлөгч Н.Энхбаяр Шинэ оны мэндчилгээ дэвшүүлэхдээ “Өнгөрсөн 2007 он бол Монгол Улсын эдийн засаг тогтвортой хөгжсөн, Олон Улс дахь нэр хүнд нь өссөн жил байлаа. Ирж буй 2008 он бол ашигт малтмал, уул уурхайн салбарын эрчимтэй хөгжил, ард иргэдийн тогтвортой амжиргааг дээшлүүлэх жил болно гэдгийг дурьдахын ялдамд энэ жил БНХАУ-ын нийслэл Бээжин хотноо зохиогдох Олимпийн наадмаас Монголын тамирчид алтан медаль авахыг хүсэн ерөөв.

1 月 15 日　蒙古国首都乌兰巴托举行“中国内蒙古文化节春节文艺晚会”，近 1 300 名蒙古国各界人士及华侨华人在乌兰巴托市中央文化宫观看了这场演出。

1 сар 15 Монгол Улсын нийслэл Улаанбаатар хотын Соёлын Төв Өргөөнд зохион байгуулагдсан БНХАУ-ын ӨМӨЗО-ны “Хаврын баярын урлаг соёлын өдөрлөг”-ийг

1 300 орчим гадаад дотоодын зочид төлөөлөгчид болон Монгол Улсад ажиллаж амьдарч байгаа хятад иргэд үзэж сонирхов.

2 月 1 日 蒙古国总统恩赫巴亚尔致电（函）国家主席胡锦涛和国务院总理温家宝，就中国南方部分地区遭受雨雪冰冻灾害，造成人员伤亡和财产损失表示深切同情和诚挚慰问。

2 сар 1 Монгол Улсын Ерөнхийлөгч Н.Энхбаяр БНХАУ-ын Дарга Ху Жиньтао болон Төрийн Зөвлөлийн Ерөнхий Сайд Вэнь Зябао нарт БНХАУ-ын өмнөд нутаг цас мөсний гамшигт нэрвэгдэн, олон хүний амь нас эрсдэж, эдийн засгийн хохирол учирсан явдалд эмгэнэл илэрхийж цахилгаан илгээв.

2 月 18 日 蒙古国总统恩赫巴亚尔当日在国家宫向中国驻蒙使馆文化参赞王大奇颁发“友谊”奖章，以表彰他为蒙中两国文化、教育等领域的合作所做出的努力和贡献。

2 сар 18 Монгол Улсын Ерөнхийлөгч Н.Энхбаяр Монгол Улсад суугаа БНХАУ-ын Элчин Сайдын Яамны Соёлын Зөвлөх Ван Дачийг Төрийн ордонд хүлээн авч хоёр орны соёл боловсрол болон бусад салбарт оруулсан хувь нэмрийг нь өндрөөр үнэлж “Найрамдал” медалиар шагнав.

2 月 21 日 蒙古国政府决定向中国灾区捐赠价值 5 000 万图格里克（1 元人民币约合 160 图格里克）的毛毯、帆布等救灾物资。目前，蒙古国紧急情况总局正在加紧调拨救灾物资，这些物资将于近期陆续运抵中国。

2 сар 21 Монгол Улсын Засгийн Газраас БНХАУ-ын гамшигт нэрвэгдсэн нутгийн иргэдэд 50 сая төгрөгийн

ноосон хөнжил, брезент зэрэг хэрэгцээт бараа материалын тусламж үзүүлэхээр шийдвэрлэв. Монгол Улсын Онцгой Байдлын Ерөнхий Газар тусламжийн барааг яаралтай бүрдүүлж ойрын хугацаанд БНХАУ-д хүргэхээр болов.

3 月 7 日　蒙古国《真理报》当日在显著位置发表文章，对温家宝总理的政府工作报告进行了详细评述。

3 сар 7 Монгол Улсын “Үнэн” сонины анхарал татах газарт Вэнь Жябаогийн Засгийн Газрын ажлын тайланд үнэлэлт өгсөн нийтлэл хэвлэгдэв.

3 月 18 日　中国外交部发言人秦刚当日在例行记者会上宣布：应中国外交部长杨洁篪邀请，蒙古国外交部长桑加苏伦·奥云将于 3 月 24 日至 27 日对中国进行正式访问。

3 сар 18 Хятад Улсын ГХЯ-ны төлөөлөгч ээлжит хэвлэлийн бага хурал дээр, БНХАУ-ын ГХЯ-ны Сайд Ян Жьечиийн урилгаар Монгол Улсын ГХЯ-ны сайд С.Оюун 3-р сарын 24-өөс 27-ны өдрүүдэд Хятад улсад албан ёсны айлчлал хийхээр болсныг мэдээллэв.

3 月 21 日　近日蒙古国外交部发言人发表声明重申，蒙古国一贯奉行一个中国政策，西藏是中国领土不可分割的一部分。

3 сар 21 Монгол Улсын ГХЯ-ны хэвлэлийн төлөөлөгч Монгол улс БНХАУ-ын төрийн бодлогыг тууштай дэмжиж Төвд бол Хятад улсын салшгүй нэгэн хэсэг болохтой санал нэг байгаагаа илэрхийлэв.

3 月 22 日　蒙古国外交部长桑加苏伦·奥云访问中国前接受《人民日报》记者书面采访时说，蒙中两国政治互信达到很高水平，睦邻互信伙伴关系不断加强。

3 сар 22 Монгол Улсын ГХЯ-ны сайд Санжаасүрэнгийн Оюун БНХАУ-д айлчлал хийхээсээ өмнө “Ардын өдрийн мэдээ” сонины сурвалжлагчид өгсөн ярилцлагадаа: “Монгол Хятад хоёр орны итгэлцэл өндөр түвшинд хүрч, сайн хөршийн түншлэлт харьцаа ахиц дэвшилтэй байгааг цохон тэмдэглэв.

3月24日 中国第十一届全国人民代表大会一次会议和中国人民政治协商会议十一届一次会议产生新一届领导人后，蒙古国总统恩赫巴亚尔向中国国家主席胡锦涛发来贺电；蒙古国总理巴亚尔向国务院总理温家宝发来贺电。

3 сар 24 БНХАУ-ын БХАТИХ-XI болон БНХАУ-ын Улс Төрийн Зөвлөлийн XI хурлаар шинэ удирдагч сонгосон түүхэн үйл явдлыг тохиолдуулан, Монгол Улсын Ерөнхийлөгч Н.Энхбаяраас БНХАУ-ын Дарга Ху Жиньтаод, Монгол Улсын Ерөнхий Сайд С. Баяраас Төрийн Зөвлөлийн Ерөнхий Сайд Вэнь Жябао нарт баярын цахилгаан илгээв.

3月24日 中国国务委员戴秉国当日在中南海会见蒙古国外交部长桑加苏伦·奥云一行。戴秉国表示，当前中蒙关系发展良好，希望双方抓住机遇，深化务实合作，造福于两国和两国人民，也为东北亚地区的和平与发展做出贡献。奥云表示，长期稳定地发展蒙中睦邻友好合作关系是蒙古政府坚定不移的政策。蒙方愿同中方继续深化睦邻互信伙伴关系。奥云表示，蒙方一贯认为台湾省和西藏自治区是中华人民共和国不可分割的一部分，理解并支持中方为处理拉萨事件依法采取的措施。戴秉国对此表示赞赏和感谢。

3 сар 24 БНХАУ-ын Төрийн Зөвлөлийн гишүүн Дай Бинго Монгол Улсын ГХЯ-ны Сайд Санжаасүрэнгийн Оюун

болон төлөөлөгчдийг хүлээн авч уулзлаа. Дай Бингуо, Манай хоёр орны харилцаа улам бүр хөгжиж байгаа өнөө үед тохиол завшааныг барьж хамтын ажиллагааг үнэнхүү гүнзгийгээр хоёр орны ард түмэнд өгөөжтэйгээр хөгжүүлж, цаашид зүүн хойд азийн бүс нутгийн энх тайван, хөгжилд хувь нэмрээ оруулахыг хүсэв. С.Оюун, хоёр орны хөршийн харилцааг урт хугацаанд тогтвортой хөгжүүлэх нь Монгол улсын төрийн бодлогын салшгүй нэг хэсэг бөгөөд энэ харилцааг цаашид улам батжуулах, Тайвань болоод Түвд нь БНХАУ-ын салшгүй нэг хэсэг бөгөөд Лхаст үүссэн нөхцөл байдалд БНХАУ хууль ёсоор шийдвэрлэх алхам авсанд ойлгож байгаагаа илэрхийлэв. Дай Бинго үүнд сонирхож байгаа ба талархаж байгаагаа илэрхийлэв.

3 月 25 日　中国外交部长杨洁篪当日在外交部与蒙古国外交部长桑加苏伦·奥云举行会谈。双方积极评价中蒙关系发展，表示将共同努力，进一步加强高层交往，深化在资源开发和基础设施建设两大重点经贸领域的合作，扩大人文交流，保持在国际和地区事务中的协调，将两国睦邻互信伙伴关系推向前进。

3 сар 25 БНХАУ-ын ГХЯ-ны Сайд Ян Жьелун Монгол Улсын ГХЯ-ын Сайд С.Оюуныг ГХЯ-наа хүлээн авч уулзав. Хоёр тал Монгол Хятад 2 орны харилцаанд үнэлэлт дүгнэлт өгч, хамтын хүчин чармайлтаар хоёр орны дээд дэсийн харилцааг бэхжүүлэн, ашигт малтмал, дэд бүтэц гэх хоёр том эдийн засаг, гадаад худалдааны салбарт хамтран ажиллаж, хүмүүнлэг соёлын солилцоог өргөжүүлэн, Олон Улс бүс нутгийн үйл хэргийг зөвшилцөх, хөршийн харилцаанд ахиц гаргах зэрэгт санал нэгтэй байгаагаа харилцан илэрхийлэв.

3 月 25 日　中国国家副主席习近平当日在人民大会堂会见了

蒙古国外交部长桑加苏伦·奥云。习近平表示，中蒙关系已进入稳步发展的快车道。中方重视发展中蒙关系，愿同蒙方保持高层交往势头，深化务实合作，扩大人文交流，拓展多边领域合作，丰富中蒙睦邻互信伙伴关系的内涵，不断巩固这一关系的政治、经济和社会基础。奥云高度评价蒙中关系发展，表示蒙方始终把发展对华关系作为对外政策的首要方针，致力于全面深化各领域交流与合作，希望同中方实现共同发展和繁荣。

3 сар 25 БНХАУ-ын Дэд Дарга Си Жиньпин Ардын Их Хурлын Танхимд Монгол Улсын ГХЯ-ны Сайд С.Оюуныг хүлээн авч уулзлаа. Си Жиньпин Монгол Хятад 2 орны харилцаа тогтвортой хөгжлийн замд орсныг дурдахын сацуу Монгол Хятадын харилцааг чухалчлан үзэж байгаа бөгөөд Монголын талтай дээд дэсийн харилцааны байдалаа баримтадж, хамтын ажиллагааг үнэнхүү гүнзгийрүүлэн, хүмүүнлэгийн солилцоог өргөжүүлэх, олон салбарт хамтран ажиллах, хоёр орны сайн хөршийн түншлэлийн харилцааг улс төр, эдийн засаг, нийгмийн үндэс сууриар нь тасралтгүй бэхжүүлэх сонирхолтой байгааг илэрхийлэв. С.Оюун, хоёр орны харилцааны хөгжлийг өндрөөр үнэлж, Монгол Улсын төрийн гадаад бодлогын эн тэргүүний чиглэл нь БНХАУ-тай харилцааг өргөжүүлэх, хамтын ажиллагаа, солилцоог гүнзгийрүүлэх, Хятад улстай хамтдаа хөгжин цэцэглэхийг хүсч байгаагаа хэлэв.

4月1日 蒙古国奥林匹克委员会秘书长朱格德尔·奥特根查干反对个别国家的官员以西藏问题为由抵制北京奥运会。奥特根查干秘书长认为，如果抵制北京奥运会，对任何一方都不会有好处。抵制奥运会，不仅玷污了奥林匹克精神，而且使运动员成为奥林匹克政治化的牺牲品。

4 сар 1 Монголын Олимпийн Хорооны Нарийн

Бичгийн Дарга Жүгдэрийн Отгонцагаан Түвдэд үүсээд байгаа нөхцөл байдлаас болж дэлхийн зарим улс орон Бээжингийн олимпийг зохион байгуулахыг хориглож байгаа нь Олимпийн нэр хүндийг сэвтээгээд зогсохгүй наадамд оролцох тамирчдыг улс төрийн гарзанд гаргасантай адил болно гэж үзэж байгаагаа илэрхийлэв. Отгонцагаан хэлэхдээ Бээжингийн Олимпийн цжглааныг хориглох нь хэн алинд ч ашиггүй гэжээ.

4 月 11 日　中国国家主席胡锦涛在海南省三亚市会见蒙古国总统恩赫巴亚尔。胡锦涛提出：

一、保持两国高层交往势头，进一步增进互信。中方愿继续同蒙方加强各部门各层次交流合作，共同搞好明年两国建交 60 周年纪念活动。

二、加强双边交流合作，巩固互利友好局面。从宏观层面更好地指导和促进有关合作，早日签署两国经贸合作中期发展纲要、扩大和深化经贸合作框架协定等文件，加强旅游、环保、防灾、青少年交流等领域的交流合作。

三、拓展多边领域合作，扩大共同利益。中方愿在区域合作、气候变化等重大国际问题上同蒙方加强沟通、相互配合。

恩赫巴亚尔表示，蒙中两国领导人经常性会晤和双方各层次、多领域的对话，对推动两国睦邻互信伙伴关系发展发挥了重要作用。蒙方坚定致力于同中国发展稳定的睦邻友好、平等互利关系，希望双方以明年两国建交 60 周年和蒙中友好合作条约签定 15 周年为契机，扩大各领域合作，推动两国关系深入发展。恩赫巴亚尔表示，蒙中双边贸易和投资合作快速增长，希望双方共同落实好基础设施建设、交通、能源资源等大型项目，扩大旅游、文化、教育、青少年、地方等领域的交流合作。蒙方希望两国加强在上海合作组织等地区和国际组织中的合作。恩赫巴亚尔重申蒙古国将坚定奉行一个中国政策。会见后，胡锦涛和恩赫巴亚尔共同出席了两国经济技术合作协定的签字仪式。

4 сар 11 БНХАУ-ын Дарга Ху Жиньтао Хайнань мужийн Санья хотод Монгол Улсын Ерөнхийлөгч Н.Энхбаярыг хүлээн авч уулзлаа. Ху Жиньтао дараах асуудлыг дэвшүүлэн тавив. Үүнд:

1-рт, Салбар бүрт хамтын ажиллагаа, харилцан итгэлцлээ өндөр түвшинд хадгалан нэмэгдүүлж, дараа жил тохиох Монгол Хятадын дипломат харилцаа тогтоосны 60 жилийн ойн баярыг хамтран зохион байгуулах.

2-рт, Хоёр талын солилцоо, хамтын ажиллагааг бэхжүүлэх, харилцан ашигтай нөхөрсөг нөхцөл байдлыг батжуулах. Холбогдох хамтын ажиллагааг макро түвшнээс илүү сайн удирдаж тус дөхөм үзүүлэх, хоёр орны Эдийн засаг хамтын ажиллагааны товч хөтөлбөр, ерөнхий төлөвийн хэлэлцээр зэрэг бичиг баримтыг батлах, аялал жуулчлал, орчныг хамгаалах, гамшигаас сэргийлэх, оюутан солилцоо зэрэг салбарт хамтын ажиллагааг бэхжүүлэх.

3-рт, Олон талт хамтын ажиллагааг нэмгэдүүлэж, хамтын ашгаа өргөтгөх. БНХАУ бүс нутгийн хамтын ажиллагаа, цаг уурын өөрчлөлт зэрэг олон улсын хэмжээний томоохон асуудлууд дээр Монгол Улстай уялдаа холбоотой ажиллах.

Ерөнхийлөгч Н.Энхбаяр, хоёр орны удирдагчдын уулзалт, янз бүрийн түвшний яриа хэлэлцээрүүд нь сайн хөршийн түншлэлийн харилцааг ахиулахад чухал нөлөөүзүүлж байгааг тэмдэглэхийн сацуу Монгол Улс БНХАУ-тай сайн хөршийн найрамдал, эрх тэгш ашигтай харилцааг тогтвортой хөгжүүлэх үүднээс ирэх жил тохиох БНХАУ-Монголын дипломат харилцаа тогтоосны 60 жилийн ойн баяр, найрамдалт хамтын ажиллагааны гэрээг баталсны 15 жилийн ойг хамтран тэмдэглэхээр тохиол болгож цаашдын хамтын ажиллагааг гүнзгийрүүлэн хөгжүүлэх тухай хэлэв. Н.Энхбаяр, хоёр орны худалдаа, хөрөнгө оруулалт хурдацтай өсч байгаа бөгөөд дэд бүтэц, барилга, зам тээвэр, эрчим хүч, ашигт малтмал зэрэг томоохон төслүүдийг хэрэгжүүлэх, аялал жуучлал, соёл боловсрол, оюутан солилцоо зэрэг хамтын ажиллагааг улам өргөжүүлэх хүсэлтэй байгаагаа илэрхийлэв. Мөн Монгол Улс нь Шанхайн хамтын ажиллагааны байгууллага, олон улсын байгууллагуудын дунд хамтын ажиллагаагаа бэхжүүлхийг хүсэв. Энхбаяр мөн БНХАУ-ын нэг Хятад улсын төрийн бодлогыг хүндэтгэх болно. Уулзалтын дараа Ху Жиньтао, Н.Энхбаяр нарын Эдийн засаг, шинжлэх ухааны хамтын ажиллагааны хэлэлцээрт гарын үсэг зурах ёслол болов.

4 月 12 日　中国国家主席胡锦涛在海南出席博鳌亚洲论坛 2008 年年会开幕式并发表主旨演讲。蒙古国总统恩赫巴亚尔同来自不同国家和地区的 1 700 多名政界、工商界人士和专家学者出席开幕式。恩赫巴亚尔等先后在开幕式上发表讲话。当晚，博鳌亚洲论坛 2008 年年会举行文艺晚会。中国国家主席胡锦涛同出席年会的巴基斯坦总统穆沙拉夫、蒙古国总统恩赫巴亚尔、坦桑尼亚总统基奎特、智利总统巴切莱特、汤加国王图普五世、瑞典首相赖因费尔特以及与会代表 1 000 多人一同观看了演出。

4 сар 12　БНХАУ-ын Дарга Ху Жиньтао Хайнаньд болсон 2008 оны Ази тивийн Боаогийн ээлжит хурлын нээлтэнд оролцож гол сэдвийн үг хэлэв. Монгол Улсын Ерөнхийлөгч Н.Энхбаяр болон бусад улс орны 1 700 гаруй улс төр, үйлдвэр худалдааны эрдэмтэн мэргэд нээлтийн ёслолд оролцов. Ерөнхийлөгч Н.Энхбаяр нар нээлтийн ёслолд дараа дараагаар үг хэлэв. Ороы нь 2008 оны Ази

тивийн Боаогийн ээлжит хуралд зориулсан урлаг соёлын үдэшлэг болов. БНХАУ-ын Дарга Ху Жиньтао мөн Пакистаны Ерөнхийлөгч Мусарынаф, Монгол Улсын Ерөнхийлөгч Энхбаяр, Танзани Улсын Ерөнхийлөгч Жакая Пигвете, Чили улсын Ерөнхийлөгч Себастьян Ханеро, Конго улсын хаан, Швед Улсын Ерөнхий Сайд Фредерик Райнфэлд хийгэд хуралд оролцсон 1000 гаруй төлөөлөгч өдөрлөгийг үзэж сонирхов.

4 月 26 日 由蒙古国教育文化科学部、中国驻蒙大使馆、蒙古国汉语教师协会共同举办的第六届蒙古国大学生汉语奥林匹克比赛暨第七届“汉语桥”世界大学生中文比赛选拔赛在乌兰巴托举行。来自蒙古教育大学、国立大学、科技大学、人文大学、伊和札萨克大学、科布多大学、乌兰巴托大学、光明外语学院等近十所大学的20名选手参加了比赛。

4 сар 16 Монгол Улсын БСШУЯ, БНХАУ-с Монгол Улсад суугаа Элчин Сайдын Яам, Монгол Хятад Хэлний Багш нарын Нийгэмлэгээс хамтран зохион байгуулсан хятад хэл суралцагч монгол оюутнуудын 6-р удаагийн хятад хэлний олимпиад болон тус хэлээр суралцагч бүх дэлхийн оюутнуудын 7-р удаагийн “Гүүр” хятад хэлний тэмцээн Улаанбаатар хотноо болов. МУБИС, МУИС, ШУТИС, ХУИС, УБИС, Их Засаг, “Гэгээ”, Ховдын дээд зэрэг сургуулиудаас 20 гаруй оюутан тус тэмцээнд оролцов.

5 月 2 日 蒙古国立大学孔子学院揭牌仪式在该校第二教学楼举行。蒙古国教科文部国务秘书米希格扎布、蒙古国立大学校长钢朝格、中国山东大学校长展涛等出席仪式并分别致辞，中国驻蒙使馆临时代办柴文睿宣读了孔子学院总部发来的贺词。

5 сар 2 МУИС-ийн Күнзийн институт тус сургуулийн

хичээлийн 2-р байранд нээлтээ хийв. МУ-ын БСШУЯ-ны Төрийн Нарийн Бичиг Мишигжав, МУИС-ийн Захирал Ганцог, БНХАУ-ын Шандуны их сургуулийн Захирал Жан Тао нар ёслолыг нээж үг хэлэв. Монгол дахь БНХАУ-ын Элчин Сайдын Яамны түр төлөөлөгч Чай Вэньрүй Күнзийн институтийн ерөнхий хэлтсээс ирүүлсэн баярын мэндчилгээг уншиж танилцуулав.

5 月 13 日　就四川汶川地震灾害，蒙古国总统恩赫巴亚尔致电中国政府，向中国人民表示深切慰问。

5 сар 13　Сы Чуань мужийн Вэньчуаньд газар хөдлөлтийн гамшиг учирсанд МУ-ын Ерөнхийлөгч Н.Энхбаяр БНХАУ-ын Засгийн Газарт болон БНХАУ-ын ард түмэнд эмгэнэл илэрхийлэн цахилгаан илгээв.

5 月 14 日　蒙古国政府当日召开会议，决定向中国四川省地震灾区捐赠 5 万美元，用于地震灾区的救助和重建工作。蒙古国总理巴亚尔致电中国政府，对受灾群众表示深切慰问。

5 сар 14　Монгол Улс Засгийн Газарын хуралдаанаараа БНХАУ-ын Сы Чуань мужийн газар хөдөлсөн бүс нутагт 50.000 ам.долларыг буцалтгүй тусламж болгон сэргээн босголтын ажилд хандивлахаар шийдвэрлэв. Монгол Улсын Ерөнхий Сайд С.Баяр БНХАУ-ын Засгийн Газар, газар хөдлөлтөнд өртсөн хүмүүст эмгэнэл илэрхийлэн цахилгаан илгээв.

5 月 20 日　蒙古国大呼拉尔主席丹增·伦代姜灿当日来到中国驻蒙使馆吊唁汶川地震遇难者。伦代姜灿说，中国汶川地震造成了巨大损失，蒙古国对遇难者家属表示慰问。他说，蒙政府已向中方捐助了 5 万美元，数额虽小，但代表着蒙古国人民的心意。他还希望蒙古国各界人士积极向中国地震灾区捐款，帮助友好邻国中国的灾区人民战胜灾害。蒙古国外交部长桑加苏伦·奥云也一起到中国驻蒙使馆吊唁了汶川地震的遇难者。

5 сар 20 МУ-ын Улсын Их Хурлын Дарга Д.Лүндээжанцан Монгол дахь БНХАУ-ын Элчин Сайдын Яаманд хүрэлцэн очиж БНХАУ-ын Вэньчуаний газар хөдлөлтийн гамшигт нэрвэгсдэд эмгэнэл илэрхийлэв. Мөн Монгол Улсын Засгийн Газраас БНХАУ-д 50 000 америк долларын тусламж үзүүлж байгаа нь бага хэмжээний боловч Монголын ард түмний чин сэтгэлийн бэлэг болохыг тэмдэглээд Монголын ард түмнийг хөрш орондоо туслахыг уриалав. МУ-ын ГХЯ-ны Сайд С.Оюун УИХ-ын даргатай хамт ирж эмгэнэл илэрхийлэв.

5月26日　日前，就四川汶川发生严重地震灾害，蒙古国民主党主席额勒贝格道尔吉、蒙古国和平与友好组织联合会向中方表示慰问。

5 сар 26 БНХАУ-ын Вэнь Чуаньд газар хөдлөлтийн гамшиг нүүрэлсэнд МУ-ын Ардчилсан Намын Дарга Ц.Элбэгдорж Монгол Улсын Энх Тайван Найрамдлын Нийгэмлэгийн нэгдсэн хурлаар БНХАУ-д эмгэнэл илэрхийлэв.

5月26日　“中国—蒙古国知识产权执法研讨会”在中国江苏省南京市举行。来自蒙古国代表团、中国国家知识产权局、全国代理人协会、内蒙古代表团、江苏省有关单位和光明日报、知识产权报等媒体单位的 180 多名代表参加了研讨会。国家知识产权局田力普局长、江苏省张桃林副省长和蒙古国知识产权局辛巴特局长在会上致词。5月25日，在南京图书馆还举行了“蒙古国

—充满梦幻的国度”摄影展开幕仪式。

5 сар 26 “БНХАУ-Монгол Улсын Оюуны өмчийг хамгаалах хэлэлцүүлэг” Хятад улсын Жян Сү мужийн Нань Жин хотноо зохион байгуулагдав. Хэлэлцүүлэгт МУ-ын төлөөлөгчид, БНХАУ-ын Оюуны Өмчийн Газар, БНХАУ-ын төлөөлөгчийн холбоо, ӨМӨЗО-ны төлөөлөгчид, Жян Сү мужийн засаг захиргааны байгууллага, “Гэгээ” өдрийн сонин, “Оюуны өмч” сонин зэрэг 180 гаруй төлөөлөгчид оролцов. БНХАУ-ын Оюуны Өмчийн Газрын Дарга Тянь Липү, Жян Сү мужийн дэд дарга Жан Тао Линь, МУ-ын Оюуны Өмчийн Газрын Дарга Чинбат нар үг хэлэв. 5-р сарын 25-ний өдөр Нань Жин хотын номын санд “Монгол улс-зэргэлгэнт нутаг” сэдэвт гэрэл зургийн үзэсгэлэнгийн нээлт болов.

5 月 蒙古国 100 台大轮拖采购项目进行公开招标，经过两轮竞争，中国第一拖拉机制造厂生产的 YTO-1604 拖拉机成功中标，成为蒙古国首选产品。

5 сар 100 ширхэг хүнд даацын техник худалдан авах нээлттэй тендерт БНХАУ-ын нэгдүгээр тракторын үйлдвэр хоёр удаагын шалгалтыг давж ялалт байгуулснаар VTO-1604 бага оврын трактор анхны сонголтоор Монгол улсад нийлүүлэгдэх бүтээгдэхүүн болов.

6 月 2 日 中国满洲里海关的阿日哈沙特口岸海关缉私警员在 6 辆出口至蒙古国的水泥车箱中，一举查获 350 吨走私粮食。

6 сар 2 БНХАУ-ын Манжуур, Ар Хашаатын хилийн боомтоор 6 машин цемент ачсан машин 350 тонн үр тариа давуулахаар завдсаныг боомтын ажилтан илрүүлэв.

6 月 5 日 中国外交部发言人秦刚当日在例行记者会上宣

布，应蒙古国政府、沙特阿拉伯王国王储苏尔坦、卡塔尔国王储塔米姆、也门共和国副总统哈迪邀请，中国国家副主席习近平将于6月19日至25日对上述四国进行正式访问。

6 сар 5 БНХАУ-ын ГХЯ-ны төлөөлөгч Чинь Ган хэвлэлийн бага хурал дээр БНХАУ-ын Дэд Дарга Си Жиньпин, МУ-ын Засгийн Газар, Саудын Арабын ван Абдуллах бин Абдулазиз халь Сайд, Катар улсын эмир шейх Халид бин халифа аль Тани, Бүгд Найрамдах Йемен улсын Ерөнхийлөгч Али Абдулла Салех нарын урилгаар 6-р сарын 19-26-ны өдрүүдэд дээрхи дөрвөн улсад албан ёсны айлчлал хийхээр болсоныг сурвалжлагчдад мэдээллэв.

6月6日 为期两天的中俄蒙商会第四次经贸合作论坛当日上午在蒙古国首都乌兰巴托开幕。论坛的主要议题是协商中、俄、蒙三方经贸、运输的简化问题，同时讨论三国能源、生态合作方面的未来前景，最终签署三方合作文件。蒙古国工商会主席德木贝尔勒、中国贸易促进会副会长董松根、俄罗斯哈卡斯共和国贸易合作会主席阿达米亚、中国驻蒙大使余洪耀以及三国工商界代表参加了开幕式。

6 сар 6 2 өдрийн хугацаатай БНХАУ, Орос, Монгол 3 улсын Эдийн засаг, худалдаа хамтын ажиллагааны 4-р хурал тус өдрийн үдээс өмнө МУ-ын нийслэл Улаанбаатар хотноо эхлэв. Хуралдааны гол асуудал нь БНХАУ, Орос, Монгол 3 талын эдийн засаг, худалдаа арилжаа, тээврийг хялбаршуулах асуудлаар зөвлөлдөж 3 улсын эрчим хүч, байгал экологийн хэтийн төлөвийг хэлэлцэн, хамтын ажиллагааны санамж бичигт гарын үсэг зурав. Нээлтийн ёслолд Монгол Улсын Үндэсний Худалдаа Аж Үйлдвэрийн Тэнхимийн Дарга С. Дэмбэрэл, БНХАУ-ын Худалдааны Ажиллагааг Ахиулах Нийгэмлэгийн Дарга Дун Сунгэнь, ОХУ,

Казакстан улсын Худалдаа Хамтын ажиллагааны Нийгэмлэгийн Дарга Адами, Монголд суугаа Элчин сайд Юй Хуняао болон 3 улсын үйлдвэр худалдааны төлөөлөгчид оролцов.

6 月 13 日—9 月 10 日　中蒙联合考古队对蒙古国后杭爱省浩腾特苏木乌兰朝鲁巴戈浑地壕莱山谷 5 号、6 号回鹘墓园进行考古发掘,清理出 7 处建筑基址和 5 座墓葬，总发掘面积为 2 600 平方米。

6 сар 13-9 сар 10　Хятад Монголын хамтын археологын хээрийн судалгааны баг Архангай аймгийн Хотонт сумын Улаан Чулуу Баг Хөндий Хоолой нутагт нийт 2 600 кв метр талбайг хамарсан Уйгурын үеийн 5, 6-р булшны хүрээлэнд талталга хийгээд 7 байгууламжийн суурь 5 булшийг цэвэрлэн гаргасан байна.

6 月 16 日　为期两天的第八届亚欧财政部长会议当日在韩国济州岛闭幕。会议结束后发表的声明说，石油、粮食及其他大宗商品价格飙升对全球经济增长构成威胁。参加本次会议的代表包括欧盟 27 国、东盟 10 国以及中国、日本、韩国、印度、巴基斯坦和蒙古国的财长或其代表。

6 сар 16　2 өдрийн хугацаатай Ази, Европын хөрөнгө санхүүгийн газрын дарга нарын 2 дахь удаагийн хуралдаан Солонгос улсын Чэжү аралд хаалтаа хийв. Хурал дууссаны дараа газрын тос, үр тариа болон бусад их хэмжээний бүтээгдэхүүний үнийн санал дэвшүүлэлт, дэлхийн эдийн засгийг нэмэгдүүлэх талаар санал нэгдэж мэдэгдэл гаргав. Тус хуралдаанд Европын холбооны 27, Азийн 10 улс буюу БНХАУ, Япон, Солонгос, Энэтхэг, Пакистан, Монгол Улсын хөрөнгө санхүүгийн асуудал эрхэлсэн төлөөлөгчид оролцов.

6月16日 蒙古国外交部邻国局局长阿尤尔扎那表示，中国国家副主席习近平对蒙古国的正式访问对发展两国睦邻互信伙伴关系具有重要意义。谈到蒙中经贸合作，他认为两国贸易投资逐年增加。近几年来，中国一直是蒙古国最大的贸易国和投资国。2007年蒙中贸易额达20.62亿美元，比2006年增加42%。边境贸易在蒙中经贸合作中占有重要地位。蒙古国与中国内蒙古自治区之间的贸易额约占两国贸易总额的70%。改善边境口岸的通关能力对于两国边境地区的合作具有重要意义。目前，双方正在为签署蒙中经贸合作发展中期规划积极努力，该规划的签署将进一步明确蒙中经贸合作未来发展前景。在谈到四川大地震时，阿尤尔扎那认为，中国政府在震后迅速采取措施，组织得力，及时展开救灾和重建工作。阿尤尔扎那最后表示，北京奥运会成功举办不仅是中国人民的愿望，也是蒙古国人民的愿望。

6 сар 16 МУ-ын ГХЯ-ны Хөрш Орнуудын Хэлтэсийн Дарга П.Аюурзана хэлсэн үгэндээ, Хятад улсын Дэд Дарга Си Жиньпин Монгол улсад албан ёсны айлчлал хийж байгаа нь манай хоёр улсын найрсаг түншийн харилцаанд чухал ач холбогдолтой юм. Хоёр улсын эдийн засаг, худалдаа, хөрөнгө оруулалт жилээс жилд өсөн нэмэгдэж байна. Сүүлийн хэдэн жилд Хятад улс нь Монгол улсын хамгийн том хөрөнгө оруулагч, худалдааны түнш болсон. Мөн 2007 онд Монгол, Хятадын худалдаа 2 062 тэрбум ам. долларт хүрсэн нь 2006 оныхоос 42%-иар нэмэгдсэн байна. Хил орчмын бүс нутгийн худалдаа Монгол, БНХАУ-ын эдийн засаг, худалдаанд чухал байрь суур эзэлдэг. Мөн Монгол улс болон ӨМӨЗО-ны худалдаа 2 улсын нийт худалдааны 70%-ийг эзэлдэг. Хил орчмын харилцааг сайжруулах нь 2 улсын хилийн бүс нутгийн хамтын ажиллагаанд чухал ач

холбогдолтой юм. Саяхан хоёр улсын эдийн засаг, худалдааны дунд хугацааны хөгжлийн төлөвлөгөөнд гарын үсэг зурсан нь Монгол Хятадын эдийн засаг, худалдааны хамтын ажиллагаа шинэ шатанд ахисныг нотолж байна. Сы Чуаньд болсон газар хөдлөлтийн гамшгийг арилгахад БНХАУ шуурхай арга хэмжээ авч бүтээн байгуулах ажлыг яаралтай эхлүүлэх хэрэгтэй, мөн Бээжингийн Олимпийг амжилттай зохион байгуулах нь БНХАУ-ын ард түмний төдийгүй монголын ард түмний чин хүсэл болохыг илэрхийллээ.

6 月 19 日　应蒙古国政府的邀请，中国国家副主席习近平于当地时间当日上午抵达蒙古国首都乌兰巴托，开始对该国进行正式访问。蒙古国外长奥云等蒙方官员到机场迎接。习近平当天在乌兰巴托会见了蒙古国总统恩赫巴亚尔，并同蒙古国总理巴亚尔举行会谈。习近平在会见恩赫巴亚尔总统时，首先向他转达了胡锦涛主席的亲切问候，并再次感谢蒙古国政府和人民就中国四川汶川大地震向中方提供的慰问和帮助。习近平说，两国关系取得长足进展的根本原因在于双方相互尊重独立、主权和领土完整，尊重各自选择的发展道路，不断增进相互理解与信任。恩赫巴亚尔说，巩固和发展同中国的睦邻友好合作是蒙古国坚定不移的方针。明年是两国建交 60 周年，蒙方希望通过与中方共同举办庆祝活动，推动两国关系进一步发展。蒙古国政府将一如既往地奉行一个中国政策，支持中国政府在台湾、涉藏问题上的立场。恩赫巴亚尔表示相信，中国政府和人民一定能够尽快重建灾区美好家园和成功举办奥运会。在与巴亚尔总理会谈时，习近平向巴亚尔转达了温家宝总理的诚挚问候。习近平建议：

一、保持高层交往，加强两国政党、议会及政府各部门之间的交流，搞好明年两国建交60周年暨友好合作条约签订15周年纪念活动。尽早商签《中蒙国界管理制度协定》。

二、落实好《中蒙经贸合作中期发展纲要》，完善合作机制，积极探讨务实合作的新领域、新方式，扎实推进在矿产资源开发、基础设施建设等领域的合作。

三、扩大人文交流。中方邀请60名蒙古国青少年明年访问中国。中方支持蒙古国汉语教学。在卫生、旅游、考古、防灾等领域开展合作。

四、拓展多边领域合作。中方支持蒙方在东北亚事务和地区组织中发挥积极作用。中方愿同蒙方加强在应对气候变化等问题上的合作。

巴亚尔说，蒙古国人民感谢中国长期以来为蒙古国经济社会发展提供的宝贵支持和帮助，蒙方高度重视两国合作。愿与中方加强高层往来，深化在资源能源和基础设施领域的开发与合作，改善两国边境口岸建设，促进双方在人文、教育、司法和执法领域的合作交流。蒙方愿与中方共同致力于维护东北亚的和平稳定。习近平与巴亚尔共同出席了《中蒙经贸合作中期发展纲要》、中蒙政府间经济技术合作协定以及外交、卫生、林业、畜牧业、质检等领域多项双边合作文件的签字仪式。

6 сар 19 Монгол Улсын Засгийн Газрын урилгаар БНХАУ-ын Дэд Дарга Си Жиньпин тус өдрийн үдээс өмнө МУ-ын нийслэл Улаанбаатар хотноо хүрэлцэн ирж албан ёсны айчлалаа эхлэв. Түүнийг МУ-ын ГХЯ-ны сайд С.Оюун болон бусад албаны хүмүүс угтан авчээ. БНХАУ-ын Дэд дарга Си Жиньпин МУ-ын Ерөнхийлөгч Н.Энхбаяр, Ерөнхий сайд С.Баяр нартай уулзав. Тэрээр Ерөнхийлөгч Н.Энхбаярт бараалхах үедээ БНХАУ-ын Дарга Ху Жиньтаогын мэндийг дамжуулахын сацуу Монгол Улсын

Засгийн Газар болон Монголын ард түмэн БНХАУ-ын Сы Чуань мужийн Вэнь Чуаньд болсон газар хөдлөлтийн гамшгийг хуваалцаж, эмгэнэл илэрхийлэн тусалж байсанд талархав. Мөн тэрээр хоёр улсын урт хугацааны хөгжлийн үндэс нь тусгаар тогтнол, бүрэн эрхт байдал, хөгжлийн замын сонголтын хүндэтгэл, харилцан ойлголцол итгэлцэл юм гэж цохон тэмдэглэв.МУ-ын Ерөнхийлөгч Н.Энхбаяр, хоёр орны найрсаг хөршийн хамтын ажиллагааг бэхжүүлэх, хөгжүүлэх нь Монгол Улсын эн тэргүүний бодлого юм. Ирэх жил болох хоёр улсын хооронд дипломат харилцаа тогтоосны 60 жилийн ойг Монгол Улс БНХАУ-тай хамтран тэмдэглэх нь хамтын ажиллагааг нэг алхамаар ахина. БНХАУ-ын Тайвань, Түвдэд баримталж буй бодлогыг дэмжиж байгаа. БНХАУ-ын засгийн газар болон ард түмэн газар хөдлөлтөнд өртсөн гамшгийн бүс нутгийг яаралтай сэргээн засч, цэцэрлэгт хүрээлэн байгуулах зэргээр Олимпийн наадмыг амжилттай зохион байгуулна гэдэгт итгэлтэй байгаагаа илэрхийлэв. Монгол Улсын Ерөнхий Сайд С.Баярт хэлэлцээрийн үед БНХАУ-ын Дэд дарга Си Жиньпин, БНХАУ-ын Төрийн Зөвлөлийн Ерөнхий Сайд Вэнь Жябаогын мэндчилгээг дамжуулав. БНХАУ-ын Дэд дарга Си Жиньпин уулзалтын үеэр дараах саналуудыг дэвшүүллээ:

1. Төрийн өндөр түвшиний харилцааг хадгалан, хоёр орны Засгийн газар, УИХ, яам агентлаг, намуудын харилцааг нэмэгдүүлэн дипломат харилцаа тогтоосны 60 жилийн ой, найрамдалт хамтын ажиллагааны гэрээнд гарын үсэг зурсны 15 жилийн ойг тэмдэглэх. Мөн "Хятад, Монголын хил хязгаарыг удирдах журам"-г эртхэн хэлэлцэн батлах.

2. "БНХАУ, Монголын эдийн засаг, худалдааны дунд хугацааны хөгжлийн хөтөлбөр"-ийг хэрэгжүүлэх, хамтын ажиллагааны шинэ хүрээ, шинэ арга хэлбэрийг судалж, ашигт малтмал уул уурхайг хөгжүүлэх, дэд бүтэц, барилгын салбарын үйл ажиллагааг нэмэгдүүлэх

3. Соёлын солилцоог өргөтгөх, БНХАУ-ын урилгаар ирэх жил 60 гаруй монгол залуусыг Хятадад аялуулах. Хятад улс Монгол дахь хятад хэлний заан сургалтыг дэмжих. Эрүүл мэнд, аялал жуулчлал, археологи, гамшгаас сэргийлэх зэрэг талаар хамтран ажиллах.

4. Олон талт хамтын ажиллагааг хөгжүүлэх. БНХАУ, Монгол Улсын Зүүн хойд Ази болон бүс нутгийн байгууллага дахь оролцоог нэмэгдүүлэх, цаг агаарын өөрчлөлттэй холбоотой зэрэг асуудлууд дээр хамтран ажиллах.

Монгол Улсын Ерөнхий Сайд С.Баяр, БНХАУ нь урт хугацааны туршид Монгол Улсын эдийн засаг, нийгмийн хөгжлийг дэмжин тусалж ирсэн явдалд монголын ард түмэн талархан, хоёр улсын хамтын ажиллагааг дээдлэн чухалчилж байдгаа илэрхийлэв. Цаашид хамтын ажиллагааг гүнзгийрүүлэх, боомтын үйл ажиллагааг сайжруулах, эрчим хүч, ашигт малтмал, дэд бүтцийн төслүүдийг хамтран хэрэгжүүлэх, боловсрол, хүмүүнлэгийн солилцоо болон хууль зүйн арга хэмжээг ахиулахад анхаарч ажиллахаа мэдэгдлээ. Мөн Монгол Улс нь БНХАУ-тай хамтран Зүүн хойд Азид энх тайван тогтоох, хамгаалах асуудлаар хамтран ажиллахаа илэрхийлэв. БНХАУ, Монгол Улсын “Эдийн засаг, худалдааны дунд хугацааны хөгжлийн хөтөлбөр”, “Эдийн засаг техникийн хамтын ажиллагаа”-ны хэлэлцээр, гадаад харилцаа, эрүүл ахуй, ойн аж ахуй, мал аж ахуй, хянан шалгах зэрэг олон талт хамтын ажиллагааны санамж бичигт гарын үсэг зурав.

6月20日 中蒙经贸论坛当日上午在乌兰巴托举行，正在蒙古国访问的中国国家副主席习近平出席了开幕式。习近平在致辞中表示，经贸合作是推动中蒙关系持续稳定发展的重要动力，当前，中蒙经贸合作面临着良好机遇。两国有睦邻互信的良好政治关系，都把对方国家发展视为机遇。两国政府和企业家要抓住机遇，提升中蒙经贸合作水平。双方可以在以下五方面共同努力：

第一，结合各自发展战略，努力寻找共同利益的契合点，互通有无，相互促进，谋求共同发展。

第二，深化重点领域合作。加强在矿产资源开发和基础设施建设两大重点领域的合作。中国政府支持双方开展大型合作项目，鼓励有实力的中国企业加强同蒙方的合作，也欢迎蒙古国企业到中国投资。

第三，加强两国企业界交流，不断扩大贸易、投资规模。两国政府部门应为企业交流提供平台和服务。

第四，在上海合作组织等多边框架下，推进经贸、资源能源、物流等方面的双边合作。

第五，创造良好合作环境。完善法律法规，健全合作机制，规范合作秩序，及时妥善处理合作中出现的问题。

蒙古国交通旅游部长拉希在致辞中说，中国是蒙古国重要的合作伙伴，双方在矿产资源开发、基础设施建设、农业、环保、旅游等领域合作潜力巨大，发展前景广阔。蒙方欢迎中方企业来蒙投资兴业，并将不断改善蒙国内投资环境。

中蒙经贸论坛由中国国际贸易促进委员会和蒙古国国家工商会联合举办。当天，习近平还出席了中国援建的乌兰巴托体育馆开工仪式。

6 сар 20 БНХАУ, Монгол улсын эдийн засаг худалдааны хурал Монгол Улсын нийслэл Улаанбаатар хотноо эхэлж, айлчлалаар ирсэн БНХАУ-ын Дэд дарга Си Жиньпин нээлтийн ёслолд оролцов. Тэрээр эдийн засаг хамтын ажиллагаа нь БНХАУ, Монголын тогтвортой хөгжлийн хөдөлгөгч хүч учраас асар их боломжийг олгож байна. Хоёр улсын найрсаг хөршийн харилцан итгэлцсэн

улс төрийн харилцаа нь Засгийн газар, аж ахуйн нэгж байгууллагуудад хөгжлийн боломж бий болгож байгаа нь БНХАУ Монголын хамтын ажиллагааг өсгөн дээшлүүлнэ. Хоёр улс дараах 5 зүйлийг анхаарах нь:

1. Хөгжлийн стратегийг холбох, харилцан ашигтай нөхцлийг эрэлхийлэх, хамтдаа хөгжих.

2. Салбаруудын хамтын ажиллагааг гүнзгийрүүлэх. Ашигт малтмал, уул уурхай, дэд бүтэц, барилгын салбарын хөгжлийг нэмэгдүүлэх, томоохон төслүүдийг хэрэгжүүлэх, БНХАУ болон Монгол Улсын томоохон компаниуд харилцан хөрөнгө оруулалт хийх.

3. 2 улсын аж ахуйн нэгж байгууллагуудын харилцааг нэмэгдүүлэх, худалдаа арилжаа, хөрөнгө оруулалтын хэмжээг өсгөх, хоёр орны Засгийн Газар, яам, компаниудын харилцааг тогтмолжуулах.

4. Шанхайн хамтын ажиллагааны байгууллагын олон талт ажлын хүрээнд эдийн засаг, худалдааг сайжруулах, эрчим хүч, ашигт малтмал, зах зээлийн эрэлт нийлүүлэлтийн ажиллагааг сайжруулах.

5. Хамтын ажиллагааны орчинг сайжруулах. Хууль эрх зүйн орчинг сайжруулах, хамтын ажиллагааны тогтолцоог өргөжүүлэх, учирч болох асуудлуудыг зөв гарцаар шийдвэрлэх. Монгол Улсын БОАЖЯ-ны Сайд БНХАУ нь Монголын хүндэт түнш бөгөөд уул уурхай, дэд бүтэц, барилга, байгаль экологи, газар тариалан, аялал жуучлалын салбарт асар их нөөц бололцоотойг дурдаад БНХАУ-ын аж ахуйн нэгж компаниуд Монголд хөрөнгө оруулах нь Монгол улсын хөрөнгө оруулалтын дотоод орчинг сайжруулахад тустай. БНХАУ Монголын эдийн засаг, худалдааны хурлыг БНХАУ-ын ОУ-ын худалдааны зөвлөлийн нийгэмлэг болон МҮХАҮТ хамтран зохион байгуулав. Энэ өдөр Си Жиньпин БНХАУ-ын дэмжлэгээр УБ-т баригдах биеийн тамирын цогцолборын барилгын ажил эхлэх ёслолд оролцов.

6 月 20 日　中国国家副主席习近平当日在乌兰巴托会见了蒙古国国家大呼拉尔主席伦代姜灿。习近平表示，中方愿同蒙方进一步落实好胡锦涛主席同恩赫巴亚尔总统在今年博鳌亚洲论坛期间达成的共识和合作重点，并就此次访问达成的合作意向进行深入探讨，进一步夯实两国互利合作基础，拓展互利合作空间，以不断造福两国人民。习近平积极评价中国全国人民代表大会与蒙古国国家大呼拉尔的友好交往，希望双方进一步加强交流与合作，为促进中蒙关系发展发挥更大作用。伦代姜灿说，蒙古国高度重视发展对华关系，期待着在国家发展的事业中加强同中国的合作，这是蒙古国各党派的共识。蒙古国国家大呼拉尔愿保持同中国全国人民代表大会的交往，共同致力于促进蒙中关系发展。

6 сар 20　БНХАУ-ын Дэд дарга Си Жиньпин тус өдөр УБ хотод МУ-ын УИХ-ын Дарга Лүндээжанцантай уулзлаа. Си Жиньпин хэлсэн үгэндээ БНХАУ-ын Дарга Ху Жиньтао, Монгол Улсын Ерөнхийлөгч Н.Энхбаяртай энэ жил зохиогдсон Ази тивийн Боаогийн форумд тохиролцсон хамтын ажиллагааг сайжруулах, мөн энэ удаагийн айлчлал нь уг форумын тохиролцоог гүнзгийрүүлэх, ашиг сонирхлын үндэс суурийг батжуулах, ашигтай нөхцлийг бүрдүүлэх зэрэг нь хоёр улсын ард түмэнд аз жаргалтай амьдралын нөхцлийг бий болгох юм. Си Жиньпин БНХАУ-ын Ардын Төлөөлөгчдийн Их Хурал болон Монгол Улсын УИХ-ын найрамдалт харилцааг идэвхитэй дэмжих, хоёр орны хамтын ажиллагааг нэмэгдүүлэх, хөгжлийг ахиулахад идэвхтэй ажиллах болно гэлээ. Лүндээжанцан, Монгол Улс нь БНХАУ-тай тогтоосон харилцааг хүндэтгэн үздэг бөгөөд Монгол дахь БНХАУ-ын хөгжлийн оролцоог нэмэгдүүлэх нь аль ч нам эрх барьсан үед баримтлах үндсэн чиглэл юм. Монгол улсын УИХ, БНХАУ-ын ардын төлөөлөгчдийн их

хурлын харилцааг хэвээр хадгалан, Хятад Монголын харилцааг хамтран дээшлүүлэхэд хувь нэмрээ оруулахаа илэрхийлэв.

6 月 21 日 习近平当天上午圆满结束对蒙古国的正式访问离开乌兰巴托，蒙古国外交部长奥云等蒙古政府官员、中国驻蒙使馆工作人员、中资机构、华侨华人和留学生代表等到机场送行。

6 сар 21 Си Жиньпин тус өдрийн үдээс өмнө Монголд хийсэн албан ёсны айлчлалаа өндөрлөхөд МУ-ын ГХЯ-ны Сайд С. Оюун, бусад албаны хүмүүс, Монголд суугаа БНХАУ-ын Элчин Сайд, ажилтнууд, Хятадын хөрөнгө оруулалттай аж ахуйн нэгж байгууллага, Монгол улсад оршин суугч хятад иргэд болон оюутан төлөөлөгчид онгоцны буудлаас үдэж мордуулав.

7 月 11 日 蒙古国“国庆—那达慕”暨人民革命胜利 87 周年庆祝活动在蒙古国中央体育场隆重开幕。蒙古国总统恩赫巴亚尔、总理巴亚尔、国家大呼拉尔主席伦代姜灿及其他政府官员、驻蒙外国使节等各界人士参加了开幕式。

7 сар 11 Ардын хувьсгалын 87 жилийн ой, МУ-ын их баяр наадмын нээлтийн ажиллагаа Төв цэнгэлдэх хүрээлэнд эхлэв. МУ-ын Ерөнхийлөгч Н.Энхбаяр, Ерөнхий Сайд С.Баяр, УИХ-ын Дарга Лүндээжанцан, ЗГ-ын гишүүд, Монгол Улсад суугаа БНХАУ-ын төлөөлөгчид, дэлхийн бусад орнуудын иргэд нээлтийг үзэж сонирхов.

7 月 14 日 蒙古国外交部新闻发言人当日表示，蒙古国对于本月 10 日至 12 日在北京举行的六方会谈中，各方就建立和实施朝鲜半岛无核化监督机制达成新共识表示祝贺。蒙古国相信，六方会谈机制将对东北亚的和平、安全、发展、繁荣发挥重要作用。

7 сар 14 МУ-ын ГХЯ-ны мэдэгдэлд 7-р сарын 10-12-ны өдрүүдэд Бээжин хотноо зохиогдсон 6 талт хэлэлцээрт оролцсон орнууд Хойд Солонгосын хойг цөмийн зэвсэггүйгээр хяналтын шинэ тогтолцоонд хүрсэн явдалд баяр хүргэв. Монгол Улс, уг 6 талт хэлэлцээр нь Зүүн хойд Азийн Энх тайван, аюулгүй байдал, хөгжил цэцэглэлтэд түлхэц болно гэдэгт итгэлтэй байна.

7 月 “2008 第三届中国北京国际美术双年展”在北京中国美术馆举行，81 个国家 701 位艺术家的 747 件参展作品。蒙古国作品受到关注。

7 сар Хоёр жилд нэг удаа зохиогддог “ОУ-ын уран зургийн 3-р үзэсгэлэн-2008”Бээжин хотын урлагийн галлерейд зохион байгуулагдаж, үзэсгэлэнд 81 орны 701 уран бүтээлчийн 747 бүтээл тавигдсаны дотор МУ-ын бүтээл олны таашаалд ихэд нийцэв.

7 月 31 日 中国驻蒙古国大使馆武官皇甫群星大校当晚在中国驻蒙使馆举行招待会，蒙古国家安全委员会秘书长冈包勒德、国防部国务秘书鲍尔巴特尔少将、总参谋部第一副总长钢巴特少将以及外国驻蒙使节、蒙古国政府官员、中资机构和华侨华人代表近百人参加招待会。

7 сар 31 Монгол Улсад суугаа БНХАУ-ын Элчин Сайдын Яаманд зохион байгуулсан хүлээн авалтад МУ-ын Аюулгүй Байдлын Зөвлөлийн Нарийн Бичгийн Дарга Ганболд, БХЯамны Төрийн Нарийн Бичгийн Дарга, Генерал Баярбаатар, МУ-ын ЗХ-ний Жанжин Штабын 1-р Орлогч Дарга, Генерал Ганбат, МУ-д суугаа бусад элчин сайд, МУ-

ын ЗГ-ын төлөөлөгч, БНХАУ-ын хөрөнгө оруулагч байгууллага, Монгол Улсад оршин суугаа хятад иргэдийн төлөөлөл болсон 100 гаруй хүн оролцов.

8 月 1 日 中国内蒙古自治区银联正式在蒙古国开通银联卡的 ATM、POS 受理业务。蒙古国郭勒穆特银行和可汗银行已经成为中国银联会员。

8 сар 1 БНХАУ-ын ӨМӨЗО-ны Банкны холбоо Монгол Улсад картын АТМ, POS үйлчилгээг албан ёсоор нэвтрүүлэв. Монгол Улсын Голомт, Хаан банкууд нь БНХАУ-ын Банкны Холбооны гишүүн байгууллагууд юм.

8 月 4 日 中国内蒙古自治区出入境检验检疫局和宁夏出入境检验检疫局签署了《关于确保宁夏果蔬质量安全促进向俄罗斯、蒙古国扩大出口的合作备忘录》。

8 сар 4 БНХАУ-ын ӨМӨЗО хилээр хянан шалгах хороо болон Нинсиа мужийн хилээр хянан шалгах хороо хамтран "Нинсиа жимсний чанарыг сайжруулан ОХУ, Монгол улсын хилээр экспортлоход анхаарах зүйлсийн санамж бичиг"-т гарын үсэг зурав.

8 月 5 日 蒙古国外交部新闻发言人发表声明指出：8 月 4 日，中国新疆维吾尔自治区发生的向武警边防支队发动武装袭击事件，旨在破坏象征各国友谊的体育盛会——北京奥运会，是无耻的行径，蒙古国外交部对此予以强烈谴责，并对事件中伤亡人员家属表示慰问。

8 сар 5 МУ-ын ГХЯ-ны хэвлэл мэдээллийн төлөөлөгч хийсэн мэдэгдэлдээ 8-р сарын 04-ний өдөр БНХАУ-ын Шиньжан Уйгарын ӨЗО-ны галт зэвсгээс сэргийлэх салаад зэвсэгт халдлага гаргасан нь эв санааны нэгдэл болсон

спортын наадам-Олимпийг бусниулах зорилготой ичгүүргүй ажиллагаа болохыг дурдаад МУ-ын ГХЯ уг явдлыг эрс буруушааж амь үрэгдэгсдийн ар гэрт эмгэнэл илэрхийлэв.

8 月 5 日　蒙古国总统恩赫巴亚尔 5 日在首都乌兰巴托为蒙古国代表团壮行，他预祝蒙古国运动员在北京奥运会上取得好成绩，为国家增光添彩。蒙古国代表团由 66 人组成，其中运动员 29 人，超过历届奥运会的参加人数。

8 сар 5　МУ-ын Ерөнхийлөгч Н.Энхбаяр Улаанбаатар хотноо Олимпод оролцох МУ-ын баг тамирчдыг хүлээн авч, амжилттай оролцож, улс орныхоо алдар нэрийг өндөрт өргөхийг ерөөв. МУ-ын баг 66 хүний бүрэлдэхүүнтэй ба үүнд 29 тамирчин оролцсон нь өмнөх Олимпийн наадамд оролцсон баг тамирчдын тооноос давсан юм.

8 月 7 日　北京奥运会开幕前一天，蒙古国总统那木巴尔·恩赫巴亚尔抵达北京，前来参加奥运会开幕式及相关活动。

8 сар 7　Олимпийн нээлтээс нэг хоногийн өмнө МУ-ын Ерөнхийлөгч Н.Энхбаяр нээлтийн ёслол болон бусад арга хэмжээнд оролцохоор Бээжинд хүрэлцэн ирэв.

8 月 8 日　当晚，蒙古国家公众电视台、电视五台、电视九台等七家电视台全程直播了北京第二十九届夏季奥运会的开幕式，这是蒙古国首次现场直播奥运会节目。9 日，蒙古国《日报》头版头条刊登了题为《北京奥运会开幕》的消息说，北京奥运会开幕式向全世界 40 多亿观众展现了中国的伟大历史和宝贵文化遗产。

8 сар 8　Тус орой МҮОНТ, ТВ5, ТВ9 зэрэг 7 телевиз Бээжингийн 29 дахь удаагийн зууны Олимпийн нээлтийн ёслолыг шууд дамжуулсан нь МУ анх удаагаа Олимпийг

шууд дамжуулсан явдал байлаа. 9-ны өдөр МУ-ын “Өдрийн сонин” “Бээжингийн Олимпийн нээлт” мэдээндээ Бээжингийн Олимпийн нээлтийг бүх дэлхийн 4 тэрбум гаруй үзэгч шууд хүлээн авч сонирхсноор БНХАУ-ын агуу их түүх, соёлыг шимтэн бахархсан явдал боллоо хэмээн нийтлэв.

8月10日 据中国外交部介绍，连日来，来华出席北京奥运会开幕式及相关活动的外国领导人，盛赞开幕式的成功举行。蒙古国总统恩赫巴亚尔表示，开幕式十分精彩，“我从中亲眼目睹了中国经济社会发展的高水平。我相信，以‘同一个世界，同一个梦想’为口号的北京奥运会一定会取得圆满成功。相信本届奥运会将对加深世界各国人民友谊起到重要作用”。

8 сар 10 БНХАУ-ын ГХЯ-ны төлөөлөгчийн танилцуулснаар Олимпийн нээлтийн үйл ажиллагаанд олон орны удирдагч, төлөөлөгч оролцож, нээлтийн үйл ажиллагааг амжилттай зохион байгуулсныг сайшаан магтав.

МУ-ын Ерөнхийлөгч Н.Энхбаяр хэлэхдээ, БНХАУ-ын эдийн засаг, нийгмийн хөгжил маш өндөр түвшинд хүрснийг энэ үйл явдал бэлхнээ гэрчилж буй. “Нэг дэлхий-Нэг мөрөөдөл” уриатай Бээжингийн олимп төгс амжилтаар дүүрэн, дэлхийн ард түмний найрамдлыг гүнзгийрүүлсэн үйл явдал болно гэдэгт итгэлтэй байгаагаа илэрхийлэв.

8月13日 记者报道，蒙古国唯一代理门票销售的蒙古国国际旅行社中国部经理孟赫图格斯说：“蒙古国分配到的5 000多张门票早已销售一空。与上届奥运会100张门票只卖出20张的情况相比，足以说明蒙古国观众对北京奥运会的热情”。

8 сар 13 БНХАУ-ын Бээжингийн Олимпийн билет борлуулах эрх бүхий Монголын цорын ганц байгууллага болох Олон Улсын аялал жуучлалын компанийн захирал

Мөнхтөгсийн мэдээллэснээр, Монгол Улс нь 5 000 ширхэг билет авснаас өнөөдрийн байдлаар үлдэгдэлгүй борлогдсон байна. Өмнөх олимпод 100 ширхэг билетээс 20 ширхэгийг борлуулж байсан явдалтай харьцуулахад Монголын ард түмэн Бээжингийн Олимпод илүү сэтгэл тавьж буйг харуулж байна гэлээ.

8 月 14 日　在北京奥运会柔道男子 100 公斤级决赛中，蒙古国选手图布辛巴亚尔战胜哈萨克斯坦选手阿斯哈特・日特克耶夫，夺得金牌。这是 1964 年蒙古参加奥运会以来的首枚金牌。蒙古国 6 家电视台同时直播了这场激动人心的决赛，数十万蒙古国观众通过电视目睹了这一历史时刻。蒙古移动公司向所有用户发送了蒙古国运动员获得首枚奥运会金牌的信息，让每个人第一时间了解这一特大喜讯。蒙古国总统恩赫巴亚尔立即发布命令，授予图布辛巴亚尔“劳动英雄”和“功勋运动员”称号，同时决定向他颁发“苏赫巴托尔”奖章和“金索音宝奖章”。总理巴亚尔也向他发去贺电。人们为庆祝这一历史突破而彻夜狂欢。乌兰巴托市民来到苏赫巴托尔广场庆祝，接近午夜时分，总统恩赫巴亚尔、总理巴亚尔、国家大呼拉尔主席伦代姜灿等来到广场，与数万市民一起庆祝。恩赫巴亚尔激动地说：“我是一个幸运的总统，奥运金牌在我们中间诞生了。感谢图布辛巴亚尔！”

8 сар 14　Бээжингийн Олимпийн 100 кг жудо барилдаанд МУ-ын тамирчин Н.Түвшинбаяр Казахстаны шигшээ багийн тамирчныг ялж, алтан медаль хүртсэн нь 1964 оны Олимпоос хойших Монгол Улсын анхны алтан медаль юм. Монгол Улсын 6 телевиз сэтгэл хөдөлгөсөн шийдвэрлэх барилдааныг шууд дамжуулснаар Монголын ард түмэн ялалтыг шууд хүлээн авч үзлээ. Мөн Монгол Улсын үүрэн холбооны компани нийт хэрэглэгчдэд Монгол

Улсын тамирчин Олимпоос алтан медаль хүртсэн тухай баярт мэдээ-мессежийг хэрэглэгч бүртээ дамжуулав. Энэхүү мэдээг сонссон МУ-ын Ерөнхийлөгч Н.Энхбаяр зарлиг гарган Н.Түвшинбаярт “Хөдөлмөрийн баатар”, “Гавьяат тамирчин” цол олгон, Сүхбаатарын одон, Алтан гадас одонгоор шагнасныг дуулгаж баярын цахилгаан илгээв. Ард түмэн энэ түүхт баярыг нэг шөнийн турш тэмдэглэв. Сүхбаатарын талбайд цугларсан ард иргэдтэй Ерөнхийлөгч Н.Энхбаяр, Ерөнхий Сайд С.Баяр, УИХ-ын Дарга Лүндээжанцан нар талбайд хүрэлцэн ирж баярын сэтгэгдлээ хуваалцпаа. Ерөнхийлөгч Н.Энхбаяр сэтгэл догдлон “Би азтай ерөнхийлөгч. Олимпийн алтан медальтан бидний дундаас төрлөө, Түвшинбаяртаа талархаж байна” хэмээн өгүүлсэн байна.

8 月 15 日　在北京奥运会女子 25 米手枪射击决赛中，蒙古国射击选手奥特里亚德·贡德格玛以 792.2 环的成绩赢得银牌的一场比赛，蒙古国总统恩赫巴亚尔在赛后第一时间向贡德格玛发出贺电：“28 年后蒙古国运动员再次获得奥运会银牌，全国人民为之振奋！”

8 сар 15　25м-ийн гар бууны эмэгтэй төрөлд Монгол Улсын буудлагын шигшээ багийн тамирчин О. Гүндэгмаа 792,2 амжилтаар мөнгөн медаль авсан явдалд баяр хүргэж Монгол Улсын Ерөнхийлөгч Н.Энхбаяр, “Монгол Улсын тамирчин эх орондоо мөнгөн медалийг 28 жилийн дараа олимпоос авсан нь бүх ард түмний сэтгэлийг хөдөлгөв” хэмээн тэмцээний дараа О.Гүндэгмаад явуулсан баярын цахилгаандаа дурьджээ.

8 月 22 日　中蒙两国联合保护蒙古民族长调民歌田野调查启动暨中国援助蒙古国长调民歌田野调查设备交接仪式当日在中国

驻蒙古国大使馆举行。蒙古国教育文化科学部副部长图木尔奥其尔、中国驻蒙古国大使余洪耀以及中蒙两国官员、专家学者参加了交接仪式。

8 сар 22　МУ-ын үндэсний уртын дууг хамгаалах, хөдөө судалгаа хийх зорилготой БНХАУ, Монгол Улсад уртын дууны хөдөө хээрийн судалгааны төхөөрөмжийн туслалцаа хүлээн авах ёслолыг БНХАУ-аас Монгол улс дахь Элчин сайдын Яаманд зохион байгууллаа. МУ-ын БСШУ-ны сайд Төмөр-очир, БНХАУ-аас Монгол Улсад суугаа Элчин сайд Юй Хуньяао, БНХАУ, Монголын Улсын албаны хүмүүс, эрдэмтэн, мэргэжилтнүүд энэхүү ёслолд оролцов.

8 月 23 日　中国国家副主席习近平当日在人民大会堂会见前来出席北京奥运会闭幕式及相关活动的蒙古国总理巴亚尔。习近平感谢蒙方对北京奥运会的积极支持，祝贺蒙古国运动员获得首枚奥运金牌。巴亚尔说，北京奥运会成果丰硕，即将取得圆满成功，蒙方对此表示热烈祝贺。北京奥运会举办得非常出色，全世界的人们都看到了中国人民这次举办了多么优秀的一届奥运会。

8 сар 23　БНХАУ-ын Дэд дарга Си Жиньпин тус өдөр Ардын Их Хурлын тэнхимд Бээжингийн Олимпийн хаалтын үйл ажиллагаанд оролцсон МУ-ын Ерөнхий Сайд С.Баярыг хүлээн авч уулзав. БНХАУ-ын Дэд дарга Си Жиньпин Олимпийн үйл ажиллагааг идэвхтэй дэмжиж байсанд талархаад Монголын тамирчин алтан медаль хүртсэнд баяр хүргэв. С.Баяр, Монгол Улс нь Бээжингийн Олимп амжилт арвинтай байгаад монголын ард түмэн халуун дотноор баяр хүргэж, Олимпийг өндөр түвшинд зохион байгуулснаар бүх дэлхийд БНХАУ-ын иргэд гайхамшигийг үзүүлсэнд тооцож болно хэмээн цохон тэмдэглэв.

8月24日 当晚，蒙古国6家电视台直播了北京奥运会闭幕式，数十万人观看了这一盛况。蒙古国媒体和民众对北京奥运会给予高度评价。蒙古国新闻网报道称："北京奥运会是奥运会历史上参加国家和运动员最多的一届，共有 87 个国家和地区获得了奖牌，本届奥运会已告圆满成功。"蒙古国 TV9 电视台主持人在闭幕式结束后说："中国人举办了非常成功的一届体育盛会，北京奥运会让世人瞩目。"闭幕式结束后，蒙古国国家队队长奥云巴特在接受记者电话采访时说："北京奥运会取得了圆满成功，蒙古国实现了奥运金牌'零的突破'。北京是我的福地，我现在只想对北京说两个字，那就是'感谢'"。

8 сар 24 МУ-ын 6 телевиз Бээжингийн Олимпийн хаалтын ёслолыг шууд дамжуулж олон мянган үзэгчид хүлээн авч үзсэн байна. Монголын ард түмэн Бээжингийн Олимпод өндөр үнэлэлт өгчээ. Монголын нэгэн мэдээллийн сайтад "Бээжингийн Олимп бол Олимпийн түүхэнд оролцсон улс орон, тамирчидын тоогоор хол давуу байсан ба нийт 87 орны тамирчид медаль хүртэн олимп амжиттай өндөрлөлөө" хэмээн бичжээ. Монголын ТВ-9 телевизийн хөтлөгч хаалтын ёслолын дараа хэлэхдээ: Хятадын ард түмний зохион байгуулсан спортын их наадам маш амжилттай болж Бээжингийн Олимп бүх дэлхийн анхаарлыг татлаа гэсэн бол МУ-ын баг тамирчдын ахлагч Оюунбат "Монгол улс олимпоос анхны алтан медалиа авсанд сэтгэл их хөдөлж байна. Бээжин бидэнд өгөөжтэй байлаа. Бээжинд талархал дэвшүүлье" гэв.

8月27日 中国人民解放军总参谋长助理陈小工中将当日在乌兰巴托与蒙古国国防部国务秘书鲍尔巴特尔举行了中蒙国防部第三次防务安全磋商。双方就地区安全形势、国际维和与人道主义行动、双边关系，以及其他共同关心的问题深入交换了意见。蒙古国总统恩赫巴亚尔当天在国家宫会见了陈小工中将。恩赫巴亚尔对中国成功举办北京奥运会表示祝贺。他说，明年是中蒙建交 60 周年，蒙方希望以此为契机，通过与中方共同举办庆祝活动，推动两国关系进一步发展。

8 сар 27　БНХАУ-ын Чөлөөлөх Армийн Штабын Даргын Туслах, Дэслэгч генерал Чэнь Шаогун, МУ-ын БХЯамны Төрийн Нарийн Бичгийн Дарга Баярбаатарын зохион байгуулсан Хятад, Монголын аюулгүй байдал, батлан хамгаалах 3-р зөвлөлгөөнд оролцсон байна. Хоёр тал нутаг дэвсгэрийн аюулгүй байдал, олон улс дахь хүмүүнлэгийн үзэл хамгаалал, хоёр орны хамтын ажиллагаа, бусад анхаарал татсан асуудлыг хэлэлцлээ. МУ-ын Ерөнхийлөгч Н.Энхбаяр ЗГ-ын ордонд Дэслэгч генерал Чэнь Жаогунг хүлээн авч уулзах үеэр Бээжингийн Олимпийг амжилттай зохион байгуулсанд талархаад ирэх жил тохиох Монгол, БНХАУ-ын дипломат харилцаа тогтоосны 60 жилийн ой нь Монгол улс БНХАУ-тай түншийн харилцааг улам ахиулах боломж хэмээн үзэж, амжилттай зохион байгуулахыг хүсэж буйгаа илэрхийлэв.

8 月 28 日　上海合作组织成员国元首理事会例行会议在杜尚别举行。蒙古国外交部长奥云作为本组织观察员国代表团团长列席会议。

8 сар 28　Шанхайн Хамтын Ажиллагааны Гишүүн орны тэргүүн нарын ээлжит хуралдаан Душаньбед болов. МУ-ын ГХЯ-ны Сайд С.Оюун уг хуралдаанд ажиглагч орны төлөөллөөр оролцлоо.

8 月　中国新疆克拉玛依石化公司生产的 130 号重交沥青首

次出口蒙古国6 500吨。

8 сар БНХАУ-ын Шинжааны “Кэлам” компанид олборлосон 130 маркын 6500 тонн хар тосыг анх удаа Монголд экспортлохоор болов.

9月2日 据报道，近日蒙古国总统恩赫巴亚尔衷心祝贺中国成功举办北京奥运会以及中国运动员在本届奥运会上取得辉煌成绩。他表示，北京奥运会是地理上距蒙古国最近的一届奥运会，蒙古国运动员获得了前所未有的好成绩，蒙古国人民感到极为高兴。

9 сар 02 МУ-ын Ерөнхийлөгч Н.Энхбаяр Бээжингийн Олимп амжилттай зохион байгуулагдсан болон БНХАУ-ын тамирчид гялалзсан амжилт гаргасанд баяр хүргэв. Бээжингийн Олимп нь газар зүйн хувьд Монгол Улсад хамгийн ойр байсан нь Монголын тамирчид гайхамшигт амжилт гаргахад нөлөөлж, монголын ард түмнийг баярлууллаа гэж цохон тэмдэглэв.

9月2日 “第四届中国吉林·东北亚投资贸易博览会”（简称东北亚博览会）在吉林省长春市正式拉开帷幕，来自中外的上万名客商云集于此进行交流洽谈。中共中央政治局委员、国务院副总理王岐山出席开幕式并宣布博览会开幕。东北亚博览会是由中国商务部、国家发展与改革委员会和吉林省人民政府共同主办的大型国际性综合博览会，是中国政府为推动中国与东北亚国家区域合作而采取的一项积极行动。蒙古国工业贸易部的官员参加了博览会。

9 сар 2 4 дахь удаагийн хятад улсын Жилинь зүүн хойт азийн хөрөнгө оруулалтын ХАҮ үзэсгэлэн нь Жилин мужийн Чан Чунь хотод албан ёсоор нээгдэв. Хятадаас

гадна маш олон худалдааны төлөөлөгчид цугларч харилцан хэлэлцээр хийв. Хятадын КН-ын ТХ-ны УТ-ийн хэлтсийн зөвлөлийн гишүүн, Төрийн зөвлөлийн төрийн сайд Ван Чишань үзэсгэлэнгийн нээлтийн ёслолд оролцож эхлүүлэв. Зүүн өмнөд азийн үзэсгэлэн бол хятад улсын худалдаа, улсын хөгжил болон энх тайвны зөвлөлийн хурал Жилинь мужийн ЗГ хамтран олон улсын чанарын нэгдсэн үзэсгэлэн эрхэлсэн нь Хятад улсын ЗГ-ын болон Зүүн хойт азийн улс орны нутаг дэвсгэрт хамтын ажиллагааг идэвхтэйгээр зохион байгуулсан явдал юм. Энэхүү үзэсгэлэнд МУ-ын Үйлдвэр худалдааны яамны төлөөлөгчид оролцов.

9 月 5 日　中共内蒙古自治区兴安盟委与蒙古国东方省签订了新闻媒体合作协议。据悉，这是在阿尔山—松贝尔口岸正式开通前，双方开展媒体合作，推动深层沟通与协作的重大举措。根据双方协议规定，双方将不断加强广播、电视、报纸、网络等媒体间的合作。

9 сар 5　ХКН-ын ӨМӨЗО-ны Хянган аймгийн НХ, МУ-ын Дорнод аймагтай мэдээлэл-энтертайнмент хамтын гэрээнд гарын үсэг зурав. Энэ нь Рашаан- Сүмбэр боомт албан ёсоор нээгдэхээс өмнө хоёр тал мэдээлэл-энтертайнментын солилцоог нэмэгдүүлж тохиролцоонд хүрч байгаа нь энэ юм. Талуудын тохиролцоо ёсоор радио, ТВ, сонин сэтгүүл, интернэтийн сүлжээгээр энтертайнмент ажиллагааг сайжруулна.

9 月 14 日　北京残奥会赛场，蒙古国男子个人反曲弓—站姿射箭选手巴特尔扎布・丹巴登道格为蒙古国夺得历史上首枚残奥会金牌，蒙古国总统恩赫巴亚尔、总理巴亚尔、卫生部长巴特赛雷登等领导人第一时间向巴特尔扎布发去贺电。

9 сар 14 Бээжингийн хөгжлийн бэрхшээлтэй иргэдийн Олимпийн тэмцээнд МУ-ын эрэгтэйчүүдийн сур харвалтын шигшээ багийн тамирчин Баатаржав, Дамбадондог нар монголын түүхэнд анх удаа тахир дутуугийн олимпоос алтан медаль хүртсэнд МУ-ын ерөнхийлөгч Н. Энхбаяр, ерөнхий сайд С. Баяр, эрүүлийг хамгаалахын сайд гэх олон хүмүүс баяр хүргэсэн.

9月26日 中国驻蒙古国使馆举行国庆59周年招待会。蒙古国第一副总理阿拉坦呼亚格、劳动社会保障部长甘迪等官员以及外国驻蒙使节、旅蒙华侨华人、中资机构和留学生代表共150余人出席了招待会。

9 сар 26 Монгол Улст суугаа Хятадын Элчин сайд улс үндэстний баярын 59-н жилийн ойг зохион байгуулав. МУ-ын шадар сайд Алтанхуяг, НХХ-ийн сайд Ганди болоод гадаадаас монголд суугаа Элчин сайдууд, монголд цагаачаар амьдарч байгаа хүн, хөрөнгийн бирж болон гадаад оюутны төлөөлөл нийлсэн 150 хүн дайллагад оролцов.

10月2日 “东北亚地区安全合作面临的非传统问题”研讨会当日在蒙古首都乌兰巴托举行，来自蒙古国、美国、韩国、中国、日本等国家的40余名专家学者及有关国家政府官员参加了会议。研讨会上，各国与会者就当前面临的国际问题以及感兴趣的问题进行了深入探讨，其中包括地区政治安全、经济安全、能源安全等内容。一年一度的东北亚国家安全研讨会是中国、日本、蒙古国、俄罗斯、韩国、美国等国国防领域和地区安全专家进行建设性对话的平台。

10 сар 2 “Зүүн хойт Азийн аюулгүй байдлын хамтын ажиллагаанд тулгарсан уламжлалт бус асуудлууд”

хэлэлцүүлэг тус өдөр МУ-ын нийслэл УБ хотод болж Америк, Солонгос, Хятад, Япон зэрэг улсаас ирсэн 40 гаруй нэрт эрдэмтэд ба улсын ЗГ-ын албаны хүмүүс хэлэлцээрт оролцов. Хэлэлцээрт олон улсын өмнө тулгарч буй асуудлууд, сонирхон буй асуудалд гүнзгийрүүлж судалгаа хийх, тэр дундаа бүс нутгийн улс төрийн аюулгүй байдал, нөөц баялгийн аюулгүй байдал, эдийн засгийн аюулгүй байдал зэрэг багтана. Жилд 1 удаа болдог Зүүн хойт Азийн аюулгүй байдлын хэлэлцээрт нь БНХАУ, Япон, Монгол, Орос, Солонгос, Америк зэрэг газар нутгийн аюулгүй байдлын мэргэжилтнүүд оролцов.

10月4日　据记者报道，前不久，中国农业银行与蒙古国可汗银行合作将中国银联卡业务引入蒙古国，中国银联卡可以在蒙古国可汗银行的任何自动取款机（ATM）、刷卡消费机（POS）使用。这是中国银行卡首次进入蒙古国，也是中国银联在境外市场首次同步推出自动取款机、刷卡消费机受理和银联标准卡发行业务。据统计，每年从中国来蒙古国的人数达 15 万人次，从蒙古国到中国的人数则超过 75 万人次。

10 сар 4　Сэтгүүлчдийн мэдээлснээр БНХАУ-ын ХААН банк, Монгол Улсын ХААН банктай хамтран ажиллаж БНХАУ-ын банкны холбооны картын үйлчилгээг нэвтрүүлснээр уг хятад картаар бэлэн мөнгөний машинаас /ATM/ мөнгө авах, картаар төлбөр тооцоо хийх /POS/ боломжтой болох юм. Энэ бол БНХАУ-ын банкны картын систем Монголд анх удаа нэвтэрч байгаа бол уг үйлчилгээний хувьд мөн анх удаа гадаад зах зээлд гарч байгаа юм. Статистик мэдээгээр жил бүр БНХАУ-аас Монгол Улсад ирэх хүний тоо 150 000-д хүрч, БНХАУ-д зорчих монгол хүн 750 000-с давсан байна.

10 月 10 日 蒙古国驻中国领事代表在蒙古国驻中国大使馆召开会议。为蒙中领事合作提供方便，推动双方的合作，为民众提供切实可行的领事服务，为 11 月即将召开的领事会晤做准备。蒙古驻中国大使在发言中表示，蒙古国领事代表将扩大与中国警方、检察院、法院、税务部门的合作，保护公民的合法权利。

10 сар 10 Монгол Улсаас БНХАУ-д суугаа консулын төлөөлөгч БНХАУ дахь Монголын Элчин Сайдын Яаманд хуралдав. Хоёр орны консулын харилцааг хялбаршуулах, хамтын ажиллагааг сайжруулах, ард иргэдэд консулын албаны үйлчилгээг хүртээмжтэй болгох, XI сард болох консулын уулзалтад бэлтгэх зорилгоор энэхүү хурлыг зохион байгуулсан байна. МУ-ын Элчин сайд хэлэхдээ, Монголын консул нь БНХАУ-ын хэв журмыг хамгаалах, хянан шалгах, шүүхийн байгууллага, татварын салбаруудад хамтын ажиллагааг нэмэгдүүлэх, ард иргэдийн эрхийг хамгаалахад анхаарч ажиллаж байгааг онцлов.

10 月 15 日—17 日 由蒙古国家安全委员会所属战略研究所、外交部、驻华使馆联合主办的“中蒙睦邻关系现状与前景”学术研讨会在乌兰巴托举行，来自中国现代国际关系研究院、中国社会科学院、内蒙古大学以及蒙古国外交部、国防部、国安会办公室、战略研究所、和平友好联合会、科学院国际问题研究所、国家发展研究院、国立大学等单位的 50 多名专家学者与会。蒙古人民革命党议会党团主席、前议长伦代姜灿，国安会秘书冈包勒德，外交部副部长恩赫满德赫，外交部国务秘书朝格特巴特尔，驻华大使巴特苏赫等官员出席有关活动。中国驻蒙大使余洪耀出席研讨会开、闭幕式并致辞。此次研讨会是纪念中蒙建交 60 周年活动的启动项目。在研讨会上，双方专家学者回顾了中蒙关系发展的历程，展望了双边关系发展前景，梳理了两国合作取得的成就，探讨了解决双边合作中存在问题的应对措施和解决办法，对进一步深化友好互利合作提出了建议，同时还就促进本地区安全合作交换了意见。

10 сар 15-17 Монгол улсын Үндэсний аюулгүй байдлын зөвлөлийн стратегийн судалгааны хүрээлэн, Гадаад хэргийн яам, Монгол улсаас БНХАУ-д суугаа Элчин сайдын яам хамтран “БНХАУ, Монгол улсын сайн хөршийн харилцааны өнөөгийн төлөв” сэдэвт эрдэм шинжилгээний хурал Улаанбаатар хотноо болсон ба хуралд Монгол улсын ГХЯ БНХАУ-ын орчин үеийн олон улсын харилцааны хүрээлэн, БНХАУ-ын Нийгмийн Академи, ӨМИС, БХЯ, Үндэсний аюулгүй байдлын зөвлөлийн стратегийн судалгааны хүрээлэн, Энхтайван найрамдалын нийгэмлэг, ШУА-ийн Олон улс судлалын хүрээлэн, МУИС гэх мэт байгууллагуудын 50 гаруй эрдэмтэн судлаачид оролцсон байна. Мөн МАХН-ын байнгын хорооны тэргүүн УИХ-ын дарга асан Лүндээжанцан, Улсын аюулгүй байдлын хорооны нарийн бичгийн дарга Ганболд, ГХЯ-ны дэд сайд Энхмандах, ГХЯ-ны Төрийн нарийн бичгийн дарга Цогтбаатар, БНХАУ дахь Элчин сайдын яамны ажилтан Батсүх болон холбогдох албаны хүмүүс тус хуралд оролцов. БНХАУ-аас Монгол улсад суугаа элчин сайд Юй Хуняо нээлт болон хаалтын ажиллагаанд оролцож үг хэлэв. Тус эрдэм шинжилгээний хурал нь Хятад-Монгол хоёр улс найрамдалт харилцаа тогтосны 60 жилийн ойн хүрээнд болсон ба хурлын үеэр эрдэмтэн судлаачид Хятад-Монгол хоёр улсын харилцааны хөгжлийн түүхэн замыг эргэн харж, хэтийн төлөв, тулгамдаж буй асуудлууд тэдгээрийг шийдвэрлэх арга зам, түүнчлэн Зүүн хойд Азийн бүс нутгийн аюулгүй байдал, хамтын ажиллагаа зэрэг асуудлаар санал бодлоо солилцсон байна.

10 月 24 日 下午，第七届亚欧首脑会议在北京人民大会堂隆重开幕。中国国家主席胡锦涛发表重要讲话。包括蒙古国总统恩赫巴亚尔在内的 45 个亚欧会议成员的国家元首、政府首脑、地区组织领导人和代表以及中国党和国家领导人出席开幕式。蒙古国自 2006 年以来首次参加此次会议。在会上蒙古国总统恩赫巴亚尔会见了中国总理温家宝。

10 сар 24 Үдээс хойш Бээжин хотноо Ардын их хурлын танхимд Ази Европын төрийн тэргүүнүүдийн 7 дахь уулзалтын нээлтийн ёслол болов. Тус нээлтийн ажиллагаанд БНХАУ-ын төрийн тэргүүн Ху Жинтао гол илтгэл тавьж Монгол улсын Ерөнхийлөгч Н.Энхбаяр болон тус байгууллагын гишүүн орнуудын төрийн болон засгийн газрын тэргүүнүүд, бүс нутгийн байгууллагын удирдагчид БНХАУ-ын ХКН-ын болон төрийн дээд албаны хүмүүс тус нээлтийн ёслолд оролцов. Монгол улс нь 2006 онд тус байгууллагын гишүүн болсоноос хойш анх удаа энэхүү дээд хэмжээний уулзалтад оролцож буй аж. Тус хуралдааны үеэр Монгол улсын Ерөнхийлөгч Н.Энхбаяр БНХАУ-ын Ерөнхий сайд Вэн Зяабаотой уулзав.

10 月 25 日 中国外交部长杨洁篪当日会见了前来出席第七届亚欧首脑会议的蒙古国外交部部长巴特包勒德就双边关系及共同关心的问题交换了看法。

10 сар 25 БНХАУ-ын ГХЯ сайд Ян Жьечы Бээжин хотноо Ардын их хурлын танхимд Ази Европын төрийн тэргүүнүүдийн 7 дахь уулзалтад оролцож буй Монгол улсын ГХЯ-ны сайд Батболдтой уулзан хоёр улсын харилцааны талаар харилцан сонирхож буй асуудлаар санал солилцов.

10 月 25 日 北京大学外国语学院、亚洲太平洋地区研究院、蒙古学研究中心当日联合举办学术研讨会，纪念蒙古国著名学者达木丁苏伦先生的百年诞辰。来自蒙古国国家科学院、俄罗斯人文大学等50多位国内外专家参加了研讨会。

10 сар 25 Бээжингийн Их сургуулийн Гадаад хэлний сургууль, Ази номхон далайн бүс нутгийн судалгааны хүрээлэн Монгол судлалын хүрээлэн хамтран Монгол улсын нэрт эрдэмтэн Ц.Дамдинсүрэнгийн 100 жилийн ойд зориулсан эрдэм шинжилгээний хурал зохион байгуулав. Тус ойд зориулсан эрдэм шинжилгээний хуралд Монгол улсын ШУА, ОХУ-ын Хүмүүнлэгийн Их сургуль зэрэг байгууллагын дотоод гадаадын 50 гаруй судлач, мэргэжилтнүүд оролцов.

10 月 26 日　蒙古人民革命党主席、政府总理桑吉·巴亚尔当日在大天口国宾馆会见了《人民日报》副总编辑米博华为团长的代表团。蒙古国《真理报》社长冈巴特、人民革命党书记阿玛尔萨那、中国驻蒙古国大使余洪耀等参加了会见。巴亚尔总理在会见时说，蒙古人民革命党中央机关报《真理报》与《人民日报》有着传统的友好关系，双方为增进两国人民的相互了解和信任做了很多工作，他高度评价了两个报社对促进两国关系所发挥的重要作用。他同时希望蒙古国《真理报》社与《人民日报》社不断加强交流与合作，为蒙中关系的不断深化作出更大的贡献。米博华副总编辑对巴亚尔总理在繁忙公务中会见代表团并接受代表团采访表示感谢。他说，“代表团在蒙古国访问过程中，感受到蒙古国人民对中国人民的友好情谊，我们愿意通过访问和采访活动，促进同蒙古国《真理报》社的合作，为推进两国人民的友谊作出努力”。《人民日报》代表团是应蒙古国《真理报》的邀请，于24日至26日对蒙古国进行为期三天的访问的。

10 сар 26 МАХН-ын дарга Монгол улсын Ерөнхий сайд С.Баяр Их тэнгэрийн аманд "Ардын өдрийн мэдээ" сонины орлогч дарга Мибохуа тэргүүтэй төлөөлөгчдийг хүлээн авч уулзав. Уулзалтанд Монгол улсын "Үнэн" сонины дарга Ганбат, МАХН-ын нарийн бичгийн дарга Амарсанаа, БНХАУ-аас Монгол улсад суугаа элчин сайд Юй Хуняо нарын албаны хүмүүс оролцов. Ерөнхий сайд С.Баяр уулзалтын үеэр хэлсэн үгэндээ МАХН-ын байнгын хорооноос эрхлэн гаргадаг "Үнэн" сонин нь "Ардын өдрийн мэдээ" сонинтой уламжлалт найрамдалт харилцаатай бөгөөд тус хоёр сонин нь хоёр улсын ард түмний харилцан ойлголцол, итгэлцэлд ихээхэн үүрэг гүйцэтгэсэн болохыг өгүүлээд тус хоёр сонины газар нь хоёр улсын харилцааг урагшлуулахад ихээхэн үүрэг гүйцэтгэсэнийг онцлон тэмдэглэв. Тэрээр цааш нь хэлсэн үгэндээ "Үнэн" сонин болон "Ардын өдрийн мэдээ" сонин нь Монгол-Хятад хоёр улсын харилцааг улам гүнзгийрүүлэх үйлсэд хувь нэмэр оруулан хамтын ажиллагаагаа улам эрчимжүүлэхийг хүсэн ерөөв. Мибохуа орлогч дарга Ерөнхий сайд С. Баярт их ажлынхаа дундуур төлөөгчдөд зав гарган хүлээж авсан явдалд төлөөлөгчдийн нэрийн өмнөөс талархал илэрхийлээд цааш нь хэлсэн үгэндээ "Төлөөлөгчид Монгол улсад айлчлах үеэрээ Монголын ард түмэн Хятадын ард түмэнтэй найрсаг сэтгэлээр ханддагыг мэдэрлээ, бид айлчлалтай холбоотой мэдээ бэлтгэж "Үнэн" сонинтой хамтын ажиллагаагаа улам сайжруулан, хоёр улсын найрамдалт хамтын ажиллагааг хөгжүүлэхийн төлөө хичээн ажиллах болно" гэдгээ илэрхийлэв. "Ардын өдрийн мэдээ" сонины төлөөлөгчид "Үнэн" сонины урилгаар 24-26-ны хооронд Монгол улсад гурав хоногийн айлчлал хийв.

10 月 30 日 上海合作组织成员国政府首脑（总理）理事会例行会议在哈萨克斯坦首都阿斯塔纳举行。中国国务院总理温家宝出席会议。蒙古国总理巴亚尔作为本组织观察员国代表与会并发言。温家宝当日在阿斯塔纳会见了作为观察员国代表参加上海合作组织成员国第七次总理会议的蒙古国总理巴亚尔。

10 сар 30 Шанхайн хамтын ажиллагааны байгууллагын гишүүн орнуудын төрийн тэргүүнүүд (ерөнхий сайдууд) Казахстаны нийслэл Астана хотноо ажил хэргийн уулзалт хийв. БНХАУ-ын Төрийн Зөвлөлийн Ерөнхий сайд Вэн Зябао тус уулзалтанд мөн оролцов. Монгол улсын Ерөнхий сайд С.Баяр тус гишүүн орнуудын төлөөлөгчдийн уулзалтан дээр үг хэлсэн байна. Вэн Зябао Астана хотноо тус Шанхайн хамтын ажиллагааны гишүүн орнуудын 7 дахь уулзалтанд оролцож буй Монгол улсын Ерөнхий сайд С.Баяртай уулзсан байна.

10 月 30 日 蒙古国国立大学孔子学院举办的“中国文化周”日前在乌兰巴托开幕，蒙古国专家学者、中国驻蒙使馆官员以及乌兰巴托市大、中学生等 200 余人参加了开幕式。“中国文化周”期间，蒙古国著名专家学者将就中国语言、文化以及中蒙两国关系等方面的问题做专题讲座。蒙古国国立大学孔子学院还将播放学生们喜欢的中国电影，并举办以孔子、北京奥运会、中国各民族民俗为主题的图片展览。

10 сар 30 МУИС-ийн Күнзийн институтээс зохиосон “БНХАУ-ын соёлын долоо хоног” УБ-т нээгдэж, МУ-д суугаа БНХАУ-ын Элчин Сайдын Яамны ажилтнууд, МУ-ын эрдэмтэн мэргэд, ахлах, дунд сургуулийн сурагчид зэрэг 200 гаруй хүн нээлтийн ёслолд оролцов. “БНХАУ-ын соёлын долоо хоног” –т МУ-ын нэрт эрдэмтэд БНХАУ-ын хэл соёл хийгээд хоёр улсын харилцааны тухай сэдэвчилсэн лекц уншив. МУИС-ийн Күнзийн институт оюутнуудад БНХАУ-ын уран сайхны киног үзүүлж, Бээжингийн олимп, Күнзийн

суртал, үндэстэн, зан заншлын сэдэвт уран зургийн үзэсгэлэнг зохион байгуулав.

10 月 中国新疆天富水电公司承建的蒙古国泰西尔水电站经过 3 年施工，正式运行发电。

据二连浩特海关信息显示，1—10 月份二连浩特口岸出口机械车辆 13 636 辆次，零配件 901.72 吨，同比分别增长 68.53%和 514.58%；货值分别为 1.25 亿美元和 446.92 万美元，同比分别增长 28.86%和 300.78%。

10 сар БНХАУ-ын Шинжааны Тян Фушуй компанийн 3 жилийн дотор барьж суурилуулсан Монгол Улсын Тайширын усан цахилгаан станц албан ёсоор үйл ажиллагаагаа эхлэн, цахилгаан нийлүүлж эхлэв.

Эрээн хотын хилийн боомтын мэдээлснээр, 1-10-р саруудад уг боомтоор тоног төхөөрөмж, машин механизм 13636 удаа, сэлбэг хэрэгсэл 901.72 тонн гарсныг өмнөх оныхтой харьцуулахад 68.53%, 514.50%, бараа бүтээгдэхүүн 125.0 сая ам.доллар болон 4,4692 сая ам.доллар болсон нь өмнө оныхтой харьцуулахад тус бүр 28, 86% болон 300, 78%-иар нэмэгдсэн байна.

11 月 8 日 中国山东省与国家电网公司在济南拟定了“外电入鲁”线路。“十二五”期间，将联手规划建设蒙古国煤电基地至山东省的 ± 660 千伏直流输电通道、内蒙古自治区呼伦贝尔煤电基地至山东省的 ± 660 千伏直流输电通道。

11 сар 8 БНХАУ-ын Шаньдун муж болон улсын цахилгаан сүлжээ компани, Жи Нань хотноо “Шандун мужид гаднаас татах” хөтөлбөрийг боловсруулав. “125” төслөөр бол Монгол улсын цахилгааны аль нэгэн эх үүсвэрээс Шаньдун муж хүртэл 660 мянган вольт бүхий цахилгаан

дамжуулах төхөөрөмж байгуулах, ӨМӨЗО-ны Хөлөн буйр хотын цахилгааны эх сууриас Шаньдун муж хүртэл 660 мянган вольт бүхий цахилгаан дамжуулах төхөөрөмж хийх юм.

11 月 18 日　中国首家在欧交所创业板上市的地产商华程房产，日前将其业务拓展到蒙古国首都乌兰巴托。公司已经在蒙古国首都乌兰巴托市取得土地，并即将开工建设一个住宅项目。蒙古国的法律体系和投资政策与中国不尽相同，公司有关人士认为，本项目可能面临蒙古国的法律及政策风险。此外，跨境开发审批手续严谨，需获得中国国家外汇管理局等国内相关政府部门的核准，并在国家商务部备案。

11 сар 18　БНХАУ-ын Европ тивийн солилцооны ажил үйлсийн захад гарсан Хуа Чэн үл хөдлөх хөрөнгө, нэрийн өмч авч одоогоор бусад ажлыг өргөжүүлэн, монголын нийслэл УБ хотод хүрээд байгаа төдийгүй монгол улсын нутагт орон сууцны төслийн ажлыг эхлүүлээд байна. Монгол улсын хуулийн тогтолцоо болон төрийн бодлого БНХАУ-тай тэр бүр адилгүй гэж компанитай холбоотой хүмүүс үзэж байна. Магадгүй Монгол Улсын төрийн бодлогод эрсдэл учруулж мэдэнэ. Үүнээс гадна хил даван нээх бичиг баримтыг батлах, БНХАУ-ын гадаад гуйвуулгын захиргаа зэрэг дотоодтой хамааралтай хэсгийг хянан зөвшөөрөл олж авах, улсын худалдааны яам дээшлүүлэх хэрэгтэй.

11 月 18 日—19 日　蒙中领事进行会晤。蒙古国外交部领事司司长刚胡亦格、中国外交部领事司副司长孙大立主持了会议。蒙古国警察总局、边防总局工作人员也参加了会议。双方在打击走私，贩毒活动方面达成了协议，为调节劳动力将在近期进行协商。中方表明继续研究关于建立逃犯引渡协议并且在此协议建立之前将引渡 5 名蒙古国公民。对于蒙方提出的在上海派驻领事代办，和 2010 年在香港建立总领事馆，在新疆乌鲁木齐建立商业代办，或者在别的地区建立商业局等建议提交中国外贸部进行了研究。蒙方希望中方在北京、呼和浩特市等地大型医院安排翻译人员以便解决蒙方病人语言困难而造成的诸多不便。对于在呼市的 1 200 名留学生加入医疗保险的问题进行了商谈，并决定从 2009 年 1 月 1 日开始在华蒙古国学生可以加入医疗保险。此次会晤对于保护公民权利，加强两国关系，保持群众往来，简化出境手续，引渡蒙方在中国的罪犯，调整中国人在蒙古国的非法生意方面的协商取得了成果。

11 сар 18-19 Монгол БНХАУ-ын консулын хурал болов. МУ-ын ГХЯ-ны консулын газрын дарга Ганхуяг, хятад улсын гадаад яамны захиргааны хэсгийн дарга Сүнь Да Ли нар хурлыг хөтөллөө. МУ-ын ЦЕГ, хамгаалалтын ерөнхий газрын ажилчид мөн хуралд оролцов. 2 тал нууцаар хил давуулахыг зогсоох, хар тамхи дамлах үйл ажиллагааны тал дээр харилцан тохиролцов. Ойрын хугацаанд хөдөлмөрийн хүчийг зохицуулах хэлэлцээр хийнэ. Хятадын тал оргосон ялтнууд зугтах гэснийг тогтоох талаар үргэлжлэн судалж хэлэлцээр тогтоосны өмнө 5 хүн монгол иргэн зугтаасныг хүргээхээр илэрхийлэв. Монголын гаргаснаар Шанхайд консулын төлөөлөл суулгах, 2010 онд Гонг Конг-д ерөнхий консулын газрыг нээх, Шинжан Уйгарын мужид худалдаа үйлдвэрийн гүйцэтгэл барих, харин бусад газарт худалдаа үйлдвэрлэлийн газар байгуулах зэрэг асуудлаар хятадын ГХЯ-ныхан судалгаа хийсэн. Монголын тал БНХАУ-ын талтай Бээжин Хөх хот зэрэгт эмнэлэг байгуулах, орчуулагч хүн Монголын өвчтэй хүмүүсийн асуудалд туслахыг хүсэв. Хөх хотод 1 200 нэр бүхий гадаад

оюутнууд эмнэлгийн даатгалд хамрагдах асуудлаар хэлэлцээр хийж 2009.1.1-нээс хятад монгол оюутнууд эмнэлгийн даатгалд хамрагдахаар болжээ. Энэ удаагийн хэлэцээр ард иргэдийнхээ эрхийг хамгаалж 2 улсын хооронд, ард олныг хамгаалах, хилээр нэвтрэх бичиг баримтыг хялбаршуулах Хятадад байгаа Монглын огодол ялтаныг хүргэх, Хятад иргэд Монгол улст хууль бус арилжаа хийхийг хориглох зэрэг олон асуудал дээр тохиролцсон юм.

12 月 4 日 2008—2009 年全国自由式滑雪锦标赛当日在内蒙古自治区阿尔山市西山滑雪场拉开帷幕。蒙古国将参加友谊比赛。

12 сар 04 2008-2009 онд БХ-ын цанын чөлөөт гулгалтын тэмцээн ӨМӨЗО-ны Рашаан хотын баруун уулын цанын талбайд эхэлсэн ба уг нөхөрсөг тэмцээнд МУ-ын тамирчид оролцсон байна.

12 月 11 日 中国人民政治协商会议全国委员会主席贾庆林当日下午在人民大会堂会见了蒙古国家大呼拉尔主席登贝尔勒。贾庆林说，明年是中蒙建交 60 周年，这是推动两国关系发展的重要契机。中方愿与蒙方一道，结合各自国家的发展规划，挖掘合作潜力，加快推进两国元首商定的矿产资源开发和基础设施建设两大重点领域合作，争取促进更多的大项目合作。登贝尔勒感谢中方长期以来对蒙古国的无私援助。他说，蒙古国高度重视发展对华关系，希望保持双方高层互访，加强在基础设施建设、文化、教育等各领域的务实合作，推动两国关系深入向前发展。

12 сар 11 БНХАУ-ын БХАТИХ-ын зөвлөлдөх зөвлөлийн тэргүүн Жя Чинлинь үдээс хойш АИХ-ын танхимд МУ-ын УИХ-ын дарга Дэмбрэлийг хүлээн авч уулзаж хэлэхдээ: хойтон жил БНХАУ, Монголын гадаад

харилцаа тогтоосны 60 жилийн ой болно. 2 улсын хоорондын хөгжилд чухал хөдөлгөгч хүч болох юм байна. БНХАУ-ын тал Монголын талтай адил улсаа хөгжүүлэх хэтийн төлөвлөгөөнд нэгтэх, хамтын ажиллагааны нөөц бололцоог илрүүлэх, 2 улсын тэргүүлэгчид хэлэлцэн тогтоод хөрөнгө оруулалтыг нээх боломжийг судлах чухал чухал бүс нутгийн хамтын ажиллагааг хурдацтай хөдөлгөх, улам олон том төслийн хамтын ажиллагааг ахиулахаар чармайна. Дэмбэрэл БНХАУ-ын урт хугацааны тусламжинд талархсанаа илэрхийлээд МУ Хятад улстай харилцаагаа дээд хэмжээгээр хүндэтгэж буй. 2 улсын хооронд байгуулсан харилцан айчлалыг хамгаалах, суурин барьж байгуулах, соёл броловсролыг хөгжүүлэх зэрэг талын хамтын ажиллагааг нэмэгдүүлж 2 улсын хоорондын хөгжлийн урагшлуулах хүсэлтэй гэв.

12 月 19 日　应蒙古国政府邀请，中共中央委员、中共中央对外联络部部长王家瑞率团于当日前往蒙古进行友好访问。

12 сар 19　МУ-ын ЗГ-ын урилгаар БНХАУ-ын ХКН-ын гишүүн, Гадаад Хэлтсийн Дарга Ван Жиа Руй, бусад төлөөлөгчдийг тэргүүлэн МУ-д нөхөрсөг айлчлал хийв.

12 月 19 日　蒙古国总统那木巴尔·恩赫巴亚尔当天在国家宫会见了由中联部部长王家瑞率领的中共代表团。恩赫巴亚尔表示，巩固和发展同中国的睦邻友好合作是蒙方一贯的方针。今年，蒙中睦邻互信伙伴关系得到进一步发展。蒙古国将一如既往地奉行“一个中国”政策，支持中国政府在台湾问题上的原则立场，认为西藏问题是中国的内部事务，从不承认达赖流亡政府。王家瑞表示，中国党和政府高度重视发展双边关系，尊重蒙古国的独立、主权和领土完整，尊重蒙古国人民自主选择的发展道路，愿与蒙方共同努力，推动中蒙睦邻互信伙伴关系继续稳步健康向前发展。随后，蒙古国总理桑吉·巴亚尔在国家宫会见了由中联部部长王家瑞率领的中共代表团。巴亚尔表示，“明年是蒙中建交 60 周年和《蒙中友好合作关系条约》签订 15 周年，我们愿意以此为契机，把蒙中睦邻互信伙伴关系推向新阶段。王家瑞高度赞赏巴亚尔总理以及蒙古国政府和各政党在台湾、涉藏问题上给予中方的坚定支持”。王家瑞表示，中国共产党愿意在独立自主、完全平等、互相尊重、互不干涉内部事务原则的基础上继续发展与蒙古人民革命党的传统友好关系，不断深化和丰富中蒙党际交流与合作。当天，王家瑞还先后会见了蒙古国政府副总理恩赫包勒德、外交部部长巴特包勒德及蒙古人民革命党总书记、教育文化科学部部长奥特根巴亚尔等。中共代表团是应蒙古国政府的邀请，于 19 日抵达乌兰巴托开始对蒙古国为期 3 天的访问。

12 сар 19　МУ-ын ерөнхийлөгч Н.Энхбаяр тус өдөр ЗГ-ын ордонд БНХАУ-ын КН-ын гишүүн гадаадтай харилцах хэлтсийн дарга Ван Жярүй тэргүүтэй КН-ын төлөөлөгч нарыг хүлээн авч уулзав. Н.Энхбаяр БНХАУ-ын найрсаг хөршийн найрамдалт хамтын ажиллагааг бэхжүүлэн хөгжүүлэх бол МУ-ын гадаад харилцааны нэг чиглэл. Энэ жил Монгол, БНХАУ-ын найрсаг хөршийн харилцан итгэлцэх түншийн харилцаа улам хөгжив. МУ өнгөрсний нэгэн адил нэг Хятад улс гэх төрийн бодлого, БНХАУ-ын ЗГ-ын Тайваны асуудалд зарчмын эерэг байрь суурийг дэмжих, Төвд дөх асуудал бол БНХАУ-ын дотоодын хэрэг, Дадай ламын засгын газрыг үл зөвшөөрөх бодлого явуулна гэв. Ван Жярүй БНХАУ-ын КН болон ЗГ хоёр улсын харилцааны хөгжлийг дээд хэмжээгээр чухалчлан, МУ-ын тусгаар тотнол, бүрэн эрх болон нутаг дэвсгэрийн бүрэн бүтэнийг хүндэтгэн, Монголын ард түмэн өөрсдөө мэдэх хөгжлийнхээ

замыг сонгосоныг хүндэтгэнэ гэв. Монголын талтай хамтран найрсаг хөршийн харилцан итгэлцэх түншийн харилцааг хөгжүүлэхээ илэрхийлэв. Дараа нь МУ-ын ерөнхий сайд С.Баяр ЗГ-ын ордонд ХКН-ын гадаадтай харилцах хэлтсийн дарга Ван Жярүйн удирдсан КН-ын төлөөлөгчдийг хүлээн авч уулзав Баяр хэлэхдээ: ирэх жил Монгол улс БНХАУ-ын хооронд гадаад харилцаа тогтоосны 60 жилийн ой болон БНХАУ Монголын найрамдалт хамтан ажиллагааны гэрээнд гарын үсэг зурсны 15 жилийн ой болох учраас найрсаг хөршийн харилцан итгэлцэх түншийн харилцаагаа шинэ үе шатанд хүргэхээ илэрхийлсэн байна. Ван Жярүй МУ-ын ЗГ болон төр нам Тайвань, Төвдийн асуудлыг шийдхэд БНХАУ-ын талд дэмжлэг үзүүлж байгааг дээд зэргээр сайшаасан байна. Ван Жярүй ХКН эв хамтын нам, тусгаар тогтнол, эрх тэгш, харилцан хүндэтгэх, харилцан дотоод засагт үл оролцох зарчимын үндэсэн дээр МАХН-тай уламжлалт найрамдалт харилцаа харилцаагаа үргэлжлүүлэн хөгжүүлж, БНХАУ, Монголын намуудын хамтын ажиллагаа болон солилцоог тасралтгүй хөгжүүлэх баяжуулахаа илэрхийлэв. Тус өдөр Ван Жярүй МУ-ын ЗГ-ын шадар сайд Энхболд, ГЯЯ-ны сайд Батболд болон МАХН-ын ерөнхий нарийн бичгийн дарга, БСШУ-ны сайд Отгонбаяр нартай уулзав. Хятадын КН-ын төлөөгчид МУ-ын ЗГ-ын урилгаар Улаанбаатарт хүрэлцэн ирж МУ-д 3 өдрийн айчлал хийсэн байга юм.

12 月 22 日 蒙古国国家大呼拉尔主席达木丁·登贝尔勒当日上午在国家宫会见了到访的中共中央对外联络部部长王家瑞。登贝尔勒说，近年来蒙古国同中国在政治、经济等各个领域的关系都得到了快速发展，而蒙中两国议会之间的交流与合作，中国共产党同蒙古人民革命党之间的交流与合作，对于巩固和促进蒙中睦邻互信伙伴关系的发展发挥着重要的作用。

12 сар 22 МУ-ын УИХ-ын дарга Дэмбэрэл айлчлалаар ирсэн БНХАУ-ын ХКН-ын Гадаад хэлтсийн дарга Ван Жяргүйг ЗГ-ын ордонд хүлээн авч уулзав. Дэмбэрэл, ойрын жилүүдэд Монгол улс нь БНХАУ-тай улс төр, эдийн засаг зэрэг олон салбарт хурдацтай хөгжин амжилтанд хүрсэн хийгээд хоёр улсын Их хурлын хамтын ажиллагаа, Монгол, БНХАУ-ын намуудын найрсаг харилцаа нь сайн хөршийн түншлэлийг нэмэгдүүлэхэд чухал ач холбогдолтойг дурьдав.

12 月 23 日 内蒙古包头市昆都仑区“纪念改革开放 30 年中小学校园戏剧艺术节”文艺演出隆重举行，8 位来自乌兰巴托的蒙古国留学生参加了演出。

12 сар 23 ӨМӨЗО-ны Бугат хотын Хөндлөн дүүргийн “өөрчлөлт шинэчлэлтийн 30 жилийн дурсгалд зориулсан бага дунд сургуулийн ши жүжгийн баяр” соёл урлагийн баяр зохиогдсон ба Улаанбаатар хотоос ирсэн 8 төлөөлөгчдөөс гадна МУ-ын болон гадаадын оюутнууд уг тоглолтонд оролцов.

2008 年 中国（海南）国际热带农产品冬季交易会（简称“冬交会”）当日落幕，根据组委会方面发布的统计数字，蒙古国家蔬菜公司与海南方面签订的水果瓜菜购销合同金额达 1.4 亿美元。

2008 оны БНХАУ (Хайнань) ОУ-ын халуун орны хөдөө аж ахуйн бүтээгдэхүүний өвлийн улирлын худалдааны хурал зохион байгуулав. Зохион байгуулах зөвлөлийн хурлын судалгаанд үндэслэн МУ-ын хүнсний ногооны компани болон Хайнаний жимс, ногоо, гуа солилцох хамтын ажиллагаанд гарын үсэг зурсан нийт мөнгөний хэмжээ 140,000,000 ам.долларт хүрэв.

据中方统计，2008 年中蒙贸易额达 24.38 亿美元，同比增长近两成。中国连续 10 年保持蒙古国最大贸易伙伴地位，连续 11 年保持蒙古国最大投资来源国地位。

Хятадын статистик үзүүлэлтээр Хятад Монгол хоёр улсын худалдааны мөнгөн дүн 24 380 000 ам. долларт хүрсэн ба өмнөх жилийн дүнгээс хоёр дахин өссөн байна. БНХАУ сүүлийн арван жилийн үзүүлэлтээр Монгол Улсын томоохон хамтрагч нь болсоноос гадна сүүлийн арван нэгэн жилийн үзүүлэлтээр мөн томоохон хөрөнгө оруулагч нь болсон байна.

2009 年中蒙国家关系历史编年

2009 оны Хятад Монголын харилцааны түүхэн үйд явдлын товчоон

1 月 9 日　中蒙跨国运煤专用铁路国内线—神华甘泉铁路奠基仪式在中国内蒙古自治区巴彦淖尔市乌拉特中旗举行。神华甘泉铁路是促进中蒙双边经贸合作向纵深发展的一项重要工程。

1 сар 9　Монгол Хятад хоёр оронд нүүрс тээвэрлэх төмөр замын дотоод шугам болох “Шэн Хуа Гань Чуань” төмөр замын суурь тавих ёслол БНХАУ-ын ӨМӨЗО-ны Баяннуур хотын Урад хошуунд болов. “Шэн Хуа Гань Чуань” төмөр зам нь хоёр орны эдийн засаг, худалдаа, хамтын ажиллагаа, цаашдын хөгжилд дэвшил авчрах юм.

4 月 10 日　中国国务院副总理王岐山当日在北京会见参加中蒙经济贸易联合委员会第 11 次会议的蒙古国副总理恩赫包勒德。王岐山说，中蒙建交 60 年来，政治互信不断加深，高层交往频繁，经贸、投资、金融等领域合作日益密切。两国经济互补性强，合作前景广阔，双方不仅要立足当前，携手应对国际金融危机的冲击，更要着眼长远，继续深化能源资源、基础设施等合作，为企业投资和贸易创造更好环境，推动两国关系不断向前发展。恩赫包勒德表示，蒙方在涉及台湾、西藏问题上坚定奉行一个中国政策，并希望进一步加强双方经贸合作。

4 сар 10　БНХАУ-ын Төрийн Зөвлөлийн Дэд Дарга Ван Чишань, Бээжин хотноо зохион байгуулагдаж буй Монгол-Хятадын эдийн засаг худалдааны ажилтнуудын XI зөвлөлгөөнд оролцохоор хүрэлцэн ирсэн Монгол Улсын Шадар Сайд Энхболдтой уулзав. Ван Чишань хэлсэн үгэндээ: Манай хоёр улс дипломат харилцаа тогтоосон 60 жилийн хугацаанд улс төрийн итгэлцэл улам гүнзгийрч, өндөр хэмжээний айлчлал тогтмолжиж, эдийн засаг, худалдаа, хөрөнгө оруулалт, банк санхүү зэрэг салбарын хамтын ажиллагаа сайжирсан ба энэхүү хамтын ажиллагааны дүнд хоёр улсын эдийн засаг хөгжиж, хэтийн төлөв өргөжсөн бөгөөд цаашид дэлхийн санхүүгийн хямралд өртөхгүйн тулд хамтран дэмжилцэн, ашигт малтмал, эрчим хүч, дэд бүтцийн салбарт хөрөнгө оруулалтын орчинг сайжруулах, худалдаа, хамтын ажиллагааг сайжруулахад анхаарах хэрэгтэйг дурьдав. Тайван болон Төвдөд баримталж буй Хятад улсын бодлогыг Монгол Улс дэмжихийн сацуу хоёр орны худалдаа эдийн засгийн хамтын ажиллагааг сайжруулахыг хүсэж буйгаа

илэрхийлэв.

4 月 13 日 蒙古国总理桑吉・巴亚尔日前在接受中国媒体采访时表示，发展同中国的睦邻互信伙伴关系是蒙古国对外政策的首要方针之一。目前两国关系在各个领域顺利发展，两国高层互访和对话频率得到保持，两国关系和互信已达到最高水平。

4 сар 13 Монгол Улсын Ерөнхий Сайд Санжын Баяр, БНХАУ-ын сурвалжлагчдыг хүлээн авах үеэрээ хоёр улсын сайн хөршийн харилцан итгэлцлийг хөгжүүлэх нь Монгол Улсын гадаад бодлогын эн тэргүүний зорилтын нэг болохыг дурьдаад хоёр орны салбар бүрийн хөгжил дэвшил, өндөр хэмжээний айлчлал, хэлэлцээрүүд тогтомолжиж байгаа нь сайн хөршийн харилцан итгэлцлийг өндөр түвшинд хүргэсэн болохыг цохон тэмдэглэв.

4 月 14 日 应中国国务院总理温家宝邀请，蒙古国总理巴亚尔当日开始对中国进行为期 5 天的工作访问。这是巴亚尔就任蒙古国总理以来首次（访问中国），而且是在两国庆祝建交 60 周年之际（ ）。

4 сар 14 БНХАУ-ын Төрийн Зөвлөлийн Ерөнхий Сайд Вэнь Жябаогийн урилгаар хийгдэж буй Монгол Улсын Ерөнхий Сайд С.Баярын таван өдрийн ажлын айлчлал энэ өдөр эхлэв. С.Баяр Монгол Улсын Ерөнхий Сайдаар томилогдсоноосоо хойш анх удаа БНХАУ-д айлчилж байгаа бөгөөд хоёр улсын дипломат харилцаа тогтоосны 60 жилийн ойтой давхцаж байгаа юм.

4 月 15 日 中国人民政治协商会议全国委员会副主席孙家正当日下午与正在访问中国的蒙古国总理桑吉・巴亚尔共同出席了

在中国美术馆举行的蒙古国艺术作品展开幕式。

4 сар 15 БНХАУ-ын УТТ-ны БХ-ын Зөвлөлийн Дэд Дарга Сүнь Жяжэн болон Хятад улсад айлчилж буй Монгол Улсын Ерөнхий Сайд Санжийн Баяр нар Хятадын Дүрслэх урлагийн музейд нээгдсэн Монгол урлагын үзэсгэлэнгийн нээлтэд оролцов.

4 月 17 日　中国国务院总理温家宝在海南三亚会见出席博鳌亚洲论坛 2009 年年会的蒙古国总理巴亚尔。温家宝说，中方愿以两国建交 60 周年为契机，推动双方睦邻互信伙伴关系迈上新台阶。当前要积极建立健全合作机制，搞好统筹规划，重点推进基础设施建设和矿产资源开发合作，加强金融合作，实现共同发展。中方将继续向蒙方提供力所能及的援助。巴亚尔说，蒙古国高度赞赏中国奉行睦邻友好政策。蒙方愿与中方共同努力，搞好蒙中建交 60 周年纪念活动，促进人文、教育交流，推动两国关系深入发展。加强对华合作对蒙古国应对当前国际金融危机很重要，希望双方经贸、矿产、交通等领域合作取得新进展。两国总理还共同出席了矿产、食品安全、金融等领域双边合作文件的签字仪式。

4 сар 17 БНХАУ-ын Төрийн Зөвлөлийн Ерөнхий Сайд Вэнь Жябао Хайнаньд зохион байгуулагдаж байгаа Боаогийн форумд оролцож буй Монгол Улсын Ерөнхий Сайд Баярыг хүлээн авч уулзав. Вэнь Жябао хэлсэн үгэндээ БНХАУ нь хоёр улсын дипломат харилцаа тогтоосны 60 жилийн ойн босгон дээр сайн хөршийн нөхөрсөг харилцааг шинэ шатаар ахиулан, цаашид хамтын ажиллагааны тогтолцоог төлөвлөн сайжруулж, дэд бүтэц, ашигт малтмал, уул уурхай, санхүү эдийн засгийн хөгжлийг дээшлүүлэхэд

анхаарахын зэрэгцээ БНХАУ, Монгол Улсад бүхий л талаар туслахад бэлэн буйгаа илэрхийлэв. Баяр хэлсэн үгэндээ Монгол Улс нь БНХАУ-ын баримталж байгаа сайн хөршийн бодлогыг хүндэтгэхийн сацуу хоёр улсын дипломат харилцаа тогтоосны 60 жилийн ойг хамтран тэмдэглэх нь соёл боловсрол, хүмүүнлэг, хамтын ажиллагаанд дэвшилтэт алхам болно гэдэгт итгэлтэй байгаагаа илэрхийлэв. Мөн тэрээр дэлхийн эдийн засгийн хямралтай Монгол Улс нүүр тулахад хоёр орны хамтын ажиллагаа чухал бөгөөд эдийн засаг худалдаа, уул уурхай, зам харилцаа зэрэг олон салбарын хамтын ажиллагаа амжилттай хэрэгжихийг хүсэж буйгаа цохон тэмдэглэв. Хоёр улсын Ерөнхий сайд уул уурхай, хүнсний аюулгүй байдал, банк санхүү зэрэг олон салбар дахь хамтын ажиллагааны санамж бичигт гарын үсэг зурах ёслолд оролцов.

·4 月 17 日—19 日　以“经济危机与亚洲：挑战和展望”为主题的博鳌亚洲论坛 2009 年年会召开，此次年会汇聚了 1 600 余名各国政要、商界领袖、专家学者。蒙古国总理巴亚尔应邀出席，在发言中他指出，亚洲经济占世界经济的比重在增加，亚洲国家协调应对危机的行动，有利于世界经济整体的复苏。

4 сар 17-19　“Ази тив болон эдийн засгийн хямрал, хэтийн төлөв” сэдэвтэй Боаогийн форумд 1 600 гаруй орны улс төр, худалдааны тэргүүн, эрдэмтэн мэргэжилтнүүд оролцсон байна. Форумд Монгол Улсын Ерөнхий Сайд С.Баяр урилгаар оролцсон ба хэлсэн үгэндээ: “Дэлхийн эдийн засагт эзлэх Азийн байр суурь нэмэгдэж, Азийн улс орнууд хямралын эсрэг үйл ажиллагааг идэвхтэй явуулж байгаа нь дэлхийн эдийн засаг сэргэхэд ашигтай” гэсэн байна.

4 月 25 日　据报道，由蒙古国著名导演奈登道尔吉精心打造的中国著名现代话剧《雷雨》蒙语版日前在蒙古国首都乌兰巴托中央文化宫演出，引起观众的强烈反响。《雷雨》话剧蒙语版计划在乌兰巴托演出 20 天，各大报纸和电视台纷纷对《雷雨》的剧情和作者曹禺予以报道。

4 сарын 25　Монгол Улсын нэрт Найруулагч Найдандорж Улаанбаатар хотын Соёлын Төв Өргөөнд Хятадын алдарт орчин үеийн драмын жүжиг “Аянгын бороо”-г монгол хэл дээр найруулан тавьсан нь үзэгчдийн таашаалд ихэд нийцжээ. “Аянгын бороо” драмын жүжиг нь Улаанбаатар хотноо 20 өдрийн турш тоглогдох ба тус жүжгийн зохиолч Цао Юй болон жүжгийн үйл явдлын талаар Монгол Улсын томоохон телевиз, сонин хэвлэлүүдэд дэлгэрэнгүй нийтэлсэн байна.

4 月 29 日　庆祝《中蒙友好合作关系条约》签订 15 周年招待会当日在北京举行。中国人民对外友好协会副会长井顿泉、蒙古国驻华大使巴特苏赫夫妇以及中蒙各界人士 60 余人出席了招待会。

4 сар 29　“Хятад Монголын найрсаг хамтын ажиллагааны гэрээ”-нд гарын үсэг зурсаны 15 жилийн ойг тохиолдуулан Бээжин хотноо зохион байгуулагдсан хүлээн авалтад БНХАУ-ын Найрамдлын Нийгэмлэгийн Дарга Жин Дуньчуань, Монгол Улсаас БНХАУ-д суугаа Элчин сайд Батсүх болон түүний гэргий, Хятад Монголын 60 гаруй төлөөлөгч оролцов.

5 月 24 日　当日中午 12 时，蔓延至中国内蒙古兴安盟边境地区的蒙古国草原大火得到有效控制。据介绍，蒙古国靠近兴安盟边境地区 5 月 20 日晚发生草原大火，22 日晚，大火突破中蒙边境进入五岔沟林业局施业区，经过扑火人员努力，到 23 日早晨 6 时，这段 5 公里长火线已全部被扑灭。23 日上午，蒙古国草原大火北段火头又逼近中国白狼林业局施业区，部分火头已越过中国边境巡逻路 200 米，经过扑火队员 7 个小时的扑救，火场白狼段已经成功实现全线堵截，至 24 日，100 公里长的火线已经全部得到控制。

5 сар 24 Үд дунд 12 цагийн үед БНХАУ-ын Өвөр Монголын Хянган аймгийн хилийн бүс нутагт Монгол улсаас орж ирсэн хээрийн түймрийг унтраасан байна. Тус бүс нутагт 5-р сарын 20-ны өдрийн орой гарсан хээрийн түймэр 22-ны орой хил даван Ү Чагоү ойн аж ахуйгаар дайрсан түймрийн 5 км галын зурвасыг ард иргэд хамтын хүчээр 23-ны өглөө 6 цагийн үед унтраасан аж. 23-ны өглөө Монгол улсын хээрийн түймрийн хойд хэсгийн галын түрүүч Хятад улсын Бай Лан ойн аж ахуйн нутагт ойртон БНХАУ-ын хилийн хяналтын зурваст 200 м-ээр дотогш орж ирэхэд гал түймэртэй тэмцэх баг 7 цагийн турш шуурхай ажиллаж галын ихэнх хэсгийг унтраасан байна. 24-ны өдөр 100 км урттай галыг унтраснаар түймэр бүрэн унтарсан байна.

6 月 5 日 第四次上海合作组织成员国紧急救灾部门领导人会议当日在哈萨克斯坦曼吉斯套州阿克套市举行。中国民政部部长李学举率中国代表团出席会议，印度和蒙古国救灾部门代表作为观察员出席会议。

6 сар 5 Шанхайн хамтын ажиллагааны нийгэмлэгийн гишүүн орнуудын онцгой байдлын удирдлагын VI

хуралдааныг Казахстаны нийслэл Астанад зохион байгуулав. БНХАУ-ын Ардын Засаглалын Яамны Сайд Ли Сюэжу тэргүүтэй төлөөлөгчид хуралдаанд оролцож, Энэтхэг, Монгол Улсын Онцгой байдлын газрын төлөөлөгчид ажиглагчаар оролцсон байна.

6月 10日 中共中央对外联络部新闻发言人李军当日宣布：应埃及民族民主党、西班牙政府、约旦首扎哈比和蒙古国政府的邀请，中共中央政治局常委、中央纪委书记贺国强将于 6 月 13 日至 27 日对上述四国进行友好访问。

6 сар 10 ХКН-ын Төв Хорооны Гадаад харилцааны хэлтэсийн хэвлэл мэдээллийн төлөөлөгч Ли Жүнь, Египтийн Ардчилсан нам, Испанийн ЗГ, Иорданы төрийн тэргүүн Захаби болон Монгол Улсын Засгийн Газрын урилгаар ХКН-ын Төв Хорооны УТТ-ны байнгын хорооны гишүүн, намын сахилга батыг хянан шалгах хорооны нарийн бичгийн дарга Хэ Гуочян 6-р сарын 13-27-ны өдрүүдэд дээрх дөрвөн улсад нөхөрсөг айлчлал хийх тухай мэдэгдэв.

6月 16日 中国外交部发言人秦刚当日宣布：应蒙方邀请，中国全国人民代表大会常务委员会副委员长蒋树声将作为胡锦涛主席特使赴蒙古国出席 6 月 18 日蒙古国新总统查希亚·额勒贝格道尔吉的就职典礼。

6 сар 16 БНХАУ-ын ГХЯ-ны хэвлэлийн төлөөлөгч Чинь Ган, Монгол Улсын урилгаар БНХАУ-ын Дарга Ху Жиньтаогийн тусгай элч, БХАТИХ-ын байнгын хорооны дэд дарга Жян Шушэн 6-р сарын 18-ны өдөр Монгол Улсын шинэ Ерөнхийлөгч Цахиагийн Элбэгдоржийн тангараг өргөх ёслолд оролцох болсныг мэдэгдэв.

6月17日 中国全国人民代表大会常务委员会副委员长蒋树声当日上午离开北京，作为中国国家主席胡锦涛的特使前往乌兰巴托出席蒙古国总统查希亚·额勒贝格道尔吉的就职典礼。

6 сар 17 БНХАУ-ын БХАТИХ-ын байнгын хорооны дэд дарга Жян Шушэн үдээс өмнө БНХАУ-ын дарга Ху Жиньтаог төлөөлөн Монгол Улсын шинэ Ерөнхийлөгч Цахиагийн Элбэгдоржийн Ерөнхийлөгчийн тангараг өргөх ёслолд оролцохоор Улаанбаатар хотыг зорин мордов.

6月18日 中国国家主席胡锦涛特使、中国全国人民代表大会常务委员会副委员长蒋树声当日下午在乌兰巴托国家宫出席了蒙古国总统查希亚·额勒贝格道尔吉的就职典礼。蒋树声代表胡锦涛主席对额勒贝格道尔吉就任蒙古国总统表示祝贺，表示中方高度重视中蒙关系，愿同蒙方一道以中蒙建交 60 周年为契机，推动中蒙睦邻互信伙伴关系不断向前发展。额勒贝格道尔吉总统表示，感谢胡锦涛主席派蒋树声副委员长作为特使出席他的就职典礼，蒙方希望并相信，在双方共同努力下，蒙中两国各领域友好合作关系一定能够不断取得新的发展。

此前，蒋树声还分别会见了蒙古国总理巴亚尔、国家大呼拉尔主席（议长）登贝尔勒，同他们就进一步发展中蒙关系进行了亲切友好交谈。双方一致同意，继续扩大和深化双方在政治、经济、文化等各领域的交流与互利合作，加强双方在国际和地区事务中的沟通与协调，推动中蒙关系不断深入发展。

6 сар 18 БНХАУ-ын дарга Ху Жиньтаогийн тусгай элч, БХАТИХ-ын байнгын хорооны дэд дарга Жян Шушэн Монгол Улсын Төрийн ордонд Монгол Улсын Ерөнхийлөгч

Цахиагийн Элбэгдоржийн тангараг өргөх ёслолын ажиллагаанд оролцов. Жян Шушэн нь Ц.Элбэгдоржийг Монгол Улсын Ерөнхийлөгчөөр сонгогдсон явдалд Ху Жиньтао дарга баяр хүргэж байгааг уламжлаад, БНХАУ нь хоёр орны найрамдалт харилцааг эрхэмлэн үздэгээ илэрхийлэхийн ялдамд Хятад Монголын дипломат харилцаа тогтоосны 60 жилийн ойн энэ үеэр Хятад Монголын сайн хөршийн итгэлцлийн харилцааг тасралтгүй хөгжүүлэхийг хүсэж байгаагаа цохон тэмдэглэв.Ерөнхийлөгч Ц.Элбэгдорж, БНХАУ-ын дарга Ху Жиньтаогын тусгай элч, БХАТИХ-ын байнгын хорооны дэд дарга Жян Шушэн тангараг өргөх ёслолд оролцсонд талархаж, хоёр улсын найрсаг хамтын ажиллагааг салбар бүрт тасралтгүй хөгжүүлж чадна гэдэгт итгэлтэй байгаагаа илэрхийлэв.

Мөн Жян Шушэн, Монгол Улсын Ерөнхий сайд С.Баяр, УИХ-ын дарга (парламентын дарга) Дэмбэрэл нартай уулзав. Уулзалтаар Монгол Хятадын харилцааг хөгжүүлэх тухай найрсаг яриа өрнүүлж, цаашид улс төр, эдийн засаг, соёлын солилцоог нэмэгдүүлэх, олон улсын болон бүс нутгийн асуудлуудыг нааштайгаар шийдвэрлэхэд анхаарах, Монгол Хятадын харилцааг тогтмолжуулах зэрэгт санал нэгтэй болов.

6 月 25 日　中共中央政治局常务委员、中央纪律检查委员会书记贺国强抵达乌兰巴托，会见了蒙古人民革命党书记乌・巴尔斯包勒德。贺国强说，中蒙政党交往是中蒙睦邻互信伙伴关系的重要组成部分。当前两国关系正处于历史上最好时期，中国共产党与蒙古人革党应该紧紧抓住这个重要机遇，进一步深化两党在各领域的友好交往。为此，贺国强提出四点建议：第一，继续保持党际高层交往，增进政治互信；第二，继续做好两党干部交流工作，相互学习，增进友谊；第三，加强两国青年政治家交流；第四，要通过党际交流增进两国人民之间的友好情感。

巴尔斯包勒德表示赞同贺国强对蒙古人革党与中国共产党良好合作关系的评价和进一步深化两党关系的建议，表示愿与中方共同努力，通过两党密切合作为两国关系发展继续作出积极贡献。当日上午，贺国强还出席了庆祝中蒙建交60周年内蒙古文化周暨摄影艺术展开幕式并观看了展览。下午，贺国强分别会见了蒙古国总理、人民革命党主席桑吉·巴亚尔和国家大呼拉尔主席达木丁·登贝尔勒。

在会见巴亚尔时，贺国强说，“近年来，在两国高层领导人的推动下，双方各领域的交流与合作蓬勃发展，中蒙之间不存在任何悬而未决的重大问题，两国关系处于历史最好时期。我在中蒙建交60周年之际率团访蒙，中国内蒙古自治区、中国人民对外友好协会也在蒙古举办一系列活动，目的就是要同蒙方一道，回顾过去，总结经验，展望未来，为中蒙关系持久发展奠定坚实的基础。中蒙关系60年发展历程告诉我们，两国加强政治互信，深化睦邻友好，开展互利合作，不仅符合两国人民的共同利益，而且对本地区乃至世界的和平与发展具有重要意义”。

巴亚尔说，经过60年的发展，蒙中关系进入了历史最好时期，蒙中睦邻互信伙伴关系在各个领域都得到了顺利发展，蒙古国政府和人民高度重视并十分珍视同中国政府和人民的友好交往。希望以庆祝两国建交60周年为契机，进一步扩大各领域特别是经贸、矿产、能源、农牧业等领域的交流与合作，开启两国关系的新阶段。

会见后，贺国强与巴亚尔共同出席了中蒙经贸、教育等合作文件的签字仪式。

在会见登贝尔勒时，贺国强积极评价中蒙议会交往。他指出，中蒙议会交往积极务实，是中蒙睦邻互信伙伴关系的重要组成部分，为推动两国睦邻友好、互利合作，深化两国人民友谊发挥了不可替代的作用。贺国强表示，中方愿与蒙方继续加强两国议会交流，共同为促进双边关系发展作出新贡献。

登贝尔勒说，蒙方高度重视两国议会之间的交流，愿同中国全国人大继续保持并不断加强业已存在的良好合作关系，为两国关系的发展发挥积极作用。

当日下午，贺国强还出席了“中蒙友好光明行”活动启动仪式。由中国人民对外友好协会率领、北京同仁医院派出的医疗小组已为近 50 名蒙古国白内障患者施行了手术治疗，使他们重见光明。

6 сар 25 ХКН-ын Төв Хорооíû УТТ-íы бàéíãûí хîðîîны гишүүн, намын ñàõèëãà батыг хянан шалгах хорооны нарийн бичгийн дарга Хэ Гуочян Улаанбаатар хотноо хүрэлцэн ирж Монгол улсын МАХН-ын нарийн бичгийн дарга Барсболдтой уулзав.Хэ Гуочян хэлсэн үгэндээ: “Хятад Монгол хоёр намын харилцаа бол сайн хөршийн харилцан итгэлцлийн чухал бүрэлдэхүүн юм. Одоо хоёр улсын харилцааны түүхэн дэх хамгийн тааламжтай үе бөгөөд Хятадын Коммунист нам болон МАХН энэ чухал тохиолыг ашиглан хоёр намын олон талт найрсаг харилцааг гүнзгийрүүлэх нь зүйтэй” гээд дараах дөрвөн саналыг дэвшүүлэв. Үүнд: Нэгдүгээрт, намуудын өндөр түвшний харилцааг батжуулж, улс төрийн итгэлцлийг нэмэгдүүлэх, Хоёрдугаарт, хоёр намын ажилтнууд туршлага солилцож, харилцан суралцаж, эв саналаа нэгтгэх, Гуравдугаарт, хоёр намын залуу улс

төрчдийн харилцааг нэмэгдүүлэх, Дөрөвдүгээрт, намуудын үйл ажиллагаагаар дамжуулан хоёр улсын ард түмний найрамдлыг улам бэхжүүлэх зэрэг байлаа.

Барсболд, Хэ Гуочяны хоёр намын хамтын ажиллагааны үнэлэлт болон оновчтой санал гаргасанд талархаж, намуудын нягт хамтын ажиллагаа нь улс орны хөгжилд нөлөөлөхүйц үүрэгтэй байхыг хүсэж буйгаа илэрхийлэв. Үдээс өмнө Хэ Гуочян, Хятад Монголын дипломат харилцаа тогтоосны 60 жилийн ойд зориулсан "Өвөр Монголын соёлын долоо хоног"-ын үеэр зохион байгуулагдаж байгаа гэрэл зураг, урлагийн бүтээлийн үзэсгэлэнг үзэж сонирхов. Үдээс хойш Хэ Гуочян, Монгол Улсын Ерөнхий сайд, МАХН-ын Дарга Санжын Баяр болон УИХ-ын дарга Дамдины Дэмбэрэл нартай уулзав.

С.Баяртай уулзах үеэрээ Хэ Гуочян: "Ойрын жилүүдэд хоёр улсын удирдлагуудын дэмжлэгээр ихэнх салбарын хамтын ажиллагаа, солилцоо сайжирч, Хятад Монголын хооронд шийдвэрт хүрээгүй ноцтой асуудал байхгүй байгаа нь түүхэн харилцааны тааламжтай үе юм. Миний бие хоёр улсын дипломат харилцаа тогтоосны 60 жилийн ойг тохиолдуулан төлөөлөгчдийн хамтаар Монгол улсад айлчилж, БНХАУ-ын ӨМӨЗО, Гадаадтай найрамдлаар харилцах нийгэмлэгээс зохион байгуулсан хэд хэдэн үйл ажиллагаанд оролцсон гол зорилго нь өнгөрснийг эргэн харж, ололт амжилтаа дүгнэн, ирээдүйг угтан, цаашдын өнө удаан хөгжлийн бат суурийг тавилцахад оршиж байна. Өнгөрсөн 60 жилийн дотор улс төрийн итгэлцэл нэмэгдэж, сайн хөршийн найрамдалт харьцаа гүнзгийрч, хөгжил дэвшил ашиг сонирхлын хамтын ажиллагаа идэвхжсэн зэрэг нь зөвхөн хоёр улсын ард иргэдэд тустай байгаад зогсохгүй бүс нутгийн хийгээд дэлхийн энх тайван, хөгжилд чухал ач холбогдолтой" гэж цохон тэмдэглэв.

С.Баяр: "Өнгөрсөн 60 жилийн дотроос Монгол Хятадын түүхэн харилцаан дахь хамгийн тааламжтай үе тохиолоо. Найрсаг хөршийн харилцан итгэлцэл нь хамтын ажиллагааны олон салбарт амжилттай биелэлээ олсон ба Монгол улсын Засгийн газар, ард иргэд нь БНХАУ-ын Засгийн газар, ард түмэнтэй тогтоосон найрамдлаа нандигнан чухалчилдгаа илэрхийлэв. Дипломат харилцаа тогтоосны 60 жилийн ойг тохиолдуулан эдийн засаг, худалдаа, эрчим хүч, уул уурхай, хөдөө аж ахуйн салбаруудад хамтын ажиллагааг нэмэгдүүлж, хоёр улсын харилцааг шинэ шатаар ахиулахыг хүсэж байгаагаа цохон тэмдэглэлээ.

Уулзалтын дараа Хэ Гуочян, С.Баяр нар худалдаа, эдийн засаг, боловсрол зэрэг хамтын ажиллагааны санамж бичигт гарын үсэг зурав.

Хэ Гуочян, УИХ-ын дарга Дэмбэрэлтэй уулзах үеэрээ Хятад Монголын парламентын харилцаанд үнэлэлт дүгнэлт өгөв. Тэрээр Хятад Монголын парламентын харилцааны идэвхийлэх үүрэг бол Хятад Монголын сайн хөршийн харилцан итгэх нөхрийн харилцааны чухал бүрэлдэхүүн хэсэг нь байж хоёр улсын сайн хөршийн найрамдлыг,харилцан ашигтай хамтын ажиллагааг ахиулан хоёр улсын ард түмний найрамдлыг дэлгэрүүлж орлож болохгүй үүргийг гүнзгийрүүлэх юм. Хэ Гуочян: Хятад Монголын талууд хоёр улсын парламентын харилцааг үргэлжлүүлэн нэмэгдүүлж хамтдаа талуудын харилцааны хөгжилд шинэ хувь нэмэр оруулахад тус дөхөм үзүүлхийг илэрхийлсэн байна.

Дэмбэрэл: Монголын тал хоёр улсын парламент хоорондын харилцааг эрхэмлэн үздэг бөгөөд Хятад улсын Бүх Хятадын АТИХ-тай тогтсон сайхан хамтын ажиллагаа харилцаагаа тасралтгүй нэмэгдүүлж үргэлжлүүлэн хамгаалж хоёр улсын харилцааны төлөө идэвхитэй үүргийг дэлгэрүүлэхийг хүссэн байна.

Мөн өдрийн үдээс хойш Хэ Гуочян Хятад Монголын найрамдлын “Гэгээн мэлмий” аяны ёслолын ажиллагаанд оролцов. БНХАУ-ын Гадаадтай найрамдлаар харилцах хэлтэс, Бээжингийн “Тун Рэнь” эмнэлгээс томилогдсон эмнэлгийн баг Монгол улсын 50 өвчтөнд үнэ төлбөргүй мэс засал хийж гэрэл гэгээ бэлгэлсэн байна.

6月26日 上午，中共中央政治局常委、中央纪委书记贺国强先后会见了蒙民主党总书记敦·额尔登巴特、公民意志党主席桑·奥云、民族新党主席策·朝勒蒙。在会见中，贺国强指出，中国共产党一贯重视发展同蒙古国各政党之间的友好合作关系。目前，中国共产党在独立自主、完全平等、互相尊重、互不干涉内部事务原则下与蒙古国各主要政党均保持友好交往关系，不断加强了解与沟通，增进了理解与互信，促进了两国睦邻互信伙伴关系长期、稳定、健康发展。三党领导人一致表示，蒙古国各政党在国内问题上虽政见有所不同，但在发展蒙中睦邻互信伙伴关系问题上有着广泛共识，将继续加强同中国共产党的友好交往，共同推动蒙中国家关系向前发展。贺国强在当日上午出席蒙古国各界为中国共产党代表团访蒙举办的欢迎大会上发表重要演讲。他积极评价中蒙关系，指出两国关系 60 年发展历程留下了四条宝贵启示：一是相互尊重独立、主权和领土完整，尊重各自选择的发展道路，这是中蒙友好合作不断发展的政治前提；二是本着与时俱进的精神，致力于拓展双边关系的广度和深度，这是中蒙友好合作不断发展的不竭源泉；三是把对方发展视为重要机遇，坚持互利合作，努力实现共赢，这是中蒙友好合作不断发展的持久动力；四是不断增进两国人民相互理解，这是中蒙友好合作不断发展的社会基础。贺国强表示，当前国际经济形势严峻，但越是在困难的时候越要看到中蒙经济发展和经贸合作的有利条件和积极因素，双方要坦诚相待，共克时艰，切实采取有效措施促进两国经济发展和社会稳定。蒙古人革党、民主党、公民意志党、民族新党领导人也在会上发表了热情洋溢的讲话，欢迎贺国强率团访蒙，盛赞蒙中友好关系。

当日下午贺国强会见了蒙古国总统查希亚·额勒贝格道尔吉。贺国强说，中蒙互为重要邻国，拥有 4 700 多公里的共同边界。建交 60 年来，睦邻友好、互利合作一直是双边关系的主流，中蒙友好已深深扎根于两国人民心中，并为两国和两国人民带来了实实在在的利益，中方对此感到高兴。双方应该珍惜当前两国关系处于历史最好时期的难得机遇，进一步推动中蒙关系向前发展。为此，他提出四点建议：一是继续增进双方政治互信，保持睦邻友好；二是努力扩大在经贸领域的合作，实现互利共赢；三是不断加强在人文领域的深入交流，巩固中蒙友好基础；四是保持在多边和国际领域的密切协调和沟通，切实维护共同利益。贺国强表示相信，在双方的共同努力下，中蒙睦邻互信伙伴关系一定能提升到新水平。

额勒贝格道尔吉表示赞同贺国强对进一步发展两国关系的积极建议。他表示，巩固和发展同中国的睦邻友好合作是蒙方坚定不移的方针。今年是两国建交 60 周年，双方共同举办的一系列庆祝活动和贺国强此次对蒙古国的成功访问，必将推动两国关系取得新的更大发展。他重申，蒙古国将一如既往地坚持奉行一个中国政策，坚定支持中国政府在台湾、涉藏问题上的立场。

当日，贺国强还参观了“戈壁”羊绒衫厂，并前往中国驻蒙古国大使馆看望使馆工作人员、中资机构、留学生和华侨华人代表。当晚，贺国强出席了庆祝中蒙建交 60 周年内蒙古文化周“友谊的颂歌”文艺晚会。

当日，陪同贺国强出访的中共中央纪委副书记、监察部部长马驭分别与蒙人民革命党监督委员会总主席敦德格、蒙政府反贪局局长其·桑格拉克查进行了工作会谈。

6 сар 26 ХКН-ын УТТ-ны байнгын хорооны гишүүн, сахилга батыг хянан шалгах хорооны нарийн бичгийн дарга Хэ Гуочян Монголын ардчилсан намын нарийн бичгийн дарга Д. Эрдэнэбат, Иргэний Зориг намын тэргүүн С. Оюун, Үндэсний шинэ намын тэргүүн Ц. Цолмон нарыг тус тус хүлээн авч уулзав. Уулзалтын үеэр Хэ Гуочян: ХКН нь Монгол улсын олон намын найрамдалт хамтын ажиллагаа, хөгжлийг хэзээд хүндэтгэн үздэг. ХКН тусгаар тогтнол, тэгш эрх, харилцан хүндэтгэх, дотоод хэрэгт харилцан үл оролцох зарчмын дор Монгол улсын олон намтай найрсагаар харилцах харилцаагаа хэвээр хадгалан, харилцаа холбоо, ойлголцолыг тасралтгүй бэхжүүлэн, харилцан итгэлцлийг сайжруулж хоёр улсын сайн хөршийн харилцан итгэлцсэн нөхөрсөг харилцааны урт удаан, тогтвортой, эрүүл хөгжлийг дэмжсээр ирсэн гэдгээ илэрхийлэв. 3 намын удирдлагууд, Монгол улсын олон нам дотоод асуудал дээр улс төрийн үзэл баримтлал нэлээд адилгүй боловч Монгол Хятадын сайн хөршийн харилцан итгэх нөхрийн харилцааны асуудал дээр хамтын мэдлэг нь далайцтай байж Хятадын Коммунист намтай найрсаг харилцаагаа үргэлжлүүлэн бэхжүүлж хамтдаа Монгол Хятадын харилцааг урагш хөгжүүлэхэд санал нэг байгаагаа илэрхийлсэн байна. Хэ Гуочян үдээс өмнө ХКН-ын

төлөөлөгчид Монгол улсад айлчилж буйд зориулсан хүндэтгэлийн их хурал дээр илтгэл тавив. Тэрээр Хятад Монголын харилцаанд үнэлэлт өгөхдөө хоёр улсын харилцааны 60 жилийн явцын тухай 4 чухал дүгнэлт гаргав. Үүнд: "нэгдүгээрт тусгаар тогтнол, бүрэн эрх газар нутгийн бүрэн бүтэн байдал болон өөр өөрийн сонгосон хөгжлийн зам зэргийг харилцан хүндэтгэх нь Хятад Монголын найрсаг хамтын ажиллагааны тасралтгүй хөгжлийн улс төрийн урьдчилсан нөхцөл юм. Хоёрдугаарт цаг үеийн дэвшилтэд үзэл санаа сэтгэлгээнд үндэслэн талуудын харилцааны цар хүрээ ба мөн чанарыг өргөжүүлэх бүх хүчээ дайчлах нь Хятад Монголын найрсаг хамтын ажиллагааны тасралтгүй хөгжлийн шавхагдашгүй эх булаг юм. Гуравдугаарт талуудын хөгжлийн таатай нөхцөлийг харж харилцан ашигтай хамтын ажиллагааг чанда баримтлан хамтдаа хичээх нь Хятад Монголын найрсаг хамтын ажиллагааны тасралтгүй хөгжлийн өнө удаан хөдөлгөх хүч юм. Дөрөвдүгээрт хоёр улсын ард түмний харилцан ойлголцлыг байнга дээшлүүлэх нь Хятад Монголын найрсаг хамтын ажиллагааны тасралтгүй хөгжлийн нийгмийн үндэс юм" гэж тодорхойлов. Хэ Гуочян цааш хэлсэн үгэндээ: Олон улсын эдийн засгийн байдал ноцтой байсан энэ хүнд үед Хятад Монголын эдийн засгийн хөгжил, худалдааны хамтын ажиллагаанд ашигтай нөхцөлийг олж харсан нь хоёр улсын эдийн засгийн хөгжил, нийгмийн тогтвортой байдалд тус дөхөм үзүүлэхүйц арга хэмжээ болсон хэмээн тэмдэглэв. Хурал дээр МАХН, Ардчилсан нам, Иргэний зориг намын удирдлагууд Хэ Гуочян тэргүүтэй төлөөлөгчдийг Монгол улсад айлчилж буйд халуун баяр хүргээд Монгол Хятадын найрсаг харилцааг магтан сайшаав.

Үдээс хойш Монгол улсын ерөнхийлөгч Цахиагийн Элбэгдорж Хэ Гуоцяныг хүлээн авч уулзав. Хэ Гуочян уулзалтын үеэр хэлсэн үгэндээ: “Хятад Монгол хоёр улс нь түншийн харилцаат хөрш улсууд бөгөөд 4 700 гаруй км газар нутгаар хиллэдэг. Дипломат харилцаа тогтоосон 60 жилээс хойшхи сайн хөршийн найрамдал, харилцан ашигтай хамтын ажиллагаа нь үнэндээ талуудын харилцааны гол урсгал болж Хятад Монголын найрамдал нэгэнт гүнзгийрч хоёр улсын ард түмэний сэтгэлд суугдасан суурьшсан нь хоёр улс болон хоёр улсын ард түмэнд үнэхээр ашигтай болсонд Хятадын тал баяртай байна. Мөн талууд хоёр улсын харилцааны түүхэн дэх хамгийн сайхан үеийн маш ховор тохиолыг нандигнаж Хятад Монголын харилцааг улам бүр ахиулж урагшаа хөгжүүлэх ёстойг дурьдаад үүний тулд тэр 4 санал дэвшүүлэв. Үүнд: Нэгдүгээрт: талуудын улс төрийн харилцан итгэлцлийг улам бүр нэмэгдүүлж сайн хөршийн найрамдлыг хамгаалах; Хоёрдугаарт: эдийн засаг худалдааны салбарын хамтын ажиллагаа бэхжүүлхийг хичээж харилцан ашигтай хамтын бодлогыг хэрэгжүүлэх; Гуравдугаарт: хүмүүнлэгийн салбарын гүн гүнзгий харилцааг улам бүр чангатгаж Хятад Монголын найрамдлын үндсийг бэхжүүлэх; Дөрөвдүгээрт: олон талын болон олон улсын салбарын нарийн уялдаа холбоог хадгалж хамтын эрх ашгийг баттай сахин хамгаалах.Хэ Гуочян: талууд хамтдаа хичээж Хятад Монголын сайн хөршийн харилцан итгэх нөхрийн харилцааг заавал шинэ түвшинд хүргэж чадна гэдэгт итгэлтэй байгаагаа илэрхийлэв.

Элбэгдорж: Хоёр улсын харилцааны идэвхитэй байгууллыг улам бүр хөгжүүлэх тал дээр Хэ Гуочянтай санал нэгтэй байгаагаа илэрхийлэв. Мөн тэрээр Хятад улстай сайн хөршийн найрсаг хамтын ажиллагааг бэхжүүлэх бас хөгжүүлэх нь Монголын талын гуйвшгүй чиг шугам юм гэдгийг илэрхийлэв.Энэ жил бол хоёр улсын дипломат харилцаа тогтоосны 60 жилиин ой бөгөөд талууд хамтдаа нэлээд хэдэн тэмдэглэлт үйл ажиллагааг зохион байгуулсан бас Хэ Гуочяны энэ удаагийн Монгол улс дахь айлчлал амжилттай болсон ба хоёр улсын хөгжлийг олж авах юм. Тэрээр Монгол улс урьдын адилаар Хятад улсын төрийн бодлогыг тууштай мөрдөж Хятад улсын засгийн газрын Тайван, Төвдийн асуудлын байр суурийг бат дэмжихээ тодорхой хэлсэн байна.

Хэ Гуочян “Говь”-ийн ноолуурын үйлдвэртэй танилцсаны дараа БНХАУ-ын Элчин сайдын яамнаа дипломат ажилчид, хятадын хөрөнгө оруулалтын байгууллага, цагаач хятад иргэдийн төлөөлөгчидтэй уулзав.Орой нь Хэ Гуочян Хятад Монголын дипломат харилцаа тогтоосны 60 жилийн ойг тохиолдуулсан Өвөр монголын соёлын 7 хоногийн “найрамдлын магтуу” үдэшлэгт оролцов.

Уг өдөр Хятадын коммунист намын төв хорооны сахилга батын төвийн орлогч нарийн бичгийн дарга, хянан шалгах яамны сайд Ма Вэнь, Хэ Гуочянд бараа болон МАХН-ын хяналт тавих төвийн тэргүүн Дондог, Монгол улсын засгийн газрийн авилгатай тэмцэх газрын дарга Ч.Сангарагчаа нартай тус тус ажлын хэлэлцээр хийсэн байна.

6 月 27 日　下午，中共中央政治局常委、中央纪委书记贺国强圆满结束对蒙古国的友好访问回到北京。

6 сар 27 ХКН-ын Төв хорооны улс төрийн товчооны байнгын хорооны гишүүн, намын сахилга батыг хянан шалгах хорооны нарийн бичгийн дарга Хэ Гуочян Монгол Улс дахь айлчлалаа амжилттай дуусгаад эх орондоо буцав.

6 月 28 日—7 月 3 日　“维和使命——2009” 蒙中维和联

合训练在北京地区训练场举行。

6 сар 28-7 сар 3 “Энхийг сахиулах дуудлага-2009” нэртэй Монгол, Хятадын хамтарсан хээрийн сургууль Бээжин хотын бүс нутгийн сургуулилтийн талбайд болов.

7 月 5 日 中国国务委员兼国防部长梁光烈当日下午在北京八一大楼会见了来华参加第四次中蒙国防部防务安全磋商的蒙古国国防部国务秘书鲍尔巴特尔一行。

7 сар 5 БНХАУ-ын Төрийн Зөвлөлийн гишүүн, БХЯ-ны Сайд Лян Гуанлье хоёр орны батлан хамгаалах, аюулгүй байдлын 4-р зөвлөлгөөнд хүрэлцэн ирсэн Монгол Улсын БХЯ-ны төрийн нарийн Ббичгийн дарга Борбаатар тэргүүтэй төлөөлөгчдийг Бээжингийн “Ба Ий”(Найман сарынны нэгний) ордонд хүлээн авч уулзав.

7 月 30 日 中国四川地震灾区的 60 名学生应蒙古国政府邀请于当日上午抵达蒙古国首都乌兰巴托。他们将在蒙古国休养和访问 8 天。乌兰巴托友谊国际儿童中心当日举行盛大仪式，热烈欢迎中国四川地震灾区 60 名学生来蒙古国度假。蒙、中两国政府官员以及在此参加夏令营活动的 500 多名蒙古国和其他国家少年儿童参加了欢迎仪式。蒙古国副总理米耶贡布・恩赫包勒德在欢迎仪式上表示，今年是蒙中建交 60 周年，蒙古国总理巴亚尔邀请中国四川地震灾区的学生访问蒙古国。他希望中国学生在这里能结识蒙古国新朋友，了解蒙古国的风土人情和文化，并预祝中国学生在蒙古国度过一个愉快的假期。中国驻蒙古国大使余洪耀说，蒙古国政府邀请中国四川地震灾区学生代表到蒙休养和访问，增添了两国睦邻友好关系的内涵，对发展中蒙世代友好事业具有积极深远的影响。代表团团长邹明远在欢迎仪式上表示，来到蒙古国参加这次活动，深切感受到蒙古国政府和人民对四川地震灾区孩子们的关怀。他向友好的蒙古国人民表示衷心的感谢。

7 сар 30 Монгол улсын Засгийн газрын урилгаар БНХАУ-ын Сычуань мужийн газар хөдлөлтөд өртсөн нутгийн 60 сурагчид 8 өдөр айлчлал хийхээр мөн өдрийн үдээс хойш Монгол улсын нийслэл Улаанбаатар хотноо хүрэлцэн ирэв. Улаанбаатар хотын Найрамдал олон улсын хүүхдийн амралтын төвд амралтаа өнгөрөөхөөр ирж буй БНХАУ-ын Сычуань мужийн газар хөдлөлтөд өртсөн 60 сурагчийг угтан авах ёслолын ажиллагаа болов. Монгол Хятад хоёр улсын Засгийн газрын өндөр дээд албаны хүмүүс болон 500 гаруй монгол болон гадаад орны хүүхдүүд угтан авах ёслолд оролцсон байна. Монгол улсын шадар сайд Миеэгомбын Энхболд ёслолын ажиллагаан дээр хэлсэн үгэндээ: Энэ жил бол Монгол Хятадын дипломат харилцаа тогтоосны 60 жилийн ой ба Монгол улсын Ерөнхий сайд Баярын урилгаар Хятад улсын Сычуань мужийн газар хөдлөлтөд өртсөн сурагчид Монгол улсад амрах хугацаандаа олон монгол найз нөхөдтэй болохыг, Монголын ард түмэн, зан заншилтай танилцаж баяр хөөртэй зуны амралтаа өнгөрүүлэхийг хүсэн ерөөв. БНХАУ-аас Монгол улсад суугаа Элчин сайд Юй Хуняо хэлсэн үгэндээ: “Монгол улсын Засгийн газрын урилгаар БНХАУ-ын Сычуань мужийн газар хөдлөлтөд өртсөн сурагчид Монгол улсад амархаар хүрэлцэн ирж байгаа нь хоёр улсын сайн хөршийн найрсаг харилцааны агуулгыг нэмэгдүүлэхийн сацуу Хятад Монголын өнө мөнхийн найрамдлыг хөгжүүлэхэд ихээхэн ач холбогдолтой юм” гэв. Төлөөлөгчдийн тэргүүн Зоу Минюань уг ёслол дээр хэлсэн үгэндээ: “Монгол улсын Засгийн газар болон монголын ард

түмэн Сычуань мужийн газар хөдлөлтөд өртсөн хүүхдүүдийг хүлээн авч буйг Монгол улсад хүрэлцэн ирж энэхүү үйл ажиллагаанд оролцсоноороо гүн гүнзгий мэдэрсэн тухай өгүүлээд найрамдалт Монголын ард түмэнд чин сэтгэлээсээ талархаж байгаагаа илэрхийлэв.

7 月 31 日 当日下午，蒙古国总理巴亚尔邀请中国四川地震灾区的 60 名学生到国家礼仪宫做客，与中国学生共叙友谊之情。

7 сар 31 Монгол Улсын Ерөнхий Сайд Баярын урилгаар БНХАУ-ын Си Чуань мужийн газар хөдлөлтөд өртсөн 60 сурагч Төрийн ордоны ёслолын танхимаар зочилсон нь Хятадын сурагчидтай найз нөхрийн сэтгэлээ солилцов.

8 月 17 日 为庆祝蒙中两国建交 60 周年，由蒙古国驻华大使馆和新华社新闻信息中心共同举办的“友谊合作的一甲子”图片展在首都博物馆举行。蒙古国前总统彭·奥其尔巴特、中国外交部部长助理胡正跃、蒙中友协主席姜仓诺罗布、中蒙友协会长张德林、蒙古国驻华大使嘎·巴特苏赫以及数十个国家驻华使节等出席了揭幕仪式。

8 сар 17 Монгол Хятадын дипломат харилцаа тогтоосны 60 жилийн ойг тохиолдуулан Монгол Улсаас БНХАУ-д суугаа Элчин Сайдын Яам болон Синьхуа агентлагаас хамтран зохион байгуулсан “Найрамдалт хамтын ажиллагааны 60 жил” уран зургийн үзэсгэлэн хотын төв музейд нээгдэв. Уг нээлтийн ёслолд Монгол Улсын Ерөнхийлөгч асан П.Очирбат, БНХАУ-ын ГХЯ-ны сайдын туслах Ху Жэнюэ, Монгол Хятадын найрамдлын

нийгэмлэгийн тэргүүн Жанцаннорoв, Хятад Монголын найрамдлын нийгэмлэгийн зөвлөлийн дарга Жан Дэлинь, Монгол улсаас БНХАУ-д суугаа Элчин сайд Г.Батсүх болон бусад улсаас БНХАУ-д суугаа 10 элчин сайд нар оролцов.

8 月 26 日　第十一届亚洲艺术节在内蒙古鄂尔多斯市落下帷幕。蒙古国政府文化代表团参加了艺术节。

8 сар 26　Азийн 11 дэх удаагийн урлагын баяр Өвөр монголын Ордос хотод нээлтээ хийсэн ба Монгол Улсын Засгийн газрын урлаг соёлын төлөөлөгчид оролцсон байна.

9 月 1 日　当日上午，第五届中国吉林·东北亚投资贸易博览会隆重举行，中共中央政治局常委、国务院副总理李克强出席开幕式。开幕前，李克强会见了与会的蒙古国副总理朱耶贡布·恩赫包勒德。

9 сар 1　БНХАУ-ын Жилинь-Зүүн хойд Азийн хөрөнгө оруулалт, худалдааны 5-р удаагийн яармаг зохиогдсон ба ХКН-ын улс төрийн товчооны байнгын хорооны гишүүн төрийн зөвлөлийн дэд дарга Ли Кэчян нээлтийн ёслолд оролцов. Монгол Улсын шадар сайд Миегомбын Энхболд нээлтийн ёслолын өмнө Ли Кэчянд бараалхав.

9 月 15 日　为纪念中蒙建交 60 周年暨中华人民共和国成立 60 周年，由蒙古和平与友好联合会、蒙中友协、蒙古国对外关系部共同举办的“中蒙友好月”当日在蒙古国首都乌兰巴托开幕。蒙古国对外关系部国务秘书达·朝格特巴特尔、中国驻蒙使馆临时代办王福康等出席并致辞。蒙古国和平与友好联合会主席达·查希勒冈在开幕式上介绍说，“中蒙友好月”期间将陆续举行一系列纪念活动，其中包括中蒙建交 60 周年油画展、中国电影节、“中国语言文化”国际研讨会、“蒙中关系 60 年”国际研讨会等。为期一周的中蒙建交 60 周年油画展 15 日在乌兰巴托艺术画廊举行。

9 сар 15 БНХАУ байгуулагдсан, Монгол Хятадын дипломат харилцаа тогтоосны 60 жилийн ойг тохиолдуулан, Монгол Улсын “Энх тайван найрамдал,хамтын ажиллагааны нийгэмлэг”, Монгол Хятадын найрамдлын нийгэмлэг, Монгол Улсын ГХЯ хамтран “Хятад Монголын найрамдал” нэг сарын аяныг Улаанбаатар хотноо эхлүүлэв. Монгол Улсын ГХЯ-ны төрийн нарийн бичгийн дарга Д. Цогтбаатар, Монгол улсад суугаа БНХАУ-ын Элчин сайдын үүрэг гүйцэтгэгч Ван Пүкан нар нээлтэд оролцож үг хэлэв. Мөн Монгол улсын Энх тайван найрамдал,хамтын ажиллагааны нийгэмлэгийн дарга Д.Цахилгаан нээлтийн ёслол дээр, “Хятад Монголын найрамдал” нэг сарын аяны үеэр хэд хэдэн тэмдэглэлт үйл ажиллагаа зохион байгуулагдах ба үүнд Хятад Монголын дипломат харилцаа тогтоосны 60 жилийн ойд зориулсан тосон зургийн үзэсгэлэн, Хятад улсын кино долоо хоног, “Хятад улсын хэл соёл”, “Монгол Хятадын харилцаа 60 жилд” сэдэвт олон улсын эрдэм шинжилгээний бага хурлууд багтаж байгааг танилцуулав. Долоо хоногийн хугацаатай “Монгол Хятадын дипломат харилцаа-60 жил” сэдэвт тосон зургийн үзэсгэлэнг 15-д Улаанбаатар хотын Уран зургийн галерейд нээлээ.

9 月 23 日 中国国务院副总理李克强当日在北京人民大会堂会见了来访的蒙古国国防部长包勒德。中国人民解放军副总参谋长孙建国、外交部部长助理胡正跃、蒙古国驻华大使巴特苏赫等参加会见。

9 сар 23 БНХАУ-ын Төрийн Зөвлөлийн дэд дарга Ли

Кэчян Бээжин дахь БХАТИХ-ын танхимд айлчлалаар ирсэн Монгол Улсын БХЯ-ны Сайд Болдыг хүлээн авч уулзав. БНХАУ-ын Ардын чөлөөлөх армийн жанжин штабын орлогч дарга Сүн Жянгуо, Гадаад явдлын яамны сайдын туслах Ху Жэнюе, Монгол Улсаас БНХАУ-д суугаа Элчин сайд Батсүх нар уулзалтанд оролцсон байна.

9 月 24 日　中国国务委员兼国防部长梁光烈当日在北京八一大楼与蒙古国国防部长包勒德举行了会谈。双方就地区安全形势和两国两军关系等共同关心的问题交换了意见。

9 сар 24　БНХАУ-ын Төрийн зөвлөлийн гишүүн, БХЯ-ны Сайд Лян Гуанлье Бээжингийн “Ба Ий” (найман сарын нэгэн) ордонд Монгол Улсын БХЯ-ны сайд Болдыг хүлээн авч уулзан бүс нутгийн аюулгүй байдал, цэрэг армийн харилцаа болон холбогдох асуудлын талаар санал солилцов.

9 月 29 日　中国驻蒙古国大使余洪耀举行招待会，蒙古国副议长巴特呼、对外关系部长巴特包勒德、国防部长包勒德、总参谋长宾巴扎布、前总统奥其尔巴特夫妇以及蒙古国社会各界人士、外国驻蒙使节、中资机构、华侨华人和留学生代表 300 余人出席。

9 сар 29　БНХАУ-аас Монгол Улсад суугаа Элчин сайд Юй Хуняо хүлээн авалт зохион байгуулж, уг хүлээн авалтанд Монгол Улсын УИХ-ын дэд дарга Батхүү, ГХЯ-ны сайд Батболд, БХЯ-ны сайд Болд, жанжин штабын дарга Бямбажав, МУ-ын анхны Ерөнхийлөгч Очирбат, түүний гэргий хийгээд бусад салбарын албаны хүмүүс, Монгол улсад суугаа бусад элчин сайд, Монгол Улс дахь БНХАУ-ын

хөрөнгө оруулалттай аж ахуйн нэгж байгууллага, иргэд, гадаад оюутны төлөөлөл зэрэг 300 гаруй хүн оролцов.

10 月 7 日 为庆祝中华人民共和国成立 60 周年暨中蒙建交 60 周年，蒙古国立大学孔子学院第二届文化周日前在此间开幕。蒙古国立大学副校长兼孔子学院理事长仁钦巴特尔、中国驻蒙古使馆参赞王福康等到会并致辞，乌兰巴托市部分大学师生 300 余人出席开幕式。

10 сар 7 БНХАУ байгуулагдсаны 60 жилийн ой, хоёр улс дипломат харилцаа тогтоосны 60 жилийн ойг тохиолдуулан МУИС-ын Кунзийн сургуулиас 2 дахь удаагаа зохиож буй соёлын долоо хоног нээлтээ хийв. МУИС-ын дэд захирал, Кунзийн сургуулийн захирал Ренчинбаатар, БНХАУ-ын Монгол Улс дахь Элчин сайдын яамны зөвлөх Ван Фүкан нар нээлтэд оролцож үг хэлсэн байна. Уг нээлтийн ёслолд Улаанбаатар хотын их дээд сургуулийн багш оюутнуудын 300 гаруй төлөөлөл оролцсон байна.

10 月 9 日 中国外交部发言人马朝旭当日宣布：应杨洁篪外长邀请，蒙古国对外关系与贸易部部长苏赫巴托尔·巴特包勒德将于 10 月 11 日至 13 日对中国进行正式访问，之后出席在北京举行的上海合作组织总理会议。

10 сар 9 БНХАУ-ын ГХЯ-ны хэвлэлийн төлөөлөгч Ма Чаошуй, ГХЯ-ны Сайд Ян Жьесигийн урилгаар Монгол Улсын Гадаад харилцаа, худалдааны яамны сайд Сүхбаатарын Батболд 10-р сарын 11-нээс 13-ны өдрүүдэд Хятад улсад албан ёсны айлчлал хийж дараа нь Бээжин хотноо зохиогдох Шанхайн хамтын ажиллагааны гишүүн орнуудын хуралдаанд оролцох тухай мэдэгдсэн байна.

10 月 9 日　为庆祝中蒙建交 60 周年暨中华人民共和国成立 60 周年，蒙古国立大学孔子学院举行了主题为“汉语与中国文化研究”的国际学术研讨会。来自中蒙两国的 20 余名汉语专家分别做了关于汉语教学、中国文化、中国文学等方面的学术报告。

10 сар 9　БНХАУ байгуулагдсаны 60 жил, БНХАУ Монгол Улстай дипломат харилцаа тогтоосон 60 жилийн ойд зориулж МУИС-ын Кунзийн сургуулиас зохион байгуулсан “Хятад хэл, соёлын судалгаа”сэдэвт олон улсын эрдэм шинжилгээний бага хуралд хоёр улсын 20 гаруй хятад хэлний мэргэжилтнүүд хятад хэлний заах арга зүй, соёл, утга зохиол зэрэг сэдвээр эрдэм шинжилгээний илтгэл тавив.

10 月 12 日　应蒙古国国家大呼拉尔和埃及人民议会的邀请，全国人大常委会副委员长桑国卫率中国全国人大代表团于当日上午前往蒙古国进行友好访问。蒙古国国家大呼拉尔副主席巴特呼、蒙古国总统查希亚·额勒贝格道尔吉当日在国家宫分别会见了到访的中国全国人大常委会副委员长桑国卫。

10 сар 12　Монгол улсын УИХ-ын урилгаар БХ-ын АТИХ-ын байнгын хорооны орлогч дарга Сан Гуовэй тэргүүтэй БНХАУ-ын БХ-ын АТИХ-ын төлөөлөгчид найрсаг айлчлал хийхээр Монгол улсад хүрэлцэн ирэв. Монгол улсын УИХ-ын орлогч дарга Батхүү, Монгол улсын ерөнхийлөгч Цахиагын Элбэгдорж нар БХ-ын АТИХ-ын байнгын хорооны орлогч дарга Сан Гуовэй тэргүүтэй төлөөлөгчдийг тус тус төрийн ордонд хүлээн авч уулзсан.

10 月 12 日　中国国务院副总理李克强当日在北京人民大会

堂会见了蒙古国对外关系与贸易部部长巴特包勒德。李克强说，中国和蒙古同在东亚地区，今年是中蒙建交 60 周年，中蒙既是友好邻邦也是重要合作伙伴。当前，应对国际金融危机、推动世界经济复苏正处于关键时期，东亚区域合作面临新的形势。双方应抓住机遇，从战略高度考虑推动互利合作，继续发挥地缘、文化、经济等方面互补潜力，健全企业主体、政府引导的有效合作机制，重点推进基础设施建设、资源开发利用和民生工程等领域务实合作，为两国人民谋求实在利益，为中蒙睦邻互信伙伴关系全面深化不断注入新的动力。巴特包勒德祝贺新中国成立 60 周年，表示愿同中方一起，推动两国关系在新的历史时期继续向前发展。中国外交部长杨洁篪参加了会见，并与巴特包勒德举行会谈。

10 сар 12 БНХАУ-ын төрийн зөвлөлийн орлогч сайд Ли Кэчян Бээжин дахь Ардын Их Хурлын танхимд Монгол улсын Гадаад улстай харилцах хэлтэс болон Худалдааны Яамны сайд Батболдыг хүлээн авч уулзав. Ли Кэчян хэлэхдээ: “Хятад Монгол хоёр улс нь зүүн Азийн бүс нутагт оршдог. Энэ жил Хятад Монголын дипломат харилцаа тогтоосны 60 жилийн ой ба Хятад Монгол хоёр улс нь найрсаг хөрш улс бөгөөд түнш орнууд юм. Сүүлийн үед олон улсын банк санхүүгийн болон дэлхийн эдийн засгийн хямралд зүүн Азийн бүсийн хамтын ажиллагаа шинэ хэлбэрээр хөгжих шаардлага тулгарч байгаа өнөө үед стратегийн өндөр түвшинд харилцан ашигтай хамтын ажиллагааг өргөжүүлж геополитик, соёл, эдийн засаг зэрэг салбар дахь харилцан ашигтай ажиллах бололцоог улам хөгжүүлж аж ахуй үндсийг эрүүлжүүлж, засгийн газрын удирдлага хамтын ажиллагааны механизмыг үр дүнтэй

болгохын сацуу гол дэд бүтцийн байгуулал, баялагыг нээн ашиглах, ардын амьдралын байгууламж зэрэг салбаруудын үйл хэргийн хамтын ажиллагааг дээшлүүлж хоёр улсын ард түмэн эрх ашгыг хүсэж Хятад Монголын сайн хөршийн харилцан итгэх нөхрийн харилцааны төлөө бүх талаас нь гүн гүнзгий шинэ хөдөлгөх хүчээр цутгах хэрэгтэй” гэсэн байна. Батболд шинэ Хятад улс байгуулагдсаны 60 жилийн ойд баяр хүргэж Хятадын талтай хамт хоёр улсын харилцааг ахиулж шинэ түүхэн цаг үед үргэлжлүүлэн урагшаа хөгжүүлхийг хүсэж байгаагаа илэрхийлсэн байна. Уулзалтанд БНХАУ-ын ГЯЯ-ны сайд Ян Жьечи оролцсон ба Батболдтой ярилцсан байна.

10 月 12 日　据报道，为庆祝中蒙建交 60 周年暨中华人民共和国成立 60 周年，蒙古国立大学孔子学院日前在乌兰巴托和平友谊宫举行“中文典籍译丛”发行仪式。本次发行的“中文典籍译丛”包括《论语》《大学》《孙子兵法》三部典籍的蒙文译本。

10 сар 12　БНХАУ байгуулагдсаны 60 жил, БНХАУ Монгол Улстай дипломат харилцаа тогтоосны 60 жилийн ойд зориулж МУИС-ын Кунзийн сургууль “Хятад хэлний бичгийн орчуулгын цуврал”-ын нээлтийг Улаанбаатар хотноо Энх тайван найрамдлын ордонд зохион байгуулав. Энэхүү цувралд монгол хэлнээ орчуулагдсан “Шүүмжлэл өгүүлэл”, “Их сэртахуй”, “Сүньзийн дайтахуйн урлаг” хэмээх гурван бүтээл багтсан байна.

10 月 13 日　由中国人民对外友好协会、中蒙友好协会与蒙古国驻华大使馆共同主办的“纪念中蒙建交 60 周年油画展”当日在北京民族文化宫展览馆开幕。中国全国人大常委会副委员长和有关部门负责人等中外来宾出席了开幕式。

同日为纪念中蒙建交 60 周年，由中国广播电影电视总局主办的“中国电影周”和蒙古国和平友好联合会、蒙古国中华总商会举办的“友好合作一甲子年”历史艺术与摄影作品当日在蒙古国首都乌兰巴托开幕。中国全国人大常委会副委员长桑国卫、蒙古国国家大呼拉尔副主席巴特呼参加了开幕式。

10 сар 13 БНХАУ-ын гадаадтай найрамдлаар харилцах нийгэмлэг, Хятад Монголын найрамдлын нийгэмлэг болон Монгол улсаас БНХАУ-д суугаа Элчин Сайдын Яам хамтран зохион байгуулсан “Хятад Монголын дипломат харилцаа тогтоосны 60 жилийн ойн тэмдэглэлт тосон зургийн үзэсгэлэн”-г Бээжингийн үндэсний соёлын ордны уран зургийн танхимд нээлтээ хийв. Нээлтийн ёслолд Бүх Хятадын Ардын төлөөлөгчдийн их хурлын байнгын хорооны орлогч дарга болон холбогдох хариуцлагатай хүмүүс, гадаадын зочид төлөөлөгчид оролцов.

Мөн өдөр Хятад Монголын дипломат харилцаа тогтоосны 60 жилийн ойн тэмдэглэлд зориулан Хятад улсын Радио телевизийн ерөнхий газраас зохион байгуулсан “Хятадын кино долоо хоног” болон Монгол улсын энх тайван найрамдлын нийгэмлэгийн хурал, Хятад Монголын худалдааны ерөнхий зөвлөлөөс хамтран зохион байгуулсан “найрсаг хамтын ажиллагааны 60 жил”-ийн түүхэн гэрэл зургийн үзэсгэлэн Монгол улсын нийслэл Улаанбаатар хотноо нээлтээ хийв. Нээлтийн ёслолд БХ-ын АТИХ-ын байнгын хорооны орлогч дарга Сан Гуовэй болон МУ-ын АИХ-ын дэд дарга Батхүү нар оролцов.

10 月 14 日 上海合作组织成员国政府首脑（总理）理事会例

行会议在北京举行。会议由中国国务院总理温家宝主持。蒙古国对外关系与贸易部长巴特包勒德作为本组织观察员国代表出席会议。

10 сар 14 Бээжин хотноо зохион байгуулагдсан Шанхайн хамтын ажиллагааны нийгэмлэгийн гишүүн орнуудын Засгийн газрын тэргүүн нарын (ерөнхий сайд) ээлжит хуралдааныг БНХАУ-ын Төрийн Зөвлөлийн Ерөнхий Сайд Вэнь Жябао удирдав. Хуралдаанд Монгол Улсын Гадаад харилцаа, худалдааны яамны Сайд Батболд ажиглагч орнуудын төлөөллөөр оролцлоо.

10 月 15 日 中国国家主席胡锦涛当日和蒙古国总统查希亚·额勒贝格道尔吉互致贺电，热烈庆祝两国建交 60 周年。胡锦涛在贺电中说，建交 60 年来，两国关系深入发展。1994 年两国重新修订《中蒙友好合作关系条约》，为双方关系奠定了更加牢固的政治和法律基础。2003 年中蒙建立睦邻互信伙伴关系，使新世纪的中蒙关系迈入了新的发展阶段。中国政府重视中蒙关系，在和平共处五项原则基础上，发展中蒙睦邻互信伙伴关系是我们坚定不移的方针。中方愿同蒙方一道，以更积极的姿态加强两国各领域、各层次的交流与合作，永做好邻居、好朋友、好伙伴。额勒贝格道尔吉在贺电中说，建交 60 年来，蒙中关系经受住了历史的考验，不断向前发展。特别是胡锦涛主席 2003 年访蒙时，两国关系提升为睦邻互信伙伴关系，形式和内涵在各领域不断丰富和发展。蒙方对此感到满意，对两国关系的未来充满信心。

同日蒙古国国家大呼拉尔主席达木丁·登贝尔勒当日在国家

宫会见了到访的中国全国人大常委会副委员长桑国卫及其一行。双方同贺中蒙建交 60 周年。同日，桑国卫还出席了中国驻蒙古国大使馆举行的庆祝中蒙两国建交60周年招待会。

10 сар 15 БНХАУ-ын дарга Ху Жинтао болон Монгол улсын Ерөнхийлөгч Цахиагын Элбэгдорж нар хоёр улсын дипломат харилцаа тогтоосны 60 жилийн ойг тохиолдуулан харилцан баярын цахилгаан илгээв. Ху Жинтао баярын цахилгаандаа: “Дипломат харилцаа тогтоосон 60 жилээс хойш хоёр улсын харилцаа гүн гүнзгий хөгжсөн байна. Хоёр талын харилцаан дахь төрийн бодлого, хууль дүрмийн үндэсийг улам бэхжүүлэхийн тухайд 1994 онд хоёр улс “Хятад Монголын найрсаг хамтын ажиллагаа харилцааны гэрээ” байгуулсан байна. 2003 онд сайн хөршийн харилцан итгэх нөхөрсөг харилцааг байгуулж шинэ зуунд Хятад Монголын харилцаа хөгжлийн шинэ үе шатанд гарсан байна. Хятад улсын засгийн газар Хятад Монголын харилцааг чухалчилан үзэж энх тайвнаар зэрэгцэн орших таван зарчмын үндсэн дээр Хятад Монголын сайн хөршийн харилцан итгэх нөхөрсөг харилцааг хөгжүүлэх нь бидний гуйвшгүй чиг шугам юм. Хятадын тал Монголын талтай хамт хоёр улсын олон салбар, харилцаа хамтын ажиллагааны идэвхитэй байдлыг бэхжүүлж үүрдийн сайн хөрш улс, сайн найз, сайн нөхөр байхыг хүсэж байна” гэжээ.Элбэгдорж баярын цахилгаандаа: “Дипломат харилцаа тогтоосон 60 жилээс нааш Монгол Хятадын харилцаа түүхэн сорилтыг даван туулж тасралтгүй урагшаа хөгжсөн байна. Онцолбол Ху Жинтао тэргүүн 2003 онд Монгол улсад айлчлах үеэрээ сайн хөршийн харилцан итгэх нөхрийн харилцааны төлөө хоёр улсын харилцааг дэвшүүлж олон салбарын хэв маяг,дотоод байдлыг тасралтгүй баяжуулж бас хөгжүүлсэн. Монголын тал үүнд сэтгэл хангалуун байж хоёр улсын

харилцааны ирээдүйд итгэл дүүрэн байна" гэв.

Мөн өдөр Монгол улсын УИХ-ын тэргүүн Дамдины Дэмбэрэл Төрийн ордонд айлчлалаар ирсэн Хятад улсын Бүх Хятадын Ардын төлөөлөгчдийн их хурлын байнгын хорооны гишүүн орлогч дарга Сан Гуовэйтэй уулзсан байна. Талууд хамтдаа Хятад Монголын дипломат харилцаа тогтоосны 60 жилийн ойг тэмдэглэн өнгөрүүлсэн аж. Уг өдөр Сан Гуовэй бас Хятад улсын Монгол улс дахь элчин сайдын яамнаас зохион байгуулсан Хятад Монголын дипломат харилцаа тогтоосны 60 жилийн ойд зориулсан дайллагад оролцсон байна.

10 月 27 日　中国全国人大常委会委员长吴邦国当日下午在北京人民大会堂会见了蒙古国国家大呼拉尔副主席巴特呼。吴邦国说，两国建交以来，双边关系经受住了时间和国际风云变幻的考验不断巩固和发展，双方高层交往频繁，政治互信加深，经贸合作扩大，人文交流活跃，在国际和地区事务中相互支持与配合。中蒙关系正站在新的历史起点上，中方愿与蒙方一道，把握机遇，深化合作，共同推动中蒙睦邻互信伙伴关系不断向前发展，更好地造福两国和两国人民。议会交往是两国关系的重要组成部分。中国全国人大重视发展同蒙古国国家大呼拉尔的关系，希望双方保持高层互访势头，进一步加强各专门委员会、友好小组和办事机构间的合作，扩大在治国理政和民主法制建设等方面的经验交流，为双边关系的深入发展注入新的内容和活力。

巴特呼表示，蒙古国人民对中国人民怀有深厚感情，积极发展对华关系是蒙古国朝野各界的共识。中国的快速发展为深化蒙中务实合作开辟了广阔空间。蒙方对蒙中关系的发展表示满意。

蒙古国欢迎更多的中国企业赴蒙投资，并将提供更加便利的条件和政策。蒙古国国家大呼拉尔愿发挥自身优势，加强与中国全国人大的友好往来，为蒙中各领域的务实合作与两国友好的世代相传贡献力量。

10 сар 27 Хятад улсын Бүх Хятадын Ардын төлөөлөгчидийн их хурлын байнгын хорооны дарга Ү Банго уг өдөр Бээжин дэх ардын их хурлын танхимд Монгол улсын УИХ-ын орлогч тэргүүн Батхүүтэй уулзав. Ү Банго: хоёр улс дипломат харилцаа тогтоосон 60 жилийн туршид талуудын харилцаа цаг хугацаа болон олон улсын нөхцөл байдлын урвал хувьсалын сорилтыг даван туулж бэхжин хөгжсөн байна. Мөн талууд өндөр хэмжээний харилцан айлчлал хийж, улс төрийн харилцан итгэлцлийг гүнзгийрүүлж, эдийн засаг худалдааны хамтын ажиллагааг бэхжүүлж, хүмүүнлэгийн харилцааг идэвхижүүлж, олон улсын болон бүс нутгийн үйл хэрэгт бие биенээ харилцан дэмжиж тусалдаг болсон. Хятад Монголын харилцааны шинэ түүхэн эхлэлийн цэг дээр Хятадын тал Монголын талтай бүхий л талаар хамтран ажиллах хамтдаа хоёр улсын ард түмэнд улам сайн буянаа өгч байгаа Хятад Монголын сайн хөршийн харилцан итгэлцэх нөхрийн харилцааг тасралтгүй хөгжүүлэн ахиулахыг хүсэж байна. Мөн хоёр улсын харилцааны чухал бүрэлдэхүүн хэсэг нь парламентын харилцаа юм. Хятад улсын Бүх Хятадын Ардын Их Хурал Монгол улсын УИХ-тай харилцаагаа хэвээр хөгжүүлэхийг чухалчлан үзэж талууд өндөр хэмжээний харилцан айлчлалаа хадгалан олон тусгай зөвлөл болон найрамдлын бүлэг, ажлын хэсгийн хамтын ажиллагааг бэхжүүлж улс төрийн үйл явц, ардчилсан хууль дүрмийн байгууллага зэрэг салбарын туршлага солилцоог нэмэгдүүлж талуудын харилцааны гүн гүнзгий хөгжилд шинэ утга агуулга,

амьдралын чадвар бий болгохыг хүсэж байна” гэдгээ илэрхийлсэн байна.

Батхүү: Монгол улсын ард түмэн Хятад улсын ард түмний гүн зузаан сэтгэлийг дурсан санадаг. Мөн Хятад улстай харилцаагаа идэвхитэй хөгжүүлэх нь Монгол улсын төр ба иргэн гэх мэт янз бүрийн хүрээнийхний хүсэл билээ. Хятад улсын хурдацтай хөгжил Монгол Хятадын үйл хэргийн хамтын ажиллагааг гүнзгийрүүлэн өргөн уудам орон зайг нээсэн байна. Мөн Монголын тал Монгол Хятадын харилцааны хөгжилд сэтгэл дүүрэн байна гээд Монгол улс маш олон Хятад улсын аж ахуйн нэгжүүд Монгол улсад хөрөнгө оруулж нөхцөл байдал болон улс төрд тус дөхөм үзүүлж байгаад баяртай байгаагаа илэрхийлэв. Монгол улсын УИХ өөрсдийн давуу байдлаа ашиглаж Хятад улсын Бүх Хятадын Ардын Их Хуралтай харилцах харилцаагаа бэхжүүлж Монгол Хятадын олон салбар үйл хэргийн хамтын ажиллагаа болон хоёр улсын найрамдлын цаг үеийн төлөө харилцан хүчээ зориулахыг хүсэж байна” гэдгээ илэрхийлсэн байна.

11 月 11 日　据报道，中蒙两国专家结束了在内蒙古境内开展的联合田野调查，抢救蒙古族长调民歌 266 首。今年 9 月 26 日，中蒙两国启动了中国境内蒙古族长调民歌田野调查，根据长调风格区分布情况，分东、西两组对呼伦贝尔市、通辽市、锡林郭勒盟、鄂尔多斯市、阿拉善盟 5 个盟市 16 个旗县区进行了调查，行程 1.2 万公里。其间对 420 名民间歌手进行了采访，拍摄照片 1.02 万张，拍摄录像带资料 84 盘。此前，两国专家在蒙古国境内分东线戈壁组和西线杭盖组，历时 30 天调查了蒙古国 9 个省 33 个苏木，行程 6 250 公里，采访了 118 名民间歌手，录制蒙古族长调民歌 246 首，拍摄照片 1.05 万张，拍摄录像带资料 80 盘。

11 сар 11 БНХАУ, Монгол Улсын хамтарсан судалгааны баг Өвөр монголын нутагт Монгол ардын уртын дууны судалгаа хийж 266 бадаг уртын дууг тэмдэглэн авчээ. Энэ оны 9-р сарын 26-ны өдөр Өвөр монголын нутагт эхэлсэн уг судалгаагаар уртын дууны онцлогоос хамааруулан зүүн, баруун гэсэн ангилалд хуваан, Хөлөнбуйр, Тун Ляо, Шилийн гол, Ордос, Алшаа зэрэг 5 аймаг, хотын 16 хошуу буюу нийт 12 000 км нутагт судалгаа хийсэн байна. Энэ хооронд 420 ардын дуучинтай ярилцлага хийн, 10 200 фото зураг авч, дүрс бичлэгийн 84 материал цуглуулжээ. Мөн уг судалгааны багийн мэргэжилтнүүд Монгол Улсын нутаг дэвсгэрийн зүүн-говь, баруун-хангайн хэсгүүдэд 30 өдрийн турш 9 аймаг, 33 сум, нийт 6 250 км нутгийг хамарч, 118 ардын дуучинтай ярилцлага хийн, Монгол үндэстний 246 бадаг уртын дууг тэмдэглэж , 10 500 ширхэг фото зураг, дүрс бичлэгийн 80 материал цуглуулсан байна.

12 月 5 日 第五届东亚运动会开幕式在香港举行，蒙古国代表团参加运动会。

12 сар 5 Хонконд зохион байгуулагдсан Зүүн Азийн 5-р спартакиадын нээлтний ёслолын ажиллагаанд Монгол улсын төлөөлөгчид оролцов.

图书在版编目(CIP)数据

中蒙国家关系历史编年:1949~2009:全2册/毕奥南主编. --哈尔滨 : 黑龙江教育出版社, 2013.1
ISBN 978-7-5316-6844-2

Ⅰ. ①中… Ⅱ. ①毕… Ⅲ. ①中外关系—国际关系史—编年史—蒙古—1949~2009… Ⅳ. ①D829.311

中国版本图书馆 CIP 数据核字(2013)第004743号

中蒙国家关系历史编年(1949—2009)

Zhongmeng Guojia Guanxi Lishi Biannian(1949—2009)

毕奥南 主编

选题策划 丁一平 华 汉
责任编辑 华 汉 杨云鹏 赵 崱
封面设计 sddoffice.com
版式设计 王 绘 周 磊
责任校对 李欣欣
出版发行 黑龙江教育出版社
(哈尔滨市南岗区花园街158号)
印 刷 山东临沂新华印刷物流集团有限公司
开 本 640毫米×960毫米 1/16
印 张 66.75
字 数 815千
版 次 2013年10月第1版
印 次 2013年10月第1次印刷

书 号 ISBN 978-7-5316-6844-2 定 价 138.00元(上下卷)

黑龙江教育出版社网址:www.hljep.com.cn
网络出版支持单位:东北网络台(www.dbw.cn)
如需订购图书,请与我社发行中心联系。联系电话:0451-82529593 82534665
如有印装质量问题,影响阅读,请与我厂联系调换。联系电话:0539-2925628
如发现盗版图书,请向我社举报。举报电话:0451-82533087